U0553667

国家出版基金项目
NATIONAL PUBLICATION FOUNDATION

中国历史民族地理（上）

ZHONGGUO LISHI MINZU DILI

安介生 著

齊鲁書社
·济南·

图书在版编目（CIP）数据

中国历史民族地理 / 安介生著. -- 济南：齐鲁书社, 2024.1
ISBN 978-7-5333-4796-3

Ⅰ. ①中… Ⅱ. ①安… Ⅲ. ①历史地理－民族地理－中国 Ⅳ. ①K928.6

中国国家版本馆CIP数据核字(2023)第204828号

策划编辑：赵发国
责任编辑：刘　强　赵发国
装帧设计：李　生　刘羽珂

中国历史民族地理
ZHONGGUO LISHI MINZU DILI
安介生　著

主管单位	山东出版传媒股份有限公司
出版发行	齊魯書社
社　　址	济南市市中区舜耕路517号
邮　　编	250003
网　　址	www.qlss.com.cn
电子邮箱	qilupress@126.com
营销中心	（0531）82098521　82098519　82098517
印　　刷	山东新华印务有限公司
开　　本	787mm × 1092mm　1/16
印　　张	57.75
插　　页	19
字　　数	1280千
版　　次	2024年1月第1版
印　　次	2024年1月第1次印刷
标准书号	ISBN 978-7-5333-4796-3
审 图 号	GS（2019）2768号
定　　价	490.00元（上、下册）

作者简介

安介生 复旦大学中国历史地理研究所教授、博士生导师，英国牛津大学圣安东尼学院访问学者。兼任《历史地理研究》编委、中国史学会历史地理研究会理事、中国灾害防御协会灾害史专业委员会副主任等职。2022年9月起担任山西大学历史文化学院学术院长暨山西大学黄土高原历史地理研究中心主任。主持教育部人文社科重点研究基地重大项目、国家社科基金重点项目等十余项，已有《山西移民史》、《表里山河：山西历史区域地理研究》、《中国移民史》（第7卷）、《江南景观史》、《遥望关河：中国边塞环境与历史文化》等数十部著作出版。

序

葛剑雄

1955年,先师谭其骧先生受命"重编改绘杨守敬《历代舆地图》"。然而工作进行未几,他即发现按此做法已不符合时代需要。原因之一就是,《历代舆地图》所绘限于历代中原王朝或正史所及,无法显示历史时期中国的全部疆域,不足以反映中国各族人民共同缔造历史的过程。此后,以范文澜、吴晗为首的"重编改绘《杨图》"委员会研究决定,不再限于"重编改绘杨守敬《历代舆地图》",新编一部自原始社会至清时期的、包括历史时期中国全部疆域的中国历史地图集。

经过内部出版和全面修订,至1988年出全的《中国历史地图集》(1—8册)已经包括历史上由少数民族建立的政权和边疆地区的政权,而未建立过政权的民族,只能在地图上用名称显示其所处大致方位或范围。由于史料缺乏,有些甚至完全空白,而即使被列入的这些政权,其疆域四至往往也无法画得精确详细。

《中华人民共和国国家历史地图集》自1983年开始编绘,编委会即决定设立"民族图组",在编委翁独健先生指导下,由中国社会科学院民族研究所的一批学者承担,最终编成26幅显示中国古代少数民族分布和迁徙的地图,编入该图集的第一册,于2012年出版。在图稿付印前,编委会曾经要求每幅地图作者署名一般不超过3人。但是,"民族图组"是唯一的例外,这些地图上的作者署名都是8—9人。作为编辑室主任,我曾经与作者协调,得知由于每位作者的研究领域都集中在一个或相关的若干个民族,想要在全国范围内显示所有少数民族的分布和迁徙,只能采用集体合作的办法。由于当时还没有一部全面性的历史民族地理著作可作参考,要保证这些地图的质量,舍此别无他途。

直到20世纪末,尽管中国已经不乏权威的民族学、人类学、民族史、历史人文地理论著,尽管这些论著中也涉及部分历史民族地理的内容,但是,还没有出版一部比较系统的历史民族地理著作。这固然与人文地理、历史人文地理长期不受重视甚至一度被批判取消有关,但主要原因还是研究的难度。

历史民族地理研究的对象是历史时期的民族和相关的要素,研究的主要内容是它们的空间分布形态及其演变的规律。这些要素在近代以前的状况基本已经无法通过田野调查和实地考察来了解,只能依靠直接或间接的文献记载。而中国境内绝大多数古老民族一直没有自己的文字,或者在有限的文字记载中并无多少可信的史料。汉文史料虽多,但是集中在曾经入主中原或建立过政权的民族。留存下来的资料或者集中在某些人物、事件,其他往往只有片言只语;或者出于传闻臆断;或者自相矛盾,甚至完全空白。

但是,无论从构建中国历史地理学的学科体系出发,还是为了适应学术进步和社会发展的需求,中国历史民族地理这一学科分支都是不可或缺的。1999 年 12 月,教育部首批全国重点研究基地之一——复旦大学历史地理研究中心成立后,即确定了撰写《中国历史地理学》系统著作的目标,申报并成功列为教育部人文社科基金资助的重点项目。其中,《历史民族地理》即由安介生教授承担,经过多年努力,顺利通过验收鉴定,于 2007 年由山东教育出版社出版。作为第一本中国历史民族地理专著,此书备受历史地理学界和相关学术界的关注,在获得一致好评的同时,也收到了一些批评和建议。为此,介生教授又进行了全面的修订和增补,形成了今天这部逾百万字的新版《中国历史民族地理》,项目已列入“十三五”国家重点图书出版规划,并获得国家出版基金资助,即将由齐鲁书社出版。

介生教授之所以能够完成这一艰巨任务,关键在于他最终找到了穿越险阻的途径,使历史民族地理研究最大的难题迎刃而解。

一般认为,与研究当代民族地理相比,研究历史民族地理主要困难有三:一是部族归属难定,二是迁徙过程不清,三是分布范围不明。其实,其中最重要的是第三项,如果第三项不能解决,其余两项或可暂且搁置,或可留待今后。史料中出现过的部族名称的确很难与今天通用的民族名称挂钩,或者按今天的标准分门别类。实际上,今天的民族识别与划分的标准,本身就存在争议。而从古代某一个或若干部族演变为今天某一民族的过程往往相当复杂,是多次分化和融合的结果,简单采用今天某一通用民族名称,既无把握,也不科学。倒不如直接使用当时的部族名称,在有确切证据或有充分把握的情况下适当注明。迁徙的过程虽然重要,但是每次迁徙的结果无不反映于分布之上。只要把某一部族在不同年代的分布地点和范围查清了，即使对其间的迁徙过程一无所知，也能根据宏观的、微观的历史地理状况和历史背景做出大致的推测。

介生教授认为，以地域为范围来对各个民族进行归类研究，是最为科学而合理的切入路径。而归类的依据，则是通过历代疆域建设与民族地区政区建置的梳理与分析，尽可能充分展现中国古代民族发展的空间维度。的确，在尚未真正统一的邦国时代或分封制阶段，一个农耕的或半农半牧的部族，当其人口和实力增加到一定程度，就会建立一个国或被封为一个国。牧业部族如果在人数和活动范围达到一定大的范围，也会得到相邻国的记载。在秦朝统一后，一个地方如果正式设置了行政区域，并能保持稳定，就意味着诸夏（华夏、汉族）尽管在人数上并不占有优势，但已经取得了主导地位，在其境内的其他部族已属少数或边远，且将因迁出或被融合而逐渐消失。而仍以非诸夏或少数民族人口为主的地方，或者不会设立正式行政区域，或者被设立特殊或临时行政区，如西汉的县级政区中就明确“蛮夷曰道”的记载，被称为“道”的县肯定是以“蛮夷”人口为主的，可以视为“蛮夷”分布区。同样，唐宋的羁縻府州，元明清的土司，清朝在西北、蒙古的将军辖区和理藩院管辖的地区，在它们被撤销或消亡之前，都可以视为某一或某些部族的聚居区。所幸中国历史政区地理的研究成果相当丰富，特别是《中国历史地图集》提供了权威的、全面的政区背景，所以，介生教授充分利用历史政区地理的研究基础与成果，尽可能地展示民族地区政区建置的特点及其演变的曲折过程，再参考这些地区的户籍人口统计资料，比较全面客观地反映各个历史时期民族的分布状况。

在这次修订中，介生教授增加了一节“台湾历史民族地理”，使历史时期中国的概念更加完整。又在每一章前增加了“绪论”，是对于各个历史时期的宏观把握以及学术研究发展的分析，也是对该时期民族发展及分布状况进行宏观思考与研究的成果。这无疑使本书的《导论》形成的民族地理理论得到更广泛的支撑，其学术价值得到应有的提升。

本书对中国历史地理学的贡献和对历史民族地理的开创之功无须赘述，但是，相对于这一艰难浩繁的课题，与完整、完善、完美自然还有很大的距离。相信介生教授不会就此止步，也寄希望于与他志同道合的学术同仁和他培养的年轻学者们。

2019 年 1 月

目 录

导　论

中国历史民族地理学，是中国历史人文地理学的一个分支学科，着重研究历史时期与民族起源、分布及发展有关的地理要素的空间分布及其演变规律，其中包括民族起源地及其地理环境、民族分布区与分布格局的形成与演变、民族人口的地理分布及迁徙运动等问题。“从历史上看，地理学与民族学是最接近的姊妹学科。”这已是国内外学术界的共识。[①] 民族的分布与迁徙、民族国家的产生及演变、民族风俗文化的形成与发展，都和所在区域的自然地理环境存在着难以割舍的密切关联。在历代户口登记制度中，民族成分也与个人籍贯地一样，逐渐成为人类社会每一位成员所必具的存在标志（社会属性）。中国疆域辽阔，历史时期不同地区自然地理环境各具特色，各民族的历史异常曲折复杂，因而也就为历史民族地理研究提供了丰富多样的研究课题与极其深厚的研究资源。积极推动中国历史民族地理的研究，对于促进历史地理学的进一步发展具有重要意义。然而，目前学术界关于中国历史民族地理研究的认识与理解并不完全一致。笔者在此想总结个人研究经验，对该学科的基本概念、学科性质、研究现状、研究方法等诸多问题提出初步的认识与研究构想。

一、历史民族地理学的基本概念与学科性质

（一）关于“民族”与“民族学”概念

与民族学相仿，历史民族地理学最核心、最基本的概念之一，是“民族”。关于“民族”这一概念的讨论，长期以来一直是中国民族学界争论的焦点问题之一。特别是中华人民共和国成立以后，民族学界的学者们围绕这一概念发表或出版了相当多的论著。以当代民族学权威刊物《民族研究》为例，该杂志在相当长的一段时间里，几

① 参见〔日〕石川荣吉、佐佐木高明《民族地理学的学派及学说》，《民族译丛》1986 年第 5 期。

乎每期都有关于这一概念的讨论文章。然而,迄今为止,在这一问题上似乎仍没有取得一种“标准定义”,也就是说,至今尚没有一种非常完整而精确、为国内外学术界所完全认可的“民族”概念。这在全国社会科学研究领域里恐怕也是一种相当特殊的现象。

形成这一现象的原因及背景是多方面的。其中,有几个因素较为关键:一是世界各民族形成过程与民族特征、发展水平的多样性与复杂性;二是中外学术界在世界观、认识论及方法论上的差异;三是中外语言概念转译及理解上的困难等。其中,世界范围内的各个民族形成过程与民族特征、发展水平的多样性与复杂性,是激发理论范畴矛盾、学术意见争执与认知结论困惑的最主要根源。作为一种最典型的人们共同体,世界上多数民族本身的形成,都有一个相当复杂而漫长的过程。从蛮荒初始的远古时代开始,一直到近现代大工业化社会,世界上众多民族走过了各具特色的发展道路,然而共时性的发展水平存在悬殊的差异。有些民族与政权(特别是西方的民族与国家)较早跨入工业化时代,在政治、经济、文化发展方面取得了巨大进步,科学技术与经济发展水平居于世界前列。与此同时,有些古老民族却长期停滞在相当原始的社会形态,生产力水平低下。关于这些处于不同发展阶段中的民族是否具有共通之处,是否应该被等量齐观,本身都是见仁见智的难题。而如何看待这些不同民族之间在发展过程中形成的巨大差异,便成为民族甄别与研究面临的首要课题之一。从某种意义上讲,确定“民族”概念,也就是确立“民族”正式形成的标志或标准。人们所熟知的与“民族”相近的一些人们共同体概念,如家族、氏族、部落、部族、种族及政体等,就其实质而言,都可以说是民族发展史上不同阶段的产物。确定种族、氏族、部落、部族等人们共同体与“民族”之间存在的本质上的差别,便是确立“民族”的必要前提。如果我们将种族、氏族、部落、部族统统作为“民族”产生前的人们共同体,那么究竟具备哪些条件,种族、氏族、部落、部族等才能转化为“民族”,同样是民族甄别工作中的核心议题。

其次,中外学术界以及马列主义经典作家,在“民族”概念以及“民族学”概念等诸多问题上的认识,存在着相当悬殊的差距。谁也无法否认,中国古籍中蕴藏着非常丰富的民族学资料,也出现了不少类似“二十四史”中的《四裔传》以及《越绝书》《云南志》等有关民族问题的专门著述,但是,中国古代历史上没有建立完整的民族学体系,缺乏对于民族问题较为理性的认知,即使是中国古文献中的“民族”一词,也并非严格的、通行的学术概念。应该承认,中国近代民族学研究是在西方学术思潮的影响下产生的。今天中国学术界通用的“民族”概念,也是在西方观念影响下产生的现代学术名词。然而,就在中外语言转译的过程中,矛盾不可避免地出现了。一方面,在数量浩繁的外文专著中有关“民族”的概念并不统一,即无论是英文、法文,还是德文、俄文,都没有一个严格明确的、权威性的“民族”概念。在近现代“西学东渐”之前,中国学者虽然没有确立严格的“民族”概念,但是,中国境内各民族走过了自己漫长的、并不雷同的发展道路,约定俗成,已经形成了客观的认定事实,这就促使中国学者对民族问题也形成了自己独特的理解,也会执着于自己的认识与判断,与西方传入的民族学概念及理念存在一定差距。在这种情况下,究竟是坚持与发展自身对民族问题的认识与研究,还是遵照西方概念来规范中国学者的研究,便是十分棘手的难题。学者如果简单地依托于某一流派西方学者的观点,或师心自用,主观臆断,凭空议论,那么,学术界很容易出现各执一端、争论不休的混乱局面。

例如早期介绍西方民族思想的中国学者之一梁启超先生,于清光绪二十九年(1903)撰文介绍德国著名政治学家伯伦知理(又称作“布伦奇理”,Bluntschli,1808—1881)的政治学说,其中特别提及伯伦知理所界定的“民族”概念。伯伦知理认为:“民族者,民俗沿革所生之结果也。”

> 民族最要之特质有八:(一)其始也,同居于一地(非同居不能同俗也。后此则或同一民族而分居各地,或异族而杂处一地,此言其朔耳);(二)其始也,同一血统(久之则吸纳他族,互相同化,则不同血统而同一民族者有之);(三)同其肢体形状;(四)同其语言;(五)同其文字;(六)同其宗教;(七)同其风俗;(八)同其生计。有此八者,则不识不知之间,自与他族日相阂隔,造成一特别之团体,固有之特质,以传诸其子孙,是之谓民族。①

据此可知,伯伦知理提出“民族”概念已经相当成熟,对于构成“民族”共同体所应具备的各种特征做出了相当全面而严密的界定。但是,研究的困难在于,概念界定的严密与全面,反而为实际中的民族认定工作设置了重重障碍。

在这里,更典型的例证便是马列主义经典作家的民族理论在中国的遭遇。自中华人民共和国成立以来,中国民族学界争论的焦点之一,是如何准确理解马列主义经典作家在这一方面的论述。尽管马克思、恩格斯、列宁等在其各自著作中

① 参见《饮冰室文集》之十三,《饮冰室合集》第2册,中华书局1932年版,第71~72页。

都反复提到过民族问题，然而，只有斯大林对民族问题进行过带有专门学术性质的探讨。[①] 毋庸置疑，他所阐发的“民族”概念不仅数十年来在中国学术界居于主导地位，而且迄今为止依然是影响中国学术界的权威论断之一。如他在《马克思主义和民族问题》[②]一文中指出：“民族是人们在历史上形成的一个有共同语言、共同地域、共同经济生活以及表现在共同文化上的共同心理素质的稳定的共同体。”应该承认，这一概念的内涵是相当严谨和丰富的，而且是建立在精确而合理的推理基础上的。如在民族形成方面，斯大林指出：“民族首先是一个共同体，是由人们组成的确定的共同体。”“这个共同体不是种族的，也不是部落的。……是历史上形成的人们的共同体。”“民族不是偶然的、昙花一现的混合物，而是由人们组成的稳定的共同体。”民族的基本特征有：1. 共同的语言；2. 共同的地域；3. 共同的经济生活、经济上的联系；4. 共同的心理素质。“只有一切特征都具备时才算是一个民族。”但是，斯大林在文章中同时讲：“民族不是普通的历史范畴，而是一定时代即资本主义上升时代的历史范畴。封建制度消灭和资本主义发展的过程同时就是人们形成为民族的过程。”即他所确定的“民族”，主要是指资本主义时代的“现代民族”，或至少是处于较高级发展阶段的民族，并不能完全适合于中外古代历史上各民族的判别。如果严格按照这一概念去识别与筛选，那么我国古代历史上出现的许多族类根本不能被称为“民族”，而这些曾经存在过的族类正是我们研究的主体部分，这无疑为我们研究古代民族设置了障碍，更引发了中外学术界极其尖锐的争论。可以说，马列主义经典作家往往只是从他们所处时代理论斗争的需要出发来阐发与民族相关的问题，而不是从纯粹学术的角度来讨论，更不是就中国具体情况而言。他们对民族问题的解析为中国学术界提供了宝贵的参考，却无助于终结关于民族概念的学术争议。

此外，马克思与恩格斯的论著大多为德文，而列宁、斯大林关于民族概念以及对民族问题的阐发几乎均为俄文，都不是今天比较通行的英文、法文或中文。不同语言之间的准确转译，便不可避免地成为正确理解“民族”概念的重要前提之一。这一方面涉及对德文、俄文概念本身的理解，另一方面涉及与主要使用英文或法文的西方学术界之间相互理解及对应问题。中国学者不仅要对经典作家的概念用中文做出准确

---

① 参见中国社会科学院民族研究所编《马克思恩格斯论民族问题》（上、下册，民族出版社 1987 年出版）、《列宁论民族问题》（上、下册，民族出版社 1987 年出版）。

② 参见中国社会科学院民族研究所编《斯大林论民族问题》，民族出版社 1990 年出版。本段以下引文分别见于第 26~33 页。

的解析，还要尽可能地找到与俄文概念相对应的英文概念，同时，需要使自己阐释的观念得到世界各国学者的认同，这种语言转译与阐释需要对各国学术概念历史有着极其通透恰当的认知，其工作的难度相当大，已远远超过了语言差异的本身。

我们看到，当代中外学术界关于民族问题的讨论形成了另一个显著的焦点，即族群或族体(ethnic group)与民族(nation)之间异同的辨析。① Ethnic group 一词来自希腊语 ethnos(民族)。最早试图用 ethnos 替代英语译词 nation 的外国学者，是俄国人史禄国，他在 1923 年出版的《民族、民族志现象和民族现象的基本原则》一书，是世界上第一部对 ethnos 进行研究的专门著作。在 20 世纪 60 年代中期以后，ethnic group 一词在美国和西欧一些国家的社会学、人类学和政治学等学科领域流行开来，并且有逐渐取代原来长期使用的部落(tribe)与种族(race)等词汇的趋势，用以分析这些国家基于种族、民族、语言、宗教、文化、习俗等要素基础上的"认同群体"。如较为通行的"族群"定义："1. 从生物学角度来看具有较强的自我持续性；2. 共享在各种文化形式下的外显统一性中所实现的基本的文化价值观；3. 建立一个交通和沟通的领域；4. 拥有自我认同和他人认同的成员资格，以建立与其他同一层级下的类别相区分的范畴。"②20 世纪 90 年代以后，ethnic group 更在世界范围内流行开来，并被引入中国学术界，中文译为"民族""民族集团""族群"等。③ 然而，随着在中国学术界的广泛运用，这一词汇在中国国内学者中间出现了意见分歧，更为甚者，这种分歧有时又演化为中外学者之间的论争。④

笔者认为，作为人们共同体的一种特殊形式，世界各民族在形成的时间及演变特征等方面存在着巨大的差异，反映在概念界定上必然出现相当大的模糊性，要想树立统一的认知标准，几乎是不可能的。在关于历史时期民族的研究中更是如此。部分西方人类学家往往只将民族研究的目标，聚焦于非西方的文化落后的民族身上，恐怕

---

① 以《民族研究》为例，该刊物在 2002 年就发表了数篇专门讨论这一问题的学术论文，论争之热烈，由此可见一斑。这些论文有：徐杰舜《论族群与民族》(第 1 期)、李绍明《从中国彝族的认同谈族体理论——与郝瑞(Stevan Harrell)教授商榷》(第 2 期)、郝时远《Ethnos(民族)和 Ethnic group(族群)的早期含义与应用》(第 4 期)、李红杰《论民族概念的政治属性——从欧洲委员会的相关文件看"民族"与"族群"》(第 4 期)、〔美〕郝瑞《再谈"民族"与"族群"——回应李绍明教授》(第 6 期)等。

② 〔挪威〕弗雷德里克·巴斯主编《族群与边界——文化差异下的社会组织》，商务印书馆 2014 年版，第 2~3 页。

③ 参见郝时远《Ethnos(民族)和 Ethnic group(族群)的早期含义与应用》，《民族研究》2002 年第 4 期。

④ 参见王实《"族群理论与族际交流"国际学术研讨会综述》，《中南民族学院学报》2001 年第 6 期。

是造成学术误区与误解的主要症结之一。尽管对运用 ethnic group 进行现代民族认定还存疑义,学术界在研究历史民族时用 ethnic group 取代 nation,却无疑是更为准确与明智的。为了协调处理上述讨论中出现的复杂的矛盾,也为了避免陷入无休止的概念之争,笔者在本书中更多地运用“人们共同体”或“民族共同体”以及“族群”等这一类较为宽泛的概念,将历史发展各个阶段各种与“民族”相近相关的人们共同体都划入研究范畴,特别注意那些已被客观认定的“族类”。概括地讲,我们所说的“民族共同体”或“族群”,不仅包括以共同姓氏、共同祖先为标志的血缘共同体,也包括以共同文化风俗、相互认同心理为标志的地缘共同体。① 两大人群都是我们研究的对象。

与“民族”概念类似,“民族学”概念及学科定位也处于一种相当复杂尴尬的境地。民族学,英文对应词一般为 ethnology,但是,这一名词又可译为“人种学”与“文化人类学”。② 通常,美国学术界将“民族学”称为“文化人类学”(Culture Anthropology),英国学者则又称之为“社会人类学”(Social Anthropology)。最早将“民族学”一词介绍到中国来的是蔡孑民(元培)先生,他在《说民族学》一文中说:

> 民族学是一种考察各民族的文化而从事于记录或比较的学问。偏于记录的,名为记录的民族学,西文大多数作 Ethnographie(法文),而德文又作 Beschreibende Völkerkunde。偏于比较的,西文作 Ethnologie(法文),而德文又作 Vergleichende Völkerkunde。Ethno 源于希腊文的 Ethnos,就是民族。Graphie 源于希腊文 Graphein,就是记录。Logie 源于希腊文的 Logos,就是学。……惟有德国人用他的民族学多数作为考察各民族文化的学问的总名(英文 Folklore 一字,并无多数字),而又可加以记录,比较等语词。今此篇用民族学为总名,而加以记录的

① 中文之“族”,就其原始含义而言,是指有血缘纽带的家族或宗族,与英文 family(家族)意义接近,与英文 race 意义还有较大差距。从英文解释来看,有几个英文单词或词组的含义与我们所说的“民族”有关,如 people, nation, race, nationality, tribe, community, ethnic group 等。People/peoples 同时具有 race, tribe, nation 的含义。Race 指被认为有共同原始祖先的部落(tribe)、民族(nation),或部落及民族集团。这一概念可以包括部落、民族以及部落及民族集团,其最明显标志便是拥有共同祖先。Tribe 指在一个或数个首领控制下的、具有共同语言与风俗的种族集团共同体。部落概念要小于种族概念,其较明显的标志为原始的首领管理制。Nation 指具有单一的语言、相同的政治特征及政治愿望的较大的人们共同体(Large Community of People)。可见,这一概念主要强调政治特征。Race 只是 nation 中具有共同祖先及血缘关系的一部分,而 nation 又是 community 中具有单一语言及政治利益的一部分。Community 指由同宗教、同种族、同职业或其他共同利益的个人组成的团体。因此,community 内涵最为广泛,nation 次之,race 与 tribe 的含义最为狭窄,而且,race 又通常被译为“种族”,racism 即为臭名昭著的“种族主义”,在第二次世界大战以后已为研究者所讳言。比较而言,nation 较为符合我们所说“现代民族”的标准定义,而 ethnic group 更能反映历史时期民族共同体的真实状况。

② 见陆谷孙主编《英汉大词典》,上海译文出版社 1993 年版,第 589 页。

与比较的等词,是依傍德国语法的。①

蔡先生的介绍显然依据德国语言与学术界的理论范畴,把两种西文概念即 Ethnology 和 Ethnography(一般译为人种志)都看作民族学。

面对如此混杂不一的多种概念并存形势,显然如果简单套用西方概念,则无法满足我们的研究需要。当代中国学术界较为通行的民族学概念:"民族学是社会科学的一门学问,它是以民族共同体为研究对象的一门学科,它与社会科学的其他许多学科,甚至与自然科学的一些学科,都有密切的联系。民族学的研究方法,主要是用实地调查方法,以及利用各种文字史料来研究世界上处于社会发展的各个阶段的各种民族共同体。"②这一概念简明扼要,相当准确地概括出民族学研究的对象及手段。这也是笔者对本书中所选用的基本概念"民族学"最基本的理解。

(二)历史民族地理学的学科性质与研究价值

1. 学科性质与研究内容

某一学科的独立存在,总是建立在与其他学科相区别的前提下,因此其学科性质的阐明往往出于判明其与相关学科的区别及联系之考虑。就学科性质而言,历史民族地理学从属于民族地理学,而民族地理学为人文地理学的重要分支。按研究的时段来划分,民族地理学又可分为历史民族地理学与现代民族地理学。民族地理学在概念及外文转译方面同样存在问题。在这个问题上同样存在着不同的取舍态度。

一种是照搬照抄西方概念。如(台北)商务印书馆出版的《云五社会科学大辞典》第十一册《地理学》对"民族地理学"的解释:

> 此为文化观点下的人类作为研究对象之地理学,与以人类体质上的特征分类的人种为研究对象之人种地理学相对。民族地理学为人文地理学之一部门;人种地理学该为自然地理学之一部门。
>
> 人种为民族区分之一重要要素,故人种地理学为民族地理学研究之基础科学。民族可依文化程度之不同分为原始民族、半开化民族、文化民族等,而追求这些民族的世界性分布,及其自然、社会、历史等的因素,为民族地理学之主题。(石再添撰稿)

外文概念为 Vöelkergeographie。这种概念显然是主张民族学是文化人类学衍生

① 该文载于《一般》杂志第 1 卷第 12 月号(1926 年)。

② 参见林耀华、金天明《从历史发展看当前我国民族学的对象和任务》,《民族研究》1980 年第 2 期;林耀华主编《民族学通论》(修订本),中央民族大学出版社 1997 年版。

出来的，与我们的理解存在一定的差距。

另一种态度是借鉴西方学术界的研究成果，做出自己的判断且加以规范。1983年上海辞书出版社出版的《地理学词典》解释"民族地理学"：

> 人文地理学分科。研究世界各国或地区民族的形成、历史、分布、语言、信仰、文化、风俗以及发展演变和移动等的学科。民族指具有共同语言、共同地域、共同经济生活以及表现于共同文化上的共同心理素质的稳定的人们共同体。一个国家可为单一民族，如朝鲜；也可为多民族，如中国；也可为多种族和民族，如美国、苏联、加拿大。研究民族地理可为制订正确的民族政策提供依据。（第236页）

该词典中"民族地理学"的英译为 racial geography（直译即"种族地理学"），显然有误。这一概念可谓较典型的"现代世界民族地理学"的概念，其立论依据主要是斯大林所提出的"民族"概念，以现存民族种类作为研究对象，较为简单笼统。

又如杨武先生主编的《中国民族地理学》一书，首先将民族地理学（没有英文译名）分为民族自然地理学与民族人文地理学。其次，民族人文地理学又包括民族历史地理学、民族人口地理学、民族经济地理学、民族聚落地理学以及民族文化地理学等。① 这种分类其实是将整个地理学体系完全置于"民族"范畴之下，将历史地理学置于民族地理学之下，实际是以各少数民族为单元，来探讨其各个时期（包括历史时期与现代）的自然地理与人文地理问题。笔者认为，这种分类法显然是不准确的。民族的形成与发展，本身属于人文现象，不能凌驾于整个地理学之上。民族地理学理应是人文地理学的一个部分，其研究对象应该是一个独立的地理区域。"民族自然地理学"的提法自然为生造的，是不成立的，至少应该是"民族区域的自然地理学"。与这部《中国民族地理学》的构思类似，黄盛璋先生提出了创建"民族历史地理学"的倡议，同样将"民族"置于整个历史地理学之上，力图将其上升为一门独立的学科，并对其涉及的基本理论问题进行了相当详尽的阐发。② 不过，笔者以为该学科还是应被视为历史人文地理学的一个分支，而不能与历史地理学并列，以"历史民族地理学"来命名更为确当一些。

又有研究者指出，作为学科意义上的"民族地理学"这个概念，最早是由苏联民族学界提出的，并把其研究对象表述为"特定地区社会历史发展和经济发展过程中，各族人口和民族成分变动以及引起变动的原因"。显然，这样的定义缺乏地理学的视角

---

① 《中国民族地理学》，中央民族学院出版社1993年出版。

② 参见黄盛璋《论民族历史地理学的基本理论问题》，《传统文化与现代化》1995年第5期，第25~34页。

及研究内容，相当模糊，因此有必要提出新的概念为“民族地理学是从地理学的角度，运用民族生态的观点，研究民族的形成、构成、移动、分布特征及其与自然地理、人文地理的相互关系，揭示民族地区的历史、经济、人口、聚落、文化等要素的地理背景和发展变化规律的科学”①。笔者以为，这应该是现代中国学者对于民族地理学更为全面、更为系统的认知与总结。

鉴于目前如此复杂的研究现状，为授课与研究的需要，我们必须为民族地理学与历史民族地理学确定一个较为允当的定义。笔者以为，《中国大百科全书·地理学》对民族地理学的解释是十分精当的，它不仅明确了民族地理学的基本概念及学科性质，而且指明了该学科的两大部分的研究内容。该书的撰者指出，“民族地理学”是“研究民族的地理分布，及其形成和演变的地理背景的学科领域”，“属于人文地理学的分支”，它介于“民族学和地理学之间”，是一门边缘学科。民族地理学两大部分的研究任务包括：(1)“一个民族一旦形成后，具有相对的稳定性，长期保持自己的传统、风俗习惯、语言文字、宗教信仰、居住方式和居住范围、生产特点和强烈的民族自我意识等。在没有外来干扰情况下，代代相传，可以保持很久。所有这些都与一定的历史—地理背景关系密切”。它构成了民族地理学对该民族研究的基本内容。(2)在某一地域范围内，“不同的时代，民族的数目、大小各异，居住地也不一致，因而形成了特点不同的民族地理分布”。民族地理学就是研究这种地理分布结构的形成和变化规律的一门学问。

> 民族地理着重研究民族的地域分布规律，研究内容包括民族聚居区或分散区形成的原因和条件，民族居住区扩展和收缩的机制及其演变趋势，一地区民族的构成，民族之间的经济、文化交流以及民族演变（分化、兼并、同化或融合）过程与地理环境间的关系，各民族的人口、生产活动、居住习惯、信仰、风俗、素质与环境条件的关系等等。②

---

① 参见管彦波《民族地理学》，社会科学文献出版社2011年版，第89~90页。

② 该词条由郭振淮撰写，载《中国大百科全书·地理学》（中国大百科全书出版社2002年版）第301~302页。此外，《中国大百科全书》（人文地理学分册）将“民族地理学”概念与Ethnography相对应，然而多数英汉词典将这一词汇翻译成“人种志”“人种史”“人种论”。当然，我们必须承认，这一英译具有一定的合理性。前缀为ethnical的省略，有“种族的”“人种的”含义；后缀graphy有“记”“志”的含义，正与Geography、Biography等构词方式类似。但这一英译直接套用，极易引起误解。关于“中国历史民族地理学”的英文译名，笔者曾经专门请教原任职于英国牛津大学汉学研究中心的科大卫教授（Prof. David Faure）。科大卫教授提供的译名为Historical Geography of Ethnic Groups in China。笔者认为这一译名非常精当，在此向科大卫教授致谢。

以时段为限，民族地理学理应包括“现代民族地理学”与“历史民族地理学”两大部分。如果说民族地理学是介于民族学、地理学之间的边缘学科，历史民族地理学就应该是介于历史学、民族学以及地理学三大学科之间的边缘学科或跨界学科。但是，这种笼统的说法缺乏实际意义，必须进行进一步的引申。笔者认为，就学科性质而言，历史民族地理学应该是历史地理学的一个部分，而且是历史人文地理学的一个分支，是研究历史时期出现的各个民族以及民族共同体的起源与地域分布、各主要民族的迁徙与促使这种迁徙的地理因素以及演变趋势等。

历史民族地理学的主要研究任务包括：

（1）考察与研究历史时期出现的族群类别的人们共同体起源地、人口发展规模与分布地域范围，以及其与地理环境之间的互动关系。简言之，即微观视角下民族生存环境及变迁问题。

（2）研究与确定各个不同时期整体性的民族分布状况与特征，即确定当时主要的民族区域范围及民族分布格局，绘制较为精确的民族分布图。简言之，即宏观视角下民族分布格局及区域相邻关系。

（3）分析与研究各个时期民族区域及分布格局形成与演变的自然、社会等地理环境要素。自然环境要素有地势、气候、水文、灾变等，社会环境要素有该民族生产生活方式的特征、社会组织结构、文化信仰以及与周边民族的关系等。简言之，即民族与所在社会环境之互动关系。

（4）研究与确定民族分布及变迁的客观空间发展过程，以及由此引发的历史地理、政治史、社会史、文化史等方面的复杂后续效应及相关问题等。简言之，即历时性的地理发生及效应问题。

（5）整理、研究与历史民族地理问题相关的文献与图籍。“左图右史”是中国宝贵的学术传统，历史时期遗留下来的大量文献与地图，都应成为各个时期历史民族地理研究的珍贵佐证。简言之，即“以图证史”“以图释地”问题。

2. 与相关学科的关系与研究价值

首先，与历史民族地理学关系最为密切的应该是民族史学。以中国民族史学为例，研究者指出：

> 中国民族史学，由族别史、民族关系史、通史体中国民族史、中华民族形成史、民族考古、民族地区历史地理等几个部分组成，不仅全面探讨中国各民族及整个中华民族起源、形成、发展的史事、人物、政治、经济、文化、社会等各个层面

的发展过程与特点，并力求探讨其中的规律性。①

尽管上述阐释包含了“民族地区历史地理”的内容，但民族史学与地理学的关系远不止于此。世界上任何民族的产生与演变，都是地理性极强的人文现象，民族史研究必须要对有关民族的地域性问题做出全面而翔实的解释。比较而言，民族史研究往往以单一民族的发展、演变为线索，侧重于深入细致地探讨各民族的生产生活状况，讨论民族发展过程中的重大事件，包括人物、制度、风俗等。而民族地理研究则注重某一时段在较大的区域范围内不同民族的分布特征、不同时段各民族在地域分布上的变化，以及迁移的历史背景与影响，充分发掘各民族历史演变与地理环境之间的关系，以及分析地理环境所发挥的作用。可见，民族地理的研究，可以较大地拓展民族史研究的视野，对于深入了解民族演变的客观背景，具有不可或缺的重要参考价值。

其次，历史民族地理的研究，在历史地理研究领域也占有十分重要的地位。民族是某一个人或群体重要的社会属性。“任何人类历史的第一个前提无疑是有生命的个人的存在，因此第一个需要确定的具体事实就是这些个人的肉体组织，以及受肉体组织制约的他们与自然界的关系。”②然而，个人在自然界中是难以单独存在的，必须生活在某种相对固定的人们共同体之中，民族正是确定个人所属人们共同体的标志。既然任何现实存在的个人与群体都从属于某种人们共同体，那么，人文地理学的各个分支都必须注重研究主体与民族属性相关的问题。

例如，历史政治地理的研究中心在于某一时期各个政权的疆域变迁、政区层级变化以及政治中心的转移等问题。中国历史虽然以历代中央王朝的嬗变为主体，然而大量其他地方民族政权的存在也是不可否认的客观事实，而且在相当长的历史时期，不少由少数民族直接创立的政权占据着重要的地位，甚至与同时代的中央王朝分庭抗礼。研究这些地方民族政权的疆域范围、内部政区特征等，都是民族地理研究的重要内容。另外，历代中央王朝都存在与周边民族有关的疆域与政区问题，与周边少数民族的分布与迁徙有着直接的关系。如果对这些周边民族的分布与迁徙缺乏基本的了解，就难以对这些疆域与政区的变化做出全面而准确的解释。民族政区又是民族地理研究中不可或缺的部分，这方面突出的事例有唐朝的“羁縻府州”问题以及元、明、清时期的“土司”政区问题。与民族史研究相比，民族地理的研究更着重于相关自

① 参见陈连开主编《中国民族史纲要》，中国财政经济出版社 1999 年版，第 1 页。

② 《马克思恩格斯选集》第一卷(上)，人民出版社 1972 年版，第 24 页。

然地理因素的研究与地域范围的界定。

历史文化地理重在研究不同文化区域的分布与演变。“文化区域的形成因素则主要是语言、信仰、生活习惯、社会风气的异同。”①除了血缘，民族的特征与成熟标志在很大程度上正是源于文化的差异，包括语言、信仰、生活习惯与社会风气等，这也就是为何文化研究与民族学（即文化人类学）相近并容易混同的根本原因，也因此，文化区域的划分在很大程度上首先取决于民族区域的划分。一般来说，一个单一民族区域内部的文化差异，应该逊色于不同民族区域间的文化差异，因此，在文化地理研究中，首先应确定文化区域的民族特征。

此外，历史人口地理、历史经济地理、历史交通地理等，都与民族地理有着极为密切或难以分割的关系。这一切都充分说明了民族地理研究的重要价值。

再次，历史民族地理与边疆史地研究之间的密切关系，也是不容回避的。边疆史地研究，就其字面理解，至少有两种解释：一是边疆地区的历史研究与地理研究，一是边疆地区的历史地理研究。显然后者从属于前者，是边疆史地研究中完全从属于历史地理学的部分，而边疆研究中历史部分的研究（包括边疆民族人物、重大事件、历代边疆冲突以及历代边疆政策研究等）则不能全数划入历史地理学的研究范畴。不过，就中国历史实际发展状况而言，众所周知，历史时期非华夏民族大多聚居于边疆地区，边疆地区在很大程度上已成为“民族聚居区域”的代名词，因此，边疆史地研究便成为民族聚居地区历史与地理的研究，与历史民族地理学在研究内容上存在相当多的重合，但又不能相互完全替代。

（三）关于“历史民族地理学”学科概念的争论

近年来，历史民族地理的专题研究引起了众多研究者的强烈兴趣，不少内容翔实、分析得当的研究论著陆续出现，推动了历史民族地理学的发展。如重要的学术论文：黄盛璋《论民族历史地理学的基本理论问题》（《传统文化与现代化》1995 年第 5 期）；李并成《西北民族历史地理研究刍议》（《甘肃民族研究》1997 年第 1 期）；刘锡涛《中国民族历史地理学的几个理论问题——兼谈新疆民族历史地理》（《喀什师范学院学报》2000 年第 1 期）；安介生《略论中国历史民族地理学》（《历史地理》第二十辑，上海人民出版社 2004 年出版）；朱圣钟《论民族历史地理学研究的若干问题》（《广西民族研究》2005 年第 1 期）；徐强《论历史时期民族地理研究的学科属性》

① 谭其骧《历史人文地理研究发凡与举例》，载于《历史地理》第十辑，上海人民出版社 1992 年版，第 22 页。

(《贵州民族研究》2008年第5期);郭声波《历史民族地理的多学科研究——以彝族历史地理为例》(《南方开发与中外交通》,西安地图出版社2007年出版)等。较为重要的专著:安介生《历史民族地理》(上、下册,山东教育出版社2007年出版);郭声波《彝族地区历史地理研究——以唐代乌蛮等族羁縻州为中心》(四川大学出版社2009年出版)等。其中,笔者所著《历史民族地理》一书被认为"构建中国历史民族地理学体系的开拓之作"(参见郑维宽《构建中国历史民族地理学体系的开拓之作——评安介生著〈历史民族地理〉》,《中国边疆史地研究》2008年第4期;牛淑贞《历史民族地理研究的第一部系统之作——安介生〈历史民族地理〉介绍》,《内蒙古社会科学》2008年第5期)。郭声波《彝族地区历史地理研究——以唐代乌蛮等族羁縻州为中心》一书,对于开拓区域性历史地理研究具有重要意义。

我们看到,关于历史时期民族地理的研究吸引了越来越多研究者的关注,但是,对于历史民族地理学的概念及学术定位问题还有着不同的看法。如就学科名称而言,史念海、郭声波、安介生等学者主张称为"历史民族地理学",将其作为历史人文地理学的一个分支;而黄盛璋、李并成、刘锡涛、朱圣钟等学者则主张称为"民族历史地理学",并主张将其上升为一个独立学科。应该承认,这种争论的出现,本身就是历史民族地理学上升与发展的重要表征之一,对于这门学科的健康发展是十分有必要的,并非坏事。

笔者以为,一方面,中国历史民族地理学可分为"广义"与"狭义"两个范畴,狭义的"中国历史民族地理学",可以是中国历史人文地理学的一个分支学科,着重研究历史时期与中国境内(主要是少数民族的)民族起源、分布及发展有关的地理要素的空间分布及其演变规律,其中包括这些民族起源地及其地理环境、民族分布区与分布格局的形成与演变、民族人口的地理分布及迁徙运动等问题。广义的"中国历史民族地理学"则应该包括中国境内所有民族的历史、地理以及相关问题的研究,是以历史时期中国疆域为范围的宏大研究或学科(Large-scale Discipline),与单纯性的历史人文地理就有一定的距离。

另一方面,"民族历史地理"又可以有多种解读方式:一是与民族相关的历史与地理问题,一是民族聚居地区的历史地理研究。而这两种解读,与笔者所界定的"历史民族地理研究"有着本质的差异与区别。历史民族地理是历史人文地理研究的部分,其研究的基础是疆域、人口分布、区位差异、地理环境及变迁,是通过疆域、人口分布、区位差异、地理环境及变迁等视角,来考察民族的起源、生存及发展问题。“民族历史地理”则将视角集中于“民族”，而“民族”是一个包容力极强的人文概念及族群名称，有着很大的解释空间，将这样一种人文概念凌驾于“历史地理”之上，则会产生更多的模糊性与冲突。为营造学科框架，有些学者甚至提出“民族自然地理”的概念，则显然是注意到了“民族聚居地区”（甚或是“少数民族聚居地区”）的自然地理问题。如果是一个族群，怎么会有自然地理问题？这种将“民族聚居地区”与“民族”相混淆的自设歧义，只能造成更多的误解与混淆，对于学科发展肯定是十分不利的。

二、中国历史民族地理学产生与发展的背景

中国历史悠久，幅员辽阔，民族众多，这是中国的基本国情，也是中国历史民族地理学产生与发展的最重要、最深厚的大背景。历史时期中国疆域辽阔，不同地区自然地理环境颇具特色，各民族发展历史曲折复杂，因而为中国历史民族地理研究提供了丰富多样的研究课题与极其深厚的研究资源。

（一）民族与地理环境密不可分，离开对地理环境的评估与研究，就无法真正理解一个民族的发展历史与现实状况

民族归属是某一个人或群体的重要社会属性。个人在自然界中是难以单独存在的，必须生活在某种相对稳定的人们共同体之中。民族正是确定个人所属人们共同体的主要标志之一。在漫长的历史发展中，民族成分与姓氏、个人籍贯地、职业等一样，已逐渐成为人类社会中每一位成员所必需的存在标志（社会属性）之一。

共同的地域是民族及民族共同体形成的地理基础，这一点已成为中外学术界大多数研究者的共识。尽管目前中外学术界关于“民族”或“族群”定义有着较大的争论与分歧，不过，马列主义经典作家的观点依然是最具影响力的主流观点之一。斯大林在《马克思主义和民族问题》一文中的观点已如前所述。而共同的地域，就是一个民族生存与发展的物质空间与地理基础，也是民族的共同语言、共同经济生活及心理素质等诸多特征得以形成的客观环境。这一点在民族的形成阶段表现得最为明显。

在世界学术发展史上，民族学与地理学之间存在着不可割舍的密切关联。早期的民族学家或人类学家大都对人文地理学有着精深的造诣，甚至本身就是出色的人文地理学家。谈论民族问题，而不涉及所处方位及地理环境，是不可想象的。即使是马列主义经典作家们也不避讳这一问题。“人本身是自然界的产物，是在他们的环境

中并且和这个环境一起发展起来的。”①此外，民族的分布与迁徙，民族国家的产生及演变，民族风俗文化的形成与发展，都和民族所在地的地理区位及自然地理环境之间，存在难以割舍而又直接的关联。

还必须指明的是，民族发展与地理环境之间的关系并不是简单的、僵化的、单向的或被动的，而是复杂的、积极的、互动的，且具有无法规避的连续性及时间叠加性。地理环境影响着民族的生存与发展，反过来，民族的生产活动同样影响与改造着所在环境的面貌，而被“整治”或“改造”后的环境，又对民族生存与发展产生与以往并不相同的影响。同时，随着现代学术思想的发展，学术界所认定的“地理环境”的内涵已大为扩展，既包括空间、区域、景观、气候、植被等地理基本要素的分析及综合，也包括文化区形成，以及相邻关系、区域社会状况以及人文及社会“微环境”因素的影响等。

在当代新的语境及话语体系之中，地理因素已不再是历史演变的简单背景、“舞台”以及“剧场”，而是具有能动性、综合反作用以及体现长久效应、历史影响的整体性空间地理环境。从这种视角重新审视中国历史民族的演变，更有利于得出全面的、多维度的、具有较高学术价值的研究成果。

（二）中国幅员辽阔、历史悠久、民族构成复杂，由不同地理环境所造成的民族区域性与差异性的特征非常突出，因此，探讨空间、区域及环境等地理状况对民族发展史所造成的客观影响及持续效应，便成为揭示与研究民族发展真实动力的一把不可或缺的“金钥匙”

首先，世界上任何民族的起源、发展与演变，都是地理性极强的人文现象，其与所处的客观地理环境有着如影随形、不可割裂的关联。中国境内的古老民族发展也是如此。例如中国境内既有“千里平川”的平原地带，又有群山耸立、地势险峻的山谷地带。不同的地质、地貌、气候、植被等条件直接影响到各个民族的生存与发展。中国古代学者很早就注意到了地理方位因素对于民族发展的影响，因而提出了“广谷大川异制，民生其间异俗”以及“十里不同风，百里不同俗”等人文地理思想。又如秦汉以后，中国境内最重要的民族聚居区域分界线之一，便是万里长城，而长城一线，恰恰又是中国经济区划体系中游牧业与农耕业的分界线。游牧民族与农业民族也成为中国历史上最重要的两种族群。简而言之，一方面，依赖与利用地理环境因素，是每个民族生存与发展的前提，另一方面，客观的地理及社会环境又对各个民族生存、发展及

① 《马克思恩格斯选集》第3卷，人民出版社1995年版，第374～375页。

民族文化形态，产生了至关重要甚至是决定性的影响。还可以肯定的是，越是在生产力不发达的时代，人们受到地理环境的制约与影响也越大。因此，研究中国民族发展史，必然先从研究中国历史地理环境入手。

其次，中国自古是一个多民族构成的国家。认识到这一特点，对于理解中国历史民族的发展具有至关重要的作用。我们可以看到，历史时期，在经过长时间调整之后，一个时代的民族分布通常会形成一种相对稳定的格局，这种格局往往又与不同民族王朝、政权的分布格局存在着一致性与相关性。这种格局的形成，往往建立在地理环境基础上，既是前一时代民族演变的结果，又是下一时代民族发展的准备与前提。细致而全面地研究一个时代民族分布格局，对于了解这一时代民族及政权、王朝的构成状况及其未来发展趋势，显然是必不可少的。而研究这种格局的形成及其背景，必须要对其所依赖的空间地理结构进行深入而细致的探讨。

再次，民族特征、地域相邻关系与地理分布格局等问题，都不是孤立与一成不变的。首先，民族本身就处于不断变化之中，既有传承性，又有变异性，因此，在民族研究中，不加分辨地将古代某一民族与现代某一民族直接对应，往往是不严肃、不科学的。其次，世界上绝大部分民族都不会长久不变地居留于一个固定的居住点。民族分布地的变化，或者民族迁徙的历史，往往是许多民族发展史中必不可少的一部分。特别是在古代历史上，民族的迁徙活动，是寻找与选择最佳居留地的结果。迁徙的历史，往往是重新选择的历史，也往往出于各个民族生存与发展的需要。事实证明，这种变化与地理环境状况也有着密切的联系，最突出的影响便是迁徙路线与迁入地之选择。中国民族史上著名迁徙运动的例证相当多，如东汉以至南北朝时期，就是中国历史上的一个民族大变动、大迁徙的时代，主要迁徙活动有南匈奴的南迁以及北匈奴的北徙，氐族、羌族的内迁与东迁，乌桓族与鲜卑族的内迁，等等。一些民族的发展史，本身就是迁徙的历史。一些"北族王朝"的建立，也正是民族迁徙的结果。这方面的显证有拓跋鲜卑内迁与北魏的建立、女真族南迁与金朝的建立、蒙古族的内迁与元朝的建立以及满族的内迁与清朝的建立等。

在以往研究中，中国广袤国土内区域间的环境差异以及产生的深远影响，并没有得到应有的重视与深入的探讨。研究一个民族的文化特征与历史演变，理应从其生存的地理环境入手，而这种地理环境的影响如影随形，是深刻的、长期的、无时不在的。这种全方位的、客观的影响需要艰苦而深入的钻研，绝不可能用简单的背景介绍或一笔带过的方式阐发清楚。

（三）中国民族发展遗存的极其丰富的文献资料与实物资料，为中国历史民族地理研究奠定了坚实的基础。然而，就目前而言，中国民族史研究成果已相当丰硕，与之相比，中国历史民族地理的研究尚有极为可观的开拓空间

早在先秦时期，针对当时不同地域分布不同族群的客观状况，中国传统学者就总结提出了“华夷五方格局”即民族地理格局的初步范式，亦即“中夏、南蛮、北狄、西戎、东夷”。秦汉以后，在以“二十四史”为核心的历代王朝“正史”之中，大多列有少数民族的专篇或“四裔传”，对当时出现的重要少数民族历史及民族关系进行了较为系统的记载，“四裔传”的记载中包含了多个民族的起源地、地理环境、文化特征以及迁徙路线等丰富的地理信息。这一优良传统为今天的历史民族地理研究提供了丰富的资料。此外，关于少数民族与边疆地理的专著也很早就出现了，较为著名的有汉代袁康的《越绝书》、赵晔的《吴越春秋》，晋代张华的《博物志》、干宝的《搜神记》，东晋常璩的《华阳国志》、法显的《三十国记》，南朝刘宋沈怀远的《南越志》，等等。其中尤以《华阳国志》价值最高，被当代研究者推崇为一部研究历史时期西南地区状况的史地巨著。

唐宋以降，中国民族状况与民族关系进入了新的发展阶段，随着地理认知和民族认知水平的飞跃性进步，关于少数民族聚居地区历史与文化的学术专著与文献记载不断涌现。一方面，一批全国性地理总志的出现，为全国性民族分布格局的确定提供了重要佐证，如《括地志》、《元和郡县图志》、《舆地纪胜》、《方舆胜览》、《元丰九域志》、《舆地广记》、新旧《唐书》之《地理志》、《宋史·地理志》等。另一方面，关于边疆地区民族与地理环境的专书，更让我们对于当时民族聚居区域的认识大大提升。这方面的重要著作有裴矩的《西域图记》、樊绰的《云南志》、陆游的《入蜀记》、范成大的《桂海虞衡志》、周去非的《岭外代答》、朱辅的《溪蛮丛笑》、赵汝适的《诸蕃志》等，大大丰富了人们对于众多民族的认识与理解。同时，我们也看到，各个民族的历史是难以分割开来的，在记录华夏（民族）的典籍之中，同样存录着相当丰富的众多民族的历史地理资料，为我们研究民族关系、民族分布及民族交流情况提供了证据。

元明时期，中国的民族发展与民族认知也有着长足的进步。通过开拓空前规模的帝国疆域，蒙古族先民确立了世界性民族的地位，其在世界历史上的影响是难以估量的。我们看到，关于蒙古族历史地理著作的撰写，也跨越了政权及民族的界限，大量不同民族语言文字的著述，为后人认知与研究蒙古民族起源、分布以及迁徙等问题提供了极有价值的信息。明代有关民族问题与边疆史地方面的典籍文献，在数量及种类上大大超过了以往任何一个朝代，显示出当时对于边疆史地与民族地理的认知已达到了一个新的高度，部分著名史地专著（如《黔南识略》《殿粤要纂》等）已将汉民族以外的人员数量纳入记录范围，部分图籍（如《皇明职方地图》《图书编》等）已将众多民族的分布情况标注于图版之中。这些都为开展明代民族地理的研究创造了良好的条件。

清代是中国历史疆域形成的集大成时期，关于民族的认知与记录同样超越了前代。一些现存的图籍资料（如《皇清职贡图》等）也对众多民族情况进行了详细的记录，这为开展清代民族地理的研究奠定了坚实的基础。民国时期，随着西方民族学思想的引进，大批有识之士与爱国知识分子怀着对列强侵略与边疆危机的忧虑，积极投身于针对边疆地区与边疆民族的考察与研究之中，形成了“边政学”等新兴学科，留下了相当丰富、具有很高科学价值的实地调查资料。与此同时，一些国际知名的“人类学家”（如史禄国、鸟居龙藏等）也投身于中国民族问题研究，他们推出的一系列著作在国际学术界产生了重大影响。可以说，清代至民国时期是中国民族认知与地理研究出现飞跃性进展的时期，蕴藏着丰富的研究资源。

正是在这种丰厚积淀的基础上，从 20 世纪前期开始，现代中国学术界专注于民族史的研究，推出了质量上乘、数量繁多的一批民族史研究论著，由此成为现代中国学术界的一种突出现象。相比之下，历史民族地理的研究，似乎并没有与民族史的研究相适应，当然，民族史的研究离不开对一些地理问题的探究，例如民族发源地与分布地的考证、民族迁徙路线的研究等。需要特别指出的是，历史民族地理学的研究视角与研究理念，与民族史选取的研究视角与研究理念并不完全相同，甚至可以说有着很大的差异，因此，历史民族地理学的研究，不可能为民族史中一些简单的地理问题考证工作所取代。例如，各个时期的民族分布格局的形成与特征，地理分布格局与地理基础之关系，地理环境与民族发展趋势等重大课题，就不是民族史研究能妥善解决的问题。可以说，目前中外学术界对中国历史民族地理的研究还远远不够，可供开拓的研究空间仍然极为可观。

三、发展中国历史民族地理学的意义与价值

（一）中国历史民族地理学的提出，符合世界学术潮流与跨学科发展趋势，有利于产生具有全面影响力的、居于国内外一流的学术成果

倡导多维度、多层次的研究取向与跨学科的融合及共同探索，是现当代国际

学术界最重要的发展趋势之一。“历史好比演剧,地理就是舞台。如果找不到舞台,哪里看得到戏剧!”(《禹贡》半月刊发刊词)这不仅是中国现代学术史上具有重要影响的“禹贡学派”的学术宣言与根本主张,也是现代地理学史上的一种具有代表性的学术理念。这种学术理念的核心在于:如果我们对历史发生的地点、环境没有准确的定位与认知,那么,这种缺失会直接影响到历史研究工作的准确性与科学性。离开客观地理环境来谈历史,历史便成了难以捉摸的“空中楼阁”与“海市蜃楼”。

“禹贡学派”出现于20世纪30年代,以顾颉刚、谭其骧、侯仁之、史念海等学者为代表的学术群体,最为成功地将中国传统沿革考证学成就与现代地理学理念结合起来,培养了一批又一批学术中坚,使中国历史地理学的发展与世界学术界实现了同步。“禹贡学派”的学者们强调地理环境与历史发展密不可分、不可剥离的学术理念,强调从地理环境入手来研究历史的学术取向,在中国现代学术发展史上具有重大的突破性意义。正是在这种理念的指导下,在几代中国历史地理学者的辛勤努力下,20世纪70年代末80年代初,谭其骧院士主编的八卷本《中国历史地图集》问世伊始,即受到国内外学术界的高度推重,被认为是中华人民共和国成立以来在人文与社科领域所取得的标志性成果之一。八卷本《中国历史地图集》不仅解决了一系列地名与政区考订问题,而且为中国历史学研究提供了新的时空研究平台与科学基础。后者正是这套《中国历史地图集》最突出的学术意义之所在。

综观国际学术界,我们看到,重视学术研究中地理及环境的作用与影响,也是20世纪最有影响的史学流派之一——法国年鉴学派(Annales School)的学术思想特征之一。如年鉴学派第一代大师吕西安·费弗尔(Lucien Febvre)曾强调:“历史学家,必须是地理学家,也必须是法理学家、社会学家与心理学家。”①他还强调说:“总之,人文地理学从某种意义上来说,也许不是别的,正是历史学在资料来源、方法论,特别是在研究题材等方面的全面更新。”②可以看到,在年鉴学派代表人物的视野中,历史学与地理学在本质上是完全相通与兼容的,并不矛盾。年鉴学派的另一位杰出学者费尔南·布罗代尔(Fernand Braudel)也曾精辟指出:“在我看来,地理学就总体而言

① 参见〔英〕彼得·伯克《法国史学革命:年鉴学派,1929—1989》,北京大学出版社2006年版,第2页。

② 参见〔法〕安德烈·梅尼埃《法国地理学思想史》,商务印书馆1999年版,第78页。该书译为“吕西安·费布夫尔”。

是关于社会的空间研究，或者说我再坚持己见的话，它是通过空间研究社会。”①依照这一思路，民族地理学，便是通过空间、环境、区位等视角来研究当代民族问题，而历史民族地理学，便是通过空间、区位、环境及景观等地理学视角多维度地来研究历史时期的民族。

因此，“让历史学回归大地”，“让民族史研究回归大地”，“用空间、区位、环境角度来重新审视中国民族发展的历史”，理应是当代中国民族研究发展的必然取向，也是本书所坚持的最重要学术主张与理论依据。这种取向同样符合历史唯物主义的原理，反映出“求真求实”的科学精神。中国学术界拥有深厚的沿革地理学的学术传统，“无征不信”，又拥有极其丰富且系统性强的文献资料，如果再加上科学而先进的现代学术理念的贯彻与运用，中国学术界一定会创造出世界一流的学术成果。中国历史民族地理研究在这一方面责无旁贷。

当今社会环境变迁问题引起了国际社会的强烈关切与担忧，环境问题、资源问题已成为各个国家发展所面临的巨大挑战。可持续发展问题的核心在于环境与资源问题。在一个长时期内，科学技术的进步，尚不可能让人类从根本上摆脱对资源与环境的依赖。摆在世界各民族面前的根本任务就是如何在现有的地理环境与资源状况下追求幸福生活，和谐共存。在这种状况下，回顾与研究历史时期各民族在生存与发展中所积累的宝贵经验与教训，追求人类发展与地理环境和谐共存的最佳方式，都需要科学界与学术界提供更好的答案。

（二）中国历史民族地理研究能够有效摆脱历史研究中的“汉族中心论”以及各民族自我中心论，发现历史时期中国国家与民族发展的真实轨迹，并预示国家与民族的发展趋势

中华民族的历史，是中国境内多个民族共同发展的历史，而不仅仅是华夏（汉）族的历史。这个貌似非常简单的道理，在实际研究过程中，却常常被研究者所忽略或淡忘，并且造成了许多不必要的误区与误解。一个最主要的原因就是，在现存历史文献资料中，汉族文献资料所占的比例是极高的，且具有连续性，为历史研究提供了相当充实且便利的依据。这些文献在形成过程中不可避免地受到当时人们思想意识的局限与影响。或者可以说，这些文献是传统时代观念意识影响下的产物。如果不能对这种观念意识的局限性保持警觉，后世学者在研读与利用这些文献时，就会自觉或不

① 《论历史》，北京大学出版社 2008 年版，第 128 页。

自觉地受到传统观念的影响与熏染。这种影响与熏染的集中表现之一，便是随意将中原王朝作为历史时期"中国"的代称，将汉族知识阶层的民族认知作为整个中国知识阶层的认知，而忽视了中国境内其他众多民族的影响。这显然是片面而不合理的。与此相反，历史时期中国疆域广袤，民族结构复杂，一些少数民族政权在中国历史上也发挥了极其重要的作用。一些少数民族的分布区相当广阔，影响力也不容低估。但是，如果不能从疆域整体与民族共同体的高度来实事求是地看待这些少数民族的地位与影响，一味夸大汉族而无视其他民族的存在，同样是不可取的"一叶障目，不见森林"，这往往会形成十分狭隘而肤浅的看法，甚至可能以某一王朝利益作为今天学术研究的考量标准，这无疑会"失之毫厘，谬以千里"。

众所周知，民族与国家发展是密不可分的。通常国家有单一民族国家（政权）与多民族国家（政权）之分。换言之，国家的发展，往往成为民族发展的外在政治形式，因此，民族分布、民族关系与民族发展状况，直接影响到国家的发展形态。中国政治格局发展的一大脉络是分裂与统一两种格局的转换。"合久必分，分久必合"，似乎成为中国国家政治格局发展的一大特征。可以说，统一与分裂，在传统中国人的观念中，似乎成为历史时期中国国家形态演变中难以摆脱的循环。其实，这种认识是相当狭隘与片面的。必须承认，小国林立是古代世界各国发展历程中所共同经历的一种较为普遍的形态。中国如此，周边邦国也莫不如此。这种状况的普遍存在，具有极为深刻的时代背景。列宁曾对此进行了十分精辟的剖析：

> 当时无论是社会或国家都比现在小得多，交通极不发达，没有现代的交通工具。当时山河海洋所造成的障碍比现在大得多，所以国家是在比现在狭小得多的疆域内形成起来的。技术薄弱的国家机构只能为一个版图较小、活动范围较小的国家服务。①

由此，分裂时代的存在，不仅出于自然地理状况的限制（如山河、海洋的阻隔），更有交通工具、政治能力等多种因素的影响。所以说，要实现更大范围的国家统一与民族融合，仅凭主观愿望是远远不够的，还需逐步利用先进的生产力条件与合理的制度建设，克服自然条件、交通及政治能力等种种障碍，否则，统一与融合的成果就难以维持。就中国历史而言，尽管有曲折及反复，从上古时代的"万邦林立"走向中华大一统，却是无法逆转的历史发展的必然趋势。每一次的统一，与以往的统一相比较，都

---

① 〔俄〕列宁《列宁选集》第四卷，人民出版社 1995 年版，第 31~32 页。

有质的飞跃。统一的历程与各民族的融合过程同步。区域性的兼并与统一，往往是全国性统一的前提与基础。

(三)大力发展中国历史民族地理研究，对于推动中国民族史学的发展同样具有重大价值与意义

与中国历史民族地理研究最为密切的学科之一，便是中国民族史学。关于中国民族史学的界定，如前所述，著名学者陈连开教授有过阐释。尽管陈先生的阐释包含了“民族地区历史地理”的内容，但其实，民族史学与历史民族地理研究的关系远不止于此。任何一个民族的历史都包含了起源、分布与迁徙等重要的地理问题，通常，民族史研究者会对民族起源地等地理问题进行一些较为细致的探讨，但是，限于体裁与内容的取舍，民族史研究者又不可能对民族生存的地理环境问题进行全面而深入的分析与讨论。这就需要历史民族地理研究来拾遗补阙。不过，这种拾遗补阙的作用仅仅是历史民族地理研究的意义与价值的一小部分。

首先，历史民族地理研究需要恢复或者说重建历史上各个时期民族生存与发展的总体客观环境(“大环境”)模型，这种客观环境(或称为“历史现场”)模型的恢复与重建，对于民族历史总体研究是十分有必要的，直接关系到历史研究成果的水平与质量。“大环境”，涉及同一时代的所有民族，也绝不仅仅指自然地理环境与物质因素等，还包括经过人类改造或建造的环境状况。如果没有深入而真实地了解“大环境”的结构与特征，研究者就很难对民族发展的总体格局与时代特征做出合理的解释与说明。其次，认识地理环境的差异对民族发展的影响，是解释民族文化差异与民族关系问题的重要突破口。地理环境的优越与局限，对于民族文化发展及民族关系的影响是相当深远的，民族发展与民族关系绝不仅是人与人的问题，而在很大程度上依赖于地域结构。无论从世界范围而言，还是从世界上任何一个地理区域来说，地理环境从来都不是均质的，其影响与作用自然也不会完全相同。再次，在承认地理环境决定性影响的前提下，我们并不可能否认人类自身所蕴藏的伟大创造力，此即文明的力量。人类所具有的巨大能动力，集中反映在“整治环境”与“文化景观”上。“整治环境”与人类文明环境，同样会对人类发展产生复杂而全面的影响。随着社会的演进，人类社会生产力水平与文明程度在提升，人类与自然的关系也处于不可避免的改变与变化之中。“再好的舞台也代替不了演员的表演，而没有演员，再好的剧场也不会上演精彩的戏剧。”当然，相对于舞台与演员的简单关系而言，人类社会与地理环境的关系更加错综复杂。时间在变，民族自身在变，地理环境及文化环境也会发生不可避免的变化。

可以肯定，广义的历史民族地理研究，是一个具有重要学术价值、视阈宏大的研究领域，而不仅是民族史研究的辅助学科或附属学科之一。历史民族地理研究不仅强调每一个民族的起源、分布与迁徙等地域性问题的解析与说明，而且以整个地理空间及微观环境为观察与研究的依据，深入探讨众多民族历史演变的客观环境背景，全方位成系统地展现民族发展的地域相邻关系与时空进程。

（四）发展中国历史民族地理研究，对于历史人文地理学的发展具有重大推动作用

狭义的历史民族地理学，是历史人文地理学的一个分支学科，着重研究历史时期与民族起源、分布及发展有关的地理要素的空间分布及其演变规律，其中包括民族起源地及其地理环境、民族分布区与分布格局的形成与演变、民族人口的地理分布及迁徙运动等问题。推进中国历史民族地理研究，对于促进历史地理学的发展具有十分重要的作用。

首先，广义而言，关于民族的研究，理应包括中国境内所有的民族，广义的民族地理研究也就成为“中国人文地理”的近义词。既然任何现实存在的个人与群体都从属于某种人们共同体或族群共同体，那么，人文地理研究的各个分支学科都必须注重与研究主体民族属性相关的问题。实际上，为利于更为深入的研究，我们提出的中国历史民族地理研究通常集中于历史时期汉族以外的民族状况的研究，当然，也包括这些民族与汉族的相互关系与相互交往的研究。可以说，历史民族地理的研究，较之历史人文地理的研究更为扩展、更为具体、更加明确。其次，历史民族地理的研究，与历史人文地理其他分支学科关系密切，在历史人文地理的研究领域中占有举足轻重的主导性地位，例如，历史政治地理的研究中心在某一时期各个政权的疆域变迁、政区层级变化以及政治中心的转移等问题。

在中国历史上，虽然长期以中央王朝的嬗变为主体，但是，大量地方少数民族政权的存在，也是不可否认的客观事实，而且，在相当长的历史时期，不少由少数民族直接创立的政权占据着重要的地位，甚至与同时代的中央政权分庭抗礼。研究这些地方民族政权的疆域范围、内部政区特征等，都是历史民族地理研究的重要内容。另外，各代中央王朝都存在与周边民族有关的疆域与政区问题，周边少数民族的分布与迁徙对中央王朝的发展有着一定的影响。如果对这些周边民族的分布与迁徙缺乏基本的了解，就难以对这些疆域与政区的变化做出全面而准确的解释。又如历史文化地理重在研究不同文化区域的分布与演变。“文化区域的形成因素则主要是语言、信仰、生活习惯、社会风气的异同。”①血缘之外，民族的特征与成熟标志在很大程度上也正是源于文化的差异，包括语言、信仰、生活习惯与社会风气等方面的差异，这也就是为何文化研究与民族学（文化人类学）极为相近并容易混同的根本原因。文化区域的划分在很大程度上首先取决于民族区域的划分。一般来说，一个单一民族区域内部的文化差异，应该逊色于不同民族区域间文化的差异。因此，在文化地理研究中，首先应确定文化区域的民族特征。此外，历史人口地理、历史经济地理、历史交通地理等，都与历史民族地理有着直接而密切的互动关系。历史民族地理的发展，必然会对这些相关学科产生十分积极的促动与帮助。这一切都充分证明了历史民族地理研究的重要价值。

（五）推动中国历史民族地理研究，对于今天民族政策的制定、基本国情的认知以及爱国主义教育都具有不可或缺的参考价值

历史民族地理研究，为深入而全面地理解、研究中国境内各民族的发展历程提供了更为真实、更为开阔的视野。从草莽满目的原始时代，经过遍地牛羊的牧业时代，以及鸡犬之声相闻的耕织文明，中国境内的各民族先民进行了艰苦卓绝的奋斗与抗争。这些可歌可泣的奋斗与抗争都发生在这片广袤的国土上。中华民族生存与发展的历史，便是应对无数来自自然与社会挑战的历史，其中包括了对地理环境的适应、利用与改造。这些客观而生动的过程，是中国境内各个民族发展历史的重要内容。

各个民族生存与发展的空间、区位、地理环境存在着差异，而各个民族地区的经济与文化发展水平也不尽相同。准确认识与理解这些差异，并针对这些差异制定符合各地实际的民族发展政策，是解决今天民族及民族区域问题的关键。正是由于各民族所处地理环境对民族经济与文化发展的影响是长期的、持久的，解决民族地区问题的对策也才更应该注重历史传承性与连续性。所以说，如何理解各民族区域的地理环境条件及其影响，又是解决民族地区经济、文化发展问题的重要切入点。各民族的发展现状，往往有着复杂而深厚的历史地理背景，要深刻而准确地揭示这一历史地理背景，离不开历史民族地理的研究。

认识与了解中华民族发展史，是当代爱国主义教育的重要内容。没有了解，就不会产生真挚的情感。中国民族史学与历史民族地理研究在这些方面应当承担起重

① 参见谭其骧《历史人文地理研究发凡与举例》，《历史地理》第十辑，上海人民出版社 1992 年版，第 22 页。

任。“中国”不是抽象的名词,而是扎根于中国广袤国土的,这片广袤的国土是中国境内各个民族共有的家园。认识到这一点,对于正确理解中华民族发展史以及展望中华民族的未来,都是极为重要的。中华民族的发展史从来都不是单线条的,也不是单一轨迹的,中华民族从多元走向融合,从分离走向统一,是历史发展的必然趋势。然而,这一发展趋势并不是靠等待或依赖来实现的。中国广阔而美丽的国土为各民族优秀儿女提供了广阔的舞台,如何认识这片国土,如何呵护这片广阔的国土,如何将这片各民族的大家园建设得更加美好,如何让各民族生活在一个和谐的大家庭之中,都是各族儿女所应承担的历史责任。而为了承担这一责任,离不开对民族发展历史、民族发展环境的深刻而科学的认识。

中国广袤的国土孕育了绵长的文明,养育了最为繁庶的民族群体。中国地理环境的伟大贡献不容低估。在科学认知的基础上,保护民族赖以生存的宝贵环境、自然资源以及文化资源,是关系到中华民族可持续发展的重大问题。开展这些方面的研究是中国学术界不可回避的重大课题。历史民族地理研究理应在这些方面做出更为突出的贡献。

四、中国历史民族地理学的研究现状

“历史民族地理学”这一名称出现较晚,但这并不意味着前人在这一领域很少涉足或成果有限。历史民族地理学的研究涉及历史学、民族学、地理学三大学科,中国历史民族地理研究的现有成果也主要集中在这三大研究领域之中,即中国民族史、历史地理(含边疆史地研究)、民族学(或称文化人类学、社会人类学,含民族地理学)。自20世纪初叶以来,上述三大领域的研究均取得了重大进展,取得了相当丰富的研究成果,为今天的历史民族地理研究奠定了雄厚的基础,特别值得后来的研究者学习、借鉴与参考。

另外,我们看到,在当代中国历史民族地理研究过程中,不少学者对这门学科的学科性质与归属有着不同的看法与认识,出现了引人注目的争论。无疑,这种争论是研究深入的一种表现,对于中国历史民族地理学的科学发展有着非常积极的促进作用。

(一)中国民族史方面的研究成果

在有关中国历史民族地理的现有研究成果中,中国民族史的研究成果最为丰富。全面利用民族史研究成果,不仅是开展中国历史民族地理研究的重要前提与基础,也是迅速提升历史民族地理研究水平与影响的关键。民族史研究成果往往集中于某一民族起源及发展演变,但其中必然涉及该民族起源地的考证、民族分类与识别、分布变迁状况的研究。在20世纪前半期,一大批杰出的、富有爱国情怀的学者投身于民族史研究之中,推出一大批高水平、质量好的研究论著。这些学者包括王国维、梁启超、吕思勉、王桐龄、林惠祥、宋文炳、傅斯年、李济、马长寿等,具有代表性的中国民族史研究著作有:王桐龄《中国民族史》(北平文化学社1928年出版),吕思勉《中国民族史》(世界书局1934年出版)与《中国民族演进史》(上海亚细亚书局1935年出版),宋文炳《中国民族史》(中华书局1935年出版),缪凤林《中国民族史》(中央大学1935年出版),林惠祥《中国民族史》(商务印书馆1936年出版),吕振羽《中国民族简史》(三联书店1948年出版),李济《中国民族的形成》(本为李济先生1920—1923年在哈佛大学用英文撰写的博士论文,后翻译出版,上海人民出版社2008年新版)等。①其中,成就最高、影响最大的还要数吕思勉先生、王桐龄先生、林惠祥先生所著的三部民族史著作,集中代表了当时学术界的研究水平与成就。

吕思勉先生所著《中国民族史》于1934年由世界书局出版,后来多次再版。吕思勉先生是当代著名的史学家,对中国古代史研究造诣颇深,吕著《中国民族史》以考据见长,成为建立在较高研究水准上的民族专史。吕先生基于他深厚的学术功底,剔微抉隐,对古代历史上出现的一些显要民族进行了相当翔实的考订,为后人的研究提供了颇有价值的线索。林惠祥先生是著名的人类学家,熟悉国际人类学界的学术理论与研究水准。他非常注重古代民族与现代民族的承袭关系,按当时国际通行的人种概念来分析中国古代各民族的起源与发展,提出了独创的民族体系观点。如吕著《中国民族史》只是将中国古代民族分为十二族,分别进行考证阐述。这十二族为汉族、匈奴、鲜卑、丁令、貉族、肃慎、苗族、粤族、濮族、羌族、藏族、白种诸族。相当简明,但分类体系略显粗略。林先生则创用"两重分类法",将历史上的民族与现代民族各为一种分类,并将前后两者联系起来。林先生将历史上的民族称为"系",分为华夏系、东夷系、荆吴系、百越系、东胡系、肃慎系、匈奴系、突厥系、蒙古系、氐羌系、藏系、苗瑶系、罗罗缅甸系、僰掸系、白种、黑种等;将现代民族称为"族",主要有汉族、满族、回族、蒙古族、藏族等。林著将中国民族分类研究大大地推进了一步,而且在每一节后,都将参考书列出,树立了良好的学术规范。

① 参见王文光、段红云《民国时期的中国民族史研究及民族史学科的发展》,《广西民族大学学报(哲学社会科学版)》2008年第6期。

就成书时间而言，王桐龄先生所著《中国民族史》为其20世纪20年代在燕京大学讲学时所用讲义，成书早于上述二位先生的著作。但是，这也是一部颇具参考价值的民族史专著。由于时代限制，该书以生物进化论为讨论民族问题的基础，提出中华民族"蜕化说"，将中国民族发展比喻为一生物体，经过蜕化、休养等循环阶段。全书分上、下二编，上编为内延史，叙述中国民族对内融合事迹；下编为外延史，叙述中国民族对外发展事迹。最值得注意的是，该书特别注重研究方法与章节结构，作为论述的证明，王先生搜集了大量例证，用表格列出，反映出作者对史料的精熟与细致绵密的整理功夫。

中华人民共和国成立以来，民族工作的开展与民族问题的研究都进入了一个崭新阶段。然而，由于极左思潮的干扰，中国民族史研究曾经出现严重的政治理念化倾向，实证研究一度陷于低潮。当然也有一些学者坚持实证研究，并推出了不少有价值的成果。其中特别值得一提的是马长寿先生的研究成果。在改革开放之前，马长寿先生就以一己之力先后推出了《突厥人和突厥汗国》（上海人民出版社1957年出版）、《南诏国内的部族组成和奴隶制度》（上海人民出版社1961年出版）、《北狄与匈奴》（三联书店1962年出版）、《乌桓与鲜卑》（上海人民出版社1962年出版）等多部著作。改革开放之后，马长寿先生的遗稿中经过整理出版的民族史著作，又有《氐与羌》（上海人民出版社1984年出版）、《碑铭所见前秦至隋初的关中部族》（中华书局1985年出版）、《彝族古代史》（上海人民出版社1987年出版）、《同治年间陕西回民起义历史调查记录》（主编，陕西人民出版社1993年出版）等著作或主编的作品。这些著作均具有很高的学术价值。马长寿先生对中国民族史研究的发展可谓功不可没。①

事实证明，中国民族史研究在1978年以后进入了飞速发展的新时期，出现了大量有价值、有分量的研究论著。据不完全统计，从1979年至1992年的10余年间，中国民族史学范围内的专著达200余部。② 成果之丰富，令人惊叹。中华人民共和国成立以来，在综合性通史方面也有三部民族史著作集中代表了中华人民共和国民族史学的成就。这三部民族史著作为翁独健主编的《中国民族关系史纲要》、江应梁主编的《中国民族史》与王钟翰主编的《中国民族史》。第一部书由中国社会科学院民族研究所集体编写，由中国社会科学出版社于1990年出版，70余万字。正如书名所昭示的那样，该书强调各个时期民族关系的演变。该书将"民族"区分为广义的与狭义

---

① 参见周伟洲《马长寿民族学论集》之《前言》，人民出版社2003年版。

② 参见陈连开《中国民族史研究的基本特点和发展三阶段》，《西北民族研究》1993年第2期。

的,斯大林的观点被称为广义的民族概念,狭义的民族形成于原始社会末期或原始社会向阶级社会过渡时期。中国夏朝的建立,标志着我国从原始社会过渡到阶级社会,从野蛮时代过渡到文明时期,标志着我国形成了狭义的民族。该书的另一个主要特色便是分为五编即五个时段,每一时段均为一个统一的时代结束,如第一编为从远古到秦汉的统一,第二编为魏晋南北朝到隋唐的统一,第三编为五代宋辽金西夏到元朝的统一等。这种分期的目的在于从整体上把握中国民族史的演变过程。第二部民族史著作由云南大学历史系主持编写,分上、中、下三册,由民族出版社于 1990 年出版,共 110 余万字。该书是中华人民共和国第一部较全面完整的民族通史,总结了中华人民共和国成立以来民族史学界丰富的研究成果。该书分为八编即分成八个时段,其分期基本上服从于中央王朝的更替,将王朝更迭作为民族史分期的主要依据,在每一时段里,详细地讨论当时出现的主要民族的历史发展情况。如第一编为先秦时期诸民族,第二编为统一多民族国家的建立,第三编为三国两晋南北朝的民族及民族之进一步融合,第四编为隋唐五代时期诸民族等。框架与线索非常清晰,论述翔实,实为民族史学界取得的一大成就。第三部民族史著作由中国社会科学出版社于 1994 年出版,150 余万字。既然已有两部民族史专著出版,该书自然要努力写出特色。该书也分为八编,但每一编的主题为不同的民族,以各个民族的演变历程来代替中央王朝的更迭。如第一编为中华民族的起源,第二编为华夏及华夷五方格局的形成。上述二编大致包括通常所说的先秦时期。第三编为统一的多民族国家的建立和南北各民族的融合,大致包括了秦汉魏晋南北朝时期。第四编为中华民族的兴盛和祖国统一的加强,主要是隋唐时期。将辽金时期称为契丹、女真等族建立的政权,将元朝称为蒙古族统一全国,将清朝称为满族统一全国,等等。另外值得一提的是,该部民族史著作写作人员实力强大,都是民族史方面的专家,集多年研究之功力,写作时又力图别出心裁、独辟蹊径,因而尽管在两部史著之后出版,仍显得富有新意。

二十余年来,中国民族史研究同样保持了迅猛发展的势头,涉及范围广泛,成就同样令人瞩目。一批形式新颖的中国民族史著作的出现,同样代表了民族史研究的最新进展。民族史方面的代表性著作之一,当属四川民族出版社 1996 年推出的由多位专家学者历时六年撰写的“中国历代民族史丛书”。这套丛书包括田继周《先秦民族史》和《秦汉民族史》,白翠琴《魏晋南北朝民族史》,卢勋等《隋唐民族史》,陈佳华等《宋辽金时期民族史》,罗贤佑《元代民族史》,杨绍猷、莫俊卿《明代民族史》与杨学琛《清代民族史》。这套丛书是这些学者多年研究工作的结晶,撰写全面系统,分析细致入微，资料翔实，开创了断代民族史研究的新局面，具有很高的学术价值。而就民族史学研究入门及参考书而言，陈连开先生主编的《中国民族史纲要》，实为一部特色鲜明的优秀著作。与民族史著作通常采用的年代叙述法不同，该书以各大民族区域为论述主干，分别阐述各大民族区内的民族种类与历史演变过程，突出强调了民族史的区域差异与分布格局，值得推荐与学习。另外，陈连开《中华民族研究初探》（知识出版社 1994 年出版），田晓岫《中华民族发展史》（华夏出版社 2001 年出版），萧君和主编《中华民族史》（黑龙江教育出版社 2001 年出版），刘迎胜《西北民族史与察合台汗国史研究》（中国国际广播出版社 2012 年出版），林超民《唐宋民族史》（云南大学出版社 2016 年出版）等著作，都具有较高的学术价值，代表了新时期研究者的新思考与新探索。

近数十年来，在地区民族史研究方面同样硕果累累，陆续出版的代表性论著有：林幹《中国古代北方民族史新论》，吴永章《湖北民族史》，周春元等编著《贵州古代史》，杨建新《中国西北少数民族史》，傅朗云、杨旸《东北民族史略》，干志耿、孙秀仁《黑龙江古代民族史纲》，张雄《中国中南民族史》，尤中《中国西南民族史》及其编著的《云南民族史》，王文光、朱映占、赵永忠《中国西南民族通史》，赵海霞《清代新疆民族关系研究》，姜维公主编《中国东北民族史》，成崇德《清代边疆民族研究》，高路加《中国北方民族史》，刘义棠《中国边疆民族史》，等等。另外，不少族别史著作也相继出版，其中重要著作有：方国瑜《彝族史稿》，江应樑《傣族史》，郭大烈、和志武《纳西族史》，伍新福、龙伯亚《苗族史》，周锡银、李绍明、冉光荣《羌族史》，吴永章《瑶族史》与《黎族史》，蒋炳钊编著《畲族史稿》，张声震主编《壮族通史》，陈国强等《百越民族史》，王辅仁、索文清编著《藏族史要》，贺灵、佟克力《锡伯族史》，林幹《匈奴通史》与《东胡史》《突厥史》，杨圣敏《回纥史》，薛宗正《突厥史》，周伟洲《敕勒与柔然》与《吐谷浑史》《汉赵国史》，杨铭《氐族史》，张正明《契丹史略》，王承礼《渤海简史》，吴天墀《西夏史稿》，孙进己等《女真史》，白翠琴《瓦剌史》，李燕光、关捷主编《满族通史》，刘志霄《维吾尔族历史》（上编、中编，维吾尔文版有下编），徐杰舜《汉民族发展史》，白寿彝主编《中国回回民族史》，等等。这些著作不仅是相关作者多年研究之结果，也代表了中国民族史学界在这方面的研究水平，为推进中国民族史研究做出了贡献。①

以韩儒林先生为代表的学者在蒙古史及边疆民族史研究中取得了相当突出的成

① 参见罗贤佑《中国民族史研究二十年》，《民族研究》1998 年第 5 期。

绩。韩先生曾是"禹贡学会"的骨干成员,积极参与学会活动。他长期致力于蒙古历史地理的研究,发表了一系列具有重大学术价值的论著。他所领导的南京大学元史教研室于1956年由高等教育部批准设立,是我国高校现代民族与边疆研究的先驱。该教研室将科研定位于当代国际前沿先进水平,早在1955年即开始招收副博士研究生,其蒙古史与西域史专业,也是我国恢复学位制度后首批设立的博士点,培养了一批高水平研究人才,使得这一学术机构成为中国学术界蒙古史、元史及相关民族史研究的重镇。

此外,新时期以来,中国学者所推出的民族史专题性论著数量更为繁多,犹如群星闪烁,令人目不暇接,充分展现出中国民族史研究的活力与影响。如民族政策方面的专著有:田继周等《中国历代民族政策研究》,张有隽、徐杰舜主编《中国民族政策通论》,张践、齐经轩《中国历代民族宗教政策》,余振贵《中国历代政权与伊斯兰教》,刘祥学《明朝民族政策演变史》,余梓东《清代民族政策研究》,苏发祥《清代治藏政策研究》,牛海桢《清代西北边疆地区民族政策研究》,苏德毕力格《晚清政府对新疆、蒙古和西藏政策研究》,等等。

(二)历史地理方面(含边疆史地)的研究成果

狭义的历史民族地理为历史人文地理的分支,历史地理学者在研究中也不可能完全避开民族问题。另外,许多历史地理课题与民族地理有关,故而在历史地理类研究成果中,也有不少成果在某种程度上包含了历史民族地理的研究成果。如特别值得一提的是,以顾颉刚、谭其骧、史念海等为代表的老一辈史地学者学识渊博,功力深厚,研究视野广阔,对历史上民族与民族地理问题发表了一些高水平的成果。以谭其骧先生为例,谭先生很早便对历史民族产生浓厚的兴趣,发表了多篇富有创见性的民族史论文,其中包含了相当精辟的民族学成果,为我们从历史地理角度研究民族史树立了良好的范例。如在民族史方面有《羯考》《记五胡元魏时之丁零》《记翟魏始末》等,民族地理方面有《粤东初民考》《播州杨保考》等。[①] 谭其骧先生主编的八卷本《中国历史地图集》是迄今为止中国现代历史地理学最杰出的成果,这项成果凝聚了一批历史地理学者的智慧与心血,其对中国历史学与历史地理学发展的意义与价值是难以估量的,其对历史民族地理研究的价值也是不可低估的。

史念海先生在历史民族地理领域做出的贡献也是有目共睹的。史先生是老一辈

① 参见安介生《探赜索隐　融会贯通——谭其骧民族史学论著解析》,载于《面向新世纪的中国历史地理学》,齐鲁书社2001年版,第653~672页。

历史地理学者中特别注重突出历史民族地理学这一分支学科地位的一人，在发表一系列历史民族地理研究文章的同时，在1991年出版的《中国历史地理纲要》（上册）一书中特辟第三章“历史民族地理”，无疑是令人称道的开创之举。该章共分六节：第一节，先秦时期华族与非华族的杂居；第二节，华族居住地区的扩展及其间杂居的族类；第三节，瀚海南北的游牧族类；第四节，陇山以西青藏高原和天山南北的族类；第五节，居住于东北的族类；第六节，西南地区族类的分布及其发展。六节共计近10万言（山西人民出版社1991年版，第140~255页）。[①] 此外，方国瑜先生倾一生心力撰著的大作——《中国西南历史地理考释》（上、下册，中华书局1987年出版），对西南地区这一民族结构异常繁杂的区域内政区的变迁情况，进行了全面系统的考释，其中绝大多数内容与民族分布情况有关，自然成为研究西南地区历史民族地理的必备参考书。

与纯粹的边政学、边疆史研究有所不同，边疆史地之学，作为一种特殊区域的历史地理研究，本身应为广义的历史地理学的一个独特的分支学科。边疆史地研究之学的滥觞，可以上溯到清朝中后期。边疆史地研究的发轫，必定是在边疆地区的开拓与长期稳定之后。而在鸦片战争之后的近代，中国面临的民族危机，首先表现在边疆危机之中。一批有良知的知识分子有感于世人对边疆知识的匮乏，大力倡导边疆史地之学，并身体力行，完成了数量可观的著作。其中代表性的人物有魏源、姚莹、祁韵士、张穆等，代表性著作有《圣武记》《康辅纪行》《皇朝藩部要略》《蒙古游牧记》等。至民国时期，边疆危机丝毫没有减弱。特别是1931年“九一八”事变爆发之后，日本军队强占中国东北地区，其他帝国主义国家也大有趁火打劫之野心，中国的边疆之危机已迫在眉睫，中华民族处于生死存亡的关头，广大爱国知识分子受到强烈刺激，于是边政学研究蓬勃兴起，一时间，出版了数十种研究边政及边疆史地问题的刊物，如《边疆》《边政公论》《边事研究》《中国边疆史地》等，大有人人谈边事之势。与此同时，为了响应“到西北去”或“到边疆去”的号召，很多学者深入边疆民族聚居地区从事考察活动，获取了大量第一手资料，大大丰富了国人对边疆地区的认识。传统的边疆史地研究，也由此从单纯依赖文献考据转变为文献研究与调查工作并重，发生了质的飞跃。故而研究者用“群星灿烂”来形容当时的发展盛况。[②]

另外，必须看到，近代以来，欧美一些国家及日本等国的学者出于不同意图，强烈

---

① 参见周伟洲《史念海先生对历史民族地理研究的开拓和贡献》，载于《史念海先生八十寿辰学术文集》，陕西师范大学出版社1996年版，第38~42页。

② 参见马大正《当代中国边疆研究者的历史使命》，《中国边疆史地研究》1992年第2期。

关注中国边疆地区,并积极从事实地考察,创作了一批富有影响的重要著作,对中国边疆史地研究有着重要影响。如最著名的早期研究者之一,无疑是德国著名地理学家斐迪南·冯·李希霍芬(Ferdinand von Richthofen)。他坚持数年对中亚地区的戈壁及黄土地带进行深入考察,提出了著名的黄土成因说,其重要著述有:《李希霍芬书信集》(上海,1870—1872)、《中国:个人旅行的成果和在这个基础上的研究》(5卷及地图集,柏林,1877—1912)等。民国时期,边疆史地领域最著名的西方学者之一便是美国的欧文·拉铁摩尔(Owen Lattimore)。他长期定居于中国,曾经前往中国北方尤其是蒙古及中亚各地考察,著述丰富,如《蒙古历史中的地理因素》《黄金部落》《中国长城的起源》《满洲的蒙古人》等,对西方学术界了解中国边疆史地的状况发挥了重要作用。在其最重要的代表作之一——《中国的亚洲内陆边疆》一书中,欧文·拉铁摩尔对中国边疆地理与民族发展历史进行了宏观而深入的思考与分析,显示出其卓越的地理学素养与洞察力。此外,清末以至民国时期,西方学者较有代表性的中国边疆史地著作有:卫三畏《中国总论》(上、下),威廉·埃德加·盖洛《中国长城》《中国十八省府》,安特生《黄土的子孙》,海恩波《中国的回教》,贾鲁瑟《未知的蒙古》,古伯察《中华帝国》,顾立雅《中国的诞生》,葛德石《中国的地理基础》,格鲁塞《草原帝国》,斯文·赫定《南部西藏》,赫尔曼《匈奴时代的戈壁沙漠》,斯坦因《中国沙漠中的遗址》,等等。还有特别值得一提的是,近代以来,出于地缘的便利,在官方的组织及支持下,俄国"探险家"及学者对蒙古地区进行了频繁的地理考察活动,并积累了相当可观的考察报告与研究论著。这种带有强烈政治目的的考察活动及其成果,也值得中国研究者高度重视。

1949年中华人民共和国成立以后,边疆史地研究工作与民族学研究工作一样,都具有极其重要的现实意义,因而也受到政府的特别重视。如研究者指出,自1949年至1984年的35年间,历史地理学的各个分支学科中,边疆史地研究取得的成绩最为突出。从20世纪50年代对台湾历史的研究,到六七十年代对疆界变迁的探讨,这一领域的研究都吸引了学术界的注意力。如六七十年代的疆界研究,其内容涉及中俄边界的变动(包括西北与东北边疆地区)、沙俄侵华史、我国的西沙群岛与南沙群岛等,研究成果直接服务于国际政治斗争与外交工作的需要,取得了长足的进展,在当时萧条沉寂的学术研究领域中可谓"一枝独秀",独领风骚。① 如从20世纪50年代

① 参见《中国历史地理研究概述(1949—1984)》,华林甫编《中国历史地理学五十年(1949—1999)》,学苑出版社2001年版,第86~89页。

至70年代末80年代初，中国边疆史地研究的重要著作有：刘大年《美国侵华史》（人民出版社1951年出版），卿汝楫《美国侵略台湾史》（中国青年出版社1955年出版）、《美国侵华史》（三联书店1952年出版第1卷、1956年出版第2卷），丁名楠、余绳武、张振鹍等《帝国主义侵华史》（科学出版社1958年出版第1卷），余元盦《内蒙古历史概要》（上海人民出版社1958年出版），佘素《清季英国侵略西藏史》（世界知识出版社1959年出版），复旦大学历史系编写组《沙俄侵华史》（上海人民出版社1975年出版），吉林师范大学历史系编《沙俄侵华史简编》（吉林人民出版社1976年出版），戎疆编写《沙皇俄国是怎样侵略中国的》（人民出版社1976年出版），《沙俄侵略我国蒙古地区简史》（内蒙古人民出版社1979年出版），《沙俄侵略中国西北边疆史》（人民出版社1979年出版），《中国人民保卫海疆斗争史》（北京出版社1979年出版），李冀诚《沙俄对中国西藏的侵略》（中华书局1980年出版），赵春晨《沙俄侵略我国西北边疆简史》（陕西人民出版社1980年出版），等等。

20世纪70年代末至80年代，思想解放、百花齐放的良好氛围促使中国边疆史地研究进入了一个蓬勃发展的高潮时期。据不完全统计，从1977年至1987年，中国边疆史地研究方面大约有50部专著出版，有400余篇论文发表。兴盛之势头，可见一斑。自1988年至1999年，中国边疆史地研究方面又出版了80余部专著，出现了1000余篇论文以及40多种资料书籍。① 从20世纪80年代以后，中国边疆史地研究方面较为重要的著作有：张博泉等《东北历代疆域史》（吉林人民出版社1981年出版），王魁喜等《近代东北史》（黑龙江人民出版社1984年出版），周伟洲《英俄侵略我国西藏史略》（陕西人民出版社1984年出版），尤中《中国西南边疆变迁史》（云南教育出版社1987年出版），吴丰培、曾国庆《清朝驻藏大臣制度的建立与沿革》（中国藏学出版社1989年出版），赵云田《清代蒙古政教制度》（中华书局1989年出版）、《中国边疆民族管理机构沿革史》（中国社会科学出版社1993年出版）、《清代西藏史研究》（社会科学文献出版社2014年出版），卢明辉《清代蒙古史》（天津古籍出版社1990年出版），吕一燃主编《中国边疆史地论集》（黑龙江教育出版社1991年出版），杨昭全、孙玉梅《中朝边界史》（吉林文史出版社1993年出版），马汝珩、马大正主编《清代的边疆政策》（中国社会科学出版社1994年出版），刘子扬《清代地方官制考》（故宫出版社2014年出版），等等。

---

① 参见赵云田《50年来的中国边疆史研究》，《近代史研究》2000年第4期。

还有特别值得一提的是，中国社会科学院中国边疆史地研究中心自1988年始，组织出版了5套丛书、丛刊，即《中国边疆史地研究丛书》《边疆史地丛书》《中国边疆史地文库》《中国边疆史地研究资料丛书》《中国边疆史地资料丛刊》，截至1995年底，已出版专著和资料集45种47册。① 涉及边疆史地的丛书还有：《长白丛书》（吉林文史出版社），《黑水丛书》（黑龙江人民出版社），《中国西北文献丛书》（兰州古籍书店影印出版发行），《云南史料丛刊》（云南大学出版社），《西藏学汉文文献丛书》（西藏人民出版社），《中国边疆·民族历史研究指南丛书》（新疆人民出版社），等等。这些丛书大多数卷帙浩繁，包含了极为丰富的边疆史地研究成果与原始资料。这些丛书的推出，无疑为振兴中国边疆史地研究起到了推波助澜的作用。

近年来，中国边疆通史的研究与撰著也取得了重大突破。其中最具代表性的重要成果之一，便是由中国社会科学院边疆史地研究中心组织编撰、马大正任总主编、中州古籍出版社在2000年前后陆续推出的《中国边疆通史丛书》，包括《北疆通史》《东北通史》《西藏通史》《西域通史》《西南通史》《中国海疆通史》《中国边疆经略史》。这套丛书称得上是近百年以来边疆史研究的集大成之作，集中体现了当代中国边疆史研究的成就。②

（三）近现代民族学与民族地理学方面的研究成果

近代中国民族学，作为“西学东渐”的一种，是在西方民族学的直接影响下形成的。纵观20世纪前期中国民族学的发展，有两大类学者发挥了极其重要的作用。

一类学者为具有海外留学经历的中国民族学者，如潘光旦、吴文藻、吴泽霖、江绍原、李济、杨堃、凌纯声、柯象峰、陶云逵，以及后来的费孝通、林耀华等。可以说，中国早期的一批民族学者大都有海外留学的经历，就是蔡元培先生也曾留学德国。西方“民族学的形成和发展乃是近代的事情，并且同西方殖民者探险家和传教士在地理大发现以后踏遍世界每个角落，对殊方异俗风土人物的认识和理解分不开”③。可以说，截至20世纪初，在世界范围内，民族学尚属一门方兴未艾的新兴学科。有志于民族学研究的中国留学生到海外求学，多直接受教于西方有成就、有名望的人类学家，系统地学习与掌握了民族学的理论与研究方法，对他们日后在学术上的进步影响极

① 参见马大正、刘逖《二十世纪的中国边疆研究——一门边缘学科的演进历程》（该书封面与版权页书名略有差异，此处注依版权页书名），黑龙江教育出版社1997年版，第122~124页。

② 参见方素梅《最近十余年的中国民族史研究》，《民族研究》2005年第2期。

③ 参见戴裔煊《西方民族学史》，社会科学文献出版社2001年版，第7~8页。

大。学成归国后，这些留学生很快便成为中国民族学研究的中坚力量。

另一类学者便是在中国从事早期民族调查与民族学研究的一批外国人类学者。客观地讲，最早对中国边远民族生活与文化状况进行深入调查与科学研究，并取得重要成果的开拓者，正是这批外国学者。鸦片战争以后，清朝的封闭局面逐步改变，外国人逐渐可以到中国边疆与内地游历、探险。然而，随着时间的推移，早期的探险活动逐渐被有意图、有组织的"考察"与"勘测"活动所代替。在一些帝国主义者以侵略、掠夺中国资源以及刺探中国国情为目的调查勘察活动之外，一批严肃的外国学者(人类学家)对中国民族问题的研究，做出了比较重要的贡献。其中，代表性人物有日本的鸟居龙藏、俄国的史禄国等。前者出版的著作有《中国西南部人类学问题》《苗族调查报告》《黑龙江与北桦太》等；后者完成的著作有《后贝加尔鄂伦春民族志》《满族的社会组织》《北方通古斯的社会组织》《华北人类学》《华东与广东人类学》《中国南方人类学》等。这些著作都是他们多次在中国边疆地区从事民族调查后的研究成果，尽管有其倾向性，但一些成果已成为人类学、民族学研究的典范之作，其成就受到中外人类学界的推崇。

可以说，20 世纪上半叶，激发当时中国民族学学者研究热忱的原因是多方面的，如帝国主义列强的威胁、民族危机的加深、外国学者研究成就的激励等，都促使中国学者卧薪尝胆，努力创造出适应时代要求、不逊色于外国同行的学术成果。因而，当时研究者们从事民族调查与学术研究的热情高昂，并在较短时间内形成了一批学术中坚，创作了一些高质量的研究著作，有力推动了中国民族学的发展。①

中华人民共和国成立以后，为了维护边疆地区的稳定与民族团结，为了更好地落实新的民族政策，民族研究工作也受到特别重视。其中，最重要的工作便是 20 世纪 50 年代中期到 60 年代前期，在全国范围开展的"少数民族社会历史调查"。这项调查工作声势浩大，当时参加调查的学者与工作人员达 1000 余人，涉及全国 16 个省区，调查对象包括所有已知的少数民族聚居区，通过调查积累的文字资料总量达上亿字，初步成果便是 60 年代初期完成、内部发行的"民族问题三种丛书"，即《少数民族自治地方概况》《少数民族简史》《语言简志》。在此基础上，到改革开放以后，在国家民族委员会的直接领导下，全国多地的民族学者通力合作，又推出了"民族问题五种

① 关于近现代民族学发展与成就详细而系统的阐述，参见王建民《中国民族学史》(上卷，1903—1949)，云南教育出版社 1997 年出版；王建民、张海洋、胡鸿保《中国民族学史》(下卷，1950—1997)，云南教育出版社 1998 年出版。

丛书”，即《中国少数民族》《中国少数民族简史丛书》《中国少数民族语言简志丛书》《中国少数民族自治地方概况丛书》《中国少数民族社会历史调查资料丛刊》。据统计，从1979年1月到1991年4月的12年多一点的时间里，已公开出版“五种丛书”计402本，发行总计多达183万多册，被学术界誉为“前无古人的创举”，无疑成为中国民族学历史上最突出的成果之一。[①] 尽管在当时一段时间的特殊历史背景下，调查工作不可避免地受到“左”的思潮的严重干扰与影响，但是如果缺乏各级政府部门的统一部署与全力支持，如果没有全国多地专家学者的通力协作，要想开展如此大规模的民族调查工作恐怕是难以想象的。应该说，其广度与深度都超越了以往进行的民族调查水平，所积累的资料与研究成果理应得到后继研究者们的高度重视。

改革开放以来，民族学界思想大为解放，在广泛借鉴与研究西方民族学理论的基础上，大胆探索，出现了一批高质量的学术论著，从而将中国民族学与人类学研究推进到一个新的阶段。对于历史时期民族地理研究而言，最为重要且具有理论指导意义的著作，莫过于费孝通先生撰写的《中华民族的多元一体格局》，并已形成一种具有中国特色的民族发展理论。费先生的这一理论一经发布，立即引发了国内民族学界与民族史学界的强烈反响，被赞誉为“研究中华民族结构的核心理论”，必将对现在与将来的民族研究与民族史研究产生深远的影响。[②]

20世纪上半叶，民族地理的研究已得到一些地理学家与人类学家的关注。其中较为重要的成果有：梁启超《中国地理大势论》《地理与文明之关系》，张其昀《中华民族之地理分布》（《地理学报》1935年第1、2期），傅斯年《夷夏东西说》，李承三《西北地理环境与我民族》（《边政公论》1943年第2卷第6~8期），任乃强《西康图经》，陈观浔《西藏志》，等等。改革开放以来，民族地理学的研究取得了长足发展，推出了一系列论著，如集体作品《民族地理论文集》（民族出版社1989年出版），杨武主编《中国民族地理学》（中央民族学院出版社1993年出版），李志华主编《中国民族地理》（上海教育出版社1997年出版），潘玉君、伊继东、孙俊等《中国民族地理》（科学出版社2014年出版）等，标志着民族地理学的研究水平有了很大提升。

当代学者最具代表性的成果之一，当属管彦波先生所著《民族地理学》一书（社会科学文献出版社2011年出版）。管彦波先生专注于民族地理学研究，多年来发表

---

① 参见胡钧《民族文化建设的巨大系统工程——介绍〈民族问题五种丛书〉》，《民族研究》1992年第4期。

② 参见方素梅《最近十余年的中国民族史研究》，《民族研究》2005年第2期。

了一系列民族地理学方面的论文，如《论民族学与地理学的历史亲缘关系》(《云南社会科学》1995 年第 2 期)、《略论民族地理学的研究方法》(《贵州民族研究》1995 年第 3 期)、《民族地理学的研究对象和学科内容》(《云南社会科学》1996 年第 3 期)等。《民族地理学》一书显然是他多年研究成果的汇总。全书视野广阔，论列翔实，试图从多个侧面、多个层次对民族地理学进行全方位的探讨，并贯通中外，连接古今，不仅全面而真实地展现了中国民族地理学的发展过程，而且论列了中国民族地理学所涉及的繁杂问题，充分说明中国民族地理学的学科特征与发展潜力，为民族地理学的发展做出了很大的贡献。

考察当代中国历史民族地理研究最新的重要成果，还必须提到 2012 年由中国地图出版社与中国社会科学出版社联合推出的《中华人民共和国国家历史地图集》第一册“民族图组”，该图组共绘制 30 余幅历史时期民族分布与迁徙的地图，时间跨度从春秋战国一直到中华民国(见下表)。负责绘制的人员有任一飞、卢勋、方素梅、杨保隆、管彦波、葛剑雄等。这显然是多年来中国民族史、历史地理学界有关民族地理研究成果的全面总结，填补了学术界的空白，有利于中国民族史学与民族地理学的发展。不过，与纷繁复杂的民族变迁相对照，这些图幅不仅显得数量有限，内容也较为单薄，有待于将来的加强与完善。

《中华人民共和国国家历史地图集》第一册图幅情况

朝　代	图幅数	图 幅 名 称
春秋战国	3	《春秋时期少数民族分布与迁徙》《战国时期少数民族分布与迁徙》《春秋战国时期各国人口迁移》
秦、西汉、东汉	4	《秦时期少数民族分布与迁徙》《西汉时期少数民族分布与迁徙》《西汉时期汉族向北方迁移》《东汉时期少数民族分布与迁徙》
魏晋南北朝	7	《三国时期少数民族分布与迁徙》《西晋时期少数民族分布与迁徙》《东晋十六国时期少数民族分布与迁徙》《东晋十六国时期鲜卑、匈奴、羯民族分布与迁徙》《东晋十六国时期河陇、关中地区氐、羌民族分布与迁徙》《南北朝时期少数民族分布与迁徙》《公元 4—6 世纪汉族向南方和北方迁移》
隋唐五代十国	5	《隋时期少数民族分布与迁徙》、《唐时期少数民族分布与迁徙》(一)(二)、《唐时期南诏诸民族分布》、《五代十国时期少数民族分布与迁徙》
辽、宋、金	3	《辽、金时期渤海人迁徙》《辽、北宋时期少数民族分布与迁徙》《金、南宋时期少数民族分布与迁徙》

（续表）

朝 代	图幅数	图 幅 名 称
元、明	3	《元时期少数民族分布与迁徙》《明时期少数民族分布与迁徙》《明代汉族人口迁移》
清	4	《清时期少数民族分布与迁徙》(一)(二)、《额鲁特蒙古分布与迁徙》、《清代汉族人口迁移》
中华民国	2	《中华民国时期少数民族分布与迁徙》(一)(二)
合计	31	

近年来,我国台湾学者王明珂先生所撰写的关于中国民族史方面的成果也引起了广泛关注。王明珂先生有着深厚的人类学背景,但对于中国边疆民族史研究情有独钟。他多次深入我国西南民族地区进行实地考察,并推出了一系列中国民族史方面的著作,在学术界产生了很大的影响。如《华夏边缘:历史记忆与族群认同》(社会科学文献出版社2006年出版,浙江人民出版社2013年出版增订本),《羌在汉藏之间:川西羌族的历史人类学研究》(中华书局2008年出版),《游牧者的抉择:面对汉帝国的北亚游牧部族》(广西师范大学出版社2008年出版),《寻羌:羌乡田野杂记》(中华书局2009年出版)等。王明珂先生可谓当代学术界用西方人类学视角来重新审视中国民族发展及历史问题的代表性人物,其成果涉及不少民族地理研究的相关问题,其视角、方法与成果均值得学者关注与研究。

五、中国历史民族地理研究的地域范围与内容划分

(一)中国历史民族地理研究的地域范围

研究地域或中国疆域的确定,对于中国历史民族地理研究具有双重意义:一是划定研究内容涉及的地理范围,二是确定所应研究的境内民族、境外民族及跨境民族。与中国历史地理研究相一致,中国历史民族地理研究的地域范围理所应当以中国历史时期的疆域范围为准。关于中国历史时期的疆域范围,谭其骧先生已有十分精辟而翔实的论述,并已得到学术界大多数学者的认同。谭先生在《历史上的中国和中国历代疆域》①一文中指出:

我们既不能以古人的“中国”为历史上的中国,也不能拿今天的中国范围来

① 《历史上的中国和中国历代疆域》,载于《长水集》(续编),人民出版社1994年版,第1~17页。

限定我们历史上的中国范围。我们应该采用整个历史时期，整个几千年来历史发展所自然形成的中国为历史上的中国。我们认为 18 世纪中叶以后，1840 年以前的中国范围是我们几千年来历史发展所自然形成的中国，这就是我们历史上的中国。（第 4 页）

不管是几百年也好，几千年也好，在这个范围之内活动的民族，我们都认为是中国史上的民族；在这个范围之内所建立的政权，我们都认为是中国史上的政权。简单的回答就是这样。超出了这个范围，那就不是中国的民族了，也不是中国的政权了。（第 2 页）

这一原则已很准确地反映在谭先生主编的《中国历史地图集》之中，《中国历史地图集》也就是我们研究所根据的基本坐标图。

当然，毋庸讳言，运用这一原则从事具体问题的研究时，还会遇到一些棘手的难题，较为典型的便是跨境政权与跨境民族的问题。例如，跨境问题在历史时期朝鲜半岛上反映得极为突出。以地域为准，以民族迁徙为线索，民族地理研究比民族史研究更具客观之特性，在跨境政权与民族研究中一要尊重客观事实，二应遵循“从宽”的原则。如今天中国境内的朝鲜族是中华民族大家庭的成员，而华夏及中国边疆移民为朝鲜半岛国家建设也做出了巨大的贡献，今天的国界不应成为研究界限的“鸿沟”。

（二）中国历史民族地理研究内容划分

如果将历史发展过程看作一个纵向延伸的庞大的时间隧道，地理就是组成这一隧道的一个又一个的横向断剖面。民族地理研究则是关注这些横剖面之间的变化与内在联系。任何学者都不可能也没有必要对每一个横剖面进行研究分析，可以撷取其中具有代表性的横剖面作为探讨的中心，不仅分析研究每一个重要横剖面的特征，更要阐明这些横剖面之间发展演变的规律。时段划分，就是确定所撷取的横剖面的具体时间，或什么时代的横剖面是具有代表性意义的。

笔者以为，民族地理研究与民族史研究有相似之处，如二者均是以中国历史上出现的民族作为研究主体；也有不同的地方，如民族史极其重视各民族发展的历史渊源，而民族地理则更强调各民族在地域上的分布与移徙；民族史可以对单一民族的人物、重要事件与制度、语言及风俗等进行连篇累牍的繁琐考证，而民族地理则要考虑到同一时段内不同民族的发展状况及相互关系。因此，民族地理的阶段划分，既不能完全等同于民族史的分期，也不能与民族史分期出现明显抵触。从先秦到清代，中国民族地理的研究可以概括为以下几个部分：

第一部分:先秦民族地理。总体上讲,先秦时期是中国民族分布格局定型前的萌芽时期。国家与民族作为两种人们共同体的名称,彼此间的关系非常密切,国家的发展往往是民族演变的重要标志之一。先秦时期实为中国历史上的“万邦时代”,即数量繁多的族群与邦国并立共存的时期,民族地理研究的任务就在于通过这些邦国的发展与演化,探索当时各个族类发展演化的轨迹。先秦时期国家与民族演变的趋势不外乎两个方向:一是以夏、商、周为核心的华夏民族及其邦国的演变,二是四裔族及其邦国的演变。这两方面的内容也就构成了先秦民族地理研究的主要内容。此外,先秦时期的民族观念与民族地理思想,对后世影响极为深远,故而也有相当高的研究价值。

第二部分:秦汉三国民族地理。秦与两汉四百多年的大统一时期,为华夏(汉族)形成一个庞大而紧密的主体民族创造了条件。① 由此,秦汉统一的版图也就成为华夏(汉族)聚居区的地域范围,从而为新的民族分布格局的产生奠定了基础。随着对各民族认识的深化,战国时期盛行的“华夷五方格局”的观念到此时才得到了根本性的突破,在以秦汉疆域为基准的主体民族区之外,周边又形成了新的几大民族区“板块”——北方匈奴区、东部东胡(乌桓鲜卑)区、西部西域与“西南夷”地区、南部百越区等。

时至东汉及三国时期,随着部族内迁浪潮的出现,原有的民族格局发生了重大变化,南北匈奴分裂,南匈奴部族迁入长城以南地区,至三国时期已演变为“并州之胡”,而乌桓、鲜卑等也逐渐迁离故有居留地,进入漠南及华北地区。另外,氐、羌等西边部族也东迁进入了关陇地区。

第三部分:两晋南北朝民族地理。两晋南北朝时期,是秦汉时期民族格局破裂与重组时期,是一个民族大迁徙与大融合时期。从东汉开始的周边部族大规模的内迁运动,到魏晋时期,已为新的民族格局的形成奠定了基础,如西部的氐羌区、北部的匈奴与东北部乌桓鲜卑区等。以“永嘉丧乱”为界限,这些内迁部族的分布区域已覆盖了中国北部。“十六国”政权大都反映出明显的民族特色,其疆域也可与部族分布区相对应。北魏政权的崛起与统一,在实际上有效冲淡了各个政权的民族色彩,大大推动了民族融合的进程,也进一步为新的民族格局的形成铺平了道路。南北朝时期民族聚居的重要区域有大漠柔然与高车部族区、东北部族区、华北内迁丁零区、并州稽

---

① 参见王钟翰主编《中国民族史》第三编第一章《汉民族的形成》,中国社会科学出版社 1994 年版。

胡区、西南僚族区与南方“蛮”族区等。

第四部分:隋唐五代民族地理。隋唐至五代时期,又是一个新的民族格局定型及逐步分解的时期。隋唐两朝的大统一,标志着新的华夏(汉族)为核心的中央王朝疆域形成,亦即中央王朝控制区域得到再一次的确认与扩展。羁縻政区的全面建设与推广,是唐朝在边疆建设中实施的一项空前的创举。尽管这种政区在一定程度上只具有象征意义,并没有多少行政实效,但毕竟为寻求协调与处理集权王朝与边远民族地区治理之间的关系提供了一种模式与途径。塞北部族区、东北部族区以及南诏政权之外,唐中期以后民族分布格局最突出的特征是吐蕃与唐朝两分天下。吐蕃聚居区不再仅限于青藏高原,而是几乎覆盖了整个西部地区。

第五部分:辽宋金夏民族地理。辽宋金夏时期,在政治上是诸政权分裂对峙时期。同样带有民族政权的特征,但是与十六国时期的民族政权相比较,辽、金、夏等政权都更强大,疆域更辽阔,统治更稳定、更持久。与此同时,政权的民族特征由于民族杂居及融合的客观存在,而变得较为淡漠。因而,我们既不能简单否认当时疆域政区与民族分布之间的联系,也不能将两者完全等同起来。两宋时期南方地区少数民族的发展也进入了一个新的阶段,对羁縻政区的考察研究同样是认识当时少数民族分布与变迁的重要途径。此外,在这一时期,西域地区的民族构成也发生了重大变化,西迁的回鹘人已成为当地最主要的部族之一,他们与西迁的契丹及其他各族组成了元代的“色目人”群体。

第六部分:元明民族地理。元朝的统一,在中国政治史与民族发展史上都具有划时代的伟大意义,也开辟了在大一统政体下民族分布的新格局。元朝不仅使大漠南北、长城内外联为一体,又将西藏与云南地区归入统一王朝的版图。就中国疆域范围而言,明朝虽然推翻了元朝的统治,并将蒙古民族的主体重新推到长城一线,但就整体民族分布特征来看,与元朝时期并无太大差别。元明时期土司政区得到逐步推广与完善,与羁縻政区的根本不同之处在于,土司制度是在全国统一的行政区划下更小范围的民族自治形式,从而为我们较准确地划定民族分布区提供了可靠的依据。

第七部分:清代及民国时期民族地理。清朝统治时期,是现代中国疆域规模与民族分布格局全面确立与巩固时期,其间经历了极为复杂曲折的磨合演变过程,因此,清代民族地理的研究价值与意义也是以往其他各个时期的研究价值与意义所无法企及的。可以说,在历史时期的中国疆域范围内,清朝在政治上第一次完成了全面的、真正意义上的统一。清代中国境内的民族聚居区主要有：蒙古族聚居区、东北满族聚居区、西北维吾尔族与回族分布区、青藏民族聚居区、南方土司制民族聚居区（包括湖广、四川、云南、贵州、广西等数省）以及沿海岛屿民族聚居区（包括台湾岛与海南岛）。

民国时期直到中华人民共和国成立初期（1911 年至 1949 年），是民族聚居地区的民主改革与建设的新时期，又是中国各民族发展的重要阶段，也是历史民族地理研究的关键时期。一方面，传统封建王朝覆灭，必然引发民族聚居地区管理体制的剧烈变化，民族聚居区域的发展面临"浴火重生"；另一方面，在强烈的民族危机与边疆危机意识的驱动下，一批爱国知识分子积极投身于边疆地区与边疆民族的调查与研究之中，一些学术期刊的涌现，也有力地推动了当时民族聚居地区的实地调查与科学研究活动，让中国学术界对边疆地区与边疆民族的认知达到了一个前所未有的高度。

六、《中国历史民族地理》研究思路、主要特色、基本资料及方法论问题

《中国历史民族地理》是国家社科基金重点项目"中国历史民族地理研究"的主要核心成果之一，也是笔者多年从事这一领域研究的结晶。坚持"长时段""整体观"与"时空一体观"来看待历史时期中国境内各个民族的发展，是笔者的主要研究思路与创新方向。笔者撰写本书的最大愿望就是坚持整体观与时空一体观，全面而完整地构建中华民族发展的时空进程。

（一）研究思路与创新方向

1. 坚持"长时段"宏观研究与多种横剖面"深描"分析相结合的研究方式

针对历史时期中华民族发展的具体情况，中国历史民族研究的基本思路是"长时段分期"与"阶段性地理横剖面与结构分析"相结合，一方面复原与构建各个不同时期与时段的民族分布整体格局与各民族区域的相邻关系，另一方面注重不同时期民族分布格局变化的历史地理背景、变化趋势及其驱动机制。

"长时段"研究思想是法国年鉴学派学术思想精髓之一。正如法国著名历史学家布罗代尔所称："要理解长时段，最简单的方法就是联想到地理的制约。"①布罗代尔又指出："长时段是无穷尽、无止境的结构和结构组合的历史。对于历史学家来说，一

① 转引自《碎片化的历史学：从〈年鉴〉到"新史学"》，北京大学出版社 2008 年版，第 128 页。

个结构不仅是集合成一体的事物，而且还意味着持续性，有时会持续若干世纪之久（时间也是一种结构）。”①无疑，长时段的确定，有利于研究者发现喧嚣过后历史表象的积淀，有利于发现地理环境的深刻影响。对于历史民族地理研究而言，长时段的确定，有利于确认一种具有稳定性的民族分布格局。

经过英国著名地理学家达比（Henry Clifford Darby）等人的大力提倡与积极实践，历史地理研究中的“水平横剖面”研究方法在国际历史地理学界产生了深远的影响。“水平横剖面”研究的目标之一，是摸清各个时段民族分布的空间结构（或空间模式）。关于“空间模式”，布罗代尔指出：“空间模式是社会现实借以形象化的图表，通过它，社会现实至少可以部分地变得清楚了。它们是真正适用于各种不同时间运动（特别是长时段）、各种社会范畴的模式。”②民族发展的空间模式，同样是民族发展状况的一种较为直观的表达。不同时代的空间模式是不同时代民族发展状况的写照。

2. 坚持用“时空一体观”来通观中华民族的历史发展

坚持用“时空一体观”与发生学方法，复原、分析与诠释历史时期民族的发展情况。既重视一个时期民族地理格局的复原与阐释，又重视跨时代民族地理格局的起承转变，以及两者之纽带与联系；既重视同一时代民族发展区域差异，又注意民族区域之间的相邻关系及互动作用。时间在变，空间与客观环境也在改变，研究过程中，既要重视地理环境的客观影响，又要在条件可能的情况下更多地进行对改变了的“新环境”的研究与评估。

德国近代史学大师德罗伊森（Droysen, Johann Gustav）曾经精辟地指出：“凡是历史事件，都属于一个特定时空；它身处于它的时代而与其他事件、现象相牵连；受它们或近或远的牵制，或受它们的提携、阻抑，共同塑造它们的时代。这些相互影响的关连必须加以掌握；这些关连的广度与深度都必须加以认识，这是条件的解释。”③每个民族的发展也是如此，不仅是一个时间过程，更是一个空间过程，两者叠合在一起，不可分割。

就中国历史民族地理发展而言，首先，一个时代或一个时段的民族分布处于同一种地理环境之中，复原与构建这一时段民族发展特有的“空间模式”就显得异常重要。

---

① 《论历史》，第 83 页。
② 《论历史》，第 56 页。
③ 《历史知识理论》，北京大学出版社 2006 年版，第 36 页。

如前引布罗代尔所述，“空间模式”，并非简单的空间分布形式的表达。其次，历史时期中国境内各个民族的文化发展水平尽管有差异，但仍处于同样的时间进程之中，汉民族在发展，其他民族也在发展。随着时间的推移，影响各个民族发展的社会环境在变化，地理环境也不可能一成不变。因此，研究民族的发展，不仅要注意研究时间、时段的变化与转换，更要注重对其所处区位与客观环境变化的分析。一方面，每一个民族的发展离不开一种客观的环境，这种环境既包括自然环境与地域相邻关系，也包括社会环境、政治环境等；另一方面，这种环境同样会发生改变，不同的生产力水平与环境应对能力，都会对民族的发展产生不可忽视的影响与作用。

“整体观”应该包括以下多层含义：

(1)将每个时段或时代的民族发展置于同一种时空背景(或时空座标)之下思考与分析，有效摆脱“汉族中心论”与各民族“自我中心观”的影响。这种整体观可称为“地理整体观”。在实际研究工作中，“汉族中心论”固然应该加以否定，但是，在研究各个民族的历史时，只孤立考察单一民族的状况，而不顾及当时与其他民族的关系，恐怕也会得出不合理的结论与看法。没有整体观，不可能发现局部的价值；没有整体观，也不可能进行局部之间的比较。

(2)将历史时期中国疆域的形成作为一个长期而复杂的整合过程，将中国境内各民族发展成今天中华民族大家庭也作为一个长期的整合过程。这种整体观可称为“历史整体观”。只有具备“历史整体观”，才能发现各个时期民族发展的客观程度与水平，否则，研究者的研究成果就容易陷入就事论事、孤立单弱状态，或支离破碎、无所归依。这也就是学者们所诟病的历史认识的“碎片化”。

(3)在整体观的视角下来考察中国境内的区域研究，或者说进行微小尺度的考察。微小尺度的考察是研究深入的表现之一，但是，微小尺度研究的学术价值也不能任意夸大。因为中国幅员辽阔，地区间及民族间存在较大的差异，总体而言，单个民族史研究，以及单独民族区域的微观研究，永远无法代替全国性的、整体性的研究。

3. 从地理环境与空间构成角度来诠释与解析中国政治与民族发展趋势，从地理空间角度深度解析中华民族“多元一体”发展趋势的地理基础与空间条件，破除“分久必合，合久必分”的认识误区。

对于中华民族“多元一体”的发展趋势而言，地理环境因素的影响不容低估。当代杰出的民族学家费孝通先生提出中华民族发展趋势“多元一体”的著名论断，在中外民族史学界产生了巨大的影响。中国客观的地理环境，对这一发展趋势起到的影响与作用，也成为学术界非常关注的论题。在多民族共存的客观状况下，一个民族迁徙，或者一种民族分布区的变化，必然会与相邻民族以及相邻民族区发生联系以至碰撞，进而引发民族及国家格局的显著变化。因此，可以肯定，民族分布地的改变以及民族迁徙的结果之一，是各民族之间的碰撞、融合与共同发展。各个民族都在寻找最佳生活地域，因而在一段时间内或局部性地发生民族间的冲突、暴力侵夺以及征伐战争等，是难以完全避免的。但是，必须承认，追求幸福美满的生活与和睦相处，符合各个民族发展的根本利益，因此，向先进民族文化靠拢，学习先进的民族文化，是不少文化相对落后民族的明智选择。最适合人类居住区以及先进文化区域，往往容易成为吸引其他民族的争相“迁入地”与聚集地。

中国广袤的国土，自古以来成为多民族生活的家园，而“山川形便”的地理结构，为各民族的迁徙活动创造了条件。相对而言，黄河中下游地区为早期先民创造了更好的环境，这一地域成为中华早期文明的“摇篮”。“迈向中国”与“逐鹿中原”，成为不少民族追求强盛的主要选择。正是在民族迁徙与大融合的历史趋势之下，文献中所载“中国”的范围逐步扩大，直到清朝奠定了历史时期中国疆域的范围，成为中华民族大家庭的共同家园。正如费孝通先生所指出的那样：“民族格局似乎总是反映着地理的生态结构，中华民族不是例外……中华民族就是在这个自然框架里形成的。”①从地理结构与自然环境的多个角度来解读中国境内各民族的发展，会对中国民族史研究起到积极的促进作用。

4. 利用中国传统沿革地理的丰硕成果，以民族地区行政区划研究为基本时空座标，一方面划出各个时期民族分布区的精确范围，另一方面以此展现民族发展格局的阶段性特征与经济、文化水平。

历史时期中国历代王朝极其重视行政区的建设，很早便建立起全国一体化的政区制度，这是中国传统政治管理的一大特色，也成为代表中国历史人文地理发展成就的重要特征之一。一体化的政区体系的确立，为确定民族分布区及民族分布格局创造了极为有利的条件与基础。这种得天独厚的基础优势，也是中国历史民族地理研究有望取得领先水平成果的一大有利条件。

另外，历史王朝及政权重视多民族政区的建置，如秦汉时期的“道”、唐代的“羁

---

① 参见《中华民族的多元一体格局》，载于《文化与文化自觉》（上），群言出版社2012年版，第70页。

縻府州”、元明清时期的“土司”政区,这些政区本身便指代着民族分布区,为民族地理的研究提供了准确的依据。对这些民族政区演变过程的系统性研究,不仅可以发现经济与文化发展的轨迹,而且可以摸清民族地理分布的变化特点。

5. 大大增强民族迁徙运动的研究,复原与展示各个时段民族发展的地理格局及其形成的源动力,将民族迁徙运动作为联系各个时期或时段民族分布格局转变的主要驱动力,并较为精确地确定各个民族跨时段变迁的空间轨迹。

稍有民族史常识的人都会明白,历史上并不存在静止不变的族群,因此,将民族变迁史视为“铁板一块”,无疑是浅薄与错误的。避难而远徙,求生而奔赴,迁徙运动是中华民族发展史中不可忽视的一部分,没有迁徙运动,就没有今天的中华民族。与今天的中国疆域相比,古代文献尤其是中古之前的古代文献中所载“中国”之概念是相当狭隘的。可以说,古文献尤其是上古文献中所载的“中国”,不过是中国各民族先民向外开拓的基地而已。从“中国”到岭外,从巴蜀到滇南,从关内到塞外,从蒙古大草原到青海湖畔,处处都留下了民族迁徙的痕迹。正是迁徙运动开拓了民族生存的广阔家园。对历史时期中国境内民族迁徙运动的研究,理应成为历史民族地理研究最重要的内容之一。

6. 发扬“左图右史”的优良传统,不仅积极收集、整理与解析反映各个历史时段民族分布格局与分布状况的古代图籍文献,还要将研究成果绘制成图,为日后编绘《中国历代民族分布图集》与建立“中国历史民族地理信息系统”奠定必要的基础。

地图是地理学最重要的表达方式之一,能够较为全面与完整地表达空间状况,其表达力远非文字表达可以替代。民族地理研究的成果必须通过地图绘制表达出来。在研究过程中,笔者不仅全面搜集与整理古文献中的图籍资料,作为研究的依据,还力图将研究成果尽可能准确地绘制成图,突出特色,并为日后编绘《中国历代民族分布图集》奠定基础。

中国历史地理信息系统是目前极受重视的历史地理学研究方式之一,历史民族地理也不例外。但是,当前,在现有中国历史地理信息中,有关民族地理的信息还相当有限,无论是民族聚居区界限的确定与民族人口的统计,还是民族聚居区域与格局的变化等,皆如此。笔者所主持的课题组已着手创立“中国历史民族地理研究”网站,努力在民族地理资料数字化方面做出贡献,为将来建立“中国历史民族地理信息系统”奠定基础。

(二)研究方法

《中国历史民族地理》以历史时期各民族的地理分布及变迁为研究对象,兼跨民族学、历史学与地理学三大学科，在资料占有及研究方法上理应充分发挥及运用三大学科固有的优势及条件。从事历史民族地理研究所运用的方法很多，可以说是历史学、地理学、民族学三大学科研究方法的综合利用。也就是说，这三大学科所通用的方法都可以在历史民族地理学研究中尝试运用，汇总起来，主要不外乎以下几种重要的方法：第一，历史学方法，包括文献学方法、年代学方法等；第二，地理学方法，包括地名的考证、界线的划定、地理环境的实地调查踏勘等；第三，民族学方法，包括文化风俗渊源的考定、文化特征研究等。

1. 历史学方法

典型地表现在史料的收集、梳理与考定，历史人物与历史事件的分析、认识及综合考察等，形成历史学研究的核心部分。近代以来，“史料即史学”的观念在中国学术界已深入人心。历史地理学研究又有重视史料的传统，在研究资料的搜罗与筛选上务求“一网打尽”“无征不信”。出于研究内容的时间限定，历史民族地理研究要求占有与使用尽可能多的有关民族问题的历史资料。浩如烟海的古籍资料，为中国历史研究提供了得天独厚的资源，也成为历史民族地理研究的依托。例如“二十四史”作为中国古代史研究的根本，也是研究古代民族地理的首选资料。如正史中的“四裔传”，不仅记载了当时主要民族的活动，也包含了当时学者对这一个时代民族变迁的总结与观点。

除了正史，经过历代学者的不懈努力，中国学术界也出现了类似樊绰《云南志》（又名《蛮书》）、范成大《桂海虞衡志》、周去非《岭外代答》、李京《云南志略》等反映边疆地区历史与民族生活的重要著作。时至清代，边疆民族问题引起朝野人士的极大关注，当时出现的边疆地区的大量地方史志大都有民族问题的专门章节，另如《皇清职贡图》《蒙古游牧记》《广舆胜览》《滇省民族图说》《粤西诸蛮图记》《黔南职方纪略》等一批关于民族地理专门著作的出现，更将民族地理学研究推上了一个崭新阶段。这些著作内容包括边疆民族的体貌特征、文化习俗及地理分布等方面，完全可与近代西方出现的民族志（Ethnography）相媲美。

作为评议文献资料的补充，大量考古与石刻资料等对民族地理的研究也具有特殊的价值。如北朝时期为中国民族史以及民族地理的特殊发展阶段，而这一时期有大量碑刻资料，内容相当丰富，是研究该时期历史地理问题不可或缺的参考资料。碑刻资料的一个突出优点是地域性较强，对于考察历史时期民族的分布与迁徙具有特殊的意义。例如马长寿先生曾专门利用碑刻资料研究关中地区古代民族的分布情况,写成《碑铭所见前秦至隋初的关中部族》一书(中华书局1985年出版),具有较强的说服力,受到人们的重视。

当然,我们分析研究的并不是一般的历史资料,而是与民族分布与发展变迁相关的资料,因此,必须关注不同民族、不同语言文字的资料。现有的汉文资料可谓汗牛充栋,但在有其他文字资料可资佐证的情况下,仅仅依据汉文资料就显得不够了。如果能够有机会、有能力掌握多种语言而直接参考原始文献,当然是最佳途径,否则,就须借助为数众多的翻译资料。翻译界也为此做出了了不起的贡献,不少有利于民族研究的典籍被译为汉文,其中以蒙古史研究最为突出。一批重要的波斯文、蒙古文的相关著作已被译成汉文著作,为相关领域的研究者提供了便利。如志费尼《世界征服者史》、拉施特主编《史集》、《多桑蒙古史》以及《蒙古秘史》等,均成为研究蒙古史必备的参考书。有关民族地理的研究也不例外。

2. 地理学方法

典型反映在对自然山川的考察、地名的考定、区域的划定以及地图编绘等,这些都是历史民族地理研究不可或缺的手段与工具。无论如何,历史民族地理学的最终立足点是地理研究,关注与解决的也都是地理问题,而不是纯粹的民族问题或历史问题。认识与实践这一点,对我们的研究来说是至关重要的,也是我们力图与民族史研究相区别的关键。否则,我们的研究定位便会发生偏差。为有效避免这方面的偏差,我们应借鉴与充分利用历史地理学研究已有的成功经验。为了更直观、更清晰地表现各个历史时期中国民族分布格局方面的变化,我们必须编绘各个部分的民族分布图,编绘的原则将尽可能地以一个统一的王朝版图作为底图,如:第一、二时段以秦统一六国及汉朝版图为准;第三时段以晋朝短暂的统一为准;第四时段以隋朝统一为准;第五时段较为特殊,分别以辽、宋、金、夏各国的版图为准;第六时段以元统一为准;第七时段以清大一统版图为准。随着研究的深入,在全国性的民族分布区被确定之后,又应按各地区内所属不同民族的数量与分布区面积,而进一步将民族区划分为民族区内的民族亚区。

近年来,“深描(Thick Description)”方法受到了国际地理学界的重视。这种方法改变了地理学研究方法中重结构、轻细节的弊端,注重对研究对象的微观性的深入观察与描述,有利于提升人文地理学研究成果的影响与水平。

3. 人类学或民族学方法

人类学与民族学研究最核心、最重要的方法便是田野调查。从根本上讲,田野调查资料是人类学与民族学研究的基础，没有田野调查，也就没有人类学或民族学的存在。在我国现代民族学史上，最早对民族调查方法进行科学规范与总结的是凌纯声先生，他在《民族学实地调查方法》一文中，特别设计了《实地调查问题格》，内容涉及“地理与(人口)统计”“住处与设备”“饮食”“装饰与发饰”等23个方面，问题总量达842条，可谓详尽之至，因而也就成为从事民族调查工作的必备参照物。① 当然，不言而喻，我们运用民族学方法，主要是参考民族学者们从事田野调查所积累的资料与数据。对于历史民族地理研究而言，其研究对象毕竟是历史时期存在的民族，而民族的演变又是不以人们意志为转移的客观现象，因此，我们在使用田野调查资料时，必须时刻注意其与历史状况的间隔与距离。

民国时期是田野调查工作取得重要成绩与突破的时期，当时积累的大量调查资料对我们的研究具有特殊意义。一般而言，中国历史民族地理研究时段的下限持续至清朝末年，与民国时期直接衔接，时间跨度与距离最小，因此，民国时期的民族调查资料所具备的原始性与真实性，是后来发掘或发现资料所难以比拟的。

简而言之，历史民族地理的客观研究过程就是：从卷帙浩繁的历史文献中梳理、考订出历史时期曾经出现的各个民族集团或族类共同体(ethnic group)的发展脉络与真实的生活状况，将之与近现代民族学分类标准与调查资料相印证、比较，然后将各个民族共同体的发展轨迹在地理版图上进行定位、区分，最终发现与挖掘出各个民族共同体的历史演变与所在地理环境之间的互动关系及规律。中国历史民族地理的研究，是将历史时期中国境内出现的所有民族共同体作为研究对象，在个体、局部及微观研究的基础上，更着重于各个民族间的互动关系与宏观规律的把握。

必须重申的是，众所周知，民族问题历来是一个较为敏感的问题，因此，研究历史民族问题(包括民族地理)，必须防止某些主观认识上的偏颇倾向。

首先，今天的学者研究历史民族问题，必须树立民族平等的观念，这是保证关于民族问题的学术研究健康发展的基本前提。因为现代大量历史文献绝大多数是汉族文士的作品，其中包含了他们的民族观及其对当时民族问题的看法，具有不同程度的局限性。可以说，历史上许多汉族人士，甚至包括一些有名的思想家，在民族问题上的认识并不高明。后世学者如果不树立、不具备正确的民族观，会很容易受到旧的落后民族观念的影响。

---

① 该文刊载于1936年5月出版的《民族学研究集刊》第1期，第45~75页。

其次,历史民族问题研究同样要本着实事求是、尊重历史事实的原则。这主要体现在:(1)不能根据现实的某些片面需要而带主观意识来取舍资料,不能根据现代的评判准则为历史时期的民族问题定性。换句话说,丑化是错误的,而背离基本事实、随意美化也是不应该的。(2)不能随意将历史上的某一民族与现代民族直接对等式地联系起来等。(3)要科学认识时代局限性与时代进步性的辩证关系,不苛求古人,不迷信古人,更要着眼未来。

第一章　先秦民族地理

绪　论

民族的产生、发展及成熟，是一个相当漫长的历史过程。中国境内的所有民族，包括华夏（汉族）与其他民族以及历史时期曾经存在的民族，都不例外。国家与民族作为两种类型人们共同体的名称，在发展演变中往往相伴相生，关系极为密切。民族往往以国家、政权及部落等作为外在的表现形式。在历史发展过程中，“民族”与“国家”难以截然分离，而国家又可以概括为单一民族构成的国家与多民族组成的国家。国家高度发达的结局，正是境内民族的大统一与大融合。国家及政权形态的演变，是探讨民族发展最重要的线索之一，而这在关于早期民族形成的研究中显得特别重要。

先秦时期是中国境内各民族逐渐发育、形成及走向成熟的时期，是中华民族发展十分独特的阶段。先秦时期中国民族地理演变特征与相关研究内容主要有：

一、在秦国实现统一六国之前，幅员辽阔的中国大地长期处于小邦林立的“万邦时代”。“万邦”并存，可谓先秦时期中国境内民族与国家分布、演变最重要的空间特征，族群、地域共同体与政治共同体共存难辨。民族与国家的变化趋势是从“万邦”并存的状况，逐步走向政体与民族的“一统”。其发展的里程碑式的阶段性成果，便是秦汉的空前统一。秦汉统一及历史沿续，也宣告了华夏（汉族）的形成与成熟，以及以华夏（汉族）为主体民族的王朝（政权）疆域的初步定形。

二、在“万邦”林立的历史背景下，先秦时期国家与民族发展演变存在两大突出的线索，顺沿这两条线索，深入探求引发及影响这些变化的历史地理背景，可以勾勒出中国早期民族发展的空间构造，这也就形成了先秦时期民族地理研究的两大核心内容：

（一）以“三皇五帝”传说、夏、商、西周、东周（春秋战国时期）诸时代的兴衰为线索，再现华夏（汉族）分布区的形成与演变；

（二）以“戎”“狄”“蛮”“夷”诸部演变为线索，梳理“四裔族”分布地区的形成与演变。

必须指出，先秦时期的“戎”“狄”“蛮”“夷”，与后来的汉族以外的民族的发展历史无法直接对应起来。换句话说，早在先秦时期，中国境内的民族融合与变化已经在时刻进行着，仅凭名称的雷同来追溯民族的早期历史，往往会导致误解与歧义。

三、先秦时期产生的民族观念与民族地理思想，如“华夷五方格局论”等，在事实上成为中国传统民族思想的核心内容之一，影响深远，故而具有较高的研究价值。

第一节 “万邦时代”

——中国早期国家、民族的渊源与分布格局

中国自古是一个多民族（族群）凝聚的政治共同体。研究中国的发展历史，理应探讨历史时期中国境内所有民族的演变历程及其政治建树，然而，要想在研究实践中真正做到这一点，并非易事。例如，中国史学界曾经长期争论如何以“五大社会阶段”理论来确定先秦时期国家的社会性质，如何界定“原始社会”“奴隶社会”“封建社会”。从现实来看，成果繁富。从政治地理与民族地理的研究角度来看，这种争论存在着相当大的局限性，即缺乏空间与地域差异的关怀，带有明显的“华夏民族或国家中心论”的色彩，没有充分考虑到历史时期“中国”的地域范围以及族别差异，不自觉地忽略了华夏（汉族）之外其他民族所应有的作用与地位。这其中固然有文献不足征的客观局限，但从观念上纠正“华夏民族中心论”的偏颇，也是非常有必要的。

要想在历史研究中打破“华夏民族中心论”的禁锢，就应该首先打破“华夏国家中心论”的传统思维模式，确定“中国整体观”与不同族别、不同地域之间的差异分析。事实上，这种立论有着极为充分的事实基础，因为在华夏（汉族）国家一统“天下”之前，先秦时期在中国境内确实出现过小国林立的“万邦时代”，这也成为当时族群与政体发展特殊阶段的主要标识。

一、“万邦”——先秦时期关于国家演变的通行观念

东汉史学家班固曾经在《汉书·地理志》中系统追述与总结先秦时期民族与国家

的演变过程，突出强调了从天下“万国”至秦朝统一的历史进程。他在该《志》篇首指出：

昔在黄帝，作舟车以济不通，旁行天下，方制万里，画野分州，得百里之国万区。是故《易》称“先王建万国，亲诸侯”，《书》云“协和万国”，此之谓也。……周爵五等，而土三等：公、侯百里，伯七十里，子、男五十里。不满为附庸，盖千八百国。而太昊、黄帝之后，唐、虞侯伯犹存，帝王图籍相踵而可知。周室既衰，礼乐征伐自诸侯出，转相吞灭，数百年间，列国秏尽。至春秋时，尚有数十国，五伯迭兴，总其盟会。陵夷至于战国，天下分而为七，合从连衡，经数十年。秦遂并兼四海。

无独有偶，西晋学者皇甫谧在《帝王世纪》一书中回顾中国早期国家发展历史时也特别提到“万国”时期，指出，远古“五帝”之一帝喾在位时期，已“建万国而制九州”。到大禹“涂山之会，诸侯承唐虞之盛，执玉帛亦有万国”。到殷商建国时，“其能存者三千余国，方于涂山，十损其七”。又至周克商之初，“制五等之封，凡千七百七十三国，又减（商）汤时千三百矣”。“其后诸侯相并，当春秋时，尚有千二百国。”而春秋时期又是诸侯国攻夺兼并最为激烈的时期，“二百四十二年之中，杀君三十六，亡国五十二，诸侯奔走不得保社稷者，不可胜数。至于战国，存者十余”①。皇甫谧的这些记述，与班固《汉书·地理志》的内容大同小异，也强调先秦时期中国境内国家发展的轨迹，是从天下“万国”并存到秦朝“一统”局面。又如司马迁《史记·封禅书》也曾记载，汉武帝时，公孙卿引述申公之言云：“黄帝时万诸侯，而神灵之封居七千。天下名山八，而三在蛮夷，五在中国。中国华山、首山、太室、泰山、东莱，此五山黄帝之所常游，与神会。”②确认黄帝时期曾经出现“万诸侯”的情况。

如果检索相关文献，我们不难发现，司马迁、班固与皇甫谧等人关于先秦时期国家发展历史的追述，并不是他们个人的独到发明，而主要是总结了先秦学者们较为统一而流行的观点。先秦文献中运用“万国”或“万邦”一词相当普遍，在很大程度上证明当时学者对远古时期存在“万邦时代”的肯定与认同，例如：

《庄子·天下》载：“（大禹）沐甚雨，栉疾风，置万国。”

《左传·哀公七年》载诸大夫言：“禹合诸侯于涂山，执玉帛者万国。今其存者，

---

① （南朝宋）范晔《后汉书》所附《续汉书·郡国志》注引《帝王世纪》，中华书局 1997 年出版“二十四史”合订本，第 3386~3387 页。以下二十四史系列文献同此版本。

② 《史记》卷二八《封禅书第六》，第 1393 页。

无数十焉。”

《战国策·齐策四》载颜斶云:“斶闻古大禹之时,诸侯万国……及汤之时,诸侯三千。当今之世,南面称寡者,乃二十四。”

《战国策·赵策三》载赵奢云:“且古者,四海之内,分为万国。城虽大,无过三百丈者;人虽众,无过三千家者……今取古之为万国者,分以为战国七。”

《荀子·富民》载:“古有万国,今有十数焉。”

《吕氏春秋·离俗览·用民》载:“当禹之时,天下万国,至于汤而三千余国,今无存者矣,皆不能用其民也。”

先秦时代,“万邦”一词的流行,可以从中国最早的诗歌总集《诗经》一书中得到充分印证。如《小雅·六月》载:“文武吉甫,万邦为宪。”《小雅·节南山》载:“式讹尔心,以畜万邦。”《小雅·桑扈》载:“君子乐胥,万邦之屏。”《大雅·文王》载:“仪刑文王,万邦作孚。”《大雅·皇矣》载:“万邦之方,下民之王。”《大雅·崧高》载:“揉此万邦,闻于四国。”又如《周颂·时迈》载:“时迈其邦,昊天其子之,实右序有周。”《周颂·桓》载:“绥万邦,娄丰年,天命匪解。”研究者已明确指出,在先秦古文字中,“迈”与“万”二字可通假。[1] 因此,“时迈其邦”即指当时之世有万国(邦)。[2]

现存典籍文献资料外,留存下来的金石文字中也有“万邦”的内容。如西周铜器《墙盘》铭文记载:“曰古文王……匍有上下,迨受万邦。”[3]又如《盠彝》载:“天子丕遐丕基,万年保我万邦。”[4]

先秦古籍中,运用“万邦”一词最多的儒家经典,大概要数古文《尚书》了。“万邦”一词在该书各篇章中屡屡出现,如《虞书·大禹谟》载“野无遗贤,万邦咸宁”,《夏书·益稷》载“烝民乃粒,万邦作乂”“万邦黎献,共惟帝臣”;《夏书·五子之歌》载“明明我祖,万邦之君”;《商书·伊训》载“与人不求备,检身若不及,以至于有万邦,兹惟艰哉”“尔惟德罔小,万邦惟庆”;《商书·太甲》载“一人元良,万邦以贞”等。古文《尚书》各篇的成书时间不尽相同,但最晚不迟于战国后期,而其中所用“万邦”等概念的产生,则应早于战国时期,实为先秦时期人们讨论国家及政体发展时所常用的

---

① 参见(清)吴大澂等撰《说文古籀补三种》,中华书局2011年版,第67页下页、第157页上页、第250页下页。

② 参见高亨《诗经今注》,上海古籍出版社1980年版,第482页。

③ 参见曹锦炎编《商周金文选》,西泠印社出版社2011年版,第61页。

④ 转引自赵伯雄《周代国家形态研究》,湖南教育出版社1990年版,第14页。

重要概念。①

古今学者的研究还证明,"万国"由"万邦"一词演变而来,"'万邦'这个名词,是周初到春秋末年间称天下各国的通行语词"。到西汉时期,"因避汉高祖讳的关系,凡用邦字的地方,多用国字替代,先秦古书里面的邦字,凡经汉人引用,多改为国字"。②

与"万邦"含义相同的概念,还有"万方""多邦""多方"等。"万方"在《尚书》诸篇中也频频出现,如《商书·汤诰》载:"王归自克夏,至于亳,诞告万方。王曰:'嗟尔万方有众,明听予一人诰。……夏王灭德作威,以敷虐于尔万方百姓,尔万方百姓,罹其凶害,弗忍荼毒。……其尔万方有罪,在予一人,予一人有罪,无以尔万方。……'"《商书·太甲》载"用集大命,抚绥万方"等。

"多方"这一概念,在《尚书》中也多次出现,如《周书·泰誓》载"惟我有周,诞受多方";《周书》中单有《多方》一篇,如载"猷告尔四国多方""乃惟以尔多方之义民,不克永于多享""乃惟成汤,克以尔多方,简代夏作民主"。周王最后又云"则惟尔多方探天之威,我则致天之罚,离逖尔土"等。可见,"方"与"邦""国"同义,都是指当时臣服于夏、商、周的小方国而言。

总之,在先秦学者们看来,"万邦"或"万国"并存时期,是中国早期国家发展所经历的最重要的初始阶段,也构成了中国早期民族与国家发展的最重要特征。笔者将其时代称为"万邦时代"。当我们考察先秦时期国家与民族的发展问题时,理应从考察"万邦时代"入手。如果从政治地理与民族地理更宏观的角度考察,"万邦时代"的时间跨度,并不仅仅局限于古文献中"万邦"一词所涉及的包括黄帝与大禹等在内的"三皇五帝"时代或虞夏时期。因为直到西周及春秋战国时期,事实上,中国境内仍然有成千上百的邦国并存,依然属于"万邦时代"的范畴。下面,笔者从两个方面进行较详细的说明与论证:一是邦国数量与地域界定,二是各类邦国的政体性质。

二、"万邦时代"的邦国数量与地域界定

深入阐发"万邦"一词的真实内涵,是我们了解"万邦时代"的基础。"万邦",按字面意思理解,即极其众多国家并存之义。《左传·闵公元年》载晋掌卜大夫偃云:"毕万(魏国先祖)之后必大。万,盈数也。魏,大名也。"《史记·魏世家》改为"万,满

① 本书所用《尚书》版本,除特别注明,均为(清)阮元校刻《十三经注疏》之《尚书正义》,中华书局1980年版。

② 参见蒋善国《尚书综述》,上海古籍出版社1988年版,第152~153页。

数也”。又唐孔颖达注疏云:“数至十则小盈,至万则大盈。”①“万”为表示数量极多的虚数,“万邦(或万国)”即同于“众邦”,包括“千邦”或“百邦”,绝不意味着远古时期正好出现过一万个小国。“万邦”时代的实质为“众邦时代”。从上古到春秋战国,众多邦国并存的状况是有充分依据的,较典型的例证便是周初“八百诸侯”。如《史记·周本纪》载,当周武王率师伐纣之际,“是时,诸侯不期而会盟津者八百诸侯”。司马迁在《史记》中多次提到“八百诸侯”,证明他有较坚实的立论根据。如《秦楚之际月表》载:“后稷修仁行义十余世,不期而会孟津八百诸侯,犹以为未可,其后乃放弑。”《齐太公世家》亦载:“诸侯不期而会(盟津)者八百诸侯。”又《高祖功臣侯者年表》载:“《书》曰‘协和万国’,迁于夏、商,或数千岁。盖周封八百,幽、厉之后,见于《春秋》。”其实,司马迁在这里指明了两种不同含义的“八百诸侯”:一是会于孟津,协助周王共同伐商的诸侯,这些诸侯原本应从属于商朝,而不会是周封;二是周朝大分封之后产生的诸侯国。关于后者,《史记·汉兴以来诸侯王年表》序载:“周封五等:公、侯、伯、子、男……武王、成、康所封数百,而同姓五十五,地上不过百里,下三十里,以辅卫王室。”显然,西周初年,其辖境内的邦国数量,至少是前两者之和,因此,《汉书·地理志》称周初共有“千八百国”,应该是据此而来,而不是故意虚夸。

与邦国数量关系最密切的因素,莫过于“邦”的面积。古今学者关于上古“邦国”面积问题的结论,是比较统一的。如班固释“万国”为“百里之国万区”,即每一国的疆土面积在百里左右。这也是先秦古籍中最为普遍的说法。金景芳先生指出:“据我看,诸侯大国封地百里之说,不仅见于《孟子》《(礼记)王制》,先秦古书几乎莫不如此。”金先生举例,《荀子·王霸》说:“汤以亳,武王以鄗,皆百里之地也。”又《议兵》云:“古者汤以薄,武王以滈,皆百里之地也。”②又如晋国的前身——唐国,《史记·晋世家》载:“唐在河、汾之东,方百里。”细察诸篇文意,实将“诸侯国”与“天子国”并列,天子“畿内”不过千里,大诸侯国之封最多也在“百里”之内。这种笼统而划一的说法可以证明当时诸侯国的范围是有限的,“商邑”与“周邦”在兴起之前也是如此,但绝不能认定当时诸侯邦国的面积都是“方圆一百里”。一方面因为当时国与国之间没有严格的界限划分,如果无法确定一国的邻国,自然也无法确定其疆域的“四至八到”;

① (清)阮元校刻《十三经注疏》下册《春秋左传正义》卷九《庄公十六年》“使以十月入,曰:良月也,就盈数焉”下注疏,中华书局1980年影印本,第1772页中。

② 金景芳《〈周礼〉与〈王制〉封国之制平议》,载于《金景芳古史论集》,吉林大学出版社1991年版,第205页。

另一方面因为诸侯国同样处于不断的扩张或退缩之中。既然诸侯大国只有“方百里”,那么小诸侯国的疆域应更为狭小。《孟子·万章下》载:“天子之制,地方千里,公侯皆方百里,伯七十里,子、男五十里,凡四等。”司马迁记载周初大分封时,也讲到其平均面积“地上不过百里,下三十里”。即使在“千里王畿”之内,也不是周王族的一统天下。《汉书·地理志》记载:“初,雒邑与宗周通封畿,东西长而南北短,短长相覆为千里。”有重要注曰:“通在二封之地,共千里也。”唐代学者颜师古进一步解释道:“宗周,镐京也,方八百里,八八六十四,为方百里者六十四也。雒邑,成周也,方六百里,六六三十六,为方百里者三十六。二都得百里者(百),方千里也。故《诗》云‘邦畿千里’。”①这种貌似离谱的解析,其实对于我们理解“千里邦畿”有重要启发。只有把镐京与雒邑两大都邑完全打通,才能凑满“千里”之目,而在这里所谓“千里王畿”,也是由上百个“方百里”的小邦国所组成的,真正直属周天子的地盘,恐怕是相当有限的。

再者,我们可以看到,就现存古文献而言,其描述的“天下”范围是相当有限的。《诗经·小雅·北山》曾载:“溥天之下,莫非王土。率土之滨,莫非王臣。”这不过是诗人不切实际的政治理想,或者也可以说诗人所知道的“天下”相当狭小。《孟子·公孙丑上》又云:“夏后、殷、周之盛,地未有过千里者也。”此处之“地”应指夏后氏、商王、周王直接控制的地盘,也就是文献所云“夏邑”“大邑商”“周邦”的面积。此外,就是“众邦”的“天下”。参照《春秋左传》诸书的记载,宋朝学者洪迈曾在所著《容斋随笔》卷五中对东周(成周)初期的疆域及民族分布做了较为深入的阐发,他精辟地指出:

> 成周(城,在今河南洛阳市东郊)之世,中国之地最狭,以今地里考之,吴、越、楚、蜀、闽皆为蛮,淮南为群舒,秦为戎。河北真定、中山之境,乃鲜虞、肥、鼓国。河东之境,有赤狄、甲氏、留吁、铎辰、潞国。洛阳为王城,而有杨拒、泉皋、蛮氏陆浑、伊雒之戎。京东有莱、牟、介、莒,皆夷也。杞都雍丘,今汴之属邑,亦用夷礼。邾近于鲁,亦曰夷。其中国者,独晋、卫、齐、鲁、宋、郑、陈、许而已。通不过数十州,盖于天下特五分之一耳。②

洪氏所言,并非空论,而是有着相当充分的文献依据,从而成为我们划定西周及春秋初年民族分布图的重要依据。另如前引《汉书·地理志》中所云,战国时期,“天

---

① 《汉书》卷二八《地理志第八下》,第1650~1651页。
② (宋)洪迈撰,孔凡礼点校《容斋随笔》卷五,中华书局2005年版,第64页。

下分而为七”,“战国七雄”疆域之总和,就成为“天下”,这与秦汉统一时期的疆域还有很大的差距。又如西汉时人贾捐之也指出:“武丁、成王,殷、周之大仁也,然地东不过江、黄,西不过氐、羌,南不过蛮荆,北不过朔方……以至乎秦,兴兵远攻,贪外虚内,务欲广地,不虑其害。然地南不过闽越,北不过太原。”①《汉书·西域传》载:“自周衰,戎狄错居泾渭之北。及秦始皇攘却戎狄,筑长城,界中国,然西不过临洮(今甘肃岷县)。”也就是说,直到秦始皇统一中国之后,西部边界也仅到临洮,中原人得知“西域”的真实存在,要等到张骞出使西域之后。

历代学者如班固、洪迈等人所说“天下”,充其量也只是秦汉时代中央王朝能够辖及的疆域范围,甚至更小。究其地理方位,不过都集中于今天黄河及长江中下游地区,并不是我们所研究的历史上的中国范围。谭其骧先生明确指出:“我们认为18世纪中叶以后,1840年以前的中国范围是我们几千年来历史发展所自然形成的中国,这就是我们历史上的中国。”②这一认识已为学术界多数学者所接受。研究先秦时期的国家与民族问题,同样须参照这一地域范围。如果我们以历史时期的“中国”范围来衡量,洪迈等人所说“天下”大概也只是历史上“中国”的五分之一而已。因为这个“天下”没有东北地区,没有蒙古地区,没有新疆(西域),更没有青藏地区,甚至没有云南(大理)。这些边疆民族地区都是历史时期中国疆域不可分割的组成部分。要想深入了解“万邦时代”的特征,就必须充分考虑到所涉及的地理范围——历史时期的中国。这也是笔者想要着重强调的关键内容。

由于缺乏翔实的文献记录,我们对这些边疆地区先秦时期的政权形态难以做出较为准确的结论,但可以肯定的是,在进入有文献记录的历史时期,这些边疆地区无一例外地处于邦族林立分治的状态之中,较之中原地区,有过之而无不及。如春秋时期,中国北方地区的民族种类相当庞杂,“自陇以西有绵诸、绲戎、翟、貏之戎,岐、梁山、泾、漆之北有义渠、大荔、乌氏、朐衍之戎。晋北有林胡、楼烦之戎,燕北有东胡、山戎。各分散居溪谷,自有君长,往往而聚者百有余戎,然莫能相一”③。又如今长城以北当时为匈奴聚居地区,《史记·匈奴列传》载其早期发展史:“自淳维以至头曼千有余岁,时大时小,别散分离,尚矣,其世传不可得而次云。然至冒顿而匈奴最强大,尽

① 《汉书》卷六四下《贾捐之传》,第2831页。根据周书灿的研究,江、黄分别指今山东省境内之沂水、黄水,参见《殷周“地东不过江黄”辨》,《河南大学学报》(社会科学版)1997年第3期。

② 谭其骧《历史上的中国和中国历代疆域》,载于《长水集》(续编),人民出版社1994年版,第4页。

③ 《史记》卷一一〇《匈奴列传》,第2883页。

服从北夷，而南与中国为敌国，其世传国官号乃可得而记云。”冒顿为匈奴著名首领，其崛起于秦末汉初之际。不过，即使在其最鼎盛时期，匈奴各部落依然“各有分地，逐水草移徙”，保持着较强的独立性，与中原农业地区的行政体制有较大区别。

新疆（古称“西域”）地区状况就更加典型。因于特殊的绿洲型的自然地理，西域地区自有文字记录以后长时期处于小邦林立的状态。从西汉初年的三十六邦，到哀帝、平帝在位时期的五十余邦，及至东汉魏晋时期，西域地区小邦的数量保持了较强的稳定性。估计在先秦时期，其小邦数量不会低于两汉时期。历史上，青藏高原也曾长时间同划归入“西域”范围，很晚才进入汉文史籍的记载。如《新唐书·吐蕃列传》载：“吐蕃本西羌属，盖百有五十种，散处河、湟、江、岷间，有发羌、唐旄等，然未始与中国通。”①青藏地区较完整意义上的统一，要等到公元7世纪松赞干布在位之时。

边疆民族地区如此，今天的亚洲邻国当时也是这样。如朝鲜半岛的古韩国，陈寿《三国志·魏书·东夷传》载：“韩在带方之南，东西以海为限，南与倭接，方可四千里。有三种，一曰马韩，二曰辰韩，三曰弁韩。辰韩者，古之辰国也。马韩在西。……有爰襄国、牟水国、桑外国……凡五十余国。大国万余家，小国数千家，总十余万户。”日本列岛也是如此，如古倭国，“倭人在带方东南大海之中，依山岛为国邑。旧百余国，汉时有朝见者，今使译所通三十国”②。这些资料都可以给我们提供很好的旁证。

先秦时期众多邦国的存在，也得到现代考古资料的充分证实。考古学者通过对大量古都邑遗址的考察，指出：“距今5000~4000年前的龙山时代，在中国的黄河、长江的中、下游地区已陆续形成了邦国林立的局面，这种状况同文献记载中夏代之前颛顼—尧—舜—禹时期‘万国’并存的传说有吻合的一面。这当然绝非偶然的巧合。”③著名学者张光直先生甚至认为“万邦”正是龙山文化的政治景观特色，他指出：“龙山晚期的中国，在大小河谷的平原地带，分布着千千万万的有方形或长方形的夯土城墙的城邑。每个城邑都有它的首领或统治者。”“每个统治者治下的城邑就形成一个或大或小的‘国’或‘邦’。龙山时代中国的政治景观，便可以说是那时的平原河谷中分布着成千上万的大小古国。”故而有学者称之为“古国时代”。④ 不过，可以看到，考古学家所考察的地理范围，依然是黄河与长江中下游地区，也就是传统观念中的“中国”

① 《新唐书》卷二一六上《吐蕃列传》，第6071页。

② 《三国志》卷三〇《东夷传》，第849~854页。

③ 李学勤主编《中国古代文明与国家形成研究》，云南人民出版社1997年版，第69页。

④ 张光直《中国古代王的兴起与城邦的形成》，《中国考古学论文集》，三联书店1999年版，第384页；车广锦《论古国时代》，《东南文化》1988年第5期。

或"天下",而不是我们研究所限定的历史时期中国的疆域范围。

三、"万邦时代"政体性质之探讨

关于先秦时代邦国的性质,学术界进行了长期的研究与讨论。学者们见仁见智,从不同角度提出了自己的意见。

如古史专家金景芳先生指出:

> 夏曾佑《中国古代史》说:"夫古国能如是之多者,大抵一族即称一国,一国之君,殆一族之长耳。"夏氏这个说法,最有见地。在氏族社会,只有氏族、胞族、部落以至部落联盟,既没有后世所说的"诸侯",也没有后世所说的"国"。《左传》中称禹时有"诸侯万国",乃是借用后世的语言以名前代的组织罢了。然而,"万国""三千""千八国"这些数字,作为氏族组织或诸侯国,由于种种原因,随着历史的发展,不断减少,以及减少有如此等数字的比例来看,则比较接近事实,还是有意义的。①

故而,有的学者又提出"族邦"概念,认为夏代的所谓"万国"和"诸侯",实际上是大小不等、文明程度各异的宗族城邦。②

姚政先生却认为大禹时期已开始按地区划分国民了,"邦"为地域集团的称号。他论证说:

> 《国语·周语上》载:"《夏书》有之曰:众非元后何戴,后非众无与守邦。"韦昭注:"邦,国也。"《尚书·汤誓》:"夏王率遏众力,率割夏邑。"《说文》:"邑,国也。"王国维说:"古封、邦一字。"封乃古人之经界。《周礼》说:大司徒之职"制其畿疆而沟封之"。郑玄注:"沟,穿地为阻固也;封,起土界也。"《周礼》:"地官封人,掌诏王之社壝,为畿封而树之。凡封国设其社稷之壝,封其四疆。造都邑之封域者亦如之。"据此可见,古代凡封国、封邦、建邑,均需起土、挖沟、植树为界,以封其四疆。显然是以地域区划人民。夏代已有邦、邑之称,当是地域集团无疑。③

又田昌五先生认为中国奴隶制的特征之一为"国野制":

① 金景芳《〈周礼〉与〈王制〉封国之制平议》,载于《金景芳古史论集》,吉林大学出版社 1991 年版,第 204 页。

② 周苏平《夏代族邦考》,《中国史研究》1993 年第 4 期。

③ 姚政《试论夏代国家的形成》,载于《人文杂志》专刊《先秦史论文集》,1982 年,第 50 页。标点略有改动。

> 古代国家都是部落国家，因此，按地区分族而居是古代社会的共同现象。中国古代亦不例外，其表现便是国野制度。无论周王国还是各诸侯国，其统治区都分为国、野两部分，而在各国之间则保留着空旷的森林草莽地带。国中居住的除工商外，都与该国之主有远宗关系，因而他们称为国人。……在野鄙里居住的是被征服的外族人，称为野人、鄙人、庶人、遂人，有时也用其原来的族称。①

近二十余年来，在先秦史学界，"酋邦"的概念得到越来越多学者的认同，并将之用于对中国早期国家的研究之中。如有学者认为，五帝时期均属于中国古代的酋邦时代。"黄帝酋邦是我们能了解的中国古代最早的一个具有很强实力的酋邦。""尧、舜、禹酋邦可能是黄帝酋邦的继承者。它们同样控制一片相当广阔的地域。"②

以上几种最具代表性的观点，并不是完全相对立、相抵触的，而是存在很强的共通性与兼容性。进一步说，"万邦时代"的特征正在于"邦"之数量繁多，"邦"的性质是相当复杂的，难以一言以蔽之，难以一类而定之，必须条分缕析，仔细地分别加以阐发。如果将"万邦时代"的古代国家模式化、单一化，就不可能客观而全面地反映与认识先秦时代国家与民族的演变特征，也就很难以理服人。

首先，早期"邦""国"的血缘宗法特征是相当突出的。"邦"作为早期国家的总称，其血缘性是相当明显的。这里，我们必须从分析"万邦时代"之邦内部的社会结构入手。这一点，我们可以从古文《尚书》的内容找到较系统的证明。古文《尚书》按时间先后辑成《虞书》《夏书》《商书》《周书》等几个部分。首篇《虞书·尧典第一》以尧将禅位于舜为始，中曰："克明俊德，以亲九族。九族既睦，平章百姓。百姓昭明，协和万邦。"《史记·五帝本纪》继承了这一说法：帝尧"能明驯德，以亲九族。九族既睦，便章百姓。百姓昭明，合和万国"。短短二十四字中，却包含三个非常重要的有关民族与国家的概念，即"九族""百姓"与"万邦"或"万国"。"九族"应该是与邦国君主家族血缘关系最近的宗族集团，即所谓"帝之九族"，有两种解释：一是九族指上自高祖、下至玄孙，凡九族（见孔安国传文）；二是九族指父族四、母族三、妻族二（见孔颖达正义）。就其覆盖面而言，应以后者更允当妥帖。因为前者似乎只包括一个家族。"九族"一词在《尚书》中多次出现，其内涵是一致的。如《虞书·皋陶谟第四》载："惇叙九族，庶明励翼。"《商书·仲虺（商汤左相）之诰第二》又载："德日新，万邦惟怀；志

① 田昌五《中国奴隶制的特点和发展阶段问题》，载于《人文杂志》专刊《先秦史论文集》，1982年，第30页。

② 谢维扬《中国早期国家》，浙江人民出版社1995年版，第275页。

自满，九族乃离。”

“百姓”则应为夏朝所直接依托的宗族集团，旧注为百官之族姓（见孔颖达正义），似乎有些牵强。可以肯定，“百姓”是指夏王属下较为强盛的宗族集团。《虞书·大禹谟第三》载：“罔违道以干百姓之誉，罔咈百姓以从己之欲。”与“百姓”相近，还有“万姓”的概念，相当于“万邦（或万方）百姓”。如《夏书·五子之歌第三》载“万姓仇予，予将畴依”；《周书·泰誓上第一》载“（商王）以残害于尔万姓”；《周书·武成第五》载“大赉于四海，而万姓悦服”；《商书·盘庚下第十一》载“尔谓朕曷震动万民以迁”等。九族与百姓均相对于夏王国直接控制或统治范围而言，是一个邦国内部较为典型的宗族组织结构。夏国如此，其他小的邦国也应与此类似，故而有“万方百姓”之称。《尚书》等典籍反映出当时夏、商、周王朝宗族与国家构成的基本框架，为九族—百姓—万邦（万国、万方）或万姓。

夏曾佑与金景芳先生认为，远古及夏朝“国”或“邦”是一个类似氏族（或胞族）的血缘性社会集团，至殷、周时代逐步演化为诸侯国，其数量经历了从多到少的递减过程。这类分析是客观而具有说服力的。但是必须看到，在这种社会结构中，邦国内部是以九族—百姓的宗法关系为主，而邦国之间以政体性的、地缘性的关系为主，考察“万邦”的时代特征，更重要的是探讨其地缘性特征。

其次，万邦时期，各邦之间的地域性特征是非常突出的。《汉书·地理志》曾特别强调：“古有分土，亡分民。”颜师古释之云：“有分土者，谓立封疆也。无分民者，谓通往来不常厥居也。”这无疑是一种值得现代研究者充分重视的观点，充分说明了地域划分在民族形成中的关键作用。又据许慎《说文解字》，“国”与“邦”相通，而“邦”又与“或”相通。“或”实为古“国”字。《说文解字》释“或”：“邦也，从口从戈，以守一。一，地也。”因此，“国”与“邦”，均指当时初步具有政权功能的地域性政治共同体组织。关于国名与地域之关系，《史记集解》释“帝喾高辛”时引张晏曰：“少昊以前，天下之号象其德。颛顼以来，天下之号因其名。高阳、高辛，皆所兴之地名。”《史记索隐》也引宋衷曰：“高辛，地名，因以为号。”①唐孔颖达为此特别指出：“颛顼已来，地为国号，而舜有天下，号曰‘有虞氏’，是地名也。”②这一见解是非常精辟的，即在远古英雄时代末期，部落之间地缘性的联系已相当显著。建立在部族集团之上的政治共同体（“国”或“邦”）均以相对固定的定居区域作为标志，所说“万邦”或“万方”，都是系

---

① 《史记》卷一《五帝本纪》下注释，第 13 页。

② 参见《尚书·尧典》孔颖达疏，中华书局 1980 年版《十三经注疏》上册，第 123 页下。

于某一相当固定地域的人们共同体,他们与夏、商、周之间,以及各邦之间都是地缘性关系,而不是血缘性关系。前面所述,考古学者们将都邑或城邦作为"万邦时代""邦"或"国"的表现形式,也充分反映出邦国之间地缘性的特征。

再次,也是在此最想强调的一点,"万邦时代"邦国性质的差异性与多样性。研究"万邦时代"邦国的性质,理应考虑到中国境内所有具有政体性质的人们共同体。即使处于同一时代,各个民族的发展水平以及政体形态都会千差万别。传统的儒家学者片面吹嘘"三代"的光辉成就及其"天下共主"的地位,但作为华夏系国家的渊源——夏、商两朝以及周朝在大分封之前,在众邦林立的时代里,不过是"万邦"之中地位较为特殊的"一邦"而已,即文献所云"夏邑""商邑",或"殷邦""商国""周邦"等。当这些王朝逐步建立起较完善的文明国家之时,与其并存的众多小邦可能仍然停留在较原始的部落联盟阶段,随着时代的变迁,彼此间的差距也许越拉越大。因此,同时并存的所谓"邦",其实质又会有霄壤之别,其中既有制度详备的集权制国家,也有较为原始的酋邦及部落联盟。我们不可因为强大而先进国家的出现,而否认或忽略那些依然停留在原始时期的民族共同体,或理所当然地认为这些边远又落后的民族共同体只是当时大邦的附庸,否认它们的相对独立性。

另外,需要指出的是,这里所说"万邦时代"的邦国,与古今学者集中讨论的"封国"有着本质的区别。"封国"以西周初年最为典型,是制度化的产物,按公、侯、伯、子、男的等级而封予不同面积的国土,具有显著的人为特征。而我们所说"万邦时代"的邦国只包括那些分封制度产生之前业已存在的方国,以及不依附于周王朝而与之并立的边远小国。这些邦国往往是独立的、自然生成的,彼此之间在民族属性、社会制度与生活方式等方面都存在着较大的差异。

四、古代学者关于"万邦时代"及古国之研究

中国传统思想崇尚古典,尤其推崇上古三代,视其制度文化为学习及效法之典范,因此,"万邦"及"万国"的说法,自然很早就引起了众多学者的关注与探讨。古代学者关于"万邦时代"以及古国问题的讨论,涉及内容广泛,他们的研究思路与结论,为我们理解与认知中国民族与国家早期发展阶段的真实状况提供了可贵的帮助。

成书于唐代的《晋书·地理志》明确指出了"万邦时代"各邦国的考证问题。如云:"……而见于《春秋》经传者百有七十国焉。百三十九知其所居,三十一国尽亡其

处,蛮夷戎狄不在其间。”关于可以考定方位的一百三十九国,作者注释:

鲁、邾、郑、宋、纪、卫、西虢、莒、齐、陈、杞、蔡、邢、郕、晋、薛、许、邓、秦、曹、楚、随、黄、梁、虞、郧、小邾、徐、燕、鄀、麇、舒、庸、郯、莱、吴、越、有穷、三苗、瓜州、有虞、东虢、共、宿、申、夷、向、南燕、滕、凡、戴、息、郜、芮、魏、淳于、穀、巴、州、蓼、罗、赖、牟、葛、谭、萧、遂、滑、权、鄣、霍、耿、江、冀、弦、道、柏、微、鄫、厉、项、密、任、须句、颛臾、顿、管、雍、毕、丰、邘、应、蒋、茅、胙、夔、介、焦、沈、六、巢、根牟、唐、黎、郇瑕、寒、有鬲、斟灌、斟寻、过、有过、戈、偪阳、邿、铸、豕韦、唐杜、杨、鄅、郐、观、扈、邳、胡、黎、大庭、骀、岐、邶、钟吾、蒲姑、昆吾、房、密须、甲父、鄟、桐、亳、韩、赵。

而无法考定方位的三十一国,作者考定为:“祭、极、荀、贾、贰、轸、绞、於余丘、阳、箕、英氏、毛、聃、莘、偪、封父、仍、有仍、崇、鄟、庸、姺、奄、商奄、褒姒、蓐、有缗、阙巩、飂、鬷、穷桑。”①以上这些说法,可以代表唐代学者对春秋时期古国考证的基本结论,而其考证方位的基础,应该是唐代的行政区划。如《旧唐书·地理志》“兖州邹县”下注:“古邾国,鲁穆公改为邹。”有趣的是,作者明言“蛮夷戎狄不在其间”,但是,列出的古国名称有吴、越、有穷、三苗等,这些古国在先秦时代都是十分明确的非华夏族系的部族,可见,唐人所谓蛮、夷、戎、狄的界定,明显不同于先秦时代的族类识别。

南宋学者王应麟被当代学者推许为中国历史地理学发展历史上里程碑式的人物,他在其所编撰《玉海》与《通鉴地理通释》等著作中,特别提及了“万国”问题。如他在《玉海》卷一七《地理门》不仅列有“万国”条目,而且搜集了相当丰富的含有“万国”记载的文献,应该是一次对“万国(邦)”问题系统而全面的梳理。如“禹万国”条称引了先秦多部典籍及后世学者注释来加以论证:

《左传》:禹合诸侯于涂山,执玉帛者万国。

《正义》:禹会诸侯,诸国尽至,附庸从其所附之国,共见天子,故有执帛者。

郑玄注:《尚书》以为数正满万国。每一师领百国,每州千二百国,畿外八州,总九千六百国,其余四百国在畿内……

《吕氏春秋》:禹疏河决江,为彭蠡之障,干东土,所活者千八百国。

《书》曰:尧正万邦。(原注,《尧典》:协和万邦。)

《诗》曰:绥万邦。是殷周之时,皆万国。②

---

① 《晋书》卷一四《地理志上》,第411~412页。

② 参见《玉海》卷一七《地理·郡国》,清文渊阁《四库全书》本。

又如《通鉴地理通释》卷一“万国”条载：

郑氏云：“州十有二师，每一师领百国，每州千二百国，畿外八州，总九千六百国，其余四百国在畿内。唐虞土方万里，九州之内，地方七千里。”刘氏云：“一州十二师，以商、周之制推之，则连率、卒正之类也。以五长稽之，则五国有长，而十长有师乎？十长之师，凡五十国，一州十二师，则六百国也。州六百国，计十二州，则七千二百国也。十二州之外，薄于四海，又有五长。是以禹会诸侯于涂山，执玉帛者万国也。”叶氏云：“所谓万国者，概其成数，未必实有之也。”①（原注，《吕氏春秋》：“王者之封建也，弥近弥大，弥远弥小。海上有十里之诸侯。以大使小，以重使轻，以众使寡。”汉上朱氏曰：“建万国者，众建诸侯而少其力。”）

而据笔者检索所知，宋代学者罗泌应该是最早对“万国”及先秦时代古国地理状况进行全面考释的学者。其所著《路史》成书于南宋乾道庚寅（六年，1170），共计四十七卷。其中有《国名纪》八卷，从第二十四卷至第三十一卷，内容“述上古至三代诸国姓氏地理，下逮两汉之末”②。可见其考释古国的时段相当漫长，而主题更为明确。

对于“万国”问题，罗泌本人也有着十分透彻而明晰的看法：

万，盈数也。《易》之“比”曰：“先王以建万国。”尧协万邦，以其号数之多也。而涂山之会，贽玉帛且万数，则古尝万国矣。粤自黄帝，画野分坛，方割万里，得百里之国万区。而刘恕遽摘其非，谓百里者万，非方十万里，有不能容，是殆尺分之也。国界之分，直依枰罫，枰罫之势，百里者万，特方一万里尔。是故方十里者，为方一里者百；方百里者，为方十里者百；方千里者，为方百里者百；方万里者，为方千里者百，方百里者万矣。虽然，虞夏之前，四正疆理，东止郎（琅）邪之海，西积石之河，五千而缩，南至衡山，北洎单于府，五千而赢，使皆封建百里之国，惟堪二千五百。纵并辽东、勃（渤）海，长城外尽契丹、高句骊、积石塞、黑水、鞑鞨、流沙之地，亦不能五千国，况古百里当今百二十一里六十步，乌得所谓万区百里国哉？③

古今有关“邦国”的理念大相径庭，因此，用后世人的观念，再加以准确的数字算法，来确认上古“万邦”状况的真实性，显然是难以达到的。罗泌驳斥了以固定的算术

① （宋）王应麟著，傅林祥点校《通鉴地理通释》卷一，中华书局2013年版，第7~8页。
② 参见《路史》卷前《提要》，清文渊阁《四库全书》本。
③ 参见《路史》卷二九《国名纪二·三皇时侯伯之国》后释文。

模式来评定“万邦”说法的意见，明言“万邦”即“号数之多也”。无论古今，邦国之形成，都是依据自然之山川形态及客观疆理状况，不可能依照几何数字建国封邦。罗泌又指出：

盖古尝有万国之制，而非皆百里也。故《吕览》言：神农封建，弥近弥大，弥远弥小，海上乃有十里之邦。以大运小，要如臂使指者。而孔子亦曰：“安见方六七十，如五六十而非邦者？”是衰周时，列国虽足强大，犹有不五十者，然则古之万国从可知矣。执玉者不皆百里，则执帛者安能皆五十哉？伯七十里，则百里可二；子男五十，则百里可四矣。孟子曰：“海内之地，方千里者九。”古之天下，方三千里止矣。五千里者，古今衰盛山川莱薮之通数也。周世九服，号七千里。而《职方》藩畿为方万里，斯亦末记之敝，王畿所止，亦曷尝千里哉！宗周八百，成周六百，此以百同度计言之。故子思曰：“天子封畿千里，公侯百里，伯七十里，子男五十里，虞、夏、商、周之常制也。”畿，门域也，非所谓王圻者也。《周官》、班固盖因《玄鸟》之诗而失之，不知《玄鸟》所云，正以谓门畿内，而其所谓千里者，特径度三十一里半而强耳。公侯之畿径度十里，伯畿八里半而弱，子男七里而强，又奚以宗周八八、成周六六，而合于百里者百哉？古者九州，特亦以概率者，《王制》之言“四海之内，断长补短，方三千里”，此概率约也。五服之制，王城之外，甸、侯、绥服，面千五百，已尽九州三千里地。要、荒二服，缀九州外，其数然也。而况九州面距不齐。自恒山距南河，东河抵西河，为各千里，此则圻内甸服所建。然自东河至东海，西河至流沙，南河至江，亦各千里。南、西二方，侯、绥所建，外为要荒可矣。而东距海，要荒已无容系。北距恒山，已接边陲。虽侯、绥有不得而立，惟南自江至于衡山更越千里，则要、荒二服亦并在九州内。而自衡山南尽扬域，且复千里，未汔南海，悉为荒外，南为太赢，北为太朒，则知先王之制，必有圆法，岂至说者之拘哉？……《王制》之言，惟其大约也。①

应该说，虽然囿于古人所谓“五服之制”，但罗泌具有相当丰富的疆域地理知识，对于以算术模式来估算古代“万国”问题的论断进行了相当彻底的分析与反驳，这样严谨而求实的态度是值得肯定的。不仅如此，罗泌对于古籍中出现的“万国”进行了逐一分类、考订与说明（见下表）。

---

① 参见《路史》卷二九《国名纪二·三皇时侯伯之国》后释文。

邦国类型	邦国名称	数量
太昊后风姓国	风、成纪、包、虙、陈、任、密、宿、郓、须句、颛臾、巴、阆、通、郝、辰、巫、武、沅	19
炎帝后姜姓国	伊、耆、厉、姜、封、逄、北齐、殳、江水、吕、申、谢、汲、齐、许、焦、析、艾、隰、柯、丙、高、棠、檀、若、井、剧、鬳、崔、卢、章、高堂、闾丘、廪丘、梁丘、虞丘、移、氐人、狄历、廧咎、皋落、玄氐、杨、柜(拒)、泉、皋、伊雒、陆浑、九州之戎、赤狄、露、路、隗氏、潞、甲氏、留吁、舟、骀、淳、戏、怡、孤竹、向、州、薄、甘、纪、随、鄘、纪鄣、黑齿、阪泉、小颢	73
黄帝后姬姓国	少典、有熊、寿丘、陈、昌、若水、安息、党项、江水、卞、蛮人、清、张、采、北狄、资、鄘、虔、寇、郦、翟、詹、葛、髦氏、狂犬、郯、桥	27
黄帝之宗	祈、酉、滕、箴、任、苟、簹、郅、儇、依、纪、滑、济、奚、薛、伾、挚、谢、章、舒、洛、昌、葪、终、泉、卑、遇、儋、牛黎、番禺、南燕、密须、阚、允、蔡、光、敦、偪、燕、鲁、雕、断、密、虽	44
帝鸿后簹姓国	白民、防风、汪芒、缙云、獾兜、崇山、獾朱、三苗、三危、重黎、羌、大人	12
少昊青阳氏后	清、云阳、青阳、穷桑、兖	5
少昊后国	倍、缗、蔑、尹、汾、台、沈、姒、蓐、都、戎州	11
少昊后偃姓国	皋、偃、州、绞、贰、轸、谣、皖、参、会、阮、桼、舒、止、舒庸、舒鸠、舒蓼、舒龙、舒鲍、舒龚、鬲、郦	22
少昊后嬴姓国	六、英、嬴、盈、费、萧、非、赵、曲沃、訾、驭服、邯郸、眭、䆐(秦)、鍼、绕、徽、梁、梁余、将良、运、掩、钟离、寻、衙、汪、菟裘、不羹、东灌、东闾、修鱼、樗里、密如、高陵、裴、解、徐、取虑、淮夷	39
少昊后李姓国	李、苦、莱、段干	4
嬴姓国	江、黄、耿、弦、兹、蒲、时、白、郯、优、巴、寘、毂、麇、邳、葛、祁、譂	18
纪姓国	莒、计、箸丘、渠丘、安丘、无娄、且于	7
高阳氏后	高阳、濮阳、梁、敫、安、蓼、己、昆吾、顾、温、苏、户、飂、董、郗、鬷、豢龙、祝产、戎州、斟、灌、寻、介、戈、云、参胡、鄅、彭、韦、秃、暨、诸、稽、舟人、侩、�、路、邬、偪阳、夷、曹、朱、驺、兒(郳)、莒、小邾、棍牟、闾丘、鬻、荆(楚)、楚、郢、东楚、句亶、鄂东、越章、诸梁、冯、屈、利、阎、苗、互、寝、堂、薳、卷、荡、蒙、麻、郏、白、慎、匡、訾、棘、芋、艾、罏、穰、聂、析、蔓、庐、养、叶、商、椒、栎阳、鲁阳、苞丘、虞丘、轩丘、期思、睽、濮、罗、夔、賨、滇、麢、麋、越、越常、骆越、瓯越、瓯隑、且瓯、西瓯、供人、目深、摧扶、禽人、苍吾、杨雩、桂国、损子、产里、九菌、海癸、稽余、北带、仆句、区吴、牟、堣夷、南交、西、幽都、易、程、黄	132
高辛氏后	高辛、㹠、豳、尉季、不窋、亶父、魏、岐、周、程、丰、镐、王城、东周、西周、宗周、嵬孤聚、阳人聚、承休、商、砥石、鄴、参、商、相、龙、续、巫人、载民、司幽、蜀、苴、摇氏、东胡、吐浑、慕容、柔僕、赤乌、中路、虞、互吴、棠谿、延陵、州来、朱方、郁闾、鸠兹、郧、西吴、樊、安阳、阎、邗、太卤、发繇	55

（续表）

邦国类型	邦国名称	数量
陶唐氏后	陶、唐、楚、丹、房、傅、镏、豕韦、铸、唐（二）、鲁、杜、随、范、郇栎、飆、函与、冀、高唐、上唐	20
有虞氏后	虞（三）、妫、商、缗、虞、圭、胡、负、遂、庐、蒲、卫、潘、饶、傅、邹、息、母、辕、余姚、上虞、西虞、余虞、巴陵、长沙、濮、箕（四）、朝鲜、鲜于、直、沩、陈、陆、畚、罕羌、有庳、象城	37
夏后氏后	骆、崇、虹、高密、阳翟、夏、辛、长子、西翟、观、扈、莘、巢、邓、纶、缯、越、会稽、姑越、姑蔑、于越、句余、瓯余、顾余、闽越、黄林、余不、姑於、海阳、琅邪、秣陵、东瓯、东越、越沤、句章、甬东、瓯人、瓯邓、诸暨、武城、没鹿、巢（二）、杞、娄、阳、沛、泊、弗、冥、褒（二）、沈、男、彤、鬻、鲍（四）、流黄、荦育、大夏	58
商氏后	亳（五）、郙、嚣、相（二）、庇、奄（二）、耿、蒙、沫、北殷、朝歌、大陆、牧野、邸、鄘、卫、微、宋、目夷、木门、桐门、不其、祝其、长勺、坎氏、向（二）、钟、钟离、乐氏、华、鄹、戴、褚、合、鞍、防、郰、曼、邓、优、苑、权、御、荡、阳、番、锡、署、堂阳、时、荼、共、梅、稚、定、巢（三鄛）、郅、同、黎、比、髦、朸、段、瓦、鐵、莱、桐、向（五）、沛、繁（二）、施、樊、薄、饥、条、索、鲜虞、姚、萧、虞城、梁丘	81
周氏	（略）	
古国	（略）	
杂国（上）（下）	（略）	
汉国	（略）	
汉王子国	（略）	
东汉封国	（略）	

资料来源：《路史》卷二四至卷三一《国名纪》。

罗泌的《路史》不仅为我们保存了相当丰富的国名及姓氏文献资料，弥足珍贵，而且对众多古史国名、地名以及诸多姓氏起源地的考订具有不小的价值。可以说，《路史》一书奠定了罗泌在先秦古国以及中国古代姓氏地理研究领域的先驱地位。对于民族地理研究而言，《路史》一书所反映的当时学术界关于族群方面的一些理念，值得我们今天学术界加以高度重视。

首先，以罗泌为代表的古代学者们认为，就族类渊源而言，华夏族系与“四夷”诸族都是上古先皇之后裔，并不存在“民族”本质上的区别，因此，对于“族类”差异的区分，最终就是归结于姓氏差异即氏族、血缘方面的差异，并没有后来统一的“汉人”与“非汉人”等民族或族群间的区别。从宏观上讲，今天所谓的“民族”观念在当时远没

“万邦时代”邦国分布示意图

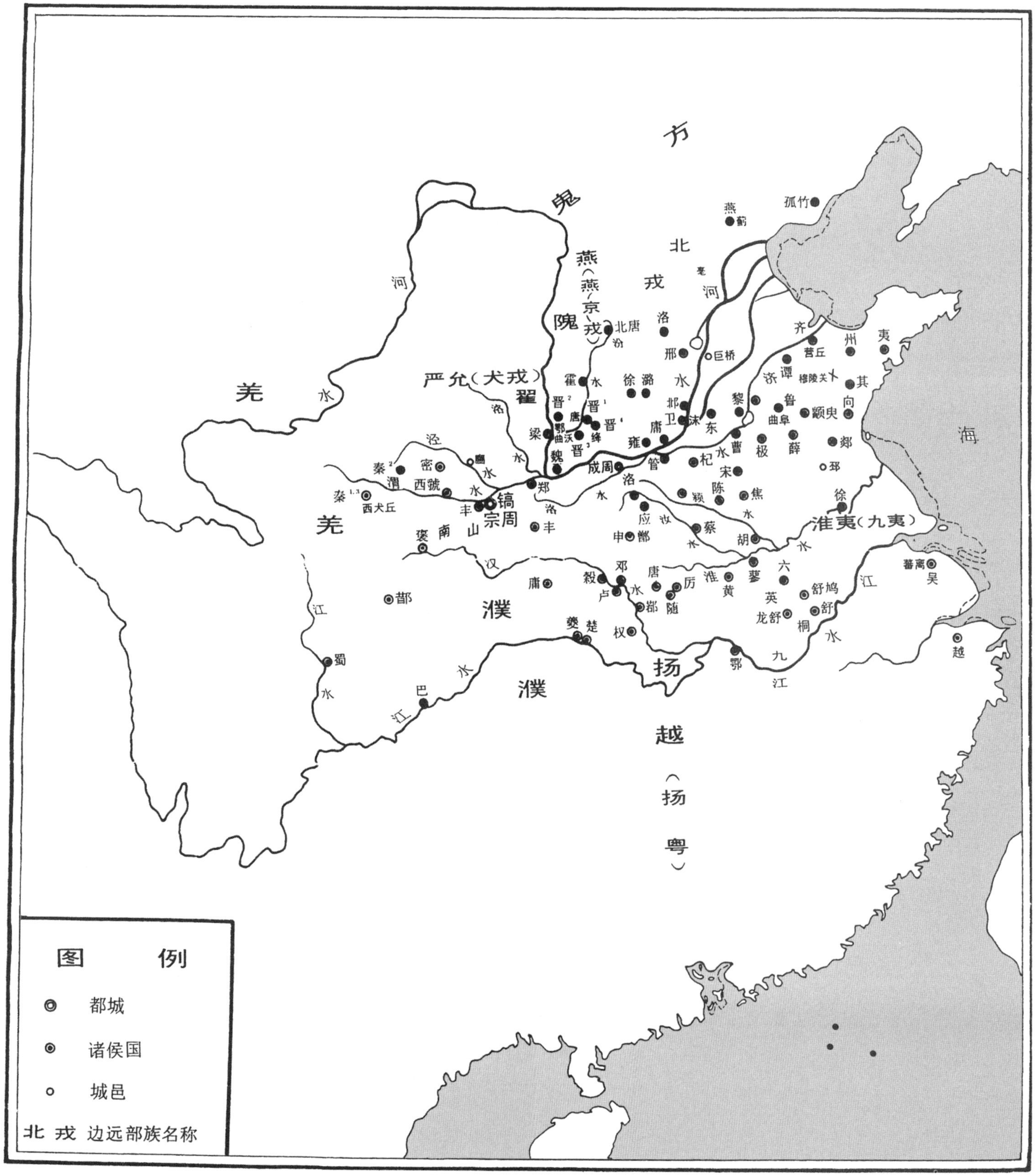

有形成，这也是古今学者在民族识别问题上的最大差异。

其次，罗泌注意到古史记载与当时民族问题的关联性，因此，《路史》中也保存了一些当时民族分布状况的资料，值得关注。如云：

> 蛮人：龙苗之裔，今湖南北、桂林等处皆是，辰、澧、沅、湘之间尤盛。[①]
>
> 滇：滇王国，今洮州与夜郎以西蛮皆云庄蹻后。[②]
>
> 朝鲜：箕子后封辽之乐浪。今平之卢龙有朝鲜城，故武德以辽为箕州(原注：八年)，而高丽亦其地。[③]

然而，姓氏地理与族群地理及民族地理之间的差异还是格外明确的，因此，罗泌相关研究的局限性也是不可忽视的。

首先，罗泌分类的原则，主要是依托“姓氏学”的路径，而不是民族学及历史地理学的路径。后面虽然也有所谓“古国”“杂国”与“汉国”的区别，但前此都是古先王之后裔。姓氏研究，本于氏族及血缘，与我们的民族地理学相差较大。

其次，罗泌的研究局限性较明显，不少结论可信度不高。关键问题就在于罗泌对古国的认证与研究，其依据大都为古文献中的古史传说，这些传说出现的时间也大不相同，如果不加考证与分析，很难成为科学研究之可靠依据。《路史》在叙述中，将《山海经》中的很多名物当作实际的证据来运用，显然有失严谨。

再次，研究与分析精度不高且欠审慎，很多结论难以取用。其中，如何区别“国”名与古地名，就是一个大难题。如果不加分辨，将古地名均视为古“国”名称，显然难以成立。此外，《路史》有多种相同的地名没有进行区别就直接采用，这当然大大降低了结论的可信度。

清代著名学者顾祖禹在所著《读史方舆纪要》之《历代州域形势》中，对先秦古国的地理方位进行了全面的考释，在地理考释方面，其成就与贡献远超前人。

首先，顾氏对古国时代的演变过程并没有多少新论，也将“万国”出现的时间确定于大禹之时，其后逐步沦灭，以至于春秋战国时期。能够明确方位所在的时段，集中于春秋之时，即战国时期及秦国开始大规模兼并战争之前。

其次，顾祖禹的贡献在于考证古国的地理方位。他曾经指出：“按杜佑曰：‘《春秋》《经》《传》所载之国凡百七十，百三十九知土地所在，三十一国不知其处。’今考定

---

① 参见《路史》卷二四《黄帝后姬姓国》。

② 参见《路史》卷二六《高阳氏后》。

③ 参见《路史》卷二七《陶唐氏后》。

大小诸国以及戎、蛮之属,凡百四十有五国,而《春秋》以前之国不录焉。"①可见,顾氏是在杜佑基础上,最终考证出准确方位的春秋时代古国共有145个。

再次,众多古国的地位、疆域以及在历史上的贡献及作用是千差万别的,故而顾祖禹将先秦时代的古国分为几大类,并对其性质及地域范围进行了界定。

第一类为著名邦国系列,即"章章可纪之国",共有"十四君",即14个重要国家(见下表)。就今天的省区分布而言,河南省曾经存在6个重要古国,山东省曾经有3个,安徽省、陕西省都曾经有2个,山西省、甘肃省、湖北省、江苏省、浙江省、河北省都曾有1个。

古国名称	地域范围(以清朝政区为准)	国都(今地)②
鲁	山东兖州府以东南,南直邳、泗之境	曲阜(山东省曲阜市)
卫	北直大名府开州以西,至河南卫辉、怀庆府之境	曹(河南省滑县)
齐	自山东青州府以西,至济南、东昌之间,又北至北直河间府景、沧诸州,东南则际于海	临淄(山东省淄博市临淄区)
晋	山西平阳、太原以东,至北直广平、大名之间	曲沃(山西省翼城县) 新绛(山西省侯马市)
宋	自河南归德府以东,至南直徐州境	商丘(河南省商丘市)
郑	河南开封府以西,至成皋故关	故郑(陕西省渭南市华州区) 新郑(河南省新郑市)
陈	河南开封府以东南,至南直亳州之西境	宛丘(河南省周口市淮阳区)
蔡	河南汝宁府以东北	新蔡(河南省新蔡县) 下蔡(安徽省凤台县)
曹	山东曹州以南	陶丘(山东省菏泽市定陶区)
许	河南许州以东	许(河南省许昌市) 容城(河南省鲁山县)
秦	自陕西西安府以西	秦(甘肃省张家川回族自治县) 雍(陕西省宝鸡市凤翔区)
楚	自湖广荆州府以北,至河南裕州、信阳州之境	丹阳(湖北省秭归县) 寿春(安徽省寿县)
吴	南直淮、泗以南,至浙江嘉、湖之境	吴(江苏省苏州市)
越	自浙江杭州府以南,又东至于海	会稽(浙江省绍兴市)

---

① 《读史方舆纪要》卷一《历代州域形势一》,中华书局2005年版,第25页。

② 国都(今地)为笔者所加,一些古国存在迁徙现象,有多个都城,本表中取用前后两个都城。不同省区统计时,各作1个都城计,同一省区则作1个。

第二类是“附庸之属”。经顾氏考定,共有 113 个。① 如按今天的省区范围进行归类,可以发现,河南、山东、湖北及山西诸省内“附庸之属”最为繁多。

今省区范围	古国名称	数量
山东省	郱、茅、滕、薛、莒、向、纪、夷、郳、鄫、遂、谭、偪阳、郜、铸、邿、鄟、宿、任、须句、颛臾、郯、州、於余丘、牟、鄣、郕、鄅、极、根牟、阳、介、莱	33
河南省	杞、虢、祭、共、南燕、凡、苏、原、毛、甘、单、成、雍、樊、尹、刘、巩、邓、申、滑、息、黄、江、弦、道、柏、沈、顿、项、都、房、戴、葛、赖、焦、不羹	36
山西省	虞、芮、魏、荀、耿、霍、冀、黎、扬	9
陕西省	周、召、梁、贾、崇、韩	6
安徽省	胡、六、蓼、宗、巢、英氏、桐、舒、舒鸠、舒庸	10
湖北省	随、唐、轂、贰、轸、郧、绞、罗、州、权、厉、庸、麇、夔	14
江苏省	萧、徐、钟吾	3
重庆市	巴	1
河北省	邢、北燕	2

第三类是“九州夷裔”之国,共有约 18 个国②,分散于诸国之间。若依今天的省区范围进行区划,则可知,与上述大国及“附庸之属”的分布有所不同。其中,山西省有 5 个,河北省有 4 个,陕西省与河南省都有 3 个,山东省有 2 个,湖北省、江苏省、云南省各有 1 个。

古国名称	地域范围(以清朝政区为准)	今省区范围
戎蛮	河南汝州西南有蛮城,即戎蛮子国	河南省
陆浑	河南府嵩县北三十里有陆浑废县	河南省
鲜虞	北直真定府西北四十里新市城,即鲜虞国都	河北省
无终	北直蓟州玉田县,即山戎无终子国	河北省
潞氏	今潞安府潞城县,春秋时潞子婴儿国	山西省
廧咎如	或曰在山西太原府境	山西省
白狄	陕西延安府境及山西汾州府西境	陕西省与山西省

① 顾氏在《读史方舆纪要》中言“今考定百有十三国”,但其附列实有 114 个。

② 顾氏在《读史方舆纪要》中言“约十八国”,但其附列实有 19 个。

（续表）

古国名称	地域范围（以清朝政区为准）	今省区范围
骊戎	陕西西安府临潼县	陕西省
犬戎	陕西凤翔府北境	陕西省
山戎	北直永平府境	河北省
茅戎	河南陕州境	河南省
卢戎	湖广南漳县	湖北省
鄋瞒	山东济南府北境	山东省
北狄	山西大同、蔚州诸境	山西省
淮夷	南直徐、邳诸州境	江苏省
肥	山西平定州乐平县	山西省
鼓	北直晋州	河北省
戎	山东曹县	山东省
濮	云南曲靖府境	云南省

最后，我们不妨将顾祖禹所考定的春秋时期“邦国”，按其实际所列，将“邦国”的分布情况做一简单总结。尽管这种统计并不全面，但是，我们还是可以了解一些当时邦国的地理分布情况。首先，不同区域的差异相当明显，今天的河南省、山东省境内曾经出现的邦国数量最大，邦国最为集中，随后有山西省、湖北省、陕西省及安徽省等。其次，当时的地理分布并没有出现单一性质邦国的同一化及集群化，不仅小国林立，而且“华夷”难辨，不同性质邦国之错居现象十分普遍，也是当时邦国地理分布的一大特征（见下表）。

古代邦国分布状况简表

今省市名称	邦国类型及统计				
	著名邦国	附庸国	九州夷裔	合计	占百分比（%）
河南省	6	36	3	46（加上东周）	29.9
山东省	3	33	2	38	24.7
陕西省	2	6	3	11	7.1
安徽省	2	10	0	12	7.8
山西省	1	9	5	15	9.7

（续表）

今省市名称	邦国类型及统计				
	著名邦国	附庸国	九州夷裔	合计	占百分比(%)
湖北省	1	14	1	16	10.4
河北省	1	2	4	7	4.6
江苏省	1	3	1	5	3.3
浙江省	1	0	0	1	0.7
甘肃省	1	0	0	1	0.7
重庆市	0	1	0	1	0.7
云南省	0	0	1	1	0.7
合计				154	

五、“万邦时代”的结束与研究意义

时间跨度的划定是确立“万邦时代”的一项重要内容。上述列举的资料反映的年代并不一致，有传说中的黄帝时期、大禹时期及至西周与春秋时期。关于“万邦时代”的上限（起始年代）似乎并无异议，即始于远古地域性人们共同体出现之时，很少有学者否认这一点。争论集中于“万邦时代”的下限（终止年代）。很少有学者否认先秦时期“万邦”的存在，但不少学者认为这一状况只存在于一个较短的特定时期。如有学者认为“夏朝是我国进入阶级社会后，建立起来的第一个奴隶制统一国家”，夏朝建立即宣告“万邦时代”结束，因此，西周铭文、《诗经》、《尚书・洛诰》称西周时期仍有“万国”，则是抵牾之处。① 不少学者对此观点提出了质疑。② 又如赵伯雄先生指出：“周邦与万邦同时共存，构成了当时的‘天下’。这就是我们所说的西周天下的政治格局。”③这种看法无疑是符合历史实际的，西周如此，东周（春秋战国时期）也是一样。

“万邦时代”的基本结束，一直要到秦统一六国时期。秦朝统一的历史功绩，就在于创立了一个占有文化优势、作为凝聚核心的“中央大国”。从此，在中国境内，其他林林总总的边远邦国在经济实力、文明程度以及疆域面积上，都难以长期与秦朝及其

① 《中国古代文明与国家形成研究》，第346、70页。
② 周书灿《夏代早期国家结构探析》，《中州学刊》2000年第1期。
③ 《周代国家形态研究》，第18页。

后继的中央王朝相抗衡。“天下一统”的观念开始深入人心。当然,秦朝的统一,并不意味着“万邦时代”的彻底结束,中国境内各民族及各地方政权的真正统一,一直要到清朝前期才告完成。从秦朝到清朝前期,历史时期“中国”的统一又经历了漫长而艰辛的过程。

综观20世纪的学术发展史,前辈学者根据不同特征、出于不同角度为中国上古史提出了不少经典性的命名,如夏曾佑提出“传疑时代”,徐旭生提出“传说时代”,郭沫若等人提出“中国奴隶制时代”,张光直等提出“中国青铜器时代”,等等,都标志着学术探索的不同视角与层层深入。笔者以为,根据中国早期民族与国家的发展特征,强调“万邦时代”的存在及重要的研究价值是非常有必要的,其重要价值表现在:

1.“万邦”或“万国”一词,本身就是历代学者阐发中国政体发展的重要概念之一,具有较高的研究价值。这主要反映在两个方面:一方面,后世学者接受了班固与皇甫谧等人的观点,同样用“万邦”或“万国”概念来祖述先秦时期国家形态的演变特征,如《晋书·地理志》《隋书·地理志》等;另一方面,历代学者也用这一观念来反映他们所处时代的政体形态。与此同时,“君临万邦”也就成为具有政治抱负的历代帝王的共同理想。如《汉书·贾山传》记载,贾山在西汉孝文帝时作《至言》一文,其中指出:“……昔者,秦政力并万国,富有天下,破六国以为郡县,筑长城以为关塞。”同书《严助传》又载:汉武帝建元三年(前138),东瓯受到闽越的攻击,向西汉求救,太尉田蚡以秦朝并不统辖东瓯为托辞,不欲发兵相助。严助愤然反驳道:“……且秦举咸阳而弃之,何但越也!今小国以穷困来告急,天子不振,尚安所诉,又何以子万国乎?”又如《晋书·夏侯湛传》记载,西晋泰始年间,夏侯湛作《抵疑》一文,提出:“今天子以茂德临天下,以八方六合为四境,海内无虞,万国玄静,九夷之从王化,犹洪声之收清响……”又如西晋人段灼曾力劝晋武帝“尽除魏世之弊法,绥以新政之大化,使万邦欣欣,喜戴洪惠,蜫虫草木,咸蒙恩泽”①。这些学者所使用的“万国”或“万邦”概念,并不是专指先秦时期的邦国分立状况,而是引申到他们所处的时代,足见这一观念的深远影响。

2. 有助于加深对古代中国国家形态发展规律的探索。“分久必合,合久必分”,可以说,统一与分裂,在传统中国人观念中,似乎成为历史时期中国国家形态演变中难以摆脱的循环。其实,这种认识是相当狭隘与片面的。必须承认,小国林立,是古

① 《晋书》卷四八《段灼传》,第1343页。

代世界各国发展中所共同经历的一种较为普遍的形态。中国如此，周边邻邦也莫不如此。这种状况的普遍存在，具有极为深刻的时代背景。列宁曾对此进行了十分精辟的剖析：

> 当时无论是社会或国家都比现在小得多，交通极不发达，没有现代的交通工具。当时山河海洋所造成的障碍比现在大得多，所以国家是在比现在狭小得多的疆域内形成起来的。技术薄弱的国家机构只能为一个版图较小、活动范围较小的国家服务。①

可见，“万邦时代”的存在，不仅出于自然地理状况的限制（如山河、海洋的阻隔），更有交通工具、政治能力等多种因素的影响。所以说，要实现更大范围的国家统一与民族融合，仅凭主观愿望是远远不够的，还需逐步利用先进的生产力条件与合理的制度建设，克服自然条件、交通及政治能力等种种客观障碍，否则，统一与融合的成果就难以维持。就中国历史而言，尽管有曲折及反弹，从万邦林立的时代走向中华大一统，却是无法逆转的历史发展的必然趋势。每一次的统一，与以往的统一相比较，都有质的飞跃。统一的历程与各民族的融合过程同步。区域性的兼并与统一，往往是全国性统一的前提与基础。

3. 有助于进一步认识中华民族起源、演变的多元性与复杂性。顾颉刚先生在论述古代民族演变时，曾批评一些将上述多元与复杂性简单化的弊病，他有一个绝妙的比喻，来引述简单化理解先秦时期民族融合的结果，是将“任何异种族、异文化的古人都联串到诸夏民族与中原文化的系统里，直把‘地图’写成了‘年表’”②。今天看来，先秦民族史研究的主要任务应是将“年表”复原为“地图”，即寻找与剖析民族演变的地理背景与地域性特征，以及不同地域在民族演变中的不同地位。早期国家的演变与民族发展是相统一的，《国语·郑语》就记载了史伯一段非常著名的论断：“……当成周（雒邑，今河南省洛阳市）者，南有荆蛮、申、吕、应、邓、陈、蔡、随、唐，北有卫、燕、狄、鲜虞、潞、洛、泉、徐蒲，西有虞、虢、晋、隗、霍、杨、魏、芮，东有齐、鲁、曹、宋、滕、薛、邹、莒，是非王之支子母弟甥舅也，则皆蛮夷、戎、狄之人也。”③“中国”与“四夷”，都是一定历史阶段的产物，邦国的兼并扩展在很大程度上意味着人们共同体或民族的融

① 〔俄〕列宁《列宁选集》第四卷，第31~32页。

② 顾颉刚《战国秦汉间人的造伪与辨伪》，《古史辨》第七册上编，上海古籍出版社1982年重印本，第21页。

③ 《国语集解》，中华书局2002年版，第461~462页。

合与扩充。兼并邦国的众多，正好证明民族族源的复杂性。如果说夏、商、周王朝的建立是华夏族系逐步形成与壮大的重要标志，这三代王朝最重要的根基地构成了早期“中国”的大致范围，“万邦时代”的结束就意味着中华民族大统一与大融合时代的到来。

第二节 “中国”的出现与华夏系邦国源流及分布

先秦时期的华夏族系聚居地，与“中国”一词存在密切的关系。为探求“中国”一词的渊源及其早期演变，在相当长的时间里，众多学者对先秦时期遗存下来的文献资料（包括甲骨文、金文等早期文字资料）进行了艰苦而富有成效的研究工作，为我们在地域空间上勾勒华夏族系的形成与演变轨迹提供了莫大的帮助。

无法否认，客观事实的存在，要远远早于抽象概念的提出。可以说，作为华夏族早期居留地的代称，“中国”一词的出现，必须在华夏族人长期居住在这一地区，并明确意识到自己的中心位置之后。对于民族地理研究而言，追索“中国”这一名称方位与内涵的演化，最可靠的途径，便是跟踪与追寻华夏族系祖先们活动的足迹及其空间范围。

华夏族群本身的结构与演变相当复杂。其中，族群成分较为单纯的凝聚核心，无疑是以传说中华夏族系始祖与其子孙所在族群与邦国，以及夏、商、周三代王族及其后裔为主的邦国。在实际研究工作中，判别方国民族属性的主要标志，往往是“国号”与“姓氏”。

一、华夏族系邦国的源流（上古“五帝”及夏商时期）

西汉史家司马迁曾经感叹道：“……所从来久远，自高辛氏之前尚矣，靡得而记云。故《（尚）书》道唐虞之际，《诗（经）》述殷周之世。”①这也是我们在研究上古历史时不得不面对的客观事实。文献及佐证资料的极度匮乏，为我们探讨远古历史（或史前时期）的真相造成了难以逾越的障碍。故而，现代学者将殷商盘庚迁都之前的时期称为“传说时代”。华夏族系最著名的始祖是“黄帝”，而司马迁在撰《史记·三代世

① 见《史记》卷三〇《平准书》后，第1442页。

表》时明确指出:“五帝、三代之记,尚矣。自殷以前诸侯不可得而谱,周以来乃颇可著。”即在当时,史家如司马迁等对上古历史脉络已无十分的把握。当时“谍记”类文献虽记“黄帝”以来史事,但各家记载颇有不同。这也充分反映了研究“传说时代”的困境。正如著名史学家吕思勉先生所云:“民族缪悠之传说,虽若为情理所必无。然其中必有事实存焉。披沙拣金,往往见宝,正不容以言不雅驯,一笔抹杀也。”①更有外国学者矫枉过正地提出:“认为事实的书面记载比代代相传的口头证据更真实,这种臆断毫无根据。”②无论如何,仔细考察这些貌似荒诞不经的故事,对于我们了解先民的生活状况与生存环境,仍然是十分有益的。③

(一)上古“五帝”及夏朝时期华夏系邦国

根据《史记·五帝本纪》的记述,传说中“黄帝”的足履所及极为广袤:

> 东至于海,登丸山(又作凡山,在今山东省临朐县东),及岱宗(今泰山)。西至于空桐(崆峒山,在今宁夏回族自治区固原市原州区西六盘山),登鸡头(注释为崆峒山之另一支)。南至于江,登熊(熊耳山,在今陕西省东南和河南省西部)、湘(湘山,在今湖南省岳阳市西南洞庭湖中)。北逐荤粥,合符釜山(在今河北省怀来县东),而邑于涿鹿之阿(在今河北省涿鹿县东南)。迁徙往来无常处,以师兵为营卫。官名皆以云命,为云师。置左右大监,监于万国。万国和,而鬼神山川封禅与为多焉。

此处的“黄帝”,完全是一个具有神奇能力的超级英雄,文中涉及的地名大致为当时古史传说中出现过的名称,经过学者(如孔子)的整理后,与黄帝的行迹联系起来。不过,“迁徙往来无常处”,确实道出了远古时期原始民族生活的一个主要特征,即由于生产力水平低下,还没有能力建立起稳固的定居生活方式,往往将迁移作为抵御各种侵害的主要方式。此时的“万国”,也只能是众多方位经常变化且人数相当有限的原始部落联盟。同样,据《五帝本纪》所载,当时天下局势极为混乱,“诸侯相侵伐,暴虐百姓”,黄帝征服炎帝,擒杀蚩尤,正是为了遏制这种混乱的局面。④ 从此也可看出远古时期“万国”之间攻伐兼并的普遍性,能够长期维系的弱小方国是较为罕见的。

司马迁在《史记·五帝本纪》中指出:“自黄帝至舜、禹,皆同姓而异其国号,以章

---

① 《吕思勉读史札记》,上海古籍出版社 1982 年版,第 1195 页。

② 《非洲通史》第一卷《编史方法及非洲史前史》,中国对外翻译出版公司 1984 年版,第 121 页。

③ 关于运用传说资料研究早期国家的问题,谢维扬先生在《中国早期国家》第二章《方法》中做了很精辟的说明,浙江人民出版社 1995 年版,第 85~120 页。

④ 《史记》卷一《五帝本纪》,第 3 页。

明德。故黄帝为有熊,帝颛顼为高阳,帝喾为高辛,帝尧为陶唐,帝舜为有虞。帝禹为夏后而别氏,姓姒氏。契为商,姓子氏。弃为周,姓姬氏。”据此分析,五帝时期虽为同姓(公孙氏)血缘,却建立了不同名号的邦国,而后来又“以国为姓”①,实际上存在两种类型的姓氏,即作为血缘标志的姓氏与作为地缘标志的姓氏,后者大有取代前者之势,故而从上古时期开始,“国号”—“地名”—“姓氏”三者往往具有高度统一性,即通常所说的“国姓”。邦国名号的不同,证明其方国所处位置也不一样。出于可信度的考虑,我们讨论的起点,也始于《尚书》所记的“唐”“虞”时代,即尧、舜等帝王在位时期。其主要原因,便是当时的古国名称及姓氏与后来的名号、姓氏之间已具有密不可分的关联性。如果仅以“传说时代”之名,将其废弃不顾,则有割裂古史之弊。

尧、舜、禹是大致处于同一时代的传说中的古代帝王。但是,与以往传说中的帝王相比,他们的行止之处更为明确。如尧帝的国号为“陶唐”。《史记集解》引韦昭曰:“陶唐,皆国名,犹汤称殷商矣。”②由于遗存文献记述的时代与角度不同,古“唐”国的方位显得扑朔迷离。作为尧帝及其后裔所居之地,主要有两种解释:一是指平阳(今山西省临汾市),即将河东平阳地区作为“唐国”的地望。如《史记正义》引《帝王纪》云:“尧都平阳,于《诗》为唐国。”又引徐才宗《国都城记》云:“唐国,帝尧之裔子所封。其北,帝夏禹都,汉曰太原郡,在古冀州太行恒山之西。其南有晋水。”引《括地志》云:“今晋州所理平阳故城是也。平阳河水一名晋水也。”③一是指晋阳(今山西省太原市一带)。如《汉书·地理志》“太原郡晋阳县”下称:“故《诗》唐国,周成王灭唐,封弟叔虞。”则是径指晋阳为古“唐国”所在。比较而言,平阳之说似乎更为合理与准确,更为符合古史演变的地理空间脉络。

舜帝号为“虞舜”,虞即舜帝所居之国,其方位也是众说不一,各地望之间的差距更大。如《史记索隐》称:“虞,国名,在河东大阳县。”是指虞国也在河东地区。如《史记·五帝本纪》最早记载舜帝居处于“妫汭”,《史记集解》引孔安国之语云:“舜所居妫水之汭。”《史记索隐》引皇甫谧之言云:“妫水在河东虞乡县历山西。”又引《括地志》及《地记》云:“妫汭水源出蒲州河东南山。”“(《地记》)又云‘河东县(南)二里故蒲坂城,舜所都也。城中有舜庙,城外有舜宅及二妃坛’。”④蒲坂城在今山西省永济

① 《史记》卷三《殷本纪》,第109页。
② 《史记》卷一《五帝本纪》注释,第46页。
③ 《史记》卷一《五帝本纪》注释,第15页。
④ 参见《史记》卷一《五帝本纪》注释,第22~31页。

市蒲州镇。

在河东大阳、蒲州河东及虞乡之外,《括地志》一书还有多个方位的"虞城"记载:

1. 陕州河北县。"故虞城在陕州河北县东北五十里虞山之上。郦(道)元注《水经》云:幹(軨)桥东北有虞城,尧以女嫔于虞之地也。""虞城故城在陕州河北县东北五十里虞山之上。亦名吴山,周武王封弟虞仲于周之北故夏墟吴城,即此城也。"①陕州河北县治,在今山西省平陆县西南。

2. 宋州虞城县。"宋州虞城(大襄)[古虞]国,[舜后]所封之邑。杜预云舜后诸侯也。"②虞城县,治今河南省虞城县北。

3. 妫州怀戎县。"妫州有妫水,源出城中,耆旧传云即舜釐二女于妫汭之所。外城中有舜井,城北有历山,山上有舜庙。"③妫州怀戎县,治今河北省怀来县东南。

4. 越州余姚县。"越州余姚县,顾野王云舜后支庶所封之地。舜姚姓,故云余姚。县西七十里有汉上虞故县。《会稽旧记》云舜上虞人,去虞三十里有姚丘,即舜所生也。"④越州余姚县,治今浙江省余姚市。

5. 濮州雷泽县。"姚墟在濮州雷泽县东十三里。《孝经·援神契》云舜生于姚墟。""濮州雷泽县有历山、舜井,又有姚墟,云舜生处也。"⑤濮州雷泽县,治今山东省菏泽市东北。

就华夏古国演变的空间趋势而言,还是山西南部(河东蒲坂城与陕州虞城)作为舜都所在更有说服力,与前代历史更具连续性及地理相关性。

司马迁作为一位具有求真求实精神的学者,曾对传说中"五帝"的遗址进行实地考察,他指出:

> 学者多称五帝,尚矣。然《尚书》独载尧以来;而百家言黄帝,其文不雅驯,荐绅先生难言之。……余尝西至空桐,北过涿鹿,东渐于海,南浮江淮矣,至长老皆各往往称黄帝、尧、舜之处,风教固殊焉,总之不离古文者近是。予观《春秋》《国语》,其发明《五帝德》《帝系姓》章矣,顾弟弗深考,其所表见皆不虚。《书》缺有间矣,其轶乃时时见于他说。非好学深思,心知其意,固难为浅见寡闻道也。⑥

---

① (唐)李泰等撰,贺次君辑校《括地志辑校》卷三,中华书局 1980 年版,第 114 页。

② 《括地志辑校》卷三,第 155 页。

③ 《括地志辑校》卷二,第 108 页。

④ 《括地志辑校》卷四,第 239 页。

⑤ 《括地志辑校》卷三,第 147 页。

⑥ 《史记》卷一《五帝本纪》,第 46 页。

司马迁实地考察的目的,在于弥补文献记载的缺漏与抵牾。他通过考察认识到,传说中古代五帝王的经行之处,虽然文化风俗特征不尽相同,但是都具有相当丰厚的上古文化遗存,对上古文化研究的意义是不言而喻的。如果仅仅根据文献及传说中的互相矛盾之处,就轻易否定这些文化遗存的价值,显然不可取。司马迁这种文献与实地考察并重的审慎的研究态度,是值得赞赏与学习的。

夏禹是传说中继黄帝之后又一位极具传奇色彩的远古英雄人物,据《尚书·夏书》《禹贡》等古籍的记载,夏禹是在上古洪水肆虐时期,疏浚山川,划定九州,为中华民族稳定与发展立下了不朽功勋的,"九川既疏,九泽既洒,诸夏艾安,功施于三代"①。但一方面,众多民族都有远古洪水传说的记载,中国许多民族的传说中也都将大禹尊为始祖,后世传说中的"禹迹(大禹经行之处)"几乎遍于天下;另一方面,洪水治理工程过于浩大,远非个人及个别集团所能完成。再加上《夏书》《禹贡》等古籍大多成书于战国时期,有强烈的理想化成分,因而,不少现代学者对夏禹的功业抱怀疑态度,归之于神话传奇,甚至对夏王朝的存在抱否定态度。这自然有矫枉过正之嫌。

夏朝作为上古"三代"之首,一方面,肯定其存在及主要活动范围的观点有着较坚实的文献论证基础;另一方面,随着当代考古研究的深入,介于新石器时代文化与商代文明之间的文化断代已经基本确立,夏王朝的存在已逐渐得到学术界的承认。

夏王朝是中国历史上最早出现的著名朝代,其在中国古代国家与民族发展中的地位是不言而喻的。据当代学者的缜密论证,可以肯定"中国"的名称出现于西周初期。② 但是,众所周知,客观事实的出现往往远远早于抽象概念的形成,"中国"之名号出现于西周初年,并不等于说夏、商两朝在当时邦国中没有取得中心的地位。在先秦时期民族发展过程中,夏王朝的建立,是华夏族系国家中心地位("中夏""中国")及观念逐步确立的开端。文献记载中的夏朝都邑有多处,据《古本竹书纪年》载:

> 禹居阳城。

---

① 《史记》卷二九《河渠书》,第1405页。

② 参见于省吾《释中国》,载于《中华学术论文集》,中华书局1981年版,第1~10页;陈连开《中国·华夷·蕃汉·中华·中华民族——一个内在联系发展被认识的过程》,载于《中华民族研究初探》,知识出版社1994年版。

大康居斟鄩。乃失邦。

后相即位,居商丘。

相居斟灌。

帝亡(予)居原,自原迁于老丘。

胤甲即位,居西河。

桀(居斟鄩。)①

《史记正义》又引《世本》云:

夏禹都阳城,避商均也。又都平阳,或在安邑,或在晋阳。②

多处都邑的出现,实际上表明夏朝国君所在国都处于经常性的迁徙之中,其迁徙轨迹大致在今山西南部与河南东部之间。如根据研究者归纳,记载中夏朝所迁都邑多达10个。③ 其中,较为著名的都邑有:

1. 安邑(今山西省夏县西北)。《史记·吴太伯世家》载周武王时"封周章弟虞仲于周之北故夏虚,是为虞仲,列为诸侯"。《史记索隐》云:"夏都安邑,虞仲都大阳之虞城,在安邑南,故曰夏虚。"④

2. 平阳(今山西省临汾市)。如《世本》载:"夏禹都阳城,避商均(舜子——笔者注)也。又都平阳,或在安邑,或在晋阳。"⑤

3. 帝邱(今河南省濮阳市),夏后相所居之地。《世本》记载:"相徙商邱,于周为卫。"根据王应麟《通鉴地理通释》卷四辨正,商邱应为帝邱之误。

4. 阳城(今河南省登封市东南告成镇)。如上述。

5. 阳翟(今河南省禹州市)。如《汉书·地理志》"颍川郡阳翟县"下注:"夏禹国。"应劭释:"夏禹都也。"《史记正义》释"夏":"夏者,帝禹封国号也。《帝王纪》云:'禹受封为夏伯,在豫州外方之南,今河南阳翟是也。'"⑥

然而,至夏朝末年,夏人主要活动区域已基本划定。如战国时吴起曾指出:"夏桀(夏朝末代君王)之居,左河(水)、济(水),右泰、华(山),伊阙在其南,羊肠在其北,

① 参见(清)朱右曾辑,王国维校补,黄永年校点《古本竹书纪年辑校》,辽宁教育出版社1997年版,第2~6页。

② 参见《史记》卷二八《封禅书》注释,第1371页。

③ 参见丁山《由三代都邑论其民族文化》,载于《古代神话与民族》,江苏文艺出版社2011年版,第2~8页。

④ 《史记》卷三一《吴太伯世家》,第1446~1447页。

⑤ 《史记》卷二八《封禅书》正义引,第1371页。

⑥ 《史记》卷二《夏本纪》,第49页。

修政不仁,汤放之。"①《国语·周语》引伯阳父云:"昔伊、洛竭而夏亡,河竭而商亡。"又"夫国必依山川,山崩川竭,亡之征也"②。显然,夏的核心地域,在河、济、伊、洛诸水之流域范围。

司马迁曾经在《史记·封禅书》中讲道:"昔三代之居皆在河洛之间,故嵩高为中岳。"河、洛之间正是日后所说"中国"的核心区,而这种认同正是从夏代开始的。《尚书·夏书》虽成书于战国时期,但其中某些记述具有重要参考价值。如夏启之子太康为国人驱逐后,他的五位兄弟作《五子之歌》,其中云:"明明我祖,万邦之君。"至少说明了夏在当时天下诸国中首屈一指的重要地位。商汤必须在攻灭夏桀之后,才能取得与夏朝相等的地位。即使是在夏朝灭亡后,"夏"之名号也没有湮没无闻,反而随着时间的推移,作为古国名的"夏",不但演变成华夏族中心区域的代称(如"区夏""有夏"等),也成为华夏族公认最早的族称(如"诸夏")。周武王在克商之后,曾感慨地说:"……我维显服,及德方明,自洛汭延于伊汭,居易毋固,其有夏之居。我南望三涂,北望岳鄙,顾詹有河,粤詹雒、伊,毋远天室。"③

伊洛地区在当时人心目中的崇高地位可见一斑。

又如《汉书·地理志》引《风俗》云:"颍川、南阳,本夏禹之国。夏人上忠,其敝鄙朴。"即汉朝颍川(治今河南省禹州市)、南阳(治今河南省南阳市)二郡为夏禹之国的重要区域。东汉学者许慎在《说文解字》中释"夏"为"中国之人也",正是对这种通行观念权威性的总结。著名学者邹衡先生根据考古发现与文献资料,对夏文化区进行了全面的考释,高度评价了"有夏之居"的重要价值。他指出:

> 从这些地望的考证,可知所谓"有夏之居",是在靠近中岳嵩山的地区。北有黄河,南有伊、洛;北有太行(豫北)或霍山(晋南),南有三涂山。大约包括了今天河南省的嵩县、临汝、洛宁、宜阳、伊川、洛阳、孟津、偃师、巩县、登封、禹县等地。……围绕着洛阳的这一地区,是夏文化的中心分布区……可见考古发现和"有夏之居"的记载是能契合的……"有夏之居"正是中国古代文明最重要的策源地。④

其次,夏禹时代开始分封其子弟另立为国,所封"邦国",在地理格局上自然是

---

① 《史记》卷六五《孙子吴起列传》,第2166页。

② 《国语·周语》卷一,上海古籍出版社1978年版,上册,第27页。

③ 《史记》卷四《周本纪》,第129页。这段记载应来自《逸周书》。

④ 《夏商周考古学论文集》之《夏文化分布区域内有关夏人传说的地望考》,文物出版社1980年版,第221页。

以“中国”为其核心的。全国性的大规模分封体制的建立，始于周朝初年，这已成为学术界的共识，但不能由此否认在周代以前出现过小规模的局部性分封。据文献记载，分封首先从尧舜时代帝王与功臣的后裔开始。如夏禹即位后，“尧子丹朱，舜子商均，皆有疆土，以奉先祀”。《史记正义》引《括地志》云：“定州唐县，尧后所封。宋州虞城县，舜后所封也。”①这种分封具有较强的延续性，对此，司马迁曾进行总结：

> 舜之后，周武王封之陈，至楚惠王灭之，有世家言。禹之后，周武王封之杞，楚惠王灭之，有世家言。契之后为殷，殷有本纪言。殷破，周封其后于宋，齐湣王灭之，有世家言。后稷之后为周，秦昭王灭之，有本纪言。皋陶之后，或封英、六，楚穆王灭之，无谱。伯夷之后，至周武王复封于齐，曰太公望，陈氏灭之，有世家言。伯翳之后，至周平王时封为秦，项羽灭之，有本纪言。垂、益、夔、龙，其后不知所封，不见也。右十一人者，皆唐虞之际名有功德臣也；其五人之后皆至帝王，余乃为显诸侯。滕、薛、驺，夏、殷、周之间封也，小，不足齿列，弗论也。②

这一总结相当粗略，无法反映夏、商、周三代之间的分封情况。就上述名帝、名臣及后裔的封国而言，也不是固定不变的。如舜帝之商均先被封于虞城，至周武王时改封于陈。据《括地志》载，夏禹之后人在商初被封于夏亭故城，“夏亭故城在汝州郏城县（今河南省郏县）东北五十四里，盖夏后所封也”③。到周初，改封于杞（今河南省杞县）。

关于夏朝的分封，司马迁记云：“禹为姒姓，其后分封，用国为姓，故有夏后氏、有扈氏、有男氏、斟寻氏、彤城氏、褒氏、费氏、杞氏、缯氏、辛氏、冥氏、斟戈氏。”④这些封国的封域及历史应当是确实可信的。有研究者认为：“夏朝是一个内涵广泛的族邦联盟。联盟的主体由两部分组成，一是夏后氏之族类，二是东夷族颛顼部族邦。除此之外，还有其他为数众多的各类族邦。”⑤

夏朝著名的方邦有：

1. 有扈氏

夏启即位之初，曾与有扈氏展开激战，最终将其攻灭。《汉书·地理志》“右扶风

---

① 《史记》卷一《五帝本纪》，第44~45页。

② 《史记》卷三六《陈杞世家》，第1585页。

③ 《史记》卷二《夏本纪》正义引文，第89页。

④ 《史记》卷二《夏本纪》，第89页。

⑤ 参见周苏平《夏代族邦考》，《中国史研究》1993年第4期。

郡鄠县”下云：“古国，有扈谷亭。扈，夏启所伐。”古扈国在今陕西省西安市鄠邑区一带。

2. 斟寻(鄩)氏

《史记索隐》引张敖《地理记》云：“济南平寿县，其地即古斟寻国。”①平寿县在今山东省潍坊市西北。

3. 有过氏

如春秋时伍子胥曾回忆夏朝历史道：

> 昔有过氏杀斟灌以伐斟寻，灭夏后帝相。帝相之妃后缗方娠，逃于有仍而生少康。少康为有仍牧正。有过又欲杀少康，少康奔有虞。有虞思夏德，于是妻之以二女而邑之于纶，有田一成，有众一旅。后遂收夏众，抚其官职。使人诱之，遂灭有过氏，复禹之绩，祀夏配天，不失旧物。②

据《史记集解》引贾逵的诠解，文中有过氏之“过”为古国名，为寒浞之子浇所封之国，为猗姓。《晋地道记》载：“东莱掖县有过乡，北有过城，古过国也。”③据此，古过国应在今山东省莱州市境内。斟寻、斟灌为夏的同姓国。斟寻在今河南省巩义市境内。

4. 有仍氏

为帝妃后缗之族，《史记索隐》指出古仍国在《汉书·地理志》所记东平国任县境内。④ 邹衡先生考定任县为任城县之误，“仍国”即“任国”。任城县在今山东省济宁市东南。⑤

5. 有娀氏

商朝的始祖契的母亲简狄为有娀氏，也是夏朝时的一个方国，《史记正义》认为有娀应在蒲州。⑥ 唐代蒲州治今山西省永济市蒲州镇。

6. 有莘氏

商汤的妃为有莘氏之女，《括地志》记云：“古莘国在汴州陈留县(治今河南省开

---

① 《史记》卷二《夏本纪》注，第89页。

② 《史记》卷三一《吴太伯世家》，第1469页。

③ 参见《史记》卷三一《吴太伯世家》所引注释，第1470页。

④ 参见《史记》卷三一《吴太伯世家》所引注释，第1470页。

⑤ 均见前引文。

⑥ 《史记》卷三《殷本纪》注释，第91页。

封市东南)东五里,故莘城是也。"①商汤征伐夏国的同时,还征服了两个诸侯国,一是昆吾氏(今河南省新郑市),据说是卫氏的祖先,邹衡考定"昆吾之居"大致在今河南新郑附近;一是三嵏,《史记集解》引孔安国曰:"三嵏,国名,桀走保之,今定陶(治今山东省菏泽市定陶区西北)也。"②

7. 有邰氏

传说中周朝始祖后稷曾被帝舜封于邰,其母姜嫄为有邰氏之女。邰国也是存在于夏朝的一个古国。《括地志》云:"故斄城一名武功城,在雍州武功县西南二十二里,古邰国,后稷所封也。有后稷及姜嫄祠。"③古邰国大致在今陕西省武功县西南。

(二)商朝时期方国的分布

关于商人的起源,有两种代表性的观点。一是"东北说",此说倡自傅斯年先生。傅先生在《夷夏东西说》一文中强调:"商代发迹于东北,渤海(指古渤海国)与古兖州(黄河与济水之间)是其建业之地。"④以后有金景芳等先生持此说。一是"幽燕说",由干志耿、李殿福、陈连开等学者提出。他们认为商人祖先起于幽燕,即燕山南北地区,也就是考古学上的红山文化区。⑤ 前一说着重于古文献之分析,后一说则主要利用考古学资料,两说有相当大的兼容性,故又合称为"北方说"。⑥

商的国家建设成就很早就受到人们的高度评价,如《诗经·商颂·玄鸟》载:"天命玄鸟,降而生商,宅殷土芒芒。古帝命武汤,正域彼四方。……邦畿千里,维民所止,肇域彼四海。四海来假,来假祁祁,景员维河。殷受命咸宜,百禄是何。"如《诗经·商颂·殷武》载:"商邑翼翼,四方之极。"但商王统治区域的扩大,必有一个与边远部族相接触的问题。如《诗经·商颂·殷武》还记载:"挞彼殷武,奋伐荆楚。罙入其阻,裒荆之旅。有截其所,汤孙之绪。维女荆楚,居国南乡。昔有成汤,自彼氐羌,莫敢不来享,莫敢不来王,曰商是常。"看来,商王受到大部分边远部族(如氐羌)的拥戴,但是也有一些部族不肯服从,如荆楚等部族。又如《战国策·魏策一》记载吴起之

① 见《史记》卷三《殷本纪》正义引文,第94页。

② 见《史记》卷三《殷本纪》集解引文,第96页。

③ 见《史记》卷四《周本纪》正义引文,第112页。

④ 见《傅斯年全集》第三册,(台北)联经出版事业公司1980年版,第822~893页。

⑤ 参见《商先起源于幽燕说》,《历史研究》1985年第5期;《商先起源于幽燕说的再考察》,《民族研究》1987年第1期。

⑥ 王钟翰主编《中国民族史》,第72页注。

语云:“殷纣之国,左孟门,而右漳、釜,前带河,后被山,有此险也,然为政不善,而武王伐之。”也就是说,殷纣之国左有太行山,右有漳水、釜(滏)水,前面有黄河,后面有山岭,都是天险。① 研究者认为,“殷纣之国”,更多是指商王畿而已。② 随着攻伐行动的拓展,商王控制区域也从伊洛流域伸展至江汉流域。至此时,“商人”的内涵,就不应仅仅包括与其王族有血缘关系的那些邦国人民,而应当将商朝所辖人群视为一个更大范围的民族共同体,其中应包括那些长期臣服于商王的边远部族。

中国早期文字首推甲骨文。殷墟出土的大量甲骨文字,对了解商朝时期的历史具有非常重要的参考价值。甲骨文研究现已成为一种具有较大影响、非常专门的学问。甲骨文字由于其内容方面的特点,缺乏长篇论述,难以反映出系统的民族观,但是,这些原始的文字资料是中国古籍文献之本源,为我们从文字学角度探讨中国古代民族概念的产生提供了佐证,也为上古部族地理研究提供了可能性。如李学勤《殷代地理简论》(科学出版社 1959 年出版)、钟柏生《殷商卜辞地理论丛》(台北艺文印书馆 1989 年出版)、郑杰祥《商代地理概论》(中州古籍出版社 1994 年出版)等,都是依据甲骨文资料对殷商时代地理问题进行考察的专门著作。

民族学,就其本质而言,乃是一种将客观存在的人群即“人们共同体”进行分类与研究的学科。我们探寻古人的民族意识,其主要线索就是当时人们关于人群或集体的概念。甲骨文字中已包含有不少地名及部族名,更成为我们了解当时部族及小国分布的珍贵依据。甲骨文对周边部族多称之为“方”。著名学者陈梦家先生所著《殷虚卜辞综述》第八章“方国地理”专门对这些“方”的地理位置进行了考证。如武丁时代有方、土方、邛方、鬼方、亘方、羌方、龙方、黎方等。陈梦家先生在《结语》中总结道:

> 根据了古史传说,卜辞所见都邑和征伐的方国,我们可以约略地划出商殷的区域,其四界是:北约在纬度 40°以南易水流域及其周围平原;南约在纬度 33°以北淮水流域与淮阳山脉;西不过经度 112°在太行山脉与伏牛山脉之东;东至于黄海、渤海。这个区域相当于今天行政区域的山东、河北、河南三省和安徽、江苏两省的北部,而以河南、山东两省为主要部分。……自盘庚以来的殷代,商王国的主要范围在河南;在此以前,商的活动范围偏于山东省。③

---

① 《战国策》,上海古籍出版社 1998 年版,第 782 页。

② 杨宽《中国古代都城制度史研究》,上海人民出版社 2003 年版,第 27 页。

③ 《殷虚卜辞综述》,中华书局 1988 年版,第 311 页。

商汤率众攻灭夏朝，中原地区的国家建设与民族发展进入了一个新的时期，《商书·仲虺之诰》载："天乃锡王（商汤）勇智，表正万邦，缵禹旧服。"显然，商王朝是在继承夏王朝疆域的基础上建立起来的。《商书·汤诰》还记录了商汤对万方之众的诰命，"嗟尔，万方有众，明听予一人诰"云云，很明显，商革夏命，争取到了夏国"万方"之众的支持，而商从前也必为夏属下"万方（邦）"之一。

都城的发展水平，是衡量早期国家发达程度的一个主要标志。都城也往往是人口最为繁庶的区域之一。在商朝建立之前，商人处于经常迁徙的状态之中。如《古本竹书纪年》中有关商王迁都的记载有：

> 外丙胜即位，居亳。
>
> 仲丁即位，元年，自亳迁于嚣。
>
> 河亶甲整即位，自嚣迁于相。
>
> 祖乙滕即位，是为中宗，居庇。
>
> 南庚更自庇迁于奄。
>
> 盘庚旬自奄迁于北蒙，曰殷。殷在邺南三十里。自盘庚徙殷，至纣之灭，七百七十三年，更不徙都。①

又《史记·殷本纪》记载："自（始祖）契至（成）汤八迁，汤始居亳，从先王居，作《帝诰》。"至盘庚即位，商都又进行了五次迁徙。《史记正义》云："汤自南亳迁西亳，仲丁迁隞，河亶甲居相，祖乙居耿，盘庚渡河南，居西亳，是五迁也。"②商朝最著名的都城便是盘庚迁所至之"殷"，在今河南省安阳市西北小屯村。《史记正义》引《括地志》云："相州安阳本盘庚所都，即北蒙殷墟，南去朝歌城百四十六里。《竹书纪年》云'盘庚自奄迁于北蒙，曰殷墟，南去邺四十里'，是旧都城，西南三十里有洹水，南岸三里有安阳城，西有城名殷墟，所谓北蒙者也。"③

陈梦家先生又指出：

> 殷代的都邑有三个中心：（一）豫北以安阳为中心，是当时的王都，包括朝歌之商邑，西周的卫建立于此；（二）豫西以沁阳之衣（即殷）为中心，是当时的田猎区，在春秋为周、郑的地方；（三）豫东以商丘为中心，包括亳，西周的宋建立于此。

---

① 参见《古本竹书纪年辑校》，第7~9页。

② 《史记》卷三《殷本纪》注释，第102页。

③ 参见《史记》卷三《殷本纪》注释，第91页。

(一)(二)在汉代为河内郡。①

汉代河内郡治今河南省武陟县西南。《汉书·地理志》云:"河内本殷之旧都,周既灭殷,分其畿内为三国,《诗·风》邶、庸、卫国是也。鄁(邶),以封纣子武庚;庸,管叔尹之;卫,蔡叔尹之,以监殷民,谓之三监。"②邶国原为商邑,在朝歌以北地区。《说文·邑部》:"邶,故商邑,自河内朝歌(今河南省淇县)以北是也。"庸国,在今河南省新乡市西南。卫国,都于朝歌。

关于商朝分封,司马迁又记云:"契为子姓,其后分封,以国为姓,有殷氏、来氏、宋氏、空桐氏、稚氏、北殷氏、目夷氏。"③《史记索隐》据《系本》称当时还有时氏、萧氏、黎氏等。④ 甲骨文中也保留了不少方国的名称。如胡厚宣先生在《殷代封建制度考》中明确指出:

殷代自武丁以降,确已有封建之制。如武丁时诸妇被封者,有妇姘、妇好、妇姰……诸子被封者,有子画、子宋、子蒦、子福嬭、子渔……功臣被封者,武丁时有畝、雀、亘、旨……方国被封者,武丁时有井方、虎方、鬼方、昜、犬方、周……此外如武丁时之示侯、䜌侯、杏侯、丁侯、禾侯、伊侯、先侯……其为功臣方国,虽不可确知,然皆为殷王所封则无可疑也。⑤

在此之前,王国维等先生否认西周之前存在"封建"之事,即商朝的这些方国与商朝之间不存在依附关系。

当然,商朝的疆域并不仅限于其所分封的同姓方国。如顾颉刚、史念海在所著《中国疆域沿革史》中指出:

由甲骨文字中所见之方国之名甚多,此种方国或曾为殷王所到,或为殷商所征,或与殷商有国际交涉,亦足觇殷代之势力范围。曰齐,如云"在齐餗",郭沫若谓齐即姜齐之前身,殷时旧国也。曰顾,如云"王正人方,在雇",郭沫若以为即韦、顾既伐之顾国,今山东省范县地方。曰人方,卜辞中多有征人方之记载,董作宾以为人方在武乙、文丁时尚为属国,至帝辛时始叛变,所有征人方卜辞,皆帝辛时事也。郭沫若谓人方当释为尸方,即东夷……就以上所知之疆域言,则知殷、商之势力,东起自山东滨海之地,西至汧陇,北至河北及山西北部,南不出今河南

---

① 《殷虚卜辞综述》,第311页。

② 《汉书》卷二八《地理志下》,第1647页。

③ 《史记》卷三《殷本纪》,第109页。

④ 《史记》卷三《殷本纪》注释,第110页。

⑤ 《甲骨学商史论丛初集》,齐鲁大学国学研究所,1944年,第37页。

省界，西北至包头，东南至淮水流域，此一大王国纵横数千里，盖亦超越前代远矣。①

20世纪80年代，四川广汉三星堆古文化遗址的发现，震惊了中外学术界，为西南地区古地理研究的开拓提供了新的启迪。著名学者饶宗颐教授也将研究视野拓展至西南地区，同样依据甲骨文资料，经过多年的苦心研究和思索，结合典籍和甲骨文资料，从纵横两方面对巴蜀文化和地理进行了新的爬梳整理，从甲骨文中找寻出商代巴蜀地区的数十个方国地名。这一研究成果是突破性的，打破了以往视卜辞中之方国多位于北方地区的囿见。围绕着这一观点，他先后写成数十篇文章，并结集为《西南文化创世纪：殷代陇蜀部族地理与三星堆、金沙文化》一书，为殷商文化地理和巴蜀历史地理的研究开辟了新的局面。②

二、西周大分封及春秋时期华夏族系邦国的分布

关于周人起源及其与地理之关系，齐思和先生在《西周地理考》一文中论列甚为翔实。③ 渭水流域为周人的发源地，以后自西徂东迁移至陕西岐山下周原一带，逐渐强盛起来，攻灭周边小国，与商人争势。周文王、周武王在位时，先后定都于丰、镐。丰，又被称为“丰京”，在今陕西省西安市西沣河西岸的容省庄、张家坡、马王村、西玉村一带西周遗址内。镐，又被称为“镐京”，大致在今陕西省西安市西北沣河东岸的斗门镇及普渡村、丰镐村一带。

周武王在攻下商都朝歌后，开始大搞分封。西周初年的大分封在中国古代史上具有划时代的重要意义。近代学者王国维先生在所著《殷周制度论》一文中对周初大分封进行了精辟论述：

> 武王克纣之后，立武庚，置三监而去，未能抚有东土也。逮武庚之乱，始以兵力平定东方，克商践奄，灭国五十，乃建康叔于卫，伯禽于鲁，太公望于齐，召公之子于燕，其余蔡、郕、郜、雍、曹、滕、凡、蒋、邢、茅诸国，棋置于殷之畿内及其侯甸，而齐、鲁、卫三国以王室懿亲，并有勋伐，居蒲姑商奄故地，为诸侯长。④

---

① 参见《中国疆域沿革史》第四章《殷商民族之来源及其活动区域》，商务印书馆1999年版，第24~25页。

② 参见《西南文化创世纪：殷代陇蜀部族地理与三星堆、金沙文化》，上海古籍出版社2010年版。关于其文章价值的评价，参见俞伟超所作“序”与曹锦炎所作“跋”。

③ 齐思和《西周地理考》，载于《中国史探研》，河北教育出版社2000年版，第54~98页。

④ 载于《观堂集林》卷十，见《王国维遗书》第1册，上海古籍书店1983年出版。

可见,周初大分封存在一个较复杂的演变过程,大致分为两个阶段完成,第一阶段是周武王时,第二阶段是周成王时。其所封国也分为几个类型:

1. 三皇五帝之后裔

《史记·周本纪》载:"武王追思先圣王,乃褒封神农之后于焦,黄帝之后于祝,帝尧之后于蓟,帝舜之后于陈,大禹之后于杞。"《史记·乐书》载孔子言周初分封之事,与《史记·周本纪》所载稍异:"武王克殷反商,未及下车,而封黄帝之后于蓟,封帝尧之后于祝,封帝舜之后于陈,下车而封夏后氏之后于杞,封殷之后于宋……"这类分封,我们在前面已进行了讨论。

2. 功臣谋士

《史记·周本纪》又载:"于是封功臣谋士,而师尚父为首封,封尚父于营丘,曰齐。封弟周公旦于曲阜,曰鲁。封召公奭于燕。封弟叔鲜于管,弟叔度于蔡。余各以次受封。"

3. 同姓亲族

这一类封国数量相当可观。如《左传·僖公二十四年》载富辰曰:"……昔周公吊二叔之不咸,故封建亲戚以蕃屏周。管、蔡、郕、霍、鲁、卫、毛、聃、郜、雍、曹、滕、毕、原、酆、郇,文王之昭也。邘、晋、应、韩,武之穆也。凡、蒋、邢、茅、胙、祭,周公之胤也……"又如《左传·昭公二十八年》载:"昔武王克商,光有天下,其兄弟之国者十有五人,姬姓之国者四十人,皆举亲也。"《荀子·儒效》却指出,周公"兼制天下,立七十一国,姬姓独居五十三人,而天下不称偏焉"。同样言"举亲",即分封同姓国,数字却有较大的差距。关于周朝所封姬姓国的数量,历来有不同的记载,能够知其名称及方位者只占总数的一小部分。

现代著名学者齐思和先生曾经对周初所封二十六小国(见下表)进行了统计分析,依据近代中国政区划分,指出当时二十六国的分布状况:"在河南者十三,当全数之半,在山东者六,在陕西者三,在山西者三,在河北者一。亦略可代表新封国家分布之情形矣。"①

① 参见《西周地理考》,载于《中国史探研》,第90~91页。

周初所封二十六国地望表①

封国名称	地望今地	封国名称	地望今地
管	河南省郑州市境管城区	蔡	河南省上蔡县
郕	山东省曹县境	霍	山西省霍州市
鲁	山东省曲阜市	卫	河南省卫辉市
毛	河南省宜阳县境	聃	河南省开封市境
郜	山东省成武县境	雍	河南省修武县
曹	山东省菏泽市定陶区	滕	山东省滕州市
毕	陕西省西安市咸阳区	原	河南省济源市
酆	陕西省西安市鄠邑区境	郇	山西省运城市盐湖区解州境
邘	河南省沁阳市境	晋	山西省太原市
应	河南省鲁山县	韩	陕西省韩城市
凡	河南省卫辉市境	蒋	河南省固始县
邢	河北省邢台市	茅	山东省金乡县
胙	河南省卫辉市境	祭	河南省开封市境

著名学者蒙文通先生对周代诸国的地理分布问题进行了更为全面细致的梳理与研究,成就也更为卓著。如关于“周时夷夏之分布与地理”问题,蒙先生指出了周朝建国历程与疆域开拓的地理空间特征:

周都丰镐,又营雒邑为王城以朝诸侯。东西二都,长短相覆为千里曰王畿,此沿渭水以及南河流域者也。鲁卫之封方四百里,太公封于齐兼五侯地,此自南河流域以及济水流域者也(原注:别论于《古史甄微》)。自西而达于东,二都鲁卫与齐实监临之,而同姓甥舅之国,散处其间。……凡于时开拓已久之地,周之兄弟甥舅之国错居之。而未开拓者则弃之,以与荆蛮戎狄。……凡山陵薮泽未开化之域,周人所不至者,则一任戎狄之奔窜于其间。②

蒙文通先生对于民族发展中地理环境及其影响问题的重视,在同时代的民族史

① 原书标注“今地”与今天行政区划有较大变化,故略作修订。
② 蒙文通《中国古代民族史讲义》,天津古籍出版社 2008 年版,第 26~27 页。

研究者中显得相当突出。如在“周代封建与地理”一节中，根据自然地理特征，蒙先生将周代诸国性质与特征进行了分区归纳与分析（见下表）。① 我们从此可以清晰地了解周王朝的疆域范围及民族地理状况。

周代封建诸国地理分区表

地域分区	诸国名称（国都今地）	数量	性质与特征
渭水流域	周（岐山）、召（岐山）、崇（鄠邑）、丰（鄠邑）、骀（武功）、毕（咸阳）、彤（华州）、杜（华州）、芮（朝邑）、梁（韩城）、韩（韩城）	11	周之宗邦
汾水流域	晋（太原）、霍（霍城）、杨（洪洞）、荀（绛州）、贾（蒲城）、耿（河津）、冀（河津）、郇（临晋）、虞（虞城、平陆）、魏（芮城）、西虢（平陆）	11	此太行以北，汾、潞、昭祁一道。所谓北辟者
河、济以北	邢（邢台）、黎（黎城）、卫（淇县）、共（辉县）、南燕（卫辉）、胙（卫辉）、凡（辉县）、雍（修武）、邘（沁阳）、苏（温县）、原（济源）、檀（不详）	12	此成周之北，太行之外，（黄）河以北之国也。所谓新辟者
河、洛以南	焦（陕州）、毛（宜阳）、刘（偃师）、滑（偃师）、邬（缑氏）、应（鲁山）、康（禹州）、畤（禹州）、密（新密）、郐（新密）	10	此成周以南，伊、洛、外方以外，虎牢以西封国
汉水流域	申（南阳）、吕（南阳）、蓼（唐县）、鄀（内乡）、邓（邓县）、穀（谷城）、鄾（襄阳）、罗（宜城）、权（当阳）、鄢（宜城）、唐（随州）、随（随州）、贰（应山）、轸（应城）、郧（安陆）、厉（随州）	16	此外方、桐柏以南。所谓新辟日南者
汳、溠、颍、湛流域	东虢（汜水）、郑（新郑）、管（管城）、祭（郑州）、蒋（固始）、许（许昌）、房（遂平）、蔡（上蔡）、挚（新蔡）、陈（淮宁）、顿（商水）、项（项城）、沈（汝阳）、息（息县）	14	此大河以南，所新辟益南，《春秋》所谓夏路者。楚夏交通，恃此一线
菏、泗流域	杞（杞县）、宋（商丘）、戴（民权）、葛（宁陵）、单（单县）、曹（定陶）、郜（成武）、极（鱼台）、茅（金乡）、邿（济宁）、任（济宁）、鲁（曲阜）、牟（莱芜）、邾（邹城）、滕（滕州）、薛（滕州）、郳（滕州）、颛臾（费县）	18	此菏、泗东西，济水泰山以南之域
济、汶流域	齐（临淄）、谭（历城）、祝（肥城）、遂（宁阳）、铸（宁阳）、郕（汶上）、宿（东平）、须句（东平）、鄣（东平）、郭（东昌）	10	此泰山以北，济、汶南北之域

① 参见《中国古代民族史讲义》，第 26~32 页。

结合蒙文通先生论述及上述表格内容，我们可以明确地看到，周朝及诸邦国的发展受到地理因素的极大影响，特别是河流水系的影响最为显著，反复印证了“凡国必依山川”的论断。首先，正如蒙先生所云，周朝都畿及其下邦国疆域的拓展方向，大都沿着重要河流的方向，因此，重要的河流河谷两岸便是最早移殖、最早开拓、最早开发出来的区域。其次，周朝邦国的地理分区，大都是以河流水系为标志。其中，大河（黄河）的影响最为突出。此外，汾河、伊水、洛水、菏、泗、济、汶等河流，也成为华夏族系分布区的重要地理标志。

综观西周乃至春秋时期的发展历程，不难发现其中两个最为重要的特征：一是国与国之间激烈而复杂的兼并，二是邦国属性上的“夷夏之别”被反复强调。关于前者，司马迁曾在《史记·汉兴以来诸侯王年表》中总结周初分封形势道：

殷以前尚矣。周封五等：公、侯、伯、子、男。然封伯禽、康叔于鲁、卫，地各四百里，亲亲之义，褒有德也；太公于齐，兼五侯地，尊勤劳也。武王、成、康所封数百，而同姓五十五，地上不过百里，下三十里，以辅卫王室。管、蔡、康叔、曹、郑，或过或损。厉、幽之后，王室缺，侯伯强国兴焉，天子微，弗能正。非德不纯，形势弱也。

他在《史记·高祖功臣侯者年表》前序言中又说：“盖周封八百，幽厉之后，见于《春秋》。”显而易见，西周时期依然是小国林立、拱卫周室的状况，而东周是大诸侯国崛起称雄的时代。《史记·十二诸侯年表》记载：“齐、晋、秦、楚，其在成周微甚，封或百里，或五十里。晋阻三河，齐负东海，楚介江淮，秦因雍州之固，四海迭兴，更为伯主，文武所褒大封，皆威而服焉。”春秋时期是这些著名大国逐渐扩张的时期，也是许多小国被吞并的时期，各国疆域处于不断变化之中。大诸侯国的崛起，往往是建立在吞并周边小国基础上的，如“周之子孙，封于江汉之间者，楚尽灭之”①。《左传·襄公二十九年》又载晋国大夫司马女叔侯云：“虞、虢、焦、滑、霍、杨、韩、魏，皆姬姓也，晋是以大。若非侵小，将何所取？武（公）、献（公）以下，兼国多矣，谁得治之？”十分透彻地道出了春秋时期大国崛起的真实历程。

其次，周朝所分封的诸侯国与当时实际存在的方国，实为两种不同的概念。《左传·昭公九年》载周王云：“我自夏以后稷，魏、骀、芮、岐、毕，吾西土也。及武王克商，

① 《史记》卷四〇《楚世家》引吴王阖闾之言，第1715页。

薄姑、商奄，吾东土也。巴、濮、楚、邓，吾南土也。肃慎、燕、亳，吾北土也。吾何迩封之有？”就民族属性而言，当时并存的方国不外乎华夏族系与非华夏族系两大类，而姬姓诸侯国正是日后华夏族系国家的代表。华夏族系邦国疆域的扩大，正反映出华夏族系聚居区及统治区的扩展。

春秋战国时期是华夏族系国家发展最重要的时期，也是华夏族形成的关键时期。对民族地理研究而言，确定西周时期及春秋初年邦国与民族的分布，是十分有必要的。古籍中关于西周及春秋时期民族与邦国分布的记载不尽相同，其实是从不同角度与不同时段着眼而总结与归纳的结果。我们在这里不系统考索各个邦国的发展演变，而只是将注意焦点放在不同时期华夏族系邦国分布格局的变化方面，力求描绘出最有代表意义的华夏族分布区轮廓。

参照《史记》等史籍的记载与顾栋高、童书业等学者的考证结果，下面对这段时期华夏族系邦国地域范围的演变稍作阐述[①]：

1. 周王畿

西周与东周的分界点在于平王东迁。西周与东周相比，华夏族聚居区最明显的变化便是周王畿的变迁。周王族的发祥地在今陕西省岐山以南的周原，起初也只是方圆百里的小邦。周王族与附属小国也集中于今陕西省境内。据清人顾栋高的考证，西周初年，周王畿大约“六百里之地”。他指出：“东迁后，（周）王畿疆域尚有今河南（治今河南省洛阳市）、怀庆（治今河南省沁阳市）二府之地，兼得汝州（治今本名市），跨（黄）河南北。”[②]后内外交侵，周王畿疆域日削，“于是周境东不及虎牢，南至伊、汝二水之间，西不及崤、函，北距黄河，广运不过一二百里之间罢了”[③]。

2. 晋国

晋国在春秋时期民族与国家发展中发挥了极其特殊的作用。其前身为古唐国，周公灭唐国后，将其地分封给成王弟叔虞，其后裔始称晋侯。开国之初，疆域面积有限，“方百里”。晋国始都翼，后迁都绛。到晋献公后，晋国国力逐步强大起来，至晋文公时，国势至于极盛。清顾栋高在《晋疆域论》中指出：

---

① 参见顾栋高《春秋大事表》之《春秋列国疆域表卷四》，中华书局 1993 年版；童书业《春秋史》第四章《种族疆域与列国世系追述》，山东大学出版社 1987 年版。本节引文出此者不再重复注释版本。

② 《春秋大事表》，第 501 页。

③ 《春秋史》，第 102 页。

> 盖天下之无王,自晋始。及势既强大,乃复勤王以求诸侯,周室之不亡复于晋重有赖焉。自灭虢据崤、函之固,启南阳扼孟门、太行之险,南据虎牢,北据邯郸,擅河内之殷墟,连肥、鼓之劲地,西入秦域,东轶齐境,天下扼塞巩固之区,无不为晋有。然后以守则固,以攻则胜,拥卫天子,鞭箠列国,周室藉以绵延者二百年。

根据顾栋高的考证,晋国前后攻灭或兼并周边十八个小国,这些小国中既有一些历史悠久的古国,如沈、黄、蓐、姒、耿等国,又有与晋同宗的姬姓之国,如虞、虢、焦、杨、滑、霍、韩、魏等,更有"戎狄"族系的方国,如赤狄潞氏、甲氏、留吁、铎辰、白狄肥、鼓以及陆浑戎国等。晋国一度幅员广阔,"自西及东,延袤二千余里","地跨五省(今山西、河北、河南、山东、陕西),共二十二府五州(清朝政区)"。在春秋诸强国中,仅次于楚国,名列第二。

3. 齐国

齐国是春秋战国时期声名显赫的大国。司马迁曾高度称赞齐国的建设成就:"吾适齐,自泰山属之琅邪,北被于海,膏壤二千里,其民阔达多匿知,其天性也。……洋洋哉,固大国之风也。"①周武王初封吕尚于营丘(治今山东省淄博市临淄区北)。吕尚就国之初,便与莱夷争夺疆土,"营丘边莱。莱人,夷也,会纣之乱而周初定,未能集远方,是以与太公争国"。吕尚及其后继者在周王朝的特许下,四处征伐,"东至海,西至河,南至穆陵,北至无棣",国力迅速增强,先以营丘为都,后又迁都于薄姑(治今山东省博兴县东南)、临淄(治今山东省淄博市临淄区北),至齐桓公时,成为"中国"霸主,为"春秋五霸"之首。齐桓公曾自述其征伐过程云:"寡人南伐至召陵,望熊山;北伐山戎、离枝、孤竹;西伐大夏,涉流沙;束马悬车登太行,至卑耳山而还。"②但征伐所至与其疆土范围大有不同。顾栋高指出:"齐在春秋,兼并十国之地,纪、郕、谭、遂、鄣、阳、莱七国之灭见于《经》(《春秋》),如莒之故封介根及牟、介二国俱不详其灭之何年。""齐所全有者,武定、登、莱三府及曹、沂所属数县而已。"就今天的地理方位而言,齐国疆域"略有今山东北半省。大致东到海,南到穆陵关与泰山,西到古黄河及今运河之西,北到冀、鲁交界一带,东西长而南北狭,广运约三五百里之间"。③

---

① 《史记》卷三二《齐太公世家》,第1513页。

② 上述引文见《史记》卷三二《齐太公世家》。

③ 童书业《春秋史》,第102页。

4. 鲁国

周武王封周公旦于曲阜。周公旦因留佐武王，并没有就国，由其长子伯禽受封。伯禽即位之初，有淮夷、徐戎随管蔡反周，鲁国君率军队进行镇压，平定徐戎，才真正占据鲁国之地。鲁国定都曲阜（治今山东省曲阜市）。顾栋高指出："鲁在春秋，实兼有九国之地，极、项、鄟、邿、根牟，鲁所取也；向、须句、鄣、鄅，则邾、莒灭之而鲁从而有之者也。"据童书业的考证，按今天的政区而言，鲁国疆域"略有今山东省南部小半省，兼涉苏北一隅之地"，"广运约二三百里之间"。

5. 卫国

卫国起初立都于殷朝旧都朝歌（今河南省淇县）。周公攻灭管叔、蔡叔与武庚的叛乱后，封周武王弟康叔于卫，统治殷朝遗民，"居河、淇间故商墟"①。按理说，卫国拥有邶、鄘等"三监"之地，几乎拥有了商朝王畿之地，又处于天下中枢，发展条件相当优越，本应成为辅卫周王室的股肱之邦，可惜的是卫国并没有走上逐步壮大之路，相反，却遭受周边大国及"戎狄"部落的压迫，国力日衰，疆域不断萎缩。为躲避狄人的进攻，卫国先后迁于楚丘（今河南省滑县附近）、帝丘（今河南省濮阳市附近）。邻国中侵夺卫国疆域最多者为晋国。周边强国的侵夺，使卫国国土支离破碎，最后疆域仅大约有今河北南端、河南北端及山东西端之地。

6. 宋国

与卫国相仿，宋国国民的主体也是殷朝遗民。诛杀武庚后，周公封殷纣王之庶兄微子开于宋，统治殷朝遗民。宋立都商丘（治今河南省商丘市）。顾栋高指出："宋在春秋兼有六国之地，宿、偪阳、曹三国其见于《经》者也，杞、戴及彭城则《经》《传》俱不详其入宋之年，而地实兼并于宋。"宋国"共跨三省（今山东、江苏、河南）九府二州二十三县之地"。最后，宋国被齐、魏、楚三国所灭，"三分其地"。

7. 郑国

周宣王二十二年（前806），封其庶弟友于郑。周幽王时，郑桓公东徙其民于洛东，分虢、郐两国十邑重建郑国。郑国的都城在今河南省新郑市，其疆域相当有限，基本上限于清代开封一府之地，纵横一二百里之间，相当于今河南北半部的中部。郑国最后被韩国所灭。

---

① 《史记》卷三七《卫康叔世家》，第1589页。

第三节 “四夷”“戎狄”族系邦国的源流及分布

民族的形成是一个相当长的客观历史过程,因而,在远古各民族处于未形成的原始状态时,区别各民族就成为无稽之谈。中国古代民族史上最大的民族判别问题,便是华夏族与四裔部族(“戎”“狄”“蛮”“夷”)的判定,而这一判定存在的最基本条件是在华夏族系基本形成之后。根据摩尔根、恩格斯等人的论述,古代民族形成的最终标志应是国家与政府的出现。无论古代文献,还是现代考古发掘发现成果,都可证明中国历史上第一个王朝是夏王朝。夏王朝的建立在民族发展史方面标志着“夏族”的基本形成,并成为民族融合的核心,因此,我们判定上古各民族的起始点应从夏王朝建立及夏族形成开始。我们前面的讨论是以夏、商、周三个王朝的建立与发展作为华夏族的主要来源及凝聚核心,那么,与这些王朝并立的部族及邦国便成为非华夏族系邦国的范畴。另外,后世通常将“戎”“狄”“蛮”“夷”等名号的部族作为华夏族系的并立部分,相应的,我们探寻上古时期华夏族以外民族的分布时,最重要的线索之一便是寻觅这些具有名号的部族及相关邦国的存在。

一、虞夏之时“戎夷”系方国

据《史记·五帝本纪》,尧舜时代最出名的非华夏部族为三苗。三苗之部的起源及分布问题,实为中国古代民族史的一个重大问题,著名学者徐旭生先生把中国古史记载中的部族分为华夏、“夷”与“蛮”三个集团,指出:“把我国较古的传说总括来看,华夏、夷、蛮三族实为秦汉间所称的中国人的三个主要来源。”①其重要性可见一斑。三苗是苗“蛮”集团中最有名的一个族系。《史记·五帝本纪》载尧时“三苗在江淮、荆州数为乱”。《史记集解》注解“三苗”引马融曰:“国名也。”《史记正义》释:

《左传》云自古诸侯不用王命,虞有三苗,夏有观、扈。孔安国云:“缙云氏之后,为诸侯,号饕餮也。”吴起云:“三苗之国,左洞庭而右彭蠡。”案:洞庭,湖名,在岳州巴陵(治今湖南省岳阳市)西南一里,南与青草湖连。彭蠡,湖名,在江州浔阳县(治今江西省九江市)东南五十二里。以天子在北,故洞庭在西为左,彭蠡

① 《中国古史的传说时代》,文物出版社1985年版,第39页。

在东为右。今江州、鄂州、岳州，三苗之地也。

徐旭生先生通过考证认为："这一集团的中心在今日的湖北、湖南两省。……东部当以今日豫、鄂连境的大别山脉为界，以东邻于东夷集团。西部则北越南阳一带，侵入伏牛、外方各山脉间，以北邻于华夏集团。"①

《尚书·大禹谟》也曾记述禹率领"群后"军队讨伐三苗的事件，其中斥之云："蠢兹有苗，昏迷不恭。"三苗后被迁三危之地。关于"三危"的地望，《史记集解》引马融曰："西裔也。"《史记正义》引《括地志》云："三危山有三峰，故曰三危，俗亦名卑羽山，在沙州敦煌县东南三十里。"《后汉书·西羌传》将三苗作为羌族的祖先，对其居留地方位作了较细致的描述："西羌之本，出于三苗，姜姓之别也，其国近南岳。及舜流四凶，徙之三危，河关之西南，羌地是也。滨于赐支，至乎河首，绵地千里。赐支者，《禹贡》所谓析支者也，南接蜀汉徼外蛮夷，西北（接）鄯善、车师诸国。"三危山大致在今甘肃敦煌一带。不过，我们无法确定这次三苗北迁的具体规模与结果，较为妥帖的解释为："三苗北上争雄于中原，失败以后或被窜于三危，或退回故土，成为远古神话中的'四凶族'之一。"②既不否认三苗北迁的事实，也无法肯定南方的三苗部族被全部迁走。

《尚书·大禹谟》有云："无怠无荒，四夷来王。""四夷"，显然是指在华夏族之外周边部族的总称。《后汉书·东夷列传》指出："凡蛮、夷、戎、狄总名四夷者，犹公、侯、伯、子、男皆号诸侯云。"不过，在"戎""狄""蛮""夷"四种名号之中，"夷"出现最早，则是可以肯定的。《后汉书·西羌传》载："昔夏后氏太康失国，四夷背叛，及后相即位，乃征畎夷，七年然后来宾。"对于"夷"的种类及渊源，《后汉书·东夷列传》还有较详细的分析："夷有九种，曰畎夷，于夷，方夷，黄夷，白夷，赤夷，玄夷，风夷，阳夷。故孔子欲居九夷也。……夏后氏太康失德，夷人始畔。自少康已后，世服王化，遂宾于王门，献其乐舞。"

《后汉书》关于上古"夷"的记述基本来源于《古本竹书纪年》，历代学者在整理这部重要史书的同时，对"夷"的问题也进行了深入的考证。如帝相元年的征伐对象中，不只有"畎夷"，还应有"淮夷"，"淮夷"虽没有被列入上述"九夷"，却是先秦时期一个十分重要的部族。又据《太平御览》卷八二《皇王部》所引《竹书纪年》，帝相二年，又出师征伐"风夷及黄夷"。此外，《竹书纪年》关于夷的记载有：

---

① 《中国古史的传说时代》，第66页。

② 王仲翰主编《中国民族史》，第110页。

1. 帝相(后相)七年,于夷来宾。(杨树达《积微居甲文说》认为"于夷"即卜辞所记之"盂方"。又据郭沫若考证,盂方地望在今河南省睢县一带。)

2. 后少康即位,方夷来宾。(杨树达《积微居甲文说》认为卜辞中涉及方族者至多,方在殷时为一至强之国族,即以此为证。)

3. 后芬即位,三年,九夷来御,曰畎夷、于夷、方夷、黄夷、白夷、赤夷、玄夷、风夷、阳夷。("九夷"之称,典籍恒见。《墨子·非攻中》:"九夷之国,莫不宾服。"孙诒让《墨子间诂》卷五云:"《尔雅·释地》云:'九夷、八狄、七戎、六蛮,谓之四海。'《王制》孔疏云:'九夷依《后汉书·东夷传》九种,曰……''……此九夷与吴楚相近,盖即淮夷'……《书叙》云:'成王伐淮夷,遂践奄。'《韩非子·说林上篇》云:'周公旦攻九夷而商盖伏,''商盖'即'商奄',则九夷亦即淮夷。")

4. 后泄二十一年,命畎夷、白夷、赤夷、玄夷、风夷、阳夷。

5. 后发即位,元年,诸夷宾于王门,再保庸会于上池,诸夷入舞。①

"夷"字就其本义而言,并无歧视之意味。许慎《说文解字》云:"夷,平也,从大从弓,东方之人也。"《竹书纪年》出现如此多的"夷人"记载,应说明当时东方部族势力的强盛。商朝末年,周武王率众伐纣,曾作《泰誓》,抨击商纣王的罪行,中云:"惟受(商纣王)罔有悛心,乃夷居,弗事上帝神祇,遗厥先宗庙弗祀。""夷居"应为"与夷人居"之意,而不是旧疏中所谓"平居"。周武王又云:"受有亿兆夷人,离心离德。""夷人"即东方之人,也不是旧疏中所谓"凡人"之意。夏朝的灭亡以及商朝崛起都与"夷人"有关,《后汉书·东夷列传》追记云:"桀为暴虐,诸夷内侵,殷汤革命,伐而定之。至于仲丁,蓝夷作寇。自是或服或畔,三百余年。武乙衰敝,东夷浸盛,遂分迁淮、岱,渐居中土。"可见,商代"夷人"不仅活动十分活跃,而且发生了大规模的内迁运动。这种复杂的杂居关系,使后世学者常将商朝与"夷人"联系在一起,《左传·昭公二十四年》引《泰誓》云:"纣有亿兆夷人。"《逸周书·明常》又载:"周公相武王以伐纣夷。"即使我们无法断定殷人与"夷人"在民族属性上完全相同,但"夷人"与殷人之间的密切关系是无法回避的。这也就是傅斯年先生提出的"夷夏东西说",即主张商族与诸夷属东方集团,而夏族与周族属于西方集团,得到学术界的普遍响应与高度重视的原因。

---

① 上述记载与考证均见方诗铭、王修龄《古本竹书纪年辑证》,上海古籍出版社 1981 年版,第 7~20 页。

二、商朝时“戎夷”系方国

研究殷商历史时最可宝贵的原始资料之一，自然是殷墟卜辞（甲骨文）。陈梦家先生指出：

在武丁卜辞中所见的多方与诸国，尤其是与商王国敌对的方国，多在晋南即汉代的河东郡，一部分在上党郡。此两区，和商王国的王都及田猎区以太行山为分界。……太行山以西界于霍山、中条山之间的黄土高原上，是夏、周两族的发源地。自武丁至文丁，殷的主要的敌人在此。这些部族有些一直保持较原始的生活方式，即殷以后称为“北戎”“北蛮”“赤狄”的。①

又据童书业先生的考证，“夷”与“戎”二字已出现于甲骨卜辞中。卜辞中常载殷王征夷方的事，殷金文中也有殷王征伐夷方的记载。除了夷方，殷商卜辞、金文及《诗经》中出现的“夷人”种类有佳（疑同淮）夷、归夷、东夷、南夷、西门夷、熊夷、京夷、弁刀夷、混夷、串夷等，这些名称只有一小部分与方位有关，大部分却难以确定其地望所在。②

据文献记载，“戎”是继“夷”之后在殷朝开始大量出现的。《古本竹书纪年·殷纪》中就有不少讨伐“戎”的记录。如：

1. 武乙三十五年，周王季伐西落鬼戎，俘二十翟（狄）王。（根据王国维等人的考证，西落鬼戎即先秦文献中常见的“鬼方”。）

2. 太丁二年，周人伐燕京之戎，周师大败。（据雷学淇《竹书纪年义证》的考证，燕京为山名，燕京山即太原汾水北管涔山。）

3. 太丁四年，周人伐余无之戎，克之。

4. 太丁七年，周人伐始呼之戎，克之。

5. 太丁十一年，周人伐翳徒之戎，捷其三大夫。③

“戎”字本义为武器，本非部族之名，但卜辞及金文中出现了“东戎”及东国戎等名号，表明此字意思显然已开始发生转化。④ 就早期族称而言，“戎”与“夷”可相通。《后汉书·西羌传》就将“九夷”之一——“畎夷”同于“犬戎”。“戎”与“夷”相通的另

---

① 《殷虚卜辞综述》，第311页。

② 参见《中国古代地理考证论文集》，中华书局1962年版，第43~50页。

③ 上述记载及考证参见《古本竹书纪年辑证》，第33~36页。

④ 参见《中国古代地理考证论文集》，第45~46页。

一有力例证为:《后汉书·西羌传》载周文王“乃率西戎,征殷之叛国以事纣”。而这些“西戎”后又成为周武王讨伐殷纣王的同盟军。《古本竹书纪年·周纪》又载:“周武王率西夷诸侯伐殷,败之于坶(同牧)野。”清代学者朱右曾《汲冢纪年存真》释:“‘西夷诸侯’即《(尚书)牧誓》之庸、蜀、羌、髳、微、卢(或作纑、泸)、彭、濮也。”①《史记集释》引孔安国之言曰:“八国皆蛮夷戎狄。羌在西蜀叟。髳、微在巴蜀。纑、彭在西北。庸、濮在江汉之南。”《史记正义》引《括地志》云:

> 房州竹山县(治今湖北省竹山县)及金州(治今陕西省安康市),古庸州。益州(治今四川省成都市)及巴(治今四川省巴中市)、利(治今四川省广元市)等州,皆古蜀国。陇右岷、洮、丛等州以西,羌也。姚府(治今云南省姚安县北)以南,古髳国之地。戎府(治今四川省宜宾市)之南,古微、泸、彭三国之地。濮在楚西南。有髳州、微、濮、泸府、彭州焉。武王率西南夷诸州伐纣也。②

可见,《古本竹书纪年》的记载是无误的,周武王所率属“西夷”,也可称为“西戎”。

三、西周及春秋战国时期“蛮夷”系邦国的分布状况

周王族出于“戎狄”族系,早已得到学术界的公认。如果抛开周王族世系的考证不论,我们可以发现周的发展,就是一种由“戎狄之邦”向“华夏之国”进化的过程。这种客观的历史背景,使得西周及春秋时期民族分布及民族矛盾异常复杂。《左传·昭公九年》载周王之言:“我自夏以后稷,魏、骀、芮、岐、毕,吾西土也。及武王克商,蒲姑、商奄,吾东土也。巴、濮、楚、邓,吾南土也。肃慎、燕、亳,吾北土也。吾何迩封之有?”这段话简要地道出了西周初年疆域的发展规模与部族构成特征。西周疆域开拓的成就,其实就是与周边部族进行长期争夺的结果。下面我们依照“夷”“戎”“狄”“蛮”的顺序分别探讨“四夷”部族的发展及分布状况:

(一)“东夷”族系邦国

周王族崛起于西部,其倚靠的力量就是“西戎”或“西夷诸侯”。我们对这些力量的方位已作了分析。周王伐商,在商的势力之外,面对的主要威胁则是当时的“东夷”。周武王死后,管叔、蔡叔率淮夷、徐戎反叛,周公与召公率周朝军队奋力平叛。《史记·周本纪》载:“召公为保,周公为师,东伐淮夷,残奄,迁其君薄姑。”西周及春秋时期“东夷”集团中,数量及实力突出的成员首推“淮夷”。关于“淮夷”及“奄”“薄

---

① 《古本竹书纪年辑证》,第40页。
② 《史记》卷四《周本纪》注引,第123页。

姑”的分布,《史记正义》引《括地志》云:“泗州徐城县(治今江苏省盱眙县北)北三十里古徐国,即淮夷也。兖州曲阜县(治今本市东北)奄里,即奄国之地也。”又“薄姑故城在青州博昌县(治今山东省博兴县)东北六十里。薄姑氏,殷诸侯,封于此,周灭之也”①。

其次为徐戎(又称为徐夷)。鲁国最大的威胁来自徐戎,鲁君伯禽是在平定徐戎之后,才在鲁国站稳了脚跟。《史记集解》引孔安国关于“徐戎”的解释为“徐州之戎”。据载,后来,以徐夷为首的东夷集团又强大起来,对周王朝形成巨大的威胁。《后汉书·东夷列传》载:

> 后徐夷僭号,乃率九夷以伐宗周,西至河上。穆王畏其方炽,乃分东方诸侯,命徐偃王主之。偃王处潢池东,地方五百里,行仁义,陆地而朝者三十有六国(一说三十二国)……(后被楚国所灭,徐偃王)乃北走彭城武原县(治今江苏省邳州市西北)东山下,百姓随之者以万数,因名其山为徐山。

古史专家徐旭生先生在《中国古史的传说时代》中专列《徐偃王与徐楚在淮南势力的消长》一章,对古徐国的历史进行了详尽的探讨,徐先生指出:“他(徐偃王)大约同楚成、穆、庄三王同时。他所服的三十六或三十二国,大约不出于群舒、江、黄、英、六、蓼、宗、钟离(在今安徽省凤阳县境内)诸国。”②关于这些小国的地理位置,徐先生又指出:

> 我觉得当日淮水南,大江北,如今霍邱、寿县、六安、霍山、合肥、舒城、庐江、桐城、怀宁等县,西不过霍山山脉,东不过巢湖,这一带平坦的地带,除了六、蓼、钟离各国以外,全属群舒散处的地域。小国星罗棋布,分合无常。虽未必就有三十六或三十二的数目,却是部落繁多,绝不只所已经知道的八九国,大约可以断言。③

徐先生的推断无疑是相当精辟的,只不过这一范围是否等于当时“东方诸侯”或“东夷”的范围,仍是一个疑问。

再次,可以肯定,西周初年出现的“东夷”远不止于淮水以南诸国,还有相当多的夷人生活于东海之滨以及齐鲁之间。如齐国始祖太公望在就国之时,就与莱人争夺

---

① 《史记》卷四《周本纪》注引,第133页。
② 《中国古史的传说时代》,第186页。
③ 《中国古史的传说时代》,第181页。

营丘之地。“营丘边莱，莱人，夷也，会纣之乱而周初定，未能集远方，是以与太公争国。”[①]而莱夷并不在上述小国之列。关于春秋时期“东夷”部族的状况，清人顾栋高曾指出：“东方之夷曰莱，曰介，曰根牟。后莱、介并于齐，根牟灭于鲁，不复见《经》。惟淮夷当齐桓之世，尝病鄫，病杞，后复与楚灵王连兵伐吴，然皆窜伏海滨，于中国无甚利害。”[②]史念海先生对西周及春秋时期东方海滨各部落也进行了认真的考证，进一步指出：“根据《春秋》及《左传》所载，则莱、介、根牟、剡、莒等皆东海之滨的夷人。以现在地望来说，皆在山东东部。莱为今黄县地。介在今高密县西。根牟在今沂南县东南。郯在今郯城县南。莒为今莒县。”此外，史先生指出当时的夷人之国还有邾（都城在今山东省邹城市）及小邾（今山东省滕州市东南）、阳（今山东省沂南县南）、鄅（今山东省临沂市北）、鄫（今山东省兰陵县西北）等。[③]

（二）“西戎”系的分布及秦国的兴起

周王族崛起于“西戎”，“西戎之地”便是其原始发祥地。周王族在空间上的发展轨迹，实质上是逐步脱离“西戎之地”，向中原的核心——雒邑迁移。“夏道衰，而公刘失其稷官，变于西戎，邑于豳（在今陕西省旬邑县西南）。”[④]

到克灭殷商之后，周王族的居住中心区始终在“西戎”的包围之中。在周王朝的发展过程中，戎人势力也逐步强盛起来，至周穆王以后，周朝军队与戎人开始了较为频繁的军事对抗，其结果却导致了戎人的大规模内迁。内迁运动分为几种类型：一是征伐后强制性内迁。如“至穆王时，戎狄不贡，王乃西征犬戎，获其五王，又得四白鹿，四白狼，王遂迁戎于太原”。从此，“太原”成为戎人的一个重要聚居地。二是周王族退却后的主动内迁。到西周晚期，随着周王朝朝政的腐败及国力的削弱，强大的戎人集团对周王朝发起了有力的挑战，“时幽王昏虐，四夷交侵”。[⑤] 最终申侯与犬戎攻杀周幽王于骊山之下，迫使周平王迁都雒邑。由此也引发了戎人部族内迁运动，“居于泾渭之间，侵暴中国”[⑥]。

《史记·匈奴列传》曾以秦、晋等著名大国为地域坐标，描述春秋时期戎人分布变

---

① 《史记》卷三二《齐太公世家》，第 1480 页。

② 见《春秋大事表》卷三九，第 2161 页。

③ 参见《西周与春秋时期华族与非华族的杂居及其地理分布》，载于《河山集·七集》，陕西师范大学出版社 1999 年版，第 488~491 页。

④ 《史记》卷一一〇《匈奴列传》，第 2881 页。

⑤ 《后汉书》卷八七《西羌传》，第 2871~2872 页。

⑥ 《史记》卷一一〇《匈奴列传》，第 2881 页。

迁情况，这为我们的讨论提供了更确切的依据：

> 当是之时，秦晋为强国。晋文公攘戎翟，居于河西圁、洛之间，号曰赤翟、白翟。秦穆公得由余，西戎八国服于秦，故自陇以西有绵诸、绲戎、翟、獂之戎，岐、梁山、泾、漆之北有义渠、大荔、乌氏、朐衍之戎。而晋北有林胡、楼烦之戎，燕北有东胡、山戎。各分散居溪谷，自有君长，往往而聚者百有余戎，然莫能相一。①

司马迁的这段论述针对匈奴族的渊源而言，因此，其所叙戎人分布侧重于诸侯国的外围地区，主要种类有陇山以西服属秦国的西戎八国，即绵诸、绲戎、翟、獂、义渠、大荔、乌氏、朐衍等戎人。晋国北部有楼烦之戎，燕国北部有山戎等。其实，春秋时期戎人内迁的影响更为巨大，入居区前沿直逼东周王城——雒邑（今河南省洛阳市）。周襄王即位后，为取得戎人的武力支持，曾娶戎狄女为后。后来，狄后被黜，怨愤而请“戎狄”人相助，“开戎狄，戎狄以故得入（雒邑），破逐周襄王，而立子带为天子。于是戎狄或居于陆浑，东至于卫，侵盗暴虐中国。中国疾之”。② 之后，入居雒邑的戎人虽被晋文公所率军队驱逐，但戎人入居中原地区的客观形势并没有根本改变。关于春秋时期“戎逼诸夏”的严峻局面，《后汉书·西羌传》记：“自陇山以东，及乎伊、洛，往往有戎，于是渭首有狄、獂、邽、冀之戎，泾北有义渠之戎，洛川有大荔之戎，渭南有骊戎，伊、洛间有杨拒、泉皋之戎，颍首以西有蛮氏之戎。”

关于春秋时期民族活动的记载，应首推《左传》及《国语》等史籍。在全面整理《左传》资料的基础上，清人顾栋高对当时“戎人”的种类与分布进行了全面而细致的归纳与总结，他指出：“四裔之中，戎种最杂乱难稽，或三名而为一族，或一种而随地立名，随时易号至五六而未已，其中盛衰之故略可见，综而计之，其别有七。”③这七种戎人的情况：

> 其在今陕西之临潼者曰骊戎，即女晋献公以骊姬者。秦置骊邑，邑有骊山，俱以戎得名。其在凤翔者曰犬戎，盖西戎之别在中国，其先尝攻杀幽王，秦驱逐之，至春秋时种类犹存，闵（公）二年，虢公败犬戎于渭汭是也。其在瓜州者曰允姓之戎，远莫知其所居，秦、晋迁于中国，则曰陆浑之戎，今为河南府嵩县。又曰阴戎，又曰九州戎，又曰小戎。晋惠公母家，《传》谓小戎子生夷吾。

① 《史记》卷一一〇《匈奴列传》，第2883页。

② 《史记》卷一一〇《匈奴列传》，第2882页。

③ 《春秋大事表》卷三九《春秋四裔表》，第2162页。

逮惠公归自秦，而诱以来处之陆浑，世役于晋，亦曰姜戎。佐晋败秦师于殽，自后无役不从，亦数与会盟。以其处晋阴地，谓之阴戎。昭(公)十七年，陆浑贰于楚，晋荀吴灭之，其余服属于晋者，谓之九州戎。自晋灭陆浑，城汝滨地而有之，楚亦灭蛮氏，系汝州之地，而汝水南北遂为晋、楚分界。其先陆浑而居伊、洛之间者，又有扬拒、泉皋、伊洛之戎，扬拒、泉皋皆戎邑，王子带曾召之，以伐京师，焚王城东门，为祸最烈。自秦、晋迁陆浑，而此种浸微。……蛮氏亦戎别种，在汝州西南，亦名茅戎，以处茅津得名，在今解州之平陆，地颇辽远。成(公)之元年，王师尝为所败，后属晋……其在直隶之永平者，曰北戎，亦曰山戎。春秋初，尝侵郑，伐齐，已而又病燕，齐桓公因北伐山戎……又有在山东之曹县与兰阳接壤者，《经》直曰戎，无名号。春秋初，屡与隐公会盟，隐九年，天王使凡伯来聘，戎伐凡伯于楚丘以归，所谓戎州已氏之戎是也……凡此皆诸戎之大略也。①

司马迁、范晔、顾栋高三人关于戎人历史情况的记述，是我们今天研究春秋战国时期戎人种类与分布的基本依据。然而，三者的论述角度不同，有关戎人活动的内容也各有侧重，仍有进一步考实与说明的必要。

纵观春秋时期戎人的分布状况，貌似零乱混杂，如仔细检索分类，仍可以看出其中较系统的分布与变迁规律。

首先，我们以今天山西河曲与芮城两县治所作为两点划一条中轴线，或以河曲至风陵渡之间的黄河河段为界线，那么，春秋时期戎人的分布区可分为东、西两大部。广义的“西部”(包括陇西与关中)是戎人的原始发祥地，即殷商及西周时期所谓的“西戎”。在我们划定的“西部”中，著名的山川有陇山、岐山、梁山、泾水、洛水、渭水以及漆水等，在古人记载中，这些山川往往成为明确戎人分布区的主要标志，也构成了戎人居住区风貌的主要特征，即“各分散居溪谷”，因此，确认这些著名山川的状况，也就成为我们深入了解戎人分布区形成与演变的基础。陇山，位于今天陕西省陇县、宝鸡市与甘肃省清水县、张家川自治县之间，北起沙漠，南止渭河，为关中地区西部边缘的天然屏障。岐山在今陕西省岐山县东北，其南面平地称为周原(或称为“岐下”)，便是周王族的发祥地。梁山在今陕西省乾县以北。泾水即今泾河。洛川又称北洛水，即今陕西北洛河。春秋以至战国时期，仍有大批戎人聚居在这广袤的地域，

① 《春秋大事表》卷三九《春秋四裔表叙》，第2159~2160页。

其种类主要有：

1. 秦国周围的"西戎八国"

即《史记·匈奴列传》所载"自陇（山）以西有绵诸、绲戎、翟、豲之戎，岐（山）、梁山、泾（水）、漆（水）之北有义渠、大荔、乌氏、朐衍之戎"。吕思勉称这些戎人为"泾洛诸戎"。[①] 这些戎人往往有相对固定的居住区域，如：

绵诸：《汉书·地理志》天水郡有绵诸道。《史记正义》引《括地志》云："绵诸城，秦州秦岭县（治今甘肃省天水市东）北五十六里。汉绵诸道，属天水郡。"[②]

绲戎：《汉书·杨敞传》载杨恽报孙会宗书曰："安定山谷之间，昆戎旧壤。"吕思勉认为这一记载说明了绲戎的分布地域。[③] 西汉安定郡治今宁夏回族自治区固原市，据《汉书·地理志》，该郡辖二十一县，辖境相当于今甘肃景泰、靖远、会宁、平凉、泾川、镇东及宁夏中卫、中宁、同心、西吉、固原等市县地。

翟、豲之戎：学者有不同理解。如《汉书·匈奴传》作"狄豲之戎"。颜师古注云："皆在天水界，即绵诸道及狟道是也。"意以狄豲为同一种类。同时，《史记索隐》引《汉书·地理志》：天水豲道，应劭以"豲，戎邑，音桓"。是则认为豲戎与翟不同。《史记正义》又引《括地志》云："豲道故城在渭州襄武县东南三十七里，古之豲戎邑。汉豲道，属天水郡。"同样认为豲与翟为两种名号。笔者同意后一种观点，即豲与翟为两种戎人族类。与《史记》记载相对应，《后汉书·西羌传》指出，渭首有狄、豲、邽、冀之戎。李注云：狄即狄道，豲即豲道，邽即上邽县，冀即冀县也。《集解》引惠栋曰：《秦纪》秦孝公西斩之戎之豲王。唐杜佑云：狄豲并在今陇西郡，邽冀并在今天水郡。这些学者都认定翟、豲为二。翟同狄，是戎人的一支，关于其转迁与分布情况，我们在下面会进行较详细的讨论。

义渠之戎：被称为春秋战国时期势力最强大的西部戎部落，长期与秦国争夺西部地区的霸权，最终为秦国所灭。据吕思勉先生考证，自秦厉共公六年，至秦昭王四十一年，义渠与秦国之相持，总计长达207年。[④] 关于义渠戎国的地望，《史记索隐》引韦昭云："义渠本西戎国，有王，秦灭之。今在北地郡。"《史记正义》引《括地志》云："宁州、庆州、西戎，即刘拘邑城，时为义渠戎国，秦为北地郡也。"[⑤]秦北地郡治义渠

---

① 《吕思勉读史札记》，第398～404页。

② 《史记》卷一一〇《匈奴列传》注引，第2884页。

③ 参见《吕思勉读史札记》，第402页。

④ 参见《吕思勉读史札记》，第404页。

⑤ 《史记》卷一一〇《匈奴列传》注引，第2884页。

(今甘肃省宁县西北)。西汉在此地设义渠道。义渠戎的地域似不同于秦汉北地郡的范围。春秋晚期及战国初期,义渠戎的势力趋于极盛,“是时义渠、大荔最强,筑城数十,皆自称王”①。秦国与义渠战事频繁,在相当长的时间里实力相当,互有胜负。最后,秦国攻破了义渠戎。“其后义渠之戎筑城郭以自守,而秦稍蚕食,至于惠王,遂拔义渠二十五城。”②据《史记·秦本纪》,秦惠文君十一年(前327),“县义渠”,义渠戎终为臣。《史记正义》认为此义渠县即为《汉书·地理志》“北地郡”义渠道。又引《括地志》云:“宁、原、庆三州,秦北地郡,战国及春秋时为义渠戎国之地,周先公刘、不窋居之,古西戎也。”③《后汉书·西羌传》载:“秦伐义渠,取徒泾二十五城。”关于这二十五城的地望,《后汉书校补》引柳从辰说,认为秦伐义渠,取徒泾二十五城,“疑即在今甘肃泾州境,非前汉西河郡之徒经”④。

大荔之戎:文献记载其地望不一。如《史记正义》引《括地志》云:“同州冯翊县及朝邑县,本汉临晋县地,古大荔戎国。今朝邑县东三十步故王城,即大荔王城。”⑤《后汉书·西羌传》称:“洛川有大荔之戎。”李注云:“洛川即洛水。大荔,古戎国,秦获之,改曰临晋,今同州城是也。”⑥但吕思勉指出,这一地点与《史记》所云“岐、梁山、泾、漆之北”相去较远,他认为大荔国应在义渠国附近。⑦ 吕先生的质疑不无道理,但秦国早期都城为雍(今陕西省宝鸡市凤翔区西南),跟渭水、洛水与黄河的交会处距离较远,大荔王城在临晋(治今陕西省大荔县东),是符合自然地理形势的,不过,我们却不能因此确定大荔戎人的活动区域只限于此一县之地。

乌氏之戎:《史记正义》引《括地志》云:“乌氏故城在泾州安定县东三十里。周之故地,后入戎,秦惠王取之,置乌氏县(治今宁夏回族自治区固原市东南)也。”

朐衍之戎:《史记正义》引《括地志》云:“盐州,古戎狄居之,即朐衍戎之地,秦北地郡(治今甘肃省宁县西北)也。”⑧

2. 骊戎

得名于骊山,聚居于陕西临潼一带。骊戎为晋国所破。

---

① 《后汉书》卷八七《西羌传》,第2873页。
② 《史记》卷一一〇《匈奴列传》,第2885页。
③ 《史记》卷五《秦本纪》注引,第206页。
④ 《后汉书》卷八七《西羌传》,第2903页。
⑤ 《史记》卷一一〇《匈奴列传》,第2884页。
⑥ 《后汉书》卷八七《西羌传》注引,第2873页。
⑦ 《吕思勉读史札记》,第404页。
⑧ 《史记》卷一一〇《匈奴列传》注引,第2884~2885页。

3. 犬戎

吕思勉认为“绲戎”即“犬戎”，顾栋高却认为春秋时期出现的犬戎是西周时期犬戎的后裔，其聚居中心在凤翔（今陕西省宝鸡市凤翔区）。[①] 犬戎是戎族中非常著名的一大种类，其活动范围也相当大，商周时期已为诸夏的强敌。犬戎的一支在被强迁之后，成为太原之戎，这在前文已提到。

其次，东部戎人分布区的格局之形成则主要是迁移运动的结果。关于戎人的内迁原因，不外乎两种，一种是戎人的主动攻入，一种是被迫内徙，陆浑戎就是被迫内徙的典型。鲁襄公十四年（前559），晋国的范宣子与戎子驹支就戎人内迁问题进行辩论。如范宣子指责戎子曰：“来！姜戎氏！昔秦人迫逐乃祖吾离于瓜州，乃祖吾离被苫盖、蒙荆棘以来归我先君。我先君惠公有不腆之田，与女剖分而食之……”戎子驹支则反驳道：“昔秦人负恃其众，贪于土地，逐我诸戎。惠公蠲其大德，谓我诸戎是四岳之裔胄也，毋是翦弃，赐我南鄙之田，狐狸所居，豺狼所嗥。我诸戎除翦其荆棘，驱其狐狸豺狼，以为先君不侵不叛之臣，至于今不贰……”[②]于此来看，陆浑之戎的内迁，带有躲避秦国排挤的意味。

按其迁移路线及分布结果看，西部“戎狄”的东迁大致分两大支：一支为北线，从陕西北部穿越黄河进入山西中北部地区，白狄、赤狄以及山戎都是从这条路线东迁的；一支为南线，从陕西走出泾渭水系，沿黄河进入河南地区，陆浑戎、伊洛之戎、蛮氏之戎等都是从这条路东迁的。《后汉书·西羌传》载：“后九年，陆浑戎自瓜州迁于伊川，允姓戎迁于渭、汭，东及辗辕（今河南省洛阳市偃师区缑氏镇一带）。在河南山北者号曰阴戎，阴戎之种遂以滋广。”从这段记载看来，陆浑戎、允姓戎与阴戎三者似乎为不同的三部戎人，而许多学者考证，这三支戎人之间存在着紧密的联系，难以截然分开。如顾栋高即认为陆浑之戎、小戎、姜姓之戎、阴戎、九州戎等名号，都是允姓之戎在迁移运动中产生的别名，其族系本身是相同的，因此，这些名号实质上就是这种戎人东迁后所形成的主要聚居地的名称。[③] 允姓之戎原主要聚居地为瓜州（今甘肃省敦煌市境内），鲁僖公二十二年（前638），秦、晋两国军队将这一支戎人迁入伊川。日后活跃于中原地区，直接威胁周王都安全的正是这一支戎人。与南线戎人有关的主要聚居地有：

① 参见《吕思勉读史札记》与《春秋大事表》的相关论述。

② 《春秋左传注》，中华书局2009年版，第1005～1006页。

③ 参见《春秋大事表》卷三九《春秋四裔表》的相关内容。

1. 阴戎的聚居地

即为“阴地”。杜预注:“阴地,河南山北,自上雒以东至陆浑。”[①]“河南山北”,即晋国黄河以南、伏牛山以北地区,上雒治今陕西省商洛市商州区。故阴地即指东至上雒、西至陆浑、北至黄河、南至伏牛山脉的区域。

2. 伊洛之戎

顾名思义,即居住于伊水与洛水流域的戎人,重要聚居地有扬拒、泉皋。杜预注释:“扬拒、泉皋,皆戎邑,及诸杂戎居伊水、洛水之间者。今伊阙北有泉亭。”[②]《后汉书集解》引杜佑之说,认为上述戎邑在河南颍川郡(治今河南省禹州市)内。

3. 己氏之戎

早期居住地为戎州己氏邑,是戎人族系中向东迁徙最远的一支。其主要活动于今山东西南部曹县一带,与鲁国关系相当密切,鲁国国君与之多次结盟。

4. 蛮氏之戎

又被称为戎蛮子,是南线戎人中聚居地偏南的一支。杜预注:“梁南有霍阳山,皆蛮子之邑也。”[③]《汉书·地理志》“河南郡新城县”下注:“蛮中,故戎蛮子国。”新城县治今河南省伊川县西南。河南郡又有梁县(治今河南省汝州市)。杜预所云“皆蛮子之邑”,意为不止一个“蛮子”国,更符合实际。《后汉书·西羌传》又载:(春秋时期)“是时楚、晋强盛,威服诸戎,陆浑、伊、洛、阴戎事晋,而蛮氏从楚。……后四十四年,楚执蛮氏而尽囚其人。”蛮氏之戎最终为楚国所破,也是戎人族系中与楚国最接近的一部分。

从北线东迁的戎人族类中除了狄(或翟)人,最出名的一支应为“北戎”,或称“山戎”。北戎族系力量较为强大,曾入侵齐国、郑国、燕国等,对这些华夏族系邦国构成严重威胁。北戎系最著名的邦国为无终。《汉书·地理志》“右北平郡无终县”下注云:“故无终子国。”汉无终县治今天津市蓟州区。当时北戎分布的范围相当辽阔,如《左传·昭公元年》载晋国军队与以无终为首的群狄大战于“太原”,《正义》解释道:“北平有无终县,太原即太原郡晋阳县是也,计无终在太原东北二千许里,远就太原来与晋战,不知其何故也。盖与诸戎近晋者相率而共来也。”[④]无终或许为北戎诸邦之

① 《后汉书》卷八七《西羌传》注引,第2873页。

② 《春秋左传正义》卷一三注释,《十三经注疏》,第1802页。

③ 《春秋左传正义》卷一三注释,《十三经注疏》,第1802页。

④ 《春秋左传正义》卷四一注引,《十三经注疏》,第2023页。

盟主，因此，我们不能将以无终为首的北戎聚居地局限于无终县一处。

代戎，指恒山以北的代戎之国。三家分晋后，代戎成为赵国的北面邻居，与赵国保持密切的联姻关系，代戎首领夫人正为赵襄子之姊。然而，代戎又是赵国向北扩张的直接障碍。赵襄子即位后，消灭了代国。《汉书·地理志》"代郡"下颜师古注引应劭曰："故代国。"汉代郡治今河北省蔚县东北代王城。

不难发现，春秋时期著名的大国按民族属性同样可分为两大类，即华夏族系与非华夏族系。前者如齐、鲁、晋、卫诸国，后者则如秦、楚、吴、越等。《史记·天官书》指出："秦、楚、吴、越，夷狄也，为强伯。"《史记正义》释："秦祖非子初邑于秦，地在西戎。楚子鬻熊始封丹阳，荆蛮。吴太伯居吴，周章因封吴，号句吴。越祖少康之子初封于越，以守禹祀，地称东越。皆戎夷之地，故言夷狄也。"①秦国的发展与"西戎"的关系特别密切，而且，我们可以肯定地说，秦国本身就是一个脱胎于"西戎"的诸侯国。秦王族嬴氏的祖先据说也可上溯至古代"三皇五帝"，但很早就发生了分化，"子孙或在中国，或在夷狄"。秦王族的先辈正是出于"西戎"的一支，"在西戎，保西垂"。周平王东迁后，秦国逐渐在"西戎"诸部落中崛起。到秦穆公采取由余的谋略征服戎王后，西边疆域大为扩展，"益国十二，开地千里，遂霸西戎"。但是，直到战国初期商鞅变法前，在正统华夏族诸侯看来，秦国依然是一个"戎夷之国"，"秦僻在雍州，不与中国诸侯之会盟，夷翟（同狄）遇之"。史家将秦国确定为非华夏族系国家，其原因不仅在于其文化风貌与地理位置的特殊，还在于其国内特殊的人口构成。起初，周平王封秦为诸侯国，赐予其岐山以西的土地，并承诺说："戎无道，侵夺我岐、丰之地，秦能攻逐戎，即有其地。"②至此，秦国虽然正式拥有独立建国之权，其国土却须从戎人手中夺取。可以说，除了秦王族原有部众，秦国的国土与人口都是从戎人手中夺来的。由此，我们也可以确定，后来拥有千里疆域的秦国，其国民的主体应是原来诸戎部落的"戎人"。

（三）"北狄"系邦国的分布与晋国疆域的拓展

即使在司马迁乃至范晔等人所撰正史著作中，"戎"与"狄"也往往混为一谈，足证其种类的相似，甚至可以相通。如在西周时期戎人内迁过程中，一个主要安置地就是"太原"，此后，"太原之戎"或"北戎"就成为戎人的重要一支。"太原之戎"同样是周王朝统治的一大威胁。如"（周）夷王衰弱，荒服不朝，乃命虢公率六师，伐太原之

① 《史记》卷二七《天官书》注引，第 1345 页。

② 《史记》卷五《秦本纪》，第 173~202 页。

戎,至于俞泉,获马千匹”。又周宣王“后二十七年,王遣兵伐太原戎,不克”[1]。关于“太原”的地望,学术界存在着很大的分歧。文献中出现的“太原”,的确很难用一个单一的区域进行定位,但以晋阳为核心的太原盆地作为西周及春秋时期的一个重要的戎人聚居区,则是毫无疑问的。此后,在晋国周围地区出现了“戎”“狄(或称翟)”合流的趋势,至春秋时期,“群狄”的势力甚至超过了“北戎”。

“北狄”系邦国的兴亡与晋国的发展有着极其密切的关系,对此,清人顾栋高明确指出:

> 狄之别有三,曰赤狄,曰白狄,曰长狄。长狄兄弟三人,无种类。而赤狄之种有六,曰东山皋落氏,曰廧咎如,曰潞氏,曰甲氏,曰留吁,曰铎辰。潞为上党之潞县,处晋腹心。宣(公)十五年,晋灭赤狄潞氏。明年,并灭甲氏、留吁、铎辰。留吁、甲氏俱在今之广平,铎辰在潞安境。白狄之种有三,其先与秦同州,在陕之延安,所谓西河之地。其别种在今之真定藁城、晋州者,曰鲜虞,曰肥,曰鼓。鲜虞最强,与晋数斗争,而肥、鼓俱为晋所灭。盖春秋时,戎、狄之为中国患甚矣,而狄为最,诸狄之中,赤狄为最,赤狄诸种族,潞氏为最。[2]

顾栋高对“群狄”的地望进行了细致的考订,强调“群狄”均在晋国以东,他说:

> 《史记》:“晋文公攘戎、翟,居于河西圁、洛之间,号曰赤翟、白翟。杜《注》:“亦云白狄,在晋西。”此因《左传》白狄与秦同州而为是说耳。以愚考之,狄之见于《传》不一而足,均在晋之东,与西无预。潞氏在今山西潞安府(治今山西省长治市),皋落氏则在今平阳府垣曲县(治今县),鲜虞在直隶真定府(治今河北省正定县),肥在藁城县(治今河北省石家庄市藁城区)西南,鼓在今晋州(治今河北省晋州市)。晋之灭潞也,荀林父败赤狄于曲梁,曲梁为今广平府永年县(治今河北省邯郸市永年区),盖反出其东而转攻之,则即一潞氏而疆域之广亘千有余里。且闵、僖之世,狄灭邢、灭卫、灭温,伐齐、伐鲁、伐郑、伐晋,并蹂躏王室,藉非境壤相接,何以能为患至此?则自山西以迄直隶、河南,直接山东之境,皆其所出没。特其俗不城郭,就山野庐帐而居,莫能指名其何处耳,且又迁徙无常。《传》曰:“狄之广莫,于晋为都。”盖指蒲与屈言。蒲、屈为今山西之隰州(治今山西省隰县)、吉州(治今山西省吉县)。以后渐东徙。晋重耳之适诸国也,先奔狄,而

① 见《古本竹书纪年辑证》,第54、57页。

② 《春秋四裔表》卷三九,第2160页。

后适卫、适齐,境道显然,狄在晋东可知矣……①

顾栋高关于"狄"之分布地域的论述完全建立在坚实的文献资料基础上,极为精辟。春秋时期,"狄"作为一个数量繁庶的族类,分布在相当广袤的地域,涉及今天山西霍山以北地区、河北中北部、河南北部及山东西部。但是顾栋高关于"狄"之习俗的论断似有可商榷的余地,如云"其俗不城郭,就山野庐帐而居","迁徙无常"等,我们通过深读文献可以发现不少"狄人"是筑城而居的,有较为固定的生存区域,包括上述潞氏及鲜虞等。否则,后世学者对其地望的考证就失去了意义。

(四)"南蛮"系邦国与楚国的发展

《尚书·周书·旅獒》载:"惟克商,遂通道于九夷、八蛮,西旅厎贡厥獒,太保乃作《旅獒》,用训于王。曰:呜呼!明王慎德,四夷咸宾,无有远迩,毕献方物。"②《国语·鲁语》也载孔子云:"昔武王克商,通道于九夷、百蛮,使各以其方贿来贡,使无忘职业。"韦昭注:"九夷,东夷九国。"另注:"百蛮,蛮有百邑也。"③可见灭商之后,原来与商王有关的"九夷、八蛮"才与周王族建立了联系。"九夷"通常指东方非华夏族,而"八蛮"或"百蛮"则指散居于南方各地的非华夏族,故又称为"蛮夷",同于"南夷"。据《后汉书·南蛮西南夷列传》的记载,"蛮夷"为古帝王高辛氏神犬槃瓠之后,"衣裳班兰,语言侏离,好入山壑,不乐平旷。帝顺其意,赐以名山广泽。其后滋蔓,号曰'蛮夷',外痴内黠,安土重旧"。这种近乎荒诞的神话诠释,对我们确定这些非华夏族的民族属性意义并不大。梁启超、吕思勉等学者认为古史所记"蛮"同于苗,则颇具启发意义。如吕思勉指出:"苗者,盖蛮字之转音。……今所谓苗族者,其本名盖曰黎。我国以其居南方也,乃称之曰蛮;亦书作髳作髦,晚近乃讹为苗。"④

"蛮"又常与"荆"字相连,如《诗经》有"蛮荆来威"或"蠢尔蛮荆,大邦为雠"的记述。关于"荆"字的解释,主要有两种,一为荆山,一为荆州。关于南方非华夏族系邦国,有两段记载成为后世学者考证的主要线索:一是《左传·昭公九年》中周王所云"巴、濮、楚、邓,我南土也";一是《尚书·周书·牧誓》所载西夷诸侯"庸、蜀、羌、髳、微、卢、彭、濮"等。这些方国大致又可分为两部,即以巴、蜀、濮等为核心的西南方集团与以楚、邓为核心的正南方集团。就民族属性而言,西南方集团又可称为"百濮族

① 《春秋大事表》卷三九《春秋四裔表》,第2169~2170页。

② 根据任乃强先生的研究,这种"旅獒"极有可能就是古代羌人所驯化的藏犬。参见《羌族源流探索》(重庆出版社1984年版,第26页)。

③ 《国语》卷五《鲁语下》,上海古籍出版社1998年版,第215页。

④ 《中国民族史》,东方出版社1996年版,第214~215页。

系”，正南方集团又可称为“百蛮族系”。

百濮族系的主要邦国有巴、蜀。巴国在今四川省东部及重庆市一带。《汉书・地理志》引《风俗》称：“巴、蜀、广汉本南夷，秦并以为郡。”《后汉书・南蛮西南夷列传》载：“巴郡南郡蛮，本有五姓：巴氏，樊氏，瞫氏，相氏，郑氏，皆出于武落钟离山（今湖北省长阳县西北）。”当廪君为酋长时，率族往四川东部地区迁徙。其都邑有江州（今重庆市）、垫江（今重庆市合川区）、平都（今丰都县）及阆中（今阆中市）等。晋代常璩《华阳国志》卷一《巴志》载古巴国的地域范围：“其地东至鱼复（在今重庆市奉节县东白帝城），西至僰道（今四川省宜宾市西南），北接汉中（今陕西省汉中市），南极黔、涪（今四川省绵阳市东）。”其国内民族种类有濮、賨、苴、共、奴、儴、夷、蜑等。[①] 蜀国在巴国以西，疆域包括今四川西部长江上游及陕西西南部。《华阳国志・蜀志》载古蜀国的疆域：“其地东接于巴，南接于越，北与秦分，西奄峨嶓。”其都邑有郫邑（今四川省成都市郫都区）、瞿上（今四川省成都市双流区境）及成都（今四川省成都市）等。其国内民族种类有滇、僚、賨、僰、僮等。巴、蜀两国均被秦国所破，秦分别于公元前314年与前285年设置巴郡、蜀郡。[②]

“百蛮族系”最重要的方国自然非楚国莫属。南方诸国分布格局在很大程度上又取决于楚国的发展。楚国真正的开创者为西周初年的“楚子熊绎”。“熊绎当周成王之时，举文、武勤劳之后嗣，而封熊绎于楚蛮，封以子男之田，姓芈氏，居丹阳（今湖北省秭归县东南）。”楚王族之先在进入“楚蛮”之地后，很快入乡随俗，以“蛮夷”自居。如楚子熊渠曰：“我蛮夷也，不与中国之号谥。”公然封其长子康为句亶王，中子红为鄂王，少子执疵为越章王，“皆在江上楚蛮之地”。[③] 周平王东迁后，“政由方伯”，楚国也积极开疆拓土，疆域迅速扩展，逐步成为春秋战国时第一大国。楚文王即位后，迁都郢（今湖北省江陵县西北）。据清顾栋高的考证，“楚在春秋吞并诸国凡四十有二”[④]。据《史记・楚世家》记载，其中较著名的小国有邓、英、夔、江、六、蓼、庸、舒、唐、顿、胡、杞等。到战国时期楚国疆域极盛时，至“地方五千里，带甲百万”[⑤]。其疆域所及，“大致东到今苏、皖交界处，东南似沿长江为界，南到洞庭、鄱阳两湖间，西达川、鄂、陕三

① 古文献中族类名称用字有的带有“犭”旁，有辱意，本书依今学术界通例改。

② 参见尤中《对秦以前西南各族历史源流的窥探》，载于《西南民族史论集》，云南民族出版社1982年版。

③ 参见《史记》卷四〇《楚世家》，第1691~1692页。

④ 《春秋大事表》，第524页。

⑤ 参见《史记》卷四〇《楚世家》，第1731页。

省交界一带，北至秦岭山脉及淮水之北，地跨七八省，为春秋第一大国”①。

顾栋高曾就“南蛮”分布区问题特别指出：“春秋之世，楚境不能越洞庭而南，楚使对桓公言曰：‘寡人处南海。’特夸辞耳。故其时蛮夷之在今湖南境者，皆系徼外，世服属于楚，无由自通于中国，中国往往不能举其号，第称蛮曰群蛮、濮曰百濮以概之，盖其种类实繁，其地为今某州县亦难可深考。”②先秦时期，人们对天下地理状况的认知是相当有限的，正如西汉人贾捐之所云：“武丁、成王，殷、周之大仁也，然地东不过江、黄，西不过氐、羌，南不过蛮荆，北不过朔方。”③而楚国又不能南涉洞庭湖以南，因此，当时人们对洞庭湖以南地区民族与邦国的分布几乎一无所知。

（五）吴越两国疆域与民族分布

吴国的开创者为吴太伯。吴太伯与弟仲雍，为周文王伯父辈，为“让位避贤”而离开周朝。《史记·吴太伯世家》云：“于是太伯、仲雍二人乃奔荆蛮，文身断发，示不可用，以避季历。季历果立，是为王季（周文王之父），而（子）昌为文王。太伯之奔荆蛮，自号句吴。荆蛮义之，从而归之千余家，立为吴太伯。”抛开“让位避贤”的传说不谈，吴太伯与仲雍其实可视为两位南迁的部族首领，其迁徙规模难以确定，但估计是相当有限的，句吴国民主体无疑是“荆蛮”，故称为“夷蛮之吴”。《史记集解》引宋忠曰：“句吴（在今江苏省无锡市境内），太伯始所居地名。”《史记索隐》又释曰：“荆者，楚之旧号，以州而言之曰荆。蛮者，闽也，南夷之名；蛮亦称越。此言自号句吴，吴名起于太伯，明以前未有吴号。地在楚越之界，故称荆蛮。”④吴国后迁都于姑苏（今江苏省苏州市）。

吴国的民族属性比较复杂，究竟属于百蛮族系，还是百越族系，很难遽下断语。《史记》明确以其属荆蛮，应该有较充足的理由。吴国被越国所灭，而长江以北地区仍为楚国所占，《史记·楚世家》载：“是时越已灭吴而不能正江、淮北，楚东侵，广地至泗上。”⑤林惠祥推断：“越所以不能收吴在江淮北之地而反为楚所得，或因其人异于越，而本与楚同为荆楚也。”⑥这是非常精辟的意见。《汉书·地理志》也承袭了司马迁的结论，反复说明吴太伯奔至“荆蛮”之地，句吴为“荆蛮”之国，同样可资参照。吴

---

① 童书业《春秋史》，第103页。

② 《春秋大事表》，第2193页。

③ 《汉书》卷六四下《贾捐之传》，第2831页。

④ 《史记》卷三一《吴太伯世家》注引，第1446页。

⑤ 《史记》卷四〇《楚世家》，第1719页。

⑥ 《中国民族史》上册，商务印书馆1993年版，第100页。

国全盛时的疆域东至海,南有太湖,西抵今江苏与安徽交界处,北到今山东省南部。

"百蛮"与"百濮"之外,先秦时期南方地区另一大族系便是"百越"。"越"同于"粤",先秦时这一民族建立的最著名的国家就是越国。根据传说,越王族为禹之后裔,被分封于会稽(今浙江省绍兴市)。研究者指出,越国全盛时的疆域大约"自今山东省的琅邪台起,沿海而南,有今江苏省苏北的运河以东地区和全部苏南地区、安徽省的皖南地区、江西省东境的一部分,并兼有今浙江省的北半部"①。值得注意的是,古今学者很早就对越国的民族属性提出了质疑,如《汉书·地理志》引《风俗》称古粤国君为禹后,帝少康之庶子。公孙瓒就反驳道:"自交趾(今越南北部)至会稽七八千里,百越杂处,各有种姓,不得尽云少康之后也。按《世本》,越为芈姓,与楚同祖,故《国语》曰'芈姓夔、越',然则越非禹后明矣。又芈姓之越,亦句践之后,不谓南越也。"对此反驳意见,唐代颜师古不以为然,颜师古说:"越之为号,其来尚矣,少康封庶子以主禹祠,君于越地耳。故此志(《汉书·地理志》)云其君禹后,岂谓百越之人皆禹苗裔?瓒说非也。"②公孙瓒与颜师古争论的核心在于越国王族与越地百姓之间在民族属性上存在的差异。这一问题在楚、吴、越三国其实都客观存在。在这三国中,拥有统治地位的王族与属下民众原来不是一个族类,因而入乡随俗,有"文身断发"之举。不仅如此,在这场争论中,我们还可发现这三个非华夏族系南方国家之间,在族类上存在很大的兼容性。如楚、越同姓,而楚、吴又同为荆蛮。此外,吴、越两国在文化习俗上的相似性又引起学者的关注。如楚成王即位后,周天子曾在赐胙时云:"镇尔南方夷越之乱,无侵中国。"其实早在楚国先君熊渠在位时,就向杨粤为首的越人发起进攻,并立其三子分别为句亶王、鄂王与越章王,"皆在江上楚蛮之地"。③ 楚国进入长江一线,"荆蛮"也逐渐散布于当时长江沿线地区,越人同时向南退缩。吴国正是处于"荆蛮"与越人杂居之地,故在文化习俗上受越人影响较深,从而与中原地区各国有了相当明显的差别。《吕氏春秋·贵直论》曾载伍子胥之言:"夫齐之与吴也,习俗不同,言语不通,我得其地不能处,得其民不得使。夫吴之与越也,接土邻境,壤交通属,习俗同,言语通,我得其地能处之,得其民能使之。越于我亦然。"然而,这种相同与相似大致仅限于江淮以南地区。越国最终为楚国所灭,这一结局应该有助于"荆蛮"与越人的进一步融合。

---

① 杨宽《战国史》,上海人民出版社 1998 年版,第 278~279 页。

② 《汉书》卷二八《地理志》注引,第 1669~1670 页。

③ 参见《史记》卷四〇《楚世家》,第 1692~1697 页。

黄帝以后秦以前中华大地各族群分布地区示意图

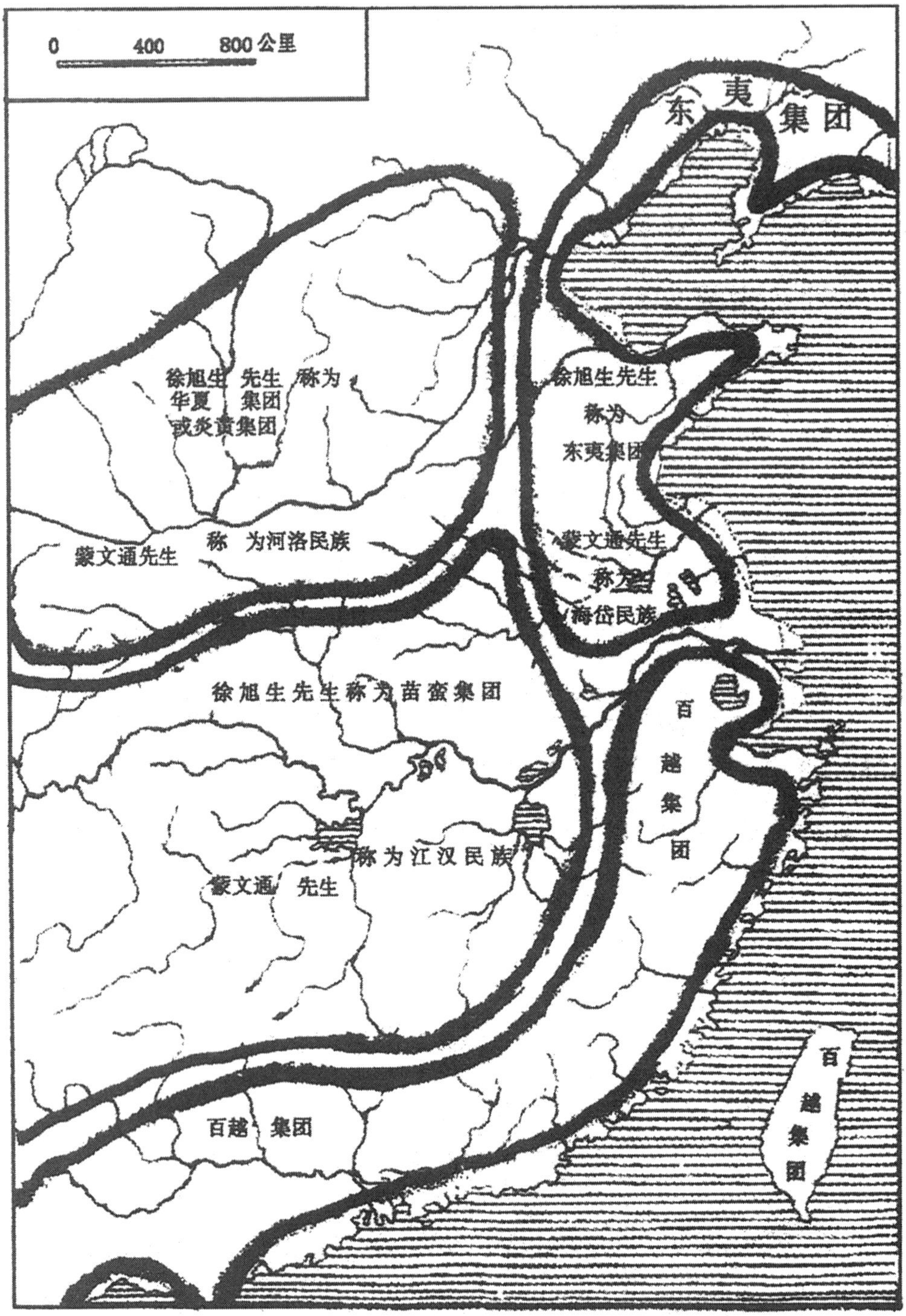

“华夏系”与“四裔系”(春秋时期)邦国分布示意图

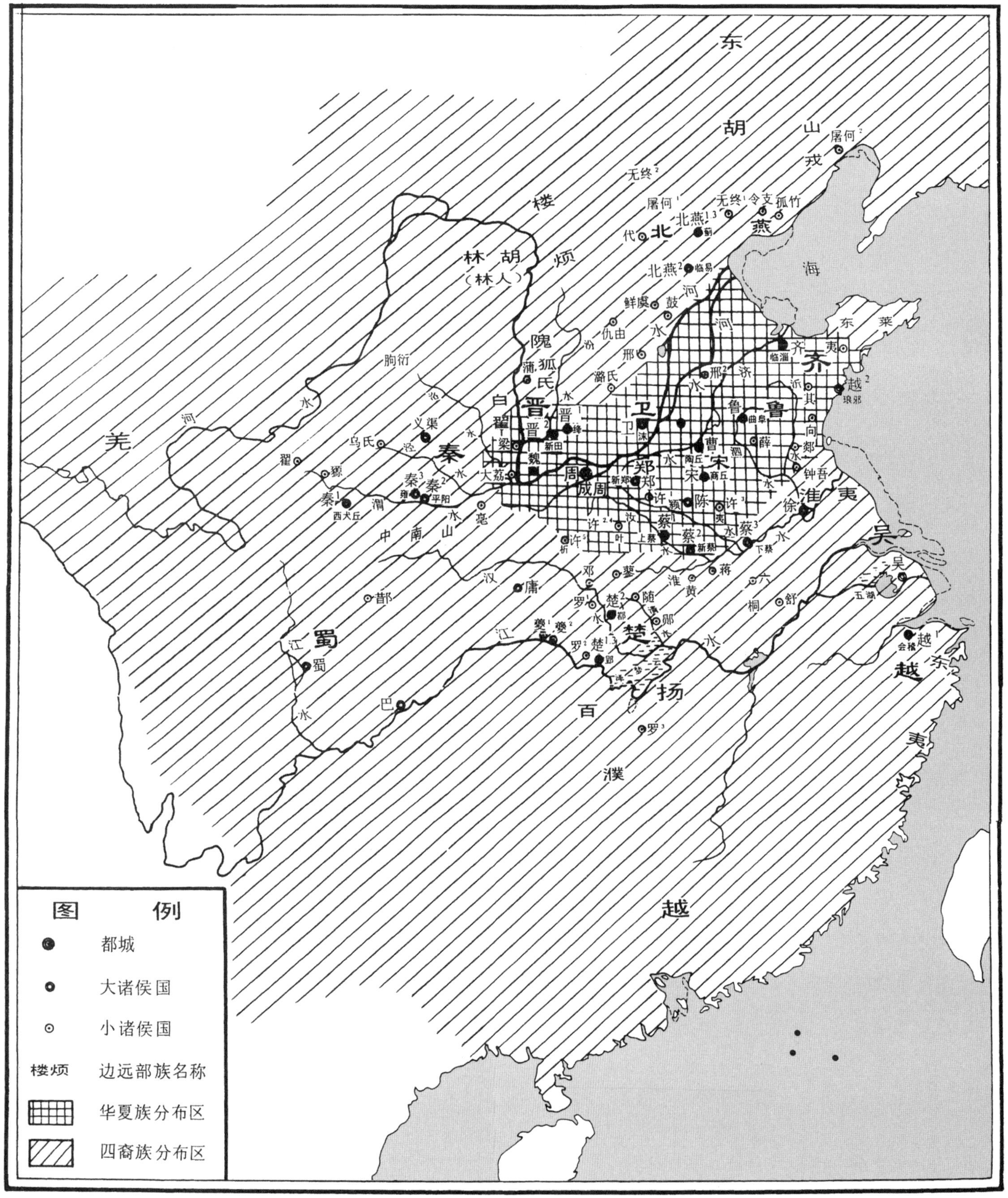

第四节 早期民族地理理论与民族分布的自然地理背景

先秦时期是中华文明的早期发育时期，也是中国古代各民族形成的重要时期。这一时期的不少典籍不仅是中华古代文明的珍贵载体，也是中国古代民族思想的渊薮，蕴含着关于中国古代民族发展的丰富资料与思想因子。尤其是其中包含了不少民族地理方面的论述，如著名的民族地理思想"华夷五方格局论"等，作为传统儒家思想的重要部分，对后世学者产生了极其深远的影响，值得现当代学者批判性地研究与借鉴。

然而，"华夷五方格局论"本身是一种阶段性的总结，其产生、发展有一个较漫长的过程。分析其演变过程及历史局限性，对于我们全面认识先秦时期的民族思想，无疑是非常有必要的。在这里，应特别指出的是，古代学者很早就意识到民族发展与地域之间的关系，并将地理距离作为分析族类异同的重要素材。

地理环境对民族发祥与发展所发挥的影响与作用，是历史民族地理研究中的重要课题，这一点在上古民族研究中尤为重要。我们在研究古代民族发祥起源时，必须对其所处地理环境进行全面的认识与评价。

一、从"四裔"看中国古代民族识别之标志

民族识别，指人们选取某些明确的指标来分别与确定不同的民族。如自古人们习称华夏族与非华夏族的区别为"夷夏之别"。民族识别的关键则在于人们究竟选取什么指标来显示"夷夏之别"。现代学者李亚农在《中国古代的民族问题》中指出了春秋战国时代的"民族鉴别法"："春秋战国时代的人已经给了我们一些区别民族异同的标准，其主要的为'言语'与'服制'。"确定这些鉴别标准的主要依据，便是《左传·襄公十四年》戎子驹支"我诸戎饮食衣服不与华同，贽币不通，言语不达"云云。言语与服制均为反映民族间外在差异的客观表象性标准。但是，这些标准的记载极其缺乏。也正如李亚农所指出的那样，如要利用言语之不同来划分中国古代诸民族的界线，是十分困难的："戎子驹支自谓诸戎言语衣服不与华同，但我们关于戎语，一无所知。"①可以说，根据言语的差别而分析春秋战国时代许许多多民族的族别异同，

① 李亚农《西周与东周》，上海人民出版社 1956 年版，第 8 页。

是没有可能性的。

服制标准也存在同样问题。孔子名言有云:“微管仲,吾其被发左衽矣。”①汉文典籍记述非华夏族大多“被发左衽”,至于非华夏族内部的分异,就不得而知了。而且,众所周知,言语与服制的改变,也无法影响到民族属性,如赵武灵王倡行“胡服骑射”之后,赵国也没有被排到华夏族系国家之外。况且,先秦时期华夏族系各国家也没有在言语与服制上实现一致。东汉学者许慎在《说文解字·序》中讲道:“(战国时期各国间)田畴异亩,车涂(同途)异轨,律令异法,衣冠异制,言语异声,文字异形。”②可以说,华夏族系服制与文字的划一整齐,也都在秦朝统一之后了。

其实,翻阅史籍,我们可以发现,在言语、服制等表象性标志之外,先秦时期人们还有一些鉴别民族差异更抽象的标准。这其中主要有:

(一)姓氏

《史记·礼书》载:“天地者,生之本也;先祖者,类之本也。”《史记正义》云:“类,种类也。”先祖是判别族类差异的最有力的证据,而拥有不同祖先的不同族类最终显示的差异符号便是姓氏。关于先秦姓氏的性质,杨希枚先生指出:“就族属集团而言,先秦所谓姓或族,如姜姓或姜族之类,则意指《尔雅·释亲》所谓‘亲同姓’,也即《礼记大传》所谓‘同姓从族,合族属’的同姓亲族,而包括同出一祖的若干宗族的集团组织。”③《左传·襄公十四年》载姜戎氏戎子驹支言诸戎“是四岳之裔胄也”。《国语·周语下》载太子晋曰:“皇天嘉之(指大禹),祚以天下,赐姓曰‘姒’,氏曰‘有夏’,谓其能以嘉祉殷富生物也。祚四岳国,命以侯伯,赐姓曰‘姜’,氏曰‘有吕’,谓其能为禹股肱心膂,以养物丰民人也。”又“有夏虽衰,杞、鄫犹在;申、吕虽衰,齐、许犹在……皆黄、炎之后也”。这里的记述虽以所谓功德为托辞,然最终明确夏族与四岳族间有姓氏的分别,但夏族与四岳族同为黄帝与炎帝的后代。那么,关于黄帝、炎帝的姓氏,又是如何形成的呢?

《国语·晋语四》载司空季子云:“昔少典娶于有蟜氏,生黄帝、炎帝。黄帝以姬水成,炎帝以姜水成。成而异德,故黄帝为姬,炎帝为姜。二帝用师以相济也,异德之故也。异姓则异德,异德则异类。异类虽近,男女相及,以生民也。……是故娶妻避其同姓,畏乱灾也。”

---

① 朱熹《四书章句集注》卷七《论语·宪问第十四》,中华书局1983年版,第153页。

② 《说文解字》,中华书局1963年影印版,第315页上。

③ 参见《论先秦所谓姓及其相关问题》,《中国史研究》1984年第3期。

将姓氏之别作为族类分异的标志，同样存在非常大的局限性。华夏族系与非华夏族系之间不同姓，而华夏族系内部也有姓氏差异。另如同姓不通婚，异姓可通婚，而在今天的民族学看来，通婚是民族融合的重要途径，对于可以通婚的异姓家族而言，其后裔与两大家族都存在血缘关系，难以进行民族的再划分。因此，不同的族类拥有不同的姓氏，而姓氏之别往往停留在宗族的层面上，以姓氏来划分民族的方法是不可靠的。

（二）道德法则

我们注意到，在先秦时期，道德与法则等行为规范也被作为区别华夏与“蛮夷”的重要尺度。《国语·周语上》载周内史曰：“古者，先王既有天下……犹有散迁懈慢，而著在刑辟，流在裔土。于是乎有蛮夷之国，有斧钺、刀墨之民……”《左传·僖公二十五年》载苍葛云：“德以柔中国，刑以威四夷。”根据这些言论，似乎远在裔土的“蛮夷”之人原来都是天下有罪之人。这种道德及法则区别论影响相当大，为许多学者所接受。如《尚书·舜典》载，帝舜时，“流共工于幽州，放驩兜于崇山，窜三苗于三危，殛鲧于羽山”。《孟子·万章上》也对此进行过评价：“舜流共工于幽州，放驩兜于崇山，杀三苗于三危，殛鲧于羽山，四罪而天下咸服，诛不仁也。”《史记·五帝本纪》也记载，鉴于三苗在江淮地区作乱，帝舜特向帝尧提出建议：“请流共工于幽陵，以变北狄；放驩兜于崇山，以变南蛮；迁三苗于三危，以变西戎；殛鲧于羽山，以变东夷。”而《史记》这条记载出于《五帝德》，成书于战国时期，其中“北狄”“南蛮”“西戎”“东夷”的说法应出于战国时人的发挥。① 在我们今天看来，流放正是古代帝王惩罚“顽劣”部族的主要手段，共工等人应该是在部族战争中的失败者，远迁是对他们的惩罚措施，他们与舜帝之间似乎并没有种族上的差别。由此观察，华夏族系与非华夏族系之间的区别最终主要反映在空间距离上。将空间距离作为甄别中国古代民族的重要标志，是中国传统民族思想的一大特征，值得引起研究者的高度重视。

（三）空间距离

班固在《汉书·地理志》中辑录、阐发了汉代刘向和朱赣两人关于当时各地风俗异同的论述，其中说：“古有分土，亡（同无）分民。”唐代颜师古注：“有分土者，谓立封疆也。无分民者，谓通往来不常厥居也。”②这与《史记·五帝本纪》所记黄帝部族“迁徙往来无常处”的特征正好印证，说明远古之时，各部族居住地区稳定性较弱，处于经

---

① 参见（清）王聘珍《大戴礼记解诂》卷七，中华书局1983年版。

② 《汉书》卷二八下《地理志下》，第1660页。

常性的迁徙之中,地域的分划远远早于各部族的确认。特别是在远古文明初始时期,华夏族系与周边民族在文明程度上的差异并不十分明显,各民族间的识别首先基于方位及空间距离的存在。即使根据上古传说,三皇之时,也只有"万邦"与"万方"的存在,而无"戎""狄""蛮""夷"的记录。

在"万邦"的方位确立上,最优先及最早稳定的区域,自然是"中国"。而"中国"方位的确定,应得益于古代部族在漫长年月中的迁徙实践。只有通过不断的迁徙往来与相互对比及选择,中华民族的祖先们才会发现最合宜生存的自然区域。与此同时,只有经过长时间的部族斗争,最强有力的部族才会在生存区域的争夺中取得胜利,并占据最佳生存区域。

如夏朝的出现,最终确立了"天下之中"的地理方位。以夏王族祖先为核心的古代帝王的居住地也由此确定下来。"中夏"一词的出现,表明了夏朝的方位优势,而在"中夏"方位确立之后,人们的视野便集中于东、西、南、北四个方位上,于是出现了"四方""四裔""四岳""四海"等地理概念,这些地理概念都与民族划分存在着密切的关系。

1. "四裔"

古代传说中,部落首领将叛乱及有罪的部族成员远迁的传统是客观存在的。如古代帝王的后裔浑沌、穷奇、梼杌、饕餮等被称为"四凶族",帝舜采取断然措施,"乃流四凶族,迁于四裔,以御螭魅"。《史记集解》引贾逵之言曰:"四裔之地,去王城四千里。"①"四裔"为边地之称谓,本无贬义。后来人们以"裔"通于"夷",才与族类划分挂起钩来,成为非华夏族系的代名词,正如《左传·定公十年》所载:"裔不谋夏,夷不乱华。""四裔"也就逐渐为"四夷"所取代了。故而,西汉扬雄在《方言》中云:"裔,夷狄之总名。"郭璞注释:"边地为裔,亦四夷通以为号也。"②这两种解释反映了"四夷"一词在内涵上的变化。

2. 四岳

先秦古籍中所云"四岳"绝非仅指四座山脉。顾颉刚先生在《史林杂识·四岳与五岳》一文中对四岳的民族性质做出了十分精辟的论述:四岳实为陇山地区萃聚相近之四山,因名为"四岳"。居于四岳之地的姜氏之戎,或以四岳之神为其祖先,或以其祖先为四岳之神,于是借地名为人名,"其族遂为四岳之族"。他在《九州之戎与戎

① 参见《史记》卷一《五帝本纪》及注释,第36~38页。

② 参见《方言笺疏》卷一二,中华书局1991年版,第448页。

禹》一文中说："称其人曰四岳者，当以其封国包有四岳之地之故。姜戎虽未完全华化，与齐许诸国异，而其为四岳之裔胄，则与齐许诸国同。然则申、吕、齐、许者，戎之进于中国者也；姜戎者，停滞于戎之原始状态者也。……由其入居中国之先后，遂有华戎之判别。"[①]顾先生做出如此判断的一条主要依据，便为《左传·襄公十四年》载姜戎氏戎子驹支所言诸戎"是四岳之裔胄也"。

不过，"四岳"也是先秦时期一种通行的观念，拥有更为丰富的内涵，表现为在不同的记述系统中，"四岳"拱卫的核心并不相同。如在《国语·周语下》中，四岳作为共工氏之从孙，辅佐大禹疏通天下。三国吴学者韦昭注释："四岳，官名，主四岳之祭，为诸侯伯。佐，助也。言共工从孙为四岳之官，掌帅诸侯，助禹治水也。""大禹"与"四岳"构成了"一王""四伯"的体系。[②]《尚书》中《尧典》与《舜典》两篇也出现了"四岳"，其诠解又有所不同。如孔安国云："四岳即上羲和之四子，分掌四岳之诸侯，故称焉。"[③]关于羲和"四子"，《尧典》记载："分命羲仲，宅嵎夷，曰旸谷，寅宾出日，平秩东作……申命羲叔，宅南交，平秩南讹……分命和仲，宅西，曰昧谷，寅饯纳日，平秩西成……申命和叔，宅朔方，曰幽都，平在朔易……"这种记述有十分明显的意图，即将"四岳"与东、西、南、北四个方向相对应。[④]尧帝、舜帝居中，与"四岳"一道组成了"五方"结构。"四岳"与居中的夏并立，其实就是战国时期"华夷五方格局论"的雏形。

3. 四海

与"四岳"类似，先秦时期还有一个与民族分布有关的地理概念——"四海"。关于"海"之本义，东汉许慎《说文解字》释："天池也，以纳百川者。"有趣的是，"四海"在先秦古籍中屡屡出现，但当时没有一个学者或一种典籍能够指明"四海"到底包括哪四个"天池"，因此，衍生出较为模糊的诠释，如"海，晦也"云云。《尔雅·释地》的释义最为特别："九夷、八狄、七戎、六蛮，谓之四海。"似专指中国或华夏族系之外的民族。《释名》进一步解释："'海，晦也。'《史记正义》云：按夷蛮晦昧无知，故云四海也。"[⑤]这种特别的解释同时显示出解释者的万分无奈，"中国"被"四夷"所包围，"中

① 参见刘起釪《姬姜与氐羌的渊源关系》，载于《古史续辨》，中国社会科学出版社1991年版，第184页。

② 《国语》卷三，第104~107页。

③ 《尚书正义》卷二注引，《十三经注疏》，第122页上。

④ 《尚书正义》卷二，《十三经注疏》，第199页下。

⑤ 《史记》卷二《夏本纪》注引，第81页。

国之人”也确实无法了解更大的空间，那么，从这种意义上讲，“四海”即等同于“中国”之外的“天下”。《尚书·伊训》载：“始于家邦，终于四海。”将家邦与四海相对应。《周书·泰誓》称商纣王“作威杀戮，毒痡四海”。《周书·武成》又载，周王“大赉于四海而万姓悦服”。西汉司马迁曾指出：“……及至五家、三代，绍而明之，内冠带，外夷狄，分中国为十有二州。……秦、楚、吴、越，夷狄也，为强伯。……及秦并吞三晋、燕、代，自河山以南者中国。中国于四海内则在东南，为阳……其西北则胡、貉、月氏诸衣旃裘引弓之民，为阴……”《史记正义》释：“河，黄河也。山，华山也。从华山及黄河以南为中国也。”①这也就是截止于西汉之时人们对周边地理环境的认识，华夏族系聚居的“中国”是相当有限的，“四海”大于“中国”，大于“九州”或“十二州”。

战国时期，以空间距离区别民族的较系统的理论之一便是“九服之制”，这也构成了中国早期民族地理思想的一项重要特征。《国语·周语》载：“夫先王之制：邦内甸服，邦外侯服，侯、卫宾服，蛮、夷要服，戎、狄荒服。”这显然是一种过于理想化的制度，其核心就在于以周王朝为中心，用空间距离来划分诸侯国与非华夏族系的等第。古今学者关于这一制度的诠释可谓汗牛充栋。笔者以为韦昭所作注释较为妥帖。如云侯即侯圻，卫即卫圻，“自侯圻至卫圻，其间凡五圻，圻五百里，五五二千五百里，中国之界也”。“卫圻之外曰蛮圻，去王城三千五百里，九州之界也。夷圻去王城四千里。”“戎、狄，去王城四千五百里至五千里也。……在九州之外荒裔之地，与戎、狄同俗，故谓之荒，荒忽无常之言也。”②这一系列诠解将“中国”与“九州”等地理概念都贯穿在一起。

二、“华夷五方格局论”之历史渊源与蜕变

（一）“华夷五方格局论”的由来与评价

在中国传统民族地理思想中，最著名且最有影响的理论莫过于“华夷五方格局论”了。这一理论的核心是将天下民族按种类及方位分为“中夏（或中国）、东夷、西戎、北狄、南蛮”等五大集团。成书于西汉时期的儒家典籍《礼记·王制》对这一理论进行了系统而全面的阐述：

> 中国戎夷，五方之民，皆有性也，不可推移。东方曰“夷”，被发文身，有不火食者矣；南方曰“蛮”，雕题交趾，有不火食者矣；西方曰“戎”，被发衣皮，有不粒

① 见《史记》卷二七《天官书》，第1342～1347页。

② 参见《国语·周语上》韦昭注，上海古籍出版社1978年版，第5页。

食者矣；北方曰“狄”，衣羽毛穴居，有不粒食者矣。中国、夷、蛮、戎、狄，皆有安居、和味、宜服、利用、备器。五方之民，言语不通，嗜欲不同。达其志，通其欲……①

必须承认，这一理论的出现有其历史必然性及合理成分，可以说是总结先秦时期各民族风俗及地理分布特征的结果，不能简单斥之为民族歧视或华夏优越论的体现。

首先，这一理论的基础是“五方之民”平等观，这是需要特别强调的。先秦时期，尤其是春秋战国时期，“华夏”人士对“夷狄”之人的歧视与丑化倾向已经出现，而“华夷五方格局论”并没有受此影响。

其次，华夏中心地位的确立，是“五方格局论”产生的主要根源与基础。在“五方之民”中，四方所围绕的“中心”便是“中国”（确切地说应为“中夏”），即占据中原地区的华夏族系。在“五方之民”的名称中，“中夏”之名出现最早。古文献中所载“夏”有三种主要含义：一是指华夏人。如东汉许慎《说文解字》称：“夏，中国之人也。”古文献中常以“诸夏”或“诸华”（“华”与“夏”二字意可相通）来称呼华夏人士。二是华夏人的文化。西汉扬雄在所著《方言》中指出：夏，大也。“自关而西，秦晋之间，凡物之壮大者而爱伟之谓之夏。”秦晋之间是夏王族的发源地，故有“（大）禹兴于西羌”的说法。② 三是指上古三代之首——夏王朝及其前身大禹所封夏国。应该说，三种含义中，第三种含义最为重要，而且是衍生前面两种含义的基础。正是出于夏王朝的建设成就，夏王族（华夏）才最终确立了中心地位，而夏王朝的根据地就是“伊、洛之间”，即今天的豫西地区。此后，任何想要夺取中国统治权的政治势力，都必须控制这一核心地区，然后，才算真正拥有控制“中国”的实际地位。商、周两大王朝不例外，后继王朝的统治者也毫无例外地承认自己是夏文化的继承者，是大禹所划定“九州”的主人。故而，《诗经·大雅·文王有声》就有这样的诗句：“丰水东注，维禹之绩。”“中夏”很自然地成为以中原地区为核心的华夏族系的代称，这一名称的出现也与自然地理形势相吻合。“中夏”核心地位的确立，为“五方格局论”的产生铺平了道路。

再次，先秦时期，非华夏族种类与分布状况十分复杂，有必要进行归纳与分类。据《古本竹书纪年》等古籍记载，从夏朝开始，中原的华夏人士称周边民族为“夷”，后来又出现“戎”“狄”“蛮”等名称。以空间距离为族类判别尺度，华夏族系总称其他族

① 参见《礼记正义》卷一二《王制》，《十三经注疏》，第 1338 页中。

② 关于夏王朝的起源及发展，参见刘起釪《由夏族原居地纵论夏文化始于晋南》，载于《古史续辨》，第 132~166 页。

系为“四裔”(“四夷”)。每一种名号的民族内部有着更复杂、更细致的分类,如《尔雅》载:“九夷、八狄、七戎、六蛮,此谓之四海。”仅“夷”就有九种,即畎夷、于夷、方夷、黄夷、白夷、赤夷、玄夷、风夷、阳夷。[①] 实际出现的夷人族群并不止于此数,如还有势力强盛一时的淮夷等。戎人的种类也不逊色,如据《史记·匈奴列传》记载,春秋时期,陇山以西地区就有绵诸、绲戎、翟、豲之戎,岐山、梁山以北地区还有义渠、大荔、乌氏、朐衍之戎,晋国北面有林胡与楼烦之戎,燕国北面有东胡及山戎。这些“戎”“各分散居溪谷,自有君长,往往而聚者百有余戎,然莫能相一”。这里所论已不是“七戎”,而是“百戎”,实在令人眼花缭乱。

“华夷五方格局论”基本体现了先秦时期“华夏”人士民族观的总体水平。正因为华夏族系以外的各民族种类繁多,且分布在非常广袤的空间,这才对中原人士了解当时天下各民族分布情况及文化特征带来了困难。既然将非华夏族通称“四夷”过于笼统,那么需要运用更明确而简要的概念来分类与归纳。不可否认,先秦时期,周边民族的聚居地确实有明显的方位特征。如“九夷”集中于东部地区,而西部是各种“戎”的主要聚居地,于是“东夷”“西戎”的说法较早被提了出来。春秋时期,北方晋国周围是狄人的主要活动区,这一带狄人种类最多、势力最盛,而南方楚国长期自称“蛮夷”,其周围小国也大多为“蛮夷”之属,所以,“北狄”与“南蛮”两种称号也在战国时期逐步流行开来。著名学者童书业对此曾有切合实际的推论:

> 春秋以后,住居中原的“夷”“蛮”“戎”“狄”尽被所谓“诸夏”所混合、同化,于是人们就渐渐忘了春秋以上的情形。一般人只记得西周为戎族所灭,而齐、鲁一带称“夷”之族很多,又春秋时“诸夏”惧怕北方狄族的余影还在,而自从楚国强盛以后,因楚称“蛮”,人们就把楚代表了“蛮”。这样一来,“夷”“蛮”“戎”“狄”便渐渐与东、南、西、北发生比较固定的关系了。[②]

童先生的推论是合乎情理的。“东夷”“西戎”“北狄”“南蛮”四种名号是春秋以后十分流行的概念,并不是某位学者的主观臆造。这一理论较好地归纳和总结了当时“华夏”对周边民族的总体认识水平,它的出现有着较为客观的现实背景。

当然,就《礼记》等典籍的论述而言,“华夷五方格局论”只是一个相当简单的、不太成熟的理论框架,不可避免地存在着严重的缺陷。先秦时期,特别是西周及春秋时期,“戎逼诸华”的形势十分严峻,华夏族系诸侯国的“尊王攘夷”运动又搞得如火如

---

① 见《后汉书·东夷列传》引《竹书纪年》的相关记载。

② 参见《中国古代地理考证论文集》中《夷蛮戎狄与东南西北》一文,第43~52页。

荼,在如此剧烈的民族斗争及长期的民族融合发生之后,想要用一个简要的理论框架进行归纳总结,其结果必然会与历史实际发生偏差。

首先,先秦时期民族与国家的发展与频繁的民族迁移息息相关,这种复杂的迁移为民族发展带来了极其深刻的影响。如周边一些民族通过内迁及扩展,不仅融合成为华夏族系的一部分,甚至成为“中国”的主人。最突出的事例便是殷王族起于“东夷”,周王族起于“西戎”,最终都成为“诸夏”邦国的盟主、“中国”新王朝的统治者,理所当然地成为华夏族系的重要部分。此外,先秦时期,华夏族系与非华夏族系之间通婚及会盟的现象屡见不鲜,都说明“中夏”与“四夷”无论在血统上还是在历史渊源上都无法严格区分开来,用“板块”形的理论框架无法说明这种复杂的内在联系。

其次,南朝人范晔在《后汉书·东夷列传》中明确指出:“凡蛮、夷、戎、狄总名四夷者,犹公、侯、伯、子、男皆号诸侯云。”显然,“夷”“戎”“蛮”“狄”均分别为周边民族的一种群体名号,并不是某一种族的特有名称,这四大名号在实际使用中往往可以相通。如“四夷”作为周边民族的总称,很自然就出现了东夷、西夷、北夷等名号。古籍记载中“戎”与“狄”又常常并称,名异实同。南方民族最早被统称为“蛮夷”,同样可视为夷人的一种。因此,仅从字面上搜罗、排比,我们就可发现,在先秦时期的文献记载中,“戎”“狄”“蛮”“夷”四种族类名号与东、西、南、北等方位缺乏精确的对应关系,“东夷”“西戎”“北狄”“南蛮”四种名号是经不起仔细推敲的。这无疑为学者指摘这一理论留下了难以弥补的破绽,清代学者崔述、现代学者童书业都曾撰文,批评“华夷五方格局论”的失实与矛盾。如崔述在《丰镐考信别录》卷三中指出:“盖蛮夷乃四方之总称,而戎狄则蛮夷种类部落之号,非以四者分四方也。”童书业在崔述考辨基础上,对这四种名号进行了更为缜密的考察,进一步指出:“盖‘戎’为兵戎之意,故狄可称戎,戎亦可称狄;凡四方文化落后而尚武之族皆可称‘戎’,‘狄’与‘夷’同。‘夷蛮’固四方皆有,而‘戎狄’亦遍布于四方,‘夷’‘蛮’‘戎’‘狄’四名之意义实近似,非有大异。”①

再次,“五方格局论”本身在空间上存在十分明显的空缺,五方格局中没有西北、西南、东南、东北等四个部分(如下表示)。这无疑是当时地理认识局限性在民族观念上的直观反映。除了东南吴越,其他几个部分正是当时中原人士认识上的空白区。

① 参见《中国古代地理考证论文集》中《夷蛮戎狄与东南西北》一文,第52页。

“华夷五方格局”示意结构

西北空缺	北狄	东北空缺
西戎	中国	东夷
西南空缺	南蛮	东南空缺

“五方格局论”毕竟是一种带有规律总结性的理论探索，它用简洁的语言表达出十分明确的民族地理观念，对于人们了解古代民族的分布特征是有帮助的。然而，这种理论把民族分布简单化与孤立化了，并没有看到先秦时期中国境内各民族之间交往与融合的问题。无论是先秦时期，还是在以后的中华民族长期演化过程中，中华民族融合与统一才是不可逆转的历史发展趋势。随着社会生产力水平的提升与交通事业的发展，跨越地理的阻隔，多民族必然走向混同与一体化，后世学者抛开“五方格局论”也是不可避免的。

（二）“华夷五方格局论”与历代正史“四裔传”

崔述、童书业等学者在辨正“华夷五方格局论”的缺陷时，简单地断定学者不察，都信从这一理论，这也与历史事实是不相符合的。《礼记》作为儒家经典——“十三经”之一，作为传统士大夫必读书，其影响力自然不可低估，但出于“华夷五方格局论”固有的缺陷及其历史局限性，后世学者对其态度也是较为复杂的，运用这一理论时也大多背离了其本来的宗旨，出现了实质性的蜕变。“五方格局论”在漫长的封建时代经历了一个从淡漠到复兴，以及再度淡漠，直至最终被完全摈弃的变迁过程。这一过程也折射出中国古代民族思想发展的曲折历程。这在权威性的民族史资料——历代正史“四裔传”中表现得非常充分。为表达及理解的便利，我们可以将这一复杂的演变过程分为前后两个阶段：

前一阶段是从两汉到隋唐五代，“五方格局论”经历了从淡漠到复兴的演变过程。“史家鼻祖”司马迁虽然在《史记·五帝本纪》等篇章中也引用了“东夷”“西戎”“北狄”“南蛮”的流行说法，但他在《史记》章节设计与传记撰写中，没有被“五方格局论”所束缚。《史记》“四裔传”相关章节有《匈奴列传》《南越列传》《东越列传》《朝鲜列传》《西南夷列传》及《大宛列传》等，除了《西南夷列传》，司马迁直接使用周边民族与国家的名称，没有套用“蛮”“狄”“戎”等名称。另外，“南越”“西南夷”等称号也与“华夷五方格局论”不相吻合。司马迁在《匈奴列传》中作历史渊源回顾时，没有将匈奴指为“北狄”，而是将先秦时期的许多民族（包括“山戎”等）与匈奴的历史联系起来；在《朝鲜列传》中，也没有将其归为“东夷”，都显示出史家审慎的治学态度。班固《汉书》基本上遵循了司马迁的处理原则，仅将《大宛列传》改为《西域传》。

《史记》与《汉书》对“华夷五方格局论”的一大突破，正反映在对西域问题的认识上。秦汉以来，随着中央王朝疆域的拓展，中原人士的视野大为开阔，对周边民族及地区的认识也在逐步深化。如先秦时期无论是“四裔”，还是“西戎”，其活动地域毕竟是有限的。“及秦始皇攘却戎狄，筑长城，界中国，然西不过临洮（治今甘肃省岷县）。”[①]西域地区（今甘肃玉门关以西的新疆及中亚、西亚一带）并不在“华夷五方格局”之列。自西汉张骞“凿空”西域后，中原人士才了解到玉门关外还有如此辽阔的世界，为此，司马迁特设《大宛列传》，明确承认：“大宛之迹，见于张骞。”东汉班固则直接将《大宛列传》改成《西域传》，对西域地区的民族及政权分布进行了较详细的记录。此后，“西域”作为“华夷五方”之外的观念得到了后世学者的认同。应该说，司马迁与班固对周边国家与民族的认识已超越了“华夷五方格局论”的水准。

从东汉开始，中国境内的民族分布格局发生了较剧烈的变化，周边民族内迁的势头十分强劲。如北部南匈奴的内迁与西部氐、羌人的内迁规模庞大而且影响广泛，由此引发王朝内部复杂的民族矛盾与冲突。深受儒学思想熏陶的学者在做历史回顾时，不免产生难以排解的困惑以及不同的处理方式。一种是知难而退，尽量简化。如晋人陈寿所著《三国志》仅有《乌桓鲜卑东夷列传》，而对其他内迁民族分布略而不做专题性记载。另一种则是追根溯源，尽量与记载中的古代民族相联系，结果不可避免更多地受到“华夷五方格局论”的影响，如南朝人范晔所著《后汉书》正是如此。范晔在该书“四裔传”的撰写中，特别强调了当时的民族与历史上“东夷”“西戎”“北狄”“南蛮”的关系，在认定彼此间存在一脉相承的关系后，便直接用这些名号作为传记的名称，《东夷列传》《南蛮西南夷列传》都是很好的证明。追根溯源的态度无可厚非，值得肯定，但直接套用古代民族概念，不免陷入牵强附会。如陈寿在《三国志》中开始将指东北地区的夫余以及朝鲜半岛、日本列岛的古代部族一概称为“东夷”，范晔继承了这种观念，并在《东夷列传》中系统地回顾了先秦时期“夷人”的历史。这种处理其实是没有充分意识到原来“五方格局”的地域局限性。在我们今天看来，范晔所列“东夷”已不属于中国境内的古代民族问题，而涉及跨境民族及邻国，与先秦时期所云

① 《汉书》卷九六《西域传上》，第3872页。

“东夷”有很大的不同。这种境内民族与境外国家混同的现象，在后来学者运用“五方格局论”时变得越来越普遍。如《宋书》《南齐书》开始将越南等地的部族称为“南夷”，把斯里兰卡、印度等地的部族称为“西南夷”，这种带有偏见性的、不高明的民族观念，不能不说是后世学者盲目套用“五方格局论”所产生的一种严重弊端。

两晋南北朝时期，是秦汉以后出现的一个民族变迁异常复杂、民族矛盾异常剧烈的时期。反映这一时期历史变迁的正史著作可简单分为两大类：一是后继朝代史家的记述，二是唐代史家的追述。前一类史家有《魏书》的作者北齐魏收、《宋书》的作者南朝梁沈约、《南齐书》的作者南朝梁萧子显等。后一类作者则都是唐朝史家，所著史书有《晋书》《周书》《北齐书》《梁书》《陈书》《北史》《南史》以及《隋书》等。自“永嘉南渡”后，统一的局面再一次被割裂，南北政权长期对峙，时间持续近三百年。南北朝政权突出的民族特征，以及尖锐的民族矛盾与冲突，决定了身处其中的史家的民族观。这一点在南朝史家身上表现得最为明显。这些史家大都生长于南方，对北方民族状况缺乏细部了解，故而在史书中出现了不少常识性的错误。如就创立北魏的拓跋鲜卑族的族源而言，沈约认为其为西汉名将李陵的后代，而萧子显则认定其为匈奴的后裔（“匈奴之种也”）。更有甚者，他们不再称北方民族为“北狄”，而称为“虏”，以拓跋鲜卑为“索虏”或“魏虏”，柔然为“芮芮虏”，吐谷浑为“阿柴虏”，等等，带有较强烈的敌忾情绪，而不在意这些民族真实的渊源及其种类区分。

唐代李大师（《南史》《北史》作者李延寿之父）对南北朝史家狭隘的民族与国家意识深感不满。《北史》记载：“大师少有著述之志，常以宋、齐、梁、陈、魏、齐、周、隋南北分隔，南书谓北为‘索虏’，北书指南为‘岛夷’。又各以其本国周悉，书别国并不能备，亦往往失实。常欲改正，将拟《吴越春秋》，编年以备南北。”[①]这段材料一针见血地道出了南北朝时期史家与史书的局限性。李大师父子的民族观显然在一定程度上超越了前代学者的局限，但他们的工作毕竟是建立在前人著作基础上的“述而不作”，这种超越又是有限的。如在《南史》与《北史》中，李延寿自然再没有沿用“索虏”或“魏虏”等带有侮辱性的称号，但终究无法摆脱“夷貊”等习惯用法。如《南史》列有《夷貊列传》，其中包括“海南诸国”、“东夷之国”、“西戎”、“诸蛮”、西域诸国及“北狄”等，同样将境内民族与邻国混为一谈，与《宋书》《南齐书》一脉相承，大同小异。

更可惜的是，与李延寿同时的唐朝史学家不但在民族观上没有超越李大师父子

---

① 《北史》卷一〇〇《序传》，第3343页。

的水平，甚至刻意在史书中套用“华夷五方格局论”，完全站在华夏立场上复原历史上各民族的发展变化。其中，《晋书》的作者最为典型。为了反映“十六国”民族政权的崛起，《晋书》作者特辟一种新的体裁——“载记”，来记述这些民族政权的兴衰。应该说这种体裁的运用，比起《北史》中所用“僭伪附庸”的名称要公允一些。然而，在将这些民族分类时，出现了令人遗憾的情况。《晋书》的撰者将这些民族一股脑儿地归为“北狄”，如云“北狄窃号中壤，备于《载记》”①等。其实，十六国政权的创立者的民族属性涉及匈奴、鲜卑、羯、氐、羌等多种民族，用“北狄”来归类未免过于牵强了。在《四夷列传》中，《晋书》的作者十分刻板地套用了“华夷五方格局”理论的框架，依据方位将晋朝境内少数民族与邻近政权统统排入相应类别之中。唐朝是一个具有高度开放性的王朝，但我们不得不承认，唐朝的这些史家的民族观及对周边民族的认识是相当粗浅的，在民族分类方面中夏优越及墨守成规的倾向十分明显。在这些官方史学家的引导与影响下，“华夷五方格局论”在相当长的时间里几乎成为正史撰著者论述周边民族与政权问题的“统一模式”，实在是一种可悲的倒退与蜕变。

后一阶段起于辽宋金元，迄于明清。在这一阶段里，学者对“五方格局论”的态度实现了从再度淡漠直至完全摈弃的转变。盛唐过后，北方民族南迁运动又使中原地区的民族构成趋于复杂。从五代开始，内迁的北方民族创建的政权又成为北方地区的政治核心。到宋辽金时期，崛起的北方民族割据中国北部的局面再一次形成，在撰修《辽史》《金史》《宋史》等史籍时，元朝史臣同样面临着如何认识民族种类及关系的问题。与唐朝时的史臣不同，主持撰修的元朝史臣大都为蒙古族官员，其态度与取向是相当明确的，因此，在上述几部正史中，就不可能出现诸如“北狄”之类的称号。另外，以脱脱为代表的元朝史官在这几部史书中，普遍采用“外国”来称呼邻近的上述政权，这可谓对“五方格局论”的可喜突破，因为，在传统的“五方格局论”中，只承认“中国”，使用“外国”一词，本身就表示意识到了各民族政权之间的平等关系。另如在《宋史》中，《外国列传》之外又有《蛮夷列传》，将境内民族与邻国关系分别开来。与盲目套用“五方格局论”的做法相比，这种处理方式无疑更明智、更符合实际。

中外关系（特别是中西关系）在明代获得历史性的突破，这大致表现在三个方面：一是伟大航海家郑和率领庞大船队七下“西洋”，完成了世界航海史上的空前壮举，大大拓展了中国人的视野；二是以利玛窦为代表的众多西方传教士来到中国，传播了西

① 《晋书》卷九七《四夷列传序》，第2532页。

方地理学知识;三是以西班牙、荷兰为首的西方国家已将殖民的魔爪伸向东南亚及中国沿海地区。在回顾明朝历史时,《明史》的撰修者自然无法回避这些历史性的飞跃,再也无法套用“华夷五方格局论”的陈词滥调,因此,《明史》中《外国列传》的内容较以往正史大为扩展,记载“外国”总数达七十多。除了周围一些熟悉的邻国(如朝鲜、日本、安南等),在《明史·外国列传》新增的“外国”中,分布于东南亚及南亚地区的小国为数最多,反映了郑和远航以及海外移民的历史性贡献;其次是重点增加了欧洲诸国的内容,这直接与利玛窦等传教士来华有关。与以往记述多来源于道听途说不同,《明史》对这些国家的记载主要来源于中外移民运动的实践,有着较高的文献价值。如“意大里亚居大西洋中,自古不通中国”。而该国人利玛窦来到中国的同时,还带来了当时的世界地图——《万国全图》,证明“天下”有五大洲,这引起了中国士大夫的极大困惑,但又无力予以否认,于是只好采取“将信将疑”的态度:“其说荒渺莫考,然其国人充斥中土,则其地固有之,不可诬也。”①在这种情形下,如果再死守“华夷五方格局论”,就显得荒唐可笑了。

不难看出,秦汉以来中国民族发展与中外文化交流,已大大超出了先秦时“五方格局论”赖以产生的地域范围与民族种类,传统的“五方格局论”已经过时了。相当多的正史撰著者却墨守成规,不思创新,他们套用“华夷五方格局论”的主旨,不过是借用“东夷”“西戎”“南蛮”“北狄”这些带有方位特征的族类概念,来反映他们对周边民族与国家的认知状况。这种取向本身就是错误的,有助于维护错误的、以中国为中心的“天下”观念,也有助于滋长目空四海、盲目自大的不健康心态,将邻国、远邦与境内非华夏族均称为“夷蛮”更是愚昧无知的表现。也许只有中外交流实践与中外关系实质性的突破,才能引发人们民族观与世界观的飞跃。“西域”与“西洋”等地理概念的出现,都充分证明了这一点。因此,“华夷五方格局论”最终被摈弃,正是不可逆转的历史趋势。

总之,“华夷五方格局论”作为一种简要的民族地理理论,是一定历史阶段的产物,有其自身的价值与历史贡献,因而成为中国传统儒家民族思想的重要部分。但其缺陷与历史局限性也是相当突出的。后世学者不明智地用这一理论框架为中国与周边政权关系定位,实际上成为中国认识外部世界的严重障碍。“华夷五方格局论”被封建朝代的学者长期沿用,从一个侧面反映了中国古代民族与国家思想发展的停滞,

① 《明史》卷三二六《意大里亚传》,第8459页。

也反映出长期以来中国知识界对外部世界认识的粗浅。我们应该站在历史唯物主义的立场上,一方面将这一理论本身的价值与后世学者的引申乃至误用分离开来;另一方面在肯定这一理论历史地位的同时,也要对其本身的缺陷及产生的负面影响保持清醒的认识,做出客观的评价。

三、先秦时期民族分布格局的地理背景分析

(一)先秦时期民族分布格局及迁徙变化的基本特征

夏人、商人与周人作为华夏族系的三大主要来源,已成为当代中国学术界的共识。① 关于这三大人群发展历程的空间及地理轨迹,研究者做出了简明扼要的说明:

> 夏后氏起自今山西省西南隅,渡河而南,始居新郑、密县间,继居洛阳,展转迁徙,东至于河南陈留、山东观城,北至河北濮阳,西至于陕西东部,踪迹所至,不越黄河两岸,其方向则自西徂东,显然中原固有之民族也。
>
> 殷人起自今河北省泜水流域,其游牧所至,北抵燕蓟、易水,南抵商邱,东抵邹、鲁,西抵河内武陟,其踪迹大抵沿衡漳黄河两故渎,逐渐南下,显然东北民族燕亳、山戎之类也。
>
> 周人起自陇右,展转而至栒邑、岐下,入于丰镐,更伐崇作洛,居有夏之故居,其踪迹初沿泾渭而达于河,继沿河东进,北征燕蓟,南征蛮荆、淮夷,东征徐奄,奄有诸夏,显然西北民族戎狄之类也。②

中国民族分布东部与西部之间的差异,早在先秦时代就有明显的表征。傅斯年先生很早就强调先秦时期东、西部民族文化之差异,并提出了极有影响的“夷夏东西说”。傅先生将先秦时期的民族集团分布划为东、西两部(殷人与诸夷为东系,夏人与周人属于西系),并对其相对应的地理背景进行了分析。他将黄河下游及淮济流域称为“东平原区”(现在通称华北平原或黄淮平原),将太行山及豫西群山以西地区称为“西高地系”。他指出:

> 东平原区是世界上极平的大块土地之一,平到河流无定的状态中,有人工河流始有定路,有堤防黄河始有水道。东边是大海,还有两个大半岛(辽东半岛与朝鲜半岛)在望,可惜海港好的太少,海中岛屿又太少,是不能同希腊比的。北边

---

① 参见王钟翰主编《中国民族史》第二编第一章《华夏的三支主要来源:夏人、商人、周人》。

② 参见丁山《由三代都邑论其民族文化》,载于《古代神话与民族》,商务印书馆 2015 年版,第 68~69 页。

有热(河)、察(哈尔)两省境的大山作屏障……东平原中,在古代有更多的泽渚为泄水之用,因垦地及人口之增加,这些泽渚一代比一代少了。这是绝好的大农场而缺少险要形胜,便于扩大的政治,而不便于防守。

西高地系是几条大山夹着几条河流造成的一套高地系。在这些高地里头关中高原最大,兼括渭泾洛三水下流冲积地,在经济及政治的意义上也最重要。其次是汾水区,汾水与黄河夹着成一个"河东",其重要仅次于渭水区。又其次是伊雒区,这片高地方本不大,不过是关中河东的东面大口,自西向东的势力,总要以雒阳为控制东平原区的第一步重镇。在这三片高地之西,还有陇西区,是泾渭的上游……西高地系在经济的意义上,当然不如东平原区,然而也还不太坏,地形尤其好,攻人易而受攻难……因地形的差别,形成不同的经济生活,不同的政治组织,古代中国之有东西二元,是很自然的现象。①

与"夷夏东西说"相比,丁山先生的"三大来源说"显然多出了由北而南的一支。就东、西、南、北四方而言,华夏族系的发展以及华夏核心地——"中国"的创立,还缺少了由南而北的一支。应该说,这种情况的出现,与当时的地理环境和生产力水平密切相关。越是原始的时代,人们的生产生活依赖自然环境的程度也就越高,古今研究者很早就注重从地理环境来解析中国早期民族起源及其历史变迁,提出了不少值得关注与思考的观点和思路。

(二)关于先秦时期民族地理背景的理论解释

首先是"山川说"。国家与民族作为文化发展的重要组织载体,其与自然环境的关系早已为人们所重视。如西周幽王即位后,太史伯阳甫曾依据自然灾异状况发出西周将亡的预言,他说:"……昔伊、洛竭而夏亡,河竭而商亡。今周德若二代之季矣,其川原又塞,塞必竭。夫国必依山川,山崩川竭,亡国之征也。"②这段论述以历史事实为佐证,阐明了国家发展与自然环境变迁之间的依托关系。在生产力极其低下的原始时代,"灭顶之灾"的出现,如生存环境的剧变,往往会引起国家与部族内部矛盾的全面爆发。其中,"国必依山川"的论断十分精辟,道出了早期国家建设中的一条重要规律,即早期国家地理位置通常选择水源清洁便利(川)与具有避难和防卫屏障(山)的所在。《管子·乘马》对此做出了更为细致的诠解:"凡立国都,非于大山之下,必于广川之上。高毋近旱,而水用足;下毋近水,而沟防省。因天材,就地利,故城

① 《傅斯年全集》第三册,第148~151页。

② 《史记》卷四《周本纪》,第145~146页。

郭不必中规矩，道路不必中准绳。”①证诸古史，不难发现，最强大的邦国通过迁徙与征战，最终占据了最好的山川位置。

早在20世纪前期，中国不少现代学者已极为关注中国文化的发祥与地理背景之间的关系问题，并进行了卓有成效的努力，提出了不少颇有价值的观点。最为普遍的观点之一便是“河流说”。如黄河流域成为公认的中华文化最重要的摇蓝，黄河及其支流的水文系统与中国文化发祥之关系很早就引起了学者们的高度重视。如著名学者钱穆在《中国文化史导论》第一章《中国文化之地理背景》中就对“河流说”做出了细致的阐释与纠正：

普通都说中国文化发生在黄河，其实黄河本身并不适于灌溉与交通。中国文化发生，精密言之，并不赖藉黄河本身，他所依凭的是黄河的各条支流。每一支流之两岸和其流进黄河时两水相交的那一个角里，却是古代中国文化之摇篮地。那一种两水相交而形成的三角地带，这是一个水桠杈，中国古书里称之曰“汭”，“汭”是在两水环抱之内的意思，中国古书里常称“渭汭”“泾汭”“洛汭”，即指此等三角地带而言。我们若把中国古史上各个朝代的发源地和根据地分配在上述的地理形势上，则大略可作如下之推测。唐虞文化是发生在现在山西省之西南部，黄河大曲的东岸及北岸，汾水两岸及其流入黄河的桠杈地带。夏文化则发生在现在河南省之西部，黄河大曲之南岸，伊水、洛水两岸，及其流入黄河的桠杈地带。周文化则发生在现在陕西省之东部，黄河大曲之西岸，渭水两岸，及其流入黄河的桠杈地带。这一个黄河的大隈曲，两岸流著泾、渭、伊、洛、汾、涑几条支流，每一条支流的两岸，及其流进黄河的三角桠杈地带里面，都合宜于古代农业之发展，而这一些支流之上游，又莫不有高山叠岭为其天然的屏蔽，故每一支流实自成为一小区域，宛如埃及、巴比仑般，合宜于人类文化之生长。……这可以说是中国古代较为西部的一个文化系统……

原来的商族，则在今河南省归德（河南商丘）附近，那里并非黄河流经之地，但在古代则此一带地面保存很多的湖泽，最有名的如孟诸泽、蒙泽之类，也有许多水流，如睢水、濊水（涣水）之类，自此（归德）稍向北，到河南中部，则有荥泽、圃田泽等，自此稍东北，山东西部，则有菏泽、雷夏、大野等泽，大抵商部族的文化，即在此等沼泽地带产生，那一带正是古代淮水、济水包裹下的大平原，商代文

① （汉）刘向校，（清）戴望校正《管子校正》，岳麓书社《诸子集成》第6册，第17页。

化由此渐渐渡河向北伸展而至今河南之安阳,此即所谓殷墟的,这可以说是中国古代较为东部的一个文化系统。①

水为生命之源,水资源是人类定居与原始农业生产所需要的最基本的资源,因而,原始人类定居必须优先选取水资源丰富的区域。钱穆先生所云"中国文化",其实是指以夏、商、周三代为核心的上古华夏文化体系,夏人、商人、周人的发祥地都与河流、湖泽有着密切的关系,可以说都是"河流说"具有典型意义的例证。齐思和先生甚至在《西周地理考》中将周民族称为"渭水民族",并解释:

世界最早之文化,类皆发生于河流之冲积区。古埃及文化发生于尼罗河流域,西亚文化起于两河流域,印度文化起于恒河流域,其显例也。盖文明初启,农业幼稚,人类既不知施肥之法,又昧于深耕之术,民劳利薄,文化自难繁盛,惟有沿河流之地,土壤肥美,适于灌溉,物产丰饶,得天独厚。一人耕可食数人,余人可从事于其他方面之工作,文化进步,自较他处为速也。是故最早文化多发生于河流之两岸,此乃历史之通例,中国亦非例外。②

山脉与河流是相对静止的,而国家与民族的发展是难以阻挡的。仅仅描绘出各个地区不同的地理特征,还不足以发现在复杂的民族与国家发展过程中发挥作用的地理因素。在观察邦国与民族发展过程时,蒙文通先生同样强调水系的重要引导及界限作用。例如他在论述周朝民族分布及变迁时指出:

……渭、洛、河、济一线,周之二都三监镇之,大建齐、鲁、卫以临之。于时开化特久之域,即周建藩之主要封国。其齐、鲁以东南,滨海之区,华族所不重,则东夷居之。……由泗至淮,所谓淮泗之沮洳区,华夏所不重,东夷居之……淮水南北,郑玄所谓趋陷于彼俗者也,嬴偃之族,实繁有徒……自波、溠、颍、湛而南,所谓夏道之国,已与此相接也。此皆东南之族,匡衡所谓商、周东不过江、黄,西不过氐、羌者也……江海之区,盖昔皆弃之以与蛮夷,而诸夏未之争者……明于周代地理之故,而后有以审周之封建,其所以辨夷夏之居,及民族迁徙之迹,皆非偶然也。③

其次是"黄土说"。李亚农先生考察西周初年民族分布时,根据土壤地理学的研究结果,特别强调了土壤性质所发挥的重要作用,提出了"黄土说"。他指出:

---

① 《中国文化史导论》,上海三联书店 1988 年版,第 1~3 页。

② 齐思和《中国史探研》,第 56 页。

③ 《中国古代民族史讲义》,第 31~32 页。

我们在研究夏、商、周三代历史的时候，谁都会注意到他们不单是建都于黄土层地区以内，而且整个民族都是生存于黄土层地区之内的。殷民族由东而西，是由黄土层的边缘走向中心；周族自西向东，也是如此。这就使我们估计：他们所争夺的目标都是黄土层地带。我们再来看一看周族分封子弟诸侯国的地望，就可以证实我们估计得不错。

据粗略统计，在五十三位姬姓子弟中，有二十八人被分封在由镐京（今陕西省西安市长安区西北）到成周（今河南省洛阳市）这一条线上。“这一带是华北黄土层的中心地区，黄河北来，经过晋、耿、韩、魏，折而东流，黄河两岸，尤其是北岸，在河水灌溉之下，变成了极其肥沃的土壤。怪不得周家主要的子孙，都封到这一带来了。”①

对于夏、商、周诸部争夺黄土层地带的原因，李先生进一步引用西方学者梭颇（James Thorp）所著《中国土壤地理学》（*Geography of the Soil of China*）的研究结论道：

华北的黄土高原和冲积平野都是发展农业的最理想的地区。这种半干燥地区，既易于开垦，也易于耕种，因而大有利于农业的发展。这个地区的土壤，天然就是肥沃的，不但有易垦易耕的优点，并且还有另一长处，就是在农作物生育最有效的时期往往降雨。夏季的雨水利用河水、井水来进行的人工灌溉，在很大的程度上保证了农民的收获。

但是，李先生并不同意将黄土与冲积土混为一谈的认识，他指出：

而我们在前章明显地看到周民族是欢喜黄土而不欢喜冲积土的，他们把黄土层地带据为已有，而将冲积土地带委之于原先支配过中原的古老民族……黄土是用手指即可击碎的土壤，而冲积土呢？由于有些地方的冲积土是包含着粘土的；谁都知道，粘土一经雨霖，再经日晒，就会变得坚如石块。以石器去耕石田，其劳动效率之低，可想而知。……黄土与冲积土的这种区别，不但说明了古代诸农耕民族为什么要拼着死命来争夺黄土层地带，同时也反转来说明了一个问题，即周族在西周初期，既然拼命争夺黄土层地带，那末，他们使用的生产工具到底是什么生产工具，是可以推知的。……在铁的生产工具广泛地使用以前，黄土层地带是古代诸民族逐鹿中原的唯一目标，一切民族的矛头都指向这里。在铁的生产工具广泛地使用之后，黄土层地带的特殊的经济价值就大为减低了。

而研究证明，铁器的推广与冶铁业的发展，发生在春秋时代。②

① 《西周与东周》，第16~17页。

② 《西周与东周》，第24~25页。

还有“青铜矿源及青铜器说”。在中国远古文明起源的地理方位问题上，张光直等考古学者则主要坚持“青铜矿源及青铜器说”。如张光直先生指出：

三代国号皆本于地名。三代虽都在立国前后屡次迁都，其最早的都城却一直保持着祭仪上的崇高地位。……圣都是先祖宗庙的永恒基地，而俗都虽也是举行日常祭仪所在，却主要是王的政、经、军的领导中心。圣都不变，缘故容易推断；而俗都屡变，则以追寻青铜矿源为主要的因素。

又云：

夏代都城的分布区与中原铜锡矿的分布区几乎完全吻合。商代都城则沿山东、河南山地边缘逡巡迁徙，从采矿的角度来说，也可以说是便于采矿，亦便于为采矿而从事的争战。周代的都城则自西向东一线移来，固然可以说是逐鹿中原所需，也可以说是觅求矿源的表现，因为陕西境内铜锡矿源都较稀少。①

将上述诸家论说进行简单比较，可以看出，民族分布区的选择与确定，肯定是先民在综合诸种要素之后的结果，也是不断探索与实践的总结。就华夏族系分布地而言，李亚农先生的解析是最为细致而深刻的，因而也最具说服力。单就农业生产的有利因素而言，在河流灌溉之外，土壤特征的重要性是不言而喻的，而对于土壤的适应与利用，生产工具的性质又是至为关键的。生产工具的发展，也代表着生产力水平的发展，将生产力的发展与土壤利用、农业生产的进步联系起来，显然比单纯强调自然因素的说法更全面、更深刻。

地理环境对人类社会的影响，本身是一个重大理论问题，也是历史民族地理不容回避的重要研究课题。在有关人类起源与文明发祥的研究中，地理环境的作用尤其不可忽视。当然，这方面研究涉及面极广，远非三言两语可以解释清楚，抽象的争辩无济于事，但是就具体问题的讨论，在较全面占有资料基础上，做出研究者自己的判断，是十分有必要的。关于上古时期中国境内各民族的起源、发展与地理环境之间的关系，笔者认为：

首先，从广义而言，地理环境对人类社会的存在具有绝对的、决定性的影响与作用，正如没有地球，就不可能有今天的人类存在一样。自然地理环境概括了人类社会的生存空间，从这一点来讲，地理环境对于人类社会具有根本性、决定性的作用与影响，并不是夸大其词。人类文明的进步、科学技术的发展同样依赖于自然环境所提供

① 参见张光直《中国青铜时代》，三联书店 2013 年版，第 35~36、38~39 页。

的物质资源。正如《禹贡》发刊词所云:“因为历史是记载人类社会过去的活动的,而人类社会的活动无一不在大地之上,所以尤其密切的是地理。历史好比演剧,地理就是舞台;如果找不到舞台,哪里看得到戏剧!”①西方人早有“地理为历史之母”的说法,都说明了相同的道理。② 以往研究者对于“地理环境决定论”的争辩,其实只是集中于如何评价地理环境中有利因素与不利因素的不同程度的作用而已。

其次,自然环境的优与劣,物质资料的丰厚与贫乏,往往与人们的认识能力及利用能力密不可分。在后世人眼中非常优越的环境及非常有价值的资源,并不一定能够为古人所认识与利用。我们今天认为自然环境相当理想的区域,在远古时期也未必成为各个民族争相选择的聚居区。一般而言,越是距今久远的时代,越是生产力水平低下的民族,其对自然环境的依赖性也越大。对那些为寻找食物与栖身之处而苦苦挣扎的原始人类而言,最重要的事情莫过于觅食果腹及免受侵袭而已,不可能考虑到河流、土壤等诸多因素,更不可能发出“人定胜天”的宏论。

再次,发祥地的确定往往是选择或争夺的结果。定居生活及一定规模的农耕生产,都是社会发展到一定历史阶段的标志。在此前生产力极为低下的原始时代,远古部族往往处于“迁徙往来无定处”的游移状态,他们通过不断迁徙来寻找食物,躲避外来的侵害,以及选择更好的生活区域。能够长期居留于某一地理区域中,已经说明该部族已具有相当高的获取食物与抵御外来侵害的能力。在无法避免的部族争斗中,实力较强的部族占据生活生产环境相对优越的地理区域,是符合历史实际的。从最终的结果而言,华夏族系在先秦时期的争斗中得到了充分的发展,但其间也经历了相当复杂曲折的发展过程。华夏族系以外的部族也有势力上升及鼎盛的时期,这种力量的交替上升,促使民族的分布发生巨大变化。

复次,对地理环境中的有利与不利因素的评价须本着“一分为二”与“发展变化”的原则。过分夸大自然环境中的有利因素与不利因素,都会失之偏颇,与历史真实状况相背离。就“有利因素”而言,也有变化、不稳定的一面,正如自然灾害不以人的意志而降临一样。就河流而言,也有断流与枯竭的情况出现,这样一来,有利因素反而演化为不利因素。即使在同样的地理环境中,古代民族也大都有兴盛、衰落的过程,如此一来,片面强调“有利因素”就变得幼稚可笑了。如英国史学家汤因比就强调:“安逸对于文明是有害的。”他对比中国的黄河与长江两大流域的自然状况,长江远优

---

① 参见《禹贡》第一卷第一期,1934 年 3 月 1 日印行。

② 参见顾颉刚《中国古代史述略》,载于《顾颉刚选集》,天津人民出版社 1988 年版,第 109 页。

于黄河,“然而古代中国文明却诞生在黄河岸上而不是诞生在长江流域”①。这说明,“有利因素”有时会变成阻碍社会发展与文明进步的力量。

最后,地理环境的研究应该是全方位的、整体性的,而不应仅注意自然条件“优越”的地区,那些相对贫瘠的区域同样应引起研究者的注意。自然条件的优越对原始部族及文化的发展是非常重要的,但不是绝对的。换言之,生存条件较为优越的地区往往成为各个部族争夺的目标,但这并不意味着生存条件较为恶劣的地区,就不会有原始部族的存在。中国境内各民族祖先往往显示出极为顽强的生命力与适应能力。如与华夏族系相反,“戎狄”族系大部分集中在山区或相当贫瘠的区域。

> 在古代中国,民族的分布,就是这样复杂的。中原以外,全是异族的天下,即在中原以内,几乎没有一座山上没有住着异族,而且这些异族决不是在春秋时代才突然自天而降,有的恐怕早在夏、商、周以前,就生存于中原地区。在古代的长期的民族斗争当中,正如苗族被驱逐到中原以外一样,这些民族是被排挤到山上去了。②

这种情况在中国古代民族发展史上比较普遍,并非仅限于先秦时期。因此,华夏族以外的部族的广大生活区域的地理环境问题,同样属于我们关注与研究的范围。

总之,影响一个民族某一特定时期内分布状况的地理因素无疑是极其复杂的,地理环境是各个民族的生活空间,但地理因素不可能解释或决定各个民族发祥与发展的一切问题,也不可能决定人类社会发展变化的取向。民族分布与发展又处于不断的变化之中,统一是中华民族发展的大趋势。而地理环境因素通常是较为稳定的,除非不可预料的自然灾害的出现。我们在讨论民族发展与地理环境的关系问题时,须本着“高度重视”“一分为二”及“发展变化”等原则,实事求是,全面论证,方可得出具有更强说服力的研究结果。

---

① 《历史研究》(上),上海人民出版社 1997 年版,第 109~110 页。

② 《西周与东周》,第 21 页。

第二章　秦汉三国民族地理

绪论　秦汉三国时期疆域建设、民族认知与分布格局

秦汉三国时期，始于秦王嬴政（始皇）二十六年（前221）秦朝统一六国，经历西汉、东汉以及魏、蜀、吴三国鼎立阶段，直到西晋实现统一之时（280年吴国灭亡），时间前后长达五个多世纪。

一、秦汉三国时期疆域建设成就及影响

秦朝统一六国，第一次开创了统一王朝的崭新版图，在中国古代政治及民族史上都具有划时代的伟大意义。西汉王朝建立后，不仅全面继承了秦朝在疆域及政区建设上的成果，而且实现了重大突破，同样为中国疆域建设与民族发展做出了卓越贡献。

（一）秦汉时期的疆域拓展与政区设置

正如前文中已经提到的，秦朝统一的过程，是在先秦时期相对狭隘的"中国"范围内从"万邦（或万国）"状态迅速走向整体性统一的过程。在这里，必须指明，秦朝的疆域，绝对不是原来所说先秦"七国"的机械拼合，而是又有不小的拓展。其功业确实前无古人。政治管理体制也随之进行了变革，由先秦时代诸侯封建制，改为统一的中央集权制，实现了历史性的飞跃。其贡献很早便为古今人士所极力称道，不可抹杀。正如李斯等人所云："昔者五帝地方千里，其外侯服夷服，诸侯或朝或否，天子不能制。今陛下兴义兵，诛残贼，平定天下，海内为郡县，法令由一统，自上古以来未尝有，五帝

所不及。”[1]又“琅琊台铭文”云：

……六合之内，皇帝之土，西涉流沙，南尽北户。东有东海，北过大夏。人迹所至，无不臣者……“古之帝者，地不过千里，诸侯各守其封域，或朝或否，相侵暴乱，残伐不止，犹刻金石，以自为纪。古之五帝三王，知教不同，法度不明，假威鬼神，以欺远方，实不称名，故不久长。其身未殁，诸侯倍叛，法令不行。今皇帝并一海内，以为郡县，天下和平。”[2]

其中，朝鲜半岛与岭南（南越）地区是秦朝疆域拓展中最重要的部分。如《史记·律书》记将军陈武等人所云：“南越、朝鲜自全秦时内属为臣子，后且拥兵阻陀，选蠕观望……”又《史记·南越列传》称：“秦时，已并天下，略定扬越，置桂林、南海、象郡。”而在全国范围推行统一的郡县制度，又是秦朝政治建设的一大成就。关于秦朝统一时的疆域范围，《史记·秦始皇本纪》称：“……分天下以为三十六郡，郡置守、尉、监……地东至海暨朝鲜，西至临洮（今甘肃省岷县）、羌中，南至北向户，北据（黄）河为塞，并阴山至辽东。”[3]根据裴骃《史记集解》，秦郡之名目为三川、河东、南阳、南郡、九江、鄣郡、会稽、颍川、砀郡、泗水、薛郡、东郡、琅邪、齐郡、上谷、渔阳、右北平、辽西、辽东、代郡、巨鹿、邯郸、上党、太原、云中、九原、雁门、上郡、陇西、北地、汉中、巴郡、蜀郡、黔中、长沙，共三十五郡，加上内史，合为三十六郡。[4] 而《晋书·地理志》曾经回顾称：“始皇初并天下，惩忿战国，削罢列侯，分天下为三十六郡，于是兴师逾江，平取百越，又置闽中、南海、桂林、象郡，凡四十郡，郡一守焉。其地则西临洮而北沙漠，东萦西带，皆临大海……”也就是说，三十六郡再加上闽中郡等四郡，共为四十郡。而根据现代历史地理学家谭其骧先生的研究，秦郡的数量，实际上处于发展变化之中，并不仅限于三十六郡或四十郡之数，大致估计有秦一代至少应该有四十六郡之设，且有着不同创建时间与背景（见下表）。[5] 而从王朝疆域拓展的角度来看，秦郡中“新郡”的创置，显然就是其疆域开拓最直接的结果。

---

① 《史记》卷六《秦始皇本纪》，第236页。

② 《史记》卷六《秦始皇本纪》，第245~247页。

③ 《史记》卷六《秦始皇本纪》，第239页。

④ 参见《史记》卷六《秦始皇本纪》注释，第239~240页。

⑤ 参见谭其骧《秦郡新考》，载于《长水集》（上），人民出版社1987年版。

秦郡简表

创建背景	数量	秦郡名目
秦始皇二十六年(前221年)初并天下时创置,其名见于《汉书·地理志》	32	内史、上郡、巴郡、汉中、蜀郡、河东、陇西、北地、南郡、南阳、上党、三川、太原、东郡、云中、雁门、颍川、邯郸、巨鹿、上谷、渔阳、右北平、辽西、砀郡、泗水、薛郡、九江、辽东、代郡、会稽、长沙、齐郡、琅邪
补《汉书·地理志》之缺,连上合为三十六郡	4	黔中、广阳、陈郡、闽中
秦始皇三十三年(前214年)开"胡越"所置,其名见于《汉书·地理志》	4	南海、桂林、象郡、九原
秦始皇二十六年后析内郡所置,其名不见于《汉书·地理志》	6	东海(分薛郡置)、常山(分邯郸置)、济北(分齐郡置)、胶东(分琅邪置)、河内(分河东置)、衡山(分九江置)

经过秦汉之际的混乱以及西汉初期休养生息之后,时至汉武帝在位时,汉朝的疆域取得了重大突破,不仅全面继承了秦朝鼎盛时期的疆域规模,而且有较大程度的拓展。同时,人民户口之盛,也远超前代。如《汉书·地理志》称:

汉兴,因秦制度,崇恩德,行简易,以抚海内。至武帝攘却胡、越,开地斥境,南置交阯,北置朔方之州,兼徐、梁、幽,并夏、周之制,改雍曰凉,改梁曰益,凡十三(郡)[部],置刺史。……本秦京师为内史,分天下作三十六郡。汉兴,以其郡(大)[太]大,稍复开置,又立诸侯王国。武帝开广三边,故自高祖增二十六,文、景各六,武帝二十八,昭帝一,讫于孝、平,凡郡国一百三,县邑千三百一十四,道三十二,侯国二百四十一。地东西九千三百二里,南北万三千三百六十八里。提封田一万万四千五百一十三万六千四百五顷,其一万万二百五十二万八千八百八十九顷,邑居道路,山川林泽,群不可垦,其三千二百二十九万九百四十七顷,可垦不可垦,定垦田八百二十七万五百三十六顷。民户千二百二十三万三千六十二,口五千九百五十九万四千九百七十八。汉极盛矣。①

汉哀帝时期,大臣王舜、刘歆等人曾经盛赞汉武帝时期开拓疆土的功绩:

……(汉朝初年)匈奴所杀郡守都尉,略取人民,不可胜数。孝武皇帝愍中国罢(同"疲")劳无安宁之时,乃遣大将军、骠骑、伏波、楼船之属,南灭百粤,起七

① 《汉书》卷二八上《地理志上》,第1543~1640页。

郡；北攘匈奴，降昆邪十万之众，置五属国，起朔方，以夺其肥饶之地；东伐朝鲜，起玄菟、乐浪，以断匈奴之左臂；西伐大宛，并三十六国，结乌孙，起敦煌、酒泉、张掖，以鬲婼羌，裂匈奴之右肩。单于孤特，远遁于幕北。四垂无事，斥地远境，起十余郡……至今累世赖之。单于守藩，百蛮服从，万世之基也，中兴之功未有高焉者也。①

实际上，由于汉武帝在位后期出现穷兵黩武之弊，为此痛下“罪己”之诏（“轮台罪己”），因此，关于汉武帝开疆拓土问题功过的评价，在汉代已有分歧。王舜、刘歆等人的总结与评价，已经不单纯限于歌功颂德的范畴，而是着眼于其在西汉历史甚至西汉前后若干年中的地位与贡献，具有历史价值评估的意义，值得高度重视。

就民族地理格局而言，汉武帝时期，汉朝在疆域建设中的巨大成就体现在东、南、西南、西北等诸多方面都取得了重大拓展。首先，北边改变了匈奴联盟独霸塞外乃至东、西两边的状况，从而完成了西北、塞北乃至东北沿边地区新的疆域整合，进而穿越河西走廊，建置河西诸郡；又遣张骞“凿空”西域，进而领护西域诸国。其次，东北方向在朝鲜半岛地区重新建置郡县，建立起长期稳定的政区。再次，全面进入并拓展“西南夷”地区，建置起郡县等政区。最后，正南边是重新越过南岭，统一了割据一时的南越王国，建立了以今天南海为核心的南疆格局。由此，可以说，西汉前期的疆域成就，远远超越了秦朝所奠定的疆域规模。

表面看起来，与西汉疆域及户口规模相比，东汉（后汉）王朝的疆域规模并没有较大幅度的缩减，与西汉的疆域相仿，只是有一些内部郡国的调整。这应该也是值得肯定的成绩。如《续汉书·郡国志》称：

世祖中兴，惟官多役烦，乃命并合，省郡、国十，县、邑、道、侯国四百余所。至明帝置郡一，章帝置郡、国二，和帝置三，安帝又命属国别领比郡者六，又所省县渐复分置。至于孝顺，凡郡国百五，县、邑、道、侯国千一百八十，民户九百六十九万八千六百三十，口四千九百一十五万二百二十。②

唐代学者杜佑曾经评价：“……东乐浪郡，西敦煌郡，南日南郡，北雁门郡，西南永昌郡，四履之盛，亦如前汉。”③也就是说，东汉基本上保住了西汉疆域的规模，没有出现大片或大范围领土的缩减。

① 《汉书》卷七三《韦贤传》，第3126页。

② 《续汉书·志第二十三·郡国五》，第3533页。

③ 《通典》卷一七一《州郡典》，第4457页。

面对不同区域千差万别的环境状况与民族发展水平，全面推行单一的郡县制，有着极大的困难，面临着前所未有的挑战，因此，针对不同区域的情况，适应性地进行管理制度上的调整，是十分有必要的。如刺史部之设，正是在占据交阯（趾）之后开始推行的。如唐代学者颜师古曰："胡广记云，汉既定南越之地，置交阯刺史，别于诸州，令持节治苍梧（今广西壮族自治区梧州市），分雍州置朔方刺史。"①又如王范《交广春秋》曰："交州治羸陵县（在今越南河内市西北），元封五年（前106）移治苍梧广信县（今广西壮族自治区梧州市），建安十五年（210）治番禺县（今广东省广州市）。诏书以州边远，使持节，并七郡皆授鼓吹，以重威镇。"②刺史部之外，两汉时期的政区体制中，还有"都护属国"或"内属诸国""郡县属国"以及"道"之设置，都是两汉时期在疆域开拓过程中针对边疆民族地区所进行的政区制度调适的重要内容。

"都护属国"与"内属诸国"主要集中在两汉时期的西域地区。在张骞"凿空"西域之后，汉朝在西域地区建立起"都护"体制，进行了全面而有效的管理，甚至周边的一些"大国"也请求得到汉朝的"都护"，如《汉书·西域传》赞语称："……故自建武以来，西域思汉威德，咸乐内属。唯其小邑鄯善、车师，界迫匈奴，尚为所拘。而其大国莎车、于阗之属，数遣使置质于汉，愿请属都护。圣上远览古今，因时之宜，羁縻不绝，辞而未许。"③可以说，并不是所有记载中的"西域"诸国都归属汉朝管辖，汉朝在"都护"与否方面有着明确的考虑与认定："最凡国五十。自译长、城长、君、监、吏、大禄、百长、千长、都尉、且渠、当户、将、相至侯、王，皆佩汉印绶，凡三百七十六人。而康居、大月氏、安息、罽宾、乌弋之属，皆以绝远不在数中，其来贡献则相与报，不督录总领也。"④《汉书·西域传》在那些不属于"都护"国家之下，如罽宾、乌弋山离、安息、大月氏、康居等国，也都清楚地标有"不属都护"的说明。

东汉时期，西域诸国与中原地区的关系经历了"三绝三通"的曲折过程，但是，对于西域诸国的管理并没有废弛，一时或有增强之势。因此，《后汉书·西域传》直接称之为"西域内属诸国"：

> 武帝时，西域内属，有三十六国。汉为置使者、校尉领护之。宣帝改曰都护。元帝又置戊己二校尉，屯田于车师前王庭……建武中，皆遣使求内属，愿请都护。

① 《汉书》卷二八上《地理志上》注释所引，第1543页。

② 《续汉书·志第二十三·郡国五》注释所引，第3533页。

③ 《汉书》卷九六下《西域传下》，第3930页。

④ 《汉书》卷九六下《西域传下》，第3928页。

光武以天下初定，未遑外事，竟不许之……（永平）十六年（73），明帝乃命将帅，北征匈奴，取伊吾卢地，置宜禾都尉以屯田，遂通西域，于寘诸国皆遣子入侍，西域自绝六十五载，乃复通焉。明年，始置都护、戊己校尉……西域内属诸国，东西六千余里，南北千余里，东极玉门、阳关，西至葱岭。其东北与匈奴、乌孙相接。南北有大山，中央有河。①

汉朝沿边新置之郡，又称为“初郡”。关于初郡设置及管理问题，《史记·平准书》称：“汉连兵三岁，诛羌，灭南越，番禺以西至蜀南者置初郡十七，且以其故俗治，毋赋税。南阳、汉中以往郡，各以地比给初郡吏卒奉食币物，传车马被具。”根据学者的注释，这十七个初郡，包括“南越”地区的九郡与“西南夷”地区的八个郡，分别为南海、苍梧、郁林、合浦、交趾、九真、日南、珠崖、儋耳郡以及武都、牂柯、越巂、沈犁、汶山、犍为、零陵、益州郡。其实，两汉时期所谓的“初郡”远不止于此数。如《晋书·地理志》称：“……武帝开越攘胡，初置十七，拓土分疆，又增十四。”也就意味着汉武帝在位期间，西汉新置郡就有三十一个。新增十四郡分别为弘农、临淮、西河、朔方、酒泉、陈留、安定、天水、玄菟、乐浪、广陵、敦煌、武威、张掖。宋代学者王应麟也对此进行了较全面的总结：

按《史记·平准书》：汉连兵三岁，诛羌，灭南越，番禺以西至蜀南者，置初郡十七，即《晋志》所谓初置者。南海至儋耳九郡，皆南越地；武都至汶山五郡，皆西南夷地；夜郎为犍为，滇为益州（原注：今化外姚州），并零陵，为十七郡。酒泉、武威、张掖、敦煌，本匈奴昆邪、休屠地，是为河西四郡，并金城，谓之河西五郡。又定朝鲜，为四郡：乐浪、玄菟，在辽东之东，《通典》云“今为东夷之地”，临屯治东暆，真番治霅，见于《茂陵书》。又击匈奴，取河南地，筑朔方，亦初郡也。元朔置苍海，三年而罢，元始置西海，中兴而废，故《志》不著。陇西、天水、安定、北地、上郡、西河，是为六郡，名将多出焉。北地、朔方、五原、云中、定襄、雁门、代郡、西河，是为缘边八郡。除北地、西河，而益右北平、上谷、渔阳，是为缘边九郡。②

在两汉边疆地区“初郡”之外，还有“属国”之置，是接纳与管理边疆地区归降人员的特殊政区形态。主管属国之官员，称为“典属国”，或为“属国都尉”。《史记·卫将军骠骑列传》载：“居顷之，乃分徙（匈奴）降者边五郡故塞外，而皆在河南，因其故

① 《后汉书》卷八八《西域传》，第2909~2914页。
② 《通鉴地理通释》卷二“郡国更置”，第27页。

俗，为属国。”《史记正义》释：“五郡谓陇西、北地、上郡、朔方、云中，并是故塞外，又在北海西南。”又“以降来之民徙置五郡，各依本国之俗而属于汉，故言‘属国’也”①。《汉书·百官公卿表》载：“典属国，秦官，掌蛮夷降者。武帝元狩三年昆邪王降，复增属国，置都尉、丞、候、千人。属官，九译令。成帝河平元年省并大鸿胪。”②《通鉴地理通释》释：“存其国号而属汉者，曰属国，置都尉。安定、上郡、天水、五原、张掖，是为五属国。其后，金城、西河、北地，亦置焉。”③

当时，在属国都尉之外，还有“匈归都尉”。如《汉书·地理志》“上郡”下记：“匈归都尉治塞外匈归障，属并州。”颜师古释：“匈归者，言匈奴归附。”④显然，匈归都尉实为管理当时归附的匈奴部众所设置，治所在并州。“北地郡富平县”下又记：“浑怀都尉治塞外浑怀障。”⑤但未详其管理与接纳的对象。

依据王应麟的总结，汉朝在边疆地区至少设置有八个属国。遗憾的是，《汉书·地理志》对此记载不甚明确，更不全面，只是记载了个别属国都尉的治所（见《西汉属国情况简表》）。相比之下，倒是《续汉书·郡国志》所记载的属国数量更多一些（见《东汉属国情况简表》），足见当时加强了对属国的管理。

西汉属国情况简表

属国所在郡名	属国都尉治所	治所今地
天水郡	勇士县下满福	甘肃省榆中县北
安定郡	三水县	宁夏回族自治区同心县东
上郡	龟兹县	陕西省榆林市榆阳区北
西河郡	美稷县	内蒙古自治区准格尔旗西北
五原郡	蒱泽县	内蒙古自治区乌拉特前旗与包头市及准格尔旗一带
北地郡浑怀都尉	浑怀障	未详
并州匈归都尉	匈归障	未详

① 《史记》卷一一一《卫将军骠骑列传》，第2934页。
② 《汉书》卷一九上《百官公卿表》，第735页。
③ 《通鉴地理通释》卷二“郡国更置”，第27~28页。
④ 《汉书》卷二八下《地理志下》，第1617页。
⑤ 《汉书》卷二八下《地理志下》，第1616页。

东汉属国情况简表

属国名称	治所今地	辖县(道)名
广汉属国	甘肃省文县西北	阴平道、甸氐道、刚氐道
蜀郡属国	四川省雅安市名山区北	汉嘉、严道、徙、旄牛
犍为属国	云南省昭通市	朱提、汉阳
张掖属国	甘肃省张掖市西北	候官、左骑、千人、司马官、千人官
张掖居延属国	内蒙古自治区额济纳旗东南哈拉和图	居延
辽东属国	辽宁省义县	昌辽(应为昌黎)、宾徒、徒河、无虑、险渎、房
龟兹属国	陕西省榆林市北	隶属于上郡,与县同级

汉朝郡县制度中,在县级政区还有“道”的设置,主要设置于民族构成较为复杂的区域。如《汉书·百官公卿表》曰“有蛮夷曰道”,与县、国、邑属于同一级别政区。《汉书·地理志》记载汉朝全盛之时共有“三十二道”。清代学者齐召南对此进行了较为全面的考订:

按《(〈汉书〉)百官公卿表》:邑有蛮夷曰道。《志》中县邑之以道名者,得二十九:南郡一:夷道也;零陵二:营道、泠道也;广汉三:甸氐道、刚氐道、阴平道也;蜀郡二:严道、湔氐道也;犍为一:僰道也;越巂一:灵关道也;武都五:故道、平乐道、嘉陵道、循成道、下辩道也;陇西四:狄道、氐道、羌道、予道也;天水四:戎邑道、绵诸道、略阳道、豲道也;安定一:月氏道也;北地三:除道、略畔道、义渠道也;上郡一:雕阴道也;长沙国一:连道也。尚缺其三。以《后(汉)书·郡国志》证之,则蜀郡之汶江道、绵虒道,武都之武都道,恰与三十二之数合。此《志》于汶江、绵虒、武都三县不言道,殆亦阙文耳!①

应该指出,关于“道”的设置,西汉与东汉还是有较大区别的,完全混同是不应该的。首先,《汉书·地理志》与《续汉书·郡国志》所载“道”的数量变化较大,表面看起来,东汉“道”的数量明显减少,但是,很难确认东汉时期道的设置与规模有较大程度的削减。其次,东汉时期在部分地区还另置属国,来进行“道”的集中管理。

① 《汉书考证》卷二八下,清文渊阁《四库全书》本。

两汉时期设"道"情况简表

西汉属郡	数量	西汉道名	东汉所属郡国	数量	东汉道名
南郡	1	夷道	南郡	1	夷道
零陵	2	营道、泠道	零陵	2	营道、泠道
广汉	3	甸氐道、刚氐道、阴平道	广汉属国	3	甸氐道、刚氐道、阴平道
蜀郡	2	严道、湔氐道	蜀郡	3	湔氐道、汶江道、绵虒道
			蜀郡属国	1	严道
犍为	1	僰道	犍为	1	僰道
越嶲	1	灵关道	越嶲	1	灵关道
武都	5	故道、平乐道、嘉陵道、循成道、下辩道	武都	3	武都道、故道、羌道
陇西	4	狄道、氐道、羌道、予道	陇西郡	2	狄道、氐道
天水	4	戎邑道、绵诸道、略阳道、豲道	汉阳郡	1	豲道
安定	1	月氏道			
北地	3	除道、略畔道、义渠道			
上郡	1	雕阴道			
长沙国（东汉为长沙郡）	1	连道	长沙郡	1	连道
合计	29			19	

资料来源：《汉书·地理志》《续汉书·郡国志》。

（二）秦汉时期边疆地区的户籍统计问题

《尚书》中载有《五子之歌》："民惟邦本，本固邦宁。"①中国古人很早就确信：没有人民是不可能建立稳固疆域的。这种"民惟邦本"的思想，对于中国历代疆域建设是至关重要的。然而，自先秦以来，中国多民族共存的状况已经形成，因此，在秦汉开拓疆域的过程中，民族或族群问题也是较为突出的。与此同时，华夏族系以外的部族对于中国社会文化建设也起到了不可忽视的影响，"多元一体"的文化发展模式在秦汉时代已经显现。如班固《汉书·地理志》曾经综合刘向、朱赣等学者的成果，对西汉

① 参见（汉）孔氏传，（唐）陆德明音义，（唐）孔颖达疏《尚书注疏》卷六。

境内区域文化特征及族群渊源进行了归纳与梳理，其中，边郡文化及族群渊源之复杂，颇引人关注。

《汉书·地理志》区域分类及边郡民族特征简表

文化区域分类	地域范围	亚文化区渊源及原有族群特征
秦地	界自弘农故关以西，京兆、扶风、冯翊、北地、上郡、西河、安定、天水、陇西，南有巴、蜀、广汉、犍为、武都，西有金城、武威、张掖、酒泉、敦煌，又西南有牂柯、越巂、益州，皆宜属焉	(西北部分) (1)安定、北地、上郡、西河，皆迫近戎狄 (2)武威以西(四郡)，本匈奴昆邪王、休屠王地 (西南部分) (1)巴、蜀、广汉本南夷，秦并以为郡 (2)武都地杂氐、羌，及犍为、牂柯、越巂，皆西南外夷
赵地	北有信都、真定、常山、中山，又得涿郡之高阳、鄚、州乡；东有广平、钜鹿、清河、河间，又得勃海郡之东平舒、中邑、文安、東州、成平、章武，河以北也；南至浮水、繁阳、内黄、斥丘；西有太原、定襄、云中、五原、上党	(1)钟、代、石北，迫近胡寇，民俗懻忮，好气为奸，不事农商 (2)定襄、云中、五原，本戎狄地，颇有赵、齐、卫、楚之徙
燕地	东有渔阳、右北平、辽西、辽东，西有上谷、代郡、雁门，南得涿郡之易、容城、范阳、北新城、故安、涿县、良乡、新昌，及勃海之安次，皆燕分也。乐浪、玄菟，亦宜属焉	(1)上谷至辽东，地广民希，数被胡寇，俗与赵、代相类 (2)玄菟、乐浪，武帝时置，皆朝鲜、濊貉、句骊蛮夷
粤(越)地	今之苍梧、郁林、合浦、交阯、九真、南海、日南，皆粤分也	臣瓒曰：自交阯至会稽七八千里，百越杂处，各有种姓

在历史时期的疆域建设过程中，编审户口，即户籍人口的管理与统计，是一个政权或国家行使主权的重要诉求与体现，是其行政管理权力的重要部分之一。中国是世界上最早进行户口统计的国家之一。在历史时期疆域拓展过程中，中原王朝同样注重新拓疆域的户籍管理工作，而秦汉时期对新设“初郡”与“边郡”的户籍统计与管理，是中国边疆地区户籍统计与管理工作的尝试，无疑是秦汉时疆域建设中所取得的重大成就。

正如前文所述，根据《晋书·地理志》以及王应麟等学者的总结，两汉时期所置“初郡”，是其疆域开拓的直接体现，并不仅限于西北或西南地区，朝鲜半岛以及中南半岛地区都有“初郡”的设置。对于边疆建设具有重要价值的“初郡”，至少应该在西南十七郡(东汉又分出永昌郡)之外，再加上朝鲜半岛诸郡、河西四郡与朔方郡、金城郡,合计应有二十八个“初郡”(新增边郡)。汉朝对这些边郡都进行了户籍统计,意义极其重大,不仅显示了对这些地区行政管理的主权,更显示出两汉时期对边疆地区管理的深度与强度。《汉书·地理志》与《续汉书·郡国志》保存有不少关于“初郡”户口统计的数据,这些户籍数据对我们研究边疆史地及民族人口史而言,具有很高的价值与重要的意义。

两汉时期边疆地区“初郡”户口情况简表

初郡名称	治所今地	西汉时期户口情况	东汉时期户口情况
南海	广东省广州市	19613户,94253口	71477户,250282口
苍梧	广西壮族自治区梧州市	24379户,146160口	111395户,466975口
郁林	广西壮族自治区桂平市西南古城	12415户,71162口	不详
合浦	广西壮族自治区浦北县西南旧州	15398户,78980口	23121户,86617口
交趾	越南河内西北	92440户,746237口	不详
九真	越南清北西北	35743户,166012口	46513户,209894口
日南	越南平治天广治河与甘露河合流处	15460户,69485口	18263户,100767口
珠崖	海南省海口市琼山区东南	不详	不详
儋耳	海南省儋州市西北	不详	不详
武都	甘肃省西和县西南	51376户,235560口	20102户,81728口
牂柯	贵州省黄平、贵定二县间	24219户,153360口	31523户,267253口
越嶲	四川省西昌市东南	61208户,408405口	130120户,623418口
沈犁	四川省汉源县东北	不详	不详
汶山	四川省茂县北	不详	不详
犍为	先治(敝邑),后治僰道(今四川省宜宾市西南)	109419户,489486口	137713户,411378口
零陵	广西壮族自治区全州县西南	21092户,139378口	212284户,1001578口
益州	云南滇池周围	81946户,580463口	29036户,110802口
永昌	云南省保山市东北	无	231897户,1897344口
玄菟	西汉治今朝鲜咸境南道咸兴;东汉治今辽宁省沈阳市东	45006户,221845口	1594户,43163口
乐浪	朝鲜平壤市南	62812户,406748口	61492户,257050口

（续表）

初郡名称	治所今地	西汉时期户口情况	东汉时期户口情况
临屯	治东暆，今地不详	不详	不详
真番	治霅，今地不详	不详	不详
酒泉	甘肃省酒泉市	18137户，76726口	12706户
武威	甘肃省武威市	17581户，76419口	10043户，34226口
张掖	甘肃省张掖市西北	24352户，88731口	6552户，26040口
敦煌	甘肃省敦煌市西南	11200户，38335口	748户，29170口
朔方	西汉在内蒙古自治区杭锦旗北，东汉移至磴口北	34338户，136628口	1987户，7843口
金城	甘肃省民和县南	38470户，149648口	3858户，18947口

但是，由于缺乏准确而公正的民族识别与认知，中国传统户籍统计中，存留下来的户口数据有没有少数民族或族群的户口统计内容，这一直是很有争议的问题。通常，研究者认为，根据以往的户籍制度及政策，传统户口统计的对象是“民”户，列入户籍的“民”户，必须承担相应的赋役，以支撑朝廷及各级行政机构的运转费用。而不承担赋役的民族（如“夷”）是不计入户籍统计之中的。“历代的中央王朝对边疆或少数民族聚居的地区一般采取不同于内地汉族地区的统治方法，往往不是直接征收赋税，所以也不登记或统计户口。”①因此，今天留存下来的大部分户籍数量，都不包括汉族以外的民族或族群的人口数量。秦汉以来中央王朝所置郡县的地区，其户籍统计往往是以汉族居民为主体，与那些没有设置郡县的汉族以外的民族聚居区域相区分。这种情况并不是绝对的，不能一概而论，需要针对具体情况进行具体分析。

应该说，随着研究的深入，我们对中国边疆民族聚居地区户籍统计工作的认识已有了新的发展，或者说有了不小的转变。不可否认，历史时期的户籍政策的确存在不可忽视的缺陷与不足，为我们研究历史民族人口造成了不小的困难，或者说是难以克服的障碍。但是，历史时期中国疆域广大，各地情况千差万别，而且各个边疆民族在发展，民族融合之势不可阻挡，因此，任何时期都很难在全国范围内长时间地施行“整齐划一”的户籍政策，边疆民族地区的人口统计工作更是如此。在这种状况下，一概否认对汉族以外的民族的户籍管理，同样是不合情理的。

① 参见葛剑雄《中国人口发展史》，福建人民出版社1991年版，第72页。

首先,没有证据表明中国历代王朝实行过统一标准的民族识别工作,"族类"也并没有成为户籍登记的必要属性。"华夏(汉)族"与"非华夏(汉)族"之间,并没有十分客观的界限与划分标准,实际上往往仅以是否归服以及是否交纳赋役为指标,这在边疆民族聚居地区更为突出,与其原来的族群属性并无太多关联。而是否归服问题,或是否逃避赋役的问题,在华夏(汉)族系之中同样存在。因此,华夏(汉)族系脱漏户口的问题在某些时期同样相当严重。

其次,族群属性本身也不是一成不变的。先秦时代的"夷狄"或者说"四裔",到了秦汉时期大多已汇入"中国",成为华夏(汉)族系的组成部分。秦汉时期新开拓的疆域内之民众,大多是以往文献中所没有记载的族群,而这些聚居于边疆地区的族群同样处于不断变化之中,与周边民族之间的关系也十分复杂。如果再加入民族迁徙的影响因素,边疆地区民族融合的步伐往往会加快,族群之间的差异与区别也会由此变得更为模糊。

再次,秦汉王朝大规模地推行统一的郡县体制,并实行户籍统计制度,无疑是一种空前的创举,对于中国疆域建设的意义极其重要。对于广大"边郡"与"初郡"而言,其土著居民不会是华夏(汉)族系人口,应该属于汉族之外的族群。这同样给户籍管理带来极大挑战,而那些乐于归服以及交纳赋役的族群往往会成为巩固汉朝政权统治的基本力量,将这样的族群完全排除在当时户籍统计之外是很难想象的,或是不可能的。

最后,就《汉书·地理志》与《续汉书·郡国志》的记载而言,当时广大边疆地区的郡县户口数量是相当可观的,同样很难保证其统计对象仍然局限于汉族。除非有充分的证据证明,那些"边郡"或"初郡"被统计户籍人口都是中原(或华夏族系)移民,那么,当时当地的户籍统计,理应是涵盖了当时各族群归报的居民人口。这一点,在"西南夷"地区与"南越"地区最为显著。

东汉属国户口简表

属国名称	所辖城邑数量	户数	口数
张掖	5	4656	16952
张掖居延	1	1560	4733
犍为	2	7938	37187
蜀郡	4	111568	475629
广汉	3	37110	205652

资料来源:《续汉书·郡国志》。

总之，在秦汉时期的疆域开拓过程中，郡县制度与户籍统计制度的推行，是至关重要的环节，也是疆域拓展成就的重要保证。当时新设郡县的统计人口，理应包括当地各族居民，因此，这些户籍资料也就成为这些地区（国家）最早的民族人口统计数字，其在中国乃至东亚历史上的意义与影响是极其深远与广泛的，具有极珍贵的文献价值与研究价值。

二、秦汉三国时期民族认知与分布格局

秦汉时期多种民族并存而居的民族地理格局，在正史及相关文献中均有体现。司马迁《史记》就包括多篇汉族以外的民族史传，如《匈奴列传》《南越列传》《东越列传》《朝鲜列传》《西南夷列传》《大宛列传》等，着重记述了当时多种重要的边疆地区聚居民族的发展历史、地理分布、环境状况以及社会变迁情况。班固《汉书》同样承袭了这一传统，也列有《匈奴传》《西南夷两粤朝鲜传》《西域传》，为我们记述了几大民族聚居区的历史与地理状况。《史记》《汉书》中相关民族史传的出现，对于中国民族史以及民族地理研究而言，都具有重大的开创性意义。

因为撰成时间较晚，南朝史学家范晔所撰《后汉书》的价值虽然很难超越《史记》《汉书》的价值与水准，但是，东汉时代民族大迁徙与大变化的状况，不可能不深刻反映于作者的思考与撰写之中。《后汉书》有《东夷列传》《南蛮西南夷列传》《西羌传》《西域传》《南匈奴列传》《乌桓鲜卑列传》等，内容十分丰富，研究价值也相当大。陈寿所撰《三国志》内分《魏书》《蜀书》《吴书》，《蜀书》与《吴书》均没有民族史传的专章，而《魏书》卷三十则列有《乌丸》《鲜卑》《东夷》。

司马迁与班固等史家通常都在民族史传之后，发表“太史公曰”“赞”等形式的文字，表达自己对于民族问题的一点论断，这也形成了一种史书传统。当然，限于时代与认知的局限性，在今天的人们看来，当时很多史家的民族观具有很大的缺憾，他们的观点很难为今天的研究者所接受，其产生的不良影响理应得到重视。其中，令人费解的是，不同于前辈史家司马迁、班固，在民族地理观念上，身处南朝时代的范晔却受到先秦时期“华夷五方格局论”的影响且极为深刻。也许，相比于司马迁、班固等前代史家，身处于南北朝时局大动荡、民族大融合时代，范晔对民族历史与地理用力很深，见解也很多，十分清楚地反映在了上述民族列传后的“论”“赞”之中。

"前四史"民族史传名目表

史籍名称	民族史传名目
《史记》	《匈奴列传》《南越列传》《东越列传》《朝鲜列传》《西南夷列传》《大宛列传》
《汉书》	《匈奴传》《西南夷两粤朝鲜传》《西域传》
《后汉书》	《东夷列传》《南蛮西南夷列传》《西羌传》《西域传》《南匈奴列传》《乌桓鲜卑列传》
《三国志》	《乌丸》《鲜卑》《东夷》

就民族地理观念而言，司马迁与班固虽然都没有照搬先秦时期"华夷五方格局论"的理念，而是实事求是地承认"中国"之外，多种民族政权的存在，然而，"中国"与"四夷"之间的分野是相当清晰的。如汉朝大臣称："天下名山八，而三在蛮夷，五在中国。中国华山、首山、太室、泰山、东莱，此五山黄帝之所常游，与神会。"①如司马迁等史家笃信于"天相（星相）学说"，将星相与地文相联系，将中国与"夷狄"之区别归结为星相之差异。如《史记·天官书》记载：

> 太史公曰：自初生民以来，世主曷尝不历日月星辰？及至五家、三代，绍而明之，内冠带，外夷狄，分中国为十有二州，仰则观象于天，俯则法类于地。天则有日月，地则有阴阳。天有五星，地有五行。天则有列宿，地则有州域。……秦、楚、吴、越，夷狄也，为强伯。……及秦并吞三晋、燕、代，自河山以南者中国。中国于四海内则在东南，为阳；阳则日、岁星、荧惑、填星；占于街南，毕主之。其西北则胡、貉、月氏诸衣旃裘引弓之民，为阴；阴则月、太白、辰星；占于街北，昴主之。故中国山川东北流，其维，首在陇、蜀，尾没于勃、碣。②

然而，在疆域建设过程中，严峻而复杂的民族矛盾与冲突不可避免地出现了。每个民族都在为争取本民族的生存空间而不懈努力。应该看到，在血腥与暴力的背后，民族发展有着自身必然的方向与规律。民族差异与民族矛盾在相当大的程度上与彼此之间的地理环境差异有关，同时，地理环境的差异也影响着民族发展的道路。以"天文星相"来判定民族地理分布状况的理论，必然与时代发展相背离。

相比于先秦时期，对于"中国"与"外国"之承认与判别，显然是秦汉时代史家对国家与民族认知水平的一大进步。

首先，"中国"一词在秦汉时期极为流行，秦汉时期因此也可以视为"中国"观念

① 《史记》卷一二《孝武本纪》，第 468 页。
② 《史记》卷二七《天官书》，第 1342~1347 页。

形成的最关键时期。但是,“中国”一词的含义是多方面的。就其最偏狭的意义,“中国”与“中原”相同,如陆贾曾对南越王赵佗指出:“足下中国人,亲戚昆弟坟墓在真定。”①而在当时政治地理格局中,“中国”实际成为中央王朝的代名词。如《史记·匈奴列传》称:“……而蒙恬死,诸侯畔秦,中国扰乱,诸秦所徙适戍边者皆复去,于是匈奴得宽,复稍度河南与中国界于故塞。”西汉名臣晁错曾对比“中国”与“匈奴”之间的差异:

> ……以蛮夷攻蛮夷,中国之形也。今匈奴地形技艺与中国异。上下山阪,出入溪涧,中国之马弗与也;险道倾仄,且驰且射,中国之骑弗与也;风雨罢劳,饥渴不困,中国之人弗与也:此匈奴之长技也。若夫平原易地,轻车突骑,则匈奴之众易挠乱也;劲弩长戟,射疏及远,则匈奴之弓弗能格也;坚甲利刃,长短相杂,游弩往来,什伍俱前,则匈奴之兵弗能当也;材官驺发,矢道同的,则匈奴之革笥木荐弗能支也;下马地斗,剑戟相接,去就相薄,则匈奴之足弗能给也:此中国之长技也。以此观之,匈奴之长技三,中国之长技五。②

“中国”之外,就是“外国”。如《史记·天官书》中多次提及“中国”与“外国”“西方外国”在占相方面之不同。张骞“凿空”西域后,中原人士的视野有了很大的扩展。“中国”之外更有“外国”。《史记·匈奴列传》称:“汉既诛大宛,威震外国。”《史记·大宛列传》其实就是一个“外国”列传。如云:“乌孙使既见汉人众富厚,归报其国,其国乃益重汉。其后岁余,骞所遣使通大夏之属者皆颇与其人俱来,于是西北国始通于汉矣。然张骞凿空,其后使往者皆称博望侯,以为质于外国,外国由此信之。”可见,当时的“国”之概念,与今天的理解大有不同,如《汉书·西域传》称:“西域以孝武时始通,本三十六国,其后稍分至五十余,皆在匈奴之西,乌孙之南。”又《后汉书·西域传》称:“王莽篡位,贬易侯王,由是西域怨叛,与中国遂绝,并复役属匈奴。”

其次,秦与西汉时代的“一统”或“统一”,成为中国历史政治建设的典范与理想,由此,“一统”思想深入人心。如李斯等人坚决反对封建诸侯,他指出:“周文武所封子弟同姓甚众,然后属疏远,相攻击如仇雠,诸侯更相诛伐,周天子弗能禁止。今海内赖陛下神灵一统,皆为郡县,诸子功臣以公赋税重赏赐之,甚足易制。天下无异意,则安宁之术也。置诸侯不便。”③

---

① 《汉书》卷四三《陆贾传》,第2111页。
② 《汉书》卷四九《晁错传》,第2281页。
③ 《史记》卷六《秦始皇本纪》,第239页。

最后，在秦汉民族地理格局中，长城成为最重要的民族区域之分界线。如汉文帝在与匈奴单于的书信中指出："先帝制：长城以北，引弓之国，受命单于；长城以内，冠带之室，朕亦制之。"①

总而言之，秦至西汉稳定时期，中国及周边地区民族分布图大致由"五大板块"（五大民族区）构成，即北方匈奴分布区、东北东胡聚居区、"西南夷"聚居地区、南越地区及西域地区等。这种格局在东汉时期却发生了重大变化。东汉立国之后，在民族融合及迁徙运动的推动下，中国境内民族分布格局不可避免地发生了重大变化。原来分布居留于中央王朝边疆地区的民族大举内迁，势不可挡，从根本上改变了民族地理分布状况。南北匈奴分裂与南匈奴的内迁，西部氐、羌聚居区与北部乌桓鲜卑聚居区的迅速扩展，周边民族内迁成为当时人口变动趋势的最主要特征。及至魏、蜀、吴三国鼎立，这一趋势没有得到根本性的遏制。因此，笔者认为，东汉时期是中国民族发展史上的重大转折时期，在民族地理格局及民族迁徙历史上表现尤为突出，为两晋南北朝时期的民族大融合创造了条件。

秦汉时期民族地理认知的又一项重要进步，是时至东汉，"异域图书"著述已经出现。据《后汉书·南匈奴传》记载，建武二十三年（47），匈奴首领比密遣汉人郭衡奉持匈奴地图，前往西河太守处，请求内附。② 可以设想，这幅匈奴地图反映的应是当时匈奴各部的情况，应该属于高度机密的珍贵文献。虽然很难确定匈奴地图的作者是汉人还是匈奴人，但是，该地图的出现足证当时人们对于匈奴地区自然与人文情况的认知与研究已达到较高的程度。

第一节 秦汉至三国时期匈奴分布区的演变及相关问题

匈奴人在秦汉至三国时期建立了中央王朝之外最强盛的政权，对中央王朝构成了最强有力的威胁，"南有大汉，北有强胡"，在相当长的时间里，构成民族分布格局中最突出的两极。欲了解这一时期民族分布格局的特征，必须从匈奴分布区说起。

---

① 《史记》卷一一〇《匈奴列传》，第2902页。

② 《后汉书》卷八九《南匈奴传》，第2942页。

一、秦至西汉匈奴分布区的演变及相关问题

（一）长城的修建与汉匈分界线的变迁[1]

鉴于匈奴在中国乃至世界民族史上的显赫地位，匈奴学很早就成为世界性的显学，有关论著相当繁复。[2] 据学者考证，仅与匈奴有关的名称就达数十个之多，不过与之直接对应的应为“胡”（“匈奴”两字的急读）。又如民族渊源问题，学者也是见仁见智，进行了长期的讨论。以记载中的任何一种古族作为匈奴的唯一渊源，都不免陷于牵强，匈奴应该是由远古时期居住于北方地区多种原始民族混居通婚演化而来的民族共同体，其混居融合的地域便是“北蛮”（《汉书》作“北边”）。如《史记·匈奴列传》称：“匈奴，其先祖夏后氏之苗裔也，曰淳维。唐虞以上有山戎、猃狁、荤粥，居于北蛮，随畜牧而转移。”“北蛮”不过是一种方位性的大致猜测，并无多少实证意义。据确切记载，匈奴人与中原人士正面接触，至迟在战国初期已开始。早期较为确切的地点便是在雁门与代两郡以北。如《史记·匈奴列传》所载：“……后百有余年，赵襄子逾句注而破并代以临胡貉。”句注山（或作勾注山）又称陉岭、西陉山，坐落在今山西省代县西北，与雁门山冈陇相连，故也有雁门之称，因阻隔南北、地位特殊而成为中国古代史上非常著名的山脉，《吕氏春秋》等典籍将其列为天下九塞之一。此处“代”指句注山、常山及夏屋山以北的代国，在今河北省蔚县东北。赵襄子在位时期为公元前475年至公元前425年，攻灭代国应在其即位之初，即公元前475年前后。[3] 三家分晋后，“则赵有代、句注之北”[4]。

匈奴与华夏族系国家明确划分地盘，是从战国时期长城的修建开始的。当时与匈奴主要居住区接界的有三国即秦、赵、燕，三国都大规模地修建长城。如秦国修建长城起于秦昭王（前306年—前251年在位）时，在攻灭义渠国之后，“于是秦

---

① 关于长城的修建历程及具体方位，参见黄麟书《秦皇长城考》，（台北）造阳文学社1972年出版；文物编辑委员会编《中国长城遗迹调查报告集》，文物出版社1981年出版等。

② 有关匈奴史的研究著作在民国时期已蔚为壮观，如E. H. Parker著、向达译《匈奴史》（商务印书馆1934年出版），陈序经《匈奴史稿》（遗著，中国人民大学2007年出版），何建民《匈奴民族考》（中华书局1939年出版）。在现代学者中，林幹先生对匈奴学的贡献是有目共睹的，他不仅主持编辑了《匈奴史论文选集》（中华书局1983年出版），《匈奴史料汇编》（上、下册，中华书局1988年出版）等资料性文献汇编，还编撰了《匈奴历史年表》《匈奴通史》等专门性著作。此外，马长寿先生的《北狄与匈奴》（三联书店1962年出版），周伟洲先生的《汉赵国史》等也都是匈奴史研究中颇有价值的著作。

③ 赵襄子攻灭代国的事迹，参见《史记》卷四三《赵世家》。

④ 《史记》卷一一〇《匈奴列传》，第2885页。本小节引文未特殊注明者，均出于该《列传》。

有陇西(治今甘肃省临洮县)、北地(治今甘肃省宁县西北)、上郡(治今陕西省榆林市东南),筑长城以拒胡"。赵国于赵武灵王在位时实行胡服骑射,在国力充实后,大举北伐,同时筑长城以守,"而赵武灵王亦变俗胡服,习骑射,北破林胡、楼烦。筑长城,自代并阴山下,至高阙为塞。而置云中(治今内蒙古自治区托克托县东北)、雁门(治今山西省右玉县南)、代郡(治今河北省蔚县东北代王城)"。关于"高阙",《史记正义》释:"《汉书·地理志》云朔州临戎县北有连山,险于长城,其山中断,两峰俱峻,土俗名为高阙也。"其地在今内蒙古自治区杭锦后旗东北。关于赵长城,《史记正义》引《括地志》云:"赵武灵王长城在朔州善阳县北。案《水经》云白道长城北山上有长垣,若颓毁焉,沿溪亘岭,东西无极,盖赵武灵王所筑也。"燕国北面既有匈奴,又有东胡。"燕亦筑长城,自造阳(在今河北省赤城县独石口北)至襄平(在今辽宁省辽阳市)。置上谷(秦治今河北省怀来县东南)、渔阳(秦治今北京市密云区西南)、右北平(秦治今天津市蓟州区)、辽西(秦治今辽宁省义县)、辽东郡(秦治今辽宁省辽阳市)以拒胡。"秦、赵、燕等国修筑的长城,其实就是后来文献中所称的"故塞"。

秦始皇统一六国后,曾派遣大军北伐,又将原来以长城为界的边塞系统进行了较彻底的修缮与扩建。秦军"悉收河南地。因河为塞,筑四十四县城临河,徙适戍以充之。而通直道,自九原至云阳,因边山险堑溪谷可缮者缮之,起临洮至辽东万余里。又度河据阳山北假中"。秦长城西起甘肃省岷县,东北向濒黄河南岸,又北即逶迤于内蒙古自治区商都县北至河北省康保县南之成吉思汗长城,围场满族蒙古族自治县之北线长城,赤峰市北"赤北长城",至于辽东,承继战国燕北长城,南端直至朝鲜清川江之南海边。西汉王恢曾回忆:"……及后蒙恬为秦侵胡,辟数千里,以河为竟(境),累石为城,树榆为塞,匈奴不敢饮马于河,置烽燧然后敢牧马。"①

这本来是对汉匈边界的一次重大突破,但维持时间并不长。秦末汉初,"中国扰乱,诸秦所徙适戍边者皆复去,于是匈奴得宽,复稍度河南与中国界于故塞"。至冒顿单于之时,匈奴势力强盛,不断向南侵袭,"悉复收秦所使蒙恬所夺匈奴地者,与汉关故河南塞,至朝那、肤施"。

汉武帝在位时期,汉朝北部边界获得前所未有的拓展。当时汉朝军队大举北伐,接连取得重大胜利,极其有力地削弱了塞北匈奴联盟的实力,为开疆拓土创造了必要

① 《汉书》卷五二《韩安国传》,第 2401 页。

的前提。如元朔二年(前127),“于是汉遂取河南地,筑朔方(郡,治今内蒙古自治区杭锦旗北),复缮故秦时蒙恬所为塞,因河为固。汉亦弃上谷之什辟县造阳地以予胡”。汉匈边境又恢复到秦朝极盛时的状态。不仅如此,在一段时间里,汉朝军队甚至将匈奴部落赶出了阴山以南地区。“是后匈奴远遁,而幕南无王庭。汉度河自朔方以西至令居(今甘肃省永登县西北),往往通渠置田,官吏五六万人,稍蚕食,地接匈奴以北。”《史记正义》释:“匈奴旧以幕为王庭。今远徙幕北,更蚕食之,汉境连接匈奴旧地以北也。”“远遁”“匈奴旧地”,“匈奴旧地”即应指“幕南”之地。汉朝军队还建立了新的边防工事,“建塞徼,起亭隧,筑外城,设屯戍,以守之,然后边境得用少安”①。

修筑边塞之外,汉朝边民通过屯田来扩展疆土。汉朝屯田北界不断北扩。如“又北益广田至眩靁为塞,而匈奴终不敢以为言”。眩靁,《汉书·匈奴传》作“眩雷”,《史记集解》引《汉书音义》云:“眩靁,地名,在乌孙北。”而《汉书》王先谦注引齐召南曰:“案《地理志》西河郡增山县有道西出眩雷塞,北部都尉治,则眩雷塞在西河郡之西北边,不得远在乌孙国也。”眩雷塞在今内蒙古自治区鄂尔多斯市东胜区西北城梁村古城。

汉朝北边的拓展并没有能长久维持,至地节二年(前68)前后,在匈奴对缘边的武力侵害减弱之后,为休养百姓,汉朝部署在阴山一带的外城等工事也很快撤废了。另外,汉朝乘匈奴虚弱之时,进一步广筑城鄣列亭。“汉使光禄徐自为出五原塞数百里,远者千余里,筑城鄣列亭至庐朐,而使游击将军韩说、长平侯卫伉屯其旁,使强弩都尉路博德筑居延泽(又称为居延海,在今内蒙古自治区额济纳旗北境)上。”②不过,这种亭鄣的稳定性极差,除了自然崩坏,被匈奴破坏后也难以恢复。

汉元帝时,匈奴呼韩邪单于归附汉朝后,起先请求居于光禄塞外(在今内蒙古自治区乌拉特前旗一带)。竟宁元年(前33),他又在入朝时提出建议,请求汉朝罢除驻守边塞的军队,由其所率匈奴部众“保塞上谷以西至敦煌”。郎中侯应上书表示反对,提出了十条理由,这份上书十分集中地反映了汉朝边界地区的复杂形势以及边塞的重要作用,最终得到了汉朝皇帝的采纳。他在上书中指出:

> 臣闻北边塞至辽东,外有阴山,东西千余里,草木茂盛,多禽兽,本冒顿单于依阻其中,治作弓矢,来出为寇,是其苑囿也。至孝武世,出师征伐,斥夺此

---

① 《汉书》卷九四下《匈奴传下》,第3803页。

② 《史记》卷一一〇《匈奴列传》,第2916页。

地，攘之于幕北，建塞徼，起亭隧，筑外城，设屯戍，以守之，然后边境得用少安。……如罢备塞戍卒，示夷狄之大利，不可一也。……前以罢外城，省亭隧，今裁足以候望通烽火而已。古者安不忘危，不可复罢，二也。中国有礼义之教，刑罚之诛，愚民犹尚犯禁，又况单于，能必其众不犯约哉！三也。自中国尚建关梁以制诸侯，所以绝臣下之觊欲也，设塞徼，置屯戍，非独为匈奴而已，亦为诸属国降民，本故匈奴之人，恐其思旧逃亡，四也。近西羌保塞，与汉人交通，吏民贪利，侵盗其畜产妻子，以此怨恨，起而背畔，世世不绝。今罢乘塞，则生嫚易分争之渐，五也。往者从军多没不还者，子孙贫困，一旦亡出，从其亲戚，六也。又边人奴婢愁苦，欲亡者多，曰："闻匈奴中乐，无奈候望急何！"然时有亡出塞者，七也。盗贼桀黠，群辈犯法，如其窘急，亡走北出，则不可制，八也。起塞以来百有余年，非皆以土垣也。或因山岩石，木柴僵落，溪谷水门，稍稍平之，卒徒筑治，功费久远，不可胜计。臣恐议者不深虑其终始，欲以一切省繇戍，十年之外，百岁之内，卒有它变，障塞破坏，亭隧灭绝，当更发屯缮治，累世之功不可卒复，九也。如罢戍卒，省候望，单于自以保塞守御，必深德汉，请求无已。小失其意，则不可测，开夷狄之隙，亏中国之固，十也。非所以永持至安，威制百蛮之长策也。①

侯应的上书对以长城为主干的汉朝边塞系统的客观作用做出了十分精辟的说明，简言之，修筑长城的重要作用不外乎以下几点：一是有利于汉朝方面控制阴山以南地区；二是有助于对匈奴人的南下提高警惕；三是预防匈奴部众的擅自骚扰；四是防止南下匈奴人的逃亡；五是避免匈奴人与汉人私自交往，产生矛盾；六是防止汉族流落匈奴的军士家眷进入塞外地区，以及防止汉人奴婢、盗贼逃亡出塞等。

综上所述，从战国到西汉时期，尽管南北民族势力互有消长，但其主要活动范围的分界线主要在长城一线徘徊。长城作为南北民族标志性分界线之地位从此也确立下来。正如汉文帝所云："先帝制：长城以北，引弓之国，受命单于；长城以内，冠带之室，朕（汉朝皇帝）亦制之。"②

（二）匈奴部落联盟的疆域变迁与分布

无论从人口数量方面讲，还是就对中央王朝的威胁而言，匈奴都称得上是秦汉时期最重要的部族集团。秦汉时期中央王朝与匈奴的关系经历了相当复杂的演变过

① 《汉书》卷九四下《匈奴传下》，第3803~3804页。

② 《史记》卷一一〇《匈奴列传》，第2902页。

程，这与匈奴实力兴衰直接相关。匈奴的分布区范围也经历了几次较大的变化：1. 战国至秦朝，匈奴部落联盟处于初期发展阶段，地域范围较模糊。2. 汉朝初年，匈奴部落联盟发展至鼎盛，完成了早期国家建设，势力范围及控制地域也处于极盛。3. 汉武帝至汉宣帝时期，国力强盛，汉朝与匈奴之间战事频繁，使匈奴部族集团遭重创，匈奴聚居区的地域范围也迅速收缩。4. 在呼韩邪单于归汉之后，汉匈边界线又恢复到长城一线，其核心区域应靠近汉朝边塞。

匈奴部族的统一与强盛，始自冒顿继位单于之后。“当是之时，东胡强而月氏盛。”①匈奴处在东胡与月氏两大外部力量的压制之下。冒顿继位之后，逐步积蓄力量，一举破灭东胡，紧接着，“西击走月氏，南并楼烦、白羊河南王，悉复收秦所使蒙恬所夺匈奴地者”。于是，“尽服从北夷，而南与中国（中央王朝）为敌国”。强盛时期的匈奴联盟还不断向外扩张，形成了“诸引弓之民，并为一家”的广大疆域。如向北扩展至今天贝加尔湖流域，“北服浑庾、屈射、丁零、鬲昆、薪犁之国”；向西吞并月氏，征服西域诸国，“夷灭月氏，尽斩杀降下之。定楼兰、乌孙、呼揭及其旁二十六国，皆以为匈奴”，最终形成了极盛局面。②

庞大的匈奴联盟集团组成十分复杂。联盟的核心为匈奴名王统领的各个部落。匈奴诸王根据“分地”方位的不同分为左方王、右方王，其分布的大致范围：“诸左方王将居东方，直上谷以往者，东接秽貉、朝鲜；右方王将居西方，直上郡以西，接月氏、氐、羌；而单于之庭直代、云中：各有分地，逐水草移徙。”③

匈奴单于庭，又习惯称为“龙城”。根据黄文弼先生考证，实际上存在南、北两个单于庭。单于北庭当在今蒙古鄂尔浑河畔，杭爱山之东麓，哈剌巴尔噶逊附近，位于元代的和林城西北。单于南庭，大致在今河北省赤城或内蒙古商都一带。④

“分地”（份地），就是相对固定、有界限的驻牧之地，上述文中“左方”“右方”只是匈奴联盟中各位名王驻牧地的大致分类，又称为左地、右地。根据林幹先生的考证⑤，两汉时期匈奴诸王的驻牧地方位可归总如下：

---

① 关于月氏的方位，《史记正义》引《括地志》云：“凉、甘、肃、延、沙等州地，本月氏国。”

② 《史记》卷一一〇《匈奴列传》，第 2896 页。

③ 《史记》卷一一〇《匈奴列传》，第 2891 页。《汉书·匈奴传》记载与此基本相同。

④ 《前汉匈奴单于建庭考》，载于《匈奴史论文选集 1919—1979》，第 89～91 页。

⑤ 参见《匈奴诸王驻牧地考》，载于《匈奴史论文选集 1919—1979》，第 92～106 页。

匈奴诸王名称	驻牧地方位
浑邪王与休屠王	今甘肃河西走廊一带
犁污王与温偶駼王	今甘肃河西走廊以北一带
姑夕王	约在今内蒙古自治区哲盟、昭盟和锡盟一带
左犁污王咸	今内蒙古自治区托克托县北部一带
日逐王	匈奴西边,与今新疆维吾尔自治区连界
东蒲类王	今新疆准噶尔盆地西南部
南犁污王	今新疆吉木萨尔县北及准噶尔盆地以东一带
於鞬王	今贝加尔湖一带
右奥鞬日逐王比	今内蒙古自治区旧长城以北、西自河套东至河北省北部南洋河以西一带
左伊秩訾王	今内蒙古自治区锡盟一带
皋林温禺犊王	今蒙古境内满达勒戈壁附近一带
句林王及稽留斯大人	先后在今内蒙古居延海北约六百里处
呼衍王	今新疆吐鲁番及巴里坤湖一带
伊蠡王	今新疆吐鲁番以西腾格里山一带

匈奴部落联盟疆域的维持,完全取决于其势力的强弱。汉武帝时期,汉朝军队在卫青、霍去病等名将的率领下,大举北伐,使匈奴势力大为削弱,匈奴几乎丧失了整个"幕南"地区的控制权。如西汉元朔二年(前127),"汉遂取河南地,筑朔方,复缮故秦时蒙恬所为塞,因河为固"。又如元狩四年(前119),汉朝军队大举北征,出塞二千余里,大获全胜,"是后匈奴远遁,而幕南无王庭"。在汉朝军队强大声势的威慑下,匈奴联盟的驻地逐渐出现向西北转移的迹象。如元封六年(前105),儿单于即位,"自此之后,单于益西北,左方兵直云中,右方直酒泉、敦煌郡"①。

匈奴联盟最惨重的失败发生于汉宣帝在位期间。本始二年(前72),宣帝又派遣数路大军北伐,"凡五将军,兵十余万骑,出塞各二千余里"。再加上西域乌孙之兵,总数达二十余万。这次北伐取得重大胜利,俘获匈奴名王及大小官吏近四万人,匈奴势力遭受毁灭性的重创,"然匈奴民众死伤而去者,及畜产远移死(于)[亡]不可胜数。于是匈奴遂衰耗,怨乌孙"。军事上的失败直接导致了匈奴联盟的土崩瓦解,"于是丁令乘弱攻其北,乌桓入其东,乌孙击其西。凡三国所杀数万级,马数万匹,牛羊甚众,

① 《史记》卷一一〇《匈奴列传》,第2914页。

又重以饿死，人民死者什三，畜产什五，匈奴大虚弱，诸国羁属者皆瓦解，攻盗不能理”①。

匈奴势力的衰弱也直接激化了其内部的矛盾，宣帝神爵年间出现了匈奴内部五单于争立的局面，实际上宣告了匈奴联盟分裂的开始。甘露初年（前53），呼韩邪单于率众愿臣服汉朝，与汉朝官府依然约定“自长城以南天子有之，长城以北单于有之”②。从实际情况分析，呼韩邪单于居光禄塞（在今内蒙古自治区乌拉特前旗境内）下，所率匈奴部众的活动区域估计仍然集中于长城一线边塞地区。故而，在西汉末年王莽专政时期，匈奴又频繁攻塞，“北边由是坏败”③。

（三）匈奴部族的人口规模与匈奴人的南迁

关于匈奴部族的人口规模，文献记载相当缺乏。汉朝初年，贾谊曾在上疏中指出：“臣窃料匈奴之众不过汉一大县，以天下之大困于一县之众，甚为执事者羞之。”④这显然有低估之嫌。据《汉书·地理志》，譬如人口最稠密的京兆三府而言，京兆尹治下长安县为246200口，左冯翊治下长陵县为179469口，右扶风治下茂陵县为277277口。以此类推，“一大县”户口最多在二十万左右。实际情况，匈奴各部人口合计，应不止于此数。如元狩二年，匈奴昆邪王率部归降汉朝，部众合计就达四万余人，号称“十万”。又如《史记·匈奴列传》载冒顿在位之时，“控弦之士三十余万”。“控弦之士”，即指成年男子。葛剑雄先生据此估计匈奴的人口总数不过五六十万，绝对不会达到一百万。⑤

匈奴人的数量，还可以在匈奴内迁的规模上见其一斑。匈奴人的内迁主要有以下两种形式：

1. 归降

汉朝为了瓦解匈奴部族的力量，优遇归降的匈奴人，“设金爵之赏以待降者”⑥，故而在两汉时期关于匈奴人南迁的记载相当多。见于记载的匈奴人南迁，多以匈奴首领率领下的群体为主，仅据《汉书·匈奴传》，南降的匈奴首领及其部落的记载有：

（1）元狩二年（前121）秋，昆邪王率领其部归降汉朝，“凡四万余人，号十万”。

---

① 《汉书》卷九四上《匈奴传上》，第3785~3787页。
② 《汉书》卷九四下《匈奴传下》，第3818页。
③ 《汉书》卷九四下《匈奴传下》，第3829页。
④ 《汉书》卷四八《贾谊传》，第2241~2242页。
⑤ 参见《中国人口发展史》，第117页。
⑥ 《汉书》卷九四下《匈奴传下》，第3808页。

(2)地节二年(前68)秋,“匈奴前所得西嗕居左地者,其君长以下数千人皆驱畜产行,与瓯脱战,所战杀伤甚众,遂南降汉”。

(3)神爵二年(前60),日逐王率其众数万骑归汉,汉封日逐王为归德侯。《汉书·宣帝纪》称日逐王率众万余来降。

(4)五凤年间,呼韩邪大将乌厉屈与乌厉温敦见匈奴乱,“率其众数万人南降汉”,汉封乌厉屈为新城侯,乌厉温敦为义阳侯。《汉书·宣帝纪》称匈奴部众达五万余人。

2. 俘虏

这类内迁在汉朝大举北伐时最为集中。记载中著名将领卫青、霍去病两人战绩最为辉煌,如:“最大将军(卫)青,凡七出击匈奴,斩捕首虏五万余级。”“最骠骑将军(霍)去病,凡六出击匈奴,其四出以将军,斩捕首虏十一万余级。”①如果将“斩”“捕”的数量各半计算,那么卫青与霍去病率军捕获的匈奴部众起码也有数万人之多。

汉朝军队另外一次重大胜利发生在本始二年(前72),当时汉军校尉常惠率部与乌孙兵直捣匈奴右谷蠡庭,俘获单于父行及嫂、居次、名王、犁污都尉、千长、将以下部众三万九千余级。②

综合上述记载,我们可以初步推定,在呼韩邪归降之前,由主动投降与被俘而南迁的匈奴部众至少也应在二十万以上。③

在内迁匈奴的安置问题上,根据对象身份的不同,汉朝政府主要采取了两种方式,一是对于内降的酋长及其眷属,往往赐予爵号与封邑,迁入内地。④ 二是对于大批的普通匈奴部众,则另建匈奴属国进行安置。属国是汉朝为安置匈奴等边疆民族内附而创设的一种特殊行政区,唐朝颜师古释之云:“不改其本国之俗而属于汉,故号属国。”⑤西汉边郡属国之设,始于元狩二年(前121)。当时匈奴浑邪王与单于发生矛盾,有意降汉,汉将霍去病前往迎接,“尽将其众渡河,降者数万,号称十万。既至长安,天子所以赏赐者数十巨万。……居顷之,乃分徙降者边五郡故塞外,而皆在河南,因其故俗,为属国”。当时又称为“五属国”。属国的行政长官为都尉,官秩同郡太

① 参见《史记》卷一一一《卫将军骠骑列传》,第2941、2945页。

② 参见《汉书》卷九四上《匈奴传上》,第3786页。

③ 参见葛剑雄《西汉人口地理》第九章第二节《匈奴人的内徙》,人民出版社1986年版,第170~176页。

④ 参见《西汉人口地理》第172~173页《匈奴降人封侯内徙例表》。

⑤ 《汉书》卷五五《卫青霍去病传》颜师古注,第2483页。

守。《史记正义》释:“五郡谓陇西、北地、上郡、朔方、云中,并是故塞外,又在北海西南。”①又据《汉书·宣帝纪》,五凤三年(前55),又置西河、北地属国以安置匈奴降者。然而,《汉书·地理志》仅载有五个属国都尉,其治所分别为:陇西治勇士之满福(元鼎后析属天水,在今甘肃省榆中县北),北地治三水县(元鼎后析属安定,在今宁夏回族自治区同心县东),上郡治龟兹(今陕西省榆林市北),西河治美稷(今内蒙古自治区准格尔旗西北),五原治蒲泽(今地无考)。②

(四)汉民的北迁与汉匈边界的政区建置

秦汉时期,以迁入地划分,汉人的北迁大致可分为两大类,一类是汉民进入长城以北匈奴人聚居区,一类是汉民迁入汉朝边郡(“实边”)。在第一类迁民中,虽不乏自愿北上者,但大多数还是因匈奴军士掳掠活动所致。特别是在匈奴势力强盛时期,其南侵行动的主要目的之一便是掳掠汉族人口,这在西汉时期最为典型。葛剑雄先生对这类迁移进行了十分详尽的梳理与分析,据他估计,汉民被掳入匈奴的规模“总数至少有十几万,最多时在匈奴的汉人可接近十万”③。

西汉时期徙民实边的规模相当可观。边界政区的置废,是反映两大区域范围伸缩变化的主要标志。至西汉前期,汉匈边界地区的政区建置分为以下三个阶段:

1. 春秋战国时期,边郡的设置,与长城的修建紧密相关。秦国攻灭义渠之后,置有陇西、北地、上郡等郡,同时筑长城以拒“胡”。赵武灵王变俗“胡服”后,北破林胡、楼烦,自代并阴山下至高阙为塞,置云中、雁门、代郡。燕将秦开在攻破东胡之后,也在沿边修筑长城,自造阳至襄平,置有上谷、渔阳、右北平、辽西、辽东等边郡。

2. 秦统一六国后,在继承了上述边郡之外,又有九原郡之设。秦朝大将蒙恬统率大军北击匈奴,悉收河南地,因河为塞,筑四十四县城临河,徙谪戍以充之。这是汉人第一次大规模入居这一地区。这四十四县基本属于九原郡(治今内蒙古自治区包头市西)。④

3. 西汉前期新置的边郡有朔方、酒泉、武威、张掖、敦煌等。边郡的开置,是汉朝军事胜利的直接成果。据《史记·卫将军骠骑列传》的记载,元朔二年(前127),卫青率汉军攻略河南之地,至于陇西,获匈奴大量部众与牛马,击走匈奴白羊王与楼烦王。

---

① 《史记》卷一一一《卫将军骠骑列传》,第2933~2934页。

② 参见谭其骧《西汉地理杂考》,载于《长水集》(上),第92~93页。

③ 参见《西汉人口地理》第九章第三节《汉人徙入匈奴》,第176~179页。

④ 参见谭其骧《秦郡新考》,载于《长水集》(上),第6~7页。

于是以河南之地置朔方郡（治今内蒙古自治区杭锦旗北）。元狩二年（前121），在霍去病率兵攻击下，匈奴浑邪王率众降汉，汉朝便在其故地先后设酒泉、武威、张掖、敦煌四郡，史称“河西四郡”。

秦与西汉时期，南北争夺的主要区域之一是“河南地”，即黄河中游河套以南地区。秦朝蒙恬大举北伐，首次全面占据河南之地，建九原郡。但在秦汉之交，匈奴人重新占领了这一地区。汉武帝即位后，汉朝国力鼎盛，卫青等北征匈奴，再次攻取河南地，又筑朔方郡，修复蒙恬故塞，与匈奴人以河为界。这一次，汉朝吸取以往教训，为了长期占据这一地区，大量迁徙关东百姓充实其地。如元狩四年（前119），在匈奴浑邪王降汉之后，“汉已得浑邪王，则陇西、北地、河西益少胡寇，徙关东贫民处所夺匈奴河南、新秦中以实之”①。又据《史记·平准书》与《汉书·武帝纪》的记载，这次徙民数量达七十余万。这可谓汉人第二次更大规模地占据这一地区。从此，这一地区农耕经济得到长足发展，成为北方的重要粮食产地。

（五）匈奴聚居区自然地理特征及南北对峙局面的历史背景

最重要的区域是以阴山为分界线的“幕南”地区与“幕北”地区。汉元帝时，郎中侯应曾分析匈奴居住区之自然形势：

> 臣闻北边塞至辽东，外有阴山，东西千余里，草木茂盛，多禽兽，本冒顿单于依阻其中，治作弓矢，来出为寇，是其苑囿也。至孝武世，出师征伐，斥夺此地，攘之于幕北。建塞徼，起亭隧，筑外城，设屯戍，以守之，然后边境得用少安。幕北地平，少草木，多大沙，匈奴来寇，少所蔽隐，从塞以南，径深山谷，往来差难。边长老言匈奴失阴山之后，过之未尝不哭也。②

清王先谦《汉书补注》引沈钦韩之言曰：

> 《（大清）一统志》：阴山在吴喇忒旗（今称乌拉特旗）西北二百四十里。《九边考》：自阴山而北皆大碛，碛东西数千里，南北亦数千里，无水草，不可驻牧。中国得阴山，乘高一望，寇出没踪迹皆见，必逾大碛而居其北，去中国益远，故阴山为御边要地。阴山以南即为漠南，彼（匈奴人）若得阴山，则易以饱其力而内犯，此秦、汉、唐都关中，必逾河而北守阴山也。③

阴山即坐落于今内蒙古自治区南部的大青山。即使匈奴所居地同处于今天塞外

---

① 《史记》卷一一〇《匈奴列传》，第2909页。
② 《汉书》卷九四下《匈奴传下》，第3803页。
③ 见《历代各族传记会编》第一编，中华书局1958年版，第234~235页。

的蒙古高原，但阴山南北的自然条件还是存在相当大差别的。漠南地区一方面水草丰美，适宜于牧业的发展，另一方面又地毗汉朝边塞，便于南下侵袭，而汉朝政权想要削弱匈奴人的力量及有效阻止匈奴人南下进犯，也力求将匈奴人驱逐至阴山以北地区，因此，阴山以南地区成为南北争夺最激烈的区域。

汉朝与匈奴部落双方之所以沿长城一线长期对峙，不仅有自然地理背景，也与深刻的经济、文化差异密切相关。首先，在经济生活方面，汉朝与匈奴部落作为农业民族与游牧民族的代表，在生产生活方式上有着明显不同。西汉晁错曾指出："胡人衣食之业不著于地，其势易以扰乱边竟（境）。何以明之？胡人食肉饮酪，衣皮毛，非有城郭田宅之归居，如飞鸟走兽于广野，美草甘水则止，草尽水竭则移。以是观之，往来转徙，时至时去，此胡人之生业，而中国之所以离南晦也。"①西方研究者很早也指出：

> 草原底（的）居民是一个游牧者，他底（的）财富是用他底（的）牛羊来计量，而他底（的）保存财富的方法便是替他底（的）牛羊寻觅维持生活的东西。但没有一个地方能够长期供给牧草，所以游牧的人民势必须继续不断地往来迁徙。因之凡有水井和泉水的地方相隔越远，迁徙底（的）范围也越大。草原人口所以常常是很稀薄地分布于一个广漠的区域中就是因为这个缘故。②

其次，生产生活方式的差异决定了彼此在意识形态与文化风貌上的迥异。班固的一段话颇具代表性，他在《匈奴传》后赞语中云：

> 夷狄之人贪而好利，被发左衽，人面兽心，其与中国殊章服，异习俗，饮食不同，言语不通，辟居北垂寒露之野，逐草随畜，射猎为生，隔以山谷，雍以沙幕，天地所以绝外内也。是故圣王禽兽畜之，不与约誓，不就攻伐；约之则费赂而见欺，攻之则劳师而招寇。其地不可耕而食也，其民不可臣而畜也，是以外而不内，疏而不戚，政教不及其人，正朔不加其国；来则惩而御之，去则备而守之。其慕义而贡献，则接之以礼让，羁縻不绝，使曲在彼，盖圣王制御蛮夷之常道也。③

这种带有污辱性的观点，无疑是士大夫偏狭民族心理的写照，理应遭到后人的唾弃，不过它也清楚地反映出当时农业民族与游牧民族之间在经济生活、文化特征以及意识形态等方面的反差。

---

① 《汉书》卷四九《晁错传》，第2285页。

② 〔美〕恩格伦（O. D. Von Engeln）著，林光澂译《民族发展底（的）地理因素》，商务印书馆1939年版，第76页。

③ 《汉书》卷九四下《匈奴传下》，第3834页。

基于双方地理环境的迥异，以及由此造成的彼此间经济、文化诸方面的差异，南北民族在居住地上想要取得根本性的突破，在相当长的时间里显然是力所不及的。“政教不及其人”的关键还在于“其地不可耕而食也”。长城虽然属于人工建筑，但它与南北农牧业分界线惊人地吻合，因而在当时的条件下，想要在长城以北地区开展农业生产，建立定居生活难度极大。西汉在国力强大后，虽一度大举北伐，给匈奴以沉重的打击，但在当时的物质条件下，想要彻底征服及长期占领塞外地区，也属痴人说梦。如西汉末年，严尤上书反对北伐匈奴，着重指出了地理环境的影响：

> 胡地沙卤，多乏水草，以往事揆之，军出未满百日，牛必物故且尽，余粮尚多，人不能负，此三难也。胡地秋冬甚寒，春夏甚风，多赍鬴鍑薪炭，重不可胜，食糒饮水，以历四时，师有疾疫之忧，是故前世伐胡，不过百日，非不欲久，势力不能，此四难也。辎重自随，则轻锐者少，不得疾行，虏徐遁逃，势不能及，幸而逢虏，又累辎重，如遇险阻，衔尾相随，虏要遮前后，危殆不测，此五难也。①

不难想象，匈奴与汉朝沿长城一线形成的长期对峙局面，在当时情况下，是很难轻易加以改变的。

二、东汉至三国时期匈奴的南迁与匈奴分布区的南拓

（一）东汉初年汉人边民的内徙与南北匈奴的分裂

南匈奴的首位单于名比，也继承了呼韩邪单于之名号，其实为原呼韩邪单于之孙。东汉初年，单于比“部领南边及乌桓”。东汉初年，中原地区大乱，匈奴部族乘机频繁南犯，严重影响了长城一线汉人居民的生产与生活。新兴的刘秀政权忙于平定内乱，无暇北顾，为了应对当时北方边境的严峻局面，无奈采取了内徙边民的策略，将今河北与山西沿长城一线地区的汉民迁往山西及河北中部。关于当时内徙边民的记载主要有：

1. 建武九年（33），“徙雁门吏人于太原（郡，治今山西省太原市西南）”。

2. 十年（34），“是岁，省定襄郡（治今内蒙古自治区和林格尔县西北），徙其民于西河（郡，治今陕西省府谷县西北）”。

3. 十五年（39）二月，“徙雁门、代郡、上谷三郡民，置常［山］关、居庸关以东”。《续汉书·天文志》又载：“后三年，吴汉、马武又徙雁门、代郡、上谷、关西县吏民六万

① 《汉书》卷九四下《匈奴传下》，第3824~3825页。

余口，置常[山]关、居庸关以东，以避胡寇。”

4. 二十年(44)，“是岁，省五原郡，徙其吏人置河东(郡，治今山西省夏县西北)”①。

从上述记载得知，东汉初年边民内徙安置的主要地区为今山西与河北地区，而雁北属受侵扰严重的边区，故对于今山西地区而言，东汉初年的内徙边民便有两种安置类型：一是其他边区的百姓大量迁入今山西中部和南部地区，二是雁北地区的不少民户进入今河北省。几次移民累计数量相当可观。迫于匈奴人的兵威，这种迁徙不仅打破了“边民不得内徙”的常规，而且实际意味着对这些边区的放弃。② 更值得注意的是，边区汉民的内徙，为匈奴人进入这些地区提供了不可多得的机遇。“匈奴左部遂复转居塞内。”③可以说，东汉初年边民的内徙，为日后南北匈奴的分裂，以及南匈奴入居中原地区创造了客观条件。

匈奴左部乘机入居塞内，即长城以南地区。后因单于继承问题，比与现任单于发生矛盾，建武二十四年(48)，单于比“款五原塞”，投附东汉政权，“愿永为蕃蔽，扞御北虏”，得到了光武帝的同意。从此，南、北匈奴正式分裂。后在北匈奴的威胁下，建武二十六年(50)，东汉朝廷一方面依照西汉旧例赏赐南匈奴首领，另一方面允许南单于入居云中，徙居西河美稷(今内蒙古自治区准格尔旗西北)。匈奴诸部分别屯居缘边七郡：北地、朔方、五原、云中、定襄、雁门、代郡。同时恢复缘边八郡(七郡及谷郡)的建置，遣边民北上，这样就形成缘边郡县匈奴与汉民杂居的状况。

> 南单于既居西河，亦列置诸部王，助为扞戍。使韩氏骨都侯屯北地(治今宁夏回族自治区吴忠市西南)，右贤王屯朔方(治今内蒙古自治区磴口北)，当于骨都侯屯五原(治今内蒙古自治区包头市西)，呼衍骨都侯屯云中(治今内蒙古自治区托克托县北)，郎氏骨都侯屯定襄(治今山西省左云县西)，左南将军屯雁门(治今山西省代县西北)，栗籍骨都侯屯代郡(治今山西省阳高县)，皆领部众为郡县侦罗耳目。④

(二)北匈奴的败亡与匈奴降众的内迁

东汉时期，在南匈奴部众主动归附外，北匈奴部在汉军及南匈奴的联合攻击下，

---

① 上述记载非特别注明者均见《后汉书》卷一《光武帝纪下》。

② 参见《后汉书》卷六五《张奂传》，第 2140 页。

③ 《后汉书》卷八九《南匈奴列传》，第 2940 页。

④ 《后汉书》卷八九《南匈奴列传》，第 2945 页。

大批被俘或投降，实际形成了内迁的浪潮，在很大程度上改变了当时民族分布的格局。关于当时内降及战俘见于《后汉书·南匈奴列传》的记载有：

1. 永平二年(59)，“北匈奴护于丘率众千余人来降”。

2. 建初元年(76)，南单于“遣轻骑与缘边郡及乌桓兵出塞”击北匈奴，降者三四千人。

3. 建初八年(83)，“北匈奴三木楼訾大人稽留斯等率三万八千人、马二万匹、牛羊十余万，款五原塞降”。

4. 元和二年(85)，“北匈奴大人车利、涿兵等亡来入塞，凡七十三辈。时北虏衰耗，党众离畔，南部攻其前，丁零寇其后，鲜卑击其左，西域侵其右，不复自立，乃远引而去”。

5. 章和元年(87)，“鲜卑入左地击北匈奴，大破之，斩优留单于，取其匈奴皮而还。北庭大乱，屈兰、储卑、胡都须等五十八部，口二十万，胜兵八千人，诣云中、五原、朔方、北地降”。

6. 章和二年(88)，“时北匈奴大乱，加以饥蝗，降者前后而至”。

7. 章和二年，南单于有意吞并北匈奴，要求攻击北匈奴。于是，汉朝大臣窦宪等采用“以夷伐夷”之策，与南匈奴联合起来，进攻北匈奴，取得重大胜利。如永元元年(89)，汉朝与诸部联军大破北单于，“于是温犊须、日逐、温吾、夫渠王柳鞮等八十一部率众降者，前后二十余万人”。[①] 后又招降万余人。《续汉书·天文志》载当时“日逐王等八十一部降，凡三十余万人”。

8. 永元二年(90)，东汉与南匈奴联军再次出击北匈奴，北匈奴彻底失败，“生虏数千口而还”。

在北匈奴破败后，南匈奴受益最大，其势力也趋于鼎盛，“是时南部连克获纳降，党众最盛，领户三万四千，口二十三万七千三百，胜兵五万一百七十”。其所领户的相当一部分应为北匈奴降众。大量的匈奴部众南附，也造成了相当棘手的安置问题。如当时，新降北匈奴部众还基本上居住于塞外地区及缘边各郡，“其诸新降胡初在塞外”。至永元六年(94)，新降胡十五部二十余万人皆反叛。平息反叛后，东汉官府对其进行了重新安置。如：1. 左部匈奴返回朔方后，“其胜兵四千人，弱小万余口悉降，以分处北边诸郡”。2. 迁徙大人乌居战部众及诸还降者二

① 《后汉书》卷二三《窦融传附窦宪传》，第814~818页。

万余人于安定、北地。3. 单于逢侯投降后，邓遵奏迁徙逢侯于颍川郡（治今河南省禹州市）。

同时，南单于也开始加入中央政权的内部斗争，时叛时附。如安帝永初三年（109），南单于反叛，原因是关东发生洪灾，人民饥饿死亡。叛乱很快为东汉政权所平定。

顺帝永和五年（140），南单于又反叛，东引乌桓，西收羌戎及诸部等数万人，寇并、凉、幽、冀四州。东汉政权无力与之争锋，徙西河治离石（今山西省吕梁市离石区），上郡治夏阳（今陕西省韩城市南），朔方治五原（今内蒙古自治区包头市西北）。这无疑意味着汉人居民区的内缩与匈奴居住区的永久性南移。

其实，在击破北匈奴之后，南匈奴曾经出现重返故地的迹象，但是，在多重主客观因素影响之下，南匈奴北返故地行动受阻。如章和二年（88），鲜卑击破北匈奴，当时南单于建议乘此机会出兵北伐，而其真实意愿是回归故地。当时，临朝称制的窦太后当权，议欲从之，宋意即上疏，加以反对。宋意指出：

> 夫戎狄之隔远中国，幽处北极，界以沙漠，简贱礼义，无有上下，强者为雄，弱即屈服。自汉兴以来，征伐数矣，其所克获，曾不补害。光武皇帝躬服金革之难，深昭天地之明，故因其来降，羁縻畜养，边人得生，劳役休息，于兹四十余年矣。今鲜卑奉顺，斩获万数，中国坐享大功，而百姓不知其劳，汉兴功烈，于斯为盛。所以然者，夷虏相攻，无损汉兵者也。臣察鲜卑侵伐匈奴，正是利其抄掠，及归功圣朝，实由贪得重赏。今若听南虏还都北庭，则不得不禁制鲜卑。鲜卑外失暴掠之愿，内无功劳之赏，豺狼贪婪，必为边患。今北虏西遁，请求和亲，宜因其归附，以为外扞。巍巍之业，无以过此。若引兵费赋，以顺南虏，则坐失上略，去安即危矣。诚不可许。①

宋意的阻挡，出于维护东汉王朝的切身利益与边疆地区稳定的考虑，虽然敌视边疆民族的态度并不高明，但是，这种建议还是具有一定的战略眼光。在朝臣如此强烈的反对之下，南单于重返故地的愿望没有能够实现。

与东汉人士的建议南辕北辙，南朝人士范晔在回顾东汉时期的匈奴问题时却提出这样的设想：在北匈奴败亡后，漠北空虚，“若因其时势，及其虚旷，还南虏于阴山，归西河于内地，上申光武权宜之略，下防戎羯乱华之变，使耿国之算不谬于当世，袁安

① 《后汉书》卷四一《宋意传》，第1415~1416页。

之议见从于后王,平易正直,若此其弘也”。因此,他认为,正因没有实施此策,“自后经纶失方,畔服不一,其为疢毒,胡可单言!降及后世,玩为常俗,终于吞噬神乡,丘墟帝宅”①。这是将西晋永嘉丧乱及北方少数民族南迁的祸根归结到东汉朝廷的处置失策。这种观点显然是偏激而不切合实际的。东汉时期匈奴部族人内迁浪潮是当时错综复杂的各方势力斗争的必然结果。应该说,南匈奴的内迁与北匈奴的破败,对于中央王朝北部边区的稳定与人民生命财产的安全,都是有百益而无一害的。即使不论东汉王朝边疆安危,在当时情况下,想要无端驱逐长期入居塞内的匈奴部族重新返回漠北,也只是不切实际并不高明的臆想。

关于匈奴南迁的原因,古今中外的学者进行了长期而深入的研究,甚至存在着不少争议及不同见解。然而,地理因素尤其是气候因素的重要影响,目前已成为大多数学者的共识:

> 游牧部落底(的)生活常常是极为艰苦的。各种的需要不断地压迫着;资源底(的)缺乏常可发生巨大的痛苦;食物底(的)来源非常地有限。肉类底(的)供给不是常常可以得到的。所以当草地荒歉,牛羊锐减或严寒侵袭,牲畜死亡时,饥馑的情形便要立刻发生。在这种情形之下只有比较有水的地方或较低的农业地才可以救得饥饿,于是游牧部落底(的)侵袭行为便跟着发现了。
>
> 在各种可以磨灭草原居民底(的)牲畜数目的非常灾变中,只有由于天气亢旱所发生的草地荒歉的现象会使草原区域最普遍地感受痛苦。严寒和瘟疫都不过是属于地方性质的。可是周期性的旱灾,甚至是连续的亢旱,在人类有史以前以及初期的历史时代,却显然地是旧世界底(的)草原区域和沙漠底(的)特征。例如近代这些草原和沙漠所呈示的自然地理和种种人类遗迹就有不少是这些区域底(的)气候变迁趋向干燥的明证。②

如果将游牧民族的一切侵袭活动完全归结于气候原因,当然是不太妥当的,历史文献并没有提供充分确凿的证据或反证。不过,全面了解游牧部族的生活特征与地理及气候之间的密切关系,却是非常有必要的。近年来,随着对历史时期气候研究的拓展,研究者提出了“小冰川期”的问题,并提出:“小冰川期于西元二世纪后半正式到来……恶劣气候一直持续到西元三世纪末……中国在西元六〇〇年走出了小冰川期……就这方面看来,我们不能完全归罪于匈奴。赶走人民的不是他们,而是变迁的

① 《后汉书》卷八九《南匈奴传》后论语,第2967页。

② 〔美〕恩格伦(O. D. Von Engeln)著,林光澂译《民族发展底(的)地理因素》,第159~160页。

气候。”①这种论说虽然具有强烈的“气候决定论”的意味，不过，这些观点及相关环境因素都是值得研究者深入思考与详加考订的。

（三）三国时期匈奴分布区与分布状况

匈奴在东汉初年南北分裂后，无论是在形式上还是在观念上，其内部亲汉与背汉两大势力的分野愈来愈明显。在东汉军队和南匈奴的联合攻击下，北匈奴曾遭灭顶之厄，然而，即使在北匈奴部众大量降附之后，这两大势力的对抗实际上依然存在。背汉的顽固势力屡屡叛乱，极难稳定，甚至联合羌、鲜卑等部族攻掠汉之边民，为害边地。由于他们居留的主要地区在外长城一线以北，因而一般被称为“塞外匈奴”。他们的迁徙运动对山西地区影响不大。从东汉末年到曹魏政权时期，入降的匈奴部众虽也有寇抄和掳掠之举，但从总体上来看，与其他少数民族相比，他们可算是最恭顺的“夷狄之民”了，因而陈寿在《三国志·魏书》中为乌桓与鲜卑立传的时候，并未给南匈奴单独立传，其理由是：“（东汉）后（南匈奴）遂保塞称藩，世以衰弱。建安中，呼厨泉南单于入朝，遂留内侍，使右贤王抚其国，而匈奴折节，过于汉旧。”②事实并非如此简单。

据《三国志·魏书》中《武帝纪》载，建安二十一年（216）秋七月，“匈奴南单于呼厨泉将其名王来朝，待以客礼，遂留魏，使右贤王去卑监其国”。这与《后汉书·南匈奴列传》所记完全相同。李贤对此注曰：“留呼厨泉于邺（今河北省临漳县西南），而遣去卑归平阳，监其五部国。”③《通鉴》胡注进一步解释：“（匈奴）分为左、右、前、后、中五部，分居并州诸郡，而监国者居平阳。”④这种注解给予读者的印象明显是南下匈奴部落的中心已移至河东平阳。这与当初於扶罗因族人反对，不得归“南庭”的情形有较大差距。到底当时匈奴部落在山西分布情况如何，我们必须综合史料进行分析。

在曹操平定北方诸雄之时，首先进入河东镇抚百姓的是杜畿。杜畿到任之前，正逢匈奴单于与袁尚所置河东太守郭援、并州刺史高幹共取平阳，寇暴河东。后来在曹军与马腾军的联合攻击下，南匈奴投降。⑤ 经过这次重大胜利之后，河东局势大为改

① 许靖华著，甘锡安译《气候创造历史》，（台北）联经出版事业股份有限公司 2012 年版，第 44~48 页。

② 《三国志》卷三〇《魏书·乌丸鲜卑东夷传》，第 831 页。

③ 参见《后汉书》卷八九《南匈奴列传》李贤注，第 2966 页。

④ （宋）司马光编著，（元）胡三省音注《资治通鉴》卷六七《汉纪五十九》，“汉献帝建安二十一年”胡注，中华书局 1956 年版，第 2147 页。

⑤ 参见《三国志》卷一五《魏书·张既传》，第 472 页。

观。“是时天下郡县皆残破,河东最先定,少耗减。(杜)畿治之,崇宽惠,与民无为。……班下属县,举孝子、贞妇、顺孙,复其繇(同徭)役,随时慰勉之。……百姓劝农,家家丰实。……畿在河东十六年,常为天下最。”①可见,南匈奴投降后,他们在河东地区的影响力被极大地削弱了,他们的活动范围有变,已从河东郡中心区退出。建安十一年(206),曹操率军征讨据守并州的高幹,高幹自度不支,“乃留其别将守城,走入匈奴,求救于单于,单于不受”②。看来投降后的南匈奴单于之地(其居留区)更靠近并州的中心区域。

高幹败亡后,首任并州刺史为梁习,从梁习的传记中我们可以了解到匈奴部落十分详细的情况:

> 并土新附,习以别部司马领并州刺史。时承高幹荒乱之余,胡狄在界,张雄跋扈。吏民亡叛,入其部落,兵家拥众,作为寇害,更相扇动,往往棋跱。习到官,诱谕招纳,皆礼召其豪右,稍稍荐举,使诣幕府;豪右已尽,乃次发诸丁强以为义从;又因大军出征,分请以为勇力。吏兵已去之后,稍移其家,前后送邺,凡数万口;其不从命者,兴兵致讨,斩首千数,降附者万计。单于恭顺,名王稽颡,部曲服事供职,同于编户。边境肃清,百姓布野,勤劝农桑,令行禁止。……后单于入侍,西北无虞,习之绩也。③

这是一篇反映曹魏时期山西地区匈奴活动状况弥足珍贵的资料。

首先,南匈奴的气焰甚嚣尘上,是梁习到任并州后所面临的最主要的问题。从上述文献中可知,当时并州境内存在着三种不安定势力:一是“胡狄”,二是亡叛的吏民,三是兵家。而解决这一系列问题的关键是如何遏制“胡狄”与汉人叛亡的联手。为此,梁习明智地采取了一系列措施,其核心就在于分化瓦解。他使用的主要手段之一就是移民,“吏兵已去之后,稍移其家”,也就是将所荐举吏兵的家属徙往邺都(今河北省临漳县西南)。“前后送邺,凡数万口。”此处所云乃家属的数量,家属被徙之后,那些吏兵也不可能回到并州,因此这次移民应加入那些吏兵的数量。当时是在东汉末年,天下大乱,户口耗减极为严重的情形下,这可算得上一次大规模的移民。这也是响应当时曹操“徙民以充河北”的政策。④ 从文献方面分析,这次移民的主体显然

① 《三国志》卷一六《魏书·杜畿传》,第496~497页。

② 《三国志》卷一《魏书·武帝纪》,第28页。

③ 《三国志》卷一五《魏书·梁习传》,第469页。

④ 《三国志》卷一五《魏书·张既传》,第472页。

为并州境内的汉人民户，实施的结果却是“单于恭顺，名王稽颡，部曲服事供职，同于编户”。也就是说，面对这一系列措施受到最大威慑的是匈奴首领，没有汉人吏兵的支持和怂恿，并州境内的匈奴部族也不再愚顽难制，“部曲服事供职，同于编户”，对此合理的解释应该是：对于曹魏官府而言，和平时期，并州境内的匈奴与汉人之间的差别已变得微小，同样承担着一切汉人民户所应承担的赋税劳役等义务。这是民族融合史上不应该忽略的一笔。

其次，这篇资料为确定匈奴之核心活动区所在位置提供了无可争辩的证据。汉末魏初南匈奴单于之王庭当在并州辖境无疑，即“胡狄在界”。文中所称“后单于入侍，西北无虞，习之绩也”，即明确道出了建安二十一年呼厨泉入侍邺都正是梁习的主要政绩。那么记载中“恭顺”的单于必是呼厨泉无疑。这同时说明在曹魏军队的打击下，投降后的匈奴部落活动区域已主要集中于并州地区（晋中一带）。当时匈奴在今山西地区的分布是相当广泛的，这最明确地表现在“五部”划分上。今山西境内当时匈奴分五部的记载出于《晋书·北狄·匈奴》：

> 建安中，魏武帝始分其众为五部，部立其中贵者为帅，选汉人为司马以监督之。魏末，复改帅为都尉。其左部都尉所统可万余落，居于太原故兹氏县（今山西省汾阳市）；右部都尉可六千余落，居祁县（今山西省祁县）；南部都尉可三千余落，居蒲子县（今山西省隰县）；北部都尉可四千余落，居新兴县（今山西省忻州市）；中部都尉可六千余落，居大陵县（今山西省文水县东北）。①

以现在划分的政区而论，匈奴五部之众所居涉及今天忻州、晋中、吕梁、临汾四个地区，而以晋中地区为其中心。史料明确记载，作为匈奴王族中坚力量的刘氏主要居留在晋中地区，“刘氏虽分居五部，然皆居于晋阳汾涧之滨”。刘渊（元海）之父刘豹正是於扶罗单于之子、呼厨泉单于之侄。② 这同样证明曹魏时期南匈奴之王庭是以晋中地区为中心的。然这并不是说河东地区已无匈奴人的活动，南部三千余落即居于蒲子县（今山西省隰县），蒲子县地处汾河之北，也许正由于这种特殊情况，魏正始八年（247），“分河东之汾北十县为平阳郡”③。自秦置河东郡（包括今山西省运城市和临汾市）以来，这是第一次实行内部分区，这也可算作匈奴人内迁对山西地区行政区划产生影响的一种表现。去卑从邺都返回，是否居留于此，我们难以找到明确的证

---

① 《晋书》卷九七《北狄·匈奴传》，第2548页。

② 《晋书》卷一〇一《刘元海载记》，第2645页。

③ 《三国志》卷四《三少帝纪》，第122页。

据。西晋江统在《徙戎论》中也说:“建安中,又使右贤王去卑诱质呼厨泉,听其部众散落六郡。”[①]从上述记载中可推知,这种散居在呼厨泉入质之前已经出现,五部之分不过是对既成事实的承认。

匈奴五部之分并非固定不变。魏嘉平元年(249),邓艾曾针对匈奴问题上书,“是时并州右贤王刘豹并为一部,艾上言曰:‘……今单于之尊日疏,外土之威浸重,则胡虏不可不深备也。闻刘豹部有叛胡,可因叛割为二国,以分其势。去卑功显前朝,而子不继业,宜加其子显号,使居雁门。离国弱寇,追录旧勋,此御边长计也。’……大将军司马景王新辅政,多纳用焉。”[②]从这段文献中,我们可了解到,建安中匈奴五部之分显然是曹魏政权削弱匈奴力量的一种方式,到刘豹之时,匈奴部落又恢复了统一的管辖。如果邓艾的意见得到采纳,在魏末匈奴部落又大致分为两部,一是以刘豹为首,居于晋中;一是以去卑之子为首,居于雁门(当时雁门郡治所已迁至今忻州市代县)。后者形成匈奴的一个分支——铁弗,日后成为拓跋鲜卑南下的劲敌。[③] 江统曾指出:“咸熙之际(264—265),以一部太强,分为三率。泰始之初(266),又增为四。”[④]无疑,司马氏政权对匈奴部落采取了重新分部的处理,可惜我们不清楚这些分部的具体情况,然而有一点可以肯定,那就是重新分部对匈奴人的分布居处不会有大的影响。

总之,自东汉末年的大乱之后,匈奴人在今山西地区的分布发生了重大变化。这种变化当然是由于他们自动迁徙而形成的。东汉时期匈奴部落先是入居代郡和雁门,之后又以离石为中心,深入至今吕梁地区一带。在东汉末年的大动荡之中,匈奴部众迅速向山西中部及南部地区推进,到建安年间,匈奴部众已基本覆盖了雁北、上党及河东汾河以南之外的区域,五部之分是其具体的表现。可以说,至此山西地区已成为南迁匈奴人居留的大本营。匈奴部众与汉人百姓之间的差别日趋缩小,“部曲服事供职,同于编户”,这与东汉时“与编户大同,而不输贡赋”[⑤]的状况相比,又大大深入了一步。这些匈奴人遂被当时人冠以“并州之胡”的新名称,可以说,正是在曹魏时期,南迁的匈奴部完成了由“塞外之虏”到“并州之胡”的历史性转变。

---

① 《晋书》卷五六《江统传》,第 1534 页。
② 《三国志》卷二八《魏书·邓艾传》,第 776 页。
③ 参见《魏书》卷九五《列传第八十三·铁弗刘虎》。
④ 《晋书》卷五六《江统传》,第 1534 页。
⑤ 《晋书》卷九七《北狄·匈奴传》,第 2548 页。

第二节　秦汉至三国时期南方越族、“西南夷”及“蛮”分布区的演变

秦朝的统一,是中华民族发展史上划时代的事件。统一之初,秦朝在全国地域范围内建置三十六郡,可以说新的民族共同体正是在这数十个郡中重新形成的。在这数十个郡中最主要的民族便是由原六国人组成的“秦人”。然而至秦汉之际,秦郡数量已有四十六个或四十八个之多。① 毫无疑问,在疆域建设方面,秦朝疆域并不是原六国疆域的简单组合,而是在原六国疆域的基础上又有飞跃性的发展,其拓展最主要体现在南方。汉族之外,秦汉时期南方最主要的部族是越人。汉朝建立后,先后攻灭南越诸国,继承并发展秦朝的疆域建设成就,也大大推动了南方民族融合的进程。

两汉在南方疆域建设方面另一重大成就便是西南地区的开拓。当时通称当地部族为“西南夷”,“西南夷”生活的区域在汉朝以前也是中原人士绝少知晓的未知之地。至东汉时期,“蛮”人口增加,反叛活动频繁,“蛮”聚居区也成为王朝境内引人注目的特殊区域。

一、秦汉至三国百越地区的政权与民族迁徙

秦汉乃至三国时期,中国南部最重要的少数民族就是通常所称的“百越”。秦汉时期百越曾建立起几个重要的以越人为主的国家,如南越、东越、闽越等。分析这些部族国家的变迁对于我们了解百越族系的分布状况是很有必要的。

(一)南越的部族构成与疆域变迁

南越不是一个血统纯粹的部族,其发展也是以国家建设——南越国的形成与发展为标志的。这一地区的主要部族就是“杨越”(或扬越、扬粤,不同典籍中“扬”与“杨”有异,盖形近混用)。关于“杨越”,《史记集解》引张晏曰:“杨州之南越也。”《史记正义》亦云:“夏禹九州本属杨州,故云杨越。”对这种解释,近人吕思勉进行了详细的考证,他指出“扬”“越”二字本同义,系一语而重言,“犹华、夏本一语而连言之耳”。扬越,就是越字的累称。《禹贡》所载“九州”之扬州实为东周时境域,南不及闽广。

① 参见谭其骧《秦郡新考》,载于《长水集》(上),第1~11页。

《史记》所载“扬越”区别于浙江与福建地区的于越。“盖其语原虽同，而自春秋以后，于越遂为封于会稽之越之专称耳。”“按其地分，似自《禹贡》荆州而南者，皆称扬越；而在扬州分者，顾不然也。”①吕先生的分析相当精辟，“扬越”区别“于越”，应指散布于楚国以南，今天南岭以南两广地区的越人。根据罗香林先生的考证，古代越族的分布范围更为广大：

古代越族之分布状况，依今日地理情况言之，殆环踞中国西南各省如川、滇、黔、桂等，南达安南、暹罗、缅甸之一部分，而东循滨海各地如广东、福建、浙江等省，更亘于皖、赣、鄂之交，盖不啻为中国南海东海所环抱之弧形域焉。此则由其种人之赋有夏民族系统之美质，而善于扩殖，故能所至融化其土著，奠定其居域，而繁荣种裔，非谓中夏宗邦有所驱抑于其间也。古代越族分布之广，盖为其种人长于向多扩殖之事实明证，其在西南滨海各地如越南、暹罗、缅甸等区域建立邦国，盖为其种人向外扩殖之一种事业，非其自中夏宗邦所挟以俱迁之建设也。②

秦统一六国后，积极向楚国以南地区拓展，在征服当地主要民族“杨越”(《汉书》作“扬粤”，“粤”与“越”通)③后，先后置桂林(治今广西壮族自治区桂平市西南古城)、南海(治番禺县，今广东省广州市辖区)、象郡(治今广西壮族自治区崇左市)。为了有效维护疆域建设成果，秦朝在南方建置政区的同时，实施了较大规模的移民，当时向南方地区移民的主体为“谪徙民”。南越国正是在秦南方三郡(桂林、南海、象郡)的基础上建立起来的。秦朝南海郡尉任嚣富有远见，认为“南海僻远”，当地形势足以割据自守而建立起一个独立的王国。他分析说：“番禺负山险，阻南海，东西数千里，颇有中国人相辅，此亦一州之主也，可以立国。”④任嚣在分析南越建国基础时，强调了两方面的因素：一是自然环境，如崇山环绕，道路险峻，幅员广阔；二是民族构成，如“颇有中国人相辅”等，证明当地人口中汉人所占比例已相当可观。

秦末汉初，赵佗将任嚣的设想转化为现实，在兼并桂林、象郡后，自立为“南越武王”，建立起一个独立的王国。西汉朝廷建立之始国力虚弱，只能承认既成事实，封赵佗为南粤王。如汉高祖十一年五月下诏云：“粤人之俗，好相攻击，前时秦徙中县之民

① 见《吕思勉读史札记》“扬越”条，第414~416页。

② 参见罗香林《古代越族分布考》，载于《百越源流与文化》，(台北)正中书局1978年版，第40页。

③ 《汉书》颜师古注“扬粤”：“本扬州之分，故云扬粤。”参见《汉书》卷九五《两粤列传》，第3847页。

④ 《史记》卷一一三《南越列传》，第2967页。

南方三郡，使与百粤杂处。会天下诛秦，南海尉它居南方长治之，甚有文理，中县人以故不耗减，粤人相攻击之俗益止，俱赖其力。今立它为南粤王。"①

这种分封的实质是用和平的方式，巧妙地将一个完全独立的政权转化为汉王朝的属国，汉朝使者陆贾出色地完成了这一重大使命。他的成功之处便在于利用了汉朝与南越国之间实力的对比。如陆贾对赵佗指出："中国之人以亿计，地方万里，居天下之膏腴，人众车舆，万物殷富，政由一家，自天地剖判未始有也。今王众不过数万，皆蛮夷，崎岖山海间，譬如汉一郡，王何乃比于汉！"②

然而，这种名义上的羁属在一段时间里并不能限制南越国的发展。如吕后在位时，南越国与汉朝交恶，兵戎相见。汉朝军队无力越过阳山岭。赵佗自尊号为南武帝，并"以兵威财物赂遗闽越、西瓯骆，役属焉。东西万余里。乃乘黄屋左纛，称制，与中国侔"。显然，南越国极盛时期的疆域包括了闽越、骆越等小国。赵佗后曾上书汉文帝，为自己辩解，其中也提到当时的南方局势：

> 且南方卑湿，蛮夷中西有西瓯，其众半羸，南面称王；东有闽粤，其众数千人，亦称王；西北有长沙，其半蛮夷，亦称王。老夫故敢妄窃帝号，聊以自娱。老夫身定百邑之地，东西南北数千万里，带甲百万有余，然北面而臣事汉，何也？不敢背先人之故。③

闽越属越人集团，我们在下面会详细讨论。关于"西瓯骆"，颜师古释："西瓯即骆越也。言西者，以别东瓯也。"④《史记索隐》云，姚氏案：《广州记》云"交阯有骆田，仰潮水上下，人食其田，名为'骆人'。有骆王、骆侯。诸县自名为'骆将'，铜印青绶，即今之令长也。后蜀王子将兵讨骆侯，自称为安阳王，治封溪县。后南越王尉他攻破安阳王，令二使典主交阯、九真二郡人。寻此骆即瓯骆也。"⑤

关于南越国的疆域，现代研究者经过详细考证，画出了较明确的界限：

> 南越国的疆域，向东与闽越相接，抵今福建西部的安定、平和、漳浦；向北主要以五岭（大庾岭、骑田岭、都庞岭、萌渚岭、越城岭）为界，与长沙国相接；向西到达今之广西百色、德保、巴马、东兰、河池、环江一带，与夜郎、句町等国相毗邻；其

① 《汉书》卷一下《高帝纪下》，第 73 页。

② 《汉书》卷四三《陆贾传》，第 2112 页。

③ 《汉书》卷九五《两粤传》，第 3851～3852 页。

④ 《汉书》卷九五《两粤传》，第 3849 页。

⑤ 《史记》卷一一三《南越列传》，第 2969～2970 页。

南则抵达越南北部，南濒南海。①

南越国共历五世九十三年。攻灭南越后，汉朝在其疆域内设置了九郡。《汉书·武帝纪》载，元鼎六年（前111），“遂定越地，以为南海、苍梧、郁林、合浦、交阯、九真、日南、珠厓、儋耳郡”。应该说，这九郡的范围大致相当于原南越国的疆域。据《汉书·地理志》，这九郡的辖区及户口情况如下表所示：

郡名	郡治今地	属县名称	户口数量
南海郡	广东省广州市	六县：番禺、博罗、中宿、龙川、四会、揭阳	19613户，94253口
郁林郡（故秦桂林郡）	广西壮族自治区桂平市西南古城	十二县：布山、安广、阿林、广郁、中留、桂林、潭中、临尘、定周、增食、领方、雍鸡	12415户，71162口
苍梧郡	广西壮族自治区梧州市	十县：广信、谢沐、高要、封阳、临贺、端溪、冯乘、富川、荔浦、猛陵	24379户，146160口
交阯郡	越南河内西北	十县：羸𨻻、安定、苟扇、麊泠、曲易、北带、稽徐、西于、龙编、朱䳒	92440户，746237口
合浦郡	广西壮族自治区浦北县西南旧州	五县：徐闻、高凉、合浦、临允、朱卢	15398户，78980口
九真郡	越南清化省西北	七县：胥浦、居风、都庞、余发、咸驩、无切、无编	35743户，166013口
日南郡（故秦象郡）	越南平治天省广治河与甘露河合流处	五县：朱吾、比景、卢容、西卷、象林	15460户，69485口

《汉书·地理志》中缺少儋耳、珠厓二郡属县及户口数量的记载，但在述风俗时指出：

> 自合浦徐闻（治今广东省徐闻县西南）入海，得大州（今海南岛），东西南北方千里，武帝元封元年（前110）略以为儋耳、珠厓郡。民皆服布如单被，穿中央为贯头。男子耕农，种禾稻纻麻，女子桑蚕织绩。……自初为郡县，吏卒中国人多侵陵之，故率数岁一反。元帝时，遂罢弃之。②

颜师古注《汉书》又引应劭曰：“二郡在大海中崖岸之边。出真珠，故曰珠厓。儋耳者，种大耳。渠率自谓王者耳尤缓，下肩三寸。”又张晏曰：“《异物志》二郡在海中，东

① 张荣芳、黄淼章《南越国史》，广东人民出版社2008年版，第95页。

② 《汉书》卷二八下《地理志下》，第1670页。

西千里，南北五百里。珠厓，言珠若崖矣。儋耳之云，镂其颊皮，上连耳匡，分为数支，状似鸡肠，累耳下垂。”又引臣瓒曰：“《茂陵书》珠崖郡治瞫都，去长安七千三百一十四里。儋耳去长安七千三百六十八里，领县五。”①应劭与张晏所云，貌似离奇，实际部分反映了海南岛地区特有的原始民族风俗。

又据《汉书·贾捐之传》载：“初，武帝征南越，元封元年（前110）立儋耳、珠厓郡，皆在南方海中洲居，广袤可千里，合十六县，户二万三千余。……自初为郡至昭帝始元元年（前86），二十余年间，凡六反叛。至其五年（前82），罢儋耳郡并属珠厓。”②至元帝初元三年（前46），珠厓郡民又接连反叛。元帝最终接受贾捐之的建议，罢除了珠厓郡。儋耳郡治今海南省儋州市西北，珠厓郡治今海南省海口市琼山区境。

（二）东越两国的兴衰与越族内迁③

西汉初年，东南沿海地区出现了两个越族王国，一是闽越国，一是东瓯国（或称东海国）。《史记》载两国之君无诸与摇都是越王句践的后裔，故将两国合称为“东越”，与南越相区别。④ 秦朝统一六国后，曾在东南越人聚居区置会稽郡（治今江苏省苏州市）与闽中郡（治今福建省福州市）。秦末动乱中，无诸与摇率领越人积极协助刘邦一方，因此，公元前202年，汉高帝立无诸为闽越王，立都于东冶（今福州市），统辖秦闽中郡故地。据现代学者考证，“闽越初封时，拥有今福建（漳浦、诏安、海澄除外），又加上了闽越襟领的馀汗。于南海国灭后，即乘机占领今潮梅一带。于东瓯北迁后，又席卷浙东的温台处，使汉廷分而治之的策略，化为泡影。足见闽越并不是小国；国势愈强，和汉廷的冲突，就终于不可避免了”⑤。

汉惠帝三年（前192），汉朝又立摇为东海王，都东瓯（今温州市），故摇又被称为东瓯王。然而，东海王国国祚短促，至汉武帝建元三年（前138），闽越借故派军进攻东瓯，东瓯王内外交困，被迫向汉朝求救。汉朝发兵浮海救东瓯。在闽越兵退却后，鉴于安全等方面的考虑，东瓯王要求举国内徙，“乃悉举众来，处江淮之间”。之后，东海王也就不复存在。《史记集解》引徐广之言曰：“年表云东瓯王广武侯望，率其众四

---

① 《汉书》卷六《武帝纪》注引，第188~189页。

② 《汉书》卷六四下《贾捐之传》，第2830页。

③ 参见葛剑雄《西汉人口地理》第十章第二节《越人内徙》。

④ 班固称为“两粤”，见《汉书》卷九五《西南夷两粤朝鲜传》。

⑤ 参见朱维干、陈元煦《闽越的建国及北迁》，载于《百越民族史论集》，中国社会科学出版社1982年版，第126页。

万余人来降，家庐江郡（治今安徽省庐江县西南）。”[①]查《史记·汉兴以来将相名臣年表》，汉武帝建元三年，“东瓯王广武侯望率其众四万余人来降，处庐江郡”。两段记载仅一字之别，可知徐广所云“年表”正是此表。由此可知，东瓯王归汉后，被封为广武侯。东瓯越民数量达四万多，其安置地以庐江郡为中心。

元鼎六年（前111），东越王余善公开反叛，汉军南征，闽越诸将倒戈，杀余善，投降汉军。汉武帝认为东越之地过于偏远，交通不便，闽越民风强悍，于是，“诏军吏皆将其民徙处江淮间。东越地遂虚”[②]。可以说，闽越国灭亡后，与东瓯国相似，也出现了强制性举国内迁。前后两次内迁的迁入地均为江淮之间，即长江以北至淮河流域。越人的北迁，不可避免地影响了当地的风俗。如《史记·货殖列传》载：“郢之后徙寿春，亦一都会也。而合肥受南北潮，皮革、鲍、木输会也。与闽中、干越杂俗，故南楚好辞，巧说少信。”[③]寿春、合肥地属皖东地区，蒙文通认为：“闽中则与寿春、合肥相去绝远，其俗亦相杂者，则当因原居闽中之闽越、东瓯之越人徙居江淮间之故也。”[④]这种解释具有较强的说服力。

当然，越人的北迁并不仅限于长江淮河流域。如据《史记·河渠书》的记载，武帝时期，为解决关中漕运问题，河东守番系提议在河东地区开垦渠田。他说：“穿渠引汾溉皮氏（今山西省河津市西）、汾阴（今山西省万荣县境内）下，引河溉汾阴、蒲坂（今山西省永济市西南）下，度可得五千顷。五千顷故尽河壖弃地，民茭牧其中耳，今溉田之，度可得谷二百万石以上。”他的建议得到了汉武帝的首肯，于是“发卒数万人作渠田”。但几年之后，由于黄河河道迁徙，渠道淤塞，种渠田者难以自足，“久之，河东渠田废，予越人，令少府以为稍入”。这里出现的“越人”特别引人关注。《史记集解》引如淳曰：“时越人有徙者，以田与之，其租税入少府。”《史记索隐》也同意这种解释：“其田既薄，越人徙居者习水利，故与之，而稍少其税，入之于少府。”蒙文通先生认为这里提到的“越人”正是内迁的东越、闽越国之越人：“是武帝时越人之北徙者不仅处于江淮间，且更有北至河东（今山西省西南部）者矣。”[⑤]当时开辟的渠田面积相当可观，“度可得五千顷”，如果全部分予越人，必然会引起大批越人集中于这一区域。这与越人北迁的规模是一致的。这样，从皖东到河东的大片区域中，都有内迁越人的踪

① 《史记》卷一一四《东越列传》，第2980页。
② 《史记》卷一一四《东越列传》，第2984页。
③ 《史记》卷一二九《货殖列传》，第3268页。
④ 蒙文通遗著《越史丛考》，人民出版社1983年版，第42页。
⑤ 《越史丛考》，第41~42页。

影，天长日久，内迁越人也逐渐与当地汉人融为一体了。

关于西汉时期百越地区文化特征与自然地理环境之关系，淮南王刘安的一份上书颇有参考价值。建元六年（前135），闽越发兵进攻南越，南越向汉朝求助，淮南王刘安反对汉朝出兵，他在上书中非常详尽地介绍了越地特征与“汉越之别”，他指出：

越，方外之地，劗发文身之民也，不可以冠带之国法度理也。自三代之盛，胡越不与受正朔，非强弗能服，威弗能制也，以为不居之地，不牧之民，不足以烦中国也。……自汉初定已来七十二年，吴越人相攻击者不可胜数，然天子未尝举兵而入其地也。

臣闻越非有城郭邑里也，处谿谷之间，篁竹之中，习于水斗，便于用舟，地深昧而多水险，中国之人不知其势阻而入其地，虽百不当其一。得其地，不可郡县也；攻之，不可暴取也。以地图察其山川要塞，相去不过寸数，而间独数百千里，阻险林丛弗能尽著。视之若易，行之甚难。……

不习南方地形者，多以越为人众兵强，能难边城。淮南（治今安徽省寿县）全国之时，多为边吏，臣窃闻之，与中国异。限以高山，人迹所绝，车道不通，天地所以隔外内也。其入中国必下领水，领水之山峭峻，漂石破舟，不可以大船载食粮下也。越人欲为变，必先田余干（在今江西省鄱阳县境）界中，积食粮，乃入伐材治船。边城守候诚谨，越人有入伐材者，辄收捕，焚其积聚，虽百越，奈边城何！且越人绵力薄材，不能陆战，又无车骑弓弩之用，然而不可入者，以保地险，而中国之人不能其水土也。臣闻越甲卒不下数十万，所以入之，五倍乃足，挽车奉饷者，不在其中。南方暑湿，近夏瘅热，暴露水居，蝮蛇蠚生，疾疠多作，兵未血刃而病死者什二三，虽举越国而虏之，不足以偿所亡。①

为阻止汉武帝出兵，刘安在此份上书中极言南北差异，不免有危言耸听之处，不过还是在一定程度上刻画出“中国”与“百越”之间在文化风俗、地理环境等方面存在的客观差距：首先，在文化风俗方面，越人断发文身，很难适应中国的冠带文化与典章制度；越人不居城郭，野居谿谷；越人习于水战，不擅陆战或骑射。其次，“中国”与“百越”之间差异的根源还在于所处地理环境的不同，自然地势形成的交通阻隔异常突出，“限以高山，人迹所绝，车道不通，天地所以隔外内也”。另外，在气候方面，中原人也根本不能适应当地的水土，“南方暑湿，近夏瘅热，暴露水居，蝮蛇蠚生，疾疠多

① 《汉书》卷六四上《严助传》，第2777~2781页。

作,兵未血刃而病死者什二三,虽举越国而虏之,不足以偿所亡”。应该承认,虽然汉朝军队最终较为顺利地攻灭了南越及闽越诸国,但是汉越之间的文化差异仍会保持相当长的时间。

(三)东汉至三国期间的“山越”分布区

汉武帝时期发生的越人北迁,已为不争的事实,但由于记载的阙略,我们对这次内迁的影响知之甚少。如据《史记·东越列传》,迁徙之后,“东越地遂虚”。此处所说“虚”者,就颇耐人寻味。吕思勉先生认为:“案此所谓虚者,亦谓虚其城邑耳;若谓悉其人而徙之,更无一人之遗,自为事理所无。《宋书·州郡志》云:‘建安太守,本闽越,秦立为闽中郡。汉武帝世,闽越反,灭之,徙其民于江淮间,虚其地。后有遁逃山谷者颇出,立为冶县。’其说当有所据,足补前史之阙。”①《汉书·地理志》“会稽郡”下有“冶县”,颜师古注曰:“本闽越地。”东越偌大地域,仅存一县,其虚旷可知,但不可谓其为无人之境。冶县之置,未必是越人由山谷而出,大概更与其境内有聚居汉人有关。不过,聚居山谷的越人确实大有人在,故东汉末年开始,东南地区出现了大批“山越”之民。

林惠祥先生认为:“山越盖即古越族之遗民,西汉时建国瓯越、闽越之开化的越人虽被迁徙江、淮,然其伏匿山谷者必甚多,以其山居故又称为山越或山民。”②按这种观点,山越纯为古越族的后裔。客观事实恐怕没有这么简单。吕思勉先生对山越的构成有着独到的见解,他说:

> 夫越之由来亦旧矣。乃终两汉之世,寂寂无闻,至于汉魏之间,忽为州郡所患苦、割据者所倚恃如此,何哉?曰:此非越之骤盛,乃皆乱世,民依阻山谷,与越相杂耳。其所居者虽越地,其人固多华夏也。……盖山深林密之地,政教及之甚难。然各地方皆有穷困之民,能劳苦力作者,此辈往往能深入险阻,与异族杂处。③

依据这种观点,“山越”应是原有越民与南迁的汉民共同组成的,甚至后者所占比例更大一些。这里的“山越”近似于“山民”。山民因叛乱,又常被蔑称为“山贼”。吕先生的观点显然更符合实际状况。可以说,“山越”是介于原始越民与汉民之间的一个特殊的民族共同体。

---

① 《吕思勉读史札记》“闽越民复出”条,第582页。

② 《中国民族史》上册,第125页。

③ 《吕思勉读史札记》“山越”条,第578~579页。

关于“山越”的分布，众多学者进行了相当细致的研究。如据叶国庆等人的考证，三国时代山越所居地包括吴国的会稽、新都、丹阳、豫章、吴兴、建安、鄱阳、东阳、庐陵、长沙、零陵、苍梧等郡以及夷州、魏属的庐江郡，跨居今天江苏、浙江、安徽、江西、福建、台湾、湖南、广东、广西等省区，大致相当于西汉时期瓯越、闽越、南越之旧壤，因此，认定“山越是秦汉间越和闽越演变而来的”，“吴之山越当为汉之越”。此外，他指出，范晔《后汉书》中所称“山民”，其实就是山越。[①] 由此可见，时至三国时期，山越的分布极广，几乎覆盖了中国东南及南部、西南部。我们还可以看到，从分布情况而言，东汉及三国时期的山越，与西汉时期的“百越”区域，具有相当明显的对应关系。

吕思勉先生也曾指出：“山越所据，亘会稽、吴郡、丹阳、豫章、庐陵、新都、鄱阳，几尽(长)江东西境。”他还特别解释：“案江南本皆越地，越皆山居，故其蟠结之区，实尚不止此。特僻远之地，不必其皆为患；即为患亦无关大局，不如此诸郡者处吴腹心之地，故史不甚及之耳。”[②]其中，丹阳郡(或称丹杨、丹扬，治今江苏省南京市)与吴郡、会稽、新都、鄱阳等郡相邻接的群山之间，可谓山越的一个最重要的聚居区。如《吴书·诸葛恪传》载：

> 众(指吴国诸大臣)议咸以丹杨地势险阻，与吴郡(治今江苏省苏州市)、会稽(治今浙江省绍兴市)、新都(治今浙江省淳安县西)、鄱阳(治今江西省鄱阳县)四郡邻接，周旋数千里，山谷万重，其幽邃民人，未尝入城邑，对长吏，皆仗兵野逸，白首于林莽。逋亡宿恶，咸共逃窜。山出铜铁，自铸甲兵。俗好武习战，高尚气力，其升山赴险，抵突丛棘，若鱼之走渊，猿狖之腾木也。时观闲隙，出为寇盗，每致兵征伐，寻其窟藏。其战则蜂至，败则鸟窜，自前世以来，不能羁也。[③]

“山越出山”，是吴国政治史上的重大事件。其中规模最大的一次发生在嘉禾年间诸葛恪任丹杨太守时期，据当时薛综的移文称：“元恶既枭，种党归义，荡涤山薮，献戎十万。”[④]由此可知，当时出山的越民至少有十万人之多。估计整个孙吴统治时期，出山的山越人数量应该相当可观。研究者注意到，孙吴收容山越，主要是充实其军队，故孙吴军队中越民最多，根据文献上有记载具体数目的统计，在孙吴的军队中，有九万一千余名的山越人，据《晋阳秋》记载，吴国灭亡时，兵士数量尚有二十三万之多。

---

① 参见叶国庆《三国时山越分布之区域》，《禹贡》第二卷第八期，第290~296页；叶国庆、辛士成《关于山越若干历史问题的探讨》，载于《百越民族史论集》，第246~263页。

② 《吕思勉读史札记》“山越”条，第577页。

③ 《三国志》卷六四《吴书·诸葛恪传》，第1431页。

④ 《三国志》卷六四《吴书·诸葛恪传》，第1432页。

按半数计，山越军士也应有十二万及十三万之数。[①] 我们可进一步推断，如按户出一兵来计算，那么时至孙吴末年，境内编入户籍的越民也应有十二万户或十三万户之多；又按每户五口计，那么当时的越民人口应在六十万以上。而根据《晋阳秋》的记载，孙吴灭亡时，全境户口为二百三十万。[②] 推测其中有六十万以上的越民，应该是合乎实际的。

（四）东汉至三国时期汉人移民与岭南文化的发展[③]

三国时曾任合浦、交阯太守的薛综自幼随族人到交州避难，对汉末岭南地区的发展相当熟悉，他在一份奏疏中着重阐发了移民（特别是汉人移民）与岭南文化进步之间的密切关系，他指出：

汉武帝诛吕嘉，开九郡，设交阯刺史以镇监之。山川长远，习俗不齐，言语同异，重译乃通，民如禽兽，长幼无别，椎结徒跣，贯头左衽，长吏之设，虽有若无。自斯以来，颇徙中国罪人杂居其间，稍使学书，粗知言语，使驿往来，观见礼化。及后锡光为交阯，任延为九真太守，乃教其耕犁，使之冠履；为设媒官，始知聘娶；建立学校，导之经义。由此已降，四百余年，颇有似类。[④]

据《后汉书·任延传》，锡光在西汉平帝在位时期任交阯太守，他"教导民夷，渐以礼义，化声侔于（任）延"。任延则于东汉建武年间任九真太守，"九真俗以射猎为业，不知牛耕，民常告籴交阯，每致困乏。延乃令铸作田器，教之垦辟。田畴岁岁开广，百姓充给"，同时传授儒家礼义之道，影响深广，故而，"领南华风，始于二守（锡光、任延）焉"。[⑤]

东汉末年，中原大乱，而岭南地区相对安定，交州因之成为中原人士争趋的避难地。时任交阯太守的士燮礼贤下士，更成为吸引中原士大夫前来的重要因素。士燮的祖先为鲁国汶阳人，在西汉末年王莽之乱时避难交州，从此定居下来。董卓之乱后，交州地区也陷入淆乱之中。士燮兄弟数人分别为交阯、合浦、九真、南海诸郡太

① 参见叶国庆、辛士成《关于山越若干历史问题的探讨》，载于《百越民族史论集》，第256页。

② 见《三国志》卷四八《吴书·孙皓传》裴注引，第1177页。

③ 关于秦汉至南北朝时期汉人向岭南地区的迁移活动，参见胡守为《岭南古史》中"北人南迁"一节，广东人民出版社1999年版，第207~245页。

④ 《三国志》卷五三《吴书·薛综传》，第1251页。关于岭南地区的文化发展，范晔《后汉书·南蛮西南夷列传》也称："凡交阯所统，虽置郡县，而言语各异，重译乃通。人如禽兽，长幼无别。项髻徒跣，以布贯头而著之。后颇徙中国罪人，使杂居其间，乃稍知言语，渐知礼化。"（第2836页）显然本于薛综的奏疏。

⑤ 本段中引文见《后汉书》卷七六《循吏列传·任延》，第2462页。

守，独揽大权，威震岭外，当时的交州又俨然一个独立王国。“燮兄弟并为列郡，雄长一州，偏在万里，威尊无上。出入鸣钟磬，备具威仪，笳箫鼓吹，车骑满道，胡人夹毂焚烧香者常有数十。妻妾乘辎軿，子弟从兵骑，当时贵重，震服百蛮，尉他不足逾也。”

更难能可贵之处在于，学者出身的士燮爱护儒士，勤于著述，引来大批中原士大夫投靠。“燮体器宽厚，谦虚下士，中国士人往依避难者以百数。”在当地避难的名士袁徽曾极力称赞他的功德：“交阯士府君既学问优博，又达于从政，处大乱之中，保全一郡，二十余年疆埸无事，民不失业，羁旅之徒，皆蒙其庆，虽窦融保河西，曷以加之。”①应该承认，岭南地区相对平静的社会状况，对于饱受战乱、饥荒之苦的移民而言，是具有极大吸引力的。

从东汉末年到孙吴统治时期，大批中原士人及其眷属为避祸乱，跋涉万里，能够迁居交州者，真可谓备尝艰辛，九死一生。汝南平舆人许靖便是一个典型的案例。东汉末年，许靖曾在会稽郡谋生。“孙策东渡江，（会稽人士）皆走交州以避其难，靖身坐岸边，先载附从，疏亲悉发，乃从后去，当时见之者莫不叹息。既至交阯，交阯太守士燮厚加敬待。”同时流寓交州的名士袁徽曾经向曹操的谋士荀彧推荐许靖，曹操特派人招请，被婉言拒绝。许靖在给曹操的书信中描述了当时悲苦的流徙生活：

> ……会稽倾覆，景兴失据，三江五湖，皆为虏廷，临时困厄，无所控告，便与袁沛、邓子孝等浮涉沧海，南至交州。经历东瓯、闽、越之国，行经万里，不见汉地，漂薄风波，绝粮茹草，饥殍荐臻，死者大半。……会苍梧诸县夷、越蜂起，州府倾覆，道路阻绝，（同行的徐）元贤被害，老弱并杀。靖寻循渚岸五千余里，复遇疾疠，伯母陨命，并及群从，自诸妻子，一时略尽。复相扶侍，前到此郡（交阯），计为兵害及病亡者，十遗一二。生民之艰，辛苦之甚，岂可具陈哉！②

孙策渡江，引发会稽及吴郡人士的大逃亡，避难首选之地便是交州。许靖等人从会稽经沿海地区到达交州，正好途经东瓯、闽越、南越等越国之故地。据其所见，“行经万里，不见汉地”，实则少见汉人而已，可见当时处战乱之时东南地区的主要居民依然是越人。“死者大半”“十遗一二”等语，说明迁徙途中难民死亡率相当惊人，最终能在岭南地区定居下来的汉人移民，只是当初逃民中的少数人而已。

简而言之，从两汉到孙吴时期，迁入岭南地区的中原人士大凡分为两类：一类是因罪而徙的犯人，从两汉到三国时期，交州地区一直是中原地区罪人的重要流放地；

---

① 参见《三国志》卷四九《吴书·士燮传》，第1191页。上段所引为同传，第1192页。

② 《三国志》卷三八《蜀书·许靖传》，第963~968页。

一类是避乱而来的士民。避难移民中有一批学者颇为引人注目。如程秉,为汝南南顿人,原师从郑玄,后避乱逃到交州,又与刘熙等交游,成为一代名儒。又如薛综,为沛郡竹邑人,避乱到交州后,师从刘熙,著述丰富。① 流徙的犯人中也有一些著名的文士。如会稽余姚人虞翻,被流放到交州后,"虽处罪放,而讲学不倦,门徒常数百人。又为《老子》《论语》《国语》训注,皆传于世"②。这些南来的士大夫对于岭南地区文化的发展可谓筚路蓝缕,功不可没。

二、两汉时期西南及中南地区民族分布与变迁

(一)两汉时期"西南夷"的族属与地理分布

《汉书·地理志》引朱赣《风俗》云:"巴(治今重庆市)、蜀(治今四川省成都市)、广汉(治今四川省金堂县东)本南夷,秦并以为郡。"在当时中原人士看来,巴、蜀、广汉三郡本是"南夷"分布地区,而秦朝时对巴、蜀以外地区的情况并不清楚。时至两汉,"西南夷"的名称通行起来。"西南夷",有时也被称为"西夷",一般就是指居住于巴郡、蜀郡以西以南区域的华夏以外的民族,即所称"巴、蜀西南外蛮夷",其分布地域大致包括今天云南全部、贵州大部、四川南部与西南部、重庆大部,以及广西北部、甘肃南部的部分地区。这些部族很早就建立起自己的国家,使该地区小邦林立,即"西南夷君长以什数"。这些小邦的分布状况大致可引述如下:

> 西南夷君长以什数,夜郎最大。其西靡莫之属以什数,滇最大。自滇以北君长以什数,邛都最大:此皆魋结,耕田,有邑聚。其外西自同师以东,北至楪榆,名为巂、昆明,皆编发,随畜迁徙,毋常处,毋君长,地方可数千里。自巂以东北,君长以什数,徙、筰都最大。自筰以东北,君长以什数,冄駹最大。其俗或土著,或移徙,在蜀之西。自冄駹以东北,君长以什数,白马最大,皆氐类也。③

这些部落虽同属"西南夷",然而其种族来源及生产生活方式千差万别。如就经济生活方式而言,"西南夷"中既有邑聚耕田小国,也有巂、昆明等编发迁徙的部族。关于西南夷的民族分类,现代民族学研究者早就指出:

> 汉、晋时期"西南夷"中的部落,是分别出自氐羌、百越、百濮三大族群的。每一个族群内部都分为许多不同的部落,有着不同的氏族、部落名称,处于分化、融

① 参见《三国志》卷五三《吴书·程秉传》与同书之《薛综传》。

② 参见《三国志》卷五七《吴书·虞翻传》,第1321~1322页。

③ 《史记》卷一一六《西南夷列传》,第2991页。

合的过程之中。同一族群的各部落居住区大致连成一片，但也在不同族群分布的接缘地带互相交错；有的甚至相互混杂。①

根据现代多学科的研究成果，将“西南夷”分为氐羌（藏缅语族）、百越（壮侗语族）、百濮（南亚语系孟高棉语族）三个族系，这已成为民族学界的共识。

属于氐羌族系的族部有滇、靡莫、劳浸、僰、嶲（叟）、昆明、邛都、徙、筰都、冉駹、白马、摩沙等，他们是今天西南地区属于藏缅语族的彝、白、纳西、拉祜、哈尼、傈僳、基诺、羌、普米、景颇、阿昌、独龙、怒等民族的先民；属于百越族系的族部有夜郎、且兰、句町、漏卧、滇越，他们是今天壮侗语族的仡佬、布依、傣、壮等民族的先民；属于百濮族系的族部有哀牢、濮，他们是今天孟高棉语族的佤、布朗、德昂等民族的先民。②

关于这些来源不同的部族在地理分布上的特征，尤中先生曾总结道：

“西南夷”区内的大部分部落，便都分别属于氐羌与百越的支系，只是到了“西南夷”区域内，“或以父名母姓为种号”，或以其崇拜的图腾、居住的地方等为称呼，以致难于识别，但线索仍然是很明显的。除了接近各集团中心居地者外，大约以叶榆河（今礼社江、元江、红河）为界，河东北为氐羌的各支系，河西南多属百越的部落，全线近河的东北沿岸，则为双方接缘错居的区域。③

时至东汉时期，西南地区的民族分布格局并没有根本性的改变，如《后汉书·南蛮西南夷列传》称：

西南夷者，在蜀郡徼外。有夜郎国，东接交阯，西有滇国，北有邛都国，各立君长。其人皆椎结左衽，邑聚而居，能耕田。其外又有嶲、昆明诸落，西极同师，东北至叶榆，地方数千里。无君长，辫发，随畜迁徙无常。自嶲东北有莋都国，东北有冉駹国，或土著，或随畜迁徙。自冉駹东北有白马国，氐种是也。此三国（指莋都、冉駹、白马）亦有君长。④

可见，自西汉至东汉，上述主要邦国与部族如夜郎、邛都、昆明等的居住地并没有根本性的转变。当然，上述提到的政权与部族之外，还有很多不知名的部族。如云“蛮夷虽附阻岩谷，而类有土居，连涉荆、交之区，布护巴、庸之外，不可量极”⑤。

---

① 参见尤中编著《中国西南的古代民族》，云南人民出版社1980年版，第16页。

② 参见王钟翰主编《中国民族史》第七章《西南夷与百越》，第291页。

③ 《西南民族史论集》之一《汉晋时期的“西南夷”》，第5页。

④ 《后汉书》卷八六《南蛮西南夷列传》，第2844页。

⑤ 《后汉书》卷八六《南蛮西南夷列传》后范晔论语，第2860页。

(二)两汉及三国在“西南夷”地区的开拓与政区设置

根据文献记载,该地区与中原地区相通,始于楚将庄蹻进入滇池。后因秦国军队夺取了楚国巴郡与黔中郡,庄蹻不得归路,故而以其所率楚军称王于滇,变易服饰,成为当地居民。秦朝时,为进入西南地区,曾开通“五尺道”。这条道是后来“西南夷道”之雏形,以宽五尺而得名,北起今四川省宜宾市,南到今云南省曲靖市,为连接四川盆地与云贵高原的通道,具有首创之功。汉武帝建元年间,为制服南越,切断其与西南夷之间的联系,汉郎中令唐蒙率军沿牂柯进入西南地区,并没有受到任何的抵抗,很顺利地以夜郎及周边小邑为犍为郡,并进一步开筑“西南夷道”。后蜀人司马相如拜中郎将,受命招抚“西南夷”诸小国,又置一都尉,十余县,属蜀郡;与此同时,司马相如致力于疏通道路,为后来的政区建置创造了条件。如《史记·司马相如列传》载:“司马长卿便略定西夷(《汉书·司马相如传》改为‘西南夷’),邛、筰、冄駹、斯榆之君皆请为内臣。除边关,关益斥,西至沫、若水,南至牂柯为徼,通零关道,桥孙水,以通邛都。”①

两汉在西南地区的开拓,其主要表现形式还是建置郡县及属国。一般而言,这些郡县的地域范围与原来部族的分布区域基本是一致的,当时新开置的郡,文献又通称为“初郡”。有些属国则是为安置“夷民”内属而设的。西汉“西南夷”地区政区设置集中于汉武帝在位时期。当时最早开设的郡为犍为郡,置于武帝建元六年(前135),地域包括夜郎及周围小国。元鼎六年(前111),在攻灭南越后,汉朝又平定“南夷”,置牂柯郡。其他诸国震恐,纷纷请求汉朝遣吏置郡,于是,汉朝以邛都为越嶲郡,筰都为沈犁郡,冉駹为汶山郡,广汉西白马为武都郡。至元封二年(前109),汉朝军队进逼滇国,滇王率部归降,汉朝于其地设益州郡。凡西汉一朝所置,合计七郡。

东汉时期在西南地区最主要的政区建置,是永昌郡之设。永昌郡开置的起因,是由于哀牢“夷民”的内附。哀牢“夷民”的内附,早在建武年间已经开始。据《古今注》曰:“永平十年(67),置益州西部都尉,居嶲唐(治今云南省云龙县西南)。”②这其实成为两年后永昌郡开设之先河。永昌郡开置时,即兼并了益州西部都尉。至明帝永平十二年(69),“哀牢王柳貌遣子率种人内属,其称邑王者七十七人,户五万一千八百九十,口五十五万三千七百一十一。西南去洛阳七千里,显宗以其地置哀牢、博南

① 《史记》卷一一七《司马相如列传》,第3047页。

② 《后汉书》卷八六《南蛮西南夷列传》注引,第2849页。

二县，割益州郡西部都尉所领六县，合为永昌郡”①。

属国是两汉时期为管理安置归附的少数民族所特设的政区形式。属国所在区域自然成为较典型的汉族以外的民族聚居之地。属国制度创建于秦朝。《汉书·百官公卿表上》载：“典属国，秦官，掌蛮夷降者。”西汉属国之设始于元狩三年匈奴昆邪王降汉，但西汉一朝并未在西南地区设置属国。

至东汉时期，属国制度更加完备。如《续汉书·百官志五》载：“属国，分郡离远县置之，如郡差小，置本郡名。”属国主要集中设于边郡，“唯边郡往往置都尉及属国都尉，稍有分县，治民比郡”。都尉的品秩很高，足见其地位之尊崇：“每属国置都尉一人，比二千石，丞一人。”而都尉的职责同样是“掌蛮夷降者”。东汉时期，属国的设置，又主要集中于西南地区，即蜀郡、广汉与犍为三郡属国。三郡属国都置于安帝在位时期。据《后汉书·南蛮西南夷列传》载，延光二年（123），蜀郡境内旄牛部族反叛，益州刺史张乔与西部都尉击破之，“于是分置蜀郡属国都尉，领四县如太守。……灵帝时，以（属）［蜀］郡（蜀）［属］国为汉嘉郡。”《续汉书·郡国志》载蜀郡属国置于延光元年。据《后汉书·孝安帝纪》，应以延光二年为是。汉嘉郡之改置，应在三国时蜀章武元年（221），治汉嘉县（今四川省雅安市名山区北）。又据《续汉书·郡国志》，广汉属国原为广汉郡北部都尉，治阴平道，安帝时改，别领三城。《后汉书·孝安帝纪》载，永初二年（108），“广汉塞外参狼羌降，分广汉北部为属国都尉”。犍为属国原为犍为郡南部都尉，永初元年（107）改为属国都尉，别领二城。

此外，我们可以看到，两汉“西南夷”聚居地区政区管理方面的一个显著特征，便是王侯制与郡县制并行，即在两汉朝廷在这一地区设置郡县的同时，原有的王侯体制并没有因此而废止。据《史记·西南夷列传》载，在益州郡设置之后，“赐滇王王印，复长其民。西南夷君长以百数，独夜郎、滇受王印。滇小邑，最宠焉”②。又如《续汉书·百官志》载：“四夷国王，率众王，归义侯，邑君，邑长，皆有丞，比郡、县。”即同一行政区内，在郡、县长官太守、令、长之外，又有王、侯、邑君等。

东汉末年及其后一段时间，天下三分，蜀汉在西南地区建立，该地区政区建置也进入了一个剧烈变动时期。如《晋书·地理志下》载：

> 及灵帝又以汶江、蚕陵、广柔三县立汶山郡。献帝初平元年（190），刘璋分巴郡立永宁郡。建安六年（201），改永宁为巴东，以巴郡为巴西，又立涪陵郡。二十

① 《后汉书》卷八六《南蛮西南夷列传》，第2849页。

② 《史记》卷一一六《西南夷列传》，第2997页。

一年(216),刘备分巴郡立固陵郡。蜀章武元年(221)又改固陵为巴东郡,巴西郡为巴郡,又分广汉立梓潼郡,分犍为立江阳郡,以蜀郡属国为汉嘉郡,以犍为属国为朱提郡。刘禅建兴二年(224),改益州郡为建宁郡,广汉属国为阴平郡,分建宁永昌立云南郡,分建宁、牂柯立兴古郡,分广汉立东广汉郡。魏景元中,蜀平,省东广汉郡。①

显然,这些郡县的变更,大都是原来郡县的分置与改置,对于新的民族区域的开拓及民族迁徙的作用及影响并不十分明显。

两汉时期西南地区"初郡"及属国情况简表②

初郡名称	治所今地	故地或族类	属县与建置变更情况
武都郡	先治武都县,后移到下辨道。(今甘肃省西和县西南)	白马氐羌	辖九县:武都、上禄、故道、河池、平乐道、沮、嘉陵道、循成道、下辨道
犍为郡	先治鳖,后治僰道(今四川省宜宾市西南)	夜郎国	辖十二县:僰道、江阳、武阳、南安、资中、符、牛鞞、南广、汉阳、郁鄢、朱提、堂琅
牂柯郡	贵州省黄平、贵定二县间	夜郎国	辖十七县:故且兰、镡封、鳖、漏卧、平夷、同并、谈指、宛温、毋敛、夜郎、毋单、漏江、西随、都梦、谈稿、进桑、句町
越嶲郡	四川省西昌市东南	邛都国,又称为邛都夷	辖十五县:邛都、遂久、灵关道、台登、定莋、会无、莋秦、大莋、姑复、三绛、苏示、阑、卑水、灊街、青蛉
沈黎郡	四川省汉源县东北	莋都夷	汉武帝天汉四年(前97),沈黎郡并入蜀郡,另置两都尉,一居旄牛,掌管徼外夷民;一居青衣,主管汉民。后分置蜀郡属国都尉,领四县(汉嘉、严道、徙、旄牛)
汶山郡	四川省茂县北	冉駹夷,又称为汶山(岷山)夷	至宣帝地节三年,省并蜀郡为北部都尉。灵帝时以汶江、蚕陵、广柔三县为汶山郡
益州郡	云南滇池周围	滇国	辖二十四县:滇池、双柏、同劳、铜濑、连然、俞元、收靡、谷昌、秦臧、邪龙、味、昆泽、叶榆、律高、不韦、云南、嶲唐、弄栋、比苏、贲古、毋棳、胜休、健伶、来唯
永昌郡	云南省保山市东北	哀牢夷	辖八城:不韦、嶲唐、比苏、楪榆、邪龙、云南、哀牢、博南

① 《晋书》卷一四《地理志上》,第438~439页。

② 参考《汉书·地理志》《后汉书·南蛮西南夷列传》《续汉书·郡国志》《晋书·地理志》。

（续表）

初郡名称	治所今地	故地或族类	属县与建置变更情况
广汉属国	甘肃省文县西北	原为广汉郡北部都尉	别领三城:阴平道、甸氐道、刚氐道
蜀郡属国	四川省雅安市名山区北	原为蜀郡西部都尉	别领四城:汉嘉、严道、徙、旄牛
犍为属国	云南省昭通市	原为犍为郡南部都尉	别领二城:朱提、汉阳

（三）西南边疆民族的内迁运动

南朝人范晔在评论东汉边疆民族发展动态时指出:“虽服叛难常,威泽时旷,及其化行,则缓耳雕脚之伦,兽居鸟语之类,莫不举种尽落,回面而请吏,陵海越障,累译以内属焉。故其录名中郎、校尉之署,编数都护、部守之曹,动以数百万计。”①

可以说,东汉时期,边疆民族的大量内属,形成了当时民族格局发展的一个重要趋势,这在西南边疆表现得相当突出。如《后汉书·西南夷列传》记载规模较大的内附事例有:

1. 建武二十七年(51),哀牢王贤栗等率种人户二千七百七十,口万七千六百五十九,诣越嶲太守郑鸿内属,光武帝封贤栗等为君长。

2. 永平十二年(69),哀牢王柳貌遣子率种人内属,其称邑王者七十七人,户五万一千八百九十,口五十五万三千七百一十一。

3. 永初元年(107),徼外僬侥种夷陆类等三千余口举种内附。

4. 元初三年(116),越嶲郡徼外夷大羊等八种,户三万一千,口十六万七千六百二十,慕义内属。

5. 永元十二年(100),旄牛徼外白狼、楼薄蛮夷王唐缯等,率种人十七万口,归义内属。

6. 安帝永初二年(108),青衣道夷邑长令田,与徼外三种夷三十一万口,举土内属。安帝增令田爵号为奉通邑君。

东汉一朝中,最大规模的边民内属运动发生在明帝永平年间。当时朱辅任益州刺史,极力招抚境外夷民,收到良好效果,“自汶山(岷山)以西,前世所不至,正朔所

① 《后汉书》卷八六《南蛮西南夷列传》,第2860页。

未加。白狼、槃木、唐菆等百余国,户百三十余万,口六百万以上,举种奉贡,称为臣仆”①。出现如此数量庞大的内属边民,在中国民族史上是相当罕见的,自然引起了民族史与人口史研究者的关注。学者的讨论集中于“永昌郡”现象。据《续汉书·郡国志》载,永昌郡有户二十三万一千八百九十七,口百八十九万七千三百四十四。对此,方国瑜先生认为可以理解,他指出:

哀牢一县有五万余户、五十五万余口,户口较多,劳榦作《两汉郡国面积及人口增减的推测》一文的统计,东汉永昌郡面积九八八二〇平方公里,每公里平均人数一九·二,而益州郡面积一五九五〇〇平方公里,每公里人口〇·七,人口密度相差二十七倍有奇;相差如此之巨,即因他把哀牢县的境界划得很小,乃作此结论,是错误的。这五万多户,五十五万多人口,分布在纵横三四千里地界之内,应是全国人口分布最稀的一县,当时哀牢地广人稀,开发地利还很有限,社会基础较差,只设为一县,是以当时的社会条件所决定的。②

而葛剑雄先生针对《后汉书·南蛮西南夷列传》所记载的数字指出:

这里的户口数是完全不可靠的。原因在于根据西汉沿袭下来的法律,凡是由边远少数民族地区或以少数民族成分为主设置的郡级单位“初郡”不按照一般郡县地区的规定征收赋税,所以这些民族或地区人口的多少与承担赋税的份额是毫无关系的。正因为如此,地方官可以多报“种人”或“蛮夷”“内附”“内属”,以显示自己的政绩,又能取悦于朝廷,而不必担心因此而增加本单位的赋税份额。少数民族的首领也乐得虚报所属人数,以壮大自己的声势,并可获得更多的赏赐。③

东汉“永昌郡”现象颇具代表性,值得引起研究者的充分注意与深入考察。

首先,“蛮夷”人口的统计,本是汉朝统计制度方面的一大缺陷。“蛮夷”人口的记录,大都是糊涂账。在内地郡县,“蛮夷”人口稀少,这一问题并不明显,而在边疆地区则无法回避。特别是在那些汉人极少的“初郡”,户口数字不可能将“蛮夷”人口排除在外。诚如葛先生所言,《后汉书·南蛮西南夷列传》所列“夷人”户口,主要来自“夷人”酋长们的上报,与租赋负担没有对应关系,不能归入严格的户口统计范畴。况且,在当时的边远郡县,也不具备全面进行户口统计的条件与可能。

其次,东汉时期上报记户口数过于庞大的现象,并不仅限于永昌一郡。如据《续

① 《后汉书》卷八六《西南夷列传》,第 2854~2855 页。

② 《中国西南历史地理考释》(上册),中华书局 1987 年版,第 219 页。

③ 《中国人口发展史》,第 123 页。

汉书·郡国志》,巴郡有三一〇六九一户,一〇八六〇四九口;蜀郡有三〇〇四五二户,一三五〇四七六口。如再加上蜀郡属国的户口数,蜀郡合计就有四一二〇二〇户,一八二六一〇五口,与永昌郡户口极为接近。又据《华阳国志·巴志》的记载,西晋永兴二年(305)三月甲午,巴郡太守但望在上疏中讲道:"谨按《巴郡图经》境界,南北四千,东西五千,周万余里。属县十四,盐、铁五官各有丞、史。户四十六万四千七百八十,口百八十七万五千五百三十五。远县去郡千二百至千五百里,乡亭去县或三四百,或及千里。土界遐远。"西晋人所据《巴郡图经》,应是两汉三国时所遗存。据这部《巴郡图经》,巴郡的户口与幅员规模,与永昌郡也是极为相似的。又据《续汉书·郡国志》的记载,当时南方还有数郡,如长沙郡、豫章郡等,总口数都超过了百万。这样看来,这种现象的出现,已打下了时代的烙印,恐怕有更深层的时代背景,需认真分析,难以一概否定。

再次,正如方国瑜先生所提到的,"西南夷"地区出现如此惊人的户口记载,还有一个不可忽视的因素便是当时各边郡所覆盖的广袤地域。如果没有以此广袤的地域为依托,部落酋长与官吏的上报也不会过于离谱。而也正是有如此广袤地域为依托,大多数"蛮夷"人口又是聚居于崇山峻岭之间,过于低估其实际的人口数量,也是不合情理的。汉朝内地郡县的地域相对要小得多,如《汉书·百官公卿表》载:"县大率方百里,其民稠则减,稀则旷,乡、亭亦如之,皆秦制也。"①永昌郡、巴郡、蜀郡的疆域动辄纵横三四千里到四五千里,与内地郡县相差悬殊,因而在户口规模和分布结构上也难以相提并论。

最后,上文已经提到当时"西南夷"地区政区管理上的"双轨制",即郡县官吏之外,复有王、侯、邑君的统辖,恐怕也是这种户口现象存在的关键因素。如在永昌郡内附的哀牢"夷人"中,五十五万人分属七十七个邑王的管辖,平均每个邑王名下不到一万人,并不算过分夸大。在这种"双轨制"管理下,当然不能仅以内地郡县的人口规模来衡量其人口数量的多寡。

(四)东汉至三国时期"南蛮"的种类及其分布状况

至东汉时期,在"西南夷"聚居区、东南越族区之外,南方"蛮族"聚居区同样引起了王朝统治者的关注。关于"蛮族"反叛的事件,史不绝书。据《后汉书·南蛮西南夷列传》,当时较著名的"蛮族"种类有"长沙武陵蛮""交阯徼外蛮""巴郡南郡蛮"以

---

① 《汉书》卷一九《百官公卿表》,第742页。

及“板楯蛮”等。

1. 长沙武陵蛮

“长沙武陵蛮”,顾名思义,该部族主要分布于长沙郡与武陵郡。据《续汉书·郡国志》载,长沙郡为秦朝所置,西汉时为长汉国,辖十三县,东汉时复改为长沙郡,治临湘县(今湖南省长沙市),领县相同。武陵郡为秦昭王所置,原名黔中郡,汉高帝五年改武陵郡,辖十三县,东汉时郡治移于临沅县(今湖南省常德市西),辖十二城。东汉时期与西汉时相比,武陵郡地域略有缩小,所辖佷山县(治今湖北省长阳县西)析属南郡。

据记载,传说中“武陵蛮”为远古帝王高辛氏之犬——槃瓠的后裔,实是古代民族史上非常典型的以槃瓠为崇拜图腾的部族。其发源地为“南山之石室”。《后汉书》李贤注云:“今辰州卢溪县南有武山。黄闵《武陵记》曰:‘山高可万仞。山半有槃瓠石室,可容数万人。中有石床,槃瓠行迹。’今案:山窟前有石羊、石兽,古迹奇异尤多。望石窟大如三间屋,遥见一石仍似狗形,蛮俗相传,云是槃瓠像也。”唐卢溪县在今湖南省泸溪县西南。其地先为楚国所吞并,秦国攻灭楚国后,在其地置黔中郡。西汉建立后,改为武陵郡。

“武陵蛮”又称为“五谿蛮”。《后汉书》注引《荆州记》云:“(临沅)县南临沅水,水源出牂牁且兰县,至(武陵)郡界分为五谿,故云五谿蛮。”郦道元《水经·沅水注》记:“武陵有五溪,谓雄溪、樠溪、无溪、酉溪,辰溪其一焉。夹溪悉是蛮,左右所居,故谓为五溪蛮也。”“五溪”,就是古代湖南境内长江支流——沅水的五条支流。

“蛮”所居也并不限于五溪,如“武陵蛮”有一支名为“澧中蛮”,元初二年(115)十二月,“武陵澧中蛮叛,州郡击破之”。澧,即今湖南境内另一条河流——澧水,“澧中蛮”应为居住于澧水两岸的“蛮族”。另一支名为“溇中蛮”,建初三年(78),“武陵溇中蛮叛”,《后汉书》李贤注云:“溇,水名,音娄,源出今澧州崇义县西北山。”①即今澧水支流溇水。这支“蛮族”的聚居地应在溇水两岸。

“武陵蛮”的分布区并不仅限于武陵一郡,如晋干宝《晋纪》载:“武陵、长沙、庐江郡夷,槃瓠之后也,杂处五溪之内。槃瓠凭山阻险,每每常为害。糅杂鱼肉,叩槽而号,以祭槃瓠。俗称‘赤髀横裙’,即其子孙。”②现代研究者指出:“汉代,一般人认为武陵蛮只分布在武陵郡,而实际上荆州刺史部除南阳郡以外的南郡、江夏郡、长沙郡、桂阳郡、零陵郡、武陵郡都有分布,所以史书中才有南郡蛮、江夏蛮、长沙蛮等称呼。

① 见《后汉书》卷三《肃宗孝章帝纪》注文,第136页。
② 见《后汉书》卷八六《南蛮西南夷列传》注引,第2830页。

由于武陵郡在诸郡中面积最大，人口最为集中且多，故史书中常以武陵蛮相称。”①这种分析无疑是正确的。下面根据《后汉书》诸帝纪与《南蛮西南夷列传》中关于“蛮民”的记载略述当时“蛮民”的分布状况：

“武陵蛮”反叛的记载最多。如“光武中兴，武陵蛮夷特盛”。建武二十三年（47）十二月，“武陵蛮叛，寇掠郡县，遣刘尚讨之，战于沅水，尚军败殁”。二十四年七月，“武陵蛮寇临沅”。建初元年（76）二月，“武陵澧中蛮叛”。和帝永元四年（92）冬，溇中、澧中“蛮”潭戎等反。元初三年（116）秋，溇中、澧中“蛮”四千人并为盗贼。顺帝永和元年冬，澧中、溇中“蛮”举种反叛。

“长沙蛮”反叛的记载也为数不少。如永寿三年（157），“长沙蛮叛，寇益阳”。《后汉书》李贤注释：益阳，“县名，属长沙国，在益水之阳，今潭州县也，故城在县东”②。东汉益阳县在今湖南省益阳市东。又如延熹三年（160），“长沙蛮寇郡界”。

还有“零陵蛮”。如延熹五年（162）八月，“零陵蛮亦叛，寇长沙”。又如永元四年，“武陵零陵澧中蛮叛”。零陵郡治零陵县（今广西壮族自治区全州县西南），辖十三县。

可以说，两汉时期以槃瓠为始祖的一支“蛮民”——“长沙武陵蛮”，其分布范围很广，包括当时武陵、长沙、零陵等郡，覆盖了今天湖南省大部、贵州省东部以及广西壮族自治区北部的广大区域。

2. 巴郡南郡蛮

“巴郡南郡蛮”，顾名思义，即为生活在巴郡与南郡境内的“蛮民”。通常认为这一支“蛮民”为古代巴人的后裔，他们崇奉的祖先为廪君，共有五种姓氏：巴氏、樊氏、瞫氏、相氏、郑氏。该部族的发源地为武落钟离山（在今湖北省长阳县境内），后沿夷水迁居夷城。夷水即今湖北西部长江支流及其上游小河。夷城即今湖北省宜城市。秦国灭古巴国置巴郡，治江州县（今重庆市），辖十四县。

南郡紧邻巴郡，也是秦时所置，治江陵县（今湖北省江陵县），辖十七县。东汉时期，为平息“南郡蛮”叛乱，曾迁徙大量“蛮民”进入江夏郡。如“至建武二十三年（47），南郡潳山蛮雷迁等始反叛，寇掠百姓，遣武威将军刘尚将万余人讨破之，徙其种人七千余口置江夏界中，今沔中蛮是也”。和帝永元十三年（101），“巫蛮”许圣等屯聚反叛，第二年被汉军击破，许圣等乞降，“复悉徙置江夏”。沔水即今汉水及武汉市

① 王文光编著《中国南方民族史》，民族出版社1999年版，第94页。
② 《后汉书》卷七《孝桓帝纪》注引，第303页。

以下的长江,“沔中蛮”即生活在汉水及长江两岸的“蛮民”。因此,可以肯定,“江夏蛮”是巴郡、南郡“蛮”的分支,“江夏蛮”的出现,主要是由“蛮民”迁徙所致。之后,“江夏蛮”反叛的记载,还屡屡出现,如灵帝建宁二年(169),九月,“江夏蛮叛,州郡讨平之”①。江夏郡治西陵县(今湖北省武汉市新洲区西),辖十四县。

综上可知,以廪君为始祖的“蛮民”——巴郡南郡“蛮民”,在分布上具有非常显著的特征,即贯穿长江一线,包括巴郡、南郡及江夏郡,覆盖了今湖北省大部以及四川省东部、重庆市等地的大片地区。

3. 板楯蛮

“板楯蛮”,又号“板楯蛮夷”,其聚居中心在巴郡阆中县(今四川省阆中市)一带,故又常被称为“巴郡板楯蛮”。“板楯蛮”主要有七大姓:罗、朴、督、鄂、度、夕、龚。因为这些“蛮民”岁输賨钱为赋,因而又被称为賨民或賨族。“阆中有渝水(又名宕渠水,即今四川南江及其下游渠江),其人多居水左右。天性劲勇,初为汉前锋,数陷阵。俗喜歌舞,高祖观之,曰:‘此武王伐纣之歌也。’乃命乐人习之,所谓《巴渝舞》也。”可见,渝水两岸是“板楯蛮”最主要的聚居地。“板楯蛮”性情勇猛,故常为汉朝所征发,战绩非凡,号为“神兵”。“板楯蛮”,后又被认为是“獠人”的前身,如《史记索隐》引西晋郭璞之言曰:“巴西阆中有俞水,獠人居其上,好舞。初,高祖募取以平三秦,后使乐人习之,因名《巴俞舞》也。”②与《后汉书·南蛮西南夷列传》所载如出一辙。③ 此外,一些现代研究者强调巴族(“巴郡南郡蛮”)与賨民之间的区别,指出两者为两种不同的民族,不可混为一谈。賨民与一部分巴族及濮族,构成了南北朝时期的僚族。④

第三节 两汉时期西域地区的民族分布与政权状况

西域,是中国古代史上一个相当独特的地域概念⑤,自清代边疆史地研究兴起

① 《后汉书》卷八《孝灵帝纪》注引,第330页。

② 《史记》卷一一七《司马相如列传》注引,第3039页。

③ 现代学者如徐中舒先生也力主此说,见《论巴蜀文化》中《巴地所在及其历史》(四川人民出版社1982年出版)一节。

④ 参见童恩正《古代的巴蜀》,四川人民出版社1979年版,第44~46页。

⑤ 历代“西域”概念涉及的地域并不相同,参见杨建新《“西域”辩正》,《新疆大学学报》1981年第1期。

后，有关古代西域史地研究的成果相当丰富。[①] 西域的发现及其与中原联系的增强，是两汉王朝在中国疆域建设史及中西交流史上取得的重大成就，在此之前，中原人士对西域地区的状况几乎一无所知。张骞"凿空"西域，一举打开了中原人士认识西部地区的大门，西域也就成为最早为中原人士所熟知的边疆地区之一。两汉时期西域都护的建立，为中央王朝在西域地区建立行政体制做出了探索性的努力，功不可没。

一、中原至西域交通的开辟与西域都护的设置

司马迁著《史记》时，撰有《大宛列传》，并无"西域"之称，没有将这一大片地区作为一个独特的地理单元看待。至东汉班固始在《汉书》中列出《西域传》。对此，清代学者徐松曾解释道：

> 《史记·大宛传》：匈奴奇兵时时遮击使西国者。古音国读如域。《广雅·释诂》：域，国也。《后汉书·乌桓传》有东域，《西南夷传》有南域，此城郭国界中国之西，故曰西域。太初三年贰师诛宛王，汉始通西域，在《史记》后。史公但作《大宛传》，班分《大宛传》为《张骞》《李广利传》，又采录旧文益以城郭诸国，创为《西域传》。[②]

徐松的分析相当精辟，"西域"即"西国"之谓。但将汉朝"通西域"的时间断在太初三年汉朝军队征伐大宛之后，与司马迁所云张骞"凿空"西域的说法有所不同。"凿空"一语出于《史记·大宛列传》，《史记集解》引苏林之言曰："凿，开；空，通也。骞开通西域道。"[③]司马迁未列"西域传"，称为"西国""西北国"或"西北外国"，说明当时"西域"还不是十分通行的名称。徐松所云"通西域"侧重于西域诸国对汉朝臣属关系的确立。

西域在中国民族史以及中西交通史上居于十分特殊的地位，先秦乃至秦朝，中原人都不知道西域这一地区的存在，"及秦始皇攘却戎狄，筑长城，界中国，然西不过临洮（治今甘肃省岷县）"[④]。中原地区与西域地区不通音信的主要原因，一方面路途遥远，另一方面在交通路线上也存在人为阻隔，其中强大的匈奴势力便是交通路线上的

---

① 仅就汉代西域的研究成果而言，较有代表性的成果有清徐松《汉书西域传补注》、李光廷《汉西域图考》，现代黄文弼《西北史地论丛》（上海人民出版社 1981 年出版），岑仲勉《汉书西域传地里校释》（上、下册，中华书局 1981 年出版），以及余太山《塞种史研究》（商务印书馆 2012 年出版）等。

② 《历代各族传记会编》，第一编，中华书局 1958 年版，第 317 页王注引。

③ 《史记》卷一二三《大宛列传》，第 3169~3170 页。

④ 《汉书》卷九六上《西域传上》，第 3872 页。

最大障碍。“匈奴右方居盐泽(又名蒲昌海,今新疆罗布泊)以东,至陇西长城,南接羌,鬲汉道焉。”①不仅如此,当匈奴部落联盟强大之时,西域各国均依附于匈奴联盟,形成了事实上的归属关系。“西域诸国大率土著,有城郭田畜,与匈奴、乌孙异俗,故皆役属匈奴。匈奴西边日逐王置僮仆都尉,使领西域,常居焉耆、危须、尉黎间,取富给焉。”②

《史记·大宛列传》载:“大宛之迹,见自张骞。”也就是说,自从张骞“凿空”西域后,中原人才知道西域各国的存在。汉武帝建元年间,张骞首次出使西域的目的,就在于联系月氏,共同对付匈奴,却意外到达大宛,后又先后抵达康居、月氏、大夏等地。返回中原后,张骞即向汉武帝相当详细地报告西域各国情况。张骞的汇报内容是以大宛为核心,并涉及大月氏、康居、大夏等国的情况。如大宛王居贵山城(在今乌兹别克斯坦卡散赛),而西域一些国家正处于汉朝与大宛之间。如云:

> 大宛在匈奴西南,在汉正西,去汉可万里。其俗土著,耕田,田稻麦。有蒲陶酒。多善马,马汗血,其先天马子也。有城郭屋室。其属邑大小七十余城,众可数十万。其兵弓矛骑射。其北则康居,西则大月氏,西南则大夏,东北则乌孙,东则扜罙、于窴。③

张骞两次出使西域,获得巨大成功,在中西交通史上的意义重大,也是汉朝了解中亚、南亚等地区的开始。此后,西域诸国与汉朝通使,汉朝也置酒泉郡以通西北地区,双方人员与物资交流十分频繁。另外,张骞出使促进了汉朝对西南地区的认识。如张骞在大夏见到邛杖、蜀布,汉武帝在张骞的劝说下,有意征服大夏,广地万里。而由蜀布知大夏与“西南夷”接近,因此,加强了对西南地区的拓展。其目的就在于接通与大夏的联系。

然而,张骞出使西域,主要目的在于让中原人士了解西域诸国的状况,如果要使西域各国臣服,还必须采取措施,解决匈奴对西域各国的控制。解决这个问题主要分为两步:

一是河西四郡的建立。四郡指酒泉、武威、张掖、敦煌。西汉元狩二年(前121),匈奴浑邪王降汉,汉朝以其地为武威(治姑臧县,今武威市)、酒泉(治福禄县,今酒泉市)郡,元鼎六年(前111),又分置张掖(今张掖市西北)、敦煌(治敦煌县,今敦煌市西

① 《史记》卷一二三《大宛列传》,第3160页。
② 《汉书》卷九六上《西域传上》,第3872页。
③ 《史记》卷一二三《大宛列传》,第3160页。

南)郡。河西四郡的建立,切断了匈奴与氐羌人的联系,削弱了匈奴联盟的力量,为中原地区与西域保持政治与经济联系提供了必要的条件。[①] 此外,著名的两关——阳关与玉门关,都在敦煌郡境内。玉门关在今甘肃省敦煌市西北小方盘城,阳关在今敦煌市西南古董滩附近。阳关与玉门关同为中原地区通向西域地区的门户,即两条主要交通路线的起点,出玉门关为北道,出阳关为南道。

二是西域都护的建立。汉朝贰师将军李广利攻破大宛后,汉朝始于轮台、渠犁置使者校尉,率田卒屯田,供给来往使者。汉朝使者校尉起先只能领护南道诸国,神爵三年(前59),匈奴日逐王归降汉朝,汉朝使者开始兼护北道,故称"都护"。匈奴僮仆都尉也从此废止。《汉书·郑吉传》载:"吉于是中西域而立莫府,治乌垒城(今新疆维吾尔自治区轮台县东),镇抚诸国,诛伐怀集之。汉之号令班西域矣,始自张骞而成于郑吉。"[②]《汉书·百官公卿表》载:"西域都护加官,宣帝地节二年(应为神爵三年)初置,以骑都尉、谏大夫使护西域三十六国,有副校尉,秩比二千石,丞一人,司马、候、千人各二人。戊己校尉,元帝初元元年(前48)置,有丞、司马各一人,候五人,秩比六百石。"[③]西域都护的建立,正式宣布了汉朝政府对西域地区拥有统辖权的客观事实。

两汉时期,西域长期处于匈奴与汉朝两大势力的争夺背景之下。西汉末年,西域重新处于匈奴人的役属之下。《后汉书·西域传》载:"王莽篡位,贬易侯王,由是西域怨叛,与中国遂绝,并复役属匈奴。"[④]至建武年间,西域人不堪匈奴的压迫,又请求东汉官府派遣都护管理,东汉官府无暇外顾。计东汉一朝,与西域诸国关系经历了复杂的变化,史称"三通三绝"。西域各国群龙无首,混战不休。东汉明帝永平年间,为反击诸国对河西诸郡的侵扰,汉朝军队始挥师北上,占领伊吾卢,置宜禾都尉,开展屯田,中原通往西域的大门重新打开。但是,东汉西域都护、戊己校尉在设置后受到匈奴人的侵扰,很难维持,相继罢除。直到和帝永元初年,匈奴大败之后,班超平定各国,出任西域都护,居龟兹。

二、西域的地理范围与西域诸国的数量

关于西域的地理范围与邦国数量,《汉书·西域传上》载:

---

① 参见谷苞《论西汉政府设置河西四郡的历史意义》,载于《中华民族多元一体格局》,中央民族学院出版社1989年版,第197~211页。

② 《汉书》卷七〇《郑吉传》,第3006页。

③ 《汉书》卷一九《百官公卿表》,第738页。

④ 《后汉书》卷八八《西域传》,第2909页。

西域以孝武时始通，本三十六国，其后稍分至五十余，皆在匈奴之西，乌孙之南。……东西六千余里，南北千余里。东则接汉，阸以玉门、阳关，西则限以葱岭。①

《后汉书·西域传》亦载：

武帝时，西域内属，有三十六国。……哀、平间，自相分割为五十五国。……西域内属诸国，东西六千余里，南北千余里，东极玉门、阳关，西至葱岭。其东北与匈奴、乌孙相接。②

鱼豢《魏略·西戎传》又载：

西域诸国，汉初开其道，时有三十六，后分为五十余。从建武以来，更相吞灭，于今有二十道。……凡西域所出，有前史已具详，今故略说。南道西行，且志国、小宛国、精绝国、楼兰国皆并属鄯善也。戎卢国、扞(扜)弥国、渠勒国、穴(应为皮)山国皆并属于寘。罽宾国、大夏国、高附国、天竺国皆并属大月氏。③

仔细比较上述文献中关于"西域"的概念，不难发现，记载中的"西域"实际包涵了多重地域范围。

首先，古文献中所称"西域"至少有广义与狭义之别。广义的"西域"应指所有位于玉门关、阳关以西，汉朝人已知或未知的国家与地区，也就是《史记·大宛列传》《汉书·西域传》《后汉书·西域传》《魏略·西戎传》等文献提到的所有的西方邦国，包括身毒、大夏、大月氏、罽宾、康居、大秦等葱岭以西的国家。《汉书·西域传》共列西域五十多个邦与城郭，它们是婼羌、鄯善、且末、小宛、精绝、戎卢、扜弥、渠勒、于阗、皮山、乌秅、西夜(含子合)、蒲犁、依耐、无雷、难兜、罽宾、乌弋山离、安息、大月氏(大夏)、康居、大宛、桃槐、休循、捐毒、莎车、疏勒、尉头、乌孙、姑墨、温宿、龟兹、乌垒、渠犁、尉犁、危须、焉耆、乌贪訾离、卑陆、卑陆后、郁立师、单桓、蒲类、蒲类后、西且弥、东且弥、劫、狐胡、山、车师前、车师后(王)、车师都尉、车师后城长。

其次，狭义的"西域"，是指汉朝西域都护属下的诸国。班固虽然强调"西域"范围"西则限以葱岭"，然而《西域传》所录国家远不限于此，他曾于《汉书·西域传》篇末总结道："最凡国五十。……而康居、大月氏、安息、罽宾、乌弋之属，皆以绝远不在

① 《汉书》卷九六上《西域传上》，第3871页。
② 《后汉书》卷八八《西域传》，第2909~2914页。
③ 《三国志》卷三〇《乌丸鲜卑东夷传》裴注引，第859页。

数中，其来贡献则相与报，不督录总领也。”“督录总领”的标准，就是是否归属西域都护的管辖。为此，班固在各国之下均有标注。标明“不属都护”的国家有罽宾、难兜（属罽宾）、乌弋山离、安息、大月氏、康居等，自然不属于我们考察研究的范围。因此，范晔重新定名为“西域内属诸国”，试图与西域都护管辖相一致，似乎更恰当一些。但对于所辖诸国的数量，研究者的意见并不统一。对于西域国家的数量时有变化这一点，古今学者并无异议。争论最为集中的是关于“三十六国”的具体名称。荀悦《汉纪》、徐松《汉书西域传补注》都曾排出“三十六国”的目录。荀悦《汉纪》记载西域三十六国：

> 婼羌、沮沫、精绝、戎卢、渠勒、皮山、乌秅、西夜、蒲犁、依耐、无雷、捐毒、桃槐、休循、疏勒、尉头、乌贪、卑陵、渠类谷、隋立师、单桓、蒲类、西沮弥、劫、狐胡、山、车师，凡二十七国，小国也，小者七百户，大者千户。扜弥、于阗、难兜、莎车、温宿、龟兹、尉犁、危须、焉耆九国，次大国，小者千余户，大者六七千户。

清代学者徐松对荀悦列出的“三十六国”提出了异议，他指出：

> 今案荀说国名与《汉书》异，卑陵即卑陆，渠类谷即卑陆国所治之番渠类谷，误数为国，此传所载国五十二，附见之国如条支、奄蔡、犁靬、天笃不与焉。传言三十六国在乌孙之南，则乌孙不在数中。又言：宣帝时破姑师，分以为车师前、后王及山北六国，则孝武时有姑师国，而无车师前、后国。即山北六国、车师都尉国、车师后城长国、乌贪訾离亦建国。元帝时，罽宾、乌弋山离、安息、大月支、康居五国不属都护；捷枝、轮台，皆汉所灭；小金附国，汉不禁车师之伐，不属汉可知：皆所不数。

他在解释《汉书·西域传》“本三十六国”之语时强调：“此本其初言之，《匈奴传》楼兰、乌孙、呼揭及其旁二十六国皆已为匈奴，其时盖已有三十六国，归匈奴者，楼兰之外惟二十六国也。”即在张骞出使西域之前，已有三十六国之存在。他列出的“三十六国”为婼羌、楼兰、且末、小宛、精绝、戎卢、扜弥、渠勒、于阗、皮山、乌秅、西夜、子合、蒲犁、依耐、无雷、难兜、大宛、桃槐、休循、捐毒、莎车、疏勒、尉头、姑墨、温宿、龟兹、尉犁、危须、焉耆、姑师、墨山、劫、狐胡、渠犁、乌垒。①

对于徐松的考证，现代学者如岑仲勉先生、周振鹤先生等也提出了不同看法。岑先生首先根据扬雄上书所言“往者图西域，制车师，置城郭都护三十六国”②的内容，

---

① 见（清）王先谦《汉书补注》引文，载于《历代各族传记会编》第一编，第317~318页。

② 《汉书》卷九四下《匈奴传下》，第3816页。

断定“三十六国”乃都护初设时有国之数。其次，岑先生认为都护设立时，姑师已析为八国，而徐松没有列出等。① 周振鹤先生所持观点与岑先生大致相同，认为“三十六国”应专指乌孙、大宛之外的“城郭诸国”，他列出的三十六国为鄯善(楼兰)、且末、精绝、扜弥、渠勒、于阗、皮山、莎车、婼羌、小宛、戎卢、乌秅、西夜、子合、蒲犁、依耐、无雷、捐毒、疏勒、尉头、姑墨、温宿、龟兹、乌垒、渠犁、尉犁、危须、焉耆、车师前、车师后、卑陆、卑陆后、蒲类、蒲类后、西且弥、东且弥。②

要将记载中从西汉到三国时期西域各国的发展脉络梳理清楚，确有相当大的难度。尽管相关的讨论持续了很久，但似乎依然无法消除我们的诸多疑问。

首先，我们依据的文献，来源于古人的考察与记录，本身就不可避免存在一些误解与错误。如《汉书·西域传》记载最为翔实，后来的史书反而存在严重缺漏。即使如此，《后汉书》还指出《汉书·西域传》将西夜、子合两国合为一国。至于各种文献记录之间名称变更、混淆的事例更是不胜枚举。

其次，从西汉到三国，西域诸国之间攻伐、兼并之事并不少见，其数量始终处于变化之中，从初期“三十六国”，到西汉末年及东汉时期的五十余国，再到三国时期的二十国等，“三十六国”不过是一个标志性的数字而已。

再次，“三十六国”的“三十六”到底是哪个时期的数字，本身就是学者争辩的一个焦点问题。如果“三十六”为宣帝设置都护时的数目，那么在之前其国数目又是多少呢？另外，以乌孙与大宛为例，因《汉书·西域传》指明西域诸国“皆在匈奴之西，乌孙之南”，且与匈奴、乌孙异俗，故学者们依此认定乌孙不在西域“三十六国”之列。但《汉书·西域传》明确记载乌孙国情况，以及与汉朝的亲密关系，“亲倚都护”，国中有很多佩汉印绶的官员，说明乌孙显然属于西域都护总领。又如《汉书·西域传》对“不属都护”的数国已有明确认定，如罽宾、乌弋山离、安息、大月氏、康居及难兜等，而对大宛并无特殊指定，大宛也应在西域都护的总领之下。如果我们以西域都护总领为确定归属的标准，那么，大宛与乌孙两个大国自然不能排除。如果确定都护设立时城郭诸国为“三十六国”，那么是否说明当时都护督领的国家总数应为三十八呢？

最后，还必须指出的是，虽然文献中习称“城郭诸国”，但各位学者所列“三十六国”也并不全部是城郭之国，还有不少是“行国”，与乌孙同俗，有的甚至连固定的王

① 参见《三十六国》，载于《汉书西域传地里校释》，第513~517页。

② 参见《西汉西域都护所辖诸国考》，《新疆大学学报》1985年第2期。

城都没有。当然,关于西域诸国数量的争论,并不影响我们研究范围的确定。无疑,我们的考察对象应以当时西域都护“督录总领”的诸国为限,包括乌孙、大宛。

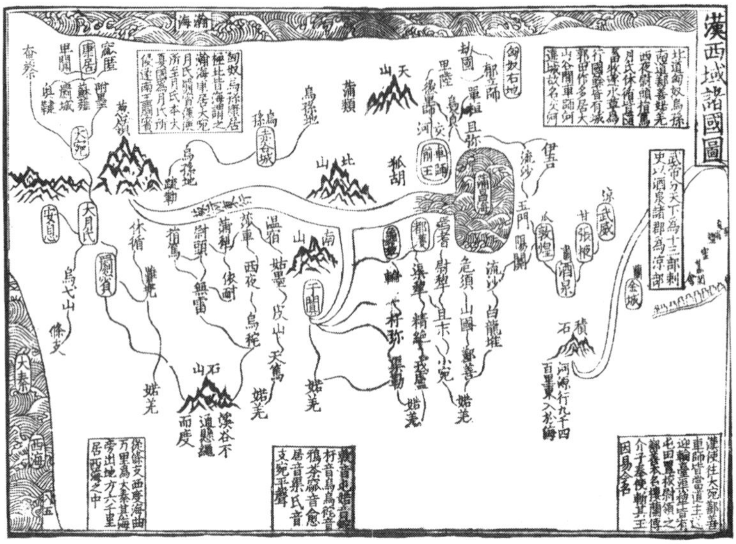

《汉西域诸国图》[选自(宋)智磐编《佛祖统纪》]

三、西域内部地理分区与民族人口分布状况

西域地区的地理结构特征十分突出。正如《汉书·西域传》所载:“南北有大山(北山即天山,南山为昆仑山),中央有河(塔里木河),东西六千余里,南北千余里。东则接汉,阸以玉门、阳关,西则限以葱岭。”①《后汉书·西域传》所载与《汉书》大体相同:“西域内属诸国,东西六千余里,南北千余里,东极玉门、阳关,西至葱岭。其东北与匈奴、乌孙相接。南北有大山,中央有河。”②

翻开今天新疆维吾尔自治区的地势图,我们不难发现新疆地势轮廓的最主要特征是“三山夹两盆”。“三山”即阿尔泰山、天山山脉和昆仑山脉,“两盆”即准噶尔盆地与塔里木盆地。横亘中部的天山山脉将新疆地区分为南、北两部,即南疆地区、北疆地区。南疆地区的塔里木盆地中有中国最大的沙漠——塔克拉玛干大沙漠。塔里木河横贯盆地,注入蒲昌海(又称盐泽,今称罗布泊)。以上都成为西域地区具有代表性的地理景观。从两篇《西域传》可以看出,两汉时期所称“西域”基本位于南、北两

① 《汉书》卷九六上《西域传上》,第3871页。
② 《后汉书》卷八八《西域传》,第2914页。

山(天山与昆仑山)之间,天山以北的北疆大部分地区尚在匈奴人的控制之中。可以说,汉代西域"三十六国"主要集中于今天的南疆地区。

历史时期西域邦国众多,有必要进行分类,从而便于比较研究。传统最常用的分类方法便是依据交通路线进行划分。两汉时期,西域地区主要有南北两条交通路线,称为南道、北道。"自玉门、阳关出西域有两道。从鄯善傍南山北,波河西行至莎车,为南道;南道西逾葱岭则出大月氏、安息。自车师前王廷随北山,波河西行至疏勒,为北道;北道西逾葱岭则出大宛、康居、奄蔡焉。"根据交通路线,西域诸国可以分为南道诸国与北道诸国。①

在了解新疆地区的自然地理构造之后,笔者以为清人李光廷的分类模式更有启发性。李光廷在所著《汉西域图考》②中根据各国地理位置将西域诸国分为以下几类:(1)天山以南诸国。(2)天山以北诸国。(3)葱岭诸国。(4)葱岭以西诸国。其中,葱岭以西不属于西域都护诸国已超越我们的研究范围。现代学者黄文弼先生也本着地形,将西域各国分为五组:(1)塔里木盆地组。(2)昆仑山谷组。(3)葱岭山谷组。(4)天山山谷组。(5)葱岭以西组。③

这些分类都更紧密地结合了西域自然山川形势的特点。我们看到,就天山以北地区而言,除了乌孙,城郭诸国主要集中于今吐鲁番盆地及乌鲁木齐市一带,而天山以南诸国其实就围绕着今塔里木盆地。因此,根据自然地理特征将西域诸国分为三部,更有利于深入地解释其部族发展与自然地理之关系,更有利于进行新疆地区发展的古今比较。这三个部分为:(1)天山以南塔里木盆地诸国,包括婼羌、鄯善、且末、小宛、精绝、戎卢、扜弥、渠勒、于阗、危须、山、尉犁、渠犁、乌垒、焉耆、龟兹、温宿、姑墨、尉头、疏勒、莎车等二十一国。(2)天山及今库鲁克塔格山以北地区,包括前蒲类、后蒲类、车师后城长、郁立师、车师后庭、车师前庭、车师都尉、卑陆、卑陆后、单桓、东且弥、西且弥、乌贪訾离、狐胡、劫及乌孙等十六国。(3)葱岭诸国,包括桃槐、捐毒、休循、皮山、西夜、子合、蒲犁、依耐、无雷、乌秅及大宛等十一国。三类合计,共四十八国。详见下表。

---

① 南北道诸国的分类,参见岑仲勉《南北两道》,载于《汉书西域传地里校释》,第543~547页。

② 《汉西域图考》,同治庚午(同治九年,1870)版。

③ 黄文弼《汉西域诸国之分布及种族问题》,载于《黄文弼历史考古论集》,文物出版社1989年版,第22~27页。

天山以南与塔里木盆地诸国情况表

国　名	王城今地	西汉时期户口数	东汉时期户口数
婼羌	不载王城	450户,1750口	
鄯善(楼兰)	若羌县	1570户,14100口	
且末	且末县西南	230户,1610口	
小宛	且末县南	150户,1050口	
精绝	民丰县	480户,3360口	
戎卢	民丰县南	240户,1610口	
扜弥(拘弥)	于田县	3340户,20040口	2173户,7251口
渠勒	于田县南	310户,2170口	
于阗	和田县	3300户,19300口	32000户,83000口
姑墨	阿克苏地区	3500户,24500口	
温宿	乌什县	2200户,8400口	
龟兹	库车市东	6970户,81317口	
乌垒	不载王城	110户,1200口	
山(墨山)	不载王城	450户,5000口	
疏勒	喀什市	1510户,18647口	21000户
莎车	莎车县	2339户,16373口	
渠犁	不载王城	130户,1480口	
尉犁	焉耆回族自治县南	1200户,9600口	
危须	和硕县	700户,4900口	
焉耆	焉耆回族自治县西南	4000户,32100口	15000户,52000口
尉头	阿合奇县东	300户,2300口	
合计		270807口	

天山及今库鲁克塔格山以北诸国情况表

国　名	王城今地	西汉时期户口数	东汉时期户口数
乌孙	阿克苏河上源伊什提克	120000 户,630000 口	
乌贪訾离	昌吉回族自治州南	41 户,231 口	
卑陆	阜康市南	227 户,1387 口	
卑陆后	阜康市西	462 户,1137 口	
郁立师	奇台县南	190 户,1445 口	
单桓	乌鲁木齐市	27 户,194 口	
蒲类	巴里坤湖附近	325 户,2032 口	800 余户,2000 余口
蒲类后	不载王城	100 户,1070 口	
西且弥	和静县南	332 户,1926 口	
东且弥	乌鲁木齐市东南	191 户,1948 口	3000 余户,5000 余口
劫	乌鲁木齐市附近	99 户,500 口	
狐胡	吐鲁番市西北	55 户,264 口	
车师前	吐鲁番市西北	700 户,6050 口	1500 余户,4000 余口
车师后	吉木萨尔县南	595 户,4774 口	4000 余户,15000 余口
车师都尉	不载王城	40 户,333 口	
车师后城长	不载王城	154 户,960 口	
合计		654251 口	

葱岭诸国情况表

国名	王城今地	西汉时期户口数	东汉时期户口数
乌秅	叶城县西南	490 户,2733 口	
西夜	叶城县南	350 户,4000 口	2500 户,10000 余口
子合	叶城县西南		350 户,4000 口
蒲犁	莎车县西南	650 户,5000 口	德若国 100 余户,670 口
依耐	不载王城	125 户,670 口	
无雷	塔什库尔干塔吉克自治县	1000 户,7000 口	
捐毒	乌恰县西北	380 户,1100 口	

（续表）

国名	王城今地	西汉时期户口数	东汉时期户口数
休循	帕米尔北部	358户,1030口	
桃槐	不载王城	700户,5000口	
大宛	乌兹别克斯坦卡散赛	60000户,300000口	
皮山	皮山县	500户,3500口	
合计		330033口	

由于东汉时期的户口数字缺漏过多,难以进行统计分析,故仅就西汉时期的户口数进行讨论。据上述各表数字,三类邦国户口总计为1255091。如果不算乌孙、大宛两个“超级大国”的户口数,则诸国的户口数为325091。那么,南疆塔里木盆地周围国家户口数占其中的83.30%,天山及库鲁克塔格山以北诸国则占7.46%,葱岭诸国则占9.24%。就户口数量而言,也可以说明当时“三十六国”主要集中于南疆地区塔里木盆地一带。但如果天山以北诸国与乌孙国户口数相加,那么又大大超过了南疆地区。

四、西域诸政权习俗与种类之归纳

关于西域诸政权的民族分类,《汉书·西域传》记载了三种类型:大月氏种、塞种、西夜种等。塞种国家以乌孙为代表。《汉书·西域传》载:“本塞地也,大月氏西破走塞王,塞王南越县度,大月氏居其地。后乌孙昆莫击破大月氏,大月氏徙西臣大夏,而乌孙昆莫居之,故乌孙民有塞种、大月氏种云。”①据中外学者的研究,“一般认为,‘塞[sək]种’应即西史所见Sakā”。“按之‘乌孙国’四至,知所谓‘塞地’亦即塞种故地,大致在伊犁河、楚河流域。”②《汉书·西域传》亦载:“昔匈奴破大月氏,大月氏西君大夏,而塞王南君罽宾。塞种分散,往往为数国。自疏勒以西北,休循、捐毒之属,皆故塞种也。”③可见,除了乌孙人,塞种人还集中于乌孙以南、罽宾以北地区,葱岭北部诸国如休循、捐毒及尉头等国大都为塞种人的后裔。

西夜种与氐、羌人相近。如《汉书·西域传》载:“西夜与胡异,其种类羌氐行

① 《汉书》卷九六下《西域传下》,第3901页。
② 参见余太山《塞种史研究》,第16页。
③ 《汉书》卷九六上《西域传上》,第3884页。

国。”[①]故而学者通常认为西夜种为羌人的一支。属于西夜种的政权还有蒲犁、依耐、无雷等,大致葱岭南部诸政权均为西夜种。

当然,古代文献对当时的记载常有模糊不清之处,因而不可避免地为后人的研究埋下了隐忧。据《史记·大宛列传》的记载,乌孙、康居、大月氏均为行国。而《汉书·西域传》则称大月氏、康居与安息、罽宾、大宛等国同俗,即均为以耕作为主的城郭之国。又据岑仲勉先生等学者的考证,西夜种,实为塞种之异译[②],而大宛人也可能是塞人的一支。[③] 由此可见,古代西域地区因为民族移徙,习俗与人种混杂与沟通的现象较为突出,特别是生活在同一区域、拥有共同生产生活方式的各个政权,更容易导致风俗与民族特征趋同,难以截然分开。

西域土地辽阔,风土民情复杂多样。就经济形式而言,西域诸政权大致可分为游牧业为主与种植业为主的两大类。以游牧业为主的政权被称为“行国”(《史记·大宛列传》最早提出),与“行国”相对的便是“城郭国”,或简称“城国”,其中城郭类政权数量最多。如《汉书·西域传》记载:“西域诸国大率土著,有城郭田畜,与匈奴、乌孙异俗,故皆役属匈奴。”在“城国”与“行国”之外,还有数量极少的“山国”。

(一)以种植业为主的城郭之国。《汉书·西域传》载:“自且末(治且末城)以往(以西)皆种五谷,土地草木,畜产作兵,略与汉同,有异乃纪云。”城郭之国共有三十四国,占邦国总数的70%以上。它们包括:且末、小宛、精绝、戎卢、扜弥、渠勒、于阗、皮山、大宛、桃槐、莎车、疏勒、姑墨、龟兹、乌垒、渠犁、尉犁、危须、焉耆、乌贪訾离、卑陆、卑陆后、郁立师、单桓、蒲类、蒲类后、西且弥、东且弥、劫、狐胡、车师前、车师后、车师都尉、车师后城长。

(二)随畜迁徙的游牧之国。这些国家的主要特点便是“地沙卤,少田,寄田仰谷旁国。……民随畜牧逐水草”[④]。据《汉书·西域传》共有十二国。它们包括:婼羌、鄯善、西夜、蒲犁、依耐、无雷、子合、休循、捐毒、尉头、乌孙、温宿。这些邦国大都与乌孙同俗同种。

(三)数量极少的山居之国。如乌秅,“山居,田石间。有白草,累石为室。民接手饮。出小步马,有驴无牛。其西则有县度……县度者,石山也,谿谷不通,以绳索相

① 《汉书》卷九六上《西域传上》,第3883页。

② 《汉书西域传地里校释》,第110页。

③ 《塞种史研究》,第86页。

④ 《汉书》卷九六上《西域传上》,第3876页。

引而度云”[①]。又如山国，“山出铁，民山居，寄田籴谷于焉耆、危须”[②]。

第四节　东汉至三国时期西部氐、羌聚居区之特征分析

氐、羌是中国非常古老的部族，很早就进入了汉文记载。[③] 关于其起源，尚有不同的看法。传统看法通常认为两者同源异流，即在上古之时为同族，氐人为羌人的一支，后来才分成两类，故而古文献记载中常常是“氐”“羌”绵连并举。研究者认为：“氐羌，氐地羌，羌不同，故谓之氐羌，今谓之氐矣。”[④]即指氐人为羌人的一支。现代不少学者则认为氐与羌之间虽然有不少相同或相近之处，但毕竟还是存在重大区别。[⑤] 为明确起见，我们在这里还是将氐、羌分开进行探讨。

一、氐人发源地与早期迁徙状况

氐、羌两族系进入文献记载之始，即为“西戎”的重要部分。《史记·五帝本纪》记载帝舜镇抚四裔时便提到“西戎、析枝、渠廋、氐、羌”。《史记·匈奴列传》载匈奴地界时指出：“右方王将居西方，直上郡以西，接月氏、氐、羌。”关于月氏人的所在方位，《史记·大宛列传》载：“始月氏居敦煌、祁连间，及为匈奴所败，乃远去。”《史记正义》引《括地志》云：“凉、甘、肃、延、沙等州地，本月氏国。”[⑥]月氏国所居即今河西走廊一带，那么，氐、羌的早期居住区应在河西走廊以西、以南的地区。

关于氐人的族类，司马迁最早将其归入“西南夷”之列，如《史记·西南夷列传》载：“自冉駹（今四川省茂县北）以东北（岷山以东北），君长以什数，白马最大，皆氐类也。”后继的《汉书》与《后汉书》都继承了这种分类，同时对其分布区的定位也非常一致。如《汉书·地理志》载：“武都（郡）地杂氐、羌，及犍为、牂柯、越嶲，皆西南外夷，

---

① 《汉书》卷九六上《西域传上》，第3882页。

② 《汉书》卷九六下《西域传下》，第3921页。

③ 关于上古时期氐、羌人的演变脉络，参见顾颉刚《从古籍中探索我国的西部民族——羌族》，《社会科学战线》1980年第1期。

④ 见《逸周书·王会解》晋孔晁注文，参见马长寿《氐与羌》，第9页。

⑤ 参见马长寿遗著《氐与羌》（上海人民出版社1984年出版）、黄烈《中国古代民族史研究》（人民出版社1987年出版）等著作的相关章节内容。

⑥ 《史记》卷一一〇《匈奴列传》注引，第2888页。

武帝初开置。”[①]不过,上列这些记述都过于简略。关于两汉时期氐人的种类、习俗与迁徙运动情况,《魏略·西戎传》有着较系统而明确的记载:

氐人有王,所从来久矣。自汉开益州,置武都郡,排其种人,分窜山谷间,或在福禄,或在汧、陇左右。其种非一,称槃瓠之后,或号青氐,或号白氐,或号蚺氐,此盖虫之类而处中国,人即其服色而名之也。其自相号曰盍稚,各有王侯,多受中国封拜。近去建安中,兴国氐王阿贵、白项氐王千万各有部落万余,至十六年(211),从马超为乱。超破之后,阿贵为夏侯渊所攻灭,千万西南入蜀,其部落不能去,皆降。国家分徙其前后两端者,置扶风、美阳,今之安夷、抚夷二部护军所典是也。其(太)[本]守善,分留天水、南安界,今之(广平魏郡)[广魏郡]所守是也。其俗,语不与中国同,及羌杂胡同,各自有姓,姓如中国之姓矣。其衣服尚青绛。俗能织布,善田种,畜养豕牛马驴骡。其妇人嫁时著衽露,其缘饰之制有似于羌,衽露有似中国袍。皆编发。多知中国语,由与中国错居故也。其自还种落间,则自氐语。其娶嫁有似羌,此盖乃昔所谓西戎在于街、冀、豲道者也。今虽都统于郡国,然故自有王侯在其虚落间。又故武都地阴平街左右,亦有万余落。[②]

据此及参考其他文献资料,我们可知氐人的族源与早期分布地的基本状况:

(一)氐人的种类

从传说世系来看,氐人与苗人及羌人在族源上极为类似,传说中氐人的始祖也为槃瓠。氐人外在体貌特征并不十分突出,中原人士只能大致以衣服之颜色来区分不同种类的氐人,故有“青氐”“白氐”“蚺氐”等名号。氐人以“部落”为单位,大的部落首领称王、侯,如至东汉建安年间,著名氐王有兴国氐王、白项氐王等。

(二)汉朝人士对氐族的全面接触与认识

汉朝开拓西南,于元鼎六年(前111)在广汉郡以西白马置武都郡,故又称当地氐人为武都氐人。西汉武都郡治武都县(今甘肃省西和县西南)。氐人聚居区的第一次较大变迁也发生于武都郡设置之后。原先居住于平坦地带的土著氐人受到排挤,被迫向境外及周围崇山峻谷间转移。外迁者的一支在酒泉郡禄福县(晋称福禄,在今甘肃省酒泉市境内),据《汉书·武帝纪》,元封三年(前108),“武都氐人反,分徙酒泉郡”。颜师古注曰:“不尽徙。”《后汉书·南蛮西南夷列传》也载:“元封三年,氐人反叛,遣兵破之,分徙酒泉郡。”

---

① 《汉书》卷二八下《地理志下》,第1646页。

② 《三国志》卷三〇《魏书·乌丸鲜卑东夷传》裴注引,第858~859页。

另一支外迁的氐人集中于“汧(水,或汧山)、陇(山)左右”。西汉汧县治今陕西省陇县东南,因汧水流经而得名,属三辅之右扶风。《汉书·地理志》注云:“吴山在西,古文以为汧山。”“汧水出西北,入渭。”①陇山,又称为陇坻、陇坂,位于今陕西省宝鸡、陇县与甘肃省清水县、张家川等县之间,是西北地区极为著名的山脉之一,在历史时期成为西北地区著名的地理景观与地域分界标志。《三秦记》载:“其坂九回,不知高几许,欲上者七日乃越。高处可容百余家,清水四注下。”郭仲产《秦州记》又云:“陇山东西百八十里。登山岭,东望秦川四五百里,极目泯然。山东人行役升此而顾瞻者,莫不悲思。故歌曰:‘陇头流水,分离四下。念我行役,飘然旷野。登高远望,涕零双堕。’度汧、陇,无蚕桑,八月乃麦,五月乃解冻。”②可见,汧、陇一线,正是关中平原与河西地区的分界线。

这显然是氐人分布区的又一次大的调整,或者说是扩展,从武都一带扩展到河西走廊及关中地区。到东汉初年,“氐人悉附陇蜀”③,即在今甘肃、陕西与四川交界地区。又如《后汉书·南蛮西南夷列传》载:“自冉駹东北有白马国,氐种是也。”④据上述记载估计,两汉时期,氐族聚居区大致在西起甘肃酒泉,东至陕西陇县,南达岷山以东北的广大地区,即今甘肃省大部、陕西省西部与南部以及与四川省西北交界处,与汉人杂居。

正是着眼于氐人与汧、陇地区的特殊关系,研究者曾对氐人名称来源提出了新的解释。如许慎《说文解字》卷一四下云:“秦谓陵阪曰阺。”卷一二下又云:“巴蜀名山岸胁之以旁箸欲落堕者曰氐。”段玉裁《说文解字注》引应劭之言曰:“天水有大坂,名曰陇坻。其山堆傍箸崩落作声闻数百里,故曰坻隤。”据此,马长寿先生指出:

> 氐人的分布,如前所述,在秦陇、巴蜀之间。其地山陵险阻,峻阪相接,正合秦人“陵阪曰阺”之义。加以河流众多,溪谷回曲,每值岸石崩堕,其声随溪谷远播,闻数百里。此亦正合蜀人扬雄所云“响若坻隤”之义。汉人之称氐人为氐,我想和氐人所居住的地形有很大关系。⑤

(三)汉朝对氐、羌的安置制度

虽号称“部落”,氐人却从事田畜活动,过定居生活,多与汉人错居,故能习汉语。

---

① 《汉书》卷二八上《地理志上》,第1547页。

② 参见《续汉书·郡国志》注引,第3518页。

③ 《后汉书》卷八六《南蛮西南夷列传》,第2859页。

④ 《后汉书》卷八六《南蛮西南夷列传》,第2844页。

⑤ 参见《氐与羌》,第15~16页,“坻”与“坻”相通。

汉朝对氐人的统治也采用“双轨制”，即“都统于郡县”，但部落里又各自有王。确认氐人在郡县中聚居区的主要线索之一，便是“道”。“道”作为适应边远民族治理而创置的政区，最早出现于氐、羌分布区。《汉书·百官公卿表》在区别县级行政区种类时指明：“有蛮夷曰‘道’。”《续汉书·百官志五》也称：“凡县主蛮夷曰道。”意即该政区内居民不以汉族为主体。通常称汉朝在氐族聚居区置有“十三氐道”，分布在武都郡、陇西郡、广汉郡诸郡中。然而，据笔者的粗略统计，《汉书·地理志》与《续汉书·郡国志》记载当时远不止有十三道，只是无法确定其均为“氐道”。这些道的居民应包括氐、羌等多种族类，恐怕并不是氐人的独有区域。

《汉书·地理志》所载各道情况表

郡名	治所今地	道名	治所今地	合计数量
武都	甘肃省西和县西南	故道	陕西省宝鸡市西南	5
		平乐道	甘肃省康县西北	
		嘉陵道	甘肃省徽县及陕西略阳县一带	
		循成道	甘肃省成县西南	
		下辨道	甘肃省成县西北	
陇西	甘肃省临洮县	狄道	甘肃省临洮县	4
		氐道	甘肃省礼县西北	
		予道		
		羌道	甘肃省舟曲县一带	
天水	甘肃省通渭县西北	戎邑道	甘肃省清水县北	4
		绵诸道	甘肃省清水县西南	
		略阳道	甘肃省秦安县东北	
		豲道	甘肃省陇西县东南	
安定	宁夏回族自治区固原市	月氏道	宁夏回族自治区隆德县境	1
北地	甘肃省庆阳市西北	除道		3
		略畔道	甘肃省合水县北	
		义渠道	甘肃省庆阳市西南	
上郡	陕西省榆林市东南	雕阴道	陕西省甘泉县南	1

（续表）

郡名	治所今地	道名	治所今地	合计数量
广汉	四川省金堂县东	甸氐道	甘肃省文县西	3
		刚氐道	四川省平武县东	
		阴平道	四川省九寨沟县境	
蜀郡	四川省成都市	严道	四川省荥经县境	2
		湔氐道	四川省松潘县西北	
犍为	四川省宜宾市西南	僰道	四川省宜宾市西南	1
越嶲	四川省西昌市东南	灵关道	四川省峨边彝族自治县南	1
总计				25

《续汉书·郡国志》所载各道情况表①

郡名	治所今地	道名	治所今地	合计数量
武都	甘肃省成县西	武都道	甘肃省西和县南	3
		故道	陕西省宝鸡市西南	
		羌道	甘肃省舟曲县一带	
陇西	甘肃省临洮县	狄道	甘肃省临洮县	2
		氐道	甘肃省礼县西北	
汉阳	甘肃省甘谷县东	豲道	甘肃省陇西县东南	1
广汉属国	甘肃省文县西北	阴平道	四川省九寨沟县境	3
		甸氐道	甘肃省文县西	
		刚氐道	四川省平武县东	
蜀郡	四川省成都市	湔氐道	四川省松潘县西北	3
		汶江道	四川省茂县北	
		绵虒道	四川省汶川县西南	
犍为	四川省眉山市彭山区东	僰道	四川省宜宾市西南	1
越嶲	四川省西昌市东南	灵关道	四川省峨边彝族自治县南	1
蜀郡属国	四川省雅安市名山区北	严道	四川省荥经县境	1
总计				15

① 另有青衣道，归属不详，见《后汉书·孝安帝纪》，第222页。

仔细对比上述诸道的分布规律，我们不难发现其中的一些特征：(1)两汉所置诸道所在郡的分布显然可分为两大组，一为西北诸郡，属凉州刺史部；一为西南诸郡，属益州刺史部。诸道主要集中于今天的甘肃与四川两省边界地带，只有个别位于今天的陕西省和宁夏回族自治区境内。可以说，两汉诸道的分布，也可证明今天甘肃、四川及陕西交界地带是氐、羌等族最重要的分布区域。(2)与西汉相比，东汉所设道的数量大为减少，但从氐、羌人的发展趋势而言，这绝不意味着迁居的氐、羌与“夷”民数量大大减少，而正好相反。道的数量锐减的主要原因：一是由道变县，应该是内迁氐、羌人与汉人融合，不分彼此；二是由于大批羌人的内迁，导致东汉西部边郡退缩，所设之道自然在废弃之列。这些都说明，这种在郡县中设道安置“蛮夷”之民的制度已属过时，已经不能适应当时民族迁徙与融合的现实了。

(四)汉末三国时期氐人分布区的重大变化

当时，氐人聚居区正处于魏、蜀两大政权交争地区。当时在武都地区活跃着一些氐王，各自代表着规模较大的部落集团与大型的聚居中心。文献记载当时的氐王有：

1. 兴国(今甘肃省秦安县一带)氐王阿贵、白项(应为“百顷”，今甘肃省西和县西南)氐王千万

这两位氐王各有部落之众万余，曾跟随马超攻击曹操，曹操在征服马超后，担心各部氐人再为刘备部所利用，于是先后派官吏将氐人向关中及陇右地区迁移。如派张既前往武都地区，“徙氐五万余落出居扶风、天水界”①。在大规模迁徙之后，武都郡也由此内徙。《魏书·杨阜传》载，当时，曹操任杨阜为武都太守，“及刘备取汉中以逼下辩，太祖以武都孤远，欲移之，恐吏民恋土。阜威信素著，前后徙民、氐，使居京兆、扶风、天水界者万余户，徙郡小槐里，百姓襁负而随之”②。

2. 氐王窦茂

《魏书·武帝纪》载，建安二十年(215)，“氐王窦茂众万余人，恃险不服，五月，公(曹操)攻屠之”③。窦茂一支的聚居地在河池县(今甘肃省徽县西北)一带。

3. 武都氐王杨仆

《魏书·文帝纪》载，延康元年(220)，“武都氐王杨仆率种人内附，居汉阳郡”④。

① 《三国志》卷一五《魏书·张既传》，第472~473页。
② 《三国志》卷二五《魏书·杨阜传》，第704页。
③ 《三国志》卷一《魏书·武帝纪》，第45页。
④ 《三国志》卷二《魏书·文帝纪》，第60页。

汉阳郡乃东汉改天水郡所置，治今甘肃省甘谷县东南。

4. 武都氐王苻健

如《蜀书·后主传》载，建兴十四年（236），“徙武都氐王苻健及氐民四百余户于广都（治今四川省成都市双流区东）”①。《张嶷传》又载：“十四年，武都氐王苻健请降，遣将军张尉往迎，过期不到……数日，问至，健弟果将四百户就魏，独健来从。”②

又如《魏书·郭淮传》载，郭淮曾任雍州刺史，“正始元年（240），蜀将姜维出陇西。淮遂进军，追至强中，维退，遂讨羌迷当等，按抚柔氐三千余落，拔徙以实关中”③。这同样是一次武都氐人的大规模外迁。

综上所述，无论是在被征服之后，还是主动内附，其结果都是氐人的大量内徙，形成关中及陇右地区氐人与汉人杂居的局面。当时迁入的主要地区及郡县有京兆尹（治今陕西省西安市西北）、扶风郡（今陕西省兴平市东南）、美阳县、天水郡或汉阳郡（今甘肃省甘谷县东）、南安郡（今甘肃省陇西县东南）、广魏郡（治今甘肃省秦安县东南）等。频繁的迁徙，必然导致关中及陇右地区氐、羌人口激增，从而为十六国中氐羌系国家的产生创造了条件。

（五）仇池山氐人聚居区

尽管经历多年的迁徙与变迁，武都仇池山一带始终是氐人最重要、最著名的聚居区。氐人的白马国也从此地诞生。如《后汉书·南蛮西南夷列传》载：“自冉駹东北有白马国，氐种是也。此三国（冉駹、莋都、白马）亦有君长。”由上述论列可知，东汉至三国时期的白马国还没有形成总统氐人单一性质的君王体制，多位氐王并存；同时，在郡县官吏的管辖之下，尚没有完全的独立性质。

白马国最突出的自然地理景观或标志为仇池山，又称百顷山。仇池山，在今天甘肃省西和县西南洛峪，形势险峻，易守难攻。如《后汉书·南蛮西南夷列传》又载，白马氐人“居于河池，一名仇池，方百顷，四面斗绝。数为边寇，郡县讨之，则依固自守”。《仇池记》亦云：“仇池百顷，周回九千四十步，天形四方，壁立千仞。自然楼橹却敌，分置调均，竦起数丈，有逾人功。仇池凡二十一道，可攀缘而上。东西二门。盘道下至上，凡有七里。上则岗阜低昂，泉流交灌。”④仇池山一带，也为两晋南北朝仇池政

① 《三国志》卷三三《蜀书·后主传》，第 897 页。
② 《三国志》卷四三《魏书·张嶷传》，第 1051 页。
③ 《三国志》卷二六《魏书·郭淮传》，第 735 页。
④ 《后汉书》卷八六《南蛮西南夷列传》及其注引，第 2859 页。

权的根基之地。

二、羌人的早期分布及其内迁运动

(一)羌人的起源、早期分布地及迁移状况

许慎《说文解字》卷四上曾释“羌”云:“西戎牧羊人也,从人从羊,羊亦声。”说明羌人为古代西部戎人的一支。据古史记载及传说,羌人的祖先为远古不属于华夏的部族——“三苗”,如《后汉书·西羌传》载:“西羌之本,出自三苗,姜姓之别也。其国近南岳。及舜流四凶,徙之三危,河关(今青海省同仁县北)之西南羌地是也。”也就是说,“三苗”部族集团原居于南岳衡山一带,后迁徙至西北敦煌东南的“三危山”,唐李贤注:“三危,山,在今沙州敦煌县(治今甘肃省敦煌市西南)东南,山有三峰,故曰三危也。”①羌之早期分布区相当广袤:“滨于赐支,至乎河首,绵地千里。赐支者,《禹贡》所谓析支也。南接蜀、汉徼外蛮夷,西北[接]鄯善、车师诸国。”马长寿先生精辟地指出:“河关在兰州西南,以西千余里为河曲。黄河自西来,至大积石山脉东南端,曲而西北行;经小积石山的东北麓,又曲而东北行;至曲沟,又曲而东行,凡千余里,皆称河曲,羌语称之为‘赐支’。……河曲及其西岸和北岸都是西羌分布的中心。”②也就是说,虽然早期羌族“所居无常,依随水草”,“地少五谷,以产牧为业”,其活动区域十分宽广,东至河西走廊,西北达西域,南到“西南夷”地区,但羌族同样可称为一个黄河民族,其分布区域的中心便是黄河河曲一带。

文献记载中羌人第一位著名的头领名为无弋爰剑。相传战国时爰剑曾为秦国所俘,沦为奴隶。后爰剑逃回,进入三河地区,三河指黄河、赐支河、湟河三条河流。赐支河既为黄河的一部分,因而,这一带又被统称为“河湟间”,是当时羌人最重要的聚居区与发祥地。当时,“河湟间少五谷,多禽兽,以射猎为事”。爰剑对羌人发展的贡献主要在于带回了秦人的种植与畜牧技术,并在羌人中推广,更受到羌人的推崇,因而被羌人推为首领。羌人首领(“羌豪”,通常情况下“一种一豪”)大都为无戈爰剑的后裔。

至爰剑之曾孙忍为首领时,在秦国的武力逼迫下,其季父卬率其种人向南迁徙,迁到赐支河曲以西数千里外之地,离开了三河地区,与其他羌人分离开来,“不复交通”。这次南迁是为羌人历史上一次空前的大迁移与大分离。“其后子孙分别,各自

① 《后汉书》卷八七《西羌传》及其注文,第2869页。本节以下无特别注释者,均出于此《传》。
② 《氐与羌》,第11~12页。

为种，任随所之。或为牦牛种，越巂羌是也；或为白马种，广汉羌是也；或为参狼种，武都羌是也。”关于羌人种类及兴衰状况，《后汉书·西羌传》载：

自爰剑后，子孙支分凡百五十种。其九种在赐支河首以西，及在蜀、汉徼北，前史不载口数。唯参狼在武都，胜兵数千人。其五十二种衰少，不能自立，分散为附落，或绝灭无后，或引而远去。其八十九种，唯钟最强，胜兵十余万。其余大者万余人，小者数千人，更相钞盗，盛衰无常，无虑顺帝时胜兵合可二十万人。发羌、唐旄等绝远，未尝往来。牦牛、白马羌在蜀、汉，其种别名号，皆不可纪知也。①

显而易见，从先秦到两汉时期，随着大迁徙与人口增长，羌人集团已逐步发展成为西部地区最庞大的华夏族群以外的族群。羌族的外迁不外于东、西、南、北四个主要方向，除了向汉人聚居地区迁徙，羌人向西偏北则进入西域地区，向西偏南则进入今西藏地区，向东偏南则进入“西南夷”地区。因此，除了河湟地区的羌人，研究者又将秦汉时期的羌人分为几大羌族集团：1. 西域诸羌，即南山羌等。2. 西藏诸羌，如发羌、牦牛羌等。3. 古居延海羌人。4. 西南诸羌等。② 下面，试对数个羌种的分布与流变情况做简要分析。

1. 西域诸羌

西域诸羌主要聚居于南山（祁连山及西域昆仑山）一带，故称为“南山羌”。《史记·大宛列传》载，大月氏西迁之后，“其余小众不能去者，保南山羌，号小月氏”。范晔在《后汉书·西羌传》中将“小月氏”又称为“湟中月氏胡”：

其先大月氏之别也，旧在张掖、酒泉地。月氏王为匈奴冒顿所杀，余种分散，西逾葱岭。其羸弱者南入山阻，依诸羌居止，遂与共婚姻。及骠骑将军霍去病破匈奴，取西河地，开湟中，于是月支来降，与汉人错居。虽依附县官，而首施两端。其从汉兵战斗，随势强弱。被服饮食言语略与羌同，亦以父名母姓为种。其大种有七，胜兵合九千余人，分在湟中及令居。又数百户在张掖，号曰义从胡。

尽管种类、血缘有所不同，长期的杂居生活已使月氏人“羌族化”了，其分布也日渐扩散。我们还可以发现，小月支不仅与羌人混同，甚至成为匈奴与河湟羌之间联系的纽带。据《汉书·赵充国传》，赵充国曾回忆征和五年（前88）匈奴遣使至小月支，传告诸羌之事。后来，“羌侯狼何果遣使至匈奴藉兵，欲击鄯善、敦煌以绝汉道”。赵充国又特别指出：“狼何小月支种在阳关西南。”据此可推知，小月支已作为羌人的力

① 《后汉书》卷八七《西羌传》，第2898页。

② 参见王钟翰主编《中国民族史》，第275~278页。

量之一，分布地应为婼羌国一带。

西域地区亦是羌族的重要发祥地，如上文提到的忍和其弟舞“独留湟中，并多娶妻妇。忍生九子为九种，舞生十七子为十七种，羌之兴盛，从此起矣”。

又关于南山羌的构成，鱼豢《魏略·西戎传》有更详细的解释：“燉煌西域之南山中，从婼羌西至葱岭数千里，有月氏余种葱茈羌、白马、黄牛羌，各有酋豪，北与诸国接，不知其道里广狭。传闻黄牛羌各有种类，孕身六月生，南与白马羌邻。”①可见，月氏人与羌人相融合，产生了相当复杂的羌族种类。现代学者认为，其分布区域就是“婼羌国”之所在。《汉书·西域传》记载该国“辟在西南，不当空道”，户口数量相当有限。然而，现代学者通过缜密的考证，证明婼羌国不仅地位重要，且疆域极为广袤。如顾颉刚先生指出：“婼羌国境占有今新疆境内的全部昆仑山脉，而且越过了葱岭，东西延袤约二千余公里，实在是一个泱泱大国。”②对此，岑仲勉先生所见略同：“综前引各说，可知婼羌领域，实沿昆仑山脉以达印度西北，彼非城郭之国，故不举都城……婼羌分布既如此辽阔，余裔以‘叶尔羌’名称出现于新疆西南，实无足怪。”③据此，北迁的羌人分布地西起河西走廊祁连山麓，东达葱岭，覆盖了今天祁连山与昆仑山区，相当于今天新疆南部、西藏北部及青海西部的广大地区。

2. 西藏诸羌

西藏诸羌主要有发羌、唐旄等。《后汉书·西羌传》没有确指发羌的活动区，只是提到羌豪迷唐等人曾率众“远逾赐支河首，依发羌居”。而《新唐书·吐蕃传》认为：“吐蕃本西羌属，盖百有五十种，散处河、湟、江、岷间，有发羌、唐旄等，然未始与中国通。居析支水西。”即推定今天的藏族为羌人的后裔。现代学者如姚薇元、顾颉刚等赞同此说。姚薇元先生认为，发羌之“发”，古音读“拨”，正为吐蕃之“蕃(Bod)”的对音，“吐蕃”即为“大发”(Great Bod)之对译。故而，今之藏族即古之羌人，部落繁多。④ 但也有学者如马长寿先生不同意这种观点，认为“绝不可信”⑤。不过，羌人与后来的吐蕃或藏族在分布地域及文化习俗上有诸多相似及相近之处，则是不可否认的。

3. 西南诸羌

西南诸羌可以分为两部，一部为入居祖国内地的羌人。这一部又主要分为三支，

---

① 《三国志》卷三〇《乌丸鲜卑东夷传》裴注引，第859页。

② 参见《从古籍中探索我国的西部民族——羌族》，第136页。

③ 参见《汉书西域传地里校释》(上册)，第3页。

④ 参见《藏族考源》，载于《边政公论》第3卷第1期，1944年1月出版。

⑤ 参见《氐与羌》一书中“吐蕃非羌”的相关论述，第27~31页。

其种类与分布大致为:(1)牦牛种,入居越嶲郡(治今四川省西昌市东南)一带,故又称为越嶲羌。(2)白马种,入居广汉郡(治今四川省金堂县东)一带,故又称为广汉羌。(3)参狼种,入居武都郡(治今甘肃省西和县西南)一带,故又称为武都羌,在甘肃省南部武都地区。另一部为边郡徼外羌人。据《后汉书·西羌传》,东汉时期,边郡徼外羌人曾大批内附,其种类主要有广汉塞外白马羌、蜀郡徼外大牂夷种羌、蜀郡徼外羌龙桥等六种、蜀郡徼外羌薄申等八种、广汉塞外参狼种羌等。

当然,以羌豪忍为首的绝大多数羌人依然留居故地,其居住的中心区域便是河湟一带,故而通常又被称为"河湟羌"。两汉时期所说的"西羌",通常就是指居留于河湟地区的各支羌人。如前所引,忍有子九人分为九种,其弟舞有子十七人分为十七种。其中最有名的一支是忍子研的后裔,羌中称之为"研种"。秦国武力冲击而造成的羌人大分解与大迁徙,在事实上更大程度地扩展了羌人的分布区,因而也就成为羌人大发展的契机,"羌之兴盛,从此起矣"。其他客观上的有利因素还有秦国当时"以诸侯为事,兵不西行,故种人得以繁息"。秦国为统一六国进行了长期的战争,无暇西顾,这在客观上为羌人的迅速发展提供了有利的外部环境。

然至秦始皇统一六国后,重修长城,羌人被隔绝在边塞以外。当时称羌族聚居区为"羌中"。如《史记·秦始皇本纪》载秦朝疆域时云:"西至临洮、羌中。"《史记·货殖列传》又载:"天水、陇西、北地、上郡与关中同俗,然西有羌中之利,北有戎翟之畜,畜牧为天下饶。"《史记正义》引《括地志》云:"临洮郡即今洮州,亦古西羌之地,在京西千五百五十一里羌中。从临洮西南芳州(今甘肃省迭部县东南)、扶(州,今四川省九寨沟县东北)、松(州,治今四川省松潘县)府以西,并古诸羌地也。"[①]《汉书·地理志》在西部诸郡的注释中多次提到"羌中",可见其为当时颇为通行的地域概念。如"陇西郡临洮县"下:"洮水(今甘肃洮河)出西羌中,北至枹罕东入(西)[河]。""金城郡河关县"下:"积石山(在今青海东南部)在西南羌中。河水行塞外,东北入塞内,至章武入海,过郡十六,行九千四百里。"又如"张掖郡觻县"下:"羌谷水(弱水,今甘肃境内黑河)出羌中,东北至居延入海,过郡二,行二千一百里。"可见,"羌中"即羌人聚居区,面积极为可观。马长寿先生根据《括地志》的诠释,认为唐代洮(治今甘肃省临潭县)、岷(治今甘肃省岷县)二州为羌人居住区的东界,这两州以西地区都是羌族活

---

① 《史记》卷六《秦始皇本纪》,第240页。按:《史记》所云"临洮"应为当时陇西郡临洮县,治今甘肃省岷县,应为唐岷州所在。

动区,即为"羌中"的地域范围。①

西汉初年,慑于匈奴部族的强盛,羌人各部一度臣服于匈奴单于,这样一来,羌人各部实际上成为塞外匈奴大联盟的组成部分。至汉武帝时期,汉朝国力强盛,大力开疆拓土,"北却匈奴,西逐诸羌,乃度河、湟,筑令居塞(在今甘肃省永登县西北);初开河西,列置四郡,通道玉门,隔绝羌胡,使南北不得交关。于是障塞亭燧出长城数千里"。创设河西四郡(敦煌、武威、酒泉、张掖),是汉朝疆域建设的重大成就,河西四郡所形成的狭长的汉朝疆土,切断了匈奴与羌人唇齿相依般的密切联系,但也使汉羌关系变得复杂起来。河西地区也就成为双方激烈交争的区域。《汉书·武帝纪》载,元鼎五年(前 112),"西羌众十万人反,与匈奴通使,攻故安(应为安故,属陇西郡,治今甘肃省临洮县南),围枹罕(后属金城郡,治今甘肃省临夏回族自治州)"。《后汉书·西羌传》也载:"时先零羌与封养牢姐种解仇结盟,与匈奴通,合兵十余万,共攻令居(治今甘肃省永登县西北)、安故,遂围枹罕。"在击破羌人的寇掠之后,元鼎六年(前 111),西汉又特设护羌校尉,持节统领缘边羌人事务。

金城郡的建置,使汉朝西部边疆更开拓了一步。《汉书·昭帝纪》载,始元六年(前 81),"以边塞阔远,取天水、陇西、张掖郡各二县置金城郡"。从此,金城郡(治今甘肃省民和县南)也就成为汉朝西部边境羌人攻侵最频繁的一个区域。据《汉书·地理志》,金城郡辖十三县:允吾、浩亹、令居、枝阳、金城、榆中、枹罕、白石、河关、破羌、安夷、允街、临羌。与此同时,慑于汉朝武力的强大,羌人的聚居地从湟中地区(今青海湟水两岸)向西转移到西海及盐池一带,"羌乃去湟中,依西海、盐池左右"。西海即今青海湖。《汉书·地理志》"金城郡临羌县"下注:"西北至塞外,有西王母石室、仙海、盐池。"汉临羌县治今青海省湟源县东南。

使汉羌关系在西汉中期以后复杂化的另一重要原因便是羌人的内迁。羌人属于较早内迁塞内汉地的边疆民族。到汉朝建立后,一些羌人开始内徙,成为汉朝的"守塞诸羌"。如早在汉景帝在位时,研种首领留何请求归附、守塞,得到允许后,徙居陇西郡狄道、安故,至临洮、氐道、羌道等县。这也是羌人入居汉朝郡县之始。到汉宣帝即位时,先零等种羌豪向汉廷请求:"愿得度湟水,逐人所不田处以为畜牧。"在汉朝默认的情况下,"遂度湟水,郡县不能禁"。颜师古注释:"湟水出金城临羌寨(应为塞)外,东入河。湟水之北是汉地。"②北渡湟水,即意味着进入汉朝疆界,与汉民杂居。

① 《氐与羌》,第 10~11 页。

② 《汉书》卷六九《赵充国辛庆忌传》注文,第 2973 页。

可以说，从汉宣帝在位期间开始，羌人已较大规模地入居祖国内地，与汉民杂居。又据《汉书·赵充国传》，神爵二年(前60)五月，赵充国上报其平定羌乱的功绩时云："羌本可五万人军，凡斩首七千六百级，降者三万一千二百人。"至当年秋天，又有羌人四千人归降。为安置归降的羌人，"初置金城属国以处降羌"。但《汉书·地理志》《续汉书·郡国志》均不载金城郡属国治所，估计置后不久即被废弃。又如西汉元帝永光年间，陇西郡境内的彡姐等七种羌人反叛，冯奉世率师征讨，"斩捕首虏八千余级"①。这些羌人战俘一般都留居于汉朝郡县之内。这类入居使边境地区汉羌杂居的趋势更明显化，但"自彡姐羌降之后数十年，四夷宾服，边塞无事"。

西汉末年，王莽为彰显个人功德，曾在青海地区开设西海郡。《后汉书·西羌传》载："至王莽辅政，欲耀威德，以怀远为名，乃令译讽旨诸羌，使共献西海之地，初开以为郡，筑五县，边海亭燧相望焉。"不管其个人动机如何，开设西海郡，在西北民族地区发展史上是一件重大事情。《汉书·平帝纪》记西海郡建置时间为"元始四年(4)"。关于这一事件的详细情形，《汉书·王莽传》载，元始末年，王莽为讨取主持朝政的太皇太后的欢心，极力营造天下太平、四海宾服的盛况，发现只有西方羌族地区没有开拓、臣服之迹象，"乃遣中郎将平宪等多持金币诱塞外羌，使献地，愿内属"。平宪等人奉承王莽之意上奏称羌人乐于内属："羌豪良愿等种，人口可万二千人，愿为内臣，献鲜水海、允谷盐池，平地美草皆予汉民，自居险阻处为藩蔽。……宜以时处业，置属国领护。"王莽据此向太皇太后建议将其地设为西海郡，他在上奏中云："……今西域良愿等复举地为臣妾，昔唐尧横被四表，亦亡以加之。今谨案已有东海、南海、北海郡，未有西海郡，请受良愿等所献地为西海郡。"最后得到批准。"又增法五十条，犯者徙之西海。徙者以千万数，民始怨矣"②。居摄元年，"西羌庞恬、傅幡等怨莽夺其地作西海郡，反攻西海太守程守"③，可见，西海郡之置，无疑是导致王莽最终覆灭的一大弊政。

《汉书·地理志》"金城郡"下注："昭帝始元六年(前81)置，莽曰西海。"意谓汉金城郡即为王莽所置西海郡。谭其骧先生对此持不同看法，他在《新莽职方考》"西海郡"下注：

> 是西海乃拓地所置之初郡，非金城之更名也。(王)先谦曰：莽纳羌所献地，

① 《汉书》卷七九《冯奉世传》，第3299~3300页。
② 《汉书》卷九九上《王莽传上》，第4077~4078页。
③ 《汉书》卷九九上《王莽传上》，第4087页。

因并金城之名，改为西海耳。《志》文不讹。按莽好事骛名，岂得拓地而不置郡？先谦之说非也。《(水经)河水注》亦以西海郡为莽讽羌所献地所置，然其下又曰“金城郡，王莽之西海也”。王峻(吴卓信《补注》卷五十四注引王峻《汉书正误》)因谓，盖初置郡时本在金城之外，其后废弃，遂移其名于金城耳。说尚可通，但《后(汉)书·西羌传》：王莽末，四夷内侵，及莽败，众羌遂据西海为寇。更始、赤眉之际，羌遂放纵，寇金城、陇西。明证其时西海、金城犹非一郡，则其说虽可通，而事有未必然也。《志》：临羌西北至塞外，有仙海盐池。师古曰：阚骃云，西有卑和羌，即献王莽地为西海郡者也。是西海亦曰仙海，即《传》所云鲜水海，今之青海也。《河水注》：湟水东南流，径龙夷城，即西零之地也。《十三州志》曰：城在临羌新县西三百一十里，王莽纳西零之献以为西海郡，治此城。《元和志》：龙夷城，即今河源军西一百八十里威戎城是也。①

谭先生的考证主要有四层意义：1. 不同意王先谦的解释，西海郡为开辟羌地后之初郡，不可能是改置或兼并金城郡所置新郡。2. 基本同意王峻的推断，即西海郡原在金城郡之外，在西海郡废弃后，移入或侨置于金城郡。3. 西海在金城郡临羌县(治今青海省湟源县东南)塞外，原名仙海或鲜水海，就是今天的青海湖。4. 西海郡治龙夷城，龙夷城即唐宋时的威戎城，在今青海省湟源县境内。另外，关于西海郡下所置五县之名称，谭先生以为“县名无考。龙夷城当是一县，然无由证其当时是否亦称龙夷也”。其他研究者认为五县应为修远、监羌、兴武、罕虏、顺砾。②

(二)东汉时期羌人内迁运动的形式、规模及安置

东汉初年，汉羌关系及羌人分布区已发生了巨大的变化。这种变化主要反映在两个方面：一方面，从东汉初年开始，以大、小榆谷为根据地的烧当种等塞外羌势力日益强盛，对汉朝边郡地区构成严重威胁。烧当种羌原居住于湟河北岸大允谷，后夺取大、小榆谷之地。大、小榆谷即今青海省贵德县东南黄河南岸一带。占据这一区域，对于烧当种羌的发展兴盛起到了相当关键的作用。关于羌人发展与所在地的自然地理环境关系问题，东汉人曹凤曾有过较深刻的分析，他指出：

西戎为害，前世所患，臣不能纪古，且以近事言之。自建武以来，其犯法者，常从烧当种起。所以然者，以其居大、小榆谷，土地肥美，又近塞内，诸种易以为非，难以攻伐。南得钟存(别种羌人)以广其众，北阻大河因以为固，又有西海鱼

① 《长水集》(上)，第53页。

② 参见王钟翰主编《中国民族史》，第272页。

盐之利,缘山滨水,以广田畜,故能强大,常雄诸种,恃其权勇,招诱羌胡。①

另一方面,在长期的内迁及人口增殖之后,大批降羌已遍布西部边郡,汉羌矛盾趋于紧张。“自王莽末,西羌寇边,遂入居塞内,金城属县多为虏有。”②如建武九年(33),班彪就明确指出:“今凉州部皆有降羌,羌胡被发左衽,而与汉人杂处,习俗既异,言语不通,数为小吏黠人所见侵夺,穷恚无聊,故致反叛。夫蛮夷寇乱,皆为此也。”③可见,到东汉初年,“降羌”已遍布整个凉州刺史部界内。关于凉州刺史部的地域范围,《续汉书·郡国志》记其有“郡(国)十二,县、道、候官九十八”。十二郡(国)为陇西郡、汉阳郡(天水郡)、武都郡、金城郡、安定郡、北地郡、武威郡、张掖郡、酒泉郡、敦煌郡、张掖属国、张掖居延属国。

可以说,作为汉羌关系与羌族分布演变的最终趋势,羌人内迁运动贯穿东汉一代始终。然而在表面上,我们在文献中所见到的关于羌人内迁的直接记载非常少,且过于简略。如我们在文献中看到大都是连篇累牍的有关羌人反叛与归降的记述。其实,笔者以为,反叛与归降,都是羌人内迁运动特殊的外在体现形式。边疆民族的内迁过程往往是相当曲折的,这在羌人内迁过程中反映得极为突出。内迁过程往往与汉朝官府的应对行动密切地交织在一起。羌人的迁移活动不仅直接受到官府的干预,而且常常掩盖于暴力冲突之下。因此,我们对羌人内迁运动进行深入研究,必须揭开文献记载的表象。东汉羌人内迁运动主要有以下两种形式:

1. 主动内附

羌人内属应为和平方式的内迁。我们可以从羌人的“内属数量”中推测当时羌人的内迁规模。据《后汉书·西羌传》,这方面的记载有:

(1)建武十三年(37),广汉塞外白马羌豪楼登等率种人五千余户内属,光武帝封楼登为归义君长。

(2)和帝永元六年(94),蜀郡徼外大牂夷种羌豪造头等率种人五十余万口内属,汉朝拜造头为邑君长。

(3)安帝永初元年(107),蜀郡徼外羌龙桥等六种一万七千二百八十口内属。

(4)永初二年(108),蜀郡徼外羌薄申等八种三万六千九百口复举土内属。广汉塞外参狼种羌二千四百口复来内属。

---

① 《后汉书》卷八七《西羌传》,第2885页。
② 《后汉书》卷二四《马援传》,第835页。
③ 《后汉书》卷八七《西羌传》,第2878页。

2. 战争俘虏及强制迁移

这类迁移自然属于强制性的迁移。东汉一朝,这类迁徙最为频繁,且数量惊人。这方面的记载有①:

(1)建武十年(34),东汉将领来歙大破羌人于金城,"斩首虏数千人"②。

(2)建武十一年(35),马援出任陇西太守后,又击破先零羌于临洮,"守塞诸羌八千余人诣援降"③。"徙置天水、陇西、扶风三郡。"

(3)建武十三年(37),马援击破武都参狼羌与塞外诸种羌人,"豪帅数十万户亡出塞,诸种万余人悉降,于是陇右清静"④。

(4)永平元年(58),窦固、马武等人出击羌人,获得大胜,羌人余部归降,除了入居塞内,还"徙七千口置三辅"。

(5)建初二年(77),耿恭、马防等人征讨金城、陇西反叛羌人,获得全胜,"首虏千余人,获牛羊四万余头,勒姐、烧何羌等十三种数万人,皆诣恭降"⑤。

(6)和帝永元十二年(100),在汉将周鲔、侯霸率军攻击下,"羌众折伤,种人瓦解,降者六千余口,分徙汉阳、安定、陇西"。

(7)元初四年(117),汉将任尚大破羌豪狼莫之众,"于是西河虔人种羌万一千口诣邓遵降"。

(8)延光元年(122)冬,在汉军的攻击下,烧当羌豪麻奴被迫"将种众三千余户诣汉阳太守耿种降"。

(9)阳嘉四年(135),汉将马贤等大破钟羌,"(羌豪)且昌等率诸种十余万诣凉州刺史降"。

(10)汉安元年(142),护羌校尉赵冲"招怀叛羌,罕种乃率邑落五千余户诣冲降"。

(11)汉安三年(144),在汉朝军队的威慑下,"诸种前后三万余户诣凉州刺史降"。

(12)永嘉元年(145),在左冯翊梁并等人的招引下,"离湳、狐奴等五万余户诣并降,陇右复平"。

---

① 下列记载除了特别注明者均出自《后汉书》卷八七《西羌传》。

② 《后汉书》卷一五《来歙传》,第588页。

③ 《后汉书》卷二四《马援传》,第835页。

④ 《后汉书》卷二四《马援传》,第836页。

⑤ 《后汉书》卷一七《耿弇附耿恭列传》,第723页。

(13)桓帝建和二年(148),“是时西羌及湟中胡复叛为寇,益州刺史率板楯蛮讨破之,斩首招降二十万人”。

(14)延熹四年(161),名将皇甫规率军击破羌众之后,“先零诸种羌慕规威信,相劝降者十余万”。

(15)延熹五年(162),在皇甫规的感召下,“沈氐大豪滇昌、饥恬等十余万口,复诣规降”。

(16)延熹年间,名将段颎多次率军击破羌众,“凡破西羌,斩首二万三千级,获生口数万人,马牛羊八百万头,降者万余落”。

(17)建宁二年(169),汉朝谒者“冯禅等所招降四千人,分置安定、汉阳、陇西三郡,于是东羌悉平”①。

仅据以上记载粗略统计,当时内迁的羌民数量已经十分惊人。如集中于西南地区的内属羌人已达六十万口左右,而汉朝军队掳获及投降的羌人数量更为巨大。如按每户(或每落)五口计,上述记载中数字累计相加已有一百三四十万之多。两类合计,东汉一朝至少应有二百万左右羌人进入东汉境内。

大批羌人内徙汉朝境内,不可避免地产生了东羌、西羌的问题。元代胡三省在《资治通鉴》卷五二“顺帝永和六年(141)”注释中云:“羌居安定、北地、上郡、西河者,谓之东羌;居陇西、汉阳,延及金城塞外者,谓之西羌。”对这种解释,一些现代学者不以为然。如马长寿先生的分析着重于族源,他指出:“这种区分显然只带有一种地理分布的意义罢了。若论其渊源,‘东羌’应分为两部分:一部分是西汉时随匈奴而来的‘羌胡’之羌;又一部分是东汉时从金城、陇西迁来的西羌。”②黄烈先生则强调:“把内徙与否作为划分东西羌的标准,将这一部分内徙羌人与原有的西羌相区别,更能说明羌族的历史变化。”③当然,对于民族地理研究而言,以东、西方位来区分羌人,自然与其分布区域有重要关系。

(三)东汉时期羌人反叛运动的地域分析

东汉时期的“羌叛”导致了极其严重的社会动荡,究其根本原因,是与由羌人内迁运动引发的民族矛盾有关。内徙羌人与“华人杂处,族类蕃息”。汉朝官吏的政治表现往往成为主宰汉羌关系的主导因素,汉朝官吏的一些粗暴措施,往往成为引发大规

---

① 14~17条记载,见《后汉书》卷六五《皇甫张段列传》。

② 《氐与羌》,第106页。

③ 参见黄烈《中国古代民族史研究》,人民出版社1987年版,第88页。

模羌叛的直接原因。据统计,东汉时期,东西羌及白马羌前后反叛五十多次,其中大规模的有五次,前后延续一百多年,几乎与东汉王朝相始终。① 反叛运动涉及的地域极为广泛,因此,对羌叛运动做些简明的地域分析,还是具有一定的价值。

据下表内容,我们看到,与羌人内徙的分布相对应,陇右地区,即凉州刺史部所领各郡,是"羌叛"高发区,次数与频率均居首位。其次为关中或三辅地区,这也与羌人的内徙有直接的关系,东汉一朝曾多次向三辅地区迁入羌人。再次是并州与益州地区。益州地区的羌人大多应由徼外内属而来。我们并没有在文献中发现直接向并州地区迁徙羌人的记载,但"西河虔人种羌"的出现,显然是长期定居于当地的结果。

东汉羌人反叛运动涉及地域统计表

序号	反叛时间	主要羌人种类及羌豪之名	主要波及地域
1	建武十年	先零豪与诸种	金城郡、陇西郡
2	建武十一年	先零种	陇西郡临洮
3	建武十二年	参狼羌	武都郡
4	中元元年	参狼羌	武都郡
5	中元二年	烧当羌滇吾、牢姐种与守塞诸羌	陇西郡、金城郡
6	永平元年	烧当羌滇吾	金城郡
7	建初元年	卑湳、勒姐、吾良种	金城郡安夷县
8	建初二年	烧当、封养与诸种羌	金城、陇西、汉阳
9	元和三年	烧当羌	陇西
10	章和元年	烧当与诸种羌	金城塞、陇西塞
11	永元四年	烧当羌迷唐	金城塞
12	永元九年	烧当羌迷唐	陇西郡
13	永初元年	烧当、勒姐、当煎、先零、钟羌等种	金城、陇西、汉阳
14	永初二年	北地先零羌与武都、参狼、上郡、西河等种	东犯赵、魏,南入益州,寇钞三辅,断陇道
15	永初三年	当煎、勒姐种与钟羌	破羌县、临洮县
16	永初四年	滇零种	褒中
17	永初五年	羌众	河东、河内

① 参见王钟翰主编《中国民族史》,第273页。

（续表）

序号	反叛时间	主要羌人种类及羌豪之名	主要波及地域
18	永初七年	牢羌	安定
19	元初元年	零昌、当煎、勒姐等种	雍城、武都、汉中、狄道
20	元初二年	零昌种	益州
21	元初三年	零昌种	北地郡灵州
22	元初四年	零昌种及狼莫	北地郡富平
23	元初六年	勒姐种与陇西种	安故
24	永宁元年	上郡沈氏种羌、当煎种、烧当、烧何、饥五等种	张掖、金城
25	建光元年	烧当及当煎种	湟中、金城
26	延光元年	虔人种羌	穀罗城
27	永建元年	陇西钟羌	临洮
28	阳嘉三年	钟羌	陇西、汉阳
29	永和二年	白马羌	武都塞
30	永和三年	烧当种	金城塞
31	永和五年	且冻、傅难种	金城、三辅、武都、陇关
32	永和六年	巩唐、罕种	陇西、关中、北地、武威
33	汉安三年	烧何种	安定
34	建康元年	诸羌	武威、安定
35	建和二年	白马羌	广汉属国
36	延熹二年	烧当八种羌	陇右
37	延熹三年	烧何羌	张掖
38	延熹四年	零吾、先零、上郡沈氏、牢姐等诸种	并州、凉州、三辅地区
39	延熹五年	沈氏诸种、乌吾种及滇那羌	张掖、酒泉、汉阳、陇西、金城、武威
40	延熹九年	上郡沈氏、安定先零诸种	武威、张掖
41	永康元年	东羌诸种、当煎羌	三辅、武威
42	中平元年	北地降羌先零种及湟中羌等	陇右
43	兴平元年	冯翊降羌	冯翊诸县

资料来源:《后汉书》卷八七《西羌传》。

第五节　秦汉至三国时期东北地区的民族构成与分布

与塞北、西域及西南相仿，古代的东北地区同样是一个面积广大的多民族聚居区。长期以来，中原士人对该地的民族构成与分布也是知之甚少。特别是上古时期生活在东北地区的民族，如肃慎，留存下来的文献记载极为缺乏，难以进行有成效的地理问题研究。秦与西汉时期，东北地区的主要部族被称为"东胡"，较著名的邻近民族政权为朝鲜。东汉以后，乌桓与鲜卑两大部族强大起来，并先后内迁，进而成为影响中国北方边塞形势与民族构成的重要因素。在郡县制度实施的同时，继古朝鲜（包括箕子朝鲜与卫满朝鲜）之后，东夷诸部势力逐渐兴盛起来。

一、早期中原移民与朝鲜半岛上的古代国家建设

中国与朝鲜，是一衣带水的邻邦，对于历史时期中国东北边疆而言，古代朝鲜族则属于非常典型的跨境民族。朝鲜民族的形成，也有一个较漫长的历史过程，在这一过程中，与中国历代王朝形成了十分密切的关系，无论在地域上，还是在民族归类上，有时根本无法判然区别彼此而将两者区分开来。正如今天中国境内有朝鲜族一样，历史时期朝鲜半岛上出现的许多民族政权的疆界，均跨越清代前期确定的两国边界以及今天的中朝边界，因此，将朝鲜视为中国东北边疆地区一个特殊的跨境民族，有助于我们较妥善与准确地处理有关历史时期朝鲜问题的研究工作。

（一）中原移民与"箕子朝鲜"的出现

研究早期国家的变迁，是我们探寻古代民族分布状况及其演变规律的一条极其重要的途径。朝鲜民族的形成轨迹与标志，也几乎等同于历史时期朝鲜半岛北部出现的一系列古代邦国的演变轨迹和标志。关于朝鲜半岛上的民族成分，《汉书·地理志》曾载："玄菟（郡）、乐浪（郡），武帝时置，皆朝鲜、濊貉、句骊蛮夷。"①然而，我们发现，朝鲜半岛上早期国家的建设与发展，均与华夏族系及中原地区的移民密切相关。据学者的研究，朝鲜半岛上出现的早期著名国家首推"箕子朝鲜"与"卫满朝鲜"。《后汉书·东夷列传》载朝鲜早期历史：

① 《汉书》卷二八下《地理志下》，第1658页。

> 昔武王封箕子于朝鲜,箕子教以礼义田蚕,又制八条之教。其人终不相盗,无门户之闭。妇人贞信。饮食以笾豆。其后四十余世,至朝鲜侯准,自称王。汉初大乱,燕、齐、赵人往避地者数万口,而燕人卫满击破准而自王朝鲜,传国至孙右渠。元朔元年(前128),濊君南闾等畔右渠,率二十八万口诣辽东内属,武帝以其地为苍海郡,数年乃罢。至元封三年(前108),灭朝鲜,分置乐浪、临屯、玄菟、真番四郡。①

周武王分封箕子于朝鲜之事,见载于《史记·宋微子世家》。箕子为商纣王的亲族,因向纣王进谏而被纣王囚禁。武王灭商后,将箕子释放出来,并向他咨询施政之道。箕子向武王讲解了大禹所行"洪范九筹"的政治思想,受到武王高度重视,"于是武王乃封箕子于朝鲜而不臣也"。关于此事,《汉书·地理志》记载:"殷道衰,箕子去之朝鲜,教其民以礼义,田蚕织作。"唐代颜师古注文曰:"《史记》云'武王伐纣,封箕子于朝鲜',与此不同。"《史记》定为周武王分封,《汉书》却改为箕子主动离去。两者相较,朝鲜之地与中原相距遥远,班固主动离去之记述,似乎更有说服力。《三国志·魏书·乌丸鲜卑东夷传》则采用了较模糊的说法:"昔箕子既适朝鲜,作八条之教以教之,无门户之闭而民不为盗。其后四十余世,朝鲜侯(淮)[准]僭号称王。"②除了一些细微异同之处,数种典籍对于箕子移民朝鲜之事,并无异议。笔者以为,箕子适朝之事,以及箕子朝鲜的存在,具有较充实的证据与历史渊源,是很难轻易加以否定的。另一方面,其在中朝两国民族发展史上的意义还在于,箕子是华夏族或中原王朝移民的典型代表,这类移民对朝鲜早期国家建设的影响与贡献是至关重要的,对朝鲜半岛民族构成的客观影响也不可忽视。③

关于箕子朝鲜的疆域,《后汉书·东夷列传》载:"濊(貊)及沃沮、(高)句骊,本皆朝鲜之地也。"可证其覆盖地域相当辽阔,包括今东北地区大部及朝鲜半岛北部地区。至春秋战国时期,燕国曾一度征服并占领真番、朝鲜等地,并在当地设置官吏,建筑鄣塞。如《史记·朝鲜列传》载:"自始全燕时尝略属真番、朝鲜,为置吏,筑鄣塞。"《史记索隐》引如淳之言云:"燕尝略二国以属己也。"鱼豢《魏略》对此有更详细的记述:"昔箕子之后朝鲜侯,见周衰,燕自尊为王,欲东略地,朝鲜侯亦自称为王……后子孙

① 《后汉书》卷八五《东夷列传》,第2817页。

② 《三国志》卷三〇《魏书·乌丸鲜卑东夷传》,第848页。

③ 关于箕子其人与迁徙朝鲜问题,详见施存龙《箕子走之朝鲜析》,载于金健人主编《韩国研究》第四辑,学苑出版社2000年版,第54~87页。

稍骄虐，燕乃遣将秦开攻其西方，取地二千余里，至满番汗为界，朝鲜遂弱。及秦并天下，使蒙恬筑长城，到辽东。”[1]满番汗，又称“满潘汗”，在今朝鲜平安北道清川江下游西岸地区。秦攻灭燕后，于始皇二十五年（前222）置辽东郡（治今辽宁省辽阳市）。据谭其骧先生的研究，秦辽东郡的界址“东南当逾今鸭绿江，有朝鲜半岛东北隅之地，南近大同江”。谭先生论证的重要依据之一，便是秦长城起于辽东郡境内。他说：“《太康三年地记》：乐浪遂成县有碣石山，长城所起。《晋志》：遂城县，秦筑长城之所起。《通典》：长城起遂城碣石山，遗迹犹存。按遂成废址在今平壤西南。”[2]秦汉之际大乱后，新生的汉朝限于国力薄弱，收缩边界，修复辽东郡故塞，以浿水（今朝鲜清川江）为界。

（二）中原移民与卫满朝鲜的民族构成

西汉初年朝鲜半岛上出现的卫满朝鲜，同样与中原移民密切相关。《史记·朝鲜列传》载：“朝鲜王满者，故燕人也。……燕王卢绾反，入匈奴，满亡命，聚党千余人，魋结蛮夷服而东走出塞，渡浿水，居秦故空地上下鄣，稍役属真番、朝鲜蛮夷及故燕、齐亡命者王之，都王险（今朝鲜平壤）。”可见，卫满基本上是依赖中原移民的力量建立起政权的。其辖下移民既有其原来燕国之“党”众，更有较早迁入的“故燕、齐亡命者”。《三国志·魏书·乌丸鲜卑东夷传》载：“陈胜等起，天下叛秦，燕、齐、赵民避地朝鲜数万口。燕人卫满，魋结夷服，复来王之。”显然，当时朝鲜境内的中原移民数量相当可观。关于卫满利用中原移民建立新政权的过程，《魏略》也有非常细致的描述：

> （朝鲜王准即位后）二十余年而陈（胜）、项（羽）起，天下乱，燕、齐、赵民愁苦，稍稍亡往准，准乃置之于西方。及汉以卢绾为燕王，朝鲜与燕界于浿水。及绾反，入匈奴，燕人卫满亡命，为胡服，东度浿水，诣准降，说准求居西界，（故）［收］中国亡命为朝鲜藩屏。准信宠之，拜为博士，赐以圭，封之百里，令守西边。满诱亡党，众稍多，乃诈遣人告准，言汉兵十道至，求入宿卫，遂还攻准。准与满战，不敌也。[3]

据上述资料可知，中原移民主要来自燕、齐、赵三地，其数量逐渐增加，进入朝鲜境内后，被安置于西部地区。卫满进入朝鲜后，成为这些移民的领导者，驻守于朝鲜的西部边塞。最后，卫满依据这些移民的力量，将朝鲜王准打败。至汉惠帝及吕后在

---

① 《三国志》卷三〇《魏书·乌丸鲜卑东夷传》裴松之注引，第850页。
② 《秦郡界址考》，载于《长水集》（上），第16页。
③ 《三国志》卷三〇《魏书·乌丸鲜卑东夷传》裴松之注引，第850页。

位之时，汉朝国力尚薄弱，无暇东顾，卫满朝鲜由此得到了长足的发展，“以故满得兵威财物侵降其旁小邑，真番、临屯皆来服属，方数千里”①。

在卫满之后，中原移民在朝鲜半岛上仍然有逐渐增多的趋势，甚至成为引发汉朝争端的重要原因之一。如《史记·朝鲜列传》载：“传子至孙右渠，所诱汉亡人滋多，又未尝入见。”另外，朝鲜半岛上的古韩诸政权中也有为数不少的来自秦、汉境内的移民。古韩诸政权主要分为三部，即马韩、辰韩、弁韩，故又被称为“三韩”。根据传说，早期辰韩地区的居民便是“秦之亡人”，故又被称为“秦韩”。《魏书·东夷传》载：

> 辰韩在马韩之东，其耆老传世，自言古之亡人避秦役来适韩国，马韩割其东界地与之。有城栅。其言语不与马韩同，名国为邦，弓为弧，贼为寇，行酒为行觞。相呼皆为徒，有似秦人，非但燕、齐之名物也。……今有名之为“秦韩”者。始有六国，稍分为十二国。②

这种以传说及语言为依据的推论具有较高的可信度。可以说，从先秦到魏晋时期，无论是自愿避难，还是被强制掳走，中原百姓流入朝鲜半岛的现象屡见不鲜，数量亦相当可观。如东汉建光二年(122)，句骊王遂成送还部分掳掠之汉民，安帝在诏书中加以指斥：“……鲜卑、濊貊连年寇抄，驱掠小民，动以千数，而裁送数十百人，非向化之心也。”③又如“桓、灵之末，韩濊强盛，郡县不能制，民多流入韩国”④。毫无疑问，这种长期的迁移，对朝鲜半岛上民族构成的影响是巨大的。

二、两汉至三国时期的朝鲜政区建置与“东夷诸国”的分布

(一)两汉至三国时期的朝鲜政区建置

在中原移民大批进入朝鲜半岛的同时，朝鲜半岛徙入中原的移民也不少见。如最早出现的苍海郡就是为安置朝鲜移民所置。关于苍海郡的设置，《汉书·武帝纪》载，元朔元年(前128)，“东夷薉君南闾等口二十八万人降，为苍海郡”。《后汉书·东夷列传》也载：“元朔元年，濊君南闾等畔右渠，率二十八万口诣辽东内属，武帝以其地为苍海郡，数年乃罢。”又据《汉书·武帝纪》，苍海郡罢于元朔三年(前126)春。苍海郡也作“沧海郡”。沧海郡之罢，与公孙弘的建议有关。《史记·平津侯主父列传》

① 《史记》卷一一五《朝鲜列传》，第2986页。
② 《三国志》卷三〇《魏书·乌丸鲜卑东夷传》，第852页。
③ 《后汉书》卷八五《东夷列传》，第2815页。
④ 《三国志》卷三〇《魏书·乌丸鲜卑东夷传》，第851页。

载，元朔三年，公孙弘为御史大夫，“是时通西南夷，东置沧海，北筑朔方之郡”。为纾解民力，公孙弘数次建议罢沧海郡，最终得到了汉武帝的同意。①《汉书·食货志下》也载，汉武帝时，“彭吴穿穢貊、朝鲜，置沧海郡，则燕齐之间靡然发动”。又云：“东置沧海郡，人徒之费疑(拟)于南夷。”②可见，当时沧海郡之置，曾是一桩影响相当大的事件。朝鲜移民数量达二十八万口，构成了沧海郡人口的主体。沧海郡的方位，通常认为在今朝鲜江原道境内。③ 笔者对此深表怀疑，苍海郡为安置内徙濊人而置，且朝鲜四郡尚未开置，其方位应在东汉时夫余国濊人故地，详见后濊貊国方位的论述。

两汉时期，汉朝与朝鲜地区关系最重大的事件，还要数朝鲜四郡之设。汉武帝元封三年(前108)，汉朝与朝鲜地区之间爆发战争，汉朝军队最终占领朝鲜半岛北部，并在当地设置四郡：真番、临屯、乐浪、玄菟。至昭帝始元五年(前82)，罢临屯、真番两郡，并入乐浪、玄菟，因而《汉书·地理志》仅录有玄菟、乐浪两郡。《茂陵书》载：“临屯郡治东暆县，去长安六千一百三十八里，十五县；真番郡治霅县，去长安七千六百四十里，十五县。”④真番郡包括今朝鲜慈悲岭以南之黄海道大部分及南汉江以北之京畿道一部分。临屯郡位于今朝鲜江原道。由于政区本身的变化复杂，以及旁证资料的极度缺乏，因而朝鲜四郡方位的确定，长期以来成为学术界争论不休的难题之一。⑤

东汉末年，又有带方郡之置。《三国志·魏书·乌丸鲜卑东夷传》载：“建安中，公孙康分屯有县以南荒地为带方郡，遣公孙模、张敞等收集遗民，兴兵伐韩濊，旧民稍出，是后，倭韩遂属带方。”⑥晋带方郡属平州，辖七县。根据朝鲜学者李丙焘的研究，带方郡大致在今朝鲜黄海道的中部与西部，而带方郡与乐浪郡的交界处，正是黄州东南、凤山东北、瑞兴西北之慈悲岭山脉。⑦

---

① 参见《史记》卷一一二《平津侯主父列传》，第2950页。

② 《汉书》卷二四下《食货志下》，第1157、1158页。

③ 参见谭其骧主编《〈中国历史地图集〉释文汇编·东北卷》，中央民族学院出版社1988年版，第49页。除了特别注明，关于朝鲜半岛上郡县与诸国的定位，笔者均参考此书。

④ 参见《汉书》卷六《武帝纪》颜师古注引臣瓒曰，第194页。

⑤ 关于四郡的讨论情况参见周振鹤《汉武帝朝鲜四郡考》，载于《历史地理》第四辑，上海人民出版社1986年出版；孙进己、王绵厚主编《东北历史地理》第一卷第三编第三章“前汉时期东北的民族建置”，黑龙江人民出版社1988年出版。

⑥ 《三国志》卷三〇《魏书·乌丸鲜卑东夷传》，第851页。

⑦ 参见《真番郡考》(续)，周一良译，载于《禹贡》第二卷第十期，第36~37页。

从两汉至北朝，我们可以看到，由于朝鲜半岛高句骊等部族的崛起，两汉所设的郡县渐有撤废、收缩及内移之趋势。特别是西晋以后至南北朝，旧有各郡之地均陷于高句骊，《魏书・地形志》所载乐良郡、朝鲜县等，均为人口内迁后所置，为寄治郡县，其治所已远离了朝鲜半岛。

两汉至南北朝与朝鲜相关的郡县情况表

朝代名	郡名	治所今地	所领县	资料来源
西汉	玄菟	朝鲜咸境南道咸兴	三县：高句骊、上殷台、西盖马	《汉书・地理志》
西汉	乐浪	朝鲜平壤南	二十五县：朝鲜、䛁邯、浿水、含资、黏蝉、遂成、增地、带方、驷望、海冥、列口、长岑、屯有、昭明、镂方、提奚、浑弥、吞列、东暆、不而、蚕台、华丽、邪头昧、前莫、夫租	同上
东汉	玄菟	辽宁省沈阳市东	六城：高句骊、西盖马、上殷台、高显、候城、辽阳	《续汉书・郡国志》
东汉	乐浪	朝鲜平壤南	十八城：朝鲜、䛁邯、浿水、含资、占蝉、遂城、增地、带方、驷望、海冥、列口、长岑、屯有、昭明、镂方、提奚、浑弥、乐都	同上
西晋	玄菟	辽宁省沈阳市东	三县：高句骊、望平、高显	《晋书・地理志》
	乐浪	朝鲜平壤南	六县：朝鲜、屯有、浑弥、遂城、镂方、驷望	同上
	带方	朝鲜黄海道凤山郡境	七县：带方、列口、南新、长岑、提奚、含资、海冥	同上
北魏	乐良	河北省保定市徐水区	二县：永洛、带方	《魏书・地形志》
	北平	河北省卢龙县	二县：朝鲜、昌新	同上

（二）东汉三国时期“东夷诸国”的分布与民族构成

东汉时期，东北及朝鲜半岛地区同样是施行郡县制与各部族政权并行的行政管理模式，当时的部族政权被统称为“东夷诸国”，以有别于乌桓与鲜卑的前身——古东胡。“东夷诸国”主要有夫余、挹娄、高句骊、沃沮、濊貊、三韩及倭国等。除了三韩、倭国与汉王朝关系较为疏远，夫余、挹娄归属辽东郡，高句骊等属于玄菟郡，沃沮、濊貊等属于乐浪郡等。当然，这种隶属关系会因诸政权的要求而发生变化，如“武帝灭朝鲜，以沃沮地为玄菟郡。后为夷貊所侵，徙郡于高句骊西北，更以沃沮为县,属乐浪东部都尉”①。再如“夫余本属玄菟,献帝时,其王求属辽东云”②。

《后汉书·东夷传》及《三国志·魏书·东夷传》等文献记载,当时“东夷”诸部的地理分布格局大致以夫余、高句骊两个大的政权为核心。夫余在长城以北,在玄菟郡北千里之地,高句骊在其南,在辽东郡以东,有二千里之地。挹娄在夫余东北,长期臣属于夫余。而沃沮在高句骊之东,以盖马大山(今朝鲜境内狼林山脉)为界。濊貊则在高句骊之南,在单单大岭(今朝鲜境内剑山岭、阿虎飞岭等)以东。

关于“东夷”诸部的族属,除了韩、倭,大致可分为两大类:一为夫余种及别种,如夫余、高句骊、沃沮及濊貊人均属此种,也就是上古时期的濊貊种;二为肃慎种,即挹娄之人。

1. 夫余

夫余与中央王朝的接触,可上溯至西汉初年。如《史记·货殖列传》曾载上谷郡至辽东郡一带“北邻乌桓、夫余”。关于夫余的渊源,有一则著名的故事为后世学者所广泛引用。这则故事最早见于东汉王充的名著《论衡》,该书《吉验篇》称,北夷有橐离国,其国王婢受孕生子,名东明。后惧国王追杀,南逃,渡过掩淲水,“因都王夫余,故北夷有夫余国也”。《三国志·魏书·乌丸鲜卑东夷传》裴注引《魏略》转述了这则故事,然“北夷橐离国”变为“高离之国”,“掩淲水”变为“施掩水”。《后汉书·东夷列传》也转引了这则故事,但“北夷橐离国”变为“北夷索离国”。除了这些差异,可以确定夫余的祖先东明源于“北夷”,应属“北夷”种。

《三国志·魏书·乌丸鲜卑东夷传》又称,夫余“有故城名濊城,盖本濊貊之地,而夫余王其中,自谓‘亡人’,抑有(似)[以]也”。明指夫余为“北夷”人迁徙占据濊人故地所创,则当时民族也应以濊人为主。又据《三国志·魏书·乌丸鲜卑东夷传》,夫余“在长城之北,去玄菟千里,南与高句骊,东与挹娄,西与鲜卑接,北有弱水(今松花江),方可二千里”③。由此,研究者认为:“按当时玄菟郡治在今辽宁沈阳城江上柏官屯,其北千里当为今嫩江中下游、北流松花江以及拉林河、阿什河流域。大约这一带很早就是夫余族居住的地区。”④

---

① 《后汉书》卷八五《东夷列传》,第 2816 页。

② 《后汉书》卷八五《东夷列传》,第 2812 页。

③ 本小节以下引文不特别注明者均出于此《传》。

④ 参见《〈中国历史地图集〉释文汇编·东北卷》,第 31 页。

夫余人为土著居民，以耕作为生，“有宫室、仓库、牢狱。多山陵、广泽，于东夷之域最平敞。土地宜五谷，不生五果”。夫余的风俗构成颇为复杂，显然与其部族构成的复杂有着直接的关系。如“食饮皆用俎豆，会同、拜爵、洗爵，揖让升降”，“以殷正月祭天”等，显然颇有华夏风俗之雅好。《魏略》又云：“其俗停丧五月，以久为荣。其祭亡者，有生有熟。丧主不欲速而他人强之，常诤引以此为节。其居丧，男女皆纯白，妇人着布面衣，去环珮，大体与中国相仿佛也。”①这应该与华夏族人向这一地区的移民影响有着直接的关系。另外，夫余人深受匈奴风俗影响，“兄死妻嫂，与匈奴同俗”。应该说，从风俗构成上也可看出夫余部族构成的复杂性。西汉开置朝鲜四郡后，夫余先归玄菟郡管辖，至东汉末年始归属辽东郡。

2. 挹娄

挹娄，原为商周时肃慎所在之地。“肃慎”可谓东北地区见于文献记载最早的古部落与族类名称。如古本《竹书纪年》载：“（周武王）十五年，肃慎氏来宾。”“（成王）九年……肃慎氏来朝，王使荣侯锡肃慎氏命。”然而关于肃慎的方位，众说纷纭，莫衷一是，有“山东说”“河北说”“辽西说”等。② 笔者取《中国历史地图集》的定位，认为肃慎的分布当以今牡丹江流域宁安一带为中心。

据《三国志·魏书·乌丸鲜卑东夷传》，挹娄虽然长期臣于夫余，但在语言及文化风俗上差别明显，“其人形似夫余，言语不与夫余、句丽同。……东夷饮食类皆用俎豆，唯挹娄不法俗，最无纲纪也”。此外，该部落集中于山林之间，喜穴居，也与夫余等习俗有明显差异。其疆域大致在夫余东北千余里，东界濒临大海，南接北沃沮。东汉时期，挹娄长期臣属夫余。

3. 高句骊（或称为高句丽）

高句骊部及高句骊政权的出现，对于古代朝鲜半岛地区的民族发展与国家建设而言具有极为重大的意义，因而也就成为中韩（或中朝）学术界关注的焦点问题。关于高句骊人的族属，《三国志·魏书·乌丸鲜卑东夷传》指出：“东夷旧语以为夫余别种，言语诸事，多与夫余同，其性气衣服有异。”就其历史渊源而言，高句骊人即为上古史常见的貊（同貉）人。如《后汉书·东夷列传》曾指出：“句骊一名貊（耳）。有别种，依小水为居，因名曰小水貊。出好弓，所谓‘貊弓’是也。”可见，貊即指句骊人，高句骊人为古代貊人的后裔。高句骊原归属于古朝鲜，汉武帝开辟四郡

---

① 《三国志》卷三〇《魏书·乌丸鲜卑东夷传》裴注引，第842页。

② 参见《东北历史地理》第一卷，第196~201页。

后，于其地置高句骊县（今辽宁省新宾满族自治县兴京老城附近），使之属玄菟郡。

关于高句骊的疆域，《三国志·魏书·乌丸鲜卑东夷传·高句丽》载："高句丽在辽东（今辽宁省辽阳市）之东千里，南与朝鲜、濊貊，东与沃沮，北与夫余接。都于丸都（在今吉林省集安市西侧山城子）之下，方可二千里。"由于东濊貊、沃沮等部均曾臣于高句丽，可以说，高句丽在"东夷诸国"中一度成为实力最强之国。

4. 濊貊

濊貊，又作"濊貉"，或单称"濊"，也是中国东北及朝鲜半岛的古老部族之一。如《史记·货殖列传》称，上谷至辽东一带，"东绾穢貉、朝鲜、真番之利"。又《史记·匈奴列传》载，匈奴"诸左方王将居东方，直上谷以往者，东接穢貊、朝鲜"。可以看出，西汉初年，"东夷"地区（包括今中国东北及朝鲜半岛）正是这几个部族的分布地。

然而《三国志·魏书·乌丸鲜卑东夷传》又载："濊南与辰韩，北与高句丽、沃沮接，东穷大海，今朝鲜之东皆其地也。……自单单大山领以西属乐浪，自领以东七县，都尉主之，皆以濊为民。后省都尉，封其渠帅为侯，今不耐濊皆其种也。汉末更属句丽。"大致在今朝鲜江原道境内，但显然这是东汉末年及三国时期濊人的分布地，与西汉时相比有较大的改变，其北部为沃沮人及高句骊人。

5. 沃沮

沃沮人是濊人的一支，分布在盖马大山及单单大岭之东。沃沮原臣于卫满朝鲜。汉武帝开置四郡，"以沃沮城为玄菟郡。后为夷貊所侵，徙郡句丽西北，今所谓玄菟故府是也。沃沮还属乐浪。汉以土地广远，在单单大领之东，分置东部都尉，治不耐城，别主领东七县，时沃沮亦皆为县（今朝鲜咸镜南道之咸兴）。汉（光）［建］武六年（30），省边郡，都尉由此罢。其后皆以其县中渠帅为县侯，不耐、华丽、沃沮诸县皆为侯国。夷狄更相攻伐，唯不耐濊侯至今犹置功曹、主簿诸曹，皆濊民作之……国小，迫于大国之间，遂臣属句丽"。正是由于"夷狄"交侵，因而"东夷诸国"疆域与归属始终处于不断变化之中。

综上所述，在东汉及三国时期的"东夷诸国"中，除了挹娄为远古肃慎之后裔，保持特殊的语言及风俗特征，其余诸部应属古代濊貊系统。濊、貊在文献中常作联绵词，犹如西部的氐、羌，虽可分为两族，但在语言文化习俗方面具有很强的共通性，特别是长期生活于共同的政治体制之下，更会加强诸部在文化习俗方面的共通性。如据《三国志·魏书·乌丸鲜卑东夷传》,夫余、高句丽、濊貊、沃沮在语言及文化习俗方面均大同小异。① 不过,夫余虽占据濊貊之地,但其民族构成元素中有更多的“北夷”与华夏族系移民成分,因而文化习俗特征更加丰富多样。

“东夷诸国”情况简表

国名	户数与疆域面积	疆域四至
夫余	八万户,方可二千里	位于长城以北,去玄菟郡千里,南至高句骊,东与挹娄接,北有弱水(今黑龙江),西接鲜卑之地
挹娄	不详	在夫余东北千余里之地,东滨大海,南与北沃沮接壤
高句丽	三万户,方可二千里	在辽东之东千里,北接夫余,南与朝鲜、濊貊,东与沃沮接
东沃沮	五千户,可千里	在高句丽盖马大山之东,东滨大海,北接挹娄、夫余,南界濊貊
濊貊	二万户,面积不详	北接高句骊、沃沮,东穷大海,南界辰韩

资料来源:《三国志·魏书·乌丸鲜卑东夷传》。

三、乌桓的发源地与内迁②

乌桓,又称为“乌丸”,与鲜卑人同为古代“东胡”的后裔。《史记索隐》引服虔云:“东胡,乌丸之先,后为鲜卑。在匈奴东,故曰东胡。”西汉初期,匈奴势力强大,“东胡”破灭,一部分余众被迫退据乌桓山,故被称为“乌桓”。如《续汉书》载:“汉初,匈奴冒顿灭其国,余类保乌桓山,以为号。俗随水草,居无常处。以父之名字为姓。父子男女悉髡头为轻便也。”③乌桓山即今大兴安岭南端,在内蒙古自治区阿鲁科尔沁旗以北。《史记·货殖列传》又载上谷至辽东一带“北邻乌桓、夫余”。可见,乌桓人分布地与汉朝边郡接境。乌桓早期分布地的著名地理景观有赤山(在今内蒙古自治区巴林左旗北),故又被称为“赤山乌桓”。④ 据《魏书》载,乌桓人常用犬殉葬,“使护

① 关于高句丽族属及古穢貊族的差异,参见李宗勋《高句丽族源流略考》,载于金龟春主编《中朝韩日关系史研究论丛》第1辑,延边大学出版社1995年出版。

② 研究乌桓与鲜卑早期历史较系统的著作有〔日〕白鸟库吉《东胡民族考》,方壮猷译,商务印书馆1934年出版(山西人民出版社2015年再版);马长寿《乌桓与鲜卑》,上海人民出版社1962年出版(广西师范大学出版社2006年再版);林幹《东胡史》,内蒙古人民出版社1989年出版(内蒙古人民出版社2007年再版)。

③ 《史记》卷一一〇《匈奴列传》之《史记索隐》注引,第2885页。

④ “赤山乌桓”之名,见《后汉书》卷二〇《祭肜传》,《后汉书·乌桓鲜卑列传》又称为“渔阳赤山乌桓”。

死者神灵归乎赤山。赤山在辽东西北数千里,如中国人以死之魂神归泰山也”①。鉴于赤山在乌桓人心目中的神圣地位,一些学者如马长寿先生认为赤山才为乌桓族真正的原始发祥地。②

关于乌桓人的习俗,王沈《魏书》载:“俗善骑射,随水草放牧,居无常处,以穹庐为宅,皆东向。日弋猎禽兽,食肉饮酪,以毛毳为衣。”这些习俗都是典型的游牧民族特征。不过,与匈奴人相比较,乌桓人与鲜卑人在部落组织形式上颇有不同之处,“常推募勇健能理决斗讼相侵犯者为大人,邑落各有小帅,不世继也。数百千落自为一部,大人有所召呼,刻木为信,邑落传行,无文字,而部众莫敢违犯。氏姓无常,以大人健者名字为姓。大人已下,各自畜牧治产,不相徭役”③。邑落或落为其最基本的社会组织,首领为小帅;邑落之上为部,首领为大人,都是民主推募,而不世袭,与匈奴从单于至大臣皆世袭的制度相差极大。故而,马长寿先生称之为邑落公社,并推测乌桓每一邑落当有人口一百几十人至二百几十人。④

在“东胡”被匈奴攻灭后,乌桓人长期臣服于匈奴,定时向匈奴人献纳贡品。汉武帝时期,汉朝军队北伐,在进据匈奴左地后,迁徙乌桓人至上谷(治今河北省怀来县东南)、渔阳(治今北京市密云区西南)、右北平(治今天津市蓟州区)、辽西(治今辽宁省义县西)、辽东(治今辽宁省辽阳市)五郡塞外,作为汉朝抵御匈奴人的屏障。同时,设置护乌桓校尉,秩比二千石,监领乌桓事务,目的在于隔绝乌桓人与匈奴人的联系。这样一来,乌桓人也就成为受汉朝官府节制的“守塞蛮夷”。由此,乌桓人的聚居地也就从乌桓山麓转移到汉朝边塞附近。这应该是乌桓分布区的第一次重大转变,即从西汉前期,乌桓人已开始大规模地南迁及内附,也形成乌桓发展史的一个重要特征。

两汉之交,乌桓人又与匈奴人联合起来,侵扰汉朝边民,给汉朝边郡地区带来巨大冲击。如《后汉书·乌桓鲜卑列传》载:“光武初,乌桓与匈奴连兵为寇,代郡(治今河北省蔚县东北)以东尤被其害。居止近塞,朝发穹庐,暮至城郭,五郡(即上谷、渔阳、右北平、辽西、辽东等郡)民庶,家受其辜,至于郡县损坏,百姓流亡。其在上谷塞外白山者,最为强富。”乌桓人之所以能够发起频繁的进犯,关键因素之一是其“居止近塞”,即聚居地接近汉朝边塞。

---

① 参见《三国志》卷三〇《魏书·乌丸鲜卑东夷传》裴注引,第833页。

② 参见《乌桓与鲜卑》,第114~115页。

③ 参见《三国志》卷三〇《魏书·乌丸鲜卑东夷传》裴注引,第832页。

④ 参见《乌桓与鲜卑》,第121页。

在匈奴分裂为南、北二部之后，乌桓人乘北匈奴虚弱之时，积极配合东汉军队作战，从而与东汉官府建立起密切的关系。同时，北匈奴的败亡与北迁，给了乌桓更大的发展空间，“匈奴转北徙数千里，漠南地空”。然而，乌桓人没有继续局限在塞外地区，在东汉官府的鼓励与招徕下，数量可观的乌桓人迁入塞内，形成了内迁的浪潮，“是时四夷朝贺，络驿而至，天子乃命大会劳享，赐以珍宝。乌桓或愿留宿卫，于是封其渠帅为侯王君长者八十一人，皆居塞内，布于缘边诸郡，令招来种人，给其衣食，遂为汉侦候，助击匈奴、鲜卑”①。

关于乌桓人内迁地的详细情况，王沈《魏书》的记载更为全面：

建武二十五年，乌丸大人郝旦等九千余人率众诣阙，封其渠帅为侯王者八十余人，使居塞内，布列辽东属国（治今辽宁省义县）、辽西（治今辽宁省义县西）、右北平（治今内蒙古自治区宁城县西南）、渔阳（治今北京市密云区西南）、广阳（治今北京市西南隅）、上谷（治今河北省怀来县东南）、代郡（治今山西省阳高县）、雁门（治今山西省朔州市东南）、太原（治今山西省太原市西南）、朔方（治今内蒙古自治区磴口北）诸郡界，招来种人，给其衣食，置校尉以领护之，遂为汉侦备，击匈奴、鲜卑。②

这是乌桓人分布区的第二次重大转变，即从近塞而迁入塞内。内徙涉及的郡国达十个之多，从朔方郡到辽东属国，横贯东西，几乎覆盖了幽、冀、并三州所有北边郡县，与长城一线相始终，分布地域之广袤相当惊人。同时，在班彪等人的建议下，东汉朝廷又在上谷宁城（今河北省张家口市万全区）设置校尉，全面监领乌桓与鲜卑事务。

关于内徙乌桓人的数量，文献并没有明确的记载，我们只能通过一些归降数字记录加以推算。如《后汉书·南匈奴列传》载，建康元年（144），在汉朝军队的进攻下，“乌桓七十万余口皆诣寔（中郎将马寔）降，车重牛羊不可胜数”。这应该是记载中乌桓最大的户口数量。数量之庞大，令人吃惊。

东汉末年，乌桓人势力强劲，其中上谷、辽西、辽东、右北平四郡成为乌桓人最为集中的聚居中心，乌桓部落也由此分为三部。“灵帝初，乌桓大人上谷有难楼者，众九千余落，辽西有丘力居者，众五千余落，皆自称王；又辽东苏仆延，众千余落，自称峭王；右北平乌延，众八百余落，自称汗鲁王：并勇健而多计策。”至献帝在位时，辽西乌桓大人丘力居之子蹋顿代立时，统摄乌桓诸部，雄踞北方，成为乌桓历史上最著名的

---

① 《后汉书》卷九〇《乌桓鲜卑列传》，第2982页。

② 《三国志》卷三〇《魏书·乌丸鲜卑东夷传》裴注引，第833页。

首领之一。同时,中原人士避难北逃,不少人进入乌桓部落,“时幽、冀吏人奔乌桓者十万余户”,由此乌桓对中原构成强有力的威胁。

时至建安十二年(207),曹操在平定袁绍后,亲率军队大举北伐,击败乌桓蹋顿于柳城(今辽宁省朝阳市),战绩辉煌,“虏众大崩,斩蹋顿及名王已下,胡、汉降者二十余万口”①。在强大的武力威慑下,“及幽州、并州柔(乌丸校尉阎柔)所统乌丸万余落,悉徙其族居中国,帅从其侯王大人种众与征伐。由是三郡乌丸为天下名骑”②。可以说,至汉末魏初,在这场大战之后,乌桓人主体部分已完成了内迁,基本进入了边塞之内。由此,乌桓人也成为中原地区军队中的精锐力量。

四、鲜卑的早期分布地与内迁

鲜卑人的发源地为“鲜卑山”或“大鲜卑山”(约指今大兴安岭山系北段),对于这一点,学者似乎并无疑义。同时,关于鲜卑人的族源,最为通行的观点为“山戎”或“东胡”说,即认为鲜卑族也属于古代“东胡”族系的后裔。如王沈《魏书》载:“鲜卑亦东胡之余也,别保鲜卑山,因号焉。其言语习俗与乌丸同。其地东接辽水(今辽河),西当西城。”③依据这种观点,鲜卑与乌桓同为“东胡”的后裔,无论在族类还是在文化习俗方面都极为近似,只是居处不同而已。

但就鲜卑的起源而言,还有一种说法颇为引人注目,即“汉人说”。如《史记索隐》曾释:“服虔云:‘山戎盖今鲜卑。’按:胡广云‘鲜卑,东胡别种’。又应奉云‘秦筑长城,徒役之士亡出塞外,依鲜卑山,因以为号’。”④应奉之说即为“汉人说”,即将鲜卑的起源及民族构成与秦朝中原的“徒役之士”联系起来,很有启发性。如果说鲜卑人的祖先都是北逃的中原人,似乎难以令人置信,我们却无法完全否认早期鲜卑人中有北上中原人(无论是自愿逃难还是被掳)的加入。此外,鲜卑早期分布地较出名的地理景观为饶乐水(今内蒙古自治区西拉木伦河,或称沙拉木伦河)。如《后汉书·乌桓鲜卑列传》载鲜卑人“以季春月大会于饶乐水上”。与乌桓境遇相似,在“东胡”被匈奴冒顿击溃后,鲜卑人也远逃至辽东塞外,与中央王朝绝少往来。

东汉初年,匈奴人曾强盛一时,频繁进犯中央王朝边境地区。鲜卑人与乌桓人共

① 《三国志》卷一《魏书·武帝纪》,第29页。
② 参见《三国志》卷三〇《魏书·乌丸鲜卑东夷传》,第835页。
③ 参见《三国志》卷三〇《魏书·乌丸鲜卑东夷传》裴注引,第836页。
④ 《史记》卷一一〇《匈奴列传》注引,第2883页。

同参与了对汉朝边境的攻掠行动。如《后汉书·乌桓鲜卑列传》载:“光武初,匈奴强盛,率鲜卑与乌桓寇抄北边,杀略吏人,无有宁岁。”①建武二十一年(45),鲜卑万余骑进攻辽东郡(治今辽宁省辽阳市),遭到辽东太守祭肜所率军队的痛击,“虏大奔,投水死者过半,遂穷追出塞,虏急,皆弃兵裸身散走,斩首三千余级,获马数千匹。自是后鲜卑震怖,畏肜不敢复窥塞”②。虽然鲜卑遭受惨败,但也显示当时鲜卑人口已达相当大的规模。

为瓦解与削弱匈奴,东汉官府对鲜卑人恩威并施,武力征讨之余,大量赏赐财物,鼓励其首领向匈奴人与乌桓人发动攻击。鲜卑首领也由此开始内属,如建武三十年(54),“鲜卑大人於仇贲、满头等率种人诣阙朝贺,慕义内属。帝封於仇贲为王,满头为侯”。在东汉军队威慑及优惠政策的感召下,“鲜卑自燉煌、酒泉以东邑落大人,皆诣辽东受赏赐,青、徐二州给钱,岁二亿七千万以为常”③。

从建武后期匈奴分裂为南、北二部,至东汉和帝在位时北匈奴的惨败与远徙,都为鲜卑人的发展创造了难得的机遇与广阔的空间,鲜卑日趋强盛之势遂难以抑制。“北单于逃走,鲜卑因此转徙据其地。匈奴余种留者尚有十余万落,皆自号鲜卑,鲜卑由此渐盛。”应该说,鲜卑的转徙,以及匈奴余种的加入,都需要一定的时间与过程。如王沈《魏书》将匈奴人的加入定在顺帝年间(126—144)。当时鲜卑人为乌丸校尉耿晔所击败,“于是鲜卑三万余落,诣辽东降。匈奴及北单于遁逃后,余种十余万落,诣辽东杂处,皆自号鲜卑兵”④。据此,匈奴余种应该首先从大漠南北转徙至辽东地区,才与鲜卑融于一体。因此,鲜卑与匈奴的融合,可谓一种双向的运动,匈奴人向东移动,鲜卑向西拓展,最终结果是大批匈奴人融入鲜卑,不仅增加了鲜卑族类构成的复杂性,更使鲜卑人的势力迅速膨胀,称雄塞北,影响力大大超过了乌桓。游牧人口通常以“落”或“帐”计数,相当于汉人的户,按每落五口计,“十余万落”则至少有六七十万口之多。再加上鲜卑原有的人口,最晚至顺帝在位时期,鲜卑总人口数已经接近百万了。

又如“安帝永初中(107—113),鲜卑大人燕荔阳诣阙朝贺,邓太后赐燕荔阳王印绶,赤车参驾,令止乌桓校尉所居宁城(属上谷郡,治今河北省张家口市万全区)下,通

---

① 本小节以下引文非特别注明者均出于该《传》。
② 《后汉书》卷二〇《祭肜传》,第744~745页。
③ 《三国志》卷三〇《魏书·乌丸鲜卑东夷传》裴注引,第837页。
④ 《三国志》卷三〇《魏书·乌丸鲜卑东夷传》裴注引,第837页。

胡市，因筑南北两部质馆。鲜卑邑落百二十部，各遣入质”。一位有实力的鲜卑大人所率部落迁到宁城一带，并不等于说整个鲜卑部落主体已移至上谷郡（治今河北省怀来县东南）周围。“胡市”与“质馆”，不过是鲜卑与东汉朝廷联系与沟通的所在。当时鲜卑各部尚处于分散状态，各自为政。文中“邑落”不同于通常所说的“帐”或“落”，显然是具有特定居住地域范围的小的部落集团。

除了人口与邑落众多，作为鲜卑势力日趋强盛的证明，和帝在位晚年，以及安帝与顺帝在位期间，鲜卑人对汉朝边塞与边郡的攻掠大有强化的势头。我们从其攻掠的方位判断，也可约略了解鲜卑迁徙之动向。据《后汉书》诸帝纪，鲜卑人对边境地区的攻掠记载有：

1. 和帝永元十三年（101）十一月，鲜卑寇右北平郡，遂入渔阳，渔阳太守击破之。

2. 延平元年（106）四月，鲜卑寇渔阳，渔阳太守张显追击，战殁。

3. 安帝永初三年（109）九月，雁门乌桓及鲜卑叛，败五原郡兵于高渠谷。《东观记》载为“九原高梁谷”。

4. 元初二年（115）八月，辽东鲜卑围无虑县（辽东郡）。九月，又攻夫犁营（辽东属国），杀县令。

5. 元初四年（117）四月，鲜卑寇辽西，辽西郡兵与乌桓击破之。

6. 元初五年（118）八月，鲜卑寇代郡，杀长吏。冬十月，鲜卑寇上谷。

7. 元初六年（119）七月，鲜卑寇马城（属朔州），度辽将军邓遵率南单于击破之。

8. 永宁元年（120）十二月，辽西鲜卑降。

9. 建光元年（121）四月，秽貊复与鲜卑寇辽东，辽东太守蔡讽追击，战殁。八月，鲜卑寇居庸关，九月，云中太守成严击之，战殁。十一月，鲜卑寇玄菟。

10. 延光元年（122）十月，鲜卑寇雁门、定襄。十一月，鲜卑寇太原。

11. 延光二年（123）十一月，鲜卑败南匈奴于曼柏。

12. 延光三年（124）六月，鲜卑寇玄菟。七月，鲜卑寇高柳。

13. 顺帝永建元年（126）八月，鲜卑寇代郡，代郡太守李超战殁。十月，鲜卑犯边。

14. 永建二年（127）二月，鲜卑寇辽东、玄菟。

15. 永建三年（128）九月，鲜卑寇渔阳。

16. 永建四年（129）十一月，鲜卑寇朔方。

17. 阳嘉元年（132）九月，鲜卑寇辽东。

18. 阳嘉二年(133)七月,鲜卑寇代郡。

从上述记载中,我们可以了解到当时鲜卑人对汉朝边塞的威胁,已远远超过了乌桓人。就具体攻掠地域而言,东起玄菟郡、辽东郡,西至五原郡、朔方郡,幽、并两州刺史部十余个边郡都成为鲜卑人进攻的目标。不仅如此,鲜卑人甚至越过边郡,南下至太原郡。其兵力之强盛,攻击范围之广泛,堪与以前匈奴人相提并论。鲜卑内部已有众多邑落之别,一般来说,鲜卑人攻掠的区域应与其所居区域较为接近。记载中已有辽东鲜卑、辽西鲜卑、雁门鲜卑等称呼,冠之以不同边郡名称,说明这些鲜卑人的分布地在相应的边郡周围。可以肯定,至此,鲜卑部落的主体已远远走出了大鲜卑山,散布于大漠南北地区了。

到东汉桓帝、灵帝之际时,檀石槐继任首领后,统一各部,鲜卑族势力达到空前兴盛状态,成为继匈奴之后另一支称雄塞外的北方民族势力。其地域之广,实力之强,较之匈奴极盛时有过之而无不及。

> 檀石槐既立,乃为庭于高柳北三百余里弹汗山(今河北省尚义县南大青山)啜仇水(今内蒙古自治区兴和县与河北省怀安县境东洋河)上,东西部大人皆归焉。兵马甚盛,南抄汉边,北拒丁令,东却夫余,西击乌孙,尽据匈奴故地,东西万二千余里,南北七千余里,罔罗山川、水泽、盐池甚广。……乃分其地为中东西三部。从右北平以东至辽,(辽)[东]接夫余、[濊]貊为东部,二十余邑,其大人曰弥加、阙机、素利、槐头。从右北平以西至上谷为中部,十余邑,其大人曰柯最、阙居、慕容等,为大帅。从上谷以西至燉煌,西接乌孙为西部,二十余邑,其大人曰置鞬落罗、日律推演、宴荔游等,皆为大帅,而制属檀石槐。①

与以往的匈奴联盟相比较,檀石槐领导的鲜卑部落联盟在分部上更为合理明确。由匈奴笼统的左方王与右方王两大部分,而演化为五六十邑及三大部,足证鲜卑人不仅在实力和规模上堪与匈奴相提并论,而且组织更加严密细致。鲜卑联盟具备这样强盛的实力,必然会对汉朝边境稳定及边民生命财产安全构成极大的威胁。如《后汉书·乌桓鲜卑传》载,当时“灵帝立,幽、并、凉三州缘边诸郡无岁不被鲜卑寇抄,杀略不可胜数”。

又如汉灵帝熹平六年(177),著名文士蔡邕曾极力劝阻北征鲜卑之举,他指出:“自匈奴遁逃,鲜卑强盛,据其故地,称兵十万,才力劲健,意智益生。加以关塞不严,

① 《三国志》卷三〇《魏书·乌丸鲜卑东夷传》裴注引《魏书》,第837~838页。《后汉书·乌桓鲜卑列传》所载与此大同小异,如载地域范围为“东西万四千余里”。

禁网多漏，精金良铁，皆为贼有；汉人逋逃，为之谋主，兵利马疾，过于匈奴。”事实证明了蔡邕的判断，东汉军队大举北伐鲜卑，最终遭遇惨败。蔡邕之言，精炼地道出了鲜卑联盟强盛的原因。其中值得注意的是，汉人北徙融入鲜卑的现象，已相当突出，这也许正是关于鲜卑起源之“汉人说”的有力注脚。

檀石槐死后，庞大的鲜卑联盟陷于分裂状态，各部首领各自为政，世相传袭。到三国曹魏时期，鲜卑分布区发生较大变化，主要可分为三部。诸部之中以附塞轲比能部最为强盛。《三国志·魏书·乌丸鲜卑东夷传》载：

> 后鲜卑大人轲比能复制御群狄，尽收匈奴故地，自云中、五原以东抵辽水（今辽河），皆为鲜卑庭。数犯塞寇边，幽、并苦之。……部落近塞，自袁绍据河北，中国人多亡叛归之，教作兵器铠盾，颇学文字。故其勒御部众，拟则中国，出入弋猎，建立旌麾，以鼓节为进退。……控弦十余万骑。……然犹未能及檀石槐也。

即使无法与檀石槐极盛时相提并论，轲比能所据地域也已相当广阔。

在鲜卑内部的争斗中，作为檀石槐一族后裔的步度根部逐渐处于下风，被迫内迁，依附于中原。“步度根部众稍寡弱，将其众万余落保太原、雁门郡。……是后一心守边，不为寇害。”鲜卑泄归泥部后也脱离轲比能，降归曹魏，“居并州如故”，是为南迁一部。

而檀石槐时期的东部鲜卑因为远离汉朝边塞，还保持着相对独立的状态。“素利、弥加、厥机皆为大人，在辽西、右北平、渔阳塞外，道远初不为边患，然其种众多于比能”，是可谓远塞一部。

第三章　两晋南北朝民族地理

绪论　两晋南北朝时期疆域建设、民族认知与分布格局

两晋南北朝时期是中国民族发展史上的一个极为特殊的时期。从西晋统一全国，到隋朝大统一，时间长达三百余年。在中国民族发展史上，如果说东汉三国时期为“民族大迁徙时代”，两晋南北朝就是一个大碰撞与大融合、大调整的时代。到西晋初年，不少塞外民族已基本迁入了塞内地区，原有的民族分布格局被打破，新的民族格局的形成尚处于酝酿与探索阶段。中国北方地区各民族杂居程度达到了空前的水平。当然，与此同时，不同民族间的矛盾与不同阶层间的冲突也由此空前尖锐起来。

一、民族地理之“大变局”与大调整

西晋初年，中央王朝曾经一度出现了边疆民族争相朝贡的盛况，如“泰始元年(265)冬十二月丙寅，设坛于南郊，百僚在位及匈奴南单于四夷会者数万人”①。但是，好景不长，民族及族群间的种种矛盾在西晋末年全面爆发，“永嘉丧乱”及“永嘉南渡”宣告了中原民众第一次大规模南迁浪潮的到来，极大地推动了中国南方地区的开发与建设。当然，更多的中原人士依然留在了中国北方，加入民族大融合的行列之中。在西晋末年“八王之乱”的历史背景下，作为内迁后定居发展的一项重要标志，不少内迁的边疆民族开始凭借自己民族的实力实现自身政治独立的愿望，于是，在民族首领的率领下，一些边疆民族政权纷纷涌现，而为了扩展地盘与保存实力，民族政权间的战争与部落迁移此起彼伏，这就是历史上的“十六国”时期，“其为战国者一百三

① 《晋书》卷三《武帝纪》，第50页。

十六载”[1]。十六国时期结束后,中国历史又进入了南北政权长期割据对峙的历史阶段。在这一时期里,民族迁徙运动同样非常频繁,在北方地区反映得更加突出,就其结果而言,当时频繁而规模可观的民族迁徙,实为推动民族大融合与大发展不可缺少的催化剂。

两晋南北朝时期在中国民族地理发展史上是一个极为特殊的时段,集中体现在民族分布格局的改变。就政治地理格局整体而言,两晋南北朝时期的绝大多数时间,是“分裂时代”,表现为中央王朝失去了一统天下的地位,而入居内地的边疆民族纷纷创建自己的民族政权,形成了新的民族分布格局。传统士人往往轻蔑地将这一阶段称为“五胡乱华”。其实,在中华民族的发展史上,没有哪个民族是理所当然的“领导民族”或“主体民族”,华夏大地,理应是中华民族共同的家园。任何入居中原的边疆民族都有权利表达自己的政治诉求。因此,可以说,“五胡乱华”的“分裂时代”,绝不能简单地认定其为中国历史的倒退,而应将这个历史时段视为民族政治与中国国家建设史上的一个特殊时期。

以汉人为主的大规模人口南迁开启了南方地区建设的新纪元,然而,就地理方位而言,中原政权的疆域失去了原来中央王朝所占据的中心位置,客观上出现了“中国”与“四夷(裔)”之间的方位“错变”或“错置”,这正是文献中“夷狄乱华”或“五胡乱华”的真实内涵。这也不可避免地引发传统士人的困惑与迷失。如沈约《宋书·天文志》所云:“……二帝流亡,遂至六夷强,迭据华夏,亦载籍所未有也。”这里的“华夏”,自然是指原来中央王朝所据之核心区域。如《宋书·州郡志·州郡一》所云:“自夷狄乱华,司、冀、雍、凉、青、并、兖、豫、幽、平诸州一时沦没,遗民南渡,并侨置牧司,非旧土也。”[2]南方地区的“侨置”州县,不过是将原来中原地区的州县之名强加于新地域之上而已。这种举措在很大程度上反映出大量中原移民对于故土的眷念及心理依赖。

自太史公司马迁开始,中国传统史官倾向于将天文星相形态与人文地理格局相对应,即“天人感应”学说,以此来解释历史地理变迁之原因及规律。司马迁曾经在《史记·天官书》中以“天人感应”为基础,纵论“古今之变”以及民族地理方位问题。后世不少史家受到司马迁的影响,同样试图以此来解释民族地理的变迁。如《晋书·

① 《晋书》卷一〇一《载记第一》,第2644页。“一百三十六载”即始自晋惠帝永兴元年(304)刘渊建汉,止于北魏太延五年(439)北凉政权灭亡。

② 《宋书》卷三五《州郡志·州郡一》,第1028页。

四夷列传》载:“……限要荒以殊遐裔,区分中外,其来尚矣。九夷八狄,被青野而亘玄方;七戎六蛮,绵西宇而横南极。”①然而,面临民族大迁徙所造成的“夷夏”错置的“千古奇变”,坚守传统观念的史家的民族认知观念不可避免地陷入了前所未有的混乱与尴尬的境地。最能代表晋朝人士民族认知观念的著述之一是江统的《徙戎论》,其核心思想就是利用空间距离之遥远以及地理环境之阻隔,来突出与区分“夷夏之别”。江统指出:

> 夫夷蛮戎狄,谓之四夷,九服之制,地在要荒。《春秋》之义,内诸夏而外夷狄。以其言语不通,贽币不同,法俗诡异,种类乖殊;或居绝域之外,山河之表,崎岖川谷阻险之地,与中国壤断土隔,不相侵涉,赋役不及,正朔不加,故曰:“天子有道,守在四夷。”②

可以说,这种观念不过是重复了先秦时代“五方格局”的民族认知观念,并无多少新奇之处,以古老的观念来应对现实的问题,很不高明,当然难以得到当时人们的共鸣与响应。而将大批已经迁入塞内的北方民族外迁,以坚守“华夷异处”“戎夏区别”的民族分离原则,也属于难以实施的臆想而已。

南朝人士更喜欢将“夷夏”之别称为“华戎”之别。与晋人江统的思路相仿,南朝史家沈约依然寄幻想于地理之阻隔,对民族变迁之大势认识并不深:

> 夫地势有便习,用兵有短长,胡负骏足,而平原悉车骑之地,南习水斗,江湖固舟楫之乡,代马胡驹,出自冀北,楩楠豫章,植乎中土,盖天地所以分区域也。若谓毡裘之民,可以决胜于荆、越,必不可矣;而曰楼船之夫,可以争锋于燕、冀,岂或可乎。虞所谓“走不逐飞”,盖以我徒而彼骑也。因此而推胜负,殆可以一言蔽之!③

沈约之意,在于南北地理之迥异以及相关居民的生活习性,是决定南北胜负以及持久对峙的关键,颇有些“地理决定论”的意味。

当然,民族大迁徙的影响是复杂而持久的,各民族居留地域之交错混杂与转移重合,势必在一段相当长的时期内引发名号识别上的混淆不清。如《宋书·律历志》又称:

> 地理参差,事难该辨,魏晋以来,迁徙百计,一郡分为四五,一县割成两三,或

---

① 《晋书》卷九七《四夷列传》,第2531页。
② 参见《晋书》卷五六《江统传》,第1529页。
③ 参见《宋书》卷九五《索虏传》后“史臣曰”,第2359页。

> 昨属荆、豫，今隶司、兖，朝为零、桂之士，夕为庐、九之民，去来纷扰，无暂止息，版籍为之浑淆，职方所不能记。自戎狄内侮，有晋东迁，中土遗氓，播徙江外，幽、并、冀、雍、兖、豫、青、徐之境，幽沦寇逆。自扶莫而裹足奉首，免身于荆、越者，百郡千城，流寓比室。人伫鸿雁之歌，士蓄怀本之念，莫不各树邦邑，思复旧井。既而民单户约，不可独建，故魏邦而有韩邑，齐县而有赵民。且省置交加，日回月徙，寄寓迁流，迄无定托，邦名邑号，难或详书。①

大迁徙之后，面临的是地理名号的大混乱与大转换，需要的是全面而合理的民族认知与国家观念的调适。而在混乱时代，这种调适不可能在平和的状态下完成，现实中的被迫调整也必然是失序的。

“以地为名”的认知观念在中国上古及秦汉时代已经比较流行，而不少原来代表民族分布区的名号在民族分布区变迁之后，就显得名实不符。因此，由民族迁徙所带来的王朝更迭与民族地理格局的改变，必然引发民族认知方面的“裂变”及重新调整。如汉代大儒董仲舒曾经指出：“治天下之端，在审辨大。辨大之端，在深察名号。名者，大理之首章也。”又“是非之正，取之逆顺；逆顺之正，取之名号；名号之正，取之天地，天地为名号之大义也”。② 令人感慨的是，正是中原学者所提出的这套理论，却在日后的民族地理大变迁之后面临前所未有的挑战。如在“中夏沦覆”③之后，入居“中夏”的边疆民族，自然就是“中国”的主体与代表。东晋将领荀羡曾经诱降前燕泰山太守贾坚说：“君父、祖世为晋臣，奈何背本不降？”贾坚反驳道：“晋自弃中华，非吾叛也。民既无主，强则托命。既已事人，安可改节！”对此，元代大学者胡三省不禁感叹：“坚发此言，江东将相其愧多矣。”④在千古未遇之大变局面前，我们无法苛责个人之名节问题，而“晋自弃中华”却是客观事实。在这里，“中华”就不仅仅是文化概念或民族概念，而是实际中的地域概念。

两晋至南北朝时期，边疆民族成为“中夏”或“中华”（中原地区）的主人，是中国政治发展史与民族发展史上划时代的事件。这一态势到北魏迁都洛阳之时达到了顶峰。边疆民族真正占据了原有“中国”的核心之地。北魏也由此成为第一个重要的北方民族建立之王朝。

---

① 《宋书》卷一一《律历志上》，第205页。

② 《春秋繁露》卷十，清文渊阁《四库全书》本。

③ “中夏沦覆”之语，出自《晋书》卷一三《天文志》，第369页。

④ 参见（宋）司马光编著，（元）胡三省音注《资治通鉴》卷一百《晋纪二十二》。

北魏君臣对于北魏的历史地位与贡献有着明确的认知与定位,因为“地据中夏”,所以理所当然地认为“天命在我”①。又如北魏大臣李彪曾经夸耀北魏的功业成就:“唯我皇魏之奄有中华也,岁越百龄,年几十纪。太祖以弗违开基,武皇以奉时拓业。虎啸域中,龙飞宇外,小往大来,品物咸亨,自兹以降,世济其光。史官叙录,未充其盛。”②与此同时,北魏君臣蔑称南朝政权为“岛夷”,同样是根据地域特征。不过,具有讽刺意味的是,其依据竟然出自儒家经典《尚书·禹贡》,《魏书》记载:“……因孙权之旧所,即《禹贡》扬州之地,去洛二千七百里。地多山水,阳鸟攸居,厥土惟涂泥,厥田惟下下,所谓‘岛夷卉服’者也。”③《魏书》是第一部列入中国传统正史“二十四史”中的北方少数民族所建立王朝之“正史”。北方少数民族的历史由此也正大光明地成为中华民族历史的组成部分,其意义与影响是不容低估的。

二、两晋南北朝时期的民族认知与归类

为了较客观与全面地反映两晋时代的民族地理状况,唐人所修的《晋书》对于周边民族问题的内容做出了较为特殊而公允的处理。这也许是与其在民族大融合时代之后的平常心态有关。虽然也有一些沿袭前说的愚腐之论,但其处理方式还是较为客观的。如其有关民族历史与地理变迁方面的记载可以分为两大类:

一类是关于四周边远民族史地状况的记载,即《四夷列传》,其标题即以“四夷”为区别,分别叙述“东夷”“西戎”“南蛮”“北狄”,主要按地理方位来叙述边疆民族集团的历史演变、地理分布及生存环境状况。

另一类是以“载记”的形式,记载当时出现的较大的少数民族首领与区域性民族政权。

如《晋书·四夷列传》序言称:“凡四夷入贡者,有二十三国。”又“北狄窃号中壤,备于载记,在其诸部种类,今略书之”。可见,其记载的“四夷”之国,是那些与晋朝保持朝贡关系的地域性政权,即“入贡”之国,而“北狄”的内容则主要集中于“载记”部分(见下表)。《晋书》中“载记”内容多达三十卷,比较客观地反映了“十六国”时代各个地方性或少数民族政权的发展变化,其中,对于众多民族首领的评价也不是一概抹杀,从而具有较高的价值。

---

① 参见《魏书》卷一〇八《礼志》,第2747页。

② 《魏书》卷六二《李彪传》,第1394页。

③ 《魏书》卷九六《僭司马睿传》,第2092页。

两晋时期"四夷"类别及概况简表

族群集团名称	族群种类名称	分布地域与概况
东夷	夫余	在玄菟北千余里,南接鲜卑,北有弱水,地方二千里,户八万
	马韩	韩种有三:一曰马韩,二曰辰韩,三曰弁韩。马韩居山海之间,无城郭,凡有小国五十六所,大者万户,小者数千家,各有渠帅
	辰韩	辰韩在带方南,在马韩之东,东西以海为限。或谓之为秦韩。初有六国,后稍分为十二。又有弁韩,亦十二国,合四五万户,各有渠帅,皆属于辰韩
	肃慎氏	一名挹娄,在不咸山北,去夫余可六十日行。东滨大海,西接寇漫汗国,北极弱水。其土界广袤数千里
	倭人	在带方东南大海中,依山岛为国,地多山林,无良田,食海物。旧有百余小国相接,至魏时,有三十国通好。户有七万
	裨离等十国	裨离国在肃慎西北,马行可二百日,领户二万
西戎	吐谷浑	据有西零已西甘松之界,极乎白兰数千里。然有城郭而不居,随逐水草,庐帐为屋,以肉酪为粮
	焉耆	西去洛阳八千二百里,其地南至尉犁,北与乌孙接,方四百里。四面有大山,道险隘
	龟兹	西去洛阳八千二百八十里,俗有城郭,其城三重,中有佛塔庙千所。人以田种畜牧为业,男女皆翦发垂项
	大宛	西去洛阳万三千三百五十里,南至大月氏,北接康居,大小七十余城。土宜稻麦,有蒲陶酒,多善马,马汗血。其人皆深目多须
	康居	在大宛西北可二千里,与粟弋、伊列邻接。其王居苏薤城。风俗及人貌、衣服略同大宛。地和暖
	大秦	一名犁鞬,在西海之西,其地东西南北各数千里。有城邑。其城周回百余里。屋宇皆以珊瑚为棁栭,琉璃为墙壁,水精为柱础
南蛮	林邑	去南海三千里。其俗皆开北户以向日,至于居止,或东西无定。人性凶悍,果于战斗,便山习水,不闲平地。四时暄暖,无霜无雪。人皆倮露徒跣,以黑色为美
	扶南	西去林邑三千余里,在海大湾中,其境广袤三千里,有城邑宫室。人皆丑黑拳发,倮身跣行,性质直,不为寇盗,以耕种为务
北狄	匈奴	匈奴地南接燕赵,北暨沙漠,东连九夷,西距六戎。世世自相君臣,不禀中国正朔

资料来源:《晋书·四夷列传》。

在北朝诸种“正史”中，魏收所撰《魏书》一书的史料价值是不容低估的，但是，《魏书》在民族认知问题上所出现的混乱也是罕有其匹的。出现如此严重混乱的症结在于，魏收身处那个时代，难以摆脱当时的政治及社会环境影响，因而导致其在民族认知过程中选取的标准是不统一的。首先，魏收并不能完全摆脱传统史家“夷夏之别”或“华夷五方格局”思想的影响，在《魏书》中同样开列类似“前四史”中“四裔传”的内容，根据不同分布方位来区别不同的族群集团。如将高句丽、百济、勿吉、失韦等归为一类，实际上就是原来的“东夷”集团，且特别指出：“夷狄之于中国，羁縻而已。高丽岁修贡职，东藩之冠，荣哀之礼，致自天朝，亦为优矣。”①此外，又开列西域列传，涉及地域面积广大，同样继承了秦汉以来正史的传统。

但是，由于秦汉以来中国周边民族状况发生了巨大变化，按照“四方”来划分，显然与实际情况会存在较大的距离，因此，魏收在安排传记的内容时也不得不进行调整。如将氐、吐谷浑、“蛮”、“僚”等归为一类，实际上就是将先秦时代的“西夷”与“南蛮”混合在了一起。如《氐传》称：“氐者，西夷之别种，号曰白马。”②又如《僚传》称：“盖南蛮之别种，自汉中达于邛笮川洞之间，所在皆有。”③最后，魏收将蠕蠕（柔然）、匈奴、徒河、高车等归为一类，实际上也是将传统的“东胡”与“北狄”混在了一起。

《魏书》“四裔传”类别与名号简表

类　别	族群（列传）名称
东藩（东夷）	高句丽、百济、勿吉、失韦、豆莫娄、地豆于、库莫奚、契丹、乌洛侯
西夷与南蛮	氐、吐谷浑、宕昌羌、高昌、邓至、蛮、僚
西域（西戎）	鄯善、且末、于阗、蒲山、悉居半、权于摩、渠莎、车师（前部）、且弥、焉耆、龟兹、姑默、温宿、尉头、乌孙、疏勒、悦般、者至拔、迷密、悉万斤、忸密、洛那、粟特、波斯、伏卢尼、色知显、伽色尼、薄知、牟知、阿弗太汗、呼似密、诺色波罗、早伽至、伽不单、者舌、伽倍、折薛莫孙、钳敦、弗敌沙、阎浮谒、大月氏、安息、大秦、阿钩羌、波路、小月氏、罽宾、吐呼罗、副货、南天竺、叠伏罗、拔豆、嚈哒、朱居、渴槃陁、钵和、波知、赊弥、乌苌、乾陀、康国
东胡与北狄	蠕蠕、匈奴宇文莫槐、徒河段就六眷、高车诸部

① 《魏书》卷一〇〇“史臣曰”，第2224页。
② 《魏书》卷一〇一《氐传》，第2227页。
③ 《魏书》卷一〇一《僚传》，第2248页。

然而,魏收在民族列传中最大的困难,还在于如何看待与处理当时众多的民族政权问题。这当然无法用“族类”标准来进行。对此,魏收进行了特殊处理,将民族首领名字之前,又加了“族类”名号加以区分。这显然是将政治标准与民族标准相互混淆,十分典型地反映了当时民族认知问题上的困顿与尴尬。如魏收指出:“自二百许年,僭盗多矣,天道人事,卒有归焉,犹众星环于斗极,百川之赴溟海。今总其僭伪,列于国籍,俾后之好事,知僭盗之终始焉。”①可见,魏收的目的,在于抨击“僭伪”,警示“僭盗”,不免于对北朝政权正统地位的纠结,但并不重视民族之归类问题。在下表中,我们可以看出名号与分类之混乱,匈奴、羯胡、铁弗、徒河、氐、賨、岛夷、海夷、鲜卑、卢水胡等,都可冠之以族群之分类,而如“僭”“私署”,明显带有政权正统与否的评判色彩。

《魏书》民族政权及首领名号、篇目简表

《魏书》卷次	民族政权及首领名号
卷九五	匈奴刘聪、羯胡石勒、铁弗刘虎、徒河慕容廆、临渭氐苻健、羌姚苌、略阳氐吕光
卷九六	僭晋司马睿、賨李雄
卷九七	岛夷桓玄、海夷冯跋、岛夷刘裕
卷九八	岛夷萧道成、岛夷萧衍
卷九九	私署凉州牧张寔、鲜卑乞伏国仁、鲜卑秃发乌孤、私署凉王李暠、卢水胡沮渠蒙逊

相比之下,南朝诸史的部分作者身处南北混战之际,深感当时族群集团间争战之酷烈,故而在民族认知问题上不免有着更多的感情色彩,有着更多的好恶优劣之评判。此外,在相当长的时间里,南北交流中断,绝大多数南朝士人既缺乏文献可资印证与参考,又没有实地调查进行检验,导致在北方及其他地区民族认知问题上大多道听途说,不免“以讹传讹”。另一方面,身处民族格局大变迁时代,面对“华夷”方位错置的局面,在“夷狄”列传处理上,因为根本无法按照“华夷五方格局”来叙述各民族的历史变迁,南朝各史也就只能主要按照名号来分别叙述边疆民族的发展历史与地域分布。

如南朝梁人沈约在《宋书·索虏列传》中十分沉痛地回顾了北魏南下战争给南方

① 《魏书》卷九五《匈奴刘聪传》,第 2043 页。

地区所带来的巨大灾难，但是，其在对北方民族认知的问题上并没多少可取之处，甚至可以说是错谬百出。如关于拓跋鲜卑的族源问题沈约竟称："索头虏姓托跋氏，其先汉将李陵后也。陵降匈奴，有数百千种，各立名号，索头亦其一也。"①而提到"芮芮虏"（柔然）时又云："自索虏破慕容，据有中国，而芮芮虏有其故地，盖汉世匈奴之北庭也。芮芮一号大檀，又号檀檀，亦匈奴别种。"②显然，这些认知内容，对于我们的民族史研究而言，没有太大的参考价值。

若就地域便利而言，南朝诸史作者对于南方地区的族群问题应该有着更深入、更全面的认知，但是，也许是受到政治动荡、地域变迁的影响，南朝诸史作者在这方面似乎也没有突出的成绩。如在《宋书·夷蛮列传》中，沈约实际上将"夷"分为"南夷""西南夷""东夷"等数种，而"蛮"则分为"荆雍州蛮"与"豫州蛮"，较为随意，并无相对统一的标准。

同为南朝梁人的萧子显所作《南齐书》在民族认知方面也没有什么新意。如《南齐书·魏虏列传》开篇即称："魏虏，匈奴种也，姓托跋氏。……猗卢入居代郡，亦谓鲜卑。被发左衽，故呼为索头。"③与《宋书》可谓一脉相承，并无高明之处。而在《蛮传》中指出："蛮，种类繁多，言语不一，咸依山谷，布荆、湘、雍、郢、司等五州界。"④其族群分类稍详于《宋书》，但改进很有限。

南朝诸史"四裔传"名目表

正史名称与卷次	族属类别	族群名目
《宋书》卷九五至九八	索虏	芮芮、桀桀赵昌、粟特
	鲜卑吐谷浑	
	夷	（南夷）林邑、扶南，（西南夷）诃罗陁国、罗国、婆皇国、婆达国、阇婆婆达国、师子国、天竺迦毗黎国，（东夷）高句骊、百济、倭
	蛮	荆雍州蛮、豫州蛮
	氐胡	略阳清水氐杨氏、胡大且渠蒙逊

① 《宋书》卷九五《索虏列传》，第2321页。
② 《宋书》卷九五《索虏列传》，第2357页。
③ 《南齐书》卷五七《魏虏列传》，第983页。
④ 《南齐书》卷五八《蛮东南夷列传》，第1007页。

（续表）

正史名称与卷次	族属类别	族群名目
《南齐书》卷五七至五九	魏虏	
	蛮	分布于荆、湘、雍、郢、司等五州
	东南夷	东夷（高丽、加罗、倭）、南夷（林邑、扶南）
	芮芮虏	含丁零
	河南	吐谷浑氏
	氐	仇池杨氏
	羌	宕昌
《梁书》卷五四	海南诸国	林邑、扶南、盤盤、丹丹、干陁利、狼牙修、婆利、中天竺、师子
	东夷	高句骊、百济、新罗、倭、文身、大汉、扶桑
	西北诸戎	河南、高昌、滑、周古柯、呵跋檀胡密丹、白题、龟兹、于阗、渴盘陀、末、波斯、宕昌、邓至、武兴、芮芮

与此形成强烈对比，我们看到，在数部正史之外，南北朝时期在民族地理研究方面确实取得了很大的成就。如就区域性的民族认知而言，在两晋南北朝时期也取得了重大突破，如常璩《华阳国志》中就有较为丰富的民族类别与分布情况的记载。另外，南北朝时期的名著《洛阳伽蓝记》《颜氏家训》等都有不少民族文化与民族区域地理情况的描述。又如《隋书·经籍志》载录的民族史地类典籍中，仅从书名也可以看出其与民族地理的关系很密切，可惜大多没有流传下来。

两晋南北朝时期，出现了《外国图》与《职贡图》等资料，也可视为当时民族认知与地理问题研究成就的标志。《职贡图》之本意，在于展现四方藩属入朝之盛况，而实际上为我们了解当时的民族及政权发展情况提供了珍贵的依据。因为“职贡”之国并不都是“番邦”或“外国”，有不少是中国境内的少数民族集团。《旧唐书·经籍志》《新唐书·艺文志》等都记载有梁元帝撰《职贡图》一卷，或称为梁元帝《二十八国职贡图》。关于这部《职贡图》的内容，梁元帝《职贡图序》曰：

窃闻职方氏掌天下之图，四夷、八蛮、七闽、九貉，其所由来久矣。汉氏以来，南羌旅距，西域凭陵，创金城，开玉关，绝夜郎，讨日逐，睹犀甲则建朱崖，闻蒲陶则通大宛，以德怀远，异乎是哉。皇帝君临天下之四十载，垂衣裳而赖兆民，坐岩廊而彰万国，梯山航海，交臂屈膝，占云望日，重译至焉。自塞以西，万八千里，路之峡(狭)者,尺有六寸,高山寻云,深谷绝景,雪无冬夏,与白云而共色;水无早晚,与素石而俱贞。逾空桑而历昆吾,度青丘而跨丹穴。炎风弱水,不革其心;身热头痛,不改其节。故以明珠翠羽之珍,细而弗有;龙文汗血之骥,却而不乘。尼丘乃圣,犹有图人之法;晋帝君临,实闻乐贤之象。甘泉写阏氏之形,后宫玩单于之图。臣以不佞,推毂上游。夷歌成章,胡人遥集。款开蹶角,沿溯荆门。瞻其容貌,诉其风俗。如有来朝京辇,不涉汉南,别加访采,以广闻见,名为《贡职图》云尔。①

又梁元帝《职贡图赞》云:"北通玄菟,南渐朱鸢。交河悠远,合浦回邅。兹海无际,阴山接天。遐哉鸟穴,永矣鸡田。"

梁元帝《职贡图》原图今已佚,但是,唐宋时代的不少学者尚见过此书,根据他们的观察及描述,我们可以了解《职贡图》的基本情况。如唐人张彦远《历代名画记》卷七载梁元帝,"名绎,字世诚……聪慧俊朗,博涉技艺,天生善书画……尝画《圣僧》,武帝(萧衍)亲为赞之。任荆州刺史日,画《蕃客入朝图》,帝极称善,又画《职贡图》并序,善画外国来献之事"②。张彦远对此内容评价云:"一(卷),外国酋渠诸蕃土俗本末,仍各图其来贡者之状,《金楼子》言之,梁元帝画。"③《金楼子》六卷,正为萧绎本人的著述,其中卷五"著述篇"提到《贡职图》一帙一卷。④

不过,也有研究者对其评价不高,如宋人李廌曾经在"番客入朝图"一节中批评道:"梁元帝为荆州刺史,日所画粉本,鲁国而上,三十有五国,皆写其使者,欲见胡越一家,要荒种落,共来王之职。其状貌各不同,然皆野怪浸陋,无华人气韵。"⑤相比而言,唐代学者李公麟、宋代学者王应麟等人的记述更为翔实与客观。

李公麟有帖云:梁元帝镇荆州,作《职贡图》,首虏而终蠡,凡三十余国。今才二十有二。其一曰鲁国。《南史》及《通典》《太平御览》皆无鲁国与丙丙国。其下二十国则有之。河南、中天竺、师子、北天竺、渴盘陀、武兴蕃、滑、波斯、百济、龟兹、倭、因古柯、呵跋檀、胡密丹、白题、末、林邑、婆利、宕昌、狼牙修,皆朝贡于梁者。《武帝纪》中又有扶南、邓至、于阗、蠕蠕、高丽、干陁利、新罗、盘盘、丹丹九国,岂《图》之所遗邪?亦不见所谓蠡者,疑丙丙与芮芮相类,即蠕蠕也。《通志》

① 《艺文类聚》卷五五《杂文部一》,中华书局1965年版,第996~997页。
② 引自《历代名画记》卷七,清文渊阁《四库全书》本。又见于《太平御览》卷七五一《工艺部八》。
③ 《历代名画记》卷三。
④ 参见《金楼子》卷五,清文渊阁《四库全书》本。
⑤ 参见《德隅斋画品》,清文渊阁《四库全书》本。

云二十八国。①

总而言之,我们对于梁元帝萧绎所绘《职贡图》的情况可以得到以下几点认识。首先,正如以往研究者所云,萧绎绘制《职贡图》的初衷与目的是十分明确的,《职贡图》原称为《贡职图》,主要是记载外国朝贡之盛况,宣扬本王朝国力强大,威望遍于海内。与《番客入朝图》类似,而《职贡图》集中记载其官方使者情况,政治意义更为显著。其次,《职贡图》的内容,主要是描述外国使者之相貌。再次,关于所涉国之数量。宋代学者郑樵《通志·艺文略》记录有《梁元帝二十八国职贡图》,宋人李廌记其有三十五国,而据王应麟考证,其实仅有二十国,都是梁朝时代朝贡国。根据《梁书》的记载,至少还有九个朝贡国没有被记录在内。

有幸的是,上述记载与目前留存最早的《职贡图》残本(见下图)有着很高的相似度。现存《职贡图》残本传为梁元帝所绘,但仅存所绘的十二位人物,分别为滑国使、波斯国使、百济国使、龟兹国使、倭国使、狼牙修国使、邓至国使、周古柯(即《玉海》中"因古柯")国使、呵跋檀国使、胡密丹国使、白题国使、末国使。在每一位使者画像之后,都有一段该国风土人情状况之说明。其所存内容,完全可与王应麟所记相对应,具有很高的参考价值。②

《职贡图》(残本,相传梁元帝画,藏于南京博物院)

按照传统史学断代,隋朝本应属于"北朝"系列。唐代史家李延寿《北史》就收录了隋的历史。特别值得强调的是,脱胎于北朝的隋朝,最终实现了大一统,成为"南北朝"分裂时代的终结者,换言之,作为客观事实,是以北方少数民族所建王朝为主体的"北朝"最终统一了汉族政权汇聚的"南朝",进而完成了中国历史上的又一次更伟大、更具深远意义的"大一统"事业。北方少数民族所建王朝的历史贡献卓越,不容抹杀。

---

① 引自《玉海》卷五六《梁职贡图》一节,清文渊阁《四库全书》本。

② 参见钱伯泉《〈职贡图〉与南北朝时期的西域》,《新疆社会科学》1988 年第 3 期。相关成果另可参考余太山《〈梁书·西北诸戎传〉与〈梁职贡图〉》(载于《燕京学报》新五期,北京大学出版社 1998 年出版),赵灿鹏《南朝梁元帝〈职贡图〉题记佚文的新发现》(载于《文史》2011 年第 1 期及第 4 期《续拾》)。

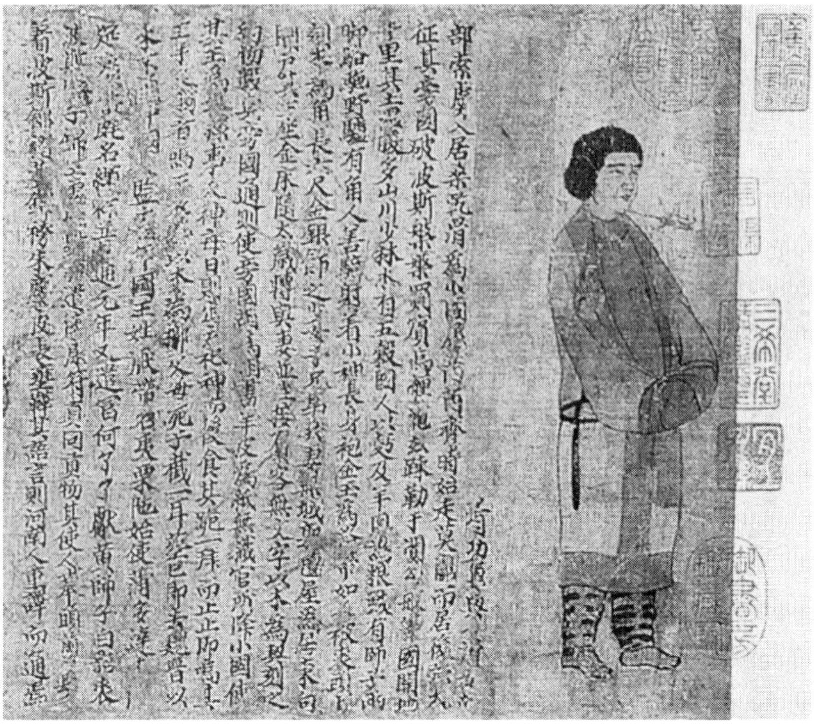

《滑国使者图》(《职贡图》局部)

三、研究理路与民族地理格局的选取

选取合理而明确的研究切入点与路径,对于我们的研究工作是至关重要的,特别是在民族地理格局变动异常复杂的历史阶段。晋至南北朝时期,民族矛盾与民族迁移融合非常复杂,这给我们的研究造成了较大的困难。我们在研究理路上依然取著名民族首领与民族政权为线索,通过对著名人物及政权的分析,展示当时各个民族在时空上的变化。一般而言,著名首领都出自富有影响的酋豪家族,其定居地也就是一个相当重要的民族聚居区,代表性很明显,研究价值较大。民族政权的创立与发展,也往往受到本民族民众的响应与支持,政权疆域的扩大也就与该民族居住区范围密切相关。

两晋南北朝时期,随着时间的推移,形成了两个具有突出代表性但又有明显差异的民族分布版图。

第一个分布版图出现于西晋及十六国时期,当时少数民族聚居区域主要有:

(一)以并州为核心的匈奴聚居区;

(二)覆盖今河北、山东及辽东地区的慕容鲜卑区与雁北拓跋鲜卑区;

（三）西部及西北氐羌区；

（四）西南賨族与爨族分布区等。

第二个分布版图出现于南北朝对峙时期，当时活跃的少数民族聚居区域有：

（一）塞外柔然与高车分布区；

（二）以并州西部为核心的稽胡分布区；

（三）以白马部为核心的氐人分布区；

（四）西北及西域民族区；

（五）南方“蛮”“僚”分布区等。

在下面几节内容中，我们就分时代、分地区对两晋南北朝时期显著的民族聚居区域状况进行更全面而具体的说明。

第一节　西晋至十六国时期北方少数民族的分布与变迁

秦汉三国时期的民族变迁，为西晋与十六国时期民族分布格局的形成奠定了基础。而十六国各民族政权的出现，又成为确定当时民族分布格局的最具价值的标志。当然，民族政权创立者的族属，并不能完全决定该政权所辖民众的族类特征，但彼此之间的密切联系又是无法否认的。就中国北部而言，十六国时期出现的民族政权创立者主要出于以下三大族系：一为匈奴族系，如刘氏汉赵国、赫连氏夏国以及沮渠氏北凉国等；二为氐羌族系，由氐、羌首领创立的割据政权有苻氏前秦政权、姚氏后秦政权、吕光后凉政权等；三为鲜卑族系，如由慕容鲜卑首领创立的前燕政权、后燕政权、西燕政权及南燕政权等，由河西与陇右鲜卑创立的西秦、南凉政权，以及由拓跋鲜卑创立的代等。

一、匈奴族系政权的疆域与民族构成

（一）西晋初年匈奴内迁浪潮与并州匈奴聚居区的扩大化趋势

太康元年（280），西晋平定孙吴政权，结束了三国鼎立的分裂局面，天下一统，国势强盛一时。在西晋朝廷的招抚与威慑下，塞外匈奴等部族大量内迁，对当时民族分布格局的演变产生了巨大的影响。《晋书·北狄匈奴传》载：

> 武帝（司马炎）践阼（泰始元年，265）后，塞外匈奴大水，塞泥、黑难等二万余

落归化，帝复纳之，使居河西故宜阳城下。后复与晋人杂居，由是平阳、西河、太原、新兴、上党、乐平诸郡靡不有焉。……至太康五年(284)，复有匈奴胡太阿厚率其部落二万九千三百人归化。七年(286)，又有匈奴胡都大博及萎莎胡等各率种落大小凡十万余口，诣雍州刺史扶风王(司马)骏降附。明年(287)，匈奴都督大豆得一育鞠等复率种落大小万一千五百口，牛二万二千头，羊十万五千口，车庐什物不可胜纪，来降，并贡其方物，帝并抚纳之。①

其实，西晋时期，塞外匈奴人内迁的种类与人口还不止于上述所列。如《晋书·武帝纪》载，咸宁三年(277)，"是岁，西北杂虏及鲜卑、匈奴、五溪蛮夷、东夷三国前后十余辈，各帅种人部落内附"。"五年(279)三月，匈奴都督拔弈虚帅部落归化。""十月，匈奴余渠都督独雍等帅部落归化。"又如《晋书》卷三八《扶风王骏传》载，咸宁初年，"安定、北地、金城诸胡吉轲罗、侯金多及北虏热冏等二十万口又来降"。仅据上述记载，便可初步推定，在西晋时期发生的塞外民族内迁运动中，内迁民族人口至少有五六十万之多；就种类而言，匈奴人所占比例最高，其次有鲜卑及西北诸族等；就内迁区域而言，又主要集中于并州与雍州之地。

《晋书》作者在评述西晋时期匈奴及其他周边民族内徙运动时说："爰及泰始，匪革前迷，广辟塞垣，更招种落，纳萎莎之后附，开育鞠之新降，接帐连韝，充郊掩甸。既而沸唇成俗，鸣镝为群，振鸮响而挺灾，恣狼心而逞暴。……迹其所由，抑武皇之失也。"②意即将北方少数民族南迁的责任推到晋武帝司马炎身上。这与《后汉书》作者范晔将十六国的兴起归咎于东汉朝廷没有及时外迁南匈奴的论调如出一辙，显然都是片面臆断之论。不过，其从另一角度反映出西晋时期周边民族内迁运动的巨大声势与影响。

在前面的章节里，笔者已详细分析了东汉至三国时期匈奴由"塞外虏"至"并州胡"的内迁过程。时至曹魏末年，并州地区已成为内迁匈奴的集中分布区，西晋时期形成的其他周边民族内迁浪潮无疑会对已经内迁的匈奴形成包围及压迫之态势，不仅促使并州地区匈奴及其他边疆民族人口在短时间内激增，而且由此使并州地区民族间的矛盾趋于复杂化、尖锐化。

就当时全国范围而言，从入塞人数以及对西晋王朝政治、社会的影响来看，在当时主要的边疆民族中，匈奴无疑是首屈一指的。此外，作为内迁匈奴最大的聚居区，

① 《晋书》卷九七《北狄匈奴传》，第2549页。
② 见《晋书》卷九七《北狄匈奴传》后"史臣曰"，第2550~2551页。

并州地区的地位也是其他区域所难以取代的。这些问题在当时江统、郭钦二人的奏疏中得到较为充分的反映。

如西晋人江统在其所著《徙戎论》中特别表达了对“并州之胡”潜在威胁的高度忧虑。他说：

> 并州之胡，本实匈奴桀恶之寇也。……建安中，又使右贤王去卑诱质呼厨泉，听其部落散居六郡。咸熙之际，以一部太强，分为三率。泰始之初，又增为四。于是刘猛内叛，连结外虏。近者郝散之变，发于谷远。今五部之众，户至数万，人口之盛，过于西戎。然其天性骁勇，弓马便利，倍于氐羌。若有不虞风尘之虑，则并州之域可为寒心。①

又如晋武帝司马炎时，官居侍御史的西河人郭钦在上疏中专论匈奴南迁问题，他说：

> 戎狄强犷，历古为患。魏初人寡，西北诸郡皆为戎居。今虽服从，若百年之后有风尘之警，胡骑自平阳、上党不三日而至孟津，北地、西河、太原、冯翊、安定、上郡尽为狄庭矣。宜及平吴之威，谋臣猛将之略，出北地、西河、安定，复上郡，实冯翊，于平阳已北诸县募取死罪，徙三河、三魏见士四万家以充之。裔不乱华，渐徙平阳、弘农、魏郡、京兆、上党杂胡，峻四夷出入之防，明先王荒服之制，万世之长策也。②

郭钦的建议虽然遭到了司马炎的拒绝，但我们仔细分析此份奏疏，对深入了解当时匈奴的分布局势不无裨益。归纳言之，该段疏文表达了三层意见：一是指明入塞匈奴的众多，遍布于边郡，已对晋朝腹地安全构成巨大威胁；二是要求北徙内地汉民，恢复与充实上郡、冯翊等边郡，以期与内徙匈奴相抗衡；三是要求北徙南迁内地的杂胡，以削弱匈奴人的直接威胁。

然而，仔细比较上述两份文献，我们可以发现他们关于匈奴分布区的描述存在明显的区别。如江统仅指明“并州之胡”，即匈奴集中于并州地区。据《晋书·地理志》载：“魏黄初元年（220），复置并州，自陉岭（句注山，或称雁门山，今山西省代县北）以北并弃之，至晋因而不改。并州统郡国六，县四十五，户五万九千三百。”③这六个郡国具体指太原国、上党郡、西河国、乐平郡、雁门郡、新兴郡。而郭钦所列匈奴人的分

① 《晋书》卷五六《江统传》，第1533~1534页。

② 《晋书》卷九七《四夷传》，第2549页。

③ 《晋书》卷一四《地理志》，第428页。

布区域已大大超出了并州的范围。如以黄河中段一线为界,这些郡又可分为两类:一是黄河以东诸郡,如平阳、魏郡(治邺县)、上党、太原等;二是黄河以西诸郡,如北地、西河、安定、上郡、京兆、弘农、冯翊等。毫无疑问,自从东汉匈奴开始内徙以来,再加上西晋时期内迁运动的推波助澜,匈奴人的居住区已明显呈扩大化趋势。这一切都为十六国时期刘氏汉赵国的创立与发展创造了必要的条件。

(二)刘氏汉国的疆域与匈奴分布区的变迁①

刘氏汉国是西晋王朝的终结者,它的创立,是"十六国"时代开始的标志,也是入塞匈奴势力发展趋于鼎盛的全面体现。作为以匈奴为主体的割据政权,刘氏汉国的建立、发展及消亡都与匈奴的分布、迁徙有直接的关系。

汉赵国的创始者为刘渊(正史为避唐高祖李渊之讳,通称其字元海),为新兴(新兴郡治九原县,今山西省忻州市)匈奴人。其父刘豹为於扶罗单于之子,曾任匈奴左贤王。关于魏晋时期匈奴分布情况,《晋书·刘元海载记》载:"魏武分其众为五部,以豹为左部帅,其余部帅皆以刘氏为之。太康中,改置都尉,左部居太原兹氏,右部居祁,南部居蒲子,北部居新兴,中部居大陵。刘氏虽分居五部,然皆居于晋阳汾涧之滨。"②这一记载应源于《魏书·匈奴刘聪传》:"祖豹,为左贤王。及魏分匈奴之众为五部,以豹为左部帅。豹虽分属五部,然皆家于晋阳汾涧之滨(今山西省太原市汾水边)。"

刘豹死后,刘渊先后代为左部帅、北部都尉、建威将军、五部大都督及北单于之职。西晋末年,"八王之乱"爆发,西晋政局动荡,民不聊生。刘渊在左国城(今山西省吕梁市离石区东北)被匈奴部众推立为大单于,受到各部匈奴的积极响应。"二旬之间,众已五万,都于离石(今山西省吕梁市离石区)。"③永兴元年(304),刘渊又于左国城即汉王位,定年号为元熙,并置百官,刘氏汉国正式创立。刘渊军队在较短时间内,先后攻陷太原、泫氏、屯留、长子、中都及河东、平阳等地,所向披靡。永嘉二年(308),刘渊即皇帝位,并迁都平阳(今山西省临汾市)。关于刘渊汉国的早期疆域,《晋书·地理志》载:"及永兴元年,刘元海僭号于平阳,称汉,于是并州之地皆为元海所有。"这里需要说明的是,自曹魏黄初元年(220)并州复置之时,"自陉岭(今山西省代县北)以北并弃之,至晋因而不改",即当时雁北大部分地区已被鲜卑人所占据,而

① 关于汉赵国的疆域与民族构成状况,参见周伟洲《汉赵国史》,山西人民出版社1986年出版。

② 《晋书》卷一〇一《刘元海载记》,第2645页。

③ 《晋书》卷一〇一《刘元海载记》,第2648页。

不属于中原疆域范围。另外,在《晋书·地理志》中,作为刘氏汉国的核心区域,平阳、河东二郡并不属于并州,而在司州辖区之内。

西晋并州所辖郡县情况表

郡国名称	治所今地	户口数量	统县情况
太原国	山西省太原市西南	14000 户	十三县:晋阳、阳曲、榆次、于离、盂、狼孟、阳邑、大陵、祁、平陶、京陵、中都、邬
上党郡	山西省长治市潞城区东北	13000 户	十县:潞、屯留、壶关、长子、泫氏、高都、铜鞮、涅、襄垣、武乡
西河国	山西省汾阳市	6300 户	四县:离石、隰城、中阳、介休
乐平郡	山西省昔阳县西南	4300 户	五县:沾、上艾、寿阳、轑阳、乐平
雁门郡	山西省代县西南	12700 户	八县:广武、崞、汪陶、平城、葰人、繁畤、原平、马邑
新兴郡	山西省忻州市	9000 户	五县:九原、定襄、云中、广牧、晋昌
平阳郡	山西省临汾市西南	42000 户	十二县:平阳、杨、端氏、永安、蒲子、狐讘、襄陵、绛邑、濩泽、临汾、北屈、皮氏
河东郡	山西省夏县西北	42500 户	九县:安邑、闻喜、垣、汾阳、大阳、猗氏、解、蒲坂、河北

资料来源:《晋书·地理志》。

刘渊死后,刘聪继位。刘聪即位之后,派兵进攻晋之洛阳,并于光兴二年攻陷洛阳,俘获晋怀帝及后宫人员,迁于平阳。经过四处征战及人口掳掠,汉国人口也由此达到极盛,"置左右司隶,各领户二十余万,万户置一内史,凡内史四十三。单于左右辅,各主六夷十万落,万落置一都尉"①。

据此记载,刘氏汉国内人口统计与行政管理,同时施行两套不同的制度,即学者们所常说的"胡汉分治"。这显然是考虑到其内部的民族构成特点而采用的具有极强针对性的措施。万户置一内史,内史四十三,意为管辖四十三万户百姓。如按每户五人计,其司隶部所领汉人口就达二百余万。单于左、右辅各领"六夷十万落",合计为二十万落,按每落五人计,"六夷"户口总数也达一百万。两者相加为三百万以上。如此庞大的户口数量,不免让我们产生疑惑,因为并州本来就不是户口繁庶之区,再加上晋末荒乱,人口锐减之势无法逆转。又如并州刺史司马腾在与刘渊部众交战失利

① 《晋书》卷一〇二《刘聪载记》,第 2665 页。

后，率领并州百姓二万户东迁到河北地区，这些民户便构成后来"乞活"的主体部分。这无疑更加剧了并州人口减耗的程度。故而继任的并州刺史刘琨于永嘉元年(307)来到并州时，面对的就是一片伤心惨目的状况。他在上表中说："臣自涉州疆，目睹困乏，流移四散，十不存二，携老扶弱，不绝于路。及其在者，鬻卖妻子，生相捐弃，死亡委危，白骨横野，哀呼之声，感伤和气。"①户口凋落，已为不争的事实。

又据《晋书·地理志》，并州辖各郡国(加上河东郡、平阳郡)户数合计不过十四万三千八百户，这与四十三万户之间有着相当大的差额，显然不可能完全是虚夸的结果。参照其他资料分析，刘氏汉国司隶部(包括今山西省临汾、运城两市)所辖人口数量在一百万以上，是毫无疑问的。那么，这些人口又从何而来呢？各种史料显示，刘氏汉国司隶部的人口主要有两种来源：一是各处民众的自愿投附。如据《刘元海载记》的记载，刘渊举事之初，即"众已五万"，后至左国城后，"远人归附者数万"，这些人口也正是刘氏汉国创立的基础。后来又有"上郡四部鲜卑陆逐延、氐酋大单于征、东莱王弥及石勒等"相继归降刘渊。二是强行驱掠。如刘曜曾在长安战后，"乃驱掠士女八万余口退还平阳"。② 另如石勒降附刘渊后，四处征伐，掳掠人口的数量最为惊人。据《晋书·石勒载记》，石勒进军河北地区，势如破竹，"陷冀州郡县堡壁百余，众至十余万，其衣冠人物集为君子营"；"进军常山，分遣诸将攻中山、博陵、高阳诸县，降之者数万人。"又"渡河攻广宗、清河、阳平诸县，降勒者九万余口"。③ 时至刘聪在位末年，平阳地区发生饥荒，"司隶部人奔于冀州二十万户"④。这可从另一方面证明，这些民户本来就是从冀州等地以降或逃奔等方式被强迁而来的。

刘氏汉国在当时的影响是相当大的，不仅宣告了西晋王朝的灭亡，还拉开了"十六国"时代的序幕。就其极盛疆域而言，主要囊括了西晋司州、并州、雍州、冀州等地区。如《晋书·地理志》载：("并州"下)"及永兴元年，刘元海僭号于平阳，称汉，于是并州之地皆为元海所有。元海乃以雍州刺史镇平阳，幽州刺史镇离石(今山西省吕梁市离石区)。及刘聪攻陷洛阳，置左右司隶……又置殷、卫、东梁、西河阳、北兖五州，以怀安新附。"⑤又如"司州"下："永嘉之后，司州沦没刘聪。聪以洛阳为荆州。""雍州"下："建兴之后，雍州没于刘聪。"又据清人洪亮吉所著《十六国疆域志》，刘聪在位

---

① 《晋书》卷六二《刘琨传》，第 1680 页。
② 《晋书》卷一〇二《刘聪载记》，第 2662 页。
③ 《晋书》卷一〇四《石勒载记上》，第 2711 页。
④ 《晋书》卷一〇二《刘聪载记》，第 2673 页。
⑤ 《晋书》卷一四《地理志》，第 429 页。

时，其攻占之地包括司隶校尉部、雍州、豫州、荆州、殷州、卫州、东梁州、西河阳州、北兖州、并州、幽州、冀州等，占据两都（长安、洛阳），面积相当可观，几乎覆盖了中国北部大半。[①] 故《晋书·载记序》称："聪之誓兵，东兼齐地；曜之驰旆，西逾陇山，覆没两京，蒸徒百万。"[②]其影响之大，由此可见。后来出现的前赵、后赵可以说都是刘氏汉国的进一步拓展。

但是，我们也发现，从刘氏汉国开始，十六国时期各个政权在政区建置中，往往有较普遍的"虚封""错位""遥授"及"妄增"等异常现象。即以两汉及西晋诸州辖区为准，十六国政权所置各州的治所及辖区往往与之有较大的出入。这无疑大大增加了研究当时疆域与政区问题的困难。如刘渊起初即以雍州刺史镇平阳，置幽州刺史于离石，两地与雍、幽两州并不相涉，显然为"虚封"及"错位"之类；为安抚部众，刘渊又新置殷、卫、东梁、西河阳、北兖等州，可归为"妄增"之属。另外，曹嶷占据青州地区，处于相对独立状态，而被刘聪、石勒封为青州牧，显然为"遥授"之例。这也是我们研究十六国疆域与政区中必须注意的地方。

（三）匈奴建立的其他政权之疆域与人口

1. 刘氏前赵

晋建兴四年（316），刘曜所率军队最终攻克长安，俘虏晋愍帝，西晋王朝最终灭亡。同时，刘曜也奉命镇守长安。刘氏汉国亡于"靳准之乱"，"靳准之乱"被平息后，余众降于刘曜，刘曜徙都长安，并于太兴元年（318）即皇帝位，改国号为赵，史称前赵。

前赵疆域开拓的过程，首先表现在清除晋朝在关中及陇右地区的残余势力。永嘉初年，晋南阳王司马模镇守关中地区，其子司马保为东羌校尉，镇守上邽（治今甘肃省天水市）。刘氏汉国进占关中之时，司马模被杀，于是，"（司马）保全有秦州之地，自号大司马，承制置百官。陇右氐羌并从之"[③]。《晋书·刘曜载记》称："黄石屠各路松多起兵于新平、扶风，聚众数千，附于南阳王保。保以其将杨曼为雍州刺史，王连为扶风太守，据陈仓（今陕西省宝鸡市东）；张颉为新平太守，周庸为安定太守，据阴密（今甘肃省灵台县西）。松多下草壁（今甘肃省灵台县附近），秦陇氐羌多归之。"[④]刘曜与司马保部进行了长时间的激战，结果刘曜在较量中逐渐占据了上风，司马保所据

① 见《二十五史补编》第三册，中华书局1956年版，第4084页。

② 《晋书》卷三七《南阳王保传》，第1098页。

③ 《晋书》卷一〇一《载记第一》，第2643~2644页。

④ 《晋书》卷一〇三《刘曜载记》，第2685页。

城池如陈仓、草壁、安定逐一为刘曜所攻占。“(刘)曜后复西讨杨韬于南安(今陕西省陇县东南),韬惧,与陇西太守梁勋等降于曜,皆封列侯。使侍中乔豫率甲士五千,迁韬等及陇右万余户于长安。”①最后,司马保据守的桑城(今甘肃省临洮县西南)也归于刘曜。“休屠王石武以桑城降,曜大悦,署武为使持节、都督秦州陇上杂夷诸军事、平西大将军、秦州刺史,封酒泉王。”②

司马保病逝后,其部将陈安以上邽为中心聚集人马,称雄一方,对刘曜的统治构成了新的威胁。“安士马雄盛,众十余万,自称使持节、大都督、假黄钺、大将军、雍凉秦梁四州牧、凉王,以赵募为相国,领左长史。”③太宁元年(323),刘曜亲征陈安,取得重大胜利,陈安被杀。前赵军队由此占领陇城、上邽,并“徙秦州大姓杨、姜诸族二千余户于长安。氐羌悉下,并送质任”④。在刘曜军队的武力威慑下,以姑臧为中心的凉州刺史张茂部(前凉之前身)也被迫向刘曜俯首称藩,刘曜封张茂为凉州牧、凉王等职。

关于前赵的政区建置与疆域,《晋书·地理志》载:“及刘曜徙都长安,改号曰赵,以秦、凉二州牧镇上邽(今甘肃省天水市),朔州牧镇高平(今宁夏回族自治区固原市),幽州刺史镇北地(今陕西省铜川市耀州区),并州牧镇蒲坂(今山西省永济市西南)。”《十六国疆域志》也记载前赵刘曜所置政区有雍州、秦州、凉州、朔州、幽州、益州(治于仇池,今甘肃省西和县西南)、并州等,而其核心地区则集中于关中与陇右地区。

就民族构成而言,前赵与刘氏汉国已有相当大的差别,即除了匈奴、汉人及“杂胡”等族类,又加入了巴、羯、氐、羌等西南与西北部族。如据《晋书·刘曜载记》,大兴三年(320),刘曜虐杀巴酋徐库彭,引起大乱,“于是巴氐尽叛,推巴归善王句渠知为主,四山羌、氐、巴、羯应之者三十余万,关中大乱,城门昼闭”。在刘曜军队的弹压下,“降者十余万”。

上郡(治今陕西省韩城市南)一带又是氐、羌族聚居之地。“先是,上郡氐羌十余万落保崄不降,酋大虚除权渠自号秦王。”在前秦军队的攻势下,权渠率羌投降,于是,“分徙伊余兄弟(权渠之子)及其部落二十余万口于长安。西戎之中,权渠部最强,皆

① 《晋书》卷一〇三《刘曜载记》,第2691页。
② 《晋书》卷一〇三《刘曜载记》,第2692页。
③ 《晋书》卷一〇三《刘曜载记》,第2692页。
④ 《晋书》卷一〇三《刘曜载记》,第2694页。

禀其命而为寇暴,权渠既降,莫不归附”①。

前赵境内另一个氐羌聚居区便是武都仇池山一带。“(刘)曜亲征氐羌,仇池杨难敌率众来距,前锋击败之,难敌退保仇池,仇池诸氐羌多降于曜。”在刘曜军队的威胁下,杨难敌被迫遣使称藩,归附于前赵,被封为“武都王”等诸多勋位。其后,杨难敌又逃往汉中,刘曜遂遣田崧为益州刺史,镇守仇池。

同样为了多民族行政管理的需要,前赵也继承了“胡汉分治”的方式,“置单于台于渭城(今陕西省咸阳市东北),拜大单于,置左右贤王已下,皆以胡、羯、鲜卑、氐、羌豪桀为之”。

前赵后为石虎军队所攻灭。平定之时,石虎实施了强制性徙民,“徙其台省文武、关东流人、秦雍大族九千余人于襄国(今河北省邢台市)”②。这是一场影响巨大的移民运动,氐人苻氏家族、羌人姚氏家族等都是在这场迁移运动中进入关东地区的。

2. 后赵

关于后赵创立者石勒的族属,《晋书·石勒载记》称:“上党武乡(治今山西省榆社县西北)羯人也。其先匈奴别部羌渠之胄。”在古文献中,羯人常常与“胡”被并称为“胡羯”或“羯胡”,关系十分密切,故通常认为羯属匈奴种类。又如《魏书·羯胡石勒传》载:“其先匈奴别部,分散居于上党武乡羯室,因号羯胡。”但谭其骧先生通过缜密的考证,力反其说,认为羯人为中亚(或西域)白色阿利安人种,与匈奴所属蒙古人种有着本质的不同,羯人居住于中亚索格的亚那、塔什干一带,上文所说“羌渠”应为康居之异译。谭先生在此文中断定“羯人本以康居之臣民降附匈奴,故匈奴即以康居称之。复以匈奴之部落入居塞内,当时秉笔者未遑深究,未由知其即系马、班所谓‘康居’,遂别创‘羌渠’之新译耳”③。由此更可以证明羯人与匈奴人之间的密切关系。文献中亦习称羯人为“胡”或“小胡”。石勒先为刘氏汉国之大将,四处攻伐,后镇守于冀州,吞并占据幽州的王浚势力,羽翼逐渐丰满,大量向其经营的核心地区——襄国(今河北省邢台市)一带迁徙人口。刘氏汉政权崩溃后,石勒于大兴二年(319)自立称赵王,定都襄国,史称“后赵”。当时石虎、张敬等在劝石勒即位的上疏中较清晰地描述了后赵立国时的疆域:

---

① 《晋书》卷一〇三《刘曜载记》,第2687页。

② 《晋书》卷一〇三《刘曜载记》,第2701~2702页。本小节上述引文无特别注释者均出于此《载记》。

③ 关于羯人的种类与来源,参见谭其骧《羯考》,《长水集》(上)第224~233页,引文见第230页。

……请依刘备在蜀、魏王在邺故事,以河内、魏、汲、顿丘、平原、清河、巨鹿、常山、中山、长乐、乐平十一郡,并前赵国、广平、阳平、章武、渤海、河间、上党、定襄、范阳、渔阳、武邑、燕国、乐陵十三郡,合二十四郡、户二十九万为赵国。封内依旧改为内史,准《禹贡》、魏武复冀州之境,南至盟津,西达龙门,东至于河,北至于塞垣。以大单于镇抚百蛮。罢并、朔、司三州,通置部司以监之。①

后赵创立时所辖二十四郡简表

郡名	治所今地	辖县数量②	郡名	治所今地	辖县数量
河内	河南省沁阳市	9	广平	河北省邯郸市永年区东南	15
魏	河北省临漳县西南	8	阳平	河北省馆陶县	7
汲	河南省卫辉市西南	6	章武	河北省大城县	4
顿丘	河南省清丰县西南	4	勃海	河北省沧县东南	10
平原	山东省平原县西南	9	河间	河北省献县东南	6
清河	河北省清河县东南	6	上党	山西省长治市潞城区东北	10
巨鹿	河北省宁晋县西南	2	定襄	山西省定襄县(即新兴郡)	5
常山	河北省正定县南	8	范阳	河北省涿州市	8
中山	河北省定州市	8	渔阳	北京市密云区西南	
长乐	河北省衡水市冀州区		武邑	河北省武邑县(即安平国)	8
乐平	山西省昔阳县西南	5	燕国	北京城西南	10
赵国	河北省高邑县西南	9	乐陵	山东省德州市乐陵区东南	5

《魏书·羯胡石勒传》亦云石勒"以二十四郡为赵国"。据《晋书·地理志》,此二十四郡合计共辖一百六十二县,分别隶属于司州(河内、广平、魏郡、汲郡、阳平、顿丘等六郡)、冀州(赵国、钜鹿、武邑、平原、乐陵、勃海、章武、河间、清河、中山、常山、长乐等十二郡)、幽州(范阳、燕国、渔阳等三郡)、并州(上党、乐平、定襄等三郡)等四州。比照今地,这二十四郡大致覆盖了今天河北省全部,北京市和天津市部分地区,山东省西部以及山西省东半部等。

---

① 《晋书》卷一〇四《石勒载记上》,第2730页。

② 辖县数量据《晋书·地理志》,渔阳郡于西晋时并入燕国,长乐国乃改安平国所置,武邑郡也是分安平国所置。

石虎（字季龙，《晋书》作者为避唐讳，通称其字）即赵王位后，迁都于邺城（今河北省临漳县西南）。他曾自夸其功绩云："主上（石勒）自都襄国以来，端拱指授，而以吾躬当矢石。二十余年，南擒刘岳，北走索头，东平齐鲁，西定秦雍，克殄十有三州。成大赵之业者，我也。"①无法否认，石勒即位之后，后赵疆域又有相当大的拓展，而石虎在后赵的疆域开拓中发挥了重要作用。又据《晋书·地理志》，后赵极盛时期的疆域几乎囊括了中原地区的各大州，如司州，永嘉之后，"沦没刘聪"，刘聪曾改洛阳为荆州，"及石勒，复以为司州。石季龙又分司州之河南、河东、弘农、荥阳，兖州之陈留、东燕为洛州"；如兖州，"惠帝之末，兖州阖境沦没石勒。后石季龙改陈留郡为建昌郡，属洛州"；豫州，"永嘉之乱，豫州沦没石氏"；幽州，"惠帝之后，幽州没于石勒"；冀州，"惠帝之后，冀州沦没于石勒"；并州与朔州，"刘曜徙都长安，其平阳以东地入石勒。勒平朔方，又置朔州"；雍州，"石勒克长安，复置雍州"。又如《十六国疆域志》考订后赵有十五州（朔州与营州为新置），另十三州分别是司州、洛州、豫州、兖州、冀州、青州、徐州、幽州、并州、雍州、秦州、扬州、荆州。后赵疆域开拓主要表现于以下几个地区：

（1）山东地区。今天的山东地区当时主要有鲜卑段匹磾残部及青州曹嶷部。石虎、孔苌等后赵诸将首先进攻段匹磾部于厌次（今山东省阳信县东）。段匹磾势穷出降，"散诸流人三万余户，复其本业，置守宰以抚之，于是冀、并、幽州、辽西巳西诸屯结皆陷于勒"。接着石虎又率军攻击青州地区曹嶷部。曹嶷投降，"季龙乃留男女七百口配征（青州刺史刘征），镇广固（今山东省青州市西北）。青州诸郡县垒壁尽陷"。

（2）河南与淮北地区。后赵分别与前赵、东晋军队争夺这一大片地区。"先是，石季龙攻刘曜将刘岳于石梁（今河南省洛阳市偃师区西南），至是，石梁溃，执岳送襄国。""（晋将）李矩以刘岳之败也，惧，自荥阳遁归。矩长史崔宣率矩众二千降于勒。于是尽有司兖之地，徐豫滨淮诸郡县皆降之。"

（3）关中与陇右地区。东晋咸和三年（328），前赵与后赵展开决战，刘曜军队大败，前赵灭亡。石虎率后赵军队乘胜进入关中与陇右地区。"季龙进攻集木且羌于河西，克之，俘获数万，秦陇悉平。凉州牧张骏大惧，遣使称藩，贡方物于勒。徙氐羌十五万落于司、冀州。"石勒死后，镇守于关中的石生起兵对抗石虎，石虎再次进军关中，平定之后，大量迁徙关中及陇右人口于关东，如"徙秦、雍州华戎十余万户于关东"。又如"徙秦州三万余户于青、并二州诸郡"。

---

① 《晋书》卷一〇六《石季龙载记上》，第2762页。

后赵不仅疆域面积超过了刘氏汉国与前赵，而且其境内的民族构成也更为复杂。石勒、石虎等在四处攻伐之后，采取了更频繁更大规模的徙民活动，使关东地区（特别是今河北地区）的人口急剧增加。在迁徙人口中，少数民族人口又占了相当大的比例，这无疑在很短时间里增加了关东地区民族构成的复杂性。记载中后赵境内主要的少数民族种类有：

（1）胡羯。此为石虎、石勒后赵王室之族类。石勒称赵王时明确规定"号胡为国人"，可以设想"胡"在后赵境内的崇高地位。在"冉闵之乱"中，后赵境内羯人被大量杀戮。如冉闵"班令内外赵人，斩一胡首送凤阳门者，文官进位三等，武职悉拜牙门。一日之中，斩首数万。闵躬率赵人诛诸胡羯，无贵贱男女少长皆斩之，死者二十余万，尸诸城外，悉为野犬豺狼所食。屯据四方者，所在承闵书诛之，于时高鼻多须至有滥死者半"。

（2）巴、氐、羌诸族，主要来自关中及陇、蜀地区。刘氏汉政权倒台之时，石勒进军河东地区，大批民族部落纷纷投降。如"羌羯降者四万余落"。其后，"巴帅及诸羌羯降者十余万落，徙之司州诸县"。攻灭前赵政权后，石勒即开始大量迁徙当地少数民族部众进入关东地区，如"徙氐羌十五万落于司、冀州"。石勒死后，后赵政权一度混乱，石虎在平定关中石生及其将郭权的反叛之后，又进行大规模徙民，"徙秦、雍州华戎十余万户于关东"。又"徙秦州三万余户于青、并二州诸郡"。

（3）乌丸、鲜卑及"索头"。乌丸人主要集中于冀州地区，在石勒翦除冀州王浚势力之后，大批乌丸人与鲜卑人被迁徙至冀州地区，如"乌丸薄盛执渤海太守刘既，率户五千降于勒"。又如攻克蓟城（今北京城西南）后，"迁乌丸审广、渐裳、郝袭、靳市等于襄国"。又"徙平原乌丸展广、刘哆等部落三万余户于襄国"。在石勒势力崛起之时，即不断有鲜卑人来降，如"河西鲜卑日六延叛于勒，石季龙讨之，败延于朔方，斩首二万级，俘三万余人，获牛马十余万"。其后石勒还发起对并州境内鲜卑人的攻掠，如派石虎"率骑三万讨鲜卑郁粥于离石（今山西省吕梁市离石区），俘获及牛马十余万，郁粥奔乌丸，悉降其众城"①。学术界通常认为"索头"即拓跋鲜卑。如《晋书·石季龙载记》称："索头郁鞠率众三万降于季龙，署鞠等一十三人亲通赵王，皆封列侯，散其部众于冀青等六州。"

后赵亡于"冉闵之乱"，当时，曾引起中国北部形势的震荡。如永和六年（350），冉闵军队被石祗部将击溃后：

---

① 除了特别注明，上述引文均见《晋书》卷一〇四至卷一〇五《石勒载记上、下》与卷一〇六至一〇七《石季龙载记上、下》。

（冉闵所署）司空石璞、尚书令徐机、车骑胡睦、侍中李琳、中书监卢谌、少府王郁、尚书刘钦、刘休等及诸将士死者十余万人，于是人物歼矣。贼盗蜂起，司冀大饥，人相食。自季龙末年而闵尽散仓库以树私恩。与羌胡相攻，无月不战。青、雍、幽、荆州徙户及诸氐、羌、胡、蛮数百余万，各还本土，道路交错，互相杀掠，且饥疫死亡，其能达者十有二三。诸夏纷乱，无复农者。①

凭借强大武力作为后盾，在很短时间内，后赵政权的疆域得到大幅扩展，以襄国为核心的京师地区人口急剧膨胀，同时造成这一地区五方杂处的局面，民族成分相当复杂。而这一切局面的维系非常困难，一旦丧失强劲武力的控制，短暂的繁盛局面即告破裂，区域性大乱也就无法避免地出现了。文献中所称“动荡流离”，不过是在无序的状态下人口地理分布格局的重整。这种无序调整的最大弊端便是迁移人口生命安全缺乏保障，其最突出的特征便是大量徙民在流徙过程中的非正常死亡。

3. 夏

夏政权的创立者为赫连勃勃，原姓刘，为匈奴酋长之后裔，与刘渊等同族。赫连勃勃的族属，又被称为“铁弗”。如《魏书·铁弗刘虎传》载：“铁弗刘虎，南单于之苗裔，左贤王去卑之孙，北部帅刘猛之从子，居于新兴虑虒（今山西省五台县东北）之北。北人谓胡父鲜卑母为‘铁弗’，因以为号。”刘虎（或避唐讳称刘武）为赫连勃勃之曾祖父。《晋书·赫连勃勃载记》又载：“曾祖武，刘聪世以宗室封楼烦公，拜安北将军、监鲜卑诸军事、丁零中郎将，雄据肆卢川（今山西省原平市与忻州市之间的平川地带）。”铁弗，可谓匈奴人中与鲜卑人关系最为密切的一支，似乎有着与鲜卑人通婚的传统。如《魏书·刘库仁传》称：“刘库仁，本字没根，刘虎之宗也，一名洛垂。少豪爽，有智略。母平文皇帝（拓跋郁律）之女。昭成（拓跋什翼犍）复以宗女妻之，为南部大人。”拓跋什翼犍也曾嫁女于赫连勃勃之父刘卫辰。

当拓跋鲜卑代政权崛起之时，刘卫辰部受到压迫，逐渐向朔方塞外地区转移。前秦苻坚派遣军队攻灭代政权后，“坚遂分国民为二部，自河以西属之卫辰，自河以东属之刘库仁。……坚后以卫辰为西单于，督摄河西杂类，屯代来城（今内蒙古自治区伊金霍洛旗西北）”②。前秦败亡后，刘卫辰占据了朔方之地（今内蒙古河套西北部及后套地区），“控弦之士三万八千”③。拓跋鲜卑代政权复兴后，又与刘卫辰部展开激战，

① 《晋书》卷一〇七《石季龙载记下》，第2795页。

② 《魏书》卷九三《铁弗刘虎传》，第2055页。

③ 《晋书》卷一三〇《赫连勃勃载记》，第3201页。本小节引文非特别注明者均出自该《载记》。

最终刘卫辰部为北魏所攻灭,赫连勃勃逃至后秦。后秦主姚兴拜赫连勃勃为宁北将军,“配以三交五部鲜卑及杂虏二万余落,镇朔方”。其后,赫连勃勃兼并了据守于高平的没弈于部,“众至数万”,于是在义熙三年(407)自立,建大夏政权。后于义熙九年(413)在“朔方水北、黑水之南”建造统万城(在今陕西省靖边县北白城子)。后攻克长安,立为南都。

关于赫连氏夏政权的疆域与政区,《晋书·地理志》载:

勃勃僭号于统万,是为夏。置幽州牧于大城,又平刘义真于长安,遣子璝镇焉,号曰南台。以朔州牧镇三城,秦州刺史镇杏城,雍州刺史镇阴密,并州刺史镇蒲坂,梁州牧镇安定,北秦州刺史镇武功,豫州牧镇李闰(或李润),荆州刺史镇陕,其州郡之名并不可知也。

《十六国疆域志》也考订夏政权建置政区有幽州、雍州、朔州、秦州、北秦州、并州、凉州、豫州、荆州等九州,大多是冒用其名以置官,并无多少实土。

夏政权所设诸州情况简表

州官名称	治所位置	州官名称	治所位置
幽州牧	镇守于大城,今内蒙古自治区杭锦旗东南	并州刺史	镇守于蒲坂,今山西省永济市西南
雍州牧	镇守于长安,今陕西省西安市	凉州牧	镇守于安定,今甘肃省镇原县东南
朔州牧	镇守于三城,今陕西省延安市东南	豫州牧	镇守于李闰,今陕西省大荔县西北
荆州刺史	镇守于陕城,今河南省三门峡市陕州区西南	北秦州刺史	镇武功,今陕西省扶风县东南
秦州刺史	杏城,今陕西省黄陵县西南		

4. 北凉政权

十六国时期,在凉州河西走廊及青海湟水流域先后出现了五个地方政权,史称“五凉”,即汉人张氏建立的前凉、李氏创立的西凉、氐人吕氏创立的后凉、鲜卑秃发氏创立的南凉与卢水胡沮渠氏创立的北凉等。[①] 北凉的创立者为沮渠蒙逊,为临松(治今甘肃省肃南裕固族自治县东南)卢水胡人。沈约《宋书·氐胡列传》载:“大且渠蒙

① 关于五凉政权的兴衰历程,参见齐陈骏、陆庆夫、郭锋《五凉史略》,甘肃人民出版社1988年出版。该书作者之“陆庆夫”,在书的扉页显示为“陆庆丰”,版权页为“陆庆夫”,当以“陆庆夫”为是。

逊,张掖临松卢水胡人也。匈奴有左且渠、右且渠之官,蒙逊之先为此职,羌之酋豪曰大,故且渠以位为氏,而以大冠之。世居卢水为酋豪。”关于卢水胡的族属,据唐长孺先生的考证,认为其属于以月氏人血统为主体,又混合了羌、匈奴等多种民族成分的民族集团。[①] 关于卢水的方位,研究者认定古文献中的卢水,即为今天的黑河。该河流经临松山,又流过临松郡,因为这里曾是沮渠氏聚居的地方,故又称为沮渠川。[②] 沮渠蒙逊早年为后凉国主吕光手下大将,后脱离吕光,推举段业为凉州牧。他于隆安五年(401)又推翻段业,于张掖(今甘肃省张掖市西北)自立为凉州牧。沮渠氏北凉政权疆域建设的主要成就便是统一河西走廊。沮渠蒙逊首先与南凉政权相互攻击,同时进攻吕氏后凉政权,之后,又驱逐南凉军队,占领河西第一重镇——姑臧城,“夷夏降者万数千户”[③]。于是沮渠蒙逊迁都于姑臧,并在义熙八年(412)称河西王,史称北凉。建都姑臧之后,北凉军队又征服乌啼与卑和二部,进据青海盐池地区,并最终攻灭建都于酒泉的李氏西凉政权。关于北凉的疆域建设成就,研究者指出:

> 北凉不仅占有从河西走廊到高昌的广大地区,它还曾出兵吐谷浑,降伏了卑和、乌啼二部,占有今青海一部分地区。后来,在同西秦的争夺中,北凉又占有西平、乐都等地。这样,东自广武,西至高昌,北接柔然,南达河湟,都成了沮渠蒙逊的一统天下。[④]

北凉后为北魏所攻灭。

二、氐羌族系政权的疆域与民族构成

关于西晋时期氐、羌人的分布与人口规模,我们可从江统的《徙戎论》中窥得一斑。江统撰《徙戎论》的起因,正是有感于元康年间氐帅齐万年的反叛运动。从表面上看,氐人齐万年反叛运动为内迁氐人反抗晋朝官府压迫的突发事件,而就其实质而言,无疑是长期以来氐人内迁运动及关中地区氐、羌人口急剧增加而产生的必然后果。

在《徙戎论》中,江统首先回顾了秦汉等朝内迁氐、羌人的简要过程。如东汉建武年间,为了缓解关中地区人口凋弊的局面,陇西太守马援迁徙羌人于关中,“居冯翊、

---

① 唐长孺《魏晋杂胡考》,《魏晋南北朝史论丛》,三联书店 1955 年出版,1990 年再版,商务印书馆 2010 年再版,中华书局 2011 年又版。另有多个出版社所出版本。

② 《五凉史略》,第 119 页。

③ 《晋书》卷一二九《沮渠蒙逊载记》,第 3195 页。

④ 《五凉史略》,第 133 页。

河东空地,而与华人杂处”。至东汉末年,曹操又迁徙武都地区的氐人于秦川地区。江统指出,内迁氐、羌,只不过是权宜之计,晋朝已受其弊,因此,需要将内地的氐、羌人迁回故地,才能解决当时复杂的社会问题。这篇《徙戎论》最有价值的部分,便是道出了西晋时期关中地区的民族构成状况:“……且关中之人百余万口,率其少多,戎狄居半。”①但是,以后的历史事实证明,关中与陇右地区作为内迁各民族的重要聚居区域,其华夏族以外的人口远远超过了五六十万口。

(一)氐族发展与前秦政权的疆域②

前秦政权的创始人为苻洪,他出自略阳临渭(今甘肃省天水市东)氐人蒲氏家族,其先人世代为“西戎酋长”。“永嘉之乱”后,苻洪率宗人自立,先依附于前赵刘曜,后西保据陇山。后赵攻据关陇后,苻洪又归降于石虎。他曾建议石虎将关中豪杰及羌戎人口迁徙到河北地区,“内实京师(邺都,今河北省临漳县西南)”。当时,苻洪被任为流人都督,居住于枋头(今河南省浚县西南),拥有相当强的实力,“其部下赐爵关内侯者二千余人”,后赵末年,北方大乱,苻洪一支崛起,自称三秦王,“有众十余万”③。其子苻健率众返回关中,平定三辅,于永和七年(351)称天王,建元皇始,立都长安。至357年苻坚即位,在苻坚统治时期,前秦国力及疆域得到了空前发展,一度统一了中国北部。前秦攻灭的割据政权有:

1. 前燕

前燕在攻灭后赵之后,已成为中原地区屈指可数的强国。至太和五年(370),前秦大举进攻前燕政权,取得全面胜利,由此,前秦疆域大为扩展,为统一中国北部迈出了最重要的一步。“坚入邺宫,阅其名籍,凡郡百五十七,县一千五百七十九,户二百四十五万八千九百六十九,口九百九十八万七千九百三十五。诸州郡牧守及六夷渠帅尽降于坚。”平定前燕后,苻坚进行了大规模的迁徙行动,如“赦慕容暐及其王公已下,皆徙于长安”;“徙关东豪杰及诸杂夷十万户于关中,处乌丸杂类于冯翊、北地,丁零翟斌于新安(今河南省新安县)”。

2. 仇池以及西南地区

自晋末以来,仇池氐人杨氏政权始终处于南北各政权之间而摇摆不定。前秦崛起时,仇池公杨世曾归附于苻坚,但其后又归降东晋。在平定前燕之后,苻坚趁杨氏

① 《徙戎论》之内容参见《晋书》卷五六《江统传》,第1533~1534页。

② 关于前秦政权的演变与民族构成,详见蒋福亚《前秦史》,北京师范学院出版社1993年出版。

③ 上引见《晋书》卷一一二《苻洪载记》,第2867~2868页。

政权内乱，派兵征讨，仇池公杨纂被迫投降，也被徙往关中。苻坚以其地为南秦州。在夺取仇池地区后，苻坚进一步与东晋争夺西南地区。如东晋梁州刺史杨亮企图进占仇池地区，被前秦军队击败，前秦军队乘胜向益州地区进攻，又取得全面胜利，“于是西南夷邛莋、夜郎等皆归之。坚以杨安为右大将军、益州牧，镇成都；毛当为镇西将军、梁州刺史，镇汉中；姚苌为宁州刺史，领西蛮校尉；王统为南秦州刺史，镇仇池”。

3. 前凉

“永嘉丧乱”之后，凉州以及河西走廊地区一直为张氏政权所占据，史称“前凉”。前凉政权于张骏在位时最为强盛。关于前凉鼎盛时期的疆域与政权状况，《魏书·私署凉州牧张寔子骏传》载：

（张骏）分武威、武兴、西平、张掖、酒泉、建康、西海、西郡、湟河、晋兴、广武十一郡为凉州，以长子重华为刺史；兴晋、金城、武始、南安、永晋、大夏、武城、汉中八郡为河州，以其宁戎校尉张瓘为刺史；敦煌、晋昌、高昌，西域都护、戊己校尉、玉门大护军，三郡三营为沙州，以西胡校尉杨宣为刺史。骏私署大都督、大将军、假凉王、督摄三州。

东晋太元元年(376)，苻坚派遣十三万大军征伐前凉政权，势如破竹，进占姑臧城，前凉王张天锡投降。苻坚又“徙豪右七千余户于关中”①。

4. 代

代政权由拓跋鲜卑所建。拓跋什翼犍于338年即代王位后，代政权实力日渐兴盛，称雄于塞北地区，被前秦政权视为潜在的威胁。在平定凉州之后，苻坚又派大军北伐。漠北高车族也乘机南侵。代政权受到南北夹攻，遂土崩瓦解，为前秦所灭。

关于前秦政权的疆域变迁与政区设置，《晋书·地理志》载：

石氏既败，苻健僭据关中，又都长安，是为前秦。于是乃于雍州置司隶校尉，以豫州刺史镇许昌，秦州刺史镇上邽，荆州刺史镇丰阳，洛州刺史镇宜阳，并州刺史镇蒲坂。苻坚时，分司隶为雍州，分京兆为咸阳郡，洛州刺史镇陕城。灭燕之后，分幽州置平州，镇龙城，幽州刺史镇蓟城，河州刺史镇枹罕，并州刺史镇晋阳，豫州刺史镇洛阳，兖州刺史镇仓垣，雍州刺史镇蒲坂。于是移洛州居丰阳，以许昌置东豫州，以荆州刺史镇襄阳，徐州刺史镇彭城。

① 上述引文除了特别注明者均见《晋书》卷一一三《苻坚载记上》。

《十六国疆域志》考订前秦疆域囊括了二十二州，分别为司隶、雍州、秦州、南秦州、洛州、豫州、东豫州、并州、冀州、幽州、平州、凉州、河州、梁州、益州、宁州、兖州、南兖州、青州、荆州、徐州、扬州，疆域之广袤，在十六国中首屈一指。

前秦诸州简况表

州名	治所及今地	州名	治所及今地
司隶	长安，今陕西省西安市西北	凉州	枹罕，今甘肃省临夏回族自治州东北，或姑臧，今甘肃省武威市
雍州	蒲坂，今山西省永济市蒲州镇	河州	枹罕，今甘肃省临夏回族自治州东北
秦州	上邽，今甘肃省天水市	梁州	汉中，今陕西省汉中市东
南秦州	仇池，今甘肃省清水县西北	益州	成都，今属四川省
洛州	陕城，今河南省三门峡市，或丰阳，今陕西省山阳县	宁州	垫江，今重庆市合川区
豫州	洛阳，今属河南省	兖州	仓垣，今河南省开封市西北，或鄄城，今山东省鄄城县北
东豫州	许昌，今属河南省	南兖州	湖陆，今江苏省邳州市北
并州	晋阳，今山西省太原市南	青州	广固，今山东省青州市西北
冀州	邺城，今河北省临漳县西南	荆州	襄阳，今湖北省襄阳市
幽州	蓟城，今北京城西南	徐州	彭城，今江苏省徐州市
平州	龙城，今辽宁省朝阳市	扬州	下邳，今江苏省睢宁县西北

资料来源：蒋福亚《前秦史》第219~220页列表，今行政区划据实改。

在民族政权的建设中，疆域的大幅拓展与民族迁移往往是密不可分的，因为在维护疆域的稳定方面民族人口所起作用是无法忽视的。前秦在攻灭前燕，基本统一北方后，即着手进行了大规模的民族迁徙运动。一方面是迁徙大量关东人口进入关中地区，如晋太和五年，"徙关东豪杰及诸杂夷十万户于关中，处乌丸杂类于冯翊、北地，丁零翟斌于新安"。关东各族人口中，鲜卑人占了其中很大的比例。如《晋书·慕容暐载记》称："坚徙暐及其王公已下并鲜卑四万余户于长安。"十余万户中，慕容鲜卑部众就有四万余户，而且都集中于长安一带。在攻灭河西张天锡政权后，同样，苻坚"徙豪右七千余户于关中"。

另一方面，鉴于疆域过于广袤，苻坚政权为了有效控制已占领的地盘，即分迁关中氐族人到关东各地镇守，由此引起了较大规模的氐族人口外迁。

> 洛既平(指平定苻洛叛乱),(苻)坚以关东地广人殷,思所以镇静之,引其群臣于东堂议曰:"凡我族类,支胤弥繁,今欲分三原、九嵕、武都、汧、雍十五万户于诸方要镇,不忘旧德,为磐石之宗,于诸君之意如何?"皆曰:"此有周所以祚隆八百,社稷之利也。"于是分四帅子弟三千户,以配苻丕镇邺,如世封诸侯,为新券主。……于是分幽州置平州,以石越为平州刺史,领护鲜卑中郎将,镇龙城;大鸿胪韩胤领护赤沙中郎将,移乌丸府于代郡之平城;中书令梁谠为安远将军、幽州刺史,镇蓟城;毛兴为镇西将军、河州刺史,镇枹罕;王腾为鹰扬将军、并州刺史,领护匈奴中郎将,镇晋阳;二州各配支户三千;苻晖为镇东大将军、豫州牧,镇洛阳;苻叡为安东将军、雍州刺史,镇蒲坂。①

苻坚在位时,还不忘对西域地区的控制,于前秦建元十九年(383)特遣吕光率七万大军经营西域,并取得了成功。② 然而就是在同一年,苻坚迫不及待地发起了对东晋的战争,结果在"淝水之战"中遭到惨败。惨败后的苻坚再也无法控制境内各种民族势力的反叛,前秦政权也从此分崩离析。前秦政权的覆亡是一个极其典型的例证。在民族成分与矛盾纷繁复杂的历史时期,单纯依赖以本民族政权为主体的力量,要想维持广袤的疆域,对于统治者而言,是非常严峻的考验,需要承担非常大的风险。盲目乐观、急于求成的苻坚最终陷于失败并不难理解。

(二)吕光后凉政权

后凉的创始者吕光为略阳(今甘肃省秦安县东北)氐人,与苻氏家族都居住于略阳地区,在后赵时期,也被迁往关东地区。吕光出生于枋头,后来成为苻坚手下大将。苻坚在基本平定"山东"(崤山以东)地区后,势力强盛,有意开拓西域,在前秦建元十九年(383)命令吕光率领七万大军前往征讨。吕光不负所望,力克西域诸部联军,占领龟兹都城,征服西域各部,"王侯降者三十余国"。后吕光返回途中,攻占凉州治姑臧城(今甘肃省武威市)。正值苻坚前秦败亡,吕光遂自立,于晋太元十四年(389)称三河王,于晋太元二十一年(396)即天王位,史称后凉。

后凉政权初起之时,其疆域覆盖整个凉州地区,后来逐渐缩减。至后凉主吕隆在位时,最终不堪周边诸部的攻袭,投降于后秦政权,而凉州地区遂为西凉、南凉、北凉等诸政权所瓜分割据。

后秦政权之崛起,源自姚弋仲。姚弋仲为南安赤亭(今甘肃省陇县东)羌人,其家

---

① 《晋书》卷一一三《苻坚载记上》,第2903页。

② 《晋书》卷一一三《苻坚载记上》,第2911~2915页。

族为羌族烧当种之后裔,其先祖曾“寇扰西州,为杨虚侯马武所败”,迁出塞外,至迁那为酋长之时重新内附,“汉朝嘉之,假冠军将军、西羌校尉、归顺王”,使其居于南安赤亭,累世为羌酋。其父柯回为魏镇西将军、绥戎校尉、西羌都督。“永嘉丧乱”时,姚弋仲率众东徙榆眉(今陕西省千阳县东),势力逐渐壮大,“戎夏襁负随之者数万”。前赵刘曜曾封其为平襄公,占据陇上之地。后赵石虎攻占关中地区后,迁徙秦雍地区豪杰之家于关东地区,姚弋仲及其部族也在其列,“弋仲率部众数万迁于清河(今山东省临清市东南),拜奋武将军、西羌大都督,封襄平县公”。

姚弋仲、姚襄父子死后,姚苌等人归降于前秦。淝水之战后,“西州豪族尹详、赵曜、王钦卢、牛双、狄广、张乾等率五万余家,咸推苌为盟主”。姚苌于是拥众自立,晋太元九年(384),他自称“秦王”,又有“北地、新平、安定羌胡降者十余万户”。晋太元十一年(386),姚苌即皇帝位于长安,改国号为大秦,史称后秦。

与前秦苻氏政权相比,后秦姚氏政权疆域大为收缩,但仍然在姚兴统治期间攻占了洛阳地区,大抵与前赵政权疆域相仿佛。如《晋书 · 地理志》载:“既而姚苌灭苻氏,是为后秦。及苌子兴克洛阳,以并、冀二州牧镇蒲坂,豫州牧镇洛阳,兖州刺史镇仓垣,分司隶领北五郡,置雍州刺史镇安定。及姚泓为刘裕所灭,其地寻入赫连勃勃。”据《十六国疆域志》,后秦政区设置虽包括十五州(司隶部、雍州、秦州、南秦州、凉州、河州、并州、冀州、荆州、豫州、东豫州、徐州、兖州、梁州、南梁州)之多,但这些州往往为设官而置,实际辖区相当有限(见下表)。后秦政权为东晋所灭。

后秦诸州简况表

州名	治所今地	州名	治所今地
司隶部	镇长安,今陕西省西安市	并州	治蒲坂,今山西省永济市西南
雍州	镇安定,今甘肃省镇原县东南	冀州	同上
秦州	镇上邽,今甘肃省天水市	豫州	镇洛阳,今河南省洛阳市
凉州	治西都,今青海省西宁市	东豫州	镇许昌,今河南省许昌市东
河州	治襄武,今甘肃省陇西县东南	徐州	镇项城,今河南省沈丘县
南秦州	镇下辩,今甘肃省成县西北	兖州	镇仓垣,今河南省开封市东北
荆州	镇上洛,今陕西省商洛市商州区	梁州	镇南郑,今陕西省汉中市东
南梁州	镇武兴,今陕西省略阳县		

资料来源:洪亮吉《十六国疆域志》卷五。

三、鲜卑族系政权的疆域与变迁

关于古代鲜卑人的分类，马长寿先生曾指出：

古代的鲜卑，按其部落起源的地区和同其他部落融合的情况来说，大致可分为两种：一种是东部鲜卑，一种是拓跋鲜卑。东部鲜卑起源于蒙古高原东部的鲜卑山，原系古代东胡部落联盟的一个重要组成部分。……它（指拓跋鲜卑）的原始分布地在黑龙江上游的额尔古纳河流域。当匈奴西迁以后，他们向草原的中部、西部、南部迁徙，在各地不断与匈奴残余部众融合，于是始有“拓跋”之名。①

然而，随着研究的深入，这种分类法便日益显示出其不足之处，一个重要不足是忽视了西部鲜卑应有的地位与研究价值。鲜卑人的分类与地理分布，从根本上讲，取决于鲜卑人长时间的迁徙运动。周伟洲先生特别强调：

鲜卑族迁徙的规模之大，路途之遥，影响之巨，在中国历史上都是很引人注目的。这种迁徙的主流，是居于今蒙古草原、东北地区的鲜卑族一批一批向南、向西南迁入内地；东起山东，西至新疆，南到淮河、长江，到处都有他们活动的踪迹。由于鲜卑族大量的内迁，在五胡十六国时期，鲜卑族先后在北方建立了代、前燕、西燕、后燕、南燕、西秦、南凉、吐谷浑等八个政权。“五胡”之中，鲜卑是建立政权最多的一个民族。②

为了阐述的条理与方便，下面以慕容鲜卑、西部鲜卑及拓跋鲜卑三个系统来分析十六国时期鲜卑族系诸政权的疆域及民族构成状况。

（一）慕容鲜卑的发展与前燕政权的疆域

前燕政权的创始人为慕容廆，原籍为昌黎棘城（今辽宁省义县西北）。其远祖居住于鲜卑山，到曾祖莫护跋时，举部迁居辽西，附于中原政权，拜率义王，定居于棘城（今辽宁省义县西砖城子）之北。其祖为左贤王，父因“全柳城之功，进拜鲜卑单于”，后迁邑至辽东以北地区。西晋初年，慕容廆降附中原政权，赐拜鲜卑都督。晋太康十年（289），慕容廆又率部迁至徒河（今辽宁省锦州市）之青山，晋元康四年（294）又移居大棘城，棘城也就成为前燕的第一个都城。晋永嘉初年，慕容廆自称鲜卑大单于。

① 《乌桓与鲜卑》，第171页。

② 周伟洲《魏晋十六国时期鲜卑族向西北地区的迁徙及其分布》，载于《周伟洲学术经典文集》，山西人民出版社2013年版，第31页。

当时今辽东地区成为一个重要的避难地，大批中原人士北迁到辽东，“时二京倾覆，幽冀沦陷，廆刑政修明，虚怀引纳，流亡士庶多襁负归之。廆乃立郡以统流人，冀州人为冀阳郡，豫州人为成周郡，青州人为营丘郡，并州人为唐国郡”①。这为前燕政权的建立创造了良好条件。

当然，慕容廆所辖的部众仍以鲜卑人占相当大的比例。如永嘉初年即攻降附塞鲜卑素连、木津二部，将其民众徙之棘城，立辽东郡。后石勒派宇文乞得龟击慕容廆，慕容廆派慕容皝抗之，联合“索头”部，进攻宇文乞得龟部，“克之，悉虏其众。乘胜拔其国城，收其资用亿计，徙其人数万户以归”。关于当时慕容廆部控制地域的大致范围，其属下在给东晋的上疏中指出：“今燕之旧壤，北周沙漠，东尽乐浪，西暨代山，南极冀方，而悉为虏庭，非复国家之域。将佐等以为宜远遵周室，近准汉初，进封廆为燕王，行大将军事，上以总统诸部，下以割损贼境。”②后因慕容廆病故而分封之事未果。《晋书·地理志》“平州”下载：“咸宁二年十月，分昌黎、辽东、玄菟、带方、乐浪等郡国五置平州，统县二十六，户一万八千一百。……平州初置，以慕容廆为刺史，遂属永嘉之乱，廆为众所推。及其孙儁移都于蓟。”可见，前燕崛起时的根基之地就是平州地区。

慕容皝于晋咸康三年(337)称燕王，至咸康七年(341)，迁都龙城(今辽宁省辽阳市)。当时，前燕面对的两大强敌为宇文归部与高句丽。幕容皝首先率军攻伐高句丽，取得重大胜利，“大败之，乘胜遂入丸都，(高句丽王)钊单马而遁。……掠男女五万余口，焚其宫室，毁丸都而归”。其次，慕容皝又率军亲征宇文归部，也取得大胜，“尽俘其众，归远遁漠北。皝开地千余里，徙其部人五万余落于昌黎，改涉奕于城为威德城”。

慕容儁于晋永和五年(349)即燕王位，第二年即乘后赵大乱之机率军南伐，先是攻陷蓟城(今北京城西南)，并以之为都，后又攻克后赵之邺都(今河北省临漳县西南)。慕容儁又于晋永和八年(352)即皇帝位，以司州为中州。晋升平元年(357)，又迁都于邺。攻占后赵后，前燕疆域大为扩展。

据《十六国疆域志》，前燕政权的疆域主要包括十一州，分别是平州、幽州、中州、洛州、豫州、兖州、青州、冀州、并州、荆州、徐州(附扬州二都)。

---

① 《晋书》卷一〇八《慕容廆载记》，第2806页。

② 《晋书》卷一〇八《慕容廆载记》，第2810~2811页。

前燕政权诸州简况表

州名	治所今地	州名	治所今地
平州	镇肥如(龙城),今河北省卢龙县北	青州	镇广固,今山东省青州市西北
幽州	镇蓟,今北京城西南	冀州	镇信都,今河北省衡水市冀州区
中州(司州)	镇邺,今河北省临漳县西南	并州	镇晋阳,今山西省太原市
洛州	镇金墉,今河南省洛阳市东北	荆州	镇鲁阳,今河南省鲁山县
豫州	镇许昌,今河南省许昌市东	徐州	镇彭城,今江苏省徐州市
兖州	镇昌邑,今山东省巨野县南		

太和五年(370),前燕为前秦所灭。覆灭之时,又出现了大规模强制性移民运动,"坚徙暐及其王公已下并鲜卑四万余户于长安"①。这是鲜卑人的一次大迁徙,迁入地便是前秦腹地——关中地区。又据《晋书·苻坚载记》,当时"徙关东豪杰及诸杂夷十万户于关中",可见当时迁徙规模相当大,不过,其中人口最多的族类还应属慕容鲜卑。

(二)后燕与南燕政权的疆域

1. 后燕

政权创始者为慕容垂。慕容垂为慕容皝之子,曾投降苻坚。"淝水之战"后,慕容垂借机逃回关东地区,于太元八年在荥阳(今河南省荥阳市东北)称燕王,史称后燕,后又于太元十一年定都中山(今河北省定州市)。后燕开疆拓土的主要行动有:

(1)攻灭翟魏政权。翟氏原为慕容垂部下,后自立于黎阳(今河南省浚县东)。慕容垂率师征伐,大获全胜。当时翟钊统辖七郡,共有三万八千户。②

(2)攻灭西燕政权。西燕政权为慕容永所建。前秦正是在西迁的慕容鲜卑的打击下最终归于灭亡的。慕容永先是追随慕容冲转战关中地区,在慕容冲被杀后,慕容永等人即率鲜卑三十余万口离开关中地区,占据长子(今山西省长子县西南),自立称帝,史称西燕。慕容垂平定翟魏后,即挥师西进,获得大胜,"(慕容)永所统新旧八郡户七万六千八百及乘舆、服御、伎乐、珍宝悉获之,于是品物具矣"。③

据《十六国疆域志》,后燕所置共十州,分别是冀州(治信都)、幽州(镇守于蓟)、

① 《晋书》卷一一〇《慕容暐载记》,第2858页。

② 关于翟魏政权的兴衰状况,参见谭其骧《记翟魏始末》,载于《长水集》(上),第240~246页。

③ 以上引文见《晋书》卷一二三《慕容垂载记》。

平州(镇守于龙城)、营州(镇守于宿军,今辽宁省北镇市)、兖州(镇守于东阿,今山东省阳谷县东北)、青州(镇守于历城,今属山东省济南市)、徐州(镇守于黄巾固,今山东省阳信县东南)、豫州(镇守于洛阳)、并州(镇守于晋阳)、雍州(镇守于长子)等。

到慕容垂之子慕容宝即位时,后燕受到北魏的强大压力,被迫向东北地区退缩。《晋书·地理志》"平州"下载:

> 其后慕容垂子宝又迁于和龙,自幽州至于庐溥镇以南地入于魏。慕容熙以幽州刺史镇令支(今河北省迁安市西),青州刺史镇新城(今河北省保定市徐水区西南),并州刺史镇凡城(今河北省平泉市南),营州刺史镇宿军,冀州刺史镇肥如(今河北省卢龙县北)。高云以幽、冀二州牧镇肥如,并州刺史镇白狼(今辽宁省喀喇沁左翼蒙古族自治县西南)。

这也就是冯氏北燕政权的前身。

2. 南燕

南燕的创立者为慕容德。后燕时期,慕容德长期官拜冀州牧,镇邺,总制南夏地区。北魏攻灭后燕时,慕容德据守邺城。在自感无力回天之后,慕容德于晋隆安二年(398),乃率户四万、车二万七千乘,自邺城徙于滑台(今河南省滑县东滑县老城),自立为燕王。南燕政权的疆域相当狭小,"时德始都滑台,介于晋、魏之间,地无十城,众不过数万"①。其后,慕容德又决定以广固(今山东省青州市西北)为都。他于隆安四年即帝位于广固南郊。

据《十六国疆域志》,南燕政权共置五州,分别为青州(镇守于广固)、并州(镇守于阴平,在今山东省枣庄市)、幽州(镇守于发干,今山东省冠县东南)、徐州(镇守于莒城,今山东省莒县)、兖州(镇守于梁父,今山东省新泰市西)。南燕政权最后为南朝刘裕军队所攻灭。

(三)西部鲜卑与西秦、南凉政权

根据周伟洲先生的研究,西部鲜卑种类繁多,分布广泛,"东起陕西潼关,西至新疆吐鲁番,北从河套,南到四川西北",几乎到处都有。"在这些鲜卑部落之中,乞伏、秃发、吐谷浑势力最强,他们先后在十六国时期征服了原居于西北的汉、氐、羌、卢水胡、丁零等族,建立了西秦、南凉和吐谷浑三个政权。"②在此先介绍西秦与南凉两个政权的疆域与民族构成状况。

---

① 《晋书》卷一二七《慕容德载记》,第3165页。

② 参见《魏晋十六国时期鲜卑族向西北地区的迁徙及其分布》,《民族研究》1983年第5期。

西秦政权的创立者为乞伏国仁。乞伏国仁为陇西鲜卑人,其祖上自漠北越阴山南迁而来。到西晋泰始年间,其五世祖祐邻击败鲜卑鹿结,兼并其所率部七万余落,居住于高平川一带,势力逐渐强盛起来。高平川又名葫芦川、苦水,即今天宁夏境内黄河支流清水河。当乞伏利那为部落酋长时,该部落又陆续兼并了陇右地区的不少鲜卑部落,如乌树山的鲜卑吐赖、大非川的尉迟渴权,“收众三万余落”,及利那子述延时,讨苑川的鲜卑莫侯等,“降其众二万余落”。同时,乞伏部落的聚居中心地也从高平川移至苑川。苑川,又名子城川、勇士川,指今天甘肃省榆中县境内宛川河流域。到前秦兴起时,乞伏部落归降于苻坚,酋长乞伏司繁被封为南单于,依旧镇守于勇士川。在前秦发动南进战争之前,乞伏国仁即乘机在陇西地区自立,后趁乱兼并大批部落,“众至十余万”,于太元十年(385)自称大单于、大都督、大将军,领秦河二州牧,建元曰建义,史称西秦,“置武城、武阳、安固、武始、汉阳、天水、略阳、漒川、甘松、匡朋、白马、苑川十二郡,筑勇士城以居之”。至乞伏乾归即位,又称河南王,迁都于金城(今甘肃省兰州市西北)。乞伏乾归在位时期,西秦曾一度攻占氐人杨氏白马政权疆域,“于是尽有陇西、巴西之地”。①

就族类而言,西秦的建立基础主要为散居于陇右地区的鲜卑各部落以及南羌、吐谷浑等。根据《晋书》诸载记的记载,乞伏国仁在位时期来归的鲜卑部落有鲜卑匹兰率众五千人投降,鲜卑大人密贵、裕苟、提伦等三部投降,俘获鲜卑越质叱黎部落五千人等。乞伏乾归在位时期,有南羌独如率众七千投降,有“索虏”秃发如苟率户二万投降,俘获枹罕羌人一万三千户。乞伏炽磐在位期间,曾俘获吐谷浑人二万八千口之多。

据《十六国疆域志》的考订,西秦境内有十一州之设,分别为秦州、东秦州、河州、北河州、沙州、凉州、梁州、南梁州、商州、益州、定州。但这些州多虚封,并无太多实土,且设治时间较短,变化非常快。西秦政权最后为赫连氏夏政权所攻灭。

南凉的创立者为秃发乌孤。秃发乌孤为河西鲜卑人。“河西”指今天河西走廊及湟水流域。秃发为“拓跋”的同名异译,秃发部落与拓跋部落实出于同一族。秃发部落起初也由塞北地区迁入河西地区,其居留区域为“东至麦田(今甘肃省靖远县东北)、牵屯,西至湿罗,南至浇河(今青海省贵德县境内),北接大漠”。西晋泰始年间,树机能为酋长时,秃发部落曾雄据凉州地区。秃发乌孤即位时,曾依附于后凉吕氏政

① 本段引文见《晋书》卷一二五《乞伏国仁载记》等。

权，为河西鲜卑大都统。其后兼并乙弗、折掘等部，实力大增，于是起筑廉川堡（今青海省民和回族土族自治县西北），并以之为都城。晋隆安元年（397），秃发乌孤自称大单于、大都督、大将军、西平王，史称南凉。南凉在疆域开拓上主要攻占后凉吕氏政权的地盘，如“降光乐都、湟河、浇河三郡，岭南羌胡数万落皆附之”。其后，秃发乌孤又迁都于乐都（今青海省海东市乐都区），境内重镇还有安夷（在今青海省海东市乐都区西）、西平（今青海省西宁市）两城。至秃发傉（音怒，平声）檀在位时，南凉曾一度攻占姑臧。关于当时凉州地区的形势及诸政权之疆域，《晋书·地理志》“凉州”下载：“及吕隆降于姚兴，其地三分。武昭王（李暠）为西凉，建号于敦煌。秃发乌孤为南凉，建号于乐都。沮渠蒙逊为北凉，建号于张掖。而分据河西五郡（张掖、酒泉、敦煌、武威、金城）。”

南凉政权之疆域狭小，但民族构成较为复杂，且汉人占据相当大的比例。如《晋书·秃发乌孤载记》记载其政权之官员构成时云：“以杨轨为宾客。金石生、时连珍，四夷之豪隽；阴训、郭倖，西州之德望；杨统、杨贞、卫殷、麹丞明、郭黄、郭奋、史暠、鹿嵩，文武之秀杰；梁昶、韩疋、张昶、郭韶，中州之才令；金树、薛翘、赵振、王忠、赵晁、苏霸，秦雍之世门，皆内居显位，外宰郡县。”南凉最后为西秦所灭。

（四）拓跋鲜卑的早期迁徙与代政权的疆域

1. 拓跋鲜卑的发祥地、南迁及早期分布地

作为“东胡”后裔的鲜卑人发展历程相当复杂，两晋南北朝时期演变为几大分支。前面已经分别讨论过慕容鲜卑与河西鲜卑的发展状况。此外，拓跋鲜卑应该是在中国历史上有特殊地位的一支了。

因为拓跋鲜卑人的祖先“不交南夏”，因此，我们无法在汉文史籍中找到其先祖的踪迹，因而关于拓跋鲜卑发源地的记述，基本出于世相传授的传说，相当模糊。《魏书·序纪》称其先祖“国有大鲜卑山，因以为号”，与其他支系的鲜卑人传说如出一辙。“大鲜卑山”的准确方位却难以确定，通常以大兴安岭当之。《魏书·乌洛侯传》有“鲜卑石室”的记载，“世祖真君四年（乌洛侯使者）来朝，称其国西北有国家先帝旧墟，石室南北九十步，东西四十步，高七十尺，室有神灵，民多祈请。世祖遣中书侍郎李敞告祭焉，刊祝文于室之壁而还”。《魏书·礼志》不仅记载了这一事件，还全文收录了刊文内容。在考古工作者的努力下，1980 年“鲜卑石室”——嘎仙洞被发现，它位于内蒙古呼伦贝尔境内大兴安岭东侧靠近顶巅的丛山密林中，引起了人们的广泛关注。洞内题壁文字的发现，充分证实了《魏书·乌洛侯传》所载太平真君四年

(443)北魏大臣李敞前往石室致祭记载的可信性,同时证明嘎仙洞的所在方位与拓跋鲜卑口耳相传的大鲜卑山的方位大体相符。① 因此,我们将这一带作为拓跋鲜卑南迁的出发地,应该是没有问题的。

又据《魏书·序纪》记载,拓跋族先世部落至毛为酋长时,开始崛起,"远近所推,统国三十六,大姓九十九,威振北方,莫不率服"。姓氏问题是拓跋鲜卑研究中的一项重要课题。②

至推寅为酋长时,拓跋鲜卑开始南迁,第一步迁至大泽地区,"南迁大泽,方千余里,厥土昏冥沮洳"。研究者通常以大兴安岭北部的呼伦贝尔湖当之。至诘汾继任首领时,拓跋鲜卑部落才走出大泽地区,进入匈奴之故地。③

力微被拓跋鲜卑人尊为"始祖",力微在位之时,也是拓跋鲜卑真正崛起的重要阶段。其第一个明确的聚居中心为"长川"(今内蒙古自治区兴和县西北),后兼并没鹿回部,"尽并其众,诸部大人,悉皆款服,控弦上马二十余万"。力微在位三十九年,拓跋鲜卑又迁至定襄之盛乐。时在三国及西晋时期,拓跋鲜卑开始与中原建立联系。力微之子沙漠汗作为质子曾长期生活在洛阳等地。

力微死后,拓跋鲜卑部落陷于混乱纷争之中,至禄官即位后,"分国为三部:帝(即禄官)自以一部居东,在上谷北,濡源之西,东接宇文部;以文帝之长子桓皇帝讳猗㐌统一部,居代郡之参合陂北;以桓帝之弟穆皇帝讳猗卢统一部,居定襄之盛乐故城(今内蒙古自治区和林格尔县西北)"。而此时,拓跋鲜卑人口数量也有大幅度的增长,"自始祖以来,与晋和好,百姓乂安,财畜富实,控弦骑士四十余万"。

至猗卢在位时,拓跋鲜卑重新统一起来,其控制区也进一步向南扩展。刘琨为答谢拓跋猗卢的援助,表请晋怀帝封猗卢为"代公"。而猗卢以封邑遥远为由,援刘琨之应而进入雁北地区。由此,拓跋鲜卑居留地整体从塞外向南移入塞内雁北地区。这是在拓跋部发展史上影响深远的迁徙运动:"帝以封邑去国悬远,民不相接,乃从(刘)琨求句注陉北之地。琨自以托附,闻之大喜,乃徙马邑、阴馆、楼烦、繁畤、崞五县之民于陉南,更立城邑,尽献其地,东接代郡,西连西河、朔方,方数百里。帝乃徙十万家以充之。"

---

① 关于嘎仙洞的发现情况,可参见米文平《鲜卑石室寻访记》(山东画报出版社 1997 年出版)。

② 这方面代表性的专著有近人姚薇元《北朝胡姓考》(科学出版社 1958 年出版)一书,可参考。

③ 关于拓跋鲜卑的早期迁移情况,参见拙文《试论拓跋鲜卑的早期迁移问题》,载于《原学》第二辑,中国广播电视出版社 1995 年版,第 78~90 页。

同时，拓跋鲜卑开始分为南、北二部，“（猗卢）六年（317），城盛乐以为北都，修故平城（今山西省大同市东北）以为南都。帝登平城西山，观望地势，乃更南百里，于灅水之阳黄瓜堆筑新平城，晋人谓之小平城，使长子六修镇之，统领南部”。可以看出，当时拓跋鲜卑南、北二部正是以长城一线为分界线的。至郁律即位后，拓跋鲜卑的势力又进一步发展，“西兼乌孙故地，东吞勿吉以西，控弦上马将有百万”①。

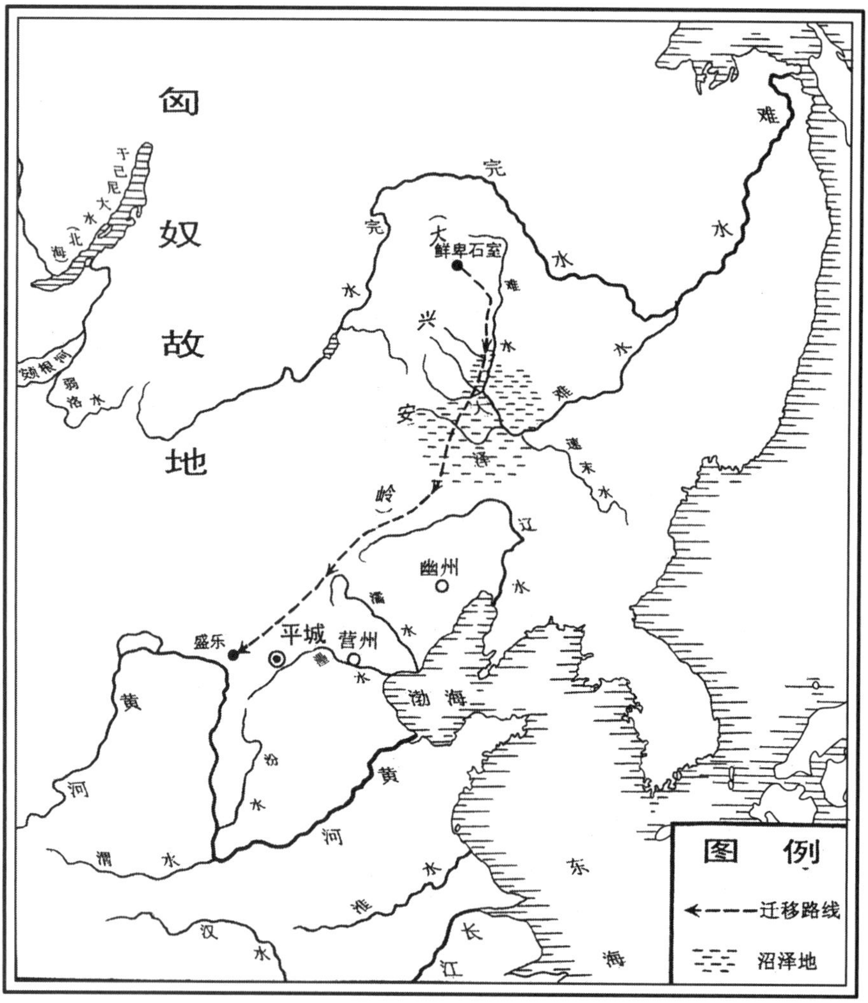

拓跋鲜卑早期迁移路线示意图

2. 拓跋氏代政权的疆域与民族构成

拓跋什翼犍是代政权的创立者，他于318年即位于繁畤（今山西省浑源县西南）

---

① 以上引文见《魏书》卷一《序纪》，第9页。

之北，自立为代王。关于拓跋氏代政权的疆域，文献记载相当模糊，如《魏书·序纪》载："东自濊貊，西及破洛那，莫不款附。"总体而言，代政权以北为高车聚居区，代政权以西为刘氏匈奴集团。

关于拓跋氏代政权的实际疆域范围，前秦王苻坚与代之使臣燕凤的一段议论颇具参考价值：

> （苻）坚曰："彼国人马，实为多少？"（燕）凤曰："控弦之士数十万，马百万匹。"坚曰："卿言人众可尔，说马太多，是虚辞耳。"凤曰："云中川自东山至西河二百里，北山至南山百有余里，每岁孟秋，马常大集，略为满川。以此推之，使人之言，犹当未尽。"①

燕凤所云"云中川"应为拓跋鲜卑人的聚居中心区。"云中川"，当以秦汉时云中（治今内蒙古自治区托克托县东北）为核心，西至黄河，东至长城的大片地区，相当于今天内蒙古大黑河流域。

代政权的建立，对于拓跋鲜卑的发展具有非常重要的作用，也是拓跋鲜卑南迁及汉化过程的一个重要转折点。从此，所有拓跋鲜卑人被称为"代人"，这也是其汉化进展的一个主要标志。如：

长孙嵩，代人也。太祖赐名焉。父仁，昭成时为南部大人。（据《魏书·官氏志》，长孙氏原为拓跋氏）

长孙肥，代人也。昭成时，年十三，以选内侍。

穆崇，代人也。其先世效节于神元、桓、穆之时。（穆氏原为丘穆陵氏）

奚斤，代人也。世典马牧。父箪，有宠于昭成皇帝。（奚氏原为达奚氏）

叔孙建，代人也。父骨，为昭成母王太后所养，与皇子同列。（叔孙氏原为乙旃氏）

吕洛拔，代人也。曾祖渴侯，昭成时率户五千归国。（吕氏原为叱吕氏）②

代政权内部民族构成相当复杂，如有不少晋人也变成"代人"。在拓跋鲜卑早期南向开拓中，有不少汉人进入了其部落。凭借文化教育方面的优势，汉族士人在拓跋鲜卑的发展史上发挥了重要作用，他们也是进入拓跋鲜卑部落的汉人的代表，这些人绝大部分来自山西境内。其中最著名者是卫操及其宗室乡亲。

> 卫操，字德元，代人也。少通侠，有才略。晋征北将军卫瓘以操为牙门将，数

① 《魏书》卷二四《燕凤传》，第609~610页。

② 以上记载参见《魏书》诸人传记内容。

使于国,颇自结附。始祖崩后,与从子雄及其宗室乡亲姬澹等十数人,同来归国,说桓穆二帝招纳晋人,于是晋人附者稍众。桓帝嘉之,以为辅相,任以国事。……稍迁至右将军,封定襄侯。①

卫操宗室乡亲职位表

姓名	职　位	姓名	职　位
卫雄	左将军、左辅相、云中侯	王发	建武将军、都亭侯
姬澹	信义将军、楼烦侯、右辅相	范班	折冲将军、广武亭侯
卫勲	安乐亭侯	贾庆	建武将军、上洛亭侯
卫清	都亭侯	贾循	都亭侯
卫崇	都亭侯	李壹	关中侯
卫泥	信义将军、都亭侯	郭乳	关内侯
段繁	信义将军、都亭侯		

资料来源:《魏书》卷二三《卫操传》后附《卫雄、姬澹传》。

上述资料都反映了汉人在拓跋部落早期历史中的重要影响。另外有燕凤、许谦等,都是代政权的重要人物。这些人的示范会吸引更多的汉人到拓跋部落中来,故"晋人附者稍众"。

汉人之外,代政权境内还有不少其他部族人士。如《魏书·官氏志》载:"其诸方杂人来附者,总谓之'乌丸',各以多少称酋、庶长,分为南北部,复置二部大人以统摄之。时帝(拓跋什翼犍)弟觚监北部,子寔君监南部,分民而治,若古之二伯焉。"据《魏书》传记内容,在拓跋代政权的重要大臣阵营中,刘库仁为匈奴分支——铁弗部人,安同为辽东"胡"等。此外,拓跋什翼犍在征伐过程中,以掳掠高车部众最多。如建国二十六年,"帝讨高车,大破之,获万口"②。

拓跋代政权最终为前秦所灭。

第二节　两晋南北朝时期南方地区民族的分布与迁徙

两晋时期的南方民族应为蜀、吴两国民族传统的延续。西晋的历史比较短暂,乘

① 《魏书》卷二三《卫操传》,第599页。
② 参见《魏书》卷一《序纪》,第14页。

天下一统,兵力强盛之余威,南方民族问题暂时被掩盖起来。但随着时间推移,我们根据史料来看,当时南方地区民族问题之复杂,远远超出后人的想象。因为早在魏、蜀、吴三国鏖战之时,诸多跨境民族的发展已获得了较为宽广的空间。至西晋后期大乱,以及十六国时期群雄蜂起,更在客观上为南方多民族的发展留下了宽松的外部环境,诸民族的分布也呈现逐步拓展之势。至南北朝对峙时期,一方面,南北政权都加紧了对其境内民族活动的控制;另一方面,南北各方为争夺疆土而展开了持久的拉锯战,不少跨境民族不可避免地卷入了战争的漩涡。

就民族构成而言,两晋南北朝时期南方少数民族主要可分为"蛮""僚""俚"三大族类,其分布地均非常广袤。如"蛮"主要广布于江淮地区,"僚"则集中于西南地区,而岭南地区是"僚"与"俚"杂居之地。西南地区仍是民族构成最为复杂的区域之一,常璩的《华阳国志》为此提供了更详细的资料。此外,十六国及南北朝时期出现的成汉政权与仇池政权,都带有民族政权的色彩,但多民族杂居的比重还是相当大,因而同北方各个政权一样,其疆域范围不能被简单地视为民族分布区的界限。

一、西南地区民族分布与民族政权

(一)西晋及南朝时期西南地区的政区变更与民族构成

某一地区政区建置的进展与水平,往往是该地区经济开发与文化进步程度的重要标志之一,这在民族杂居地区表现得尤为突出。西晋时期,西南地区的政区发生了重大变化,其主要表现在益州之中又有梁州、宁州的增置。

1. 梁州

关于梁州设立的时间,有几种不同的记载。如据《晋书·地理志》"梁州"下载:"泰始三年(267),分益州,立梁州于汉中。""梁州统郡八,县四十四,户七万六千三百。"这八郡分别为汉中、梓潼、广汉、新都、涪陵、巴郡、巴西郡、巴东郡。而"益州"下又载:"及武帝泰始二年(266),分益州置梁州,以汉中属焉。"同《志》之中,即有两种说法,令人费解。常璩《华阳国志·巴志》载:"至魏咸熙元年(264)平蜀,始分益州巴汉七郡置梁州,治汉中。"梁州之设置最早的记载出于《三国志·魏书·三少帝纪》,魏景元四年(263)十二月壬子,"分益州为梁州"。

2. 宁州

《晋书·武帝纪》载,泰始七年(271)八月,"分益州之南中四郡置宁州"。又据《晋书·地理志》"宁州"下载,泰始七年,"武帝以益州地广,分益州之建宁、兴古、云南，交州之永昌，合四郡为宁州。”而《华阳国志·南中志》载：“泰始六年（270），以益州大，分南中四郡为宁州。”

晋人常璩所著《华阳国志》的出现与流传，将西南地区民族地理与政区地理的研究推向了一个新阶段。① 常璩在该书中特别注明了各地的不同民族构成情况，从而为我们了解当时的民族分布提供了珍贵而可靠的依据。但是，《华阳国志》的地域划分，与《晋书·地理志》有所不同，如将古巴国与汉中地区合为梁州。著名学者任乃强先生认为其是在成汉李雄在位时的政区上略加变通的结果。② 常璩分别撰有《巴志》《蜀志》《汉中志》《南中志》，将当时西南地区分为四部进行介绍：

（1）古巴国地区分为五郡：巴郡（治今重庆市嘉陵江北岸）、巴东（治今重庆市奉节县东）、涪陵（治今重庆市彭水苗族土家族自治县）、巴西（治今四川省绵阳市东）、宕渠（治今四川省渠县东北）等，大致覆盖了今天四川东部、重庆市及湖北西部。关于这一地区少数民族的类别，《巴志》称：“其属有濮、賨、苴、共、奴、獽、夷、蜑之蛮。”此数族虽名号有所不同，但大致可归于古代“百濮”民族系统。③ 因缺乏科学的划分标准以及严密的实地调查，古代文献中关于族类的记载常常有统称的习惯。如先秦时期通称西南地区的少数民族为“百濮”，涉及地域相当广袤，大凡今天四川东部、北部，湖北西部、北部以及湖南、贵州两省部分地区的古代土著民族均包括在内。至秦汉三国及两晋南北朝时期，“百濮”之名称逐渐为“蛮僚”所取代。诸郡之中，又数巴东、涪陵两郡中少数民族人数众多。如巴东郡其属有“奴、獽、夷、蜑之蛮”。又如涪陵郡“人多戆勇，多獽蜑之民”。宕渠郡原为古賨国，有賨城、卢城（通奴城）的遗址，估计其境内多賨、奴之民。

（2）汉中地区原为古庸国之地，分为汉中郡（治今陕西省汉中市）、魏兴郡（治今陕西省安康市西北）、上庸郡（治今湖北省竹山县西南）、新城郡（治今湖北省房县）、梓潼郡（治今四川省梓潼县）、武都郡（治今甘肃省西和县西南）、阴平郡（治今甘肃省文县西北）等，覆盖了今天甘肃、陕西两省南部以及湖北省西北部地区。其中以武都、阴平两郡少数民族数量较多，如武都郡“有麻田氐傁，多羌戎之民。其人半秦，多勇

---

① 关于《华阳国志》的古今研究成果，首屈一指当推现代学者任乃强先生的贡献。任先生所完成的巨著——《华阳国志校补图注》（上海古籍出版社 1987 年出版）征引繁富，考订绵密，精深博大，创获良多，堪称注书之楷模。笔者关于《华阳国志》内容的引述与解析，多据此书。

② 《华阳国志校补图注》，第 108 页注释①。

③ 这里所说“百濮”系统又与现代民族学分类上的百濮（孟—高棉）系统有所不同，应为百越系统（壮侗语族）的一部分，参见尤中《中国西南的古代民族》，第 51~57 页。

戆”。阴平郡“人民刚勇。多氐傁。有黑、白水羌,紫羌,胡虏。风俗、所出,与武都略同”。虽名目不同,但多可归属于氐羌族系统。

(3)古蜀国地区(益州)下分蜀郡(治今四川省成都市)、广汉郡(治今四川省广汉市北)、犍为郡(治今四川省眉山市彭山区东)、江阳郡(治今四川省泸州市)、汶山郡(治今四川省茂县北)、汉嘉郡(治今四川省雅安市名山区北)、越嶲郡(治今四川省西昌市东南)等,大致相当于今四川省中部与西部地区。《蜀志》在论述该地区物产时提到当地有“滇、僚、賨、僰,僮仆六百之富”。任乃强先生认为,此种记载主要反映了秦汉时期蜀地奴隶贩卖之盛,僮仆为奴隶,“滇、僚、賨、僰”都是指奴隶的族籍。① 蜀地属郡之中,以西部三郡(汶山、汉嘉、越嶲)民族构成较为复杂,也就是“西夷”地区。究其族属,仍大致可归为氐羌族系(藏缅语族)。如:

汶山郡:“有六、夷、羌、胡、赀虏、白兰、蛑峒九种之戎。”任乃强先生注:“上七种合冉氐与駹为九也。”

汉嘉郡:“本筰都夷也。自嶲以东北,君长以什数,徙、筰都最大。自筰以东北,君长以什数,冉、駹(汶山郡)最大。其俗或土著,或移徙,在蜀之西,是谓西夷。”

越嶲郡:“故邛都夷国也。……其人椎髻、耕田,有邑聚。俗多游荡,而喜讴歌,略与牂柯相类。”

越嶲郡定筰县(治今四川省盐源县东北):“筰,笮夷也。汶山曰夷,南中曰昆明,汉嘉、越嶲曰筰,蜀曰邛,皆夷种也。县在郡西。渡泸水,宾刚徼,摩沙夷。”

(4)南中地区,即宁州。宁州,曾为蜀汉政权庲降都督辖区,当时又称为“南中”。关于“南中”名称的由来,裴松之曾指出:“臣松之讯之蜀人,云庲降地名,去蜀二千余里,时未有宁州,号为南中,立此职以总摄之。晋泰始中,始分为宁州。”②比较而言,宁州地域最为广袤,共辖十四郡、六十八县。这十四郡分别为牂柯郡(治今贵州省瓮安县)、平夷郡(治今贵州省毕节市东)、夜郎郡(治今贵州省境内)、晋宁郡(治今云南省昆明市晋宁区东)、建宁郡(治今云南省曲靖市)、平乐郡(治今贵州省威宁彝族回族苗族自治县)、朱提郡(治今云南省昭通市)、南广郡(治今四川省筠连县与云南省盐津县交界处)、永昌郡(治今云南省保山市东北)、云南郡(治今云南省祥云县东南)、河阳郡(治今云南省大理市东南)、梁水郡(治今云南省开远市)、兴古郡(治今云南省砚山县北)、西平郡(治今云南省罗平县)等,覆盖了今四川省南部以及云南、贵

① 《华阳国志校补图注》,第116页注释⑪。

② 《三国志》卷四三《蜀书·李恢传》,第1046页。

州两省。同时,南中地区少数民族人口也最为众多,如《南中志》载:“南中在昔,盖夷越之地,滇、濮、句町、夜郎、叶榆、桐师、嶲唐,侯王国以十数,或椎髻耕田,有邑聚,或编发、[左衽]随畜迁徙,莫能相雄长。”对此,刘琳先生的解释颇为简明扼要:

> 汉世,今云、贵、川诸省的少数民族统称为“西南夷”。析言之,云、贵及四川南部的称“南夷”,四川西部的称“西夷”。就族属而言,“西南夷”主要包括两大系统:一是“夷”,即氐羌系,属藏缅语族;一是“越”,即百越系(包括濮或僚),属壮侗语族。因此这里通称“夷越”。①

关于宁州境内的民族种类,《华阳国志·南中志》载:“夷人大种曰昆,小种曰叟,皆曲头木耳环,铁裹结。无大侯王,如汶山、汉嘉夷也。”昆即昆明种,部落及人口众多,故称为“大种”,叟人则人数较少,势力较弱,故有“小种”之称呼。

南中地区所设诸郡中,永昌郡的地域最为辽阔,本古哀牢国,“其地东西三千里,南北四千六百里;有穿鼻[䏶]儋耳种,闽、越濮,鸠僚”。又“宁州之极西南也,有闽濮、鸠僚、僄越、躶濮、身毒之民”。关于哀牢境内的民族种类,尤中先生指出:

> 其中除了少部分的僄与“身毒之民”而外,大多数的部落我认为都是百越支系。《华阳国志》谓哀牢境内“有穿胸(胸字乃鼻字之误,见《后汉书》)䏶耳种、闽、越、濮、鸠僚”。这些都显然是百越部落的名称。而“穿鼻”“䏶耳”种,正是百越中心地区的种族。哀牢为百越部落,不仅因为它周围的部落显系越族,族名称呼(濮)与夜郎等部落相同,而且风俗习惯也是与百越相一致的。②

(二)成汉政权的疆域与民族构成③

成汉政权的创始者为李特,为巴郡“蛮”的后裔。关于其族类的渊源,《晋书·李特载记》云:“李特字玄休,巴西宕渠(今四川省渠县东北)人,其先廪君之苗裔也。”“秦并天下,以为黔中郡,薄赋敛之,口岁出钱四十。巴人呼赋为賨,因谓之賨人焉。及汉高祖为汉王,募賨人平定三秦,既而求还乡里。高祖以其功,复同丰沛,不供赋税,更名其地为巴郡。”这些记述,与《后汉书·南蛮传》中关于巴郡“板楯蛮”的记载如出一辙,足证其来源及族类的一致。不少研究者都强调賨民与廪君之后巴族(巴郡、南郡蛮)是不同的两族,不可混淆。④

---

① 《华阳国志校注》,巴蜀书社1984年版,第333~334页注(一)。
② 《西南民族史论集》,云南民族出版社1982年版,第14页。
③ 关于成汉政权发展的较详细论述,参见杨伟立著《成汉史略》一书,重庆出版社1983年出版。
④ 杨伟立《成汉史略》,第1~8页。

东汉末年，賨人“自巴西之宕渠迁于汉中杨车坂，抄掠行旅，百姓患之，号为杨车巴”。曹操派军队攻克汉中地区后，曾迁徙当地民族，李特之祖也在其列，“迁于略阳（郡，治今甘肃省天水市东），北土复号之为巴氐”①。略阳郡一带是氐人聚居区，氐人苻氏家族、吕氏家族都曾居住于这一地区，巴郡“蛮”与氐人杂居在一起，故而又被称为巴氐。有研究者对此名称感到费解，指出：

> 廪君族乃巴郡、南郡蛮，本非氐族。《后汉书》列之《南蛮传》中，巴乃巴郡，南郡蛮五姓之一，《传》称廪君为“巴氏子”，又云“及秦惠王并巴中，以巴氏为蛮夷君长”，数言“巴氏”，皆以为族姓。《华阳国志》九此句作“北土复号曰巴人”，《御览》一二三引《蜀录》作“所在号为巴人”，并无“巴氐”之称。此处“巴氐”疑为“巴氏”之讹。②

这种分析主要是忽略了略阳地区作为氐人聚居区，以及李特巴人家族长期居住于这一地区并与氐人混同的客观事实。曹操派遣军队大批外迁西南地区的氐人，大致在建安时期，而李特等人作为流人重返汉中地区，是在元康年间氐人齐万年反叛发生后，两者相距近百年，李氏家族已有三代居住于略阳地区。估计当时氐人在当地人口比例中占有优势，巴人不可避免受到其习俗的影响，李氏族人也始终以略阳为其籍贯之所在，如李势在递交东晋将军桓温的降书中仍自称“略阳李势”，而不是以巴郡为其归宿或故里冠名，这也许就是李特等人被称为“巴氐”的主要原因。

与十六国其他政权相比，李特等人建立的成汉政权具有十分突出的特征，即虽有明显的民族特色，却以六郡流民作为核心力量。六郡又称为秦雍六郡，即略阳、天水、扶风、始平、武都、阴平等六郡。③ 流民集团的形成，始于元康年间的齐万年反叛运动。《晋书·惠帝纪》载，元康六年（296）八月，“秦雍氐、羌悉叛，推氐帅齐万年僭号称帝，围泾阳”。当时，“关西扰乱，频岁大饥，百姓乃流移就谷，相与入汉川者数万家”。其后，在晋朝官吏的纵容下，流人“散在益梁，不可禁止”。李特家族也随着流民进入益、梁地区。《晋书·李流载记》后附《李庠传》曾载，李庠等人“与六郡流人避难梁、益，道路有饥病者，庠常营护隐恤，振施穷乏，大收众心”。当益州刺史赵廞意欲割据自立时，派遣李庠招募部曲为兵，“乃表庠为部曲督，使招合六郡壮勇，至万余人”，于此足见当时流民人口的众多。

---

① 参见《晋书》卷一二〇《李特载记》，第3022页。

② 见中华书局《晋书·李特载记》校勘记，第3032页。

③ 见杨伟立《成汉史略》第10页、周伟洲《汉赵国史》第46页。

后来,西晋朝廷为防止流民聚集生乱,意图强遣流人返回故地,引起流民的不满与怨恨。“流人布在梁、益,为人佣力,及闻州郡逼遣,人人愁怨,不知所为。”李特、李流兄弟乘机招诱流民,扩充势力:“特乃结大营于绵竹(今四川省德阳市北),以处流人……流人既不乐移,咸往归特,骋马属鞬,同声云集,旬月间众过二万。(李)流亦聚众数千。特乃分为二营,特居北营,流居东营。”[①]这些流民便是李特等人实现割据自立的中坚力量。太安元年(302),李特在绵竹自称益州牧,创建起割据政权。李特死后,其子李雄复自称益州牧,都于郫城(今四川省成都市郫都区)。后攻克成都,李雄遂即帝位,国号大成,史称成汉。

成汉政权的疆域本是以益州为核心,如《晋书·地理志》“益州”下载:“惠帝之后,李特僭号于蜀,称汉,益州郡县皆没于特。”李雄在位时期,成汉军队又攻克了梁、宁二州。李雄“遣李国、李云等率众二万寇汉中,(晋)梁州刺史张殷奔于长安。国等陷南郑,尽徙汉中人于蜀”,后又派遣几路人马进攻南中,“(晋)宁州刺史尹奉降,遂有南中之地”[②]。又据清人洪亮吉《十六国疆域志》的考证,成汉境内共设六州,分别是益州、梁州、荆州、宁州、汉州、安州。[③] 其中梁、益、荆、宁四州为西晋所置,汉、安二州均为分宁州而置。《晋书·地理志》“宁州”下载:“其后,李寿分宁州兴古、永昌、云南、朱提、越嶲、河阳六郡为汉州。咸康四年,分牂柯、夜郎、朱提、越嶲四郡置安州。”

成汉政权最后为东晋军队所灭。

二、氐族仇池政权的疆域变迁与民族构成[④]

十六国及南北朝时期,介于西北与西南民族区域之间,相对独立于南北各个政权之外,还有一个特殊的民族区域与民族政权,即氐族所创立的仇池政权(后又分为武兴政权、阴平政权等)。仇池政权数度兴亡,时间长达几百年。从秦汉时期开始,武都仇池地区一直是氐人最重要的聚居区,居住于这一地区的白马氐人成为十六国及南北朝时期最重要的氐族部落之一。关于这一支氐人的早期发展与分布区状况,《周书·氐传》进行了简要的回顾:“氐者,西夷之别种。三代之际,盖自有君长,而世一朝见。故《诗》称‘自彼氐、羌,莫敢不来王’也。汉武帝灭之,以其地为武都郡。自汧、

① 以上引文非特别注明者均出于《晋书》卷一二〇《李特载记》。

② 见《晋书》卷一二一《李雄载记》,第3036~3040页。

③ 参见《华阳国志》卷六。

④ 有关仇池政权的史料与研究成果非常丰富,李祖桓所著《仇池国志》(书目文献出版社1986年出版)一书,搜罗详备,可供参考。

渭抵于巴、蜀,种类实繁。汉末,有氐帅杨驹,始据仇池百顷,最为强族。其后渐盛,乃自称王。”又据《汉书·地理志》载,武都郡置于元鼎六年(前111),下辖九县:武都、上禄、故道、河池、平乐道、沮、嘉陵道、循成道、下辨道。酋长杨氏家族的出现,最早可上溯至东汉建安年间,白马氐人在部落大帅杨腾、杨驹父子的率领下,迁居于仇池山(在今甘肃省西和县西南洛峪),从此,仇池山成为氐人最重要的聚居地之一。曹魏时期曾拜杨千万为百顷氐王,实为仇池政权创立之先兆。

然而,《宋书》《南齐书》等将杨氏家族发祥地归为略阳郡(治今甘肃省天水市东)。如《宋书·氐传》载:“略阳清水氐杨氏,秦、汉以来,世居陇右,为豪族。”《南齐书·氐传》也载:“氐杨氏,与苻氏同出略阳,汉世居仇池,地号百顷。”据《晋书·地理志》,略阳郡为西晋泰始年间由广魏郡所改,下辖四县:临渭、平襄、略阳、清水。比较而言,武都郡之设远早于略阳郡。在前面章节笔者已论及,曹魏时期曾大量迁徙武都氐人进入陇右及关中地区,至西晋时期,略阳郡已成为重要的氐人聚居区。因此,杨氏家族入籍略阳郡清水县(今甘肃省清水县西北),应该是内迁的结果。

仇池政权真正崛起始于西晋末年,当时酋长为杨戊搜。“晋惠帝元康六年(296),避齐万年之乱,率部落四千家,还保百顷,自号辅国将军、右贤王。关中人士奔流者多依之。”仇池政权由此规模初就。杨戊搜死后,白马氐族分为两部。“(杨)难敌号左贤王,屯下辩(今甘肃省成县西北),(杨)坚头号右贤王,屯河池(今甘肃省徽县西北)。”仇池政权地狭势弱,为求生存,杨氏家族历任执政者不得不长期摇摆于南北各强势政权之间。如杨初在位时,先臣于石虎,后投附东晋,被任命为雍州刺史、仇池公。其子杨国在位时,又被任为秦州刺史。东晋咸安元年(371),前秦苻坚派军攻占仇池,“徙其民于关中,空百顷之地”。此为仇池政权的第一次覆亡。

前秦覆灭后,关中地区大乱,关中及西北一带割据政权蜂起。杨定乘机率其部返回故地,重建氐政权。他自号仇池公,徙治于历城(今甘肃省西和县北),“城在西县(今甘肃省天水市西南)界,去仇池百二十里。置仓储于百顷。招合夷、晋,得千余家”。在杨定、杨盛以及杨难当在位时期,仇池政权疆域呈现逐步扩展之趋势。如杨定在位时期,以天水郡之西县、武都郡之上禄县置仇池郡,于晋太元十五年(390)攻克天水、略阳两郡,占据秦州之地,自号“陇西王”。杨盛在位时,驻守仇池,自号秦州刺史、仇池公,“分诸四山氐、羌为二十部护军,各为镇戍,不置郡县”。杨盛之子杨难当即位后,也自号秦州刺史、武都王。“难当拜(杨)保宗为镇南将军,镇宕昌(今甘肃省宕昌县西),以次子(杨)顺为镇东将军、秦州刺史,守上邽(今甘肃省天水市)。”另外,派遣其子杨虎为镇南将军、益州刺史，守阴平（今四川省江油市东北）。南朝宋元嘉十年（433），杨难当派遣军队进攻梁州，梁州刺史郪法护弃镇而逃，仇池政权“遂有汉中之地。以氐苻粟持为梁州刺史”①。至元嘉十八年（441），杨难当再次派军大举南攻，与刘宋军队发生激战，结果兵败北逃，进入北魏境内，刘宋军队占领仇池。此为仇池国第二次覆亡。

至元嘉二十年（443），杨文德在氐人的拥戴下复国，自号征西大将军、仇池公，同时在刘宋军队的帮助下，进占阴平、武兴之地。后杨文度自立为武兴王，故而又被称为“武兴国”。北魏孝文帝在位时，杨文度死后，弟杨鼠（杨文弘）据守武兴（今陕西省略阳县），也自立为武兴王，称藩于北魏，孝文帝拜其为南秦州刺史、武都王。后其子杨集始被北魏封为武兴王、南秦州刺史。杨绍先袭位武兴王后，重新自立，反叛北魏。景明年间，北魏名将傅竖眼受命攻克武兴，俘虏杨绍先，再灭其政权，此为仇池政权第三次覆亡。北魏先在其地设武兴镇，后又改为东益州。北魏末年，中原大乱，杨绍先自洛阳逃回武兴，再次复国，后归附于西魏，大统十一年（545），西魏于武兴立东益州，以杨绍先之子杨辟邪为刺史。西魏废帝元年（552），杨辟邪据镇反叛，最终为西魏军队所平定，杨氏仇池政权至此宣告最终灭亡。

仇池政权之自然地理风貌的最大标识——仇池山，位于今天甘肃省西和县西南洛峪。我们在前文已有提及，两晋南北朝时期关于仇池山的文献记载也相当丰富。如《宋书·氐传》载：“仇池地方百顷，因以百顷为号，四面斗绝，高平地方二十余里，羊肠蟠道，三十六回。山上丰水泉，煮土成盐。”

《南齐书·氐传》载：“仇池四方壁立，自然有楼橹却敌状，高并数丈。有二十二道可攀缘而升，东西二门，盘道可七里。上有冈阜泉源。氐于上平地立宫室果园仓库，无贵贱皆为板屋土墙，所治处名洛谷（又称为骆谷城，今甘肃省西和县西南洛峪集）。”

关于白马政权的疆域及民族风俗，《梁书·武兴国传》也做了较细致的记载：

其国东连秦岭，西接宕昌，去宕昌（今甘肃省宕昌县东南）八百里，南去汉中（今陕西省汉中市）四百里，北去岐州（今陕西省宝鸡市凤翔区南）三百里，东去长安（今陕西省西安市西北）九百里。本有十万户，世世分减。其大姓有苻氏、姜氏，言语与中国同。著乌皂突骑帽，长身小袖袍，小口袴，皮靴。地植九谷。婚姻

① 以上引文均见《宋书》卷九八《氐传》。

备六礼。知书疏。种桑麻。出绸、绢、精布、漆、蜡、椒等。山出铜铁。

仇池政权几度兴复，国祚断续达二百五十余年，很多研究者对此颇觉惊异，然而通过仔细分析上述文献，不难发现仇池政权得以维持的一些优势条件：

首先，仇池地区处于西陲偏远之地，加之地理形势险要，易守难攻，在中原政局动荡、群雄无暇西顾时，能够据守一方，取得相对独立地位，也成为理想的避难之地。

其次，"百顷之地"，指仇池山上拥有宽广的平整土地，加之泉水充沛，氐民谙熟农耕之道，可以自己生产较充裕的粮食，自给自足。

再次，仇池地区物产丰富，不仅可以煮土为盐，而且山中出产铜、铁，能满足甲兵需求，还种麻织布，不假外求。

就民族构成而言，仇池政权虽以氐、羌人为核心，但也结合了其他民族的不少成员。与成汉政权类似，仇池政权建立之初除了氐民，还依赖各族流民的力量。杨戊搜与杨定两次建立政权，都是如此，其中关中人士最多。

三、南朝境内少数民族的分布与迁徙

关于东晋及南朝境内少数民族的种类区分状况，《魏书・僭晋司马睿传》曾载："……(司马)睿因扰乱，跨而有之(指江南地区)。中原冠带呼江东之人，皆为貉子，若狐貉类云。巴、蜀、蛮、僚、谿、俚、楚、越，鸟声禽呼，言语不同，猴蛇鱼鳖，嗜欲皆异。江山辽阔将数千里，睿羁縻而已，未能制服其民。"著名学者陈寅恪先生据此将南朝境内汉人之外的族群大致分为巴、蜀、蛮、僚、谿、俚、楚、越等数种。① 然而，这种分类与现代民族分类存在较大出入。研究者又指出，在当时西南地区之外，就人口数量与分布地域而言，在南方汉人之外的族群中还是以"蛮""僚""俚"三大族系影响最大、分布最广泛。②

关于南朝少数民族的发展与演化趋势，《隋书・南蛮列传》称："南蛮杂类，与华人错居，曰蜒，曰獽，曰俚，曰僚，曰㐌，俱无君长，随山洞而居，古先所谓百越是也。其俗断发文身，好相攻讨，浸以微弱，稍属于中国，皆列为郡县，同之齐人，不复详载。"故该《列传》只列述林邑、赤土、真腊、婆利等东南亚四国事迹，对境内少数民族的变迁则略而不记。这与《晋书・南蛮传》的内容一脉相承，可见是一种具有时代特征的认识。

---

① 参见《魏书司马睿传江东民族条释证及推论》，载于《陈寅恪史学论文选集》，上海古籍出版社1992年版，第236~273页。

② 参见朱大渭《南朝少数民族概况及其与汉族的融合》，《中国史研究》1980年第1期。

(一)刘宋时期“蛮”的人口与分布状况

当时南方之“蛮”,按地域分类,主要有“荆州蛮”“雍州蛮”与“豫州蛮”三大地域性族群。据传说中的血统及族系记述,“荆州蛮”与“雍州蛮”同为槃瓠的后裔,而“豫州蛮”以廪君为始祖。

《宋书·夷蛮列传》载:

荆、雍州蛮,槃瓠之后也。分建种落,布在诸郡县。荆州置南蛮,雍州置宁蛮校尉以领之。世祖(宋孝武帝刘骏)初,罢南蛮并大府,而宁蛮如故。蛮民顺附者,一户输谷数斛,其余无杂调,而宋民赋役严苦,贫者不复堪命,多逃亡入蛮。蛮无徭役,强者又不供官税,结党连群,动有数百千人,州郡力弱,则起为盗贼,种类稍多,户口不可知也。所在多深险,居武陵者有雄谿、樠谿、辰谿、酉谿、舞谿,谓之五谿蛮。而宜都、天门、巴东、建平、江北诸郡蛮,所居皆深山重阻,人迹罕至焉。前世以来,屡为民患。①

根据上述记载,我们可以推定南朝刘宋时期“荆、雍州蛮”的几大特征:

1. 总体族群数量相当可观,社会影响极为深广。“蛮”的种落炽盛,大致出于两方面的原因:一方面是由于“蛮”之历史悠久,经历了漫长年代的繁衍增长。以“槃瓠”为始祖,其种类应与东汉时期长沙、武陵“蛮”相同,自东汉以来,人口日盛,已构成突出的地方社会问题,这一趋势到两晋南朝时期有增无减。“蛮”之人口激增,另一方面则是因为大批逃避赋役的民众(文中所称“宋民”)的加入。

从晋朝开始,中央政权对于“蛮”之管理的主要方式为在荆、雍二州置“南蛮校尉”及“宁蛮校尉”。《宋书·百官志下》载:“南蛮校尉,晋武帝置,治襄阳。江左初省。寻又置,治江陵(今湖北省江陵县)。”“宁蛮校尉,晋安帝置,治襄阳(今湖北省襄阳市故城),以授鲁宗之。”“蛮”之族群数量的繁盛,增强了对抗官府的力量,双方的暴力冲突不可避免地逐步加剧,由此造成了相当惨痛的结局。

2. “蛮”在分布方面并没有局限于某一封闭而特殊的区域,而是“布在诸郡县”,与其他部族杂居。因此,当时“蛮”的分类也以刘宋所辖郡县名为标志,而文献中所提到的相关郡县,都是“蛮”居住较为集中的地区。考订这些郡县的方位及范围,也就成为我们确定当时“蛮”之分布格局最重要的线索与依据。

3. “蛮”之聚居区都是在地理形势险要且交通不便的区域,即“所在多深险”。深

① 《宋书》卷九七《夷蛮列传》,第2396页。

山密林，崇山峻岭，往往都是“蛮”赖以存身的家园。

下面我们按地区分别阐述文献中出现的“蛮”分布较为集中的区域：

1.“荆州蛮”的分布

据《宋书·州郡志》，荆州刺史治所自汉以来屡有变动，然以治江陵(今湖北省江陵县)时间最长。荆州辖区屡有变动，原来辖区广大，如刘宋初年曾辖三十一郡，后分南阳、顺阳、襄阳、新野、竟陵为雍州，湘川十郡为湘州，江夏、武陵属郢州，随郡、义阳属司州，北义阳省，最后剩余十一郡，后又辖汶阳郡，因而总共辖十二郡：南郡、南平、天门、宜都、巴东、汶阳、南义阳、新兴、南河东、建平、永宁、武宁等。

就政区变动而言，雍州、湘州、郢州及司州部分地区都是分割荆州而置，因此，“荆、雍州蛮”其实可称为“荆州蛮”，而进入南朝以后，“荆州蛮”又随着政区的变更而广布于雍州、湘州、郢州以及司州等地。

在荆州辖郡中，以宜都、天门、巴东、建平、南郡等地之“蛮”人口为最多，势力最盛，因而在文献中常常出现“宜都蛮”“建平蛮”“天门蛮”“南郡蛮”等名号。武陵郡中仍以“五谿蛮”最为著名。

2.“雍州蛮”的分布

雍州，原本设置于关中地区，后随徙民而于东晋初侨立于襄阳，刘宋元嘉二十六年(449)，割荆州之襄阳、南阳、新野、顺阳、竟陵五郡为雍州。“雍州蛮”中以“沔中蛮”最为著名，沔水即汉水别称，“沔中蛮”即分布于汉水流域的“蛮”。如《宋书·夷蛮列传》载：“先是，雍州刺史刘道产善抚诸蛮，前后不附官者，莫不顺服，皆引出平土，多缘沔为居。及道产亡，蛮又反叛。”“蛮”的反叛，引发南朝历史上规模最大的一场针对“蛮”的讨伐及迁徙运动。如《宋书·沈庆之传》载：

> 元嘉十九年(442)，雍州刺史刘道产卒，群蛮大动，征西司马朱修之讨蛮失利，以庆之为建威将军率众助修之。修之失律下狱，庆之专军进讨，大破缘沔诸蛮，禽生口七千人。进征湖阳，又获万余口。……时蛮寇大甚，水陆梗碍，世祖停大堤不得进。分军遣庆之掩讨，大破之，降者二万口。世祖至镇(襄阳)，而驿道蛮反杀深式，遣庆之又讨之。王玄谟领荆州，王方回领台军并会，平定诸山，获七万余口。郧山(今湖北随州大洪山)蛮最强盛，鲁宗之屡讨不能克，庆之剪定之，禽三万余口。

“顷之，南新郡蛮帅田彦生率部曲十封六千余人反叛，攻围郡城，庆之遣元景率五千人赴之。……庆之引军自茹丘山出检城，大破诸山，斩首三千级，虏生蛮二万八千余口，降蛮二万五千口。”①

这场针对“蛮”的打击运动，影响极大。粗略计算，仅主将沈庆之所率军队俘获的“蛮”就已达十六万余口之多。《宋书》作者沈约曾对此评论说：

> 夫四夷孔炽，患深自古，蛮、僰殊杂，种众特繁，依深傍岨，充积畿甸，咫尺华氓，易兴狡毒，略财据土，岁月滋深。自元嘉将半，寇慝弥广，遂盘结数州，摇乱邦邑。于是命将出师，恣行诛讨，自江汉以北，庐江以南，搜山荡谷，穷兵罄武，系颈囚俘，盖以数百万计。②

可以设想，如此大规模的武力讨伐，必定引发一定规模的人口变迁。“以数百万计”的“蛮”之俘虏的重新安置，无疑构成一种特殊形式的人口迁徙。《沈庆之传》又载：“庆之前后所获蛮，并移京邑，以为营户。”以金陵（今江苏省南京市）为中心的京师地区成为最主要的迁入地。如元嘉二十二年（445）七月，“雍州刺史武陵王（刘）骏讨缘沔蛮，移一万四千余口于京师”③。无疑，这次迁徙只是数次大规模迁移中的一次而已。

3.“豫州蛮”郡县

据《宋书·蛮传》载：“豫州蛮，廪君后也。盘瓠及廪君事，并具前史。西阳有巴水、蕲水、希水、赤亭水、西归水，谓之五水蛮，所在并深岨，种落炽盛，历世为盗贼。北接淮（今淮河）、汝（今汝河），南极（长）江、汉（水），地方数千里。”④

以廪君为始祖，“豫州蛮”应与东汉时期的巴郡、南郡“蛮”属相同。西晋末年开始，河洛地区为北方兴起的割据政权所先后占据，南方政权遂侨立豫州于江淮地区，治所及辖区变动非常频繁，更有豫州与南豫州之分。如据《宋书·州郡志》载，刘裕欲开拓河南，绥定豫土，（义熙）九年（413），割扬州大江以西、大雷（戍，在今安徽省望江县）以北，悉属豫州，豫基址因此而立。十三年，刺史刘义庆镇寿阳（今安徽省寿县）。永初三年（422），分淮东为南豫州，治历阳（今安徽省和县）；淮西为豫州。著者又加按语云：“按淮东自永初至于大明，便为南豫，虽乍有离合，而分立居多。爰自泰始甫失淮西，复于淮东分立两豫。今南豫以淮东为境，不复于此更列二州，览者按此以淮东为境，推寻便自得泰始两豫分域也。”淮东、淮西即指淮河以南、以北地区。至刘宋

① 《宋书》卷七七《沈庆之传》，第1996~1998页。

② 《宋书》卷九七《夷蛮列传》后史臣语，第2399页。

③ 《宋书》卷五《文帝本纪》，第93页。

④ 《宋书》卷九七《夷蛮列传》，第2398页。

泰始年间丧失淮北地区之后，南豫州与豫州合二为一，都集中侨置于淮河以南地区了。因此，刘宋境内"豫州蛮"分布区就是在长江与汉水以北，淮河及汝水以南的广大地区。

在《宋书·州郡志》中，南豫州与豫州所辖郡县多有重复，且治所不明，但是一些为"蛮户"特设的郡县——左郡与左县颇引人注目。① 如南豫州下：

(1)晋熙郡太湖左县：文帝元嘉二十五年(448)，以"豫部蛮民"立太湖(治今安徽省太湖县)、吕亭(治今安徽省桐城市东北)二县，属晋熙，后省，明帝泰始二年(466)复立。

(2)南陈左郡：孝建二年以"蛮户复立"。分赤官左县为蓼城左县，领县二。

(3)边城左郡：治今河南省商城县东。文帝元嘉二十五年，以"豫部蛮民"立茹由、乐安、光城、雩娄、史水、开化、边城七县，属弋阳郡。

(4)光城左郡：治于光城县(今河南省光山县)。《宋书·夷蛮列传》载：

> 太宗(宋明帝刘彧)初即位，四方反叛，及南贼败于鹊尾，西阳蛮田益之、田义之、成邪财、田光兴等起义攻郢州，克之。以益之为辅国将军，都统四山军事，又以蛮户立宋安、光城二郡，以义之为宋安太守，光兴为龙骧将军、光城太守。封益之边城县王，食邑四百一十一户，成邪财阳城县王，食邑三千户。

4."郢州蛮"的分布

不难看出，经过政区变更，至刘宋统治后期，郢州在事实上成为刘宋境内"蛮"人最多的地区之一。如《宋书·州郡志》载："孝武孝建元年(454)，分荆州之江夏、竟陵、随、武陵、天门，湘州之巴陵，江州之武昌，豫州之西阳，又以南郡之州陵、监利二县度属巴陵，立郢州。""蛮"之势力最盛的武陵郡、西阳郡都归入郢州。

西阳郡，治西阳县，在今湖北省黄冈市黄州区东，境内有五条河流，即巴水、蕲水、希水、赤亭水及西归水，合称为"五水"。五水流域是当时"蛮"之重要聚居区之一，称为"蛮中"。

《宋书·州郡志》"西阳郡蕲水左县"下载，文帝元嘉二十五年，以"豫部蛮民"立建昌、南川、长风、赤亭、鲁亭、阳城、彭波、迁溪、东丘、东安、西安、南安、房田、希水、高坡、直水、蕲水、清石十八县，属西阳。

---

① 关于南朝境内左郡、左县及其民族构成的详细情况，参见胡阿祥《南朝宁蛮府、左郡左县、俚郡僚郡述论》，载于《历史地理》第十三辑，上海人民出版社1996年出版。

（二）南齐时期“蛮”的人口与分布

《南齐书·蛮传》载：“蛮，种类繁多，言语不一，咸依山谷，布荆、湘、雍、郢、司等五州界。”“蛮”之分布与南朝政区变更的关系，已见前述。南齐时期“蛮”的分布状况，也正是这种关系的证明。从“荆、雍州蛮”而散布于荆、湘、雍、郢、司等五州，并不是“蛮”迁徙的结果，而是南朝政权政区变动的结果。其实，“蛮”之分布并不限于此五州，曾经又从荆州中分置巴州，同样是“蛮”之聚居地。另外，与刘宋时期相对比，南齐时期缺少了“豫州蛮”的说明，可能当时南豫州及豫州境内“蛮”之势力已趋于衰弱。

据《南齐书·州郡志》，对当时“蛮”之聚居区域以及相关的政区变动简述如下：

1. 荆州

治江陵（今湖北省江陵县）。领郡有南郡、南平郡、天门郡、宜都郡、南义阳郡、河东郡、汶阳郡、新兴郡、永宁郡、武宁郡。“江陵去襄阳（雍州治所）步道五百，势同唇齿，无襄阳则江陵受敌，不立故也。自（王）忱以来，不复动移。境域之内，含带蛮、蜑，土地辽落，称为殷旷。江左大镇，莫过荆（州）、扬（州）。”据此可知荆州境内不仅有“蛮”，还有“蜑”。

荆州境内，汶阳郡（治今湖北省远安县西北）地势险要，“蛮”之人口众多。“以临沮西界，水陆纡险，行径裁通，南通巴、巫，东南出州治，道带蛮、蜑，田土肥美，立为汶阳郡，以处流民。”《南齐书·蛮传》又载：“汶阳本临沮西界，二百里中，水陆迂狭，鱼贯而行，有数处不通骑，而水白田甚肥腴。桓温时，割以为郡。西北接梁州新城，东北接南襄城，南接巴、巫二边，并山蛮凶盛，据险为寇贼。”

2. 巴州

萧齐时曾在“蛮”之聚居区特设巴州（治今重庆市奉节县东）。“建元二年(480)，分荆州巴东、建(年)[平]，益州巴郡为州，立刺史，而领巴东太守，又割涪陵郡属。永明元年(483)省，各还本属焉。”显然，巴州之置只延续了三年时间。该州境内“三峡险隘，山蛮寇贼”，“蛮民”反叛事件时有发生。《南齐书·蛮传》载：“宋泰始以来，巴建蛮向宗头反，刺史沈攸之断其盐米，连讨不克。……太祖（萧道成）置巴州以威静之。”

3. 郢州

治夏口（今湖北省武汉市武昌北部）。此州“地居形要，控接湘川，边带涢（今湖北涢水）、沔”，武陵郡、西阳郡均在此州之中，是“蛮”人口最集中的区域之一。为安抚“蛮民”，南齐政权在郢州境内又特设了不少左郡、左县。《南齐书·蛮传》载：“（永明）六年（488），除督护北遂安左郡太守田驷路为试守北遂安左郡太守，前宁朔将军田驴王为[试守宜人左郡太守，田何代]为试守新平左郡太守，皆郢州蛮也。”可见，左郡、左县不仅专为安置“蛮民”所设，而且其长官多由“蛮”之头领来担任。

郢州境内左郡、左县简表①

左郡名称	治所今地	辖县名称
西阳郡	湖北省黄冈市东	义安左县、希水左县、东安左县、蕲水左县
方城左郡	约在湖北东部江北	城阳、归义
义安左郡	约在湖北东部江北	绥安
南新阳左郡	约在湖北京山及钟祥一带	南新阳、新兴、北新阳、角陵、新安
北遂安左郡	同方城左郡	东城、绥化、富城、新安、南城
新平左郡	约在湖北省安陆、应城二市及京山县一带	平阳、新市、安城
建安左郡	湖北省京山县东南	霄城

4. 司州

西晋司州以洛阳为核心。南朝泰始年间侨置司州于义阳郡（今河南省信阳市），地理位置非常重要，“有三关之隘，北接陈、汝，控带许、洛。自此以来，常为边镇”。司州境内也设有不少左郡与左县，尤以南齐时代为显著。

司州境内左郡简表

左郡名称	治所今地	辖县名称
宋安左郡	河南省信阳市南	宋文帝立，领拓边等七县。后省。泰始初又置。齐世领仰泽、乐宁、襄城三县，并分置东义阳左郡、南淮安左郡等
安蛮左郡	湖北省武汉市黄陂区北	木兰、新化、怀、中聂阳、南聂阳、安蛮
永宁左郡	湖北省汉川市西北	中曲陵、曲陵、孝怀、安德
东义阳左郡	在河南省信阳市南，湖北省广水市、大悟县一带	永宁、革音、威清、永平

① 表中左郡左县所治今地参见胡阿祥《南朝宁蛮府、左郡左县、俚郡僚郡述论》一文。本小节表格内容来源下同。

（续表）

左郡名称	治所今地	辖县名称
东新安左郡	疑在今湖北省安陆市、孝感市、武汉市黄陂区以北	第五、南平林、始平、始安、平林、义昌、固城、新化、西平
新城左郡	疑在今湖北省应城市、汉川市一带	孝怀、中曲、南曲陵、怀昌
围山左郡	疑在今湖北省应城市、汉川市一带	及剌、章平、北曲、洛阳、围山、曲陵
建宁左郡	湖北省麻城市西南	齐复置，领建宁、阳城二县
北淮安左郡	河南省信阳市西北	高邑
南淮安左郡	河南省信阳市西北	慕化、柏源
北随安左郡	湖北省随州市唐县镇	济山、油潘
东随安左郡	不详	何时置无考，属义阳郡。大明八年省为宋安县，属义阳郡。明帝复立为宋安郡，后又省。齐复置东随安左郡，领西随、高城、牢山三县

5. 雍州

治襄阳（今湖北省襄阳市），为南朝北边大镇。州境内民族构成相当复杂。《南齐书·州郡志》称，雍州“疆蛮带沔，阻以重山，北接宛、洛，平途直至，跨对樊、沔，为鄢郢北门。部领蛮左，故别置蛮府焉”。宁蛮校尉府的设立，足见其境内“蛮民”人口之众多及“蛮民”事务之繁杂，同时，宁蛮府所领郡县必然是“蛮”之人口占比较高的区域。

宁蛮校尉府所领郡县简表①

左郡名称	治所今地	辖县名称
西新安郡	不详	新安、汎阳、安化、南安
义宁郡	不详	筑、义宁、汎阳、武当、南阳
南襄郡	湖北省南漳县	新安、武昌、建武、武平
北建武郡	不详	东苌秋、霸、北郡、高罗、西苌秋、平丘

① 宁蛮府中还有左义阳郡、南襄城郡、广昌郡、东襄城郡、北襄城郡、怀安郡、北弘农郡、西弘农郡、析阳郡、北义阳郡、汉广郡、中襄城郡等十二郡为北魏所攻占。各郡治今地参见胡阿祥《南朝宁蛮府、左郡左县、俚郡僚郡述论》一文。

（续表）

左郡名称	治所今地	辖县名称
蔡阳郡	湖北省枣阳市西南	乐安、东蔡阳、西蔡阳、新化、杨子、新安
永安郡	不详	东安乐、新安、西安乐、劳泉
安定郡	湖北省南漳县西	思归、归化、皋亭、新安、士汉、士顷
怀化郡	不详	怀化、编、遂城、精阳、新化、遂宁、新阳
武宁郡	不详	新安、武宁、怀宁、新城、永宁
新阳郡	不详	东平林、头章、新安、朗城、新市、新阳、武安、西林
义安郡	湖北省襄阳市西	郊乡、东里、永明、山都、义宁、西里、义安、南锡、义清
高安郡	不详	高安、新集

6. 湘州

镇长沙郡（治今湖南省长沙市）。“湘川之奥，民丰土闲。……南通岭表，唇齿荆区。”领郡有长沙郡、桂阳郡、零陵郡、衡阳郡、营阳郡、湘东郡、邵陵郡、始兴郡、临贺郡、始安郡、齐熙郡。这些郡本是“蛮民”聚居地区，但《州郡志》记载其中只有始安郡下设一个左县——建陵左县。

（三）“蛮”的北迁与北朝境内“蛮”的分布①

南北朝时期的“蛮”之分布区域，涉及南北政权的边境地带，且不单纯固定依附于南北某一方，具有十分突出的游移性与相对独立性。魏收《魏书·蛮传》在记述其分布状况时，提到了“蛮”的北迁运动：

> 蛮之种类，盖盘瓠之后，其来自久。习俗叛服，前史具之。在江淮之间，依托险阻，部落滋蔓，布于数州，东连寿春（今安徽省寿县），西通上洛（今陕西省商洛市商州区），北接汝（水，今河南北汝河）、颍（水），往往有焉。其于魏氏之时，不甚为患，至晋之末，稍以繁昌，渐为寇暴矣。自刘石乱后，诸蛮无所忌惮，故其族类，渐得北迁，陆浑（今河南省嵩县东北）以南，满于山谷，宛洛萧条，略为丘墟矣。②

① 关于南北朝时期“蛮民”的北迁，金宝祥《汉末至南北朝南方蛮夷的迁徙》（载于《禹贡》半月刊第五卷第十二期，第17~20页）一文做了初步的探讨，可供参考。

② 《魏书》卷一〇一《蛮传》，第2245~2246页。据中华书局出版《魏书》校勘者考订，《魏书》第一〇一卷原书已佚，乃后人节录李延寿《北史·蛮传》所补，但对照两《传》，内容微有异同，如云“蛮”之分布，《魏书》记为“西通上洛”，而《北史》记为“西通巴、蜀”等。

可以看出,上述文献记述“蛮民”分布范围,与南朝各史传所记大致相同,但特别指明在“刘石乱后”(前赵、后赵灭亡之后)“蛮民”向北迁徙运动及影响问题,为我们提出了一个颇具价值的研究课题。“蛮民”北迁运动主要以“蛮民”首领归附北魏的形式表现出来,而北魏政权也往往采取在“蛮民”聚居区设置羁縻郡县的方式来笼络“蛮民”首领。这一方面的记载相当多,而且迁徙规模非常可观。《魏书·蛮传》《周书·蛮传》及《北史·蛮传》中有关北朝时期“蛮民”北迁活动的记载主要有:

1. 泰常八年(423),“蛮王梅安率渠帅数千朝京师,求留质子以表忠款。始光中,拜安侍子豹为安远将军、江州刺史、顺阳公”。

2. 兴光中(454—455),“蛮王文武龙请降,诏褒慰之,拜南雍州刺史、鲁阳侯”。

3. 延兴中(471—476),

> 大阳(在今湖北省京山县北)蛮酋桓诞拥沔水(今汉水)以北,滍(水,今河南沙河)、叶(今河南省叶县西南)以南八万余落,遣使内属。高祖嘉之,拜诞征南将军、东荆州刺史、襄阳王,听自选郡县。……诞既内属,治于朗陵(今河南省确山县西南)。(太和)十年(486),移居颍阳。……后开南阳,令有沔北之地。蛮人安堵,不为寇贼。十八年(494),诞入朝,赏遇隆厚。卒,谥曰刚。子晖,字道进,位龙骧将军、东荆州刺史。

4. (太和中)“是时萧赜征虏将军、直阁将军蛮酋田益宗率部曲四千余户内属。襄阳酋雷婆思等十一人率户千余内徙,求居大和川,诏给廪食”。

5. 景明(500)初,“大阳蛮酋田育丘等二万八千户内附,诏置四郡十八县”。

6. 景明三年(502),“鲁阳蛮鲁北燕等聚众攻逼颍川,诏左卫将军李崇讨平之,徙万余家于河北诸州及六镇。寻叛南走,所在追讨,比及河,杀之皆尽”。

7. 正始二年(505),“萧衍沔东太守田清喜拥七郡三十一县,户万九千遣使内附,乞师讨衍。其雍州以东,石城以西五百余里水陆援路,请率部曲断之”。

8. 永平(508)初,“东荆州表□□太守桓叔兴前后招慰大阳蛮归附者一万七百户,请置郡十六、县五十,诏前镇东府长史郦道元检行置之。叔兴即晖弟也。延昌元年,拜南荆州刺史,居安昌,隶于东荆”。

9. 正光中(520—525),

> (桓)叔兴拥所部南叛。蛮首成龙强率户数千内附,拜为刺史。蛮帅田午生率户二千内徙扬州,拜为郡守。萧衍义州刺史、边城王文僧明,铁骑将军、边城太守田官德等率户万余举州内属,拜僧明平南将军、西豫州刺史,封开封侯;官德龙

骧将军、义州刺史;自余封授各有差。僧明、官德并入朝,蛮出山至边城(今河南省商城县东)、建安(今河南省固始县东)者八九千户。

10. 西魏大统五年(539),“蔡阳(在今湖北省枣阳市西南)蛮王鲁超明内属,以为南雍州刺史,仍世袭焉”。

11. 西魏废帝初,“蛮酋”樊舍举落内附,被封为督淮北三州诸军事、淮州(在今河南省泌阳县)刺史、淮安郡公。

12. 西魏恭帝二年(555),“蛮酋宜民王田兴彦、北荆州刺史梅季昌等相继款附。以兴彦、季昌并为开府仪同三司,加季昌洛州刺史,赐爵石台县公”。

从上述记载来看,北魏时期,“蛮民”北迁后集中的区域,主要在今天河南省境内。“蛮民”酋帅在归附后通常被授予刺史及郡守之职,显然为羁縻性质。内迁的“蛮民”以“大阳蛮”数量为最多。大阳指大阳山,在今湖北省京山县北,为大洪山之南支,大、小富水均发源于此山。居住于大阳山一带的“蛮”通常被称为“大阳蛮”。仅据上述诸条记载,北迁进入今河南地区的“大阳蛮”就达十余万户,数量相当可观。

在“蛮民”北迁过程中,“蛮民”酋帅所起的作用不容低估。北魏朝廷十分重视对“蛮民”酋长的安置。除了桓诞,在北朝时期内附的“蛮酋”中,田益宗的事例也颇具代表性。《魏书·田益宗传》载:“田益宗,光城(今河南省光山县)蛮也。……世为四山蛮帅,受制于萧赜。”太和十七年(493),田益宗遣使归附北魏。太和十九年,被任为南司州刺史。“后以益宗既渡淮北,不可仍为司州,乃于新蔡(今河南省新蔡县)立东豫州,以益宗为刺史。”此外,“益宗兄兴祖,太和末,亦来归附。景明中,假郢州刺史。及义阳置郢州,改授征虏将军、江州刺史,诏赐朝服、剑舄一具,治麻城(今湖北省麻城市)”。

西魏及北周时期尤其是北周统治者在开拓河南及西南地区疆域的同时,加强了对“蛮民”聚居区的控制。《周书·蛮传》载:

> 蛮者,盘瓠之后。族类(番)[蕃]衍,散处江、淮之间,汝、豫之郡。凭险作梗,世为寇乱。逮魏人失驭,其暴滋甚。有冉氏、向氏、田氏者,陬落尤盛。余则大者万家,小者千户。更相崇树,僭称王侯,屯据三峡,断遏水路,荆、蜀行人,至有假道者。太祖(宇文泰)略定伊(水)、瀍(水),声教南被,诸蛮畏威,靡然向风矣。

可见,在北魏末年,“蛮民”势力颇有兴盛扩张之势,大小部落,难以数计。其聚集核心区之一在今长江三峡一带。强盛的“蛮民”成为西魏及北周向南方扩张的主要阻力之一，为此，对“蛮”的战事不断。我们可以从一些著名将领与镇守官吏的征讨记载中了解当时“蛮”之分布与变迁的大致轮廓。这些将领或守牧中有不少就出身于“蛮”。这些将领及守牧主要有：

1. 泉仲遵

泉氏出生于上洛丰阳（今陕西省山阳县），“虽出自巴夷”，但世代为商洛豪族。西魏于上津（治今湖北省郧西县西北上津）置南洛州，任泉仲遵为刺史。“蛮”帅杜清和自称巴州刺史，归附西魏，请隶属南洛州。然而北周仍将其归入东梁州（治今陕西省安康市西北汉江北岸）辖区，杜清和因此而率“蛮”众反叛。北周政权平定其叛乱后，“改巴州为洵州（今陕西省旬阳市北洵河北岸），隶于仲遵。先是，东梁州刺史刘孟良在职贪婪，民多背叛。仲遵以廉简处之，群蛮率服”①。

2. 李迁哲

李氏为安康（今陕西省石泉县东南汉水东岸）人，世为山南豪族，“仕于江左”。西魏恭帝初年，宇文泰派贺若敦、田弘、李迁哲等人统军南伐，先后攻占萧梁巴州、并州、叠州等地，最终占据原由“蛮”占据的信州治所白帝城（在今重庆市奉节县东白帝山上）。李迁哲奉命驻守白帝城，“黔阳蛮田乌度、田都唐等每抄掠江中，为百姓患。迁哲随机出讨，杀获甚多。由是诸蛮畏威，各送粮饩。又遣子弟入质者，千有余家。迁哲乃于白帝城外筑城以处之。并置四镇，以静峡路”②。北周世宗初年，李迁哲拜信州刺史，“时蛮酋蒲微为邻州（治今四川省大竹县东南）刺史，举兵反”。李迁哲率军前往征讨，“拔其五城，虏获二千余口”。

3. 权景宣

权景宜拜并州刺史。“唐州（今河南省泌阳县）蛮田鲁嘉自号豫州伯，引致齐兵，大为民患。景宣又破之，获鲁嘉，以其地为郡。”

4. 陆腾

北周时期对“蛮民”规模最大也最残酷的打击行动是由陆腾来统领完成的。“天和初，信州蛮、蜑据江峡反叛，连结二千余里，自称王侯，杀刺史守令等。”信州治于白帝城，而“蛮酋”冉令贤据守水逻城（在今重庆市奉节县东）。陆腾等奉命征讨，渡江之后，首先攻陷“蛮民”所筑江南戍城，“获贼帅冉承公并生口三千人，降其部众一千户”。然后，北周军队又进占石胜城及水逻城，“斩首万余级，虏获一万口”。另一位

① 《周书》卷四四《泉企传附泉仲遵传》，第789页。

② 《周书》卷四四《李迁哲传》，第791~792页。

著名“蛮酋”向五子王据守石默城（在今重庆市奉节县东北），陆腾又率军进击，“悉斩诸向首领，生擒万余口”。粗略统计，陆腾所率军队在这次征讨中俘获的“蛮”之人口有数万之多。

5. 扶猛

“扶猛字宗略，上甲黄土（今陕西旬阳市东汉江南岸）人也。其种落号（曰）[白]兽蛮（‘板楯蛮’、賨人），世为渠帅。”扶猛原为萧梁守将，后降附西魏，魏则“割二郡为罗州（今湖北省竹山县），以猛为刺史”。

6. 阳雄

“阳雄字元略，上洛（治今陕西省商洛市商州区）邑阳人也。世为豪族。”阳雄因功拜洵州（巴州所改）刺史。“俗杂賨、渝，民多轻猾。雄威惠相济，夷夏安之。”“蛮帅文子荣窃据荆州之汶阳郡，又侵陷南郡之当阳、临沮等数县。诏遣开府贺若敦、潘招等讨平之。即以其地置平州（今湖北省当阳市），以雄为刺史”。

综上所述，西魏及北周境内“蛮民”聚居地有东梁州、南洛州、巴州（洵州）、信州、唐州、平州、邻州、罗州等，涉及今天河南、陕西、四川、湖北等数省交界处的商洛地区、汉水流域及长江三峡地区。

（四）南北朝时期“僚”的分布与变迁①

“僚”是两晋南北朝时期南方地区重要的少数民族之一。关于僚人的渊源与族属，学术界存有不同的观点。如徐中舒先生认为：“僚在古代原当作貉，貉从各声。各原是以各、洛两个复辅音作为发声的，僚就是洛的转音，葛僚或仡僚，就是各洛的转音。……貉族的原居地是以大小辽河为中心，而分布在渤海湾以北的地区。”②从这段材料可以设想，先秦时期“僚”的先民曾进行长途迁徙，逐渐由东北地区迁至西南地区。徐先生又主张：“古代巴族又有僚称。张华《博物志》说：‘荆州极西南界至蜀，诸民曰僚子。’”僚人即为巴人或“板楯蛮”。③ 尤中先生则强调“僚”为古夜郎国境内的民族名称：“夜郎部落联盟集体的民族名称是‘僚’。‘僚’是百越部落集团中分布在西部部分的名称。……‘僚’即‘骆’。‘僚’‘骆’同声，译写可通用。”④时至西晋时期，许多文献证实，牂柯郡（治今贵州省瓮安县境）一带为“僚”聚居区。如《晋书·武

① 在古代汉文史籍中，“僚”通常记为“獠”，有鄙视之意，今从学术界通例，均改为“僚”。

② 《论巴蜀文化》，四川人民出版社 1982 年版，第 113～114 页。

③ 《论巴蜀文化》，第 24 页。

④ 《西南民族史论集》，第 78 页。

帝纪》载太康四年:"六月,牂柯僚二千余落内属。"晋人郭义恭《广志》又载:"僚在牂柯、兴古、郁林、苍梧、交趾,皆以朱漆皮为兜鍪。"①

然而,"僚"真正为世人所熟知,是在其大规模出山及北迁入川之后。"僚"大规模出山,始于西晋末年,迁入地集中于益州地区。关于"僚"的外迁情况,记载最早且最系统的文献之一为梁朝人李膺的《益州记》,因而也成为许多史籍引述的依据,《蜀鉴》在《李寿纵僚于蜀》中引述"晋康帝建元元年(343)蜀李寿从牂牁引僚入蜀"时载:

(成汉国主李寿即位之后)以郊甸未实,都邑空虚,乃徙傍郡户三千已上以实成都;又从牂柯引僚入蜀境,自象山以北尽为僚居。蜀本无僚,至是始出巴西、渠川、广汉、阳安、资中、犍为、梓潼,布在山谷,十余万家。僚遂挨山傍谷,与土人参居,居者颇输租赋,在深山者不为编户。种类滋蔓,保据岩壑,依林履险,若履平地。性又无知……诸夷之中,难以道义招怀也。②

不少学者对"僚"的迁徙运动做了非常翔实的考证。如刘琳先生指出:"僚人入蜀后,遍布于几乎整个四川盆地,西至建南高原、岷江上游,北及陕西汉中、甘肃南部,《北史·僚传》谓'自汉中达于邛笮,川洞之间,所在多有'。甚是。"与此同时,刘先生通过对"僚"之风俗更细致全面的分析,对"僚"之族属做出了更准确的判定:"入蜀的僚人在身饰及衣、食、住、乐、葬、祭等各方面的风俗习惯,大都具有壮侗系的基本特征。这就无可辩驳地证明他们是属于壮侗系的民族。"③

南北朝时期"僚"人的分布局势,应是"僚"人大迁徙后的结果。正史中最早为"僚"立传的是魏收《魏书》,只是《魏书·僚传》原文已佚,为后人以《北史·僚传》内容所补。《北史·僚传》载:

僚者盖南蛮之别种,自汉中达于邛、笮,川洞之间,所在皆有。种类甚多,散居山谷,略无氏族之别。又无名字,所生男女,唯以长幼次第呼之。其丈夫称阿謩、阿段,妇人阿夷、阿等之类,皆语之次第称谓也。依树积木,以居其上,名曰干阑,干阑大小,随其家口之数。往往推一长者为王,亦不能远相统摄。父死则子继,若中国之贵族也。

---

① 《太平御览》卷三五六引。

② (宋)郭允蹈《蜀鉴》卷四引,(台北)中华书局1968年版,第44页。今人对《蜀鉴》引此文从史源学上进行了梳理,认为《蜀鉴》所引此文真正属于《益州记》的有二十字而已。见蒙默《〈蜀鉴〉引李膺〈益州记〉引"僚人入蜀"条解析》,《文史杂志》2013年第4期。

③ 参见刘琳《僚人入蜀考》,《中国史研究》1980年第2期。

对于“僚”人内迁以及兴盛的原因,《北史》等文献作者的观点与上述引《蜀鉴》所述有所不同。《北史·僚传》载:

建国中,李势在蜀,诸僚始出巴西(治今四川省阆中市)、渠川、广汉、阳安、资中,攻破郡县,为益州大患。势内外受敌,所以亡也。自桓温破蜀之后,力不能制。又蜀人东流,山险之地多空,僚遂挟山傍谷。与夏人参居者,颇输租赋;在深山者,仍不为编户。梁、益二州岁伐僚,以裨润公私,颇藉为利。

可见“僚”的兴起,还有着蜀人东迁等多方面的因素,而南北朝时期其分布地主要集中于梁、益二州。

北魏正始元年(504),萧梁守将夏侯道迁据汉中降魏,北魏军队乘机进据巴蜀地区,“开地定民,东西七百,南北千里,获郡十四、二部护军及诸县戍,遂逼涪城”①。北魏为了更稳固地控制这一民族混居区域,特设置巴州,同时建置隆城镇。“其后朝廷以梁、益二州控摄险远,乃立巴州(治今四川省巴中市)以统诸僚,后以巴酋严始欣为刺史。又立隆城镇(在今四川省阆中市),所绾僚二十万户,彼谓北僚,岁输租布,又与外人交通贸易。巴州生僚并皆不顺,其诸头王每于时节谒见刺史而已。”②后又将隆城镇改为南梁州。这一地区终为南朝所兼并。《南齐书·州郡志》载益州下设有一些“僚郡”,这些“僚郡”显然都是“僚”的主要聚居区域。这些“僚郡”有东宕渠(下设宕渠、平州、汉初三县)、越巂、沈黎(下设蚕陵一县)、甘松、始平等。

除了西南地区,岭南地区也是“僚”与“俚”杂居之地。《宋书·夷蛮列传》就曾记载:“广州诸山并俚、僚,种类繁炽,前后屡为侵暴,历世患苦之。”又据《南齐书·州郡志》,岭南地区的广州与越州都是“俚僚”或“夷僚”丛居之地,如“广州”下载:“广州,镇南海(今广东省广州市)。滨际海隅,委输交部,虽民户不多,而俚僚猥杂,皆楼居山险,不肯宾服。”又“越州”下载:“越州,镇临漳郡(今广西壮族自治区合浦县东北),本合浦北界也。夷僚丛居,隐伏岩障,寇盗不宾,略无编户。……元徽二年(474),以(陈)伯绍为刺史,始立州镇,穿山为城门,威服俚僚。”越州下还领有吴春“俚郡”,该“俚郡”下注:“永明六年(488)立,无属县。”

至西魏及北周时期,西南地区的“僚”之势力依然相当强盛,宇文泰等也加紧了控制。如《周书·僚传》载:“自江左及中州递有巴、蜀,多恃险不宾。太祖平梁、益之后,令所在抚慰。其与华民杂居者,亦颇从赋役。然天性暴乱,旋至扰动。每岁命随

① 《魏书》卷六五《邢峦传》,第1439页。

② 《魏书》卷一〇一《僚传》,第2250页。

近州镇出兵讨之……”[1]当时反叛的主要“僚”人部落有：

1. 陵州“木笼僚”

西魏恭帝三年(556)，“陵州(治今四川省仁寿县东)木笼僚恃险粗犷，每行抄劫，诏(陆)腾讨之。僚既因山为城，攻之未可拔。……(腾)遂纵兵讨击，尽破之，斩首一万级，俘获五千人”。

2. “铁山僚”

铁山在今四川省威远县西北。北周保定二年(562)，“铁山僚抄断内江路，使驿不通。(陆)腾乃进军讨之。……一日下其三城，斩其魁帅，俘获三千人，招纳降附者三万户”[2]。

3. 梁州“恒棱僚”

《周书·赵文表传》载：“天和三年(568)，除梁州总管府长史。所管地名恒陵(应为棱，在今四川省营山县东北)者，方数百里，并生僚所居，恃其险固，常怀不轨。文表率众讨平之。迁蓬州(治今四川省营山县东北)刺史，政尚仁恕，夷僚怀之。”

第三节　北朝时期的民族迁移运动

南北朝时期是中国古代民族融合剧烈的时代，这反映在民族地理上最为明显。一是这一时期出现的民族之多，民族区域之密集，使其他时代很难与之相比拟；二是民族迁徙之频繁，民族演化之快，同样相当典型。可以说，当时任何一个重大历史事件都与民族关系、民族发展有关。

北魏时期，中国北部发生多次大规模移民运劫，如移民代都运动、迁都洛阳运动、六镇人士的南迁、东西魏分立等。这不仅因为当时鲜卑人以及鲜卑化的人士在政治上占据着统治地位，并作为其总人口中的重要部分，而且在历次徙民过程中都有数量众多的各民族人口，可以说，当时发生的重大迁移活动几乎都与这些民族密切相关。为弄清这些民族的变迁状况，必须对这些重大迁移运动进行深入的考察。

---

① 《周书》卷四九《僚传》，第891页。

② 《周书》卷二八《陆腾传》，第471页。

一、向代都(平城)地区的民族迁徙①

(一)道武帝时期的代都建设与移民运动

拓跋珪于386年在各部落大人的拥戴下,即代王位。这并不仅仅是拓跋鲜卑代政权的复兴,而且标志着北魏王朝的开始。从拓跋珪开始,北魏统治者便多次以"实京师"的名义向平城一带大规模地迁入征服区的人口。对于这些数额庞大的移民,安置问题就成为我们十分感兴趣的研究课题。到底北魏代都如何容纳这些来自四面八方的移民呢?为探讨这一问题,我们必须弄清当时代都的建设规模。对代都的建设是从天兴元年(398)七月开始的。

1."秋七月,迁都平城,始营宫室,建宗庙,立社稷。"

2. 八月,诏有司正封畿,制郊甸,端径术,标道里,平五权,较五量,定五度。②

拓跋珪在平城营造的最早物体当然是宫室与宗庙,为后宫及皇族成员起居祭祀之用。天兴二年(399)建好鹿苑之后,又"凿渠引武川水注之苑中,疏为三沟,分流宫城内外"③。可见宫城是平城建设中最早完成的一部分。拓跋珪雄心勃勃,欲将平城与邺城、洛城等著名都会媲美。《魏书·莫题传》载:"后太祖欲广宫室,规度平城四方数十里,将模邺、洛、长安之制,运材数百万根。"④天赐三年(406)六月,发八部五百里内男丁筑灅南宫,"门阙高十余丈;引沟穿池,广苑囿;规立外城,方二十里,分置市里,经途洞达。三十日罢"⑤。显然,至拓跋珪晚年,平城的外城(相对于宫城而言)已初具规模。此外城应为官吏及百工的聚集区,面积有限,数以万计的移民不可能集中到这里。

天兴初,制定京邑,东至代郡(今河北省蔚县),西及善无(今雁北右玉),南极阴馆(今雁北朔州),北尽参合(今内蒙古自治区凉城县),为畿内之田;其外四方四维置八部帅以监之,劝课农耕,量校收入,以为殿最。⑥

---

① 关于向代都地区的民族迁移运动的详细考证内容,参见〔日〕前田正名《平城历史地理学研究》(李凭等译,书目文献出版社1994年出版,上海古籍出版社2012年再版)与拙著《山西移民史》(山西人民出版社1999年出版)的相关章节。

② 《魏书》卷二《太祖纪》,第33页。

③ 《魏书》卷二《太祖纪》,第35页。

④ 《魏书》卷二三《莫含传附子显附显子题传》,第604页。

⑤ 《魏书》卷二《太祖纪》,第42~43页。

⑥ 《魏书》卷一一〇《食货志》,第2850页。

元胡三省曾引宋白曰:“魏道武都平城,东至上谷军都关(今北京昌平居庸关),西至河,南至中山隘门塞(今河北省定州市),北至五原(今内蒙古自治区包头市),地方千里,以为甸服。”①京邑即京城,《尔雅·释地》云:“邑外谓之郊。”郭璞注曰:“邑,国都也。”魏初仿古制进行规划,“正封畿,制郊甸”。既然要给内徙新民耕牛,计口授田,绝大部分平民的安置地就应在上述“畿内之田”了。而这“畿内”正是以山西雁北地区为核心的(见“北魏代都畿甸示意图”)。

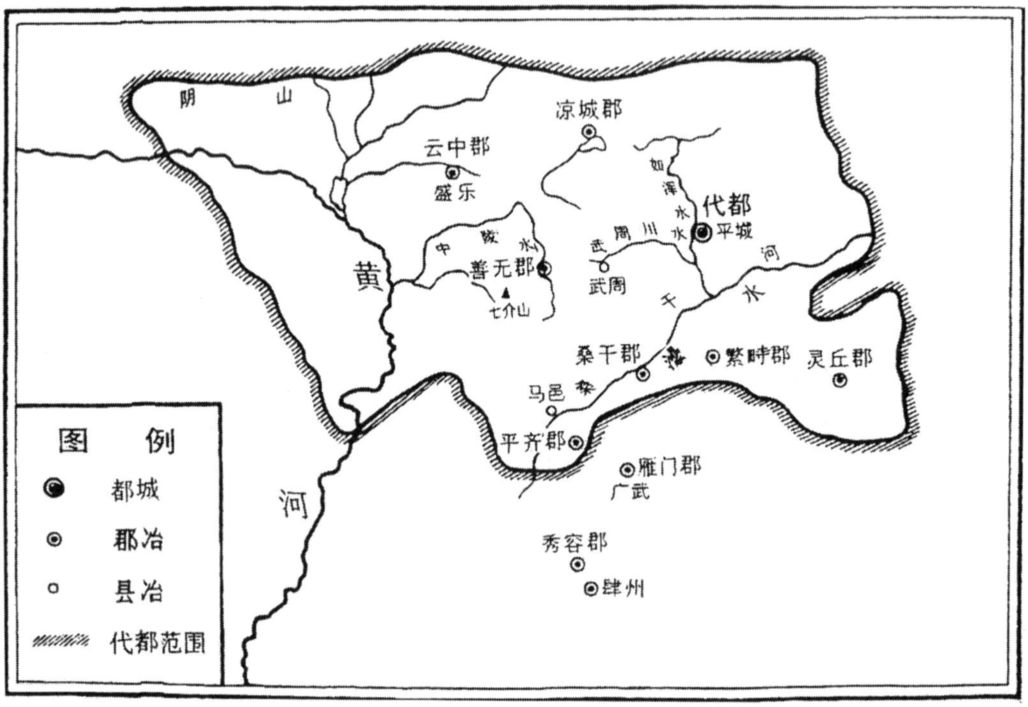

北魏代都畿甸示意图

北魏政权是“十六国”时代的终结者。在平定割据政权之后,拓跋珪为了有效控制如此广大的地区,以及巩固自己的京师地区,除了派军队镇守各战略要地,采取的最重要举措之一便是移民。最早的一次大规模移民运动发生在平定后燕的战役之后:“天兴元年(398)春正月……车驾将北还,发卒万人治直道,自望都铁关凿恒岭至代五百余里。帝虑还后山东有变……徙山东六州民吏及徒何、高丽杂夷三十六万,百工伎巧十余万口,以充京师。”②

① 《资治通鉴》卷一一〇《晋纪三二》,安帝隆安二年胡注引,第3476页。同见于《元和郡县志》卷一四《河东道三》“云州”下。

② 《魏书》卷二《太祖纪》,第31~32页。

这次大规模移民在北魏的发展史以及山西地区移民史上都具有十分重要的意义,然而它所涉及的问题也是相当复杂的,需要较多的篇幅进行分析、辨正。首先,这次大迁徙的人口数量成为许多学者关注的焦点。中华书局版《魏书》校勘记相关注云:

> 《北史》卷一、《册府》卷四八六(五八一八页)"三十六万"作"三十六署"。按《通鉴》卷一一〇(三四六三页)此条作"徙山东六州吏民、杂夷十余万口以实代",以十余万口为这次迁徙的总口数。若"署"字作"万",则合计当云"四十余万口",似司马光所见《魏书》也作"三十六署"。……这里"万"当是"署"字之讹。

这种观点并没有被所有学者所接受,如马长寿先生就同意《魏书·太祖纪》所载数字,并举出旁证:"按《魏书·张济传》,晋雍州刺史杨佺期问:'魏定中山,徙几户于北?'张济答曰:'七万余家。'《太祖纪》记徙山东六州民三十六万,则每家的平均人口为五口。"①

中华书局版《魏书》校勘者的意见是审慎而准确的,不过还可做些补充说明:1.《魏书·食货志》关于此事载:"既定中山,分徙吏民及徒何种人、工伎巧十万余家以充京都,各给耕牛,计口授田。"②此处所云"十万余家"指明为"分徙"而来,这正与张济所述"七万余家"相仿,其数字是多次迁徙数量的总和,故无法将其确定为天兴元年所徙的数量;2. 作为一次迁徙的人口数,理应合计,不必分开计算。南宋郑樵《通志》卷十五上载,天兴元年春正月"辛酉,车驾发中山,至于望都尧山,徙山东六州人吏及徒河、高丽新夷、三十六署百工伎巧十余万口以充京师"③。这同样可为《魏书》校勘说提供一例佐证。

这次大迁移行经的路线十分明确。拓跋珪首先调发士卒万人开辟直道,"自望都铁关凿恒岭至代五百余里",从而大大改善了河北平原与塞上高原的交通状况。移民们首先在望都一带集中,然后沿新开的直道进入代国辖区。拓跋珪也曾沿这条路线

---

① 见马长寿《乌桓与鲜卑》,第47页。

② 《魏书》卷一一〇《食货志》,第2849~2850页。另邢丙彦《〈魏书〉校勘记商榷一则》(载于《上海师范大学学报》1987年第2期)认为《魏书》中《张济传》之"七万余家"与《食货志》之"十万余家"当有一误,"三十六万"作口数"三十六万"解,"这次迁徙的总口数则为四十六万余口……这基本上是可信的"。日本前田正名在《平城历史地理学研究》(书目文献出版社1994年版,第444页)中则径取"四十六万余人"之说,且认为"这次大规模徙民,包括中山城附近及太行山脉东麓一带的居民在内,总共将四十六万余人自河北、山东迁至平城,其中一部分便是徒何人"。

③ 《通志》,中华书局1987年版,志二七二。《通志》书后出,于佐证方面难成铁据,仅供一说。

返回,并在恒岭上短暂逗留,"及车驾还京师,次于恒岭。太祖亲登山顶,抚慰新民,适遇(崔)玄伯扶老母登岭,太祖嘉之,赐以牛米。因诏诸徙人不能自进者,给以车牛"①。

这次大迁移的人口来源情况较为明确,即"山东六州"(包括今河北平原大部)的吏民,也就是原后燕统治区的民户。但关于安置地点还有疑问,文献记载皆云"以充京师",而当时北魏政权并未明确定都。综合各种因素分析,这批移民的安置地主要还是在山西雁北地区。这是来自中原农业区的民户,进入代地后也应在有从事农业生产条件的地方安置。拓跋珪回到繁畤宫后,就下诏"给内徙新民耕牛,计口受田"②。当时拓跋鲜卑在恒岭以北拥有的主要农耕区就是雁北一带,如桑干川等。既然要给移民耕牛,计口授田,就不会将大部分移民驱往长城以北。今山西大同一带自东汉以后长期沦为游牧民族的牧场,至此,这批移民的进入使这一地区农业生产得以恢复,同时为北魏定都平城奠定了基础。

(二)明元帝时期的移民运动

明元帝在位期间,周边部族的内属与内附事情相当频繁,其中与并州地区有关的为数不少,试列举如下:

1. 永兴三年(411)四月,河东蜀民黄思、郭综等率营部七百余家内属。六月,西河胡张贤等率营部内附。

2. 永兴五年(413)四月,河东民薛相率部内属。

3. 神瑞元年(414)六月,河西胡酋刘遮、刘退孤率部落等万余家渡河内属。

4. 神瑞二年(415)二月,河西胡刘云等率数万户内附。

5. 泰常三年(418)正月,河东胡、蜀五千余家相率内属。

6. 泰常八年(423)正月,河东蜀薛定、薛辅率五千余家内属。③

文中所谓"相率内属"或"内附"应是部落集体内迁,与所称"遣使内附"明显不同。当时进入今山西的部落不外两个方向:一是自黄河西岸渡水而来,一是自河东地区北上。其时河东一带依然是后秦政权的统辖区域。而部族的种类主要是两大类:一是河西胡,一是河东蜀。

---

① 《魏书》卷二四《崔玄伯传》,第621页。

② 《魏书》卷二《太祖纪》,第32页。

③ 《魏书》卷三《太宗纪》,引文分别见第51~63页。

(三)太武帝时期的移民运动

魏太武帝即位后,正逢夏主赫连勃勃死,关中大乱,因而决意率师西征。其时主要有两次战事,两次战事后都有较大规模的移民。第一次发生在始光三年(426)十一月。北魏军队进逼夏境内,“分军四出,略居民,杀获数万,生口牛马十数万,徙万余家而还”①。这显然是采取移民以削弱其国力的手段。移民的目的地正是代都。由于移民发生于双方交战的关口,武力相迫,再加之路途遥远,造成较严重的人口损耗,“从人在道多死,其能到都者才十六七”②。第二次是在始光四年(427),魏军再次大举西讨,攻入统万城,取得重要战果。“虏昌群弟及其诸母、姊妹、妻妾、宫人万数,府库珍宝车旗器物不可胜计,擒昌尚书王买、薛超等及司马德宗将毛修之、秦雍人士数千人,获马三十余万匹,牛羊数千万。”③北魏对夏政权残余的最后清除是在神䴥三年(430)十一月攻取平凉(今甘肃省平凉市)、安定(今甘肃省泾川县北)后,同样“簿其生口、财畜,班赐将士各有差”④。我们在文献中看到被俘获人口的相当一部分是作为战利品赏赐给官吏和将士的,由此也可推测平定夏政权之后移民安置地主要在代都一带。北魏在攻灭夏政权过程中,前后累计向代都地区的移民总数至少有五六万。

在灭亡夏政权之后,拓跋焘下一个兼并的目标便是冯跋的北燕政权。其实早在明元帝在位之时,北魏军队已发起了对北燕的攻势。也许是路途过于遥远的缘故,对北燕都城和龙(今辽宁省朝阳市)屡攻不下。拓跋焘即位后,加紧了对北燕的进攻。北魏军队在回师之时每每移走其民,削弱其国力,也正是靠这种方式才最终击垮了北燕。记载中攻伐及掳掠人口的行动主要有:

1. 泰常三年(418)五月,长孙道生与奚观率精骑二万袭冯跋,“道生至龙城,徙其民万余家而还”。⑤

2. 延和元年(432)六月出讨冯文通,九月班师。“徙营丘、成周、辽东、乐浪、带方、玄菟六郡(约相当于今辽西一带)民三万家于幽州(约相当于今北京市及河北东北部之地域),开仓以赈之。”

3. 延和二年(433)五月,遣拓跋健安原督诸军出讨和龙,“将军楼勃别将五千骑

---

① 《魏书》卷九五《赫连昌传》,第2057页。
② 《魏书》卷四《世祖纪》,第72页。
③ 《魏书》卷四《世祖纪》,第72~73页。
④ 《魏书》卷四《世祖纪》,第77页。
⑤ 《魏书》卷三《太宗纪》,第59页。

围凡城，文通守将封羽以城降，收其民三千余家”。

4. 延和三年(434)六月，拓跋健、长孙道生与古弼督诸军讨和龙，“芟其禾稼，徙民而还”。

5. 太延元年(435)六月，拓跋丕等五将率骑四万东伐文通。七月，“至于和龙，徙男女六千口而还”。①

据上述记载，北魏军队在进攻北燕政权的同时，不断地向代都一带移民，前后相加，至少有五六万人进入了平城地区。冯弘(冯文通)在“日就蹙削，上下危惧”②的情形下，最后被迫逃入高丽，北燕政权就此宣告灭亡。但我们在文献中还可以明显看到这样一种趋势，即北燕移民进入代都的比例大大下降了。

北魏太延五年(439)，拓跋焘亲统大军西伐北凉，并一举攻克姑臧(治今甘肃省武威市)，由此又引发了一场规模庞大的移民运动。这次移民不仅数量可观，而且更重要的是其中包括大批学者、文士，对北魏代都文化事业的发展起到极为强烈的推动

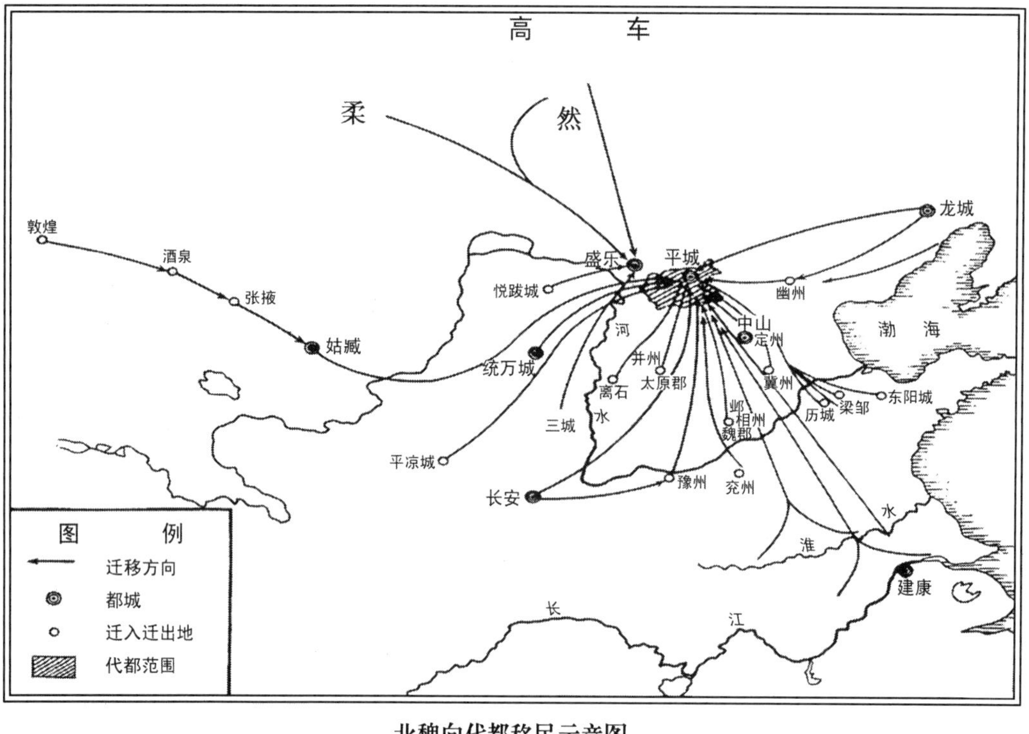

北魏向代都移民示意图

① 2~5条引文分别见《魏书》卷四《世祖纪》，第81~85页。

② 《魏书》卷九七《海夷冯跋传》，第2128页。

作用。这次移民的方向及数量是相当明确的。太延五年(439)“冬十月辛酉,车驾东还,徙凉州民三万余家于京师”①。若以每户五口计,这批移民至少也有十五万人左右。正如后燕移民构造了当时北魏政坛一样,北凉移民使北魏的文化建设事业呈现出崭新风貌。

北魏时期是佛教在中国传播与发展的重要时期,造成这一现象的原因在很大程度上要归结于这批凉州移民,因为在这批移民中有很大一部分为信仰佛教的人。“凉州自张轨后,世信佛教。敦煌地接西域,道俗交得其旧式,村坞相属,多有塔寺。太延中,凉州平,徙其国人于京邑,沙门佛事皆俱东,象教弥增矣。寻以沙门众多,诏罢年五十已下者。”②

二、迁都洛阳③

早在神瑞二年(415),岁歉民饥,大臣王亮、苏垣等人就劝明元帝拓跋嗣迁都于邺城(今河北省临漳县西南),结果遭到崔浩、周澹二人的强烈反对而作罢。崔浩等人在奏议中详细阐述了不能迁都的理由:

> 今国家迁都于邺,可救今年之饥,非长久之策也。东州之人,常谓国家居广漠之地,民畜无算,号称牛毛之众。今留守旧都,分家南徙,恐不满诸州之地。参居郡县,处榛林之间,不便水土,疾疫死伤,情见事露,则百姓意沮。四方闻之,有轻侮之意,屈丐、蠕蠕必提挈而来,云中、平城则有危殆之虑,阻隔恒代千里之险,虽欲救援,赴之甚难,如此则声实俱损矣。今居北方,假令山东有变,轻骑南出,耀威桑梓之中,谁知多少?百姓见之,望尘震服。此是国家威制诸夏之长策也。④

不难看出,崔浩等人劝阻迁都的理由,主要是出于政治、军事等方面的考虑,而没有着重于经济、交通等方面的因素。但其中不可忽视的一点是,崔浩明确提出了代北民族(以鲜卑人为主体)南迁可能遇到的困难。如原来居住于广漠之地,南徙之后,极有可能“不便水土”,出现“疾疫死伤”的情况。

然而,代都地区饥旱频繁的客观状况决定了其无法长期供养大量的人口。到太和年间,饥旱又迫使大量平民迁出平城。孝文帝拓跋宏即位后,代都及周边地区水旱

① 《魏书》卷四《世祖纪》,第90页。

② 《魏书》卷一一四《释老志》,第3032页。

③ 关于北魏南迁洛阳的原因及过程,参见拙文《北魏代都人口迁出考》,载于《史念海先生八十寿辰学术文集》,陕西师范大学出版社1996年版,第372~383页。

④ 《魏书》卷三五《崔浩传》,第808页。

灾害与百姓流徙的情况更加严重。短时间的灾荒还可以勉强应付,长时间、大面积的饥馑则会迫使统治者做出较大的更张。对于代都平城地区来说,饥荒问题不解决,数以万计的当地居民就无法安居,而如果允许大量人口外迁,京师空虚,那么必然使统治者重新考虑平城的首都地位问题。现将拓跋宏统治前期延兴二年(472)至太和十一年(487)代都及周边地区水旱饥荒的记载列成一表。

472年至487年代都及周边地区水旱灾害年表

年　代	灾害状况
延兴二年(472)	九月己酉,诏以州镇十一水,丐民田租,开仓赈恤。又诏流迸之民,皆令还本,违者配徙边镇
延兴三年(473)	是岁,州镇十一水旱,丐民田租,开仓赈恤
延兴四年(474)	是岁,州镇十三大饥,丐民田租,开仓赈之
太和元年(477)	正月,云中饥,开仓赈恤 三月,诏曰:“朕政治多阙,灾眚屡兴。去年牛疫,死伤太半,耕垦之利,当有亏损。……” 十二月,诏以州郡八水旱蝗,民饥,开仓赈恤
太和二年(478)	四月,京师旱。祈天灾于北苑,亲自礼焉 是岁,州镇二十余水旱,民饥,开仓赈恤
太和四年(480)	二月诏曰:“……今东作方兴,庶类萌动,品物资生,膏雨不降,岁一不登,百姓饥乏。朕甚惧焉。……” 是岁,诏以州镇十八水旱,民饥,开仓赈恤
太和五年(481)	四月,诏曰:“时雨不沾,春苗萎悴。诸有骸骨之处,皆敕埋藏,勿令露见。有神祇之所,悉可祷祈。” 十二月,诏以州镇十二民饥,开仓赈恤
太和六年(482)	八月,分遣大使,巡行天下遭水之处,丐民租赋,贫俭不能自存者,赐以粟帛 十二月诏曰:“……去秋淫雨,洪水为灾,百姓嗷然,朕用嗟愍,故遣使者循方赈恤。……”
太和七年(483)	三月,以冀、定二州民饥,诏郡县为粥于路以食之,又弛关津之禁,任其去来 六月,定州上言,为粥给饥人,所活九十四万七千余口 九月,冀州上言,为粥给饥民,所活七十五万一千七百余口 十二月,诏以州镇十三民饥,开仓赈恤
太和八年(484)	六月,武州水泛滥,坏民居舍 十二月,诏以州镇十五水旱,民饥,遣使者循行,问所疾苦,开仓赈恤
太和九年(485)	八月,诏曰:“数州灾水,饥馑荐臻,致有卖鬻男女者。天之所谴,在予一人,而百姓无辜,横罹艰毒,朕用殷忧夕惕,忘食与寝。今自太和六年已来,买定、冀、幽、相四州饥民良口者,尽还所亲,虽娉为妻妾,遇之非理,情不乐者亦离之。” 是年,京师及州镇十三水旱伤稼

（续表）

年 代	灾害状况
太和十一年(487)	二月，诏以肆州之雁门及代郡民饥，开仓赈恤 六月，诏曰："春旱至今，野无青草。上天致谴，实由匪德。百姓无辜，将罹饥馑。……" 七月，诏曰："今年谷不登，听民出关就食，遣使者造籍，分遣去留，所在开仓赈恤。" 是岁大饥，诏所在开仓赈恤①

从表中我们可以发现，孝文帝拓跋宏即位后不久，就面临着十分严峻的局面。各地发生水旱灾害的消息接踵而来，且有愈演愈烈之势。"自（太和）八年至十一年，黎人阻饥，且仍岁灾旱。"②在饥馑的逼迫下，百姓大批流离失所，卖儿鬻女。为此，临朝称制的冯太后不断下诏自责，并屡屡宣布开仓赈恤。但灾害连绵不绝，北魏官府的补救措施不免显得疲弱无力。长期的自然灾害必然对各地的农业生产产生非常消极的影响，由此导致的粮食供应危机已将北魏官府逼到困窘难堪的境地。其次，虽然记载中遭灾州镇并未确指，但我们不能低估这些灾害对代都地区粮食供应的影响。这是因为，山西北部地区本身就不是条件优越的农业发达区，魏在此建都之后，大量人口聚集，粮食根本无法自给，必须依赖各地的租米供应。特别是地处河北平原的冀、定、相等州县，一直是北魏官府所依靠的重要经济区。③ 严重自然灾害的侵袭，使这些地区粮食生产备受摧残，百姓大批罹受饥馑，显然不可能继续按额交纳租粮以供应京师。这样，粮食不足的影响很快就会向代都地区漫延。

灾难并没有就此终止。太和十一年是代都地区发生重大变化的一年。在这一年里，以代都为中心的大片地区发生前所未有的亢旱，造成当地无法缓解的粮食短缺局面。作为重要的应急措施，一次大规模的、官府允准的代都人口的迁出运动发生了。

> （太和）十一年，大旱，京都民饥。加以牛疫，公私阙乏，时有以马驴及橐驼供驾挽耕载。诏听民就丰，行者十五六，道路给粮禀，至所在，三长赡养之。遣使者时省察焉。留业者，皆令主司审核，开仓赈贷。其有特不自存者，悉检集，为粥于術（街）衢，以救其困。然主者不明牧察，郊甸间甚多喂死者。④

① 灾害记载均见《魏书》卷七《高祖纪》，分别见第137~163页。

② 《魏书》卷一〇五之三《天象志三》，第2416页。

③ 参见周一良《魏晋南北朝史札记》中《〈魏书〉札记》"中山郸信都三城"条。

④ 《魏书》卷一一〇《食货志》，第2856页。

综合前文表中内容及上述记载,我们可以对太和十一年大灾荒中代都地区人口变动状况得出以下几点认识:

首先,在太和十一年的大灾荒中,整个代都居民可简单分为三大类:一是“留业者”,即没有加入迁出队伍的行列,应为较富裕之家。官府对他们的救济方法是“主司审核,开仓赈贷”。二是“行者”,即外出就食之人,占代都总人口的十之五六。其三是“特不自存者”,由官府组织起来,为粥于街衢以济之。“特不自存者”连出外就食的能力都不具备,时刻徘徊在死亡边缘,那些倒毙于路旁的饿殍肯定多数来自“特不自存者”中间。这样看来,经过这场大灾之后,能够坚持留居平城一带的普通百姓恐怕只占原来人口的少数了。

其次,这次人口大迁出并没有数量上的限制,北魏官府为这次人口外迁进行了相当具体的安置规定及户籍方面的调整:

高祖、文明太后引见公卿于皇信堂,太后曰:“今京师旱俭,欲听饥贫之人出关逐食。如欲给过所,恐稽延时日,不救灾窘,若任其外出,复虑奸良难辨。卿等可议其所宜。”(东阳王拓跋)丕议:“诸曹下大夫以上,人各将二吏,别掌给过所,州郡亦然,不过三日,给之便讫,有何难也?”高祖从之,四日而讫。①

这次“出关逐食”的百姓首先由官府指定了就食的路线、地点,沿途之上,各州郡负责“给粮禀”,到了就食地后,由当地“三长赡养之”。官府还派使者监督巡察这些救灾措施的实行情况。可见,在这场大灾荒中,北魏政府采取了一整套较全面的救灾措施。

再次,还有一个与人口迁移密切相关的问题有待解决,即这些出关就食的百姓是暂时待在就食地,待代都情况好转后返回,还是以后长期留居就食地入籍呢?应该肯定的是后一种推论。这是因为:首先,迁出人口均为代都中饥贫之民,无甚家业羁绊,故能在饥旱到来之时离京而去,顾不得留恋,去后也无太多牵挂。其次,就食地一般为较为丰饶之区,非塞上平城可比,若能在当地定居,又何苦返回呢?再次,也是最重要的依据即《魏书·高祖纪》所载太和十一年九月拓跋宏的诏书。诏书曰:

去夏以岁旱民饥,须遣就食,旧籍杂乱,难可分简,故依局割民,阅户造籍,欲令去留得实,赈贷平均。然乃者以来,犹有饿死衢路,无人收识。良由本部不明,籍贯未实,廪恤不周,以至于此。朕猥居民上,闻用慨然。可重遣精检,勿令

① 《魏书》卷一四《神元平文诸帝子孙列传》之《拓跋丕传》,第358页。

遗漏。

准许百姓"出关逐食",必然造成代都以及就食地两方面"旧籍杂乱,难可分简"的状况。为解决这一问题,孝文帝下令"依局割民,阅户造籍",即根据当时实际的人口居留现状,重新进行户口登记,其目的就在于"欲令去留得实,赈贷平均"。由于直到当年九月平城还有饿殍暴尸街头的情况,因此,孝文帝严令重新检查户籍。很明显,孝文帝完全以赈贷平均、减少死耗为户籍登记的唯一目的,尽可能维持现状,息事宁人。然而,户籍一经登记成册,便具有法律意义及相当的稳定性,不可能随意更改,在这种情况下,我们难以想象等代都年景好转、大批百姓回归京师的可能性。

葛剑雄先生指出:"综观中国历史上的移民,凡是官方以行政手段强制进行的,大多不是以失败告终,就是成为财政包袱,不得不长期付出巨大的代价。"①以此来观察北魏向代都平城移民的后果是恰如其分的。以平城为中心的代都地区的实际情况对人口迁移活动起到了决定性的影响:一方面,北魏朝廷要在塞上建都,必须用武力强徙大批人口充实这一片荒芜已久的区域,为使平城尽快繁盛起来,北魏统治者的迁移行为不免带有相当明显的政治性和为充实扩大规模而急于实施的盲目性;另一方面,在当时社会生产力条件下,代都地区的自然条件决定了它对人口的承载力是相当薄弱的,尤其是在灾害频仍、百姓饥馑的状况下,唯一可行的解决办法便是迁出这一地区饥贫之人或不能自存者。灾情越严重,迁出的人口也就越多,人口迁出虽然暂时缓解了代都地区粮食严重不足的矛盾,但其负面作用也是不容低估的。劳动力缺乏会使代都地区的农业生产雪上加霜。面对这一无法摆脱的难题,热心于汉化的孝文帝便义无反顾地把迁都洛阳作为万全之策,将这一问题提上了议事日程。

至太和十七年(493),孝文帝以南伐名义出征,胁迫群臣同意迁都洛阳。太和十八年(494),孝文帝首先迁至洛阳,迁都事宜紧锣密鼓地进行。太和十九年(495)七月,孝文帝下诏:"迁洛之民,死葬河南,不得还北。"于是代人南迁者,悉为河南洛阳人。至九月,"六宫及文武尽迁洛阳"②。至此,迁都洛阳之举大功告成。

迁都洛阳是北魏历史上的一个重大转折点,是拓跋鲜卑走向全面汉化的里程碑,也是以代都地区人口为主体的一次大规模南迁。许多从事于南北朝史研究的学者对这一事件做出了相当深入的探讨,如葛剑雄先生就从移民史的角度对拓跋鲜卑南迁洛阳的问题进行了十分精当的分析,在此不做重复。但由于这是山西移民史上的重

① 葛剑雄《中国人口发展史》,第408页。

② 《魏书》卷七下《高祖纪下》,第178页。

大事件，对中国历史民族地理影响深远，有必要做一些补充说明。

这首先是一次由官方筹划组织的人口迁移行动，迁出地为代都京畿地区，也就是今山西雁北地区，规模庞大。据葛先生推算，由平城一带迁入洛阳的移民不会少于108万。① 造成如此庞大的移民集群的原因是多方面的，其中有两大因素特别值得注意。其一是北魏官僚机构的臃肿庞大，拓跋鲜卑贵族群体数量相当惊人。孝文帝反复督促及强迫的正是这批人，数量众多的贵族官僚及其眷属绝大多数进入了洛阳，而他们及其奴役的人口构成了当时洛阳城内居民的主体。其二，前面我们已经较系统地讨论了代都地区在迁都之前人口迁出的问题，证明了代都一带自然环境已成为当地居民安居乐业的最大障碍。而平城本身就是由各地移民组成的新兴都会，因此迁都洛阳是绝大多数原来被移于平城的汉人求之不得的机会，所以我们在文献中看到这次大规模南迁是相当顺利的，北魏朝廷给予"代迁之户"许多优惠条件，如赐田、免租等，估计雁北地区绝大多数汉人加入南迁的行列，入居洛阳。

迁都的反对者主要是拓跋鲜卑本族之守旧者。经过反复的斗争，北魏朝廷也不得不做出让步，如出现"冬则居南，夏则居北"的"雁臣"，其实他们的主要居住地还是在塞外。直到熙平二年(517)，孝明帝甚至允许这些人留居下来。诏书曰："北京根旧，帝业所基，南迁二纪，犹有留住。怀本乐故，未能自遣，若未迁者，悉可听其仍停，安堵永业。……周之子孙，汉之刘族，遍于海内，咸致蕃衍，岂拘南北千里而已哉！"② 证明在南迁洛阳二十多年之后，仍有不少拓跋鲜卑族人留在代都一带居住。但他们在数量上恐怕只占原来代都人口的极小比例了。从大规模连续性的迁入，到较彻底的大迁出，以平城为中心的代都地区如此巨大的变迁，其原因是多方面的，留给后人的启示也是相当深刻的。

三、六镇人士的迁徙

在《乌桓与鲜卑》一书中，马长寿先生强调指出了拓跋鲜卑两次大规模的南迁运动都有力促进了其汉化程度：第一次大规模迁移即为太和年间迁都洛阳，第二次大规模南迁是六镇起义失败后代郡和六镇鲜卑的南下。③ 如果说迁都洛阳，是以皇族及鲜卑贵族集团为核心，那么，六镇事变过后的南迁，就是以普通鲜卑军士与百姓为中

① 参见《中国移民史》第二卷第十三章第三节"南迁洛阳"。

② 《魏书》卷九《肃宗纪》，第226~227页。

③ 参见《乌桓与鲜卑》第一章第四节《拓跋鲜卑的两次南迁及其汉化》，第69~111页。

心了。当然,迁徙往往都是双向的,相为因果的。六镇人士南迁运动也是如此。南迁运动的前提条件,正是各族人士向六镇地区的迁移及聚集。

(一)向六镇地区的迁移

北魏前期与中期,游牧于蒙古高原上的柔然(文献亦习称"蠕蠕")与高车实力强盛,成为北魏边防安全的最大威胁。出于重要的军事防御战略需要,北魏着意派遣、迁徙大量将领与军士及其家眷驻守北方缘边诸镇,北方缘边诸镇也因此成为鲜卑军事贵族及军士聚居之地。北魏末年,魏兰根曾指出:"缘边诸镇,控摄长远。昔时初置,地广人稀,或征发中原强宗子弟,或国之肺腑,寄以爪牙。"①日积月累,在北方诸镇形成了颇具特色的边镇军事集团。这一集团在北朝历史上发挥了极为特殊的作用。这里涉及当时北迁人口的类型,如中原强宗、鲜卑贵族子弟等。

当时以良家子戍守六镇的记载有很大的代表性。如:

1. 窦泰,"字世宁,大安捍殊人也。本出清河观津胄,祖罗,魏统万镇将,因居北边"。

2. 潘乐,"字相贵,广宁石门人也。本广宗大族,魏世分镇北边,因家焉"。

3. 段荣,"字子茂,姑臧武威人也。祖信,仕沮渠氏,后入魏,以豪族徙北边,仍家于五原郡"。

4. 孙腾,"字龙雀,咸阳石安人也。祖通,仕沮渠氏为中书舍人,沮渠灭,入魏,因居北边"。②

北周创立者宇文泰一家的经历相当典型,集中反映了当时北镇人士的迁徙状况。其先祖宇文陵,曾为后燕将领,后归附北魏。"天兴初,徙豪杰于代都,陵随例迁武川焉。"其手下辅弼将领的家族也大都有北迁经历,并引出了"代郡武川"现象。③ 如:

1. 贺拔胜,神武尖山人,"祖尔头,骁勇绝伦,以良家子镇武川,因家焉"。

2. 寇洛,上谷昌平人,"父延寿,和平中,以良家子镇武川,因家焉"。

3. 赵贵,天水南安人,"祖仁,以良家子镇武川,因家焉"。

4. 独孤信,云中人,"祖俟尼,和平中,以良家子自云中镇武川,因家焉"。

---

① 《北齐书》卷二三《魏兰根传》,第 329 页。

② 参见《北齐书》诸人传记。

③ 这一记载其实混淆了两个"武川"的概念,武川镇与"代郡武川"是不同的地域名称,北魏六镇之一——武川镇在今内蒙古自治区武川县西,而"代郡武川"应在代郡之内,即武州县或武周县之别称,治今山西省左云县。参见拙文《"代郡武川"辨析》,载于《历史地理》第十三辑,上海人民出版社 1996 年出版。

5. 侯莫陈崇，代郡武川人，“祖允，以良家子镇武川，因家焉”。

6. 梁御，“其先安定人也。后因官北边，遂家于武川”，改姓纥豆陵氏。

7. 杨忠，“高祖元寿，魏初，为武川镇司马，因家于神武树颓焉”。

8. 王盟，其先乐浪人，父罴，魏伏波将军，“以良家子镇武川，因家焉”。

9. 贺兰祥，其祖“有以良家子镇武川者”，因家焉。①

和平为魏文成帝年号，“和平年间”，即从460年至465年，可能是六镇人士北迁较为集中的时期。虽然从姓氏区别，六镇人士之间似乎有种类的不同，然就民族归属而言，六镇人士为鲜卑化集团，已成为学术界的共识。如高欢一家“既累世北边，故习其俗，遂同鲜卑”②。

（二）六镇人士的南迁

北魏末年，北方六镇哗变，这也成为当地人口结构和数量变化的转折点。边镇人士大都避难南迁，其迁徙轨迹也颇有一致性，或先至河北，加入鲜于修礼及葛荣部，葛荣败后，归附尔朱荣；或直接投奔并州尔朱荣部。

尔朱荣在军事上最辉煌的胜利是北魏永安元年（528）大破葛荣之军，从而引发了一场向今山西地区的大规模移民。会战地点在相州之滏口（今河北省磁县西北）。当时葛荣“众号百万”，声势浩大。尔朱荣设奇计，获得大捷。尔朱荣对大批俘虏实行优容政策，“荣以贼徒既众，若即分割，恐其疑惧，或更结聚，乃普告勒各从所乐，亲属相随，任所居止。于是群情喜悦，登即四散，数十万众一朝散尽。待出百里之外，乃始分道押领，随便安置，咸得其宜。擢其渠帅，量力授用，新附者咸安。时人服其处分机速”③。葛荣军中有北方六镇的大批将卒，这些人在战后大都跟随尔朱荣进入了今山西地区。如北周太祖宇文泰就身处其中，“会尔朱荣擒葛荣，定河北，太祖随例迁晋阳”④。又如《北齐书·韩贤传》载：“（韩贤）初随葛荣作逆，荣破，随例至并州”。进入今山西境内的葛荣余部后来会集在北齐高祖高欢的麾下。

> 葛荣众流入并、肆（今晋中与忻州两地区之境）者二十余万，为契胡陵暴，皆不聊生，大小二十六反，诛夷者半，犹草窃不止。（尔朱）兆患之，问计于神武（高欢）。神武曰：“六镇反残，不可尽杀，宜选王素腹心者私使统焉。若有犯者，直罪

① 上述记载见《周书》诸人传记内容。

② 《北齐书》卷一《神武帝纪上》，第1页。

③ 《魏书》卷七四《尔朱荣传》，第1650页。

④ 《周书》卷一《文帝纪上》，第2页。

其帅,则所罪者寡。”……兆以神武为诚,遂以委焉。……乃建牙阳曲川(今属山西阳曲),陈部分。……兵士素恶兆而乐神武,于是莫不皆至。①

不久,高欢又托故率大批降众东越太行,进入今河北地区。“以并、肆频岁霜旱,降户掘黄鼠而食之,皆面无谷色,徒污人国土,请令就食山东,待温饱而处分之。(尔朱)兆从其议。”②经过休整之后,高欢于永熙元年(532)起兵返并州,“尔朱兆大掠晋阳,北保秀容。并州平。神武(高欢)以晋阳四塞,乃建大丞相府而定居焉”③。从此,高欢就以并州作为自身霸业的根基所在,开始了对山西(除河东)的苦心经营。天平元年(534)北魏王朝一分为二,孝静帝在高欢挟持下,迁都于邺(今河北省临漳县西南)。但高欢仍定居于晋阳,同时,“自是军国政务,皆归相府”④。据此,我们估计六镇将士大都又随高欢回到了并州境内。

又如高欢先从杜洛周反于上谷,后逃奔葛荣,又转投尔朱荣,且占据了并州。葛荣败后,“葛荣众流入并、肆者二十余万”。高欢占据冀州自立,其手下“建义”将领也大都经历了类似的迁徙之路。如:

1. 尉景,“魏孝昌中,北镇反,景与神武(高欢)入杜洛周中,仍共归尔朱荣”。

2. 段荣,“荣遇乱,与乡旧携妻子,南趣平城。属杜洛周为乱,荣与高祖谋诛之,事不捷,共奔尔朱荣”。

3. 张保洛,“魏孝昌中,北镇扰乱,保洛亦随众南下。葛荣僭逆,以保洛为领左右。荣败,仍为尔朱荣统军”。

4. 张琼,代人,“随葛荣为乱,荣败,尔朱荣以为都督”。

5. 步大汗萨,“正光末,六镇反乱,萨乃将家避难南下,奔尔朱荣于秀容”。

6. 可朱浑元,“北边扰乱,遂将家属赴定州,值鲜于修礼作乱,元拥众属焉。葛荣并修礼,复以元为梁王。遂奔尔朱荣,以为别将”。

北周创立者宇文泰一家与高欢有着相似的迁徙历程。正光末年,沃野镇人破六汗拔陵率众反叛,宇文泰之父宇文肱被迫带领全族避地中山,参加了鲜于修礼的队伍,葛荣杀掉鲜于修礼后自立,宇文泰成为其手下将领。尔朱荣攻灭葛荣部,“太祖随例迁晋阳”⑤。宇文泰手下著名将领也大多有相似的迁徙经历。如:

---

① 《北齐书》卷一《神武帝纪上》,第4~5页。
② 《北齐书》卷一《神武帝纪上》,第5页。
③ 《北齐书》卷一《神武帝纪上》,第9页。
④ 《北齐书》卷二《神武帝纪下》,第18页。
⑤ 《周书》卷一《文帝纪》,第2页。

1. 寇洛,“正光末,以北边贼起,遂率乡亲避地于并、肆,因从尔朱荣征讨”。

2. 赵贵,“魏孝昌中,天下兵起,贵率乡里避难南迁。属葛荣陷中山,遂被拘逼。荣败,尔朱荣以贵为别将”。

3. 独孤信,“以北边丧乱,避地中山,为葛荣所获”。及尔朱荣“破葛荣,以信为别将”。

4. 窦炽,“魏正光末,北镇扰乱,炽乃随(父)略避地定州,因没于葛荣”。“魏永安元年,尔朱荣破葛荣,炽乃将家随荣于并州”。

5. 段永,“魏正光末,六镇扰乱,遂携老幼,避地中山”。①

东魏、西魏分立,是北朝历史上的重大事件,同样引发了规模可观的迁徙运动。北魏永熙三年(东魏天平元年,534)七月,魏孝武帝从洛阳逃出,入关中依附宇文泰部,都于长安。九月,高欢另立孝静帝,从此东魏、西魏分立。高欢即请迁都于邺。“诏下三日,车驾便发,户四十万狼狈就道。”②当时的迁移运动力量也由此分为两支。高欢部属于北迁的一支。如果按每户五口计算,四十万户应有二百万口。

北魏孝武帝与宇文泰部属于西迁一支。在此前已入关者外,西魏及北周诸臣大都有或从孝武西迁或奉迎的经历,部下兵士也多“山东”(崤山以东)人。如“魏孝武西迁,太祖令(李)贤率骑兵迎卫。时山东之众,多欲逃归。帝乃令贤以精骑三百为殿,众皆惮之,莫敢亡叛”③。又如:

1. 卢辩,“及帝入关,事起仓卒,辩不及至家,单马而从”。

2. 高琳,“魏孝武西迁,从入关。至溱水,为齐神武所追,拒战有功,封巨野县子”。

3. 侯植,“及齐神武逼洛阳,植从魏孝武西迁”。

4. 窦炽,“迁抚军将军,朱衣直阁,遂从帝西迁”。

5. 厍狄峙,“孝武西迁,峙乃弃官(高阳郡守)从入关”。④

北周建德五年(576),宇文邕亲统大军向并州发起总攻,所向克捷,降者相属,于年终攻占了并州,“出齐宫中金银宝器珠翠丽服及宫女二千人,班赐将士”⑤。宇文邕先是在晋阳置宫及六府官,但很快改变了主意。建德六年(577)十二月,“移并州军

① 参见《周书》诸人传记内容。

② 《北齐书》卷一《神武帝纪》,第18页。

③ 《周书》卷二五《李贤传》,第415页。

④ 参见《周书》诸人传记内容。

⑤ 《周书》卷五《武帝纪下》,第99页。

人四万户于关中”,“戊辰,废并州宫及六府”。[①] 这其实又是一次对并州地区割据隐患的清除,从而导致了一场大规模的人口迁徙。北朝时期实行府军制度,军士及其眷属“权置坊府”,不隶州县。这次迁徙的主体便是北齐归降的并州军户(军士及其眷属),数量相当可观,达“四万户”,应为当地军户的全部,总口数当有数十万。迁徙地点为关中,即长安及其周围地区。北周很快易权于隋,这数万军户的去存就成为引人关注的问题。隋炀帝即位之时(604)曾在诏书中提及当时“并州移户复在河南。周迁殷人,意在于此”[②]。文中所记“并州移户”,应该就是原来的并州军户,其时已基本进入了河南洛阳一带。据载,北周在大象初年(579)就开始了对洛阳地区的重建[③],后来隋朝也将洛阳立为东都,隋炀帝曾大力营建洛阳,甚至“徙天下富商大贾数万家于东京”[④],大批并州军户很有可能是在营建洛阳过程中转入了河南地区。

第四节　北朝时期“稽胡”的分布与迁徙

自东汉以后,匈奴开始迁入塞内,至西晋时期已形成“并州之胡”。“十六国”时期刘氏汉与赵政权的崛起,应该是内迁匈奴势力发展至极盛的标志。至南北朝时期内迁匈奴的后裔形成了“稽胡”集团。“稽胡”,又称“山胡”,是北朝境内势力最强盛的部族集团之一,其聚居区集中于今天山西西部吕梁山区及陕西东部地区。

至迟到北魏前期,并州境内的“山胡”与黄河中游以西地区的“河西胡”已引起世人的关注,其主要聚居区就在今天的山西吕梁地区与陕西北部地区。北魏统治者虽曾多次对“山胡”进行大规模进攻,但收效不大,“山胡”的势力甚至日益强盛,成为北朝统治者的心腹大患,时至北魏末年,甚至形成“胡荒”,“汾、晋之间略无宁岁”[⑤]。东魏、西魏分立局面形成后,以并州晋阳为根基的北齐政权对“山胡”进行了多次大规模的打击,将大批“山胡”部众外迁。与此同时,北周宇文泰等人也出兵穷讨,打击并试图解散其境内山胡部落。[⑥] 然而,这些措施并没能完全清除“山胡”的影响,直到隋代

---

① 《周书》卷五《武帝纪下》,第 105 页。

② 《隋书》卷三《炀帝纪上》,第 61 页。

③ 参见《周书》卷七《宣帝纪》。

④ 《隋书》卷三《炀帝纪上》,第 63 页。

⑤ 参见《周书·稽胡传》与《北史·稽胡传》。

⑥ 参见《北齐书》卷一、二《神武纪(上、下)》,《周书》卷二七《韩果传》等。

以及唐代前期,依然还有相当数量的“山胡”活跃在黄河两岸地区。①

一、北魏前期“山胡”在并州地区的活动及其分布

(一)“稽胡”聚居区的文化特征与形成背景

关于“稽胡”聚居区的风俗特征,《北史·稽胡传》载:

稽胡一曰步落稽,盖匈奴别种,刘元海五部之苗裔也。或云山戎赤狄之后。自离石以西,安定以东,方七八百里,居山谷间,种落繁炽。其俗土著,亦知种田,地少桑蚕,多衣麻布。其丈夫衣服及死亡殡葬,与中夏略同;妇人则多贯蜃贝以为耳颈饰。与华人错居。其渠帅颇识文字,言语类夷狄,因译乃通。蹲踞无礼,贪而忍害。俗好淫秽,女尤甚,将嫁之夕,方与淫者叙离,夫氏闻之,以多为贵。既嫁,颇亦防闲,有犯奸者,随事惩罚。又兄弟死者,皆纳其妻。虽分统郡县,列于编户,然轻其徭赋,有异华人。山谷阻深者,又未尽役属,而凶悍恃险,数为寇。②

与其他文献资料相参证,我们可以对今山西境内的“山胡”情况有一些较全面的认识:

首先,“山胡”分布范围相当广,“自离石以西,安定以东,方七八百里”。安定即今甘肃省泾川县北,离石即今山西省吕梁市离石区,显然这种描述过于疏阔。我们发现,史料中往往以居留中心地为各地“山胡”命名,而这正为我们确定其活动区域提供了方便。这类名号有“离石胡”“西河胡”“吐京(今吕梁石楼)胡”“河西胡”“并州胡”“上郡胡”“汾州吐京胡”等。③ 又《周书·韦孝宽传》载:“汾州之北,离石以南,悉是生胡,抄掠居人,阻断河路”。《周书》所载是以北周辖境为限。以黄河一线为界,“稽胡”聚居区可分为东、西二部,而东部应为当时中国北方“山胡”或“稽胡”居留最集中的区域。这一区域又以离石、吐京为核心,完全覆盖了今天的吕梁地区。居住于黄河以西的“稽胡”,被称为“河西山胡”。西部“稽胡”聚居区则涉及今天陕西北部及甘肃东部地区。又据《周书·稽胡传》记载,当时“稽胡”聚居的河西州县有:夏州(治今陕西省靖边县北)、延州(治今陕西省延安市)、丹州(治今陕西省宜川县东北)、绥

---

① 关于“稽胡”或“山胡”较有代表性的研究成果有:吕思勉《胡考》,载于《吕思勉读史札记》,上海古籍出版社1987年出版;林幹《稽胡(山胡)略考》,《社会科学战线》1984年第1期等。

② 《北史》卷九六《稽胡传》,第3194页。

③ 参见《魏书》诸帝《本纪》记载。

州（治今陕西省绥德县）、银州（治今陕西省榆林市横山区东）等，集中于今陕西省境内。

其次，由于“山胡”“居山谷间”，再加上当地原属长城以南农耕区及华夏族系聚居区，因此，“稽胡”部众无论在生产方式还是在习俗上与纯粹的游牧民族已有相当明显的差距，其文化属性具有明显的过渡性与交叉特色。崇山峻岭间的丘陵地带缺乏从事游牧业的客观条件，同时，“与华人错居”，“稽胡”之众已掌握初步的农业生产与纺织技术，如“其俗土著，亦知种田，地少桑蚕，多衣麻布”，长期与汉人共同生活，不可避免地受到汉人文化风俗的薰染。如“其丈夫衣服及死亡殡葬，与中夏略同”，“其渠帅颇识文字”等。

再次，即使如此，“山胡”本身依然保存着浓厚的原始游牧民族特征，与华夏族系文化风俗的差异同样是显而易见的。其主要表现为：1. 保持本民族特有的语言。“稽胡”“言语类夷狄，因译乃通”。2. 保持收继婚等原始习俗。如“俗好淫秽，女尤甚，将嫁之夕，方与淫者叙离，夫氏闻之，以多为贵”。“又兄弟死者，皆纳其妻。”

总之，《周书》作者的意见是准确而合理的，即认为“稽胡”乃“匈奴别种，刘元海五部之苗裔也”。“刘元海五部”正是入居长城以南的南匈奴部众的总称，“稽胡”是在十六国动荡之余原南匈奴部众在黄河中游地区的遗存。“分统郡县，列于编户，然轻其徭赋，有异华人”的统辖方式，也正与东汉以来中央政权对南匈奴的政策一脉相承。然而“稽胡”聚居区的独立性也不可忽视，如“山谷阻深者，又未尽役属”。前文已提到，“稽胡”又恰恰主要“居山谷间”，可见，当时中央政权深有鞭长莫及之感。

南北朝时期“山胡”或“稽胡”聚居区的形成还有两方面的客观条件。一是吕梁及陕西北部地区的自然环境状况。这一地区自然气候环境较恶劣，农业生产的条件较差，在很大程度上限制了当地经济与文化的发展。如吕梁山脉从北向南纵贯山西西部地区，适合农业生产的、较为平坦的地块均在吕梁山脉东侧，为太原盆地的边缘。吕梁山脉以西至黄河基本上是丘陵山地，境内山势险峻，道路崎岖，与山西其他地区相比，人烟稀少，农业生产比较落后，在生产条件比较原始的古代更是如此。特别是吕梁山脉以西，由于群山环绕，与外界交通不便，形成相当封闭的自然区域，恰好为“山胡”提供了适宜的栖身之地。这绝非偶然的巧合。

二是当地汉人的稀少。在北朝统治时期，上述“稽胡”聚居区属汾州辖境。据《魏书·地形志》，汾州“领郡四，县十，户六千八百二十六，口三万一千二百一十”，境

内户口分布状况如下表①:

郡　名	户　数	口　数
西河郡	5388	25388
吐京郡	384	1513
五城郡	257	1101
定阳郡	797	3208

《魏书·地形志》所记应为其辖境内的汉人户口。首先,抛开《地形志》本身的问题,上述直观的数量指标即有利于帮助我们了解"稽胡"聚居区的形成。汾州几郡之中,西河郡在离石以东,所辖介休等县今属晋中,其户口占汾州总户口的80%以上。其余三郡户口相加不到总户口的20%,"稽胡"较为集中的地区如吐京,汉人户历历可数。作为"山胡"聚居中心区的离石却没有任何记录。在北周军队的讨伐记载中,"稽胡"俘虏数量相当可观,足以证明当地"稽胡"数量之庞大。其次,这些数字本身还值得推敲。查《魏书·地形志》,吐京郡、五城郡、定阳郡三郡下均有"孝昌中陷,寄治西河"的记载,明确了自北魏孝昌年间丧乱后,上述三郡实际已废弃,其郡中汉人居民之大部必随之外迁,故孝昌以后,当地更可能成为"山胡"控制的地盘。在人口比例上,"稽胡"必居当地居民的绝对多数,这正是吕梁地区成为"稽胡"文化区的客观基础。② 另外,北魏统治者在征伐"山胡"的同时,还有意迁走当地的汉人,这同样有助于增加"山胡"部众所占人口比例。如太平真君九年(448)二月,"徙西河离石民五千余家于京师(今山西省大同市)"③。"五千余"并不是一个十分惊人的数字,但对于汉人本身就较稀少的西河郡来说,其影响就不同寻常了,我们可以设想当地汉人的稀少。这一切无疑都为吕梁地区"稽胡"聚居区的形成创造了便利条件。总之,北朝时期并州境内"山胡"与"河西胡"的出现并非偶然,是数百年来匈奴人陆续入居中原地区的特有成果,是山、陕两地文化史上具有特殊意义的重要课题。

---

① 参见《魏书》卷一〇六上《地形志上》,第2483~2484页。

② 谭其骧先生在黄河史研究中,曾细致地考察两汉时期黄河中游地区的人口状况。谭先生指出,由于匈奴等游牧民族的南迁,至东汉时期至少在边郡十郡范围内(包括吕梁地区),汉人已成了少数民族之一。谭先生进而以此为依据,对东汉以后黄河安流问题提出了创见。参见《何以黄河在东汉以后会出现一个长期安流的局面》[载于《长水集》(下),人民出版社1987年版,第1~32页]。北方游牧民族南迁的复杂影响由此可见一斑。

③ 《魏书》卷四《太武帝纪》,第102页。

(二)北魏时期“稽胡”分布区的变迁

拓跋鲜卑进入中原地区之先,特别是进据并州时,与今山西境内的匈奴人发生了初次交锋。如295年,“是岁,穆帝(拓跋猗卢)始出并州,迁杂胡北徙云中、五原、朔方”①。当时正值西晋丧乱初起,显然拓跋鲜卑也将并州境内部众繁多的“胡”作为攻击的主要目标。拓跋猗卢先后数次出兵帮助刘琨打退刘聪军队的进犯,并将铁弗刘虎的部众驱赶出新兴地区(今山西省忻州市一带)。在这一过程中,不少匈奴人进入了拓跋鲜卑部落之中。如314年,“会石勒擒王浚,国有匈奴杂胡万余家,多勒种类,闻勒破幽州,乃谋为乱,欲以应勒,发觉,伏诛”②。拓跋什翼犍在位期间,曾给铁弗刘卫辰以沉重打击,但在前秦军队的攻击下,代政权一度陷于解体。今山西北部地区依然是铁弗人的势力范围。

北魏道武帝拓跋珪在复国之后,首先借助于后燕的军事力量,兼并了雁北地区的刘显部落;然后西渡黄河,彻底消灭了铁弗刘卫辰。许多降附的“胡”人部落又回到山西雁北地区。如登国六年(391),“山胡酋大幡颓、业易于等率三千余家降附,出居于马邑(今山西省朔州市)”③。393年,后燕军队进攻盘据于长子一带的慕容永政权,慕容永求救于拓跋珪,拓跋珪即派将士前去营救。不料慕容永方面不堪一击,很快溃败,代政权之军队在无奈回师之际,将所经地区的“山胡”强制迁走,当时代政权之军队“次于秀容(今忻州市一带),破山胡部高车门等,徙其部落”④。

皇始元年(396),拓跋珪在平定并州之后,继续将并州境内的“山胡”向塞上迁徙,这引起了“山胡”部落的反抗。天兴元年(398)三月,“离石胡帅呼延铁、西河胡帅张崇等不乐内徙,聚党反叛。岳(庾业延得赐名岳)率骑三千,讨破之,斩铁擒崇,搜山穷讨,散其余党”⑤。经过这次打击,“山胡”反叛的势头受到强有力的遏制,如天兴二年(399),“西河胡帅护诺于、丁零帅翟同、蜀帅韩砻,并相率内附”⑥。从上述文献中我们发现,拓跋鲜卑进居并州地区的主要威胁来自境内的匈奴人,时称“山胡”,他们在山西居留与活动的中心区域在离石与西河一带(今山西吕梁一带)。关于其部众之多以及势力之强盛,我们可以从明元帝在位期间“胡”人的反叛中窥其一二。

---

① 《魏书》卷一《序纪》,第6页。
② 《魏书》卷一《序纪》,第8页。
③ 《魏书》卷二《太祖纪》,第24页。
④ 《魏书》卷二八《庾业延传》,第684页。
⑤ 《魏书》卷二八《庾业延传》,第684页。
⑥ 《魏书》卷二《太祖纪》,第36页。

明元帝即位后，“山胡”问题引起他的高度重视。永兴二年(410)冬十二月，“诏将军周观率众诣西河离石，镇抚山胡”。永兴三年(411)二月，“诏北新侯安同等持节循行并、定二州及诸山居杂胡、丁零，问其疾苦，察举守宰不法；其冤穷失职、强弱相陵、孤寒不能自存者，各以事闻”①。当时中国北部的军事形势相当复杂，黄河以西赫连勃勃和姚兴等部的招引，使得离石、西河等地“胡”人对北魏政权叛附不定。永兴五年(413)，“吐京(今山西省石楼县)胡与离石胡出以兵等叛，置立将校，外引赫连屈丐”②。魏将元屈、刘洁等率军讨伐，由于赫连屈丐骑兵出击，魏军遭到惨败。后来魏并州刺史楼伏连招诱“西河胡”曹成等人，攻杀赫连勃勃所置吐京护军及其将士，才夺回了对这一地区的控制权。③

明元帝在位时期还发生了黄河以西“胡”人部族大批渡河内附的事情，这些部族在渡河之后，进入了并州地区。如据《魏书·太宗纪》，神瑞元年(414)六月，“河西胡酋刘遮、刘退孤率部落等万余家，渡河内属”。二年(415)二月，“河西胡刘云等，率数万户内附”。由于数量庞大，再加上北魏官府安置不力，导致神瑞二年(415)大规模的暴乱，“河西饥胡屯聚上党，推白亚栗斯为盟主，号大将军，反于上党，自号单于，称建平元年，以司马顺宰为之谋主”④。明元帝先遣公孙表率军讨伐，由于轻敌，几乎全军覆没。⑤ 后改派叔孙建督军再战，获得大捷，“斩首万余级。余众奔走，投沁而死，水为不流，虏其众十万余口”⑥。对这“十万余口”“胡”人俘虏的安置，史载不明，估计最具可能性的方式是将其徙入代都京畿(今山西雁北地区)一带。

魏太武帝拓跋焘即位后，“胡”人依然影响着并州地区的局势。神䴥元年(428)，“时并州胡酋田卜(《魏书·世祖纪》作‘卜田’)谋反诛，余众不安，遣(王建子)斤镇虑虒(在今山西省忻州市)以抚慰之。斤绥静胡魏，甚收声称”⑦。延和三年(434)，拓跋焘率军队对西河地区叛乱的“山胡”进行了一次大规模打击。

> (秋七月)壬午，行幸美稷，遂至隰城(今山西省汾阳市)。命诸军讨山胡白龙于西河。九月戊子，克之，斩白龙及其将帅，屠其城。……(十月)甲午，破白龙

① 《魏书》卷三《太宗纪》，第51页。
② 《魏书》卷一四《神元平文诸帝子孙传》，第365页。
③ 《魏书》卷三〇《楼伏连传》，第717页。
④ 《魏书》卷三《太宗纪》，第55页。
⑤ 参见《魏书》卷三三《公孙表传》。
⑥ 《魏书》卷二九《叔孙建传》，第703页。
⑦ 《魏书》卷三〇《王建传》，第711页。

余党于五原。诏山胡为白龙所逼及归降者，听为平民。诸与白龙同恶，斩数千人，虏其妻子，班赐将士有差。[1]

这条材料所记，除了“虏其妻子”，并无将这一带“山胡”徙走的迹象。在屠戮之余的“山胡”一般只是“听为平民”。在这次打击后，这一区域的“山胡”又聚集在吐京（今山西省石楼县）一带，对并州地方官府构成新的威胁。拓跋焘在四处征伐之余，也不得不腾出手来专门解决这一难题。太平真君六年（445）二月，拓跋焘“西至吐京，讨徙叛胡，出配郡县”[2]。显然魏太武帝在这次征讨之后使用了迁徙的手段，“出配郡县”，但文献对所徙郡县缺乏记载，估计应以并州其他郡县为主。至于迁出的规模，也难以估计。

在经过多次打击之后，并州地区的“山胡”势力大为减弱，但“山胡”问题依然困扰着北魏朝廷，并且形势变得日趋复杂。如太平真君八年（447）变乱又起。“春正月，吐京胡阻险为盗。诏征东将军武昌王提、征南将军淮南王他讨之，不下。山胡曹仆浑等渡河西，保山以自固，招引朔方诸胡。”“二月己卯，高凉王那等自安定讨平朔方胡，因与提等合军，共攻仆浑，斩之，其众赴险死者以万数。”[3]这又是一次大规模的“山胡”叛乱，他们在北魏军队的攻击下，西渡黄河，进入河西地区继续抵抗，并与“河西胡”联合起来作战，这无疑增加了北魏军队征讨的难度。北魏政权在打击“山胡”之后，力图彻底消除这一地区叛乱的隐患，从而进行了一场较大规模的移民。太平真君九年（448）二月，“徙西河离石民五千余家于京师”[4]。“五千余家”至少也有二万之众，这一带因丛山叠嶂，地势崎岖，人口本来就较为稀少，这次大迁移几乎将这一地区居留的人全部迁走。事实证明，这种做法虽然使这一区域保持了较长时间的平静，但无法从根本上解决问题。一旦时机来临，“胡”人又会在这广阔的区域里聚集起来，对抗北魏朝廷。

在经受北魏军队多次进击之后，并州地区的“山胡”逐渐将基地移往黄河以西，吕梁地区则成为其进犯所波及的主要地区之一。北魏文成帝在位期间曾有一次对“叛胡”的讨伐，结果无功而返。460 年，“先是，河西诸胡，亡匿避命。（皮）豹子及前泾州刺史封阿君督河西诸军南趣石楼（今山西省石楼县），与卫大将军、乐安王良以讨群

① 《魏书》卷四《世祖纪下》，第 84 页。
② 《魏书》卷四《世祖纪下》，第 98 页。
③ 《魏书》卷四《世祖纪下》，第 101 页。
④ 《魏书》卷四《世祖纪下》，第 102 页。

胡。豹子等与贼相对,不觉胡走,无捷而还"①。六月,"河西叛胡诣长安首罪,遣使者安慰之"②。献文帝即位后,"河西胡"的叛乱又侵及西河,但同样很快恢复了平静。皇兴年间,"河西羌胡领部落反叛,显祖亲征,命(李)洪之与侍中、东郡王陆定总统诸军。舆驾至并州,诏洪之为河西都将讨山胡。皆保险拒战。洪之筑垒于石楼南白鸡原以对之。诸将悉欲进攻,洪之乃开以大信,听其复业,胡人遂降"③。

北魏孝文帝在位期间发生了两次较有影响的"山胡"叛乱。一次发生在太和十二年(488),"时西河胡叛,(吐京镇将穆)罴欲讨之,而离石都将郭洛头拒违不从。罴遂上表自劾,以威不摄(同慑)下,请就刑戮。高祖乃免洛头官。山胡刘什婆寇掠郡县,罴讨灭之。自是部内肃然,莫不敬惮。后改吐京镇为汾州,仍以罴为刺史"④。另一次是在太和二十年(496)前后,"吐京胡反,自号辛支王。(奚)康生为军主,从章武王(元)彬讨之。……彬甲卒七千,与胡对战,分为五军,四军俱败,康生军独全。……因俘其牛羊驼马以万数"⑤。以西河、离石、吐京三镇为核心的大片区域是"山胡"活动的中心地带,而这一区域"山胡"的叛乱屡禁不止,每次变乱参与人数虽不惊人,但由于波及面宽,北魏朝廷又不得不慎重对待,结果又是即使兴师动众也无法杜绝,确使北魏朝廷大伤脑筋。如在太和二十年骚乱再起时,汾州刺史元彬曾请动用大军征讨,拓跋宏为此大动肝火,下诏切责,正说明了"山胡"问题的复杂性。⑥ 魏宣武帝即位后,又有一次汾州"山胡"刘龙驹的叛乱,也被魏军平定。⑦ "山胡"叛乱逐渐被迅速平定,可从一个侧面看出北魏政权的强盛,然而问题依然没有根绝,到北魏末年,北方大乱,"山胡"仍然成为影响并州地区安危的主要势力之一。

正光年间以破六韩拔陵为首的北方六镇起事,是北魏政局走向衰落的转折点,同时"汾胡"的叛乱再起,其规模超出了以往任何一个时期,其声势也是一波未平一波又起,而且在组织方面利用了宗教形式。北魏官府派军打击,收效甚微。

> [孝昌二年(526)]时汾州吐京群胡薛羽等作逆,以(裴)良兼尚书左丞,为西北道行台。……贼并力攻逼,诏遣行台裴延俊,大都督、章武王融,都督宗正珍孙

① 《魏书》卷五一《皮豹子传》,第1132页。
② 《魏书》卷五《高宗纪》,第118~119页。
③ 《魏书》卷八九《李洪之传》,第1919页。
④ 《魏书》卷二七《穆崇附罴传》,第666页。
⑤ 《魏书》卷七三《奚康生传》,第1630页。
⑥ 参见《魏书》卷一九《景穆十二王传》,第513页。
⑦ 参见《魏书》卷八《世宗纪》,第210页。

等赴援。时有五城郡(今山西省吉县北)山胡冯宜都、贺悦回成等以妖妄惑众,假称帝号,服素衣,持白伞白幡,率诸逆众,于云台郊抗拒王师。……又山胡刘蠡升自云圣术,胡人信之,咸相影附,旬日之间,逆徒还振。……良以饥窘,因与城人奔赴西河(今山西省汾阳市)。汾州之治西河,自良始也。①

《魏书·裴庆孙传》又载:"正光末,汾州吐京群胡薛悉公、马牒腾并自立为王,聚党作逆,众至数万。……于后贼复鸠集,北连蠡升,南通绛蜀,凶徒转盛。"从上述文献中可以看出,正光末年"山胡"的叛乱具有鲜明的特征:首先,规模大,参与人数多,而且自立为王的首领也为数不少。其次,带有浓厚的宗教色彩,以刘蠡升为代表,具有很强的影响力。再次,这场暴乱波及范围广,持续时间长。北魏汾州州治被迫从蒲子城(今山西省隰县)北移至西河(今山西省汾阳市)。这必然引发当地民户的外迁。"民经贼乱之后,率多逃窜。"②此外,北至忻州,东至晋中中部的广大区域都受到"山胡"的威胁。北魏官府在无力平定的情况下,只好任其自然地抛弃不顾。这种状况一直持续到东魏、西魏分立之后,对并州中部地区影响最大。

在北魏末年的"山胡"叛乱中,以刘蠡升为首的势力影响最大,"魏孝昌(525—527)中,有刘蠡升者,居云阳谷,自称天子,立年号,署百官。属魏氏政乱,力不能讨。蠡升遂分遣部众,抄掠居民,汾、晋之间,略无宁岁"③。

二、北朝后期"稽胡"的迁徙

(一)东魏及北齐时"稽胡"的分布与迁徙

北魏时期,山西境内除了西河、吐京与汾州(今山西省吕梁市及附近区域)一带为"山胡"活动区,还有秀容(今山西省忻州市)以尔朱氏为首的"契胡"部落。史载尔朱荣之高祖尔朱羽健在北魏登国年间归附拓跋鲜卑,因功居官,"以居秀容川,诏割方三百里封之,长为世业"。魏孝文帝太和年间迁都洛阳,时值尔朱荣父尔朱新兴继任酋长,"特听冬朝京师,夏归部落"。"新兴每春秋二时,恒与妻子阅畜牧于川泽,射猎自娱。"④据此可知,山西忻州地区在北魏时期主要为少数部族所居,以尔朱氏为首的"契胡"部落为其主要代表。正光年间,政局不稳,人心思乱,忻州一带少数部族乘隙

① 《魏书》卷六九《裴延儁附裴良、裴庆孙传》,第1531页。
② 《魏书》卷六九《裴延儁附裴良、裴庆孙传》,第1532页。
③ 《周书》卷四九《异域上》,第897页。
④ 《魏书》卷七四《尔朱荣传》,第1644页。

而起，尔朱荣的势力也因此膨胀，控制了并州地区。如"秀容内附胡民乞扶莫于破郡，杀太守；南秀容牧子万子乞真反叛，杀太仆卿陆延；并州牧子素和婆崘崄作逆。荣并前后讨平之"。又"内附叛胡乞、步落坚胡刘阿如等作乱瓜（应为汾之讹）、肆……荣并灭之"[1]。同时尔朱荣对汾州一带"山胡"采取怀柔政策，如"孝昌中，尔朱荣既据并肆（今晋中与忻州一带），以汾州胡逆，表加（太原人王）椿征虏将军、都督，慰劳汾胡。汾胡与椿比州，服其声望，所在降下"[2]。

高欢占据并州之后，面临的最大难题就是"胡荒"。"初，孝昌中，山胡刘蠡升自称天子，年号神嘉，居云阳谷，西土岁被其寇，谓之胡荒。"[3]也就是说，山西境内"山胡"问题在北魏丧乱之时呈愈演愈烈状态。从天平二年（535）开始，高欢及其后继者对并州境内的"山胡"大张挞伐，取得了"赫赫战绩"。东魏及北齐对并州境内"山胡"的战事主要有以下几次：

1. 天平二年（535）三月，高欢潜师袭刘蠡升，"其北部王斩蠡升首以送，其众复立其子南海王"。高欢进袭之，又获南海王"及其弟西海王、北海王、皇后、公卿已下四百余人，胡、魏五万户"。

2. 天平三年（536）九月，"汾州胡王迢触、曹贰龙聚众反，署立百官，年号平都"，高欢讨平之。

3. 武定二年（544）十一月，高欢"讨山胡，破平之，俘获一万余户，分配诸州"。

4. 天保四年（553），"山胡围离石戍"，高洋亲讨之，"未至而逃，因巡三堆戍，大狩而旋"。

5. 天保五年（554）正月，高洋讨"山胡"，大破之，男子十二以上皆斩，"女子及幼弱以赏军士，遂平石楼（今山西省石楼县）。石楼绝险，自魏代所不能至。于是远近山胡，莫不慑服"。[4]

从上述记载中可以看出，在北魏丧乱之时，离石及汾州（今山西省吕梁市周边）一带人口密度及数量相当可观，主要原因之一应是大批汉人（"魏人"）为避难而进入了这一地区。高欢等人掳获民户之众，是前所未有的。其次，高欢在征讨之余采取了迁徙政策，"分配诸州"。此云"诸州"应指东魏所辖之州县，其中并州各地应为主要安

① 《魏书》卷七四《尔朱荣传》，第1645页。
② 《魏书》卷九三《王叡附子椿传》，第1992页。
③ 《北齐书》卷二《神武纪下》，第18页。
④ 以上记载参见《北史》卷六、卷七《齐本纪》。

置地。武定三年(545)高欢曾要求在并州设置晋阳宫,"以处配口"。[①] 这次迁徙行动应主要在今山西中部与西部间进行。据《周书·稽胡传》所载,高洋将所俘刘蠡升亲属及"公卿等"送入了邺都,与一般民户的安置有所不同。这次迁徙的规模也是相当惊人的。天平二年为"胡、魏五万户",武定二年为"一万余户",仅这两次就累计六万余户,至少为二十余万口。估计这些民户有很大部分被迁入并州及肆州(今晋中与忻州两地)。再次,对山西境内"山胡"最残酷的打击发生在天保五年(554)。当时高洋并没有迁徙其民的意图,主要是通过屠杀来进行铲除,"男子十二以上皆斩"。而且高洋军队直抵石楼,清除了前代无法接近的"山胡"最顽固的堡垒。从此北齐境内"山胡"势力被极大地遏制,北齐官府也没有较大规模的讨伐行动了。

(二)西魏及北周时期"稽胡"的分布与迁徙

永熙三年(534)东魏、西魏分立后,洛阳与平阳两座重镇逐渐成为两个政权疆域划分的主要标志。"于是(大统十六年,550)河南自洛阳(今河南省洛阳市),河北自平阳(今山西省临汾市)以东,遂入于齐矣。"[②]也就是说,东魏、西魏及北齐、北周之间在今山西境内的分界是以平阳为准的。平阳以北(包括平阳)为东魏所占领,平阳以南则为西魏所辖。由于今吕梁地区南部紧毗西魏地界,因此汾州"山胡"的活动对西魏及北周在这一片地区的统治都构成了严重威胁。起初西魏在军事上处于劣势,对"山胡"主要持绥抚态度。如大统初年,"稽胡恃险不宾,屡行抄窃,以(杨)檦兼黄门侍郎,往慰抚之。檦颇有权略,能得边情,诱化酋渠,多来款附,乃有随檦入朝者"[③]。元象元年(538),薛修义就任晋州刺史,"招诱胡酋胡垂黎等部落数千口,表置五城郡(治今山西省吉县东北)以安处之"[④]。这些举措一般没有涉及成规模的人口迁移。

西魏及北周所面临的"山胡"问题较为复杂。《周书·稽胡传》载其分布范围是"自离石以西,安定以东,方七八百里,居山谷间,种落繁炽",即以黄河为界,形成了两个"稽胡"聚居中心区:一是汾州及离石等地,一是河西上郡等地。"居河西者,多恃险不宾。"宇文泰起先实施的安抚之策难以持久奏效,在上郡"稽胡"反叛的影响下,"自是北山(今吕梁山一带)诸部,连岁寇暴"[⑤]。据《周书·稽胡传》及其他列传记载,西魏及北周境内"稽胡"反叛及官军讨伐的记载主要有:

---

① 《北齐书》卷二《神武纪下》,第22页。
② 《周书》卷二《文帝纪下》,第33页。
③ 《周书》卷三四《杨檦传》,第591页。
④ 《北齐书》卷二〇《薛修义传》,第277页。
⑤ 《周书》卷四九《稽胡传》,第897页。

1. 大统四年(538),杨绍"出为鄜城郡(治今陕西省富县)守。绍性恕直,兼有威惠,百姓安之。稽胡恃众与险,屡为抄窃。绍率郡兵从侯莫陈崇讨之,匹马先登,破之于默泉之上"。①

2. 大统五年(539),"黑水部众先叛"。②

3. 大统七年(541),"别帅夏州刺史刘平伏又据上郡反"。

4. 武成初(559),延州"稽胡"郝阿保、郝狼皮率其种人依附于齐氏。"阿保自署丞相,狼皮自署柱国,并与其别部刘桑德共为影响。柱国豆卢宁督诸军与延州刺史高琳击破之"。二年(560),"狼皮等余党复叛",大将军韩果讨之,"俘斩甚众"。《周书·韩果传》又载:"胡地险阻,人迹罕至,(韩)果进兵穷讨,散其种落。稽胡惮果劲健,号为著翅人。"

5. "保定中,离石生胡数寇汾北,勋州刺史韦孝宽于险要筑城,置兵粮,以遏其路"。

6. 天和元年(566),"丹州、绥州、银州等部内诸胡,与蒲川别帅郝三郎等又频年逆命。复诏达奚震、辛威、于寔等前后穷讨,散其种落"。

7. 天和二年(567),"延州总管宇文盛率众城银州,稽胡白郁久同、乔是罗等欲邀袭盛军,盛并讨斩之。又破其别帅乔三勿同等"。

8. 天和五年(570),"开府刘雄出绥州,巡检北边,川路稽胡帅乔白郎、乔素勿同等度河逆战,雄复破之"。

9. 建德五年(576),"稽胡"乘北周攻北齐未来得及收拾北齐"所弃甲仗"的时机,"乘间窃出,并盗而有之。乃立蠡升孙没铎为主,号圣武皇帝,年曰石平"。

10. 建德六年(577),周高祖乃以齐王宇文宪为行军元帅,督行军总管赵王宇文招、谯王宇文俭、滕王宇文逌等讨之,"……并破之,斩首万余级"。赵王宇文招"又擒没铎,余众尽降"。

11. 宣政元年(578)九月,"汾州稽胡帅刘受逻千举兵反,诏上柱国、越王盛为行军元帅,率众讨平之"③。"属稽胡反叛,入寇西河。(宇文)神举又率众与越王盛讨平。时突厥与稽胡连和,遣骑赴救。神举以奇兵击之,突厥败走,稽胡于是款服。"④

---

① 《周书》卷二九《杨绍传》,第500页。

② 以下所列数条,除了特别注明者,均见于《周书》卷四九《稽胡传》。

③ 《周书》卷七《宣帝纪》,第117页。

④ 《周书》卷四〇《宇文神举传》,第715页。

事实上,东魏、西魏的分立的确给今山陕地区的“山胡”创造了生存之空间,也给北齐、北周单方面解决“山胡”寇扰问题带来了困难。如《周书·韦孝宽传》载其时“汾州之北,离石以南,悉是生胡,抄掠居人,阻断河路。(汾州刺史韦)孝宽深患之。而地入于齐,无方诛剪”。所以,在西魏及北周时期,“稽胡”的反叛活动比之北魏时期,似乎并不逊色,涉及地域也相当辽阔。我们还注意到,在记载中,“稽胡”并非被迫地抵御官府的打击,而是主动出击,阻挠官府的军事活动。到刘蠡升之孙刘没铎在“稽胡”部众的拥立下再次建立政权,可以说,“稽胡”的发展又达到一个高潮。

即使是在北周攻灭北齐之后,汾州地区依然无法平静下来。如宣政二年“稽胡”降服后,虞庆则就任石州总管,“时稽胡数为反叛,越王盛、内史下大夫高颎讨平之。将班师,颎与盛谋,须文武干略者镇遏之,表请庆则。于是即拜石州总管。甚有威惠,境内清肃,稽胡慕义而归者八千余户”①。又如北周大将郭荣曾镇守汾州,“(周大冢宰宇文)护又以稽胡数为寇乱,使荣绥集之。荣于上郡(鄜城郡,在今陕西省富县)、延安(今陕西省延安市)筑周昌、弘信、广安、招远、咸宁等五城,以遏其要路,稽胡由是不能为寇”②。应该说,当时“稽胡”的反叛仍然对北周造成了相当大的威胁,郭荣筑城所形成的镇遏,影响力实际应该是有限的。

隋朝代周后,山西境内“山胡”甚至成为官府驱役的对象。如杨坚即皇帝位后,“岁余,发南汾州胡千余人北筑长城,在途皆亡。上(隋文帝)呼(汾州刺史韦)冲问计,冲曰:‘皆由牧宰不称所致,请以理绥静,可不劳兵而定。’上因命冲绥怀叛者,月余,并赴长城。上降书劳勉之。寻拜石州刺史,甚得诸胡欢心”③。显然时至隋朝初年,并州“山胡”与官府之间的冲突一度大为缓解,这固然与隋朝强盛的国力有关,同时说明,经过长期的打击之后,“山胡”部族的势力也已处于渐次衰落之中。此外,有一个外在因素是当时威胁中国北方地区百姓生命财产安全的另一个北方民族已经崛起,“山胡”问题相对已居次要地位。这个新兴的北方民族就是突厥。

但至隋末唐初大乱之时,以刘季真等人为代表的“山胡”势力也趁机起事,他们以突厥作为后援,其影响及人口数量也无法低估。如“时稽胡多叛,转(李)琛为隰州总管以镇之。驭众宽简,夷夏安之”④。不过,在大多数情况下,新兴的李唐政权对“稽

① 《隋书》卷四〇《虞庆则传》,第1174页。
② 《隋书》卷五〇《郭荣传》,第1319页。
③ 《北史》卷六四《韦孝宽传附兄子冲传》,第2274~2275页。
④ 《旧唐书》卷六〇《襄武王琛传》,第2347页。

胡”同样采取了武力打击的方式。在遭到残酷打击之后，“稽胡”的记载逐渐地少见于史籍。如隋大业年间，“时稽胡贼五万余人掠宜君（郡，治今陕西省宜君县西南），（窦）轨讨之，行次黄钦山（在今陕西省铜川市西北），与贼相遇……因大破之，斩首千余级，虏男女二万口”①。

作为“稽胡”族群发展的代表性人物，史籍记载当时著名的“稽胡”首领有：

1. 刘季真

“刘季真者，离石胡人也。父龙儿，隋末拥兵数万，自号刘王，以季真为太子。龙儿为虎贲郎将梁德所斩，其众渐散。及义师起，季真与弟六儿复举兵为盗，引刘武周之众攻陷石州。季真北连突厥，自称突利可汗，以六儿为拓定王，甚为边患。”②刘季真的复起可以证明在当时石州一带“山胡”之众还有相当的规模。刘季真曾一度归降唐朝，被授以石州总管之职，并赐姓李氏，封为彭城郡王，足见其也是当时“群雄”中颇具影响力的一位。刘季真所率“稽胡”部众主要集中于石州（治于离石，今山西省吕梁市离石区）一带。

2. 刘仚成

如《旧唐书·隐太子建成传》载：

> （武德）四年（621），稽胡酋帅刘仚成拥部落数万人为边害，又诏建成率师讨之。军次鄜州，与仚成军遇，击大破之，斩首数百级，虏获千余人。建成设诈放其渠帅数十人，并授官爵，令还本所招慰群胡，仚成与胡中大帅亦请降。建成以胡兵尚众，恐有变，将尽杀之。……竟诛降胡六千余人。

可见，刘仚成所部“稽胡”主要分布于鄜州（治洛交县，今陕西省富县）一带。

3. 刘鹞子

如《旧唐书·屈突通传》载，隋大业年间，“有安定人刘迦论举兵反，据雕阴郡，僭号建元，署置百官，有众十余万。稽胡首领刘鹞子聚众与迦论相影响。……通候其无备，简精甲夜袭之，贼众大溃，斩迦论并首级万余，于上郡南山筑为京观，虏男女数万口而还”。文中虽未指明刘迦论为“稽胡”人，不过从其姓氏及其所居地区而言，以及被“稽胡”引为声援力量，可推测其与“稽胡”的关系应该是非常密切的，其所辖部众中也当有不少“稽胡”。

---

① 《旧唐书》卷六一《窦威传附窦轨传》，第2365页。

② 《旧唐书》卷五六《刘季贞（应为真）传》，第2281页。

第五节　南北朝时期西北及西域地区的民族分布与变迁

魏晋时期,西域与中央王朝及中原地区的交通曾一度处于隔绝状态。北魏建立后,通往西域的路线重新畅通起来,使者往复频繁。即使是在历代正史典籍中,“西域”的地域范围同样是多种多样。如《梁书》有《西北诸戎传》,将吐谷浑(河南)、高昌、龟兹、于阗、宕昌、仇池(武兴)乃至塞外的柔然(芮芮)等一并归入其中,《周书》则将边疆民族与地区统称为“异域”,而《隋书》将吐谷浑、党项等分布于今天青藏地区的民族也归于“西域”。如果将两《汉书》所指南北两道诸政权称为传统意义上的“西域”,显然,南北朝时期中原人士认识的“西域”在地域上有了较大程度的扩展。

就其民族分布特征而言,在南北朝时期的西域及西北地区中,出现了两大分野明显的民族聚居区域:一是以吐谷浑为中心的羌族分布区,主要部族有宕昌、邓至、白兰、党项等,较之两汉时期,有了一些明显变化;二是以高昌为代表的传统西域地区,主要邦国有鄯善、于阗、焉耆、疏勒、龟兹等,这些邦国的地理方位大多承袭两汉时的故地。

一、吐谷浑与西部羌族聚居区内的部族集团

关于南北朝时期西北地区羌族聚居区的状况,李延寿在《南史·夷貊传》中称:“河南(吐谷浑)、宕昌、邓至、武兴(仇池),其本并为氐、羌之地。自晋南迁,九州分裂,此等诸国,地分西垂,提挈于魏,时通江左。今采其旧土,编于西戎云。”吐谷浑、仇池等著名政权的出现,是南北朝时期西北氐羌聚居区发展的重要标志,较之两汉时期出现了质的飞跃,这在羌族聚居区表现得尤为突出。南北朝时西部羌族聚居区不仅出现了如吐谷浑这样强盛的民族政权,而且中原人士认知的羌人种类与分布地域都有了前所未有的突破。可以说,时至南北朝后期,以吐谷浑为代表的羌族分布已经不仅限于青海湖地区,而是在更广袤的青藏高原上形成了新的轮廓。

(一)吐谷浑的民族构成与疆域①

吐谷浑,在汉文史籍中常被蔑称为“阿柴虏”。其创始者之世系与族属脉络相当

① 关于吐谷浑历史地理较全面的研究,参见周伟洲先生所著《吐谷浑史》(宁夏人民出版社 1985 年出版)。

清晰。如：

《宋书·鲜卑吐谷浑传》载："阿柴虏吐谷浑，辽东鲜卑也。"

《梁书·西北诸戎传》载："河南王者，其先出自鲜卑慕容氏。"

《水经注》卷二《河水注》载："吐谷浑者，始是东燕慕容之枝庶，因氏其字，以为首类之种号也，故谓之野虏。"

《魏书·吐谷浑传》载："吐谷浑，本辽东鲜卑徒河涉归子也。"

《周书·异域传下》载："吐谷浑，本辽东鲜卑慕容廆之庶兄也。"

《隋书·西域传》也载："吐谷浑，本辽西鲜卑徒河涉归子也。"

可以说，几乎所有文献对于吐谷浑政权的创始者吐谷浑的族属认定都是一致的，即认为吐谷浑出于原居住于辽东及辽西地区的慕容鲜卑的分支。但是，创始者的族属并不能完全代表该部民众的民族属性。如《南齐书·河南传》中貌似不合理的记载却颇有启发意义："河南，匈奴种也。汉建武中，匈奴奴婢亡匿在凉州界杂种数千人，虏名奴婢为赀，一谓之'赀虏'。鲜卑慕容廆庶兄吐谷浑为氐王。在益州西北，亘数千里。"河南即吐谷浑之别称。这条记载并没有否认吐谷浑出身于慕容鲜卑，但将吐谷浑之民众的主体指认为匈奴人的后裔，鲜卑人吐谷浑也摇身变为"氐王"。萧子显的这一推论显然源于《魏略·西戎传》关于"赀虏"的记载：

> 赀虏，本匈奴也，匈奴名奴婢为赀。始建武时，匈奴衰，分去其奴婢，亡匿在金城、武威、酒泉北黑水、西河东西，畜牧逐水草，钞盗凉州，部落稍多，有数万，不与东部鲜卑同也。其种非一，有大胡，有丁令，或颇有羌杂处，由本亡奴婢故也。当汉、魏之际，其大人有檀柘，死后，其枝大人南近在广魏（今甘肃省秦安县东南）、令居（今甘肃省永登县西北）界，有秃瑰来数反，为凉州所杀。今有劭提，或降来，或遁去，常为西州道路患也。①

现代研究者对这种说法有着不同的观点。一些学者不同意这种将吐谷浑与"赀虏"相对应的看法②，但也有学者对此表示赞同。笔者以为，如果简单将吐谷浑视为匈奴之后裔，与"赀虏"等同，当然是不准确的，但这种观点也有可取之处，即应从多方位、多角度来确认吐谷浑的族属及民族构成问题。首先，分析吐谷浑的民族构成问题，应将吐谷浑创始者及其王族的族类与吐谷浑境内普通部众的族属区别开来，两者之间有联系，但无法等同，不能用其王族族属取代其部众的族类构成。其次，无法否

---

① 《三国志》卷三〇《魏书·乌丸鲜卑东夷传》裴松之注引，第859页。

② 周伟洲《吐谷浑史》，第12~13页。

认，从历史民族地理背景而言，西北广大地区长期以来都是氐、羌等西部族系（“西戎”）聚居之地，吐谷浑等鲜卑部落人口的西迁，不可能从根本上改变这种民族构成的总体特征，鲜卑部落必然成为西北地区各民族混居的一个新的部分，吐谷浑内部民族构成也不可能单纯以慕容鲜卑为主。再次，“赀虏”与吐谷浑在族源上确有相近及相通之处。匈奴部落联盟败亡后，大批匈奴人留居下来，融入鲜卑以及其他多个部族，对各部族的民族构成影响极大，这是不争的事实。与此同时，以檀石槐为首的鲜卑联盟占据了“匈奴故地”，留居下来的匈奴人也就成为鲜卑部落大联盟的一部分，两者之间的民族差别会进一步被淡化。“赀虏”，原本是南迁留居于我国西北地区的匈奴后裔的一支，又杂有“大胡”、丁令、羌等多种民族成分，且长期生活于河西走廊一带，可谓之“西部匈奴”，却被指明“不与东部鲜卑同”，显而易见，“东部匈奴”已经融入“东部鲜卑”之中，“东部鲜卑”与“西部鲜卑”的许多方面已有了区别。慕容鲜卑本是“东部鲜卑”最重要的部分，也不可避免有为数众多的匈奴后裔的加入。吐谷浑部众作为慕容鲜卑的代表，随着其西迁及对当地部族的征服，“赀虏”及氐、羌各族也就大多成为吐谷浑所辖部落集团的一部分。因此，《晋书·四夷传》后史臣对吐谷浑的赞语颇值得玩味：“吐谷浑分绪伪燕，远辞正嫡，率东胡之余众，掩西羌之旧宇，网疏政暇，地广兵全，廓万里之基，贻一匡之训，弗忘忠义，良可嘉焉。”

结合上述可以推测，吐谷浑政权的创建是鲜卑人大分化与大迁徙的结果。吐谷浑人的出现，本身就是整个鲜卑部西迁运动的组成部分。① 其始祖吐谷浑，为前燕政权创始者——慕容廆的庶兄，曾与慕容廆分部而牧。其后两部因争夺牧地而发生矛盾，导致分裂，可以说是慕容鲜卑部众繁盛之后人地矛盾激化的结果。吐谷浑率部落西迁居于阴山地区，在西晋末年又转移至陇山一带，即“西附阴山”，种落逐渐繁盛。关于吐谷浑的早期迁徙路线，《宋书·鲜卑吐谷浑传》载：“（吐谷）浑既上陇，出罕（幵）、西零。西零，今之西平郡（今青海省西宁市），罕幵，今枹罕县（治今甘肃省临夏回族自治州）。”

其他文献对吐谷浑早期迁徙的记载也大致相同。如《北史·吐谷浑传》载：“吐谷浑遂从上陇，止于枹罕。”又如《梁书·西北诸戎传》载，吐谷浑“因遂西上陇，度枹罕，出凉州西南，至赤水（今青海省兴海县）而居之”。比较而言，《晋书·西戎传》关于吐谷浑迁徙路线的记述最为明晰：“属永嘉之乱，始度陇（山）而西，其后子孙据有

① 参见周伟洲《魏晋十六国时期鲜卑族向西北地区的迁徙及其分布》，《民族研究》1983 年第 5 期。

西零已西甘松之界，极乎白兰数千里。”意即吐谷浑在横跨漠南及阴山之后，又向西穿过陇山，途经枹罕，最后进入青海地区。

至东晋义熙初年（405 年前后），酋长树洛干即位后，吐谷浑部始有雄视西陲之势。树洛干“年十六嗣立，率所部数千家奔归莫何川，自称大都督、车骑大将军、大单于、吐谷浑王。化行所部，众庶乐业，号为戊寅可汗，沙溜杂种莫不归附”①。后其弟阿豺自号沙州刺史、骠骑将军。阿豺及慕璝在位时，吐谷浑势力迅速扩张，“阿豺兼并羌氐，地方数千里，号为强国”。阿豺死后，慕璝即位，“慕璝招集秦凉亡业之人及羌戎杂夷众至五六百落，南通蜀汉，北交凉州、赫连，部众转盛”②。吐谷浑在政治上保持相对独立性，并得到南北朝多个政权的承认。如北魏政权先后封吐谷浑酋长西秦王、西平王及吐谷浑王等，刘宋政权也先后封其酋长为陇西王、河南王等。因大部分疆土处于黄河上游河曲及湟水之南，吐谷浑酋长也自号河南王，故南方政权又常称吐谷浑为“河南”。

至拾寅即酋长位时，始定居于伏罗川③。至伏连筹及夸吕在位时，吐谷浑的发展已至于鼎盛。

> 伏连筹内修职贡，外并戎狄，塞表之中，号为强富。准拟天朝，树置官司，称制诸国，以自夸大。……伏连筹死，子夸吕立，始自号为可汗，居伏俟城（在今青海湖西岸布哈河口附近），在青海西十五里，虽有城郭而不居，恒处穹庐，随水草畜牧。其地东西三千里，南北千余里。④

关于吐谷浑极盛时的疆域幅员，《宋书·鲜卑吐谷浑传》载：“自枹罕（治今甘肃省临夏回族自治州）以东千余里，暨甘松（甘松岭，在今四川省松潘县境），西至河南，南界昴城、龙涸（今四川省松潘县）。自洮水西南，极白兰（今黄河源西北布尔汗布达山），数千里中，逐水草，庐帐居，以肉酪为粮。”⑤《北史·吐谷浑传》所载与之大同小异：“自枹罕暨甘松，南界昂城、龙涸，从洮水西南极白兰，数千里中，逐水草，庐帐而居，以肉酪为粮。”《梁书·西北诸戎传》对吐谷浑疆域的定位座标虽与上述记载有所不同，但载其疆域范围与上述记载依然大致相同：“其地则张掖（今甘肃省张掖市）之

---

① 《晋书》卷九七《西戎吐谷浑传》，第 2541 页。

② 《魏书》卷一〇一《吐谷浑传》，第 2235 页。

③ 伏罗川，与莫贺川相通，关于其地则有多种说法，周伟洲先生认为以今青海省贵德县西南巴卡尔河较为准确，见《吐谷浑史》第 20 页。

④ 《魏书》卷一〇一《吐谷浑传》，第 2239~2240 页。

⑤ 《魏书》卷一〇一《吐谷浑传》与此大同，只是“昴城”改为“昂城”。参见《魏书》第 2234 页。

南，陇西（今甘肃省陇西县）之西，在（黄）河之南，故以为号。其界东至叠川（今甘肃省迭部县境），西邻于阗（今新疆维吾尔自治区和田县境），北接高昌（今新疆维吾尔自治区吐鲁番市东），东北通秦岭，方千余里，盖古之流沙地焉。”我们从这些记载中可以大致确定吐谷浑疆域四至。

如张掖、陇西、枹罕及洮水一线，实为吐谷浑的东北界限。

龙涸、甘松一线，形成吐谷浑的东南边界。《南齐书·河南传》载：

（吐谷浑）在益州西北，亘数千里。其南界龙涸城，去成都千余里。大戍有四，一在清水川（疑在今青海省循化县东清水河一带），一在赤水，一在浇河（在今黄河南岸贵德县境），一在吐屈真川（疑在今青海省乌兰县东茶卡盐湖附近），皆子弟所治。其王治慕驾川（应为慕贺川）。

西域鄯善、且末一线为吐谷浑的西北界限。《魏书·吐谷浑传》载：“地兼鄯善、且末。”即西域的鄯善、且末也是吐谷浑的附庸。

关于吐谷浑的自然地理特征，《南齐书·河南传》载：“多畜，逐水草，无城郭。后稍为宫屋，而人民犹以毡庐百子帐为行屋。地常风寒，人行平沙中，沙砾飞起，行迹皆灭。”又《梁书·西北诸戎传》载吐谷浑“乏草木，少水潦，四时恒有冰雪，唯六七月雨雹甚盛。若晴则风飘沙砾，常蔽光景。其地有麦无谷。有青海方数百里，放牝马其侧，辄生驹，土人谓之龙种，故其国多善马。有屋宇，杂以百子帐，即穹庐也”。吐谷浑境内最重要的自然景观即为今天青海省境内的青海湖。又如《周书·吐谷浑传》载：“青海周回千余里，海内有小山。每冬冰合后，以良牝马置此山，至来冬收之，马皆有孕，所生得驹，号为龙种，必多骏异，世传青海（骏）[骢]者也。”

除了青海湖，吐谷浑境内另一重要自然景观为“沙州”。《宋书·鲜卑吐谷浑传》载：“其国西有黄沙，南北一百二十里，东西七十里，不生草木，沙州因此为号。屈真川有盐池，甘谷岭北有雀鼠同穴，或在山岭，或在平地，雀色白，鼠色黄，地生黄紫花草，便有雀鼠穴。白兰土出黄金、铜、铁。其国虽随水草，大抵治慕贺川。”又如《魏书·吐谷浑传》载：“部内有黄沙，周回数百里，不生草木，因号‘沙州’。”《水经注》卷二《河水注》引段国《沙州记》云：“浇河西南百七十里有黄沙，沙南北百二十里，东西七十里，西极大杨川。望黄沙，犹若人委干糒于地，都不生草木，荡然黄沙，周回数百里。沙州于是取号焉。”沙州当在今青海贵德西南穆格塘沙碛一带。

吐谷浑的人口规模处于不断变化之中。如《宋书·鲜卑吐谷浑传》载吐谷浑最早时分得部民七百户，而《晋书·西戎传》记其分得部落一千七百家。《晋书》成书较晚，其说应有所据。至树洛干为酋长时，吐谷浑部众数量已有较大的增长。

关于吐谷浑的民族构成，周伟洲先生曾指出：

> 最初吐谷浑仅是辽东慕容鲜卑的一支，人数很少，可是自其迁徙，特别是建立政权之后，统治了许多其他族属的氏族、部落。在漫长的历史发展过程中，不同族属的人民逐渐形成为一个新的民族共同体，统以"吐谷浑"为自己的族名。因此，作为中国古代西北民族的吐谷浑，事实上应为原慕容鲜卑的一支与羌、氐、汉、匈奴、西域胡、高车等一些氏族、部落，经过长期历史发展融合而成。①

这种认识无疑是符合历史真实情况的，但还须指出，鉴于客观的地理与人文环境，吐谷浑之民族融合的主要趋势还应是"羌族化"，各部族人口中，应以羌族人口占多数，其风俗特征也以羌族风俗为主。如据《梁书·西北诸戎传》载，宕昌之人口为羌种，"其衣服、风俗与河南（吐谷浑）略同"；邓至为羌别种，"其衣服与宕昌同"。宕昌及邓至与吐谷浑疆域相接，民族特征与风俗都有较显著的共通性。

东魏、西魏分立后，西魏及北周与吐谷浑之间的边境冲突渐趋于激化。前者在反击吐谷浑侵扰的过程中，有意识地拓展西部疆界，在占据地盘上建置州县。如据《周书·吐谷浑传》载，武成初年，吐谷浑进攻北周边境，周朝军队进行反击，取得重大胜利，"攻拔其洮阳、洪和二城，置洮州（治今甘肃省临潭县）以还"。又，天和初年，吐谷浑龙涸王莫昌降北周，"以其地为扶州（治今四川省松潘县）"。另据研究者考证，北周在洮州、扶州外，在夺取吐谷浑土地上还设置有廓州（治今青海省贵德县）、覃州（治今四川省黑水县北）、芳州（治今甘肃省迭部县东南）、叠州、宕州和邓州，"六州之地皆在吐谷浑东南，今青海、甘南及四川阿坝境内"。②

隋朝大业四年（608），吐谷浑在铁勒与隋朝军队的联合攻击下陷于瓦解，国王伏允远遁，"部落来降者十万余口，六畜三十余万"。"其故地皆空，自西平临羌城以西，且末以东，祁连以南，雪山以北，东西四千里，南北二千里，皆为隋有。置郡县镇戍，发天下轻罪徙居之。"③

《隋书·地理志上》将各郡设置时间记为大业五年（609），该四郡建置的基本情况见下表。

---

① 周伟洲《吐谷浑史》，第142页。

② 参见周伟洲《吐谷浑史》，第52~54页。

③ 《隋书》卷八三《吐谷浑传》，第1845页。

郡　名	治　所	今　地	属县名称
鄯善	鄯善城	新疆维吾尔自治区若羌县	统县二：显武、济远
且末	古且末城	新疆维吾尔自治区且末县西南	统县二：肃宁、伏戎
西海	古伏俟城	青海省共和县西北	统县二：宣德、威定
河源	古赤水城	青海省兴海县东南	统县二：远化、赤水

（二）西部羌族分布区部族分布概述

中原人士对西部羌族聚居区的认识处于不断推进过程中。如《魏书》在《吐谷浑传》之外，列有《宕昌传》《邓至传》。关于西部羌族聚居区的历史演变情况，《魏书·宕昌传》载："宕昌羌者，其先盖三苗之胤，周时与庸、蜀、微、卢等八国从武王灭商，汉有先零、烧当等，世为边患。其地东接中华，西通西域，南北数千里，姓别自为部落，酋帅皆有地分，不相统摄，宕昌即其一也。"

文中所称"东接中华，西通西域，南北数千里"的地域范围，正是西部羌族聚居区的大致轮廓。南北朝时期，西部羌族聚居区部族众多，分布于广袤的疆域中，"姓别自为部落，酋帅皆有地分"。吐谷浑是羌族聚居区最强盛的部族政权。除了吐谷浑，北魏时期出现的重要部族集团有宕昌、邓至等。当时宕昌羌的分布范围及人口规模大致为："自仇池以西，东西千里，席水（在今甘肃省天水市境内）以南，南北八百里，地多山阜，人二万余落。"①北魏时期，宕昌羌帅梁懃自立称宕昌王，魏孝文帝册封其酋帅弥机西戎校尉、宕昌王等称号。东魏、西魏分立后，宕昌酋帅被宇文泰拜为南洮州刺史。南洮州后又改为岷州。其后，宕昌羌人多次侵犯北周州县，至保定四年，北周军队攻占其地后，以其地为宕州（治今甘肃省宕昌县东南）。

南朝人士限于地域阻隔，对西部羌族聚居区的记述往往得之传闻，与实际情况有较大出入。如《南齐书·羌传》称："宕昌，羌种也。各有酋豪，领部众汧、陇间（汧水与陇山之间，相当于今天陕西与甘肃两省交界地带）。"显然，这种记述仅是因袭前人关于氐人与羌人分布区的记录，与当时宕昌羌人所在的实际方位有较大的出入。相比之下，由唐朝人姚思廉编纂的《梁书·西北诸戎传》对宕昌的定位就精确多了："宕昌国，在河南（吐谷浑）之东南，益州之西北，陇西之西，羌种也。"

邓至羌为西部羌族集团的又一重要分支。《魏书·邓至传》载："邓至者，白水羌也，世为羌豪，因地名号，自称邓至。其地自亭街（在今甘肃省张家川回族自治县西

① 《魏书》卷一〇一《宕昌传》，第2242页。

北）以东，平武（今四川省平武县东北）以西，汶岭（岷山，在今四川省松潘县北）以北，宕昌以南。土风习俗，亦与宕昌同。”白水，同指贯穿今四川、甘肃两省交界地区的白水江及白龙江。白水江发源于今四川省松潘县东北，流至甘肃省文县境内与白龙江汇合，最后流至四川省广元市地界内注入长江上游的重要支流——嘉陵江。白水江流域是南北朝时期羌族的重要聚居区之一。《梁书·西北诸戎传》也载：“邓至国，居西凉州（治今甘肃省张掖市西北）界，羌别种也。”

当时在宕昌与邓至之外，羌族有不少部族集团存在。如《魏书·邓至传》后又载：“邓至之西有赫羊等二十国，时遣使朝贡，朝廷皆授以杂号将军、子男、渠帅之名。”《北史》的相关记载更具体一些：“邓至之西有赫羊国。初，其部内有一羊，形甚大，色至鲜赤，故因为国名。又有东亭卫、大赤水、寒宕、石河、薄陵、下习山、仓骧、覃水等诸羌国，风俗粗犷，与邓至国不同焉。亦时遣贡使，朝廷纳之，皆假之以杂号将军、子男、渠帅之名。”由于资料缺乏，这些羌部的确切方位较难考定。

至北朝后期，西部羌族聚居区又出现一个强盛的部族集团——党项羌。如《隋书·西域传》载：“党项羌者，三苗之后也。其种有宕昌、白狼，皆自称猕猴种。东接临洮（今甘肃省岷县）、西平（今青海省西宁市），西拒叶护，南北数千里，处山谷间。”宕昌羌在文献上出现的时间比党项羌早，而此处将其列为党项羌的一种，这可以说是当时羌族聚居区发展的一个重要趋势，即党项羌逐渐取代宕昌羌，成为羌族聚居区新的代表性族群。又就分布地域而言，党项部所处地方，已覆盖了原来宕昌羌等多个部族集团的聚集地，从而成为后来居上的一个羌族集团。

党项羌之外，还有附国。附国与吐蕃的关系问题，是学术界长期争论的一大焦点问题。① 岑仲勉先生曾明确提出吐蕃即附国之论，不少学者不赞同这种推论。笔者以为，想要断定附国就是吐蕃的前身，尚有不少疑点，但附国与吐蕃之间密切的民族渊源与地理关系，则是无法否认的。据《隋书·附国传》，附国应为汉朝时期“西南夷”的后裔。该《传》载：“附国者，蜀郡西北二千余里，即汉之西南夷也。有嘉良夷，即其东部，所居种姓自相率领，土俗与附国同，言语少殊，不相统一。”附国的疆域也相当可观，如《附国传》又载：“其国南北八百里，东南千五百里，无城栅，近川谷，傍山险。”据现代研究者分析，附国应在今四川省甘孜藏族自治州的甘孜、德格一带，以及

① 参见李敬洵《七至九世纪川西高原部族考》，《中国藏学》1989 年第 1 期。

金沙江上游西南地区,不会远出于今天四川、青海、西藏交界地带。[①] 在吐蕃兴起之后,这一地区自然成为吐蕃疆域的重要部分。

另外,关于附国周边地区的民族分布状况,《隋书·附国传》也为我们提供了珍贵的线索:

> 附国南有薄缘夷,风俗亦同。西有女国。其东北连山,绵亘数千里,接于党项。往往有羌:大、小左封,昔卫,葛延,白狗,向人,望族,林台,春桑,利豆,迷桑,婢药,大硖,白兰,叱利摸徒,那鄂,当迷,渠步,桑悟,千碉,并在深山穷谷,无大君长。其风俗略同于党项,或役属吐谷浑,或附附国。[②]

这段文字描述的内容,也正是笔者所要强调的更大范围的西部羌族聚居区的概貌。从女国西北到党项聚居区,地域广袤,部族众多,然而就其风俗及族属而言,与党项羌人大同小异,都是西部羌族聚居区的组成部分。

二、高昌的疆域与民族构成

南北朝时期在今天的新疆地区崛起了一个著名的城邦——高昌。高昌研究是西域历史研究中的一个重要课题。关于这一特殊区域的发展演变,中外学者的研究成果颇为可观,如黄文弼先生就将自西汉到清初高昌地区的历史简要地分为几个时期:

(一)车师王有国时期;

(二)高昌王麴氏有国时期;

(三)唐代西州时期;

(四)回鹘统治时期;

(五)吐鲁番时期。[③]

关于隋唐以前高昌的建置沿革,冯承钧先生曾进行了全面总结,十分精炼地勾勒出了从两汉到北朝时期高昌的发展轨迹:

> 高昌之建置凡三变,其始也为戊己校尉屯驻之所,始汉初元元年(前48)迄晋咸和二年(327),是为高昌壁时代。前凉张骏于其地置郡县,始咸和二年,迄魏太平真君三年(442),为高昌郡时代。沮渠无讳据其地而立国,始沮渠氏承平元

---

① 参见任乃强《附国非吐蕃——与岑仲勉先生商榷》,载于《康藏研究月刊》第4期,1947年;石硕《附国与吐蕃》,《中国藏学》2003年第3期。

② 《隋书》卷八三《附国传》,第1859页。

③ 参见《高昌史事略》一文,载于黄文弼《西北史地论丛》,第142~148页。

年(443),迄麴氏延寿十七年(640)而为唐所灭,是为高昌国时代。[①]

两汉时期,高昌为西域邦国车师的一部分。汉朝在此创置高昌壁,为戊己校尉的驻所,故址在今新疆吐鲁番东哈拉和卓堡西南。高昌创设政区始于西晋末年张氏北凉政权。《魏书·高昌传》载:"晋以其地为高昌郡,张轨、吕光、沮渠蒙逊据河西,皆置太守以统之。"而据《晋书·张骏传》,高昌郡实由张骏所置,为其所辖沙州的一部分。如据《魏书·私署凉州牧张寔传后附张骏传》,张骏以"敦煌、晋昌、高昌,西域都护、戊己校尉、玉门大护军,三郡三营为沙州,以西胡校尉杨宣为刺史"。自此以后,高昌先后为诸凉政权所占据,并成为各个政权控制西域地区的一个战略重镇。如据《晋书·吕光载记》载:"……群议以高昌虽在西垂,地居形胜,外接胡虏,易生翻覆,宜遣子弟镇之。(吕)光以子覆为使持节、镇西将军、都督玉门已西诸军事、西域大都护,镇高昌,命大臣子弟随之。"

北魏和平元年(460),高昌为柔然攻破,柔然立阚伯周为高昌王,这也是高昌出现地方政权的开始。至太和五年(481),高昌人拥立马儒为王。至太和二十一年(497),高昌王马儒遣使与北魏通好,并请求内徙,得到了孝文帝的允许。然而,高昌旧人不愿东迁,攻杀马儒,立麴嘉为王,从此开启了麴氏高昌长达百余年的历史。至唐朝建立后,高昌王麴文泰不服调遣,唐太宗派遣大将侯君集率领大军西征。贞观十四年(640),唐朝军队攻克高昌都城,高昌王麴智盛及其将吏被俘,高昌政权灭亡。

关于高昌政权的疆域规模与城池数量,诸家文献的记述并不相同。就疆域规模而言,约而言之,可归纳为两组数据:一种是基于北朝诸史的记载。如《魏书·高昌传》载:"高昌者,车师前王之故地,汉之前部地也。东西二千(《北史·高昌传》为'二百里',此处'千'字有误)里,南北五百里,四面多大山。……北有赤石山。七十里有贪汗山,夏有积雪,此山北铁勒界也。"《周书·高昌传》又载:"其地东西三百里,南北五百里,国内总有城一十六。"《隋书·高昌传》也载:"其境东西三百里,南北五百里,四面多大山。"这一组数据以东西二三百里,南北五百里为主,基本能够反映高昌早期的疆域规模。

另一种数据是两《唐书》及《元和郡县志》的记载。《旧唐书·高昌传》载:"其界东西八百里,南北五百里。"《新唐书·高昌传》则云:"其横八百里,纵五百里。"《元和郡县志》则载:"东西八百九十五里,南北四百八十里。"这一组数据以东西八百里、南

---

① 见冯承钧《高昌事辑》,载于《西域南海史地考证论著汇辑》,中华书局1957年版,第48页。

北五百里为主，反映出高昌晚期及其覆亡前的疆域范围。

《梁书·高昌国传》中有关高昌政权疆域及内部建置的记述较为详细："其国盖车师之故地也。南接河南，东连燉煌，西次龟兹，北邻敕勒。置四十六镇，交河、田地、高宁、临川、横截、柳婆、洿林、新兴、由宁、始昌、笃进、白力等，皆其镇名。"

关于高昌政权的城池数量，各种文献的记载也颇有出入。

高昌境内的民族构成较为复杂，汉人（时称"华人"）占有相当大的比重。如《魏书·高昌传》载："国有八城，皆有华人。"在文化风俗方面，高昌深受中原文化的影响。如据《隋书·高车传》，在隋朝大业年间，国王麹伯雅甚至下令其国人全面汉化，"解辫，削衽"。但与此同时，高昌又臣服于北方游牧民族政权（如铁勒等），在政治与文化方面深受北方游牧民族影响。

正是在其境内民族构成及文化特征的影响下，再加上受到高车及柔然政权的影响，高昌王曾多次要求内徙于中原地区，最终未果，如熙平年间，北魏肃宗在接见高昌使者后，曾下诏阐明拒绝接纳高昌人内徙的理由："卿地隔关山，境接荒漠，频请朝援，徙国内迁。虽来诚可嘉，即于理未帖。何者？彼之甿庶，是汉魏遗黎，自晋氏不纲，因难播越，成家立国，世积已久。恶徙重迁，人怀恋旧，今若动之，恐异同之变，爰在肘腋，不得便如来表。"①

据此，我们可以了解到，高昌居民大都是两汉及魏晋移民在西域地区的遗存。这些移民在这一地区长期居住，同样安土重徙，与其国王努力寻求政治保护的愿望有所不同，强制迁徙并不会带来好的结果，前国王马儒被杀事件，正是民众惯性势力难以扭转的例证。唐朝攻灭高昌后，也没有进行整体性的移民，只是将其国王及豪右家族迁入内地。

关于高昌的人口规模，各种文献较少提及。唐朝军队攻灭高昌之时，"下其三郡、五县、二十二城，户八千，口三万七千七百"②。《新唐书·高昌传》记"凡三郡、五县、二十二城，户八千，口三万"。攻灭高昌后，唐太宗以其地置西昌州，后改为西州，其后又在该地置安西都护府。但我们可以发现，与其他边境地区的羁縻府州不同，西州是归入唐朝正式行政区系统的。如在《旧唐书·地理志》中，西州中都督府与安西大都护府并列，在"西州中都督府"下释："本高昌国。贞观十三年（应为十四年），平高昌，置西州都督府（应为安西都护府），仍立五县。显庆三年，改为都督府。天宝元年，改

① 《魏书》卷一〇一《高昌传》，第2244页。

② 《旧唐书》卷一九八《高昌传》，第5295页。

为交河郡。乾元元年,复为西州。旧领县五,户六千四百六十六。天宝领县五,户九千一十六,口四万九千四百七十六。”西州所辖五县分别为高昌、柳中、交河、蒲昌、天山。对此,唐代学者杜佑所著《通典》卷一九一中对高昌前后郡县的变化有所记载:“以交河城为交河县,始昌城为天山县,田地城为柳中县,东镇城为蒲昌县,高昌城为高昌县。”

三、两晋南北朝时期中原与西域地区交通及西域各政权概况

(一)两晋南北朝时期中原与西域地区的交通及中原对西域地区的认识

讲到两晋南北朝时期中原与西域地区交通的发展,就不能不提到佛教僧众做出的贡献。两汉时期西域地区与中原的交通往来,为佛教传入中国创造了必要条件,而佛教僧众长途跋涉往来于西域的活动,同样推动了中原与西域地区交通的进一步发展。西晋国祚短促,在中原与西域地区交通方面并没有多大的作为,西域诸政权中主动朝贡者也较少。然而在“十六国”时期,不少西域高僧来到中原地区宣扬佛教,积极推动佛教在中原地区的普及与兴盛。与此同时,不少中国佛教僧众也不畏艰险,前往天竺取经,如著名高僧法显不仅跋涉千里,完成了天竺取经的壮举,同时为我们留下了《法显传》(或称《佛国记》)这样一部珍贵游记,使中原人士对西域的认知达到了一种新的水平。[①] 北朝时期对西域的另一次重要出使,为熙平年间宋云与僧人惠生等人的出访。他们回国后,也将其见闻著录下来,成为中原人士了解西域地区的重要参考资料。[②]

北魏后期,佛教鼎盛,自西域前来中原的僧侣数量惊人,名著《洛阳伽蓝记》对此做了极为生动的描述:“自葱岭已西,至于大秦,百国千城,莫不欢附,商胡贩客,日奔塞下,所谓尽天地之区已。乐中国土风,因而宅者,不可胜数。是以附化之民,万有余家。”[③]

又记载:

> 时佛法经像,盛于洛阳,异国沙门,咸来辐辏,负锡持经,适兹乐土,世宗故立此寺(洛阳永明寺)以憩之。房庑连亘,一千余间。庭列修竹,檐拂高松,奇花异草,骈阗阶砌。百国沙门三千余人,西域远者,乃至大秦国,尽天地之西垂。耕耘

---

① 参见章巽《法显传校注》,上海古籍出版社1985年出版。

② 参见《洛阳伽蓝记》卷五《城北》,上海古籍出版社1978年出版。

③ 《洛阳伽蓝记》卷三《城南》,第161页。

绩纺，百姓野居，邑屋相望，衣服车马，拟仪中国。[1]

除了僧侣，北朝时期中西方交通的另一类使者便是官方派遣的“行人”。时至太延年间，西域龟兹、疏勒、乌孙等开始遣使与北魏通好，北魏也陆续派遣官员与行人出使西域。起初，北魏与西域的交通路线须穿越北凉地界。“初，世祖每遣使西域，常诏河西王（北凉王，习称“河西王”）沮渠牧犍令护送，至姑臧，牧犍恒发使导路出于流沙（今新疆境内白龙堆沙漠一带）。”[2]北凉败亡之后，当时以鄯善为西域门户。

在隋唐以前，中原士人对西域的了解，大都来源于“行人”（使者）的描述。如北魏太武帝在位期间，董琬、高明等人出使西域九国，得以成功，返回代都后，详细讲述了他们途中所见西域各地的情况。他们在汇报中云：“西域自汉武时五十余国，后稍相并。至太延中，为十六国，分其地为四域。自葱岭以东，流沙以西为一域；葱岭以西，海曲以东为一域；者舌（旧康居）以南，月氏以北为一域；两海之间，水泽以南为一域。内诸小渠长盖以百数。”

将西域地区分为“四域”，无疑是中原人士对西域认识的一种突破，在此之前，《汉书》与《后汉书》所记南、北两山之间的西域，仅为“四域”之中的“一域”而已，即“葱岭以东，流沙以西”。北魏熙平年间，明帝又派遣宋云、沙门法力、慧生（或称惠生）等人出使西域，访求佛经。他们直至正光年间才返回中原，也为人们提供了西域各地的丰富舆情信息。[3]

隋朝建立初期，突厥强盛，西域地区基本为西突厥所控制，严重阻碍了中原与西域地区之间的交往。然而大批西域商人依然到张掖等地从事贸易活动，隋朝官员裴矩通过与商人的交谈，了解到西域地区丰富的民族与地理知识，撰成《西域图记》一书，成为反映当时对西域地区认识水平的代表性著作，可惜没有能够流传下来。《隋书·裴矩传》虽然只保存了该书《序言》部分，但其中对西域交通路线的记述仍然是不可多得的珍贵资料：

发自敦煌，至于西海，凡为三道，各有襟带。北道从伊吾，经蒲类海铁勒部，突厥可汗庭，度北流河水，至拂菻国，达于西海。其中道从高昌，焉耆，龟兹，疏勒，度葱岭，又经钹汗，苏对沙那国，康国，曹国，何国，大、小安国，穆国，至波斯，达于西海。其南道从鄯善，于阗，朱俱波、喝槃陀，度葱岭，又经护密，吐火罗，挹

① 《洛阳伽蓝记》卷四《城西》，第235~236页。
② 《魏书》卷一〇二《西域传》，第2260页。
③ 宋云、慧生等人的出访情况，详见《洛阳伽蓝记》卷五《城北》的记载。

怛,忛延,漕国,至北婆罗门,达于西海。其三道诸国,亦各自有路,南北交通。其东女国、南婆罗门国等,并随其所在,诸处得达。故知伊吾、高昌、鄯善,并西域之门户也。总凑敦煌(今甘肃省敦煌市),是其咽喉之地。①

(二)南北朝时期西域地区的主要城邦与居民成分

西域地区的城邦数量始终处于不断的变化之中,与中原交往并成为中原人士探知西域情形的依据及标志的,往往是那些实力较强的著名邦国。据《魏书·西域列传》《周书·异域列传》《隋书·西域传》等资料,南北朝时期西域主要城邦的民族构成与分布状况大致如下:

1. 鄯善

即古楼兰,立都于扜泥城(在今新疆维吾尔自治区尉犁县东罗布泊西北、孔雀河北岸)。该国北临白龙堆路,地处中原进入西域的咽喉要地,地理位置十分重要。北魏攻灭沮渠氏北凉政权后,北凉残余夺据鄯善。北魏又派遣凉州军队西征,鄯善王归降。其后魏太武帝封韩拔为领护西戎校尉、鄯善王镇守当地,"赋役其人,比之郡县",即在当地推行类似中原的行政管理制度。

2. 于阗

位于且末政权西北,都城在葱岭以北二百余里之地(在今新疆维吾尔自治区和田县境),其王为王姓。国土较为广阔,横亘千里,山脉相连。都城方圆八九里,部内有五个大城,数十个小城。于阗城东有首拔河,出产美玉。风俗物产与龟兹等类似。境内自国王至百姓均崇信佛教,佛寺、佛塔遍布,僧尼相当多。著名佛寺有赞摩寺、比摩寺等。关于当地民族构成,《魏书·于阗传》称:"自高昌以西,诸国人等深目高鼻,唯此一国,貌不甚胡,颇类华夏。"

3. 车师

又称前部,都城为交河城(在今新疆维吾尔自治区吐鲁番市西北)。北朝时期该政权疆域北接柔然。北凉沮渠氏政权败亡之后,北凉王沮渠牧犍之弟、酒泉太守沮渠无讳攻占酒泉并自立,同时派遣军队西略西域诸政权,先后攻占高昌、鄯善、车师等。车师王被迫到焉耆避难。后来这一地区为高昌所并。

4. 焉耆

位于车师之南,都城为员渠城(在今新疆维吾尔自治区焉耆回族自治县西南),位

① 《隋书》卷六七《裴矩传》,第1580页。

于白山（天山山脉）之南七十里之地，方圆二里，为两汉时焉耆之遗。其王为龙姓，境内有九城，胜兵达千余人。焉耆信奉佛教，同时风俗深受华夏影响，然而文字类似婆罗门（古印度）。焉耆地处东西交通要道，北魏时期经常劫夺往来使者，故北魏太武帝在位时期曾派遣大将万度归率军西征，最后攻占其地，获取大量财物。

5. 龟兹

地处白山之南一百七十里之地，其王为白姓。都城为延城（今新疆维吾尔自治区库车市东皮朗旧城），方五六里，为汉朝时旧都城所在地。境内有胜兵数千。其风俗、婚姻、物产等与焉耆略同。境内有轮台城（在今新疆维吾尔自治区轮台县东南），为西汉时屯戍之地。国境以南三百里有大河东流，名为计式水，即为黄河之上游。

6. 疏勒

都城位于白山之南百余里之地（在今新疆维吾尔自治区喀什市一带），也为两汉时疏勒之遗存。都城方圆五里，此外境内尚有十二座大城，数十座小城，胜兵达二千人。境内物产丰富，南有黄河，西带葱岭。

第六节　南北朝时期漠北与东北地区的民族分布

南北朝时期漠北地区依然形成一个较为独立的多民族聚居区域。乌桓人与鲜卑人的南迁，客观上给柔然、高车等民族以纵横往来的生存空间。柔然与高车两族发展很快，人口繁盛，对定都于中国北方的北魏王朝造成了极大的压力，著名的北魏六镇就主要是为了抵御漠北民族南下而建立起来的军事防御体系。更值得注意的是，南北朝时期，柔然与高车等漠北民族的分布范围并没有止于长城以北，他们通过各种形式向南迁徙，甚至形成了相当典型的内迁族群，如河北等地的“西山丁零”或“山居丁零”。

乌桓、鲜卑等都是发源于东北地区的民族，在他们崛起并南迁之后，东北地区却依然处于相当沉寂的状态，诸部并存。北魏统一中国北方，但是在东北地区的开拓上并没有太多的作为，仅在今山海关以东北地区设置营州，相反，高丽与百济等政权的疆域在南北朝时期还获得了较大的拓展。北朝时期东北地区主要的部族集团有勿吉、库莫奚、契丹、室韦、乌洛侯等。

一、漠北地区的民族构成与分布

(一)柔然的分布与迁徙

柔然,又有“蠕蠕”“茹茹”“芮芮”等多种名号①,是南北朝时期最主要的漠北民族之一。柔然的族源较为复杂,关于这个问题也有多种不同的说法,如《魏书·蠕蠕传》称其为“东胡之苗裔”,《宋书·索虏传》指认其为“匈奴别种”,同时,《南齐书·芮芮虏传》认为柔然是“塞外杂胡”,而《梁书·芮芮国传》又称其为“匈奴别种”。相比之下,“塞外杂胡”的说法较为合理。另外,柔然可汗家族部落很早就依附于拓跋鲜卑,彼此联系相当密切,具有难以割离的关系,故而柔然可汗阿那瓌在归降时指出:“臣先世源由,出于大魏。”②这一说法,得到北魏皇帝的认可③,即为明证。这也是柔然起源的一个明显特征。

柔然作为一个游牧民族,长期以来同以往出现在大漠上的其他游牧民族一样,并没有较为固定的活动区域,“冬则徙度漠南,夏则还居漠北”,即主要游弋在漠南与漠北之间。柔然发展的契机,直接得益于拓跋鲜卑的南迁。如《宋书·索虏传》载:“自索虏破慕容,据有中国,而芮芮虏有其故地,盖汉世匈奴之北庭也。”《南齐书·芮芮虏传》也赞同这一观点:“晋世什翼圭入塞内后,芮芮逐水草,尽有匈奴故庭,威服西域。”可以肯定,拓跋鲜卑的南迁,确实为柔然的发展提供了更广阔的空间。

柔然各部原本役属于拓跋鲜卑,北魏大臣崔浩曾指出:“夫蠕蠕者,旧是国家北边叛隶。”④至社崘为酋长时,率领柔然余部北越大漠,大肆兼并漠北高车各部,迅速强大起来,建立起独立的游牧汗国。“随水草畜牧,其西则焉耆之地,东则朝鲜之地,北则渡沙漠,穷瀚海,南则临大碛。其常所会庭则敦煌、张掖之北。小国皆苦其寇抄,羁縻附之,于是(社崘)自号丘豆伐可汗。”⑤

柔然与拓跋鲜卑分离之后,双方很快便展开了大漠争雄的角逐。在相当长的时

---

① 《魏书》卷一〇三立有《蠕蠕传》,《宋书》卷九五《索虏传》后附“芮芮虏”小传,《南齐书》卷五九有《芮芮虏传》。关于柔然名号的来历,冯家昇先生著有《蠕蠕国号考》,载于《禹贡》半月刊第七卷第八、九合期,第77~80页,可参看。冯先生在文中所举有“大茹茹国”一词的造像拓片,弥足珍贵。另《南齐书·芮芮虏传》引柔然国相所奉表中有“皇芮承绪”之语,也可供参考。

② 《魏书》卷一〇三《蠕蠕传》,第2299页。本小节中引文不特别注明者均出于该《传》。

③ 参见《魏书》卷一〇三《蠕蠕传》,第2299页。

④ 《魏书》卷三五《崔浩传》,第816页。

⑤ 《魏书》卷一〇三《蠕蠕传》,第2290~2291页。

间里,强盛的柔然频频南下,对北魏北方边境地区构成了严重威胁,北魏为此发动多次大规模北征,由此也引发了较剧烈的人口变动。如:

1. 神䴥二年(429),北魏太武帝拓跋焘亲率大军北征,深入漠北腹地,取得重大胜利,“分军搜讨,东至瀚海,西接张掖水(今甘肃省境内弱水),北渡燕然山(今蒙古境内杭爱山),东西五千余里,南北三千里”,俘获柔然及高车大量族人,“前后归降三十余万,俘获首虏及戎马百余万匹”。《魏书·崔浩传》也记其胜状:“及(魏)军入其境,蠕蠕先不设备,民畜布野,惊怖四奔,莫相收摄。于是分军搜讨,东西五千里,南北三千里,凡所俘虏及获畜产车庐,弥漫山泽,盖数百万。高车杀蠕蠕种类,归降者三十余万落。”

这场大战,也引发了柔然人口的一次大规模南徙运动。《魏书·世祖纪》载,神䴥二年,“冬十月,振旅凯旋于京师(指代都,今山西省大同市),告于宗庙。列置新民于漠南,东至濡源,西暨五原、阴山,竟三千里。诏司徒平阳王长孙翰、尚书令刘洁、左仆射安原、侍中古弼镇抚之”。濡源,即濡水之源,濡水就是今河北东北部的滦河。五原,即五原郡,治今内蒙古自治区包头市西北。可见,当时安置“新民”的地域大致覆盖了整个漠南地区。

2. 太平真君十年(449)九月,拓跋焘再次亲征,数道同时出击。柔然可汗吐贺真翻越穹隆岭远遁,北魏略阳王拓跋羯儿尽收柔然人户畜产百余万。

3. 太安四年(458),北魏军队北征,旌旗千里,远渡大漠。柔然可汗吐贺真再次远遁,其莫弗(部帅)乌朱驾颓率众数千落投降。

4. 皇兴四年(470),献文帝率诸道魏军北征。诸道魏军会合于女水之滨,与蠕蠕展开激战,“虏众奔溃,逐北三十余里,斩首五万级,降者万余人,戎马器械不可称计。旬有九日,往返六千余里,改女水曰武川,遂作《北征颂》,刊石纪功”。

关于这次降众的安置,《魏书·杨椿传》载:“初,显祖世有蠕蠕万余户降附,居于高平(今宁夏回族自治区固原市)、薄骨律(今宁夏回族自治区灵武市西南)二镇。”可见,当时柔然部众的安置地主要是高平镇与薄骨律镇。

时至北魏正光初年,塞上形势出现重大转机。在各部内讧与高车攻掠的双重打击下,柔然新立可汗阿那瓌与后主婆罗门相继归降北魏。面对数量庞大的柔然部众,如何妥善安置,成为一个难题。元雍、李崇等北魏大臣提出了全面的安置意见,得到孝明帝采纳。众臣在上奏中称:

窃闻汉立南、北单于,晋有东、西之称,皆所以相维御难,为国藩篱。今臣等参议以为怀朔镇北土名无结山吐若奚泉，敦煌北西海郡即汉、晋旧障，二处宽平，原野弥沃。阿那瓌宜置西吐若奚泉，婆罗门宜置西海郡，各令总率部落，收离聚散。……阿那瓌所居，既是境外，宜少优遣，以示威刑。……诸于北来，在婆罗门前投化者，令州镇上佐准程给粮，送诣怀朔阿那瓌，镇与使人量给食廪。……婆罗门居于西海，既是境内，资卫不得同之。①

据此可知，当时安置之计，以分置柔然部众为核心，将柔然部众分为东、西二部。东部（阿那瓌部）被安置在怀朔镇（在今内蒙古自治区固阳县西南梅令山）以北地区，而西部（婆罗门部）被安置于西海郡，也就是今天的青海湖地区。据史料记载，这种安置方案又主要出于袁翻的建议。《魏书・袁翻传》载其上表云：

愚谓蠕蠕二主，皆宜存之，居阿那瓌于东偏，处婆罗门于西裔，分其降民，各有攸属。那瓌住所，非所经见，其中事势，不敢辄陈。其婆罗门请修西海故城以安处之。西海郡本属凉州，今在酒泉直北、张掖西北千二百里，去高车所住金山（今阿尔泰山）一千余里，正是北虏往来之冲要，汉家行军之旧道，土地沃衍，大宜耕殖。非但今处婆罗门，于事为便，即可永为重戍，镇防西北。……且西海北垂，即是大碛，野兽所聚，千百为群，正是蠕蠕射猎之处。殖田以自供，籍兽以自给，彼此相资，足以自固。②

不过，对于习惯于游牧生活的柔然人而言，未必能完全顺从北魏朝廷处心积虑的安置，时隔不久，两部相继反叛，其大部仍然回到大漠地区。

（二）高车的分布与迁徙

1. 高车的早期分布地及其与拓跋鲜卑之关系

高车，又被称为狄历、敕勒、丁零等。就其族源而言，高车与匈奴的联系相当密切。如《魏书・高车传》称："高车，盖古赤狄之余种也，初号为狄历，北方以为敕勒，诸夏以为高车、丁零。其语略与匈奴同而时有小异，或云其先匈奴之甥也。"③其著名种姓有狄氏、袁纥氏、斛律氏、解批氏、护骨氏、异奇斤氏等。此外，高车有十二姓，即泣伏利氏、吐卢氏、乙旃氏、大连氏、窟贺氏、达薄干氏、阿崘氏、莫允氏、俟分氏、副伏罗氏、乞袁氏、右叔沛氏。这些姓氏往往又是高车部落划分的标志。高车之生活习俗也与匈

---

① 《魏书》卷一〇三《蠕蠕传》，第 2301~2302 页。

② 《魏书》卷六九《袁翻传》，第 1542~1543 页。

③ 段连勤先生强调高车应为"高车丁零"的简称，"高车丁零"，正与入居中原的"山居丁零"相对应。见《高车与丁零的关系》，载于《丁零、高车与铁勒》，上海人民出版社 1988 年版，第 11~24 页。

奴、柔然等塞外民族大致相同,属于典型的游牧民族。如《魏书·高车传》又载:"……无都统大帅,当种各有君长,为性粗猛,党类同心,至于寇难,翕然相依。……其迁徙随水草,衣皮食肉,牛羊畜产尽与蠕蠕(柔然)同,唯车轮高大,辐数至多。"①

丁零是高车的又一名称。实际上,"丁零"(或称丁灵、丁令)之名,其出现远较"高车"为早。秦与两汉时期,丁零人已与匈奴人一道出现在大漠之中。《史记·匈奴列传》载,冒顿所率匈奴联盟集团曾"北服浑庾、屈射、丁零、鬲昆、薪犁之国"。又据《汉书·苏武传》可知,北海为匈奴与丁零居住地之间的界线。"丁零"之国,位于匈奴牧地以北地区。此外,有"北丁零"与"西丁零"之说。鱼豢《魏略·西戎传》载:

> 丁令国在康居北,胜兵六万人,随畜牧,出名鼠皮,白昆子、青昆子皮。此上三国(呼得、坚昆、丁令),坚昆中央,俱去匈奴单于庭安习水七千里,南去车师六国五千里,西南去康居界三千里,西去康居王治八千里。或以为此丁令即匈奴北丁令也,而北丁令在乌孙西,似其种别也。又匈奴北有浑窳国,有屈射国,有丁令国,有隔昆国,有新梨国,明北海之南自复有丁令,非此乌孙之西丁令也。②

北魏时期,高车的游牧区主要集中在鹿浑海西北百余里的地方。鹿浑海即今天蒙古境内浑河东侧的乌吉淖尔。其后部落逐步强盛起来,与正在崛起的拓跋鲜卑争夺漠南之地。据《魏书·序纪》及诸帝《纪》,拓跋鲜卑早期对高车各部的征战记载主要有:

(1)什翼犍建国二十六年(363),冬十月,"帝讨高车,大破之,获万口,马牛羊百余万头"。

(2)三十三年(370),"冬十一月,征高车,大破之"。

(3)登国四年(389),"春正月甲寅,袭高车诸部落,大破之"。

(4)登国五年(390),"春三月甲申,帝(拓跋珪)西征,次鹿浑海,袭高车袁纥部,大破之,虏获生口、马牛羊二十余万"。"冬十月,迁云中,讨高车豆陈部于狼山,破之。"

(5)天兴二年(399),"春正月庚午,车驾北巡,分命诸将大袭高车"。"二月丁亥朔,诸军同会,破高车杂种三十余部,获七万余口,马三十余万匹,牛羊百四十余万。

① 《魏书》卷一〇三《高车传》,第2307~2308页。

② 见《三国志》卷三〇《乌丸鲜卑东夷传》裴注引,第862~863页。

骠骑大将军、卫王仪督三万骑别从西北绝漠千余里,破其遗迸七部,获二万余口,马五万余匹,牛羊二十余万头,高车二十余万乘,并服玩诸物。”

高车的原始居住地主要集中于漠北地区。我们可以从北魏军队北征路线中了解高车分布区的大致轮廓。如据《魏书・高车传》,北魏道武帝拓跋珪天兴二年北征,其行军路线:(1)“复度弱洛水(饶乐水,今内蒙古西拉木伦河),西行至鹿浑海,停驾简轻骑,西北行百余里,袭破之,虏获生口马牛羊二十余万”。(2)“复讨其余种于狼山(今内蒙古自治区杭锦旗西北狼山①),大破之”。(3)“车驾巡幸,分命诸将为东西二道,太祖亲勒六军从中道,自驳髯水(在今内蒙古自治区乌兰察布市集宁区北)西北,徇略其部,诸军同时云合,破其杂种三十(疑为‘千’之误)余落。卫王(拓跋)仪别督将从西北绝漠千余里,复破其遗迸七部”。

2. 漠北高车人的内徙

关于“十六国”及北朝时期高车人的南迁,现代民族史研究者已给予了高度关注。研究者强调指出:

> 从公元363年至公元429年,拓跋代(魏)国累计共俘获、受降及接纳内属高车人口至少有一百六十余万人。这一百六十余万高车人都被拓跋贵族先后胁迁至漠南,置于内蒙河套地区。这是我国历史上的一次大规模的民族迁徙,也是十六国和北朝时期最大的一次民族迁徙。②

高车部族内迁主要表现为两种方式:一是主动归降,二是被俘而徙。其中两次大规模的内迁分别发生于道武帝拓跋珪与太武帝拓跋焘在位之时,都是作为俘虏而被强制南迁的。

第一次内迁是在天兴二年北魏北征并获得胜利后,北魏军队将高车部众驱往代都平城以北地区。应该说,这也是内迁游牧民族的一种特有的安置方式。如《魏书・高车传》载:“太祖自牛川南引,大校猎,即以高车为围,骑徒遮列,周七百余里,聚杂兽于其中。因驱至平城,以高车众起鹿苑,南因台阴,北距长城,东包白登(在今山西省大同市东北),属之西山(今山西省右玉县西南七介山)。”

《魏书・太祖纪》又载:“以所获高车众起鹿苑,南因台阴,北距长城,东包白登,属之西山,广轮数十里,凿渠引武川水注之苑中,疏为三沟,分流宫城内外。又穿鸿雁

---

① 就其实际地域而言,笔者更倾向于认为这里的“狼山”应是“狼居胥山”的简称,该山即今蒙古境内的肯特山。

② 参见段连勤《丁零、高车与铁勒》,第271页。

池。”这个“鹿苑”的地域，大致在今长城以南、大同市以北的雁北地区。当时又有不少高车部众自愿南下归附，估计其安置地也在雁北地区。“寻而高车侄利曷莫弗（莫弗即部帅）敕力犍率其九百余落内附，拜敕力犍为扬威将军，置司马、参军，赐谷二万斛。后高车解批莫弗幡豆建复率其部三十余落（《太祖纪》记为‘三千余落’）内附，亦拜为威远将军，置司马、参军，赐衣服，岁给廪食。”①这些附者应该也被安置于雁北地区。在这里，我们约略可以了解北魏对高车来者的优待政策，如拜其部帅为将军，又置司马、参军之职，并岁给廪食等。不过，当时尚有大批高车人居留于漠北地区，柔然可汗社崘曾率众进入漠北高车之地，斛利部部帅倍侯利等被迫南迁，同样得到北魏的优遇。

这些早期降附的高车部众自归附后便成为北魏属下的游牧部族成员。北魏道武帝拓跋珪在位时期，为加强管理，曾推行“分散诸部”的汉化政策，解散下属游牧部落，将之分属于郡县，同于汉民，一并称为“代人”。而考虑到高车部族风俗粗放，恐怕一时难以适应农耕方式，故北魏朝廷特许高车人保持原有部落生活方式。

第二次内迁，太武帝拓跋焘在北征柔然取得成功之后，得知高车东部在巳尼陂（秦汉北海，今俄罗斯境内的贝加尔湖），遣安原等率军攻伐，取得重大成果。“高车诸部望军而降者数十万落，获马牛羊亦百余万，皆徙置漠南千里之地。”②《魏书·世祖纪》又称：

> （神䴥二年，429）八月，帝以东部高车屯巳尼陂，诏左仆射安原率骑万余讨之。……冬十月，振旅凯旋于京师，告于宗庙。列置新民于漠南，东至濡源，西暨五原、阴山，竟三千里。诏司徒平阳王长孙翰、尚书令刘洁、左仆射安原、侍中古弼镇抚之。

显然，这是一场声势浩大的、北征胜利后的内迁，“新民”，既包括柔然部众，更有高车人，人数相当惊人。《魏书·崔浩传》又载，当时对柔然的北征取得了巨大胜利，“于是分军搜讨，东西五千里，南北三千里，凡所俘虏及获畜产车庐，弥漫山泽，盖数百万。高车杀蠕蠕种类，归降者三十余万落”。游牧民族之“落”，通常相当于汉族人口统计之“户”，若以每落五人计，仅这一次高车部落归降南迁者就应在一百五十万人左右。既然南迁的高车人数量如此巨大，长城以南的雁北地区自然无法满足安置的需要，故而这次大规模内迁的安置地是在漠南地区，这也是与第一次内迁安置相比最突出的不同之处。

---

① 《魏书》卷一〇三《高车传》，第2308~2309页。

② 《魏书》卷一〇三《高车传》，第2309页。

其次，为了控制与管辖南迁的大批柔然、高车降众，同时抵御尚在漠北的柔然人的袭扰，北魏建立了沿边军镇防御系统，这无疑是北魏军政发展史上的一件大事。如元代学者胡三省强调："北镇，即魏主破降高车所置六镇也，以在平城之北，故曰北镇。"①内迁高车所居留的数千里边疆之地，也正是北魏北方诸镇所构成的边防系统所控制的地域。这些内迁高车人受到北边诸镇边将的直接统辖，故而他们的名称也往往与所居军镇相连，如怀荒镇高车、沃野镇敕勒、高平镇敕勒等。

内迁之后，高车人获得了长足的发展，至北魏文成帝在位时达到极盛。"乘高车，逐水草，畜牧蕃息，数年之后，渐知粒食，岁致献贡，由是国家马及牛羊遂至于贱，毡皮委积。高宗时，五部高车合聚祭天，众至数万。大会，走马杀牲，游绕歌吟忻忻，其俗称自前世以来无盛于此。"②这里所谓"五部高车"，又被称为"五部敕勒"。南迁高车部族的内部分划，通常称为"东部敕勒""西部敕勒""北部敕勒"以及"河西敕勒"等。关于五部的地域，元代胡三省曾指出："自魏世祖破柔然，高车、敕勒皆来降。其部落附塞下而居，自武周塞外以西谓之西部，以东谓之东部，依漠南而居者谓之北部。"③武周塞，又称为武州塞，在今山西省大同市以西左云县境内的武周山上。现代学者在胡注基础上，对内迁敕勒人的分布情况进行了进一步的考证，并指出：

> 总之，魏初之西部敕勒，原指分布于武周塞外以西即分布于武川、抚冥、怀朔三军镇之敕勒；自神䴥三年徙敕勒新民于河西之后，西部敕勒亦包括分布于河西诸镇（沃野、统万、高平、上邽）之敕勒。而河西敕勒则专指分布于河西诸镇之敕勒。……武周塞外以东为魏柔玄、怀荒、御夷三镇地。以此推之，东部敕勒应指分布于此三镇地面之敕勒。……北部敕勒的分布地应在阴山以北、大漠之南，大约今内蒙潮洛旗、乌拉特中后联合旗及达尔罕茂明安旗均为其分布地。它同东、西部敕勒的分界线，大约就是东西横亘的阴山山脉。④

即使是在高车如此大举南迁之后，仍有不少高车部众游牧于漠北地区。漠北这些高车部众通常又是柔然的部属。如漠北高车的副伏罗部就长期役属于柔然，在柔然可汗豆崘在位之时，副伏罗部酋长阿伏至罗与其从弟穷奇所统领的高车部族达十余万落，其后因不满豆崘的统治而自立为王，两人分部而居，阿伏至罗居北，穷奇居

---

① 《资治通鉴》卷一二三"宋文帝元嘉十六年(439)"胡注。
② 《魏书》卷一〇三《高车传》，第2309页。
③ 《资治通鉴》卷一三三"宋明帝泰始七年(471)"胡注。
④ 段连勤《丁零、高车与铁勒》，第278~280页。

南。北魏中期以后，漠北高车部受到西方嚈哒人的侵迫。如穷奇部就为嚈哒人所破，部众分散，或投柔然，或降北魏。北魏将这些高车人大多安置于高平镇（在今宁夏回族自治区固原市）。阿伏至罗部与柔然人相互攻击，再加上嚈哒人的攻袭，势力逐渐衰弱，其部众也为以上二部所兼并。

至北魏中后期，那些居住于北魏边镇地区的高车人更多地被称为"敕勒"，北魏官府对这些敕勒人实行了相当严格的管理与监视。如《魏书·刘洁传》称：

> 敕勒新民以将吏侵夺，咸出怨言，期牛马饱草，当赴漠北。洁与左仆射安原奏，欲及河冰未解，徙之河西，冰解之后，不得北遁。世祖曰："不然。此等习俗，放散日久，有似园中之鹿，急则冲突，缓之则定。吾自处之有道，不烦徙也。"洁等固执，乃听分徙三万余落于河西，西至白盐池（在今宁夏回族自治区盐池县北）。新民惊骇，皆曰"圈我于河西之中，是将杀我也"，欲西走凉州。洁与侍中古弼屯五原河北，左仆射安原屯悦拔（在今内蒙古自治区伊金霍洛旗西北）城北，备之。既而新民数千骑北走，洁追讨之。走者粮绝，相枕而死。

这无疑是一场大规模的强制迁徙，但这种迁徙付出的代价是相当惨痛的。

严酷的压迫不断引发内迁敕勒人的反抗，北魏官府在残酷讨伐之后，又往往将敕勒人强制迁于内地，充当"营户"。残酷的杀戮、兼并与强制迁徙对高车及敕勒人在史籍中的失载起到了至关重要的作用。如据《魏书·高祖纪》，这方面的记载主要有：

（1）延兴元年（471）冬十月，"沃野、统万二镇敕勒叛。诏太尉、陇西王源贺追击，至枹罕，灭之，斩首三万余级；徙其遗迸于冀、定、相三州为营户"。

（2）二年（472）三月，"连川敕勒谋叛，徙配青、徐、齐、兖四州为营户"。

3. 内迁丁零人的分布与迁徙

在研究丁零及高车人历史时，我们必须关注漠北丁零之外的内迁丁零人的情况。研究者指出："魏晋之际，内迁丁零分布地区至为广大，几乎遍及我国整个北方。其中以分布于今河北、山西和河南三省区的翟氏丁零势力最大，占地最广。"①可以说，内迁的丁零人逐渐形成中国北方一支举足轻重的民族力量。到北朝时期，中国北部（以太行山区为重心）出现了为数众多的"西山丁零"，他们的活动对"十六国"乃至北朝地方政治形势也产生了深远影响。②

---

① 段连勤《丁零、高车与铁勒》，第159页。

② "十六国"时期，内迁丁零人也创立了自己的民族政权，即翟魏政权，该政权被现代学者称为"一代之雄国"之一。参见谭其骧《记翟魏始末》，载于《长水集》（上）。

丁零人的历史变迁十分复杂，其内迁历史可上溯至东汉及魏晋时期。如谭其骧先生曾指出：

其（丁零）内迁者，不知其所自始，要当在东汉或魏晋世，《晋书·匈奴传》南匈奴十九种，赤勒居其一，赤勒即敕勒矣。敕勒与匈奴异族，所以列以为南匈奴者，盖其人本为匈奴所服属，随匈奴而内徙者也。惟赤勒之名其后不见于史，五胡元魏时凡塞内之丁零，止号丁零，不著他称。①

入居中原地区的丁零主要分布于太行山区，对此，谭其骧先生曾进行了精辟的评述：

太行山绵亘河北，陵谷深险。从来中原多故，桀骜亡命之徒，往往啸居其中。自魏晋后遂为诸胡所据，其间种落尤众者，丁零是也。魏世著称西山丁零。盖太行之地虽分属于定、相、并三州，自定、相而言，则山在西境。定州之中山（治今河北省定州市）、常山（治今河北省正定县南）、赵（治今河北省邯郸市）三郡，实为丁零根本所在，故赵、燕以来，丁零之向背，辄为一方大局安危之所系。魏定中原，犹时出骚扰，历六七十岁，始得宁息。②

我们在文献中所看到的内迁丁零的名号，往往与其所居地域相连，这也就成为我们确定内迁丁零聚居区的关键线索与依据。这些名号有中山丁零、西山丁零、定州丁零等。定、相二州外，我们可以从丁零名号中发现当时的一些丁零聚居地，如上党（郡，治今山西省长治市北）丁零、密云（郡，治今北京市密云区东北）丁零、西河（郡，治今山西省汾阳市）丁零等。

二、东北地区的民族构成与分布

南北朝时期东北地区民族分布格局的一个突出变化是高句骊与百济两个政权崛起及疆域的大幅度扩展。如《宋书·东夷传》载："东夷高句骊国，今治汉之辽东郡（治今辽宁省辽阳市）。"又"百济国，本与高骊俱在辽东之东千余里，其后高骊略有辽东，百济略有辽西。百济所治，谓之晋平郡晋平县"。显然，高句骊大致占据了辽东，百济大致占据了辽西。

关于南北朝时期东北地区的民族构成，研究者指出：

当时东北地区各族的分布，其南部仍以汉族居多；就少数族而论，则东北全

① 谭其骧《记五胡元魏时之丁零》，载于《长水集》（上），第234~235页。
② 谭其骧《记五胡元魏时之丁零》，载于《长水集》（上），第235~236页。

区可分为东、西两大部。东北的西部大兴安岭山区，自古是东胡系鲜卑族各部的故乡。汉朝以还，鲜卑各部相继兴起，各自外迁。但仍有一些鲜卑部落留在大兴安岭，他们一直在原始社会阶段，以游猎为生；东晋十六国末期，曾归附冯氏北燕，后又转归北魏。他们号曰契丹、库莫奚、室韦。在他们的西北，则有地豆于和乌洛侯。……关于东北地区东半部各族，有东夷系的高句丽、勿吉（靺鞨）、豆莫娄诸部族。①

这种分类方法以相当明确的自然山川界限及民族渊源为依据，颇有可取之处，但我们也应看到当时东北地区很多部族在文化及风俗上有很多相似或兼容之处。如《魏书·失韦国传》称，该部“语与库莫奚、契丹、豆莫娄国同”，《北史·契丹国传》又称“其俗与靺鞨同”。

南部汉人聚居地区，是以中原政权所设置的州县为代表的。以今天山海关为界，北魏在东北地区设置的最重要政区便是营州，隋朝时改为辽西郡。但《魏书·地形志》所列营州郡县，大多为魏末正光年间（520—525）复置，记载过于简略。《隋书·地理志》释之云：

后魏置营州于和龙城，领建德、冀阳、昌黎、辽东、乐浪、营丘等郡，龙城、大兴、永乐、带方、定荒、石城、广都、阳武、襄平、新昌、平刚、柳城、富平等县。后齐唯留建德、冀阳二郡，永乐、带方、龙城、大兴等县，其余并废。开皇元年唯留建德一郡，龙城一县，其余并废。寻又废郡，改县为龙山，十八年改为柳城。大业初，置辽西郡。有带方山、秃黎山、鸡鸣山、松山。有渝水、白狼水。

营州治所和龙城，治今辽宁省朝阳市，原为北燕冯氏政权的都城，是南北朝时期东北地区首屈一指的重镇。文献中所载户口数量应为汉人百姓的数量。隋朝辽西郡领751户。

魏之营州所辖郡县及户口简表

郡名	治所今地	属县名称	户口数量
昌黎	辽宁省朝阳市	三县：龙城、大兴、定荒	201户、918口
建德	辽宁省喀喇沁左翼蒙古族自治县西南	三县：石城、广都、阳武	200户、793口
辽东	侨置于固都城	二县：襄平、新昌	131户、855口

① 关于魏晋南北朝时期东北地区民族状况的研究，参见陈芳芝《魏晋南北朝时期的东北地区》，《北京大学学报》1988年第3期；《东北史探讨》，中国社会科学出版社1995年版，第110~115页。

（续表）

郡名	治所今地	属县名称	户口数量
乐良	辽宁省义县	二县:永洛、带方	219户、1008口
冀阳	辽宁省凌源市境	二县:平刚、柳城	89户、296口
营丘	辽宁省朝阳市东	二县:富平、永安	182户、794口

资料来源:《魏书》卷一〇六上《地形志上》。

下面分别介绍南北朝时期东北地区“东夷”族系与“东胡”族系主要部族集团的分布状况。①

(一)东部“东夷”族系诸部族

1. 勿吉

勿吉地处高句丽北面,为上古肃慎族系的后裔。勿吉部内并没有建立统一的政权形式,而是处于各自独立的分据状态,然而其民风劲悍,“邑落各自有长,不相总一。其人劲悍,于东夷最强”②。

北朝诸种史籍对勿吉所处自然环境做了较为细致的记载。如《北史·勿吉国传》更明确说明其“所居多依山水”。其境内著名的山川有今天所称的长白山、松花江等。如《魏书·勿吉国传》载:“国有大水,阔三里余,名速末水。其地下湿,筑城穴居,屋形似冢,开口于上,以梯出入。……国南有徒太山,魏言‘大白’。”又勿吉使者曾自述其南下中原的路线:“初发其国,乘船溯难河西上,至太沵河,沉船于水,南出陆行,渡洛孤水,从契丹西界达和龙。”③速末水即今北流松花江,徒太山即今长白山,难河即今嫩江及东流松花江,太沵河即今洮儿河。据此可推知,勿吉大致位于高句丽及长白山以北、嫩江以东的松花江流域。

勿吉西北毗连契丹,其国四周又有不少部落集团(文献中称为“国”),如大莫卢国、覆钟国、莫多回国、库娄国、素和国、具弗伏国、匹黎尔国、拔大何国、郁羽陵国、库伏真国、鲁娄国、羽真侯国等。这些部族不少应属于契丹族系。

至北朝后期以及隋唐两朝,勿吉之名逐渐为靺鞨之名所取代。如《北史·勿吉国传》载:“勿吉国在高句丽北,一曰靺鞨。”又如《隋书·东夷靺鞨传》载:

---

① 笔者对南北朝时期东北地区各部族分布区的定位,主要参照谭其骧主编《〈中国历史地图集〉释文汇编·东北卷》(中央民族学院出版社1988年出版)。

② 《北史》卷九四《勿吉国传》,第3123页。

③ 《魏书》卷一〇〇《勿吉国传》,第2220页。

鞢鞨，在高丽之北，邑落俱有酋长，不相总一。凡有七种：其一号粟末部，与高丽相接，胜兵数千，多骁武，每寇高丽中。其二曰伯咄部，在粟末之北，胜兵七千。其三曰安车骨部，在伯咄东北。其四曰拂涅部，在伯咄东。其五曰号室部，在拂涅东。其六曰黑水部，在安车骨西北。其七曰白山部，在粟末东南。胜兵并不过三千，而黑水部尤为劲健。

2. 豆莫娄

作为"东夷"族系的重要标志性部落之一，高句丽与百济都自称是古代夫余人的后裔。豆莫娄地处勿吉以北千里之地，是古代北夫余的后裔，西邻失韦，东至于海，国土辽阔，方圆达两千里，境内自然环境与地理景观也颇具特色。"其人土著，有宫室仓库。多山陵广泽，于东夷之域最为平敞。地宜五谷，不生五果。其人长大，性强勇，谨厚，不寇抄。"豆莫娄在文化方面与高丽等相近。"其君长皆以六畜名官，邑落有豪帅。饮食亦用俎豆。有麻布衣，制类高丽而幅大。"据当时传说，豆莫娄可能为古代濊貊人所居之地。①

（二）西部"东胡"族系诸部族

1. 库莫奚

关于库莫奚人的族源，《魏书·库莫奚国传》称："库莫奚国之先，东部宇文之别种也。初为慕容元真所破，遗落者窜匿松漠之间（今内蒙古西拉木伦河与老哈河流域）。"库莫奚，后又简称奚。《隋书·奚传》称："奚本曰库莫奚，东部胡之种也。为慕容氏所破，遗落者窜匿松漠之间。"库莫奚人所居之地与汉人聚居地最为接近，杂居现象也不鲜见。如北魏世宗曾在诏书中指出："库莫奚去太和二十一年（497）以前，与安营二州边民参居，交易往来，并无疑贰。"②

至北朝后期，库莫奚内有五部之分。如《周书·库莫奚传》载："库莫奚，鲜卑之别种也。其先为慕容晃所破，窜于松漠之间。后种类渐多，分为五部：一曰辱纥主，二曰莫贺弗，三曰契箇，四曰木昆，五曰室得。每部置俟斤一人。有阿会氏者，最为豪帅，五部皆受其节度。役属于突厥，而数与契丹相攻。"《隋书·奚传》的记载与此相同，并指出，其风俗"随逐水草，颇同突厥"。与漠北游牧民族的风俗接近，这也是"东胡"系族群共有的特征之一。

2. 契丹

契丹位于库莫奚之东，与库莫奚同属于"东胡"之裔，"异种同类"，早年同样受到

---

① 参见《魏书》卷一〇〇《豆莫娄国传》，第2222页。

② 《魏书》卷一〇〇《库莫奚国传》，第2222页。

慕容鲜卑的威慑,避居于松漠之间。北魏前期,契丹部族日趋繁盛,散居于和龙城以北数百里之地。其下属诸部有悉万丹部、何大何部、伏弗郁部、羽陵部、日连部、匹絜部、黎部、吐六于部等,这些部落均与北魏交市于和龙、密云等地。太和三年(479),在高句丽和柔然人的侵迫下,契丹部帅贺勿于率领部众万余口内徙,请求内附,并居留于白狼水(今辽宁省大凌河)以东地区。北齐天保四年(553),契丹部大举攻击边塞,北齐文宣帝高洋亲自率军北征,至平州一带,指挥诸路军士合击契丹,取得重大胜利,"虏获十万余口(《北史·契丹国传》作'十余万口'),杂畜数十万头。乐(司徒潘相乐)又于青山(今辽宁省朝阳市西北大青山)大破契丹别部。所虏生口皆分置诸州"①。这次军事打击对契丹人的发展产生重大影响,同时,大批契丹俘虏被安置于北齐境内诸州,数量达十万口以上,这本身就是一次较大规模的人口内徙活动。

后因受到突厥人的侵迫,契丹人或寄居于高丽境内,或依附于突厥部落。隋朝初年,契丹人纷纷归附隋朝,并得以重返故地,但慑于当时突厥联盟的强大,东北地区的契丹各部仍主要受到突厥联盟的统辖。《隋书·契丹传》载当时契丹的情况:"部落渐众,遂北徙逐水草,当辽西(郡,治今辽宁省朝阳市)正北二百里,依托纥臣水而居。东西亘五百里,南北三百里,分为十部。兵多者三千,少者千余,逐寒暑,随水草畜牧。"

3. 室韦

室韦,又称为"失韦"。《北史·室韦国传》称:"室韦在勿吉北千里,去洛阳六千里。'室'或为'失',盖契丹之类,其南者为契丹,在北者号为失韦。"故而室韦也应该是与契丹最为相近的族群集团之一。关于室韦与中原的交通及境内之自然状况,《魏书·失韦国传》称:

> 路出和龙北千余里,入契丹国,又北行十日至啜水(今绰尔河),又北行三日有盖水(今黑龙江伊敏河),又北行三日有犊了山(今大兴安岭雅克山),其山高大,周回三百余里,又北行三日有大水名屈利(今嫩江支流雅鲁河),又北行三日至刃水(今嫩江支流阿伦河),又北行五日到其国。有大水从北而来,广四里余,名㮈水(今嫩江上游)。

这些记载对于了解当时东北地区的交通及水道分布状况都有重要的参考价值。室韦的风俗、语言等与库莫奚、契丹等的大致相同。

至北朝晚期,室韦内部也有五部之分,即南室韦、北室韦、钵室韦、深末怛室韦、大

---

① 《北齐书》卷四《文宣纪》,第57页。

室韦,同样处于突厥联盟的统辖之下。诸部的分布和风俗特征:(1)南室韦,在契丹以北三千里之地,境内土地卑湿,有贷勃、欠对二山,属内又分为二十五部,每部都有类似酋长的头领,风俗与契丹、靺鞨相似。(2)北室韦,由南室韦再北行十余日才到达北室韦部居住地,属内有九个部落,围绕着吐纥山而居,各部落也自有酋长及部帅。(3)钵室韦,由北室韦又北行千里,方才到达钵室韦居留地,属内各部落围绕胡布山而居,部众多于北室韦。胡布山大约在今俄罗斯境内扎格德山附近。(4)深末怛室韦,从钵室韦西南行四日后可到达深末怛室韦居留地,深末怛为水名,大约为今天俄罗斯境内的谢列姆扎河。(5)大室韦,该部地处最北方,据研究者估计,大致分布于今天黑龙江与额尔古纳河会流处以东,外兴安岭以南,黑龙江以北的广大地区。

4. 乌洛侯

乌洛侯位于室韦的西北方向,大致分布于南起绰尔河,北至甘河,以及嫩江以西、大兴安岭以东的嫩江中游西侧地区。关于当地自然环境状况,《魏书·乌洛侯国传》称:“其土下湿,多雾气而寒,民冬则穿地为室,夏则随原阜畜牧。……其国西北有完水,东北流合于难水(今嫩江),其地小水皆注于难,东入于海。”完水即今额尔古纳河及黑龙江。乌洛侯人的风俗习惯与“东胡”系其他部族没有太大差别。如“无大君长,部落莫弗(部帅)皆世为之。其俗绳发,皮服,以珠为饰”等。

北魏太平真君四年(443),乌洛侯人称其国西北有北魏先祖的遗迹(“旧墟”)石室,于是世祖派遣中书侍郎致祭,并刊文于石以示纪念。到20世纪80年代初,考古工作者发现了记载中的石室以及刻于石壁上的祭文,从而为北朝东北地区的历史地理研究提供了难得的佐证材料。①

总而言之,南北朝时期中原人士对东北地区民族分布状况的了解尚处于相当粗浅的阶段。无法否认,南北分立,中原王朝更迭频繁、国力不足是一个重要因素,高句丽与百济的强盛也是不容忽视的客观原因。不过,当时出现的一些部族如契丹、室韦等,都处于发展及上升时期,其中室韦人分布地极为广阔,契丹人后来创建了辽朝,而蒙古族的祖先即来源于隋唐时出现的“蒙兀室韦”,之后这些民族在中国历史及民族发展史上都占有重要的地位。

---

① 参见米文平《鲜卑石室的发现与初步研究》,《文物》1981年第2期。

第四章　隋唐民族地理

绪论　隋唐五代时期疆域建设、民族认知与分布格局

隋唐五代时期是中华民族发展史上的又一个高峰期,不仅开创了中国传统王朝政治建设又一个鼎盛时代,在疆域建设、政区建置以及民族关系等诸多方面都取得了重大进展,也创造了历史时期中国疆域建设与民族融合的新局面,同时,极大地促进了民族认知、民族地理的研究,取得了令人瞩目的重要成就。隋唐两大王朝在疆域及政区建设、民族认知及民族融合方面的巨大成就主要体现在:

(一)在南北朝多年割据分立之后,中央王朝的南北统一,以及边疆民族政权疆域的进一步扩展与稳定,为经过民族大融合后凝聚而成的华夏(汉)族开拓而奠定了新的更为广阔的空间。

(二)隋唐时期民族关系方面的一项重大举措,就是全面推行"羁縻府州"之制,尤其是唐朝,在边境地区设置了大量的"羁縻府州",这是边疆政区建置"内地化"或与内地"一体化"的重大创举,为构建统一的、多民族政治管理体制,为改善民族关系以及巩固边疆开创了新路。这些"羁縻府州"的设置,与不少民族的分布及变迁有着直接的关系,故而也成为研究当时民族地理的一个重要方面。①

(三)隋唐五代时期中国境内的众多民族发展势头强劲,形成了新的民族分布格局。当时主要的民族区域有:

1. 北方大漠民族区(包括突厥、回纥、铁勒等分布区)。

---

① 关于羁縻府州的研究,迄今较系统的论著有谭其骧《唐代羁縻州述论》(载于《长水集》续编,人民出版社 1994 年版,第 133~155 页)、刘统《唐代羁縻府州研究》(西北大学出版社 1998 年出版)等,可资参考。

2. 西域民族区(包括吐蕃地区)。

3. 南方及西南民族区(包括南诏地区)。

4. 东北民族区(包括渤海国)等。

(四)隋唐两朝疆域广大,民族成分复杂,且自秦汉以来,各民族演变历史错综复杂,这就为研究当时的民族地理提供了广阔的空间。隋唐时期出现了一批高质量的民族地理方面的专著,例如裴矩的《西域图记》、杜佑的《通典》、樊绰的《云南志》等,在边疆及民族地理研究方面做出了重要贡献,也为我们了解与认知当时民族发展与民族地理格局等问题提供了帮助。

一、隋唐五代疆域建设成就与民族认知

关于隋朝的疆域建设与政区改革情况,《隋书·地理志》称:

……高祖受终,惟新朝政。开皇三年(583),遂废诸郡。洎于九载(589),廓定江表,寻以户口滋多,析置州县。炀帝嗣位,又平林邑,更置三州。既而并省诸州,寻即改州为郡,乃置司隶刺史,分部巡察。五年(609),平定吐谷浑,更置四郡。大凡郡一百九十,县一千二百五十五,户八百九十万七千五百四十六,口四千六百一万九千九百五十六。垦田五千五百八十五万四千四十一顷。其邑居道路,山河沟洫,沙碛咸卤,丘陵阡陌,皆不预焉。东西九千三百里,南北万四千八百一十五里,东南皆至于海,西至且末(郡,治今新疆维吾尔自治区且末县),北至五原,隋氏之盛,极于此也。①

隋朝开皇九年(589),在平定南方陈朝政权之后,隋朝再一次实现了南北大统一,开创了"天下一统"的新局面。② 而鉴于南北朝时期政区建置淆乱的局面,隋朝大力进行政区变革,一并改州为郡,推行统一的郡县制。这也是势在必行。在疆域开拓方面,隋朝也取得了两次较大的进展:一次是隋炀帝继位后,于大业元年(605)平定林邑(郡,治今越南广南省维川县南茶轿),分别建置荡州、农州与冲州。③ 第二次是大业五年(609)平定吐谷浑,新建四郡,即西海、河源、鄯善、且末等。④

隋代的边疆民族分布状况,依然可以从"五方格局"的模式来进行叙述。首先是

---

① 《隋书》卷二九《地理志上》,第807~808页。

② "天下一统"之语,参见《隋书》卷二一《天文志下》,第612页。

③ 参见《隋书》卷三一《地理志下》,第886页。

④ 参见《隋书》卷三《炀帝纪上》,第73页。

“东夷”，包括高丽、百济、新罗、靺鞨、流求、倭国。其次是“南蛮”，包括林邑、赤土、真腊、婆利。再次是“西域”，包括吐谷浑、党项、高昌、康国、安国、石国、女国、焉耆、龟兹、疏勒、于阗、钹汗、吐火罗、挹怛、米国、史国、曹国、何国、乌那曷、穆国、波斯、漕国、附国。最后是“北狄”，包括突厥、西突厥、铁勒、奚、契丹及室韦。①

唐朝疆域建设的成就更胜于隋朝，唐朝的疆域建设成就也成为中国传统时代王朝建设的一个高峰，为后代所称颂。如《旧唐书·地理志》称：

自北殄突厥颉利，西平高昌，北逾阴山，西抵大漠。其地东极海，西至焉耆（治今新疆维吾尔自治区焉耆回族自治县东南），南尽林州（今广西壮族自治区桂平市南）南境，北接薛延陀界。凡东西九千五百一十里，南北万六千九百一十八里。高宗时，平高丽、百济，辽海已东，皆为州，俄而复叛，不入提封。

《新唐书·地理志》的记载与此大致相同：

其后，北殄突厥颉利，西平高昌，北逾阴山，西抵大漠。其地：东极海，西至焉耆，南尽林州南境，北接薛延陀界；东西九千五百一十一里，南北一万六千九百一十八里。……然举唐之盛时，开元、天宝之际，东至安东，西至安西，南至日南，北至单于府，盖南北如汉之盛，东不及而西过之。

即与汉朝全盛时期的疆域相比较，南北两极界限较为相似，东面界限有较大的后退，在西部则有所扩展。

其实，唐朝疆域的最重要拓展与突破，就是攻灭长城以北的东突厥集团，在相当长的时间里实现了自秦汉以来长城南北统一的空前盛况，并尝试推行统一的政区管理体制，这是以往王朝（包括两汉时期）所无法比拟的。唐朝的政治建设与民族融合也在唐代前期进入了高峰期。为了适应地域广大且众多民族并存的政治管理需求，唐朝建立了较为复杂的军事及政区管理体制。

大唐武德初，改郡为州，太守为刺史，其边镇及襟带之地，置总管府以领军戎。至七年，改总管府为都督府。自因隋季分割州府，倍多前代。贞观初，并省州县，始于山河形便，分为十道……既北殄突厥颉利，西平高昌，东西九千五百十里，南北万六千九百十八里。高宗平高丽、百济，得海东数千余里，旋为新罗、靺鞨所侵，失之。又开四镇，即西境拓数千里，于阗、疏勒、龟兹、焉耆诸国矣。……开元二十一年（723），分为十五道，置采访使，以检察非法……又于边境置节度、

① 参见《隋书》卷八一至卷八四。

经略使，式遏四夷（节度使十、经略守捉使三）。大凡镇兵四十九万人……天宝初，又改州为郡，刺史为太守。大凡郡府三百二十有八，县千五百七十有三，羁縻州郡不在其中。其地东至安东都护府，西至安西都护府，南至日南郡，北至单于都护府。南北如前汉之盛，东则不及，西则过之。①

显然，为了有效管控广大边疆地区，唐朝建立了一体化的军事管理体制，如设置总管府（都督府）与节度使、经略使，这是前无古人的政治改革尝试。此外，唐朝政治建设与边疆治理中的一大创举，就是羁縻府州（羁縻州郡）的创设。政区的统一，是政治统一的基础与前提。而唐朝羁縻府州的建置，全面开创了中国历史上边疆政区与中原政区"一体化"或"内地化"的进程。这是一项划时代的举措，也是历史上实现中国统一的伟大创举。如《新唐书·地理志》称：

唐兴，初未暇于四夷，自太宗平突厥，西北诸蕃及蛮夷稍稍内属，即其部落列置州县，其大者为都督府，以其首领为都督、刺史，皆得世袭。虽贡赋版籍，多不上户部，然声教所暨，皆边州都督、都护所领，著于令式。……大凡府州八百五十六，号为羁縻云。

可见，以"都护府"为代表的唐朝羁縻府州制度的推行，是在平定东突厥以及边疆稳定之后，其推行的范围则涉及当时唐朝整个边疆及少数民族聚居区域。

唐朝边地都护府简表

都护府名称	所在道名称	治　所	简　况
安东上都护府	河北道	平壤城、辽东郡故城、平州、辽西郡故城	总章元年置，至德后废
北庭大都护府	陇右道	金满	户二千二百二十六，口九千九百六十四。县四：金满、轮台、后庭、西海
安西大都护府	陇右道	西州、高昌故地	贞元三年，陷于吐蕃
保宁都护府	剑南道	索磨川	天宝八载，以剑南之索磨川置，领牂柯、吐蕃
安南中都护府	岭南道	宋平	户二万四千二百三十，口九万九千六百五十二。县八

资料来源：《新唐书》卷三九至四二《地理志》。

借着边疆局势稳定以及设置"羁縻府州"等措施的推行，唐代前期开启了民族团结与民族融合的鼎盛局面，"胡、越一家，自古未之有"的情况为古今人士所称道。据

① （唐）杜佑撰，王文锦等点校《通典》卷一七二《州郡二序目下》，中华书局 1988 年版，第 4478～4484 页。

《旧唐书·高祖纪》记载：

贞观八年(634)三月甲戌[1]，高祖宴西突厥使者于两仪殿，顾谓长孙无忌曰："当今蛮夷率服，古未尝有！"无忌上千万岁寿。高祖大悦，以酒赐太宗。太宗又奉觞上寿，流涕而言曰："百姓获安，四夷咸附，皆奉遵圣旨，岂臣之力！"于是太宗与文德皇后互进御膳，并上服御衣物，一同家人常礼。是岁，阅武于城西，高祖亲自临视，劳将士而还。置酒于未央宫，三品已上咸侍。高祖命突厥颉利可汗起舞，又遣南越酋长冯智戴咏诗，既而笑曰："胡、越一家，自古未之有也。"

唐代学者杜佑所撰《通典》是中国第一部典章制度通史，也是研究唐代民族地理状况的重要参考文献之一。《通典》内有《边防典》十六卷，实际性质为"四裔传"，同样分"东夷""南蛮""西戎""北狄"四部，即按照"华夷五方格局"的模式来分划民族分布格局。其中，边疆族群种类、名号之繁富，远超于前代(见下表)。[2] 可以肯定，这些边疆族群，既有唐朝时期活跃的边疆政权与民族，也有不少是中国以往历代王朝记载中出现的族群。

族群类别	族群名号
"东夷"	朝鲜、濊、马韩、辰韩、弁辰、百济、新罗、倭、夫余、蝦夷、高句丽、东沃沮、挹娄、勿吉(又曰靺鞨)、扶桑、女国、文身、大汉、琉球、闽越
"南蛮"	盘瓠种、廪君种、板楯蛮、南平蛮、东谢、西赵、牂牁、充州、僚、夜郎、滇、邛都、筰都、冉駹、附国、哀牢、焦侥、樿国、西爨、昆弥国、尾濮、木绵濮、文面濮、折腰濮、赤口濮、黑僰濮、松外诸蛮，(以下岭南与海南)黄支、哥罗、林邑、扶南、顿逊、毗骞、干陀利、狼牙脩、婆利、槃槃、赤土、真腊、罗刹、投和、丹丹、边斗、杜薄、薄剌、敦焚、火山、无论、婆登、乌笃、陀洹、诃陵、多蔑、多摩长、哥罗舍分
"西戎"	羌无弋、湟中月氏胡、氐、葱茈羌、吐谷浑、乙弗敌、宕昌、邓至、党项、白兰、吐蕃、大羊同、悉立、章求拔、泥婆罗、楼兰、且末、杆弥、车师(高昌附)、龟兹、焉耆、于阗、疏勒、乌孙、姑墨、温宿、乌秅、难兜、大宛、莎车、罽宾、乌弋山离、条支、安息、大夏、大月氏、小月氏、康居、曹国、何国、史国、奄蔡、滑国、嚈哒(挹怛同)、天竺、车离、师子国、高附、大秦、小人、轩渠、三童、泽散、驴分、坚昆、呼得、丁令、短人、波斯、悦般、伏卢尼、朱俱波、渴槃陀、粟弋、阿钩羌、副货、叠伏罗、赊弥、石国、女国、吐火罗、劫国、陀罗伊罗、越底延、大食
"北狄"	匈奴、南匈奴、乌桓、鲜卑、轲比能、宇文莫槐、徒河段、慕容氏、拓跋氏、蠕蠕、高车、稽胡、突厥、铁勒、薛延陀、仆骨、同罗、都波、拔野古、多滥葛、斛薛、阿跌、契苾羽、鞠国、俞折、大漠、白霫、库莫奚、契丹、室韦、地豆于、乌落侯、驱度寐、霫、拔悉弥、流鬼、回纥、骨利干、结骨、驳马、鬼国、盐漠念

资料来源：《通典》卷一八五至卷二〇〇《边防典》。

---

① 《资治通鉴》卷一九四记载此事在贞观七年(633)下。

② 参见《通典》卷一八五至卷二〇〇《边防典》。

从表中所列可以看出，杜佑的《通典·边防典》，正如一部唐代以前边疆民族大典，几乎将前代历史上所记载的民族历史演变的梗概，重新进行了叙述与说明。这种叙述对于保存历史文献，对于了解唐代以前民族发展脉络而言，具有不小的便利，但是，并非所有民族的历史都是流传有绪、没有中断的，有些族群已趋于没落甚至消失，重现其历史，对于了解唐代的民族发展状况并没有太大的帮助。

其次，在分类方面，在结构上遵从“华夷五方格局”的模式，而在族群历史叙述顺序上也是遵循史书记载出现的前后秩序来定，大致并无轻重缓急之分，没有考虑各个民族不同的地理位置、历史地位、客观影响等因素。这显然是有缺憾的，直接影响到时人及后人对于当时民族发展形势的认识。这种缺憾在“北狄”系统的记述中表现最为突出。匈奴与南匈奴在历史文献中已趋于消亡，而当时唐朝前期最为强大的突厥与铁勒集团，却与一些名不见于经传的族群并列，令人难以准确理解唐代民族与边疆形势的实际状况。

“当局者迷，旁观者清。”《旧唐书》与《新唐书》在民族认知与归类方面，与《通典》存在一定的差异。这也许反映出当世学者与后代研究者之间在认知上的区别（参见下表）。可以明显看出，两《唐书》作者在族群序列的处理上，更看重其在历史演变中的地位及其重要影响。当然，在其历史地位及影响方面，两《唐书》作者的看法也存在差异。如《旧唐书》与《新唐书》均将“突厥”列于首位，显然两书作者对于突厥族群集团的地位与影响存在共识，没有疑义。然而，在接下来的排序中，两《唐书》的意见就不尽相同了。如《旧唐书》将回纥列为第二位，《新唐书》却将吐蕃列为第二位。在其他族群的排序处理中，两《唐书》存在更大的差异。如《新唐书》将“沙陀”列在第四位，而《旧唐书》甚至没有将沙陀单独列传。

两《唐书》“四裔传”序列比较简表

《旧唐书》族群类别序列	卷　次	《新唐书》族群类别序列	卷　次
突厥	卷一九四	突厥	卷二一五
回纥	卷一九五	吐蕃	卷二一六
吐蕃	卷一九六	回鹘	卷二一七
南蛮与西南蛮：林邑、婆利、盘盘、真腊、陀洹、诃陵、堕和罗、堕婆登、东谢蛮、西赵蛮、牂牁蛮、南平僚、东女国、南诏蛮、骠国	卷一九七	沙陀	卷二一八

（续表）

<table>
<tr><th>《旧唐书》族群类别序列</th><th>卷　次</th><th>《新唐书》族群类别序列</th><th>卷　次</th></tr>
<tr><td>西戎：泥婆罗、党项羌、高昌、吐谷浑、焉耆、龟兹、疏勒、于阗、天竺、罽宾、康国、波斯、拂菻、大食</td><td>卷一九八</td><td>北狄：契丹、奚、室韦、黑水靺鞨、渤海</td><td>卷二一九</td></tr>
<tr><td>东夷：高丽、百济、新罗、倭国、日本</td><td>卷一九九上</td><td>东夷：高丽、百济、新罗、日本、流鬼</td><td>卷二二〇</td></tr>
<tr><td rowspan="5">北狄：铁勒、契丹、奚、室韦、靺鞨、渤海靺鞨、霫、乌罗浑</td><td rowspan="5">卷一九九下</td><td>西域上：泥婆罗、党项、东女、高昌、吐谷浑、焉耆、龟兹附跋禄迦、疏勒、于阗、天竺、摩揭陀、罽宾、朱俱波、甘棠</td><td>卷二二一上</td></tr>
<tr><td>西域下：康、宁远、大勃律、吐火罗、谢飐、识匿、个失密、骨咄、苏毗、师子、波斯、拂菻、大食</td><td>卷二二一下</td></tr>
<tr><td>南蛮上：南诏上</td><td>卷二二二上</td></tr>
<tr><td>南蛮中：南诏下：蒙巂诏、越析诏、浪穹诏、邆睒诏、施浪诏</td><td>卷二二二中</td></tr>
<tr><td>南蛮下：环王、盘盘、扶南、真腊、诃陵、投和、瞻博、室利佛逝、名蔑、单单、骠、两爨蛮、南平僚、西原蛮</td><td>卷二二二下</td></tr>
</table>

二、隋唐五代时期民族地理研究成就

隋唐五代时期，中原人士对周边民族与国家的认知同样发生了飞跃性的进步，出现了诸如裴矩《西域图记》、贾耽《海内华夷图》①、樊绰《云南志》等一批杰出的民族地理学著作，也为后世研究者了解当时民族分布及变迁提供了珍贵的资料。从南北朝以至于隋朝，许多学者撰写了一系列舆地著作，代表了当时民族地理研究之成就。尽管这些著述绝大多数都没有保存下来，然而前贤智慧，吉光片羽，弥足珍贵。《隋书·经籍志》记：

隋大业中，普诏天下诸郡，条其风俗物产地图，上于尚书。故隋代有《诸郡物产土俗记》一百五十一卷，《区宇图志》一百二十九卷，《诸州图经集》一百卷。其余记注甚众，今任、陆二家所记之内而又别行者，各录在其书之上，自余次之于下，以备地理之记焉。

① 关于贾耽及《海内华夷图》的情况，参见《旧唐书》卷一三八《贾耽传》。

《隋书》收录的隋代总记“地理记”类著述主要有《大隋翻经婆罗门法师外国传》五卷、《隋区宇图志》一百二十九卷、《隋西域图》三卷（裴矩撰）、《隋诸州图经集》一百卷（郎蔚之撰）、《隋诸郡土俗物产》一百五十一卷、《西域道里记》三卷、《诸蕃国记》十七卷、《方物志》二十卷（许善心撰）、《并州总管内诸州图》一卷等。其中，当以裴矩所撰《隋西域图》价值最高，影响也最大。

《西域图记》（《隋书·经籍志》所称“隋西域图”）原书已佚，而《西域图记序》有幸保存在《隋书·裴矩传》中，堪称一篇极为珍贵的中外交通及民族地理文献，对于我们了解当时西域地区的文化交流状况以及《西域图记》的内容有很大帮助。其《序》曰：

臣闻禹定九州，导河不逾积石，秦兼六国，设防止及临洮。故知西胡杂种，僻居遐裔，礼教之所不及，书典之所罕传。自汉氏兴基，开拓河右，始称名号者，有三十六国，其后分立，乃五十五王。仍置校尉、都护，以存招抚。然叛服不恒，屡经征战。后汉之世，频废此官。虽大宛以来，略知户数，而诸国山川未有名目。至如姓氏风土，服章物产，全无纂录，世所弗闻。复以春秋递谢，年代久远，兼并诛讨，互有兴亡。或地是故邦，改从今号，或人非旧类，因袭昔名。兼复部民交错，封疆移改，戎狄音殊，事难穷验。于阗之北，葱岭以东，考于前史，三十余国。其后更相屠灭，仅有十存。自余沦没，扫地俱尽，空有丘墟，不可记识。

皇上膺天育物，无隔华夷，率土黔黎，莫不慕化。风行所及，日入以来，职贡皆通，无远不至。臣既因抚纳，监知关市，寻讨书传，访采胡人，或有所疑，即详众口。依其本国服饰仪形，王及庶人，各显容止，即丹青模写，为《西域图记》，共成三卷，合四十四国。仍别造地图，穷其要害。从西顷以去，北海之南，纵横所亘，将二万里。谅由富商大贾，周游经涉，故诸国之事罔不遍知。复有幽荒远地，卒访难晓，不可凭虚，是以致阙。而二汉相踵，西域为传，户民数十，即称国王，徒有名号，乃乖其实。今者所编，皆余千户，利尽西海，多产珍异。其山居之属，非有国名，及部落小者，多亦不载。

发自敦煌，至于西海，凡为三道，各有襟带。北道从伊吾，经蒲类海铁勒部、突厥可汗庭，度北流河水，至拂菻国，达于西海。其中道从高昌，焉耆，龟兹，疏勒，度葱岭，又经钹汗，苏对沙那国，康国，曹国，何国，大、小安国，穆国，至波斯，达于西海。其南道从鄯善，于阗，朱俱波，喝槃陀，度葱岭，又经护密，吐火罗，挹怛，忛延，漕国，至北婆罗门，达于西海。其三道诸国，亦各自有路，南北交通。其东女国、南婆罗门国等,并随其所往,诸处得达。故知伊吾、高昌、鄯善,并西域之门户也。总凑敦煌,是其咽喉之地。

以国家威德,将士骁雄,泛蒙汜而扬旌,越昆仑而跃马,易如反掌,何往不至!但突厥、吐浑分领羌胡之国,为其拥遏,故朝贡不通。今并因商人密送诚款,引领翘首,愿为臣妾。圣情含养,泽及普天,服而抚之,务存安辑。故皇华遣使,弗动兵车,诸蕃既从,浑、厥可灭。混一戎夏,其在兹乎!不有所记,无以表威化之远也。①

据此可知,时至南北朝晚期暨隋朝,中原人士对于周边国家及民族,特别是对于广义“西域”的认知又达到了前所未有的程度。裴矩在文中简述了中原与西域交通的历史,也指出了西域地区复杂的政治变迁。隋朝时期的西域诸国,对比两汉时期的,已有了巨大变化。为了了解当时的西域情况,裴矩付出了艰苦的努力。《西域图记》的内容十分丰富,不仅描绘各国使臣之容貌、服饰,而且绘制地图,记载故事,全面反映其发展情况。该序文中最重要的一部分,还是对于西域道路的记载,“发自敦煌,至于西海”。其道路所及,从中国西部直抵中亚乃至西亚,而当时河西敦煌地区成为东西交通的枢纽。

唐朝同样重视对于边疆地区情况的调查研究,对于中国边疆民族区域的认知,同样极大地推动了中原人士对于周边部族以及世界大势的认识。如《新唐书·地理志》记:

唐置羁縻诸州,皆傍塞外,或寓名于夷落。而四夷之与中国通者甚众,若将臣之所征讨,敕使之所慰赐,宜有以记其所从出。天宝中,玄宗问诸蕃国远近,鸿胪卿王忠嗣以《西域图》对,才十数国。其后贞元宰相贾耽考方域道里之数最详,从边州入四夷,通译于鸿胪者,莫不毕纪。其入四夷之路与关戍走集最要者七:一曰营州入安东道,二曰登州海行入高丽渤海道,三曰夏州塞外通大同云中道,四曰中受降城入回鹘道,五曰安西入西域道,六曰安南通天竺道,七曰广州通海夷道。其山川聚落,封略远近,皆概举其目。州县有名而前所不录者,或夷狄所自名云。②

《旧唐书·经籍志》与《新唐书·艺文志》所记载地理类图书中,也有不少有关边疆及民族风土方面的书籍,与王忠嗣所上《西域图》类似,同样可以反映当时对于边疆

① 《隋书》卷六七《裴矩传》,第1578~1580页。
② 《新唐书》卷四三下《地理志七下》,第1146页。

及民族地理的研究动态与水平。虽然其中不少书籍已经亡佚,但是我们依然可以从其书名中管窥其中的学术认知进展与民族交流之盛况。

两《唐书》所载民族区域主要志书简表

书名及卷数	作者	简况及来源
《交州异物志》一卷	杨孚	
《南州异物志》一卷	万震	
《扶南异物志》一卷	朱应	
《临海水土异物志》一卷	沈莹	
《四海百川水记》一卷	释道安	
《三巴记》一卷	谯周	
《南越志》五卷	沈怀远	
《高丽风俗》一卷	裴矩	
《西南蛮入朝首领记》一卷	不详	
《西域图志》六十卷	许敬宗	高宗遣使分往康国、吐火罗,访其风俗物产,画图以闻。诏史官撰次,许敬宗领之,显庆三年上
《地图》十卷;《皇华四达记》十卷;《古今郡国县道四夷述》四十卷	贾耽	
《西域图记》三卷	裴矩	
《新罗国记》一卷	顾愔	大历中,归崇敬使新罗,愔为从事
《闽中记》十卷	林谞	
《岭南异物志》一卷	孟琯	
《渤海国记》三卷	张建章	
《海南诸蕃行记》一卷	达奚通	
《四夷朝贡录》十卷	高少逸	
《黠戛斯朝贡图传》一卷	吕述	字修业,会昌秘书少监,商州刺史
《蛮书》(《云南志》)十卷	樊绰	咸通中,岭南西道节度使蔡袭从事
《云南别录》一卷	窦滂	
《云南行记》一卷	窦滂	
《南诏录》三卷	徐云虔	云虔,乾符中人

资料来源:(1)《旧唐书》卷四六至四七《经籍志上》。
(2)《新唐书》卷五八《艺文志二》。

在唐代民族学方面的这些文献著述中，也有《王会图》(又称为《正会图》)，实际上即为“朝贡图”，与以往所称的《职贡图》相仿。关于唐代《王会图》的典故，《白孔六帖》有着明确记述：“东谢蛮。其酋元深入朝，冠乌熊皮履若注旄，以金银络额，被毛帔，韦(皮)行縢，著履。中书侍郎颜师古因是上言：‘昔周武王时，远国入朝，太史次为《王会篇》。今蛮夷入朝，如元深冠服不同，可写为《王会图》。”[①]又据《新唐书·南蛮传》载：

贞观三年(629)，其酋元深入朝，冠乌熊皮若注旄，以金银络额，被毛帔，韦行縢，著履。中书侍郎颜师古因是上言：“昔周武王时，远国入朝，太史次为《王会篇》，今蛮夷入朝，如元深冠服不同，可写为《王会图》。”诏可。帝以地为应州(治今贵州省三都水族自治县东)，即拜元深刺史，隶黔州都督府。[②]

后来，这种绘制《王会图》的行为也成为一种惯例。如《新唐书·回鹘传》记载，唐武宗“诏宰相即鸿胪寺见使者，使译官考山川国风。宰相德裕上言：‘贞观时，远国皆来，中书侍郎颜师古请如周史臣集四夷朝事为《王会篇》。今黠戛斯大通中国，宜为《王会图》以示后世。’有诏以鸿胪所得绘著之”[③]。这也就是吕述《黠戛斯朝贡图传》的由来。关于这部图传的制作过程，李德裕《黠戛斯朝贡图传序》称：

中寓既安，四夷来庭。由是龙荒君长黠戛斯遣使注吾合素等上表，献良马二匹。绝大漠而贡赤诚，涉流沙而沾赭汗……谨按故相魏国公贾耽所撰《古今四夷述》，黠戛斯者，本坚昆国也，贞观二十一年，其酋长入朝，授以将军印，拜坚昆都督。逮于天宝季年，朝贡不绝。暨中国多难，为回鹘隔碍……天旨以贾耽有陈平镇抚之才，得充国通知之敏，其所述作，该明古今，乃诏太子詹事韦宗卿、秘书少监吕述往莅宾馆，以展私觌，稽合同异，覼缕阙遗，传胡貊、兜离之音，载山川曲折之状，条贯周备，文理洽通。[④]

唐代著名画家阎立本所绘《职贡图》，也是流传至今最古老的《职贡图》之一，原图存于台北故宫博物院，研究价值极大。可惜的是，这幅《职贡图》没有文字解释，因此无法更准确地了解其中所绘使者们的民族属性及相关情况。

上文提到，在唐代民族地理研究中，贾耽的成就最为突出。其成就与贡献，堪称中国历史民族地理研究的一座高峰，对于中国地理学发展影响极大。贾耽身居要职，具备边疆治理的丰富经验，笃好地理，勤学善思，对于民族及边疆问题尤为关注，著述

---

① (唐)白居易原本，(宋)孔传续撰《白孔六帖》卷三二，清文渊阁《四库全书》本。

② 《新唐书》卷二二二下《南蛮传下》，第6320页。

③ 《新唐书》卷二一七下《回鹘传》，第6150页。

④ (唐)李德裕《会昌一品集》卷二，清文渊阁《四库全书》本。

《职贡图》[传为(唐)阎立德、阎立本绘,藏于台北故宫博物院]

丰富。《旧唐书·贾耽传》称:"耽好地理学,凡四夷之使及使四夷还者,必与之从容,讯其山川土地之终始。是以九州之夷险,百蛮之土俗,区分指画,备究源流。自吐蕃陷陇右积年,国家守于内地,旧时镇戍,不可复知。耽乃画陇右、山南图,兼黄河经界远近,聚其说为书十卷。"对于陇右山南图撰作的原委,贾耽指出:

> 陇右一隅,久沦蕃寇,职方失其图记,境土难以区分。辄扣课虚微,采掇舆议,画《关中陇右及山南九州等图》一轴。伏以洮、湟旧墟,连接监牧;甘、凉右地,控带朔陲。岐路之侦候交通,军镇之备御冲要,莫不匠意就实,依稀像真。如圣恩遣将护边,新书授律,则灵、庆之设险在目,原、会之封略可知。诸州诸军,须论里数人额;诸山诸水,须言首尾源流。图上不可备书,凭据必资记注,谨撰《别录》六卷。又黄河为四渎之宗,西戎乃群羌之帅,臣并研寻史牒,翦弃浮词,罄所闻知,编为四卷,通录都成十卷。①

可以说,陇右地区被吐蕃占领,对于中原士大夫的刺激与影响是相当大的。面对王朝之故土,贾耽的心情是复杂的,而陇右地区对于唐朝来说,战略位置又是非常重要的,因此,贾耽从事西北舆地研究的初衷,首先就是出于维护唐朝边疆安全的需要。其次,贾耽深谙著述之道,其著述是完整而自成体系的。为了全面反映陇右地区的地理与民族分布状况,仅绘图是不够的,贾耽特别撰写了《别录》六卷与综录四卷,梳理与编辑历史文献,对西北地区的自然地理与民族变迁进行说明与解析。《新唐书·贾耽传》对此解释:"又以洮湟甘凉屯镇额籍、道里广狭、山险水原为《别录》六篇、《河西戎之录》四篇。"此外,贾耽撰有《贞元十道录》,"以贞观分天下隶十道,在景云为按察,开元为采访,废置升降备焉"②。

① 《旧唐书》卷一三八《贾耽传》,第3784页。
② 《新唐书》卷一六六《贾耽传》,第5084页。

贾耽最有影响的民族地理著述，当属《海内华夷图》与《古今郡国县道四夷述》四十卷。两部著作撰成于唐贞元十七年(801)，贾耽为此特作献表一篇。该献表回顾了贾耽的治学历程，表明了贾耽对于地理学的理解与自己独特的研究取向。该表还全面回顾了中原王朝疆域变迁的曲折历程，特别高度颂扬了唐朝在疆域建设与民族发展方面的巨大成就，同时，阐明了历史地理研究的进展状况，成为中国历史地理学研究的重要文献，研究价值极高。献表内容如下：

臣闻地以博厚载物，万国棋布；海以委输环外，百蛮绣错。中夏则五服、九州，殊俗则七戎、六狄，普天之下，莫非王臣。昔毋丘出师，东铭不耐；甘英奉使，西抵条支；奄蔡乃大泽无涯，罽宾则悬度作险。或道理回远，或名号改移，古来通儒，罕遍详究。臣弱冠之岁，好闻方言，筮仕之辰，注意地理，究观研考，垂三十年。绝域之比邻，异蕃之习俗，梯山献琛之路，乘舶来朝之人，咸究竟其源流，访求其居处。阛阓之行贾，戎貊之遗老，莫不听其言而掇其要；闾阎之琐语，风谣之小说，亦收其是而芟其伪。

然殷、周以降，封略益明，承历数者八家，浑区宇者五姓，声教所及，惟唐为大。秦皇罢侯置守，长城起于临洮；孝武却地开边，障塞限于鸡鹿；东汉则哀牢请吏；西晋则裨离结辙；隋室列四郡于卑和海西，创三州于扶南江北，辽阳失律，因而弃之。高祖神尧皇帝诞膺天命，奄有四方。太宗继明重熙，柔远能迩，逾大碛通道，北至仙娥，于骨利干置玄阙州。高宗嗣守丕绩，克广前烈，遣单车赍诏，西越葱山，于波剌斯立疾陵府。中宗复配天之业，不失旧物。睿宗含先天之量，惟新永图。玄宗以大孝清内，以无为理外。大宛骥騄，岁充内厩；与贰师之穷兵黩武，岂同年哉！肃宗扫平氛祲，润泽生人。代宗铲除残孽，彝伦攸叙。伏惟皇帝陛下，以上圣之姿，当太平之运，敦信明义，履信包元，惠养黎蒸，怀柔遐裔。故泸南贡丽水之金，漠北献余吾之马，玄化洋溢，率土沾濡。

臣幼切磋于师友，长趋侍于轩墀，自揣孱愚，叨荣非据，鸿私莫答，夙夜兢惶。去兴元元年(784)，伏奉进止，令臣修撰国图，旋即充使魏州、汴州，出镇东洛、东郡，间以众务，不遂专门，绩用尚亏，忧愧弥切。近乃力竭衰病，思殚所闻见，丛于丹青。谨令工人画《海内华夷图》一轴，广三丈，从三丈三尺，率以一寸折成百里。别章甫左衽，奠高山大川；缩四极于纤缟，分百郡于作绘。宇宙虽广，舒之不盈庭；舟车所通，览之咸在目。并撰《古今郡国县道四夷述》四十卷，中国以《禹贡》为首，外夷以《班史》发源，郡县纪其增减，蕃落叙其衰盛。前地理书以黔州属西阳,今则改入巴郡。前西戎志以安国为安息,今则改入康居。凡诸疏外,悉从厘正。陇西、北地,播弃于永初之中;辽东、乐浪,陷屈于建安之际。曹公弃陉北,晋氏迁江南。缘边累经侵盗,故墟日致堙毁。旧史撰录,十得二三,今书搜补,所获太半。《周礼》《职方》,以淄、时为幽州之浸,以华山为荆河之镇,既有乖于《禹贡》,又不出于淹中。多闻阙疑,讵敢编次。其古郡国题以墨,今州县题以朱,今古殊文,执习简易。臣学谢小成,才非博物。伏波之聚米,开示众军;酇侯之图书,方知厄塞。企慕前哲,尝所寄心,辄罄庸陋,多惭纰缪!①

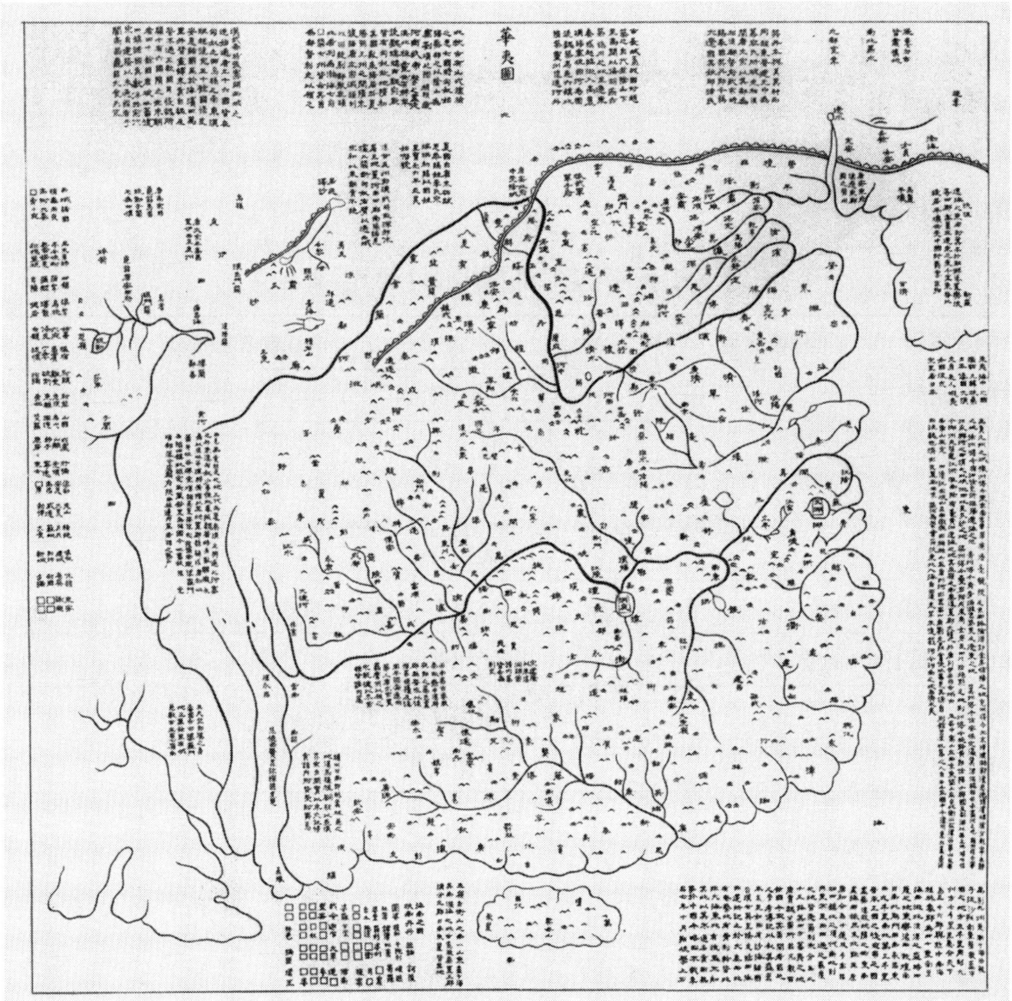

《海内华夷图》墨迹复原图②

① 《旧唐书》卷一三八《贾耽传》,第3785~3786页。

② 参见曾荣桂《贾耽与〈海内华夷图〉》,《地图》2002年第5期。

贾耽所作《海内华夷图》，堪称中国最早的具有学术价值的民族分布图，不仅在中国地图学史上声名卓著，贡献极大，在历史民族地理研究方面亦为前无古人之创举。①

又如时至唐代，西南地区的开发及西南地区与内地的交通得到了前所未有的发展，内地人士对于云南及其周边地区自然及人文环境的认知，也达到了新的水平。樊绰所撰《云南志》②十卷，正是唐代地方志著述的杰出代表，受到学术界的高度推崇，影响很大。诸多史地著作关于西南地区的论述，均以其为基础。"绰为幕僚，亲见蛮事，故于六诏种族、风俗、山川、道里，及前后措置始末，撰次极详，实舆志中最古之本。宋祁作《新(五代)史·南蛮传》，司马光《通鉴》载南诏事，多采用之。"③现存《云南志》共分十卷，其中，第八卷"蛮夷风俗"，第九卷"南蛮条教"，第十卷"南蛮疆界接连诸番夷国名"，对于西南地区的民族文化特征以及疆域情况进行了细致记载，史料价值极高。

《玉海》所录隋唐时期边疆图籍主要名目简表

图籍名称	作者或内容简况
《隋西域图记》三卷	裴矩撰
《西域道里记》三卷	佚名
《诸蕃国记》十七卷	佚名
《高丽风俗》一卷	裴矩
《唐西域记》十二卷	贞观中玄奘译，辨机撰
《中天竺国行记》十卷	王元策
《西域道里记》三卷	程士章
《西征记》	韦弘机

① 参见张广达《贾耽》，载于谭其骧主编《中国历代地理学家评传》第一卷，山东教育出版社1990年出版。

② 关于樊氏《云南志》，另有"云南记""云南史记""蛮书"等多种称呼。四库馆从《永乐大典》中辑出，据《新唐书·艺文志》，称之为《蛮书》。向达先生依四库馆之旧，成《蛮书校注》。但早在1935年，方国瑜先生即提出此书应称《云南志》，而不能从《四库提要》之说。从史源学及学术公义来看，以《云南志》称之更显恰当。本书下文除了涉及四库馆系列及向氏《蛮书校注》之处，普通行文皆以《云南志》称之。1995年，云南人民出版社出版了木芹《云南志补注》，是在向氏《蛮书校注》基础上新成，从后出转精的角度，本书有所参考。

③ 参见(清)纪昀等《蛮书》提要，清文渊阁《四库全书》本。

（续表）

图籍名称	作者或内容简况
《海南诸蕃行记》一卷	达奚通
《唐高丽封域图》	高丽国使者所献
《唐贞观方物录》	贞观二十一年三月十一日，诏以远夷各贡方物，其草木、杂物有异常者，所司其详录焉
《唐夷狄贡》一卷	始于北突厥，终于师子国，而以杂记附焉，并唐贞观以来诸国贡献等事
《唐西域图》	《会要》：天宝六载四月二十五日，上问诸蕃诸国远近，鸿胪卿王忠嗣上言曰：谨按《西域图》（云云），自陀拔恩单国至史国，凡十有二
范传正《西陲要略》三卷	《旧史》：范传正游西边，著《西陲要略》三卷
韦皋《开复西南夷事状》十七卷（《旧纪》作蛮）（《会要》云十卷，贞元十四年十一月己未进）	《旧纪》：贞元十四年十一月己未，韦皋进《开西南蛮事状》十卷，叙开复南诏之由
《唐西极图》	元稹《进西北边图状》：臣先画《圣唐西极图》三面，草本并毕。于思政殿奉旨云：诸家所进《河陇图》，勘验皆有差异，并检寻近日烽镇、城堡不得。令臣所画稍须精详。臣别画《京西京北州镇烽戍道路等图》一面，纤毫必载，尺寸无遗。若边上奏报烟尘，陛下可坐观处所……
《渤海国记》三卷	太和中张建章撰
《云南志》十卷（樊绰撰，又名《南诏录》《南蛮记》）	《书目》：《云南志》十卷，咸通中樊绰撰，以南蛮程途、山川城镇名号、诸蛮族类、风俗物产，纂为十门
《唐十道四蕃志》	《六典》：户部郎中，掌天下州县十道贡赋之差。关内道，远夷则控北蕃突厥之朝贡；河南道，远夷则控海东新罗、日本之贡献；河北，控契丹、奚、靺鞨、室韦；陇右，控西域胡戎；江南，控五溪之蛮；剑南，控西河群蛮；岭南，控百越、林邑、扶南之贡献。主客，掌诸蕃朝聘之事。凡四蕃之国，经朝贡已后，自相诛绝，及有罪见灭者，盖三百余国，今所存者有七十余国（原注：三姓葛逻禄至焉耆、突骑施等七十国）

资料来源：《玉海》卷一六。

第一节　塞北民族区的形成与变迁(突厥与回纥聚居区)

隋唐时期,与中央王朝关系最密切,对中央王朝影响也最深刻的周边民族还是居于塞北的突厥、回纥等民族。塞北民族聚居区的形成与演变也自然成为我们考察的重点。就民族属性而言,隋唐时期大漠南北实为铁勒民族聚居区,突厥、回纥作为主导或核心民族先后建立了强大的部落联盟,然而其民族构成仍以铁勒部落为主。

一、隋唐五代时期突厥的分布与迁徙

(一)突厥的族源及北朝后期东突厥的疆域变迁①

突厥是一个世界性民族,其族源与分支相当复杂,各种史料记载又不尽相同。如《周书·突厥传》记载了两种说法:一则称突厥为"匈奴之别种,姓阿史那氏";一则称"或云突厥之先出于索国,在匈奴之北"。《隋书·突厥传》又列出两种观点:一则称"突厥之先,平凉(今甘肃省平凉市)杂胡也,姓阿史那氏";一则称"或云,其先国于西海(今里海)之上,为邻国所灭……其山在高昌(今新疆维吾尔自治区吐鲁番市)西北"。现代研究者通常认为突厥属于丁零(或称敕勒、高车、铁勒)民族集团的一支。②据《周书·突厥传》,突厥王族阿史那氏最初居住于金山(今新疆北部阿尔泰山)之阳(南面)。"金山形似兜鍪,其俗谓兜鍪为突厥,遂因以为号焉。"值得注意的还有,关于突厥族源,许多文献均强调其祖先曾经为狼所收养,与狼生十子;或称其祖先为狼所生,为"狼种",如阿史那部"牙门建狼头纛",显然突厥是以狼为图腾崇拜的民族。

突厥先臣附于柔然(蠕蠕),为其铁工,故又被称为"锻奴",其与中原政权正面接触始于首领阿史那土门(后自称"伊利可汗")在位之时。西魏大统年间,阿史那土门与西魏皇族通婚,娶西魏长乐公主。攻灭铁勒与柔然后,突厥部落迅速强大起来,并

---

① 在关于突厥史的研究著作中,著名史学家岑仲勉先生《突厥集史》(上、下册,中华书局 1958 年出版,2004 年重印)为一部集大成之作。该书上册为突厥历史资料的编年汇纂,下册为突厥重要史料的校释,为突厥史的深入研究奠定了扎实的基础,值得引起研究者的充分重视。此外,马长寿《突厥人和突厥汗国》(上海人民出版社 1957 年出版,广西师范大学出版社 2006 年再版)、林幹《突厥史》(内蒙古人民出版社 1988 年出版)、薛宗正《突厥史》(中国社会科学出版社 1992 年出版)等著作均有重要参考价值。

② 参见〔日〕松田寿男著,陈俊谋译《古代天山历史地理学研究》"突厥勃兴史论"一节,中央民族学院出版社 1987 年出版。

占据了蒙古草原大部地区。“突厥灭茹茹之后，尽有塞表之地，控弦数十万，志陵中夏。”①至木杆可汗(《周书》也有“木扞”“木汗”的称呼)俟斤在位时，国力趋于鼎盛。“俟斤又西破嚈达，东走契丹，北并契骨(黠戛斯)，威服塞外诸国。其地东自辽海(今辽河上游)以西，西至西海(今里海)万里，南自沙漠以北，北至北海(今贝加尔湖)五六千里，皆属焉。”②

《隋书》著者也曾回顾突厥崛起后对周边地区产生的巨大威胁:“及蠕蠕衰微，突厥始大，至于木杆，遂雄朔野。东极东胡旧境，西尽乌孙之地，弯弓数十万，列处于代阴，南向以临周、齐。”③据此，如突厥成年士兵数量就达数十万，那么，突厥及其所属部落人口数量至少有一二百万之多。可汗常居于於都斤山(今蒙古杭爱山)。为有效地控制广袤的地域，佗钵可汗(《周书》记为“他钵可汗”)即位后，又分立尔伏可汗与步离可汗，分统东、西二部。《周书·突厥传》载其部众“被发左衽，穹庐毡帐，随水草迁徙，以畜牧射猎为务。……虽移徙无常，而各有地分”，具有较为典型的游牧民族特征。

突厥兴起之时，正当东魏、西魏对峙，双方均有意结交突厥，以为外援。如北周除了联姻(宇文邕娶木杆可汗之女为皇后)，还每岁赠缯絮锦彩十万段。与此同时，突厥人中南徙者的数量已相当可观，如“突厥在京师(今陕西省西安市)者，又待以优礼，衣锦食肉者，常以千数”。突厥势力强盛，一时大有轻视中原之意。如木杆可汗之弟他钵可汗曾云:“但使我在南两个儿孝顺，何忧无物邪?”④我们可以认为当时长期居留于长安及附近地区的突厥人已有明显的移民倾向。

隋朝建立后，隋文帝坚决反击突厥人的扰乱，同时突厥内部主要酋长为争夺可汗之位而内讧不已，实力大为削弱，呈现分崩离析之态势。逸可汗之子摄图被立为可汗，号“沙钵略”，与木杆可汗之子阿波可汗大逻便不睦，相互攻伐，突厥部落联盟遂分为东、西二部。东突厥又常被称为北突厥。东突厥沙钵略可汗有意依附隋朝的力量，并开始将其部众南徙，先至漠南，“寄居白道川内(今内蒙古自治区呼和浩特市西北)”，同时，与隋朝立约，双方以碛(沙漠)为界。至开皇七年，沙钵略又请求游牧于恒、代之间，也得到隋朝同意。其后，隋朝于朔州(今山西省朔州市)筑大利城以安置

① 《周书》卷九《阿史那皇后传》，第143页。
② 《周书》卷五〇《突厥传》，第909页。
③ 《隋书》卷八四“史臣曰”，第1884页。
④ 《周书》卷五〇《突厥传》，第911页。

南降的启民可汗。在突厥可汗压迫下，启民可汗被迫迁入塞，“迁于河南，在夏、胜二州之间，发徒掘堑数百里，东西拒河，尽为启民畜牧之地”①。仁寿年间，北突厥内部大乱，其部众多归于启民，其中心聚居区仍在碛南地区。

隋末唐初之际，突厥又迎来一个发展的黄金时期，“值天下大乱，中国人奔之者众。其族强盛，东自契丹、室韦，西尽吐谷浑、高昌诸国，皆臣属焉，控弦百余万，北狄之盛，未之有也，高视阴山，有轻中夏之志”②。可以说，无论从疆域的广大方面，还是从人口的众多方面，多个方面来看，当时的突厥都达到一种空前的强盛状态。如云“控弦百余万”，如果精壮武士就超过一百万，那么整个突厥部落联盟的人口规模应有数百万之多。这在以往有关塞外民族人口规模的记载中也是极为罕见的。

突厥的强盛，与“中国人”（塞内居民）的北奔有着密切的关系，“隋末乱离，中国人归之者无数，遂大强盛，势陵中夏”③。逃难进入突厥部落的“中国人”数量相当可观，突厥可汗将他们归于隋王萧政道的统领之下。“先是，隋炀帝萧后及齐王（杨）暕之子政道陷于窦建德，（武德）三年二月，处罗（可汗）迎之，至于牙所，立政道为隋王。隋末中国人在虏廷者，悉隶于政道，行隋正朔，置百官，居于定襄城，有徒一万。”④

还应注意的是，突厥建立政权之后，其境内部族人口仍以铁勒为最繁盛。铁勒，“敕勒”的异译，就是南北朝时期的高车丁零。关于铁勒与突厥的关系，学术界有着不同的意见。笔者赞同这样的观点，即“铁勒”是一个历史悠远、构成复杂、数量庞大的塞外部族集团，而突厥崛起之初则是一个规模相当弱小的部族，如据《周书·突厥传》，突厥正是在征服铁勒部落后才开始称雄于塞北的。大统十一年（545），“时铁勒将伐茹茹，土门率所部邀击，破之，尽降其众五万余落”。如果按其部落内部人口比例而言，铁勒部落数量肯定已超过了突厥本部族之人；再者，两者在风俗方面大同小异，突厥理应从属于这一族群。关于铁勒部族的内部构成与地理分布，将在下文分析“回纥”分布时详细阐述。

（二）唐朝初年突厥的内迁与羁縻府州的建立

时至唐太宗贞观年间，长城内外形势发生了很大变化。阴山以北的薛延陀、回纥等部落蜂起，同时，突厥境内频繁出现严重自然灾害，力量大为削弱，内讧加剧，分崩

---

① 《隋书》卷八四《突厥传》，第1873页。
② 《旧唐书》卷一九四上《突厥传上》，第5153页。
③ 《隋书》卷八四《突厥传》，第1876页。
④ 《旧唐书》卷一九四上《突厥传上》，第5154页。

离析。唐朝军队乘机大举北伐，至贞观四年(630)，生擒颉利可汗，东突厥灭亡。

东突厥亡后，大量突厥部众内迁塞内。如何安置突厥降众，成为唐朝君臣面临的一大难题。“颉利之亡，其下或走薛延陀，或入西域，而来降者尚十余万。”①可见，东突厥败亡后，其部众大致分为三个方向迁移：一是迁往漠北的薛延陀部，二是迁往西域，三是迁入唐朝塞内，其中归附唐朝边塞的部众就达十余万。为此，唐朝君臣在朝堂上展开激烈辩论，唐太宗最后采纳温彦博的意见，“于朔方之地，自幽州至灵州(治今宁夏回族自治区灵武市西南)置顺、祐、化、长四州都督府，又分颉利之地六州，左置定襄都督府，右置云中都督府，以统其部众”②。

与此同时，突厥首领及其眷属大批徙入长安一带。“其酋首至者皆拜为将军、中郎将等官，布列朝廷，五品以上百余人，因而入居长安者数千家。”③《贞观政要》卷九也载：“(太宗)卒用(温)彦博策，自幽州至灵州，置顺、祐、化、长四州都督府以处之，其人居长安者近且万家。”可见，南下入居的突厥人数量相当可观，仅长安一地就约一万家。

后来，唐太宗又立思摩为突厥可汗，建牙帐于河北(白道之北)，有意将突厥降众安置于黄河以北地区，并与北方薛延陀约定以大碛(蒙古高原中部的戈壁荒漠区)为界，薛延陀在“碛北，突厥居碛南”。当时李思摩所部突厥部众也有十万人。后因李思摩威望不足以服众，突厥人又南迁，被安置于胜州(治今内蒙古自治区准格尔旗东北)与夏州(治今陕西省靖边县北)之间。

设置羁縻府州，是唐朝官府为安置与管理突厥降众而采取的一种最重要的举措。唐朝设置羁縻府州，始于平定突厥之后，而突厥地区所置羁縻府州又是唐朝羁縻府州建置的主要部分。关于唐朝羁縻府州的建置情况，《新唐书·地理志》专辟“羁縻州”一节予以介绍。其序云：

> 唐兴，初未暇于四夷，自太宗平突厥，西北诸蕃及蛮夷稍稍内属，即其部落列置州县。其大者为都督府，以其首领为都督、刺史，皆得世袭。虽贡赋版籍，多不上户部，然声教所暨，皆边州都督、都护所领，著于令式。今录招降开置之目，以

---

① 《新唐书》卷二一五上《突厥传上》，第6037页。

② 据现代研究者考证，这里的“幽州”应为“豳州(后改为邠州，治今陕西省彬州市)”之讹。然这一考证与《新唐书·地理志》所记顺州方位不符。参见吴玉贵《突厥汗国与隋唐关系史研究》，中国社会科学出版社1998年版，第245~246页。

③ 《旧唐书》卷一九四上《突厥传上》，第5162~5163页。

见其盛。①

顺、祐、化、长等四州都督府的设立,不过是唐朝为安置突厥部众而设立羁縻府州的初步尝试。至唐高宗永徽元年(650),唐朝军队再次大举北伐,攻降了突厥余部之车鼻部,彻底控制了原东突厥盘据的疆域。为了加强对突厥及其所属部落的管理,唐朝在塞外地区开设大量羁縻府州。

> 车鼻既破之后,突厥尽为封疆之臣,于是分置单于、瀚海二都护府。单于都护领狼山、云中、桑乾三都督,苏农等一十四州(《新唐书》作"二十四州");瀚海都护领瀚海、金微、新黎等七都督,仙萼、贺兰等八州。各以其首领为都督、刺史。②

根据谭其骧先生等人的研究,唐朝在大漠南北设置羁縻府州经历了相当复杂的过程。羁縻府州首先在原本依附于突厥的铁勒各部中全面设立,后又经过多次调整,治所也经过多次转移。如:

1. 贞观二十一年(647)正月,以铁勒、回纥等部内附,置瀚海、燕然、金微、幽陵、龟林、卢山六都督府,皋兰、高阙、鸡鹿、鸡田、榆溪、蹛林、寘颜七州。四月,置燕然都护府,瀚海等六府、皋兰等七州皆隶之。

2. 永徽元年(650)获车鼻可汗后,于北陲分置二都护府:以瀚海领突厥诸部,下辖狼山、云中、定襄三都督府,苏农等二十四州;以燕然领铁勒诸部,下辖瀚海、金微等七都督府,仙萼、贺兰等八州。

3. 龙朔三年(663),燕然都护府移治回纥部落,改名瀚海都护府,瀚海都护府移治云中古城(今内蒙古自治区和林格尔土城子),改名云中都护府;以碛为界,碛北悉隶瀚海,碛南隶于云中。

4. 麟德元年(664)正月,改云中都护府为单于大都护府。总章二年(669),改瀚海都护府为安北都护府(在今蒙古哈拉和林)。③ 如据《旧唐书·玄宗本纪下》记载,天宝四载(745),"冬十月,于单于都护府置金河县,安北都护府置阴山县"。

又据《新唐书·地理志》,以东突厥(北突厥)部众为主体而设置的羁縻府州分别隶于关内道与河北道:

1. 关内道

① 《新唐书》卷四三下《地理志七下》,第1119页。
② 《旧唐书》卷一九四上《突厥传上》,第5166页。标点有改动。
③ 参见谭其骧《唐北陲二都护府建置沿革与治所迁移》,载于《长水集》(下),第263~276页。

设有十九个突厥州，分属于五个都督府。这五个都督府分别是定襄都督府、云中都督府、桑乾都督府、呼延都督府、坚昆都督府。其中定襄都督府又属于夏州都督府，云中都督府、桑乾都督府、呼延都督府属于单于都护府，坚昆都督府与新黎州、浑河州、狼山州等属于安北都护府。这些府州的建置情况大致如下所述：

（1）定襄都督府，贞观四年析颉利部为二，以左部置，侨治于宁朔。下领四州：阿德州（以阿史德部置）、执失州（以执失部置）、苏农州（以苏农部置）、拔延州。

（2）云中都督府，为贞观四年析颉利右部置，侨治于朔方境内。下领五州：舍利州（以舍利吐利部置）、阿史那州（以阿史那部置）、绰州（以绰部置）、思壁州、白登州（贞观末隶燕然都护，后复来属）。

（3）桑乾都督府，为龙朔三年分定襄置，侨治朔方。下领四州：郁射州（以郁射施部置，初隶定襄，后来属）、艺失州（以多地艺失部置）、卑失州（以卑失部置，初隶定襄，后来属）、叱略州。

（4）呼延都督府，贞观二十年置，下领三州：贺鲁州（以贺鲁部置，初隶云中都督，后改属）、葛逻州（以葛逻、挹怛部置，初隶云中都督，后改属）、跌跌州（原为都督府，隶北庭，后改属）。

（5）新黎州，贞观二十三年以车鼻可汗之子羯漫陀部置。初为都督府，后改为州。浑河州，永徽元年以车鼻可汗余众歌逻禄之乌德鞬山左厢部置。狼山州，永徽元年以歌逻禄右厢部置，原为都督府，隶云中都护，后改属。坚昆都督府，贞观二十二年以沙钵罗叶护部落置。

2. 河北道

突厥州二，即顺州顺义郡、瑞州。

（1）贞观四年平定东突厥后，以其部落置顺、祐、化、长四州都督府于幽、灵之境。同时，置北开、北宁、北抚、北安等四州都督府。贞观六年，顺州侨治营州南之五柳戍，又分思农部置燕然县，侨治阳曲；分思结部置怀化县，侨治秀容，隶顺州，后来皆省。祐、化、长及北开等四州也废弃，而顺州侨置幽州城中。下辖一县：宾义。

（2）瑞州，原为威州，贞观十年以乌突汗达干部置，在营州之境，咸亨年间改名瑞州，后侨治于良乡之广阳城。下辖一县：来远。

东突厥灭亡后，到唐高宗调露年间，单于都护府属下的突厥部落又叛唐朝，立泥孰匐为可汗，二十四个突厥州一时响应。后阿史那骨咄禄自立为可汗，正式与唐朝分庭抗礼，由此也进入了“后突厥”时期。至其弟默啜继为可汗后，首先大败契丹，又胁迫唐朝，强遣大批突厥降户重返塞外，势力又强盛起来。“初，咸亨中，突厥诸部落来降附者，多处之丰、胜、灵、夏、朔、代等六州，谓之降户。”在突厥人的威胁下，圣历元年（698），唐朝官府“尽驱六州降户数千帐，并种子四万余硕、农器三千事以与之，默啜浸强由此也”①。后突厥极盛时期的疆域与势力，与东突厥鼎盛时期不相上下。“其地东西万余里，控弦四十万，自颉利之后最为强盛。”②

然而至开元、天宝年间，突厥内部又大乱，引起大批突厥人南徙。如开元三年，“十姓部落左厢五咄陆啜、右厢五弩失毕五俟斤及子婿高丽莫离支高文简、跌跌都督跌跌思泰等各率其众，相继来降，前后总万余帐。制令居河南之旧地；授高文简左卫员外大将军，封辽西郡王；跌跌思泰为特进、右卫大员外大将军兼跌跌都督，封楼烦郡公”。开元二十八年，突厥首领“西杀妻子及默啜之孙勃德支特勤、毗伽可汗女大洛公主、伊然可汗小妻余塞匐、登利可汗女余烛公主及阿布思颉利发等，并率其部众相次来降。天宝元年八月，降虏至京师”③。

（三）西突厥的分布与疆域

西突厥是相对于东突厥而言的。至北朝末年，突厥分裂。西突厥的首领为木杆可汗之长子大逻便（他钵可汗之侄）。在他钵去世后，逸可汗之子沙钵略雄武过人，为各部所信服，于是即可汗位，而另立大逻便为阿波可汗。其后，沙钵略与阿波相互攻伐，阿波逐渐强盛，于是“东拒都斤，西越金山，龟兹、铁勒、伊吾及西域诸胡悉附之”④。从此，突厥东、西二部大致以金山（今阿尔泰山）为界。

西突厥也是一个地域辽阔的游牧民族政权。

> 其国即乌孙之故地，东至突厥国，西至雷翥海（今里海），南至疏勒（今新疆维吾尔自治区喀什市），北至瀚海，在长安北七千里。自焉耆国西北七日行，至其南庭；又正北八日行，至其北庭。铁勒、龟兹及西域诸胡国，皆归附之。其人杂有都陆及弩失毕、歌逻禄、处月、处密、伊吾等诸种。⑤

射匮可汗即位后，大力拓展疆域，西突厥由此规模初就。史载，射匮可汗“既立后，始开土宇，东至金山，西至海，自玉门已西诸国皆役属之，遂与北突厥（东突厥）为敌，乃建庭于龟兹北三弥山（在今新疆维吾尔自治区库车市北）”。

---

① 《旧唐书》卷一九四上《突厥传上》，第5168~5169页。

② 《旧唐书》卷一九四上《突厥传上》，第5172页。

③ 本小节引文非特别注明者均出自《旧唐书》卷一九四上《突厥传上》。

④ 《隋书》卷八四《突厥传》，第1876页。

⑤ 《旧唐书》卷一九四下《突厥传下》，第5179页。

至统叶护可汗在位时，西突厥的势力达到极盛，“遂北并铁勒，西拒波斯，南接罽宾，悉归之，控弦数十万，霸有西域，据旧乌孙之地。又移庭于石国北之千泉（今中亚塔什干北）。其西域诸国王悉授颉利发，并遣吐屯一人监统之，督其征赋。西戎之盛，未之有也”①。

到唐太宗贞观初年，西突厥内部行政制度发生重大变革，有十部之设：

> 每部令一人统之，号为十设。每设赐以一箭，故称十箭焉。又分十箭为左右厢，一厢各置五箭。其左厢号五咄陆部落，置五大啜，一啜管一箭；其右厢号为五弩失毕，置五大俟斤，一俟斤管一箭，都号为十箭。其后或称一箭为一部落，大箭头为大首领。五咄陆部落居于碎叶（今中亚托克马克）已东，五弩失毕部落居于碎叶已西，自是都号为十姓部落。②

贞观十二年，西突厥境内又分裂为南庭与北庭。当时，咥利失可汗已无力控制各部，西边部落另立乙毗咄陆可汗，双方交争，难分胜负。于是，“自伊列河（今新疆伊犁河）已西属咄陆，已东属咥利失。咄陆可汗又建庭于镞曷山西，谓为北庭。自厥越失、拔悉弥、驳马、结骨、火焊、触木昆诸国皆臣之”。其后，咥利失可汗之侄继位后，“建庭于睢合水北，谓之南庭。东以伊列河为界，自龟兹、鄯善、且末、吐火罗、焉耆、石国、史国、何国、穆国、康国，皆受其节度”。北庭与南庭相互攻击，北庭渐居上风，不久，咄陆可汗兼并了南庭，但各部落的反叛仍然接连不断。

再次统一西域各地的西突厥可汗为阿史那贺鲁。阿史那贺鲁原来居住于多逻斯川（今额尔齐斯河），“在西州（今新疆吐鲁番东南高昌故城）直北一千五百里，统处密、处月、姑苏、歌罗禄、弩失毕五姓之众”。他于贞观二十二年（648）曾率领部落归附唐朝，唐太宗诏令准许其居住于庭州（今新疆维吾尔自治区吉木萨尔县北）。至永徽二年（651），阿史那贺鲁率部西遁，“据咄陆可汗之地，总有西域诸部，建牙于双河（今喀什河与伊犁河交会处）及千泉，自号沙钵罗可汗，统摄咄陆、弩失毕十姓。……各有所部，胜兵数十万，并羁属贺鲁。西域诸国，亦多附隶焉”。然而，贺鲁在即可汗位后，经常骚扰唐朝边地。显庆二年（657），唐高宗派遣大将苏定方等统率大军西征，大破西突厥，生擒贺鲁。在平定西突厥之后，唐朝也在其地建置羁縻府州，“分其种落置崑陵、濛池二都护府，其所役属诸国，皆分置州府，西尽于波斯，并隶安西都护府”。其实，还是分为二部治理，如册立阿史那弥射为兴昔亡可汗、崑陵都护，分押五咄陆部

---

① 《旧唐书》卷一九四下《突厥传下》，第5181页。

② 《旧唐书》卷一九四下《突厥传下》，第5183~5184页。

落;册立阿史那步真为继往绝可汗、濛池都护,分押五弩失毕部落。自武则天垂拱之后,十姓部落频繁受到东突厥默啜侵掠,死散殆尽,余部六七万人徙居内地。

《新唐书·地理志》记载,陇右道下有三个突厥州、二十七个突厥府,分隶于凉州都督府与北庭都护府。以西突厥降众设置的羁縻政区应集中于昆陵、濛池二都护府。《新唐书·地理志》载:“贞观二十三年(649),以阿史那贺鲁部落置瑶池都督府,永徽四年(653)废。显庆二年(657)禽贺鲁,分其地,置都护府二、都督府八,其役属诸胡皆为州。”《新唐书·突厥传》又载:

贺鲁已灭,裂其地为州县,以处诸部。木昆部为匐延都督府,突骑施索葛莫贺部为嗢鹿都督府,突骑施阿利施部为絜山都督府,胡禄屋阙部为盐泊都督府,摄舍提暾部为双河都督府,鼠尼施处半部为鹰娑都督府,又置昆陵、濛池二都护府以统之。其所役属诸国皆置州,西尽波斯,并隶安西都护府。

据此,昆陵、濛池等二都护府下属的六个都督府为安置西突厥降众的主要区域。

都督府名称	原来部落名称	都督府名称	原来部落名称
匐延都督府	木昆部	嗢鹿都督府	突骑施索葛莫贺部
絜山都督府	突骑施阿利施部	双河都督府	摄舍提暾部
鹰娑都督府	鼠尼施处半部	盐泊都督府	胡禄屋阙部

资料来源:《新唐书》卷四三下《地理志七下》。

二、漠北羁縻府州的建置与薛延陀、回纥及铁勒族群的分布和迁徙

(一)铁勒族群的地理分布与薛延陀、回纥两族的兴衰

从南北朝末年至隋朝,铁勒部落号称“种类最多”,分布地域极为广袤,涉及大漠南北、阿尔泰山东西两侧及天山以北地区。各部落姓氏不同,但被总称为“铁勒”,曾长期臣属于突厥。关于铁勒族群的地理分布情况,《隋书·北狄铁勒传》载:

铁勒之先,匈奴之苗裔也,种类最多。自西海(今里海,或指咸海)之东,依据山谷,往往不绝。独洛河北有仆骨、同罗、韦纥、拔也古、覆罗并号俟斤,蒙陈、吐如纥、斯结、浑、斛薛等诸姓,胜兵可二万。伊吾以西,焉耆之北,傍白山,则有契弊、薄落职、乙咥、苏婆、那曷、乌欢、纥骨、也咥、於尼欢等,胜兵可二万。金山西南有薛延陀、咥勒儿、十槃、达契等,一万余兵。康国北,傍阿得水,则有诃咥、曷嶻、拨忽、比干、具海、曷比悉、何嵯苏、拔也未、渴达等,有三万许兵。得嶷海东西

有苏路羯、三索咽、蔑促、隆忽等诸姓，八千余。拂菻东则有恩屈、阿兰、北褥九离、伏嗢昏等，近二万人。北海南则都波等。虽姓氏各别，总谓为铁勒。并无君长，分属东、西两突厥。……自突厥有国，东西征讨，皆资其用，以制北荒。

根据上述资料及参考其他文献，现代学者将隋唐初期铁勒族群分为以下四部：

1. 漠北的铁勒部落群

即分布于独洛河（今蒙古境内土拉河）以北地区，以及北海（今贝加尔湖）以南地区的部落，共有十一个部落，即仆骨、同罗、韦纥（应为袁纥之误）、拔也古、覆罗、蒙陈、吐如纥、斯结、浑、斛薛、都波等。

2. 白山（今天山）地区的铁勒部落群

主要集中于"伊吾（在今新疆维吾尔自治区哈密市西）以西，焉耆（今新疆维吾尔自治区焉耆回族自治县西南）之北"及白山之麓地区，共九个部落：契弊、薄落职、乙咥、苏婆、那曷、乌欢（《通典·铁勒》作"乌护"）、纥骨、也咥、於尼欢（或作於尼护）等，有胜兵二万。

3. 金山（今阿尔泰山）西南地区的铁勒部落群

大致分布于阿尔泰山西南准噶尔盆地西部与北部，共有四个部落：薛延陀、咥勒儿、十槃、达契等，共有胜兵一万余。

4. 葱岭以西的铁勒部落群

包括康国（在今中亚撒马尔罕一带）以北，阿得水（关于阿得水今为何水有多种说法，段连勤先生以为阿得水当今锡尔河更切实际）沿岸地区，得嶷海（今里海）东西地区，以及拂菻（东罗马帝国）以东地区，共有十七个部落：诃咥、曷巀、拨忽、比干、具海、曷比悉、何嵯苏、拔也未、渴达、苏路羯、三索咽、蔑促、隆忽、恩屈、阿兰、北褥九离、伏嗢昏等，共有胜兵五万余。①

然而，《新唐书·回鹘传》对铁勒部落的起源及分布则又有另一种说法："回纥，其先匈奴也，俗多乘高轮车，元魏时亦号高车部，或曰敕勒，讹为铁勒。其部落曰袁纥、薛延陀、契苾羽、都播、骨利干、多览葛、仆骨、拔野古、同罗、浑、思结、斛薛、奚结、阿跌、白霫，凡十有五种，皆散处碛（大漠）北。"②

显然，《新唐书》将铁勒部与北朝时期的漠北高车丁零部等同起来，所勾勒出铁勒部族的分布图，也排除了天山地区以及葱岭以西的那些部落，而集中在与唐朝关系更

① 参见段连勤《丁零、高车与铁勒》，第329~335页。

② 《新唐书》卷二一七上《回鹘传上》，第6111页。

紧密的、分布于“碛北”地区的各部落。

综观铁勒族群的发展历程，铁勒诸部落发展并不均衡，盛衰转换频繁，而势力最为强盛的部族往往成为一个时期内铁勒族群的代表。隋唐时期铁勒族群中著名的、有代表性的部族先后有薛延陀与回纥等。如《旧唐书·铁勒传》载：

铁勒，本匈奴别种。自突厥强盛，铁勒诸部分散，众渐寡弱。至武德初，有薛延陀、契苾、回纥、都播、骨利幹、多览葛、仆骨、拔野古、同罗、浑部、思结、斛薛、奚结、阿跌、白霫等，散在碛北。薛延陀者，自云本姓薛氏，其先击灭延陀而有其众，因号为薛延陀部。其官方兵器及风俗，大抵与突厥同。①

薛延陀，曾是铁勒诸部中最为强悍的一支。隋唐初年，西突厥强盛，以薛延陀、契苾为首的铁勒部落西迁，依附于西突厥。至贞观初年，西突厥发生内乱，薛延陀首领夷男率领其部众七万余家又归附于东突厥，唐朝则有意联络薛延陀等部，共同夹击东突厥。如唐太宗册立夷男为真珠毗伽可汗，薛延陀由此成为漠北铁勒诸部的统领者。如夷男“复建牙于大漠之北郁督军山（今蒙古境内杭爱山东段）下，在京师（长安，今陕西省西安市）西北六千里。东至靺鞨，西至叶护（突厥），南接沙碛，北至俱伦水，回纥、拔野古、阿跌、同罗、仆骨、霫诸大部落皆属焉”②。

在北突厥败亡后，漠北空虚，薛延陀等部重返故地，强盛一时。如《旧唐书·铁勒传》又载：

（贞观）四年，平突厥颉利之后，朔塞空虚，夷男率其部东返故国，建庭于都尉揵山（郁督军山）北，独逻河（今蒙古境内土拉河）之南，在京师北三千三百里，东至室韦，西至金山，南至突厥，北临瀚海，即古匈奴之故地，胜兵二十万，立其二子为南北部。

为争夺漠南地区的控制权，薛延陀与南迁的突厥部发生过激烈的战斗，唐朝军队支持突厥部反击薛延陀，最后攻灭其国。③“于是铁勒十一部皆归命天子，请吏内属。……帝（唐太宗）剖其地为州县，北荒遂平”④，从而引发漠北地区创设羁縻府之高潮。

回纥，今维吾尔的古译，后改为回鹘。回纥原亦称“袁纥”，为南北朝时高车六部

---

① 《旧唐书》卷一九九下《铁勒传》，第5343页。

② 《旧唐书》卷一九九下《铁勒传》，第5344页。

③ 关于薛延陀的疆域变化，参见段连勤《隋唐时期的薛延陀》，三秦出版社1988年出版。

④ 《新唐书》卷二一七下《回鹘传下》，第6139页。

之一。在回纥兴起之前，塞外高车诸部称为“九姓铁勒”。铁勒部又被称为“特勒”。回纥兴起后，成为漠北铁勒的总代表，被称为“九姓回纥”。起初，回纥只是铁勒部族联盟中相对弱小的一支。如《旧唐书·回纥传》载：“回纥，其先匈奴之裔也，在后魏时，号铁勒部落。其众微小，其俗骁强，依托高车，臣属突厥，近谓之特勒。……自突厥有国，东西征讨，皆资其用，以制北荒。”隋朝大业年间，“突厥处罗可汗击特勒诸部，厚敛其物，又猜忌薛延陀，恐为变，遂集其渠帅数百人尽诛之”，特勒诸部落由此起而反抗突厥，“特勒始有仆骨、同罗、回纥、拔野古、覆罗，并号俟斤，后称回纥焉”。回纥部早期聚居地较为僻远，与中原政权没有直接联系。回纥早期，“在薛延陀北境，居娑陵水侧（今蒙古色楞格河流域），去长安六千九百里，随逐水草，胜兵五万，人口十万”①。然而在突厥败亡后，回纥部落的实力迅速增强，逐步成为铁勒族群的代表。

唐贞观二十年，在攻灭薛延陀后，回纥率领铁勒各部归附唐朝，唐朝以回纥部置

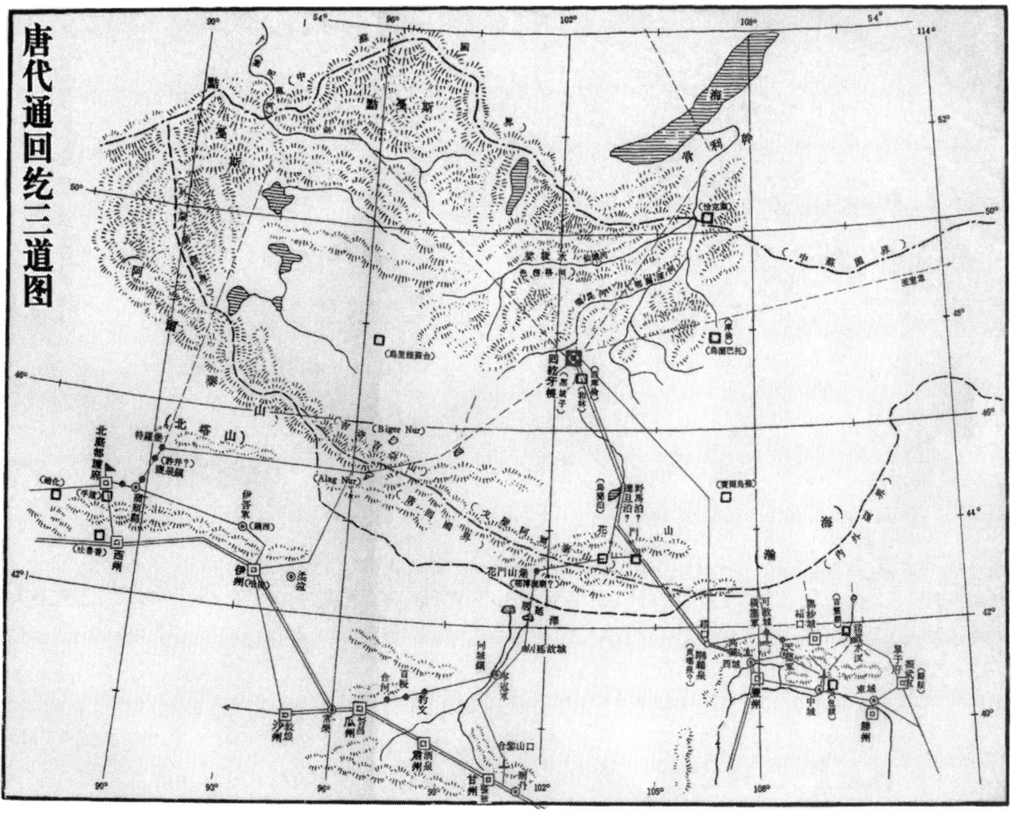

《唐代通回纥三道图》（来自严耕望《唐代交通图考》）

① 《旧唐书》卷一九五《回纥传》，第5195页。

瀚海都护府，拜其酋长吐迷度为怀化大将军兼瀚海都督。然而吐迷度自号为可汗，自署官吏，一如突厥官制。至唐高宗龙朔年间，以燕然都护府领回纥，更号为瀚海都护府，以大碛为限，大碛以北诸蕃各部均属于回纥统辖。至武则天在位时，后突厥复兴，侵夺铁勒故地，于是，回纥与契苾、思结、浑三部南越大碛，徙居于甘州、凉州之间。

天宝初年，后突厥内乱，回纥势力又趋强盛，其酋长骨力裴罗自称可汗，唐玄宗封其为奉义王，于是，回纥部"南居突厥故地，徙牙于乌德鞬山（今蒙古杭爱山）、唱昆河（鄂尔浑河）之间，南距西城（汉之高阙塞，在今内蒙古自治区杭锦后旗东北）千七百里。西城，汉高阙塞也，北尽碛口三百里，悉有九姓地"。关于"九姓"的含义，《新唐书·回鹘传》解释：

> 九姓者，曰药罗葛，曰胡咄葛，曰啒罗勿，曰貊歌息讫，曰阿勿嘀，曰葛萨，曰斛嗢素，曰药勿葛，曰奚邪勿。药罗葛，回纥姓也，与仆骨、浑、拔野古、同罗、思结、契苾六种相等夷，不列于数，后破有拔悉蜜、葛逻禄，总十一姓，并置都督，号十一部落。①

上述九姓，即九大氏族单位，学术界通常称之为回纥的"内九族"，故而又称为"九姓回纥"。九姓，再加上拔悉蜜、葛逻禄，构成十一个氏族部落，也就成为回纥鼎盛时期的基本组织形式。

至天宝四载（745），回纥部又协助唐朝攻灭后突厥，回纥疆域达到极盛，"斥地愈广，东极室韦，西金山，南控大漠，尽得古匈奴地"②。"安史之乱"爆发后，回纥军队曾大举南下襄助唐朝军队讨伐叛军，先后收复长安与洛阳，遂与唐朝关系相当密切，与唐朝皇室累代结成姻亲，并于边地开展了频繁的茶马互市。

然而自唐文宗大和初年开始，回鹘③接连发生内乱，势力迅速衰落，最终导致回

---

① 《新唐书》的记载应来自《旧唐书》卷一九五《回纥传》的相关内容，该《传》载："有十一都督，本九姓部落：一曰药罗葛，即可汗之姓；二曰胡咄葛；三曰咄罗勿；四曰貊歌息讫；五曰阿勿嘀；六曰葛萨；七曰斛嗢素；八曰药勿葛；九曰奚耶勿。每一部落一都督。破拔悉密，收一部落，破葛罗禄，收一部落，各置都督一人，统号十一部落。"

② 《新唐书》卷二一七上《回鹘传上》，第6114~6115页。

③ 关于"回纥"与"回鹘"称呼的前后改易问题，《旧唐书》卷一九五《回纥传》载："元和四年，蔼德曷里禄没弭施合密毗迦可汗遣使改为回鹘，义取回旋轻捷如鹘也。"（第5210页）《新唐书》卷二一七上《回鹘传上》载："明年……又请易回纥曰回鹘，言捷鸷犹鹘然。"（第6124页）改易的时间，也就有两种说法，一种为唐德宗贞元四年（788），后世学者如岑仲勉主此说，见岑仲勉《隋唐史》（商务印书馆2015年版，第271页）；另一种为唐宪宗元和四年（809），如白寿彝总主编、史念海主编《中国通史》第六卷《中古时代·隋唐时期》（第二版，上海人民出版社、江西教育出版社2015年版，第242页）。总之，回纥在八世纪末九世纪初更名为回鹘当是无疑的。

鹘部落的分崩离析。如开成四年(839),回鹘国相掘罗勿引来沙陀人进攻可汗部落,可汗被迫自杀。不久,外逃的渠长句录莫贺与黠戛斯人合兵十万,反攻回鹘城,杀死掘罗勿,烧荡殆尽,回鹘各部四处逃散。如国相馺职与庞特勤率领十五部回鹘逃奔葛逻禄,还有不少回鹘部众逃往吐蕃、安西等地。

当时,回鹘可汗牙部十三姓部落拥奉特勤乌介[①]为可汗,驻守于错子山,后来又南迁漠南,骚扰唐朝边疆地区。"乌介诸部犹称十万众,驻牙大同军北闾门山,时会昌二年(842)秋,频劫东陕已北,天德、振武、云朔,比罹俘戮。"在唐朝军队的积极反击下,回鹘各部纷纷归降唐朝及周边部族。

> (会昌)二年冬、三年春,回鹘特勤庞俱遮、阿敦宁二部,回鹘公主密羯可敦一部,外相诸洛固阿跌一部,及牙帐大将曹磨你等七部,共三万众,相次降于幽州(治今北京市西南),诏配诸道。有特勤嗢没斯、阿历支、习勿啜三部,回鹘相爱耶勿弘顺、回鹘尚书吕衡等诸部降振武(治今内蒙古自治区和林格尔县西北),三部首领皆赐姓李氏,及名思忠、思贞、思惠、思恩,充归义使。有特勤叶被沽兄李二部南奔吐蕃,有特勤可质力二部东北奔大室韦,有特勤荷勿啜东讨契丹,战死。[②]

"乌介部众至大中元年诣幽州降,留者漂流饿冻,众十万,所存止三千已下。"[③]乌介可汗最终众叛亲离,为部下所杀,宣告了回鹘的终结。与其他文献相参证可知,回鹘败亡后,其部众的迁徙主要可分为两个方向:一是南降唐朝,被分散安置于中原及边疆各地;二是西迁吐蕃、安西等地。如黠戛斯曾大举进攻室韦,逃入室韦的回鹘部遂为其所驱,进入碛北,回鹘余众尚倾心于安西等地。关于南迁回鹘部众的安置,则最有可能被集中安置于沿边的侨置羁縻府州之中。如在灵州都督府管辖内便有不少侨置州县之设。据《旧唐书·地理志》"灵州大都督府"下载:"(贞观)二十年,铁勒归附,于州界置皋兰、高丽、祁连三州,并属灵州都督府。永徽元年,废皋兰等三州。调露元年,又置鲁、丽、塞、含、依、契等六州,总为六胡州。开元初废,复置东皋兰、燕然、燕山、鸡田、鸡鹿、烛龙等六州,并寄灵州界,属灵州都督府。"只是该《志》将铁勒各部

---

① "特勤乌介",见《旧唐书》卷一九五《回纥传》,第5213页。"驻守于错子山"则从《新唐书》卷二一七下《回鹘传下》"南保错子山"(第6131页)。"特勤乌介"对应于《新唐书》"乌介特勒"。《旧唐书》卷八《玄宗本纪上》在《校勘记》中第五条注解"同俄特勤"时记:"'特勤'各本原误作'特勒'。按特勤者,可汗子弟之称谓……今据改。以下史文中,'特勤'误为'特勒'者,均予改正。"(第204页)本书取此说法,除了直接引述《新唐书》者保留原貌,其他改为"特勤"。

② 《旧唐书》卷一九五《回纥传》,第5214页。

③ 《旧唐书》卷一九五《回纥传》,第5215页。

称为“突厥九姓部落”。各州情况参见下表。

州　名	侨置地	今　地	户口情况
燕然	回乐县界	宁夏回族自治区灵武市西南	190 户,978 口
鸡鹿	回乐县界	宁夏回族自治区灵武市西南	132 户,556 口
鸡田	回乐县界	宁夏回族自治区灵武市西南	104 户,469 口
东皋兰	鸣沙界	宁夏回族自治区中宁县东	1342 户,5182 口
燕山	温池县界	宁夏回族自治区盐池县西南	430 户,2176 口
烛龙	温池县界	宁夏回族自治区盐池县西南	117 户,353 口

(二)铁勒各部的分布与羁縻府州的建立

唐朝贞观年间,塞外地区以薛延陀与回纥两部最为强盛,后回纥帮助唐朝攻灭薛延陀,兼并其地,“遂南逾贺兰山,境诸河(黄河)”①。贞观二十年(646),以回纥为首的铁勒部落与唐朝通好归附,得到了唐太宗的准许,此后唐朝在大漠南北建立起大批羁縻府州。关于这次铁勒诸部的朝贡,《旧唐书·太宗本纪》载,贞观二十年秋八月,“铁勒回纥、拔野古、同罗、仆骨、多滥葛、思结、阿跌、契苾、跌结、浑、斛薛等十一姓各遣使朝贡,奏称:‘延陀可汗不事大国,部落乌散,不知所之。奴等各有分地,不能逐延陀去,归命天子,乞置汉官。’诏遣会灵州”。据此可知,起初,漠北羁縻府州均是在铁勒各部原有的“分地”建立起来的。然而,《新唐书·地理志》所列羁縻府州并非全部建置于铁勒各部原有的“分地”之上。查《旧唐书·地理志》,我们可以发现唐朝沿边府州中也有不少为安置各部降众而设置的侨置州县。可以说,《新唐书》所罗列的羁縻府州至少可以分为两大类:一是建置于部落原“分地”上的完整意义上的羁縻府州,二是为安置南下降附部众而侨置于沿边州县的侨置州。

当时内附铁勒诸部的人口之众,可谓史无前例,盛况空前,唐太宗李世民在诏书中也无法掩饰其喜悦之情:“铁勒诸姓、回纥胡禄俟利发等,总百余万户,散处北溟,远遣使人,委身内属,请同编列,并为州郡。收其瀚海,尽入提封;解其辫发,并垂冠带。……混元已降,殊未前闻;无疆之业,永贻来裔。”②

① 《新唐书》卷二一七上《回鹘传上》,第 6112 页。
② 《旧唐书》卷一九九下《铁勒传》,第 5347~5348 页。

据唐太宗李世民的粗略估计，当时漠北铁勒各部落之众应有百余万户，如按每户五口计，当时铁勒各部就应有五百余万口，这未免有些夸大。然而，铁勒部落种类繁多，涉及地域极广，从漠北到北庭，精确计算相当困难。单就漠北地区而言，人口最多的回纥部也只有十万人，综合其他文献分析，当时内附并建立羁縻府州加以管理的铁勒部众合计最多在一百万人左右。

太宗为置六府七州，府置都督，州置刺史，府州皆置长史、司马已下官主之。以回纥部为瀚海府……以多览为燕然府，仆骨为金微府，拔野古为幽陵府，同罗为龟林府，思结为卢山府，浑部为皋兰州，斛萨为高阙州，阿跌为鸡田州，契苾为榆溪州，跌结为鸡鹿州，阿布思为蹛林州，白霫为寘颜州；又以回纥西北结骨为坚昆府，其北骨利幹为玄阙州，东北俱罗勃为烛龙州。于故单于台置燕然都护府统之，以导宾贡。①

据旧、新两《唐书》的《回鹘传》《铁勒传》与《地理志》，试将铁勒各部的地理分布及唐朝所置羁縻府州的基本情况胪列如下：

1. 薛延陀部

据《旧唐书·铁勒传》，唐朝军队攻灭薛延陀部后，唐朝于高宗永徽年间置溪（或为嵠）弹州，以安置其残余部众。据《新唐书·地理志》，以薛延陀部众设置达浑都督府，侨治于宁朔，下领五州：姑衍州、步讫若州、嵠弹州、鹘州、低粟州。

2. 回纥部

薛延陀败亡之后，回纥部成为铁勒诸部中势力最强盛的一支，南下归附唐朝后，唐朝以回纥部为瀚海都护府。

3. 拔野古部

拔野古，又称为"拔野固"或"拔曳固"，"漫散碛北，地千里，直仆骨东，邻于靺鞨。帐户六万，兵万人"。境内有康干河。贞观二十一年，以其部置幽陵都督府，大致在今蒙古鄂嫩河东一带。

4. 仆骨部

又称为仆固部，在多览葛部之东。帐户三万，兵万人。地理位置处于最北端。在薛延陀灭亡后，该部内属，唐朝以其聚居地为金微府，金微府以金微山（今阿尔泰山）而得名。该部大致在今蒙古肯特省一带。又《旧唐书·仆固怀恩传》载："仆固怀恩，

① 《旧唐书》卷一九五《回纥传》，第5196页。

铁勒部落仆骨歌滥拔延之曾孙，语讹谓之仆固。贞观二十年，铁勒九姓大首领率其部落来降，分置瀚海、燕然、金微、幽陵等九都督府于夏州（治今陕西省靖边县北白城子），别为蕃州以御边，授歌滥拔延为右武卫大将军、金微都督。”可见，归附的铁勒部众很多已经生活于唐朝边疆地区，而没有再回到漠北。

5. 同罗部

该部地处薛延陀部以北，也在多览葛部之东，距京师七千里左右，胜兵三万。贞观年间内属，唐朝以其聚居地置龟林都督府。

6. 浑部

该部地理位置在诸部之中处于最南。在薛延陀灭亡后，该部内属，唐朝以其聚居地置皋兰都督府，后又分为东、西二州。唐朝后复置东皋兰州，侨治于鸣沙。

7. 契苾部

又称为契苾羽部，地处焉耆西北鹰娑川，在多览葛部之南。贞观六年，该部酋长率众归附，被安置于甘州与凉州之间，以其地为榆溪州。永徽四年，唐朝又以其部为贺兰都督府，属于燕然都护府。至大和年间，其种帐又归附振武节度使（治今内蒙古自治区和林格尔县西北）管辖。

8. 多览葛部

又称为多滥部，地处薛延陀部东面，滨于同罗水。该部有胜兵万人。在薛延陀被攻灭后，该部内附，唐朝以其聚居地为燕然都督府。后改为州，侨治于回乐县界。

9. 阿跌部

又称为诃咥部、跌跌部。该部与拔野古等部一起归附，唐朝以其聚居地为鸡田州，后侨治于回乐县界。该部人光颜、光进后因战功卓著，成为唐朝著名将领，唐朝赐其李姓。

10. 葛逻禄部

又称为歌逻禄部、葛罗禄部等，本属突厥系，地处北庭都护府西北，金山（阿尔泰山）之西，横跨仆固振水与多怛岭，与车鼻部相接。该部部众主要分为三族：一为谋落，或称谋剌；二为炽俟，或称婆匐；三为踏实力。永徽初年，该部三族内属。显庆二年，以谋落部为阴山都督府，炽俟部为大漠都督府，踏实力部为玄池都督府。后又分炽俟部置金附州。葛逻禄处于东、西突厥之间，叛附不常。到至德年间以后，葛逻禄逐渐强盛起来，限于回纥的强大，西迁至西突厥十姓可汗故地，占据碎叶、怛逻斯等地。

11. 都播部

又称为都波部。该部北濒小海，西接坚昆，南界回纥，下分为三部，各自统辖。贞观二十一年，随骨利幹部内附。

12. 骨利幹部

该部地处瀚海之北，北面距海（贝加尔湖），与唐朝都城长安距离最远，有胜兵五千。贞观二十一年内附，唐朝以其聚居地为玄阙州，后更名为余吾州，隶瀚海都护府。

13. 白霫部

该部地处鲜卑故地，与同罗、仆骨二部相接。曾因躲避薛延陀的侵袭，退保奥支水、冷陉山（今内蒙古自治区巴林右旗西北坝后）。该部居留地区南连契丹部，北至乌罗浑部，东到靺鞨部，广袤达两千里，胜兵有万人。境内分为三部：居延部、无若没部、潢水部。贞观年间内附，唐朝以其聚居地为寘颜州，以其别部为居延州。

14. 黠戛斯（今译为吉尔吉斯）部

又称为结骨、居勿，据古坚昆地，地处伊吾之西、焉耆之北、白山（今新疆中部的天山山脉）旁。部众为古代丁零人之后裔。该部有人口数十万，胜兵八万，原为可与突厥相抗衡的强盛势力，疆域东至骨利幹，南到吐蕃，西南至葛逻禄。其首领称为“阿热”，驻牙于青山。贞观二十二年，阿热也遣使者入朝，唐朝以其地为坚昆都督府。

第二节　西部及西域民族区的构成与分布

隋唐时期，西域地区与漠北地区曾长期为突厥人所占据，联系相当紧密。隋朝重视与西域的交通往来，众多西域政权遣使入朝，故隋朝置西域校尉以管理西域事务，但兼并吐谷浑外，并没有其他开疆拓土的举措。唐朝在攻灭东、西突厥以及薛延陀之后，在大漠南北、西北及西域地区广建羁縻府州。这些羁縻政区是我们探讨当时西部地区民族分布与迁移的重要线索与依据。以党项人为首的羌族集团已经成为西部地区人口最多、分布区域最为广泛的族群。

吐蕃崛起后，极大地改变了中国东西部之间的政治与民族分布格局。吐蕃凭借强盛势力，不仅迅速兼并周边部落，而且与唐朝展开了西部地区的长期争夺；不仅成为西部地区霸主，构建起一个疆域辽阔的民族政权，而且进一步占据了唐朝河陇及西域地区，与唐朝形成东、西对峙局面。在这一过程中，激烈的东西对抗不可避免地对民族分布与迁徙产生了重大影响。

一、西部及西域地区的民族分布与羁縻府州建置

唐朝初期将辽阔的西部及西北地区划入陇右道,陇右道内民族种类繁多,所辖羁縻府州的数量也相当可观,“突厥、回纥、党项、吐谷浑之别部及龟兹、于阗、焉耆、疏勒、河西内属诸胡、西域十六国隶陇右者,为府五十一,州百九十八”①。关于突厥、回纥的分布情况,在上一节已有阐述。下面分别说明党项、吐谷浑以及西域各族的分布与唐朝所设羁縻政区的建置演变情况。

(一)唐朝党项羌人的分布与内迁运动②

党项羌是南北朝后期才出现于中原史籍中的西部羌族的一支。关于党项羌人的历史渊源与分布,《旧唐书·党项羌传》载:

> 党项羌,在古析支之地,汉西羌之别种也。魏、晋之后,西羌微弱,或臣中国,或窜山野。自周氏灭宕昌、邓至之后,党项始强。其界东至松州(治今四川省松潘县),西接叶护(突厥),南杂春桑、迷桑等羌,北连吐谷浑,处山谷间,亘三千里。其种每姓别自为部落,一姓之中复分为小部落,大者万余骑,小者数千骑,不相统一。有细封氏、费听氏、往利氏、颇超氏、野辞氏、房当氏、米擒氏、拓拔氏,而拓拔最为强族。

《新唐书·党项传》所载内容与此大致相同。两《唐书》有关党项族历史的记载,都突出强调了两大问题:

1. 党项族族属及其周边部落

党项族为古代羌族之后裔,新、旧《唐书》对此并无异议。党项人内部的区分,则主要是依据其姓氏,其中最著名的氏族即拓跋氏。这一支拓跋氏可称为党项拓跋氏。关于党项拓跋氏与鲜卑拓跋氏的关系,学术界有着不同的意见。③ 隋唐之间,党项族人已成为西部羌人聚居区的代表。此外,在党项羌人居住地的周边地区,还有一些较特殊的羌人种类,如:(1)黑党项,在赤水(今甘肃省陇西县东渭水支流赤亭水)之西。

---

① 《新唐书》卷四三下《地理志下》“羁縻州”引言,第1119页。

② 关于唐代党项人研究较有代表性的著作有〔日〕前田正名著,陈俊谋译《河西历史地理学研究》,中国藏学出版社1993年出版;周伟洲《唐代党项》,三秦出版社1988年出版(广西师范大学出版社2006年再版),等等。

③ 参见李范文《试论西夏党项族的来源与变迁》,载于《西夏研究论集》,宁夏人民出版社1983年出版。

(2)雪山党项,姓破丑氏,居雪山。(3)白兰羌,吐蕃称之为丁零,左属党项,右与多弥接,胜兵达万人。(4)白狗羌,地接东会州(治所在今甘肃省靖远县),胜兵有千人等。①

2. 党项人的居留地与部众数量

隋唐时期,党项羌人的分布区相当广袤,“亘三千里”,处于唐朝、突厥以及吐谷浑诸政权之间,同时,部众数量增长相当迅速,“大者万余骑,小者数千骑”,已成为西部地区不可忽视的民族力量。但是,党项人长期生活于一种松散而原始的部落形态中,没有建立起统一的、较高水平的政权组织,因此,其抵抗和扩张能力是相当脆弱的,有必要寻求强势政权的保护。这一特点就决定了党项人早期历史上的频繁迁徙。

从唐朝初年开始,在唐朝官府的招引及周边强族的促迫之下,党项首领率其部落很早就走上内附及内徙之路,唐朝政府也及时在其原居留地与内迁安置地设置了大量羁縻府州。这是一场决定日后西部地区民族分布格局、规模宏大的民族迁徙运动。这场大迁徙运动至少可分为两个步骤:第一个步骤是党项及羌人部落内附唐朝边疆地区,唐朝于沿边地区设置了大批羁縻府州;第二个步骤是党项人向唐朝境内的进一步迁徙,各个羌人羁縻府州侨置于内地正州之内,在此基础上,在唐朝境内形成了新的党项与羌人聚居区。

第一步骤:党项与羌人的内附。可以说,在这一步骤中,党项与诸羌人内附的过程,也就是唐朝羌人羁縻府州设置的过程。根据两《唐书》之《党项传》与《地理志》的相关记载,党项人与西部羌人的内迁以及唐朝设置羁縻府州的记录主要有:

1. 武德元年(618),以临涂羌内附置涂州(治今四川省汶川县西南),领端源、婆览二县。(《新唐书·地理志》记载武德元年即领三县)贞观二年州县俱省。五年,又分茂州之端源戍置涂州,领临涂、端源、婆览三县,与州同置。

2. 武德元年(618),白苟羌(或称白狗羌)降附,乃于姜维故城置维州(治今四川省理县东北),领金川、定廉二县。后该州附近羌部叛附往复,州亦罢设几经反复。

3. 贞观元年(627),以羌人降户置崌州(治今四川省松潘县西北),领二县:江源、洛稽。

4. 贞观三年(629,《新唐书·地理志》记为贞观二年),党项酋长细封步赖率部归降,唐朝以其地为轨州(治今四川省阿坝藏族羌族自治州附近),拜细封步赖为刺史,

① 参见(宋)王溥《唐会要》,上海古籍出版社1991年版,第2078页。

下领四县：玉城、金原、俄彻、通川。其后党项酋长相继降唐，唐朝分别置崌、奉、岩（《新唐书·党项传》作“严”）、远四州。

5. 贞观中，酋长拓跋赤辞与其从子拓跋思头率部归降，唐朝于其地置懿、嵯、麟、可三十二州，以松州为都督府，拜拓跋赤辞为西戎州都督。党项人的归附，使唐朝的西部疆界大为扩展，“自河首积石山而东，皆为中国地”。

6. 贞观十二年（638），以羌人降户置淳州于洮州之境，并置索恭、乌城二县。

7. 永徽二年（651），因特浪生羌董悉奉求、辟惠生羌卜檐莫等种落万余户内附而置蓬鲁州，后又析置为三十二州。这三十二州分别为：姜州、恕州、葛州、勿州、鞮州、占州、达州、浪州、邠州、敛州、补州、赖州、那州、举州、多州、尔州、射州、铎州、平祭州、时州、箭州、婆州、浩州、质州、居州、可州、宕州、归化州、柰州、竺州、卓州及蓬鲁州。

8. 永徽五年（654），特浪生羌卜楼大首领冻就率众来属，以其地为剑州（治今四川省阿坝藏族羌族自治州境，《唐会要》作建州，误）。

9. 显庆元年（656），生羌首领董系比射内附，唐朝乃于其地置悉州（治今四川省茂县西北），领左封、归诚二县。

10. 天宝元年（742），招抚生羌置静戎郡。乾元元年（758）改为霸州（治今四川省茂县西北），下领四县：安信、牙利、保宁、归化。①

据上述记载可知，唐太宗贞观初年以及高宗永徽初年曾出现两次内附高潮，这两个时段内设置羁縻府州的数量也最为可观。

第二步骤：党项与诸羌人的内徙。党项人等羌人部落的内徙，主要是出于吐蕃的促迫。党项人的内迁与吐蕃的强盛及扩张过程几乎同步。如《新唐书·党项传》载：“后吐蕃浸盛，拓跋（氏部落）畏偪，请内徙，始诏庆州置静边等州处之。地乃入吐蕃，其处者皆为吐蕃役属，更号弭药。”关于关内道羌人羁縻州的变迁，《新唐书·地理志》载：“乾封二年（667）以吐蕃入寇，废都、流、厥、调、凑、般、匐、器、迩、锽、率、差等十二州，咸亨二年（671）又废蚕、黎二州。禄山之乱，河、陇陷吐蕃，乃徙党项州所存者于灵、庆、银、夏之境。”关于陇右道松州都督府所辖羁縻州的变迁，《新唐书·地理志》又载：“肃宗时懿、盖、嵯、诺、嶂、祐、台、桥、浮、宝、玉、位、儒、归、恤及西戎、西沧、乐容、归德等州皆内徙，余皆没于吐蕃。”“安史之乱”后，唐朝疆域的大片陷落，以及羁縻府州的废弃，也必然使党项部落进一步内迁。根据两《唐书》之《党项传》与《地

① 《新唐书》卷四二《地理志》，第1088页。《旧唐书》卷四一《地理志》（第1706页）记领安信一县。

理志》,这方面较重要的记载还有:

1. 天授三年(692),党项羌人在西北者内附,户凡二十万,以其地为朝、吴、浮、归十州,散居灵州、夏州之间。

2. 上元元年(760),党项羌人在泾、陇地界者部落十万众诣凤翔节度使崔光远请降。

3. 宝应元年(762)十二月,党项羌归顺州部落、乾封州部落、归义州部落、顺化州部落、和宁州部落、和义州部落、保善州部落、宁定州部落、罗云州部落、朝凤州部落,并诣山南西道都防御使、梁州刺史臧希让请州印。朝廷许之。

4. 广德元年(763),松州没于吐蕃,其后松、当、悉、静、柘、恭、保、真、霸、乾、维、翼等为行州,以部落首领世为刺史、司马。

如由于党项羌人的内迁,在唐朝后期出现了"六州党项"。贞元十五年二月,"六州党项自石州奔过河西"。《旧唐书·党项传》载:"党项有六府部落,曰野利越时、野利龙儿、野利厥律、儿黄、野海、野窣等。居庆州者号为东山部落,居夏州者号为平夏部落。永泰、大历已后,居石州,依水草。"贞元十五年(799),永安城镇将阿史那思昧骚扰党项部落,"求取驼马无厌,中使又赞成其事",党项部落因无法忍受其弊,又自石州渡过黄河。为安置这些内迁的党项,唐朝于元和九年(814)特置宥州(治今内蒙古自治区鄂托克旗东南)以护党项。

会昌初年,唐朝政府将内徙党项部落分为三部,分别遣官进行督理,其具体情况为:"在邠、宁、延者,以侍御史、内供奉崔君会主之;在盐、夏、长、泽者,以侍御史、内供奉李鄠主之;在灵、武、麟、胜者,以侍御史、内供奉郑贺主之。"①这段记载明确展示了当时党项人集中分布的诸州名称,即邠州、宁州、延州、盐州、夏州、长州、泽州、灵州、武州、麟州、胜州等。

(二)羌人主要羁縻府州的特征分析

关于党项羌人聚居地区羁縻府州的设置过程,曾有一种概括性的总结:"贞观三年,酋长细封步赖内附,其后诸姓酋长相率亦内附,皆列其地置州县,隶松州都督府。五年又开其地置州十六,县四十七;又以拓跋赤词(拓跋赤辞)部置州三十二。"②

上述的总结显然是过于简单了,因为唐朝自建立伊始就着手在羌人聚居区以及为安置党项部众而设置了众多羁縻府州,而且这些羁縻府州的设置与演变过程非常

① 《旧唐书》卷一九八《西戎传》,第5293页。

② 《新唐书》卷四三《地理志》,第1123页。

曲折复杂。《旧唐书·地理志》与《新唐书·地理志》为我们保留了丰富的羁縻府州的资料与数据,为我们认识当时羁縻府州的情况提供了便利。

首先,有唐一朝在边境地区设置的羌人羁縻府州的数量非常可观。仅据《新唐书·地理志》的统计,党项羁縻府州与诸羌州分属于三道,即关内道、陇右道、剑南道,其简况如下表:

道　名	族　类	州府县数量
关内道	党项	五十一州、十五府
陇右道	党项	七十三州、一府、一县
剑南道	诸羌	一百六十八州

其次,唐朝设置羌人羁縻府州往往以一些著名的沿边都督府为核心,实际上形成了不少地域广阔、人口繁多的羌人聚居区。这些著名的都督府有松州都督府、茂州都督府、雅州都督府、黎州都督府以及庆州都督府等。下面简要介绍各主要都督府所属羁縻府州情况:

1. 松州都督府

治今四川省松潘县。该都督府置于贞观二年(628),原属陇右道,后改隶剑南道。根据天宝十二载(753)官方簿记的记录,该都督府旧领一百〇四州,其中二十五州有户口记录("有版"),但羁縻逃散,其余七十九州均为生羌部落,或臣或否,无州县户口("无版"),只是羁縻治理而已。这二十五州的设置与户口情况如下表:

州名(原名)	设置时间	族属	属　县	户口情况
崌州	贞观元年	降羌	二县:江源、洛(《新唐书·地理志》为"落")稽	155 户
懿州(本西吉州)	贞观五年	党项	二县:吉当、唐位	不详
阔州	贞观五年	党项	二县:阔源、落吴	不详
麟州(本西麟州)	贞观五年	生羌	七县:硖川、和善、剑(《旧唐书·地理志》为"敛")具、硖源、三交、利恭、东陵	不详
雅州(本西雅州)	贞观五年	生羌	三县:新城、三泉、石陇(《新唐书·地理志》为"龙")	不详
丛州	贞观五年	党项	五县:宁远、临泉、临河等	不详
可州(本西义州)	贞观四年	党项	三县:义诚、清化、静方	不详

（续表）

州名（原名）	设置时间	族属	属　县	户口情况
远州	贞观四年	生羌	二县:罗水、小部川	不详
奉州（本西仁州）	贞观三（《新唐书·地理志》为“元”）年	生羌	三县:奉德、思（《新唐书·地理志》为“恩”）安、永慈	不详
岩州（本西金州）	贞观五年	生羌	三县:金池、甘松、丹岩	不详
诺州	贞观五年	降羌	三县:诺川、归德、篱渭	不详
蛾州	贞观五年	降羌	二县:常平、那川	不详
彭州（本洪州）	贞观三年	降党项	四县:洪川、归远、临津、归正	不详
轨州都督府	贞观二年	党项	四县:通川、玉城、金原、俄彻	不详
盖州（本西唐州）	贞观四年	降羌	四县:湘水、河唐、曲岭、枯川	220 户
直州（本西集州）	贞观五年	降羌	二县:集川、新川	100 户
肆州	贞观五年	降羌	四县:归唐、芳丛、盐水、磨山	不详
位州（本西盐州）	贞观四年	生羌	二县:位丰、西使	100 户
玉州	贞观五年	降羌	二县:玉山、带河	215 户
璋（《新唐书·地理志》为“嶂”）州	贞观四年	降羌	四县:洛平、显川、桂川、显平	200 户
祐州	贞观四年	降羌	二县:廓川、归定	不详
台州（本西沧州）	贞观六年	党项	无县	不详
桥州	贞观六年	降羌	无县	不详
序州	贞观十年	党项	无县	不详
嵯州			《旧唐书·地理志》记:“松州都督府,督羁縻二十五州。……惟二十五有名额,皆招抚生羌置也。……右二十五州,旧属陇右道,隶松州都督府。贞观中,招慰党项羌渐置。永徽已后,羌戎叛臣,制置不一。今存招降之始……”（第 1711 页）《旧唐书·地理志》实列只有二十四,而在《旧唐书·地理志》“松州下都督府”条总论中记:“贞观二年,置都督府,督……二十五羁縻等州。”（第 1699 页）较之上列二十四州外多出“嵯州”。《新唐书·地理志》“灵州都督府”所属有“嵯州”条:“贞观五年置。县一:相鸡。相鸡本隶西怀州,贞观十一年来属。”（第 1124 页）	

资料来源:《旧唐书·地理志》《新唐书·地理志》。

2. 茂州都督府

治今四川茂县。原为会州、南会州,武德七年,改为都督府,下领九个羁縻州,其中生"僚"与生羌杂居。永徽以后,又析出三十余州。各州的情况如下:

州名	设置时间	族属	属　县	户口数量
翼州	武德元年	生"僚"	四县:卫山、翼水、鸡川、昭德	711户、3618口(天宝年间领二县)
维州	武德元年	白苟羌	二县:薛城、小封	2179户、3198口
涂州	武德元年	临涂羌	三县:端源、临涂、悉怜	2334户、4261口
炎州(本西封州)	贞观五年	生羌	三县:大封、慕仙、义川	5700户
彻州	贞观五年	西羌	三县:文彻、俄耳、文进	3300户
向州	贞观五年	生羌	二县:贝左、向贰	1602户、3898口
冉州(本西冉州)	贞观五年	敛才羌	四县:冉山、磨山、玉溪、金水	1370户
穹州(本西博州)	贞观五年	生羌	五县:小川、彻当、璧川、当博、恭耳(《旧唐书·地理志》只载"领县五",不载县名。此处所列据《新唐书·地理志》)	3436户
笮州(本西恭州)	贞观七年	白茗羌	三县:遂都、亭劝、北思(《新唐书·地理志》为"比思")	无户口数据

资料来源:《旧唐书·地理志》《新唐书·地理志》。

3. 关内道侨置的羁縻府州

关内道的羌人羁縻州,均属内迁侨置的羁縻州,这与松州、茂州的安置有明显不同。这些羁縻州的侨置地集中于庆州与银州等地。

羁縻府州名称	侨置地	治所今地	下领州县情况
芳池州都督府	庆州怀安县界	甘肃省华池县西北	下管十小州:静、獯、王、濮、林、尹、位、长、宝、宁,均为党项野利氏种落
安定州都督府(后改为宜定州都督府)	庆州界	甘肃省庆阳市	下管七小州:党、桥、乌、西戎州、野利州、米州、还州
安化州都督府	庆州界	甘肃省庆阳市	下管七小州:永利州、威州、旭州、莫州、西沧州、儒州、琮州

（续表）

羁縻府州名称	侨置地	治所今地	下领州县情况
静边州都督府	庆州界	甘肃省庆阳市	下领二十五州：布州、北夏州、思义州、思乐州、昌塞州、吴州、朝州、归州、浮州、祐州、卑州、西归州、嶂州、鎊州、开元州、归顺州、淳州、乌笼州、恤州、嵯州、盖州、悦州、回乐州、乌掌州、诺州①
归德州	银州界	陕西省榆林市横山区东	不详

资料来源：《旧唐书·地理志》《新唐书·地理志》。

其三，羁縻府州的性质。作为在民族区域推行中原王朝政区制度的重大举措，羁縻政区制度本身处于一种发展变化的过程之中。羁縻政区的性质也处于不断变化之中。《新唐书·地理志》曾指出："唐置羁縻诸州，皆傍塞外，或寓名于夷落。"实际上并非如此简单。如有侨置及非侨置之别，有"有版"与"无版"的区别等。侨置羁縻州的出现，通常是边疆民族迁徙的结果。聚集在一起的侨置羁縻府州会形成新的民族区域。"版"，名籍之谓。户籍统计是一项重要的行政管理措施，是行政权力实施的主要体现方式，羁縻府州实施户籍登记，是向正州转化的一个必不可少的步骤。由无版转向有版，是羁縻府州向正州演变的重要标志，大批有版羁縻府州的出现，突出地显示了羁縻府州向正州演变的趋势。

更值得注意的是，当时一些羁縻府州实际上已经完成了向正常州县（"正州"及"正县"）的转变。例如松州都督府与茂州都督府所领正州不少就是由羁縻州转化而来的，如：

1. 当州，贞观二十一年，以羌首领董和那蓬固守松州之功，析松州之通轨县置。

2. 悉州，显庆元年安置内附的生羌首领董系比射所置。

3. 霸州，天宝元年因招附生羌置静戎郡。乾元元年改为霸州。

4. 维州，武德七年为安置白苟羌户所置，麟德二年转为正州，后经反复，于垂拱三年又定为正州。

（三）安西大都护府与安西四镇的建置

唐朝在西北及西域地区所建立的最著名的羁縻政区，便是北庭大都护府与安西

① 《旧唐书·地理志》载静边州旧治于银川郡（银州）界内，下管十八小州。此处从《新唐书·地理志》。

大都护府。《新唐书·地理志》载:"北庭大都护府,本庭州,贞观十四年平高昌,以西突厥泥伏沙钵罗叶护阿史那贺鲁部落置,并置蒲昌县,寻废,显庆三年复置,长安二年为北庭都护府。"①

相比之下,安西大都护府管辖的区域更为广袤,地位也更为重要。关于安西大都护府的建置沿革,《旧唐书·地理志》也述之甚详:

贞观十四年,侯君集平高昌,置西州都护府(应为安西都护府),治在西州。显庆二年十一月,苏定方平贺鲁,分其地置濛池、崑陵二都护府。分其种落,列置州县。于是,西尽波斯国,皆隶安西都护府。仍移安西都护府理所于高昌故地。三年五月,移安西府于龟兹国。旧安西府复为西州。龙朔元年,西域吐火罗款塞,乃于于阗以西、波斯以东十六国,皆置都督,督州八十,县一百一十,军府一百二十六,仍立碑于吐火罗以志之。

综上所述,唐朝在西域地区建置羁縻政区的过程,可以分为几个阶段:首先,唐朝对西域地区的开拓,始于贞观四年置伊州与贞观十四年攻灭高昌。日本学者松田寿男曾指出:"唐朝在东部天山地区建立伊、西、庭三州,是中原王朝经营西域的顶点。"②伊州,治今新疆哈密市。关于伊州的建置情况,《旧唐书·地理志》载:"伊州,隋伊吾郡。隋末,西域杂胡据之。贞观四年(630),归化,置西伊州。六年,去'西'字。"《新唐书·西域传》又载:"伊吾城者,汉宜禾都尉所治。商胡杂居,胜兵千,附铁勒。人骁悍,土良沃。隋末内属,置伊吾郡。天下乱,复臣突厥。贞观四年,城酋来朝。颉利灭,举七城降,列其地为西伊州。"应该说,伊吾郡之建置,是隋唐两朝共同努力的结果。

高昌地理位置十分重要,"这个国家之所以受到汉人的关心,是因为它不但占据着沿天山山脉南北两麓交通的要冲,而且(西域地区)是与中原往来的门户。不仅如此,该国还隔着天山山脉,与北方游牧民族相接壤,因而担负着北狄与西域之间交往的重大作用"③。因此,欲开拓西域,必先占据高昌之地。贞观十三年(639),唐太宗遣军西征,于第二年攻克高昌,"下其三郡、五县、二十二城,户八千,口三万七千七百,马四千三百匹"④。攻灭高昌后,唐太宗李世民决意在其地设置政区,"赦高昌所部,

① 《新唐书》卷四〇《地理志》,第1047页。
② 《古代天山历史地理学研究》,第348页。
③ 《古代天山历史地理学研究》,第348~349页。
④ 《旧唐书》卷一九八《高昌传》,第5295页。

披其地皆州县之,号西昌州。……改西昌州曰西州,更置安西都护府,岁调千兵,谪罪人以戍”①。《旧唐书·地理志》“西州中都督府”条下载:“本高昌国。贞观十三年,平高昌,置西州都督府(应为西州),仍立五县。显庆三年,改为都督府。”所领五县分别为高昌(治今新疆维吾尔自治区吐鲁番市东)、柳中(治今新疆维吾尔自治区鄯善县西南)、交河(治今新疆维吾尔自治区吐鲁番市西北)、蒲昌(治今新疆维吾尔自治区鄯善县)、天山(治今新疆维吾尔自治区托克逊县东北),天宝年间户口合计为九千〇一十六户、四万九千四百七十六口。

其次为攻灭西突厥,立庭州及北庭都护府。庭州,治今新疆维吾尔自治区吉木萨尔县北破城子,起初为安置西突厥叶护部落所置。研究者认为,庭州处于唐朝西北部边疆的最顶端,是唐朝控制天山北路地区的前哨基地,它的设置对于促进东西方贸易以及加强与北方游牧民族的往来都具有极其重要的意义。② 长安二年(702),庭州改为北庭都护府。据《旧唐书·地理志》,北庭都护府辖区内的民族主要分为三部:

一是当地土著居民,即“胡及突厥”。天宝年间,北庭都护府下领三县:金满(治今新疆维吾尔自治区吉木萨尔县北)、轮台(治今新疆维吾尔自治区乌鲁木齐市米东区境)、蒲类(治今新疆维吾尔自治区奇台县东南),三县居民合计有二千二百二十六户、九千九百六十四口。另据《新唐书·地理志》,唐代宗宝应元年(762),又置西海县,户口数不详。

二是唐朝驻军。玄宗开元年间,先后在北庭设置了瀚海军、天山军、伊吾军,共有镇兵达二万人。

军　名	驻所位置	镇兵数量
瀚海军	在北庭都护府城内,即金满县治	一万二千
天山军	在西州城内,即高昌城	五千
伊吾军	在伊州西北五百里甘露川	三千

三是杂“胡戎”部落。庭州之设,原为安置西突厥叶护部落,因此,其境内有不少安置“胡戎”部落的羁縻州部落,号称“十六番州”,即盐治州都督府、盐禄州都督府、阴山州都督府、大漠州都督府、轮台州都督府、金满州都督府、玄池州、哥系州、咽面州、金附州、孤舒州、西盐州、东盐州、叱勒州、迦瑟州、冯洛州等。这些部落分布于北

① 《新唐书》卷二二一上《高昌传》,第6222页。

② 见〔日〕松田寿男《论唐朝庭州之领县》中“设置庭州的意义”一节,载于《古代天山历史地理学研究》,第348~352页。

庭都护府界内，过着游牧生活，没有州县及户口统计数据。

再次是建立安西都护府及所统四镇。安西四镇是唐朝在西域地区建置的四个军事重镇，也是中央王朝在西域地区创置行政区的重大尝试。关于四镇的建置情况，《旧唐书·龟兹传》载：

先是，太宗既破龟兹，移置安西都护府于其国城，以郭孝恪为都护，兼统于阗、疏勒、碎叶，谓之“四镇”。高宗嗣位，不欲广地劳人，复命有司弃龟兹等四镇，移安西依旧于西州。其后吐蕃大入，焉耆已西四镇城堡，并为贼所陷。则天临朝，长寿元年，武威军总管王孝杰、阿史那忠节大破吐蕃，克复龟兹、于阗等四镇，自此复于龟兹置安西都护府，用汉兵三万以镇之。

《旧唐书·则天皇后本纪》又载，长寿元年十月，“武威军总管王孝杰大破吐蕃，复龟兹、于阗、疏勒、碎叶镇”。然而，新、旧《唐书》在《地理志》中均以四大都督府与“四镇”相对应：

1. 龟兹都督府。本龟兹国。贞观二十二年，阿史那社尔破龟兹，虏龟兹王而还。唐朝于其地置都督府。龟兹都督府领蕃州九。

2. 毗沙都督府。本于阗国。在葱岭北二百里。上元二年正月，置毗沙都督府，初管五个蕃州，后析为十州。

3. 疏勒都督府。本疏勒国。在白山之南。上元年间，置疏勒都督府，领州十五。

4. 焉耆都督府。本焉耆国。上元年间，唐朝置都督府处其部落，无蕃州。

《新唐书·地理志》将碎叶城置于焉耆都督府之下：“有碎叶城，调露元年（679），都护王方翼筑，四面十二门，为屈曲隐出伏没之状云。”然而，现代学者大多不同意这一定位，认为碎叶城在今天吉尔吉斯斯坦托克马克附近。当然，学者们也承认，在安西四镇的记载中，碎叶与焉耆确实存在相互交替的现象，大致情况如下表①：

年　代	四镇组成
贞观二十二年（648）	龟兹、于阗、疏勒、碎叶
显庆三年（658）	龟兹、于阗、疏勒、焉耆
调露元年（679）	龟兹、于阗、疏勒、碎叶
开元七年（719）	龟兹、于阗、疏勒、焉耆

① 关于碎叶城的建置与安西四镇之关系，参见邹逸麟、赵永复《唐代的碎叶城》，载于《复旦学报》1980 年增刊《历史地理专辑》，第 95~103 页。

最后是西域十六都督州府的建置问题。《旧唐书·地理志》载:“龙朔元年(661),西域吐火罗款塞,乃于于阗以西、波斯以东十六国,皆置都督,督州八十,县一百一十,军府一百二十六,仍立碑于吐火罗以志之。”且“皆隶安西都护府”。查《新唐书·吐火罗传》可知,在吐火罗设置都督府的时间应是显庆年间:“显庆中,以其阿缓城为月氏都督府,析小城为二十四州,授王阿史那都督。”

关于西域十六都督府的建立,《新唐书·地理志》曾释:“龙朔元年,以陇州南由令王名远为吐火罗道置州县使,自于阗以西,波斯以东,凡十六国,以其王都为都督府,以其属部为州县。凡州八十八,县百一十,军、府百二十六。”一名县令的出使,就完成了自于阗以西、波斯以东广大地区州县的设置,由此我们也可以想象唐朝政府对这些羁縻府州的约束力了。这些羁縻府州恐怕也是唐朝羁縻府州中约束力最弱的部分。《旧唐书·地理志》指出:“自天宝十四载已前,朝贡不绝。”可谓一语中的:羁縻府州的设置,并没有根本改变双方之间原有的朝贡关系。

西域十六都督府情况简表

羁縻府名称	所在部落名称	治所地名	辖州数量
月氏(《新唐书·地理志》称“月支”)都督府	吐火罗	遏换(《新唐书·地理志》称“阿缓”)城	二十四州(《新唐书·地理志》作“月支都督府……领州二十五”)
太汗都督府	嚈哒	活路城	十五州
条枝(《新唐书·地理志》称“条支”)都督府	诃达罗支	伏宝瑟颠城	八(《新唐书·地理志》称“九”)州
大马(《新唐书·地理志》称“天马”)都督府	解苏	数瞒城	三(《新唐书·地理志》称“二”)州
高附都督府	骨咄施	妖沙(《新唐书·地理志》称“沃沙”)城	三(《新唐书·地理志》称“二”)州
修鲜都督府	罽宾	遏纥城	十一(《新唐书·地理志》称“十”)州
写凤都督府	失苑延(《新唐书·地理志》称“帆延”)	伏戾(《新唐书·地理志》称“罗烂”)城	四州
悦般(州)都督府	石汗那	艳城	分置双縻州
奇沙州(都督府)	护特犍	遏密城	分置沛薄、大秦二州
和(《新唐书·地理志》称“姑”)默州(都督府)	怛没	怛(《新唐书·地理志》称“怛没”)城	分置栗弋州
旅撒(《新唐书·地理志》称“旅獒”)州(都督府)	乌拉喝	摩竭城	

（续表）

羁縻府名称	所在部落名称	治所地名	辖州数量
崑墟州（都督府）	护密多（《新唐书·地理志》称“多勒建”）	抵（《新唐书·地理志》称“低”）宝那城	
至拔州（都督府）	俱密	措（《新唐书·地理志》称“褚”）瑟城	
鸟飞州（都督府）	护密多	摸廷（《新唐书·地理志》称“摸逵”）城	
王庭州（都督府）	久越得犍	步师城	
波斯都督府	波斯	陵（《新唐书·地理志》称“疾陵”）城	

资料来源:《旧唐书·地理志》与《新唐书·地理志》。

尽管唐朝为在西域地区创置行政区付出了巨大的努力,但这一空前的尝试最终还是受唐朝政局的影响而未能长久维持下去。“安史之乱”后,安西与北庭两大都护府辖区最终为吐蕃所兼并。

二、藏族早期历史与吐蕃的疆域政区

（一）古代吐蕃人的早期分布概况

关于西藏地区民族史与文化史的研究,现在已形成一门享有世界声誉的显学,大量传世的藏文文献与丰富的实物资料,为藏学研究提供了坚实的基础。仅凭汉文资料来进行藏学研究肯定是远远不够的,对于历史民族地理的研究也是一样。笔者在使用汉文文献的同时,参考国内外藏学研究者的最新成果,力求更准确地把握藏族聚居地区古代民族分布与演变状况。

藏族的祖先在唐朝以前并未出现于汉文文献中。古代中原人士对藏族族源状况也了解极少,“其种落莫知所出也”。

随着考古发掘工作的进展,西藏本土说得到越来越多学者的支持。该说认为早在旧石器时代,西藏地区已有人类居住,藏族起源于西藏南部雅鲁藏布江中下游和藏东三江谷地新石器时代的原始居民。①

藏族人民世代生活的青藏高原,界于昆仑山与喜马拉雅山脉之间,是世界上海拔

① 参见汪孝若、彭存宣《藏族族源诸说浅析》,载于《藏族史论文集》,四川民族出版社 1988 年版,第 331~344 页;王钟翰主编《中国民族史》,第 354~355 页。

最高的高原，素有“世界屋脊”之称。按地貌地形特征，其内部又可分为喜马拉雅高山区、藏南山原湖盆谷地区、藏北高原湖盆区以及藏东高山峡谷区。“大量的考古发掘的材料，推翻了这里地高天寒、荒野千里，古代不会有人栖息繁衍的传统观念”。其中藏南地区，雅鲁藏布江及其支流流经的地方，自然条件最为优越，适合人类生活。目前民族史学界普遍认为藏族最早崛起于藏南地区。现今西藏山南地区的雅隆河流域，是吐蕃民族的发祥地。早年居住在这里的人民，史称“悉勃野部”。后悉勃野部从雅隆河流域扩展至拉萨河流域，形成吐蕃王朝的雏形。① 吐蕃的真正强盛还是在松赞干布即赞普位之后。贞观七年，吐蕃王朝正式建立，定都逻些（今西藏自治区拉萨市）。学术界通常将西藏的历史划分为传说时期与历史时期，其历史时期就是从松赞干布开始的。

古代藏族称其君主为赞普，赞普居住于逻些城。其聚居中心区为跋布川（在今西藏自治区琼结县）与逻娑川。吐蕃与唐朝关系相当复杂，长期处于和亲与交战的转换中。唐朝初年，藏族赞普是松赞干布（文献中所称的“弃宗弄赞”），他最早于贞观八年（634）派遣使者朝贡并求婚，因一时未获准许而“使者还，妄语曰：‘天子遇我厚，几得公主，会吐谷浑王入朝，遂不许，殆有以间我乎？’弄赞怒，率羊同共击吐谷浑”②，转而进攻唐朝松州地区（治今四川省松潘县），被击败后，又转而请和求婚。贞观十五年（641），唐太宗遣文成公主入藏，与松赞干布成亲。以此为契机，双方维持了相当长的和睦相处的关系。

（二）吐蕃的疆域扩张与唐蕃边境会盟

1. 唐蕃关系与吐蕃疆域的拓展

唐高宗永徽初年，松赞干布去世，吐蕃与唐朝的关系又开始恶化，爆发多次战争。吐蕃大力扩展疆域，并取得重大进展。关于唐蕃双方形势的变化趋势，《旧唐书》曾有一段概括性的评价：

> 彼吐蕃者，西陲开国，积有岁年，蚕食邻蕃，以恢土宇。高宗朝，地方万里，与我抗衡，近代以来，莫之与盛。至如式遏边境，命制出师，一彼一此，或胜或负，可谓劳矣。追至幽陵盗起，乘舆播迁，戍卒咸归，河、湟失守，此又天假之也。自兹密迩京邑，时纵寇掠，虽每遣行人，来修旧好，玉帛才至于上国，烽燧已及于近郊……③

---

① 参见王钟翰主编《中国民族史》，第 354 页。

② 《新唐书》卷二一六上《吐蕃传上》，第 6073 页。

③ 《旧唐书》卷一九六下《吐蕃传下》，第 5267 页。

可以说，同样以“安史之乱”为分界点，吐蕃疆域扩张的过程可大致分为前、后两个阶段：

第一阶段是在唐前期以及“安史之乱”以前。在这一时期中，吐蕃扩张边境的第一项重大进展就是兼并吐谷浑。前文已经提到，吐谷浑是西迁的慕容鲜卑以青海湖地区为核心所建立的民族政权，“止于甘松之南，洮水之西，南极白兰（白兰山，今青海黄河河源西北布尔汗布达山），地数千里”①，正介于中原、西域、吐蕃之间，地理位置十分重要。隋朝曾一度攻灭吐谷浑，并在其地建立郡县。然而到隋朝末年，原吐谷浑王伏允率残部又回到故地，重新建立政权。唐朝初年，吐谷浑一度频繁进犯唐朝边境地区，后在唐朝军队的重创下，被迫求和内附。吐蕃于唐高宗龙朔三年（663）大破吐谷浑，吐谷浑王诺曷钵率领残众被迫内徙，吐谷浑全境为吐蕃所占领。唐朝将内迁的吐谷浑部众安置于灵州之地，并设安乐州。后吐蕃又陷安乐州，吐谷浑部众又东徙，散在朔方、河东之境，其后被俗称为“退浑”。此后，吐蕃向唐朝边境地区频繁进犯，沿边羌人羁縻府州纷纷倒向吐蕃。“自是岁入边，尽破有诸羌羁縻十二州。”②

攻灭吐谷浑后，吐蕃又与唐朝争夺安西四镇地区。安西四镇，指唐朝在西域地区建立的龟兹、焉耆、于阗、疏勒等四个军事据点，总归于安西都护府管辖。唐高宗咸亨元年（670），吐蕃大举进攻西域及各羁縻州，所向披靡，“入残羁縻十八州，率于阗取龟兹拨换城，于是安西四镇并废”。唐朝西征大军也被吐蕃军队击败，唐朝被迫放弃安西四镇。之后，吐蕃还频繁进犯唐朝边区鄯、廓等州，降附大量羌人，势力趋于鼎盛，疆域空前广大。“时吐蕃尽收羊同、党项及诸羌之地，东与凉、松、茂、嶲等州相接，南至婆罗门，西又攻陷龟兹、疏勒等四镇，北抵突厥，地方万余里，自汉、魏已来，西戎之盛，未之有也。”③

《新唐书·吐蕃传》的记载也大致相同：“因并西洱河诸蛮，尽臣羊同、党项诸羌。其地东与松、茂、嶲接，南极婆罗门，西取四镇，北抵突厥，幅圆余万里，汉、魏诸戎所无也。”④

应该说，在这一阶段，唐朝对于吐蕃的军事进攻进行了多次有力的反击，力求收复失地并保护吐谷浑，吐蕃并无法完全控制新占领的区域，双方在许多地方处于难分

---

① 《旧唐书》卷一九八《吐谷浑传》，第 5297 页。
② 《新唐书》卷二一六上《吐蕃传上》，第 6075 页。
③ 《旧唐书》卷一九六上《吐蕃传上》，第 5224 页。
④ 《新唐书》卷二一六上《吐蕃传上》，第 6077～6078 页。

胜负的胶着状态,“一彼一此,或胜或负”。如武则天在位期间,多次派军西征,而且战绩不凡,有效地遏制了吐蕃东进的势头。其中最重要的战绩便是收复安西四镇:“长寿元年(692),武威军总管王孝杰大破吐蕃之众,克复龟兹、于阗、疏勒、碎叶等四镇,乃于龟兹置安西都护府,发兵以镇守之。”①如《旧唐书·地理志》载:

上元元年(760),河西军镇多为吐蕃所陷。有旧将李元忠守北庭,郭昕守安西府,二镇与沙陀、回鹘相依,吐蕃久攻之不下。建中元年(780),元忠、昕遣使间道奏事,德宗嘉之,以元忠为北庭都护,昕为安西都护。其后,吐蕃急攻沙陀、回鹘部落,北庭、安西无援,贞元三年(787),竟陷吐蕃。

又据《资治通鉴》与《新唐书·地理志》的相关记载,吐蕃攻陷安西四镇是在咸亨元年(670),唐朝又于长寿二年(693)复置。唐玄宗开元及天宝初年,唐朝国力依然强盛,玄宗有意收复失地,多次派遣大军西征,也取得了一些进展,然而,“安史之乱”的爆发,让唐蕃双方的攻防态势发生了急剧转化。

第二阶段是在“安史之乱”以后。“安史之乱”是唐朝由盛转衰的关键,吐蕃与唐朝关系在此期间也发生了重大转折。唐朝为平定内乱,保卫京畿,根本无暇外顾,大量抽调河陇及朔方戍兵,导致西部守备空虚。吐蕃则乘机入侵,甚至一度攻占唐都长安,而河西、陇右诸州以及剑南西部州县相继归吐蕃控制。“乾元(唐肃宗年号,758—759)之后,吐蕃乘我间隙,日蹙边城,或为虏掠伤杀,或转死沟壑。数年之后,凤翔(治今陕西省宝鸡市凤翔区)之西,邠州(治今陕西省彬州市)之北,尽蕃戎之境,湮没者数十州。”②

以往引述者谈及当时唐朝的疆域缺失,常常强调“河陇尽陷”,即河西与陇右两道的州县基本上陷于吐蕃,也就是“湮没者数十州”。天宝年间,唐朝又曾改州为郡。《新唐书·地理志》“陇右道”下载:“自禄山之乱,河右暨西平、武都、合川、怀道等郡皆没于吐蕃,宝应元年(762)又陷秦、渭、洮、临,广德元年(763)复陷河、兰、岷、廓,贞元三年(787)陷安西、北廷(庭),陇右州县尽矣。”《旧唐书》“维州”条下也载:“上元元年(760)后,河西、陇右州县,皆陷吐蕃。”

关于陇右道的地理范围,《旧唐书·地理志》载:“贞观元年(627),分陇坻(今陇山)已西为陇右道。景云二年(711),以江山阔远,奉使者艰难,乃分山南为东西道,自黄河以西,分为河西道。”据两《唐书》之《地理志》,陇右道共领13州、37县,天宝年

① 《旧唐书》卷一九六上《吐蕃传上》,第5225页。
② 《旧唐书》卷一九六上《吐蕃传上》,第5236页。

间户口合计为 67713 户、326946 口;河西道共领 7 州、21 县,天宝年间户口合计为 47301 户、231719 口。

陇右道所领州县简表①

州名	治所今地	领县情况	户口情况
秦州	甘肃省天水市	五县:上邽、成纪、伏羌、陇城、清水	24827 户、109700 口
成州	甘肃省礼县南	三县:上禄、长道、同谷	4727 户、21508 口
渭州	甘肃省陇西县东南	四县:襄武、陇西、鄣、渭源	6425 户、24520 口
鄯州	青海省海东市乐都区	三县:湟水、龙支、鄯城	5389 户、27019 口
兰州	甘肃省兰州市	二县:五泉、广武	2889 户、14226 口
临州	甘肃省临洮县	二县:狄道、长乐	2899 户、14226 口②
河州	甘肃省临夏回族自治州	三县:枹罕、大县、凤林	5782 户、36886 口
武州	甘肃省陇南市武都区东南	三县:将利、覆津、盘堤	2923 户、15313 口
洮州	甘肃省临潭县	二县:临潭、密恭	3700 户、15060 口
岷州	甘肃省岷县	三县:溢乐、祐川、和政	4325 户、23441 口
廓州	青海省尖扎县北	三县:广威、达化、米川	4261 户、24400 口
叠州	甘肃省迭部县	二县:合川、常芬	1275 户、7674 口
宕州	甘肃省舟曲县西	二县:怀道、良恭	1190 户、7199 口
合计		三十七县	67713 户、326946 口

资料来源:《旧唐书·地理志》。

河西道所领州县简表

州名	治所今地	领县情况	户口情况
凉州	甘肃省武威市	五县:姑臧、神乌、昌松、天宝、嘉麟	22462 户、120281 口
甘州	甘肃省张掖市	二县:张掖、删丹	6284 户、22092 口
肃州	甘肃省酒泉市	二县:酒泉、福禄	2330 户、8476 口
瓜州	甘肃省瓜州县东南	二县:晋昌、常乐	477 户、4987 口
伊州	新疆维吾尔自治区哈密市	三县:伊吾、柔远、纳职	2467 户、10157 口

① 《旧唐书·地理志》中的领县及户口数量有旧籍数量与天宝数量之别,此处二表主要取用天宝数量,如无天宝数量,则袭用旧籍数量。

② 临州从兰州内分置而出,而全用兰州户口数似乎不妥,合计时不计临州户口数。

（续表）

州名	治所今地	领县情况	户口情况
沙州	甘肃省敦煌市西	二县：燉煌、寿昌	4265户、16250口
西州	新疆维吾尔自治区吐鲁番市东南	五县：高昌、柳中、交河、蒲昌、天山	9016户、49476口
合计		二十一县	47301户、231719口

资料来源：《旧唐书·地理志》。

当然，当时失陷的唐朝疆域并不仅限于河西、陇右两道，西南地区也有不少地区为吐蕃所攻占。“而剑南西山（今四川东部雪山）又与吐蕃、氐、羌邻接，武德以来，开置州县，立军防，即汉之笮路，乾元之后，亦陷于吐蕃。”①这些州县大致包括松州、维州、扶州等。

2. 唐蕃会盟与边界确定

以会盟方式确定边界，是唐蕃关系史上的重大事件，在中国民族史上也有突出的典型意义。作为双方交争的物化形式，唐蕃边界的商议早在开元年间就开始了。据《旧唐书·吐蕃传》载，开元十八年（730），双方使者“仍于赤岭各竖分界之碑，约以更不相侵”。“二十二年，遣将军李佺于赤岭与吐蕃分界立碑。”又如《旧唐书·李暠传》载，开元二十一年（733），“以今年九月一日树碑于赤岭，定蕃、汉界”。赤岭就是今天青海省湟源县西日月山。赤岭是唐前期唐蕃疆域的一个重要界点。另外，当时吐蕃在边界地区设置守捉使，并树栅为界。

建中四年（783），吐蕃与唐朝使节就边界问题结盟于清水县（治今甘肃省清水县西北），史称“清水之盟”。这也是唐朝后期确定唐蕃边界的最重要的一次会盟，盟文就双方的边界有相当明确的约定：

> 今国家所守界：泾州（治今甘肃省镇原县东南）西至弹筝峡（在今甘肃省平凉市西北）西口，陇州西至清水县，凤州西至同谷县，暨剑南西山大渡河东，为汉界。蕃国守镇在兰、渭、原、会，西至临洮，东至成州，抵剑南西界磨些诸蛮，大渡水西南，为蕃界。其兵马镇守之处，州县见有居人，彼此两边见属汉诸蛮，以今所分见住处，依前为定。其黄河以北，从故新泉军，直北至大碛，直南至贺兰山骆驼岭为界，中间悉为闲田。盟文有所不载者，蕃有兵马处蕃守，汉有兵马处汉守，并

① 《旧唐书》卷一九六上《吐蕃传上》，第5237页。

依见守，不得侵越。其先未有兵马处，不得新置，并筑城堡耕种。①

清水盟约所规定的界线，可称为“清水盟界”，这也是唐蕃划定的最重要、最明确的一条分界线。这条分界线北起黄河以北的大碛，向南至贺兰山区骆驼岭，黄河以南则从泾州的弹筝峡西口到清水县、同谷县；再南则沿岷江、大渡河、南抵“磨些诸蛮”居住区（今云南丽江一带），以东属唐朝，以西属吐蕃。这条边界线表明唐朝已弱化对西域与河陇地区的控制。

唐穆宗长庆元年至二年（821—822），唐蕃双方在长安举行了第十次会盟，史称“长庆会盟”。这次会盟的盟文着重强调了双方平等的交往地区以及谨守边界的重要性：“……中夏见管，维唐是君；西裔一方，大蕃为主。……塞山崇崇，河水汤汤，日吉辰良，奠其两疆，西为大蕃，东实巨唐。……蕃、汉两邦，各守见管本界，彼此不得征，不得讨，不得相为寇仇，不得侵谋境土。”②从上述盟文内容可以看出，这次会盟的宗旨只是重申双方以往界线的确定性，“各守见管本界”，并没有对彼此之间的界线做出任何修正。事实证明，长庆会盟为唐蕃之间消弭战事、和平共处起到了积极作用。

3. 晚唐时期河陇地区的回归

在被吐蕃攻陷的唐朝州县中，广大居民必然面临去与留的艰难选择。除了零星的逃归行动，唐朝后期还出现了多次整体性回归的事例，对于唐朝的疆域建设产生了重大影响。其中两次回归事例最为著名：一次是唐宣宗大中三年“三州七关”回归，另一次是大中五年沙州刺史张义潮归降唐朝。

关于“三州七关”回归事例，《旧唐书·宣宗纪》载：“（大中）三年（849）春正月丙寅，泾原节度使康季荣奏，吐蕃宰相论恐热以秦、原、安乐三州及石门等七关之兵民归国。”“（六月）康季荣奏收复原州，石门、驿藏、木峡、制胜、六盘、石峡等六关讫。邠宁张君绪奏，今月十三日收复萧关。……敕于萧关置武州，改长乐（应为安乐州）为威州。”对当时的回归事例，《新唐书·宣宗本纪》也载：“（大中）三年二月，吐蕃以秦、原、安乐三州，石门、驿藏、木峡、制胜、六盘、石峡、萧七关归于有司。”“十月……吐蕃以维州归于有司。”“十二月，吐蕃以扶州归于有司。”然而，揆诸事理，引领三州七关之兵民回归唐朝，与将三州七关之地归还唐朝并无法等同起来。《新唐书》所使用的“春秋笔法”可谓简而不明。又据《册府元龟》卷四二九《将帅部》的记载，三州七关的收复似乎都是唐朝沿边将领实施军事行动的成果。如：

---

① 《旧唐书》卷一九六下《吐蕃传下》，第5247~5248页。

② 《旧唐书》卷一九六下《吐蕃传下》，第5264~5265页。

康季荣以宣宗大中三年镇泾原(治今甘肃省泾川县北),收复吐蕃原州及石门、驿藏、木峡、制胜、六磐、石硖等六关。

张君绪以大中三年镇邠宁(治今陕西省彬州市),收复吐蕃萧关。

李玭以大中三年镇凤翔(治今陕西省宝鸡市凤翔区),收复吐蕃秦州。

杜悰以大中三年镇西川(治今四川省成都市),收复吐蕃维州。①

综合上述文献分析,“三州七关”的地望是相当明确的,因萧关改置武州,则又可称为“四州六关”。这十处之外,当时收复的地区有剑南地区的维州与扶州。“三州七关”回归后,唐朝官府鼓励百姓积极前往这一地区屯田开发。唐宣宗曾在制文中许诺:“其秦、威、原三州及七关侧近,访闻田土肥沃,水草丰美,如百姓能耕垦种莳,五年内不加税赋。五年已后重定户籍,便任为永业。”②这些措施对于吸引民众前往耕垦应该能够起到积极作用。

大中五年(851),张义潮率领沙州回归,更是有关唐朝疆域恢复的一次重大事例。③ 关于这次事例,《旧唐书·宣宗纪》载:“(大中五年八月)沙州刺史张义潮遣兄义泽以瓜、沙、伊、肃等十一州户口来献,自河、陇陷蕃百余年,至是悉复陇右故地。”又“(同年十一月)沙州置归义军,以张义潮为节度使”。《新唐书·宣宗纪》也载:“(大中五年)十月,沙州人张义潮以瓜、沙、伊、肃、鄯、甘、河、西、兰、岷、廓十一州归于有司。”然而,据研究者分析,归义军似乎并没有控制上述十一州之地。如《敕河西节度兵部尚书张公德政碑》曾载归义军地域:“西尽伊吾,东接灵武,得地四千余里,户口百万之家,六郡山河,宛然而旧。”这六郡分别为沙州敦煌郡、瓜州晋昌郡、肃州酒泉郡、甘州张掖郡、伊州伊吾郡、凉州武威郡等,这六郡之地就是归义军的基本政区与管辖范围。④

然而,设置归义军,是否意味着唐朝全面收复河陇失地呢?还是《新唐书·地理

① 参见《〈册府元龟〉吐蕃史料校证》,四川民族出版社1981年版,第333页。

② 《旧唐书》卷一八下《宣宗纪》,第623页。

③ 唐五代时期归义军研究作为现代敦煌学研究的一个重要部分,研究成果相当丰富。近年来较有代表性的成果有:荣新江《归义军史研究——唐宋时代敦煌历史考索》,上海古籍出版社1996年出版、2015年再版;郑炳林主编《敦煌归义军史专题研究》,兰州大学出版社1997年出版;郑炳林主编《敦煌归义军史专题研究续编》,兰州大学出版社2003年出版;郑炳林主编《敦煌归义军史专题研究三编》,甘肃文化出版社2005年出版;郑炳林主编《敦煌归义军史专题研究四编》,三秦出版社2009年出版;冯培红《敦煌的归义军时代》,甘肃教育出版社2010年出版;杨宝玉、吴丽娱《归义军政权与中央关系研究——以入奏活动为中心》,中国社会科学出版社2015年出版。等等。

④ 郑炳林《晚唐五代归义军疆域演变研究》,载于《敦煌归义军史专题研究续编》,第8页。

志》"陇右道"下道出了实情:"(大中)五年,张义潮以瓜、沙、伊、肃、鄯、甘、河、西、兰、岷、廓十一州来归,而宣、懿德微,不暇疆理,惟名存有司而已。"这说明张义潮所辖十一州的回归,对于唐朝的疆域恢复并没有多大实际意义,从晚唐至北宋初年为党项人所兼并,归义军地区作为一个相对独立的地方性政权及一方特殊的民族区域,持续时间长达近二百年,正如研究者所指出的那样:"归义军在唐朝是一个边远的藩镇,五代、宋初则成为实际的外邦,这是归义军在中国历史上的特性之一。"①

第三节　隋唐时期南方及西南地区的民族分布

隋唐时期南方的民族分布格局,是南朝时期民族分布格局的继续与拓展,与南朝时期南方民族分布格局存在着密不可分的承继关系。隋朝是由北朝最后一个政权——北周转化而来,最后成为南北朝分裂局面的终结者。隋代又是一个新时代的开始。隋代民族分布格局也显示了突出的过渡性特征。唐朝同样在南方民族聚居地区设置羁縻政区,较之南朝时期的左郡左县,实现了跨越性的发展。

云南地区是最具地域性特征的多种民族聚居区之一。随着《云南志》《王会图》②等民族地理学专门著作的出现,中原人士对西南地区的民族种类与地理分布状况的认识也达到了一个新的阶段。南诏政权的崛起与强盛,在很大程度上强化了云南作为多民族聚居地区的重要地位与作用。相比之下,其他地区关于边疆民族的记载相对缺乏。我们通过对羁縻府州的分析可以了解到一些民族的分布情况。

一、隋代南方民族种类与分布状况

隋朝国祚短暂,南方民族问题似乎显得并不十分突出。如《隋书·南蛮传》仅记林邑、赤土、真腊、婆利等东南亚古国事迹,对境内多种民族状况略而不谈。究其原因,该《传》解释:"南蛮杂类,与华人错居,曰蜑、曰獽、曰俚、曰僚、曰㐌,俱无君长,随山洞而居,古先所谓百越是也。其俗断发文身,好相攻讨,浸以微弱,稍属于中国,皆列为郡县,同之齐人,不复详载。"此谓时至隋朝时期南方"蛮"已全部列入郡县管理,

---

① 参见荣新江《归义军史研究——唐宋时代敦煌历史考索·前言》。

② 如前文所述,贞观三年(629),东谢蛮首领元深入朝,颜师古请求图写其服饰,作《王会图》,得到了唐太宗的允许。相关情况亦可参考《旧唐书·东谢蛮传》。

与编户齐民（“齐人”）相同了。这显然不符合史实。最合理的解释可能是《南蛮传》作者可以依据的关于南方“蛮”之变迁情况的资料过于稀少。

然而，我们检索《隋书》的其他志、传内容时，仍可发现不少与民族地理有关的记载，足可证明隋朝为在南方多民族聚居地区的开拓与发展也付出了巨大的努力。如《隋书·地理志》对各地（特别是南方地区）风俗及民族构成进行了较为细致的介绍与分析，为民族地理研究提供了宝贵的资料。根据《隋书·地理志》与其他纪传内容，当时南方地区主要包括以下几大民族聚居区域：

（一）“蛮左”分布区

该区集中于荆州地区以及周边的江、汉、沅、湘诸水流域，相当于今天河南省南部、湖北与湖南两省全部以及江西北部及两广北部地区。就民族构成而言，这一地区的民族以“蛮左”人口最多、分布最广。

> 南郡（治今湖北省江陵县）、夷陵（治今湖北省宜昌市西北）、竟陵（治今湖北省钟祥市）、沔阳（治今湖北省仙桃市）、沅陵（治今湖南省沅陵县）、清江（治今湖北省长阳县西）、襄阳（治今湖北省襄阳市）、舂陵（治今湖北省枣阳市）、汉东（治今湖北省随县）、安陆（治今湖北省安陆市）、永安（治今湖北省武汉市新洲区）、义阳（治今河南省信阳市）、九江（治今江西省九江市）、江夏（治今湖北省武汉市武昌区）诸郡，多杂蛮左，其与夏人杂居者，则与诸华不别。其僻处山谷者，则言语不通，嗜好居处全异，颇与巴、渝同俗。诸蛮本其所出，承盘瓠之后，故服章多以班布为饰。其相呼以蛮，则为深忌。①

上文所列共十四郡，相当于今天河南省南部、湖北省大部以及江西省西北部地区，应是当时“蛮左”诸部族分布较为集中的区域。这些民族虽然在族源方面均为盘瓠之后裔，但在风俗方面已异化，并不完全相同，究其原因，主要取决于中原文化的影响程度。与汉人（文中所称“夏人”“诸华”）杂居的部族在习俗上与汉人已经没有什么区别，而那些深居僻远山谷地区的部族在语言及风俗方面则保持了较为原始的风貌，且与“蛮”的原始聚居区——巴渝地区（今四川省及重庆市的部分地区）的居民颇为相似。

此外，将“蛮左”列为部族，是《隋书》编撰者在民族识别方面的一种独创。“蛮左”在丧葬风俗方面与“蛮”差异最为明显，《隋书·地理志》对此做了细致说明：

---

① 《隋书》卷三一《地理志下》，第897页。

（"蛮"在丧葬之时）先择吉日，改入小棺，谓之拾骨。拾骨必须女婿，蛮重女婿，故以委之。拾骨者，除肉取骨，弃小取大。当葬之夕，女婿或三数十人，集会于宗长之宅……其左人则又不同，无衰服，不复魄。始死，置尸馆舍，邻里少年，各持弓箭，绕尸而歌，以箭扣弓为节。其歌词说平生乐事，以至终卒，大抵亦犹今之挽歌。①

"蛮"区在"蛮左"之外，还有"夷蜒"，又名"莫徭"，应为今天苗族与瑶族的先民。

长沙郡（治今湖南省长沙市）又杂有夷蜒，名曰莫徭，自云其先祖有功，常免徭役，故以为名。其男子但著白布裈衫，更无巾裤；其女子青布衫、班布裙，通无鞋屩。婚嫁用铁钴锛为聘财。武陵（治今湖南省常德市西）、巴陵（治今湖南省岳阳市）、零陵（治今广西壮族自治区全州县西南）、桂阳（治今湖南省郴州市）、澧阳（治今湖南省澧县）、衡山（治今湖南省衡阳市）、熙平（治今广东省连州市）皆同焉。其丧葬之节，颇同于诸左云。

文中所述长沙、武陵、巴陵、零陵、桂阳、澧阳、衡山、熙平等八郡之地，相当于今天湖南省大部以及广西壮族自治区、广东省北部地区，是当时莫徭及"蛮左"的主要分布地区。

隋朝时期的"蛮"之分布区，基本上是南北朝早期"蛮"之分布地域的延续，主要集中于今天两湖及其周围地区，前后比较并没有太大的差别。不过在"蛮"里进一步分离出左部与莫徭，可算是中原人士对南方诸民族认识的一种进步。

（二）"僚"、羌及西南夷等聚居地区

该区主要包括梁州与益州所属诸郡。这些地区的民族成分相当复杂。首先是"僚"，如汉中郡（治今陕西省汉中市），"傍南山（秦岭终南山）杂有僚户，富室者颇参夏人为婚，衣服居处言语，殆与华不别"。其次是氐羌民，如"汉阳、临洮、宕昌、武都、同昌、河池、顺政、义城、平武、汶山，皆连杂氐羌，人尤劲悍，性多质直"。再次是"獽""蜒""蛮""賨"诸族，如"又有獽、蜒、蛮、賨，其居处风俗，衣服饮食，颇同于僚，而亦与蜀人相类"。从这些记载可知，尽管西南地区民族成分十分复杂，然而各族之间彼此影响，风俗趋同的特点也非常突出。我们还可以从纪传记载中发现一些多民族聚居相对集中的区域。

如资州（后改为资阳郡，治今四川省资中县）。《隋书·卫玄传》载：

① 《隋书》卷三一《地理志下》，第897~898页。

仁寿初,山僚作乱,出为资州刺史以镇抚之。玄既到官,时僚攻围大牢镇,玄单骑造其营,谓群僚曰:"我是刺史,衔天子诏安养汝等,勿惊惧也。"诸贼莫敢动。于是说以利害,渠帅感悦,解兵而去,前后归附者十余万口。高祖大悦,赐缣二千匹,除遂州总管,仍令剑南安抚。炀帝即位,复征为卫尉卿。夷、僚攀恋,数百里不绝。玄晓之曰:"天子诏征,不可久住。"因与之诀,夷、僚各挥涕而去。

资州官员的一次安抚,就有"山僚"十余万口归附,由此可以推知其周围地区"僚"人口之众。

两晋及南北朝时期,今天的云南地区被称为"南中",长期为爨氏等移民大姓的聚居区。北周后期,益州总管梁睿曾数次在上疏中汇报当时南中的情况,并请求出军征伐。梁睿的上疏成为我们了解南北朝后期今云南一带民族与政治变迁过程的重要文献。如他在上疏中讲道:

南宁州(北周改宁州所置,治今云南省曲靖市西北),汉世牂柯之地,近代已来,分置兴古、云南、建宁、朱提四郡。户口殷众,金宝富饶,二河有骏马、明珠,益宁出盐井、犀角。晋太始七年,以益州旷远,分置宁州。……土民爨瓒遂窃据一方,国家遥授刺史。其子震,相承至今。而震臣礼多亏,贡赋不入,每年奉献,不过数十匹马。其处去益,路止一千,朱提北境,即与戎州(治今四川省宜宾市)接界。……南宁州,汉代牂柯之郡,其地沃壤,多是汉人,既饶宝物,又出名马。今若往取,仍置州郡,一则远振威名,二则有益军国。其处与交、广相接,路乃非遥。①

隋朝统一南北之后,曾设南宁州总管府,爨氏曾主动归附隋朝,爨震、爨翫相继为昆州刺史。后来爨翫又率众反叛。为此,隋朝特派大将史万岁为行军总管,率军南征,"入自蜻蛉川(今云南省永仁县至大姚县),经弄冻(弄栋,今云南省姚安县),次小勃弄(在今云南省弥渡县)、大勃弄,至于南中。……渡西二河(西洱河,今洱海),入渠滥川(在今云南省大理市凤仪镇),行千余里,破其三十余部,虏获男女二万余口"②。隋朝大将史万岁的南征,虽然没有在当地全面建立行政管理区划,但对西南地区各民族影响很大,从而对唐朝在这些地区推广羁縻政区制度起到了一定的促进作用。

① 《隋书》卷三七《梁睿传》,第1126~1127页。

② 《隋书》卷五三《史万岁传》,第1354~1355页。地名考证参见《中国西南历史地理考释》,第257~258页。

(三)“俚”与“僚”杂居地区

该区主要指岭南及海南岛地区。《隋书·地理志》载:“自岭已南二十余郡,大率土地下湿,皆多瘴疠,人尤夭折。……其俚人则质直尚信,诸蛮则勇敢自立,皆重贿轻死,唯富为雄。巢居崖处,尽力农事。刻木以为符契,言誓则至死不改。父子别业,父贫,乃有质身于子。诸僚皆然。”文中言及岭南民族种类有“俚人”“诸蛮”“诸僚”。所指二十余郡应包括南海、龙川、义安、高凉、信安、永熙、苍梧、始安、永平、郁林、合浦、珠崖、宁越、交趾、九真、日南、比景、海阴、林邑等。

隋朝攻灭陈朝之后,曾在岭南地区设置数个总管府,如广州总管府、循州总管府(治今广东省惠东县西北)以及桂州总管府等。如韦洸所率领的隋朝军队在冼[①]夫人的帮助下,平定岭南,“洸所绥集二十四州,拜广州总管(治今广东省广州市)”。如令狐熙曾为桂州总管(治今广西壮族自治区桂林市)十七州军事,政绩不凡,众多溪洞渠帅归附。“先是,州县生梗,长吏多不得之官,寄政于总管府。熙悉遣之,为建城邑,开设学校,华夷感敬,称为大化。”[②]又如《隋书·侯莫陈颖传》载:“时朝廷以岭南刺史、县令多贪鄙,蛮夷怨叛,妙简清吏以镇抚之,于是征颖入朝。及进见,上与颖言及平生,以为欢笑。数日,进位大将军,拜桂州总管十七州诸军事,赐物而遣之。及到官,大崇恩信,民夷悦服,溪洞生越多来归附。”从上述文献又可知,“俚”“僚”“蛮”等名称之外,岭南尚有不少“溪洞生越”。

谭其骧先生指出:

> 盖自梁至唐,岭南名为中朝领土,实际在俚帅统治之下者,垂百余年云。此为俚族之极盛时代。与俚同时雄据粤东者,又有从粤西迁来之僚族,然其势力殊不及俚族之雄厚,且中朝每假俚人之力以平僚,如冯盎之讨平潮、成五州僚、罗窦诸洞僚是也。唐世岭南僚事最剧,然俚乱鲜闻,则以俚已逐渐同化于汉人矣。[③]

谭先生的研究成果十分精辟地总结了岭南地区民族变迁的特征。南朝及隋朝,岭南地区出现了一个著名的“俚”族酋长家族——高凉冼氏,最著名的便是冼夫人。高凉郡治今广东省恩平市北。《隋书·谯国夫人传》载:“谯国夫人者,高凉冼氏之女也。世为南越首领,跨据山洞,部落十余万家。”冼夫人之兄冼挺曾任南梁州刺史,冼氏嫁于高凉太守冯宝。隋朝军队正是在冼夫人的帮助下迅速平定岭南地区的。从南

---

① 《隋书》为“洗”,今径改。

② 《隋书》卷五六《令狐熙传》,第1386页。

③ 参见《粤东初民考》,载于《长水集》(上),第260页。

朝后期至隋朝，冼夫人实际上成为岭南最具威慑力的“俚”族首领，为岭南地区的治理与开发做出了极其重要的贡献。[①] 冼夫人死后，其孙冯盎继为首领，隋唐之际，他重新占据岭南地区，自号总管，后归附唐朝。[②]

二、唐朝南方地区的民族构成与羁縻政区的设置

至唐朝，情况大为改观，西南及南方地区的民族聚居状况引起极大关注，如《新唐书·南蛮传》载：“群蛮种类，多不可记。”一般而言，“唐置羁縻诸州，皆傍塞外，或寓名于夷落”[③]，然而，事实上，在边境地区，羁縻府州与普通府州的并存现象也是相当突出的，这应该是我们了解当时各民族混居状况的比较合理的突破口。因为普通府州的居民以汉族为主，而羁縻府州的主体为少数民族。

（一）唐代南方少数民族的种类与分布[④]

关于唐代南方少数民族的种类，各种文献中的划分方法和观察结论并不相同。如《旧唐书》中《南蛮西南蛮传》的划分与记述都非常简单，境外民族（如真腊）及境内的羌族（如东女国）外，唐朝境内的“蛮”种类主要有“东谢蛮”“西赵蛮”“牂牁蛮”“南平僚”“南诏蛮”等。这当然无法反映南方地区多数民族的分类与分布情况。比较而言，《新唐书·南蛮传》的分类与列举更为细致。与《旧唐书》的作者不同，《新唐书》的作者充分意识到了当时南方与西南方民族种类的复杂性，特别指出：

> 群蛮种类，多不可记。有黑齿、金齿、银齿三种，见人以漆及镂金银饰齿，寝食则去之。直顶为髻，青布为通裤。有绣脚种，刻踝至腓为文。有绣面种，生逾月，涅黛于面。有雕题种，身面涅黛。有穿鼻种，以金镮径尺贯其鼻，下垂过颐。君长以丝系镮，人牵乃行。

随着中原人士对边疆民族认知程度的加深，民族识别问题显得更为急迫。如上文所述，仅仅根据不同的牙饰、文身、发型式样而贴标签以区别民族种类，显然，问题在于不是因为民族种类过于繁多，而是在于民族识别的标准过于简单化与多样化了。在详尽介绍南诏演变之余，《新唐书·南蛮传》将南方“蛮”分为“两爨蛮”、“南平僚”与“西原蛮”三大类。

---

① 参见谭其骧《自汉至唐海南岛历史政治地理》，载于《长水集》（续编）。

② 《新唐书》卷一一〇《冯盎传》，第4112页。

③ 《新唐书》卷四三下《地理志七下》，第1146页。

④ 关于当时西南及南方地区民族识别与地域分布情况，笔者主要参考尤中先生编著的《中国西南的古代民族》一书。

下面根据两《唐书》之“南蛮传”与相关文献的记载，简要介绍一下当时较著名的部族种类的分布状况：

1. 两爨系

北朝后期至隋唐时期，西南地区最著名的部族之一便是“两爨蛮”。“两爨蛮”，指“西爨白蛮”与“东爨乌蛮”两大种类，其地理分布，“自曲州、靖州西南昆川、曲轭、晋宁、喻献、安宁距龙和城，通谓之西爨白蛮；自弥鹿、升麻二川，南至步头，谓之东爨乌蛮”①。《新唐书·南蛮传下》的这段记载应取自樊绰《云南志》卷四《名类》篇，《名类》篇起首即云：

> 西爨，白蛮也。东爨，乌蛮也。当天宝中，东北自曲靖州，西南至宣城，邑落相望，牛马被野。在石城、昆川、曲轭、晋宁、喻献、安宁至龙和城，谓之西爨。在曲靖州、弥鹿川、升麻川，南至步头，谓之东爨，风俗名爨也。

显然，《新唐书·南蛮传》的引述颇有断章取义之嫌。现代学者向达先生指出：“唐天宝中云南东部民族分布，以《蛮书》此一段记录为最重要文献。”②此谓这段记载主要记述了唐朝天宝年间的分布情况。爨氏，本为南中地区汉人移民家族，因势力强盛而被称为“大姓”。

“白蛮”，今天白族的祖先，为上古僰人的后裔。研究者指出：

> 唐初，云南东部“白蛮”聚居的中心是石城（今曲靖）、昆川（今昆明）、曲轭（今马龙）、晋宁、喻献（澄江、江川）、安宁、龙和城（今禄丰）等地。这一带地方正是秦、汉之际“滇国”僰族聚居的中心，也是汉、晋时期移入的汉族人口与当地僰族相结合活动的中心。因此，南北朝以后至唐朝天宝年间以前，这一带地方也就很自然地形成了东部爨氏统治区内“白蛮”聚居的中心。③

隋开皇年间，曾在当地设置恭州、协州、昆州。唐太宗时，又曾在当地开置青蛉、弄栋二县。

“乌蛮”，今天彝族的先民，与南诏通婚姻，其种分七部落：一曰阿芋路，居曲州、靖州故地；二曰阿猛；三曰夔山；四曰“暴蛮”；五曰“卢鹿蛮”，二部落分保竹子岭；六曰磨弥敛；七曰勿邓。七个部落之中，勿邓部分布地域最广。“勿邓地方千里，有邛部六

---

① 《新唐书》卷二二二下《南蛮传下》，第 6315 页。

② （唐）樊绰撰，向达校注《蛮书校注》卷四《名类》，中华书局 1962 年版，第 82 页。上段同书引文亦出自该页。

③ 尤中编著《中国西南的古代民族》，第 64~65 页。

姓,一姓白蛮也,五姓乌蛮也。又有初裹五姓,皆乌蛮也,居邛部、台登之间。”同时,由于勿邓等部落位置偏东,故“勿邓、丰琶、两林皆谓之东蛮”。

在两爨周围分布的部族及所置羁縻政区还有:

——在“爨蛮”之西,有“徒莫祇蛮”“俭望蛮”,贞观二十三年(649)内附,唐朝在当地开置傍、望、览、丘、求五州,隶于郎州都督府。

——“白水蛮”,地与青蛉、弄栋相接,也隶于郎州。

——弄栋西有大勃弄、小勃弄二川“蛮”,其西与黄瓜、叶榆、西洱河(今云南西部洱海)接。

——“爨蛮”西有“昆明蛮”(又称为“昆明夷”),一曰昆弥,以西洱河为境,即叶榆河也。总章三年,唐朝置禄州、汤望州。咸亨三年,昆明十四姓率户二万内附,唐朝析其地为殷州、揔州(总州)、敦州。其后又置盘、麻等四十一州,皆以首领为刺史。

——昆明东九百里,即牂柯也。武德三年朝贡,唐朝封其酋长为牂州刺史。

——西爨之南有“东谢蛮”。“东谢蛮”的居住地位于黔州(治今重庆市彭水苗族土家族自治县)之西三百里,南接“守宫僚”,西连“夷子”,北至“白蛮”。部民散居于山间,巢居。酋长出于谢氏一族。贞观三年,“东谢蛮”与“南谢蛮”几乎同时内附,唐朝以东谢地为应州,以南谢地为南寿州(后改为庄州),隶黔州都督府。

——东谢南有“西赵蛮”,其居住地处于“东谢蛮”之南,东距“夷子”,西属昆明,南至西洱河。风俗物产与“东谢蛮”相似,只是其酋长家族为赵氏,有户万余。贞观年间入贡,唐朝于其地置明州,以其首领为刺史。

——黎州与邛州之东有“凌蛮”,西有“三王蛮”,盖莋都夷、白马氐之种类。

——姚州境内又有“永昌蛮”,居于古永昌郡之地。

另据《新唐书·南蛮传下》所记,尚有“松外蛮”“西洱河蛮”等若干部落。

2. 南平“僚”系

自西晋末年至南北朝时期,“僚”一直是南方地区数量众多、分布地域也相当广阔的重要民族种类之一。时至唐朝,活跃于南方地区的主要“僚”族群落有:(1)“南平僚”。《旧唐书·南蛮传》载“南平僚”分布地域及户口情况:“东与智州、南与渝州(治今重庆市)、西与南州(治今重庆市綦江区)、北与涪州(治今重庆市涪陵区)接。部落四千余户。”贞观三年,遣使内款,唐朝以其地隶渝州。正因为如此,时至宋朝,“南平僚”被称为“渝州蛮”。(2)剑南诸“僚”。这些“僚”民名号繁多,分布极广。据《新唐书·南蛮传》,剑南“僚”涉及地域及名号分别有:巴州山僚、眉州僚、洪州僚、雅州僚、益州僚、东西玉洞僚、巫州僚、明州山僚、钧州僚、洋州僚、集州僚、壁州僚、邛州僚、琰州僚以及罗僚、窦僚等。(3)"葛僚"。"葛僚"为今天仡佬族的先民,主要在戎州与泸州之间,分布于山谷林菁,方圆数百里。

3. 西原系

关于"西原蛮"的分布地域,《新唐书·南蛮传》载:

西原蛮,居广(州,治今广东省广州市)、容(州)之南,邕(州)、桂(州)之西。有宁氏者,相承为豪。又有黄氏,居黄橙洞(在今广西壮族自治区扶绥县西),其隶也。其地西接南诏。天宝初,黄氏强,与韦氏、周氏、侬氏相唇齿,为寇害,据十余州。韦氏、周氏耻不肯附,黄氏攻之,逐于海滨。

关于"西原蛮"的风俗习性,时人韩愈曾在上言中指出:"黄贼皆洞僚,无城郭,依山险各治生业,急则屯聚畏死。"研究者指出:"这里所说的'西原蛮'即今广西境内的壮族先民,其时皆称之为'僚'。"①

唐朝至德年间,"西原蛮"部落发动了大规模的武装叛乱,各推酋长为王,"合众二十万,绵地数千里,署置官吏,攻桂管十八州。所至焚庐舍,掠士女,更四岁不能平"。其后,虽然叛乱得以平息,然而以黄氏为首的"僚"之各部依然占据这十八州,桂管十八州也成为唐代"西原蛮"最主要的聚居地域。"桂管"即桂州总管府或桂州都督府所辖州县,其数量前后并不统一,不仅限于十八州之目。据《旧唐书·地理志》,桂州总管府始置于武德四年(621),治于今广西壮族自治区桂林市,最初管辖桂、象、静、融、贺、乐、荔、南昆、龙九州,再加上定州一总管。后屡有增加,至贞观六年(632),又以尹、藤、越、白、相、绣、郁、姜、南宕、南方、南简、南晋等十二州隶于桂府。合计督领二十八州。又如注明"今督桂、昭、贺、富、梧、藤、容、潘、白、廉、绣、钦、横、邕、融、柳、贵十七州"。但邕州(治今广西壮族自治区南宁市南)、容州(治今广西壮族自治区容县)又别置都督府,三个都督府所管合计达三十六州,覆盖了今天广西壮族自治区大部及越南北部地区。

不难发现,《新唐书》的作者对西南地区聚居民族的认识水平之所以远胜于《旧唐书》的作者,主要是因为该书作者充分参考与采纳了樊绰《云南志》与当时羁縻府州的民族构成方面的资料。这也有一定的不足与遗憾。《云南志》的记载内容并不如其另一书名《蛮书》那么宏观,顾名思义,其书貌似介绍的是南方"蛮"的整体情况,实

① 《中国西南的古代民族》,第187页。

则不然，该书只是详细地记述了南诏地区的民族地理状况，还是无法满足我们全面了解南方各个地区民族情况的需求，这也是在开展唐朝南方地区民族地理研究时必须注意的情况。

（二）唐朝“蛮”之羁縻府州的民族成分与数量统计

唐太宗贞观元年，因山川形便，分天下为十道，即关内、河南、河东、河北、山南、陇右、淮南、江南、剑南、岭南等道。开元二十一年，又因十道分山南、江南各为东、西两道，增置黔中道及京畿、都畿，共置十五道采访使。《新唐书·地理志》专设“羁縻州”一节，其中南方的民族聚居区主要分布于剑南、江南及岭南等道。据《新唐书·地理志》，南方诸道中“蛮”之羁縻府州在诸道的分布情况及数量如下：

道　名	羁縻州数量	所属都督府名录
剑南道	92	戎州都督府、姚州都督府、泸州都督府
江南道（后分黔中道）	51	黔州都督府
岭南道	92	桂州都督府、邕州都督府、安南都护府、峰州都督府

关于“蛮”族羁縻州的特征，《新唐书·地理志》在“戎州都督府”之“诸蛮州九十二”下注：“皆无城邑，椎髻皮服，惟来集于都督府，则衣冠如华人焉。”下面分别阐明各道内“蛮”之分布与各都督府所领羁縻州的建置情况：

1. 剑南道

据《新唐书·地理志》的统计，剑南道所辖羁縻州按所居主要民族种类之不同分为两大类，一为一百六十八个羌州，分别属于松州都督府、茂州都督府、嶲州都督府、雅州都督府、黎州都督府；二为九十二个“蛮”州，分别属于戎州都督府、姚州都督府、泸州都督府。可见，剑南道中存在羌族与“蛮”族两大区。松州与茂州两都督府辖区为羌族两大分布区，前文已进行了分析说明。又据《旧唐书·地理志》，如雅州、黎州所领羁縻州，都是徼外生“僚”、生羌聚居区，因此，剑南道地区内还应分出“僚”族分布区。如“雅州”下载：“都督一十九州，并生羌、生僚羁縻州，无州县。”“黎州”下载：“统制五十四州，皆徼外生僚。无州，羁縻而已。”

下面分别介绍各主要都督府所领羁縻州县建置与民族构成情况：

（1）嶲州都督府。本隋越嶲郡（治今四川省西昌市东南），大和六年徙治台登（治今四川省冕宁县东南）。嶲州下领九县：台登、越嶲、邛部、苏祁、西泸、昆明、和集、昌明、会川。《新唐书·地理志》"昌明县"下注:"贞观二十二年(648)开松外蛮,置牢州及松外、寻声、林开三县。永徽三年州废,省三县入昌明。"可证昌明(治今四川省盐源县境内)一带正是"松外蛮"的分布地。关于"松外蛮"的情况,《新唐书·南蛮传》记:"松外蛮尚数十百部,大者五六百户,小者二三百。凡数十姓,赵、杨、李、董为贵族,皆擅山川,不能相君长。有城郭、文字,颇知阴阳历数。自夜郎、滇池以西,皆庄蹻之裔。"贞观年间,巂州都督刘伯英因"松外蛮"叛附无常,而且阻断中原前往西洱河及天竺的道路,建议发兵征讨。唐太宗于贞观二十二年派遣将军梁建方率领蜀十二州兵征讨,大获全胜。"建方谕降者七十余部,户十万九千,署其首领蒙、和为县令,余众感悦。"《旧唐书·太宗纪》则载,贞观二十二年四月,"丁巳,右武候将军梁建方击松外蛮,下其部落七十二所"。

《新唐书·地理志》记巂州都督府下领思亮州等十六个羁縻州。然而,我们可以发现,在巂州周边地区还有不少"蛮"之部落,唐朝并没有设置羁縻政区。如《新唐书·南蛮传》又记:"巂州新安城(今四川省越西县北)傍有六姓蛮:一曰蒙蛮、二曰夷蛮、三曰讹蛮、四曰狼蛮,余勿邓及白蛮也。"又如巂州隔剑山(今四川省西部雪山)与吐蕃接境,邻近边界地区又分布着数量相当可观的不同部族。《新唐书·南蛮传》载:

> 剑山当吐蕃大路,属石门、柳强三镇,置戍、守捉,以招讨使领五部落:一曰弥羌、二曰铄羌、三曰胡丛,其余东钦、磨些也。又有夷望、鼓路、西望、安乐、汤谷、佛蛮、亏野、阿酟、阿鹗、鉀蛮、林井、阿异十二鬼主皆隶巂州。又有奉国、苴伽十一部落,春秋受赏于巂州,然挟吐蕃为轻重。

唐朝在这些边境部落中并没有设置羁縻政区。

(2)雅州都督府,治今四川省雅安市。雅州也是一个"蛮"族聚居之地,特别又是西部地区通往吐蕃的交通路线所经过的地区。《新唐书·南蛮传》载:

> 雅州西有通吐蕃道三:曰夏阳、曰夔松、曰始阳,皆诸蛮错居。凡部落四十六:距州三百余里之外有百坡、当品、严城、中川、钳矣、昌逼、钳井七部落,四百余里之外有罗岩、当马、三井、束锋、名耶、钳恭、画重、罗林、笼羊、林波、林烧、龙逢、索古、敢川、惊川、祸眉、不烛十七部落,五百余里之外有诺祚、三恭、布岚、欠马、论川、让川、远南、卑卢、夔龙、曜川、金川、东嘉梁、西嘉梁十三部落,六百余里之外有椎梅、作重、祸林、金林、逻蓬五部落,皆羁縻州也。以首领袭刺史。

《新唐书·地理志》录雅州下领当马州等五十七个羁縻州,分为"天宝前置"(二十一)与"开元后置"(三十六)两部,将那些羁縻州名称与这些部落名称相对照可知,唐朝在这一地区的羁縻州名多袭用原部落名称。

(3)黎州都督府,治今四川省汉源县西北。《旧唐书·地理志》记:"黎州,统制五十四州,皆徼外生僚。无州,羁縻而已。"其实,黎州地区的民族成分同样十分复杂。《新唐书·南蛮传》又载:

黎州,领羁縻奉上等州二十六。开元十七年,又领羁縻夏梁、卜贵等州三十一。南路有廓清道部落主三人,婆盐鬼主十人。又有阿逼蛮分十四部落:一曰大龙池,二曰小龙池,三曰控,四曰苴质,五曰乌披,六曰苴赁,七曰觱篥水,八曰戎列,九曰婆狄,十曰石地,十一曰罗公,十二曰諕,十三曰离旻,十四曰里汉。

(4)泸州都督府,治今四川省泸州市。据《旧唐书·地理志》,泸州都督府"都督十州,皆招抚夷僚置,无户口、道里"。这些羁縻州所领部族大多为"僚"或山洞"蛮",开置时间集中于唐高宗仪凤二年(677)。而据《新唐书·地理志》,泸州都督府下领十四个羁縻州,比《旧唐书》所记多出了四州,但开置年代不详。

羁縻州名	开置时间	治所今地	领县情况
纳州	仪凤二年	四川省叙永县西南	领八县:罗围、播罗、施阳、都宁、罗当、罗蓝、都(阙)、胡茂
薛州(萨州)	仪凤二年	四川省珙县西南	领三县:枝江、黄池、播陵
晏州	仪凤二年	四川省兴文县	领七州:思峨、柯阴、新宾、扶来、思晏、多冈、罗阳
巩州	仪凤二年	四川省珙县南	领四县:多楼、波员、比求、播郎
顺州	载初二年	不详	领五县:曲水、顺山、灵岩、来猿、龙池
奉州	仪凤二年	不详	领三县:柯理、柯巴、罗蓬
思峨州	天授元年	四川省珙县北	领二县:多溪、洛溪
能州	大足元年	贵州省赤水市东	领四县:长宁、来银、菊池、猿山
淯州	久视元年	四川省长宁县西南	领四县:新定、淯川、固城、居牢
浙州	仪凤二年	不详	领四县:浙源、越宾、洛川、鳞山
高州	不详	四川省高县南	领三县:牁巴、移甫、徒西
宋州	不详	四川省叙永县西北	领四县:牁龙、牁支、宋水、卢吾
长宁州	不详	四川省长宁县	领四县:婆员、波居、青卢、罗门
定州	不详	四川省高县西南	领二县:支江、扶德

资料来源:《旧唐书》卷四一《地理志四》与《新唐书》卷四三下《地理志七下》。

(5)戎州都督府,本为隋朝犍为郡,治今四川省宜宾市南溪区西。戎州都督府所辖羁縻州最多,如贞观四年于州置都督府,督领戎、郎、昆、曲、协、黎、盘、曾、钩、髳、尹、匡、裒、宗、靡、姚、微十七州。天宝元年,改为南溪郡,同时督领三十六个羁縻州,共一百三十七县,并荒梗,无户口记录。《新唐书·地理志》载戎州督领六十五个"蛮"州。

据《旧唐书·地理志》,戎州都督府督领十六个羁縻州,并注明为"武德、贞观后招慰羌戎开置也"。笔者采纳《新唐书·地理志》的认定,这些羁縻州内民族成分复杂,但仍应以"蛮"为主。如《新唐书·南蛮传》载:

戎州管内有驯、骋、浪三州大鬼主董嘉庆,累世内附,以忠谨称,封归义郡王。贞元中,狼蛮亦请内附,补首领浪沙为刺史,然卒不出,剑南西川节度使韦皋檄嘉庆兼押狼蛮。又有鲁望等部落,徙居戎州马鞍山,皋以其远边徼,户给米二斛、盐五斤。北又有浪稽蛮、罗哥谷蛮。东有婆秋蛮、乌皮蛮。南有离东蛮、锅锉蛮。西有磨些蛮,与南诏、越析相姻娅。自浪稽以下,古滇王、哀牢杂种,其地与吐蕃接。亦有姐羌,古白马氏之裔。

戎州都督府所领主要羁縻州情况简表

羁縻州名及曾用名	治所今地	领县情况	户数
协州	云南省彝良县	三县:东安、西安、湖津	329
曲州(恭州)	云南省昭通市	二县:朱提、唐兴	1094
郎州(南宁州)	云南省曲靖市西	七县:味、同乐、升麻、同起、新丰、陇堤、泉麻	6942
昆州	云南省昆明市西	四县:益宁、晋宁、安宁、秦臧	1267
盘州(西平州)	越南谅山省	三县:附唐、平夷、盘水	1960
黎州(西宁州)	云南省华宁县	二县:梁水、绛	1000
匡州(南云州)	不详	二县:勃弄、匡川	4800
髳州(西濮州)	云南省大姚县北	四县:濮水、青蛉、歧星、铜山	1390
尹州	云南省姚安县	五县:马邑、天池、盐泉、甘泉、涌泉	1700
曾州	不详	五县:曾、三部、神泉、龙亭、长和	1207
钩州(南龙州)	不详	二县:望水、唐封	1000
靡州(西豫州)	云南省元谋县	二县:磨豫、七部	1200
裒州	不详	二县:扬彼、强乐	1470

（续表）

羁縻州名及曾用名	治所今地	领县情况	户数
宗州（西宗州）	云南省祥云县南	三县：宗居、石塔、河西	1930
微州（利州）	云南省永仁县	二县：深利、十部	1150
姚州	云南省姚安县北	二县：泸南、长明	3700

资料来源：《旧唐书》卷四一《地理志四》。

（6）南宁州总管府与姚州都督府：《旧唐书·地理志》将设于今云南省境内的郎州、昆州、姚州等都归于戎州都督府之下，并没有专列南宁州总管府与姚州都督府。但在唐朝云南羁縻政区的变化过程中，上述两个政区的建置具有重要的地位。南宁州的设置，可谓唐朝在今云南地区开设政区最重要的第一步。《旧唐书·地理志》“郎州”下记：“武德元年，开南中置南宁州，乃立味、同乐、升麻、同起、新丰、陇堤、泉麻、梁水、绛九县。武德四年，置总管府，管南宁、恭、协、昆、尹、曾、姚、西濮、西宗九州。”“七年，改为都督，督西宁、豫、西利、南云、磨、南笼、[西平]七州。并前九州，合十六州。”“贞观六年，罢都督，置刺史。”从武德初年到贞观六年罢省，南宁州总管、都督府一直是这一地区的最高行政机构。

《新唐书·地理志》将姚州列为“正州”，下注：“武德四年以汉云南县地置。……户三千七百。县三：姚城、泸南、长明。”关于姚州都督府的设置，《新唐书·地理志》记之甚明：“武德四年以古滇王国民多姚姓，因置姚州都督，并置州十三。”这十三个羁縻州分别是：于州、异州、五陵州、袖州、和往州、舍利州、范邓州、野共州、洪郎州、日南州、眉邓州、澄备州、洛诺州。而《旧唐书·地理志》的相关记载又有所不同，如“姚州”下记：“武德四年，安抚大使李英，以此州内人多姓姚，故置姚州，管州三十二。”《旧唐书》的记载并非孤证，《新唐书·南诏传》也载，南诏国王阁罗凤叛唐之时，曾经“取姚州及小夷州凡三十二”。以后的南诏政权正是以姚州都督府辖区为核心而发展起来的。

2. 江南道（后分江南道黔中采访使为黔中道）

据《新唐书·地理志》，江南道有五十一个“蛮”州，均属于黔州都督府。又据《旧唐书·地理志》，黔州都督府置于武德四年，治今重庆市彭水苗族土家族自治县。最初督领务、施、业、辰、智、牂、充、应、庄等州。天宝元年，改黔州为黔中郡，依旧都督施、夷、播、思、费、珍、溱、商等州，又领充、明、劳、羲、福、犍、邦、琰、清、庄、峨、蛮、牂、鼓、儒、琳、鸾、令、那、晖、郝、总、敦、侯、晃、柯、樊、稜、添、普宁、功、亮、茂龙、延、训、卿、双、整、悬、抚水、矩、思源、逸、殷、南平、勋、姜、袭等五十州。这些州“皆羁縻，寄治山谷”。

羁縻州名称	部族种类	领县情况
牂州	“牂柯蛮”	三县:建安、宾化、新兴
琰州	不详	五县:武侯、望江、应江、始安、东南
庄州(本南寿州)	“南谢蛮”	七县:石牛、南阳、轻水、多乐、乐安、石城、新安
充州	“牂柯蛮”别部	七县:平蛮、东停、韶明、牂柯、东陵、辰水、思王
应州	“东谢蛮”	五县:都尚、婆览、应江、陁隆、罗恭
矩州	“牂柯蛮”	武德四年置
明州	“西赵蛮”	不详
蛮州	不详	一县:巴江
琳州	不详	三县:多梅、古阳、多奉
敦州	“昆明蛮”	六县:武宁、沟水、古质、昆川、丛燕、孤云
殷州	“昆明蛮”	五县:殷川、东公、龙原、韦川、宾川
总州	“昆明蛮”	不详
抚水州	不详	四县:抚水、古劳、多蓬、京水
鸿州	不详	五县:乐鸿、思翁、都部、新庭、临川
宝州	“昆明蛮”	
蔿、劳、羲、福、犍、邦、清、峨、鼓、濡、鸾、令、那、晖、都等州	不详	不详

资料来源:《新唐书》卷四三下《地理志七下》。

应该说明的是，黔州地区的“昆明蛮”与西洱河地区的“昆弥蛮”并不是同一族类。[①] 此外，黔州都督府所辖羁縻州与正州之间也存在升降现象。《新唐书·地理志》“牂州”条下释:“武德三年以牂柯首领谢龙羽地置，四年更名柯州，后复故名。初，牂、琰、庄、充、应、矩六州皆为下州，开元中降牂、琰、庄为羁縻，天宝三载又降充、应、矩为羁縻。”此证牂州初置即为正州，后才降为羁縻州。

3. 岭南道

岭南道有诸“蛮”州九十二，分别属于桂州都督府、邕州都督府、安南都护府、峰州

① 参见《中国西南历史地理考释》，第515页。

都督府。各都督(护)府所领羁縻州之简况参见下表。

都督(护)府名称	治所今地	督领羁縻州情况
桂州都督府	广西壮族自治区桂林市	七州:纡州、归思州、思顺州、蕃州、温泉州、述昆州、格州
邕州都督府	广西壮族自治区南宁市南	二十六州:棖州、归顺州、思刚州、侯州、归诚州、伦州、石西州、思恩州、思同州、思明州、万形州、万承州、上思州、谈州、思琅州、波州、员州、功饶州、万德州、左州、思诚州、鰝州、归乐州、青州、得州、七源州
峰州都督府	越南永福省越池东南	十八个蜀爨“蛮”州。名称逸失
安南都护府	越南河内市	四十一州:德化州、郎茫州、龙武州、归化州、郡州、万泉州、思农州、为州、西原州、林西州、思廓州、武灵州、新安州、金廓州、提上州、甘棠州、武定州、都金州、谅州、武陆州、平原州、龙州、武定州、真州、信州、思陵州、禄州、南平州、西平州、门州、余州、峕州、金邻州、暑州、罗伏州、儋陵州、樊德州、金龙州、哥富州、尚思州、安德州

当然,这并不意味着没有设置羁縻府州的郡县中就没有大批少数民族居民的存在。这一点以岭南道最为突出。当地不少“正州”郡县也都是在少数民族聚居区内开辟,可以说,这些州郡内必然生活着大批少数民族人口。如据《新唐书·地理志》,下列州郡都是设置于少数民族聚居区,其居民主体应为少数民族,这些州郡有:

福禄州唐林郡,本福禄郡,治今广西壮族自治区桂林市东。总章二年,智州刺史谢法成招慰生“僚”昆明、北楼等七千余落,以故唐林州地置。户三百一十七,领三县:柔远、唐林、福禄。

牢州定川郡,治今广西壮族自治区玉林市。“本义州,武德二年以巴蜀徼外蛮夷地置。”“户千六百四十一,口万一千七百五十六。”领三县:南流、定川、宕川。

古州乐兴郡,治今广西壮族自治区横州市东北。“贞观十二年(638),李弘节开夷僚置。”户二百八十五。领三县:乐山、古书、乐兴。

严州循德郡,治今广西壮族自治区来宾市东南。“乾封二年招致生僚,以秦故桂林郡地置。”“户千八百五十九,口七千五十一。”领三县:来宾、循德、归化。

环州整平郡,治今广西壮族自治区环江毛南族自治县西北。“贞观十二年,李弘节开拓生蛮置。”领八县:正平、福零、龙源、饶勉、思恩、武石、歌良、都蒙。

田州横山郡,治今广西壮族自治区百色市田阳区东南。“开元中开蛮洞置。”户四千一百六十八。领五县:都救、惠佳、武龙、横山、如赖。

笼州扶南郡,治今广西壮族自治区扶绥县。“贞观十二年,李弘节招慰生蛮置。”户三千六百六十七。领七县:武勤、武礼、罗龙、扶南、龙额、武观、武江。

瀼州临潭郡,治今广西壮族自治区上思县西南。“贞观十二年,清平公李弘节开夷僚置。”户一千六百六十六。领四县:瀼江、波零、鹄山、弘远。

三、南诏的疆域、政区建置与民族分布①

(一)南诏的兴起与疆域政区

唐朝开元、天宝年间,西南地区以云南大理洱海为核心(南宁州与姚州境内)崛起了一个强大的民族政权,史称“南诏”(后自号为“大礼”)。所谓“诏”,是古代我国西南地区部分民族语言中的“王”或“酋长”之意。《旧唐书·西南蛮传》载:“南诏蛮,本乌蛮之别种也,姓蒙氏。蛮谓王为‘诏’,自言哀牢之后,代居蒙舍州为渠帅,在汉永昌故郡东,姚州之西。其先渠帅有六,自号‘六诏’,兵力相埒,各有君长,无统帅。”此六诏实为六个小的民族政权,《新唐书·南蛮上·南诏上》载:“南诏,或曰鹤拓,曰龙尾,曰苴咩,曰阳剑。”“其先渠帅有三,自号‘六诏’。”它们分别为蒙嶲诏、越析诏、浪穹诏、邆睒诏、施浪诏、蒙舍诏等。其中蒙舍诏位于六诏之南,故又称为南诏。南诏聚合之前六诏的大致地理范围如下②:

蒙嶲诏:此诏于六诏中为最大的一诏。《云南志》卷五载:“蒙舍北有蒙嶲诏,即杨瓜州也,同在一川。”方国瑜先生释:“所谓‘同在一川’,即同在一平原,而蒙嶲在蒙舍之北,蒙舍在今巍山(蒙化)城区,则蒙嶲在今巍山北部之地,有阳瓜江流贯之。”

越析诏,又称磨些诏,由磨些族(今纳西族)建立而得名。《云南志》记:“越析,一诏也。亦谓之磨些诏。部落在宾居,旧越析州(治今云南省宾川县北)也。”宾居在今云南省宾川县宾居街一带。

浪穹诏:《云南志》卷三记:“浪穹,一诏也。诏主丰时、丰咩兄弟,俱在浪穹。后丰咩袭邆睒居之,由是各为一诏。”浪穹诏大致在今云南省洱源县一带。

---

① 关于西南及南诏历史地理的研究成果极多,本小节主要参照方国瑜先生所著《中国西南历史地理考释》(上、下册,中华书局 1987 年出版);尤中先生编著《中国西南的古代民族》(云南人民出版社 1980 年出版)等。

② 参见向达《蛮书校注》卷三《六诏篇》,第 55~81 页;方国瑜《中国西南历史地理考释》(上),第 358~365 页。“蒙嶲”之“嶲”,《新唐书·南蛮上·南诏上》用“巂”,《中国西南历史地理考释》用“雋”。下文混用,以所从书文献为据,不求统一。

邆賧诏:《云南志》卷五记:“邆川城,旧邆川也,南去龙口十五里,初望欠部落居之,后浪穹诏丰哶袭而夺之。”据此可知,邆川即邆賧。邆賧在今云南省洱源县南部邓川平原。

施浪诏:关于施浪诏的地望,有两种观点:一种观点认为其在浪穹县(治今云南省洱源县境内)蒙次和山一带,另一种观点认为其在今邓川镇青索一带。

蒙舍诏:樊绰《云南志》记:“蒙舍,一诏也。居蒙舍川,在诸部落之南,故称南诏也。姓蒙。”蒙舍川,即蒙舍州之地,在今云南省巍山彝族回族自治县境内。

关于六诏地区的地理与民族文化特征,方国瑜先生总结道:“六诏地理环洱海而居,樊绰《云南志》谓‘六诏并乌蛮’,为比较落后之部族……洱海地区秦、汉以来为昆明族居住区域,隋、唐时期称施蛮、顺蛮,六诏即在其境。”

南诏酋长自唐高宗朝归附,至开元末年,蒙舍诏酋长皮阁罗驱逐“洱河蛮”,占领大和城(又称太和城,今云南省大理市太和村),同时兼并其他五诏,被唐朝册封为云南王,以大和城为首府。天宝年间,南诏与唐朝交恶,继立的阁罗凤进攻唐朝云南太守,“取姚州及小夷州凡三十二”,同时臣附于吐蕃,号“东帝”。“安史之乱”以后,南诏与吐蕃联合,甚至“取巂州会同军,据清溪关,以破越析,枭于赠,西而降寻传、骠诸国”①。又因“安史之乱”而唐朝无暇顾及。至贞元年间,南诏不堪吐蕃欺压,双方关系破裂,南诏重归附唐朝。贞元十一年(795),唐朝册封异牟寻为南诏王。南诏转而向吐蕃开战,疆域得到进一步扩展,“又破施蛮、顺蛮,并虏其王,置白厓城(今云南省弥渡县西北);因定磨些蛮,隶昆山西爨故地;破茫蛮,掠弄栋蛮、汉裳蛮,以实云南东北”②。

南诏政权的大致疆域范围:

> 居永昌(郡,今云南省保山市东北)、姚州(治今云南省姚安县北)之间,铁桥之南,东距爨(东部爨族地区),东南属交趾(今越南北部),西摩伽陀(在今印度境内),西北与吐蕃(今西藏)接,南女王(今泰国北部之南奔),西南骠(在今缅甸曼德勒地区),北抵益州(以大渡河为界),东北际黔、巫(今贵州省遵义市一带)。王都羊苴咩城(又作阳苴咩城,今大理市西北旧大理城),别都曰善阐府(治今云南省昆明市旧城南关外)。③

① 《新唐书》卷二二二上《南诏传上》,第6271页。
② 《新唐书》卷二二二上《南诏传上》,第6275页。
③ 《新唐书》卷二二二上《南诏传上》,第6267页。地名定点参见《中国西南的古代民族》,第91页。

异牟寻死后，南诏与唐朝的关系又变得紧张起来。如大和三年(829)，因唐朝边区官吏治理不力，南诏军队乘机攻陷邛、戎、嶲三州，并进攻成都，掠取大批汉人，其中包括大批工匠，以大渡河为其北界。其后短时间内，南诏与唐朝关系缓和，大和四年，南诏"上表请罪"。"比年使者来朝，开成、会昌间再至。"大中年间，安南经略使李琢"苛墨自私"，导致安南部分势力勾结南诏段酋迁陷安南。又逢唐朝朝政更替，遂致南诏与安南一带局面混乱。大中十三年(859)，南诏王世隆(《新唐书》称为"酋龙")自称皇帝，建元建极，自号"大礼国"。此后在咸通年间，南诏与唐朝双方关系全面破裂，战事不断，边境居民伤亡惨重。时至唐僖宗乾符年间，唐朝官员提议和亲，并历数战争带来的重大损失："……咸通以来，蛮始叛命，再入安南、邕管，一破黔川，四盗西川，遂围卢耽，召兵东方，戍海门，天下骚动，十有五年，赋输不内京师者过半，中藏空虚，士死瘴疠，燎骨传灰，人不念家，亡命为盗，可为痛心！"①唐僖宗曾有意和亲，遂将宗女安化长公主嫁与南诏国王法，后因南诏内部局势复杂，其势力也走向衰弱，和亲终未告成。

南诏的行政区划制度大抵仿效唐朝，核心体系包括"六节度""二都督"及"十睑"等。② 方国瑜先生精辟地总结道："大体言之，南诏之政区，十赕为一区域，七节度(六节度之外再加铁桥节度)、二都督各为区域，凡十个区域。"③

"十睑"或"十赕"主要集中于洱海周围地区，为南诏直辖区。④ "十赕"的地望分别为：

云南赕，治今云南省祥云县云南驿。

白厓赕，又作勃弄赕，治在今云南省弥渡县红崖。

品澹赕，治在今云南省祥云县城。

邆川赕，治在今云南省洱源县邓川。

蒙舍赕，治在今云南省巍山彝族回族自治县。

大厘赕，又作史赕，治在今大理市喜州。

---

① 《新唐书》卷二二二中《南诏传中》，第6292页。

② 关于南诏的行政区划体系，《新唐书·南诏传》与樊绰《云南志》并不相同，如《云南志》记为"六赕""八节度"。学者们对此差异的产生已形成共识，即这种差异反映出南诏不同阶段行政区的变化。《云南志》所录为贞元十年(794)的建置，《新唐书·南诏传》则为乾符六年(879)的建置，前后相差八十余年。参见方国瑜《关于南诏史料的几个问题》，《北京师大学报》1962年第3期。

③ 《中国西南历史地理考释》，第422页。

④ 《新唐书·南诏传》与《南诏野史》等书均作"十睑"，但经方国瑜先生考证，"睑"应为"赕"之误，音与义都与"甸"相同，见《中国西南历史地理考释》(上册，第443页)。笔者从方先生说。

苴咩赕,又作阳赕,治在今大理市大理城。

蒙秦赕,治在今云南省巍山彝族回族自治县北部及漾濞之地。

矣和赕,又作太和赕,治在今大理太和城。

赵川赕,治在今大理市凤仪镇。

在"十睑"之外,南诏境内还设有六节度、二都督。樊绰《云南志》卷五载:"云南、拓东、永昌、宁北、镇西及开南、银生等七城,则有大军将领之,亦称节度。贞元十年,掠吐番铁桥城,今称铁桥节度。其余镇皆分隶焉。"是为"八节度"之说。而《新唐书·南诏传》则只列出六节度之名:弄栋、永昌、银生、剑川、柘(拓)东、丽水。研究者认为,实际上两者之间不少名异实同,上述六节度及两都督的治所与辖区情况大致如下:

弄栋节度,初为云南节度,治弄栋城(今云南省姚安县西北旧城),辖俗富郡、石桑郡、牟州等地,辖区相当于今云南姚安、永仁、大姚、南华、楚雄、双柏、四川攀树花等市县地。

永昌节度,治永昌府(今云南省保山市),辖永昌府、软化府、越礼城、寻传大川城、广荡城、押西城、拓南城和茫天连等部落。

银生节度,治银生城(今云南省景东彝族自治县),辖茫乃、黑齿、扑子蛮、长鬃、茫蛮等部落。

剑川节度,原为宁北节度,治剑川城(今云南省剑川县),下辖宁北城、谋统郡、铁桥城、敛寻城、傍弥潜城、牟郎共城、香城郡、松外城、韦赍城等。

拓东节度,治拓东城(今云南省昆明市),管辖善阐府、晋宁州、河阳郡、温富州、长城郡、石城郡、东川郡以及磨弥殿等部落。

丽水节度,原治镇西城(今缅甸北部曼冒),故又称为镇西节度,后迁治丽水城(今缅甸北部密支那以南达罗基),故改称丽水节度。辖镇西城、丽水城、金宝城、宝山城、安西城、苍望城、香柏城。

通海都督府,治今云南省通海县,辖建水郡、目则城及步雄等部落。

会川都督府,治四川省会理市,辖会川州、建昌府以及诺赕等地。①

(二)南诏内部的民族种类及其分布

《旧唐书·南诏传》将南诏内部的居民称为"南诏蛮",《旧唐书·地理志》"姚

① 地名今地参见谭其骧主编《中国历史地图集》第五册,地图出版社1982年版,第80~81页"南诏";方铁主编《西南通史》,中州古籍出版社2003年版,第267~268页。

州”下又特别注明:“西南夷之中,南诏蛮最大也。”这是将政权名称用作民族之统称。同时,《旧唐书·南诏传》与《新唐书·南诏传》都特别指明其为“乌蛮之别种”或“乌蛮别种”,而实际上这也只是指明了南诏王族的族属。南诏的大部原系唐朝南宁州与姚州都督府督领之地,前文已对当时西南地区民族构成与羁縻政区建置情况作了简要的介绍,其中已经涉及了南诏的民族构成问题。

现代研究者论述当时南诏内部民族构成最重要的依据就是唐人樊绰所著的《云南志》。

南诏境内的主要部族是两爨“蛮”,即“西爨白蛮”与“东爨乌蛮”,在民族种类上主要分为“白蛮”与“乌蛮”两大支。南诏之统一与扩张的过程,也是其征服周边部族的过程。《云南志》特别列有《名类》一卷,详细记载了当时在南诏境内生活的各个民族及其分布情况,实为极为难得的民族地理学文献。①

族　名	族类渊源	分布与迁移简况
独锦蛮	乌蛮苗裔	秦藏川南。其长为㠑州刺史
弄栋蛮	白蛮苗裔	其地旧为褒州,后分散于磨些江侧,并剑、共诸川悉有之
青蛉蛮	白蛮苗裔	本在青蛉县,后南奔河赕
裳人	本汉人	原在铁桥北,后移于云南东北诸川
长裈蛮	乌蛮苗裔	原在剑川,后迁其部落与施、顺等部杂居
河蛮	西洱河人	原在洱河地邑,后北迁依附于浪诏,又迁至云南东北柘东
施蛮	乌蛮种类	居住于铁桥西北大施赕、小施赕、剑寻赕等地
顺蛮	乌蛮种类	原居剑、共诸川,与施部杂居后迁居铁桥以上剑羌之地,以及散居东北诸川
磨蛮	乌蛮种类	居住于铁桥上下及大婆、小婆、三探览、昆池等川
磨些蛮	乌蛮种类	居住在施部之外,与南诏及越析诏通婚姻
扑子蛮	蒲蛮	散居于开南、银生、永昌、寻传等地以及铁桥西北澜沧江沿线
寻传蛮	氐羌分支	分布于澜沧江上游的寻传地区
裸形蛮	僚族分支	聚居中心在寻传城西三百里之地,又被称为野蛮,散居山谷
望苴子蛮	乌蛮种类	居住在澜沧江以西之地

① 关于南诏境内民族种类及其分布的详细考订,参见尤中编著《中国西南的古代民族》第四章《南诏、大理政权统治下的各民族》。

（续表）

族　名	族类渊源	分布与迁移简况
黑齿蛮、金齿蛮、银齿蛮、绣脚蛮、绣面蛮	混杂种类	居永昌、开南之境
穿鼻蛮、长鬃蛮、栋峰蛮	南方混杂种类	居柘东
茫蛮部落	混杂种类	居开南
粟栗两姓蛮、雷蛮、梦蛮	乌蛮与白蛮种类	散居于茫部台登城东西
丰巴蛮	巂州百姓	居住于两林南二百里之地
崇魔蛮	不详	溪洞而居，去安南管内林西原十二日程
桃花人	安南戍卒	安南林西原境内

资料来源:《云南志》卷四《名类》。

第四节　东北地区的民族分布与渤海政权的疆域建设

为了东北地区的疆域维护与建设，隋唐两朝在东北地区都与高丽发生了旷日持久、规模巨大的军事斗争，双方为此都付出了惨重的代价。这种特殊的边疆交争形势，对东北地区各民族的发展产生了重大而深远的影响。高丽政权势力影响的衰退，以及渤海政权的崛起，也就成为隋唐五代时期东北地区政治与民族格局中最突出的特征之一。

隋唐五代时期也是东北地区民族发展的重要阶段，这种发展在很大程度上决定了后来北方的政治与民族格局。当时东北地区的主要民族有契丹、室韦、奚、靺鞨等，这些民族在隋唐五代时期得到了长足发展，形成了各自面积广大的民族聚居区。就其分布方位而言，最北部为室韦分布区，其南为黑水靺鞨聚居区，再向南为契丹分布区及高丽政权，最靠西南为奚族分布区。其中靺鞨分布区的发展跟渤海政权的建立与发展存在密切的关联，而契丹与室韦的发展，与日后辽朝的建立以及蒙古族的形成之间也有着明显的承继关系。

一、唐代东北地区民族分布与羁縻政区设置

今天的东北地区在唐朝时划归于河北一道，河北道下分别设有突厥、奚、契丹、靺

鞨等族羁縻政区,这些羁縻政区先后属于营州及幽州都督府。下面以不同族类(突厥族之外)分别阐述羁縻政区设置与各民族分布状况。

(一)唐代契丹族分布与羁縻政区的设置

契丹族的崛起,是北朝后期及隋唐时期东北地区民族格局演化的一种突出现象。《新唐书·契丹传》对契丹族的早期发展历史进行了简要的回顾:"契丹,本东胡种,其先为匈奴所破,保鲜卑山。(曹)魏青龙中,部酋比能稍桀骜,为幽州刺史王雄所杀,众遂微,逃潢水之南,黄龙之北。至元魏,自号曰契丹。"①"契丹"之名,最早出现于魏收所著《魏书》,该部酋长家族为大贺氏,部落分为八部,当突厥强盛之时,长期臣属于突厥,风俗也与之趋同,故而《隋书》与两《唐书》均将契丹列为"北狄"之属。关于隋唐时期契丹人的分布地域,《旧唐书·契丹传》载:

> 契丹,居潢水(今内蒙古西拉木伦河)之南,黄龙(在今辽宁省开原市)之北,鲜卑之故地,在京城(长安)东北五千三百里。东与高丽邻,西与奚国接,南至营州(治今辽宁省辽阳市),北至室韦。冷陉山(今内蒙古自治区扎鲁特旗南的奎屯山)在其国南,与奚西山相崎,地方二千里。逐猎往来,居无常处。其君长姓大贺氏。胜兵四万三千人,分为八部。

唐朝建立伊始,就有契丹人内附,唐朝随即设置羁縻政区进行安置。据《新唐书·地理志》,武德二年(619),因契丹内稽部落内附而置辽州总管,后改名为威州,起初治于燕支城,后侨治于营州城(今辽宁省辽阳市)内。又据《旧唐书·契丹传》,武德四年(621),契丹别部酋长孙敖曹与靺鞨酋长突地稽都遣使求内附,唐朝将其安置于营州城傍,授其为云麾将军、行辽州总管。唐太宗即位后,在对高丽采取军事行动的同时,也加强了对东北地区各部族的安抚措施,陆续设置了一些契丹人羁縻州。如贞观二年以契丹松漠部落置昌州,侨治于营州之静蕃戍。三年,以归附的契丹与室韦部落置师州。十年(《旧唐书·地理志》为"十九年"),以契丹乙失革部置带州。贞观二十年以酋长纥主曲据所率部落置玄州,拜曲据为刺史,侨治在范阳(今北京西南隅)之鲁泊。

契丹人的全面归附唐朝,出现于贞观二十二年(648)。当时契丹大酋长窟哥等率部请求内属,于是,唐朝在当地设置羁縻府州进行安置。《旧唐书·太宗纪》载,贞观二十二年十一月,"庚子,契丹帅窟哥、奚帅可度者并率其部内属。以契丹部为松漠都督,以奚部置饶乐都督"。松漠都督府(治今内蒙古自治区巴林右旗南)及所辖各州

① 《新唐书》卷二一九《契丹传》,第6167页。

便成为内属契丹人的集中安置地。《新唐书·地理志》“松漠都督府”条下注:“贞观二十二年以内属契丹窟哥部置,其别帅七部分置峭落等八部。李尽忠叛后废,开元二年(或为开元三年)复置。领州八。”

松漠都督府所领羁縻州与原部落对照表

羁縻州名	部落名	羁縻州名	部落名
峭落州	达稽部	无逢州	独活部
羽陵州	芬问部	白连州	突便部
徒何州	芮奚部	万丹州	坠斤部
疋黎州	伏部	赤山州	伏部

资料来源:《新唐书》卷四三下《地理志七下》。

武则天万岁通天年间(696—697),契丹酋长李尽忠与李万荣等因不堪地方官吏的侵侮而发动大规模反叛。他们率部攻占营州城后,李尽忠自称可汗,任李万荣为大将。当时契丹兵锋强劲,所向披靡,曾经一度攻陷檀州、幽州、冀州,迫使唐朝设置的大批郡县内迁。《新唐书·地理志》指出,唐朝在东北地区设置的羁縻府州“初皆隶营州都督,李尽忠陷营州,乃迁玄州于徐(州,治今江苏省徐州市)、宋(州,治今河南省商丘市南)之境,威州于幽州(治今北京市西南)之境,昌、师、带、鲜、信五州于青州(治今山东省青州市)之境,崇、慎二州于淄(州,治今山东省淄博市)、青之境,夷宾州于徐州之境,黎州于宋州之境,在河南者十州,神龙初(705)乃使北还,二年皆隶幽州都督府”。据此并结合各羁縻州治所的记载(见下表),可知这批羁縻州开始均设所于营州都督府城内与附近地区,李尽忠叛乱时,诸州均内迁于今属河北、山东及河南等地,至神龙初年北还,但并没能回到营州故地,而是寄治于幽州都督府界内,主要集中于良乡与范阳境内。

营州都督府所领羁縻州情况表

羁縻州名	民族种类	领县情况	户口情况①
燕州	粟末靺鞨	领一县:辽西	2045户,11603口
威州	契丹内稽部	领一县:威化	611户,1869口

① 《旧唐书·地理志》所记户口数字以及领县等情况多分“旧有”与“天宝时”两种,表中主要采用天宝时户口数字。

（续表）

羁縻州名	民族种类	领县情况	户口情况
慎州	粟末靺鞨乌素固部	领一县:逢龙	250户,984口
玄州	契丹李去闾部	领一县:静蕃	618户,1333口
崇州	奚可汗部	领一县:昌黎	200户,716口
夷宾州	靺鞨愁思岭部	领一县:来苏	130户,648口
师州	契丹、室韦部落	领一县:阳师	314户,3215口
鲜州	奚部	领一县:宾从	107户,367口
带州	契丹乙失革部	领一县:孤竹	569户,1990口
黎州	浮渝靺鞨乌素固部	领一县:新黎	569户,1991口
沃州	契丹松漠部	领一县:滨海	159户,619口
昌州	契丹松漠部	领一县:龙山	281户,1088口
归义州	海外新罗	领一县:归义	195户,624口
瑞州	突厥乌突汗达干部	领一县:来远	195户,624口
信州	契丹失活部	领一县:黄龙	414户,1600口
青山州	契丹	领一县:青山	622户,3215口
凛州	降胡	领一县(佚名)	648户,2187口
合计		十七县	7927户,34673口

资料来源:《旧唐书》卷三九《地理志二》。

营州都督府所领羁縻州县迁徙与侨置情况表

羁縻州名称	曾迁徙所在地	侨置地	侨置地今行政区属
燕州	幽州	幽州城内	北京西南隅
威州	幽州	良乡县石窟堡	北京市房山区东南
慎州	淄州与青州之境	良乡县都乡城	北京市房山区东南
玄州	徐州与宋州之境	范阳县之鲁泊	北京西南隅
崇州	幽州	潞县	北京市通州区
夷宾州	徐州	良乡县广阳城	北京市房山区东南
师州	青州	良乡县故东闾城	北京市房山区东南
鲜州	青州	潞县	北京市通州区
带州	青州	昌平县清水店	北京市昌平区东南

（续表）

羁縻州名称	曾迁徙所在地	侨置地	侨置地今行政区属
黎州	宋州	良乡县故都乡城	北京市房山区东南
沃州	幽州	蓟县东南回城	北京西南隅
昌州	青州	安次县古常道城	河北省廊坊市西北
归义州	幽州	良乡县古广阳城	北京市房山区东南
瑞州	宋州	良乡县古广阳城	北京市房山区东南
信州	青州	范阳境	河北省涿州市
青山州	幽州	范阳县界水门村	河北省涿州市
凛州	幽州	范阳县界	河北省涿州市

资料来源:《旧唐书》卷三九《地理志二》。

开元三年(715),归附于突厥的契丹部落又在酋长李失活的率领下归附唐朝,唐朝重置松漠都督府,以李失活为松漠郡王兼松漠都督,其所统八部落依旧置为羁縻州,以首领为刺史。然而至开元十八年(730),契丹部落首领可突于率部投奔突厥,与唐朝为敌,辽东地区又成为双方交争之域。天宝十年(751),范阳节度使安禄山率领大军北上征讨,遭到惨败。自此以后,唐朝对契丹所在地区已基本失去控制,影响力渐衰。

至于营州都督府所领羁縻州的演变,《旧唐书·地理志》注:“自燕以下十七州,皆东北蕃降胡散诸处幽州、营州界内,以州名羁縻之,无所役属。安禄山之乱,一切驱之为寇,遂扰中原。至德之后,入据河朔,其部落之名无存者。”这段话显示“安史之乱”对东北地区羁縻府州的发展所产生的极其深刻的影响,也为我们提供了一些边疆民族在唐朝中期以后迁移运动趋势的线索。

(二)奚人分布及相关羁縻政区

奚人,南北朝时期称为“库莫奚”。关于奚人的族源及分布地域,《旧唐书·奚国传》载:“奚国,盖匈奴之别种也,所居亦鲜卑故地,即东胡之界也,在京师东北四千余里。东接契丹,西至突厥,南拒白狼河(今辽宁省境内大凌河),北至霫国。”而《新唐书·奚传》则以奚人为“东胡种”,因被匈奴所击破,退保乌丸山及鲜卑故地。可见,出于地缘关系,奚人在族源方面与“东胡”系存在着无法割断的密切联系,但我们也可以发现,时至隋唐时期,与契丹相仿,因长期臣属于突厥,奚人在风俗特征方面已经明显突厥化了,即“与突厥同俗”或“风俗并于突厥，每随逐水草，以畜牧为业，迁徙无常”。部族官名也效法突厥，如“兵有五部，部一俟斤主之。其国西抵大洛泊（今内蒙古境内达来诺尔湖），距回纥牙三千里，多依土护真水（今内蒙古西拉木伦河支流老哈河）。其马善登，其羊黑。盛夏必徙保冷陉山，山直妫州（治今河北省涿鹿县西南）西北”①。

唐朝初年，奚人即开始内附，唐朝也相应地设置羁縻州来进行安置。《新唐书·地理志》“奉诚都督府”条下注：“本饶乐都督府，唐初置，后废。”《旧唐书·地理志》“崇州”条下注：“武德五年，分饶乐郡都督府置崇州、鲜州，处奚可汗部落，隶营州都督。”与契丹人同步，奚人的大规模内附也发生于贞观二十二年（648）。当时，奚人酋长可度者率部归附，唐朝以其部重置饶乐都督府（治今内蒙古自治区宁城县西），并以其下属各部设立羁縻州，“以阿会部为弱水州，处和部为祁黎州，奥失部为洛瓌州，度稽部为太鲁州，元俟折部（《新唐书·地理志》作‘元俟析部’）为渴野州，各以酋领辱纥主为刺史，隶饶乐府。复置东夷都护府于营州，兼统松漠、饶乐地，置东夷校尉”②。

武则天万岁通天年间，奚人也随契丹反叛唐朝，并与突厥相呼应，被唐朝人士合称为“两蕃”。同样至开元初年，奚人酋长重新归附，唐朝又复置饶乐州，后又改为奉诚州。“安史之乱”后，奚人时叛时附。随着契丹势力的日趋强盛，奚人逐渐陷于附庸地位。“是后契丹方强，奚不敢亢，而举部役属。虏政苛，奚怨之，其酋去诸引别部内附，保妫州北山，遂为东、西奚。”③居住于故地的奚人被称为“东奚”，而迁居于妫州北山的奚人就被称为“西奚”了。

（三）室韦的分布

室韦，又有“失韦”等别名。关于室韦的族属，《旧唐书·室韦传》称之为“契丹之别类”，《新唐书·室韦传》则称之为“契丹别种，东胡之北边，盖丁零苗裔也”。契丹在族属方面与丁零相差较远。契丹与室韦在族源方面的联系似也应从“东胡”系统中寻找。隋唐时期的室韦已发展成为一个规模可观的族群，部落名号繁多，分布地域广大。《旧唐书·室韦传》载，室韦“居猺越河（今内蒙古东部洮儿河）北，其国在京师东北七千里。东至黑水靺鞨，西至突厥，南接契丹，北至于海。其国无君长，有大首领十七人，并号‘莫贺弗’，世管摄之，而附于突厥”。猺越河是室韦与其他部族分布区的

---

① 《新唐书》卷二一九《奚传》，第6173页。

② 《新唐书》卷二一九《奚传》，第6173～6174页。

③ 《新唐书》卷二一九《奚传》，第6175～6176页。

标志性界线。

《旧唐书·室韦传》转引的一段文字十分明确地描述了当时室韦的分部与分布状况,显得弥足珍贵:

室韦,我唐有九部焉。所谓岭西室韦、山北室韦、黄头室韦、大如者室韦、小如者室韦、婆莴室韦、讷北室韦、骆驼室韦,并在柳城郡(营州,治今辽宁省辽阳市)之东北,近者三千五百里,远者六千二百里。今室韦最西与回纥接界者,乌素固部落,当俱轮泊(今内蒙古自治区境内呼伦湖)之西南。次东有移塞没部落。次东又有塞曷支部落,此部落有良马,人户亦多,居啜河(今哈拉哈河)之南,其河彼俗谓之燕支河。次又有和解部落,次东又有乌罗护部落,又有那礼部落。又东北有山北室韦,又北有小如者室韦,又北有婆莴室韦,东又有岭西室韦,又东南至黄头室韦,此部落兵强,人户亦多,东北与达姤接。岭西室韦北又有讷北支室韦,此部落较小。乌罗护之东北二百余里,那河之北有古乌丸之遗人,今亦自称乌丸国。武德、贞观中,亦遣使来朝贡。其北大山之北有大室韦部落,其部落傍望建河(今额尔古纳河)居。其河源出突厥东北界俱轮泊,屈曲东流,经西室韦界,又东经大室韦界,又东经蒙兀室韦之北,落俎室韦之南,又东流与那河(嫩江)、忽汗河合,又东经南黑水靺鞨之北,北黑水靺鞨之南,东流注于海。乌丸东南三百里,又有东室韦部落,在猛越河之北。其河东南流,与那河合。

《新唐书·室韦传》对这段文献进行了初步的梳理与总结,指出:

(室韦)分部凡二十余。曰岭西部、山北部、黄头部,强部也;大如者部、小如者部、婆莴部、讷北部、骆丹部:悉处柳城东北,近者三千,远六千里而赢。最西有乌素固部,与回纥接,当俱伦泊之西南。自泊而东有移塞没部;稍东有塞曷支部,最强部也,居啜河之阴,亦曰燕支河;益东有和解部、乌罗护部、那礼部、岭西部,直北曰讷比支部。北有大山,山外曰大室韦,涉于室建河(望建河)。河出俱伦,迤而东,河南有蒙瓦部(蒙兀部),其北落坦部;水东合那河、忽汗河,又东贯黑水靺鞨,故靺鞨跨水有南北部,而东注于海。猛越河东南亦与那河合,其北有东室韦,盖乌丸东南鄙余人也。

从这些文字记载中,我们可以注意俱伦泊(今呼伦湖)以及望建河(今黑龙江上游额尔古纳河)在室韦分布区的核心位置。

最值得注意的是,室韦与后来的蒙古族在族源上有直接的关联,据古今学者考证,蒙古族的直系祖先,就是和鲜卑、契丹人属同一语族的室韦各部落。额尔古纳河地区就是蒙古族先祖们最早定居生活的地方。①

(四)靺鞨的分布

靺鞨是东北地区的一个古老民族,关于靺鞨人的渊源及分布地域,《旧唐书·靺鞨传》载:"靺鞨,盖肃慎之地,后魏谓之勿吉,在京师东北六千余里。东至于海,西接突厥,南界高丽,北邻室韦。"靺鞨内分部而治,其中以黑水靺鞨势力最为强盛,成为靺鞨的代表。《新唐书》故列《黑水靺鞨传》,该《传》对靺鞨内的分部及各部方位进行了全面的记述:

> 黑水靺鞨居肃慎地,亦曰挹娄,元魏时曰勿吉。直京师东北六千里,东濒海,西属突厥,南高丽,北室韦。离为数十部,酋各自治。其著者曰粟末部,居最南,抵太白山,亦曰徒太山(今长白山),与高丽接,依粟末水以居,水源于山西,北注它漏河;稍东北曰汨咄部;又次曰安居骨部;益东曰拂涅部;居骨之西北曰黑水部;粟末之东曰白山部。部间远者三四百里,近二百里。白山本臣高丽,王师取平壤,其众多入唐,汨咄、安居骨等皆奔散,浸微无闻焉,遗人进入渤海。唯黑水完强,分十六落,以南北称,盖其居最北方者也。……初,黑水西北又有思慕部,益北行十日得郡利部,东北行十日得窟说部,亦号屈设,稍东南行十日得莫曳皆部,又有拂涅、虞娄、越喜、铁利等部。其地南距渤海,北、东际于海,西抵室韦,南北袤二千里,东西千里。

将两《唐书》之《靺鞨传》相比较,可以发现唐代重要的靺鞨部落有粟末部、汨咄部、安居骨部、拂涅部、黑水部、白山部、思慕部、郡利部、窟说部、莫曳皆部、虞娄部、越喜部、铁利部等,分布地域广袤。靺鞨人归附后,唐朝在其居留地依据各部而分别设置羁縻政区。

我们还注意到,至唐朝初年,靺鞨已发展成为一个典型的跨境民族,因此,隋、唐两朝与高丽发生的多次战争,必然对靺鞨人的分布与发展产生重大影响。如"其白山部,素附于高丽,因收平壤之后,部众多入中国。汨咄、安居骨、号室等部,亦因高丽破后奔散微弱,后无闻焉,纵有遗人,并为渤海编户"②。关于靺鞨人在唐朝后期的变迁趋势,《新唐书·黑水靺鞨传》的结语可谓一语中的:"后渤海盛,靺鞨皆役属之,不复与王会矣。"即在渤海政权崛起后,东北地区的靺鞨人及其所聚居地区基本上归于渤海疆域。渤海政权正是一个以靺鞨人为核心的民族政权。

---

① 参见韩儒林主编《元朝史》,人民出版社1986年版,第4页。

② 《旧唐书》卷一九九下《室韦传》,第5359页。

二、安东都护府与渤海政权

（一）安东都护府与高丽移民问题

隋朝时期与唐朝初年，中央王朝在今天的东北地区开拓疆域的最主要对手是高丽。唐太宗李世民于贞观十九年亲征，先后攻占盖牟城、辽东城，渡过辽水，后因久攻安市城不下而无奈班师。高宗乾封元年（666），高丽境内发生内乱，唐朝又派遣大将李勣等率领大军东征，经过苦战，终于总章元年（668）攻占高丽都城平壤，取得了对高丽战役决定性的胜利。战争结束后，唐朝首先在当地建立羁縻政区。“高丽国旧分为五部，有城百七十六，户六十九万七千；仍分其地置都督府九、州四十二、县一百，又置安东都护府以统之。擢其酋渠有功者授都督、刺史及县令，与华人参理百姓。”①

在唐朝对高丽战争期间，我们注意到唐朝采取的另一项重要举措便是徙民，即将大批高丽战俘及降民迁入唐朝境内。据两《唐书》之《高丽传》，这方面的相关记载主要有：

1.“李勣军渡辽，进攻盖牟城，拔之，获生口二万，以其城置盖州。”

2. 攻下辽东城后，“俘其胜兵万余口，以其城为辽州”。

3. 攻下白崖城后，“获士女一万，胜兵二千四百，以其城置岩州”。

4. 高丽将军高延寿、高惠贞等人率众投降后，“太宗简傉萨（高丽官名）以下酋长三千五百人，授以戎秩，迁之内地”。

5. 太宗班师之时，拔盖、辽二州之人以归。

6.“初，攻陷辽东城，其中抗拒王师，应没为奴婢者一万四千人，并遣先集幽州，将分赏将士。太宗愍其父母妻子一朝分散，命有司准其直，以布帛赎之，赦为百姓。”

7.“总章二年（669），徙高丽民三万于江淮、山南。”

8. 仪凤中，高丽国王高藏谋反，被配流邛州。唐朝“分徙其人，散向河南、陇右诸州，其贫弱者留在安东城傍”。

以上述辽州城俘虏的处置为例，可知唐朝通常将抵抗的战俘罚没为奴婢，作为战利品迁入内地。这样，粗略计算，仅战俘前后就有数万之众。徙民之中有不少是原高丽的酋长，当然更多是平民，前后各类移民合计应有近十万之众。这些移民的迁入地是相当分散的，如江淮、山南、河南、陇右等地均有。不过，内迁高丽移民最集中的安

① 《旧唐书》卷一九九上《高丽传》，第5327页。

置区还要数安东都护府所领州县。

关于安东都护府的设置及变化过程,《旧唐书·地理志》载:

总章元年(668)九月,司空李勣平高丽。高丽本五部,一百七十六城,户六十九万七千。其年十二月,分高丽地为九都督府,四十二州,一百县,置安东都护府于平壤城以统之。用其酋渠为都督、刺史、县令,令将军薛仁贵以兵二万镇安东府。上元三年(676)二月,移安东府于辽东郡故城(今辽宁省辽阳市)置。仪凤二年(677),又移置于新城(今辽宁省新民市东北)。圣历元年(698)六月,改为安东都督府。神龙元年(705),复为安东都护府。开元二年(714),移安东都护于平州(治今河北省卢龙县)置。天宝二年(743),移于辽西故郡城(今辽宁省义县西)置。至德后废,初置领羁縻州十四,户一千五百八十二。

在这段史料中,有两个问题值得关注:一是安东都护府的治所,二是安东都护府的权限及督领范围。首先,从唐高宗总章元年设置,到"安史之乱"后至德元年废止,安东都护府设置时长达近九十年,其治所有一个从朝鲜半岛回迁到今天的中国东北地区的过程,而且,治于今天中国境内的时间更长,达八十年,而治于平壤的时间只有不到十年。因此,可以确定,唐朝安东都护府是主要设置于今天中国境内的羁縻政区。其次,在权限与督领范围上,《旧唐书·地理志》的这段文字存在着前后矛盾现象。如讲明安东都护府在初置之时,所督领的对象是高丽本部,即"九都督府,四十二州,一百县",但后面又提出"初置领羁縻州十四",这十四个羁縻州显然不是当时名将薛仁贵统二万唐军所督领的范围。

关于这十四州的性质,《旧唐书·地理志》进一步解释:"凡此十四州,并无城池。是高丽降户散此诸军镇,以其酋渠为都督、刺史羁縻之。天宝,领户五千七百一十八,口一万八千一百五十六。"《新唐书·地理志》也曾试图对安东都护府的前后变化做出简要的解释:"太宗亲征,得盖牟城,置盖州(治今辽宁省盖州市);得辽东城,置辽州;得白崖城,置岩州。及师还,拔盖、辽二州之人以归。高宗灭高丽,置都督府九,州四十二,后所存州止十四。"

显然,《新唐书》作者虽然指出了以原居城置州与徙民侨置州之间的区别,但依然不肯明确承认唐朝撤出朝鲜半岛本土后对其本土羁縻州的全面放弃。自安东都护府退出高丽境内后,其所管辖的对象便变为迁入中国境内的高丽降民,故而,《新唐书·地理志》也直称其为"高丽降户"州府。安东都护府也就成为因这些高丽移民而建置的羁縻政区,这些羁縻府州所在地区也自然成为进入中国境内的高丽移民最集中的聚居区域。

然而关于安东都护府所领羁縻府州的名称与数量,《旧唐书·地理志》与《新唐书·地理志》的记载并不相同。

唐朝安东都护府所领羁縻府州名称对照表

羁縻政区名称	合　计	资料来源
新城州都督府、辽城州都督府、哥勿州都督府、建安州都督府、南苏州、木底州、盖牟州、代那州、仓岩州、磨米州、积利州、黎山州、延津州、安市州	四个都督府、十个州	《旧唐书·地理志》
南苏州、盖牟州、代那州、仓岩州、磨米州、积利州、黎山州、延津州、木底州、安市州、诸北州、识利州、拂涅州、拜汉州、新城州都督府、辽城州都督府、哥勿州都督府、卫乐州都督府、舍利州都督府、居素州都督府、越喜州都督府、去旦州都督府、建安州都督府	九个都督府、十四个州	《新唐书·地理志》

(二)渤海政权的族属与疆域政区[①]

同样作为跨境民族政权,与“箕子朝鲜”相比,渤海政权的归属问题显得更加复杂。最晚至十八世纪后期,朝鲜一些学者已公开将渤海政权作为朝鲜历史的重要部分,将一时并存的渤海与新罗合称为“南北国”,标志着朝鲜历史上一个南北分治的时代。现代朝鲜学者几乎将此视为不刊之论,甚至写进了诸如所谓《朝鲜通史》等官方教科书。[②] 很明显,朝鲜及韩国学者在关于这一问题的讨论中过多地掺入了民族情感,如云:“渤海是朝鲜人在政治和文化上统治满洲的最后一个国家。渤海在朝鲜人民历史中的地位被认为就在于此。”[③]但学术研究尤其是历史学研究的真正价值在于忠实于事实尤其是历史事实真相,学术问题的评判标准更应该公允与公正。只要我们较全面地考察一下渤海政权兴衰史,便会发现“南北国时代论”实在难以让人信服。

首先,渤海政权是由靺鞨人创立的,其统治范围内的主要民族也是靺鞨人。靺鞨人是长期生活于中国东北地区的古老民族,分支众多,分布地区广袤。其中,粟末靺鞨是位置最靠近朝鲜半岛的一支,而渤海政权的创立者大祚荣就是粟末靺鞨人。关于渤海政权的创立,《新唐书·渤海传》载:“渤海,本粟末靺鞨附高丽者,姓大氏。高

① 中外学者关于渤海历史地理的研究成果极多,参见李东源译《渤海史译文集》,黑龙江社会科学院历史所1986年版。

② 王健群《“南北国时代论”纠缪》,《社会科学战线》1995年第2期。

③ 〔韩〕李基白《韩国史新论》,国际文化出版公司1994年版,第97页。

丽灭,率众保挹娄之东牟山(在今吉林省敦化市东北),地直营州东二千里,南比新罗,以泥河(今龙兴江)为境,东穷海,西契丹。筑城郭以居,高丽逋残稍归之。”

隋唐时期,朝鲜半岛上高丽王朝兴盛,其疆域甚至一直扩展至今天的中国东北一带,居住于营州(柳城,今辽宁省朝阳市)一带的靺鞨人也被高丽人征服,依附于高丽,故《旧唐书·渤海靺鞨传》又称之为“高丽别种”。隋、唐二朝都与高丽爆发了旷日持久的战争。在双方付出惨重代价之后,到668年,高丽王国灭亡,高丽大批臣民被内迁,也集中于营州一带。这些内迁的原来高丽的臣民正是日后渤海政权建立的基础力量。698年(唐圣历元年),乘局势动荡、契丹等少数民族纷纷对抗唐朝统治之时,大祚荣于今天的吉林敦化敖东城自立为震国王。后来,唐朝政府册封大祚荣为渤海郡王,以其所统为忽汗州,授其为忽汗州都督。这使渤海政权的性质趋于复杂化,它既是一个民族地方政权,又是唐王朝属下的羁縻州。以大祚荣为首的渤海政权统治者采取务实的交往政策,与唐朝建立起良好的关系,表面看起来,其附庸性质是相当明显的,而实际上,唐朝对其内部事务并不干涉,渤海的独立特征也是不容置疑的,号称“海东盛国”。关于渤海境内民族的构成,日本学者菅原道真《类聚国史》称:“其国延袤二千里,无州县馆驿,处处有村里,皆靺鞨部落。其百姓者,靺鞨多,土人少,皆以土人为村长。大村曰都督,次曰刺史,其下百姓皆曰首领。”①

可见,就民族归属与人口比例而论,渤海政权无疑是以古代靺鞨人为主体的。《新唐书·渤海传》有一段记载颇耐人寻味:大祚荣自立并受到唐朝册封后,“自是始去靺鞨号,专称渤海”,即由“渤海靺鞨”简称为“渤海”,这种名称的变化,当然无法改变其民族主体的根本性质。

与其境内民族构成特征相一致,渤海政权文化习俗的渊源及特征也相当明确。上层雅文化如典章制度等主要仿效中央王朝模式,“大抵宪象中国制度”②,汉化程度相当高。下层俗文化大致与高丽、契丹相同。如《旧唐书·渤海靺鞨传》称:“风俗与高丽及契丹同。”据此可知,出于人口迁移造成的多民族混居的特点,当时今天的中国东北地区与朝鲜半岛北部地区的风俗具有明显的相似性。单从风俗特征自然无法确定其政权的归属。

其次,就疆域范围而言,渤海政权的主体仍然在今鸭绿江以北的中国境内。这在其疆域与政区方位方面反映得最为明显。《旧唐书·渤海靺鞨传》载:“圣历中,自立

① 金毓黻《渤海国志长编》(上编),第115页引文,《社会科学战线》杂志社1980年印行。
② 《新唐书》卷二一九《渤海传》,第6183页。

为振国王，遣使通于突厥。其地在营州之东二千里，南与新罗相接，越熹靺鞨东北至黑水靺鞨，地方二千里，编户十余万，胜兵数万人。风俗与高丽及契丹同，颇有文字及书记。"①又据《新唐书・渤海传》，其"地有五京、十五府、六十二州"②，如：

1. "以肃慎故地为上京，曰龙泉府（治今黑龙江省宁安市西南东京城），领龙、湖、渤三州。"

2. "其南为中京，曰显德府（治今吉林省敦化市），领卢、显、铁、汤、荣、兴六州。"

3. "濊貊故地为东京，曰龙原府（治今吉林省珲春市西南八连城），亦曰栅城府，领庆、盐、穆、贺四州。"

4. "沃沮故地为南京，曰南海府（治今朝鲜咸兴），领沃、睛、椒三州。"

5. "高丽故地为西京，曰鸭渌府（治今吉林白山市浑江区鸭绿江南岸长城里），领神、桓、丰、正四州；曰长岭府（治今吉林省桦甸市南），领瑕、河二州。"

6. "扶余故地为扶余府（治今吉林省四平市）……领扶、仙二州；鄚颉府（治今黑龙江省哈尔滨市阿城区），领鄚、高二州。"

7. "挹娄故地为定理府（治今俄罗斯苏昌），领定、潘二州；安边府（在今俄罗斯奥尔加一带），领安、琼二州。"

8. "率宾故地为率宾府（治今俄罗斯乌苏里斯克），领华、益、建三州。"

9. "拂涅故地为东平府（治今黑龙江省依兰县南），领伊、蒙、沱、黑、比五州。"

10. "铁利故地为铁利府（治今黑龙江省依兰县西南），领广、汾、蒲、海、义、归六州。"

11. "越喜故地为怀远府（治今黑龙江省同江市南），领达、越、怀、纪、富、美、福、邪、芝九州；安远府（在今俄罗斯伊曼东北一带），领宁、郿、慕、常四州。"

12. 郢、铜、涑三州为独奏州，直属于高丽王廷，在上京附近。

渤海政权的疆域"地方五千里"，涉及今天中国、朝鲜及俄罗斯三国领土，但其主体仍在中国东北地区。如五京之中就大致有四京在中国境内，十五府中也只有一个半府（南海府与鸭渌府的一半面积）在今朝鲜境内。③ 这一大片疆域虽曾一度为高丽王朝所据，但从隋唐至明清，归属于中国历代封建王朝的时间更为漫长。况且在当

---

① 《旧唐书》卷一九九下《渤海靺鞨传》，第5360页。

② 关于渤海境内府州方位的详细考订，参见〔日〕和田清《渤海国地理考》，载于《渤海史译文集》，第275~327页；王承礼《渤海简史》第三章《渤海的疆域和地理》，黑龙江人民出版社1984年出版。

③ 关于渤海政权疆域范围参见谭其骧主编《中国历史地图集》第五册，地图出版社1982年版，第78~79页。

时，渤海政权所辖地域在名义上仍属唐朝的羁縻府州，唐朝以其所统之地为忽汗州，封高丽王为忽汗州都督。我们不能因为大祚荣等靺鞨人曾为高丽王朝的臣民，渤海境内又有不少高丽遗民，就不分青红皂白地认定渤海政权纯为古代高丽人所建立。

最后，辽天显元年（或称天赞六年，927），渤海政权为契丹人所攻灭，渤海政权大批遗民又归属辽、金等王朝统治。《金史·高丽传》对渤海政权的历史进行了十分扼要的总结："唐初，靺鞨有粟末、黑水两部，皆臣属于高丽。唐灭高丽，粟末保东牟山渐强大，号渤海，姓大氏，有文物礼乐。至唐末稍衰，自后不复有闻。金伐辽，渤海来归，盖其遗裔也。"可以说，人口迁移贯穿渤海政权兴衰史。渤海政权灭亡后，所辖民众四散奔逃，契丹人、女真人先后将渤海辖民进行大规模的内迁。民族大融合运动在今天的中国东北地区再度掀起。如契丹人对渤海辖民实行较大规模的内迁就有两次，分别迁往上京临潢府及辽东一带。此后，渤海境内多数居民离开了原来的居住地。[①] 另据洪皓《松漠纪闻》等书的记载，耶律阿保机攻灭渤海后，已"徙其名帐千余户于燕（今河北省北部），给以田畴，捐其赋入，往来贸易关市皆不征，有战则用为前驱"。这说明渤海军事贵族已成为辽朝的重要武装力量。辽朝末年，渤海遗族有匡复旧国之举，女真人进行军事打击后，虑其人多难制，就以戍守的名义，将渤海遗民逐步南迁至山东一带。女真人原本就与渤海人同出于古靺鞨族，完颜阿骨打的先祖函普曾长期生活在高丽地区，故有"女真、渤海是一家"的说法，具有民族融合的优势，再加上长期共同居住，渤海人与女真人逐渐不分彼此。大批渤海遗族为金朝政治文化的发展做出了积极贡献。

可以肯定，今天的中国东北地区民族构成的复杂与迁徙的频繁，直接造成渤海境内民族与文化特征的复杂性。如果以今天中朝两国边界为限，渤海政权属古代历史上的"跨境政权"。无论从其内部的民族构成来观察，还是分析其历史的演变，我们都无法将其发展史与中国古代史割裂开来，虽然渤海政权的兴衰也与朝鲜古代史密切相关，但它更应是中国古代史的有机部分，是中国边疆民族发展史不可或缺的内容。

---

① 王钟翰主编《中国民族史》，第418~419页。

国家出版基金项目
NATIONAL PUBLICATION FOUNDATION

中国历史民族地理

（下）

ZHONGGUO LISHI MINZU DILI

安介生 著

齊魯書社
·济南·

第五章　辽宋金夏民族地理

绪论　辽宋金夏时期的疆域建设、民族认知与分布格局

在“五代十国”分裂割据时代之后，至元朝大统一之前，中国历史上又出现了长期的、多个民族政权对峙分立的局面。但是，同之前南北朝以及唐朝后期形成明显对比，这一对峙时期的特点不再是南、北或东、西两大政治重心的对立称雄，而是多个政权重心的同时并立。这一历史时期的政权重心，就是辽、北宋与南宋、金、西夏等几大重要政权。这些政权在强盛之时，各自占据了幅员辽阔的疆土，或四方分治，或鼎足而三。政治地理格局与民族分布格局较之南北朝时期，有着很大的改观。最终，辽朝、金朝与两宋王朝的正统性均得到了认可，《辽史》《金史》与《宋史》一样被列入最正统、最重要的史籍系统——“二十四史”之中，足证辽、金两大民族政权在中国政治演变及民族发展史上的地位与影响。可以说，辽宋金夏时期是中国民族历史发展中的一个特殊的调整时期，而不能简单视之为由一个统一政权转变成的“分裂时代”，或者说一种一统政治形态的“倒退”。

首先，隋唐时代可谓坚守“华夷五方格局”的“谢幕”时期，在隋唐王朝之后，以中原或“中国”为核心的“五方模式”完全不适应于当时的民族地理状况，古代传统史家所固守的早期民族地理观念——“华夷五方格局论”终于走到了尽头。辽宋金夏时期的民族与政治地理格局，彻底颠覆了“五方格局”的范式，同样崛起于东北地区的辽、金两大政权，相继建立起自己强有力的政权，而且占据原属中央王朝的大片地盘，实际上成为中原地区的统治者。面对这种历史变迁的中原士大夫无法再用偶然因素解释这种历史演变的态势，史家们的历史叙述再也无法套用“华夷五方”的古老模式了。与此同时，契丹、女真等边疆民族进入中原地区之后，在新的环境里建立与稳固自己

的政权，完善新的生存形态，实现新的发展，也存在一个调整与适应的问题，因此，各民族都需要较大幅度地调整民族与国家观念，重新构建关于中国民族历史与地理演变的叙述范式。

名目的变化，正是民族与国家观念变化的一种典型体现。这种问题不单单是后世史家的追述问题，更是当时政治发展形态的真实反映。如以《宋史》为例，其体裁之变最为突出，既列有多卷《外国传》，讲述夏（西夏）、高丽、交阯等政权的历史，又列有《蛮夷传》，讲述其境内诸多族群的历史沿革。这种名目的出现，既有传承，又有突破。“蛮夷”之称谓显然是对传统史家正统观念的袭取，显示出对于这些境内族群的认知还处于早期阶段。而在另一方面，则是对于西夏、高丽、交阯等其他政权某种意义上的承认，再也不是中原部分史家的独自尊大。又如《辽史》中列有《外纪》，分别讲述高丽与西夏的历史，而关于其境内的民族问题，则有《部族表》及《属国表》进行说明。与《辽史》相仿，《金史》则列有《外国传》，分别回顾西夏与高丽的历史演变。

其次，从表面看来，辽、金、西夏等政权都是由较纯粹的民族政权演化而来，都有其作为基本统治力量的核心民族或主导民族，带有明显的民族政权色彩，但是，实际上，与两宋政权一样，每个政权内部的民族构成都较为复杂。因此，这种政权分布（疆域划定），又不能与民族人口分布完全等同起来，因为各个民族政权在发展过程中都无一例外地吸纳了大量的其他多族人口，正因为如此，我们甚至常常无法大致确定在各个地区中各个民族所占的人口比例。我们必须对各个民族政权内部的民族成分与分布地域进行具体的论证，而不能简单依据主导民族来确定各个民族政权的民族构成，也不能依据各个民族政权的疆域来划定“民族分布区”的界限。这也是这一时期民族地理研究需要高度关注的问题。

再次，辽宋金夏时期中国政治地理格局的形成，与当时各主要民族人口规模、迁移以及分布格局有着密切的甚至是根本性的联系。甚至可以说，当时的政权与民族格局，在很大程度上正是民族人口迁移与再调整的结果，始终处于不断变化之中。这也是当时民族地理变迁的重要特征。其中，最重要也最著名的两宋之际的“靖康南渡”，是中国历史上又一次民族大迁徙运动，影响最为广泛。随着民族人口的迁移及其格局的再调整，政治格局也不可避免地发生改变。政治格局的演变，往往就是民族人口分布格局演变的结果。这场大迁徙不仅宣告了北宋政权的灭亡与南宋政权的创立，同时，在很大程度上决定了南宋与金朝两大政权的疆域规模。

最后，两宋时期的地理学成就，已得到现代中外学术界的高度重视与推崇。① 其中，一批内容丰富且留存至今的史地巨著，成为其成就的突出标志。如乐史《太平寰宇记》、王存等《元丰九域志》、欧阳忞《舆地广记》、王象之《舆地纪胜》、祝穆等《方舆胜览》等，都是当时地理学发展的巅峰之作。此外，宋代方志学的发展取得了卓越的成就，宋代很多留存至今的方志著作成为中国历史人文地理学研究的资料宝藏。

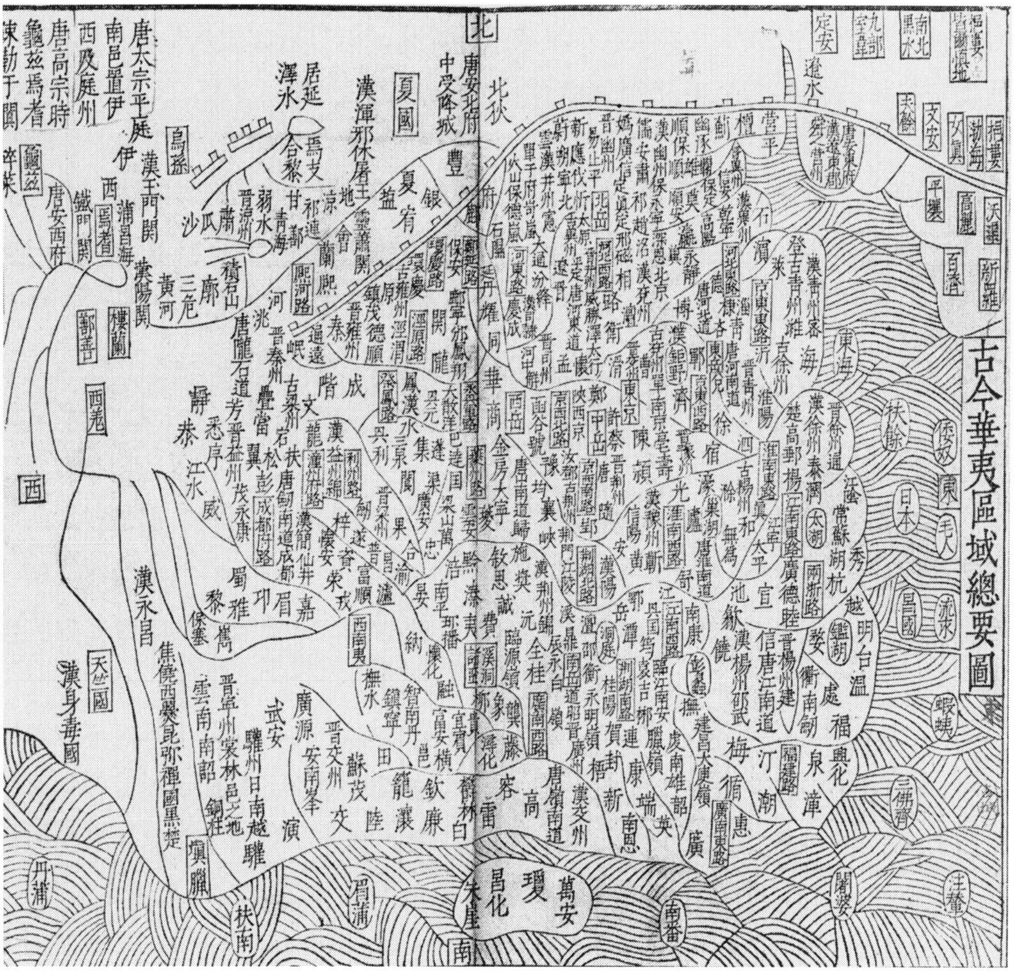

《**古今华夷区域总要图**》（选自《历代地理指掌图》）②

然而，也要看到，就当时的民族认知以及民族地理研究而言，两宋时代并没有实现较大的跨越，或者说没有实现新的较明显突破。因为与汉唐时代相比，两宋时期的

① 参见潘晟《宋代地理学的观念、体系与知识兴趣》，商务印书馆 2014 年出版。

② 参见《地图的见证——中国疆域变迁与地图发展》，中国地图出版社 2011 年版，第 63 页。

疆域大幅缩减，当时的学者也没有实地调研的机会，因此，在边疆及民族区域的研究方面，不少著作只是在整理前人的成果，或复述前人的结论，对于两宋时期的新进展或新情况，较少提及或论列，即使如《太平寰宇记》等巨著也是如此。

一、辽时期疆域、政区建设与民族认知

创立辽朝的契丹人，很早便出现于文献记载之中，而辽朝的创立过程，则存在明显的阶段性特征。如关于辽朝创立及疆域拓展状况，《契丹国志·州县载记》称："太祖、太宗初兴，战争四十余年，吞并诸蕃，割据燕、云，南北开疆五千里，东西四千里，共二百余州。"①又《辽史·地理志一》称：

太祖以迭剌部之众代遥辇氏，起临潢，建皇都，东并渤海，得城邑之居百有三。太宗立晋，有幽、涿、檀、蓟、顺、营、平、蔚、朔、云、应、新、妫、儒、武、寰十六州，于是割古幽、并、营之境而跨有之。东朝高丽，西臣夏国，南子石晋，而兄弟赵宋，吴越、南唐航海输贡。嘻，其盛矣！……总京五，府六，州、军、城百五十有六，县二百有九，部族五十有二，属国六十。东至于海，西至金山，暨于流沙，北至胪朐河，南至白沟，幅员万里。②

辽朝鼎盛时期的疆域面积规模是相当惊人的，而其最重要的拓展，正是辽太宗耶律德光在位时期，在扶持石晋政权的同时，兼并了"燕云十六州"地区，从而使辽朝政权成为中国历史上又一个跨起长城南北的北方民族政权，其疆域成就堪与北魏政权相媲美。

众所周知，长城不仅是一道政治与国防意义上的疆域界线，更是中国经济地理格局中农业区与牧业区的分界线。古代史上任何政权都很难在长城南北地区实行整齐划一的治理形式或统一的方式，这也就是辽朝"南面官"与"北面官"制度出现的背景。如《辽史·百官志一》称："……至于太宗，兼制中国，官分南、北，以国制治契丹，以汉制待汉人。国制简朴，汉制则沿名之风固存也。辽国官制，分北、南院，北面治宫帐、部族、属国之政，南面治汉人州县、租赋、军马之事。因俗而治，得其宜矣。"③可见，辽朝"南面官"与"北面官"之行政体系是为了适应长城南北地区不同情况而创置，是中国政治制度史上的一次重大突破。

---

① (宋)叶隆礼撰，贾敬颜、林荣贵点校《契丹国志》卷二二，中华书局2014年版，第233页。

② 《辽史》卷三七《地理志一》，第437~438页。

③ 《辽史》卷四五《百官志一》，第685页。

辽朝(契丹政权)军政区划结构简表

区划类别名称	区划名称(1)	区划名称(2)
五京五处	燕京三司、西京转运、中京度支、上京盐铁、东京户部钱铁司	南京三司使司、西京计司、中京度支使司、上京盐铁使司、东京户部使司
大藩(府)六处	南大王府、北大王府、乙室王府、黄龙府、兴中府、奚王府	南大王府、北大王府、伊实王府、黄龙府、兴中府、奚王府
钱帛司三处	长春路、辽西路、平州	长春路、辽西路、平州路
节镇州	(33处)云内州、奉圣州、长春府、龙化州、海北州、贵德州、蔚州、应州、朔州、锦州、乾州、显州、霸州、辽州、咸州、沈州、苏州、复州、庆州、祖州、川州、成州、莱州、懿州、宜州、坤州、平州、辰州、兴州、同州、信州、饶州、建州	(47处)祖州、怀州、庆州、泰州、长春州、仪坤州、龙化州、饶州、徽州、成州、懿州、渭州、镇州(以上上京道);开州、保州、辰州、兴州、海州、渌州、显州、乾州、贵德州、沈州、辽州、通州、双州、同州、咸州、信州、宾州、懿州、苏州、复州、祥州(以上东京道);成州、宜州、锦州、川州、建州、来州(以上中京道);平州(以上南京道);丰州、云内州、奉圣州、蔚州、应州、朔州(以上西京道)①
观察防御团练使	(8处)永州、秦州、宁江州、归州、高州、广州、武安州、利州	(13处)永州、静州(以上上京道);益州、宁州、归州、宁江州、广州、镇海府、冀州、衍州(以上东京道);高州、武安州、利州(以上中京道)
刺史州	(70余处)德州、黔州、潭州、惠州、榆州(1)、营州、滦州、胜州、温州、岩州、归化州、榆州(2)、松州、恩州、山州、武德州、通州、韩州、乌州、靖州、宁边州、宾州、祥州、新州、卫州、降圣州、燕州、海州、渌州、银州、辽西州、铁州、开州、保州、蘋州、北安州、凿州、嘉州、集州、连州、弘东州、演州、肃州、威州、古州、仙涧州、文州、兰州、慎州、拱州、安州、渝州、河州、双州、宋州、涿州、易州、檀州、顺州、蓟州、雍州、东州、海州、东胜州、景州、许州、招州、康州、锦州、来州、儒州、云州、平州	(71处)乌州、降圣州、维州、防州、招州(以上上京道);穆州、贺州、宣州、怀化州、卢州、铁州、崇州、耀州、嫔州、嘉州、辽西州、康州、宗州、海北州、岩州、集州、祺州、遂州、韩州、银州、安远州、威州、清州、雍州、湖州、渤州、郢州、铜州、涑州、荆州、吉州、麓州、胜州、顺化州、连州、肃州、安州(以上东京道);恩州、惠州、榆州、泽州、北安州、潭州、松江州、安德州、黔州、严州、隰州、迁州、润州(以上中京道);顺州、檀州、涿州、易州、蓟州、景州、滦州、营州(以上南京道);宏州、德州、宁边州、归化州、可汗州、儒州、武州、东胜州(以上西京道)
诸臣投(头)下州	(23处)微州、濠州、驩州、卫州、荆州、闾州、随州、和州、澄州、全州、义州、遂昌州、豫州、员州、福州、荣州、唐州、粟州、黑州、河州、茂州、麓州、宗州	(16处)徽州、成州、懿州、渭州、壕州、原州、福州、横州、凤州、遂州、丰州、顺州、闾州、松山州、豫州、宁州

资料来源:(1)(宋)叶隆礼撰《契丹国志》卷二二,中华书局2014年版。

(2)《钦定重订契丹国志》卷二二,清文渊阁《四库全书》本。

---

① 原注:原书无苏州,有绵州、海北州、蓟州。《辽史》并为刺史州。

如以“北面官”为例，契丹北枢密院“掌兵机、武铨、群牧之政，凡契丹军马皆属焉。以其牙帐居大内帐殿之北，故名北院。元好问所谓‘北衙不理民’是也”①。不过，总体而言，“兵民合一”是契丹最根本的民族文化特征，虽然有“北面官”与“南面官”之区别，辽朝的军政制度建置往往都具备“兵民合一”的结构性特点，行政区与军事区往往无法分离。这在边疆地区表现得最为突出。

辽朝边疆地区的民族构成复杂，治理难度相当大，因而辽朝统治者十分重视边疆地区军政区划建置，为此特别在“北院”系统下设有“北面边防官”与“北面属国官”加以管理。如“辽境东接高丽，南与梁、唐、晋、汉、周、宋六代为劲敌，北邻阻卜、术不姑，大国以十数；西制西夏、党项、吐浑、回鹘等，强国以百数。居四战之区，虎踞其间，莫敢与撄，制之有术故尔。观于边防之官，太祖、太宗之雄图见矣”②。为了增强对边疆及民族区域的控制与治理，辽朝在边疆区域的规划建设方面有着十分明显的目的性与指向性。如：

> 沙漠府（西路）控制沙漠之北：置西北路都招讨府、奥隗部族衙、驴驹河统军司、倒挞岭衙，镇抚鞑靼、蒙骨、迪列诸军；
>
> 云中路控制夏国：置西南面都招讨司府、西京兵马都部署司、金肃、河清军、五花城、南北大王府、乙室王府、山金司；
>
> 燕山路备御南宋：置燕京都总管府、节制马步军控鹤指挥使、都统军司、牛栏监军寨、石门详稳司、南北皮室司、猛拽剌司，并隶总管府；
>
> 中、上京路控制奚境：置诸军都虞候司、奚王府大详稳司、大国舅司、大常衮司、五院司、六院司、杳温司；
>
> 辽东路控扼高丽：置东京兵马都部署司、契丹奚汉渤海四军都指挥使、保州统军司、汤河详稳司、金吾营、杓窊司；
>
> 长春路镇抚女真、室韦：置黄龙府兵马都部署司、咸州兵马详稳司、东北路都统军司。③

从上述军政地理建置中可以看出契丹政权周边重要的民族及族群，如北面蒙古大漠中的蒙古（鞑靼）、西南方面的党项（西夏）、南方的汉（宋）、东北方面的奚、东南面的高丽（朝鲜）以及周边的女真与室韦等。《辽史·百官志》的记载，与《契丹国志》的上述记载可以相互印证（见下表）。

---

① 《辽史》卷四五《百官志一》，第686页。

② 《辽史》卷四六《百官志二》“北面边防官”，第742页。

③ 《契丹国志》卷二二，中华书局2014年版，第235~236页。

辽朝边疆政区功能简表

路名	下 属 官 司	备御或控制目标
上京路	诸军都虞候司、奚王府等	诸奚
辽阳路	东京兵马都部署司,契丹、奚、汉、渤海四军都指挥使司,东京都统军使司等	高丽
长春路	黄龙府兵马都部署司、黄龙府铁骊军详稳司等	东北诸势力
南京	南京都元帅府、南京兵马都总管府、南京马步军都指挥使司等	宋
西京	西南面安抚使司、西南面都招讨司、西南边大详稳司等	西夏
西北路	西北路招讨使司、西北路管押详稳司、西北路总领司等	诸国

资料来源:《辽史》卷四六《百官志二》。

对于边疆建设以及民族分布研究而言,边疆地区的部族分布情况极为重要。《辽史·百官志》中十分清晰地列出了“北面属国官”的内容,十分珍贵,对于我们了解辽朝边疆地区属国及民族情况具有很高的参考价值。据载:“辽制,属国、属部官,大者拟王封,小者准部使。命其酋长与契丹人区别而用,恩威兼制,得柔远之道。”①《辽史·百官志》将属国、属部归为三大类:诸国、诸大部以及诸部。数量较多,导致辽朝边疆地区民族构成十分复杂(参见下表)。②

属国(部)归类	具 体 名 目	数量
诸国	女直国顺化王府、北女直国大王府、南女直国大王府、曷苏馆路女直国大王府、长白山女直国大王府、鸭绿江女直大王府、濒海女直国大王府、阻卜国大王府、西阻卜国大王府、北阻卜国大王府、西北阻卜国大王府、乞粟河国大王府、城屈里国大王府、术不姑国大王府、阿萨兰回鹘大王府、回鹘国单于府、沙州回鹘燉煌郡王府、甘州回鹘大王府、高昌国大王府、党项国大王府、西夏国西平王府、高丽国王府、新罗国王府、日本国王府、吐谷浑国王府、吐浑国王府、辖戛斯国王府、室韦国王府、黑车子室韦国王府、铁骊国王府、靺鞨国王府、沙陀国王府、濊貊国王府、突厥国王府、西突厥国王府、斡朗改(乌梁海)国王府、迪烈(敌烈)德国王府、于厥国王府、越离睹国王府、阿里国王府、襖里国王府、朱灰国王府、乌孙国王府、于阗国王府、狮子国王府、大食国王府、西番国王府、大番国王府、小番国王府、吐蕃国王府、阿撒里国王府、波剌国王府、惕德国王府、仙门国王府、铁不得(图伯特)国王府、鼻国德国王府、辖剌国只国王府、赁烈国王府、获里国王府、怕里国王府、嗓温国王府、阿钵颇得国王府、阿钵押国王府、纴没里国王府、要里国王府、徒睹古(托克托呼)国王府、素撒国王府、夷都衮国王府、婆都鲁国王府、霸斯黑国王府、达离谏国王府、达卢古国王府、三河国王府、核列哿国王府、述律子国王府、殊保国王府、蒲昵国王府、乌里国王府	78

① 《辽史》卷四六《百官志二》,第754页。

② 参见《辽史》卷四六《百官志二》,第754~766页。中华书局校订版《辽史》与清文渊阁《四库全书》本《辽史》在译名上有很大不同。本书内容以中华书局版为主,括号内为《四库全书》本译名,供参考。

（续表）

属国（部）归类	具 体 名 目	数量
诸大部	蒲鲁毛朵部大王府、回跋部大王府、嵓母部大王府、黄龙府女直部大王府、吾秃婉部大王府、乌隈于厥部大王府、婆离八部大王府、于厥里部族大王府	8
诸部	生女直部、直不姑部、狐山部、拔思母部、荼札剌部、粘八葛部、耶睹刮部、耶迷只部、挞术不姑部、渤海部、西北渤海部、达里得部、乌古部、隈乌古部、三河乌古部、乌隈乌骨里部、敌烈部、迪离毕部、涅剌部、乌濊部、鉏德部、谛居部、涅喇奥隗部、八石烈敌烈部、迭喇葛部、兀惹部、党项部、隗衍党项部、山南党项部、北大浓兀部、南大浓兀部、九石烈部、嗢娘改（乌梁海）部、鼻骨德部、退欲德部、涅古部、遥思拈部、划离部、四部族部、四蕃部、三国部、素昆那山东部、胡母思山部、卢不姑部、照姑部、白可久部、俞鲁古部、七火室韦部、黄皮室韦部、瑶稳部、嘲稳部、二女古部、蔑思乃部、麻达里别古部、梅里急部、斡鲁部、榆里底乃部、率类部、五部蕃部、蒲奴里部、闸古胡里扒部	61

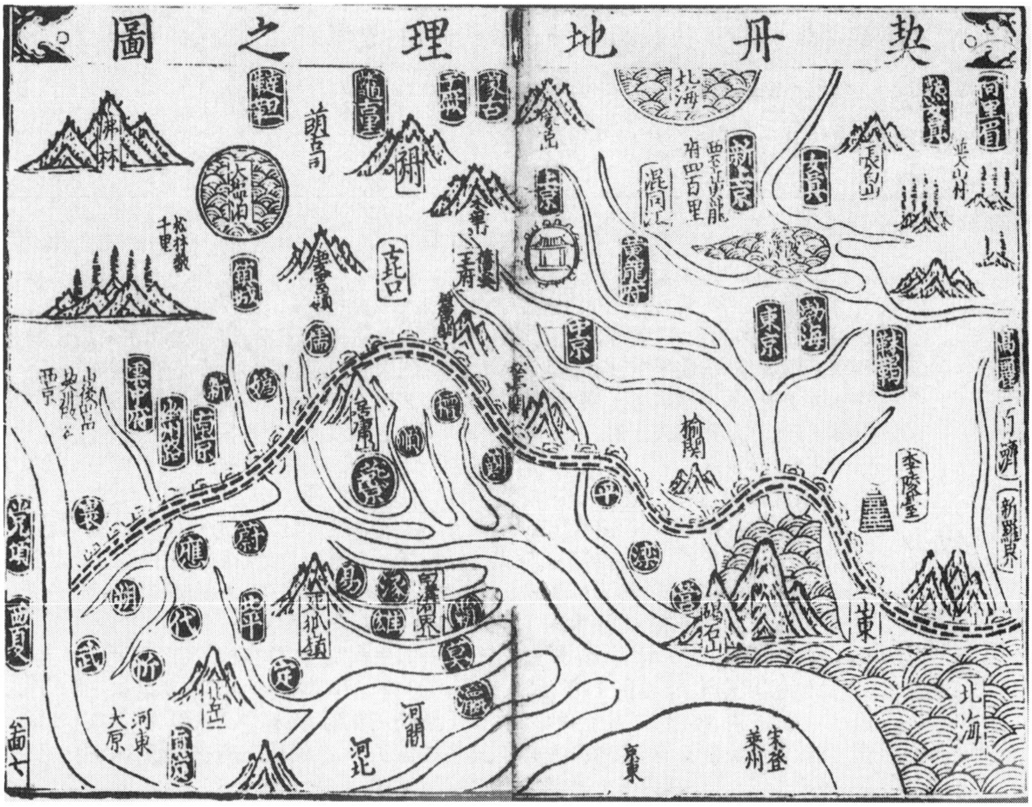

《契丹地理之图》①

① 参见《地图的见证——中国疆域变迁与地图发展》，第 65 页。

二、两宋时期疆域建设、政区建置与民族认知

两宋王朝的疆域变迁，较为复杂曲折。如北宋的建立是在承继唐末“五代十国”之分裂局面之后，通过不断的兼并战争，才逐步恢复相对“一统”的局面，前期疆域形成，长期处于一种明显的组合调整的过程之中。如《宋史·地理志》载：

宋太祖受周禅，初有州百一十一，县六百三十八，户九十六万七千三百五十三。建隆四年(963)，取荆南，得州、府三，县一十七，户一十四万二千三百；平湖南，得州一十五，监一，县六十六，户九万七千三百八十八。乾德三年(965)，平蜀，得州、府四十六，县一百九十八，户五十三万四千三十九。开宝四年(971)，平广南，得州六十，县二百一十四，户一十七万二百六十三。八年(975)，平江南，得州一十九，军三，县一百八，户六十五万五千六十五。计其末年，凡有州二百九十七，县一千八十六，户三百九万五百四。太宗太平兴国三年(978)，陈洪进献地，得州二，县十四，户十五万一千九百七十八；钱俶入朝，得州十三，军一，县八十六，户五十五万六百八十。四年(979)，平太原，得州十，军一，县四十，户三万五千二百二十。七年(982)，李继捧来朝，得州四，县八。至是，天下既一，疆理几复汉、唐之旧，其未入职方氏者，唯燕云十六州而已。

按照编撰《宋史》史家之意，比较而言，与汉、唐极盛时期疆域相比，北宋只是缺少了“燕云十六州”。的确，北宋在疆域建设与王朝发展方面的某些重要成就与贡献，应该得到公允的评价，“……东南际海，西尽巴僰，北极三关，东西六千四百八十五里，南北万一千六百二十里。……视西汉盛时盖有加焉。隋、唐疆理虽广，而户口皆有所不及”①。时至北宋末年，曾经一度全面致力于开拓疆土，但是，这些开拓疆域的努力，不仅在领土版图的扩展方面收效不大，反而耗费民力，频惹事端，最后竟成为导致王朝覆灭的祸端。“……盖自崇宁以来，益、梓、夔、黔、广西、荆湖南北迭相视效，斥大土宇，靡有宁岁，凡所建州、军、关、城、砦、堡，纷然莫可胜纪。厥后建燕山、云中两路，粗阅三岁，祸变旋作，中原板荡，故府沦没，职方所记，漫不可考。”②

“靖康之乱”(1126)后，北宋覆灭，中原大量民众南迁，南宋建立，另建“行在之所”于杭州，疆域由此丧失大半。“高宗苍黄渡江，驻跸吴会，中原、陕右尽入于金，东画长淮，西割商、秦之半，以散关(在今陕西省宝鸡市西南大散岭)为界，其所存者两

---

① 《宋史》卷八五《地理志一》，第2094~2095页。

② 《宋史》卷八五《地理志一》，第2096页。

浙、两淮、江东西、湖南北、西蜀、福建、广东、广西十五路而已。”①这样看来,《宋史·地理志》对于疆域及州县范围的取法,有些类似于魏收所撰《魏书·地形志》的取法,《宋史·地理志》主要选取了南宋时期的疆域,避免与《辽史》《金史》的冲突。《宋史·地理志》无法反映北宋时期的疆域规模,却是遗憾之事。其中,值得一提的是,燕山府路与云中府路,分别建置于宣和三年(1121)与四年(1122),即与金朝联合攻辽后收复“燕云十六州”的“战果”,但是,这并没多少实际意义。

幸运的是,今天留存了北宋时期撰写完成的多部地理总志,弥补了《宋史·地理志》的遗憾与不足。关于北宋时期的政区沿革,今存最重要的地理总志有乐史《太平寰宇记》、王存等人所撰《元丰九域志》,以及欧阳忞所撰《舆地广记》等。研究者指出:

> 《太平寰宇记》继承了唐李吉甫《元和郡县图志》的体裁,记述宋初十三道范围的全国政区建置,附以“四夷”。北宋所修地理总志除《太平寰宇记》外,尚有《元丰九域志》《舆地广记》,前书所载政区为北宋中期元丰之制,后书所载政区为北宋后期政和之制,《太平寰宇记》所载政区取制于太平兴国后期,时值北宋初期,正补二书所不及载,是考察北宋初期政区建置变迁的主要资料。②

除了上述三部地理总志,宋代地理学家税安礼所撰《历代地理指掌图》,也是研究北宋时期政区及民族地理不可缺少的重要参考著作。

北宋时期地理总志的撰者大多盛赞北宋的疆域建设成就。如乐史指出:“……皇天骏命,开我宋朝,太祖以握斗步天,扫荆蛮而干吴蜀;陛下(宋太宗赵光义)以呵雷叱电,荡闽越而缚并汾。自是五帝之封区,三皇之文轨,重归正朔,不亦盛乎!”③王存等人也大力称颂北宋的疆域建设成就:“……然自天禧(宋真宗赵恒年号,1017—1021)以后,历年兹多,事有因革,皇帝陛下疆理万邦,声教旁暨,内省州县,以休民力,南开五溪,西举六郡,皆正朔所不及,祖宗所未臣,可谓六服承德,万世之一时也。”④税安礼《历代地理指掌图》完成于元符二年(1099),其中“古今地理广狭”一节指出:

> 本朝土宇与古齐盛,凡使者所部,分为二十三路,具见于图。其四方蕃夷之

① 《宋史》卷八五《地理志一》,第2096页。

② 参见王文楚《太平寰宇记·前言》,中华书局2007年版,第3页。

③ 参见(宋)乐史《太平寰宇记·序》,王文楚等点校《太平寰宇记》,第1页。

④ 参见(宋)王存等撰,王文楚、魏嵩山点校《元丰九域志》上表,中华书局1984年版,第1页。

地,唐贾魏公所载凡数百余国,今列其著闻者,又参考传记,以叙其盛衰本末。至如西有江海诸国,西北有奄蔡,北有骨利干,皆北距大海,东北有流鬼,不知其他,以其不通名贡而无患于中国,今略而不载。①

这也是北宋学者所面临的疆域现状以及对疆域地理所持有的普遍观点。

当然,面对与汉朝极盛时期疆域的对照及差异,宋朝的地理总志又不得不做适当调整与改变。两宋学者将本朝疆域所不及而又在汉唐疆域之内的区域称为"化外州郡",即前代所称"羁縻府州",也是两宋史地著作的独创体例。如税安礼所著《历代地理指掌图》中有《圣朝化外州郡》一节,释云:"圣朝化外州,盖唐羁縻之类,虽贡赋版籍不上户部,然声教所暨,皆边州、帅府领焉。"②清代学者纪昀等人认为"化外州"的体例,创始于欧阳忞的《舆地广记》,并且评价道:"宋之疆域最狭,欧阳忞《舆地广记》于所不能有者,别立'化外州'之名,已为巧饰。至祝穆《方舆胜览》则并淮北亦不及一字矣。盖衰弱之朝,土宇日蹙,故记载不得不日减。"③其实,成书更早的《元丰九域志》就列有"化外州"的名目。④

《元丰九域志》所载"化外州"简表

所属路名	化外州名目
河北路	安东上都护府(领羁縻十四州)、幽州、慎州、易州、涿州、檀州、平州、蓟州、营州、燕州、归顺州、辽州、师州、顺州、瑞州
陕西路	安西大都护府(领龟兹、毗沙、疏勒、焉耆、月支、条支、修鲜、波斯八部落)、庭州、灵州、夏州、凉州、沙州、鄯州、瓜州、银州、盐州、胜州、宥州、西州、廓州、会州、宕州、叠州、甘州、肃州、伊州、洮阳州、建康州、镇州
河东路	安北大都护府、单于大都护府、镇北大都护府、云州、应州、新州、蔚州、妫州、朔州、寰州、儒州、毅州
利州路	松州、扶州、翼州、当州、悉州、恭州、柘州、真州、保州、静州
夔州路	思州、费州、播州、夷州、牂州、西高州、业州、充州、庄州、琰州
广南路	交州、峰州、瀼州、岩州、田州、爱州、驩州、陆州、福禄州、长州、粤州、汤州、林州、景州、环州、平琴州、演州、山州、武安州、古州、德化州、郎茫州、琳州

① 参见郭声波点校《历代地理指掌图》,《四川历史地理与宋代蜀人地图研究》后附,西安地图出版社 2014 年版,第 271 页。

② 《历代地理指掌图》之《圣朝化外州郡四十三》,第 384 页。附图见下。

③ 《(乾隆)〈大清一统志〉提要》,《钦定四库全书总目》卷六八,清文渊阁《四库全书》本。

④ 《元丰九域志》卷十,第 478~485 页。

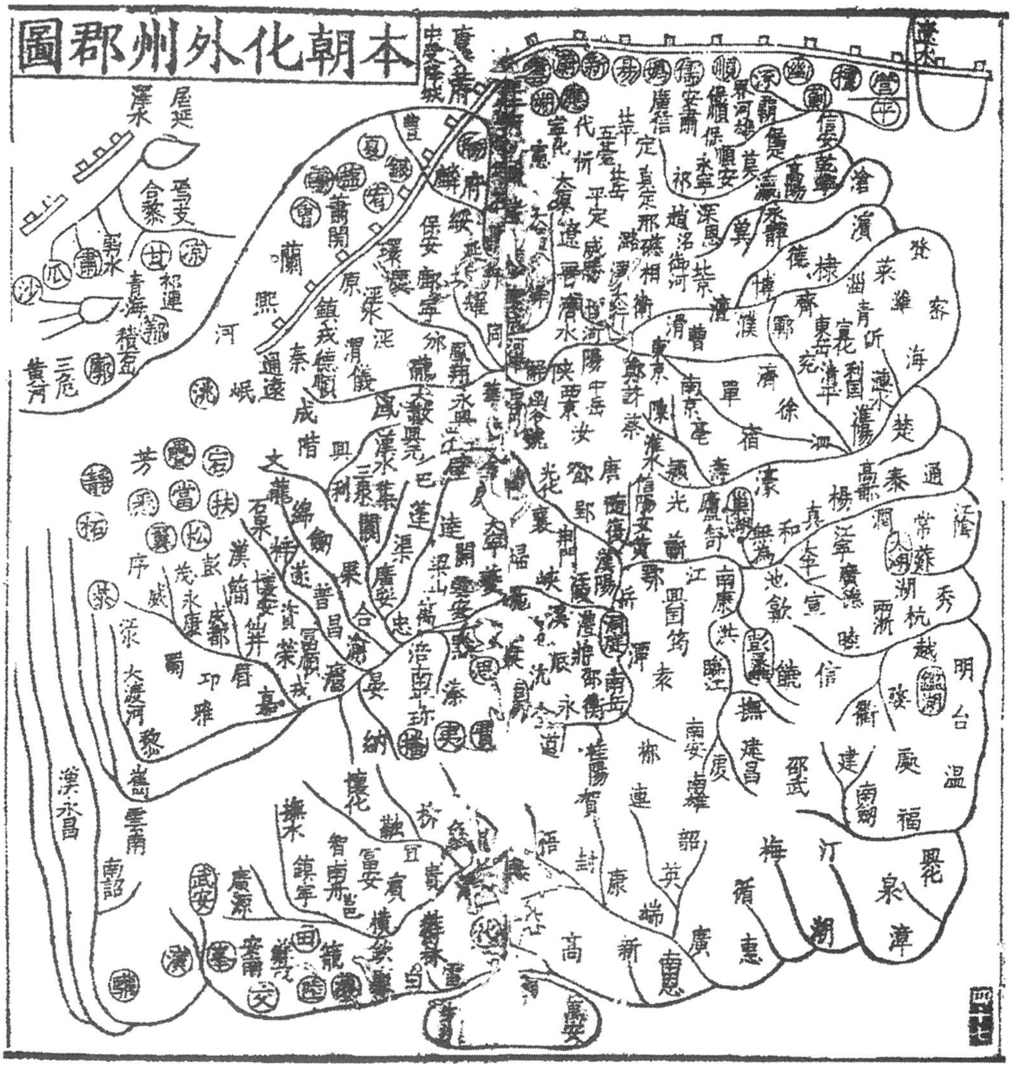

《本朝化外州郡图》

比较而言,欧阳忞所撰《舆地广记》对于“化外州”的记载,更为全面与详尽,即在化外州、县之下都有较为详细的说明。当然,这些考述内容,大都是前朝文献的重新搜集与编排,并没有多少涉及北宋时期的内容。①

所属路名	化 外 州 名
河北路	安东上都护、幽、涿、易、檀、蓟、妫、平、营

① 参见(宋)欧阳忞撰,李勇先、王小红校注《舆地广记》,四川大学出版社 2003 年出版。

（续表）

所属路名	化 外 州 名
陕西路	安西大都护、北庭大都护、灵、夏、凉、沙、瓜、盐、胜、西、伊、甘、肃、叠、宕、丰、宥
河东路	单于大都护、安北大都护、镇北大都护、云、应、新、蔚、朔、寰、儒、毅
荆湖北路	锦、奖、溪
成都府路	松、当、悉、静、恭、柘、翼、真、乾、姚、巂
利州路	扶
夔州路	费、西高
广南路	安南大都护、峰、瀼、岩、田、爱、驩、陆、福禄、长、汤、演、林、景、山、环、笼、古

在“化外州”之外，两宋时期还有“羁縻州”制度，而与“化外州”不同的是，这些羁縻州都在两宋疆域之内。从地域分布而言，两宋时期的羁縻州主要分布于西南及中南地区。虽然羁縻州与流官州县还有较大的差别，但是，设置羁縻州与否，同样与当地的开发程度以及与中央王朝的关系直接相关。两宋时期，西南地区大量羁縻州的存在，可以从一个侧面反映出当时对于南方民族地区的认知与开发的进展程度。

《元丰九域志》所载“羁縻州”简表

所属路名	羁 縻 州 名	数量
荆湖路	上溪州、下溪州、忠彭州、来化州、南州、谓州、永顺州、溪宁州、感化州、溶州、獠州、溪蓝州、新府州、顺州、保静州、古州、万州、费州、远州、奉州、襄州、许赐州、越州、宁化州、向化州、归明州、新定州、归信州、保安州、顺现州、保富州、安永州、永州、新化州、远富州、新赐州（以上北江），懿州、绵州（以上南江）	38
成都府路	罗严州、索古州、奉上州、合钦州、剧川州、辄荣州、蓬州、柏坡州、博卢州、明川州、脆胈州、蓬矢州、大渡州、米川州、大属州、河东州、诺筰州、甫岚州、昌明州、归化州、象川州、丛夏州、和良州、和都州、附木州、东川州、上贵州、滑川州、北川州、吉川州、甫萼州、比地州、苍荣州、野川州、邛陈州、贵林州、护川州、牒综州、浪弥州、郎郭州、上钦州、时蓬州、俨马州、橛查州、邛川州、护邛州、脚川州、开望州、上蓬州、比蓬州、剥重州、久护州、瑶剑州、明昌州（以上五十四州隶黎州），当马州、三井州、来锋州、名配州、钳苯州、斜恭州、尽重州、罗林州、笼羊州、林波州、林烧州、龙蓬州、敢川州、惊川州、祸眉州、木烛州、百坡州、当品州、严城州、中川州、钳矣州、昌磊州、钳并州、百颇州、会野州、当仁州、推梅州、作重州、祸林州、金林州、诺柞州、三恭州、布岚州、欠马州、罗蓬州、论川州、让川州、远南州、卑卢州、夔龙州、耀川州、金川州、东嘉梁州、西嘉梁州（以上四十四州隶雅州），珰州、直州、时州、涂州、达州、飞州、乾州、可州、向州、居州（以上十州隶茂州），保州、霸州（以上二州隶威州）	110

（续表）

所属路名	羁縻州名	数量
梓州路	连州、照州、献州、南州、洛州、盈州、德州、为州、扶德州、移州、播朗州、筠州、武昌州、志州（以上在南广溪洞），商州、驯州、浪川州、骋州（以上在马湖江），协州、切骑州、靖州、曲州、哥灵州、品州、牱违州、碾卫州、滈州、从州、播陵州、钳州（以上在石门路）（以上三十州隶戎州），纳州、薛州、晏州、巩州、奉州、悦州、思峨州、长宁州、能州、淯州、浙州、定州、宋州、顺州、蓝州、溱州、高州、姚州（以上十八州隶泸州）	48
夔州路	南宁州、琬州、犍州、清州、蒋州、矩州、蛮州、袭州、峨州、邦州、鹤州、劳州、义州、福州、儒州、令州、郝州、普宁州、缘州、那州、鸾州、丝州、功州、敷州、晃州、侯州、焚州、添州、珫州、双城州、训州、卿州、茂龙州、整州、悬州、乐善州、抚水州、思元州、逸州、恩州、南平州、勋州、姜州、稜州、鸿州、和武州、晖州、亮州、鼓州（以上四十九州隶黔州），溱州（以上一州隶渝州）	50
广南路	笼州、忠州、冻州、江州、万承州、思陵州、左州、思诚州、谭州、渡州、七源州、西平州、上思州、禄州、石西州、思浪州、思同州、安平州、员州、广原州、勒州、南源州、西农州、万崖州、覆利州、温弄州、武黎县、罗阳县、陁陵县、永康县（以上左江），武峩州、笼武州、思恩州、鹈州、思城州、勘州、归乐州、伦州、万德州、蕃州、昆明州、娄凤州、侯唐州、归恩州、田州、功饶州、归诚州、龙川县（以上右江）（以上四十三州五县隶邕州），乐善州（以上一州隶融州），温泉州、环州、镇宁州、思顺州、蕃州、文州、金城州、兰州、归化州、述昆州、智州、安化州、南丹州（以上一十三州隶宜州）	62
合计		306

资料来源：《元丰九域志》卷十"羁縻州"及其"校勘记"，第485~542页。

《宋史·地理志》所载各路羁縻州数量简表

所属州名	羁縻州数量	所属州名	羁縻州数量
黎州	54个	绍庆府（本黔州）	49个（南渡后改为56个）
雅州	44个	重庆府（本恭州，又曾改为渝州）	1个
茂州	10个	邕州	44个州、5个县、11个洞
威州	2个	融州	1个
叙州	30个	庆远府（宜州）	10个州、1个军、2个监
泸州	18个	合计	263个州（南渡后270个州）、5个县、1个军、2个监、11个洞

资料来源：《宋史》卷八九至九〇《地理志》。

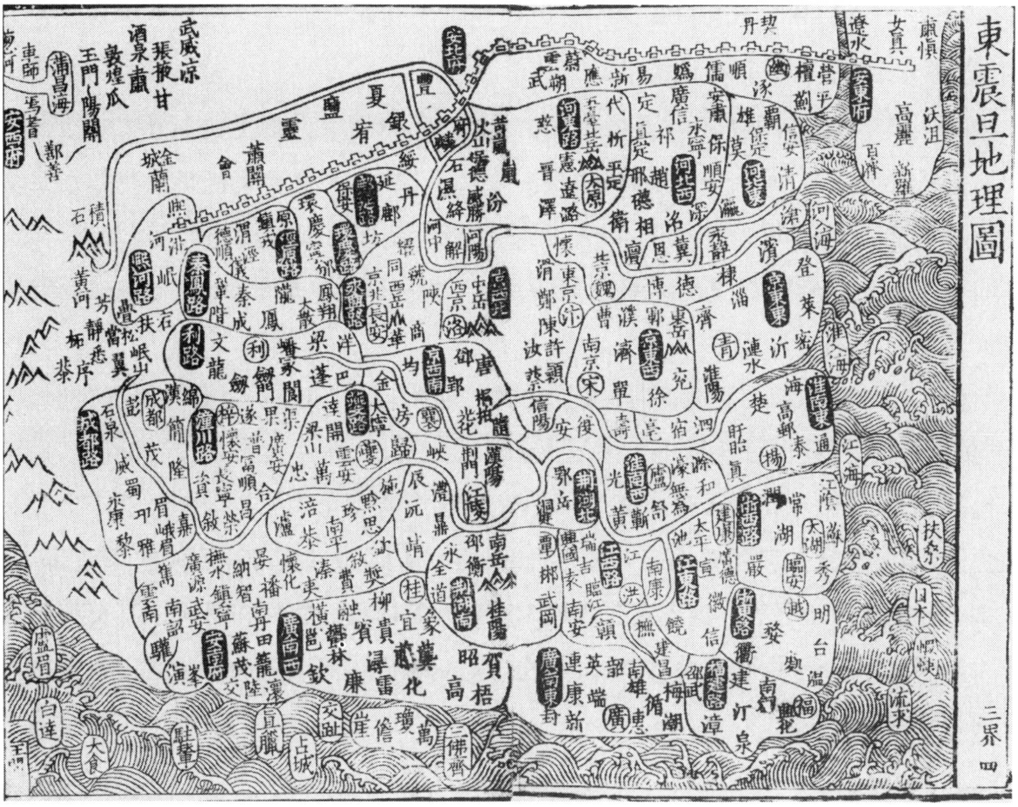

《东震旦地理图》

第一节 契丹的源流与辽境内民族分布①

一、契丹的族源与早期分布地

契丹是一个古老的部族，很早便出现于中国史籍之中。其族类源于东胡—鲜卑一系。关于契丹之族源与形成过程，历来有多种不同的意见，其中，代表性的意见之一即认为契丹是鲜卑宇文别部之后裔。如现代学者张正明先生明确指出：“契丹源出鲜卑，是鲜卑宇文别部的一支。”②然而，作为一个历史悠久的民族，契丹本身经历了

① 研究契丹族与辽朝历史地理的参考资料很多，参见杨家骆主编《辽史汇编》（全 10 册）及其续编，（台北）鼎文书局 1973 年、1974 年出版。另有（清）李慎儒《辽史地理志考》（1902 年刻本，北京出版社 2000 年出版），《历代舆地沿革图・辽地理志图》（联经出版事业公司 1981 年出版），林荣贵《辽朝经营与开发边疆》（中国社会科学出版社 1995 年出版），张修桂、赖青寿《〈辽史・地理志〉汇释》（安徽教育出版社 2001 年出版），李勇先主编《宋元地理史料汇编》（四川大学出版社 2007 年出版），可供参阅。

② 《契丹史略》，中华书局 1979 年版，第 1 页。

复杂的演变过程，其中不乏与其他民族种类的杂居交融。笔者以为著名学者陈述先生的分析相当贴切而精辟，他指出：

鲜卑宇文属下并有契丹之族，佚、悉、乞得，或为契丹别译。契丹之族也是东北群狄的合体，而非一系繁衍，故其附近之族，特别是语言相同相近和经济生活联系密切的，在历史过程中，日趋接近、结合，自当如细流汇于大江，形成一族。民族并非血统集团，其它系属不同的小部，由于长期接触融合，他们自然也就成了契丹人。①

作为"东胡"系统的后裔，契丹直至北魏时期始自号"契丹"。最早列有"契丹国传"的正史便是魏收所撰《魏书》。该《传》称："契丹国，在库莫奚东，异种同类，俱窜于松漠之间。……稍滋蔓，有部落，于和龙（今辽宁省朝阳市）之北数百里。"当时又被称为"东北群狄"，其主要部族有悉万丹部、何大何部、伏弗郁部、羽陵部、日连部、匹絜部、黎部、吐六于部等。契丹人在北魏时期也开始内徙。如太和年间，"其莫弗贺勿于率其部落车三千乘、众万余口，驱徙杂畜，求入内附，止于白狼水（今辽宁省境内大凌河）东"②。

在漫长的历史演变过程中，契丹本民族的发展与分布地都发生了复杂的演化。《辽史·营卫志》载其部族时称：

契丹之先，曰奇首可汗，生八子。其后族属渐盛，分为八部。居松漠之间。今永州木叶山（今内蒙古西拉木伦河与老哈河合流处）有契丹始祖庙，奇首可汗、可敦并八子像在焉。潢河（今内蒙古西拉木伦河）之西，土河（西拉木伦河支流老哈河）之北，奇首可汗故壤也。③

与其他游牧民族类似，契丹的构成与发展是以"部族"为核心的，《辽史·营卫志》"部族"下称："部落曰部，氏族曰族。契丹故俗，分地而居，合族而处。"《契丹国志·族姓原始》亦称："契丹部族，本无姓氏，惟各以所居地名呼之，婚嫁不拘地里。至阿保机变家为国之后，始以王族号为'横帐'，仍以所居之地名曰世里著姓。世里者，上京东二百里地名也。（原注云：今有世里没里，以语族译之，谓之耶律氏。）"④契丹部族演变形势相当复杂，如最早的奇首八部，或称为"古八部"，即悉万丹部、何大何

① 陈述《契丹政治史稿》，人民出版社1986年版，第35～36页。

② 《魏书》卷一〇〇《契丹传》，第2223～2224页。

③ 《辽史》卷三二《营卫志中》，第378页。

④ （宋）叶隆礼《契丹国志》，上海古籍出版社1985年版，第221页。

部、伏弗郁部、羽陵部、日连部、匹絜部、黎部、吐六于部。至隋变为十部,至唐有大贺氏八部。至唐开元、天宝年间,大贺氏衰微,遥辇氏取而代之,又出现了遥辇氏八部,即旦利皆部、乙室活部、实活部、纳尾部、频没部、内会鸡部、集解部、奚嗢部。再加上遥辇本部、迭剌部,其实也为十部。至迭剌部人阿保机出现后,遂取代遥辇部,又将契丹部分为二十部,称为太祖二十部。

关于契丹人的早期居住地,《辽史·地理志》又载:

辽国其先曰契丹,本鲜卑之地,居辽泽中;去榆关一千一百三十里,去幽州又七百一十四里。南控黄龙(府,治今吉林省农安县),北带潢水(今内蒙古西拉木伦河),冷陉(山,今内蒙古自治区扎鲁特旗南的奎屯山)屏右,辽河堑左。高原多榆柳,下隰饶蒲苇。当元魏时,有地数百里。

隋唐五代时期,契丹的居住地有较大扩展,唐朝在其分布地设置了一些羁縻府州。

至唐,大贺氏蚕食扶余、室韦、奚、靺鞨之区,地方二千余里。贞观三年(629),以其地置玄州。寻置松漠都督府,建八部为州,各置刺史:达稽部曰峭落州,纥便部曰弹汗州,独活部曰无逢州,芬阿部曰羽陵州,突便部曰日连州,芮奚部曰徒河州,坠斤部曰万丹州,伏部曰匹黎、赤山二州。以大贺氏窟哥为使持节十州军事。分州建官,盖昉于此。迨于五代,辟地东西三千里。遥辇氏更八部曰旦利皆部、乙室活部、实活部、纳尾部、频没部、内会鸡部、集解部、奚嗢部,属县四十有一。每部设刺史,县置令。①

可以说,在隋唐五代时期,东北地区的契丹人势力发展迅速,并且因为羁縻府州的设置,受到中原政权政区制度的影响,形成了自己的行政区划体系。这一切都为辽朝的建立创造了重要条件。

二、辽朝的疆域开拓、人口掠夺以及“燕云十六州”

辽朝的创始人是耶律阿保机,名亿,字阿保机,出生于唐咸通十三年(872)。阿保机为契丹的发展开创了一个新纪元,“咸通以后,契丹始大”②。“辽以用武立国”③,辽朝的建立过程,也是其开拓疆土与掠夺人口的过程。仅据《辽史·兵卫志》,阿保机

---

① 《辽史》卷三七《地理志一》,第438页。

② 《辽史》卷三九《地理志三》,第481页。

③ 《辽史》卷六一《刑法志上》,第935页。

等人领导的征伐活动就主要有：

1. 唐天复元年(901)，阿保机率军"破室韦、于厥、奚三国，俘获庐帐，不可胜纪"。

2. 天复二年(902)，阿保机"总兵四十万伐代北，克郡县九，俘九万五千口"。

3. 天复三年(903)，德祖(阿保机之父)"讨奚，俘七千户"。

4. 阿保机即位之第五年(911)，"讨西奚、东奚，悉平之，尽有奚、霫之众"。

5. 第六年(912)春，"亲征幽州，东西旌旗相望，亘数百里。所经郡县，望风皆下，俘获甚众，振旅而还。秋，亲征背阴国，俘获数万计"。

6. 神册元年(916)，"亲征突厥、吐浑、党项、小蕃、沙陀诸部，俘户一万五千六百；攻振武，乘胜而东，攻蔚、新、武、妫、儒五州，俘获不可胜纪，斩不从命者万四千七百级。尽有代北、河曲、阴山之众，遂取山北八军"。

7. 神册四年(919)，"亲征于骨里国，俘获一万四千二百口"。

8. 神册五年(920)，"征党项，俘获二千六百口；攻天德军，拔十有二栅，徙其民"。

9. 神册六年(921)，"出居庸关，分兵掠檀、顺等州，安远军、三河、良乡、望都、潞、满城、遂城等县，俘其民徙内地"。

10. 天赞三年(924)，"西征党项等国，俘获不可胜纪"。

11. 天显元年(926)，"灭渤海国，地方五千里，兵数十万，五京、十五府、六十二州，尽有其众，契丹益大"。①

阿保机之后，辽朝最成功的疆域拓展，就是会同元年(938)占领石氏后晋的"燕云十六州"。"燕云十六州"包括幽、蓟、瀛、莫、涿、檀、顺、妫、儒、新、武、云、应、朔、寰、蔚共十六州。时至唐末及五代前期，伴随着大规模的进攻与掳掠，契丹人在事实上已控制了包括雁门关以北的大片边区，对中原政权构成了强烈的威慑。当时坐镇晋阳(今山西省太原市)的后唐大将石敬瑭受到李氏皇族及内臣的猜忌。为自固图存，更为谋夺李家皇权，石敬瑭主动投靠契丹，请求援军，代价便是割地称臣。天显十一年(936)，石敬瑭"令(掌书记)桑维翰草表称臣于契丹主，且请以父礼事之(指辽帝)，约事捷之日，割卢龙一道及雁门关以北诸州与之"②。这样，契丹势力理直气壮地开进了这些边区，如天显十二年(937)，契丹主耶律德光亲征大同军城，占据云州。后来石敬瑭虽生悔意，为时已晚。辽会同元年(938)，石敬瑭遣使"以幽、蓟、瀛、莫、

① 《辽史》卷三四《兵卫志上》，第396页。关于契丹军事掳掠人口记载更详细的总结，参见谭其骧《辽代"东蒙""南满"境内之民族杂处》一文的相关内容，载于《长水集》(上)。

② 《资治通鉴》卷二八〇《后晋纪一》"高祖天福元年"，第9146页。

涿、檀、顺、妫、儒、新、武、云、应、朔、寰、蔚十六州并图籍来献”①。“燕云十六州”正式划归契丹政权，其中包括山西境内五州即云、应、寰、朔、蔚等，囊括了整个雁北地区。

远溯秦汉以降，中央王朝的边区问题由来已久，屈辱称臣之事也有发生，但正式地割让土地很罕见。千百年的时光里，中国北部一直处于北方少数民族与中央王朝交相争夺状态中，而当统一王朝出现后，游牧民族势力与中央王朝的分界线大致徘徊在长城一线。石敬瑭割让“燕云十六州”从很大程度上改变了这种军事战略形势。抛开道德因素不谈，从政治和军事战略上，这种做法就带来了对后世影响深远的结果，这种严重后果恐怕是石敬瑭受到后人声讨的主要原因。从北宋开始，中原士大夫关于这方面的评论很多，在此且摘取北宋名臣富弼的一段上奏之言，以窥一斑。富弼在上奏中道：“唐、汉以前，匈奴入寇，率由上郡、雁门、代州、定襄等路，盖当时中国据全燕之地，有险可守，匈奴不能由此路而来也。自石晋割燕、蓟入契丹，中国无险可守，故敌骑直出燕南，不复寻定襄等路。”②

元代学者胡三省却不同意将责任全部推给石敬瑭，他指出：

> 人皆以石晋割十六州为北方自撤藩篱之始，余谓雁门以北诸州，弃之犹有关隘可守。汉建安丧乱，弃陉北之地，不害为魏、晋之强是也。若割燕、蓟、顺等州，则为失地险。然卢龙之险(在今河北省迁安市西北喜峰口附近)在营(治河北省迁西县东)、平(治今河北省卢龙县北)二州界。自刘守光僭窃，周德威攻取，契丹乘间遂据营、平。自同光以来，契丹南牧直抵涿、易，其失险也久矣。③

胡氏这一说法是符合历史实际的，在唐末五代时期，时局大乱，诸侯蜂起，各据一方，根本无法顾及北部边区，这一大片地区长期早已被契丹骑兵蹂躏得面目全非，残留的城池不过是苟且自保而已。“藩篱”与“地险”，早在“燕云十六州”割让以前已经不复存在了，只是名义上主权的保留，恢复及攻取较为有利。

“燕云十六州”的割让所造成的最大危险在于，契丹人在正式占据这些地区之后，进一步以这些地区为南侵的根据地或者说是跳板，从而对中原地区构成了更严重的威胁。这一点在河北平原表现得最为突出。在“燕云十六州”被割让之后，有关契丹骑兵屡屡深入、横行河北的记载，史不绝书。人为的因素固然存在，如中原政权的将士坐视自保等，但客观的千里平川，对北方游牧骑士来讲毫无障碍可言。后晋政权也

① 《辽史》卷四《太宗纪下》，第44~45页。

② 《续资治通鉴长编》卷一五〇，“仁宗庆历四年”，中华书局1979年版，第3654页。

③ 《资治通鉴》卷二八〇《后晋纪一》“高祖天福元年”胡注，第9154页。

正是覆亡于契丹人之手,最早上演了皇室及百官"北狩"的惨剧。

关于辽朝的疆域建设成就,宋人叶隆礼《契丹国志》卷二二做出了简要的总结:"契丹自太祖、太宗初兴,战争四十余年,吞并诸番,割据燕、云,南北开疆五千里,东西四千里,共二百余州。"该卷还列有"四至邻国地里远近"一篇,详尽地指明了辽朝疆域四至以及边境地区的民族分布情况,史料价值极高。如:

东南至新罗国。西以鸭渌江东八里黄土岭为界,至保州一十一里。

次东南至五节度熟女真部族。共一万余户,皆杂处山林,尤精弋猎。有屋舍,居舍门皆于山墙下辟之。耕凿与渤海人同,无出租赋。……并系契丹枢密院所管,差契丹或渤海人充节度管押。其地南北七百余里,东西四百余里,西北至东京五百余里。

又次东南至熟女真国。不属契丹所管。其地东西八百余里,南北一千余里。居民皆杂处山林,耕养屋宇,与熟女真五节度同。……

东北至生女真国。西南至熟女真国界,东至新罗国,东北不知其极。居民屋宇、耕养、言语、衣装与熟女真国并同,亦无君长所管。……

又东北至屋惹国、阿里眉国、破骨鲁国等国。每国各一万余户。西南至生女真国界。衣装、耕种、屋宇、言语与女真人异。契丹枢密院差契丹或渤海人充逐国节度使管押,然不出征赋兵马。……

正东北至铁离国,南至阿里眉等国界。居民言语、衣装、屋宇、耕养稍通阿里眉等国,无君长,皆杂处山林。不属契丹统押。……

次东北至靺鞨国。东北与铁离国为界,无君长统押,微有耕种。……

又次北至铁离、喜失牵国。言语、衣装、屋舍与靺鞨稍同。无君长管押,不贡进契丹。……

正北至蒙古里国。无君长所管,亦无耕种,以弋猎为业,不常其居,每四季出行,惟逐水草,所食惟肉酪而已。……

又次北至于厥国。无君长首领管押,凡事并与蒙古里国同。……

又次北西至鳖古里国。又西北,又次北近西至达打国。各无君长,每部族多者三二百家,少者五七十家,以部族内最富豪者为首领。不常厥居,逐水草,以弋猎为业。……

西近北至生吐蕃国,又西至党项、突厥等国。皆不为契丹国害,亦不进贡往来,盖以熟土浑、突厥、党项等部族所隔。东南至云州三千里。

正西与昊贼(西夏)以黄河为界。

(与北宋分界)西南至麟州(治今陕西省神木市北)、府州(治今陕西省府谷县)界。又次南近西定州(治今河北省定州市)北平山为界。又南至霸州(治今河北省霸州市)城北界河。又次南至遂城(治今河北省保定市徐水区西北)北鲍河为界。又南近东至沧州(治今河北省沧州市东南)北海。又南至安肃军(治今河北省保定市徐水区)自涧河为界。又南近东至登州(治今山东省烟台市蓬莱区)北海。又南至雄州(治今河北省雄县)北拒马河为界。又南至海。①

三、辽朝的行政区划特征与辽境内的民族杂居状况

(一)辽朝行政制度特征与行宫分布

辽朝行政管理与政区制度十分特殊,呈现出游牧民族政权与农耕文明政权混杂并存之特征,如五京制、斡鲁朵制、头下军州等。这种状况是与其境内复杂的民族杂居状况相适应的。关于辽朝的行政制度特征,《辽史·营卫志》载:"有辽始大,设制尤密。居有宫卫,谓之斡鲁朵(契丹语'宫'的意思);出有行营,谓之捺钵;分镇边圉,谓之部族。有事则以攻战为务,闲暇则以畋渔为生。无日不营,无在不卫。立国规模,莫重于此。"②可以说,辽朝的政治制度是一套带有浓厚游牧民族习俗遗留的、具有强烈军事化色彩的管理体系。

又有研究者指出:

游牧的契丹民族建立的是一个"行国"。这个国家的皇帝终年"随阳迁徙",居住在"行宫"。跟随着皇帝"岁无宁居"的,是一个游动的中央政府——"行朝";行朝中的"行殿"则是皇亲国戚,高官显宦们的政治大舞台;而扈从着皇帝的中央官署、臣僚也都在"行帐"之中。总之,一个"行"字,道出了契丹这个游牧民族政权突出的特色。③

这种"行国"制度直接源于游牧民族的历史传统,然而,这种迁徙习惯并不影响辽朝境内相对固定的行政区划的维持以及人口分布格局的形成。换句话说,"行朝"或"行国",主要针对其上层统治集团而言,辽朝境内的大多数普通民众是不可能随其皇族而经常往复迁徙的,必有相对固定的活动范围即"分地而居",特别是在契丹占据"燕

① (宋)叶隆礼《契丹国志》,上海古籍出版社1985年版,第212~215页。

② 《辽史》卷三一《营卫志上》,第361页。

③ 杨若薇《契丹王朝政治军事制度研究》,中国社会科学出版社1991年版,第127页。

云十六州”之后，从事农耕的民众也不可能完全放弃自己的生产生活方式。

此外，更应着重强调的是，辽朝境内的民族构成相当复杂，因其“以用武立国”，故其人口分布状况与其军事制度存在直接的联系。《辽史・兵卫志》称：“辽国兵制，凡民年十五以上，五十以下，隶兵籍。”即所有青壮年男子都隶于兵籍，基于此，军事力量的分布与人口的分布结构大概一致。当然，这种分布也有侧重，如《辽史・兵卫志》特别强调：“契丹本户多隶宫帐、部族，其余蕃汉户丁分隶者，皆不与焉。”这句说明对于我们了解当时契丹人的分布有着决定性的意义，据此可知，辽朝契丹本族人主要划归于宫帐、部族两部人口，而其他各族平民大多被归于其他类型的编制。下面，从宫帐、部族两个方面分别对辽朝各族人口分布进行探讨。

辽朝政治军事制度的核心之一，便是“宫卫”即“斡鲁朵”。关于辽朝“斡鲁朵”制度的特点，《辽史・营卫志》指出：“辽国之法：天子践位置宫卫（斡鲁朵），分州县，析部族，设官府，籍户口，备兵马。崩则扈从后妃宫帐，以奉陵寝。有调发，则丁壮从戎事，老弱居守。”《辽史・兵卫志》也强调：“（辽太祖阿骨打）乃立斡鲁朵法，裂州县，割户丁，以强干弱枝。诒谋嗣续，世建宫卫。入则居守，出则扈从，葬则因以守陵。”关于“斡鲁朵”的性质，学术界意见并不统一。同时，“斡鲁朵”下设州县问题，也引起学者们的广泛关注。辽朝契丹皇族及官僚人口核心聚居地——“斡鲁朵”，建立在州县之上，是契丹统治者为加强自身实力与控制力而刻意营造的一种军政合一的、颇具特色的准行政区形式，也就成为我们研究辽朝人口分布与迁徙情况的重要依据。

据《辽史・营卫志》，辽境内建置的“斡鲁朵”及其军事人口分布的基本状况可概括如下：

1. 算斡鲁朵，太祖置，又称为弘义宫。该“斡鲁朵”是以心腹之卫设，加以渤海俘户与锦州户所组成。其“斡鲁朵”在临潢府（治今内蒙古自治区巴林左旗东南），陵寝在祖州（今内蒙古自治区巴林左旗西南）东南二十里。有正户八千，蕃汉转户七千，出骑军六千。辖五州：锦州、祖州、严州、祺州、银州；一县：富义县。

2. 国阿辇斡鲁朵，太宗置，又称为永兴宫。该宫是以渤海俘户与东京、怀州提辖司及云州怀仁县、泽州滦河县等民户所置。其“斡鲁朵”在游古河侧，陵寝在怀州（治今内蒙古自治区巴林左旗西）南三十里。有正户三千，蕃汉转户七千，出骑军五千。下领四州：怀州、黔州、开州、来州；二县：保和县、滦河县。

3. 耶鲁盌斡鲁朵，世宗置，又称为积庆宫。该宫是以文献皇帝卫从与阿保机时的俘户以及云州提辖司、高州、宜州等州户所置。其“斡鲁朵”在土河（今内蒙古西拉木伦河支流老哈河）东，陵寝在长宁宫北。有正户五千，蕃汉转户八千，出骑军八千。辖三州：康州、显州、宜州；一县：山东。

4. 蒲速盌斡鲁朵，应天皇太后置，又称为长宁宫。该宫是以辽州及海滨县等民户所置。其“斡鲁朵”在高州（治今内蒙古自治区赤峰市北），陵寝在龙化州（治今内蒙古自治区奈曼旗西北）东一百里。有正户七千，蕃汉转户六千，出骑军五千。辖四州：辽州、仪坤州、辽西州、显州；三县：奉先、归义、定霸。

5. 夺里本斡鲁朵，穆宗置，又称为延昌宫。该宫是以国阿辇斡鲁朵户及阻卜俘户，中京提辖司、南京制置司、咸、信、韩等州户置。其“斡鲁朵”在纠雅里山南，陵寝在京南。有正户一千，蕃汉转户三千，出骑军二千。辖二州：遂州、韩州。

6. 监母斡鲁朵，景宗置，又称为彰愍宫。该宫是以章肃皇帝侍卫及武安州户置。其“斡鲁朵”在合鲁河，陵寝在祖州南。有正户八千，蕃汉转户一万，出骑军一万。辖四州：永州、龙化州、降圣州、同州；二县：行唐、阜俗。

7. 孤稳斡鲁朵，承天太后置，又称为崇德宫。该宫是以乾、显、双三州户置。其“斡鲁朵”在土河东，陵附景宗皇帝。有正户六千，蕃汉转户一万，出骑军一万。下设四州：乾州、川州、双州、贵德州；一县：潞县。

8. 女古斡鲁朵，圣宗置，又称为兴圣宫。该宫以国阿辇、耶鲁盌、蒲速盌三斡鲁朵户置。其“斡鲁朵”在女混活直，陵寝在庆州南安。有正户一万，蕃汉转户二万，出骑军五千。下设五州：庆州、隰州、乌（上京）州、乌（东京）州、霸州。

9. 窝笃盌斡鲁朵，兴宗置，又称为延庆宫。该宫以诸斡鲁朵及饶州户置。其“斡鲁朵”在高州西，陵寝在上京庆州（治今内蒙古自治区巴林右旗西北）。有正户七千，蕃汉转户一万，出骑军一万。下设三州：饶州、长春州、泰州。

10. 阿思斡鲁朵，道宗置，又称为太和宫。该宫以诸斡鲁朵御前承应人及兴中府户置。其“斡鲁朵”在好水泺，陵寝在上京庆州。有正户一万，蕃汉转户二万，出骑军一万五千。

11. 阿鲁盌斡鲁朵，天祚帝置，又称为永昌宫。该宫以诸斡鲁朵御前承应人，春、宜州户置。有正户八千，蕃汉转户一万，出骑军一万。

12. 孝文皇太弟敦睦宫，又称为赤寔得本斡鲁朵。该宫以文献皇帝承应人及渤海俘，建、沈、岩三州户置。陵寝在祖州西南三十里。有正户三千，蕃汉转户五千，出骑军五千。

13. 文忠王府，为耶律隆运所置。有正户五千，蕃汉转户八千，出骑军一万。辖一州:川州。

各个“斡鲁朵”所在之地,是契丹人最集中的区域之一。上文记载中的正户就是契丹本户即契丹人。各个宫卫合计,“凡州三十八,县十,提辖司四十一,石烈二十三,瓦里七十四,抹里九十八,得里二,闸撒十九。为正户八万,蕃汉转户十二万三千,共二十万三千户”①。以每户五口计,各个宫卫所属契丹人(“正户”)应有四十万之众,各族民户合计超过了一百万口。

关于辽朝宫卫的分布特征,张正明先生曾指出:

> 宫卫统辖的行政区域在全国五路中分布极不均衡。南京道只有行唐县隶彰愍宫,户三千;西京道只有望云县亦隶彰愍宫,户一千。此外都集中在上京、中京、东京三道,这片地方,从行政上看,因为是辽的腹地,比较便于治理;以国防观点来看,因为与中原地区有一段间隔,比较安全;就自然条件来看,有大量的荒地可供垦殖,而尤其重要的是,从土地占有关系上看,这里有大量的国有土地,可以作为扩充宫卫的后备。②

另外,《辽史·营卫志上》载:“凡诸宫卫人丁四十万八千,骑军十万一千。”关于辽朝军事调遣制度,《辽史·兵卫志中》有一段话极为关键:“有兵事,则五京、二州各提辖司传檄而集,不待调发州县、部族,十万骑军已立具矣。”这段话再次证明了诸宫为相对独立于普通州县、部族之外的军政管理单位,文中提到的十万骑军可谓辽朝所依赖的最精锐的军事力量,而提辖司正是负责调动这支精锐力量的枢纽机关。关于提辖司的设置,《辽史·兵卫志中》指出:“十二宫一府,自上京至南京总要之地,各置提辖司。重地每宫皆置,内地一二而已。”据该《志》提供的资料,各地提辖司的数量为南京十一个、西京八个、奉圣州九个、平州九个、中京二个、上京一个,合计设有四十个提辖司。③

(二)辽朝契丹各部分布状况

究其族源而言,辽朝契丹人口的一个核心部分是其部族人口。《辽史·营卫志中》“部族”条下称:“部落曰部,氏族曰族。契丹故俗,分地而居,合族而处。有族而部者,五院、六院之类是也;有部而族者,奚王、室韦之类是也;有部而不族者,特里特勉、稍瓦、曷术之类是也;有族而不部者,遥辇九帐、皇族三父房是也。”但是,随着契丹

---

① 《辽史》卷三一《营卫志上》,第362页。

② 《契丹史略》,第104~105页。

③ 其中少一个西京兴圣宫提辖司,参见中华书局《校勘记》,第415页。

的壮大与发展,部族成分开始发生根本性变化。如《辽史·营卫志中》又引《旧志》称:

> 契丹之初,草居野次,靡有定所,至涅里始制部族,各有分地。太祖之兴,以迭剌部强炽,析为五院、六院。奚六部以下,多因俘降而置。胜甲兵者即著军籍,分隶诸路详稳、统军、招讨司。番居内地者,岁时田牧平莽间。边防纠户,生生之资,仰给畜牧,绩毛饮湩,以为衣食。各安旧风,狃习劳事,不见纷华异物而迁。故家给人足,戎备整完。卒之虎视四方,强朝弱附,东逾蟠木,西越流沙,莫不率服。部族实为之爪牙云。

可见,辽朝部族已不再是以契丹姓氏血缘为纽带的较原始的社会组织形式,而加入了其他各民族大批人口。在契丹及辽朝发展过程中,部族制度逐渐成为辽朝管理汉族之外的其他各族事务的军政制度。这些部族不仅成为辽朝军队中不可缺少的重要力量,也是颇具特色的基层社会组织单位。弄清各部族分布状况,也就成为探知契丹与其他各民族分布的关键与主要环节。

1. 辽太祖完颜阿骨打所置二十部(除去两位国舅分部,实为十八部)

(1)五院部。隶北府,以镇南境。大王及都监春夏居五院部之侧,秋冬居羊门甸。

(2)六院部。隶北府,以镇南境。其大王及都监春夏居泰德泉之北,秋冬居独卢金。

(3)乙室部。隶南府。其大王及都监镇驻西南之境,司徒居鸳鸯泊,闸撒狘居车轴山。

(4)品部。隶北府。属西北部招讨司,司徒居太子坟。

(5)楮特部。隶南府。节度使属西北路招讨司,司徒居柏坡山及鏵山之侧。

(6)乌隗部。隶北府。节度使属东北路招讨司,司徒居徐母山、郝里河之侧。

(7)涅剌部。隶北府。节度使属西南部招讨司,居黑山北,司徒居郝里河侧。

(8)突吕不部。隶北府。节度使属西北部招讨司,司徒居长春州西。

(9)突举部。隶南府。戍于隗乌古部,司徒居冗泉侧。

(10)奚王府六部五帐分。隶北府。

(11)突吕不室韦部。隶北府。节度使属东北路统军司,戍泰州东北。

(12)涅剌拏古部。与突吕不室韦部同。节度使戍泰州东。

(13)迭剌迭达部。本鲜质可汗所俘奚七百户,太祖即位,以为十四石烈(县),置为部。隶南府。节度使属西南路招讨司,戍黑山北,部民居庆州南。

（14）乙室奥隗部。神册六年，太祖以所俘奚户置。隶南府。节度使属东北路兵马司。

（15）楮特奥隗部。太祖以所俘奚户置。隶南府。节度使属东京都部署司。

（16）品达鲁虢部。太祖以所俘达鲁虢部置。隶南府。节度使属西南路招讨司，戍黑山北。

（17）乌古涅剌部。太祖取于骨里户六千析为乌古涅剌与图鲁二部。俱隶北府。节度使属西南路招讨司。

（18）图鲁部。节度使属东北路统军司。

2. 圣宗三十四部

这些部族的成分较为复杂。在这三十四部中，有十六部为契丹所辖原有部族，十八部为新增，主要为俘获人户以及新归附的部族所置。如《辽史·营卫志》注明："自此（指奥衍女直部）至河西部，皆俘获诸国之民。初隶诸宫，户口蕃息置部。讫于五国，皆有节度使。"

部族名称	民族成分	归属及分布地域
撒里葛部	奚	隶南府。居泽州东
窈爪部	奚	隶南府。居潭州南
耨盌爪部	奚	节度使属东京都部署司
讹仆括部	奚	居望云县东
特里特勉部	契丹	隶南府。戍倒塌岭，居櫜驼冈
稍瓦部	契丹	节度使属东京都部署司，居辽水东
曷术部	契丹	属东京都部署司，治于海滨柳湿河、三黜古斯、手山
遥里部	契丹	居潭、利二州间
伯德部	契丹	松山、平州之间，太师、太保居中京西
楚里部	契丹	居潭州北
奥里部	奚	本属奚王府，后分置
南剋部	奚	统和十二年，以奚府二剋分置二部，即南剋与北剋
北剋部	奚	见上
隗衍突厥部	突厥	辽圣宗分四辟沙、四颇备户置，镇东北女直之境。隶北府
奥衍突厥部	突厥	与隗衍突厥部同
涅剌越兀部	室韦	以涅剌室韦户置。隶北府。戍黑山北

（续表）

部族名称	民族成分	归属及分布地域
奥衍女直部	女直	隶北府。戍镇州境
乙典女直部	女直	隶南府。居高州北
斡突盌乌古部	乌古	隶南府。戍黑山北
迭鲁敌烈部	敌烈	隶北府。节度使属乌古敌烈统军司
室韦部	室韦	隶北府。节度使属西北路招讨司
术哲达鲁虢部	达鲁虢	隶北府。节度使属东北路统军司。戍境内,居境外
梅古悉部	唐古	隶北府。节度使属西南面招讨司
颉的部	唐古	隶北府。节度使属西南面招讨司
北敌烈部	敌烈	戍隗乌古部
匿讫唐古部	唐古	隶北府。节度使属西南面招讨司
北唐古部	唐古	隶北府。节度使属黄龙府都部署司。戍府南
南唐古部	唐古	隶北府
鹤剌唐古部	党项	同南唐古部。节度使属西南面招讨司
河西部	疑为党项	隶北府。节度使属东北路统军司
薛特部	回鹘	隶北府。居慈仁县北
伯斯鼻骨德部	鼻骨德	隶北府。节度使属东北路统军司,戍境内,居境外
达马鼻骨德部	鼻骨德	隶南府。节度使属东北路统军司
五国部		剖阿里国、盆奴里国、奥里米国、越里笃国、越里吉国。此五国于辽圣宗时归附,辽令其居本土,镇东北境

（三）辽代东北地区的民族构成与分布①

辽代是东北地区发展史上的一个重要阶段。隋唐时期对东北地区的开发与建设可以说是相当有限的,设置的一些羁縻政区也因当地部族的反叛而时置时废,甚至迁徙侨置于其他州县,当时的东北地区是几大族群如室韦、奚、契丹及靺鞨等的控制范围。然而,唐末五代契丹部崛起后,阿保机凭借强大的武力,将大批各族俘虏迁到东北地区,并鼓励发展农耕,效仿中央王朝建立州县政区制度,不仅在很大程度上改变了东北地区的民族构成,同时为东北地区的开发建设掀开了崭新的一页。尤其是各

① 这一问题的主要研究成果有谭其骧《辽代“东蒙”“南满”境内之民族杂处》,载于《长水集》(上)。本小节内容也主要根据《辽史·地理志》与谭先生的成果撰写而成。

族杂居的情况，堪称中国民族发展史上的一大奇观。《辽史·地理志》等文献为当时东北地区的民族构成与分布提供了较全面而翔实的资料。下面据《辽史·地理志》与谭其骧先生的研究成果简述当时东北地区各州县的民族状况。

1. 上京道

治于临潢府（在内蒙古自治区巴林左旗东南波罗城）。关于上京道之居民构成，谭其骧先生总结：

> 总上京道三十一县：俘汉户置者四县，户七千二百；迁户置者十四县，户二万五千八百余；迁渤海、汉俘户合置者五县，户一万二千五百；迁女直、汉俘户合置者一县，户一千；以党项、吐（谷）浑户置者一县，户一千；以四征所俘置者一县，户二千五百；三县不明；其以契丹本户置者，二县而已，头下军州全系俘户置。①

府州名称	治所今地	领县居民构成与户口数量
临潢府	内蒙古自治区巴林左旗东南	领十县：临潢县为燕、蓟两州俘户所置，三千五百户；长泰县为徙渤海俘户及汉民所置，四千户；定霸县为徙渤海户及汉民所置，二千户；保和县为徙渤海俘户所置，四千户；潞县为徙蓟州汉民与渤海人所置，三千户；易俗县为徙渤海民所置，一千户；迁辽县为徙渤海降户家属所置，一千户；渤海县为徙渤海户所置；兴仁县不详；宣化县为徙渤海俘户所置，四千户
祖州	内蒙古自治区巴林左旗西南	领二县，皆迁渤海户所置，三千户，一城，以党项、吐谷浑俘户所置，一千户
怀州	内蒙古自治区巴林左旗西	领二县，以渤海、汉俘户所置，二千五百户
庆州	内蒙古自治区巴林右旗西北	领三县：玄德县为括落帐人户所置；富义县为徙渤海义州民所置；孝安县不明
泰州	吉林省洮南市东北	领二县：乐康县为徙契丹户置；兴国县为发遣山前之民所置，七百户
长春州	吉林省大安市东南	领一县：长春县为流配燕、蓟犯罪者所置，二千户
乌州	吉林省双辽市西	领一县：爱民县为俘汉民所置，一千户
永州	内蒙古自治区翁牛特旗东	领三县：长宁县为迁渤海户所置，四千五百户；义丰县为徙渤海民所置，一千五百户；慈仁县，户四百
仪坤州	内蒙古自治区翁牛特旗西北	领一县：广义县为四征俘户所置，二千五百户

① 《长水集》（上），第253页。

（续表）

府州名称	治所今地	领县居民构成与户口数量
龙化州	内蒙古自治区奈曼旗西北	领一县：龙化县为女直、汉民俘户所置，一千户
降圣州	内蒙古自治区敖汉旗东北	领一县：永安县为徙渤海俘户所置，八百户
饶州	内蒙古自治区巴林右旗西南	领三县：长乐县为徙渤海俘户所置，四千户；临河县也为渤海俘户所置，一千户；安民县也为渤海徙户所置，一千户

辽朝上京道中还有一种极为特殊的政区形式，那就是头下军州。阿保机为了适应境内多民族混居的状况，特立头下城。如《阴山杂录》载："梁灭，阿保机帅兵直抵涿州，时幽州，安次、潞、三河、渔阳、怀柔、密云等县，皆为所陷，俘其民而归，置州县以居之，不改中国州县之名。"①《契丹国志》列出了"诸藩臣投下州二十三处"，即微州、濠州、蘿州、卫州、荆州、闾州、随州、和州、澄州、全州、义州、遂昌州、豫州、员州、福州、荣州、唐州、粟州、黑州、河州、茂州、麓州、宗州。②

据《辽史·地理志》，用于安置被掳掠汉人的头下州情况可概括如下：

辽朝头下军州建置与分布简表

军州名称	建置与分布情况	户数量
徽州	秦晋大长公主所建，在宜州之北二百里，在今辽宁省阜新市西北	10000 户
成州	晋国长公主所建，在宜州北一百六十里，在今辽宁省阜新市西北	4000 户
懿州	燕国长公主所建，在显州东北二百里，在今辽宁省阜新市东北	4000 户
渭州	附马萧昌裔所建，在显州东北二百五十里，在今辽宁省彰武县东北	1000 户
壕州	国舅宰相俘掠汉民所置，居辽东西安平县故地，在今辽宁省丹东市东北	6000 户
原州	国舅金德俘掠汉民所置，本辽东北安平县地，在今辽宁省康平县西北	500 户
福州	国舅萧宁俘掠汉民所建，居北安平县故地，在今内蒙古自治区科尔沁左翼后旗东北	300 户
横州	国舅萧克忠所建，居汉故辽阳县地，在今辽宁省彰武县西南	200 户

---

① 参见陈述《契丹政治史稿》有关头下城问题的相关内容，第 98～100 页。

② 关于头下军州数量与分布较详细的考证，参见费国庆《辽代的头下州军》，载于《辽金史论文集》，辽宁人民出版社 1985 年版，第 135～150 页。其中"微州"，《辽史·地理志》作"徽州"，《契丹国志》和费国庆先生所引作"微州"；"濠州"，《辽史·地理志》作"壕州"，另两书作"濠州"。其他也存在微小差别。

（续表）

军州名称	建置与分布情况	户数量
凤州	南王府五帐分地，在韩州北二百里，在今吉林省公主岭市西北	4000 户
遂州	南王府五帐放牧地，在檀州西二百里，在今辽宁省彰武县西北	500 户
丰州	遥辇氏僧隐牧地，在今吉林省抚松县境	500 户
顺州	横帐南王府俘掠燕、蓟、顺州之民所置，在显州东北一百二十里，在今辽宁省阜新市东南	1000 户
闾州	罗古王牧地，在辽州西一百三十里，在今辽宁省阜新市东	1000 户
松山州	横帐普古王牧地，北至上京一百七十里，在今内蒙古自治区巴林左旗南	500 户
豫州	横帐陈王牧地，南至上京三百里，在今内蒙古自治区扎鲁特旗西北	500 户
宁州	横帐管宁王牧地，在豫州东八十里，在今内蒙古自治区扎鲁特旗西北	300 户
合计		34300 户

2. 东京道

治于辽阳府（今辽宁省辽阳市）。《契丹国志》载："东京，本渤海王所都之地。在唐时，为黑水、靺鞨二种依附高丽者。……其国西北与契丹接。太祖之兴，始击之，立其子东丹王镇其地，后曰东京。"①东京道所在地原属渤海政权疆域，辽朝攻灭渤海之后，几乎将原来居民全部迁空，而掳掠汉民充实其地，从而使渤海人之渤海演变为汉人之渤海。东京道所辖地区相当广袤，下设州、府、军、城达八十七处，注明当地民户来源的却只有约三分之一。

府州名称	治所今地	建置与民族构成情况
辽阳府	辽宁省辽阳市	迁徙渤海户、汉户以及东丹民所置，下领九县，近万户
开州	辽宁省凤城市	徙渤海双、韩二州户所置，一千九百户
定州	俄罗斯滨海苏城（一说在今朝鲜平安北道义州以东一带）	徙辽西县民所置，八百户
保州	朝鲜平安北道	来远县为徙辽西民及奚民、兵戍防所置，一千户；宣州为徙汉民所置
来远城	辽宁省丹东市东北	以燕军所置

① 《契丹国志》，上海古籍出版社 1985 年版，第 217 页。

（续表）

府州名称	治所今地	建置与民族构成情况
海州	辽宁省海城市	移泽州民所置，一千五百户
显州	辽宁省北镇市西南	奉先县为徙辽东民所置；山东县为徙渤海民所置；归义县为徙渤海民所置；康州为徙渤海民户所置
宗州	不详	以汉俘民置
乾州	辽宁省北镇市西南	奉陵县为徙诸落帐户所置；海北州以汉俘户置
贵德州	辽宁省抚顺市城北	以汉民置
沈州	辽宁省沈阳市	乐郊县以所俘蓟州三河民置；灵源县以所俘蓟州吏民置
广州	辽宁省沈阳市西南	徙汉民所置
辽州	辽宁省新民市东北	祺州以檀州俘而置；庆云县以所俘密云民而置
遂州	辽宁省彰武县西北	以汉民所置
通州	吉林省四平市西	以黄龙府叛人燕颇余党千余户置
双州	辽宁省铁岭市西南	以俘镇、定二州民而置
银州	辽宁省铁岭市	永平县以渤海俘户而置
咸州	辽宁省开原市北	以平、营等州客户所置
信州	吉林省公主岭市西北	以汉俘民充实
宾州	吉林省农安县东北	迁兀惹户所置
龙州	吉林省农安县	以宗州、檀州汉户所置
东州	不详	以渤海户置
尚州	不详	以渤海户置
顺化城	辽宁省瓦房店市南	以汉户置
宁州	辽宁省瓦房店市西北	以渤海降户置
衍州	辽宁省辽阳市东南	以汉户置
连州	不详	以汉户置
归州	辽宁省盖州市西南	以渤海降户复置
祥州	吉林省农安县东北	以铁骊户置

3. 中京道

治于大定府（今内蒙古自治区宁城县西南大明城）。下辖二府，合计有十八州，其中十三州为迁徙移民所置。在这些移民中，以汉人俘虏数量最大，渤海移民次之。

《契丹国志》载:“中京之地,奚国王牙帐所居。奚本曰库莫奚,其先东部胡宇文之别种也。窜居松漠之间,俗甚不洁,而善射猎,好为寇抄。其后种类渐多,分为五部:一曰辱纥,二曰莫贺弗,三曰契箇,四曰木昆,五曰室得。每部一千余人,为其帅,随逐水草。”①

府州名称	治所今地	建置与民族构成情况
大定府	内蒙古自治区宁城县西南	原为奚人聚居区,后实以汉户。下辖大定县以诸国俘户居之,长兴县以诸部人居之
恩州	内蒙古自治区赤峰市东南	以渤海户实之
惠州	辽宁省建平县北	以汉民数百户置
高州	内蒙古自治区赤峰市东北	以高丽俘户置,下辖三韩县,以高丽、扶余、新罗三国之遗民置,五千户
武安州	内蒙古自治区敖汉旗东	以汉民置,益以辽西户
利州	辽宁省喀喇沁左翼蒙古族自治县	下辖阜俗县,以奚人置
榆州	辽宁省凌源市西	以镇州俘民置
泽州	河北省平泉市南	以蔚州俘民置
北安州	河北省承德市西南	以汉民置
兴中府	辽宁省朝阳市	以奚民、俘燕民置,下辖兴中县,以俘汉民置
黔州	辽宁省北票市东南	以渤海俘户置,下辖盛吉县,以渤海俘民置
宜州	辽宁省义县	以定州俘户置,下辖弘政县,以定州俘户置
锦州	辽宁省锦州市	以汉俘民置
岩州	辽宁省兴城市东南	以渤海民、汉民置
川州	辽宁省朝阳市东北	下辖弘理县,以诸宫提辖司户所置
建州	辽宁省朝阳市西南	
来州	辽宁省绥中县西南	以女直五部来归而置
隰州	辽宁省兴城市西南	括帐户所置
迁州	河北省秦皇岛市山海关区	以归州民置
润州	河北省秦皇岛市抚宁区东北	以宁州民置,下辖海阳县,以东京城内渤海叛民迁徙而置

① 《契丹国志》,上海古籍出版社 1985 年版,第 216 页。

谭其骧先生总结道:“据上所述,是辽代‘东蒙’‘南满’境内各民族之混徙杂处,显然当以二点为最重要:其一,为渤海之西居辽河上游;其二,为幽、蓟、镇、定等处汉人之北徙;而后者尤为关系重大。”在地理分布方面,民族杂居区主要集中在原渤海政权之西与辽河上游地区;在移民构成方面,河北地区的汉民所占比例最大。可以说,辽代早期形成了一次大规模的移民东进运动,包括汉族在内的各族移民成为当时东北地区州县建设与农业生产的主力军,这在东北地区的开发历史上具有重大意义。

第二节　两宋境内及边境地区少数民族分布与羁縻政区(附大理、吐蕃)

两宋时期对边疆民族的管理方式直接继承唐朝的羁縻制度。北宋初年,宋朝统治者即擢用少数民族部族首领,在其聚居地区设置了为数众多的羁縻政区。两宋境内的少数民族人口也被通称为“蛮夷”,《宋史》列有《蛮夷传》主要对南方地区少数民族种类与分布情况进行了较系统的阐述。另外,关于两宋时期南方少数民族的情况,当时较著名的民族地理著作还有范成大《桂海虞衡志》与周去非《岭南代答》等。但是这些著作在民族识别与分类方面依然处于过于笼统的印象描述阶段,并没有统一而专门的标准,且名号繁多,莫衷一是。许多“蛮”之名号往往与其分布地域联系在一起,以地为名号的现象相当普遍。当然,羁縻政区还是我们界定“蛮”之分布区最重要的依据之一。在两宋境内,这些少数民族与羁縻政区主要集中于西南、中南以及岭南地区。本书主要还是以地区为界限,分别讨论各地区的民族种类及民族分布状况。

两宋时期,今天西南地区与青藏高原都有民族地方政权,如大理及吐蕃政权等。这些民族政权的存在,并没有对当地的民族构成与民族人口发展起到特殊的影响。再加之史料相对缺乏,今天难以进行深入的对比研究,因此,本书将不对这些民族政权进行专门讨论,而将其归入相应的民族区域的讨论之中。

一、两湖地区的民族分布与羁縻政区

两宋时期,两湖地区设置荆湖南、北路,是少数民族众多的区域之一。两湖地区的少数民族被当时人称为“西南溪峒诸蛮”。这些部族均以盘瓠为族类始祖,即前代五谿“武陵蛮”之后裔,人数最多,影响也最大。关于两湖及两广地区的民族种类、分

布以及宋朝实施的民族地区治理政策,《宋史·蛮夷传三》曾做出说明:

诸蛮族类不一,大抵依阻山谷,并林木为居,椎髻跣足,走险如履平地。言语侏离,衣服斒斓。畏鬼神,喜淫祀。刻木为契,不能相君长,以财力雄强。……相攻击,鸣鼓以集众,号有鼓者为"都老",众推服之。唐末,诸酋分据其地,自为刺史。宋兴,始通中国,奉正朔,修职贡。间有桀黠贪利或疆吏失于抚御,往往聚而为寇,抄掠边户。……(朝廷)务在羁縻,不深治也。①

"蛮"之外,两湖地区的另一大族类为瑶族。《宋史·蛮夷传一》指出:"蛮瑶者,居山谷间,其山自衡州常宁县属于桂阳,郴、连、贺、韶四州,环纡千余里,蛮居其中,不事赋役,谓之瑶人。"②因两湖地区少数民族中不少为瑶族,故又常被称为"溪峒蛮瑶"。在"蛮"、瑶之外,沅州与靖州交界之处还有仡伶。

隋朝在这一地区设置辰州,唐朝设置锦州、溪州、巫州、叙州等羁縻政区。唐末五代时期,"蛮"之首领大多割据自立。北宋初年,两湖地区"蛮"首领纷纷归附宋朝,其中以辰、溪、锦、叙、富等羁縻州首领为代表。宋朝任命一批主动归附的"蛮"首领担任地方官职,取得了一定效果,但治理工作依然艰巨。为此,不少大臣主张积极选拔有作为并忠实于宋朝的首领担任地区官员,这种举措对于实现羁縻制度向土司制度的转变发挥了重要作用。如嘉泰三年(1203),湖南安抚使赵彦励称:"湖南九郡皆接溪峒,蛮夷叛服不常,深为边患。制驭之方,岂无其说?臣以为宜择素有知勇为瑶人所信服者,立为酋长,借补小官,以镇抚之。况其习俗嗜欲悉同瑶人,利害情伪莫不习知,故可坐而制服之也。"这一建议得到了朝廷的认可。③ 应该说,这一提议将无奈地承认现状转变为有意识地利用酋长力量,有利于土司制度的推广与完善。

(一)荆湖北路地区的民族种类与分布特征

荆湖北路治于江陵府(治今湖北省江陵县),下辖江陵、德安二府,鄂、复、鼎、澧、峡、岳、归、辰、沅、靖等州。荆湖北路辖区内少数民族主要集中于鼎(后改为常德府)、澧、辰、沅、靖等州。为有效控制少数民族聚居地区,宋朝曾采取了一系列短期内有效措施,但都无法长期维持。如绍兴六年(1136),知鼎州张觷上言:"鼎、澧、辰、沅、靖州与溪峒接壤,祖宗时尝置弓弩手,得其死力,比缘多故,遂皆废阙。"④在弓弩手外,宋

① 《宋史》卷四九五《蛮夷传三》,第 14209 页。
② 《宋史》卷四九三《蛮夷传一》,第 14183 页。
③ 《宋史》卷四九四《蛮夷传二》,第 14194 页。
④ 《宋史》卷四九四《蛮夷传二》,第 14187 页。

朝还试图利用归附的熟户来限制少数民族的活动。如嘉定七年(1214),臣僚上言:"辰、沅、靖三州之地,多接溪峒,其居内地者谓之省民、熟户,山徭、峒丁乃居外为捍蔽。其初,区处详密,立法行事,悉有定制。峒丁等皆计口给田,多寡阔狭,疆畔井井,擅鬻者有禁,私易者有罚。"这些措施随着民族间交往的加深而逐渐失去了作用。①

荆湖北路中以辰州(治今湖南省沅陵县)所领羁縻州为最多。如至道二年(996),富州刺史向通汉在上奏中讲:"圣人郊祀,恩浃天壤,况五溪诸州连接十洞,控西南夷戎之地。惟臣州自昔至今,为辰州墙壁,障护辰州五邑,王民安居。"②"辰州五邑"即宋初辰、溪、锦、叙、富等州。辰州境内"蛮"分为南、北江两大系。

北江(今汉水)系约有二十个羁縻州。

> 初,北江蛮酋最大者曰彭氏,世有溪州(治今湖南省永顺县东),州有三,曰上、中、下溪,又有龙赐、天赐、忠顺、保静、感化、永顺州六,懿、安、远、新、给、富、来、宁、南、顺、高州十一,总二十州,皆置刺史。而以下溪州刺史兼都誓主,十九州皆隶焉,谓之誓下。州将承袭,都誓主率群酋合议,子孙若弟、侄、亲党之当立者,具州名移辰州为保证,申钤辖司以闻,乃赐敕告、印符,受命者隔江北望拜谢。

南江(今长江干流)系约有十六个羁縻州。"南江诸蛮自辰州达于长沙、邵阳,各有溪峒:曰叙、曰峡、曰中胜、曰元,则舒氏居之;曰奖、曰锦、曰懿、曰晃,则田氏居之;曰富、曰鹤、曰保顺、曰天赐、曰古,则向氏居之。……故事,南江诸蛮亦隶辰州。"又据当时人称,比较而言,南江系"蛮"人口较为有限。"南江诸蛮虽有十六州之地,惟富、峡、叙仅有千户,余不满百,土广无兵。"③

靖州一带也是荆湖北路中"蛮"较为集中的区域。靖州(治今湖南省靖州苗族侗族自治县)原为唐朝溪峒州之一,宋代神宗时创为诚州,故当地"蛮"又被称为"诚、徽州蛮"。其首领为杨氏,号十峒首领,以其族姓散掌州峒。至崇宁年间,改诚州为靖州。靖州处于两湖"蛮"聚居区的核心之地。当时官员曾指出:"臣前知靖州时,居蛮夷腹心,民不服役,田不输赋,其地似若可弃。然为重湖、二广保障,实南服之要区也。"

辰州与靖州交界之地还有南方少数民族的重要一支——仡伶。如乾道七年(1171),曾任辰州知州的章才邵在上奏中称:

---

① 《宋史》卷四九四《蛮夷传二》,第14196页。
② 《宋史》卷四九三《蛮夷传一》,第14174页。
③ 《宋史》卷四九三《蛮夷传一》,第14177~14180页。

辰之诸蛮与羁縻保静、南渭、永顺三州接壤，其蛮酋岁贡溪布，利于回赐，颇觉驯伏。卢溪（今湖南省泸溪县）诸蛮以靖康多故，县无守御，仡伶乘隙焚劫。后徙县治于沅陵县之江口，蛮酋田仕罗、龚志能等遂雄据其地。沅陵之浦口，地平衍膏腴，多水田，顷为猺蛮侵掠，民皆转徙而田野荒秽。会守倅无远虑，乃以其田给仡伶杨姓者，俾佃作而课其租，所获甚微。杨氏专其地将二十年，其地当沅、靖二州水陆之冲。①

可见，仡伶人所居已不局限于"溪峒"之中了，而是耕作于水田，交租赋于官府。

（二）荆湖南路地区羁縻政区的建置与民族构成

荆湖南路治潭州（治今湖南省长沙市），下辖潭、衡、道、永、邵、郴、全等州，以及武冈军与桂阳监等。与荆湖北路不同，荆湖南路少数民族以"瑶人"为主。关于瑶人的分布，《宋史·蛮夷传》指出："蛮瑶者，居山谷间，其山自衡州常宁县（今湖南省常宁市）属于桂阳（治今湖南省桂阳县），郴（治今湖南省郴州市）、连（广东省连州市）、贺（治今广西壮族自治区贺州市东南）、韶（治今广东省韶关市）四州，环纡千余里，蛮居其中，不事赋役，谓之瑶人。"可见，瑶族主要分布于今湖南、广西、广东三省区交界地带。又如隆兴年间，时人尹穑上言："湖南州县多邻溪峒，省民往往交通瑶人，擅自易田，豪猾大姓或诈匿其产瑶人，以避科差。内亏国赋，外滋边患。"②荆湖南路辖区中以武冈军（治今湖南省武冈市）等地瑶民最多。如绍兴三年（1133），臣僚等在上言中指出：

武冈军溪峒旧尝集人户为义保，盖其风土、习俗、服食、器械悉同瑶人，故可为疆埸捍蔽，虽曰藉之于官，然亦未尝远戍。靖康间，调之以勤王，其后湖南盗起，征敛百出，义保无复旧制，困苦不胜，乃举其世业，客依蛮峒，听其繇役。州县犹验旧籍催科，胥隶及门，则挈家远徙，官失其税，蛮僚日强。兼武冈所属三县（武冈、绥宁、临冈），悉为瑶人所有。③

据此可知，当时已有不少汉人加入瑶人之列，成为瑶族的成员，而武冈军所在地几乎为瑶人的天下。又如曾任知武冈军赵善谷上言云："武冈与湖北、广西邻壤，为极边之地，溪峒七百八十余所，七峒隶绥宁县（治今湖南省绥宁县西南），五溪峒隶临冈县（治今湖南省通道侗族自治县东北）。"④

---

① 《宋史》卷四九四《蛮夷传二》，第 14192 页。
② 《宋史》卷四九四《蛮夷传二》，第 14190 页。
③ 《宋史》卷四九四《蛮夷传二》，第 14187 页。
④ 《宋史》卷四九四《蛮夷传二》，第 14192 页。

在荆湖南路所辖邵州(后升为宝庆府,治今湖南省邵阳市)中又有南方"蛮"的重要一支——"梅山峒蛮"。梅山位于今湖南省新化县东北。"其地东接潭,南接邵,其西则辰,其北则鼎、澧,而梅山居其中。"熙宁五年(1072),宋朝军队收复梅山,成为两湖地区开发史上的一件大事,称为"开梅山"。这一举动得到当地"蛮瑶"的积极响应。"蛮瑶争辟道路,以待得其地。东起宁乡县(治今湖南省宁乡市)司徒岭,西抵邵阳(治今湖南省邵阳市)白沙砦,北界益阳(治今湖南省益阳市)四里河,南止湘乡(治今湖南省湘乡市)佛子岭。籍其民,得主、客万四千八百九户,万九千八十九丁。"以其地置新化县(治今湖南省新化县北白溪镇),隶邵州。[①]

瑶族的反叛活动,往往出于汉人的加入和鼓动,这一点在宋代湖南地区表现得相当突出。如全州地处交通要道,汉、瑶杂处,骚动频发。当地官员分析其原因:

> 本州密迩溪峒,边民本非奸恶。其始,朝廷禁法非不严密,监司、州郡非不奉行,特以平居失于防闲,故驯致其乱。又兼溪谷山径非止一途,如静江、兴安之大通虚,武冈军之新宁、盆溪及八十里山,永州之东安,皆可以径达溪峒。其地绵亘郡邑,非一州得专约束,故游民恶少之弃本者,商旅之避征税者,盗贼之亡命者,往往由之以入,萃为渊薮,交相鼓扇,深为边患。

显然,简单将叛乱原因归结于民族因素,只能与事实真相失之千里。

二、两广地区(包括海南岛)的民族分布与羁縻政区

(一)两广地区的民族种类与分布情况

宋代的广西,为广南西路的简称,也是南方地区"蛮"较为集中的区域之一。嘉定三年,知静江府章戡在建议中指出,广西所部二十五郡,三方邻溪峒,与"蛮"、瑶、黎、蜑杂处,"跳梁负固,无时无之,西南最为重地,邕、钦之外,羁縻七十有二,地里绵邈,镇戍非一"[②]。宋代著名文人范成大所著《桂海虞衡志》特列《志蛮》一篇,专门记述广西及邻近地区少数民族种类与分布状况。范成大在书中指出:"广西经略使所领二十五郡。其外则西南诸蛮。蛮之区落,不可殚记。姑记其声问相接,帅司常有事于其地者数种,曰羁縻州峒,曰瑶、曰僚、曰蛮、曰黎、曰蜑,通谓之蛮。"[③]与《桂海虞衡志》齐

---

① 《宋史》卷四九四《蛮夷传二》,第14196~14197页。

② 《宋史》卷四九五《蛮夷传三》,第14214页。

③ (宋)范成大著,胡起望、覃光广校注《桂海虞衡志辑佚校注》,四川民族出版社1986年版,第177页。

名的周去非所著《岭外代答》,也有记载“蛮”之生活与分布状况的章节,如篇首就着重描述了宋代广西少数民族的分布特征:

总广西二十五州,而边州十七。静江属县,半抵瑶峒。瑶峒者,五陵蛮之别也。自静江稍西南,曰融州。其境抗扼王江、乐善、宜良、丈盈、洪源、从允、牂牁、夜郎诸蛮。自融稍西南,曰宜州。宜处群蛮之腹,有南丹州、安化三州一镇、荔波、赢河、五峒、茅滩、抚水诸蛮。南丹者,所谓莫大王者也。自宜稍西南,曰邕州。邕境极广,管溪峒羁縻州、县、峒数十。右江直西南,其外则南诏也。左江直正南,其外则安南也。自邕稍东南,曰钦州。钦之西南,接境交阯,陆则限以七峒,水则舟楫可通。①

据范成大《桂海虞衡志》、周去非《岭外代答》以及《宋史·蛮夷传》的记载,宋代两广地区“蛮”的种类与分布情况大致如下所述:

1. 羁縻州峒

在归附的少数民族部落中设置的羁縻政区,隶属于邕州左右江的羁縻州峒数量最大。“邕境极广,管溪峒羁縻州、县、峒数十。”②这些羁縻部落“自唐以来内附。分析其种落,大者为州,小者为县,又小者为峒。国朝开拓浸广,州、县、峒五十余所。推其雄长者为首领。藉其民为壮丁。其人物犷悍,风俗荒怪,不可尽以中国教法绳治,姑羁縻之而已”③。宜州管下,又有羁縻州县十余所。不言而喻,羁縻州峒不是一个民族的名称,其涉及的民族种类自然不是单一的。如据《岭外代答》的记载,当时从边境地区抽调的兵丁名称有土丁、峒丁、田子甲、寨丁、保丁、效用等。其中峒丁与田子甲都是由少数民族组成。如《岭外代答》载:“羁縻州之民,谓之峒丁,强武可用。溪峒之酋,以为兵卫,谓之田子甲。”④

2. 瑶族

范成大认定瑶族为盘瓠之后,即与“蛮”同祖。广义的瑶族分布区面积广袤。“其地山溪高深,介于巴蜀、湖广间,绵亘数千里。”桂林一带应该是狭义的瑶族分布区之一,其中种类相当复杂。“瑶之属桂林者,兴安、灵川、临桂、义宁、古县诸邑,皆迫近山瑶。最强者曰罗曼瑶、麻园瑶,其余如黄沙、甲石、岭屯、褒江、赠脚、黄村、赤水、兰

① (宋)周去非著,杨武泉校注《岭外代答校注》,中华书局1999年版,第3~4页。
② 《岭外代答校注》,第4页。
③ 《桂海虞衡志辑佚校注》,第179页。
④ 《岭外代答校注》,第133页。

思、巾江、竦江、定花、冷石、白面、黄意、大利、小平滩头、丹江、闪江等瑶,不可胜数。”①周去非对瑶人的记载与分类比范成大更为精细一些,如云:

瑶人者,言其执徭役于中国也。静江府五县与瑶人接境,曰兴安、灵川、临桂、义宁、古县。瑶人聚落不一,最强者曰罗曼瑶人、麻园瑶人。其余曰黄沙,曰甲石,曰岭屯,曰褒江,曰赠脚,曰黄村,曰赤水,曰蓝思,曰巾江,曰竦江,曰定花,曰冷石坑,曰白面,曰黄意,曰大利,曰小平,曰滩头,曰丹江,曰縻江,曰闪江,曰把界。山谷弥远,瑶人弥多,尽隶于义宁县桑江寨(在今广西壮族自治区龙胜各族自治县西境)。②

范成大与周去非所列均为瑶族聚落名称,而非种族名称,可以设想瑶族的内部分类主要依据所居之地域,彼此之间的差异并不是太明显。

3.“僚”

范成大对于“僚”的族源并未做过多推测,仅指出:“旧传其类有飞头、凿齿、鼻饮、白衫、花面、赤裈之属二十一种。今右江西南一带甚多,殆有百余种也。”③可见,右江西南一带是两广地区“僚”最集中的聚居地。

4.“蛮”

“蛮”,原是历史时期对南方少数民族的泛称,在此另列“蛮”区,似乎令人费解。为此,范成大在书中特地解释了其中的原因:“南方曰蛮,亦曰西南蕃。今郡县之外,羁縻州峒虽故皆蛮,地犹近省,民供税役,故不以蛮命之。过羁縻,则谓之化外真蛮矣。”④至此,我们可以明白羁縻州峒与“蛮”的区别,简而言之,不外乎熟“蛮”与生“蛮”之差异。“真蛮”,就是不纳赋税的化外生蛮。《宋史·蛮夷传》列出的两广地区“蛮”之种类有“南丹州蛮”“抚水州蛮”“广源州蛮”“黎洞蛮”以及“环州蛮”等,均以所属州为名。

5. 黎

当时黎人主要集中于今天的海南岛地区。范成大指出:“黎,海南四郡坞土蛮也。坞直雷州,由徐闻渡,半日至。坞之中有黎母山,诸蛮环居四傍,号黎人。”黎母山即今海南黎母岭。通常,黎人分为生、熟两种,其划分标准并不是单一的。首先是以距离黎母山中心区为准,则“内为生黎,外为熟黎”。“山极高,常在雾霭中,黎人自鲜识

① 《桂海虞衡志辑佚校注》,第184、185页。
② 《岭外代答校注》,第118~119页。
③ 《桂海虞衡志辑佚校注》,第197页。
④ 《桂海虞衡志辑佚校注》,第207页。

之。……熟黎所居已阻且深，生黎之巢深邃，外人不复迹。黎母之颠则虽生黎亦不能至。”其次是以纳赋与否为准，“蛮去省地远，不供赋役者名生黎，耕作省地，供赋役者名熟黎。各以所迩，分隶四郡”。三是以是否归入郡县为准，“熟黎之地，始是州县。大抵四郡各占坞之一陲，其中黎地不可得，亦无路通”。“生黎质直犷悍，不受欺触，不服王化，亦不出为人患。”[①]四是以语言文化为准，如熟黎能说汉语。

6. 蜑

沿海地区居住于水上的族群，“以舟楫为家。采海物为生，且生食之”[②]。《岭外代答》“蜑蛮”条载：“以舟为室，视水如陆，浮生江海者，蜑也。”钦州与广州一带是蜑民的主要分布地。“钦之蜑有三：一为鱼蜑，善举网垂纶；二为蚝蜑，善没海取蚝；三为木蜑，善伐山取材。”“广州有蜑一种，名曰卢停，善水战。”[③]这里纯粹以所从事行业进行分类，显然过于简单化了。

（二）两广地区羁縻政区的设置与主要的“蛮”聚居区

1. 邕州

治今广西壮族自治区南宁市。广南西路辖内以邕州所属羁縻州为最多。范成大在《桂海虞衡志》中指出：“羁縻州峒，隶邕州左右江者为多。旧有四道侬氏，谓安平、武勒、思浪、七源，四州皆侬姓。又有四道黄氏，谓安德、归乐、归城、田州，皆黄姓。又有武侯、延众、石门、感德四镇之民。……州、县、峒五十余所。”[④]《宋史·地理志》载邕州下有四十四个羁縻州、五个羁縻县与十一个羁縻洞。这些羁縻州县又分属左江、右江两道。其属左江道者：忠州、冻州、江州、万丞州、思陵州、左州、思诚州、谭州、渡州、龙州、七源州、思明州、西平州、上思州、禄州、石西州、思浪州、思同州、安平州、员州、广源州、勤州、南源州、西农州、万崖州、覆利州、温弄州及武黎县、罗阳、陀陵县、永康县、武盈洞、古甑洞、凭祥洞、镆峒、卓峒、龙英洞、龙耸洞、徊洞、武德洞、古佛洞、八耽洞。其属右江道者：思恩州、鹈州、思城州、勘州、归乐州、武峨州、伦州、万德州、蕃州、昆明州、婪凤州、侯唐州、归恩州、田州、功饶州、归城州、武笼州及龙川县。

邕州所属羁縻州中，较为著名的“蛮”之聚落有“广源州蛮”。广源州，治今越南高平省广渊，在邕州西南郁江之源，地势峭绝险阻。其大族有韦氏、黄氏、周氏、侬氏

① 《桂海虞衡志辑佚校注》，第219~221页。

② 《桂海虞衡志辑佚校注》，第232页。

③ 《岭外代答校注》，第115~116页。

④ 《桂海虞衡志辑佚校注》，第179页。

等。所辖区面积广袤，号称有“十三部二十九州”。交阯安南强盛后，“广源州蛮”实服役于安南。宋皇祐年间，“广源州蛮”首领侬智高率众发动叛乱，攻陷岭南大批州县，并自立为帝，后被宋将狄青等所平定。

2. 庆远府

本宜州，治今广西壮族自治区河池市宜州区，也是广南西路中辖有羁縻州较多的地区之一。据《宋书·地理志》，庆远府领有十羁縻州，即温泉州、环州、镇宁州，领二县；蕃州、金城州、文州、兰州，领三县；安化州（抚水州），领四县；迷昆州、智州，领五县。庆远府所领羁縻州中的重要“蛮”聚落有：

（1）“抚水州蛮”，在宜州南，宋改抚水州为安化州，治今广西壮族自治区环江毛南族自治县东北。领四县：抚水、京水、多逢、古劳。酋长均为蒙姓。“有上、中、下三房及北遐一镇。民则有区、廖、潘、吴四姓”①。

（2）“环州蛮”，环州治今广西壮族自治区环江毛南族自治县西北，为宜州所领羁縻州，首领为区姓。环州领思恩、都亳二县。

3. 南丹州

治今广西壮族自治区南丹县，为当时广西“蛮”之重要聚居中心之一，当地“蛮”又被称为“南丹州蛮”。《宋史·蛮夷传》载：“南丹州蛮，亦溪峒之别种也，地与宜州及西南夷接壤。”②首领为莫姓。南丹州本为庆远府下辖羁縻州，后改置为观州。如《桂海虞衡志》载：“宜州管下，亦有羁縻州县十余所。其法制尤疏，几似化外。其尤者曰南丹州，待之又与他州洞不同。特命其首领莫氏曰刺史。”③《宋史·地理志》“观州”条下载：“大观元年（1107），克南丹州，以南丹州为观州，置倚郭县。大观四年（1110），以南丹州还莫公晟，复于高峰砦置观州。”④这说明在北宋大观年间，南丹州有一个改流又返土的过程。据《宋史·蛮夷传》记载，当时，“广西经略安抚使吕愿中谕降诸蛮三十一种，得州二十七，县一百三十五，砦四十，峒一百七十九及一镇、三十二团，皆为羁縻州县”⑤。这些羁縻州峒应该设置于南丹州及其附近地区。

4. 钦州

治今广西壮族自治区钦州市。关于钦州地区的民族构成，《岭外代答》载：

① 《宋史》卷四九五《蛮夷传五》，第14205页。
② 《宋史》卷四九四《蛮夷传二》，第14199页。
③ 《桂海虞衡志辑佚校注》，第179页。
④ 《宋史》卷九〇《地理志六》，第2249页。
⑤ 《宋史》卷四九四《蛮夷传二》，第14201页。

> 钦民有五种：一曰土人，自昔骆越种类也。居于村落，容貌鄙野，以唇舌杂为音声，殊不可晓，谓之蒌语。二曰北人，语言平易，而杂以南音。本西北流民，自五代之乱，占籍于钦者也。三曰俚人，史称俚僚者是也。此种自蛮峒出居，专事妖怪，若禽兽然，语言尤不可晓。四曰射耕人，本福建人，射地而耕也。子孙尽闽音。五曰蜑人，以舟为室，浮海而生，语似福、广，杂以广东、西之音。①

然而，据《宋史·地理志》，钦州境内并没有设置羁縻政区。

5. 琼州

治今海南省海口市琼山区东南。《宋史·蛮夷传》称海南岛地区的黎族为"黎洞蛮"："黎洞，唐故琼管之地，在大海南，距雷州泛海一日而至。其地有黎母山，黎人居焉。……俗呼山岭为'黎'，居其间者号曰黎人。……今儋崖、万安皆与黎为境，其服属州县者为熟黎，其居山洞无征徭者为生黎。"②又《岭外代答》记载，当时的熟黎大多为汉民入乡变俗所成："海南有黎母山，内为生黎，去州县远，不供赋役；外为熟黎，耕省地，供赋役，而各以所迩隶于四军州（琼州、万安军、吉阳军、昌化军），生黎质直犷悍，不受欺触，本不为人患。熟黎多湖广、福建之奸民也，狡悍祸贼，外虽供赋于官，而阴结生黎以侵省地。"③据《宋史·地理志》，琼州本军事州，后以黎母山夷峒建镇州，政和元年，镇州废。④ 也没置羁縻政区。

三、西南地区的民族分布与羁縻政区（附大理）

（一）西南地区的民族种类与分布特征

两宋时期，西南地区除了大理政权，宋朝境内主要划分为成都府路、潼川府路、利州路、夔州路等，故又称为川峡四路。《宋史·蛮夷传》将分布于西南地区的少数民族称为"西南诸夷""黎州诸蛮""叙州三路蛮""威茂渝州蛮""黔涪施高徼外诸蛮"以及"泸州蛮"等几个部分。这种分类方法将民族种类与所居地区紧密结合起来，有利于民族分布区域的划定，但不利于民族种类的认知，且容易混淆，往往需要就不同地域而将同一族类分别阐述。《宋史·蛮夷传》还以泸州（治今四川省泸州市）为中心将当时西南地区的民族分布与两汉时期的做了比较：

---

① 《岭外代答校注》，第144~145页。

② 《宋史》卷四九五《蛮夷传三》，第14219页。

③ 《岭外代答校注》，第70页。

④ 《宋史》卷九〇《地理志六》，第2245页。

泸州西南徼外，古羌夷之地，汉以来王侯国以百数，独夜郎、滇、邛都、隽（应为巂）、昆明、徙、莋都、冉駹、白马氐为最大。夜郎，在汉属牂牁郡，今涪州之西，溱、播、珍等州封域是也；滇，在汉为益州郡，今姚州善阐之地是也；邛都，巂州会同川与吐蕃接，今邛部川蛮所居也；巂，今巂州；昆明，在黔、泸徼外，今西南蕃部所居也；徙，今雅州严道地；莋都，在黎州南，今两林及野川蛮所居地是也；冉駹，今茂州蛮、汶山夷地是也；白马氐，在汉为武都郡，今阶州、汶州，盖羌类也：此皆巴蜀西南徼外蛮夷也。①

关于这些民族分布的地理特征，《宋史·蛮夷传》又载："自黔、恭以西，至涪、泸、嘉、叙，自阶又折而东，南至威、茂、黎、雅，被边十余郡，绵亘数千里，刚夷恶僚，殆千万计。"②

这些民族集团的分布地域可概括如下：

1. "西南诸夷"或西南蕃

两宋时期，广义的"西南夷"可以指代西南地区所有少数民族，狭义的"西南诸夷"则主要分布在今贵州东南部及黔、桂两省交界地："其地北距充州（治今贵州省石阡县西南）百五十里，东距辰州（治今湖南省沅陵县）二千四百里，南距交州（今越南北部）一千五百里，西距昆明（今贵州省西部一带）九百里。无城郭，散居村落。"③"西南诸夷"分布地、风俗与隋唐时期的"东谢蛮"大致相同。"西南诸夷"部归附宋朝，始于乾德五年（967）。知"西南夷"南宁州蕃落使龙彦瑫等人入贡，被授予归德将军、南宁州刺史及蕃落使之职。至道元年（995），夷王龙汉璓的使者龙光进率领部民入贡，曾自述当地风俗："地去宜州（治今广西壮族自治区河池市宜州区）陆行四十五日。土宜五谷，多种秔稻，以木弩射獐鹿充食。每三二百户为一州，州有长。杀人者不偿死，出家财以赎。国王居有城郭，无壁垒，官府惟短垣。"④可见，唐宋时期的西南多部已建有自己独立的政区体系。

"西南诸夷"与"黔涪施高徼外诸蛮"在种类及分布地区方面完全相同，而《宋史·蛮夷传》将其归为两个部分显然有重复之误，且容易造成混淆。如云：

黔州、涪州徼外有西南夷部，汉牂牁郡，唐南宁州、牂牁、昆明、东谢、南谢、西

① 《宋史》卷四九六《蛮夷传四》，第14243～14244页。

② 《宋史》卷四九六《蛮夷传四》，第14244页。

③ 《宋史》卷四九六《蛮夷传四》，第14223页。

④ 《宋史》卷四九六《蛮夷传四》，第14225页。

> 赵、充州诸蛮也。其地东北直黔、涪，西北接嘉、叙，东连荆楚，南出宜、桂。俗椎髻、左衽，或编发；随畜牧迁徙亡常，喜险阻，善战斗。部族共一姓，虽各有君长，而风俗略同。宋初以来，有龙蕃、方蕃、张蕃、石蕃、罗蕃者，号“五姓蕃”，皆常奉职贡，受爵命。①

这些西南部族原共一姓，共有数十部落，宋初以五姓部落最为著名，又有二部落比附五姓，共七姓，即龙蕃、方蕃、张蕃、石蕃、罗蕃、程蕃、韦蕃，故又称为“西南七蕃”。因此，当时这一地区的生“蛮”又有一种新名号——西南蕃。西南蕃，其实只是“西南夷”的别称而已。

范成大在《桂海虞衡志》中指出：“南方曰蛮，亦曰西南蕃。今郡县之外，羁縻州峒虽故皆蛮，地犹近省，民供税役，故不以蛮命之。过羁縻，则谓之化外真蛮矣。区落连亘湖广，接于西戎，种类殊诡，不可胜计。……其称大小张、大小王、龙、石、腾、谢等，谓之西南蕃。”②周去非《岭外代答》也记“西南夷”，以“西南五姓蕃部”为主要叙述对象。③

2.“黎州蛮”

又称为“黎州诸蛮”。

> 黎州诸蛮，凡十二种：曰山后两林蛮，在州南七日程；曰邛部川蛮，在州东南十二程；曰风琶蛮，在州西南一千一百里；曰保塞蛮，在州西南三百里；曰三王蛮，亦曰部落蛮，在州西百里；曰西箐蛮，有弥羌部落，在州西三百里；曰净浪蛮，在州南一百五十里；曰白蛮，在州东南一百里；曰乌蒙蛮，在州东南千里；曰阿宗蛮，在州西南二日程。凡风琶、两林、邛部皆谓之东蛮，其余小蛮各分隶焉。邛部于诸蛮中最骄悍狡谲，招集蕃汉亡命，侵攘他种，闭其道以专利。④

据现代研究者的分析，上文所指“黎州诸蛮”，基本上是《新唐书·南蛮传》中所说的“乌蛮”七部落地区，与叙州三路“蛮”都从属于北部“乌蛮”群落。⑤

3.“威茂渝州蛮”

即威、茂、渝等州境内的部族。这一归类也是不妥当的，因为威州、茂州与渝州地不相接，族类也不相同。威州与茂州接近西部吐蕃诸部，族类与羌族接近，而渝州（治

---

① 《宋史》卷四九六《蛮夷传四》，第14241页。

② 《桂海虞衡志辑佚校注》，第207页。

③ 《岭外代答校注》，第120页。

④ 《宋史》卷四九六《蛮夷传四》，第14231页。

⑤ 尤中编著《中国西南的古代民族》，第104~117页。

今重庆市)境内的少数民族为“板楯蛮”及南平“僚”之后裔,“其地西南接乌蛮、昆明、哥蛮、大小播州,部族数十居之”①。可见,重庆之地正处于湖广“蛮”与“西南诸夷”的交界处,其南即“巴蜀徼外蛮夷”。

4.“泸州蛮”

又称为“泸州徼外蛮”或“泸州夷”,从属于广义上的“西南夷”。如云:“又有夷在泸州部,亦西南边地,所部十州:曰巩、曰定、曰高、曰奉、曰淯、曰宋、曰纳、曰晏、曰投附、曰长宁,皆夷人居之,依山险,善寇掠。淯井监者,在夷地中,朝廷置吏领之,以拊御夷众,或不得人,往往生事。”②这些多“生事”的“夷众”又被称为“淯水夷”。

“泸州蛮”分布区与当时大理政权地域毗连,族类也近似。泸州徼外“淯水夷”实为“乌蛮”族群的一支。泸州下领羁縻州中有姚州之设,“泸州部旧领姚州废已久,有乌蛮王子得盖者来居其地,部族最盛,数遣人诣官,自言愿得州名以长夷落。事闻,因赐号姚州,铸印予之”③。

关于大理政权内部的民族构成,《宋史·蛮夷传》载:“曰大云南蛮,曰小云南蛮,即唐南诏,今名大理国,自有传。”然而,《宋史·大理传》极为简约,仅云“大理国,即唐南诏也”,也未指明大理政权内部的民族构成。方国瑜先生曾指出:“大理前期与后期之疆域政区,上承南诏,下开元代云南行省,经历三百余年,其社会历史有很大的发展变化,随之政治设施也在发展变化。”④大理政权内部的民族构成之演变趋势也与此符合。由于记载的简略,我们无法较细致地确定大理政权内部民族分布状况,但民族分布具有很强的稳定性,我们可以借助南诏政权与元代云南行省的民族构成加以分析,大致了解大理政权前期、后期的民族分布状况。

(二)西南地区羁縻府州的建置与民族构成

1. 成都府路

成都府路中以“黎州蛮”为最多。

(1)黎州,治今四川省汉源县西北。据《宋史·地理志》,黎州共领羁縻州五十四:罗岩州、索古州、秦上州、合钦州、剧川州、辄荣州、蓬口州、柏坡州、博卢州、明川州、施皎州、蓬矢州、大渡州、米川州、木属州、河东州、诺筰州、甫岚州、昌化州、归化

① 《宋史》卷四九六《蛮夷传四》,第14240页。
② 《宋史》卷四九六《蛮夷传四》,第14229页。
③ 《宋史》卷四九六《蛮夷传四》,第14230页。
④ 《中国西南历史地理考释》(上册),第645页。

州、粟川州、丛夏州、和良州、和都州、附木州、东川州、上贵州、滑川州、北川州、吉川州、甫葶州、北地州、苍荣州、野川州、邛陈州、贵林州、护川州、牒琮州、浪涨州、郎郭州、上钦州、时蓬州、俨马州、橛查州、邛川州、护邛州、脚川州、开望州、上蓬州、比蓬州、剥重州、久护州、瑶剑州、明昌州。

(2)雅州,治今四川省雅安市。《太平寰宇记》记当地风俗:“同邛州,邛、雅之夷僚,妇人娠七月而产,产毕,置儿向水中,浮者取养,沉者弃之,千百无一沉者。”①据《宋史·蛮夷传》,雅州境内主要有西山野川路“蛮”,为“西南夷之别种”,其聚居地距州治三百里,有部落四十六。又据《宋史·地理志》,雅州领有羁縻州四十四:当马州、三井州、来锋州、名配州、钳泰州、隶恭州、画重州、罗林州、笼羊州、林波州、林烧州、龙蓬州、敢川州、惊川州、祸眉州、木烛州、百坡州、当品州、严城州、中川州、钳矣州、昌磊州、钳并州、百颇州、会野州、当仁州、推梅州、作重州、祸林州、金林州、诺祚州、三恭州、布岚州、欠马州、罗蓬州、论川州、让川州、远南州、卑卢州、夔龙州、辉川州、金川州、东嘉梁州、西嘉梁州。

(3)茂州,治今四川省茂县。境内“蛮”又被称为“茂州蛮”。“茂州诸部落,(唐)盖、涂、静、当、直、时、飞、宕、恭等九州蛮也。蛮自推一人为州将,治其众,而常诣茂州受约束。”②这里说的“茂州蛮”实为羌人的一支。如《太平寰宇记》载当地风俗:“此一州本羌戎之人,好弓马,以勇悍相高,诗礼之训阙如也。贫下者,冬则避寒入蜀,佣赁自食,故蜀人谓之筰氏。”又载当时户口:“皇朝户主二百七十三,客五十三,部落户八百二十九。”③据《宋史·地理志》,茂州下领十个羁縻州:珰州、直州、时州、涂州、远州、飞州、乾州、可州、向州、居州。

(4)威州,本维州,治今四川省理县东北,领有保州、霸州两个羁縻州,故其境内“蛮”又被称为“保霸蛮”,酋长为董姓。政和三年(1113),知成都府庞恭孙建议开拓疆土,于是将保州改为祺州,霸州改为亨州。不久都被废为砦。《太平寰宇记》载维州户口:“皇朝管汉税户五十四,蕃户税户九百,蕃客户五千六百九十四。”④

2. 潼川府路

该路中“蛮”集中于叙、泸二州以及长宁军。

---

① 《太平寰宇记》卷七七《剑南西道六·雅州》,第1551页。
② 《宋史》卷四九六《蛮夷传四》,第14239页。
③ 《太平寰宇记》卷七八《剑南西道七·茂州》,第1574、1573页。
④ 《太平寰宇记》卷七八《剑南西道七·威州》,第1578页。

(1)叙州,原为唐戎州之地,北宋政和年间改,治今四川省宜宾市。《太平寰宇记》记当地户口:"皇朝管户夷汉主客都五千二百六十三。"风俗特征:"其土有四族:黎、蒯、虞、牟。夷夏杂居,风俗各异。其蛮僚之类,不识文字,不知礼教,言语不通,嗜欲不同。"又记戎州"旧管蛮夷新旧州四十七"。关于这些羁縻州地区的概貌,《太平寰宇记》载,这些羁縻州"除没落云南蛮界一十五州,其余虽有名额,元无城邑,散在山洞,不常其居,抚之难顺,扰之易动。其为刺史,父子相继,无子,即以其党有可者公举之。或因春秋有军设,则追集赴州。著夏人衣服,却归山洞,椎髻跣足"①。按地域及族类的不同,这些州可分为以下几类:

——十五州(管五十二县)在益州郡界内,"其州近滇池,并是蛮夷,诸僚缘地最远,与姚巂州、云南接界"。这十五州包括:南宁州(五县)、盘州(三县)、麻州(三县)、古靖州(二县)、英州(五县)、声州(五县)、咸州(二县)、泸慈州(四县)、归武州(二县)、严州(四县)、汤州(三县)、武德州(三县)、秦龙州(三县)、武镇州(四县)、南唐州(四县)。

——十六州(管七十六县)在南广溪洞内,并是"诸僚"。这十六州包括:悦州(五县)、移州(三县)、景州(七县)、播浪州(三县)、巩州(四县)、连州(六县)、南州(四县)、德州(二县)、为州(二县)、洛州(四县)、筠州(八县)、志州(六县)、盈州(四县)、献州(七县)、武昌州(七县)、扶德州(四县)。

——四州(管十八县),其中三州在马湖江(今金沙江下游自四川省雷波县至宜宾市段)一带,均属"蛮",不输税赋。这三州是驯州(五县)、骋州(三县)、浪州(五县)。另外一州为商州,属"僚",管五县,纳赋税。

——十二州(管三十七县),在石门路,不输税赋。这十三州包括:曲州(四县)、协州(二县)、靖州(二县)、播陵州(二县)、钳州(缺载,应为二县)、哥灵州(三县)、滈州(三县)、切骑州(四县)、品州(三县)、从州(六县)、牱违州(三县)、碾卫州(三县)。

《宋史·蛮夷传》则将上述州民归为三路"蛮",西北曰"董蛮",正西曰"石门蛮",东南曰"南广蛮"。"董蛮"在马湖江之右,为古僰侯国所在地,其酋长为董姓。"南广蛮"在叙州庆符县以西,设有十四个羁縻州。石门蕃部与临洮土羌接,唐曲、播等十二州之地。又据《宋史·地理志》,叙州下领有三十个羁縻州:

建州(疑为连州)、照州、献州、南州、洛州、盈州、德州、为州、移州、扶德州、播

① 《太平寰宇记》卷七九《剑南西道八·戎州》,第1590、1601、1605页。

浪州、筠州、武昌州、志州，已上皆在南广溪洞；商州、驯州、浪川州、骋州，已上皆在马湖江；协州、切骑州、靖州、曲江州、哥陵州、品州、牱违州、碾卫州、滈州、从州、播陵州、钳州，已上皆在石门路。①

(2)泸州，治今四川省泸州市。《太平寰宇记》载泸州风俗："地无桑麻，每岁畬田，刀耕火种。其夷獠则与汉不同，性多犷戾而又好淫祠，巢居岩谷，因险凭高，著班布，击铜鼓，弄鞘刀。男则露髻跣足，女即椎髻横裙。"②泸州境内主要"蛮"民种类被称为"淯水夷"。《宋史·蛮夷传》称："淯水夷者，羁縻十州五囤蛮也，杂种夷獠散居溪谷中。"《太平寰宇记》载泸州户口："皇朝管汉户主二千四十七，獠户二千四百一十五。"又"元管溪洞羁縻州一十六，计县五十六"。③

羁縻州名称	治所今地	领县及户口情况
扶德州	四川省珙县南	领三县：扶德、宋水、牱隆。后划入戎州
能州	贵州省赤水市东	领二县：曲水、甘泉，十二户
浙州	不详	领四县：浙源、越宾、洛川、鳞山，二十四户
纳州	四川省叙永县西南	领七县：罗围、播罗、施阳、罗当、罗蓝、都宁、罗掌，一百六十八户
蓝州	不详	领一县：胡茂，五十一户
顺州	不详	领四县：曲水、顺山、灵岩、来猿，五十九户
宋州	四川省叙永县西北	领四县：牱龙、牱支、宋水、卢吾，六十九户
高州	四川省高县南	领三县：牱巴、移甫、徒西，二十一户
奉州	四川省松潘县西北	领三县：牱里、牠巴、蓬罗，三十九户
思峨州	四川省珙县西北	领二县：多溪、洛溪，三十七户
萨州(薛州)	四川省珙县西南	领三县：枝江、黄池、播陵
晏州	四川省兴文县	领七县：思峨、牱阴、新宾、扶来、哆冈、罗阳、思晏，七十七户
长宁州	四川省长宁县	领四县：婆员、婆居、青卢、罗门，三十八户
巩州	四川省珙县南	领五县：哆楼、比求、都善、播郎、波婆，十五户
淯州	四川省长宁县西南	领二县：新定、固城，十五户
定州	四川省高县西南	领二县：支江、扶德，十六户

资料来源：《太平寰宇记》卷八八《剑南东道七·泸州》。

① 《宋史》卷八九《地理志五》，第2218页。
② 《太平寰宇记》卷八八《剑南东道七·泸州》，第1740页。
③ 《太平寰宇记》卷八八《剑南东道七·泸州》，第1742页。

又据《宋史·地理志》,泸州下领有十八个羁縻州:纳州、薛州、晏州、巩州、奉州、悦州、思峨州、长宁州、能州、淯州、浙州、定州、宋州、顺州、蓝州、溱州、高州、姚州。关于姚州的建置,《宋史·蛮夷传》又称:"庆历初,泸州言:'管下溪峒十州,有唐及本朝所赐州额,今乌蛮王子得盖居其地。部族最盛,旁有旧姚州,废已久,得盖愿得州名以长夷落。'诏复建姚州,以得盖为刺史,铸印赐之。"①

(3)长宁军,治今四川省珙县东。本为羁縻州。熙宁八年(1075),"蛮"之首领得箇祥进献长宁、晏、奉、高、薛、巩、淯、思峨等十个羁縻州之地,至政和四年(1114)建为长宁军。

3. 夔州路

夔州路内"蛮"民聚居区在黔州、涪州西南徼外地区,称为"西南夷部"。

夔州路所辖黔州下领羁縻州最多。黔州,后升为绍庆府,治今重庆市彭水苗族土家族自治县。《太平寰宇记》载黔州风俗:"杂居溪洞,多是蛮僚,其性犷悍,其风淫祀,礼法之道,故不知之。"②《宋史·地理志》记黔州下领羁縻州四十九:南宁州、远州、犍州、清州、蒋州、知州、蛮州、袭州、峨州、邦州、鹤州、劳州、义州、福州、儒州、令州、郝州、普宁州、缘州、那州、鸾州、丝州、邛州、敷州、晃州、侯州、焚州、添州、瑶州、双城州、训州、乡州、茂龙州、整州、乐善州、抚水州、思元州、逸州、思州、南平州、勋州、姜州、稜州、鸿州、和武州、晖州、亳州、鼓州、悬州。南宋时期,黔州领羁縻州又扩充为五十六个,但《宋史·地理志》未列出其名目。

夔州路境内还有部分州由羁縻州所改,如:

(1)珍州,原为"蛮"之山洞,于唐贞观年间始置为州,唐后期被其他部族攻废。宋大观二年(1108),"大骆解上下族帅献其地,复建为珍州",治今贵州省正安县东北。下有二县:乐源、绥阳,"本羁縻夷州"。大观三年,建为承州,后废入珍州。《宋史·蛮夷传》称当地"蛮"为"高州蛮":"高州蛮,故夜郎也,在涪州西南。宋初,其酋田景迁以地内附,赐名珍州,拜为刺史。景迁以郡多火灾,请易今名(高州)。大观二年,有骆解下、上族纳土,复以珍州名云。"③

(2)播州,宋"大观二年(1108),南平夷(南平僚)人杨文贵等献其地",建为播州,治今贵州省桐梓县西南,领播川、琅川、带水三县。《宋史·蛮夷传》将当地"蛮"归于

① 《宋史》卷四九六《蛮夷传四》,第14244页。

② 《太平寰宇记》卷一二〇《江南西道十八·黔州》,第2395页。

③ 《宋史》卷四九六《蛮夷传四》,第14243页。

"渝州蛮"。

四、两宋时期吐蕃的迁徙与分布

唐代,吐蕃人建立空前强盛的政权,疆域广袤。吐蕃人也因时势而分布于广袤的地域上,远远超出了青藏高原的界限。唐末以后,强盛一时的吐蕃政权也趋于衰弱,处于割据分裂的状态,时间长达近四百年,直到元朝才建立起统一的行政体制,结束了分散割据局面。在这数百年的分裂时期,吐蕃人的分布地十分广阔,从青藏高原到河西走廊,都有吐蕃人的聚落。虽然今西藏自治区多数地区都有,但以西北地区最为集中,两宋人仍总称之为吐蕃。唐末,吐蕃"族种分散,大者数千家,小者百十家,无复统一矣。自仪、渭、泾、原、环、庆及镇戎、秦州暨于灵、夏皆有之,各有首领,内属者谓之熟户,余谓之生户"①。

吐蕃人按分布地区及其与宋朝的归属关系大致可分为两大部:一是散居于河西等地的蕃族部落,广布于今天河西走廊与甘肃、陕西、宁夏等地区;二是建立了地方政权的蕃族部落,主要集中于今青海河湟地区。然而,必须注意的是,在当时民族识别中的一大难题,便是吐蕃人与党项人及吐谷浑人的混同问题。如宋朝大臣普遍认为:

> 熟羌乃唐设三使所统之党项也。自西夏不臣,种落叛散,分寓南北。为首领者父死子继,兄死弟袭,家无正亲,则又推其旁属之强者以为族首,多或数百,虽族首年幼,第其本门中妇女之令亦皆信服,故国家因其俗以为法。其大首领,上自刺史下至殿侍,并补本族巡检,次首领补军主、指挥使,下至十将,第受禀给。②

这是当时颇为流行的、较为典型的混淆吐蕃与党项两族的观点。文中所提"法"即宋朝的"团结蕃部法"。相比之下,宋朝著名大臣文彦博的认识更为准确、透彻:

> ……臣切见泾原、秦凤两路蕃兵及洮、河、宕、叠州,武胜军诸族,皆吐蕃遗种也,自嘉勒斯赉死,楝戬继,立文法,只能安集河、湟间,而近边诸族自为种落。其在疆场之外者,皆强梗顽硬,不为吾用。在内地者,又分离散处,不相统一。此议者所以谓西蕃诸族皆微弱而不足用也。……今四路番兵并是羌夷旧种,虽有吐浑、党项及吐蕃之别,然其种姓实皆出于西戎而已。③

---

① 《宋史》卷四九二《吐蕃传》,第14151页。本小节引文非特别注明者均出自此传。

② 《宋史》卷一九一《兵志五》,第4755~4756页。

③ (宋)赵汝愚编《宋名臣奏议》卷一四一《边防门》,参见刘建丽、汤开建辑校《宋代吐蕃史料集》(二),四川民族出版社1989年版,第430页。

可见,两宋时人只知吐蕃、吐谷浑与党项出于古代"西戎"或羌人,却无法分辨其中的差别,因而,在记载中又常常统称"蕃族"为"熟羌"或"羌戎""羌众",这也是当时民族识别问题的一个时代特征,当然也给我们的分类研究带来了困难。又如宋人曾公亮所著《武经总要》载:

今之夷人内附者,吐蕃、党项之族居西北边,种落不相统一,款塞者谓之熟户,余谓之生户。陕西则秦陇、原渭、环庆、鄜延四路,河东则隰石、麟府二路,其酋长则命之戎秩,赐以官俸,量其材力功绩,世相承袭,凡大首领得为都军正;自百帐以上得为军正;又其次者,皆等级补指挥使以下职名。①

据此可知归附"蕃众"按分布地域的不同可大略分为陕西与河东两部。据此再结合其他史料,陕西"蕃"集中于秦凤、泾原、环庆、鄜延四路,而河东"蕃众"则集中于石、隰、麟、府四州。鉴于地域的毗连及族众成分比例,笔者在分类研究中且将记载中陕西各地的"蕃"归于吐蕃,而将河东地区的"熟户"或羌人归于党项。

(一)陕西及陇右地区"蕃"部与"蕃兵"的分布及数量统计

"蕃兵"是宋朝军队编制系统中的重要部分。关于宋朝沿边地区的"蕃兵"问题,《宋史·兵志》载:

蕃兵者,具籍塞下内属诸部落,团结以为藩篱之兵也。西北边羌戎,种落不相统一,保塞者谓之熟户,余谓之生户。陕西则秦凤、泾原、环庆、鄜延,河东则石、隰、麟、府。其大首领为都军主,百帐以上为军主,其次为副军主、都虞候、指挥使……②

显而易见,对于宋朝官府而言,"蕃户"与"蕃兵"是合而为一的。为利用归附的"熟户"或"蕃众"的军事势力,宋朝官府对他们采取了军事化的管理体制。文献记载对"蕃""蕃众"的关注与记录大都体现在对"蕃兵"的记录上。当时的"蕃兵"有完整的名籍,首领的官秩也由其所领"蕃兵"的数量来决定。虽然"蕃兵"数量并不等同于"蕃"之人口数量,但是其价值也不容低估。我们在研究中完全可以借助"蕃兵"的统计数量来大致估算当时沿边地区"蕃众"的数量。

治平二年(1065),宋朝官员梁实、李若愚、王昭明、韩则顺等人曾借对沿边"蕃众"犒赏、理讼之机对陕西各地的"蕃众"进行了全面统计,"籍城寨兵马,计族望大

---

① (宋)曾公亮等《武经总要》前集卷十八上,清文渊阁《四库全书》本。

② 《宋史》卷一九一《兵志五》,第4750~4751页。《续资治通鉴长编》卷一三二"庆历元年六月己亥"条所记与此相同(第3144页)。

小，分队伍，给旗帜，使各缮保垒，人置器甲，以备调发；仍约如令下不集，押队首领以军法从事”①。可见，当时的统计，不仅统计兵马，而且衡量各族族望大小，是具有重要价值的关于“蕃”之情况较全面的统计审核工作。《宋史・兵志》为我们保留了一组较完整的当时统计工作留下的数据，为我们精确地认识当时陕西各地“蕃众”的数量规模提供了依据，弥足珍贵。当时文献中所称“陕西”实际涉及了今天陕西、宁夏、甘肃三省区之地。不过，值得注意的是，这份统计资料用于军事目的，所用统计单位并不统一，或称“总兵马”，或称“强人”（疑相当于古文献中的“胜兵”之义），或称“蕃兵”，难以直接视作户口数字。其次，这份资料反映的仅仅是治平二年的统计结果，而宋代沿边“蕃众”“蕃兵”的数量处于不断变化之中，故而难以进行精确的前后比较分析。即使在这份资料本身，各砦合计数量与已知数量也无法完全吻合，估计同样存在统计单位不一致的问题。

1. 秦凤路

治今陕西省宝鸡市凤翔区，下辖秦州、陇州、阶州、成州、凤州等，“蕃人”分布于其境内 13 个砦，合计 41194 名“强人”。

砦名	治所今地	所辖“蕃族”与“蕃兵”数量
三阳砦	甘肃省天水市西北	18 门，34 大部族，43 姓，180 族，总兵马 3467
陇城砦	甘肃省秦安县东北	5 门，5 大部族，34 小族，34 姓，总兵马 2054
弓门砦	甘肃省张家川回族自治县东南	2 大门，17 部族，17 姓，17 小族，总兵马 1704
冶坊砦	甘肃省清水县东北	2 大门，2 大部族，9 姓，9 小部族，总兵马 360
床穰砦	甘肃省清水县西	2 大门，2 大部族，11 姓，11 小族，总兵马 1080
静戎砦	甘肃省清水县西南	3 门，10 大部族，6 姓，16 小族，总兵马 625
定西砦	甘肃省天水市西北	4 门，4 大部族，16 姓，28 族，总兵马 600
伏羌砦	甘肃省甘谷县	2 门，2 大部族，32 姓，33 小部族，总兵马 1992
安远砦	甘肃省甘谷县北	23 门，23 大部族，126 姓，126 小族，总兵马 5350
来远砦	甘肃省武山县西南	8 门，8 大部族，19 姓，19 小族，总兵马 1574
宁远砦	甘肃省武山县	4 门，4 大部族，36 姓，36 小族，总兵马 7480
古渭砦	甘肃省陇西县	172 门，171 姓，12 大部族，16970 小帐，兵 7700
合计		123 个大部族，总兵马 33986

① 《续资治通鉴长编》卷二〇三“治平元年十二月丙午”条，第 4926 页。《宋史・兵志》记为“治平二年”。

2. 鄜延路

治今陕西省延安市，统延州、鄜州、丹州、坊州、银州等，“蕃人”分布于其辖区内的10个军、砦、城、堡，合计有“蕃兵”14595名，强人6548名。

砦、城、堡、军名	治所今地	所辖“蕃族”与“蕃兵”数量
永平砦	陕西省延川县西北	东路巡检所领8族，兵1754名
青涧城	陕西省清涧县	2族，兵4510名
龙安砦	陕西省延安市安塞区西北	鬼魁等9族，兵599名
西路德靖砦	陕西省志丹县西南	同都巡检所领揭家等8族，兵1114名
安定堡	陕西省子长市西北	东路都巡检所领16族，兵1989名
保安军	陕西省志丹县	2族，兵361名
德靖砦	陕西省志丹县西南	西路同都巡检所领20族，兵7805名，又小胡等19族，兵6956名
保安军	陕西省志丹县	北都巡检所领厥七等9族，兵1441名
园林堡	陕西省志丹县东北	2族，兵822名
肃戎军	陕西省富县附近	卞移等8族，兵748名
合计		103族，兵28099名

3. 泾原路

治今甘肃省平凉市，下辖泾州、原州、渭州、仪州等，“蕃人”分布于其境内的21个镇、砦、城、军，大致集中于今天甘肃镇原、宁夏固原及其附近地区，合计有强人12466名。另据宋人赵汝愚《宋名臣奏议》卷一二五《兵门》所载王尧臣上言道：“臣伏见泾原路熟户万四百七十余帐，帐之首领各有职名。”

镇、砦、城、军名称	治所今地	所辖“蕃族”与“蕃兵”数量
新城镇	甘肃省镇原县西南	4族，总兵马341
截原砦	不详	6族，总兵马596
平安砦	甘肃省镇原县西	11族，总兵马2384
开边砦	甘肃省镇原县西北	18族，总兵马1254
新门砦	顾炎武《肇域志》认为在镇原县境	12族，总兵马1073
西壕砦	甘肃省镇原县北	3族，总兵马454

（续表）

镇、砦、城、军名称	治所今地	所辖“蕃族”与“蕃兵”数量
柳泉镇	甘肃省镇原县西北	12 族，总兵马 986
绥宁、海宁砦	宁夏回族自治区固原市东	4 族，总兵马 788
靖安砦	宁夏回族自治区彭阳县东北	4 族，总兵马 1982
瓦亭砦	宁夏回族自治区隆德县东北	4 族，总兵马 591
安国镇	甘肃省平凉市西北	5 族，总兵马 634
耀武镇	甘肃省平凉市境内	1 族，总兵马 32
新砦	原名小卢关，甘肃省平凉市境内	2 族，总兵马 109
东山砦	宁夏回族自治区固原市东	4 族，总兵马 202
彭阳城	甘肃省镇原县东南	3 族，总兵马 184
德顺军	宁夏回族自治区隆德县	强人 3676，本军 21 族，总兵马 2502
隆德砦	宁夏回族自治区西吉县东南	7 族，总兵马 256
静边砦	甘肃省静宁县	24 族，总兵马 1807
水洛城	甘肃省庄浪县	19 族，总兵马 1354
通边砦	甘肃省庄浪县东北	5 族，总兵马 176
合计		169 族，总兵马 21381（含强人数）

4. 环庆路

治今甘肃省庆阳市，即当时“邠宁环庆路”，大致有环州、庆州、邠州、宁州、乾州等州之地，境内共有 28 个镇、砦有“蕃人”居住，合计有强人 31723 名。《宋名臣奏议》卷一二五《兵门》载范仲淹上言：“臣切见环庆路熟户蕃部约及二万人，内只蕃官一千余人，各有请受。”其论及数量与《宋史 · 兵志》所载数量有较大出入。

砦、镇、堡、城名称	治所今地	所辖“蕃族”与“蕃兵”数量
安塞砦	甘肃省环县东	4 族，强人 351 名
洪德砦	甘肃省环县西北	2 族，强人 273 名
肃远砦	甘肃省环县西北	3 族，强人 1559 名
乌仑砦	甘肃省环县西北	1 族，强人 684 名
永和砦	顾炎武《天下郡国利病书》认为在庆阳府西北一百里，西控大现川，乃范仲淹筑	旁家 1 族，强人 1255 名

（续表）

砦、镇、堡、城名称	治所今地	所辖“蕃族”与“蕃兵”数量
平远砦	顾炎武《天下郡国利病书》认为在今环县东三十里，东控大现川，乃范仲淹筑	6族，强人540名
定边砦	甘肃省张家川回族自治县东	6族，强人748名
合道镇	甘肃省环县西南	14族，强人1565名
木波镇	甘肃省环县东南	14族，强人2169名
石昌镇	甘肃省环县西南	2族，强人462名
马领镇	甘肃省庆阳市西北	4族，强人1016名
团堡砦	顾炎武《天下郡国利病书》认为在环县北一百五十里，乃范仲淹筑	2族，强人1022名
荔原堡	甘肃省华池县东南	13族，强人2221名
大顺城	甘肃省华池县东	23族，强人3491名
柔远砦	甘肃省华池县	12族，强人2381名
东谷砦	陕西省吴起县西南	16族，强人459名
西谷砦	甘肃省庆阳市西北	10族，强人1794名
淮安镇	甘肃省华池县西北	27族，强人4368名
平戎镇	甘肃省华池县东	8族，强人1085名
五交镇	甘肃省华池县西	10族，强人1107名
合水镇	甘肃省合水县	4族，强人631名
凤川镇	甘肃省华池县东南	23族，强人875名
华池镇	甘肃省华池县东南	3族，强人262名
叶（业）乐镇	甘肃省华池县西南	17族，强人1172名
府城砦	甘肃省庆阳市西北	1族，强人233名
合计		217族，共有强人29540名

关于这四路“蕃族”与“蕃兵”的数量及其分布，宋代军事名著《武经总要》也进行了记载，并特别对其分布地特征进行了说明：

凡四路总六百七族，十五万五千六百人，三万四千三百匹马。共隶鄜延路者，皆居延州（治今陕西省延安市）、保安军（治今陕西省志丹县）界；隶邠宁路者，居环（州，治今甘肃省环县）、庆州（治今甘肃省庆阳市）界；隶泾原路者，居原

（州，治今宁夏回族自治区固原市）、渭州（治今甘肃省平凉市）、镇戎军（治今宁夏回族自治区固原市）界；隶秦凤路者，居秦（州，治今陕西省宝鸡市凤翔区）、凤州（治今陕西省凤县东北）界，所以离戎丑之势，张蕃翼之卫也。①

《武经总要》所记四路"蕃族"与"蕃兵"数量简表

所在路名	治所今地	所领熟户"蕃兵"数量
鄜延丹坊保安军路	陕西省延安市	熟户蕃户、蕃兵九大族，一万二千七百人，马一千四百九十四，弓箭手一千五百二十一人，马一百五十五匹
邠宁环庆路	甘肃省庆阳市	熟户蕃兵二百四十七族，总四万四千人，马四千三百九十四，弓箭手二十一指挥，马一百九十五匹
泾原仪渭镇戎德顺军路	甘肃省平凉市	熟户蕃兵百七十七族，一万三千三百四十一人，马五千五百匹，弓箭手一百四十七指挥，二万一千五百九十七人，马六千五百六十八匹
秦陇凤翔阶成州路	陕西省宝鸡市凤翔区	熟户兵马百四十七族，总三万五千六百人，马二万二千四百七十四，弓箭手六十指挥，五千九百人，马二千六百四十二匹

造成"蕃族"及其人口数量不稳定的一个重要原因便是其归属的不确定性。如王安石曾指出："大抵蕃部之情，视西夏与中国强弱为向背。若中国形势强，附中国为利，即不假杀伐，自当坚附。"②反之亦然。"蕃"主要游离于西夏与宋朝之间。关于这些"蕃族"的最后去向，嘉祐五年（1060）七月，殿中侍御史吕诲曾上言："陕西四路所管熟户，不下十数万人。宝元（宋仁宗年间，1038—1040）用兵以来陷没，十无四五，兵帐遂废不修。乞委逐路帅臣，选官遍索蕃部之未附者，增入旧帐，其首领应迁补之，族大者益以闲田均给之。"③看来，这些"蕃"部的稳定与否，取决于西夏与北宋之间的攻战形势，也取决于宋朝官员的招抚措施。

（二）河湟及青海地区的吐蕃分布与宋朝在西北地区的疆域开拓

1. 河湟及青海地区吐蕃的分布与迁徙

河湟及青海地区本是羌人及藏族早期最重要的发源地之一。两宋时期，西北地区吐蕃最重要的一支也分布于青海地区，即青唐吐蕃唃厮啰部。唃厮啰，当时文献中又常称之为"嘉勒斯赉"，本名为欺南陵温篯逋，为吐蕃赞普的后裔，出生于高昌磨榆，

① 《武经总要》前集卷一八上，清文渊阁《四库全书》本。
② 《宋史》卷一九一《兵志五》，第4758页。
③ 《续资治通鉴长编》卷一九二"嘉祐五年七月壬寅"条，第4637页。

后回到河湟地区，在僧人李立遵、邈川大酋长温逋奇等人的拥护下，在宗哥城(今青海省西宁市东南)自立，后又先后徙居邈川城(今青海省海东市乐都区南湟水南岸)、青唐城(在今青海省西宁市)等地。以其长期定都于青唐，人们又称之为“青唐羌”。如沈括在《梦溪笔谈》中指出：

青堂(青唐)羌，本吐蕃别族。唐末，蕃将尚恐热作乱，率众归中国，境内离散。国初，有胡僧立遵者，乘乱挟其主篯逋之子唃厮啰，东据宗哥、邈川城。唃厮啰，人号瑕萨，篯逋者，胡言“赞普”也。唃厮，华言“佛”也，啰，华言“男”也，自称“佛男”，犹中国之称“天子”也。立遵姓李氏，唃厮啰立，立遵与邈川首领温殕、温逋相之，有汉陇西、南安(治今甘肃省陇西县东南)、金城三郡之地，东西二千余里。宗哥、邈川，即所谓三河间也。①

“三河”指黄河、赐支河与湟河，这里也是东汉时期西羌聚居区。关于青唐吐蕃地区的自然地理环境与历史沿革，宋朝大臣王韶也在上策中指出：

今自武威之南，古渭州之西皆汉陇西、安定(治今宁夏回族自治区固原市)、金城三郡地，所谓湟中大小榆谷，土地肥饶宜五谷者，皆在今洮、河、兰、鄯之间，汉氏所以开屯田、建城邑，而臣诸羌者也。自唐开元以后，吐蕃侵入，尽陷河北，即今为戎狄所据者已三四百年矣。②

北宋大中祥符八年(1015)，唃厮啰在当地“立文法”，建立起较完善的军政体制，下属部众已达数十万人。唃厮啰曾与西夏展开激战，互有胜负，如景祐年间，唃厮啰多次击溃西夏军队的进犯，势力趋于强盛。“及元昊取西凉府(治今甘肃省武威市)，潘罗支旧部往往归厮啰，又得回纥种人数万。厮啰居鄯州(治今青海省海东市乐都区)，西有临谷城通青海，高昌诸国商人皆趋鄯州贸卖，以故富强。”③

但是，在唃厮啰死后，青唐吐蕃各部又陷于分裂状态，均受宋朝官封。其中以唃厮啰之子董毡部最为强盛，据有河北之地，其内部依然保持着吐蕃人的风俗传统。董毡死后，养子阿里骨及其子瞎征先后继位。

2. 北宋在河湟地区的疆域开拓

北宋时期，对于控制西北地区而言，河湟地区的吐蕃聚居区地理位置十分重要，

---

① 元刊《梦溪笔谈》卷二五。又见于韩荫晟编《党项与西夏资料汇编》(中卷)第一册，宁夏人民出版社2000年出版。

② 见(宋)彭百川《太平治迹统类》卷十六《神宗开熙河》，载于《宋代吐蕃史料集》(二)，第351页。

③ 《宋史》卷四九二《吐蕃传》，第14161~14162页。

具有至关重要的战略价值,因而成为北宋与西夏政权争夺的焦点区域之一。占据这一地区,对于西北地区的安全有举足轻重的影响。河湟地区吐蕃人的分散与衰弱,促使北宋一些大臣提出开拓西北疆土的倡议,如王韶便是一位具有代表性的人物。宋神宗熙宁元年(1068),王韶即上呈三篇《平戎策》,极力主张欲与西夏争夺西北地区,必先收复河湟地区。他在上策中称:

愚以为国家必欲讨平西贼(西夏),莫若先复河湟,则李氏腹背皆受敌,表里交击之患不攻而自覆矣。……今董毡虽在河湟间,而沿边诸族自为种落,如木征、瞎药及欺巴温之徒皆与汉界相近,在洮河间,其种落大者不过一二万,小者二三千人,皆分离散处,不相统一,此正可以并合而兼抚之。……唃氏既归于我,则西河李氏在吾股掌中矣。①

这应该属于较有战略远见的认识。

北宋在西北开拓疆土的过程大致可分为两个阶段:

第一阶段是宋神宗在位即熙宁与元丰年间,收复河陇,建立熙宁路。王韶的大胆倡议受到宋神宗及王安石的重视,王韶也由此开始参与边政之事,兼用招抚与军事进攻的手段,积极开拓疆土。如熙宁五年(1072),宋朝以古渭寨建为通远军(后升为巩州),以王韶为知军。至熙宁六年(1073),北宋军队在王韶的指挥下取得重大胜利,收复大片土地。"军行凡五十有四日,涉千八百里,复州五,辟地自临江寨至安乡城,东西千里,斩首三千余级,获牛、羊、马以数万计。"②又"宰臣王安石等以修复熙州、洮、岷、叠、宕等州,幅员二千余里,斩获不顺蕃部万九千余人,招抚小大蕃族三十余万帐,各已降附,上表称贺"③。这显然是宋朝在河陇地区开疆拓土的重大进展。当时设置的州级政区有熙州、河州、岷州等,合为熙河一路。至元丰四年(1081)九月,宋朝军队又收复兰州。

第二阶段是从宋哲宗元符二年到宋徽宗崇宁年间。元符二年(1099),西蕃大首领边厮波结兄弟率众降附宋朝,成为宋朝新一轮疆域开拓的契机。如熙河兰会路经略使孙路上言:

新归顺西蕃大证见边厮波结,使首领钦彪阿成将文字投汉,愿将部族地土,献与汉家。所管地分,西至黄河,北至克鲁克、丹巴国,南至隆科尔结一带,东至

① 《太平治迹统类》卷一六《神宗开熙河》,载于《宋代吐蕃史料集》(二),第351页。

② 《续资治通鉴长编》卷二四七"熙宁六年十月庚辰"条,第6022页。

③ 《续资治通鉴长编》卷二四七"熙宁六年十月辛巳"条,第6023页。

庸咙城、额勒济格城。当标城至斯丹南一带，甚有部族人户，见管蕃兵六千一百四十人。……今来率领本家人户归汉及献纳地土、部族人户，显见忠白，望优与推恩。①

宋朝军队以此为突破口，深入青唐地区，进据邈川及青唐城，吐蕃部族首领陇拶（或称隆赞）等人投降，宋朝几乎占据了青唐吐蕃的全部领土。“诏以青唐为鄯州，仍为陇右节度。邈川为湟州，宗哥城为龙支城，廓州为宁塞城。其鄯州、湟州并河南北新收复城寨，并隶陇右，仍属熙河兰会路。”②不过，宋朝的进据受到当地顽固势力的强烈抵制。另外，在西夏军队的撺掇下，北宋军队的镇守遇到了严重威胁。到宋徽宗即位初期即元符三年及建中靖国元年，北宋被迫放弃了鄯州及湟州。

至崇宁二年（1103），王韶之子、知河州王厚与知熙州童贯等人探知青唐吐蕃各部又起纷争、互相杀戮，于是建议出师边塞收复失地。这一建议得到了朝廷的支持。北宋的军事行动较为顺利，吐蕃大批首领归附，疆域开拓的成绩甚至超过了元符二年。王厚等人在上奏时报告了业绩：

(1)收复湟州并管下城寨周围边面地里共约一千五百余里，东至黄河兰州京玉关，西至省章峡宗奇界，次西至廓州黄河界，南至河州界，北至夏国盖朱界。

(2)收复湟州并管下城寨一十所：通川堡、通湟寨、省章寨、峡口堡、安陇寨、宁洮寨、乩当城、宁川堡、安川堡、南宗堡。

(3)招纳到湟州管下部族并户口大首领膝令等二十一族，户口约十余万，计大首领令奘等五十余人，小首领把班等四百余人。③

至崇宁三年（1104）春天，乘吐蕃各部虚弱与分裂之际，王厚与童贯二人再度率领宋朝军队大举出征。据文献记载，当时的征伐行动取得了令人惊诧的成绩：

王厚过湟州，沿兰州大河并夏国东南境上，耀兵巡边，归于熙州。厚所克复三州及河南地土……开拓疆境，幅员三千余里。其四至：正北及东南至夏国界，西过青海至龟兹国界，西至卢甘国界，东南至熙、河、兰、岷州，连接阶、成州界，计招降到首领二千七百余人，户口七十余万，前后六战，斩获一万余人。④

而据王厚本人奏章，其结果更是出人意料：“臣契勘大军今来收复鄯、廓等州，拓

---

① 《续资治通鉴长编》卷五一三“元符二年七月丙寅”条，第12202~12203页。

② 《续资治通鉴长编》卷五一六“元符二年闰九月癸酉”条，第12267页。

③ （清）黄以周等辑注，顾吉辰点校《续资治通鉴长编拾补》卷二一“崇宁二年六月辛未”条，中华书局2004年版，第753~754页。

④ 《续资治通鉴长编拾补》卷二三“崇宁三年四月庚午”条，第805~806页。

疆幅万余里。”①

北宋在河湟地区的疆域开拓一直持续到政和六年(1116)。如据李埴《皇宋十朝纲要》载,政和六年六月甲戌,“熙河路筑古骨龙谷及清水河新城,赐名震武、德威。……七月壬辰朔,以震武城为震武军。自崇宁元年用王厚之议,再收复湟、鄯,至是唃斯罗之地悉为郡县矣”②。也就是说,到政和六年,北宋已全部占据了河湟吐蕃聚居区。而我们也注意到,此时离“靖康之变”(1127)的发生仅隔十年的时间。北宋灭亡后,河湟地区基本上为西夏所兼并。

在北宋的行政区划系统中,西北地区开拓的疆土集中归属于熙河一路。关于熙河路的建置沿革情况,《宋史·地理志》称:

> 初置熙河路经略、安抚使,熙州、河州、洮州、岷州、通远军五州属焉。后得兰州,因加“兰会”字。元祐改熙河兰会路为熙河兰岷路,元符复故。会州既割属泾原,又改为熙河兰廓路,宣和又改为熙河湟廓路,又改湟州为乐州,又改为熙河兰乐路,寻复改为熙河兰廓路。旧统五州军,兰、廓、乐、西宁、震武、积石六州军相继来属,又改通远军为巩州,凡统九州、二军。③

北宋时期在西北拓展疆土后设置的新州军及其辖区简表

州、军名	治所今地	收复时间	所辖县、砦、城、堡名称
熙州	甘肃省临洮县	熙宁五年	一县:狄道;一砦:康乐;十一堡:通谷、庆平、渭源、结河、南川、南关、当川、北关、临洮、安羌城、广平堡
河州	甘肃省临夏回族自治州	熙宁六年	一县:宁河;一城:定羌;一砦:南川;四堡:东谷、阎精、西原、北河。崇宁年间收复或新建、新命名者:循化城、大通城、安疆砦、怀羌城、来羌城、讲朱城、错凿城、彤撒城、东迎城、宁河砦、来同堡、通津堡、南山堡、临滩堡
岷州	甘肃省岷县	熙宁六年	三县:祐川、大潭、长道;五砦:临江、荔川、床川、闾川、宕昌;三堡:遮羊、谷藏、铁城
兰州	甘肃省兰州市	元丰四年	一县:兰泉;一砦:龛谷;二堡:东关、阿千。元丰以后建置者:定西城、定远城、通川堡
洮州	甘肃省临潭县	大观二年	通岷砦

① 《续资治通鉴长编拾补》卷二四“崇宁三年五月乙酉”条,第809页。

② 转引自《续资治通鉴长编拾补》卷三五“政和六年六月癸未”条,第1127页。

③ 《宋史·地理志》原文与内容数量有出入,如云“兰、廓、西宁、震武、积石”,“凡统九州、三军”,显误。今改。

（续表）

州、军名	治所今地	收复时间	所辖县、砦、城、堡名称
廓州	青海省贵德县	崇宁三年	肤公城、绥平堡、米川城、宁塞堡、同波堡
乐州	青海省海东市乐都区南	元符二年、崇宁二年	原建为湟州，宣和元年改为乐州。辖通湟砦、宁洮砦、安陇砦、安川堡、宁川堡、来宾城、大通城、循化城、安疆砦、德固砦、临宗砦、通川堡、南宗堡、峡口堡
西宁州	青海省西宁市	元符二年、崇宁三年	原建为鄯州，崇宁三年改为西宁州。辖龙支城、宁西城、清平砦、保塞砦、宣威城、绥边砦、怀和砦、制羌砦
震武军	青海省西宁市东北	政和六年筑	原为震武城。辖善治堡、大同堡、德通城、石门堡
积石军	青海省贵德县西	大观二年	怀和砦、顺通堡、临松堡

资料来源：《宋史》卷八七《地理志三》。

第三节　女真人的分布、迁徙与金朝疆域政区的变迁

继契丹人之后，发源于东北地区的女真人也在中国北部建立了强盛一时的王朝。女真源于靺鞨，也是有着悠久历史的部族。到辽朝建立时，女真已发展成为势力最强劲的边疆地区民族之一，这为其迅速崛起与建立金朝创造了条件。

金朝在疆域建设与文化建设方面的成就超过了辽朝，而女真人的发展与其迁徙运动密不可分。猛安谋克是金朝女真人特有的军事组织制度，女真人的迁徙与分布状况实际上表现为猛安谋克的迁徙与分布。猛安谋克的迁徙分为前、后两个阶段，第一阶段是从东北地区迁移到华北各地，第二阶段是从华北各地向河南及陕西地区聚集。后一阶段的迁徙被称为“贞祐南渡”，是一场规模巨大的迁移运动，其主体也是女真人“军户”。研究金朝女真人的发展及地理分布，离不开对这些迁移运动的全面考察。

一、女真的族源与早期分布地

（一）女真的族源与早期分布地

建立金朝的女真人，源于靺鞨。靺鞨原名“勿吉”，南北朝时居住于肃慎故地。不过，关于金朝女真人的民族渊源，还有多种说法，对此，宋人宇文懋昭在《金国初兴本

末》中做了十分精练的总结：

金国本名朱里真，番语舌音讹为女真，或曰虑真，避契丹兴宗（耶律宗真）名，又曰女直，肃慎氏遗种，渤海之别族也。或曰三韩辰（韩）之后。姓拏氏，于北地中最微且贱。唐贞观中，靺鞨来中国，始闻女真之名，世居混同江之东长白山下。其山乃鸭渌水源。南邻高丽，北接室韦，西界渤海、铁离，东濒海，《三国志》所谓挹娄，元魏所谓勿吉，唐所谓黑水靺鞨者，今其地也。……或又云，其初酋长［本新罗人，号完颜氏。“完颜”，犹汉言“王”也。女真妻之以女，生二子，其长］即胡来也。其自此传三人至杨割太师（阿骨打之父），以至阿骨打。以其国产金及有金水源，故称大金。①

《金史·世纪》称：“元魏时，勿吉有七部，曰粟末部，曰伯咄部，曰安车骨部，拂涅部，曰号室部，曰黑水部，曰白山部。”其实，《魏书》中列有《勿吉国传》，但其中并没有分为七部的记载。至《隋书》有《东夷·靺鞨》，其中始有分为七部的内容：

靺鞨，在高丽之北，邑落俱有酋长，不相总一。凡有七种：其一号粟末部，与高丽相接，胜兵数千，多骁武，每寇高丽中。其二曰伯咄部，在粟末之北，胜兵七千。其三曰安车骨部，在伯咄东北。其四曰拂涅部，在伯咄东。其五曰号室部，在拂涅东。其六曰黑水部，在安车骨西北。其七曰白山部，在粟末东南。胜兵并不过三千，而黑水部尤为劲健。②

时至唐朝时期，东北地区的靺鞨人仍以黑水靺鞨最为强悍。《旧唐书·靺鞨传》载：“靺鞨，盖肃慎之地，后魏谓之勿吉，在京师（今陕西省西安市）东北六千余里。东至于海，西接突厥，南界高丽，北邻室韦。其国凡为数十部，各有酋帅，或附于高丽，或臣于突厥。而黑水靺鞨最处北方，尤称劲健，每恃其勇，恒为邻境之患。”③《新唐书》特列《黑水靺鞨传》，黑水靺鞨也成为唐朝靺鞨人的代表，该《传》记载当时靺鞨人的大致分布状况：

东濒海，西属突厥，南高丽，北室韦。离为数十部，酋各自治。其著者曰粟末部，居最南，抵太白山，亦曰徒太山（今长白山），与高丽接，依粟末水（今松花江，或曰松花江北流段）以居，水源于山西，北注它漏河（今洮儿河）；稍东北曰汩咄部；又次曰安居骨部；益东曰拂涅部；居骨之西北曰黑水部；粟末之东曰白山部。

① 见（宋）宇文懋昭撰，崔文印校证《大金国志校证》附录一，中华书局1986年版，第2~3页。
② 《隋书》卷八一《靺鞨传》，第1821页。
③ 《旧唐书》卷一九九下《靺鞨传》，第5358页。

部间远者三四百里,近二百里。……唯黑水完强,分十六落,以南北称,盖其居最北方者也。①

据《旧唐书·靺鞨传》,隋朝末年,靺鞨酋长突地稽率领部众千余家内附,被安置于营州(治今辽宁省辽阳市)一带。唐武德初年,该部又遣使朝贡,唐朝以其部落置燕州,以突地稽为总管。而据《新唐书·黑水靺鞨传》,则记太宗贞观二年(628),靺鞨渠长阿固郎内属,唐朝以其地为燕州。至开元十年(722),又有靺鞨酋长倪属利内附入朝,玄宗拜其为勃利州刺史。又据《旧唐书·靺鞨传》,开元十三年(725),安东都护薛泰奏请在黑水靺鞨部落内部设置黑水军,"续更以最大部落为黑水府,仍以其首领为都督,诸部刺史隶属焉。中国置长史,就其部落监领之"②。

又据《新唐书·地理志》的记载,东北地区为靺鞨人所置羁縻政区有三府、三州。三府:黑水州都督府(记为开元十四年置)、渤海都督府、安静都督府,在名义上均属于营州。三州为慎州、夷宾州、黎州。这些州都是为安置内附的靺鞨部众所置,后侨置于青、徐、宋州等地。

州名	建置情况	领县
慎州	武德初以涑沫、乌素固部落置,侨治良乡之故都乡城	一县:逢龙
夷宾州	乾符中以愁思岭部落置,侨治良乡之古广阳城	一县:来苏
黎州	载初二年析慎州置,侨治良乡之故都乡城	一县:新黎

与其他部族相比,靺鞨人有其地理分布及历史发展的特殊性。从南北朝时期开始,靺鞨人就广布于中央王朝与朝鲜半岛区域政权交界之地,属于典型的"跨境民族"。如"其白山部,素附于高丽,因收平壤之后,部众多入中国。汨咄、安居骨、号室等部,亦因高丽破后奔散微弱,后无闻焉,纵有遗人,并为渤海编户"③。在高丽被唐朝征服之后,居住于今天鸭绿江流域的粟末靺鞨与高丽余部曾被迁居营州等地,至万岁通天年间,契丹酋长李尽忠叛乱,靺鞨大首领大祚荣等人趁机东遁,占据东牟山等地自立,创立了渤海政权,并迅速强大起来,被称为"海东盛国",其国民又被称为"渤海靺鞨"。在渤海政权统治时期,东北地区的靺鞨各部大多役属于渤海政权。

① 《新唐书》卷二一九《黑水靺鞨传》,第6177~6178页。
② 《旧唐书》卷一九九下《靺鞨传》,第5359页。
③ 《旧唐书》卷一九九下《靺鞨传》,第5359页。

（二）辽代女真部族的分布状况

契丹人崛起后，攻灭了渤海政权，原来役属于渤海政权的黑水靺鞨各部始臣属于契丹。“其在南者籍契丹，号熟女直；其在北者不在契丹籍，号生女直。生女直地有混同江、长白山，混同江亦号黑龙江，所谓‘白山、黑水’是也。”[①]又据佚名氏所撰《金志》，“女真”之名始于唐贞观年间靺鞨人的内附，而“生女真”与“熟女真”之分，正以混同江（今黑龙江）为界，“居江之南者谓之‘熟女真’，以其服属契丹也；江之北者谓之‘生女真’，亦臣服于契丹”[②]。

又据佚名氏所撰《女真传》所载，黑水靺鞨至五代时始自号“女真”。关于辽朝时期女真部族状况，该《传》有着更为翔实的记载：

> 契丹阿保机乘唐衰乱，开国北方，并吞诸番三十有六，女真其一焉。阿保机虑女真为患，乃诱其强宗大姓数千户移置辽阳（治今辽宁省辽阳市）之南，以分其势，使不得相通。入辽阳著籍者名曰“合苏款”，所谓“熟女真”者是也。自咸州（治今辽宁省开原市北）之东北分界入山谷，至于束沫江（北流松花江），中间所居，隶属咸州兵马司，许与本国往来，非“熟女真”，亦非“生女真”也。自束沫江之北，宁江（州，治今吉林省夫余市东）之东北，地方千余里，户口十余万，散居山谷间，依旧界外野处，自推雄豪酋长，小者千户，大者数千户，则谓之“生女真”。极边远而近东海者，则谓之“东海女真”。多黄发，鬓皆黄，目睛绿者，谓之“黄头女真”。……种类虽一，居处绵远，不相统属，自相残杀，各争雄长。[③]

据此，契丹及其后的辽政权时期女真族群大致可分为四部：一为熟女真即“合苏款”，主要分布于辽阳之南，入契丹户籍，即“辽籍女真”，本为女真强宗大姓，大约有数千户；二为生女真，分布于束沫江之北，宁江州之东北，户口有十余万；三为东海女真，分布地最为遥远，紧毗东海；四为黄头女真，与女真其他族类有形体上的明显差异。另有处于缓冲地带的咸州兵马司所辖部。

又宋人叶隆礼所著《契丹国志》也记载了辽周边地区的主要部族情况，其中将女真分为“女真国”与“黄头女真”两部。与上述《女真传》不同的是，《契丹国志》将“黄头女真”专称为“合苏馆女真”。

> 女真，世居混同江之东山，乃鸭渌水之源。东濒海，南邻高丽，西接渤海，北

---

① 《金史》卷一《世纪》，第2页。
② 见《大金国志校证》附录三，第612页。
③ 见《大金国志校证》附录一，第583~584页。

近室韦。其地乃肃慎故区也。地方数千里，户口十余万，无大君长，立首领，分主部落。……后为契丹所制，择其酋长世袭。又于长春路置东北统军司，黄龙府置兵马都部署司，咸州置详稳司，分隶之，役属于契丹。……

黄头女真，皆山居，号合苏馆女真。合苏馆，河西亦有之。有八馆，在黄河东，与金粟城、五花城隔河相近。其人憨朴勇鸷，不能别死生，契丹每出战，皆被以重札，令前驱。髭发皆黄，目睛多绿，亦黄而白多。①

又《契丹国志》详细记载了契丹周边的部族与地理状况，也为我们了解当时女真的部族发展情况提供了珍贵的资料。如当时居住于辽缘边地区的女真部族主要有：

1. 五节度熟女真，处于契丹界次东南之地，数量较为庞大，共有一万余户，杂处于山林之间，以弋猎为生，以屋舍为居，耕作方式与渤海人的方式相同。该部族平时不纳租赋，但在有战事之时，须跟随契丹主出征，隶于契丹枢密院，由其派契丹人或渤海人充当节度管押。“其地南北七百余里，东西四百余里”。

2. 熟女真，也居住于契丹次东南之地。熟女真不属于契丹及辽朝所管押，“其地东西八百余里，南北一千余里”。居民也杂处于山林之间，耕作方式、屋宇结构均与五节度熟女真部的相同。但是，该部族没有君长与首领统押，迁移往来较为随意。

3. 生女真，位于契丹界东北方向，西南接熟女真界，东邻新罗，“东北不知其极”。居民的屋宇结构、耕作方式、语言与服饰等方面的特征均与熟女真的相同，也没有统一的君长管辖。其疆域南北达两千余里。

4. 靺鞨，位于契丹东北方向。女真人本与靺鞨人同源，这里所称靺鞨人应是尚处于原始状态的民族，保持着更多古代靺鞨的风俗。而居住于黑龙江流域的靺鞨人都已改称女真了。

5. 铁离与喜失牵。这两个部族都在契丹界之东北方向，其居民语言、服饰以及屋宇式样都与靺鞨人的相近，也没有统一的君长管押，显然为女真人的近族。

同样难得的是，《辽史·百官志》特别列举一组“北面属国官”名称，“辽制，属国、属部官，大者拟王封，小者准部使”。这些“属国”均为契丹及其后的辽之周边部族政权，将其编入统一的行政区划系统，颇类似于中原政权所设立的“羁縻府州”之意。其中专为女真人所置“诸国”主要有：

1. 女直国顺化王府，此为《辽史》中所载“女直国”。

① 《契丹国志》卷二六《诸蕃记·女真国》，上海古籍出版社1985年版，第246~247页。

2. 北女直国大王府，应在混同江之北。

3. 南女直国大王府，应在混同江之南。

4. 曷苏馆路女直国大王府，其治所应在曷苏馆路境内。

5. 长白山女直国大王府，应分布于长白山一带，分为三十部。

6. 鸭渌江女直大王府，应位于鸭渌江流域。

7. 濒海女直国大王府，应为地处极东的“东海女真”部。

又根据现代学者的考订分析，辽代女真各部的地理分布大致情况如下表所示①：

部名	分布地域
完颜部	该部是女真政权宗室所在部落，也是完成女真各部统一的核心力量。完颜部主要分为三大支：一是函普一支，以按出虎水（松花江南岸支流阿什河，按出虎为女真语音译，意为金，金朝之名即出于此）为根据地向外扩大。二是函普之弟保活里一支，世居耶懒，即后之雅兰城。三是函普之兄阿古乃一支，世居曷苏馆，原在辽阳府鹤野县，金太宗天会七年徙治宁州
温都部	属胡里改女真，在阿拔斯水流域，即今敦化北之勒福成河
乌古论部	分别居住于今绥芬河、图们江、珲春河流域
纥石烈部	共有三十部，分别居住于延边布尔哈图河、黑龙江汤旺河、多陇乌河流域
乌林答部	分别居住于牡丹江以及牡丹江支流海浪河流域
蒲察部	共有七部，其中有按出虎水蒲察部
徒单部	徒单之党，共有十四部，可能居住于今忽兰河的支流流域
唐古部	又称为唐括部，居住于率河（或称帅水）一带，即今呼兰河北支通肯河与双阳河
裴满部	居住于婆多吐水流域，大约在今五常境内
驰满部	大约居住于今图们江流域
温迪痕部	大致居住于今图们江流域
加古部	又称为夹古，居住于胡论河流域，胡论河即今拉林河上游支流活龙河
不术鲁部	大致在按出虎水蒲察附近
泥庞古部	大致在呼兰河北支通肯河与双阳河流域
婆卢木部	又称为蒲卢买，即今黑龙江省木兰县之布雅密河，该部大致居住于该河流域
术甲部	大致居住于琶里郭水流域，琶里郭水即今木兰县境内佛特库河
术虎部	该部大约居住于拉林河上游

① 参见张博泉等《金史论稿》第一卷第二编第一章《女真部族的形成与分布》，吉林文史出版社1986年版，第53~84页。

（续表）

部名	分布地域
乌延部	主要居住于蝉春水流域，即在延边的嘎呀河与布尔哈图河一带
乌萨扎部	居住于拉林河流域
斡勒部	在按出虎水之北，按出虎水即今阿什河
仆散部	主要居住于乙离骨岭（今朝鲜咸镜山脉）一带，在今朝鲜吉州境内
斜卯部	大约在今朝鲜东北部
含国部	大致在兴凯湖、绥芬河一带
斡准部	大致分布于苏滨水一带，苏滨水即今绥苏河
职德部	主要分布于苏滨水流域
纳喝部	居住于耶悔水流域，耶悔水即今图们江上游
阿典部	主要分布于陪述水流域，陪述水即今浑江（佟佳江）
白山部	主要分布于长白山一带
主偎部	又称为烛偎部，以居住于烛偎水流域而得名
鳖故德部	大致在黑龙江下游布库河及黑龙江、松花江二江合流处之东北
兀勒部	大致分布于今黑龙江、乌苏里江合流处东之近海地方
五国部	原为辽属，后附于女真，大致分布于今依兰县至今黑龙江下游奴儿干以上
直撅里部	又称为铁离部，为今黑龙江近海之部族

综合上述资料分析，不难发现，时至契丹及辽时期，女真人已成为其周边最强盛的族群之一。尽管“辽籍女真”“熟女真”“生女真”各部之间存在着不同程度的差异，但族类的相同、风俗习惯的近似以及生活地域的毗邻，则无疑大大有助于这些部族后来在完颜部的领导下完成统一，从而为女真人后来的迅速崛起以及攻灭辽朝、建立新的王朝创造了极为有利的条件。

二、金朝的疆域发展与女真人的早期迁徙

（一）金朝的建立与疆域变迁

金朝的创立者为完颜阿骨打。金朝的创建史与完颜家族史有密切的联系。记载中金朝的可考始祖名叫函普。完颜部为黑水靺鞨之后裔，在辽朝属于“生女真”部落。如《契丹国志》卷九载：“女真之种，有生、熟之分，居混同江之南者，谓之熟女真。阿

骨打所居乃江之北，谓之生女真，亦臣服于辽。”①又生女真“僻处契丹东北隅，臣属一百余年，世袭节度使，兄弟相传，周而复始”②。至绥可为酋长时，完颜部完成了由游牧向定居生活的重要转变。如《金史·世纪》载：

黑水旧俗无室庐，负山水坎地，梁木其上，覆以土，夏则出随水草以居，冬则入处其中，迁徙不常。献祖（绥可）乃徙居海古水（今黑龙江省哈尔滨市阿城区东北之海沟河），耕垦树艺，始筑室，有栋宇之制，人呼其地为纳葛里。“纳葛里”者，汉语居室也。自此遂定居于安出虎水之侧矣。③

安出虎水，又称为按出虎水，即松花江南岸支流阿什河，从此成为完颜部发源地的标志。《金史·地理志》“上京路”条下载：“即海古之地，金之旧土也。国言‘金’曰‘按出虎’，以按出虎水源于此，故名金源，建国之号盖取诸此。”

至乌古乃为酋长时，完颜部力量强盛，开始兼并各部，逐渐成为女真族群中最为强盛的一支。“景祖（乌古乃）稍役属诸部，有白山、耶悔、统门、耶懒、土骨论之属，以至五国之长，皆听命。”④又“自景祖以来，两世四主，志业相因，卒定离析，一切治以本部法令，东南至于乙离骨、曷懒、耶懒、土骨论，东北至于五国、主隈、秃答，金盖盛于此”⑤。《大金国志》也认为：“金人至杨割太师始雄诸部。”

阿骨打为乌古乃之长子，生于辽道宗咸雍四年（1068，宋神宗熙宁元年），于公元1114年起兵抗辽，收国元年（1115）称帝，定都于会宁（今黑龙江省哈尔滨市阿城区南），国号为大金。女真军队多次击溃辽朝军队，很快占领了辽朝控制的大片土地。女真人的迅速崛起，甚至让远处中原的士大夫都感到震惊不已：“自古戎狄之兴，未有若女真如此之速，辽东、辽西已为奄有，前年（1120）取上京，今年（1122）取中京，遂破云中，如摧枯拉朽。”⑥

1125年，金与北宋签订“海上之盟”，联合灭辽。至1126年金兵又大举南下，最终攻灭北宋。

关于金朝疆域的发展，《大金国志》曾进行了简要的回顾：

---

① 《契丹国志》卷九，上海古籍出版社1985年版，第95页。

② 《大金国志校证》，第3页。

③ 《金史》卷一《世纪》，第3页。

④ 《金史》卷一《世纪》，第4页。

⑤ 《金史》卷一《世纪》，第15页。

⑥ （宋）徐梦莘《三朝北盟会编》卷八《政宣上帙八》引赵良嗣与李处温书，上海古籍出版社1987年版，第57页。

国初之时，族帐散居山谷，地仅千余里。自后并辽，得大辽全盛之地。其后深入中原，举大江以北皆有之，疆宇始广矣。其初居草地，名会宁号上京，僻在一隅，(完颜)亮始徙燕，遂以渤海辽阳府为东京，山西大同府为西京，中京大定府为北京，东京开封府为南京，燕山为中都，号大兴府，即古幽州也，其地名曰永安。金国之盛极于此矣。①

《金史·地理志》载金朝极盛时的疆域界限：

金之壤地封疆，东极吉里迷兀的改诸野人之境，北自蒲与路之北三千余里，火鲁火疃谋克地为边，右旋入泰州婆卢火所浚界壕而西，经临潢、金山，跨庆、桓、抚、昌、净州之北，出天山外，包东胜，接西夏，逾黄河，复西历葭州及米脂寨，出临洮府、会州、积石之外，与生羌地相错。复自积石诸山之南左折而东，逾洮州，越盐川堡，循渭至大散关北，并山入京兆，终商州，南以唐邓西南皆四十里，取淮之中流为界，而与宋为表里。②

金朝在行政区划建置方面的一个重要特征，便是“袭辽制”，故而在都城建设方面也有“五京”之置。但在疆域大为拓展之后，金朝五京建置与辽朝的五京建置已有相当大的差别。如五京之中，辽与金建置完全相同的只有两京，即东京辽阳府与西京大同府。如辽朝的发源地上京临潢府，入金后曾改为北京，后降为临潢府。而金上京会宁府，为完颜女真故地，在辽朝本为生女真之地，金初建为会宁州，后升为府。至熙宗天眷元年(1138)号为上京。海陵王贞元元年(1153)，迁都于燕，曾一度削去上京之号，至大定十三年(1173)复称上京。又如辽中京大定府，金初也曾建为中京，至海陵王贞元元年更名为北京。而辽朝南京析津府，入金后定为中都。此外，与辽朝相比，金朝所立汴京，即“南京”开封，地处黄河以南，更是疆域方面的一大突破，至贞元元年更号南京。

辽金五京建置对照简表

辽朝建置	金朝建置	治所今地
	上京会宁府	黑龙江省哈尔滨市阿城区南白城
上京临潢府	临潢府	内蒙古自治区巴林左旗东南波罗城
东京辽阳府	东京辽阳府	辽宁省辽阳市

① 《大金国志校证》卷三三《地理》，第469~470页。

② 《金史》卷二四《地理志上》，第549页。

（续表）

辽朝建置	金朝建置	治所今地
西京大同府	西京大同府	山西省大同市
中京大定府	北京大定府	内蒙古自治区宁城县西南大明城
南京析津府	中都大兴府	北京市区西南隅
	南京开封府	河南省开封市

资料来源:《金史·地理志》。

在金朝统治的最后二十年,金朝的疆域形势发生了重大变化。当时漠北蒙古崛起,频繁南下,对金朝边防形成了重大威胁。至贞祐二年(1214),金宣宗迁都汴梁(今河南省开封市),史称“贞祐南渡”。此后,金朝疆域大为收缩,实际上是以黄河为北界,黄河以北领土逐渐丧失。刘祁曾经指出:“南渡后,疆土狭隘,止河南、陕西。”①也就是只剩下原有疆域中的河南、陕西等地,而黄河以北的河东、河北、山东以及辽东地区逐渐为蒙古势力所占据。

(二)猛安谋克制度与女真人的早期迁徙

金朝同样以武立国,“以兵得国”。女真人最根本的社会与军事制度就是“猛安谋克”制度。《金史·兵志》载:“金之初年,诸部之民无它徭役,壮者皆兵,平居则听以佃渔射猎习为劳事,有警则下令部内,及遣使诣诸孛堇征兵,凡步骑之仗糗皆取备焉。其部长曰孛堇,行兵则称曰猛安、谋克,从其多寡以为号,猛安者千夫长也,谋克者百夫长也。”据此,金朝“猛安”“谋克”的实质就是以女真人为核心的社会组织与部族集团组织形式,同时我们可以推出猛安谋克的分布、迁徙与女真人的分布相一致的结论。

女真人在各地的分布是不均衡的,从唐末五代开始,女真部族就长期居住于今天所习称的东北地区,上京路一带是女真人的根据地,也是猛安谋克最集中的区域。其次,随着攻灭辽与北宋,为了控制大片领土,女真人的南迁就是大势所趋,而猛安谋克的迁徙实际上成为女真人迁徙的外在表现形式。金朝猛安谋克的分布格局最终是随迁徙而形成的。根据张博泉等人的研究,金朝早期猛安谋克的南迁与发展大致可分为四个时期②:

① (金)刘祁《归潜志》卷七,中华书局1983年版,第74页。

② 《金史论稿》第一卷,第229~231页。

第一时期是阿骨打时期,猛安谋克从原始居留地向宁江州、黄龙府和泰州等地迁徙。如《金史·食货志》载:

天辅五年(1121),以境土既拓,而旧部多瘠卤,将移其民于泰州(治今吉林省洮南市东),乃遣皇弟昱及族子宗雄按视其地。昱等苴其土以进,言可种植,遂摘诸猛安谋克中民户万余,使宗人婆卢火统之,屯种于泰州。婆卢火旧居阿注浒水(又作按出虎,今阿什河),至是迁焉。其居宁江州(治今吉林省松原市东)者,遣拾得、查端、阿里徒欢、奚挞罕等四谋克,挈家属耕具,徙于泰州,仍赐婆卢火耕牛五十。①

这是女真人聚居地的初步拓展,但仍然局限于今天所习称的东北地区。

第二时期是在攻灭北宋、占领黄河以北大部分地区之后,女真人开始大批南迁。如《大金国志》卷八载,天会十一年(1133),“秋,起女真国土人散居汉地。女真,一部族耳。后既广汉地,恐人见其虚实,遂尽起本国之土人棋布星列,散居四方。令下之日,比屋连村,屯结而起”②。显然,这是一次规模空前的女真猛安谋克大迁徙,对于女真人的发展有着极为重要的影响。由此,女真人的主体离开了原来以上京路按出虎水流域为核心的原始聚居地,开始向中原地区渗透、扩散。

第三时期是废去刘豫伪齐政权后,金朝全面推行屯田军制度。《大金国志》将屯田军的创设时间记在皇统五年(1145),“创屯田军,凡女真、契丹之人皆自本部徙居中州,与百姓杂处,计其户[口]授以官田,使其播种,春秋量给衣马。若遇出军,始给其钱米。凡屯田之所,自燕山之南,淮、陇之北,皆有之,多至六万人,皆筑垒于村落间”③。女真屯田军的建立,标志着女真人向华北地区大规模的迁移已经基本完成,其分布地覆盖了淮河以北的大部分地区,与金朝的疆域建设保持一致。宋人张棣所著《金虏图经》“屯田”条对屯田军制度与分布情况进行了较细致的记述:

屯田之制本出上古,虏人非能遵而行之,偶尔符合,比上古之制犹简。伪齐豫后,虑中州怀二三之意,始置田军屯田。军非止女真,契丹、奚家亦有之。自本部族徙居中土,与百姓杂处,计其户口给赐官田,使自播种,以充口食。春秋量给衣、马,殊下多余,并无支给。若遇出军之际,始月给钱米不过数千,老幼在家,依旧耕耨,亦无不足之叹。今日屯田之处,大名府路、山东东西两路、河北东西路、

① 《金史》卷四六《食货志一》,第1032页。

② 《大金国志校证》卷八,第126页。

③ 《大金国志校证》卷一二,第173页。

> 南京路、河南路、关西路四路皆有之，约一百三十余千户，每千户止三四百人，多不过五百。所居止处，皆不在州县，筑寨处村落间。千户、百户虽设官府，亦在其内。①

第四时期是在金海陵王完颜亮迁都燕京以后。贞元元年(1153)(《大金国志》记为天德四年，1152)，金朝迁都燕京(今北京市)，这自然引起猛安谋克的进一步内迁。如《金史·兵志》记载：

> 贞元迁都，遂徙上京路太祖、辽王宗幹、秦王宗翰之猛安，并为合扎猛安，及右谏议乌里补猛安，太师勗、宗正宗敏之族，处之中都。斡论、和尚、胡剌三国公，太保昂，詹事乌里野，辅国勃鲁骨，定远许烈，故杲国公勃迭八猛安处之山东。阿鲁之族处之北京。按达族属处之河间(府，治今河北省河间市)。

据此，当时内迁猛安谋克的重要安置地有中都、山东、北京、河间等，应该说，这只是猛安谋克向华北地区迁徙的继续与调整。

三、金朝猛安谋克的地理分布与户口数量

(一)猛安谋克的地理分布

猛安谋克是金朝特有的军事以及社会组织，在理论上讲，所有的女真人都归属于相应的猛安谋克，因此，对猛安谋克的研究在本质上也就是对金朝女真人的研究。关于金朝猛安谋克的分布，很多研究者(如中国学者张博泉、日本学者三上次男等)都进行了卓有成效的探讨。如三上次男很早便提出了以冠称为线索研究猛安谋克分布地的方法。他指出：

> 猛安、谋克各有特定的冠称。冠称不仅是猛安、谋克统帅者的称呼，同时也是他们统率的猛安、谋克部的名称，并且还表示猛安、谋克户的籍贯。金代有的女真人，全都隶属于某某猛安、某某谋克。所以通过冠称可以了解关于他们的居住地、故乡、移住地等有趣的事实。②

这样的主张，为我们研究猛安谋克的地理分布提供了一条切实可行的途径。

就地理分布而言，金朝的猛安谋克显然可以分为两大类，即东北地区的猛安谋克与华北地区的猛安谋克。研究者总结道："总的看来(猛安谋克)所住各路，长城以北有上京路及咸平、东京、北京、西京等五路；以南有中都、南京、河北东西、山东东西、大

---

① 《大金国志校证》附录二，第599~600页。

② 〔日〕三上次男著，金启孮译《金代女真研究》，黑龙江人民出版社1984年版，第453页。

名等七路。华北七路的猛安、谋克户，是在太宗天会九年(1131)以后，主要从上京路方面迁来的。”①

下面根据三上次男等人的搜集与论证，我们大致了解一下当时各地猛安谋克的分布状况。②

1. 上京路

治今黑龙江省哈尔滨市阿城区南。下辖会宁府、肇州、隆州、信州、黄龙府路、蒲与路、胡里改路、合懒路、恤品路、曷苏馆路等。上京路所辖猛安名称略见下表。

上京路猛安情况简表③

路、府名	治所今地	所辖猛安名称
上京路会宁府	黑龙江省哈尔滨市阿城区南	上京路猛安、托里爪猛安、宋葛屯猛安、速速保子猛安、牙塔懒猛安
黄龙府路	治今吉林省农安县	奥吉猛安、隆州路和团猛安、济州和术海鸾猛安、移里闵斡论浑河猛安、隆安路合懒合兀主(曷懒元主)猛安、隆安路猛安、隆安府夺古阿邻猛安
蒲与路	黑龙江省克东县西北	屯河猛安、奴古宜猛安
胡里改路	黑龙江省依兰县	胡里改猛安
速滨路(恤品路)	俄罗斯乌苏里斯克南	宝邻山猛安、哲特猛安、曷懒合打猛安
曷懒路(合懒路)	朝鲜咸镜北道吉州	乌古敌昏山猛安、泰神必剌猛安

2. 咸平府路

治今辽宁省开原市北。史籍中出现的居住于咸平府路的猛安谋克名称主要有宁打浑河谋克、忽土猛安、毕沙河猛安、钞赤邻猛安查不鲁谋克、酌赤烈猛安莎果歌仙谋克、伊改河猛安、胡底千户寨、南谋懒千户寨、松瓦千户寨、叩畏千户营、和鲁夺徒千户、鼻里合土千户营、混里海巴哈谋克、咸平府猛安等。

3. 东京路

治今辽宁省辽阳市。下辖辽阳府、澄州、沈州、贵德州、盖州、复州、来远州、婆速府路等。东京路内居住的主要猛安名称略见下表。

---

① 《金代女真研究》，第518页。

② 下面列表中所见猛安名称的考订，详见《金代女真研究》第二编分论第四章“关于猛安谋克户的居住地”。

③ 为简明起见，本小节表内的统计只到猛安一级。

东京路猛安情况简表

府、州、路名称	治所今地	所辖猛安名称
辽阳府	辽宁省辽阳市	东京猛安、斡底必剌猛安
盖州	辽宁省盖州市	别里卖猛安、本得山猛安、按春猛安、盖州猛安、曷苏馆猛安
婆速府路	辽宁省丹东市东北	获火罗合打猛安、温甲海猛安、图鲁屋猛安

另有开州千户和复州千户。

4. 北京路

治今内蒙古自治区宁城县西南大明城。下辖大定府、利州、义州、锦州、瑞州、广宁府、懿州、兴中府、建州、全州、临潢府、庆州、兴州、泰州等。北京路所辖猛安名称略见下表。

北京路猛安情况简表

府州名称	治所今地	所辖猛安名称
大定府	内蒙古自治区宁城县西南大明城	北京路猛安、宋阿答阿猛安、讹鲁古必剌猛安、筈柏山猛安、窟白猛安
懿州	辽宁省阜新市北	胡土虎猛安
全州	吉林省长白朝鲜族自治县南	烈虎猛安等五猛安
临潢府	内蒙古自治区巴林左旗东南波罗城	曷吕斜鲁猛安、赫沙阿猛安、昏斯鲁猛安
泰州	吉林省前郭尔罗斯蒙古族自治县北	颜河猛安、东北路猛安、东北路乌连苦河猛安、东北路按出虎割里罕猛安
兴州	河北省承德市西	梅坚猛安、徒门必罕猛安、宁江速马剌猛安

5. 西京路

治今山西省大同市。下辖大同府、丰州、弘州、净州、桓州、抚州、德兴府、昌州、宣德州、朔州、武州、应州、蔚州、云内州、宁边州、东胜州。西京路境内猛安谋克分别属于西南路与西北路两个招讨司管辖。

西京路猛安情况简表

路名	治所今地	所辖猛安名称
西北路	山西省大同市	西北路猛安、没里山猛安、宋葛斜斯浑猛安、梅坚必剌猛安、王敦必剌猛安、拿怜术花速猛安
西南路	山西省大同市	胡论宋葛猛安、延晏河猛安、按出灰必剌罕猛安、西南路猛安

6. 华北七路

这是东北地区猛安谋克内迁后的主要分布区域，包括中都路、南京路、河北东路（河间路）、河北西路（真定路）、山东东路（益都路）、山东西路（东平路）以及大名府路等。居留于华北七路的猛安名称略见下表。

华北七路猛安情况简表

路名	治所今地	所辖猛安名称
中都路	北京市西南	胡土靄哥蛮猛安、和鲁忽土猛安、昏得浑山猛安、迭鲁猛安、不扎土河猛安、胡鲁土猛安、火鲁虎必剌猛安、浑特山猛安、蓟州猛安、中都路猛安
南京路	河南省开封市	南京路猛安、按出虎猛安
河北东路（河间路）	河北省河间市	算术海猛安、洮委必剌猛安、胡剌温猛安
河北西路（真定路）	河北省正定县	爱也窟河猛安、河北西路猛安、山春猛安、吾直克猛安
山东东路（益都路）	山东省青州市	胡剌温猛安、合里哥阿邻猛安、忒黑河猛安、移里闵斡鲁浑猛安、把鲁古必剌猛安、益都路猛安
山东西路（东平路）	山东省东平县	遥落河猛安、移马河猛安、三屯猛安、徒母坚猛安、把鲁古猛安、按必出虎必剌猛安、盆买必剌猛安、东平路猛安
大名府路	河北省大名县东北	帕鲁欢猛安、纳邻必剌猛安、纳邻河猛安、纳邻猛安、海谷忽申猛安、大名府猛安

必须看到，上述统计归纳的局限性还是相当明显的。首先，记载中金朝猛安的最高数量是 202 个，而迄今为止，据研究者搜集，文献中所见名称还只有 90 多个，还不达总数的一半。除上述表中所列，还有一些猛安谋克的确切居住区域无法考定。其次，金朝猛安谋克的分布格局是由迁徙而逐步形成的，最突出的事例便是华北七路的猛安谋克户，是由东北地区迁徙而来，因此，不同时期猛安谋克的分布及其居住地有可能发生了很大变化，上述搜集却不可能确定标准年代，而是随机的，且有很大的时间跨度。我们无法确知表中各个猛安的具体迁徙状况。再次，很多地区出现的空缺现象，显然与实际情况不相符合。如张棣《金虏图经》曾载当时女真人屯田军分布状况："今日屯田之处，大名府路、山东东西两路、河北东西路、南京路、河南路、关西路四路皆有之。"但是，在研究者的统计中，都没有找到"关西路四路"（京兆、庆原、熙秦、鄜延）内猛安谋克的情况，这自然是令人极为困惑的。

又据《金史·兵志》载：

凡边境置兵之州三十八，凤翔、延安、邓、巩、熙、泗、颍、蔡、陇、秦、河、海、寿、唐、商、洮、兰、会、积石、镇戎、保安、绥德、保德、环、葭、隩、宁边、东胜、净、庆、来远、桓、昌、曷懒、婆速、蒲与、恤品、胡里改，置于要州者十一，南京、东京、益都、京兆、太原、临洮、临潢、丰、泰、抚、盖。①

金朝陕西四路承袭宋制，幅员广袤，相当于今天陕西、宁夏、甘肃及青海等数省区之地，地毗西夏与南宋，为金朝重点边防区域。据上述记载，金朝重兵驻防的边州与要州属于陕西诸路的有京兆、商、凤翔、熙、陇、秦、镇戎、延安、保安、绥德、环、临洮、巩、河、洮、兰、会、积石等十八州，占总数的1/3以上。尽管研究者怀疑当时猛安谋克长期居留的“屯田之州”与边境驻防的“置兵之州”有所区别，但依然不能消除我们的疑虑，况且《金虏图经》等文献已明确指出陕西诸路有女真屯田军的存在。②

（二）猛安谋克人户的数量统计

金朝实施了并不高明的民族政策，正如刘祁等人所指出的那样：“其分别蕃汉人，且不变家政，不得士大夫心，此所以不能长久。”③如金朝建立了严格的户籍登记制度，其中对猛安谋克人户单独登记，并规定：“凡汉人、渤海人不得充猛安谋克户。”这就意味着猛安谋克户数成为女真人户数的同义词。有金一朝对猛安谋克进行了多次户籍调查，这些统计数据为我们深入了解女真人的户口发展提供了可靠资料。金世宗于大定二十三年（1183）下令进行了一次对猛安谋克人户的全面调查，这次调查也为我们提供了金朝猛安谋克人户最重要的统计数据。“上虑版籍岁久贫富不同，猛安谋克又皆年少，不练时事，一旦军兴，按籍征之必有不均之患。乃令验实推排，阅其户口、畜产之数，其以上京二十二路来上。”④可见，这次对猛安谋克的户籍调查是世宗的特别安排，其结果应具有较强的可信性。这次户口调查的范围集中于上京等二十二路，其数量：“猛安二百二，谋克千八百七十八，户六十一万五千六百二十四，口六百一十五万八千六百三十六（内正口四百八十一万二千六百六十九，奴婢口一百三十四万五千九百六十七）。”

汉人、女真、契丹是占金朝人户数量比重最大的三大民族，金朝全国性的户口调查也主要针对这三大民族。据《金史·食货志》，金朝的数次重要户口调查的民户数字情况大致如下：

---

① 《金史》卷四四《兵志》，第998页。

② 《金代女真研究》，第452~453页。

③ 《归潜志》，第137页。

④ 《金史》卷四七《食货志二》，第1063页。

1. 大定初(1161),天下户才三百余万,至二十七年(1187)天下户六百七十八万九千四百四十九,口四千四百七十万五千八十六。

2. 明昌元年(1190),是岁奏天下户六百九十三万九千,口四千五百四十四万七千九百。

3. 六年(1195)十二月,奏天下女直、契丹、汉户七百二十二万三千四百,口四千八百四十九万四百。

4. 泰和七年(1207)十二月,奏天下户七百六十八万四千四百三十八,口四千五百八十一万六千七十九(原注:户增于大定二十七年一百六十二万三千七百一十五,口增八百八十二万七千六十五。此金版籍之极盛也)。

以现代人口统计学的角度来看,上述户口数字有着明显的缺陷,且相互矛盾。按文中注释所称,至泰和七年,金朝全国户口应为8413164户、53532151口。其人口年均增长率为9.05‰。猛安谋克户的增长率应与此相同,或至少不会更低。以此推算,大定二十七年猛安谋克的户口数应为6384623,约占当时全国人口的14.3%。以上述人口增长率再进一步推算,到贞祐元年(1213)南渡之前,金朝猛安谋克的户口数应为8069844,其中所说"正口"至少也应有6306183口。

另外,关于金世宗统治时期猛安谋克户口数量及地理分布状况,研究者认为:

> 总之,金代,特别是以世宗时代为中心的时期,猛安、谋克户的居住地区,除了上京路以外,主要分布在长城以北的咸平、东京、北京、西京四路和华北的中都、南京、河北东西、山东东西、大名等七路。据估计,它的口数是上京路九十余万,其他长城以北各路共五六十万,河北各路一百万余,河南六七十万。①

这种对于户口分布的估计,是根据记载中的各地猛安谋克的数量来进行的,其局限性也是明显的,同样存在陕西诸路的空白。能否假设有金一朝陕西诸路中根本没有女真人的长期居留呢?这种假设似乎是不大可能的。

四、金末"贞祐南渡"中女真人的迁徙

(一)"贞祐南渡"引发的移民运动概况②

金代女真人的迁徙运动,大致可分为两个阶段:一是占领中原后猛安谋克由东北

---

① 《金代女真研究》,第451~452页。三上次男的估算并没有将奴婢人口列入女真人口之中,而是依据正户数量,再以每户五口计,合计女真人口为三百余万。

② 关于"贞祐南渡"所引发移民运动的较详细研究,参见吴松弟《中国移民史》第四卷《辽宋金元时期》的相关论述。

地区向华北各地的南迁，二是由贞祐年间迁都引发的向河南地区的聚集。有金一朝，由迁都引发的移民潮主要有两次：一是海陵王完颜亮贞元年间迁都燕都，二是金宣宗时期的“贞祐南渡”。比较而言，贞元迁都不过是女真人统治中国北部的必然选择，移民行动不过是猛安谋克人户分布的局部性调整，“贞祐南渡”则是波及整个中国北部各民族的大移民，就影响与规模而言，两次移民根本无法相提并论。

金朝后期，漠北蒙古崛起，蒙古骑兵的频繁南下对金朝边境地区构成了重大威胁。金宣宗即位后，北边形势更加危急。金宣宗一方面与蒙古人进行和谈，另一方面即着手南迁。至贞祐二年(1214)七月，金宣宗率领百官迁居汴京，至十二月，“丁未，以和议既定，听民南渡”，由此拉开了“贞祐南渡”的移民大潮。①

在“贞祐南渡”中，移民主要发自黄河以北山西、山东、河北以及东北地区。同时，我们可以清楚地发现，在金朝当局允准及监护南迁的人口中，“军户”占据了最主要的比例，这也成为“贞祐南渡”中移民成分方面最显著的特征。“军户”，就是以猛安谋克的主体女真人为主并涉及其他部族的人口。显然，金朝官府所组织的南迁，事实上成为以女真人及其他少数部族为主的南迁。金朝实行民族区别政策，在“贞祐南渡”中也显露无遗。这种做法显然是不明智和不公平的。如贞祐三年(1215)五月，金朝君臣决意迁徙河北军户家属于河南，而让军士继续驻守原来郡县，高汝砺即上书表示反对：

> 此事果行，但便于豪强家耳，贫户岂能徙。且安土重迁，人之情也。今使尽赴河南，彼一旦去其田园，扶携老幼，驱驰道路，流离失所，岂不可怜。且所过百姓见军户尽迁，必将惊疑，谓国家分别彼此，其心安得不摇。况军人已去其家，而令护卫他人，以情度之，其不肯尽心必矣。民至愚而神者也，虽告以卫护之意，亦将不信，徒令交乱，俱不得安，此其利害所系至重。乞先令诸道元帅府、宣抚司、总管府熟论可否，如无可疑，然后施行。②

又如当时大臣许古也曾上章对南迁之举提出尖锐批评：

> 自中都失守，庙社、陵寝、宫室、府库，至于图籍、重器，百年积累，一朝弃之。……而今才闻拒河自保，又尽徙诸路军户河南，彼既弃其恒产无以自生，土居之民复被其扰，臣不知谁为此谋者。……河北诸路以都城既失，军户尽迁，将

① 《金史》卷一四《宣宗本纪上》，第306页。
② 《金史》卷一〇七《高汝砺传》，第2354页。

谓国家举而弃之，州县官往往逃奔河南。①

高汝砺、许古等人的批评可谓一针见血，切中要害。在蒙古军队频繁南下之时，金廷尽迁军户的失策是多方面的。首先，对于大批女真军户而言，弃家南迁、流离失所自然是十分无奈痛苦之事，而从实际可能性出发，也只有家产颇丰的豪强才有能力完成南迁河南之举，贫困军户的南迁是难以想象的。其次，军户南迁，其所产生的社会影响是非常复杂而严重的，周围汉人百姓自然会得出这样的结论：金朝准备全面放弃黄河以北地区，并实行民族歧视，将女真人全部南迁，拒河自保，将汉人百姓置于水火之地。何况留守的军士因自己家眷已经南迁，根本无心守卫城池。就是金朝地方官也以为大势已去，仓皇南奔。在这种情况下，摆在当地普通百姓面前只有两条路：一是南奔，一是依附蒙古。对于其他各民族来讲也是同样的道理，也只有家底丰实的强族才有可能举族南下，贫困的民户举步维艰。所以我们可以明白，金朝"贞祐南渡"后尽迁军户的政策在实际层面上来观察就是对黄河以北地区的放弃，由此引发的移民运动规模是相当可观的。

（二）"贞祐南渡"的移民数量与安置问题

大批军户南迁后聚集于河南等地，金朝所面临的安置问题是非常棘手的。而事实证明，金朝的移民安置政策存在多方面的失误。移民政策的成功或失败，会直接影响到其王朝存亡。如《金史・兵志》载：

及宣宗南迁，纠军溃去，兵势益弱，遂尽拥猛安户之老稚渡河，侨置诸总管府以统之，器械既缺，粮糒不给，朘民膏血而不足，乃行括粮之法，一人从征，举家待哺。又谓无以坚战士之心，乃令其家尽入京师，不数年至无以为食，乃听其出，而国亦屈矣。②

在南渡移民安置中，最关键的问题莫过于粮食供给问题。金朝上下对移民数量的关注，往往归结于粮食供给问题。在"贞祐南渡"中，到底有多少女真人（"军户"）迁至黄河以南地区呢？有以下数种记载可资参证：

1.《金史・高汝砺传》载，高汝砺曾在上言中讲："今河北军户徙河南者几百万口，人日给米一升，岁率三百六十万石，半给其直犹支粟三百万石。"③

① 《金史》卷一〇九《许古传》，第2412~2413页。

② 《金史》卷四四《兵志》，第998页。

③ 《金史》卷一〇七《高汝砺传》，第2355页。并见于《金史》卷四七《食货志二》，第1065页"校勘记"。

2.《金史·陈规传》载，贞祐四年(1216)，陈规在上言中讲:“比者徙河北军户百万余口于河南，虽革去冗滥而所存犹四十二万有奇。”①

3.《金史·冯璧传》载:“时山东、河朔军六十余万口，仰给县官，率不逞辈窜名其间，诏(冯)璧摄监察御史，汰逐之。”②

4.《金史·兵志》载，贞祐五年(1217)，京南行三司官石抹斡鲁称:“京南、东、西三路见屯军户，老幼四十万口，岁费粮百四十余万石，皆坐食民租，甚非善计。”③

5.《金史·食货志》载，贞祐四年，宰臣言:“今军户当给粮者四十四万八千余口，计当口占六亩有奇，继来者不与焉。”④

所谓军户数量，为女真将士家属的数量(“老幼”或“老稚”)，与军士数量不同。粗略估计，在南渡之初，河北地区南迁的军户家属数量大约有百万人，但其中夹杂有其他各族大批普通民众。金朝官府对于这些北来移民采取了汰逐方式，其目的不外乎减轻供养负担，而被汰逐的百姓同样是金朝其他各族北来移民，当时北来移民的数量要远远大于女真军户的数量。除了这些人户，女真军户的家属数量仅有四五十万之多。

在猛安谋克移入华北地区初期，金朝曾广泛推行括刷民田政策，用以拨付猛安谋克人户使用，于是大量汉族人户的田地被括刷一空，由此引发了极为尖锐的社会矛盾与阶级矛盾。而在“贞祐南渡”之始，又有女真人官员主张在河南地区实行括田，以拨付给军户使用，结果遭到其他大臣强烈反对而不得不暂时放弃。如《金史·食货志》载:

> 宣宗贞祐三年七月，以既徙河北军户于河南，议所以处之者，宰臣曰:“当指官田及牧地分畀之，已为民佃者则俟秋获后，仍日给米一升，折以分钞。”太常丞石抹世勣曰:“荒田牧地垦辟费力，夺民素垦则民失所。况军户率无牛，宜令军户分人归守本业，至春复还，为固守计。”上卒从宰臣议，将括之，侍御史刘元规上书曰:“伏见朝廷有括地之议，闻者无不骇愕。向者河北、山东已为此举，民之茔墓井灶悉为军有，怨嗟争讼至今未绝，若复行之，则将大失众心。荒田不可耕，徒有得地之名，而无享利之实。纵得熟土，不能亲耕，而复令民佃之，所得无几，而使

① 《金史》卷一〇九《陈规传》，第2406页。
② 《金史》卷一一〇《冯璧传》，第2431页。
③ 《金史》卷四四《兵志》，第1009页。
④ 《金史》卷四七《食货志二》，第1053页。

纷纷交病哉。"上大悟,罢之。①

后来,在高汝砺等人的建议下,金朝实行了增加民赋及鼓励平民开垦荒田的措施,结果形成了女真军户"皆坐食民租"的局面,括田之议也一直没有停息。

其实,高汝砺等人反对括田的理由,不外乎通过保护农民的权益,以维持粮食生产的继续。可以说,大力发展粮食生产,增加粮食产量,是保证移民利益与维护金朝统治的根本途径。如田琢在上书中指出:

> 河北失业之民侨居河南、陕西,盖不可以数计。百司用度,三军调发,一人耕之,百人食之,其能赡乎?春种不广,收成失望,军民俱困,实系安危。臣闻古之名将,虽在征行,必须屯田,赵充国、诸葛亮是也。古之良吏,必课农桑以足民,黄霸、虞诩是也。方今旷土多,游民众,乞明敕有司,无蹈虚文,严升降之法,选能吏劝课,公私皆得耕垦。富者备牛出种,贫者佣力服勤。若又不足,则教之区种,期于尽辟而已。②

这些建议无疑是切实可行的。

又如《金史·石盏女鲁欢传》载:

> (兴定三年,1219)十一月,女鲁欢上言:"……又所在官军多河北、山西失业之人,其家属仰给县官,每患不足。镇戎(在今宁夏回族自治区固原市)土壤肥沃,又且平衍,臣裨将所统几八千人,每以迁徙不常为病。若授以荒田,使耕且战,则可以御备一方,县官省费而食亦足矣。其余边郡亦宜一体措置。"上嘉纳焉。③

括刷平民良田的措施当然是不可取的,开辟荒田或开展军队屯田生产,则不失为解决大批军队及军户衣食供给的良策。然而,这些极为有限的救时之策根本无法挽回金朝日渐衰亡的运势。如《金史·食货志》载:"及卫绍王之时,军旅不息,宣宗立而南迁,死徙之余,所在为虚矣。户口日耗,军费日急,赋敛繁重,皆仰给于河南,民不堪命,率弃庐田,相继亡去。"④女真军户无法实现自给自足,因此又导致大批农户的逃亡,这对金朝统治带来的影响是致命的。

1232年,农历壬辰年,蒙古军队在攻占河南大部分地区之后,又强制迁徙当地先

---

① 《金史》卷四七《食货志二》,第1052页。

② 《金史》卷一〇二《田琢传》,第2250页。

③ 《金史》卷一一六《石盏女鲁欢传》,第2542页。

④ 《金史》卷四六《食货志一》,第1036页。

前南迁的民众北还,史称“壬辰北渡”。在“壬辰北渡”中返回北方地区的移民中,南迁的汉族士民占了其中的绝大多数,猛安谋克返回华北故地的可能性相当小,数量也很有限,这当然与金朝所推行的不合适的民族歧视政策有很大的关系。

第四节　党项族源流与西夏疆域及民族分布(附西域地区)

党项,又称为党项羌,是发源于中国西北地区的古老民族,崛起于南北朝后期。关于党项羌人的历史渊源与分布地情况,前面的章节已有论述。隋唐五代以后,在西北地区崛起了一个强盛一时的民族政权——西夏。西夏政权就是内迁党项族人所创立的,幅员辽阔,与辽、宋、金等政权鼎足而立,在中国民族史上占有重要的地位。

辽宋金夏时期是西域民族区发展的一个关键时期。唐末五代以后,原居于大漠南北的回鹘人西迁,并在西北及西域各地定居下来,从此成为这一辽阔地区最重要的民族之一。而辽朝的败亡促使其部分民众在耶律大石的率领下西迁,通过征服当地部族,也在西域地区建立了强盛的区域性政权——西辽。西北及西域地区的回鹘与契丹等各族到蒙古政权兴起后,成为“色目人”群体的重要部分。

一、西夏疆域的开拓与行政区划沿革

(一)党项人早期分布地与西夏疆域建设

西夏王族的世系可上溯到唐代的拓跋赤辞。对于西夏政权建设的发展历史与成就,《金史·西夏传》赞语做了明白扼要的评述:

> 夏之立国旧矣,其臣罗世昌谱叙世次称,元魏衰微,居松州者因以旧姓为托跋氏。按《唐书》党项八部有托跋部,自党项入居银、夏之间者号平夏部。托跋思恭以破黄巢功赐姓李氏,兄弟相继为节度使,居夏州,在河南。继迁再立国,元昊始大,乃北渡河,城兴州(治今宁夏回族自治区银川市)而都之。其地初有夏、绥、银、宥、灵、盐等州,其后遂取武威、张掖、酒泉、燉煌郡地,南界横山(在今陕西省榆林市横山区东南),东距西河。①

① 《金史》卷一三四《西夏传》,第2876页。

就族源而言，建立西夏的党项族主体为古代羌族后裔，对于这一点学术界并没有异议。[①] 南北朝后期，党项人分布于松州(治今四川省松潘县)以西、青海湖以南的青藏高原及其周边地区。从唐朝初年开始，在唐朝的感召以及吐蕃势力的压迫下，党项人大规模内徙的浪潮出现了。西夏先民正是在这种移民潮中逐步进入河陇地区的。如贞观年间，拓跋赤辞率领所部归附唐朝，为唐朝西部疆域开拓做出了贡献。《新唐书·党项传》载："以其地为懿、嵯、麟、可三十二州，以松州为都督府，擢赤辞西戎州都督，赐氏李，贡职遂不绝。于是自河首积石山而东，皆为中国地。"[②]

后来，在吐蕃的压迫下，拓跋党项部先后进行了两次大规模内徙：第一次是从松州内迁到庆州(治今甘肃省庆阳市)境内；第二次是从庆州境内迁到银州以北、夏州(治今陕西省靖边县北)以东地区，故又被称为"平夏部"。[③] 唐朝末年，政局动荡，拓跋思恭以夏州为中心，又统辖银、夏、绥、宥、静等五州，形成一支颇具实力的地方割据势力。如《新唐书·党项传》载："始，天宝末，平夏部有战功，擢容州刺史、天柱军使。其裔孙拓跋思恭，咸通末窃据宥州(治今内蒙古自治区鄂托克旗东南)，称刺史。"此也为平夏部割据自立的开始。

北宋初年，李继捧任夏州刺史之时，曾有意归附北宋，于太平兴国四年(979)率领族人入朝，留在汴梁(今河南省开封市)。然其弟李继迁拒不归顺，联合各族部众，于雍熙二年(985)袭据银州(治今陕西省榆林市横山区东)自立。至北宋咸平六年(1003)，李继迁建治所于灵州(治今宁夏回族自治区灵武市西南)，以黄河以南的银州、夏州等五州之地为基础建立政权，夏的疆域规模初就。故而《辽史·西夏传》载："西夏，本魏拓跋氏后，其地则赫连国也。远祖思恭，唐季受赐姓曰李，涉五代至宋，世有其地。至李继迁始大，据夏、银、绥、宥、静五州，缘境七镇，其东西二十五驿，南北十余驿。"[④]

西夏的疆域至李元昊在位时达到极盛。北宋宝元元年(1038)，李元昊于兴州(治今宁夏回族自治区银川市)即皇帝位，号大夏，标志着西夏王朝的正式建立。西夏的疆域广袤，"元昊既悉有夏、银、绥、宥、静、灵、盐、会、胜、甘、凉、瓜、沙、肃，而洪、定、

---

① 李范文《试论西夏党项族的来源与变迁》，载于白滨编《西夏史论文集》，宁夏人民出版社1984年出版。

② 《新唐书》卷二二一上《党项传》，第6215页。

③ 参见史卫民《党项族拓跋部的迁移及其与唐、五代诸王朝的关系》，载于白滨编《西夏史论文集》，宁夏人民出版社1984年出版。

④ 《辽史》卷一一五《西夏传》，第1523页。

威、龙皆即堡镇号州，仍居兴州，阻河依贺兰山为固”①。西夏西南都统嵬名济曾称：“况夏国提封一万里，带甲数十万，南有于阗作我欢邻，北有大燕为我强援。”②《宋史·夏国传》载：“夏之境土，方二万余里。”清代学者吴广成《西夏书事》也称夏的疆域“东尽黄河，西界玉门，南接萧关（在今宁夏回族自治区同心县南），北控大漠，地方万余里”③。

西夏疆域的建设历程还突出地反映在与邻境边界的划分上。“夏国边界，东接麟、丰，西邻秦、凤，中间犬牙相错，缭绕几二千里。”④西夏的主要邻居便是辽、北宋及金朝。如与辽以黄河为界。北宋与西夏之间边境线漫长，双方关于边界的争端也最为复杂。宋夏之间为争夺疆土不仅展开了旷日持久的军事交锋，同时伴随着互不相让、寸土必争的边界交涉。如宋嘉祐六年（1061），宋夏两朝正式划定疆界，双方议定：

府州自桦泉骨堆、埋浪庄、蛇尾掊、横阳河东西一带，筑堠九；自蛇尾旁顺横阳河东岸西界步军照望铺间，筑堠十二；……约自今西界人户，毋得过所筑堠东耕种。其在丰州外汉寨及府州界蕃户旧奢俄寨，并复修完。府州沿边旧奢俄寨三十三，更不创修。麟州界人户，更不耕屈野河西。其麟、府州不耕之地，亦许两界人户就近樵牧，即不得插立梢圈，起盖庵屋，违者并捉搦赴官及勒住和市。⑤

金朝攻灭北宋后，与西夏也划分了明确的界线。如《金史·西夏传》载：

后破宋都获二帝，乃划陕西分界，自麟府路洛阳沟东距黄河西岸、西历暖泉堡，鄜延路米脂谷至累胜寨，环庆路威边寨过九星原至委布谷口，泾原路威川寨略古萧关至北谷川，秦凤路通怀堡至古会州，自此直距黄河，依见今流行分熙河路尽西边以限封域。复分陕西北鄙以易天德、云内，以河为界。⑥

（二）西夏的政区建置

关于西夏的政区建置，《宋史·夏国传》又载：“河之内外，州郡凡二十有二。河

① 《宋史》卷四八五《夏国传上》，第13994页。

② 《宋史》卷四八五《夏国传上》，第14013页。

③ （清）吴广成撰，龚世俊等校证《西夏书事校证》卷一二，甘肃文化出版社1995年版，第145页。

④ 《西夏书事》卷二三，第268页。该书注材料来自《长编》卷二二八，但今中华书局本《续资治通鉴长编》卷二二八相关内容记为“夏国边界东起麟府，西至秦凤，缭绕几二千里”。民国初戴锡章《西夏纪》所引注如《西夏书事》（见台湾华文书局1924年排印本）。

⑤ 《续资治通鉴长编》卷一九三“六月庚辰”条，第4679~4680页。《西夏书事》卷二〇所引注出自《长编》卷一九三，见第234页，但内容大同小异。

⑥ 《金史》卷一三四《西夏传》，第2867页。

南之州九：曰灵、曰洪、曰宥、曰银、曰夏、曰石、曰盐、曰南威、曰会。河西之州九：曰兴、曰定、曰怀、曰永、曰凉、曰甘、曰肃、曰瓜、曰沙。熙、秦河外之州四：曰西宁、曰乐、曰廓、曰积石。”[①]这是依据自然地理位置，以黄河等河流为界限，将西夏的行政区分为三部，即河南、河西、河外。又根据章巽先生的研究，西夏以州为核心的行政区划演变大致可分为早期（元昊称制改元之后）与后期（1183 年以后）两个阶段。早期二十个州，后期二十六个州郡，其名称、地望及前后演革情况大致如下[②]：

1. 河南之州

早期河南之州有夏、银、绥、宥、灵、盐、会、胜、洪、威（韦）、龙，后期有夏、银、宥、灵、盐、会、洪、南威、石。各州的演革情况大致为：

（1）夏州，即唐夏州，唐之夏州治所在统万城，治今陕西省靖边县北。该州早期至晚期都有，直至夏亡。

（2）银州，即唐银州，治今陕西省米脂县西北约八十里。该州早期、后期都有，中期曾有一段时间为北宋所收复，地入蒙古政权后州废。

（3）绥州，即唐绥州，治今陕西省绥德县。该州后期为宋朝所收复，改为绥德军，入金后为绥德州，地入蒙古政权后仍为绥德州。

（4）宥州，即唐宥州，治今陕西省靖边县镇靖镇。该州早期至后期都有，地入蒙古政权后州废。

（5）灵州，即唐灵州，治今宁夏回族自治区灵武市西南。该州早期至后期都有，地入蒙古政权后仍为灵州。

（6）盐州，即唐盐州，治今宁夏回族自治区灵武市东南。该州早期至后期都有，地入蒙古政权后州废。

（7）会州，即唐会州，治今甘肃省靖远县东北。该州前期至后期都有，中间也曾为宋、金所攻取，后又被西夏收复，地入蒙古政权后仍为会州。

（8）胜州，即唐胜州，治今内蒙古自治区准格尔旗东北。该州后期废。

（9）洪州，即唐洪门镇，治今陕西省靖边县南。该州早期至后期都有，地入蒙古政权后州废。

（10）威州，即唐威州，或称韦州、南威州，治今甘肃省环县西北。该州早期至后期

① 《宋史》卷四八六《夏国传下》，第 14028 页。

② 参见章巽《夏国诸州考》，载于《西夏史论文集》，第 230～247 页。并见吴天墀《西夏史稿》，四川人民出版社 1982 年版，第 293～305 页“附录二《西夏州名表》”。

都有，地入蒙古政权后州废。

（11）龙州，本为唐延州石堡镇，治今陕西省志丹县北。该州后期为宋朝所收复，为威德军所在。

（12）石州，早期无此州，只有石堡城，在夏州东南，治今陕西省榆林市横山区东北，地入蒙古政权后州废。

2. 河西之州

早期河西之州有兴、静、甘、凉、瓜、沙、肃、定、怀；后期河西之州有兴、甘、凉、瓜、沙、肃、定、怀、永。

（1）兴州，即唐怀远县，治今宁夏回族自治区银川市。该州为夏政权都城所在地，早期至后期都有，地入蒙古政权后蒙古政权置宁夏路总管府。

（2）静州，即唐保静县，治今宁夏回族自治区银川市东南。后期州废。

（3）甘州，即唐甘州，治今甘肃省张掖市。该州早期至后期都有，地入蒙古政权后仍为甘州，后置甘州路总管府。

（4）凉州，即唐凉州，治今甘肃省武威市。该州早期至后期都有，地入蒙古政权后仍为西凉府，后降为西凉州。

（5）瓜州，即唐瓜州，治今甘肃省瓜州县东。该州早期至后期都有，地入蒙古政权后州废，后复立。

（6）沙州，即唐沙州，治今甘肃省敦煌市。该州早期至后期都有，地入蒙古政权后先隶八都大王，后复立州，又升为沙州路总管府。

（7）肃州，即唐肃州，治今甘肃省酒泉市。该州早期至后期都有，地入蒙古政权后为肃州路总管府。

（8）定州，即唐定远军，治今宁夏回族自治区银川市北。该州早期至后期都有，地入蒙古政权后州废。

（9）怀州，地不可考。该州早期至后期都有，地入蒙古政权后州废。

（10）永州，早期无此州，治今宁夏回族自治区银川市东南，地入蒙古政权后州废。

3. 熙、秦河外之州

河外诸州均为后期增置。北宋熙州治今甘肃省临洮县，秦州治今甘肃省天水市。

（1）西宁州，原为宋西宁州，治今青海省西宁市。绍兴六年（1136），为西夏所攻取，地入蒙古政权后初为章吉驸马分地，后仍立为西宁州。

（2）乐州，原为宋乐州，治今青海省海东市乐都区。绍兴六年（1136），为西夏所

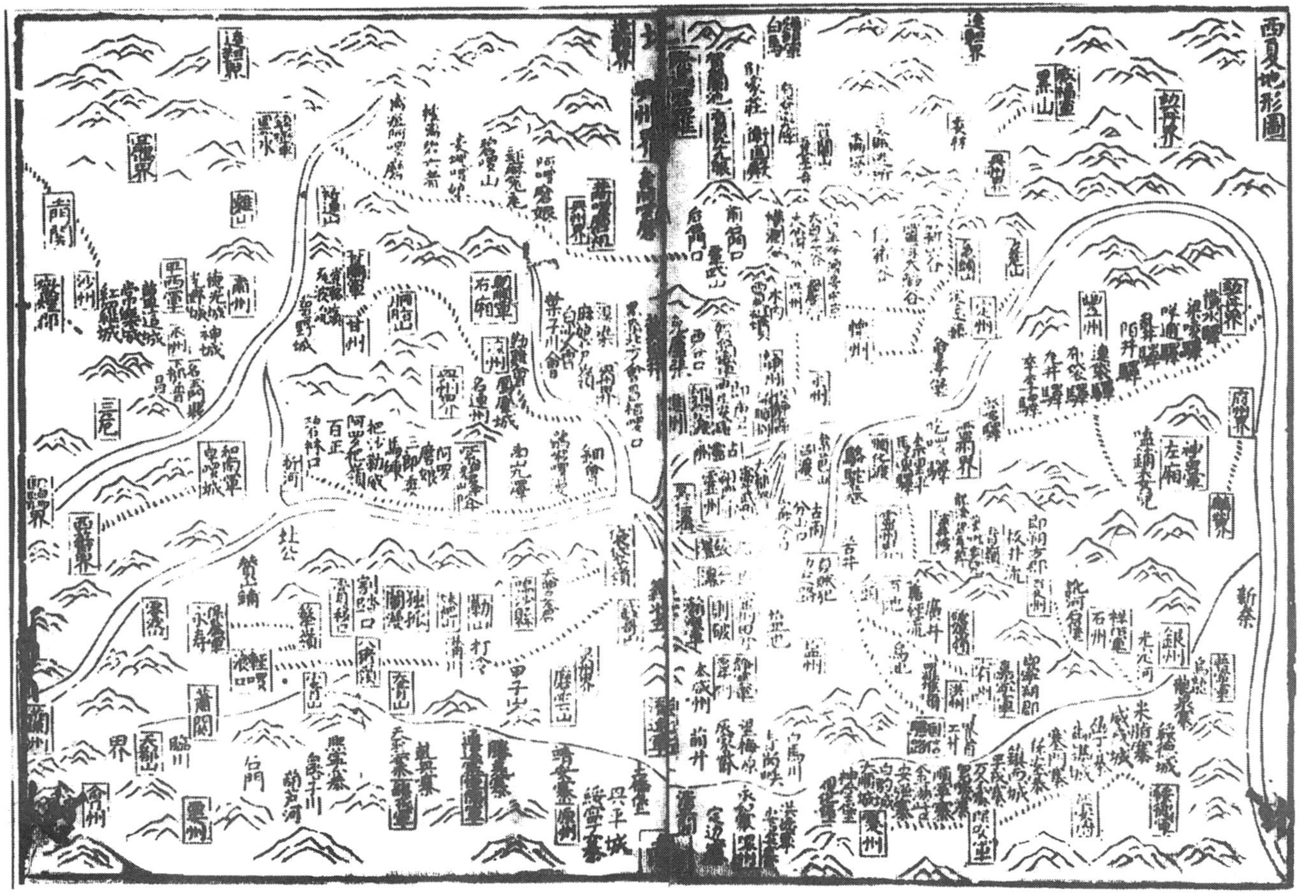

《西夏地形图》

《西夏地形图》是唯一流传下来的西夏地图，其内容丰富，图中所绘多为史籍所缺，更非文献所能替代，是研究西夏历史的重要史料。图出自明刻本。

攻取，地入蒙古政权后州废。

(3)廓州，原为宋廓州，治今青海省西宁市东南，绍兴七年(1137)，为西夏所攻取，地入蒙古政权后州废。

(4)积石州，原为宋积石军，治今青海省贵德县，绍兴七年(1137)为西夏所得，地入蒙古政权后仍为积石州。

二、西夏人口数量、民族构成与地理环境特征

(一)西夏“兵民合一”制度与人口规模估计

西夏“兵民合一”的特征十分突出。《宋史·夏国传》载：“其民一家号一帐，男年登十五为丁，率二丁取正军一人。每负赡一人为一抄。负赡者，随军杂役也。四丁为两抄，余号空丁。愿隶正军者，得射他丁为负赡，无则许射正军之疲弱者为之。故壮者皆习战斗，而得正军为多。”[①]《辽史·西夏传》的记载与此大致相同，如云：“民年十五为丁。有二丁者，取一为正军。负担杂使一人为抄，四丁为两抄。余人得射它丁，皆习战斗。正军马驼各一，每家自置一帐。”[②]

正是鉴于西夏“兵民合一”的社会组织特征，学者们通常以军士数量来估算西夏的人口，军士数量也就直接决定着研究者对夏国人口数量的估算。如关于西夏军队的总量，《宋史·夏国传》载：“诸军兵总计五十余万。别有擒生十万。兴、灵之兵，精练者又二万五千。别副以兵七万为资赡，号御围内六班，分三番以宿卫。”[③]这也是记载西夏军队数量最重要的依据。然而，对于文献内容理解方面的分歧，使学者们各自的研究结论相去甚远。目前学术界有两种较有代表性的估算结论。一种估算意见是以上述记载为准，估算西夏有五十万人的军备，而西夏通常采用“二丁”取一“正军”的原则，因而推断西夏至少有一百万壮丁。在此基础上根据现代人口学的性别比：青壮年人口一般占总人口的25%左右，即四分之一，最后推算西夏人口有四百万或更多。[④] 另有学者则认为，西夏军队中一个正军配有两个抄兵(“负赡”)，故而“三人共一幕”。如果正军有五十万人，那么，军抄合计就应有一百五十万至一百六十万人之多。参照人口学中人口年龄金字塔的宽底部特征，即青壮年至多占其男性人口的

---

① 《宋史》卷四八六《夏国传下》，第14028页。

② 《辽史》卷一一五《西夏传》，第1524页。

③ 《宋史》卷四八六《夏国传下》，第14029页。

④ 李虎《西夏人口问题琐谈》，刊于李范文主编《首届西夏学国际学术会议论文集》，宁夏人民出版社1998年出版。

1/3,那么当时西夏的男性人口总数就应在四百五十万左右。在此基础上,再按照男女性别比1∶1来计算,当时西夏人口应有九百万甚至更多。①

上述估算虽然各有所据,但仍然存在一些模糊及忽略之处。首先,与西夏疆域建设同步,西夏军队数量处于不断变化之中,西夏人口数量也会有很大的起伏变化。以兵士数量为基础进行的人口估算,只能是初步窥测西夏鼎盛时期的户口数量。关于西夏军队的数量,“五十余万”是一个极具代表性的数量。《宋史·夏国传》特别强调“总五十余万”或“诸军兵总计五十余万”,这其中并没有确定只是“正军”数量,而应该是“正军”与“负赡”的合计数量。同样,“兵三人同一幕梁”,是将“正军”与“负赡”均视为“兵”,而没有强调“正军”与“负赡”之别。西夏人出征,往往有“倾国而来”的特点,如记载中西夏招集兵士最高数额竟达一百五十万,如元符元年(1098)九月,“泾原路落蕃兵士归报,羌人点集百五十万,欲入汉界十程打劫。诸路降羌及俘虏,皆言羌人大点集,决趋泾原”②。但在实际作战中出现的军士数量只有三十万。③ 足见所谓“一百五十万”中不少是“老小辎重”。又据《宋史·李宪传》,元丰七年(1084),西夏军队进攻兰州,“步骑号八十万众”,即为正军与“负赡”兵士的合计数量。这大致是西夏全部军士的最高数量。再加上参与农耕的人口即“空口”,估计西夏境内的壮丁(15岁以上的男子)数量在一百万左右,应占其男姓人口的绝大部分。如果再加上老小数量,则西夏境内男性人口数量至多在一百五十万左右。以男女比例1∶1计算,那么,西夏的党项族人口至多在三百万左右。

其次,西夏总人口应该是西夏境内所有民族的人口数量,除了党项,至少还要将汉人、吐蕃人以及回鹘人的户口估算在内。唐朝中期吐蕃攻陷河陇地区,有上百万的汉人留居当地。甘、沙诸州亦为河西回鹘的聚居地。西夏后期占据了熙、秦河外诸州,即河湟及青海湖吐蕃聚居地区,以最保守的估计,汉人、回鹘人与吐蕃人合计也应有一百五十万人。如果再考虑到边疆地区其他民族的人口,那么,在西夏疆域极盛时,其境内各族人口合计在四百万至五百万之间应该是较为合理的推测。

关于西夏部族及军队的分布,《宋史·夏国传》载:

(西夏境内)置十二监军司,委豪右分统其众。自河北至午腊蒻山七万人,以

---

① 余苇青《试论西夏人口消失的原因》,刊于《首届西夏学国际学术会议论文集》。

② 《续资治通鉴长编》卷五〇二“哲宗元符元年九月庚申”条,第11961页。戴锡章《西夏记》引同条内容记“羌人点集”为“夏人点集”。

③ 参见《续资治通鉴长编》卷五〇三“哲宗元符元年十月己亥”条,第11983页。

备契丹;河南洪州、白豹、安盐州、罗落、天都、惟精山等五万人,以备环、庆、镇戎、原州;左厢宥州路五万人,以备鄜、延、麟、府;右厢甘州路三万人,以备西蕃、回纥;贺兰驻兵五万、灵州五万人、兴州兴庆府七万人为镇守,总五十余万。①

西夏十二监军司驻地简况②

监军司名称	驻地名称	驻所今地
左厢神勇	天都山	宁夏回族自治区固原市北
石州祥祐	石州	陕西省榆林市横山区东北
宥州嘉宁	宥州	内蒙古自治区鄂托克旗东北
韦州静塞	韦州	亦作威州,在宁夏回族自治区同心县东北
西寿保泰	柔狼山北	甘肃省靖远县东北
卓啰和南	黄河北岸	黄河北岸喀罗川(庄浪河)侧
右厢朝顺	夏州弥陀洞	陕西省榆林市东南
甘州甘肃	唐删丹县故地	甘肃省山丹县境
瓜州西平	瓜州	甘肃省敦煌市
黑水镇燕	兀剌海城	内蒙古自治区额济纳旗东黑城
白马强镇	盐州	宁夏回族自治区盐池县北
黑山威福	驻汉居延故城,东北限大泽,西北接沙碛	内蒙古自治区额济纳旗南

有研究者将西夏领土分为几部来比较、分析其人口分布及密度问题。首先,兴庆府及其周围地区,即今宁夏回族自治区银川市附近地区,人口最为稠密,驻守常备军队数量就二十多万。其次是河套地区,是主要的农业区,人口也相对密集。第三是河西走廊地区,为农牧业交错地区,民族构成复杂,人口数量也相当可观。第四是宋夏接壤地区,即横山一带,主要为"蕃部"分布区,为宋夏双方长期争战之地,人口数量相对有限。最后是沙漠区,人口最为稀少,西夏境内沙漠所占比例相当高,大沙漠地带包括今天的巴丹吉林沙漠、腾格里沙漠、毛乌素沙漠等。③

① 《宋史》卷四八五《夏国传上》,第13994~13995页。

② 参见戴锡章《西夏纪》卷六,宁夏人民出版社1988年版,第156页。并见李蔚《简明西夏史》,人民出版社1997年版,第103~104页。

③ 参见李虎《西夏人口问题琐谈》一文。

(二)西夏境内的民族构成与地理及生态环境状况

西夏境内的民族结构并不简单,其主体为以党项人为核心的古代羌族后裔,此外有汉人、吐蕃人、回鹘人等。有趣的是,西夏文《文海》将汉人称为“蛮”,将吐蕃称为“戎羌”,将契丹、回鹘人称为“夷”:“夷,九姓回鹘、契丹等之谓。”这种以党项人为核心的民族观与封建士大夫以汉人为核心的民族观路径可谓如出一辙。又如西夏文《新集金粹掌直文》记载西夏境内各族风俗时云:“西夏人骁勇、契丹人迟缓、西藏人信佛、汉族人崇儒、回鹘饮酸乳、山狄食荞饼。”十分简洁生动地反映了西夏境内及周边地区主要民族种类典型的风俗特征。[①] 文中所列“西夏人”(党项人)、“契丹人”、“西藏人”、“汉族人”、“回鹘人”以及“山狄”等正是当时西夏境内及周边地区的主要民族种类。下面试析西夏境内各民族的渊源及其分布情况。

1. 党项人

或称为党项羌。自唐及五代党项人大规模内徙后,党项人已成为西北地区人口最繁盛的民族之一,这也是西夏建立所依赖的最重要的基础。党项人占了当地人口的主要部分。如唐人沈亚之曾指出:“夏之为郡,南走雍千五十里,涉流沙以阻河,地当朔方,名其郡曰朔方。……夏(夏州节度使辖区)之属土,广长几千里,皆流沙,属民皆杂虏,虏之多者曰党项,相聚为落,于野曰部落。其所业无农桑,事畜马牛羊橐驼。”[②]

又如《旧唐书·党项羌传》称:“(内附)党项有六府部落,曰野利越诗、野利龙儿、野利厥律、儿黄、野海、野窣等。居庆州(治今甘肃省庆阳市)者号为东山部落,居夏州者号为平夏部落。”[③]显然,平夏部落便是西夏王族统辖的核心部落。

2. 吐蕃为主的“蕃部”

西夏境内还有不少吐蕃族众,这在前文已经提及。关于宋辽金夏时期民族识别中的主要难题之一,便是党项人与归附吐蕃人之间的区分。西夏管辖的“蕃部”就其主要分布地大致又可分为横山与西界两部,尤以横山一带“蕃部”为其部族中坚力量。如“元昊巢穴,实在河外,河外之兵,懦而罕战。惟横山(今陕西省榆林市横山区东南)一带蕃部,东至麟、府,西至原、渭,二千余里,人马精劲,惯习战斗之事,与汉界相附,每大举入寇,必为前锋。故西戎以山界蕃部为强兵”[④]。“横山一带”所指地域相

① 白滨《从西夏文字典〈文海〉看西夏社会》,载于《西夏史论文集》,第 180 页。

② 《全唐文》卷七三七《夏平》。

③ 《旧唐书》卷一九八《党项羌传》,第 5293 页。

④ 《续资治通鉴长编》卷一四九“仁宗庆历四年五月壬戌”条,第 3600 页。

当广阔，从河东的麟、府二州，直至陕西的原、渭，都是“蕃部”的分布范围，主要处于北宋与西夏边境地区。

“西界蕃部”即指原来分布于河湟及河西走廊地区的归附吐蕃人。如《宋史·吐蕃传》载：“自仪、渭、泾、原、环、庆及镇戎、秦州暨于灵、夏皆有之，各有首领，内属者谓之熟户，余谓之生户。”①又《西夏书事》载：“西界蕃部不下数十万帐。始犹互相捍拒。及（李）继迁兵势浸盛，自灵州北河外、镇戎军、环州至鏊子山、贺兰山西、陇山内外、黄河以东诸族，无不帖服。”②

3. 汉人

唐朝中期以后，河陇地区为吐蕃人所占据，但当时大多数汉民仍然留居于其地。如《旧五代史·吐蕃传》称：“安禄山之乱，（唐）肃宗在灵武，悉召河西戍卒收复两京，吐蕃乘虚取河西、陇右，华人百万皆陷于吐蕃。”至唐朝后期，大批汉人仍然居住于甘、凉、瓜、沙等州县，“其人皆天宝中陷吐蕃者子孙，其语言小讹，而衣服未改”③。西夏攻占河西地区后，这些汉民也归其统辖。另外，被西夏俘获的汉人俘虏数量也不在少数。如《宋史·夏国传》称：“得汉人勇者为前军，号‘撞令郎’。若脆怯无他伎者，迁河外耕作，或以守肃州。”又载：“其地饶五谷，尤宜稻麦。甘、凉之间，则以诸河为溉，兴、灵则有古渠曰唐来，曰汉源，皆支引黄河。故灌溉之利，岁无旱涝之虞。”④党项人擅长于畜牧，引水灌溉之事则主要由汉民来承担。

4. 回鹘人

塞外回鹘人西迁后，广泛地分布于河西走廊及西域地区，聚居于河西走廊地区的回鹘人被称为“甘州回鹘”或河西回鹘。西夏崛起后，攻取了甘、凉、瓜、沙诸州，这些地区的汉人与回鹘人都归于其统治。“（回鹘）其人善造宾铁刀、乌金、银器，或为商贩，市于中国、契丹诸处。往来必由夏界，夏国将吏率十中取一，择其上品，贾人苦之。……自元昊取河西地。回鹘窜居山谷间，悉为役属。”⑤

对于西夏境内的自然地理特征，《金史·西夏传》曾载：“土宜三种，善水草，宜畜牧，所谓凉州畜牧甲天下者是也。土坚腴，水清冽，风气广莫，民俗强梗尚气，重然诺，敢战斗。自汉、唐以水利积谷食边兵，兴州有汉、唐二渠，甘、凉亦各有灌溉，土境虽

---

① 《宋史》卷四九二《吐蕃传》，第14151页。
② 《西夏书事校证》卷五《宋至道元年》，第63页。
③ 《旧五代史》卷一三八《吐蕃传》，第1839页。
④ 《宋史》卷四八六《夏国传下》，第14028~14029页。
⑤ 《西夏纪》卷八，第213页。

小,能以富强,地势然也。”[①]这种评价完全着眼于西夏自然环境的有利之处,固无可厚非,但整体而言,西夏之地理环境与生态条件并没有如此乐观。

就其统治区域的地土整体而言,西夏沙碛地貌所占比例很高,并不具备十分理想的农业环境条件。如宋人陈师道指出:“胡地惟灵夏,如内郡地,才可种荞豆,且多沙碛,五月见青,七月而霜,岁才一收,以银州草惟柴胡,萧关之外有落藜与咸杖,以此知其不宜五种也。”[②]熟习西北党项风俗的宋琪也在上书中指出:“党项界东自河西银、夏,西至灵、盐,南距鄜、延,北连丰、会。厥土多荒隙,是前汉呼韩邪所处河南之地,幅员千里。从银、夏至青、白两池,地惟沙碛,俗谓平夏;拓跋,盖蕃姓也。自鄜、延以北,多土山柏林,谓之南山;野利,盖羌族之号也。”[③]盐州、灵州境内的青、白盐池对于党项人的生计十分重要。如时人郑文宝称:“银、夏之北,千里不毛,但以贩青白盐为命尔。”[④]又如曾布分析指出:“朝廷出师常为西人所困者,以出界便入沙漠之地,七八程乃至灵州,既无水草,又无人烟,未及见敌,我师已困矣。西人之来,虽已涉沙碛,乃在其境内,每于横山聚兵就粮,因以犯塞,稍入吾境,必有所获,此西人所以常获利。”[⑤]

正是在这种自然环境中,再加上其民族传统,西夏经济生活中,畜牧业占据了极为重要的地位。如西夏大臣野利仁荣称:“国家表里山河,蕃、汉杂处,好勇喜猎,日以兵马为务。”[⑥]又如横山一带是西夏与北宋之间重要的地理分界线。《宋史·种谔传》载种谔上言:“横山延袤千里,多马宜稼,人物劲悍善战,且有盐铁之利,夏人恃以为生。”[⑦]宝元元年(1038),刘平在上策中也主张利用横山为据守阵地:“且灵、夏、绥、银地不产五谷,人不习险阻,每岁资粮,取足洪、宥(二州均在今陕西省靖边县境内)。而洪、宥州羌户劲勇善战,夏人恃此以为肘腋。我苟得之,以山为界,凭高据险,下瞰沙漠,各列堡障,量以戎兵镇守,此天险也。”[⑧]

三、北宋缘边地区党项人的分布与内徙

关于唐末五代及北宋初年党项人的分布状况,《宋史·党项传》载:

---

① 《金史》卷一三四《西夏传》,第 2877 页。
② 《续资治通鉴长编》卷五一〇“哲宗元符二年庚午”条,第 12151 页。
③ 《宋史》卷二六四《宋琪传》,第 9129 页。
④ 《宋史》卷二七七《郑文宝传》,第 9426 页。
⑤ 《续资治通鉴长编》卷五〇〇“哲宗元符元年七月甲子”条,第 11912 页。
⑥ 《西夏书事》卷一六,第 186 页。
⑦ 《宋史》卷三三五《种谔传》,第 10747 页。
⑧ 《宋史》卷三二五《刘平传》,第 10502 页。

党项，古析支之地，汉西羌之别种。后周世始强盛，有细风氏、费听氏、往利氏、颇超氏、野乱氏、房当氏、来禽氏、拓拔氏最为强族。唐贞观至上元间内附，散居西北边，元和以后，颇相率为盗。会昌初，武宗置三使以统之：在邠、宁、延者为一使，在盐、夏、长泽者为一使，在灵武、麟、胜者为一使。五代亦尝入贡。今灵、夏、绥、麟、府、环、庆、丰州，镇戎、天德、振武军并其族帐。①

在北宋王朝创始之时，北面的契丹人与黄河以西的党项人已并列成为威胁北方边境地区的两大强敌，当时称之为“西北二边”。此外，在西夏、辽及北宋对峙时期，西北地区还有大批的党项人、羌人、吐蕃诸族部落（当时统称为“蕃部”）游移于边缘地区。正如王安石所云：“大抵蕃部之情，视西夏与中国强弱为向背。若中国形势强，附中国为利，即不假杀伐，自当坚附。”②实际上，北宋时期大批缘边部族在北宋官府的招募下或因不满于西夏的统治而成批渡河东徙，进入了北宋境内，形成一次次较大规模的人口迁移浪潮。《宋史·党项传》关于北宋时期边境地区的内降、俘虏与内附党项部族之主要记载有：

1. 太祖建隆二年（961），代州刺史折乜埋来朝。“乜埋，党项之大姓，世居河右，有捍边之功，故授以方州。”

2. 开宝元年（968），“直荡族首领啜佶等引并人寇府州，为王师所败，诏内属羌部十六府大首领屈遇与十二府首领罗崖领所部诛啜佶，啜佶惧，以其族归顺。以屈遇为检校太保、归德将军，罗崖啜佶并为检校司徒、怀化将军”。

3. 雍熙二年（985）四月，宋将王侁等“于银州北破悉利诸族，斩首三千六百余级，生擒八十人，俘老小一千四百余口”。

五月，又于开光谷西杏子平破保寺、保香族，斩首八百余级，生擒四十九人，俘其老小三百余人。“又破保、洗两族，俘三千人，降五十五族”。王侁等又言，麟州及三族砦羌人二千余户皆降。

又五月，王侁、李继隆等“又破银州杏子平东北山谷内没邵、浪悉讹等族，及浊轮川东、兔头川西诸族，生擒七十八人，枭五十九人，俘二百三十六口”，“招降千四百五十二户”。

六月，夏州尹宪等“引兵至盐城，吴移、越移等四族来降”。又降银、麟、夏等州，三族砦诸部一百二十五族，“合万六千一百八十九户”。“又府州女乜放族领来母崖男

① 《宋史》卷四九一《党项传》，第14137~14138页。

② 《宋史》卷一九一《兵志五》，第4758页。

社正等内附,因迁取茗乜族中。”

十一月,“以勒浪族十六府大首领屈遇、名波族十二府大首领浪买当丰州路最为忠顺,及兀泥三族首领佶移等、女女四族首领杀越都等归化,并赐敕书抚之”。

4. 端拱元年(988)三月,“火山军言河西羌部直荡族内附”。

5. 淳化二年(991)七月,“以黄乜族降户七百余散于银、夏州旧地处之”。

十一月,“先是,兀泥大首领泥中佶移内附,诏授慎州节度,俄复归继迁,其长子突厥罗与首领黄罗至是以千余帐降”。

6. 淳化五年(994)四月,“府州折御卿言:银、夏州管勾生户八千帐族悉来归附,录其马牛羊万计”。

7. 至道元年(995)四月,“以勒浪嵬女儿门十六府大首领马尾等内附,以马尾为归德大将军、领恩州刺史”。

8. 至道二年(996)六月,“勒浪族副首领遇兀等百九十三人归附”。

9. 咸平四年(1001)九月,“环州言,继迁所掠羌族嵬逋等徙帐来归,又继迁诸羌族明叶示及扑咩、讹猪等首领率属内附,并令给善地处之”。

10. 咸平五年(1002)十月,“诏河西戎人归投者迁内地,给以闲田。时勒厥麻等三族千五百帐以浊轮砦失守,越河内属,分处边境。边臣屡言勒厥麻常往来贼中,恐复叛去,乃徙置宪州楼烦县,遣使赐金帛抚慰”。

11. 咸平六年(1003)二月,“叶市族啰埋等持继迁伪署牒率百余帐来归,以啰埋为本族指挥使,啰胡为军使”。

三月,“绥州羌部军使拽臼等百九十五口内属”。“又环庆部署张凝言:‘内属戎人与贼界错居,屡为胁诱,臣领兵离木波镇直凑八州原下砦,招降岑移等三十二族,又至分水岭降麻谋等二十一族,柔远镇降巢迷等二十族,遂抵业乐,降䜣树罗家等一百族,合四千八十户,第给袍带物彩,慰遣还帐。’”

四月,“诏洪德砦归附戎人,给内地土田,资以口粮”。

八月,“原、渭等州言本界戎人来附者八部二十五族,今诣吏纳质”。

12. 景德元年(1004)正月,“麟府路言:‘附契丹戎人言泥族拔黄太尉率三百余帐内属。拔黄本大族,居黄河北古丰州,前数犯边,阻市马之路。……契丹结之,署为太尉,今悉众款塞。’诏府州厚赐茶彩,给公田,依险居之,计口赋粟”。

三月,“宋师恭破羌贼于柳谷川,驱其帐族千余人以还”。

六月,“洪德砦言羌部罗泥天王等首领率属来附”。

九月,“镇戎军言,先叛去熟魏族酋长茄罗、兀赃、成王等三族应诏抚谕,各率属来归”。

13. 大中祥符九年(1016)五月,“北界毛尸族军主浪埋、骨咩族酋长乩唱、巢迷族酋长冯移埋率其属千一百九十口、牛马杂畜千八百归附,降诏抚之”。

14. 天禧二年(1018),“泾原路言樊家族九门都首领客厮铎内属,以厮铎为军主”。

三年(1019),“鄜延路言亡去熟户委乞等六百九十五人,及骨咩、大门等族来归”。①

据上述资料可知,北宋时期党项人的内附可谓不绝如缕,数量也相当可观。如在宋初太平兴国末年至雍熙初年,因为党项人首领李继捧的内附,曾出现了党项人内附的高潮。如《宋太宗实录》卷二九载,太平兴国九年(984),宋太宗曾高兴地对宰臣说:“夏州蕃部并已宁谧,向之劲悍难制者,皆委身归顺,凡得酋豪三百七十余人,约三五万帐族,得十年已来戎人所掠人畜,凡二万五千口。”②又如《宋史·郭守文传》载,雍熙二年,“属夏人扰攘,命守文帅师讨之,破夏州盐城镇岌罗腻等十四族,斩首数千级,俘获生畜万计。又破咩嵬族,歼焉。诸部畏惧,相率来降,凡银、麟、夏三州归附者百二十五族、万六千余户,西鄙遂宁”③。

就党项部族的安置而言,北宋主要有两方面的措施:一是授官赐物。如《宋史·曹玮传》载:“降者既多,因制属羌百帐以上,其首领为本族军主,次为指挥使,又其次为副指挥使,不及百帐为本族指挥使。其蕃落将校,止于本军叙进,以其习知羌情与地利,不可徙他军也。”④二是赐田。关于赐田安置措施,以咸平五年最为典型。据《续资治通鉴长编》,当时的徙民安置记载有:

1. 咸平五年(1002)正月,“石、隰州部署言李继迁部下指挥使卧浪已等四十六人来附。诏补军主,赐袍带、茶彩,令石州给田处之”。⑤

2. 八月甲子,“石、隰州副都部署耿斌言河西蕃部教练使李荣等率属归顺”。“丙戌,石、隰州副都部署耿斌言河西蕃部指挥使拽浪南山等四百余人来归,赐袍带、茶彩、口粮,仍令所在倍存恤之”。⑥

---

① 《宋史》卷四九一《党项传》,第14138~14148页。

② 燕永成点校《宋太宗实录》,甘肃人民出版社2005年版,第33页。

③ 《宋史》卷二五九《郭守文传》,第8999页。

④ 《宋史》卷二五八《曹玮传》,第8988页。

⑤ 《续资治通鉴长编》卷五一“真宗咸平五年正月乙卯”条,第1111页。

⑥ 《续资治通鉴长编》卷五二“真宗咸平五年八月丙戌”条,第1145、1148页。

3. 十月,“诏河东转运司:河西戎人归附者徙内地,给以闲田”。[1]

4. 十二月,石、隰副都部署“耿斌等言:‘准诏,徙河西投降杂户隶石州平夷等县,给以闲田,今州界绝无旷土。’上曰:‘此辈凡二万余户,虽署以职,然未有养生之计,虑其失所,宜令转运司籍部下逋民田给之。’”[2]

可见,咸平五年河西部族越河内徙形成了一场较大规模的移民运动。徙民数量相当可观,如宋真宗所言“凡二万余户”,以每户五口计,一次徙民数量就至少在十万口以上。起初,进入河东地区的“蕃”民最早散居于黄河沿线边区,北宋官府进行了相应的安置,如赐钱物与田地等。因入居区域较广,情况难以掌握。至当年七月,宋真宗做出了明确划一的规定,即命将内附的河西降人徙至内郡,不过此“内郡”只是在河东路的范围内。这批徙民主要安置在石州平夷等县,即今吕梁市离石区、中阳县一带。由于数量庞大,竟至石、隰两州“绝无旷土”。另外一批较大规模移民为勒厥麻等三族,数量为“千五百帐”,相当于一千五百余户,以每户五口计,总口数至少有六七千。他们的安置地在“宪州楼烦县”,大致在今吕梁、晋中与忻州三大地区的交界之地。

四、西域其他少数民族政权的疆域与民族构成

(一)西迁回鹘诸部

宋辽夏金时期,西北及西域地区的主要民族之一,便是唐朝后期西迁的回鹘。回鹘(原称“回纥”)人原来分布于大漠南北,是隋唐时期漠北铁勒族群的重要一支,“在薛延陀北境,在娑陵水(今蒙古和俄罗斯境内的色楞格河)侧,去长安六千九百里,随逐水草,胜兵五万,人口十万人”[3]。唐中期以后,因协助唐朝平定“安史之乱”,回鹘与唐朝关系非常密切。唐朝文宗开成年间,回鹘部落发生内乱,黠戛斯乘机大举进犯,回鹘顿成土崩之势,部众分散奔逃,主要有西迁与南下两个去向。《旧唐书·回纥传》载:“有回鹘相馺职者,拥外甥庞特勤及男鹿并遏粉等兄弟五人、一十五部西奔葛逻禄,一支投吐蕃,一支投安西。又有近可汗牙十三部,以特勤乌介为可汗,南来附汉。”[4]当时南下“附汉”的回鹘部众数量相当可观,号称有“十万众”,但他们很快卷入

---

① 《续资治通鉴长编》卷五三“真宗咸平五年十月戊寅”条,第1156页。
② 《续资治通鉴长编》卷五三“真宗咸平五年十二月壬戌”条,第1169页。
③ 《旧唐书》卷一九五《回纥传》,第5195页。
④ 《旧唐书》卷一九五《回纥传》,第5213页。

了唐朝的边境战争。唐朝军队对于回鹘部的侵扰予以强烈回击,使其遭受重创,不少部众归附而迁入唐朝各边州。其后,不肯降附的回鹘部众又受到唐朝军队、黠戛斯、室韦等多方夹击,所剩无几,漂零四处,于是,西迁的回鹘部众在实际上成为回鹘的主体。

这无疑是回鹘发展史上的重大转折性关头,也从根本上改变了回鹘人的地理分布状况。其主要分布地由大漠南北(今蒙古高原)而转变于西北及西域地区,进而成为这一广大地区最重要的民族之一,从此奠定了中国西北地区民族格局的基本框架。西迁的回鹘部族根据最终留居地的不同也大致分为三部,即河西回鹘(甘、沙州回鹘)、西州回鹘(高昌回鹘)以及葱岭西回鹘(黑汗王朝,含于阗国)。《宋史·回鹘传》也称:"初,回鹘西奔,族种散处。故甘州有可汗王,西州有克韩王,新复州有黑韩王,皆其后焉。"①

1. 河西回鹘

又称为甘州回鹘。河西走廊地区是西迁回鹘最重要留居地之一。当唐朝末年,回鹘人迁居之初,河西地区已为吐蕃所据。如《新五代史·回鹘传》载:"其国本在娑陵水上,后为黠戛斯所侵,徙天德、振武之间,又为石雄、张仲武所破,其余众西徙,役属吐蕃。是时吐蕃已陷河西、陇右,乃以回鹘散处之。"②《宋史·回鹘传》也称:"既而回鹘为幽州张仲武所破,庞勒乃自称可汗,居甘、沙、西州,无复昔时之盛矣。"③

根据现代研究者的总结,河西回鹘的主要分布地有:(1)沙州,治今甘肃省敦煌市。(2)凉州,治今甘肃省武威市。(3)贺兰山。(4)秦州,治今甘肃省天水市。(5)合罗川,今内蒙古自治区境内额济纳河。(6)肃州,治今甘肃省酒泉市。(7)甘州,治今甘肃省张掖市。④ 其中甘州为回鹘牙帐所在地,故回鹘又称甘州回鹘。如《旧五代史·吐蕃传》载:"至五代时,吐蕃已微弱,回鹘、党项诸羌夷分侵其地,而不有其人民。值中国衰乱,不能抚有,惟甘、凉、瓜、沙四州常自通于中国。甘州为回鹘牙帐,而凉、瓜、沙三州将吏犹称唐官,数来请命。"⑤又据《宋史·回鹘传》,太平兴国五年(980),

---

① 《宋史》卷四九〇《回鹘传》,第 14117 页。

② 《新五代史》卷七四《回鹘传》,第 916 页。

③ 《宋史》卷四九〇《回鹘传》,第 14114 页。

④ 参见冯家昇、程溯洛、穆广文编著《维吾尔族史料简编》(上册),民族出版社 1981 年版,第 43~45 页。

⑤ 《旧五代史》卷一三八《吐蕃传》,第 1839 页。

“甘、沙州回鹘可汗夜落纥密礼遏遣使裴溢的等四人，以橐驼、名马、珊瑚、琥珀来献”①。又如咸平四年(1001)，回鹘使者曹万通前来朝贡。“万通自言任本国枢密使，本国东至黄河，西至雪山(今川藏交界处的大雪山)，有小郡数百，甲马甚精习，愿朝廷命使统领，使得缚继迁以献。”②

关于回鹘境内的户口数量，宋神宗与回鹘首领的一段对话可资参证。元丰六年(1083)十二月，宋神宗曾询问入朝的回鹘首领：“汝等种落生齿凡几何?”回鹘首领回答：“约及三十余万。”“壮可用者几何?”回答：“约二十万余。”③

关于甘州回鹘的风俗状况，《新五代史·回鹘传》载：“其地宜白麦、青䅘麦、黄麻、葱韭、胡荽，以橐驼耕而种。其可汗常楼居，妻号天公主，其国相号媚禄都督。见可汗，则去帽被发而入以为礼。妇人总发为髻，高五六寸，以红绢囊之；既嫁，则加毡帽。又有别族号龙家，其俗与回纥小异。”④

2. 西州回鹘(高昌与龟兹)

唐朝贞观年间，将军侯君集率领唐军平定高昌，于其地置西州。吐蕃曾攻占西域地区。在吐蕃势力衰弱后，这一地区出现了民族地方政权。辽宋时期高昌境内人口中，回鹘人所占比例相当高，被称为“西州回鹘”。据《宋史·高昌传》载：“太平兴国六年(981)，其王始称西州外生师子王阿厮兰汉，遣都督麦索温来献。”雍熙元年(984)，宋朝使者王延德等从高昌返回，详细报告了前往西域的路线以及高昌的情况：

> ……高昌即西州也。其地南距于阗，西南距大食、波斯，西距西天步路涉、雪山、葱岭，皆数千里。地无雨雪而极热，每盛暑，居人皆穿地为穴以处。……地产五谷，惟无荞麦。贵人食马，余食羊及凫雁。乐多琵琶、箜篌。出貂鼠、白氎、绣文花蕊布。俗好骑射。妇人戴油帽，谓之苏幕遮。……所统有南突厥、北突厥、大众熨、小众熨、样磨、割禄、黠戛司、末蛮、格哆族、预龙族之名甚众。⑤

高昌又被称作“亦都护”。如据《元史·巴而术阿而忒的斤传》载：

> 巴而术阿而忒的斤亦都护，亦都护者，高昌国主号也。先世居畏兀儿之地，有和林山，二水出焉，曰秃忽刺，曰薛灵哥。……乃迁于交州。交州即火州也。

---

① 《宋史》卷四九〇《回鹘传》，第14114页。

② 《宋史》卷四九〇《回鹘传》，第14115页。

③ 《续资治通鉴长编》卷三四一“神宗元丰六年十二月丙子”条，第8208页。《宋史·回鹘传》记其事在熙宁六年。

④ 《新五代史》卷七四《回鹘传》，第916页。

⑤ 《宋史》卷四九〇《高昌传》，第14111~14112页。

统别失八里之地(在今新疆维吾尔自治区吉木萨尔县北),北至阿术河,南接酒泉,东至兀敦、甲石哈,西临西番。居是者凡百七十余载,而至巴而术阿而忒的斤,臣于契丹(指西辽)。①

蒙古人在漠北崛起后,巴而术阿而忒的斤很早便率众投附成吉思汗,参与蒙古大军的征伐行动。

当时的龟兹也属于"西州回鹘"区。《宋史·龟兹传》载:"龟兹本回鹘别种。其国主自称师子王,衣黄衣,宝冠,与宰相九人同治国事。国城(在今新疆维吾尔自治区库车市东)有市井而无钱货,以花蕊布博易。有米麦瓜果。西至大食国行六十日,东至夏州九十日。或称西州回鹘,或称西州龟兹,又称龟兹回鹘。"②

3. 葱岭西回鹘(黑汗王朝,包括于阗)

葱岭西回鹘,即西迁后投奔突厥葛逻禄部的回鹘部众。葛逻禄部主要分布于中亚楚河南岸,占有碎叶、怛逻斯等城。后来,西迁的回鹘人与突厥等族一起建立了黑汗王朝(又称为哈喇王朝)。③ 俄国学者白莱胥乃德《中亚中古史研究》指出:

哈喇汗朝中最出色的王为沙兔克布格拉汗,他的帝国的疆域据说东到秦(原注:中国)。八拉沙衮(在今中亚楚河南岸)是他常用驻地。喀什噶尔(原注:也叫鄂尔杜干)、和阗、喀喇昆仑、怛逻斯和福拉卜(原注:讹打剌)都归他统治。他曾远征阿母河流域(原注:Mavarannahar)取布哈拉域(原注:Bukhara),在993年死于回返途中。④

中国古籍有关黑汗王朝的记载极为阙略,主要记载了黑汗王朝曾经占据的于阗。于阗是西域一个古老的邦国,自两汉以来就与中原保持着朝贡关系。"安史之乱"后,于阗与内地之间的往来一度中断。五代后晋天福三年(938),于阗王李圣天遣使者朝贡,后晋随即派遣张匡邺、高居诲二人作为使者回访于阗。至天福七年(942),张、高二人才返回。高居诲撰写了非常详尽的游历记录,介绍了到西域的交通路线与沿途所见各地风俗。其中记于阗云:

圣天衣冠如中国,其殿皆东向,曰金册殿,有楼曰七凤楼。以蒲桃为酒,又有紫酒、青酒,不知其所酿,而味尤美。……俗喜鬼神而好佛。圣天居处,尝以紫衣

① 《元史》卷一二二《巴而术阿而忒的斤传》,第2999~3000页。

② 《宋史》卷四九〇《龟兹传》,第14123页。

③ 参见王日蔚《葱岭西回鹘考》,《禹贡》半月刊第4卷第5期。

④ 转引自《维吾尔族史料简编》(上册),第49~50页。

僧五十人列侍，其年号同庆二十九年。其国东南曰银州、卢州、湄州，其南千三百里曰玉州，云汉张骞所穷河源出于阗，而山多玉者此山也。①

到北宋太祖建隆二年(961)，于阗王李圣天又遣使朝贡。其使臣在奏言中指明了当时于阗的疆域四至："本国去京师(今河南省开封市)九千九百里，西南抵葱岭与婆罗门(古印度一带)接，相去三千余里，南接吐蕃，西北至疏勒(今新疆维吾尔自治区喀什市一带)二千余里。"然而，至大中祥符二年(1009)，于阗王易名为"黑韩王"，估计在那时于阗已为黑汗王朝所占据。

不过，就中原地区的人来讲，上述诸邦国共同构成了一个面积广大的回鹘世界。如《辽史·百官志》记载周边属国政权时列举了几个重要的回鹘人政权名称，如阿萨兰回鹘大王府、回鹘国单于府、沙州回鹘敦煌郡王府、甘州回鹘大王府、高昌国大王府等。至金朝兴定四年(1220)，礼部侍郎吾古孙仲端、安庭珍等人出使北朝，刘祁根据吾古孙的亲历口述写成《北使记》一文，对当时西域回鹘等部的疆域、民族种类及风俗特征进行了较为翔实的记载，具有相当高的史料价值。刘祁在文中记述：

其回纥国，地广袤，际西不见疆畛。四五月百草枯如冬。其山，暑伏有蓄雪。日出而燠，日入而寒。至六月，衾犹绵。夏不雨，迨秋而雨，百草始萌。及冬，川野如春，卉木再华。其人种类甚众，其须髯拳如毛，而缁黄浅深不一。面惟见眼、鼻。其嗜好亦异。有没速鲁蛮回纥者，性残忍，肉必手杀而啖，虽斋亦酒脯自若。有遗里诸回纥者，颇柔懦，不喜杀，遇斋则不肉食。有印都回纥者，色黑而性愿。其余不可殚记。

又"其国人皆邑居，无村落。覆土而屋，梁柱檐楹皆雕木，窗牖瓶器皆白琉璃。金银珠玉、布帛丝枲极广，弓矢、车服、甲仗、器皿甚异"。

其俗衣缟素，衽无左右，腰必带。其衣衾茵幕悉羊毳也。其毳殖于地。其食则胡饼、汤饼而鱼肉焉。其妇人衣白，面亦衣，止外其目。间有髯者，并业歌舞音乐。其织纫裁缝皆男子为之。亦有倡优百戏。其书契、约束并回纥字。笔苇其管，言语不与中国通。②

通过这些史料，我们可以较全面地了解当时民族发展的具体状况。

(二)西辽的民族构成与疆域

宋金时期，西辽为西域地区的另一个重要民族政权。西辽是由西迁的契丹人建

① 《新五代史》卷七四《于阗传》，第918页。

② 《归潜志》卷一三《北使记》，第168~169页。

立起来的，又被称为黑契丹、哈剌契丹、合剌乞答等，它的创始人为辽朝皇族耶律大石。《辽史·天祚皇帝纪》载："耶律大石者，世号为西辽。大石字重德，太祖（耶律阿保机）八代孙也。"保大二年（1122），辽朝统治已成土崩之势，耶律大石与天祚皇帝耶律延禧不睦，被迫西遁。而据《契丹国志》《大金国志》诸书记载，耶律大石是归降金朝后逃亡西北的。如《契丹国志·大实传》载：

> 大实林牙，林牙者，乃其官名，犹中国翰林学士；大实则小名也，北地间无姓者。大实既降女真，与大酋粘罕为双陆戏，争道相忿，粘罕心欲杀之而口不言，大实惧。及既归帐，即弃其妻，携五子宵遁。……大实深入沙子，立天祚之子梁王为帝而相之。……沙子者，盖不毛之地，皆平沙广漠，风起扬尘，至不能辨色；或平地顷刻高数丈，绝无水泉，人多渴死。大实之走，凡三昼夜始得度，故女真不敢穷追。辽御马数十万，牧于碛外，女真以绝远未之取，皆为大实所得。今梁王、大实皆亡，余党犹居其地。①

又如金人刘祁在《北使记》中指出："大契丹大石者在回纥中。昔大石林麻，辽族也，太祖（完颜阿骨打）爱其俊辩，赐之妻，而阴蓄异志。因从西征，挈其孥亡入山后，鸠集群乣，径西北，逐水草居。行数载，抵阴山，雪石不得前，乃屏车，以驼负辎重入回纥，攘其地而国焉。"②

在西逃及建立政权的过程中，耶律大石得到了原辽朝属下各边远部族的支持，自立为王，并决计进军西域地区。这些边远部族被称为"七州十八部"：

> （耶律大石）西至可敦城，驻北庭都护府，会威武、崇德、会蕃、新、大林、紫河、驼等七州及大黄室韦、敌剌、王纪剌、茶赤剌、也喜、鼻古德、尼剌、达剌乖、达密里、密儿纪、合主、乌古里、阻卜、普速完、唐古、忽母思、奚的、乣而毕十八部王众……遂得精兵万余，置官吏，立排甲，具器仗。③

这些部族也就是西辽政权创立时的中坚力量，由此也可发现西辽民族构成的复杂性与特殊性。

当然，耶律大石建立政权之举也受到西域各邦国的阻挠与联合抵抗，然而，这些抵抗以失败告终，回纥诸邦被迫归附耶律大石。后来，回纥人曾回忆当时情形："本国回纥邹括番部，所居城名骨斯讹鲁朵，俗无兵器，以田为业，所获十分之一输官。耆老

---

① 《契丹国志》卷一九，上海古籍出版社 1985 年版，第 184~185 页。

② 《归潜志》卷一三《北使记》，第 167 页。

③ 《辽史》卷三〇《天祚皇帝本纪》，第 355~356 页。

相传,先时契丹至不能拒,因臣之。契丹所居屯营,乘马行自旦至日中始周匝。"①由此也可见当时耶律大石兵势之强盛。

1124年,耶律大石于起儿漫(在今新疆维吾尔自治区额敏县东南额敏河南岸)即皇帝位,改元延庆。延庆三年(1126),耶律大石正式修建都城,定名为虎思斡耳朵(在今吉尔吉斯斯坦托克马克以东楚河南岸)。西辽政权建立后,大力开疆拓土,成为一个疆域辽阔的邦国,在中亚历史上占有重要地位。关于西辽的疆域,近代学者丁谦曾在《西辽疆域考》一文中称赞道:

> 西辽疆域,合中西各书考之,其都城建于吹河(今楚河)南阿列三得山北,自伊犁河及特穆尔图泊迤西,如《唐书》所载碎叶城(在特穆尔图泊西),干泉(在八剌沙衮西),怛逻斯城(在今哈萨克斯坦江布尔城),白水城(在阿克苏河上),籖赤达城(即赛蓝,今名琛姆投特)等,皆在畿辅中。北则有叶密尔、哈押立等地(哈剌鲁为其属国),东则有和州、别失八里、昌八剌、阿里马等地(时畏吾儿诸部为其属国),迤南为浩罕各城地(可散、八思哈,均见《曷思麦里传》),迤西为撒格纳、八儿真、毡的等地(见《西域史》)。至其西南,则自塔什干、霍占、撒马儿罕、布哈尔,直至起儿漫。东南则自喀什噶尔、叶尔羌、和阗,以及库车、阿克苏、喀喇沙尔,纵横各六七千里。西域大国如呼拉商、货勒自弥等,皆纳贡称臣,悚息听命,不可谓非一时雄国也!②

据现代学者的深入研究,西辽鼎盛时期(12世纪40年代)的疆域范围大致如下③:

1. 疆界线自塔尔巴哈台西端开始,循巴尔哈什湖北岸,西行经楚河河尾,锡尔河下游,抵咸海南岸。此为西辽与钦察草原游牧诸部的分界线。

2. 疆界线折向东南,先与阿姆河平行,后则循河南走,大致到安德胡伊以北。此为西辽与花剌子模的分界线。

3. 疆界线自阿姆河东到瓦济腊巴德一带。此为西辽与塞尔柱王朝苏丹所属呼儿珊的分界线。

4. 疆界线沿阿姆河,到喷赤河下游,绕舒克南之东,南抵兴都库什山麓。此为西辽与郭耳王室八米俺支系属地的分界线。

---

① 《金史》卷一二一《粘割韩奴传》,第2637页。

② 转引自〔俄〕布莱资须纳德著,梁园东译注《西辽史》附录一,中华书局1955年版,第1页。

③ 参见邓锐龄《西辽疆域浅释》,《民族研究》1980年第2期。

5. 疆界线东行，沿喀喇昆仑山、昆仑山、阿尔金山到阿尔金山东部。此为西辽与吐蕃分布区的分界线。

6. 疆界线北穿沙漠，行至今我国新疆、甘肃与蒙古交界处。此为西辽与西夏的分界线。

7. 疆界线往西北经阿尔泰山南，抵乌伦古河南岸，西行到塔尔巴哈台山脉的西端。此为西辽与漠北乃蛮等部的分界线。

西辽虽在武力方面征服了回鹘，但在文化方面最终为回鹘人所同化。故刘祁在《北使记》中称："今其国人无几，衣服悉回纥也。"西辽后来为漠北乃蛮部首领屈出律所攻占，其国号亦为屈出律所袭用。至蒙古人崛起后，西辽最终归入蒙古帝国的版图。

第六章 元明民族地理

绪论 元明时期疆域建设与民族分布格局

元朝国祚不长，创立元朝的蒙古族在中国历史乃至在世界历史上所拥有的巨大影响，却是历史时期任何其他少数民族所无法比拟的。最为重要的是，作为少数民族所建立的王朝，元朝不仅全面认同并承继了中原历代王朝的基业与治国理念，从而成为中国历史的重要部分之一，而且在疆域建设与行政体制方面有着巨大的创新与突破。其在中国疆域建设与民族发展史上不可抹煞的贡献，理应得到后世公正的认可与尊重。

首先，元朝在疆域建设及民族发展史上的成就，在某种程度上可以说是空前绝后的，其疆域之广袤，可谓盛况空前。如《元史·地理一》在回顾元朝的政治建设成就时指出：

> ……若元，则起朔漠，并西域，平西夏，灭女真，臣高丽，定南诏，遂下江南，而天下为一。故其地北逾阴山，西极流沙，东尽辽左，南越海表。盖汉东西九千三百二里，南北一万三千三百六十八里，唐东西九千五百一十一里，南北一万六千九百一十八里，元东南所至不下汉、唐，而西北则过之，有难以里数限者矣。①

显然，即使是传统史家都明确认定：元朝的疆域建设成就，超过了汉朝与唐朝这两个中国历史上鼎盛王朝的疆域规模与建设成绩。

其次，历史时期在中国疆域范围内第一次完整意义上的统一，也是由蒙古族及元朝所完成的。在中国疆域建设历程中，比照于学界所公认的中国历史时期的疆域范

① 《元史》卷五八《地理一》，第 1345 页。

围，元朝以前的历代王朝的疆域都有着突出的缺陷与不足。即使是在汉、唐王朝国力鼎盛的时期，或长城以北，或青藏高原上的大多数少数民族及民族政权，如匈奴、突厥、回鹘以及吐蕃等，均与中央王朝在一段或长或短的时间内处于对立或割据的状态。而元朝的统治则实现了历史性的突破，在以往从未设置政区的边疆民族地区建立起统一的行政区划，如东北地区、西南地区以及西藏等进展最为显著。

其三，更为重要的是，元朝在国家建设与民族发展史上又一项巨大贡献，是第一次明确创立了"大一统"的观念，"元一统志"之本名，就是"大元大一统志"①。自此之后，"一统志"的编撰体裁以及"大一统"观念为后来的明、清两朝所认可与继承，对于中国政治发展及疆域建设而言，无疑是一项巨大的成就与贡献。而类似"一统""统一""混一"的观念在元朝文献中屡见不鲜，足见其在当时学术界及民间的普及与认可的程度。如元武宗在诏书中称："仰惟祖宗应天抚运，肇启疆宇，华夏一统，罔不率从……"②又如元人陈思谦指出："秦汉以来，上下三千余年，天下一统者，六百余年而已。我朝开国，百有余年，混一六十余年，土宇人民，三代、汉、唐所未有也。"③又《元史·舆服一》称："……元初立国，庶事草创，冠服车舆，并从旧俗。世祖混一天下，近取金、宋，远法汉、唐……"④可见，在这里，元朝的君臣均已自认是中华民族的一部分，元朝历史无疑就是中国历史的一部分，这当然是对于中国传统的"华夷"观念的彻底颠覆。"大一统"观念提出的背后，正是中国疆域内民族文化及区域发展的巨大进步，而"大一统"也正是国家政治建设与民族发展的最终指向。"大一统"观念的创立与稳固，无疑是中国民族关系史与边疆变迁史上的一次重大飞跃。

其四，为了服务于"大一统"的管理方向，元朝在政区建置及区域管理等方面做出了巨大的努力，也取得了显著的成就。众所周知，疆域建设的巨大阻力，往往在于冲破来自地理环境的限制，因而，政治管理的深度与广度，与各个时代的生产力条件、交通运输能力有着密切的关联。元朝在全面推广行省制度的同时，十分注重在边疆民族聚居区域的政策调整与适应。如南方地区的土司制度，在元朝得到大规模实施，便是继"羁縻府州"制度之后，中央王朝在边疆政区建设方面的又一次重大变革，大大推动了边疆地区与内地的"一体化"进程。土司制度后来为明、清两朝所继承并进一步

① 参见赵万里《元一统志》"前言"，载于《元一统志》（上册），中华书局1966年版，第1页。

② 《元史》卷二二《武宗一》，第493页。

③ 《元史》卷一八四《陈思谦传》，第4238页。

④ 《元史》卷七八《舆服一》，第1929页。

改进，对于推动中国边疆地区的经济发展与维护良好的民族关系发挥了重要作用。

元朝在民族问题的处理上却存在较大缺陷，表现在实行民族歧视政策，颇为后世学者所诟病。这种不合理的民族政策对其王朝政治发展及民族关系产生了相当不利的影响，甚至可以说埋下了致命的隐患。从这种意义上也可以说，元朝短促的国祚与民族政策方面的失误与不足有着很密切的关系。① 但是，必须明确，元朝官府推行"一视之仁"的政策是非常明确的，也进行了艰苦而巨大的努力，并没有公开承认与宣布"四等人"政策。元朝的民族区别化政策的实行，有着复杂的历史与时代背景。②如元人刘鹗在《广东佥宪去恶碑》中称："惟皇元混一区宇，幅员之广，旷古所无。广东一道，北界梅关，南逾桂海，去京师远在万里外，山海茫昧，习俗险悍。圣朝推一视之仁，必选硕德重望，忠良正直之臣，居风纪之司，以察贪邪，以除凶恶，而后吾民得以享太平之乐，跻仁寿之域。"③这也从另一个角度证明，要在一个幅员广袤、民族（族群）众多的国度中实施一体化的政治管理体系，无疑是一项极具挑战性的重任，而仅凭一个不足百年的古代王朝来承担这一重任，显然是难以企及的。

应该指出，元明之间改朝换代的情形较为特殊。明朝以"恢复中华"为号召，其创立在很大程度上只是原来汉族王朝的复兴，而元朝的覆亡，并不意味着蒙古族政权的整体消失，因此，与元朝、清朝相比，明王朝在疆域建设方面的成就与地位则大为逊色，甚至后人可以将其视为一个过渡时期，或诸个政权分立时期。明王朝并没有完成较为完整意义上的统一，明王朝的政治疆域只是我们探讨当时民族地理范围的一部分。在明王朝疆域之外，当时中国境内还存在几个重要的民族地方政权，这些政权甚至与明朝处于敌对状态。因此，笔者在关于明代民族地理的研究中，依然以元朝统一的版图为基础，并通过与元代民族分布格局相比较，以显现明代民族格局的变化与特征。

我们不能因此而轻视或忽视明朝在中国疆域建设与民族发展史上的重要作用，其贡献也不应由此被淡化或轻视。如《明史·地理一》称："明太祖奋起淮右，首定金陵，西克湖、湘，东兼吴、会。然后遣将北伐，并山东，收河南，进取幽、燕，分军四出，芟除秦、晋，讫于岭表。最后削平巴、蜀，收复滇南。禹迹所奄，尽入版图，近古以来，所未有也。"④在这里，笔者更想称道的是有明一朝在疆域维护方面所显示出的坚定意

---

① 这方面的详细论述，参见蒙思明《元代社会阶级制度》，上海人民出版社 2006 年出版。

② 参见李大龙《浅议元朝的"四等人"政策》，《史学集刊》2010 年第 2 期。

③ 《惟实集》卷三，清文渊阁《四库全书》本。

④ 《明史》卷四〇《地理一》，第 881 页。

志与顽强精神，北有“九边”之镇，南有万里海防。明朝在陆疆、海疆建设方面的巨大成就，对于中国历史时期的疆域建设发挥了关键性的作用，其坚持的信念与精神，更是无价的财富，值得后世中国人民珍视与继承。①

更为重要的是，明朝在边疆地区维护与民族地区的管理上，积极地继承了元朝的成功经验与已有成就，并有所发展。如土司制度在明朝进入了一个全新而成熟的发展阶段。另外，明朝在今天西藏与东北地区同样建立了行政区体系，为民族地区的治理以及边疆地区的稳定做出了积极贡献。

其五，元、明两朝在海疆建设方面的重大贡献也应得到充分关注与肯定。元、明两朝长期定都于北京（今北京市），出于对南方地区粮食及物资的需求，朝廷对海运有着前所未有的重视。与此同时，海疆安全也摆在了前所未有的高度。

元明时期中国在对外关系方面也取得重大进展，这对于民族认知与国家建设都有不可忽视的作用。元朝学者汪大渊在《岛夷志后序》一文中称：“皇元混一声教，无远弗届，区宇之广，旷古所未闻。海外岛夷无虑数千国，莫不执玉贡琛，以修民职，梯山航海，以通互市。中国之往复商贩于殊庭异域之中者，如东西州焉。”②明朝在东西方交流以及海疆维护方面同样功绩卓著。如以郑和“七下西洋”为代表，明朝在东南海疆及对外交流上的贡献，与元朝相比，毫不逊色。如明朝学者谢肇淛在《五杂组》卷四中指出：

> 元之盛时，外夷朝贡者千余国，可谓穷天极地，罔不宾服……国朝洪武初《四夷王会图》，共千八百国，即西南夷经哈密而来朝者三十六国。永乐中，重译而至又十六国，其中如苏禄、苏门答剌、彭亨、琐里、古里、班卒、白葛达、吕宋之属二十余国，皆前代史册所不载者，汉、唐盛时所未有也。然其中惟朝鲜、琉球、安南及朵颜三卫等受朝廷册封，贡赋惟谨，比于藩臣，其他来则受之，不至亦不责也，可谓最得驭夷之体。③

应该说，明朝在民族政策与对外交流方面所取得的成就与实践，确有诸多值得后世借鉴之处。

最后，与隋唐时期相比，元明时期民族分布格局进行了重大调整，这一调整主要

---

① 参见拙文《略论明代士人的疆域观——以章潢〈图书编〉为主要依据》，《中国边疆史地研究》2011年第4期。

② （元）汪大渊原著，苏继庼校释《岛夷志略校释》，中华书局1981年版，第385页。

③ （明）谢肇淛撰，傅成校点《五杂组》卷四，上海古籍出版社2012年版，第75页。

是通过民族大迁徙而完成的。例如元朝在全国范围内征服及建立政权的过程,也是蒙古人及色目人向全国各地迁徙及留居的过程。在元朝的版图内,蒙古人与色目人分别构成了塞北与西北两大民族区域的主体,而西部的吐蕃与西南地区的南诏重新归入中央王朝的管辖之中,为民族区域的调整与发展创造了新的契机与条件。随着土司制度的建立与完善,我们对南方民族文化发展与分布、环境状况有了更为准确的认知。

一、元朝的疆域建设、政区建置与民族认知

元朝在疆域建设方面的成就,早已为世人所称道,其在中国疆域建设史上的功绩不可磨灭。如元人刘岳申在《书崖山碑后》一文中称:“皇元混一天下,尽有华夏蛮貊之地。及至元乙亥(1275),命丞相巴延下江南而后大统一。”①显然,元朝的疆域全有“华夏蛮貊”以及江南之地。又薛元德《重修社稷坛记》一文称:“有元混一区宇,修礼教报本,风俗淳厚,治定功成。自历代以来混一之盛,未有盛于今日者也。”②

广袤的疆域,南北东西区域之间的巨大差异,必然给王朝行政带来巨大的困难与挑战。而在行政区划的建置问题上,元朝官府全力推行统一的行政区划体系。如《元史·地理一》称:“立中书省一,行中书省十有一:曰岭北,曰辽阳,曰河南,曰陕西,曰四川,曰甘肃,曰云南,曰江浙,曰江西,曰湖广,曰征东,分镇藩服,路一百八十五,府三十三,州三百五十九,军四,安抚司十五,县一千一百二十七。”在行省之内,元朝政区又从以往的郡县两级制,转变为“路、府、州、县”四级。如《元史·地理一》称:“……唐以前以郡领县而已,元则有路、府、州、县四等。大率以路领州、领县,而腹里或有以路领府、府领州、州领县者,其府与州又有不隶路而直隶省者,具载于篇……”③

行省成为元朝最高一层地方行政区划,是元朝政区制度全面创新的重点内容之一。元朝在全国范围内推行“行省”制度,这也是今天中国省制建置的真正起源。而元朝政区制度建设的最大成就之一,在于在以往中原王朝从未建置过政区的地方全面推行行省之制,可称之为历史性创举。正如《元史·地理志》所称:“盖岭北、辽阳与甘肃、四川、云南、湖广之边,唐所谓羁縻之州,往往在是,今皆赋役之,比于内地;而

---

① 《申斋集》卷一五,清文渊阁《四库全书》本。

② (明)钱谷《吴都文粹续集》卷十二,清文渊阁《四库全书》本。

③ 《元史》卷五八《地理一》,第1346页。

高丽守东藩,执臣礼惟谨,亦古所未见。”①可见,元朝在边疆民族地区的行政创置,正是秉承唐朝推行“羁縻府州”的精神,力求实现全境范围行政区划一体化。边疆行省的创置,如甘肃行省、云南行省、辽阳行省等的创立,对于中国边疆建设而言,意义极其重大。

元朝边疆行省情况简表

行省名称	治所	下辖政区
岭北等处行中书省和宁路总管	和林(今蒙古哈尔和林)	治和宁路,统有北边等处
辽阳等处行中书省	辽阳路(今辽宁省辽阳市)	路七、府一、属州十二、属县十
甘肃等处行中书省	甘州路(今甘肃省张掖市)	路七、州二、属州五
四川等处行中书省	成都(今四川省成都市)	路九、府三、属府二、属州三十六、军一、属县八十一,“蛮夷”种落不在其数
云南诸路行中书省	中庆路(今云南省昆明市)	路三十七、府二、属府三、属州五十四、属县四十七,其余甸寨军民等府不在此数
征东等处行中书省	沈阳(今辽宁省沈阳市)	府二、司一、劝课使五

资料来源:《元史·地理志》与《元史》卷九一《百官七》。

行政区划之外,元朝力求通过建设特殊的行政管理体制来加强对边疆及民族聚居区域的管理。因此,与前朝相比较,为了适应不同区域的不同状况,元朝所建立起来的官僚制度及行政系统更为复杂。

首先,在朝廷专门设置宣政院,与行省官署同级,专门处理西藏地区的管理事宜,特别重视西藏地区的治理与建设,同样是一项令人称道的突破。《元史·百官三》载:

> 宣政院,秩从一品。掌释教僧徒及吐蕃之境而隶治之。遇吐蕃有事,则为分院往镇,亦别有印。如大征伐,则会枢府议。其用人则自为选。其为选则军民通摄,僧俗并用。至元初,立总制院,而领以国师。二十五年,因唐制吐蕃来朝见于宣政殿之故,更名宣政院。②

在宣政院之下,设置名目繁多的军民共管机构,大大推进了中央对西藏地区治理的深度与广度。

其次,在边疆民族聚居地区实施“军民共管”体制,设置宣慰使司、安抚司以及元

① 《元史》卷五八《地理一》,第1346页。

② 《元史》卷八七《百官三》,第2193页。

帅府等官署，集中于边疆及民族构成复杂区域。《元史·百官七》称："宣慰司，掌军民之务，分道以总郡县，行省有政令则布于下，郡县有请则为达于省。有边陲军旅之事，则兼都元帅府，其次则止为元帅府。其在远服，又有招讨、安抚、宣抚等使，品秩员数，各有差等。"①宣慰司系统的特征，在于"军民共管"。而且宣慰司系统中的不少设置，专为"边陲""远服"等原因，实际上就是集中于边疆及多民族聚居地区（参见下表）。② 由于事务繁杂、地域广袤，元朝政区及官署的建置处于较为复杂的变化之中，"增置"与"废置"现象屡见不鲜，这在边疆及民族聚居地区表现尤为突出，反映出在边疆地区军政设置过程的曲折与艰难。③

官署名称	分布地
宣慰使司都元帅府	广东道（置于广州）、大理金齿等处、蒙庆等处、广西两江道（置于静江路）、海北海南道、福建道、八番顺元等处、察汗脑儿等，后增置湖南道、邦牙等处、永昌等处、山东东西道、荆湖北道、淮东等处、兴元等处、江州等处
宣慰使兼管军万户府	曲靖等路、罗罗斯、临安广西道元江等处
都元帅府	北庭（隶土番宣慰司）、曲先塔林、蒙古军、征东，后增置东路都蒙古军
元帅府	李店文州、帖城河里洋脱、朵甘思、当（常）阳、岷州、积石州、洮州路、脱思马路、十八族④
宣抚司	广南西道、丽江路、顺元等处、播州、思州、叙南等处，后增置绍熙军民宣抚司、永顺宣抚司、平缅宣抚司
安抚司	师壁洞、永顺等处、散毛洞、罗番遏蛮军、程番武盛军、金石番太平军、卧龙番南宁州、小龙番静蛮军、大龙番应天府、洪番永盛军、方番河中府、芦番静海军、新添葛蛮，后增置忠孝军民安抚司、忠义军民安抚司
招讨司	土番、剌马刚等处、天全、傣不思、沿边溪洞、唆尼、诸番、征沔（缅?）、长河西里管军、檐里管军、脱思马田地

又如为了加强对南部海疆及海南岛地区的治理，元朝特设黎兵万户府及黎蛮屯田万户府。如《元史·成宗纪》载，大德二年（1298）"五月辛卯，罢海南黎兵万户府及黎蛮屯田万户府，以其事入琼州路军民安抚司"。而《元史·百官八》又称：

元统二年（1334）十月，湖广行省咨："海南僻在极边，南接占城，西邻交趾，

① 《元史》卷九一《百官七》，第 2308 页。

② 参见《元史》卷九一《百官七》。

③ 参见《元史》卷九二《百官八》。

④ 原注：右九府，唯李店文州增置同知、副元帅各一员；其余八府，隶土蕃宣慰司，设官并同。

环海四千余里，中盘百洞，黎、僚杂居，宜立万户府以镇之。”中书省奏准，依广西屯田万户府例，置黎兵万户府。万户三员，正三品。千户所一十三处，正五品。每所领百户所八处，正七品。①

据此可知，黎兵万户府有废置重建的情况。而黎兵万户府被认为是海南地区行政管理参用“土人”的开始。“元初，设黎兵万户府，即用峒长典兵，与州县争权相轧，遂以开衅，而海南脊脊多事焉。”②类似设置的政区，在元朝的边疆民族聚居区域应该还有不少，大概因为设置情况较为复杂，或设置时间较短暂，因而在正史文献中缺乏记录。

其三，元朝对于边疆民族聚居地区的管理职能与范围，更体现在其对于边疆地区官吏制度的创新上，这就是“土司”制度。《元史·百官七》称：“诸蛮夷长官司。西南夷诸溪洞各置长官司，秩如下州。达鲁花赤、长官、副长官，参用其土人为之。”③土司，元时又称为“土官”或“蛮夷官”。《元史》关于土官情况的记载不少，从中我们可以发现当时土司的建置情况。

作为少数民族创立的王朝，元朝的民族认知与政策方面的表现就格外引人注目。蒙古政权在创立之初，并不重视民族人口事务的管理，至元朝创立不久，情况有所改观。如元世祖忽必烈曾经对参知政事高达等指出：“昔我国家出征，所获城邑，即委而去之，未尝置兵戍守，以此连年征伐不息。夫争国家者，取其土地人民而已，虽得其地而无民，其谁与居。今欲保守新附城壁，使百姓安业力农，蒙古人未之知也。尔熟知其事，宜加勉旃。……”④我们注意到，元朝在创立过程中，也十分重视通过户籍统计等方式来加强对各民族人口的管理。如《元史·地理一》称：

初，太宗六年甲午，灭金，得中原州郡。七年乙未，下诏籍民，自燕京、顺天等三十六路，户八十七万三千七百八十一，口四百七十五万四千九百七十五。宪宗二年壬子，又籍之，增户二十余万。世祖至元七年，又籍之，又增三十余万。十三年，平宋，全有版图。二十七年，又籍之，得户一千一百八十四万八百有奇。于是南北之户总书于策者，一千三百一十九万六千二百有六，口五千八百八十三万四千七百一十有一，而山泽溪洞之民不与焉。⑤

---

① 《元史》卷九二《百官八》，第2341页。

② 参见（清）杜臻《粤闽巡视纪略》卷三，清文渊阁《四库全书》本。

③ 《元史》卷九一《百官七》，第2318页。

④ 《元史》卷八《世祖五》，第166页。

⑤ 《元史》卷五八《地理一》，第1345～1346页。

元朝民众的民族结构十分复杂，而据此记载，元朝户籍统计的对象是相当全面的，只是没有“山泽溪洞之民”，并没有我们今天的民族识别。“山泽溪洞之民”，应该就是处于偏远区域，难以列入管理的民众，也没有民族识别标签。

元朝的一些地方志中保留了当时户籍统计的资料，让我们可以从中了解户籍统计工作的真实状况。如元人张铉等所撰《至大金陵新志》卷八就保存了一份“大元至元二十七年(1290)本路抄籍户口”资料(见下表)，颇具代表性。① 这里的“本路”指建康路，后改为集庆路，治今江苏省南京市。《元史・地理五》载集庆路下领一司(在城司)、三县、二州，有“户二十一万四千五百三十八，口一百七万二千六百九十”。

政区名称	户口总数	户籍分类	户口数量	种类及数量细目
在城录事司	户 18205，口 94992	南人	户 15104，口 79191	军站人匠户 5875，口 26027；无名色户 9229，口 53164
		北人	户 3101，口 15801	色目户 149，口 2919；汉人户 2952，口 12882
江宁县	户 22705，户名 304 名，男妇 132787 口	民户	户 19907，口 14357	医户 75，口 571；淘金户 823，口 7792；财赋佃户 573，口 3251；儒户 75，口 425；弓手户 86，口 846；乐人户 16，口 112；无名色户 18259，口 101360
		军户	户 1013，口 3930	
		站户	户 491，口 5202	
		匠户	户 373，口 3116	
		哈喇齐户	户 483，口 4137	
		铺夫户	户 116，口 1144	
上元县	户 29277	南人	户 28266	儒户 74，医户 94，弓手户 78，财赋佃户 1957，贵户 11，哈喇齐户 788，民户 24227，军户 106，急递铺夫户 46，匠户 437，水马站户 448
		北人	户 1011	色目户 17(蒙古人户 14，辉和尔户 1，回回人户 1，契丹人户 1)；汉人户 994(军户 976，匠户 2，民户 15，马户 1)

① 参见《至大金陵新志》卷八，清文渊阁《四库全书》本。部分数字据《至正金陵新志》(四川大学出版社 2009 年出版)订补。

（续表）

政区名称	户口总数	户籍分类	户口数量	种类及数量细目
句容县	户 34814，口 214790	南人	户 34765	（略）
		北人	户 49	色目户 11（蒙古人户 7，辉和尔户 1，回回人户 2，河西人户 1）；汉人户 38（军户 13，民户 19，马站户 1，儒户 2，运粮户 1，急递铺夫户 1，齐哩克昆户 1）
溧水州	南北诸色人户 57896，口 316425	南人	户 57855	（略）
		北人	户 41	色目人户 6，汉人户 35
溧阳州	户 63482	南人	户 63365	（略）
		北人	户 117	色目人户 19，汉人户 98

将《至大金陵新志》与《至顺镇江志》等元朝其他方志相比较，可以看出，首先，元朝各地方户籍统计工作的方式与归类并非整齐划一，可以证明当时户籍统计标准有一定的灵活性。① 其次，以《至大金陵新志》为代表，我们可以看出，当地户籍统计中，种类繁多，相当复杂，如户籍总体上分为“北人”与“南人”两大类，并无高低层级之别，也就是说，在普通民众之中，“南人”与“北人”不是不同等级的两类人群。“南人”统计类别之中，包括不少功能性或专业性的户籍，如军户、（水、马）站户、医户、儒户、乐人户、淘金户、急递铺夫户、弓手户以及无名色户等，带有明显的“职业终身制”或“职业世袭制”的特征。而“北人”之中，竟然分为“色目户”与“汉人户”两大类。值得特别注意的是，蒙古人、辉和尔、回人、契丹人等均归为“色目人”，这就与通常所称的“四等人”制度有了较大不同。

二、明朝的疆域建设与民族格局

（一）明朝的疆域建设与疆域观

即使无法与元朝相比，明朝的疆域观及疆域建设成就还是有不少值得称道或借鉴的地方。对于明朝疆域建设的成就，不少明朝人士就给予了极高的评价。如明英宗朱祁镇曾经在《明一统志序》中指出：“朕惟我太祖高皇帝受天明命，混一天下，薄

① 参见（元）俞希鲁编纂《至顺镇江志》卷三“户口”篇，江苏古籍出版社 1999 年出版。

海内外，悉入版图，盖自唐虞三代下，及汉、唐以来，一统之盛，蔑以加矣……”①这其中有自我夸饰的成分，但是，也不能归之为无稽之谈。明代大学者章潢的评价则更是较为公允与客观的：

学士大夫尝言：我朝疆域过于宋，敌于唐，不及于汉。盖以朔方、大宁、交趾，及开平、兴和、玄菟、乐浪、燉煌不足故也。……今日地势，东南已极于海，至矣，尽矣！惟西与北尚未底于海耳。然视之前代，奄甸已弘，彼大荒绝漠之险，地气既恶，人性复犷，非复人居之处，其有与无，固不足为重轻也。②

我们看到，与前朝相比较，明朝人士的疆域观念已有了很大的改变。其背后的原因是较为复杂的，而认识其形成的原因与背景，对于我们理解明朝的疆域建设与疆域观的形成则是很有必要的。③

首先，随着西方传教士的东来以及他们对于西方地理学知识的宣扬，明朝人士对于世界地理的认知，已较前人有着根本性的转变。尤其与唐宋时代的地理观念相比，明朝人士的地理观念更有了极大的转变。从当时的一些地理学著述可以看出，明朝士人不仅具备了丰富的全球性地理学知识，而且对中国周边国家与民族状况也有了更深、更广的了解。以《图书编》作者章潢为例，明朝中后期，西方地理学思想的输入，对中国士人世界观与地理观的影响是不可忽视的。耶稣会传教士利玛窦于 1582 年进入中国内地，那时，章潢已有 55 岁，利玛窦去世于 1610 年，而此时章潢去世仅两年。可以说，章潢与利玛窦、熊三拔、邓玉函等耶稣会传教士是同时代之人，这些传教士均有天文、地理等著作行世。我们惊奇地看到，章潢已在很大程度上接受了西方地理学的一些主要观点。如“地球说”，《图书编》中有“地球图说”，绘制有《舆地山海全图》与《舆地图》，上面明确标出“赤道”“北极”“南极”等地理名词。他还解释道：“地与海本圆形，而仝为一球，居天球之中。诚如鸡子黄在青内。有谓地为方者，乃语其定而不移之性，非语其形体也。”④从某些意义上讲，章潢等明朝地理学者，可谓传统时期最早的一批初步具有“全球视野”的中国士人。地理观的转变，也会促进世界观与民族观的转变，而更完整科学地认识世界，也能促使人们更完整科学地认识自己的民族与国家。

① 参见（天顺）《御制明一统志序》，清文渊阁《四库全书》本。

② 《图书编》卷三四《皇明舆图四极》，清文渊阁《四库全书》本。

③ 参见拙文《略论明代士人的疆域观》，《中国边疆史地研究》2011 年第 6 期。

④ 《图书编》卷二九《地球图说》。

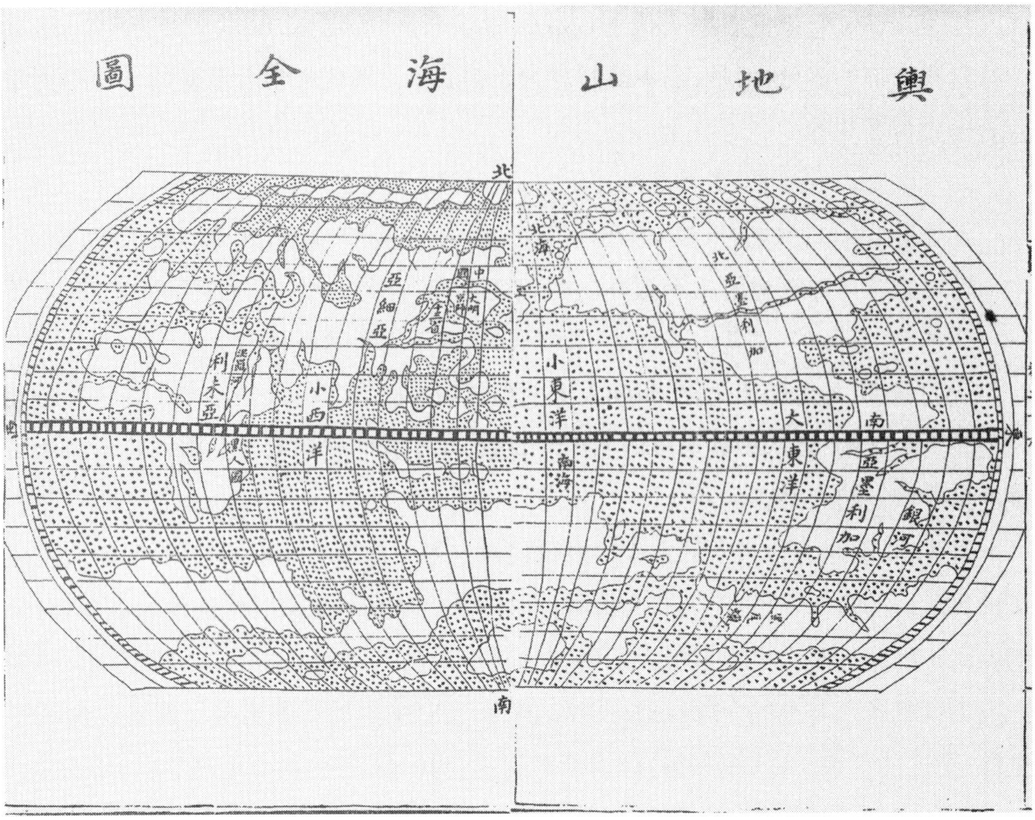

明代《舆地山海全图》（选自章潢《图书编》卷二九）

遗憾的是，同样以章潢为代表，因为传统思想的深刻影响以及对当时中国之外的世界整体地理认知的匮乏，即使到了明代，不少中国士人往往依然习惯以先秦时期形成的“四海”观念来统论周边形势，固执地以“夷”来称呼中国境内的边疆民族及境外民族，如有《四海华夷总图》为题的作品，无法从传统“夷夏”观念的桎梏中脱离出来。《图书编》亦云：“……今日地势，东南已极于海，至矣，尽矣！惟西与北尚未底于海耳。然视之前代，奄甸已弘，彼大荒绝漠之险，地气既恶，人性复犷，非复人居之处，其有与无，固不足为重轻也。”[①]在这一点上，可以说，章潢等人滞后的民族观与世界观，在很大程度上影响与决定了其疆域观。

其次，与秦汉时期相仿，时至明代，长城一线又成为中国境内最重要的民族区域分界线。较之前朝，明朝疆域维护任务与防御形势更为艰巨而严峻，其过程可谓艰苦卓绝，士人阶层对疆域安危充满了忧患意识。就具体方位而言，明朝的边防可谓四

① 《图书编》卷三四《皇明舆图四极》。

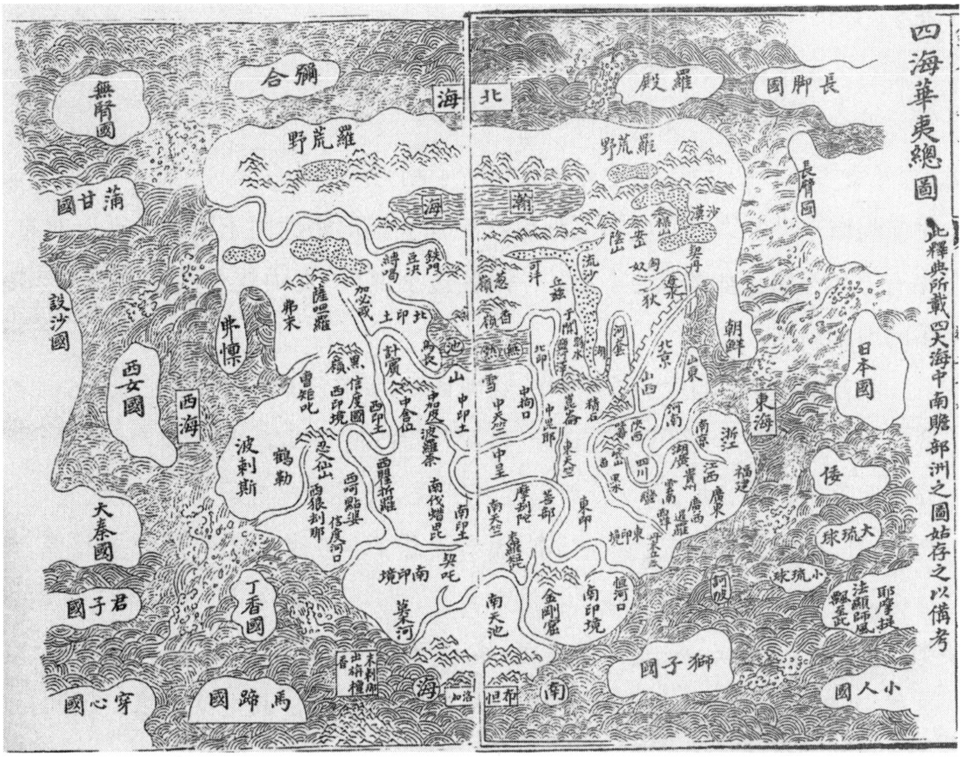

明代《四海华夷总图》(选自章潢《图书编》卷二九)

面受敌,疆域安全受到全方位的威胁。北有元朝残余势力,南有交趾,东有倭寇,西有哈密与“土鲁番”敌对势力。因此,明朝士人的疆域观始终与疆域安全相联系,始终与边防建设相联系。如商辂在《边务疏》中指出:“方今急务,守边为上,守关次之。若徒守京城,此为下策,何也?若边方失守,则关隘紧急;关隘失守,则腹里人民望风流移,人心摇动,变故百端。纵有京师军马,强寇在远,亦何所施?”①在这里,我们看到了明朝国防体制的基本格局,即存在边方—关隘—腹里三个层级,边疆地区自然是重中之重,首当其冲。又如大明王朝诞生于与元政权的争夺与对抗之中。这种争夺与对抗,最终演变为南北疆域的争夺与抗衡。为此,明朝建设了宏大的边境防御工程——“九边”。即便如此,塞外鞑靼骑兵的频繁侵袭,依然是明朝边防最严峻的威胁。章潢对北疆安危深感担忧:

或有问于论者曰:“今天下之患何居?”论曰:“北边最可忧,余无患焉。”曰:“何以为可忧也?”曰:“我太祖皇帝迅扫之后,百余年来,生聚既蕃,侵噬渐近。

① 《商文毅疏稿》,清文渊阁《四库全书》本。

开平、兴和、东胜、河套之地，皆为所据。额森和硕之后，益轻中国，恃其长技，往往深入。风雨飘忽，动辄数万。我军御之不过，依险结营，以防冲突，仅能不乱，即为万全，视彼驱掠，莫敢谁何……”①

可见，塞外蒙古骑兵的兵威，给中原士人留下了相当深刻的印象。

明朝疆域建设及维护的成功之处更在于建立起严密的国土防护体系。北有“九边”，南有万里海防。如章潢在《天下各镇各边总说》一文中较全面地勾勒出当时国防体系的地理结构：

我高皇帝克定前元，统一寰宇，经邦画野，设官分职，居中制外，小大相维，奚啻众星拱北辰哉。即于辽东、宣府、大同、延绥，建立四镇，后于蓟州、甘肃、宁夏，分布三镇。列圣相承，又以山西巡抚统三关，陕西巡抚统固原，共为九边。然又合蓟、辽，合宣、大，合宁、固、庄、肃，为三大总督。沿边屯聚兵马，修筑墙堡，设立烽堠，所以防北边者，亦何备哉。他如云南、两广、南赣、郧阳，各设督府。两直隶十三省，各设都司。万全、东昌等处，各设行都司。或于各郡邑、险隘所在，各设卫所，并设兵备以统辖之。要皆因其地方要害、轻重。故屯兵多寡，以抗其吭而抚其背耳。若夫沿海自琼州以达辽东，又各设卫所，以扼其岛屿，所以备南倭也。近于浙直，亦建督府以总海防。惟淮扬总府虽专司河漕，而岁集运军数万，亦以豫为临清、江淮之防焉。此其建置，扼险据要，棋布星列，如臂指相使，枝干相承，可谓极周密矣！②

根据外来威胁的不同，明代士人对不同方位的边疆重要性评估与认识存在明显差异。例如南北相较，明人认为北疆防守重且急于南疆，“今天下言防御之略者，北固重而尤必急于南也”③。这种评论显示出明朝士人对疆域问题认知的复杂性。可以说，南、北边疆都非常重要，难分伯仲。明朝永乐年间之后都城北京位于北方，距离长城边塞较近，这种区位特点决定了北边之重要地位。“我朝之都燕也，盖与古不同，稍北于周、汉，而大胜于东汉、赵宋矣。”④从军事防御的角度看，北京坐北朝南，控驭南面腹地，九边则为京师的后防，其重要性不言而喻：“京师天下根本，论天下形胜，当推本京师。……虽宣、大、蓟、辽、保定，俱为近辅，宣、大最急，尚为外蔽，而蓟镇独处京

① 《图书编》卷四三《九边总论》。

② 《图书编》卷四三《天下各镇各边总说》。

③ 《图书编》卷四九《广东总镇图叙》。

④ 《图书编》卷四三《边防形胜》。

师之背，其关系不尤重乎？”[①]

更加值得注意的是，明人对于西北陆疆的防御十分重视，对于东部海疆则以一种较为中庸平和的态度对待，对于来自滨海邻国的祸患，重视程度严重不足。如朱元璋指出：“朕以诸小蛮夷阻越山海，不侵中国，无烦用兵，惟西北最强，世为中国患，不可不谨备，卿等记此言知朕意。”[②]朱元璋又曾在诏书中借用隋炀帝征伐琉球的例子，来告诫群臣：“古人言：地广非久安之计，民劳乃易变之源。隋炀帝妄兴师旅，征讨琉球，荼毒生民，徒慕虚名，反疲中土，载诸史册为后世讥。”[③]应该说，这些言论对明代士人疆域观的形成具有直接的影响。

（二）明朝的民族认知与土司分布

《明史·地理一》载：

> ……计明初封略，东起朝鲜，西据吐番，南包安南，北距大碛，东西一万一千七百五十里，南北一万零九百四里。自成祖弃大宁，徙东胜，宣宗迁开平于独石，世宗时复弃哈密、河套，则东起辽海，西至嘉峪，南至琼、崖，北抵云、朔，东西万余里，南北万里。其声教所讫，岁时纳贽，而非命吏置籍，侯尉羁属者，不在此数。呜呼盛矣！[④]

清朝史家的这些总结，应该是较为切实的。在一些明朝士人看来，在西南及西北等部分边疆地区，明朝的疆域范围与治理程度，甚至远胜汉、唐两个王朝，如云：“我太祖抚有滇南、贵州诸夷，施（旋）亦服属，既我成祖复郡县，其地任土作贡，服徭役与诸甸服同，其大一统之盛，远过三代，何汉、唐足云乎？”[⑤]这也是符合历史事实的。

据《明史》等史书记载，明朝边疆及周边地区的民族与政权构成十分复杂，而其与明朝之间的关系以及明朝抱持的应对政策也有所不同。总体而言，明朝边疆地区以及交往的国家与民族区域大体上可以分为三个门类，即“土司”“外国”与“西域”三个部分。承认“外国”的名号与地位，显然是宋元以来中国史籍编撰的一种显著进步，而明朝对外交流与交往的频度较之前朝又有不小的进展。如据《明史·礼十》记载，“凡遣使、赐玺绶及问遗庆吊，自汉始。唐使外国，谓之入蕃使，宋谓之国信使。明祖

① 《图书编》卷四四《蓟镇关系》。
② 《图书编》卷五〇《制御四夷典故》。
③ 《图书编》卷五〇《制御四夷典故》。
④ 《明史》卷四〇《地理一》，第882页。
⑤ 《图书编》卷四八《贵州夷总论》。

既定天下,分遣使者奉诏书往谕诸国,或降香币以祀其国之山川。抚柔之意甚厚,而不伤国体,视前代为得”①。但是,对于中国疆域史以及民族地理研究而言,《明史》等史籍所谓“外国”,也是以其王朝政权为核心的,将鞑靼、卫拉特、朵颜(福余、泰宁)等中国边塞部族列为“外国”,显然是极不妥当的。

明朝在边疆民族聚居地区大力推行与完善“土司制度”,其对边疆及民族聚居地区的治理力度与深度,大大超越前朝。如据记载,明朝全国“羁縻之府十有九,州四十有七,县六。编里六万九千五百五十有六”。又“土官宣慰司十有一,宣抚司十,安抚司二十有二,招讨司一,长官司一百六十有九,蛮夷长官司五”②。关于“土司”制度,《明史·职官一》记载:“凡土司之官九级,自从三品至从七品,皆无岁禄。其子弟、族属、妻女,若婿及甥之袭替,胥从其俗。”③然而,明朝在全国推行土司制度,其遭遇的困难与问题也是相当复杂的。如《明史·土司传》称:

> ……迨有明踵元故事,大为恢拓,分别司郡州县,额以赋役,听我驱调,而法始备矣。然其道在于羁縻。彼大姓相擅,世积威约,而必假我爵禄。宠之名号,乃易为统摄,故奔走惟命。然调遣日繁,急而生变,恃功怙过,侵扰益深,故历朝征发,利害各半。其要在于抚绥得人,恩威兼济……④

又如《明史·徐问传》记载徐问曾经上言道:“两广、云、贵半土司,深山密箐,瑶、僮、罗、僰所窟穴。边将喜功召衅,好为扫穴之举。王师每入,巨憝潜踪,所诛戮率无辜赤子。兴大兵,费厚饷,以易无辜命,非陛下好生意。宜敕边臣布威信,严厄塞,谨哨探,使各安边境,以绝祸萌。”⑤

由此可见,明朝土司制度实施地区治理问题十分复杂,涉及多方面的因素,明朝官府一度单纯用军队征伐的方式进行压制,因所任非良将,效果并不理想,反而激化了矛盾。

与两宋时期相比,元明时期南方少数民族占主流的地区民族分布格局并没有很大的变化,但是,就治理程度而言,已有很大的跨越,其中,贵州布政使司的创立,则是西南地区开发的一个重要标志性举措。

---

① 《明史》卷五六《礼十》,第1425页。
② 《明史》卷四〇《地理一》,第882页。
③ 《明史》卷七二《职官一》,第1752页。
④ 《明史》卷三一〇《土司传》,第7981页。
⑤ 《明史》卷二〇一《徐问传》,第5315~5316页。

《明史》载民族地区土司构成简表

地域归类	土司名目(所在地域)	数　量
湖广土司	施州(施南宣抚司、散毛宣抚司、忠建宣抚司、容美宣抚司)、永顺军民宣慰使司、保靖州军民宣慰使司	宣慰司二、宣抚司四、安抚司五、长官司二十一、蛮夷长官司五
四川土司	乌蒙乌撒东川镇雄四军民府、马湖、建昌卫(宁番卫、越嶲卫、盐井卫、会川卫)、茂州卫、松潘卫、天全六番招讨司、黎州安抚司、播州宣慰司、永宁宣抚司、酉阳宣抚司、石砫宣抚司	宣抚司一、安抚司一、长官司十六
云南土司	云南、大理、临安、楚雄、澄江、景东、广南、广西、镇沅、永宁、顺宁、蒙化、孟艮、孟定(耿马安抚司附)、曲靖、姚安、鹤庆、武定、寻甸、丽江、元江、永昌、新化、威远、北胜、湾甸、镇康、大侯、澜沧卫、麓川、缅甸(二宣慰司)、干崖(宣抚)、潞江、南甸(二宣抚司)、芒市、者乐甸、茶山、孟琏(猛脸)、里麻、钮兀、东倘、瓦甸、促瓦、散金、木邦(孟密安抚司附)、孟养、车里、老挝、八百(二宣慰司)	宣慰司八、宣抚司四、安抚司五、长官司三十三、御夷长官司二
贵州土司	贵阳、思南(思州附)、镇远、铜仁、黎平、安顺、都匀、平越、石阡、新添(金筑安抚司附)	宣慰司一、长官司七十六
广西土司	桂林、柳州、庆远、平乐、梧州、浔州、南宁、太平、思明、思恩、镇安、田州、恩城、上隆、都康、泗城、利州、龙州、归顺、向武、奉议、江州、思陵	长官司四
广东土司	琼州府	

资料来源:(1)《明史》卷三一〇至三一九《土司传》。
(2)《明史》卷四〇至四六《地理志》。

仅从名目加以分析,就可看出《明史》所载“西域”内容庞杂,可见其选择标准的模糊与不确切。如既有西部边防的卫所名称,如哈密卫、柳城、赤斤蒙古卫、沙州卫等,也有火州等地域名称;既有乌斯藏大宝法王、大乘法王、大慈法王、阐化王、赞善王、护教王等宗教首领的名称,也有朵甘乌斯藏行都指挥使司、长河西鱼通宁远宣慰司、董卜韩胡宣慰司等“土司”类型名称。而所说“西域”涉及的地域则更为广大,不仅涉及今天中国的西北及新疆、青海、西藏等地区,更包括了西亚、中亚乃至南亚等国家,也是传统所谓广义的“西域”与狭义的“西域”观念的综合。名称与选择标准的模糊与不确切,以及过分依赖于传统分类等情况,正反映了当时对明朝边塞以西、以北地区认知方面的严重不足与缺陷。

《明史》所载“西域”名目简表

分　部	名　目	地　域
第一部分：西北诸卫	哈密卫、柳城、火州、土鲁番、“西番”诸卫（西宁、河州、洮州、岷州等番族诸卫）、安定卫、阿端卫、曲先卫、赤斤蒙古卫、沙州卫、罕东卫、罕东左卫、哈梅里	今天甘肃西部、青海东部以及新疆东南地区
第二部分：西藏地区	乌斯藏大宝法王、大乘法王、大慈法王、阐化王、赞善王、护教王、阐教王、辅教王、西天阿难功德国、西天尼八剌国、朵甘乌斯藏行都指挥使司、长河西鱼通宁远宣慰司、董卜韩胡宣慰司	今天西藏、青海、甘肃南部及四川西北部
第三部分：葱岭以西地区	撒马儿罕、沙鹿海牙、达失干、赛蓝、养夷、渴石、迭里迷、卜花儿、别失八里、哈烈、俺都淮、八答黑商、于阗、失剌思、俺的干、哈实哈儿、亦思弗罕、火剌札、乞力麻儿、白松虎儿、答儿密、纳失者罕、敏真、日落、米昔儿、黑娄、讨来思、阿速、沙哈鲁、天方、默德那、坤城（哈三等二十九部附）、鲁迷	今天中亚、西亚及南亚诸国

第一节　蒙古族的源流及其分布区域变迁

元明时期民族发展史的一项核心内容，便是蒙古族的兴衰、变迁及其影响。蒙古族的发展反映在民族地理方面，就是其分布区域的变化。迁移运动是改变民族分布格局最直接的途径。元明时期最重要的迁移运动之一便是以蒙古人为主体的民族迁徙运动。蒙古帝国以及元朝兴盛之时，正是蒙古人分布区迅速扩展时期，而到元末明初，蒙古人的分布区急剧收缩，又集中于漠北及天山以北地区。

一、蒙古部族的渊源与蒙古民族的形成

与匈奴史学类似，蒙古及元朝史学也为世界性显学。

蒙古族之族源极为复杂，学术界在相当长的时间里可谓众说纷纭，莫衷一是。具有代表性的意见有：(1)“东胡说”或室韦说。(2)靺鞨说。(3)突厥说。(4)室韦鞑靼混合种说。(5)西藏说。(6)匈奴及汉族说。(7)蒙古本支说等。林惠祥先生关于这一问题的见解集中地反映了当时学者们的困惑，他指出：

按蒙古为后起之民族，且其人数又甚众多，若确断其纯粹属何族，无论室韦、鞑靼均不合，即谓其属较大之种名为东胡、肃慎、突厥亦不合。满蒙一带之地二三千年来为以上诸族及匈奴等游牧民族追逐竞争之场，诸族接触频繁，难保无混

合种之产生，此后起之蒙古民族或即为此种混血的产物。上述室韦、鞑靼之名称、开祖传说之类似，皆可证其来源之复杂也。至于匈奴虽时间久隔，然以人口众多之先住民族，谓其与后此同是人口众多之新民族全无血统关系，亦不近事实。故匈奴与蒙古即非有直接关系，亦当有间接关系也。故编者以为蒙古族系混合的，而其混合的要素不仅室韦、鞑靼。室韦、鞑靼混合所产生者，至多不过一部族即蒙兀本部，尚有其他诸部，毋宁谓为匈奴、东胡、突厥等先住民族之混合的产物较为近理也。①

林先生在文中提到了“蒙兀本部”与“其他诸部”的区别。明辨两者之间的区别，也正是探讨蒙古族源问题的关键所在。就蒙古族的发展而言，各个时期蒙古族的构成有很大的不同，特别是在征服与吸纳周边大批部族之后。在民族成分复杂化之后，寻求纯粹而线性的族源不免缺乏可行性与合理性。蒙古族源问题不能完全归结为成吉思汗所在蒙古部落的血缘系统。理清蒙古族发展脉络的主要线索，就是辨明各个时期蒙古族构成的特征。当然，蒙古族源问题的核心，还是“蒙兀本部”的演变历程。

中华人民共和国成立以后，关于蒙古人及元朝的史学取得了非凡成就。根据学者们的艰苦探索，蒙古族早期的演变历程至今已能被较清晰地勾勒出来。如元史专家亦邻真先生指出：

形成蒙古民族的核心部落是原蒙古人—室韦—达怛人。蒙古语是在室韦—达怛人的语言的基础上经过突厥化过程而形成的。就地域而言，原蒙古人是从东胡后裔历史民族区（主要是内蒙古东部地区）向整个蒙古高原扩散，同突厥铁勒人和其他各民族结合，固定在蒙古高原的。就人类学因素而言，蒙古民族在形成过程中吸收各种外族人口，其中包括一部分非蒙古人种居民。②

在目前学术界，“东胡说”开始为越来越多的研究者所接受。这一说法可以从民族地理学的角度得到相当充分的论证。

蒙兀本部最早见于汉文史籍，是两《唐书》所载的“蒙兀室韦”。室韦作为“东胡”的一支，很早就居住于我国东北地区。根据两《唐书》的记载分析，当时室韦各部落的居住区集中于俱轮泊（今呼伦湖）以东地区。“室韦乌素固等部落及西室韦

① 林惠祥《中国民族史》下册，第十一章，第一节《总论》，第54~55页。

② 《中国北方民族与蒙古族族源》，载于《亦邻真蒙古学文集》，内蒙古人民出版社2001年版，第581页。

居住在今呼伦湖周围和额尔古纳河上游一带，大室韦部居住在额尔古纳河中下游地区，而蒙兀室韦的居地则应在额尔古纳河下游之东，大兴安岭北端。”①根据拉施特《史集》记载的传说，蒙古部族的直系祖先正是逃至额尔古纳河畔的山地后开始代代繁衍下来的。两相比照，充分证明了额尔古纳河东畔及大兴安岭北端正是蒙兀本部的发源地。

有唐一朝，是蒙古部落从大兴安岭地区迁移到蒙古高原的关键时期。其历史背景便是8至10世纪“室韦—达怛人”的大规模西迁运动。② 到10世纪初期契丹部落兴起之时，蒙古高原已成为“室韦—达怛人”的世界了。鞑靼与室韦名异实同，记载中的“达怛人”是蒙古部落兴起之前蒙古高原盛极一时的部族，因此，在蒙古部落统一漠北草原之前，“鞑靼”一名成为草原民族的代称。拉施特《史集》称之为“塔塔儿部落”，并强调：

> 尽管种种敌对和纷争盛行于他们中间，他们在远古的大部分时间内，就[已经]是大部分[蒙古]部落和地区的征服者和统治者，[以其]伟大、强盛和充分受尊敬[而出类拔萃]。由于[他们]极其伟大和受[尊敬]的地位，其他突厥部落，尽管种类和名称各不相同，也逐渐以他们的名字著称，全都被称为塔塔儿[鞑靼]。这些各种不同的部落，都认为自己的伟大和尊贵，就在于跻身于他们之列，以他们的名字闻名。③

拉施特所云，其实触及了民族构成的基本要素。

蒙古部落兴起后，“蒙古”取代“鞑靼”成为蒙古高原新的主宰及民族凝聚核心。拉施特在《史集》中也十分明确地揭示了这一点。他指出：

> 正如现今，由于成吉思汗及其宗族的兴隆，由于他们是蒙古人，于是各有某种名字和专称的[各种]突厥部落，如札剌亦儿、塔塔儿、斡亦剌惕、汪古惕、客列亦惕、乃蛮、唐兀惕等，为了自我吹嘘起见，都自称为蒙古人，尽管在古代他们并不承认这个名字。这样一来，他们现今的后裔以为，他们自古以来就同蒙古的名字有关系并被称为[蒙古]，其实并非如此，因为在古代，蒙古人[不过]是全体突厥草原部落中的一个部落。……因为他们的外貌、形状、称号、语言、风俗习惯和

---

① 韩儒林主编《元朝史》，人民出版社1986年版，上册，第5页。

② 关于这场迁移运动，详见韩儒林主编《元朝史》第一章中“室韦—达怛各部的西迁及其分布”一节的内容。

③ 〔波斯〕拉施特主编，余大钧、周建奇译《史集》第一卷第一分册，商务印书馆1983年版，第166页。

举止彼此相近(尽管在古代,他们的语言和风俗习惯略有差别),现在,甚至连乞台、女真、南家思、畏兀儿、钦察、突厥蛮、哈剌鲁、哈剌赤等民族,一切被俘的民族,以及在蒙古人中间长大的大食族(tāzik),都被称为蒙古人。所有这些民族,都认为自称蒙古人,对于自己的伟大和体面是有利的。①

心理认同是民族共同体形成的一个极为重要的标志。各种草原部族都认同于"蒙古人",也就是新的广义的蒙古族形成的主要标志。1206年,蒙古诸部首领铁木真在斡难河源召开的大会上,正式即大汗之位。蒙古大汗的出现,标志着一个统一的蒙古民族共同体基本形成,这已成为当代蒙古史学研究的共识。

对于民族地理研究而言,明辨蒙古族发展过程中的阶段性特征十分重要。正如《史集》所载,即使是在元朝时期,当时人们对蒙古民族的认识与认同也具有相当明显的模糊性。在大多数北方少数民族都争取与蒙古族认同的情况下,局外人士想要正确区分蒙古族与非蒙古族是相当困难的。这种情况不可避免地反映在文献记载之中。但如果在研究过程中运用过于宽泛的"蒙古人"定义,反而会妨碍分析的深度与可靠性。

最早对蒙古及元朝前期各民族进行系统分类的学者,大概要数《辍耕录》的作者——元代学者陶宗仪了。《辍耕录》卷一《氏族》将元朝四等民族结构下的氏族种类进行了分别记载,如载蒙古氏族有七十二种,色目种类有三十一种,汉人有八种等。但蒙古族姓氏变化情况非常复杂,《辍耕录》所记远未能反映其完整而真实的情况,再加上记载中的失误,早已为学者们所指摘,如清代史学家钱大昕在《元史氏族表》中指出其中十八种系繁杂重出。又如近代日本学者箭内亘在对《辍耕录》的记载进行详细的审音勘同之后,进一步指出:

《辍耕录》所谓蒙古七十二种中,明知其为重复者凡二十四种。疑系重复者三种。认为当入色目而误入蒙古者一种。又他处全无所见之十二种中,确认为文字误脱者,有列术歹,歹烈里养赛,列帖乞乃蛮歹三种。若单除重复者,则蒙古种当为四十八种,若再除稍有可疑者,则当减至四十种上下。又《秘史》以下元初记录中常见之有名蒙古部族,为《辍耕录》所未录者亦不少。即如泰赤兀惕(Taidjighut)、兀啝罕(Uriangkhan)、斡啰纳儿(Oronar)、斡勒忽讷兀惕(Olkhunagkhut)、别勒古讷惕(Belgünet)、不答阿惕(Budaghat)、不古讷台(Bugunatai)、

① 《史集》第一卷第一分册,第166~167页。

主儿勤（Churkin）、雪你惕（Shenit）、格尼格思（Geniges）、赤那思（Chinos）等，皆其主要者也。要之属蒙古氏族者，果有几种，原难详知；但《辍耕录》之所谓七十二种，实无何等凭信之价值。①

完全否认《辍耕录》所记名目之价值，未免偏颇，但我们可以认定，单纯以姓氏为线索来探讨蒙古族的变迁，存在相当大的局限性，这种认定是合乎情理与实际情况的。② 需要强调的是，蒙古氏族“果有几种，原难详知”，并不能完全归之为记载的失误，而是由游牧部族演变特征所决定的。蒙古族姓氏的主要来源，是所在部落的名称，而游牧部落的数量往往处于不断消长之中，出于共同血缘与宗族的部落也是如此。同一家族的兄弟分家，即可产生新的部落与姓氏。这种情况在草原部落中十分普遍，因此，要想彻底弄清楚统一之前蒙古草原部落与姓氏的绝对数量，可以说是一种既不太现实也没有必要的想法，因为蒙古民族凝聚的核心就是成吉思汗所在“黄金家族”及一些重要氏族，那些零星而弱小的部落一般来说可以略而不计。对于民族地理研究而言，更是如此。我们在做民族地理分析时，既要注重氏族分类，更要注意地理特征。

可以与拉施特的分类相比照的蒙古汗国及元朝时代的民族分类，是屠寄《蒙兀儿史记》所列《蒙兀氏族》与《色目氏族》两表。对于民族地理研究而言，完全套用屠寄的分类或拉施特的分类都是不合适的，而应将两种分类有所取舍。

近代学者柯劭忞、屠寄继承了陶宗仪的分类法，在《蒙兀儿史记》中将蒙古汗国及元朝时期汉族以外的北方民族归为蒙古氏族与色目氏族两大类，并将两类民族的著名人物做了较详细的归纳。这显然是一种明智而合理的做法，更为接近当时的实际状况。在本书中，笔者也将当时汉族以外的北方民族分为蒙古及色目两大类，并分别进行较详细的分析。

二、统一之前蒙古草原各部落分布状况

成吉思汗的出现是蒙古族发展史上的一个划时代标志。应该承认，在成吉思汗统一蒙古草原之前，“蒙古人［不过］是全体突厥草原部落中的一个部落”③。统一的

---

① 《元代蒙汉色目待遇考》，（上海）商务印书馆 1932 年版，第 18~19 页。

② 韩儒林先生对《辍耕录》的记载失误做了非常精辟的分析，参见《蒙古氏族札记二则》中“《辍耕录》蒙古七十二种”，载于《韩儒林文集》，江苏古籍出版社 1985 年版，第 50~57 页。

③ 《史集》第一卷第一分册，第 166 页。

蒙古汗国正是由这些被征服的草原部落组建而成,这样,弄清楚这些草原部落的族类归属与地理分布就成为研究蒙古族及蒙古汗国演变的基础。尽管处于原始的游牧时代,但是,这些草原部落的生活区域具有较强的稳定性,“[各民族]现在和过去,都按[自古以来的]约定住[在这些地区]”①。这种稳定性也为我们的分析研究提供了必要的理论前提。

古代波斯大史学家拉施特主编的世界史学巨著《史集》,对蒙古族兴起之前蒙古草原上的游牧部落进行了详细的记载与分类,其分类之合理性已得到现代史学家的普遍认同②,也为我们的研究提供了翔实的、极可宝贵的资料。但拉施特对草原部族的分类较为笼统,我们必须做一些必要的说明。

首先,拉施特不可能了解现代语言学与民族学分类的标准,囿于见闻与习惯,将所有草原部落称为突厥人。关于这一点,《史集》汉译者余大钧先生曾加以说明:

> 拉施特把起源极为不同的中央亚细亚的各种游牧部落,不仅说突厥语的,甚至连说蒙古语、唐兀惕(唐古特)语和通古斯—满语的,都称为突厥。由此可见,我们这位史学家的突厥一词,并非民族学和语言学上的用语,而是一种社会习惯用语,即“游牧人”的意思。③

其次,拉施特将蒙古人与色目人混在一起。如在被称为“乌古思”的突厥蛮部落中,畏兀儿、康里、钦察、哈剌鲁、合剌赤等部落,其实在元朝都归于色目人。

再次,在叙述的前后次序上,拉施特的处理也有令人费解之处。如在将与蒙古部族关系密切的部落(元朝时已融入蒙古的部落,如札剌亦儿、雪你惕、塔塔儿等)列在首位,将独立于蒙古部族之外的部落(如客列亦惕、乃蛮、汪古惕等)列在其次,而将蒙古族本支(迭儿列勤蒙古、尼伦蒙古)排在最后。

因此,我们在利用其资料时需要做一些必要的调整。

此外,中国传统学者对蒙古部落的分类法与拉施特的分类法有明显不同,他们认为蒙古部族首先有生、熟之分,熟(鞑靼)之中又有白、黑之别。如南宋李心传在《建

---

① 《史集》第一卷第一分册,第122~123页。

② 如韩儒林主编《元朝史》指出:“《史集》将蒙古高原的所有部落分为三类:一类是源出额儿古涅昆两始祖的蒙古部落,包括蒙古、弘吉剌等部;一类是元时称为蒙古人,但在以前各有自己名称的部落,包括札剌亦儿、塔塔儿、篾儿乞、八剌忽、斡亦剌等部;一类是各有君长,语言和蒙古诸部相近但并无亲族关系的部落,包括乃蛮、克烈、汪古、吉利吉思等部。一般认为,拉施都丁的分类大体反映了各部的族属情况,即上述前二类属于蒙古语族,后一类为非蒙古语族部落。但也不能一概而论。”见《元朝史》上册,人民出版社1986年版,第14~15页。

③ 《史集》第一卷第一分册,第148页译者注。

炎以来朝野杂记》中就记载:“近汉地者谓之熟鞑靼……远者谓之生鞑靼……所谓生者,又有白黑之别。今忒没贞(铁木真,成吉思汗)乃黑鞑靼也。”①赵珙《蒙鞑备录》也称,鞑靼“其种有三,曰黑,曰白,曰生。所谓白鞑靼者,颜貌稍细,为人恭谨而孝……所谓生鞑靼者,甚贫且拙,且不能为,但知乘马随众而已。今成吉思皇帝及将相大臣皆黑鞑靼也”。近代学者柯绍忞、屠寄都继承了这种分类法。②

下面我们将《史集·部族志》列举的蒙古草原以及草原周围地区三大类较为重要的各族部落的分布状况胪列如下,并与屠寄《蒙兀儿史记》中《蒙兀氏族表》与《色目氏族表》、柯劭忞《新元史》中《氏族表》、法国人雷纳·格鲁塞《蒙古帝国史》及现代学者的研究成果相互对照。

(一)各有君长、相对独立的游牧部落

尽管在种族和语言方面彼此相近,但这些部落与成吉思汗的蒙古本部诸部落均无太多联系和亲属关系。而且,在蒙古部族崛起之前,这些部落尚拥有强盛的势力,占据着广大的地盘,成为成吉思汗统一战争中的劲敌。这类部落主要有:

1. 克列部(又译为怯烈、克烈亦惕、凯烈,《史集》作客列亦惕部落)

该部是蒙古汗国兴起之前漠北草原最强盛的部落联盟之一。王汗本人的夏营为:塔兰—古泄兀儿、答班和纳兀儿;他的右翼军的禹儿惕(居所)为秃勒速坛和札勒速坛;左翼的禹儿惕为:亦剌惕、塔剌惕、爱只额、古秃坚、兀鲁惕、兀古鲁惕、亦列惕和帖儿的惕。冬营地:兀帖勤—沐涟、斡伦—古儿勤、脱失、巴剌兀、失列、忽鲁孙、斡脱古—忽兰、札剌兀儿—忽兰。在民族分类上,他们是蒙古人的一种,主要分布于斡难(今鄂嫩河)、怯绿连(今克鲁伦河)两河沿岸蒙古人聚居的土地上。那个地区邻近乞台国(中央王朝边地)边境。《蒙古帝国史》指出:“在蒙古人的西边,游牧着客列亦惕人,他们的迁徙地带,难于确定。……一般认为,他们的中心地点应该在上鄂尔浑河、翁金河和土拉河的附近。人们通常不承认他们是蒙古人,而认为是突厥人。”③

屠寄在《蒙兀氏族下》中将克列部归为白塔塔十五种之一:

> 客列亦惕部言语、风俗,大率类蒙兀,唯崇信景教与乃蛮同。始居欠欠州。金源中叶,南徙土兀剌之黑林。其牧地东邻蒙兀,西控乃蛮,南隔大漠,与金昌、抚二州及净州、汪古惕相望,北以薛凉格水界蔑儿乞、若只儿斤、若董合亦惕、若

---

① (宋)李心传撰,徐规点校《建炎以来朝野杂记》乙集卷一九,中华书局2000年版,第848~849页。
② 参见韩儒林《读〈史集·部族志〉札记》,载于《韩儒林文集》,第372~384页。
③ 〔法〕雷纳·格鲁塞著,龚钺译《蒙古帝国史》,商务印书馆2009年版,第25页。

秃别干，皆其种支派，亦非蒙兀人而入于蒙兀者。①

2. 乃蛮部落

乃蛮人的禹儿惕列举如下：夏营地：塔剌黑是其君主的禹儿惕，札只阿—纳兀儿是其帐殿所在。冬营地：阿答里—阿卜合山，巴黑剌思—斡鲁木；阿只里黑—纳兀儿和阿剌—亦惕邻河。这些乃蛮部落都是游牧部落。有些人住在多山之地，有些人住在平原上。他们所住的地方如下："大[也客]阿勒台"、哈剌和林、阿雷—昔剌思山和阔阔—也儿的石山，也儿的石—沐涟，即也儿的石河，位于该河与乞儿吉思地区之间并与该国边境毗连的群山，这些山一直延伸到蒙古斯坦地区，到王汗所住的地区，到乞儿吉思地区以及与畏兀儿国毗连的沙漠边境。《蒙古帝国史》指出："客列亦惕人的西边，就是说大约在上鄂尔浑河和纳伦河之西，是乃蛮人居住的地方，他们占据杭爱山西部现今乌里雅苏台地方，和阿尔泰山和乌布沙泊以及科布多的地方，一直到也儿的石湖和斋桑泊。"②

陶宗仪《辍耕录》记色目氏族中有乃蛮歹。屠寄则将乃蛮部归于色目氏族之首，《色目氏族上》载："乃蛮，突厥语数之八也。部族本居谦河之源。北宋时南徙金山（今阿尔泰山）之阳，居突厥故地。东邻客列亦，西界畏兀儿，北与斡亦剌接壤，南隔大漠与唐兀、汪古相望。"③

3. 汪古惕部落

据《史集》记载，这些部落有四千帐幕，尊号为阿勒坛汗的乞台君主们为了保卫自己的部族以防御蒙古、客列亦惕、乃蛮以及附近地区的游牧人，筑了一道城墙。这道城墙从女真海岸开始，顺着乞台、至那和摩至那之间的哈剌—沐涟河岸延伸出去。这条河的上源则在唐兀惕和吐蕃地区。城墙的任何一处，都禁止通行。起初，这城墙被托付给这个汪古惕部，责成他们守卫城墙。《元史·阿剌兀思剔吉忽里传》载："阿剌兀思剔吉忽里，汪古部人，系出沙陀雁门之后，远祖卜国，世为部长。金源氏堑山为界，以限南北，阿剌兀思剔吉忽里以一军守其冲要。"屠寄《蒙兀氏族下》称："汪古惕，白塔塔儿部族也。自言唐雁门节度朱邪赤心之后，远祖卜国以来，世为部长，驻牧祁连山，为辽、金保丰、竫二州寨，隶西北路招讨司。"汪古惕部是漠南地区最著名的部落之一，守卫在金朝边境地区。

① 屠寄《蒙兀儿史记》卷一五三《蒙兀氏族下》，北京市中国书店1984年版，第1014页。
② 《蒙古帝国史》，第27~28页。
③ 《蒙兀儿史记》卷一五四《色目氏族上》，第1022页。

4. 唐兀惕部落

又称唐兀氏，即党项族所建西夏。据《史集》所载，这个部落大部分住在城市和村镇里，但它非常好战，并拥有庞大的军队。在唐兀惕人境内，有许多由城市、村落和堡寨组成的领地，还有许多走向不同的山脉。整个国家位于一座横亘其前的大山之旁，山名阿剌筛（今阿尔泰山）。这个国家的边境附近就是乞台。南家思、蛮子、成—帖木儿都在这个国家的附近。《蒙兀儿史记》称："唐兀者，鲜卑八部之一，党项遗种也。"《新元史·氏族表》又称："唐兀氏，故西夏国，太祖平其地，称其部众曰唐兀氏，仕宦次蒙古一等。其俗以旧羌为蕃河西，陷没人为汉河西，然仕宦者皆舍旧氏而称唐兀云。"

5. 畏兀儿部落

回鹘之后裔。据《史集》记载，畏兀儿部落所在地区有两座大山，一座名为不黑剌秃—不思鲁黑，另一座名为兀失浑—鲁黑—腾里木，哈剌和林山位于两山之间。窝阔台汗所建的城（和林城），也用那座山的名字来称呼。两山之旁有一座名为忽惕—塔黑的山。这些山区内，有一处地方有十条河，另一处地方有九条河。在古代，畏兀儿诸部的驻地就在这些河流沿岸、这些山里和平原上。《元史·巴而术阿而忒的斤传》载："巴而术阿而忒的斤亦都护，亦都护者，高昌国主号也。先世居畏兀儿之地，有和林山，二水出焉，曰秃忽剌，曰薛灵哥。……乃迁于交州。交州即火州也。统别失八里之地，北至阿术河，南接酒泉，东至兀敦、甲石哈，西临西蕃。"《蒙兀儿史记》将畏兀儿归入色目氏族表，并指出："畏兀儿者，唐回鹘之遗种也。本都和林，（唐）会昌中，为黠戛斯所破，国乱，种人离散。其一支西走西州，建牙哈剌火者，古高昌国旧壤也。北统别失八里，即唐北庭都护府，国人崇信佛法，宋时役属于西辽。"①

6. 别克邻部落

据《史集》，他们又被称为篾克邻。他们的营地在畏兀儿部落的险峻山岭中。他们既非蒙古人，又不是畏兀儿人。他们生活于山岭特别多的地区，惯于走山路。这个部落总有一个千户。

7. 乞儿吉思部落

据《史集》记载，乞儿吉思部落和谦谦州为相邻的两个地区，这两个地区构成一个地域。谦谦州是一条大河，这个地区一方面与蒙古斯坦相接，一方面与一条称为昂可

① 《蒙兀儿史记》卷一五四《色目氏族上》，第1026页。

剌—沐涟的大河流域相接,直抵亦必儿—失必儿地区边境。谦谦州的又一方面与乃蛮诸部所在的地区和群山相接。豁里、巴尔忽、秃马惕和巴牙兀黑等部,其中有的是蒙古人,居住在巴儿忽真—脱窟木地区,也邻近这个地区。

8. 钦察部落

《元史・土土哈传》载:"土土哈,其先本武平北折连川按答罕山部族,自曲出徙居西北玉里伯里山,因以为氏,号其国曰钦察。其地去中国三万余里,夏夜极短,日暂没即出。"①《蒙兀儿史记》也将钦察归入色目氏族之列,《色目氏族下》载:"钦察,本元魏时库莫奚种,其先有曲出者,本居武平折连川(今名石河——原注)、巴牙兀山,后徙西北玉里伯里山,因称玉里伯里巴牙兀氏,示不忘本。号其部曰钦察,钦察者,旷野之谓也。"②《蒙古帝国史》又载:"黑海北边的草原是钦察人的领域,他们是信仰异教的突厥游牧人,在那里过着部落的生活。面临蒙古人的威胁,他们成立了一种联盟,包括高加索山区的勒吉思人和曲儿克斯以及忒列克的阿兰人。"③

(二)在元朝时才开始被称为蒙古人的突厥部落

在统一之前,这些部落都有自己的特殊名称,拥有自己的居所与营地,他们的外貌和语言与蒙古人的类似。原来这些部落与蒙古人同属于突厥部落集团,在蒙古人强盛之后,他们又改而从属于蒙古人部落集团。这些部落主要有:

1. 札剌亦儿部落

又译为押剌伊而、扎剌儿。《辽史》中称"阻卜札剌部"。曾附属于回鹘。该部落的禹儿惕(居所)为哈剌和林的合迪马。在斡难河(今鄂嫩河)地区有他们的一部分营地。主要分布地域应在斡难河以南到怯绿连河中上游一带。札剌亦儿部落包括十个大支,其中每一支分别成为一个人数众多的部落:札惕、脱忽剌温、弥合撒兀惕、古篾兀惕、兀牙惕、你勒罕、古儿勤、朵郎吉惕、秃里、尚忽惕。成吉思汗手下著名的将领木华黎为札惕部落人。屠寄《蒙兀氏族表》将札剌亦儿氏归为白塔塔儿部族。

2. 雪你惕部落(包括合卜秃儿合思部落)

又称为苏尼特或主因惕氏。《蒙兀氏族表》称:"主因惕氏,白塔塔儿种,突厥沙陀部遗类也。居近边小沙陀中。"

---

① 《元史》卷一二八《土土哈传》,第3131页。

② 《蒙兀儿史记》卷一五五《色目氏族下》,第1060页。

③ 《蒙古帝国史》,第242页。

3. 塔塔儿部落

该部落有七万户，他们的游牧区、宿营站和禹儿惕的地点，均按氏族和分支规定，邻近乞台地区（中央王朝北方地区）边境。他们的根本居所（禹儿惕）是称做捕鱼儿—纳兀儿的地方（捕鱼儿海子或贝尔池，今贝加尔湖）。格鲁塞在《蒙古帝国史》中指出："蒙古的东境介于客鲁涟河南边（或东边）和中兴安岭之间游牧着塔塔儿人，长时间以来，人们以为塔塔儿人属于通古斯种，但是经过伯希和先生的考证，他们毋宁属于蒙古种。"①声名昭著、各有军队和君长的塔塔儿部落，有下列六个：秃秃黑里兀惕—塔塔儿、阿勒赤—塔塔儿、察罕—塔塔儿、奎因—塔塔儿、帖烈惕—塔塔儿、不鲁恢—塔塔儿。他们组成了一个较为松散的部落联盟。《蒙兀氏族表》也将塔塔儿归为白塔塔儿部落。

4. 斡亦剌惕部落

又译称瓦剌、卫拉特，蒙古种，人数众多，住在贝加尔湖南部的西面，也是森林中的狩猎者。这些斡亦剌惕部落的禹儿惕和驻地为八河地区。八河之首便是所谓谦河，即今叶尼塞河上游，乌鲁克姆上游地区。他们的语言为蒙古语，但与其他部落稍有差异。这些部落也被归为白塔塔儿。

5. 篾儿乞惕部落

又称为兀都亦兀惕部。兀都亦兀惕—篾儿乞惕部有四个分支：兀合思、木丹、秃答黑邻和只温。《蒙兀氏族表》也将篾儿乞惕归为白塔塔儿部落，也属于蒙古族。《蒙古帝国史》指出："在斡亦剌人的东南，介于他们和成吉思汗族系的蒙古人之间，在贝加尔湖南边，色楞格河下游之上，是蔑儿乞惕人居住的地方，他们大部分也是森林中的狩猎者。"②

6. 巴儿忽惕、豁里和秃剌思部落

秃马惕部也是从他们中间分出来的。据《史集》记载，这些部落彼此接近，他们被称为巴儿忽惕，是由于他们的营地和住所位于薛灵格河（今色楞格河）彼岸，在住有蒙古人并被称为巴儿忽真—脱窟木地区的极边。在那个地区住有许多部落：斡亦剌惕、不剌合臣、客列木臣和另一个也在这一带附近而被他们称为槐因—兀良合的部落。各部都有自己的首领，都被成吉思汗征服。

---

① 《蒙古帝国史》，第22~23页。

② 《蒙古帝国史》，第24页。

(三)传统的蒙古部落,即昔时就被称为蒙古的突厥诸部落

这些蒙古部落包括两部分或称两个族系(屠寄称为两派):迭儿列勤蒙古和尼伦蒙古。迭儿列勤蒙古是指一般的蒙古人,这些蒙古人分支与部落都源于曾经遁入额儿古涅昆的捏古思和乞牙惕两个蒙古部落的残余;而尼伦蒙古则是由阿阑—豁阿氏族衍生出来的一支。《史集》记载,蒙古诸部落是全体突厥部落之中的一个集团,他们的外貌和语言彼此相似。这些部落有彼此相邻的禹儿惕(游牧营地)和地区,并且明确规定各部落的禹儿惕从哪里到哪里。他们的全部禹儿惕,在现今称为蒙古斯坦的地区,即在斡难河中上游与不尔罕山(今肯特山)地区,从畏兀儿边境起一直延伸到乞台和女真边界。据蒙古族的传说,蒙古族曾居留于群山环抱的险峻山谷区——额儿古涅昆,后来子孙繁盛才离开山谷,转徙于原野之上。属于迭儿列勤派的蒙古部族有兀良合惕、弘吉剌惕、斡罗纳兀惕、轻吉惕等八部。尼伦派原为迭儿列勤派的一支,是由阿阑—豁阿从新开创的一个氏族。属于尼伦派的蒙古部族有合塔斤、赤那思、朵儿边、八邻等十余部。成吉思汗家族正是出于这一个蒙古族系。

三、蒙古部落的生活状况与地理环境

志费尼在所著《世界征服者史》中曾大致描绘蒙古部族起源地的空间范围:“鞑靼人的家乡,他们的起源和发祥地,是一个广大的盆地,其疆域在广袤方面要走七八个月的路程。东与契丹(Khitai)地接壤,西与畏吾儿国相连,北与吉利吉思(Qi-rqiz)和薛灵哥(Selengei)河分界,南与唐兀(Tangut)和土番(Tibetans)为首邻。”①这个疆域范围几乎包括了统一之前蒙古草原地区。当代著名元史学家韩儒林先生依据地理方位将统一之前的蒙古草原各部落归为几大集团,对于我们了解当时的民族分布格局颇有提纲挈领之助益:

1. 以成吉思汗为首,以克鲁伦河、鄂嫩、土拉三河发源处为根据地的蒙古部落集团;
2. 呼伦、贝尔两湖及额尔古纳河一带以塔塔儿为最大的部落集团;
3. 土拉河流域的克烈集团;
4. 色楞格河下游的篾儿乞集团;
5. 阿尔泰山地区的乃蛮国。②

蒙古高原部落集团的形成,与自然地理环境存在着极为密切的依赖关系。这种

---

① 〔伊朗〕志费尼著,何高济译《世界征服者史》(上册),商务印书馆 2011 年版,第 21 页。

② 参见韩儒林《论成吉思汗》,载于《元史论集》,人民出版社 1984 年版,第 2 页。

自然地理环境也就是决定蒙古草原部落分布特征的地理基础。在辽阔广袤的蒙古高原上,内部自然地貌并不是整齐划一的,而是多种多样的,如山地、草原、原始森林等。根据所处自然环境形态的差异,草原上的蒙古部落又可分为几大类:

1. 山地部落

在传说中,蒙古族的祖先正是从山地部落发展起来。关于山地部落的生活状况,我们可以从蒙古部落的早期发展历程传说中窥得一斑。大约两千年前,蒙古部落的祖先们在部落战争中遭受重创,只剩下两男两女逃入人迹罕至的山中避难。

> 那里四周唯有群山和森林,除了通过一条羊肠小道,历尽艰难险阻可达其间外,任何一面别无途径。在这些山中间,有丰盛的草和[气候]良好的草原。这个地方名叫额儿古涅—昆。"昆"字意为"山坡",而"额儿古涅"意为"险峻";这个地方意即"峻岭"。那两人的名字为:捏古思和乞颜。他们和他们的后裔长时期居留在这个地方生息繁衍。①

当时的蒙古部族作为"室韦"的支流,其风俗习惯与大兴安岭地区其他少数民族的风俗习惯大同小异,尚未具备明显的游牧民族特征。如《隋书·室韦传》载:"契丹之类也,其南者为契丹,在北者号室韦。……气候多寒,田收甚薄,无羊,少马,多猪牛。造酒食啖,与靺鞨同俗。"崇山峻岭环抱着的山地,是逃避部族间残酷争斗的好地方,但生存的空间显得相对狭隘,这对于一个日渐壮大的部族而言,更是如此。因此,从那个山隘里走出到原野上,正是蒙古族发展的必然趋势。

根据《史集》的记载,有名的山地部落还有别克邻(又称为篾克邻)部落。"他们的营地在畏兀儿斯坦的险峻山岭中。他们既非蒙古人,又不是畏兀儿人。因为他们生活于山岭特别多的地区,所以他们惯于走山路,他们全都擅长攀登崖壁。"②

2. 游牧部落

地势相对平坦的草原是蒙古高原最典型的地貌形式,因此,与以往所有草原上的游牧民族一样,离开大兴安岭崇山峻岭的蒙古部族,其生活方式也逐渐与其他草原部落混同,过起了"以黑车白帐为家"的游牧生活。宋人赵珙《蒙鞑备录》载:"其为生涯,只是饮马乳以塞饥渴,凡一牝马之乳,可饱三人。出入只饮马乳,或宰羊为粮。故彼国中,有一马者必有六七羊,谓如有百马者,必有六七百羊群也。"这也是大部分草原部落生活的写照。

---

① 《史集》第一卷第一分册,第251页。

② 《史集》第一卷第一分册,第244页。

3. 森林部落

蒙古高原分布着大片的原始森林，生活在森林中的部落被称为“森林部落”，其生活方式和风尚与一般游牧民族的方式和风尚存在着明显的差异。如兀剌速惕、帖良古惕和客思的迷部落。这些部落类似于蒙古人。

他们住在乞儿吉思人和谦谦州人地区的森林里。（这些部落的所在地，大概为鄂毕、叶尼塞两河上游之间地带——译者注）森林部落的蒙古人人数很多，他们使［外］人感到迷惘，因为凡是禹儿惕［位于］森林地区的一切部落，都被称为森林部落。这样，泰亦赤兀惕部由于他们的营地在蒙古人、乞儿吉思人和巴儿忽惕人地区之间，也是森林部落。

另外，“成吉思汗的兄弟们和叔伯之中，有一些属于森林部落，有如本纪中所述。简而言之，森林部落很多，因为在一个［部落］分支中，一个兄弟的禹儿惕靠近森林，而另一个在原野上；从他们衍生出的部落就获得了两个名字”①。显然，森林部落与非森林部落之间的差别，不在于血统与族类之区分，而完全被归为自然生活环境的不同。

森林兀良合惕部落的生活状况，可谓蒙古高原森林部落生活特征的典型。

这个部落不属于其他兀良合惕人：他们获得这个名称是因为他们的禹儿惕在森林中。他们从来没有帐篷，也没有天幕；他们的衣服是用兽皮制的；他们没有牛羊，他们饲养山牛、山绵羊和类似山绵羊的哲兰（草原岩羚——译者注）以代替牛羊；他们把它们捕捉来，［加以驯养］，挤乳，食用。

“在迁徙时，他们用山牛驮载，而且从不走出森林。在他们停留之处，他们用白桦和其他树皮筑成敞棚和茅屋，并以此为满足。”②森林兀良合惕人酷爱森林生活，憎恨牧羊人与牧羊业，厌恶城镇、州郡、平原上的生活。在森林中狩猎是他们的一大食物来源。为此，他们还发明了名叫“察纳”的酷似今天滑雪板的交通工具，很多部落对这种工具都特别熟悉。这与游牧民族以马代步的风尚相去悬殊。当然，地域辽阔的高原上，同样被视为“森林部落”的各个部落的风俗习尚也不可能完全相同。“一个森林部落与另一个之间有很多差别，因为从一座森林到另一座森林，往往有一月、两月或十天的途程。”③但是，这些森林部落具有共同的心理特征，即“坚定不移地［固守］那种规矩和习俗，

① 《史集》第一卷第一分册，第201~202页。

② 《史集》第一卷第一分册，第202页。

③ 《史集》第一卷第一分册，第202页。

一直住在森林中"①。根据现代学者的研究,森林部落("林木中百姓"或兀良合人)主要分布在蒙古草原以北,从贝加尔湖地区西至额尔齐斯河流域,其居住区大致又可分为三部:1. 唐努乌梁海地区,这一区域的部落有斡亦剌惕部、万斡亦剌惕部、秃巴思部、合卜合纳思部、兀儿速惕部;2. 贝加尔湖区域,有不里牙惕部、巴尔浑部、康合思部;3. 叶尼塞河流域及其以西地区,该地区的部落有乞儿吉思部、失必儿部、客思的音部、田列克部、巴亦惕部、秃合思部、脱额列思部、塔思部、巴只吉惕部等。②

实际上,山地、草原、森林等自然地貌往往交错呈现和排列,难以截然分开,不会显得泾渭分明。对于蒙古各部族而言,决定他们生存空间的第一要素,不外乎食物与水源,而尤以后者的影响最明显。水是地球上一切生命之源,对于游牧民族来讲更是如此。每一个部落及其牲畜都离不开充足的水源。具有充足的水源,无疑是其选择居留区的首要条件。原始游牧民族缺乏人工凿井的技术,天然地表水汇集之处如河流湖泊的附近便成为部落禹儿惕最集中的地区。很多部落也都居留在河流沿岸。从某种程度上可以说,蒙古高原上地表水源分布格局,与草原部落集团的分布格局基本是一致的。

以鞑靼部落集团为例,鞑靼部的根本禹儿惕便在贝加尔湖附近。另据《史集》记载:

> 据说,塔塔儿、朵儿边、撒勒只温和合塔斤诸部联合在一起时,他们全都住在几条河的下游。这些河汇流成昂可剌—沐涟河,这条河非常大;河上住着被称为兀速秃—忙浑的蒙古部落。……该河邻近一座名为康合思的城,并在那里与谦河(叶尼塞河)汇流。③

又如斡亦剌惕部落:

> 这些斡亦剌惕部落的禹儿惕和驻地为八河地区。在古代,秃马惕部住在这些河流沿岸。诸河从这个地区流出,[然后]汇成一条名叫谦河的河;谦河又流入昂可剌—沐涟河。这些河流的名称为:阔阔—沐涟、温—沐涟、合剌—兀孙、散必—敦、兀黑里—沐涟、阿合儿—沐涟、主儿扯—沐涟和察罕—沐涟。④

---

① 《史集》第一卷第一分册,第204页。

② 参见周清澍《元朝对唐努乌梁海及其周围地区的统治》,载于《元史论集》,第465~488页。但该文对于这些部落是否全部落属于森林部落缺乏进一步的考证。据《史集》记载,斡亦勒惕部落似乎并不属于纯粹的森林部落。

③ 《史集》第一卷第一分册,第165页。

④ 《史集》第一卷第一分册,第192~193页。

我们从上述记载中可以相对清晰地发现由水系为核心形成的几个自然次区域。如叶尼塞河流域居住着乞儿吉思部落。

乞儿吉思和谦谦州为相邻的两个地区;这两个地区构成一个地域。谦谦州是一条大河,这个地区一方面与蒙古斯坦相接,它的一条边界与泰亦赤兀惕诸部所在的薛灵哥河[流域]相接;[另]一方面与一条称为昂可剌—沐涟的大河[流域]相接,直抵亦必儿—失必儿地区边境。谦谦州的[又]一方面与乃蛮诸部所在的地区和群山相接。①

巴儿忽真—脱窟木地区是蒙古高原最北边的区域,也是一个部落比较集中的典型区域,该地区的核心便是巴尔古津河。居留在该地区的部落有斡亦剌惕、不剌亦臣、客列木臣以及槐因—兀良合等部落。又,"豁里、巴儿忽、秃马惕和巴牙兀黑等部,其中有的是蒙古人,居住在巴儿忽真—脱窟木地区,也邻近这个地区。在这些地区,有很多城市和村落,游牧人也很多"。译者注云:

巴儿忽真—脱窟木,大概即流入贝加尔湖的一条主要河流巴尔古津河。该河长达300公里,前120公里流经荒谷。然后经过"巴尔古津草原",流入狭谷,注入贝加尔湖。巴尔古津为外贝加尔地区最北边的地区,气候严寒,多山,大部分为森林所覆盖。②

色楞格河流域也是草原部落十分重要的聚居地。

蒙语薛凉格—沐涟,由发源于蒙古地区杭爱岭东北麓的其洛图和额德尔两河汇流而成。它流经外贝加尔地区的最富饶的地区,因此两岸聚集了当地最稠密的人口。即今色楞格河,它在注入贝加尔湖之前,右岸所接纳的支流有:鄂尔浑河(在蒙古地区)、奇科伊河、希洛克河和乌达河(在外贝加尔地区);左岸所接纳的支流有:帖勒吉尔—木伦河、额金河、库苏泊水道、吉达河和特木尼克河。河的全长,包括额德尔河在内,共为1200公里。③

从属于迭儿列勤蒙古的巴牙兀惕部落就生活在色楞格河沿岸。

四、蒙古族的南迁与人口分布状况

1206年蒙古汗国创立之后,很快便开始大举四处攻伐,在将近半个世纪的时间

---

① 《史集》第一卷第一分册,第245页。

② 《史集》第一卷第一分册,第246页译者注。

③ 《史集》第一卷第一分册,第287页译者注。

里，建立起疆域辽阔的蒙古大帝国。1227 年，在成吉思汗病亡后不久，西夏灭亡。1234 年，在蒙古贵族势力与宋朝军队的夹击下，金哀宗自杀，金朝灭亡。1253—1254 年，蒙古军队攻陷大理等段氏政权的中心城市，段氏大理政权被征服。1276 年，宋廷残部在走投无路的情况下，向蒙古军队交递了降表，南宋灭亡。至此，蒙古及之后元朝的疆域拓展取得了相当的成就。

疆域拓展的过程必然伴随着各民族人民较大规模的迁移运动。同时，蒙古族作为统治集团所属民族，为控制幅员辽阔的疆域，必然分布于各地，因此，当时迁徙运动的主导部分就是蒙古人的内迁运动。根据罗贤佑、吴松弟等人的研究，元代蒙古人南迁的方式主要有如下几种：

1. 征战戍守

这是蒙古人南迁的主要原因。蒙古部落社会组织的重要特征便是兵民合一，“全民皆兵”，所有成年男子都有义务从军出征，而且出征之时，所有家眷均随军转迁，“以营为家”，家眷老小组成的后勤保障集团特设“奥鲁”（蒙古语“老小营”之音译）统管。也就是说，蒙古军队征战到哪里，其家眷也就跟随到哪里，军队驻守之地也就成为蒙古军人家庭的迁居之地。蒙古军队长期戍守之地，也就成为蒙古部族新的迁入地。随着蒙古军队的节节胜利，蒙古部族也遍布长城内外、大江南北。

2. 分封藩镇

从蒙古汗国创建伊始，成吉思汗便将大片领地分封给亲族与功臣。蒙古亲王与贵族大都领有大批蒙古牧民，分封之时，必然引起规模不小的人口迁移。元朝建立后，忽必烈及后继的皇帝都分封自己的皇子为王，分镇一方，诸王的部属必然随之转迁四方。如：(1)牙忽都，拖雷之子，“岁丁巳(1317)，分土诸侯王，赐蠡州三千三百四十七户，为其食邑”①。(2)脱欢，忽必烈之子，被封为镇南王，出镇扬州。后脱欢之子帖木儿不花袭封为镇南王。至天历二年，帖木儿不花让与其侄孛罗不花，朝廷又改封其为宣让王而移镇于庐州。② (3)宽彻普化，镇南王脱欢之子，泰定三年，被封为威顺王，镇守于武昌。③

3. 为官出仕

为维护本民族的统治地位，元朝官府特别规定，各地最高行政长官——达鲁花赤

① 《元史》卷一一七《牙忽都传》，第 2908 页。
② 《元史》卷一一七《帖木儿不花传》，第 2912 页。
③ 《元史》卷一一七《宽彻普化传》，第 2910 页。

均由蒙古人担任。大批蒙古官员及其家属在长期仕宦生涯后,往往会选择某一地定居下来,从而转为移民。这类事例不胜枚举。

4. 遇难流离

在天灾人祸的逼迫下,蒙古草原的牧民被迫南迁避难,每次大灾过后,南迁的蒙古灾民的数量常达数万甚至数十万之多。南迁之后,许多牧民在迁居地留下来,有些甚至充当奴隶,也构成了一类特殊的移民。

5. 获罪流徙

根据元朝法律,包括蒙古人在内的"北人"犯罪后,往往被远放南方边远之地。如元朝官府将许多曾参与叛乱的蒙古族将领与士兵迁到江南地区,并集中于一地以便于管理,这些蒙古族将士及家眷往往在当地定居下来,形成了特殊的移民。①

正如研究者已指出的那样,在上述几种迁移类型中,影响最大、最具研究价值的还是第一种方式,即征战戍守,也就是本书探讨的主要内容。与大多数游牧部族相仿,蒙古部族在社会组织方面的一个突出特征,便是民即兵,兵、民合一。据《元史·兵一》所载:"若夫军士,则初有蒙古军、探马赤军。蒙古军皆国人,探马赤军则诸部族也。其法,家有男子,十五以上、七十以下,无众寡尽签为兵。十人为一牌,设牌头,上马则备战斗,下马则屯聚牧养。"元朝军队中民族成分十分复杂,大致依其民族分为蒙古军、探马赤军、汉军、新附军等几类。探马赤军即漠南蒙古五部族众所组成的军队。② 显然,诸军之中,以蒙古军在镇戍制度中最为稳定,"以营为家"。这些蒙古军士在征战过程中均携带家眷同行,"尽室而行"。与蒙古军制相对应,蒙古部落中很早建立了"奥鲁"制度。由此,蒙古军队的征战历程,也就可视为蒙古部落的迁移历程。同时,迁入中原各地后,"驻戍之兵,皆错居民间",很自然地成为当地居民的一部分。③ 因此,蒙古军队的部署与其民族人口分布有着直接而紧密的关系。通过理清其军队部署情况,我们就可以从一个侧面了解当时蒙古人的分布状况。

究其大端而言,元朝蒙古族兵士可分为两大类,一为宿卫京师与皇帝行宫的禁军,二为分布于全国各重镇的戍兵。《元史·兵二》称:"宿卫者,天子之禁兵也。元制,宿卫诸军在内,而镇戍诸军在外,内外相维,以制轻重之势,亦一代之良法哉。"关

① 参见罗贤佑《元代蒙古族人南迁活动述略》,《民族研究》1989 年第 4 期;吴松弟《中国移民史》第四卷第十五章第一节《蒙古人的迁移》,福建人民出版社 1997 年版,第 529~546 页。

② 参见陈高华《论元代的军户》,载于《元史论丛》第一辑,中华书局 1982 年出版。

③ 参见姚燧《千户所厅壁记》,载于《牧庵集》卷六,《四部丛刊》本,商务印书馆 1922 年影印出版。

于元代宿卫兵士数量之变化，该《志》又称："若夫宿卫之士，则谓之怯薛歹，亦以三日分番入卫。其初名数甚简，后累增为万四千人。……是故一朝有一朝之怯薛，总而计之，其数滋多，每岁所赐钞币，动以亿万计，国家大费每敝于此焉。"①由此可知，元代宿卫军士的数量相当可观，因之聚集于元大都（今北京）及各行宫之地的蒙古军及其家眷的数量也不可低估。

元朝占领中原地区后，最高统治者即在全国范围内实行镇戍制度，派遣蒙古军士分别驻守天下重镇。又据《元史·兵志》所载，关于元初对天下屯戍之地的规划与确定，可以分为两个阶段：第一阶段是在至元十五年。如"（至元十五年）十一月，定军民异属之制，及蒙古军屯戍之地。……（按：这应是元朝镇戍制度形成的标志）士卒以万户为率，择可屯之地屯之，诸蒙古军士，散处南北及还各奥鲁者，亦皆收聚。命四万户所领之众屯河北，阿术二万户屯河南"。第二阶段是在至元十九年攻克江南地区后。如枢密院大臣曾指出："自至元十九年，世祖命知地理省院官共议，于濒海沿江六十三处安置军马。"②

关于元朝军队屯戍的地理分布特征，《元史·兵二》又载："世祖之时，海宇混一，然后命宗王将兵镇边徼襟喉之地，而河洛、山东据天下腹心，则以蒙古、探马赤军列大府以屯之。淮、江以南，地尽南海，则名藩列郡，又各以汉军及新附等军戍焉。"上述记载应来自《元文类》卷四一所引《屯戍》条：

> 国初征伐，驻兵不常其地，视山川险易、事机变化而位置之，前却进退无定制。及天下平，命宗王将兵镇边徼襟喉之地（如和林、云南、回回、畏吾、河西、辽东、扬州之类——原注），而以蒙古军屯河洛、山东，据天下腹心，汉军、探马赤军戍淮、江之南，以尽南海，而新附军亦间厕焉。蒙古军即营以家，余军岁时践更，皆有成法。独南三行省（应指河南江北行省、江浙行省及湖广行省）不时请移彼置此，枢密院必以为初下南时，世祖命伯颜、阿术、阿塔海、阿里海牙、阿剌罕与月儿鲁、孛罗辈所议定六十三处兵也，不可妄动，奏却之。此其概也。③

依据《元史》《元文类》的上述记载，蒙古军士与探马赤军的屯戍地主要集中于河洛与山东之地，汉军与新附军镇戍南方地区。与其他史料参证，这种说法显然是不全面的。其实蒙古军士的镇戍之地相当广泛，遍布于全国，与探马赤军、汉军等共同形

---

① 《元史》卷九九《兵二》，第2525页。
② 《元史》卷九九《兵二》，第2550页。
③ （元）苏天爵编《元文类》卷四一，江苏书局光绪十五年（1889）版。

成了几大重要的屯戍区域。现将《元史·兵志》所记录的重要屯戍区胪列如下：

1. 燕京周边地区（“燕京近地”）

元朝中书省管辖山东、山西以及河北之地，号称“腹里”。大都（今北京）附近更是咽喉之地，属于重中之重。如中统元年十一月，命右三部尚书怯烈门、平章政事赵璧领蒙古、汉军，于燕京近地屯驻；平章塔察儿领武卫军一万人，屯驻北山。复命怯烈门为大都督，管领诸军勾当，“分达达军为两路”，一赴宣德、德兴，一赴兴州。“后复以兴州达达军合入德兴、宣德”。

2. 陕西行省

元中统三年，始建陕西四川行省，治于京兆（今西安一带）。至元二十三年，四川单独设省。为了加强行省所在地的军事力量，陕西行省官员曾要求将驻扎于凤翔的蒙古军都万户府迁往行省治所。如泰定四年三月，陕西行省尝言：“奉元（今陕西省西安市）建立行省、行台，别无军府，唯有蒙古军都万户府，远在凤翔（今陕西省宝鸡市凤翔区）置司，相离三百五十余里，缓急难用。乞移都万户府于奉元置司，军民两便。”陕西都万户府则表示反对：“自大德三年命移司酌中安置，经今三十余年，凤翔离大都、土番、甘肃俱各三千里，地面酌中，不移为便。”枢密院官员赞同后者的意见，理由是“陕西旧例，未尝提调军马，况凤翔置司三十余年，不宜移动”。

3. 湖广等处行中书省

至元十一年，蒙古军攻克湖广各郡县后，即于鄂州立荆湖等路行中书省，称为“鄂州行省”。到至元十四年，又于潭州立行省，将鄂州行省并入潭州行省，称为“潭州行省”。至元十八年，又将潭州行省治所迁往鄂州，而潭州成为湖南道宣慰司治所在地。潭州一带是蒙古统治者控制两湖地区的军事重镇。如至元十七年，复以扬州行省四万户蒙古军更戍潭州。十八年二月，以合必赤军三千戍扬州。二十一年四月，诏潭州蒙古军依扬州例，留一千人，余悉放还诸“奥鲁”。元贞二年，徙江浙行省拔都军万人戍潭州，潭州以南军移戍郴州。

成宗元贞元年七月，枢密院在上奏中指出了湖广行省兵力重新调整的问题：

> 刘二拔都儿言，初鄂州省安置军马之时，南面止是潭州等处，后得广西海外四州、八番洞蛮等地，疆界阔远，阙少戍军，复增四万人。今将元属本省四翼万户军分出，军力减少。臣等谓刘二拔都儿之言有理……乞命通军事、知地理之人，同议增减安置，庶后无弊。

文中所指“四万”军士应包括蒙古军、探马赤军与汉军、新附军等。

4. 江淮以及江浙行省区

江淮等处行中书省设置于至元十三年，治于扬州。至元二十一年，江淮行省迁治于杭州，改为江浙行省。江淮地区为元朝军队重点镇遏防御之地，故而这一地区部署的军队也最为集中。如至元二十年八月，留蒙古军千人戍扬州，余悉纵还。而原来扬州所有蒙古士卒达九千人。又如至元二十二年二月：

诏改江淮、江西元帅招讨司为上、中、下三万户府，蒙古、汉人、新附诸军，相参作三十七翼。上万户：宿州、蕲县、真定、沂郯、益都、高邮、沿海，七翼。中万户：枣阳、十字路、邳州、邓州、杭州、怀州、孟州、真州，八翼。下万户：常州、镇江、颍州、庐州、亳州、安庆、江阴水军、益都新军、湖州、淮安、寿春、扬州、泰州、弩手、保甲、处州、上都新军、黄州、安丰、松江、镇江水军、建康，二十二翼。每翼设达鲁花赤、万户、副万户各一人，以隶所在行院。

到至元二十七年十一月，江淮行省官员又上言要求增加当地的军备力量：

今福建盗贼已平，惟浙东一道，地极边恶，贼所巢穴，请复还三万户以镇守之。合剌带一军戍沿海、明、台，亦怯烈一军戍温、处，札忽带一军戍绍兴、婺州。……扬州、建康、镇江三城，跨据大江，人民繁会，置七万户府。杭州行省诸司府库所在，置四万户府……

又据泰定四年十二月枢密院奏言，因系冲要重地，扬州早在世祖至元年间就配置有五翼军马并炮手、弩军。亲王脱欢太子亲自率军镇遏扬州，提调四省军马。足见扬州军事地位之重要与驻军之多。

5. 河南江北等处行中书省

河南地区原属江淮行省区，治于扬州（治今江苏省扬州市）。后改为河南江北行省，治于汴梁（今河南省开封市）。扬州之地仍属河南江北行省。据《元史·地理二》记载，至元二十八年，“以濒河而南、大江以北，其地冲要，又新入版图，置省南京（金朝以汴梁府为南京）以控治之”。地域广大，治理难度也大，因而，河南行省官员多次上书要求增加镇戍兵力。如大德元年（1297）十一月，河南行省官员对元初的部署及后来的调整做了全面的回顾：

前扬州立江淮行省，江陵立荆湖行省，各统军马，上下镇遏。后江淮省移于杭州，荆湖省迁于鄂州，黄河之南，大江迤北，汴梁古郡设立河南江北行省，通管江淮、荆湖两省元有地面。……当时沿江一带，斟酌缓急，安置定三十一翼军马镇遏，后迁调十二翼前去江南，余有一十九翼，于内调发，止存元额十分中一二。

况两淮、荆襄自古隘要之地，归附至今，虽即宁静，宜虑未然。乞照沿江元置军马，迁调江南翼分，并各省所占本省军人，发还原翼，仍前镇遏。

又如延祐四年四月，河南行省官员奏：

本省地方宽广，关系非轻，所属万户府俱于临江沿淮上下镇守方面，相离省府，近者千里之上，远者二千余里，不测调度，卒难相应。况汴梁系国家腹心之地，设立行省，别无亲临军马，较之江浙、江西、湖广、陕西、四川等处，俱有随省军马，惟本省未蒙拨付。

这一奏请得到了皇帝的重视，即从山东河北蒙古军、河南淮北蒙古军两都万户府中调拨一千人，作为河南行省的随省军马。

泰定四年十二月，河南行省官员又上言道："所辖之地，东连淮、海，南限大江，北抵黄河，西接关陕，洞蛮草贼出没，与民为害。本省军马俱在涉海沿江安置，远者二千，近者一千余里，乞以炮手、弩军两翼，移于汴梁，并各万户府摘军五千名，设万户府随省镇遏。"这次他们的请求遭到枢密院官员的反对，理由是河南行省周边地区驻有大量军队可供接应：

设若河南省果用军，则不塔剌吉所管四万户蒙古军内，三万户在黄河之南、河南省之西，一万户在河南省之南，脱别台所管五万户蒙古军俱在黄河之北、河南省东北，阿剌铁木儿、安童等两侍卫蒙古军在河南省之北，共十一卫翼蒙古军马，俱在河南省周围屯驻。又本省所辖一十九翼军马，俱在河南省之南，沿江置列。果用兵，即驰奏于诸军马内调发。

河南行省本省及周边地区合计竟有三十翼军马，自然没有继续增兵的必要了。

五、明代蒙古族的分布与迁移活动①

有明一代，与中央王朝关系最为复杂、影响也最为突出的边疆民族，是北迁回到大漠地区的蒙古族。首先，明代塞外蒙古部落大致可分为三部，即鞑靼、瓦剌与兀良哈。其次，在蒙古族主体北迁后，塞外的蒙古部落又形成对明朝北部（包括西北与东北部分地区）最严峻的威胁，为此，明朝特设九边，建立起空前规模的北方防线，但依然无法彻底阻挡蒙古部落的南下骚扰。再次，就明代塞外蒙古族的分布特征而言，其主体分布于沿边九镇的附近地区，即漠南。此外，漠南蒙古部落有东迁与西迁的趋势，由此进入大兴安岭及今东北地区，以及青海地区等，从而奠定了清代蒙古族的主要分布格局。

---

① 关于明代蒙古族研究的代表性著作有日本学者和田清所著《明代蒙古史论集》（上、下册，潘世宪译，商务印书馆 1984 年出版，内蒙古人民出版社 2015 年再版），可资参考。

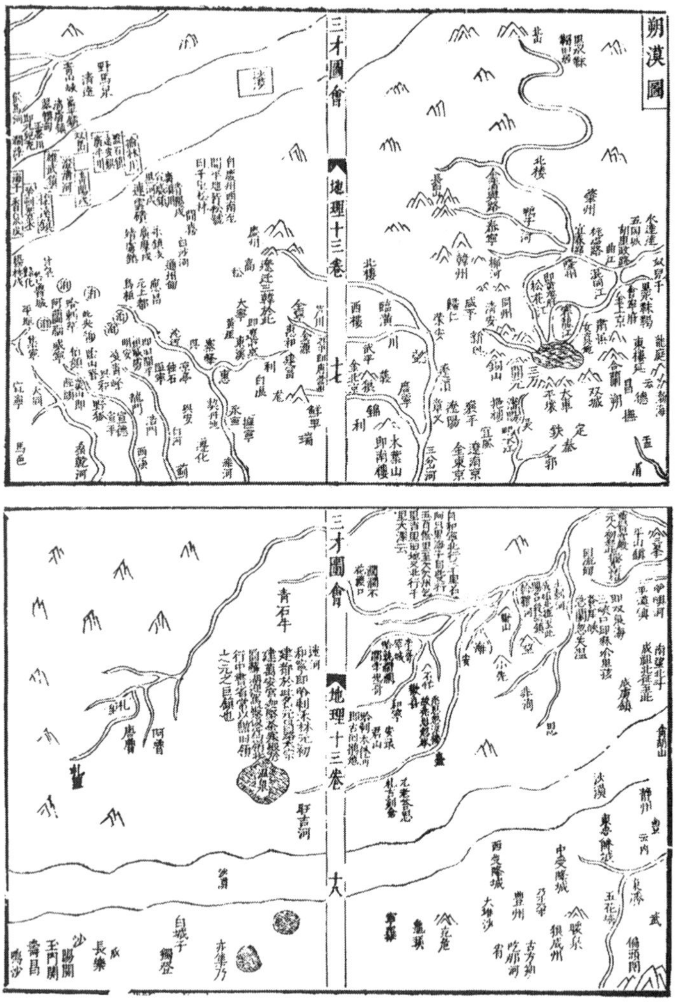

《朔漠图》

(一)明朝初年蒙古人的内迁

明朝初年(尤其是洪武年间),是蒙古族由统治民族重新转变为边疆民族的关键时期,也是蒙古族部众迁徙往来最频繁的一段时期。其主要趋势为北迁,但也有许多蒙古人在明初重新迁回中原。明初蒙古人的内迁,大致分为两种类型:一是归降,二是战俘。先是逃徙式的北迁,又有归附式的南下。

元朝灭亡后,元廷残部及大批蒙古贵族逃往漠北地区,后世称为“北元”。洪武元年(1368),明朝军队攻入北京,元顺帝被迫北奔,先居住于开平(今内蒙古自治区正蓝旗东闪电河北岸),后又逃往应昌(今内蒙古自治区克什克腾旗西南)。顺帝去世后,太子爱猷识理达在明朝军队的追击下,迁往和林(今蒙古哈拉和林)。

洪武年间,北徙的元朝遗臣尚拥有相当强盛的军事势力,不时骚扰明朝北部边

疆,明朝予以坚决还击,数次派遣大军北征,俘获大批来犯族众。这方面的记载主要有:

1. 洪武五年(1372),明大将徐达、李文忠、冯胜等率军分三路北征,取得不凡战绩。如冯胜等"降上都驴等所部吏民八千三百余户"。李文忠部远击至土剌河(今蒙古境内土拉河)、阿鲁浑河、称海一带(今蒙古科布多东南),"获其官属子孙并军士家属千八百余,送京师"。

2. 洪武十三年(1380),明将沐英率师北征,渡黄河,越贺兰山,直抵和林,擒元臣脱火赤、爱足等于和林,"尽以其部曲归",俘获数量相当可观。

3. 洪武十四年(1381),徐达、汤和、傅友德等又挥师北上,"斩获甚众"。

4. 洪武二十年(1387),明朝军队向盘踞在金山(今阿尔泰山)的北元纳哈出部发动大举进攻。纳哈出部当时拥有士众达二十万之多。最后,在明朝军队强大实力的威慑下,纳哈出无奈出降,明军"先后降其部曲二十余万人"。

5. 洪武二十一年(1388),朱元璋又遣大将蓝玉北征,直至捕鱼儿海(今内蒙古自治区东部贝尔湖)附近,大破蒙古军队,"斩太尉、蛮子数千人"。明军大获全胜,战绩赫赫,"获其(北元王脱古思帖木儿)次子地保奴及妃主五十余人、渠率三千、男女七万余,马驼牛羊十万"。在这次军事打击下,北元陷于溃亡之绝境,漠北削平。北元王脱古思帖木儿为部将所杀后,蒙古部族"部帅纷拿,五传至坤帖木儿,咸被弑,不复知帝号。有鬼力赤者篡立,称可汗,去国号,遂称鞑靼云"①。

仅据上述记载粗略统计,明初洪武年间,明军俘获的蒙古族贵族与平民数量已达三十万人以上。此外,主动归附明朝的蒙古人也不在少数。关于蒙古遗民及俘虏的安置,明代茅元仪在《武备志》中曾指明:"国初,虏降者皆处以边地,谓之土达。"②但随着鞑靼人反叛活动的不断出现,明朝官府也改变了安置策略。如洪武七年(1374),明太祖朱元璋就明令:"外夷民皆令迁入内地。"③当时京师(今南京)及其附近地区便成为内迁蒙古人的重要聚居地。明朝迁都北京后,河北及山东地区都安置有相当数量的内迁蒙古人,这些人通常都得到了较为优厚的待遇。仅就土地而言,如"正统元年(1436),拨赐河间府(治今河北省河间市)等处安插外夷官员田土:指挥一百五十亩,千户一百二十亩,百户所镇抚一百亩"。"又令迤北来降夷人,每人拨与德州(治今

① 上述俘虏记载,见《明史》卷三二七《鞑靼传》,第8464~8467页。

② 《武备志》卷二二五《四夷》,上海古籍出版社《续修四库全书》版,第196册,第185页。

③ 《明太祖实录》卷八八,(台北)"中研院"史语所校勘本,第1570页。

山东省德州市)田地五十亩。"[①]此外,大批鞑靼人被编入明朝军队,驻戍于全国各地,尤以云南等地为著名。这些鞑靼军士及其家属在当地形成了一种特殊的移民群体。[②]

(二)明代蒙古各部的分布与南下

北元灭亡后,随着时间的推移,塞外蒙古族部落逐渐形成三种主要势力及三大区域:一是以故元皇族为核心的鞑靼部,位置居中;二是瓦剌部,在鞑靼部的西面;三是兀良哈部,在蒙古东部地区。

1. 鞑靼部的分布状况

明代蒙古人自称为"都沁·都尔本",意为"四十四万蒙古",这其中又分为两大部:一是东部蒙古,蒙古语音译为"都沁",意为"四十万蒙古",也就是蒙古本部;一是西部蒙古,蒙古语音译为"都尔本",意为"四万卫拉特",即瓦剌部。对蒙古本部,即"四十万蒙古",明朝人称为"鞑靼"。[③]《明史·鞑靼传》称:"鞑靼,即蒙古,故元后也。"关于鞑靼人的分布区域,《明史·鞑靼传》载:"鞑靼地,东至兀良哈,西至瓦剌。"可见,三部之中,鞑靼部居中,势力最强,与明朝的关系也最为复杂曲折。

虽然蒙古部落在洪武年间遭受重创,其对明朝北部边疆的侵扰却一直没有停止过。就鞑靼人南下活动的地理特征而言,明朝前期表现较为散漫,主要集中于明朝各边镇附近。如《明史·鞑靼传》载:"始,鞑靼之来也,或在辽东(驻今辽宁省北镇市)、宣府(驻今河北省张家口市宣化区)、大同(驻今山西省大同市),或在宁夏(驻今宁夏回族自治区银川市)、庄浪(治今甘肃省永登县)、甘肃(驻今甘肃省张掖市),去来无常,为患不久。景泰初,始犯延庆,然部落少,不敢深入。"自明中期天顺年间开始,鞑靼人逐渐内迁进入河套地区,南北攻守形势发生了重大转变。鞑靼部南下的次数与规模与前相比有较大增长。

> 天顺间,有阿罗出者,率属潜入河套居之,遂逼近西边。河套,古朔方郡,唐张仁愿筑三受降城处(中受降城在今内蒙古自治区包头市西,东受降城在今内蒙古自治区托克托县南,西受降城在内蒙古自治区杭锦后旗北)也。地在黄河南,自宁夏至偏头关(在今山西省偏关县),延袤二千里,饶水草,外为东胜卫(治今内蒙古自治区托克托县)。东胜而外,土平衍,敌来,一骑不能隐,明初守之,后以

① (明)李东阳等(万历)《大明会典》卷一七,广陵书社2007年版,第320页。

② 笔者在拙著《山西移民史》中对南迁蒙古人问题进行过简要的讨论,参见该书(山西人民出版社1999年版,三晋出版社2013年再版)。

③ 参见杨绍猷、莫俊卿《明代民族史》,四川民族出版社1996年版,第2页。

旷绝内徙。至是,(鞑靼部酋长)孛来与小王子、毛里孩等先后继至,掳中国人为乡导,抄掠延绥无虚时,而边事以棘。

明人茅元仪将东胜卫的失守归于“己巳之变”,即正统十四年(1449):“河套,即秦所取匈奴河南地也。东至偏头,西至宁夏,三面阻河,南邻边(长城),东西几二千里,南北八九百里,河之北,三受降城在焉,东受降城东为东胜,己巳之变,东胜失守,火筛遂南掠,因知河套所在,入据其中。”①至成化年间,鞑靼人的骚扰更加频繁。如成化十六年(1480)秋,“敌三万骑寇大同,连营五十里,杀掠人畜数万。……敌去辄复来,迄成化末无宁岁”。弘治及正德年间,鞑靼小王子部又入居河套地区,明朝边患严重,“于是小王子及脱罗干之子火筛相倚日强,为东西诸边患”。如正德十一年(1516),“敌遂犯宣府(治今河北省张家口市宣化区),凡攻破城堡二十,杀掠人畜数万”。

到嘉靖年间,塞外鞑靼部落内部发生了重大变化。“时小王子最富强,控弦十余万,多畜货贝,稍厌兵,乃徙幕东方,称土蛮,分诸部落在西北边者甚众。曰吉囊、曰俺答者,于小王子为从父行,据河套,雄黠喜兵,为诸部长,相率蹦诸边。”②《明史》的这段记载应取自明人叶向高所著《四夷考》之《北虏考》:

> 是时,小王子最富强,控弦十余万,多畜黄金犀毗,稍厌兵。其连岁深入,蹂西北边,皆其别部酋,曰吉囊,曰俺答。二酋亦元裔,于小王子为从父行。其大父曰歹颜哈,有十一子。次曰赛那剌,有七子,长吉囊,次俺答,皆雄黠善兵。吉囊壁河套,名袄儿都司,直关中。俺答壁丰州滩,直代、云中。吉囊、俺答各九子,子各万骑。其弟老把都亦数万骑,壁张家口。诸昆从百十,皆有分地。率盗边自肥,日益强盛。名尊小王子,不受其约束。小王子亦徙壁东方,直蓟、辽,号曰土蛮。③

据此可知,当时明朝塞外的蒙古族部落分为几支地域性的强势部族:一是驻守于河套地区的吉囊部,二是驻守于丰州滩的俺答部,三是驻守于张家口的老把都部,四是蓟辽以北的小王子部。随着曾经对明朝边境地区构成剧烈冲击的小王子部的东迁,当时塞外蒙古部落实际上分成东、西两大集团。实力最强盛、地位最尊崇的为东部小王子集团,又称为“土蛮”,而西部集团由吉囊、俺答等部组成。小王子部(土蛮)

---

① 《武备志》卷二〇七《镇戍·延绥》,明天启刻本。“受降城东”之前的“东”字为据他本补。

② 上述记载非特别注明者均出自《明史》卷三二七《鞑靼传》。

③ (明)叶向高《四夷考》卷之七《北虏考》,中华书局1991年版,第79~80页。

的东迁，对东北地区的民族构成与分布产生了重大影响。而出于地缘的便利，吉囊与俺答两部对明朝边境地区开始了更为频繁的掠夺，给边境地区的民众造成了更为惨痛的损失。据《明史·王崇古传》载：

吉囊子吉能据河套为西陲诸部长，别部宾兔驻牧大、小松山，南扰河、湟番族，环四镇（宁夏、甘肃、榆林、固原等四镇）皆寇。……自河套以东宣府、大同边外，吉囊弟俺答、昆都力驻牧地也。又东蓟（州）、昌（平州，治今北京市昌平区）以北，吉囊、俺答主土蛮居之，皆强盛。俺答又纳叛人赵全等，据古丰州地（在今内蒙古自治区呼和浩特市东白塔），招亡命数万，屋居佃作，号曰板升。全等尊俺答为帝，为治城郭宫殿；亦自治第，制度如王者，署其门曰开化府。又日夜教俺答为兵。东入蓟、昌，西掠忻（州）、代（州），游骑薄平阳、灵石，至潞安（治今山西省长治市）以北。起嘉靖辛丑（嘉靖二十年，1541），扰边者三十年，边臣坐失事得罪者甚众，患视陕西四镇尤剧。

如隆庆元年（1567），穆宗即位不久，俺答就向山西境内发动大举进攻，蒙古骑兵来势凶猛，明朝守军懦弱不战，互不接应。俺答大军在攻破石州（治今山西省吕梁市离石区）后，大肆屠戮，进而遍掠汾州各县，给这一带造成惨重的生命与财产损失，史称“汾石之祸”。当年十月庚戌，山西巡按御史王渐在上奏边臣失事罪状时讲：“……自虏入犯距出边之日，纵横蹂践者已逾三旬，劫掠伤残者迨将千里，中间攻陷烧毁杀掳者，何啻数万计。”① 二年（1568）二月，当朝官员在《论石州被虏功罪》疏中又指出：“……（石州陷后），屠戮甚惨。……虏得大掠孝义、介休、平遥、文水、交城、太谷、隰州间，所杀虏男妇以数万计，刍粮头畜无算，所过萧然一空，死者相藉。”②

然至隆庆四年（1570），南北和战形势突变，在部分蒙古将领归附明朝的影响下，鞑靼俺答汗也表示愿意归附，明廷封其为顺义王。“自是，约束诸部无入犯，岁来贡市，西塞以宁。”“自宣大至甘肃不用兵者二十年。”俺答所部，又被称为“河东之部”，以区别于河套之部。俺答部归顺后，东部土蛮与河套部对明朝边境的骚扰并没有停止。如万历三十五年（1607），总督徐三畏的奏疏较细致地说明了塞外河套蒙古部落的情况：

河套之部与河东之部不同。东部事统于一，约誓定，历三十年不变。套部分四十二枝，各相雄长，卜失兔徒建空名于上。西则火落赤最狡，要挟最无厌；中则

① 《明穆宗实录》卷一三，第371页。

② 《明穆宗实录》卷一七，第463~464页。

摆言太以父明安之死，无岁不犯；东则沙计争为监市，与(土蛮)炒花朋逞。西陲抢攘非一日矣。然众虽号十万，分为四十二枝，多者不过二三千骑，少者一二千骑耳。①

除了土蛮部东迁，有明一代，塞外鞑靼人向西北青海地区移进的趋向也十分明显。《明史·西番诸卫传》载：

西宁即古湟中，其西四百里有青海，又曰西海，水草丰美。番人环居之，专务畜牧，日益繁滋，素号乐土。正德四年(1509)，蒙古部酋亦不剌、阿尔秃厮获罪其主，拥众西奔，瞰知青海饶富，袭而据之，大肆焚掠。番人失其地，多远徙。其留者不能自存，反为所役属。自是甘肃、西宁始有海寇之患。

这是明代蒙古族大举进据青海地区之始。蒙古人的进逼，使青海地区居民大部远迁，在很大程度上改变了当地居民的民族构成。俺答部强盛之后，也向青海地区移徙。"时北部俺答猖獗，岁掠宣、大诸镇。又羡青海富饶，(嘉靖)三十八年(1559)携子宾兔、丙兔等数万众，袭据其地。(原蒙古酋长)卜儿孩窜走，遂纵掠诸番。已，引去，留宾兔据松山(在今甘肃省永登县东北)，丙兔据青海(今青海湖)。"②塞外蒙古人的西迁，对青海湖地区乃至整个西北地区的民族构成与分布格局都产生了重大影响。

2. 瓦剌部的分布与南下

瓦剌部(清代又称为厄鲁特或卫拉特)本在鞑靼人分布区之西。该部创始者为元朝大臣猛可帖木儿。在他死后，瓦剌部分为三支，首领分别为马哈木、太平、把秃孛罗。永乐年间，三部遣使请封，明朝于是分别封马哈木为顺宁王、太平为贤义王、把秃孛罗为安乐王。瓦剌部之游牧地主要在别失八里城及以北地区。明人陈诚在《西域番国志》中载："别失八里(在今新疆维吾尔自治区吉木萨尔县北)地居沙漠间，今为马哈木氏王子主之，马哈木盖胡元之余裔，前世锡封于此。"③

到明宣德及正统年间，瓦剌脱欢(马哈木之子)部强大起来，兼并了其他二部，并攻占了鞑靼人所据的漠北地区，拥立脱脱不花为汗，基本统一了漠北蒙古地区。至脱欢之子也先掌权之时，瓦剌部势力更为强盛，自称太师淮王，"于是北部皆服属也先，脱脱不花具空名，不复相制"，实际上成为北方蒙古草原部落的新霸主。正统十四年(1449)，也先集合各部，分数路大举南下。"脱脱不花以兀良哈寇辽东，阿剌知院寇

---

① 以上引文非特别注明者均出自《明史》卷三二七《鞑靼传》。

② 《明史》卷三三〇《西域二》，第8544页。

③ (明)陈诚著，周连宽校注《西域番国志》，中华书局2000年版，第102页。

宣府，围赤城，又遣别骑寇甘州，也先自寇大同。”明英宗在太监王振的怂恿下御驾亲征，结果遭到惨败，全军覆没，上演了明代历史上著名的“土木之变”，明英宗被也先活擒。

其后，也先又攻杀脱脱不花，自立为可汗，依然控制了漠北诸部。其势力所及，“东及建州（治今辽宁省朝阳市西南）、兀良哈，西及赤斤蒙古、哈密”。但是，在也先死后，瓦剌部很快衰落下来。“自也先死，瓦剌衰，部属分散，其承袭代次不可考。”①

3. 兀良哈三卫与民族分布

兀良哈，清代又译称为“乌梁海”。明朝在东北及西北边境地区设置了一些以蒙古人为核心的卫所，在东北地区为著名的兀良哈三卫，在西北则有赤斤蒙古卫等。这些卫所大都为安抚降附明朝的蒙古族首领及其部落而设立。如兀良哈三卫即泰宁、朵颜、福余三卫指挥使司设置于洪武二十二年，“在黑龙江南，渔阳塞北”，分别由各部首领率其部落组建而成，其目的在于防止鞑靼人对朵颜等部的侵掠，三卫官员为朵颜等部首领所担任。如据《明太祖实录》，洪武二十二年（1389）五月，“辛卯，置泰宁、朵颜、福余三卫指挥使司于兀良哈之地，以居降胡”。关于兀良哈三卫的渊源及地理方位，《明史・朵颜传》载：

> 朵颜、福余、泰宁，高皇帝所置三卫也。其地为兀良哈，在黑龙江南，渔阳塞北。汉鲜卑、唐吐谷浑、宋契丹，皆其地也。元为大宁路北境。……自大宁前抵喜峰口，近宣府，曰朵颜；自锦、义历广宁至辽河，曰泰宁；自黄泥洼逾沈阳、铁岭至开原，曰福余。

但是，根据中外研究者考证，《明史》所载朵颜三卫的居住地只是其南迁之后的居住地，其原居地位于潢水（今西拉木伦河）以北地方。如日本学者箭内亘曾指出：“（三卫）明初住潢水以北，后渐南下，弥漫于塞外，明代为北方祸源之一部族，名兀良哈者，其名实为乞儿吉思、兀速、憨哈纳思三部，由唐努山以北，东徙以前，彼等及彼等以外几多部族之总称，其后经元代而传于明代者。”②

三卫最初的具体位置：泰宁卫，在今洮儿河流域；福余卫在今嫩江东、西一带；朵颜卫在今洮儿河和归流河上游索岳尔济山一带。③ 关于三卫的迁移路线，明人陈祖绶在《皇明职方地图》中曾注解：

---

① 本小节引文均出自《明史》卷三二八《瓦剌传》。

② 见《兀良哈及鞑靼考》，商务印书馆 1933 年版，第 27~28 页。

③ 见李健才《东北史地考略》，吉林文史出版社 1986 年版，第 243~247 页。

兀良哈，元之降虏也。洪武初设泰宁、朵颜、福余三卫，授以都督、指挥等官总之，以为外卫。其地本古山戎，在潢水之西，南与大宁都司接境，革除间增卜剌卫，今东起辽阳，西拒四海治，皆其境也。每岁再贡，每贡千余人，今皆为逆奴（指努儿哈齐所部）所兼并。福余初分长春、泰宁，后自黄泥洼，逾沈阳、铁岭至开原，曰福余；泰宁初分详稳九区，后自锦义历广宁至辽河，曰泰宁；朵颜初分群牧十二，后自大宁抵喜峰近宣府，曰朵颜。①

兀良哈三卫的内迁，主要是受到西部鞑靼部的压迫。如明人冯瑗所著《开原图说》（卷下）对土蛮东迁及其影响的介绍最为全面扼要：

自嘉靖二十五年（1546），元小王子苗裔打来孙者，收复三卫属夷，举部东移，驻潢水之北，西南犯蓟门，东北犯辽左，而辽左始有虏患。以与宣、大虏东西分部，故谓东虏。打来孙即土蛮之父，今其子虎墩兔憨相继称憨，如古单于之号，世总统东部诸虏矣。当时打来孙部落有虎喇哈赤者，骁勇善战，所部兵甚精，为太宁（泰宁）、福余夷勾引，入辽河套游牧，遂为广宁、辽、沈、开、铁大患。至今五六十年，其遗孽乃更猖炽。

毫无疑问，蒙古小王子部（土蛮，察哈尔部之前身）的东迁给东北地区的三卫部落带来了巨大的冲击，也改变了塞外蒙古部落的分布格局。此后，蒙古部落分为东、西两大部，当时人称为“东虏”与“西虏”。又如明人米万春在《蓟门考·东夷考》中记载：

东虏酋首土蛮，系残元遗孽小王子苗裔也。其父打来孙同弟阿牙台皮、卜以麻等存日，原在宣镇正北大漠，地名客列土母一带住牧。嘉靖三十年间，因与安滩（俺答）有隙，打来孙惧为所并，举部东移，乃与安滩互相偷马仇杀。后于三十六年（1557）春，收服三卫夷人，为彼向导，始犯蓟镇冷口地方。繇是分为东西二虏。本夷素称察罕儿，迩来住巢离边渐近，为蓟辽患。②

关于察哈尔部东迁的意义，日本学者和田清曾指出：

……（小王子部）东迁意义极为重大。这个纯粹蒙古的中心部落、大元可汗的正统后裔，率领所部十万东迁，移牧于兴安岭东南半部，不仅是历史上无与伦比的罕有事件；由于移动的结果，在蒙古内部引起了重大变化，并使明廷辽东大

① 见《皇明职方地图》中《皇明贡夷年表》注文，复旦大学图书馆藏明刻本。

② 见（明）陈仁锡《皇明世法录》卷五七所载，转引自和田清《明代蒙古史论集》，第424~425页。

为疲弊,不久便形成了清朝兴起的基础。①

兀良哈三卫的战略位置十分重要,海滨野史在《建州私志》中也曾对三卫的变迁及影响进行了细致的回顾与评述:

……必辽之藩篱固,而后京师之藩篱始固。则兀良哈是也。洪武二十二年,故元辽王阿札失里及朵颜诸酋求内附,诏以兀良哈地分三卫居之。自锦、义渡辽河至白云山,曰泰宁卫,以阿札失里为指挥使;自黄泥洼逾铁岭至开原,曰福余卫,以海撒儿答为指挥同知;自广宁前屯历喜峰近宣府,曰朵颜卫,以脱鲁忽察儿为指挥同知。并给印信,俾钤束部落,为东北外屏。……靖难而后,以诸夷从征有功,遂捐三卫地界。兀良哈者,悉畀其酋,而藩篱尽撤矣。三卫自辽沈抵宣府几三千里。……由是三卫地广,其兵甚强,而朵颜为最。嘉靖中花当、革兰台、影克为患。二十九年(1550),特设蓟辽总督以御之。三卫部多至八十余种,惟长昂、董狐狸为最凶狡。万历中,伯言、花当岁无不扰边。②

万历时人张鼐曾撰《辽夷略》,对明朝末年朵颜、泰宁、福余三卫地区所属蒙古诸部构成与人口数量进行了较详细的记述。张鼐曾官至南京吏部右侍郎,万历四十八年他曾奉使辽东,归后撰此书。他是从一位明朝人士的角度,来区分辽东塞外的蒙古部落,除了地理位置,他用以划分的标志是这些部落进行朝贡与市赏的交通集镇。根据张鼐的记述,辽东三卫地区的蒙古部落主要有以下几个:

(1)第一部为宁远前屯(今辽宁省兴城市)等塞外朵颜卫部落。张鼐曾总结道:“以宁前而论之,其革兰泰之一种,凡八枝共四十酋,而领市赏则高台、兴水县二堡也。”这一部的酋长名为革兰泰,其有八子,各分一派。其中长子影克一派凡十枝,控弦之骑不下八千人;次子董狐狸一派凡九枝,约兵二千余骑;三子獐兔一派凡二枝,约兵千骑;四子都令满都不赖一派凡八枝,合计约六千余骑;五子兀鲁厮汉一派凡二枝,兵千余骑;六子猛首大一派分为三枝,七子鹅毛兔一派分为二枝,两派五枝兵数不详,估计不似诸派之强;八子阿只孛罗一派分二枝,有兵五百余骑。

(2)第二部为“自宁前而东,我边地渐广,则广宁(在今辽宁省北镇市)、锦义诸堡矣,踞塞外者皆朵颜诸部也”。张鼐总结道:

以广宁、锦义而论之,其土蛮憨一种,凡九枝共三十酋,而领市赏亦镇远关

① 《明代蒙古史论集》(下册),第425页。

② 《建州私志》中卷,载于《清入关前史料选辑》(第一辑),中国人民大学出版社1984年版,第277页。部分内容与谢国桢《清开国史料考》稍有出入。

也。其叆塔必一种，凡十枝共四十酋，而领市赏亦镇远关与大福堡也。其大委正一种，凡三枝，而领市赏亦镇远关也。其克石炭一种，凡三枝共九酋，而领市赏亦镇远关也。其鬼麻一种，凡五枝，小歹青一枝，市赏则大康堡。额参委正一枝，市赏亦镇远关。耿耿歹青，青歹青，石保赤丑库儿三枝，市赏亦大康堡也。其五路台吉一种，凡七枝共十八酋，而领市赏亦镇远关也。其把伴一种入于泰宁，凡二枝共十六酋，而领市赏亦镇远关也。

作为部落实力的主要标志，各部拥有的骑兵数量概观如下：

——“其酋曰土蛮憨，号老王子。”“计土蛮之派凡二十一枝，俱帝虎墩兔憨。憨兵不下三万，而合诸酋兵又几二万，是以为土蛮之种强也”。

——“直广宁西北而牧，离边约七百余里，市赏亦由镇远关者，其酋曰叆塔必”。“盖叆塔必十枝，凡三十二派”，约有兵三万余骑。

——“离广宁西北边八百余里而牧，从镇远关市赏者，有大委正一枝”。其兵不详。

——“离义州正北边千余里住牧，而争赏仍由镇远关，则有克石炭一枝”。拥兵七八千骑。

——鬼麻一枝凡五分枝，分为十四派。约有兵一万一千五百余骑。其市赏地在大康堡(今辽宁省义县境内)。

——“离广宁镇静、镇边、镇远等堡三百余里而牧，其市赏仍由镇远者，有五路，即郎台吉”。“七子分为十八派，其带甲控弦者大约满万。”

——朵颜卫夷酋还有把伴者，“其牧地在广宁东北，离镇静、镇安等堡三百余里，而市赏由镇远关”。二子共十六酋。其兵力不详。

(3)“泰宁卫之夷酋曰虎喇哈赤”，生五子：速把亥、炒花、歹青(伯要儿)、委正、兀班。五子分地而居。“泰宁诸夷虎喇赤一种五枝，长男速把亥一枝，凡二十二酋，直广宁、海州、西平、东胜、东昌等堡，而领市赏则镇远关也。”

——“其直广宁、镇远、镇宁、镇武、西平、海州、东昌、东胜边四百余里而牧，由镇远市赏者，速把亥诸种也”。“诸夷部约拥骑万五千，而皆受调度于炒花。”

——“其直镇武、西平、东昌、东胜、长静、长安、长勇、平虏诸堡而牧，由镇远关入市赏者，炒花诸种也”。“今炒花尚在，而计其诸部落兵盖万五千骑焉。”

——“直辽沈平虏正北四百余里而牧者，虎喇赤第三男歹青，即伯要儿诸子也，其牧地名猪儿苦周一带”。“计伯要儿之种凡五枝分二十一派。”约有兵八千余骑。

——“直沈阳、铁岭六百余里而牧，市赏仍入开原新安关者，为粆花（应为虎喇哈赤）第四男委正诸子也，其牧地名岳落一带”。委正四男而分二十三派，约有兵六千余骑。

——“直关铁西北七百余里而牧，仍入新安关市赏者，为粆花（应为虎喇哈赤）第五男兀班诸子也，其地名古路半，升户儿大汉把都楼子”。约有兵一万五千余骑。

（4）“福余卫之夷今弱矣，当万历丁亥、戊子间，勾西虏为开、铁患，亦中国一疥癣也。乃竟为西虏所残弱，而避居混同江，江离开原边千余里，其久不赴新安关领市赏，积弱不振之故也”。总共部才五千骑。①

蒙古族部落之间通常以酋长之血缘系统来决定彼此之间的关系，故而，张鼐统计辽东蒙古部落的单位分别为“种”“派”“枝”，通常祖辈曰种，父辈曰派，子辈曰枝。有时也将“派”“枝”“酋”相混。

综上所述，由于土蛮的东迁，辽东塞外蒙古部落虽仍冠以朵颜、泰宁、福余三卫之名，其实早已名不副实。如土蛮部落迁入朵颜卫等三卫之地，已变成三卫地区最强盛的部分，而福余等卫诸部落大多因势力弱小迁往混同江（今松花江及黑龙江下游）一带。

（三）明朝北部边镇地区蒙古部族的数量统计

通过对明代塞外蒙古各部发展的考察，我们不难发现当时蒙古族分布格局的一个关键特征，即尽管蒙古高原地域辽阔，但是蒙古部落的主体一直徘徊于漠南及明朝沿边重镇附近。这主要是由蒙古高原地区的自然地理条件决定的。如署名为岷峨山人所著《译语》载：

> 顷汉番人有归降者，译得其语曰：沙漠真旷荡，马力未穷。惟近塞则多山川林木及荒城废寺。如沿河十八村者，其丘墟尚历历可数。极北则平地如掌，黄沙白草，弥望无垠，求一卷石勺水无有也，渴则掘井而饮。虏酋号小王子者居于此，名曰可可的里速。犹华言大沙窊也。西南曰青山、曰照壁山、曰草垛山、曰桦皮岭、曰威宁海子、曰东西二海子、曰野马川、曰羊圈堡、曰桦林沟、曰杏园、曰松林。虏常往来住牧于此，一便水草，一便蔽翳，一便窥伺也。俱与宣府西路西阳河、渡口堡、柴沟堡、洗马林、新河口、新开口、膳房堡、张家口诸边相望。②

显然，这份文献所录时间，是在漠北小王子部落东迁之前。据此也可推定，小王

① 上述所引，参见（明）张鼐《辽夷略》，载于《清入关前史料选辑》（第一辑），第89~100页。

② 转引自《明代蒙古史论集》（下册），第414页。据和田清的考证，岷峨山人极有可能是嘉靖年间曾任宣化口北道守臣的苏志皋，见《明代蒙古史论集》（上册），第368~369页。

子部之所以大举东迁，大概与漠北地区恶劣的自然环境有关。

为抵御鞑靼人的骚扰，明朝特别在沿边设置九大重镇，合称“九边”。《明史·地理志》载：“其边陲要地称重镇者凡九：曰辽东，曰蓟州，曰宣府，曰大同，曰榆林，曰宁夏，曰甘肃，曰太原，曰固原。皆分统卫所关堡，环列兵戎。”如果再加上万历年间所设临洮镇，应合为“十镇”。明人王士性在《广志绎》中指出：“九边延袤几八千里，墩台关口，联以重墙，亦犹长城之遗而讳其名耳。”如果将九边与长城相比拟，那么九边所在地域至少应覆盖了内、外两道长城经过的地区。

有明一朝，记载与研究北方九边镇事迹以及蒙古部落动态的著述极多，除了《明实录》《大明一统志》以及《大明会典》等官方著录，名目繁多的私家著作也为我们保留了丰富的研究资料。如魏焕《皇明九边考》、郑晓《吾学编·皇明北虏考》、叶向高《四夷考》、陈祖绶《皇明职方地图》、冯瑗《开原图说》、郭造卿《卢龙塞略》、张鼐《辽夷略》、茅元仪《武备志》等，难以胜数。但因为一方面蒙古部落处于不断变迁之中，另一方面各家著作对一些部落的译名并不统一，不免给后来的研究工作带来了相当大的困难。笔者以为，《兵略》是相关著作中最具有民族地理价值的一种，这部著作全面而系统地记录了各大边镇附近蒙古各部的构成与部落数量，为我们探索明代后期蒙古民族的分布状况提供了极其珍贵的资料。① 下面即根据《兵略》与茅元仪《武备志》等书所提供的资料与数据分别阐述各边镇附近蒙古部落的情况。

1. 蓟州镇

又简称蓟镇，驻今河北省迁西县西北。下辖蓟州、昌平、保定、密云、永平、易州、井陉等七处边镇。蓟州镇管辖，“东起山海关，西至大水谷，抵昌镇慕田峪界，边长一千余里”。茅元仪注：“镇外系朵颜三卫属夷，东北系擦汉脑儿，西北系青把都儿、大嬖只、赶兔等部落住牧。”《兵略》载：“蓟镇边外住牧夷人：酋首长昂是朵颜三卫夷人，部落约三万有余，在喜峰口（今河北省迁西县北部）互市。”

2. 辽东镇

驻今辽宁省北镇市。茅元仪引《职方考》云：“辽东东起鸭绿江朝鲜界，西抵山海关，南起旅顺，北抵开原。外边九百余里，三面濒夷，一面阻海，唯山海关可内通，中有三岔河，为辽阳旧城，自洪武壬子（1372）沦于夷，全辽始两岐矣。”《兵略》载辽东镇边外住牧部族主要有：

① 据（清）姚觐元所著《清代禁毁书目》所载，《兵略》一书为明人陈象明所撰，原书已被销毁。笔者所据为《武备志》卷二〇四至卷二〇八所引《兵略》内容。

(1)“奴儿哈赤”部,又被称为“建州达子”。为金朝女真人后裔,至明末部族繁盛,部落约五万有余。

(2)擦汗儿达子大部落,在山后地名阿力素等处住牧,为辽东辽阳边外,离边三百里,近“奴儿哈赤”部。其中小王子民旦部落约三万有余。大娘子一克台户生有五子,合计有部落二万二千余;二娘子七青台户生有七子,合计有部落二万六千五百余。三部共计有近八万部落。

(3)擦汗儿达子小部落,在山前辽东地方宁远、广宁边外青山住牧,离边一百余里。该部酋长共有七子,合计有部落三万一千有余。

3. 宣府镇

驻今河北省张家口市宣化区。据《职方考》,宣府镇戍守“东起永宁,抵昌镇、黄花镇界,西至西阳河堡,抵大同天城界,边长一千二百余里”。《兵略》载宣府镇边外住牧部族主要有:

(1)哈喇慎营,酋长昆都仑哈有五子,故分五部,五部合计有六万五千余部落。他们的各自情况:长子黄把都儿部,拥有一万五千余部落;次子青把都儿部,拥有二万余部落;三子哈不慎部,拥有一万余部落;四子满五素部,拥有一万余部落;五子马五大部,拥有一万余部落。

(2)东夷兀爱营,酋首安兔生有三子,共有部落三千余。

(3)西夷威兀慎营,为俺答三娘子所在部,约有部落五千余。

(4)在张家口大市厂边外,西北接甘肃边外,还有大酋长永邵卜部,有四万余部落;酋长阿速等部,有部落二万余;七庆把都儿部,有一万余部落,均听命于哈喇慎王子白洪大调遣。

4. 大同镇

驻今山西省大同市。明朝初年,大同镇外曾有大边、二边之设,后随着沿边卫所的内迁,塞外大片地区又变为蒙古部落的游牧之地。据《职方考》,明朝中后期大同镇边墙“东起天城,抵宣府镇西阳河界,西至井坪,抵山西北楼口界,边长六百四十余里”。大同镇边外正是顺义王俺答所领部落。《兵略》载大同镇外蒙古丰州滩营,即板升所在地,是蒙古王撦(音扯)力克与三娘子东哨部落住牧之地,有五万余部落。

5. 太原镇

又称为山西镇或三关镇,驻今山西省宁武县。山西镇在沿边九镇中本属内地,但自从明朝被迫放弃东胜(治今内蒙古自治区托克托县)等卫所后,蒙古部落进而经常南下雁门关以南地区。太原镇防卫因此显得相当重要。其所管边墙“东起北楼口,抵大同井坪,西至娘娘滩,过河抵延绥黄甫川,边长二百余里”。顺义王俺答在归顺后,驻牧于大青山下丰州滩,其部落后分为东、西哨,共六枝:一为顺义王扯力艮(俺答之孙)与素囊台吉部;一为设克炭台吉部;一为兀慎打儿汉台吉部;一为摆腰把都儿台吉部;一为青把都白洪大台吉部;一为永邵卜大成台吉部。据《兵略》记载,山西镇外为蒙古青山营,为蒙古王撦力克西哨部落,约有四万余部落。

6. 榆林镇

又称为延绥镇,驻今陕西省榆林市。明朝初年,在黄河河套以北地区修筑东胜等城,建置沿边卫所,后弃守,始退至榆林镇一带。边墙“东起黄甫川,过黄河抵山西偏头关界,西至定边堡,仅抵宁夏花马池界,边长一千有余里”。榆林镇外所住蒙古部落,即当时所称“套虏”。据《兵略》,榆林镇边外住牧的蒙古部落主要分为三部,合计约有七万余部落。

(1)神水滩营,为河套蒙古首领卜石兔住牧之地,与榆林镇城相对,约有超过二万部落。

(2)迤东神木孤山、黄甫川、建安一带,为首领威正等住牧之地,约有超过六千部落。

(3)迤西向水波罗定边一带,为酋长切尽黄台吉等住牧之地,约有超过三万部落。此外有猛克什力台吉,所部约有超过八千部落;旗牌台吉,所部约有超过五千部落。

7. 宁夏镇

驻今宁夏回族自治区银川市。宁夏镇所在区域地理特征相当特殊,东南毗邻黄河,西北紧靠贺兰山。以黄河为界,宁夏镇所辖地区可分为河西与河东两部,周边蒙古部落的活动特点也因地域的不同而有所变化。如明朝初年,蒙古部落整体北迁,河西地区遭受了沉重的防御压力;而在蒙古部落内迁入河套地区之后,河东地区则受到了更严峻的威胁。宁夏镇边墙“东起大盐池,抵延绥、宣边界,西至石空寺,抵固原芦沟界,边长一千八百余里”。据《兵略》记载,宁夏镇附近住牧之蒙古部落以黄河为界分为河东、河西两部,下分为四大营,合计约有二万部落。

(1)河东边外部落(河套之部)主要有:

——跨马梁青沙湖营,首领切尽黄台吉妻所领之部,拥有三千余部落;贴赖所领之部,拥有一千余部落;火落赤所领之部,约有超过二千部落;把兔所领之部,约有一千五百余部落。四部合计有七千五百余部落。

——敖忽洞五坐山营,为酋长着力兔台吉及诸子所领之部,约有超过二千五百部落;打正台吉(又名宰僧)及诸子所领之部,约有超过二千五百部落。二部共约五千部落。

(2)河西边外部落主要有:

——黄河岸老虎山营,为酋长丑气把都儿及诸子所领之部,约有部落超过一千五百;苦素阿不害所领之部,约有一千五百余部落;屋逆贵所领之部,约有超过一千部落;打儿沙所领之部,约有超过一千部落。四部共约有超过五千部落。

——贺兰山后长流水、蒲草泉等处营,为酋长炒兔黄台吉所领之部,约有超过五百部落;宾兔所领之部,约有超过一千部落;炒哭儿所领之部,约有超过一千余部落;喇叭所领之部,有六七百部落。四部共约有超过三千二百部落。

8. 固原镇与临洮镇

固原镇,又称为陕西镇,驻今宁夏回族自治区固原市。临洮镇治今甘肃省临洮县。据《职方考》所载,固原在明朝西北防务体系中占了举足轻重的地位,卫戍的区域广袤,尤其弘治以后,“设总督,屯以重兵,领以大将,称重镇焉”。“该镇迢递六千余里,地当四冲,自临洮设而声援易及,西无海虏之虞;自松山后而城堡相联,北无靖虏之警。”固原镇的边墙“东起芦沟,抵宁夏石空寺界,西至靖虏,抵临洮、兰州、会宁界,新疆东北大小芦塘抵临洮三眼井界”。临洮镇在《明史·地理志》中失载,其地原属固原镇。万历二十三年(1595)议设镇守,下辖兰、河、洮、岷、阶、文诸州,战略地位十分重要。临洮镇边墙“东自会宁,抵固原靖虏,西至弘化寺,抵甘肃镇庄浪界,迤北至松山永太川边墙,迤南由黑城子至洮、岷、四川、松、茂界”。据《兵略》所载,固原镇外住牧部落主要分布于贺兰山后,酋长有银定、麻计、我琴革等人,所领部落数目不详。临洮镇外住牧部落主要分布于甘肃镇边外西海(今青海湖)一带,酋长有铁雷、火落赤、真厢台吉等,所领部落数目不详。

9. 甘肃镇

驻今甘肃省张掖市。甘肃镇所辖地区,主要为古河西走廊四郡所在之地。明朝初年,西北边境以嘉峪关(在今甘肃省嘉峪关市)为界,外设哈密等四卫,防御较为轻松。然而,从明朝中期开始,哈密等卫在土鲁番满速儿的攻击下被迫内迁,同时,北方鞑靼部进据青海地区,西北地区一跃而为明朝北方防御系统的重中之重。甘肃镇的边墙“东自松疆阿坝岭起,抵临洮双墩子界,西至嘉峪关,边长一千八百余里”。据《兵略》,甘肃镇边外住牧的部落分为四部,合计有二万四千五百余部落。他们分别是:

(1)酋长永邵卜乞庆黄台吉所率之部,约有超过二万部落。

(2)酋长铁雷所率之部,系东部鞑靼迁居而来,约有部落超过二千。

(3)酋长火落赤所率之部,也系东部鞑靼迁居而来,约有部落超过二千。

(4)真厢台吉部,流住青海地区,部落不详。

(5)酋长那木大所率之部,原本居住于河套地区,后迁至青海地区,约有部落超过五百。

明朝九边镇附近住牧蒙古部落数量统计简表

边镇名称	治所今地	主要部落	部落数量
蓟州镇	河北省迁西县西北	朵颜三卫系	超过三万
辽东镇	辽宁省北镇市	二大部数小部	超过十六万
宣府镇	河北省张家口市宣化区	三大营数部落	超过十四万
大同镇	山西省大同市	一大部数小部	超过五万
太原镇	山西省宁武县	一大营数小部	超过四万
延绥镇	陕西省榆林市	一大营与数部落	超过七万
宁夏镇	宁夏回族自治区银川市	四大营十余部	超过二万
固原镇	宁夏回族自治区固原市	三部	不详
临洮镇	甘肃省临洮县	三部	不详
甘肃镇	甘肃省张掖市	五部	超过二万四千五百
合计			超过五十三万四千五百

综上所述,粗略统计,明朝后期沿边诸镇附近住牧的蒙古各部合计约有部落超过五十三万四千五百。通常,在研究过程中,游牧部落的“部落”,同于中央王朝版籍中的“户”。若按每部落五人计,那么当时仅漠南地区的蒙古部落人数已经超过了二百六十万之众,户口之繁庶,令人诧异。

第二节 元明时期西域及西北地区的民族构成与分布

元明时期西北地区的民族构成与分布都发生了明显的变化。西域地区是元朝称“色目人”的主要聚居地与迁出地,民族迁徙活动十分频繁。“色目人”是元朝对多种民族与部族的统称，包括党项、西辽、乌斯藏等部族，当然，最著名的便是“回回”与畏吾儿。有元一朝，大量“色目人”进入中原地区，为元朝政治建设与商业发展做出了重要贡献。

吐蕃（今西藏及周边地区）是元明时期所称“西域”的重要部分。元朝在西域及西北地区行政区划上的两项重大突破，便是宣政院与甘肃行省的建立。明朝部分地继承了元朝在西北与西域地区疆域建设的成就。探寻政区建置的过程，是我们研究西域地区民族构成及区域发展的重要线索。

一、元代“色目人”的分布与内迁

（一）元代“色目人”的族属与早期分布区

元朝实行不平等的民族歧视政策，制定了民族等级制度，根据民族属性的不同，将境内全体人民分为四等，即蒙古人、色目人、汉人与南人。反映在元朝典章制度之中，这四等人拥有不同的权利与义务。四等人中，民族成分最为复杂的便是所称“色目人”。“色目”一词原本涵义极广，即各种、各类之义。①《元典章》甚至笼统地规定，蒙古人、汉人、高丽、蛮子（南人）外，其他人种都为色目人。就居住地域而言，元代绝大多数“色目人”来自“西域”地区，故“色目人”又通常被称为“西域人”或“西人”。现代著名史学家陈垣先生在名著《元西域人华化考》中明确指出了“西域人”与“色目人”名异实同的密切关系：“西域人者，色目人也。不曰色目，而曰西域者，以元时分所治为蒙古、色目、汉人、南人四色，公牍上称色目，普通著述上多称西域也。”②这当然是笼统而言。

关于“色目人”内部的分类，元代学者陶宗仪在《辍耕录》中提出了元代“色目人”可分为三十一种的说法，影响很大。这些种类有哈剌鲁、钦察、唐兀、阿速、秃八、康里、苦里鲁、合剌乞歹、赤乞歹、畏吾儿、回回、乃蛮歹、阿儿浑、合鲁歹、火里剌、撒里哥、秃伯歹、雍古歹、密赤思、夯力、苦鲁丁、贵赤、匣剌鲁、秃鲁花、哈剌吉答歹、拙儿察歹、秃鲁八歹、火里剌（重出）、甘木鲁、彻儿哥、乞失迷儿。对于这种分类，后来的不少学者提出了不同的见解。如清代学者钱大昕在石刻《国子监贡试题名记》上又发现了

---

① 参见周良霄《色目说》，《札记二篇》，载于《元史论丛》第六辑，中国社会科学出版社 1997 年版，第 212~220 页。

② 《元西域人华化考》卷一《绪论》，上海古籍出版社 2000 年版，第 1 页。

赛易氏与木速鲁蛮氏两个新的类别。[1] 近代学者屠寄指出："今考哈剌吉答歹即合剌乞歹，彻儿哥即彻里哥，一种误分为二。秃伯歹、秃鲁八歹即秃八，一种误分为三。苦里鲁、合鲁歹、匣剌鲁即哈剌鲁，一种误分为四。若火里剌前后同文再见，其误更不待言矣。"[2]日本学者箭内亘在进行了较详细的校勘之后指出，《辍耕录》所谓色目三十一种中，明系重复者五种，当入蒙古而误入色目者二种，即如火里剌，以同一译字而竟重出。[3]

显然，这三十一种名号，大多是指部族或民族政权，并不全是严格的民族称呼。钱大昕、屠寄等人将其作为氏族名称，更是不准确的。对于民族地理研究而言，不同名号的"色目人"大多有不同的发源地或原始居住区，这些名号也就成为我们探寻这些民族变迁轨迹的重要线索。根据清代学者钱大昕与近代学者屠寄的研究成果，元代"色目人"的主要种类及内徙状况大致如下：

1. 乃蛮。"乃蛮（一作乃马，亦作乃满，又作耐满），突厥语数之八也。部族本居谦河（今叶尼塞河上游乌鲁克木河）之源。北宋时南徙金山（今阿尔泰山）之阳，居突厥故地。东邻客列亦（克烈），西界畏吾儿，北与斡亦剌接壤，南隔大漠与唐兀（西夏）汪古相望。"乃蛮为成吉思汗所灭。"其国族称答禄氏。"出自乃蛮的著名人物有：别的因、完者都、帖木哥（均为答禄乃蛮氏）；寿同，亦答禄乃蛮氏，内徙居汴梁路之开封；月里麻思、囊加歹、铁连、和尚、怯的不花、也先不花、末赤、察罕帖木儿（内徙，家汝宁，改李氏）、彻台（内徙，居广平路之曲周，军籍）。

2. 合儿兀鲁氏，也称葛逻禄氏。本为唐代突厥三姓叶护葛逻禄之遗族，居住在北庭西北金山之阳。跨仆固振水，包多怛岭。蒙古军队西征，该部酋长率部归附，后散居各地。该部族著名人物有帖木迭儿、答失蛮、哈剌鮮、铁迈赤、迭里弥实、沙全（入中原，居河南柳泉）、也罕的斤、伯颜（开州濮阳县军籍）、廼贤（入中原，居南阳，徙庆元路鄞县）、丑闾（河南淮北蒙兀军户）、托本（入中原，居大名路之濮阳）。

3. 畏吾儿，最著名的色目种类之一。本为唐朝回鹘之遗族。回鹘人最早聚居于漠北和林之地（今属蒙古）。唐朝会昌年间，回鹘为黠戛斯所破，种人离散，其一支西迁西域，建牙哈剌火者，即火州，为古高昌之地。北统别失八里，即唐北庭都护府一

---

① 见《元史氏族表》卷二《色目》，清嘉庆十一年刻本，收入《续修四库全书》第293册。

② 《蒙兀儿史记》卷一五四《色目氏族上》。今本《辍耕录》多个版本为"剌乞歹""畏吾兀""撒里哥"，屠寄指出，关于"剌乞歹"，"今本'剌'上脱'合'字"，关于"畏吾兀"则引述为"畏吾儿"，"撒里哥"引述为"彻里哥"，其他亦有与今本所列稍有出入者。

③ 参见〔日〕箭内亘著，陈捷、陈清泉译《元代蒙汉色目待遇考》，商务印书馆1932年版，第22页。

带。族人崇信佛法。“宋时役属于西辽，其国主月仙帖木儿号亦都护。嘉定二年，月仙帖木儿之子嗣亦都护者曰巴而术阿而忒的斤”，背叛西辽，主动归附蒙古人，受到成吉思汗的特别优待。畏吾儿部进入中原甚至江南等地的著名人物及家族极多。

4. 唐兀（又译为唐兀惕，唐古特，党项之别译），古鲜卑族八部之一，西夏党项之后裔。蒙古人攻破西夏后，称其部众为唐兀惕。“仕宦次蒙兀一等……仕宦者皆舍旧氏而称唐兀云。”其中主要有两种民族：一是古羌人后裔，称为“蕃”；一是河西地区的汉人，称为“汉河西”。拉施特《史集》载：

> 唐兀惕乃一幅员广阔的大国，在汉语中，它被称为河西，即西方的大河。该处有以下一些大城为其君主之京城。京兆府、甘州府……在该国中有二十四座大城，该处居民大多数为木速蛮（伊斯兰教徒，穆斯林），但他们的地主和农民乃为偶像教徒。在外形上他们类似汉人。①

“其国语冠后垂红曰嵬名，因又称嵬名氏。”该部族的著名人物及家族有：卜颜铁木儿；唐兀惕有逸的氏，察罕最显；昔里氏（“本氏李，别于国氏，称小李，语讹为昔里，本沙陀族，徙居酒泉郡之沙州”）；野蒲氏；高氏；史氏（河西人）；虎氏（河西人，东徙居汴梁）；来氏（宁夏人）；斡氏；杨氏（世居宁夏）；刘氏（世居张掖，刘容，其先西宁青海人，夏亡，徙西京大同府）；王氏（镇庐州，子孙因家焉）；周氏（河西人）；张氏；朵罗台；星吉；拜延（河西人）；余阙（本武威人，内徙居庐州录事司）；埜仙普化（居德州）；买住（内徙，居广平路之成安）；伯颜（内徙，居成都路之温江）；丑闾；明安达耳（居曹州）；安笃剌（居滕州邹县）；塔不台（居东昌路之聊城）；琏赤（内徙，居濮州之鄄城）；重福；哈石。

5. 甘木鲁，瓜州、沙州边外部族，原本居住于汉伊吾卢地，西接畏吾儿，风俗相同，自有君长。该部族的著名人物及家族有塔本（伊吾卢人）、迷里氏（内徙秦州）。

6. 赤乞歹，似乎为畏兀儿别种。明代有赤斤卫，即以此种人置，在甘肃近边。

7. 吐蕃（或译秃八、秃伯歹、秃鲁八歹，魏译作拓跋），亦曰土波思，即古代藏族人。屠寄注：“思为助词。本古鲜卑种。今俄罗斯西鲜卑儿亚之托波儿斯克是其初地。此则魏晋时南徙者耳。”乌思藏有掇族氏，其先臣附于宋，赐姓赵氏，世居临洮。在蒙古人攻灭西夏后，吐蕃也很快归附。蒙古人将乌思藏人也当作“色目人”之一种。

8. 合剌乞歹，意为黑契丹，是蒙古人对西辽人的称呼。蒙古人称中原人为“契

① 〔波斯〕拉施特主编，余大钧、周建奇译《史集》第二卷，商务印书馆2009年版，第392页。

丹”,合剌乞歹,即为不通汉语之契丹人。

9.“回回者,回纥之音讹也。”也是唐朝回纥人之后裔。回鹘亡之后,不少回鹘人进入西域及波斯等地。当时西域及波斯地区已为大食所控制,“摩诃末教风行其故地”,“迫于兵威”,回鹘人也因此舍掉佛教,改奉伊斯兰教。屠寄指出,蒙古军队西征,“不暇深辨,举天山南北,葱岭东西,凡奉摩诃末(穆罕默德)信徒,不以波斯、吐火罗、康居、乌孙、大食、突厥,通谓之回纥。而又不能正言,声讹为回回。即拂菻之耶稣基督信徒,亦以是称之。久之,习非成是,其人亦遂自承为回回”。由此可见,“畏吾儿”与“回回”虽然在族源与名称方面颇有相似之处,但就内部构成而言,“回回”所包含的部族种类更复杂、更广泛。与“回回”相近的“色目人”类别还有木速鲁蛮、答失蛮、忽鲁木石惕、木忽里兀。其贵族曰赛典赤。其著名人物及主要氏族有:赛典赤赡思丁;赛夷氏;忽鲁木石氏;古速鲁氏;八瓦耳氏哈八石(于阗人,入中原,居大都宛平县,以丁为氏,子孙或居杭州路);乌马儿(入中原,居大名路);阿都剌(入中原,居中兴路录事司);赡思(大食人,内附后居丰州,又徙真定)等。

10. 也里可温,本为天主教革新派的一支,盛行于古代波斯地区。唐朝初年传入中国,称为景教。蒙古人称信仰天主教的欧洲人为也里可温。

11. 曲儿只歹,也为信仰天主教的部族,居住于乞儿吉思山(今高加索山脉,旧史又有称太和岭的)之南,西濒黑海,被蒙古人征服后,隶旭烈兀汗国。该部族人进入中原,也被列为“色目人”之一种,无闻人。

12. 阿剌温氏,又称作阿儿浑。地处黑海之东南,北邻曲儿只歹,南与阿在儿拜展接壤,信仰伊斯兰教。蒙古军队西征时内附,属旭烈兀汗国。

13. 吐火里剌氏,唐代吐火罗的后裔。

14. 乞失迷尔,为西域乾笂国之后裔,也称为迦叶弥儿。该国人信奉佛教。蒙古军队西征时,该国归附。

15. 尼波罗,即古尼泊尔国,在喜马拉雅山南麓,北界西藏,南接印度。

16. 雍古惕,本回鹘遗族,“唐以来为中国保塞”,亦有“汪古”等转音,“汪古本突厥沙陀种,雍古为回鹘种,虽不同,其为保塞则一,故其名部之义亦略同也”。“有黑旦公者……子孙因以赵为氏。”

“以上诸部,在葱岭东西,雪山南北,两海之间,水泽以南,古乌孙、波斯及火寻迦湿弥罗尼婆罗等国故地。”

17. 康里,为古康居后裔,其部族居住于里海以东、咸海以北地区。

18. 钦察,或称为乞卜察兀。该部为北魏时期库莫奚的后裔。其祖先曲出最早居住于武平折连川巴牙兀山,后来迁移至西北玉里伯里山(今天欧亚两大陆的界山——乌拉尔山)。钦察部在蒙古军队西征时归附,后部分进入中原地区。

19. 阿速,该部落居住于黑海东北地区,为古奄蔡后裔,信仰天主教。蒙古军队西征时,该部落归附,后部分随蒙古军队进入中原。

关于"色目人"分布地区的自然地理特征,屠寄曾指出,除了蒙古高原周边地区,就是上述所引述的广大地区,也就是集中于古代广义的西域地区。其次,关于"色目人"在风俗与生产生活方式方面的差异,屠寄也总结道:"色目人大别为二:畏兀、唐兀、回回,城郭之国也(其半亦有游牧者,然所居之地多城郭)。其人尚文学,娴理财。乃蛮、合儿鲁、康里、钦察、阿速等,则逐水草移徙,风俗、言语类似蒙兀。其人习武事,善骑射。"①屠寄纯以名号进行分类的方式,与上一节所述拉施特《史集》以地域分类的方式有很大的差异。

(二)元代"色目人"的内迁

元代"色目人"对当时政治、经济与文化等各项事业的发展做出了难以低估的贡献,这已成为蒙古史学研究者的共识。② 但必须考虑的一个问题是,如果广大"色目人"裹足在"西域"之内,如果没有广泛而持久的内迁运动,"色目人"与中原人民的经济与文化交融便是空谈。因此,我们在研究元代"色目人"发展时,其核心内容之一便是"色目人"的内迁。

关于"色目人"内迁之形式,陈垣先生在《元西域人华化考》中曾指出:"元军先定西域,后下中原,西域人之从军者、被虏者、贸易者,接踵而至。"③可以说,从军、被虏、贸易是元代"色目人"内迁中原地区最主要的三大形式。下面我们结合其他学者的研究,对这几种类型的迁移进行分别论述。

根据吴松弟等人的研究,元代"色目人"的内迁主要有以下几种形式:

第一,因沦为俘虏而迁移。蒙古军队军事征服的过程,总是伴随着残酷的人口与财物的掳掠。在征服西域地区时,大批当地居民便成为蒙古将领与军士的战利品。孟珙《蒙鞑备录》载,蒙古军队"凡攻大城,先击小郡,掠其人民,以供驱使。乃下令

---

① 以上色目各部引证资料均见《元史氏族表》卷二《色目》与《蒙兀儿史记》卷一五四至卷一五五《氏族表第四》之三、四。

② 参见匡裕彻《元代色目人对中国经济和文化的贡献》,载于《元史论集》,第536~553页。

③ 《元西域人华化考》,第3页。

曰：'每一骑兵必欲掠十人。'"大批色目俘虏被强制驱掠，离开故园，进入蒙古军控制的区域。

第二，因被征发从军而迁移。关于蒙古军队的组成，徐霆在《黑鞑事略》中的分析可谓一语中的："一军中宁有多少鞑人，其余尽是亡国之人。"前面已经提到，元朝军队大体上由蒙古军、探马赤军和新附军几部分组成，但在文献记载中常常出现"汉军""契丹军""女真军"等名目的记载。而所提到的"色目军""回回军""阿速军""唐兀军"则无疑主要是由当时的"色目人"组建而成。陈垣先生在《元西域人华化考》卷二中指出："色目人之读书，大抵在入中国一二世以后。其初皆军人，宇内既平，武力无所用，而炫于中国之文物，视为乐土，不肯思归，则惟有读书入仕之一途而已。"

第三，因入侍而迁移。遣子入质，往往是古代民族政权之间为取得信任而采用的最常见的方式。蒙古军队征服了数量庞大的邦国与部族政权，因此，作为质子进入元朝境内的人数也非常可观，这些人大多在中原地区居留下来，没有再返回故地。

第四，因经商、传教、任官等原因而迁移。

据保守估计，元代色目移民的数量，当不下一百万人，其分布最多的地域是今之北京市、河北和山西两省的北部、山东省、浙江省及江苏省以南地区。①

大体而言，"色目人"内迁的外在形式，大致分为两种，即军事镇戍形式与经商贸易形式。"色目人"军事镇戍形式的内迁，大都与蒙古军队相伴而行，我们已在前面进行了讨论。在这里，我们主要总结一下"色目人"经商形式的内迁。有研究者指出：

> 不难发现，有史可考的色目商人的足迹遍及各地。分布的特点，分为西北和东南两大区域。西北地区，早在蒙古国时色目商人就频繁地返往于中西商路上，并定居在商路沿线的城镇中。……随着元朝的建立以及鼓励海外贸易等政策的实施，大量的色目商人涌向东南地区。……元代色目商人遍及全国。从分布的特点看，东南地区的人数多于西北地区；而且愈往东南色目商人的人数愈多。这种局面是当时社会经济发展的状况及色目商人经营的行业所决定的。②

（三）元代畏吾儿与"回回"的差异与迁徙实例

"回回"即现代回族之前身，其形成与发展是中国民族史上的一个重大课题。从宋元时代开始，"回回"广布于全国各地，数量极为可观。如南宋人周密在《癸辛杂

---

① 参见《中国移民史》第四卷第十五章、十六章《蒙元时期非汉民族的内迁（上）（下）》，第546～590页。

② 修晓波《元代色目商人的分布》，载于《元史论丛》第六辑，第188页。

识》中指出:“今回回皆以中原为家。”《明史·西域传》称:“元时回回遍天下。”研究“回回”迁徙最大的难题就是识别问题,即使在当时的文献记载中,“回回”往往成为西域人的代称,后代学者便更无法仔细区别当时“回回”与其他“色目人”支系之间的差异。再加上现代回族又不能完全等同于当时记载中的“回回”,在其漫长的演变过程中,其民族识别标准又不是纯粹的血统与族类,而是一些特别的文化元素,如信仰伊斯兰教、饮食特征等。应该说,元代“色目人”大量迁居中原,使现代回族的形成奠定了雄厚的基础。

就语源学而言,“回回”或“畏吾儿”(现代维吾尔民族的前身)虽然同是“回纥”或“回鹘”的音转,虽然有时两者可以混同起来,但是,“回回”与“畏吾儿”二者之间存在着明显的差异,这在文献中已显露无遗。如《元史·世祖纪》载:“(至元二十一年八月)定拟军官格例,以河西、回回、畏吾儿等依各官品充万户府达鲁花赤,同蒙古人;女直、契丹,同汉人。若女直、契丹生西北不通汉语者,同蒙古人;女直生长汉地,同汉人。”这里将“回回”与“畏吾儿”并列,研究时显然无法将其混同。

元代通常将占据于“畏吾儿之地”的回鹘人称为“畏吾儿人”或“畏吾儿氏”。《元史·地理志》在“西北地附录”中特列“畏吾儿地”。元代的畏吾儿人,大都是西迁回鹘之遗民。《元史》中也有“回回国”与“畏吾儿国”,这说明两者显然不是一个地域概念。如《元史·太祖纪》载,太祖“四年(1269)己巳春,畏吾儿国来归”。这里的“畏吾儿国”又称为“高昌国”。《元史·巴而术阿而忒的斤传》载:

> 巴而术阿而忒的斤亦都护,亦都护者,高昌国主号也。先世居畏吾儿之地,有和林山……乃迁于交州。交州即火州也。统别失八里之地,北至阿术河,南接酒泉,东至兀敦、甲石哈,西临西蕃。居是者凡百七十余载,而至巴而术阿而忒的斤,臣于契丹(西辽)。

他正是在1269年归附成吉思汗的。故而,钱大昕在《元史氏族表》中指出:“凡史言高昌、北庭者,皆畏吾部族。”另外,元代的畏吾儿人似乎并没有全部皈依伊斯兰教。钱大昕又曾在《廿二史考异》中就《阿合马传》中阿合马的出身问题强调元代“回纥”与“回回”的不同:“案回纥,唐时旧名,后称回鹘。唐末失其土而迁于北庭。元时音转为畏吾,或作畏吾儿,与回回非一种。”“阿合马本出回回,故世祖言回回人中阿合马才任宰相。而《传》称回纥人,盖明初史臣亦昧于回回、回纥之有别也。”①

① (清)钱大昕《廿二史考异》卷一〇〇,中华书局1985年版,第1606页。

元朝文献中所称“回回”，主要是指信奉伊斯兰教的中亚突厥人、波斯人和阿拉伯人等。蒙古语通常称之为“撒尔塔兀勒”。该词原指中亚的花剌子模国及该国人。“回回”是元代“色目人”的一种，而且是其中人数较多、势力较大的一种，因而有时成为全体“色目人”的代称。随着西域“色目人”的内迁，大批“回回”也迁入内地，并在元朝社会发挥着相当重要的作用。① 如《元史·世祖纪》载，至元二年二月，“甲子，以蒙古人充各路达鲁花赤，汉人充总管，回回人充同知，永为定制”。另外，元朝官府中有一些专由“回回”控制与充任的机构与职位，如专门机构有回回司天监、回回药物院、回回炮手军匠万户府、回回水军万户府、回回国子学等，专门职位有回回令史、回回掾史等。“回回”优越的政治、经济及社会地位，以及大批“回回”官吏的出现，对于“回回”人的内迁与稳定具有极其重要的影响。

《元史》中记载的畏吾儿与“回回”著名人氏有：

1. 岳璘帖穆尔，回鹘人，畏兀国相暾欲谷之裔也。其兄仳理伽普华曾为畏吾儿国相，后附归元太祖。②

2. 孟速思，畏吾儿人，世居别失八里，属于古北庭都护之地。③

3. 赛典赤赡思丁，一名乌马儿，元朝最著名的“回回”大臣之一。赛典赤即回鹘语“贵族”之义。成吉思汗西征，赛典赤赡思丁率部归附，颇受重用。中统二年(1261)，他官拜中书平章政事。后又任陕西四川行中书省平章政事、云南行省平章政事等，尤以在云南行省时政绩卓著，后赛典赤赡思丁卒于云南。其长子为纳速剌丁，也曾任云南行省官员；三子忽辛，曾任河南、陕西及云南等地官员，也有不凡的政绩。④

4. 布鲁海牙，畏吾儿人。年十八，随其国主内附。“布鲁海牙性孝友，造大宅于燕京，自畏吾国迎母来居，事之，得禄不入私室。”⑤

5. 阿鲁浑萨理，畏吾儿人。“祖阿台萨理，当太祖定西域还时，因从至燕。会畏兀国王亦都护请于朝，尽归其民，诏许之，遂复西还。”⑥

6. 亦黑迷失，畏吾儿人。至元二年，入备宿卫。⑦

---

① 参见杨志玖《元代回回人的政治地位》，《历史研究》1984 年第 3 期。

② 《元史》卷一二四《岳璘帖穆尔传》，第 3049~3050 页。

③ 《元史》卷一二四《孟速思传》，第 3059 页。

④ 见《元史》卷一二五《赛典赤赡思丁传》，第 3063~3070 页。

⑤ 《元史》卷一二五《布鲁海牙传》，第 3070~3071 页。

⑥ 《元史》卷一三〇《阿鲁浑萨理传》，第 3174 页。

⑦ 《元史》卷一三一《亦黑迷失传》，第 3198 页。

7. 脱力世官，畏吾儿人。“祖八思忽都探花爱忽赤，国初领畏吾、阿剌温、灭乞里、八思四部。”①

8. 唐仁祖，畏兀儿人。“祖曰唐古直，子孙因以唐为氏。初，畏兀举国效顺，唐古直时年十七，给事太祖，因属之睿宗。”②

9. 小云石脱忽怜，畏吾儿人，“仕其国为吾鲁爱兀赤，犹华言大臣也。太祖时，与其父来归。从征回回国还，事睿宗于潜邸”③。

10. 奕赫抵雅尔丁，“回回”氏。

11. 脱烈海牙，畏吾儿氏，“世居别失拔里之地。曾祖阔华八撒术，当太祖西征，导其主亦都护迎降”。祖八剌术，始徙真定。④

12. 阿合马，回纥(应为“回回”)人也。世祖中统三年，始领中书左右部，兼诸路都转运使，专以财赋之任委之。世祖曾称之云，回回人中，“阿合马才任宰相”⑤。

二、明代西域与内地关系的演变与民族分布

(一)明代西域诸邦状况及其与内地的关系

明代西域地区与中央王朝的关系十分复杂：一方面，明朝军队努力摆脱元朝残余势力的影响，在西域地区设置卫所；另一方面，鉴于客观状况，鞭长莫及。《明史·西域四》载：“元太祖荡平西域，封子弟为王镇之，其小者则设官置戍，同于内地。元亡，各自割据，不相统属。洪武、永乐间，数遣人招谕，稍稍来贡。地大者称国，小者止称地面。迄宣德朝，效臣职、奉表笺、稽首阙下者，多至七八十部。”⑥

仁宗即位之前，尤其是永乐年间，是内地与西域交往最密切的时期。

> 自成祖以武定天下，欲威制万方，遣使四出招徕。由是西域大小诸国莫不稽颡称臣，献琛恐后。又北穷沙漠，南极溟海，东西抵日出没之处，凡舟车可至者，无所不届。自是，殊方异域鸟言侏㒧之使，辐辏阙廷。岁时颁赐，库藏为虚。而四方奇珍异宝、名禽殊兽进献上方者，亦日增月益。盖兼汉、唐之盛而有之，百王

---

① 《元史》卷一三三《脱力世官传》，第 3228 页。
② 《元史》卷一三四《唐仁祖传》，第 3253 页。
③ 《元史》卷一三四《小云石脱忽怜传》，第 3262 页。
④ 《元史》卷一三七《奕赫抵雅尔丁传》与《脱烈海牙传》，第 3318~3319 页。
⑤ 《元史》卷二〇五《奸臣阿合马传》，第 4558~4564 页。
⑥ 《明史》卷三三二《西域四》，第 8616 页。

所莫并也。余威及于后嗣，宣德、正统朝犹多重译而至。①

永乐以后中西交通的盛况，与明成祖的优惠政策有直接的关系，这种优惠政策也不免大大加重了百姓的负担。

先是，永乐时，成祖欲远方万国无不臣服，故西域之使岁岁不绝。诸蕃贪中国财帛，且利市易，络绎道途。商人率伪称贡使，多携马、驼、玉石，声言进献。既入关，则一切舟车水陆、晨昏饮馔之费，悉取之有司。邮传困供亿，军民疲转输。比西归，辄缘道迟留，多市货物。东西数千里间，骚然繁费，公私上下罔不怨咨。廷臣莫为言，天子亦莫之恤也。②

至仁宗即位后，在大臣的谏议下，情况有所改观，“然仁宗不务远略，践阼之初，即撤西洋取宝之船，停松花江造舟之役，召西域使臣还京，敕之归国，不欲疲中土以奉远人。宣德继之，虽间一遣使，寻亦停止，以故边隅获休息焉”③。

历史时期的朝贡关系相当复杂，往往无法确定彼此间的主权隶属问题，再加上文献中所载“西域”覆盖面过于宽泛，在这里有必要进行具体区分与判定。我们讨论明朝西域问题时，确定取舍的标准主要有两条：一是看其政权中心是否在历史时期的中国范围之内，二是看明朝官府是否在当地设置卫所。符合上述两条标准的，便是属于我们应该讨论的边疆民族及政权。下面讨论西域几个重要民族政权及其范围。④

1. 哈密卫

哈密卫所在地即汉朝伊吾卢之地，治今新疆维吾尔自治区哈密市。元朝末年，威武王纳忽里、安克帖木儿先后镇守其地。其地域“北瓦剌，西土鲁番，东沙州、罕东、赤斤诸卫”。洪武时期，明朝军队攻占畏吾儿等地，置安定等卫，逼近哈密。永乐元年(1403)，安克帖木儿在明廷的招谕下，至北京朝贡，第二年，明朝封其为忠顺王。四年三月立哈密卫，“以其头目马哈麻火者等为指挥千百户等官，又以周安为忠顺王长史，刘行为纪善，辅导”。关于哈密卫的地理位置与民族构成，《明史·西域传》载：“初，成祖之封忠顺王也，以哈密为西域要道，欲其迎护朝使，统领诸番，为西陲屏蔽。而其王率庸懦，又其地种落杂居。一曰回回，一曰畏吾儿，一曰哈剌灰，其头目不相统属，王莫能节制。众心离涣，国势渐衰。”其后，漠北部落及土鲁番先后攻破哈密，占据其地。

① 《明史》卷三三二《西域四》，第8625~8626页。

② 《明史》卷三三二《西域四》，第8614页。

③ 《明史》卷三三二《西域四》，第8625~8626页。

④ 所引材料皆据《明史》之《西域传》，不另列页码。

2. 土鲁番

土鲁番为南北朝时高昌所在地，元朝曾在土鲁番设置万户府。永乐时，万户赛因帖木儿遣使至京师朝贡。“初，其地介于阗、别失八里诸大国间，势甚微弱。后侵掠火州、柳城，皆为所并，国日强。”柳城，在今新疆维吾尔自治区鄯善县西南。火州，又称为哈剌，在今新疆维吾尔自治区吐鲁番市东南。土鲁番强盛之后，积极开拓疆土，攻破哈密，占据其地，其后，还进攻明朝西北卫所，成为影响明朝西北地区安全的主要势力。

3. 别失八里

别失八里，又称为别十八里、别石把、别失拔里等，在明朝时号称“西域大国”，疆域广大。其地“南接于阗，北连瓦剌，西抵撒马儿罕，东抵火州（在今吐鲁番市东南哈拉和卓西南）”。元朝曾在此设宣慰司，不久即改为元帅府，治于今新疆维吾尔自治区吉木萨尔县北破城子。明朝洪武年间，更国号为“亦力把里”，国王黑的儿火者遣使朝贡。其部落“无城郭宫室，随水草畜牧。人性犷悍，君臣上下无体统。饮食衣服多与瓦剌同”。

4. 于阗

于阗为西域古国，在今新疆维吾尔自治区和田市境。隋唐时期于阗并吞附近戎卢、渠勒、皮山等国，疆域大为扩展。“大略葱岭以南，撒马儿罕（位于中亚锡尔河与阿姆河流域的古国）最大；以北，于阗最大。”元朝末年，西域诸邦国互相攻击，于阗遭受重创，人口仅有数万。明朝西域地区较为平静，于阗得到较大发展，“桑麻黍禾，宛然中土”①。

（二）西北缘边诸卫所与民族分布

明朝对西北边疆地区的经略历程，十分清晰地反映在西北地区的卫所设置上。谭其骧先生在《释明代都司卫所制度》一文中指出：“置卫所以统辖军伍，设都司以掌一方兵政，其初本与地方区划不相关。洪武初或罢废边境州县，即以州县之任责诸都司卫所；后复循此例，置都司卫所于未尝设州县之地，于是此种都司卫所遂兼理军民政，而成为地方区划矣。”（并注云：“《明史·地理志》称此种卫所为实土卫所，附见于各布政司下；无实土者不载，以其与地理无涉也。”）②谭先生的论断十分精辟地道出了明朝沿边卫所的性质。

---

① 《明史》卷三三二《西域四》，第 8614 页。

② 《长水集》（上），第 152 页。

明朝卫所系统中还有一种特别类型的卫所，即纯以沿边内附的边疆民族首领及其部族所设的卫所，名为“卫所”，实为沿边少数民族聚居区。前文中提及的兀良哈三卫正是这种类型的卫所，而西北边区的卫所也属于这种“番”族卫所，其性质与羁縻政区相近，故又称其为“羁縻卫所”，《明史·兵志》也特列了“羁縻卫所”条目。

关于西北羁縻诸卫的建置与变迁情况，《明史·西域传》（曲先卫）载：

> 明初设安定、阿端、曲先、罕东、赤斤、沙州诸卫，给之金牌，令岁以马易茶，谓之差发。沙州、赤斤隶肃州，余悉隶西宁。时甘州西南尽皆番族，受边臣羁络，惟北面防寇。后诸卫尽亡，（鞑靼酋长）亦不剌据青海，土鲁番复据哈密，逼处关外。诸卫迁徙之众又环列甘肃肘腋，犷悍难驯。于是河西外防大寇，内防诸番，兵事日亟。

当时西北羁縻卫所分为两大类：一是西“番”诸卫，包括西宁、河州、洮州、岷州等卫；二是西域诸卫，包括安定、阿端、曲先、沙州、罕东等卫。

从明朝正德年间开始，漠南蒙古部落的西迁，对改变西北地区民族分布格局产生了至关重要的影响。青海湖地区是明代西北少数民族赖以生存的重要地区。“西宁即古湟中，其西四百里有青海，又曰西海，水草丰美。番人环居之，专务畜牧，日益繁滋，素号乐土。”至正德年间，鞑靼蒙古酋长亦不剌首先率部占据了青海湖地区，结果，“番人失其地，多远徙，其留者不能自存，反为所役属”。留在青海地区的蒙古部落在骚扰明朝边境地区时，被称为“海寇”。至嘉靖年间，鞑靼俺答部强盛，又羡慕青海地区之富庶，于三十八年（1559）率领数万部众大举进占青海地区，并留其子宾兔据守松山（在今甘肃省永登县东北），另一子丙兔据守青海（今西宁市）。从此，蒙古族成为留居于青海地区的主要民族之一。

1. 西“番”卫所的民族成分与分布

明代所称西“番”即古代羌族的后裔，种类构成极为复杂，几乎涵盖了明朝西部所有缘边部族，如《明史·西域二》载：“西番，即西羌，族种最多，自陕西历四川、云南西徼外皆是。其散处河、湟、洮、岷间者，为中国患尤剧。……元封驸马章古为宁濮郡王，镇西宁（今青海省西宁市），于河州（治今甘肃省临夏回族自治州）设吐番宣慰司，以洮、岷、黎、雅诸州隶之。”①洪武三年（1370），明朝军队攻克河州，元吐番宣慰使何锁南普归降明军。四年（1371）设河州卫，明朝授何锁南普世袭指挥同知之职。六年，

① 《明史》卷三三〇《西域二》，第8539页。

又改西宁州为西宁卫。十一年,设岷州卫。十二年,设置洮州卫。

关于其民族构成,当时通常将西北"番"分为生、熟两大类。"生番犷悍难制。熟番纳马中茶,颇柔服,后浸通生番为内地患。"其种族名号繁多。如《明史·西域传》记载的名号就有"西宁十三族""岷州十八族""洮州十八族",洮州东路有木舍等三十一族,西路有答禄失等十三族,岷州有西宁沟十五族。另外,岷州东路有若笼族、西路板尔等十五族及岷州剌即等五族。

西"番"诸卫地区与朵甘、乌斯藏等地相似,也是藏传佛教盛行之地。著名高僧往往也是极有影响力的政治领袖。如明朝初年,僧人三剌因招降罕东诸地有功,明太祖特立西宁僧纲司,任其为都纲司。后又立河州"番"、汉二僧纲司,都任命"番"僧治理。

西"番"诸卫的分布情况大致如下:

明代卫所名称	元朝政区名称	设置年代	治所今地
河州卫	河州路	洪武四年	甘肃省临夏回族自治州
西宁卫	西宁州	洪武六年	青海省西宁市
岷州卫	岷州	洪武十一年	甘肃省岷县
洮州卫	洮州	洪武十二年	甘肃省临潭县东

资料来源:《明史·地理志》与《明史·西域传》。

2. 西域诸卫的民族构成与分布

西域诸卫大多位于西域地区边缘。如《明史·西域传》载:"先是,太宗置哈密、沙州、赤斤、罕东四卫于嘉峪关外,屏蔽西陲。"其民族构成亦较为复杂。其中有以蒙古部落所置之卫,如安定卫、赤斤蒙古卫等;也有以西域"番"部所置之卫,如罕东卫、沙州卫等。

(1)安定卫:《大明一统志》载安定卫沿革:"鞑靼别部,其地广袤千里。"可见该卫以蒙古部为主。安定卫所在地本名"撒里畏兀儿",在今青海哈尔腾河下游一带,"东近罕东,北迩沙州,南接西番"。该卫部众居无城郭,以毡帐为庐舍,主要畜产为驼、马、牛、羊等。元朝末年,宗室卜烟帖木儿为宁王,镇于此地。洪武八年,卜烟帖木儿遣使朝贡,并请置安定、阿端二卫,得到明太祖的准许。至明正德年间,蒙古亦不剌等部落进入青海,安定卫残破,部众四散。

(2)阿端卫:该卫设置于洪武八年,也在"撒里畏兀儿"之地,大致相当于今天青海省朵斯库勒湖与新疆维吾尔自治区交界处一带。

(3)曲先卫:设置于洪武年间。该卫东接安定,在肃州西南,大致位于今天青海省朵斯库勒湖东南地区。元朝时曾设曲先答林元帅府。曲先卫与安定卫相似,最终亡于蒙古部落的西进。

(4)赤斤蒙古卫:治今甘肃省玉门市西北赤斤,元朝时属于沙州路,至明初仍为蒙古人所占据。永乐二年(1404),蒙古部落酋长塔力尼率部归附,明朝特设赤斤蒙古所。八年,改所为卫,以塔力尼为指挥佥事。明朝正德年间,土鲁番强盛,进攻哈密,赤斤卫也深受冲击,后内徙到肃州(治今甘肃省酒泉市)之南山,其城遂空。

(5)沙州卫:沙州始置于北魏时期,元朝在此地设沙州路。永乐二年置沙州卫,在今甘肃省敦煌市。至正统年间,明朝边将迁徙沙州卫部众入塞,安置于甘州(治今甘肃省张掖市),"凡二百余户,千二百三十余人,沙州遂空"①。

(6)罕东卫:地处赤斤蒙古卫之南,在嘉峪关西南,汉朝敦煌郡所在地。洪武三十年,当地酋长锁南吉剌思遣使入贡,于是明太祖下诏在该地设置罕东卫,授予锁南吉剌思指挥佥事之职。明朝后期,土鲁番强盛,进攻明朝边境地区,罕东卫也受到严重摧残,相率内徙。嘉靖年间,总督王琼将罕东都指挥枝丹部落安置于甘州(治今甘肃省张掖市)。

(7)罕东左卫:位于沙州卫故城,在今甘肃省敦煌市西。在沙州卫内徙后,罕东左卫部全数占据了沙州之地,于是明朝于明宪宗成化年间设置罕东左卫。正德年间,土鲁番部东进,罕东左卫被迫徙入肃州境内,而留在沙州的残部则归属于土鲁番。

三、元明时期西藏地区的民族构成与政区设置

(一)元朝宣政院辖区与乌斯藏十三万户

元朝在疆域建设方面的一项重大贡献是在西南地区的拓展。西藏地区也由此而第一次建设行政区划,归入中央王朝的统治。元朝政府因地制宜,在当地采用了相应的管理举措,即政教合一的体制,宗教首领成为当地重要行政官员。《元史·释老传》载:

> 元起朔方,固已崇尚释教。及得西域,世祖以其地广而险远,民犷而好斗,思有以因其俗而柔其人,乃郡县土番之地,设官分职,而领之于帝师。乃立宣政院,

① 《明史》卷三三〇《西域二》,第8562页。

其为使位居第二者，必以僧为之，出帝师所辟举，而总其政于内外者，帅臣以下，亦必僧俗并用，而军民通摄。于是帝师之命，与诏敕并行于西土。百年之间，朝廷所以敬礼而尊信之者，无所不用其至。

上文中提到的“郡县土番之地”，宣告了青藏地区行政区划建设一个新时代的到来。当时主管“土番”地方行政事务的机构就是宣政院。宣政院是元朝相当特殊的一个机构，“若夫天下寺院之领于内外宣政院，曰禅，曰教，曰律”，地位崇高，兼理全国佛教与西藏地方军事及行政事务。《元史·百官志》“宣政院”条载：

宣政院，秩从一品。掌释教僧徒及吐蕃之境而隶治之。遇吐蕃有事，则为分院往镇，亦别有印。如大征伐，则会枢府议。其用人则自为选。其为选则军民通摄，僧俗并用。至元初，立总制院，而领以国师。二十五年(1288)，因唐制吐蕃来朝见于宣政殿之故，更名宣政院。

据此，从理论上讲，宣政院所辖地区即相当于“吐蕃之境”。这里需要特别指出两个概念：一是“吐蕃之境”，二是“乌斯藏”。前者即宣政院辖区，包括今天西藏自治区、青海省的全部与甘肃省兰州市以南地区、四川省成都以西地区；后者即今天的西藏地区。除了以宗教首领领衔主管，僧人可为官(“僧俗并用”)，宣政院下属各级机构在管理及用人方面的另一大特征为“军民通摄”，即其官员既是军事将领又是地方行政长官，既统军务，又理民事。

据《元史·百官志》，宣政院下辖西藏等地军事与行政管理机构如下表所归纳：

军政官员及机构名称	主要下属机构
吐蕃等处宣慰司都元帅府	(1)脱思麻路军民万户府，(2)西夏中兴河州等处军民总管府
洮州元帅府	(阙)
十八族元帅府	(阙)
积石州元帅府	(阙)
礼店文州蒙古汉军西番军民元帅府	(1)礼店文州蒙古汉军奥鲁军民千户所，(2)礼店文州蒙古汉军西番军民上千户所
吐番等处招讨使司	(1)脱思麻探马军四万户府，(2)文扶州西路南路底牙等处万户府，(3)常阳帖城阿不笼等处万户府，(4)必呈万户府
松潘宕叠威茂州等处军民安抚使司	(1)威州保宁县，(2)茂州汶山县、汶川县，(3)折藏万户府
土蕃等路宣慰使司都元帅府	(阙)
朵甘思田地里管军民都元帅府	(阙)

（续表）

军政官员及机构名称	主要下属机构
剌马儿刚等处招讨使司	（阙）
奔不田地里招讨使司	（阙）
奔不儿亦思刚百姓	（阙）
碉门鱼通黎雅长河西宁远等处军民安抚使司	（阙）
六番招讨使司	雅州严道县、名山县隶之
天全招讨使司	(1)鱼通路万户府（黎州隶之），(2)碉门鱼通等处管军守镇万户府，(3)长河西管军万户府
长河西里管军招讨使司	（阙）
朵甘思招讨使	(1)朵甘思哈答李唐鱼通等处钱粮总管府，(2)亦思马儿甘万户府
乌思藏纳里速古鲁孙等三路宣慰使司都元帅府	(1)沙鲁田地里管民万户，(2)搽里八田地里管民万户，(3)乌思藏田地里管民万户，(4)出密万户，(5)沯笼答剌万户，(6)思答笼剌万户，(7)伯木古鲁万户，(8)加麻瓦万户，(9)札由瓦万户，(10)牙里不藏思八万户府，(11)迷儿军万户府

综上所述，有研究者指出，元朝在原吐蕃聚居地区主要设置了三个最高行政机构，也相应管理着三个民族聚居区域①：

1.“吐蕃等处宣慰[使]司都元帅府”，设有宣慰使五员，治所设于河州（今甘肃省临夏回族自治州），管理今天的青海东部地区（西宁卫除外）。

2.“土蕃等路宣慰使司都元帅府”，设有宣慰使四员，管辖今天川藏交界地区的甘孜藏族自治州及昌都市一带。

3. 乌思藏纳里速古鲁孙三路宣慰使司都元帅府，设有宣慰使五员，管理大致相当于今天西藏自治区所属地域。

元朝在今天西藏地区的核心行政区主要集中于乌思藏、纳里速、古鲁孙等三路宣慰使司都元帅府下辖的“十三万户”。关于“十三万户”的考证，学术界有不同的意见，较有代表性的说法如下②：

---

① 参见韩儒林《元朝中央政府是怎样管理西藏地方的》，载于《元史论集》，第527~535页。

② 参见王森《元朝任命萨迦派领袖管辖卫藏十三万户》，载于《西藏佛教发展史略》，中国藏学出版社2009年版，第205~235页。今地注释则引用王钟翰主编《中国民族史》的相关注释。

《五世达赖喇嘛传》等书所列万户名称	《元史·百官志》万户名称	今　地
拉堆绛万户	无	昂仁县拉堆(王钟翰主编《中国民族史》为“拉维乡”,误)
拉堆洛万户	无	定日县协嘎尔
萨迦万户(存疑)	乌思藏田地里管民万户	萨迦县
香(绛卓)万户	磬笼答剌万户	南木林县(王钟翰主编《中国民族史》为“香南……木林县”,误)
曲弥万户	出密万户	日喀则市曲美乡
夏鲁万户	沙鲁田地里管民万户	日喀则市甲措雄乡夏鲁
雅桑巴万户	牙里不藏思八万户	山南市乃东区亚堆乡亚桑
帕木竹巴万户	伯木古鲁万户	山南市乃东区泽当镇
达垄巴	思答笼剌万户	林周县
蔡巴万户	搽里八田地里管民万户	拉萨市蔡公堂
止贡万户	迷儿军万户	墨竹工卡县尼玛江热乡直孔
嘉玛哇	加麻瓦万户	墨竹工卡县甲玛乡
羊卓万户	无	浪卡子县
甲域哇	札由瓦万户	隆子县

另外,《五世达赖喇嘛传》记载了当时藏地一次户口清查的结果,清查的主要对象便是卫藏各个万户所辖的民数,这份早期西藏户口调查资料对于民族地理研究而言,极为珍贵,对于我们了解当时西藏地区的社会发展与民族分布具有重要价值。①

万户名称	属民数量
拉堆洛万户	1990 户
拉堆绛万户	2250 户
曲弥万户	3003 户
夏鲁万户	3892 户
羊卓万户	750 户
止贡万户	3630 户

① 表中数据转引自王森《西藏佛教发展史略》,第 214~215 页。

（续表）

万户名称	属民数量
蔡巴万户	3700 户
帕木竹巴万户	2438 户
雅桑巴万户	3000 户
嘉玛哇与甲域哇万户	5900 户,各得其半
达垄巴万户	500 户(加上拉、主等地散居户共 1400 户,共合 1900 户)
其余散居属民	1400 户

(二)明代西藏地区的政区与民族状况

唐朝“吐蕃”聚居区,在明朝称为“乌斯藏”,《明史》作者将这一地区归入“西域”。明朝继承了元朝对西藏的优抚政策,并取得了良好的效果。

> 初,太祖以西番地广,人犷悍,欲分其势而杀其力,使不为边患,故来者辄授官。又以其地皆食肉,倚中国茶为命,故设茶课司于天全六番,令以马市,而入贡者又优以茶布。诸番恋贡市之利,且欲保世官,不敢为变。迨成祖,益封法王及大国师、西天佛子等,俾转相化导,以共尊中国,以故西陲宴然,终明世无番寇之患。①

“政教合一”的核心,便是地方宗教首领同时是地区行政官员,分封宗教首领的同时,也相应地划定了一个特定的行政区域,即“各有分地”。“初,成祖封阐化等五王,各有分地,惟二法王以游僧不常厥居,故其贡期不在三年之列。”②明朝在青藏地区分封的著名宗教首领有三大法王与“五王”,合称八王。其中三大法王分别为:

大宝法王:八思巴去世后,元世祖曾赐其大宝法王、西天佛子、大元帝师等名号。明太祖封乌斯藏摄帝师喃加巴藏卜为炽盛佛宝国师。他去世后,明成祖封乌斯藏僧哈立麻为大宝法王,“领天下释教”,地位最为崇高,为明朝佛教领袖。至明朝晚期,乌斯藏僧锁南坚错称“活佛”,取代大宝法王,成为青藏地区新的宗教首领。

大乘法王:名昆泽思巴,被乌斯藏僧人称为“尚师”。永乐十一年封昆泽思巴为大乘法王,也“领天下释教”,“礼之亚于大宝法王”。

大慈法王:名释迦也失,也被乌斯藏僧人称为“尚师”。他于永乐十二年入朝京

---

① 《明史》卷三三一《西域三》,第 8589 页。

② 《明史》卷三三一《西域三》,第 8576 页。

师，次年被封为“西天佛子大国师”，“礼亚大乘法王”。宣德九年，又被册封为“大慈法王”。

五王分别为阐化王、赞善王、护教王、阐教王、辅教王。

明代西藏地区各大法王及其驻节地简表①

法王名号	教派	驻节地	今地
大宝法王	噶玛噶举派	粗卜寺	拉萨市堆龙德庆区粗卜寺
大乘法王	萨迦派	萨迦寺	萨迦县萨迦寺
大慈法王	格鲁派	色拉寺	拉萨市色拉寺
阐化王	帕竹噶举派	乃东城	山南市乃东区
赞善王	萨迦派	林藏	四川省甘孜州德格县俄支寺
护教王	萨迦派	贡觉	贡觉县
阐教王	止贡噶举派	止贡替寺	墨竹工卡县止贡寺
辅教王	萨迦派	达仓	吉隆县宗嘎镇

明朝在青藏地区继承了元朝的行政治理方式，在大封宗教首领的同时，也设置了一套羁縻都司卫所系统，授予宗教首领与部落酋长相应的名号。《明史·兵志》载：“西番即古吐番。洪武初，遣人招谕，又令各族举旧有官职者至京，授以国师及都指挥、宣慰使、元帅、招讨等官，俾因俗以治。自是番僧有封灌顶国师及赞普、阐化等王，大乘大宝法王者，俱给印诰，传以为信，所设有都指挥使司、指挥司。”据《明史·西域传》与《兵志》记载，明朝在今西藏地区设置的羁縻卫所主要有：

1. 两个都指挥使司：朵甘卫都指挥使司、乌斯藏都指挥使司。

2. 一个指挥使司：陇答卫指挥使司。

3. 三个宣慰使司：(1)朵甘宣慰使司。(2)董卜韩胡宣慰使司，其地在四川威州(治今四川省汶川县)之西，南面与天全六番相接，治所在今四川省理县以西至天全县西北一带。(3)长河西鱼通宁远宣慰使司，地处四川徼外，与乌斯藏地区相通，唐朝时为吐蕃聚居地。元朝时在该地置碉门、鱼通、黎、雅、长河西、宁远六个安抚司，属于吐蕃宣慰司。

4. 六个招讨司：朵甘思招讨司、朵甘陇答招讨司、朵甘丹招讨司、朵甘仓溏招讨

① 关于明代西藏地区各大法王以及管理的行政区域，参见房建昌《明代西藏行政区划考》，载于《历史地理》第十三辑，上海人民出版社1996年版，第162页。

司、朵甘川招讨司、磨儿勘招讨司。

5. 四个万户府:沙儿可万户府、乃竹万户府、罗思端万户府、别思麻万户府。

6. 十七个千户所:朵甘思千户所、剌宗千户所、孛里加千户所、长河西千户所、多八三孙千户所、加八千户所、兆日千户所、纳竹千户所、伦答千户所、果由千户所、沙里可哈忽的千户所、孛里加思千户所、撒里土儿千户所、参卜郎千户所、剌错牙千户所、泄里坝千户所、润则鲁孙千户所。

第三节 元代南方(包括中南、西南、岭南)地区的民族分布与政区设置

《元史·地理志》在回顾元朝之政治建设成就时指出:“盖岭北、辽阳与甘肃、四川、云南、湖广之边,唐所谓羁縻之州,往往在是,今皆赋役之,比于内地;而高丽守东藩,执臣礼惟谨,亦古所未见。”这种局面的出现无疑是民族关系史与边疆变迁史上一次重大飞跃。然而,尽管大多数少数民族聚居区得以纳入中央王朝的行政区划,但这些边远地区的政区建置依然与中原地区的政区体系存在较大差别。为此,土司制度应运而生。元明时期是土司政区逐步建立并全面推广的时期。土司体制是为适应少数民族聚居区的行政管理特点而设置的特殊政区体系,而且大多数边远政区的设置与当地民族聚居区的地理分布存在密切联系,因此,分析这些政区的设置状况与民族成分,便成为我们了解与研究元代民族地理的主要线索与努力方向。

元朝土司政区的建置,为明朝时期土司政区的全面发展奠定了基础。元朝的土司政区在南方及边境地区包括中南、西南、岭南最为集中。据《元史·百官志》记载,这些土司职官有宣慰使司都元帅府、宣慰使兼管军万户府、都元帅府、元帅府、宣抚司、安抚司、招讨司以及诸军、诸蛮夷长官司等。但是,元朝毕竟是土司制度草创时期,除了诸蛮夷长官司,许多土司职官机构(如宣抚司、招讨司等)起初并非专为土司所设,而是普遍推行的职官机构名称,如南方地区很多路、府都是由安抚司改置而来。而设置于边远区域的宣慰司、安抚司及招讨司等职官机构名,则长期沿用下来,以至于成为土司职官的专用名称。我们在研究元朝土司制度时,必须明白这一变化过程。

尽管元朝在少数民族聚居地区的政区建设方面取得了不小的成绩,但《元一统志》《元史·地理志》等著作并没有将其制度的演变进行系统总结与整理,而据《明

史·职官志》记载,明代土司设置之初,通常“多以元官(或原官)授之”。同时,《明史》之《地理志》与《土司传》在追溯土司沿革时往往提及元朝设置,我们可以从中发现元明两朝在土司制度传承方面的密切关系。

一、元朝湖广(中南与岭南)地区的政区设置与民族分布

元朝置湖广行省,治鄂州(今湖北省武汉市武昌区),所辖地域广袤,覆盖了今天湖北、湖南、贵州、广东、海南数省以及广西壮族自治区的部分地区。元代推行行省制度,行省之下为路,路下为县。由于行省疆域过于辽阔,因而在行省与路之间,还有道一级,机构名称为“宣慰司”。如《元史·百官志》载:“宣慰司,掌军民之务,分道以总郡县,行省有政令则布于下,郡县有请则为达于省。有边陲军旅之事,则兼都元帅府,其次则止为元帅府。其在远服,又有招讨、安抚、宣抚等使,品秩员数,各有等差。”边远地区的宣慰司大多为土司政区。

据《元史·地理志》,湖广行省下分数道宣慰使司,如湖南道宣慰使司、广西两江道宣慰使司都元帅府、海北海南道宣慰使司以及沿边溪洞宣慰使司等,均设立于少数民族集中居住区域。《元史·兵志》记载,元初有湖南道宣慰使司都元帅府之设。“至元元年(1264)六月奏准,湖南道宣慰使司兼都元帅府,总领所辖路分镇守万户军马。”又据《元史·百官志》,湖广行省之内,还有海北海南道宣慰使司都元帅府与八番顺元等处宣慰使司都元帅府。这样,元朝在湖广行省境内,就设有四大宣慰使司都元帅府,这无疑与加强控制少数民族聚居区域有关。

为加强对湖广地区各族民众的震慑,元朝还在湖广地区广建屯戍,实开后世南方“苗疆”之先河。在军事打击之后,积极推行屯戍建设的元朝官员是元贞初年(1295)任湖广行省平章政事的刘国杰。

> 辰、澧地接溪、洞,宋尝选民立屯,免其徭役,使御之,在澧者曰隘丁,在辰者寨兵,宋亡,皆废,国杰悉复其制,班师。继又经画茶陵、衡、郴、道、桂阳,凡广东、江西盗所出入之地,南北三千里,置戍三十有八,分屯将士以守之,由是东尽交广,西亘黔中,地周湖广,四境皆有屯戍,制度周密,诸蛮不能复寇,盗贼遂息。①

下面分三个地区分别阐述其政区设置与民族分布状况。

(一)两湖地区(湖北道与湖南道宣慰司)

至元十四年,元朝曾设湖北宣慰司,治于武昌路(治今湖北省武汉市)。十九年,

---

① 《元史》卷一六二《刘国杰传》,第3811页。

因置湖广行省而罢湖北宣慰司，湖北道归行省直辖。湖北道的辖区因包有“五溪蛮”传统聚居地，如辰州、沅州、澧州、靖州等，各民族杂居的情况相当普遍。“湖北地僻远，民僚所杂居。”①元朝初年，朝廷曾对五溪洞“蛮”进行大规模的军事征伐。

（至元二十一年）时思、播以南，施、黔、鼎、澧、辰、沅之界，蛮僚叛服不常，往往劫掠边民，乃诏四川行省讨之。……十一月，诸将凿山开道，绵亘千里，诸蛮设伏险隘，木弩竹矢，伺间窃发，亡命迎敌者，皆尽杀之。遣谕诸蛮酋长率众来降，独散毛洞谭顺走避嵓谷，力屈始降。②

如《元史·达识帖睦迩传》载：

（至正）九年，为湖广行省平章政事。沅、靖、柳、桂等路徭、僚窃发，朝廷以溪洞险阻，下诏招谕之。达识帖睦迩谓：“寇情不可料，请置三分省，一治静江，一治沅、靖，一治柳、桂，以左右丞、参政分镇其地。罢靖州路总管府，改立靖州军民安抚司，设万户府，益以戍兵。”朝廷皆如其言。已而诸徭、僚悉降。③

靖州治今湖南省靖州县，即宋诚州之地，为“诚州蛮”的主要聚居地，《元史·地理志》载靖州安抚司置于至元十二年前后。

沅州路（治今湖南省芷江侗族自治县）是“五溪蛮”最早的聚居区之一，时至元朝，这里同样是民族众多。如《元史·郭昂传》载：

……转沅州安抚司同知，佩金符，招降溪洞八十余栅。播州张华聚众容山（今广西壮族自治区北流市西北大容山），昂率兵屠之，山徭、木猫、土僚诸洞尽降。（至元）十六年，以诸洞酋入朝，帝赐金绮衣、鞍辔，进安远大将军。徇沅州西南界，复新化、安仁二县，擒剧贼张虎……并其众三千余人，悉使归民籍。④

湖南道郴州路（治今湖南省郴州市）也是一个主要的多民族聚居地。如《元史·王都中传》载：

改郴州路总管，郴居楚上流，溪洞徭僚往来民间，惮其强猾，莫敢与相贸易，都中煦之以恩，慑之以威，乃皆悦服。郴民染于蛮俗，喜斗争，都中乃大治学舍，作笾豆簠簋、笙磬琴瑟之属，使其民识先王礼乐之器，延宿儒教学其中，以义理开晓之，俗为之变。⑤

---

① 《元史》卷一八三《苏天爵传》，第4225页。
② 《元史》卷一六二《李忽兰吉传》，第3794~3795页。
③ 《元史》卷一四〇《达识帖睦迩传》，第3375页。
④ 《元史》卷一六五《郭昂传》，第3882页。
⑤ 《元史》卷一八四《王都中传》，第4230页。

（二）岭南地区（广西两江道宣慰使司、海北海南道宣慰使司与广东道宣慰使司都元帅府）

元朝岭南地区大致可分为三个道宣慰使司都元帅府管辖，即广西两江道宣慰使司、海北海南道宣慰使司与广东道宣慰使司都元帅府。岭南地区民族构成十分复杂，而威胁元朝在当地政权稳固的主要力量是当地的少数民族。如《元史·朱国宝传》载：

（至元）十六年（1279），迁定远大将军、海北海南道宣慰使。蜑贼连结郁林、廉州诸洞，恣行剽掠，国宝悉平之，磔尸高化，以惩反侧。任龙光等所部五千降。移琼州，立官程，更弊政，训兵息民，具有条制。南宁谢有奎负固不服，国宝开示信义，有奎感悟，以其属来归。于是黎民降者三千户，蛮洞降者三十所。十八年，破临高蛮寇五百人，招降居亥、番亳、铜鼓、博吐、桐油等十九洞，遣部将韩旺率兵略大黎、密塘、横山，诛首恶李实，火其巢，生致大钟、小钟诸部长十有八人，加镇国上将军、海北海南道宣慰使都元帅。①

仅从这段传文中，我们就可以推知当地活跃的多种民族，如蜑民、黎民以及“临高蛮”等。

1. 广东道宣慰使司都元帅府

先隶于江浙行省，后分隶江西行省，治今广东省广州市。《元史·罗璧传》载：“大德三年，除饶州路总管，改广东道宣慰使都元帅。山海獠夷不沾王化，负固反侧，乃诱致诸洞蛮夷酋长，假以官位，晓以祸福，由是咸率众以归。”②

2. 广西两江道宣慰使司

治今广西壮族自治区南宁市。《元史·地理志》注：“大德二年（1298），广西两江道宣慰司都元帅府言：‘比者黄圣许叛乱，逃窜交趾，遗弃水田五百四十五顷，请募溪洞徭、僮民丁，于上浪、忠州（治今广西壮族自治区东兰县南）诸处开屯耕种，缓急则令击贼，深为便益。’从之。”黄圣许，又作“黄胜许”。《元史·刘国杰传》载：“时知上思州黄胜许恃其险远，与交趾为表里，寇边。（至元）二十九年，诏国杰讨之。……师还，尽取贼巢地为屯田，募庆远（路，治今广西壮族自治区河池市宜州区）诸撞人（僮人）耕之，以为两江蔽障。后蛮人谓屯为省地，莫敢犯者。”上思州治今广西壮族自治区上思县东南。时任湖广行省平章政事的哈剌哈孙鼎力支持广西地区的屯田之举，如《元

① 《元史》卷一六五《朱国宝传》，第3877～3878页。

② 《元史》卷一六六《罗璧传》，第3895页。

史·哈剌哈孙传》载:“广西元帅府请募南丹五千户屯田,事上行省,哈剌哈孙曰:‘此土著之民,诚为便之,内足以实空地,外足以制交趾之寇,可不烦士卒而馈饷有余。’即命度地立为五屯,统以屯长,给牛种农具与之。”①南丹州与庆远路后合为庆远南丹溪洞等处军民安抚司。如大德元年(1297),中书省大臣上言:“南丹州安抚司及庆远路相去为近,所隶户少,请省之。”得到元成宗的同意,于是合置庆远南丹溪洞等处军民安抚司。② 综上所述,这是一场较大规模的移民屯田行动,移民的主体是庆远南丹地区的瑶民与僮民,数量达五千户,分为五屯,各立屯长,迁入地为上思、上浪及忠州等地。

广西两江道内的贵州(治今广西壮族自治区贵港市)一带也是“蛮”的重要聚居地。如“贵州地接八番,与播州相去二百余里,乃湖广、四川、云南喉衿之地。大德六年(1302),云南行省右丞刘深征八百息妇,至贵州科夫,致宋隆济等纠合诸蛮为乱,水东、水西、罗鬼诸蛮皆叛,刘深伏诛”③。这说明贵州地区为“水东”“水西”“罗鬼”诸支系民众的聚居之地。

3. 海北海南道宣慰使司都元帅府

治于雷州路(治今广东省雷州市)。按摊曾任海北海南道宣慰使。《元史·也先不花子按摊传》载:“海康(应为南)与安南、占城诸夷接境,海岛生黎叛服不常,按摊威望素著,夷人帖服,生黎王高等二十余洞,皆愿输贡税。”④又据《元史·百官志》记载,元朝后期,为了加强对各族的联系与管理,当时海南岛地区有黎兵万户府之设,实际上成为最高军政机构。

> 元统二年(1334)十月,湖广行省咨:“海南僻在极边,南接占城,西邻交趾,环海四千余里,中盘百洞,黎、僚杂居,宜立万户府以镇之。”中书省奏准,依广西屯田万户府例,置黎兵万户府。万户三员,正三品。千户所一十三处,正五品。每所领百户所八处,正七品。

据此计算,在一个黎兵万户府之下,元代海南岛地区还设有十三处黎兵千户所、一百〇四处黎兵百户所。

(三)“西南诸番”地区(八番顺元等路军民宣慰司与沿边溪洞宣慰使司)

比较而言,元朝湖广行省里少数民族最集中的区域,还要数该行省与四川行省交

---

① 《元史》卷一三六《哈剌哈孙传》,第 3292 页。

② 《元史》卷六三《地理志》,第 1533~1534 页。

③ 《元史》卷六三《地理志》“贵州”下注文,第 1536 页。

④ 《元史》卷一三四《也先不花子按摊传》,第 3268 页。

界的西南地区，即以今天贵州省为中心的“西南诸番”地区，或称“八番”地区。至元年间，元朝招降诸番酋长，在“八番”地区设置顺元等路军民宣慰司，治今贵州省贵阳市。如《元史·世祖纪》载，至元十五年，“罗氏鬼国主阿榨、西南蕃主韦昌盛并内附。诏阿榨、韦昌盛各为其地安抚使”。又十六年七月癸酉，“西南八番、罗氏等国已归附者，具以来上，洞寨凡千六百二十有六，户凡十万一千一百六十有八”。

当时归附的西南“番”数量远不止于此。《元史·地理六》记载：

至元十六年(1279)，潭州行省遣两淮招讨司经历刘继昌招降西南诸番，以龙方零为小龙番静蛮军安抚使，龙文求卧龙番南宁州安抚使，龙延三大龙番应天府安抚使，程延随程番武盛军安抚使，洪延畅洪番永盛军安抚使，韦昌盛方番河中府安抚使，石延异石番太平军安抚使，卢延陵卢番静海军安抚使，罗阿资罗甸国遏蛮军安抚使，并怀远大将军、虎符，仍以兵三千戍之。是年，宣慰使塔海以西南八番、罗氏等国已归附者，具以来上，洞寨凡千六百二十有六，户凡十万一千一百六十有八。西南五番千一百八十六寨，户八万九千四百。西南番三百一十五寨，大龙番三百六十寨。①

据此合计，洞寨与“西南诸番”共为十九万五百六十八户。若按每户五口计，那么当时归附的“西南番”数量已有近百万人之多。

亦奚不薛的叛乱也可证明“西南番”人口之众。至元十九年(1282)，在“西南番”归附后不久，爆发了以亦奚不薛为首的反叛。《元史·也速答儿传》载：“罗氏鬼国亦奚不薛叛，诏以四川兵会云南、江南兵讨之。至会灵关，亦奚不薛遣先锋阿麻、阿豆等将数万众迎敌，也速答儿驰入其军，挟阿麻、阿豆出，斩之。亦奚不薛惧，率所部五万余户降。”②

为了加强对“西南诸番”的管理，元朝在其地设置了八番顺元等路宣慰司，蒙古将领速哥是第一任八番顺元等路军民宣慰使。如《元史·速哥传》载：

(至元)十九年，(罗氏鬼国)亦奚不薛蛮叛，置顺元等路军民宣慰司，以速哥为宣慰使，经理诸蛮。二十四年(1287)，迁河东陕西等路万户府达鲁花赤，播州宣抚赛因不花等赴阙请留之。降八番金竹等百余寨，得户三万四千，悉以其地为郡县，置顺元路、金竹府、贵州以统之。东连九溪十八峒，南至交趾，西至云南，咸

① 《元史》卷六三《地理六》“八番顺元蛮夷官”下注文，第1539页。
② 《元史》卷一二九《纽璘传》后附，第3146页。

受节制。①

又据《元史·地理志》,八番顺元宣慰司下领官职主要有:

1. 罗番遏蛮军安抚司,治今贵州省惠水县西南。

2. 程番武盛军安抚司,治今贵州省惠水县。

3. 金石番太平军安抚司,治今贵州省惠水县西南。

4. 卧龙番南宁州安抚司,治今贵州省惠水县南。

5. 小龙番静蛮军安抚司,治今贵州省惠水县南小龙。

6. 大龙番应天府安抚司,治今贵州省惠水县南大龙宛。

7. 木瓜犵佬蛮夷军民长官司,治今贵州省惠水县西南木瓜。

8. 韦番蛮夷长官司,治今贵州省惠水县西南。

9. 洪番永盛军安抚司,治今贵州省惠水县西南。

10. 方番河中府安抚司,治今贵州省惠水县东南。

11. 卢番静海军安抚司,治今贵州省惠水县东北。

12. 卢番蛮夷军民长官,治所不详。

13. 定远府,治今贵州省惠水县东南。下领桑州、章龙州、必化州、小罗州、下思同州(下辖朝宗县、上桥县、新安县、麻峡县、甕蓬县、小罗县、章龙县、乌山县、华山县、都云县、罗博县)。

14. 管番民总管:治所不详。下辖小程番(治今贵州省惠水县东北)等五十三处“蛮夷军民长官”。

15. 顺元等路军民安抚司,治今贵州省贵阳市。《元史·地理志》曾注释:“至元二十年(1283),四川行省讨平九溪十八峒,以其酋长赴阙,定其地之可以设官者与其人之可以入官者,大处为州,小处为县,并立总管府,听顺元路宣慰司节制。”然又据《元史·英宗纪》载,至治二年(1322)十一月,“置八番军民安抚司,改长官所二十有八为州县”。不知两个安抚司是否相同。顺元等路军民安抚司辖区集中于湖广与四川交界处的“九溪十八峒”地区。下领雍真乖西葛蛮等处长官司(治今贵州省开阳县西北)等二十四处“蛮夷长官司”。

16. 思州军民安抚司,治婺川县(今贵州省务川仡佬族苗族自治县),下领镇远府(治今贵州省镇远县)、楠木洞等“蛮夷长官司”六十七处。

---

① 《元史》卷一三一《速哥传》,第3183页。

八番顺元职官所辖区域原属四川行省，到至元二十八年(1291)，根据杨胜等人的请求，改隶湖广行省。如《元史·地理志》“八番顺元蛮夷官”下注云：“二十八年，从杨胜请，割八番洞蛮，自四川行省隶湖广行省。三十年(1293)，四川行省言：‘思、播州元隶四川，近改入湖广，今土人愿仍其旧。’有旨遣问，还云，田氏、杨氏言，昨赴阙廷，取道湖广甚便，况百姓相邻，驿传已立，愿隶平章答剌罕。”

二、元朝陕西、四川行省的民族构成与羁縻政区

(一)陕西行省内的民族分布与政区设置

中统三年(1262)，元朝设置陕西四川行省，治今陕西省西安市。然而到至元二十三年(1286)，又分置四川行省。元朝陕西行省辖区内民族行政机构主要集中于西南部，即与吐蕃交界的地区。在这些多民族杂居政区吐蕃族事务归于宣政院，而汉民事务又隶于陕西行省。可以肯定这些地区为多种民族杂居的区域，只是记载阙略，难知其详。如《元史·地理志》释：“自河州以下至此(礼店文州蒙古汉儿军民元帅府)多阙，其余如朵甘思、乌思藏、积石州之类尚多，载籍疏略，莫能详录也。”这些政区主要如下：

1. 土蕃等处宣慰司都元帅府，治于河州路(今甘肃省临夏回族自治州)，下领九个路、州：

路、州名称	治所今地	领县情况
河州路	甘肃省临夏回族自治州	领三县：定羌、宁河、安乡
雅州	四川省雅安市西	领五县：名山、泸山、百丈、荣经、严道
黎州	四川省汉源县北	领一县：汉源
洮州	甘肃省临潭县东	领一县：可当
贵德州	青海省贵德县	无
茂州	四川省茂县	领二县：汶山、汶川
脱思麻路	不详	无
岷州	甘肃省岷县	无
铁州	甘肃省岷县东	无

2. 碉门鱼通黎雅长河西宁远等处宣抚司，治今四川省天全县。

3. 礼店文州蒙古汉儿军民元帅府，“礼店”，《元史·百官志》作“李店”，治今甘

肃省礼县东。

（二）四川行省内的民族分布与政区设置

关于元朝四川行省的形势与民族问题，该行省官员曾指出："本省地方，东南控接荆湖，西北襟连秦陇，阻山带江，密迩蕃蛮，素号天险，古称极边重地。"①该行省少数民族聚居地区主要集中在叙南等处"蛮夷宣抚司"辖内：

1. 叙州路，治今四川省宜宾市。古僰之地，唐朝置戎州。元朝至元十三年曾设安抚司，后改为路。下领二州：一为富顺州，治今四川省富顺县；二为高州，治今四川省高县南。高州为古夜郎国属地，邻近"乌蛮"聚居区，当地居民均为西南羌族。"蛮"人散居村囤之中，并无县邑乡镇之别。

2. 马湖路，为古牂柯属地，后定名为马湖部。至元十三年内附后，立为总管府。当地居民被称为"马湖蛮"，散居山箐之中，也无县邑城镇之别。下领一军，即长宁军，治今四川省长宁县南，原为唐朝羁縻州；又领一州：戎州，治今四川省兴文县。当地居民为古夜郎"西南蛮"种，分为十九族。唐朝武则天在位时期，开拓西南边疆，曾在当地设十四州、五团、二十九县，于本部置晏州。至元二十二年（1285）升为戎州。所领"蛮"民均居住于村囤之中，并无县邑乡镇之别。

3. 上罗计长官司，治今四川省珙县南上罗场，"领蛮地罗计、罗星"等，均为古夜郎之境，居民为"西南种族"。前代视为化外之地，到宋朝时隶于长宁军。当地居民散居村箐之中，也无县邑乡镇之别。

4. 下罗计长官司，治今四川省珙县，"领蛮地"，"其境近乌蛮"，"与叙州、长宁军相接，居民均为西南夷族，与上罗计同"。至元"二十二年，诸蛮皆叛，惟本部无异志"。

5. 四十六囤蛮夷千户所，治今四川省高县北，"领豖蛾夷地"，也为古夜郎之属。唐朝时曾置为羁縻定州支江县。元朝至元十三年归附后，于庆符县（今四川省高县西北）侨置千户所，领四十六囤，如黄水口上下落骨、山落牟许满吴等。

6. "诸部蛮夷"，"各设蛮夷官"，这些长官所在各部有秦加大散等洞、斜崖冒朱等洞、陇堤纡皮等洞、石耶洞、散毛洞、彭家洞、黑土石等处、市备洞等十几部。

7. 师壁洞安抚司，治所不详。

8. 永顺等处军民安抚司，治今湖南省永顺县东南，领阿者洞、谢甲洞、上安下坝

---

① 《元史》卷九九《兵二》，第 2548~2549 页。

等十八处。

其次，元朝四川行省境内的又一著名土司政区，是在“西南番”聚居区设置的沿边溪洞宣慰使司。该宣慰使司曾划归湖广行省，到至元二十八年（1291），在播州安抚使杨汉英的请求下，重归入四川行省管辖。如《元史·地理志》注：

至元二十八年，播州杨赛因不花言：“……向所授安抚职任，隶顺元宣慰司，其所管地，于四川行省为近，乞改为军民宣抚司，直隶四川行省。”从之。以播州等处管军万户杨汉英为绍庆、珍州、南平等处沿边宣慰使，行播州军民宣抚使、播州等处管军万户，仍虎符。汉英即赛因不花也。

1. 播州军民安抚司，治今贵州省遵义市，辖黄平府等三十三处。元代“西南番”地区最著名的土司家族便是长期担任播州安抚使的杨氏。谭其骧先生曾对播州杨氏家族的演变过程进行了深入而翔实的研究，谭先生指出：

……实则《元史·地理志》所列播州安抚司（宋嘉熙三年始置，治今贵州省遵义市）所领三十三处，其开拓之始，当即在此时。三十三处今不尽可考，其可考者则北有綦江、南平等处，今綦江、桐梓、南川县地；东有沿河、祐溪等处，今沿河县地；南有黄平府、葛浪洞等处，今黄平县地；六洞、柔远等处，六洞，今平舟县地，柔远，当在今八寨县地；小姑、单章，小姑，今都匀县地，单章当即今丹江县地；平伐、月石等处，今贵定、平越县地；纵广皆几及千里，约计之盖十倍于旧土矣。①

2. 新添葛蛮安抚司，治今贵州省贵定县，辖南渭州等一百三十一处，大概为《元史·地理志》所记当时所有安抚司中辖区最为广袤、部族数量最多的一个。

三、元朝云南地区的政区建置与民族分布

（一）元朝云南行省的政区建置与民族种类

元朝在疆域政区建设方面的一个重大成就，便是云南行省的建立。自唐朝中期至南宋，云南之地归属南诏及大理政权，并不在中央王朝的管辖之下。清人冯甦《滇考》下称：“古有天下者，皆最后始开滇。惟元起西北，其得云南也，在未有天下之先。”②蒙哥汗三年（1253），忽必烈率军队攻灭大理，自此，云南归入蒙古大帝国的版图。兀良合台是这次军事征服的主将之一。《元史·兀良合台传》载：“宪宗即位之明年（1252），世祖以皇弟总兵讨西南夷乌蛮、白蛮、鬼蛮诸国，以兀良合台总督军事。

① 《播州杨保考》，载于《长水集》（上），第277页。

② 《滇考》（下），清文渊阁《四库全书》本。

其鬼蛮，即赤秃哥国也。”攻灭赤秃哥国后，“自出师至此，凡二年，平大理五城八府四郡，洎乌、白等蛮三十七部。……丁巳(1257)，以云南平，遣使献捷于朝，且请依汉故事，以西南夷悉为郡县，从之”①。元朝人李京在《云南志略》中又指出：“甲寅(1254)春，大驾东还，命大将兀良吉专行征伐三十七部及金齿、交趾，举皆内附，云南悉平。兀良吉回师之后，委任非人，政令屡变，天庭高远，不相闻，边鄙之民，往往复叛。”②

可见，稳定云南局势，全面设置郡县是一项相当艰难的工作，在这一方面，元朝不少官员做出了卓著的成绩。最著名的官员之一便是赛典赤赡思丁，又名乌马儿，为“回回”贵族。他于至元十一年(1274)拜云南行省平章政事，在云南动荡不宁的局势中着手于政区改革。如他首先于至元十二年提出宣慰司兼行元帅府之事，并统一受行省节制，理由便是“云南诸夷未附者尚多”。其后又上奏改各地万户、千户为令长，他说：“哈剌章(白蛮)、云南壤地均也，而州县皆以万户、千户主之，宜改置令长。”这些措施都得到朝廷的批准。赛典赤赡思丁死后，他的两个儿子纳速剌丁与忽辛也继承父志，为云南的建设做出了贡献。如纳速剌丁提出：“云南有省，有宣慰司，又有都元帅府，近宣慰司已奏罢，而元帅府尚存，臣谓行省既兼领军民，则元帅府亦在所当罢。”③

又如西域人怯烈曾协助赛典赤工作。据《元史·怯烈传》载：“至元十二年，立云南行省，署(怯烈)为幕官，诸洞蛮夷酋长款附，怯烈功居多。”④然而，政区建置工作远没有结束。如据《元史·也先不花传》载，至元二十三年(1286)，也先不花任云南行省平章政事，“时阿郎、可马丁诸种僰夷(白蛮)为变，讨平之。遂立登云等路、府、州、县六十余所，得户二十余万，官其酋长，定其贡税，边境以宁”⑤。无疑，这又是一场大规模的政区建置行动。

关于当时政区建置的具体过程，《元史·地理志》“中庆路”下载：“宪宗五年(1255)，立万户府十有九……至元七年，改为路。(小注云：至元八年，分大理国三十七部为南北中三路，路设达鲁花赤并总管)(至元)十三年(1276)，立云南行中书省，初置郡县。”据此，我们发现了记载云南设置郡县的两个时间：一个时间是《兀良合台传》所云“丁巳”(1257)年，另一个时间为《元史·地理志》所记至元十三年(1276)，

---

① 《元史》卷一二一《速不台传》后附，第2979~2980页。

② 见方国瑜主编《云南史料丛刊》第三卷，云南大学出版社1998年版，第126页。

③ 《元史》卷一二五《赛典赤赡思丁传》，第3063~3070页。

④ 《元史》卷一三三《怯烈传》，第3236页。

⑤ 《元史》卷一三四《也先不花传》，第3267页。

前后相差将近二十年。应该说,《元史·地理志》的记录更为翔实可靠。同时,记载中所云从设置万户府,到改置路,到置郡县,也真实地反映了元朝初年云南政区建置的历程。

记载元代云南地区民族问题较有代表性的著作,首推李京所撰《云南志略》。李京在大德年间曾任乌撒道宣慰副使,《云南志略》可谓其实地考察情况之总结,他在该书中所列云南及附近地区的主要民族种类与分布情况大致如下所引:

1. 白人,又称为白爨、“白蛮”,古代僰人的后裔,今天白族的先民,主要分布于中庆、威楚、大理、永昌等路。

2. 乌蛮,或称为罗罗、黑爨,今天彝族的先民,主要分布于顺元、曲靖、乌蒙、乌撒、越巂等地区。

3. 金齿百夷,又称为“白夷”,今天傣族的先民。李京强调:“西南之蛮,白夷最盛,北接吐蕃,南抵交趾,风俗大概相同。”金齿百夷区分的主要标志是文饰的差异。如“金裹两齿谓之金齿蛮,漆其齿者谓之漆齿蛮,文其面者谓之绣面蛮,绣其足者谓之花脚蛮,彩绘分撮其发者谓之花角蛮”。

4. 末些蛮,又称为“摩些蛮”“麽些蛮”等,地处大理北部,与吐蕃接界,濒临金沙江。

5. 土僚蛮,又称为“土老”“山子”等,今天仡佬族与壮族先民的一支,主要分布于叙州路之南、乌蒙以北地区,即今天云南东北部与贵州西部地区。

6. 斡泥蛮,又称为“窝泥”,今天哈尼族的先民,主要分布于临安路(治今云南省通海县北)西南五百里之地。

7. 蒲蛮,又称为扑子蛮,今天布朗族先民的一支,主要分布于澜沧江以西地区。①

(二)元朝云南各地区的民族种类与分布

元朝的云南基本全为少数民族居住区,行政体制方面也以土司制度为主要特征。郡县设置与民族分布格局有着直接的关联。《元史·地理志》对此做了相当细致的记载。下面依据《元史·地理志》与《元一统志》的内容,简要介绍元朝云南各地的政区建置与民族分布状况。

1. 云南诸路道

(1)中庆路,治今云南省昆明市。该路所在地原为大理八府之一——善阐府,至

---

① 关于元、明、清时期云南地区民族种类与分布的详细考证,参见尤中编著《中国西南的古代民族》第五章《元、明、清时期的云南及其附近地带各民族》。

元十三年(1276)置云南行省时,将之改为中庆路。下有四州(州领八县)三县。三县为昆明、富民、宜良。其中宜良县原为酋长罗氏所立罗裒龙城。四州分别为嵩明州、晋宁州、昆阳州、安宁州。

州　名	治所今地	民族构成
嵩明州	云南省嵩明县	枳氏、车氏、斗氏、麽氏四种
晋宁州	云南省昆明市晋宁区东北	“些莫强宗部蛮”与“些莫徒蛮”
昆阳州	云南省昆明市晋宁区	“僰㺜杂夷”“乌蛮”以及“曲噃蛮”
安宁州	云南省安宁市	“乌蛮”“乌蛮罗部”及其他

(2)威楚开南等路,治今云南省楚雄市。原为多种“蛮”民杂居耕牧之地,后来爨族首领威楚在此地筑俄禄睒城,成为爨族聚居之地。下有二县:威楚、定远。定远在路北,原也为多种“蛮”民杂居之地,大理政权存在时期,曾迁云南些莫徒酋夷羡二百户来居。又有四州:镇南州、南安州、开南州、威远州。

州　名	治所今地	民族构成
镇南州	云南省南华县	原为“朴蛮”与“落蛮”所居,后为蒙氏南诏所占
南安州	云南省 双柏县北	“黑爨蛮”祖瓦晟吴部所居之地,也有其他种类“蛮”民来居,如宜州些莫徒裔“蛮”等
开南州	云南省景东 彝族自治县东	昔为“朴蛮”与“和泥蛮”所居之地,后为金齿、“白蛮”等占
威远州	云南省景谷 傣族彝族自治县	原为“朴蛮”“和泥蛮”所居,后为金齿、“白蛮”所占

(3)武定路军民府,治今云南省武定县东。该地原为“㺜鹿等蛮”所居,在段氏大理时期迁“乌蛮”罗婺部来居,民族构成较为复杂。如《元一统志》载:“蛮民有乌、白、绛、聂些、㑮、鹿六种,恃其形势,号为难治。”[①]下领二州:和曲州、禄劝州。

①和曲州,治今云南省武定县南。该地原为“僰、獇诸种蛮”所居之地,后来“金齿、白夷蛮”移居此地,到段氏大理时期,又为“乌蛮”罗婺部所吞并。下有二县:南甸、元谋。

②禄劝州,地在武定路东北,杂“蛮”居之,没有州治所。下领二县:易笼,地处州

① (元)孛兰肹等撰,赵万里校辑《元一统志》卷七,中华书局1966年版,第552页。

北，为“乌蛮”罗婺部酋长会居之所；石旧，在州东面。

（4）鹤庆路军民府，治今云南省鹤庆县，领一县：剑川。

（5）云远路军民总管府，元贞二年置，治今缅甸克钦邦孟养。

（6）彻里军民总管府，治所不详。

（7）广南西路宣抚司，治今云南省广南县。

（8）丽江路军民宣抚司，治今云南省玉龙纳西族自治县西北。原为“麽蛮”“些蛮”所居之地，两部均属“乌蛮”系。至元八年（1271），曾在此地置宣慰司，后改为丽江路。下领一府（北胜府）、七州（顺州、蒗蕖州、永宁州、通安州、兰州、宝山州、巨津州）。《元一统志》载，当地“蛮有八种，曰磨些、曰白、曰罗落、曰冬闷、曰峨昌、曰撬、曰吐蕃、曰伫；参错而居，故称一族”。又“磨些蛮最多于诸种，男女红帛缠头，女人头髻如河西”。“磨蛮、些蛮与施蛮皆乌蛮种，居铁桥、大婆、小婆等川。”足见丽江地区民族构成相当复杂，并不止于以上所列八种，其中以麽、些“蛮”数量最多。

府州名称	治所今地	民族构成
北胜府	云南省永胜县	“施蛮”，又称为剑羌
顺州	云南省永胜县西南	“顺蛮”
蒗蕖州	云南省宁蒗彝族自治县	罗落、麽、些三种
永宁州	云南省宁蒗彝族自治县西北	麽、些“蛮”
通安州	云南省玉龙纳西族自治县	“原为朴獬蛮所居”，后为“麽蛮”与“些蛮”等族所夺
兰州	云南省兰坪县东南	“卢鹿蛮部”
宝山州	云南省玉龙纳西族自治县北	麽、些“蛮”
巨津州	云南省玉龙纳西族自治县西北	麽、些“蛮”世居

（9）东川路，治今云南省会泽县。《元一统志》记载当地风俗：“乌蛮富强，白蛮贫弱，俗尚战争。”又“俗类吐蕃，居多板覆”。①

（10）茫部路军民总管府，治今云南省镇雄县北，辖有益良州、强州。

（11）孟杰路，治今泰国清迈东北。《元史·地理志》自东川路以下记载阙略。“泰定三年，八百息妇蛮请官守，置木安、孟杰二府于其地。”

（12）普安路，治今贵州省盘州市东。此地为古夜郎之地，在蒙氏南诏时期，此地

① 《元一统志》卷七，第562页。

为其东部边境地区，为东爨“乌蛮”七部落所居之地，其后爨酋阿宋逐诸“蛮”据其地，号“于失部”，世为酋长。归附元朝后，元朝于至元十三年（1276）改置普安路。

2. 曲靖等路宣慰司军民万户府

（1）曲靖路宣抚司，治今云南省曲靖市。唐朝在此地置南宁州，曲靖路设置于元至元十三年（1276），二十五年（1288）升为宣抚司。长期以来，曲靖路所在地为东、西爨即乌、白二种“蛮”分布的分界区：“自曲靖州西南昆川距龙和城，通谓之西爨白蛮。自弥鹿、升麻二川南至步头，通谓之东爨乌蛮。”自唐朝后期，曲靖为东爨“乌蛮”所居。领一县：南宁，为“乌蛮”莫弥所居之地；五州：陆凉州、越州、罗雄州、马龙州、沾益州。

州县名称	治所今地	民族构成
南宁县	云南省曲靖市	“乌蛮”莫弥部
陆凉州	云南省陆良县东北	落温部“蛮”世居之地
越州	云南省曲靖市南	普麽部“蛮”世居之地
罗雄州	云南省罗平县东北	盘瓠之裔罗雄部“蛮”世居之地
马龙州	云南省曲靖市马龙区	盘瓠之裔纳垢部
沾益州	云南省宣威市	磨弥部

（2）澂江路，治今云南省澄江市，原为麽、些“蛮”世居之地，后为“僰蛮”（白蛮）所占，到段氏大理时期，麽、些“蛮”返居此地，号为罗伽部。领县三：河阳、江川、阳宗。州二：新兴州、路南州。

州县名称	治所今地	民族构成
河阳县	云南省澄江市	同澂江路
江川县	云南省玉溪市江川区北	“些麽徒蛮”居此地，更名步雄部
阳宗县	云南省澄江市北	麽、些“蛮”居之，号曰强宗部
新兴州	云南省玉溪市	麽、些“蛮”分居其地。下领二县：普舍（原为强宗部“蛮”所居，另有部分汉人）、研和（“麽些徒蛮”步雄部所居）
路南州	云南省石林彝族自治县	“黑爨蛮”落蒙部世居之地

（3）普定路，治今贵州省安顺市东南。该地原为普里部，归附元朝后，元朝曾设置普定府。据《元史・地理志》记载，至元二十七年（1290），当地酋长上言“招到罗甸国札哇并龙家、宋家、犵狫、苗人诸种蛮夷四万六千六百户”，故请求创设罗甸宣慰司。

但这一建议遭到云南行省官员的反对。行省官员指出:“罗甸即普里也,归附后改普定府,印信具存,隶云南省三十余年,赋役如期。今所创罗甸宣慰安抚司,隶湖南省。……乞罢之,仍以其地隶云南。”这些意见为朝廷所采纳。大德七年(1303),改为普定路。据此可证,元代普定路地区的主要居民由龙家、宋家、仡佬及苗人等多个民族构成。

(4)仁德府,治今云南省寻甸回族彝族自治县东。初为僰、刺“蛮”世居之地,后为“乌蛮”之裔新丁部所夺。至元十三年,置仁德府。下领二县:为美、归厚。

3. 罗罗蒙庆等处宣慰司都元帅府辖区

(1)建昌路,治今四川省西昌市。本为古越巂之地,唐朝时曾没于吐蕃。蒙诏将“乌、白二蛮”实之,后分地为四部。元至元十二年(1275),于建昌路设罗罗宣慰司以总之。可见,当地为“罗罗”即“乌蛮”的聚居地。领一县:中县,为“乌蛮”沙麻部所在;九州:建安州、永宁州、泸州、礼州、里州、阔州、邛部州、隆州、姜州。

州县名称	治所今地	民族构成
中县	四川省雷波县西南	“乌蛮”沙麻部
建安州	四川省西昌市	总府治所,为“乌蛮”所居
永宁州	四川省西昌市	为建昌之东郭,为“乌蛮”所居
泸州	四川省西昌市西南	原名沙城睑
礼州	四川省西昌市西北	“南诏末,诸蛮相侵夺”,后为落兰(或称罗落)部“乌蛮”
里州	四川省美姑县	阿都部“乌蛮”
阔州	四川省宁南县	乌蒙部
邛部州	四川省越西县东北	原为麽、些“蛮”,后为“乌蛮”仲由蒙部
隆州	四川省德昌县西北	“乌蛮”
姜州	四川省会理县东南	“乌蛮”闷畔部

(2)德昌路军民府,治今四川省德昌县。原为汉朝邛都县所在地,后为屈部“乌蛮”所居。下领四州:昌州、德州、威龙州、普济州。

州名	治所今地	民族构成
昌州	四川省德昌县	屈部“乌蛮”
德州	四川省德昌县	苴郎“蛮”

（续表）

州名	治所今地	民族构成
威龙州	四川省德昌县西南	“狆鲁蛮”
普济州	四川省米易县西北	初为“狆鲁蛮”世居之地，后属屈部“乌蛮”

（3）会川路，治今四川省会理县西，地当交通要冲，下领五州：武安州（会川路治所）、黎溪州、永昌州、会理州、麻龙州。

州名	治所今地	民族构成
武安州	四川省会理县西	会川路治所
黎溪州	四川省会理县西南	先为“乌蛮”与汉人杂处，阁罗凤叛后“徙白蛮守之”。“蒙氏终，罗罗逐去白蛮。段氏兴，令罗罗蛮乞夷居其地。”
永昌州	四川省会理县西北	张、王、李、赵、杨、周、高、段、何、苏、龚、尹十二姓等“蛮”化汉民
会理州	四川省会东县	绛部“蛮”
麻龙州	四川省会理县东	“乌蛮”

（4）柏兴府，治今四川省盐源县东北。初为摩沙夷所居之地，唐朝中期曾没于吐蕃。归附元朝后，于至元二十七年（1290）置为柏兴府。领二县：闰盐、金县。

4. 临安广西元江等处宣慰司兼管军万户府辖区

（1）临安路，治今云南省通海县北，为阿僰部“蛮”民所居之地。至元十三年（1276）改置临安路，领二县：河西、蒙自；一千户：舍资千户；三州：建水州、石平州、宁州。

州县名称	治所今地	民族构成
河西县	云南省通海县西北	阿僰部“蛮”
蒙自县	云南省蒙自市西北	阿僰部“蛮”
舍资千户	云南省蒙自市东	阿僰部“蛮”
建水州	云南省建水县	“些麽徒蛮”
石平州	云南省石屏县	阿僰部“蛮”
宁州	云南省华宁县	阿僰部与宁部“蛮”

（2）广西路，治今云南省泸西县。该地原为东爨“乌蛮”弥鹿等部所居，后师宗、弥勒二部逐渐强盛起来。元宪宗时，二部曾属于落蒙万户，后改为广西路。领二州：

一为师宗州，治今云南省师宗县。古为僚人与僰人所居之地，后来爨“蛮”驱逐前者而占据此地，师宗部强盛后，建为师宗州。二为弥勒州，治今云南省弥勒市。“些莫徒蛮”之裔弥勒占据郭甸、巴甸、部笼等地后，号弥勒部，元朝建为弥勒州。

（3）元江路，治今云南省元江县。阿僰诸部“蛮”自古就居住在这里，蒙古蒙哥汗时内附。因诸部叛服无常，至元二十五年（1288），元朝割罗槃、马笼、步日、思麽、罗丑、罗陀、步腾、步竭、台威、台阳、设栖、你陀十二部于威远，立元江路。下有二部：一为步日部，在今云南省普洱市，南诏“蒙氏立此甸，徙白蛮镇之”。二为马笼部，在今云南省新平县西北，为阿僰“蛮”居住之地。

5. 大理金齿等处宣慰司都元帅府辖区

（1）大理路军民总管府，治于羊苴咩城（今云南省大理市西北）。大理之地原为“洱河蛮”所居，南诏强盛后，蒙舍诏皮罗阁驱逐“洱河蛮”，徙治于太和城，后又徙治于羊苴咩城，成为南诏及大理政权首府。除了附郭县，大理路辖二府五州。

府州名称	治所今地	民族构成
永昌府	云南省保山市	“乌蛮”
腾冲府	云南省腾冲市	“白蛮”
邓川州	云南省洱源县东南	“乌蛮”
蒙化州	云南省巍山彝族回族自治县	“乌蛮”
赵州	云南省大理市东南	原为“罗落蛮”所居，后为南诏赵州睑（州）
姚州	云南省姚安县	“乌蛮”
云南州	云南省祥云县	“乌蛮”

（2）蒙怜路军民府，治今缅甸北部勐卯之西。

（3）蒙莱路军民府，治所与蒙怜路相近。上述两府记载空阙。

（4）金齿等处宣抚司，顾名思义，该宣抚司也就是李京所记“金齿百夷”的主要聚居地。《元史·地理志》又载，当地“土蛮凡八种：曰金齿，曰白夷，曰僰，曰峨昌，曰骠，曰繲，曰渠罗，曰比苏。按《唐史》，茫施蛮本关南种，在永昌之南，楼居，无城郭。或漆齿，或金齿，故俗称金齿蛮”。唐朝中期，南诏蒙氏兴起后，酋长异牟寻曾攻破诸部，尽迁“其人以实其南东北”。及段氏大理时，“白夷诸蛮”重返故地。此后金齿诸部逐渐强盛起来。元宪宗四年，蒙古军占领大理之后，又进征“白夷”等部。“中统初，金齿、白夷诸酋各遣子弟朝贡。二年，立安抚司以统之。至元八年（1271），分金齿、白夷为东西两路安抚使。……十五年,改安抚为宣抚,立六路总管府。二十三年,罢两路宣抚司,并入大理金齿等处宣抚司。"金齿等处宣抚司辖六路:柔远路、茫施路、镇康路、镇西路、平缅路、麓川路等,即"金齿六路",大致涵盖今德宏州境,兼及镇康、瑞丽的一部分。六路之外,有一睒,名为南睒,《元史·地理志》载南睒"元初内附,至元十五年隶宣抚司",《明史·地理志》载南睒"元置,洪武中废"。

路名	治所今地	民族构成
柔远路	云南省保山市西南	僰人即《通典》所载"黑爨"
茫施路	云南省保山市南	"茫施蛮"即金齿白夷
镇康路	云南省永德县东北	黑僰
镇西路	云南省盈江县东北	"白夷蛮"
平缅路	云南省陇川县附近	"白夷"
麓川路	缅甸北境姐兰	"白夷"
南睒	云南省盈江县西北	"白夷"、峨昌等所居

6. 乌撒乌蒙宣慰司辖区

乌撒乌蒙宣慰司,治今贵州省威宁彝族回族苗族自治县。这一地区自古为"乌蛮"所居,下分六部:乌撒部、阿头部、易溪部、易娘部、乌蒙部、闷叛部。此外,在其分布地东、西两侧又有芒布、阿晟二部。"乌蛮"首领折怒部强大之后,兼并各部,至元十年(1273),归附元朝。元朝于至元十三年立乌撒路。十五年置军民总管府。二十一年改军民宣抚司,至元二十四年升乌撒乌蒙宣慰司。《元一统志》载其风俗:"乌撒婚姻不避亲族。气习朴野,俗类吐蕃。"

此外,云南行省所辖政区有:木连路军民府(治今云南省孟连傣族拉祜族佤族自治县)、蒙光路军民府(治今缅甸密支那西南)、木邦路军民府(治今缅甸腊戍东北)、孟定路军民府(治今云南省耿马傣族佤族自治县西)、谋粘路军民府(治今云南省耿马傣族佤族自治县境)、南甸军民府(治今云南省梁河县东北)、六难路甸军民府、陋麻和管民官、云龙甸军民府、缥甸军民府、二十四寨达鲁花赤、孟隆路军民府(治今缅甸景栋东北)、木朵路军民总管府、金齿孟定各甸军民官、孟爱等甸军民府、蒙兀路、通西军民总管府、木来军民府等。由于记载所限,我们难以确知这些地区的民族构成状况。

第四节　明代南方土司地区的民族构成与政区设置

明朝在南方地区不仅全面继承了元朝的土司制度，而且将土司制度进行了大力推广与完善。《明史》特列《土司传》，对南方（特别是西南各地）少数民族聚居区域的土司建置与民族构成进行了翔实的记载，为我们认识当时民族地理状况提供了极大的便利。该《土司传》卷首指出："迨有明踵元故事，大为恢拓，分别司郡州县，额以赋役，听我驱调，而法始备矣。然其道在于羁縻。彼大姓相擅，世积威约，而必假我爵禄，宠之名号，乃易为统摄，故奔走惟命。"关于明朝土司政区的建设概况，《明史·土司传》卷首又指出："尝考洪武初，西南夷来归者，即用原官授之。其土司衔号曰宣慰司，曰宣抚司，曰招讨司，曰安抚司，曰长官司。以劳绩之多寡，分尊卑之等差，而府州县之名亦往往有之。袭替必奉朝命，虽在万里外，皆赴阙受职。"

《明史·职官志》不仅系统地记录了各级土司职官的品秩与名额，而且提供了明朝全国各级土司的类别与数量，如云：

> 洪武七年，西南诸蛮夷朝贡，多因元官授之，稍与约束，定征徭差发之法。渐为宣慰司者十一，为招讨司者一，为宣抚司者十，为安抚司者十九，为长官司者百七十有三。……又有番夷都指挥使司三，卫指挥使司三百八十五，宣慰司三，招讨司六，万户府四，千户所四十一，站七，地面七，寨一……并以附寨番夷官其地。①

据此可知，明朝建立了相当庞大而复杂的土司职官系统，主要集中于"西南蛮夷"地区。这些记载也是我们探知当时南方各地民族地理状况最重要的线索。下面分区介绍各地的民族分布与土司建置。

一、明代湖广地区（包括两湖与岭南）民族分布与土司政区

（一）湖广土司

关于湖南境内"蛮"民数量之庞大，我们可以从明朝官府历次打击"蛮"民反判行动记载中窥得一斑。早在洪武初年，明朝军队就开始打击今湖南境内反叛的"蛮"民。如洪武五年（1372），征南将军邓愈率师平定散毛等三十六洞（又作三十九洞，《邓愈

① 《明史》卷七六《职官五》，第1876页。

传》作四十八洞），副将吴良又“平五开、古州诸蛮凡二百二十三洞，籍其民一万五千”。洪武十八年（1385），汤和又率军打击“蛮”众反叛，击斩九谿诸处“蛮僚”，俘获四万余人。“土木之变”后，英宗被掳，苗民反叛浪潮又起，史称“苗患”。这场反叛萌发于贵州，逐渐漫延至湖广地区，持续长达六七年时间。如景泰初年，总兵官宫聚在上奏中称：“蛮贼西至贵州龙里，东至湖广沅州，北至武冈，南至播州之境。不下二十万，围困焚掠诸郡邑。臣所领官军不及二万，前后奔赴不能解平越之围。”①苗民反叛人数之多，涉及地域之广，均相当可观。至天顺初年，“苗患渐平”。

明朝在湖广地区设置的土司集中于施州卫、永顺、保靖等地，可以说，这些地区也是当时两湖地区少数民族居住最集中的区域。如《明史·土司传》载：“其施州卫与永、保诸土司境，介于岳、辰、常德之西，与川东巴、夔相接壤，南通黔阳。谿峒深阻，易于寇盗。”关于湖广土司设置的具体标准，明朝官府曾做出相应的规定：

先是，忠路安抚司等各奏，前元故土官子孙牟酋蛮等，各拥蛮民，久据谿洞，今就招抚，请设官司，授以职事。兵部以闻，帝以驭蛮当顺其情，所授诸司，宜有等杀。兵部议以四百户以上者设长官司，四百户以下者设蛮夷官司。元土官子孙量授以职，从所招官司管属。皆从之。②

明朝在两湖地区设置的土司主要有：

1. 施州卫军民指挥使司

置于洪武十四年（1381），治今湖北省宣恩县，属于湖广都司。领一个军民千户所、四个宣抚司、九个安抚司、十三个长官司和五个蛮夷长官司，彼此之间的隶属关系较为复杂，散毛、施南两个宣抚司直隶于施州卫。

施州卫所属土司数量表

土司等级名称	所属土司名称	数量
军民千户所	大田军民千户所	一
宣抚司	施南宣抚司、散毛宣抚司、忠建宣抚司、容美宣抚司	四
安抚司	东乡五路、忠路、忠孝、金峒、中峒、龙潭、大旺、忠峒、高罗	九
长官司	摇把峒、上爱茶峒、下爱茶峒、剑南、思南、木册、镇南、唐崖、盘顺、椒山玛瑙、五峰石宝、石梁下峒、水尽源通塔平	十三
蛮夷官司	镇远、隆奉、西坪、东流、腊壁峒	五

① 《明史》卷三一〇《湖广土司》，第7983页。

② 《明史》卷三一〇《湖广土司》，第7987页。

2. 永顺军民宣慰使司

唐为溪州，宋初为永顺州，元朝至元中置永顺路，后改永顺保靖南渭安抚司。至大三年改为永顺等处安抚司。至正十一年升宣抚司，属四川行省。洪武二年为州，十二月置永顺军民安抚司。六年十二月升军民宣慰使司，属湖广行省，治今湖南省永顺县东。领三州：南渭（治今湖南省永顺县西南）、施溶（治今湖南省永顺县东南）、上谿；六长官司：腊惹洞、麦著黄洞、驴迟洞、施溶溪、白崖洞、田家洞。

3. 保靖军民宣慰使司

唐朝属溪州之地，宋朝时置保静州，元朝时设保靖州安抚司。洪武元年，保靖安抚使彭万里归附明朝，明朝于其地设保靖宣慰司，治今湖南省保靖县，授万里为宣慰使，下领白崖、大别、大江、小江等二十八村寨。领长官司二：五寨、筸子坪。

（二）广西土司（包括广东省琼州）

关于明朝广西境内的民族种类，明人王士性在《广游志》中指出："在广右者，曰瑶、曰僮、曰伶、曰侗、曰休、曰佯、曰俍。伶与侗同。休、佯稍寡。"[①]《明史·广西土司一》卷首将广西地区的民族分布状况进行了十分形象生动的描述："广西瑶、僮居多，盘万岭之中，当三江之险，六十三山倚为巢穴，三十六源踞其腹心，其散布于桂林、柳州、庆远、平乐诸郡县者，所在蔓衍。而田州、泗城之属，尤称强悍。种类滋繁，莫可枚举。蛮势之众，与滇为埒。"可以说，广西与云南两省为当时西南地区少数民族人口最集中的两个地区。就民族种类而言，明代广西"瑶、僮数多，土民数少"[②]。广西官员曾在上奏中强调："广西地接云南、交阯，所治皆溪洞苗蛮。""无地无瑶、僮"，即瑶族、僮族（壮族）遍布全省，并形成了一些较著名的聚居点，如桂林之古田、平乐之府江、浔州之藤峡、梧州之岑溪等。明朝官府曾征调大批军队平息这些地区的反叛。

明朝的广西省，原为元朝广西两江道宣慰使司，至元末年，改置广西等处行中书省，明朝因之，并于洪武九年改为承宣布政使司。据《明史·地理志》，广西省领十一府、四十八州、五十县、四长官司。《明史·广西土司传》明确指出了当时广西土司政区与民族分布区并不是准确的对应关系："然广西惟桂林与平乐、浔州、梧州未设土官，而无地无瑶、僮。"此谓即使是在桂林、平乐、浔州、梧州四府设置流官之地，瑶、壮等民族同样遍布其境内，这也说明，明朝广西地区少数民族的分布特征是全面的、平铺式的，而非块状的、小区域式的。下面分别阐述各地区的民族分布与政区设置。

---

① 《王士性地理书三种》，上海古籍出版社1993年版，第216页。

② 《明史》卷三一七《广西土司一》载总督邓廷瓒言，第8209页。

1. 桂林府

治今广西壮族自治区桂林市。明初改元静江路为桂林府,为广西布政使司治所,虽为流官治所,然瑶、僮等民族在当地居民中所占比例还是相当大。如《明史·广西土司一》载:“桂林、古田僮种甚繁,最强者曰韦,曰闭,曰白,而皆并于韦。”该地区民族反叛运动此起彼伏。明朝官府为加强管理,进行了多次武力平息。再加之气候、环境等方面因素,治理难度相当大。如宣德六年(1431),都督山云在上奏中指出:“广西左、右两江设土官衙门大小四十九处,蛮性无常,雠杀不绝。朝廷每命臣同巡按御史三司官理断,缘诸处皆瘴乡,兼有蛊毒,三年之间,遣官往彼,死者凡十七人,事竟不完。”①其中古田县(治今广西壮族自治区永福县西北)一带是著名的壮族聚居地。从弘治到万历的百余年间,明朝军队与叛乱的土酋展开了长时间的斗争。隆庆年间,明朝在平定古田瑶族土酋叛乱后,“乃并八寨与龙哈、咘咳为十寨,立长官司,以黄昌等为长官及土舍,听守御调度。更升古田县为永宁州”②。

2. 柳州府

治今广西壮族自治区柳州市。柳州置自唐朝贞观年间,明朝时已为流官治所,辖区内只有上林县为土官,但所属宾州、象州、融县及罗城县等地都有大量瑶民聚居,时称“城外五里即贼巢,军民至无地可田”。境内瑶族首领时常率众反叛,有的州县甚至长期为当地“蛮”民所占。如洛容县于正德年间即为瑶、僮民所占,直至嘉靖三十一年(1552)才为明军所收复。值得注意的是,引发反叛的诸多原因之一,是很多“蛮”民不愿被归入民籍。如永乐十九年(1421),“柳州等府上林等县僮民梁公竦等六千户,男女三万三千余口,及罗城县土酋韦公、成乾等三百余户复业。初,韦公等倡乱,僮民多亡入山谷,与之相结。事闻,遣御史王煜等招抚复业,至是俱至,仍隶籍为民”。

3. 庆远府

治今广西壮族自治区河池市宜州区。在多民族聚居地区,政区建置面临多种选择,明朝庆远府的行政建置便具有相当明显的代表性。如洪武元年曾改元庆远路为庆远府,明朝省臣一度建议在当地改用土官:“庆远府地接八番溪洞,所辖南丹、宜山等处,宋、元皆用其土酋安抚使统之。天兵下广西,安抚使莫天护首来款附,宜如宋、元制,录用以统其民,则蛮情易服,守兵可减。”于是改庆元府为庆远南丹军民安抚司。然而,时至洪武三年,由于莫天护治理不力,行省诸臣又提出设府置卫的方案:“庆远

---

① 《明史》卷三一七《广西土司一》,第8202~8203页。

② 《明史》卷三一七《广西土司一》,第8204页。

故府也，今为安抚司，其地皆深山旷野，其民皆安抚莫天护之族。天护素庸弱，宗族强者，动肆跋扈，至杀河池县丞盖让，与诸蛮相煽为乱，此岂可姑息以贻祸将来。乞罢安抚司，仍设府置卫，以守其地。”尽管如此，明朝官府推行流官的举动依然步履维艰，甚至在某些地区被迫改流为土。庆远府领四州，唯有河池州于弘治年间改流官，其余三州东兰、那地、南丹均为土官；又领五县，其中忻城为土官，还分置三个长官司。

土司名称	治所今地	建置与民族状况
东兰州	广西壮族自治区东兰县	元朝东兰州之地，酋长为韦姓
那地州	广西壮族自治区南丹县西南	元朝那州、地州之地，酋长为罗姓
南丹州	广西壮族自治区南丹县	元朝庆远南丹溪洞安抚使之地，明初设州，酋长为莫姓
忻城县	广西壮族自治区忻城县	元朝八仙屯千户之地，洪武初年设流官，后至弘治间改土官，酋长为韦姓与莫姓
永顺长官司	广西壮族自治区 都安瑶族自治县北	原属宜山县，弘治年间割宜山东南一百八十四村置
永定长官司	广西壮族自治区 河池市宜州区南	原属宜山县，弘治年间割宜山西南一百二十四村置
永安长官司	广西壮族自治区 河池市宜州区东	原属天河县，弘治九年割十八里地置

4. 平乐府

治今广西壮族自治区平乐县。平乐府处于两湖与广西交界地，又是广西境内少数民族重要聚居区之一。“平乐界桂、梧，西北近楚，清湘、九嶷，郁相樛结。东南入梧，溪洞林菁，多为瑶人盘据。”府江（西江上游之桂江）及其支流荔江两岸也是瑶洞丛集。“府江有两岸三洞诸僮，皆属荔浦，延袤千余里，中间巢峒盘络，为瑶、僮窟穴。”

5. 梧州府

治今广西壮族自治区梧州市，原为元梧州路之地。明朝广西全省唯独梧州府内没有土司之设，瑶族、壮族反叛较为稀少。但也有“七山”“六山”“六十三山”等有名的瑶族、僮族聚居地，涉及苍梧县、藤县、容县、怀集县（今属广东）、北流市等地。万历年间曾出现大规模反叛。

6. 浔州府

治今广西壮族自治区桂平市。浔州府与北面平乐府、柳州府等地交界之处，有著名的大藤峡，这里是明朝广西境内最重要的瑶族、壮族聚居地。天顺八年（1464），国子监生封登曾在上奏中介绍这一地区的情况：

浔州夹江(黔江,又称为大藤江)诸山,岭岈巀嶭,峡中有大藤如斗,延亘两崖,势如徒杠,蛮众蚁渡,号大藤峡,最险恶,地亦最高。登藤峡巅,数百里皆历历目前,军旅之聚散往来,可顾盼尽,诸蛮倚为奥区。桂平大宣乡崇姜里为前庭,象州东乡、武宣北乡为后户,藤县五屯障其左,贵县龙山据其右,若两臂然。峡北岩峒以百计,仙人关、九层崖极险峻,峡以南有牛肠、大岵诸村,皆缘江立寨。藤峡、府江之间为力山,力山之险倍于藤峡。又南则为府江(黔江),其中多冥岩奥谷,绝壁层崖,十步九折,失足陨身。中产瑶人,蓝、胡、侯、檠四姓为渠魁。力山又有僮人……自景泰以来,啸聚至万人……①

据此可知,大藤峡地区的居民以瑶民为主,其次有壮民,各族人口相当可观。为了平定大藤峡地区瑶族、壮族的反叛,明朝曾多次派遣重兵进行征伐,持续了二百余年。我们从当时官员上报的"战绩"(其中不免夸饰之语),也可大致了解长年战争给瑶、壮各族平民带来的巨大人口损失。如天顺六年(1462)颜彪上奏称:"臣率军进剿大藤,攻破七百二十一寨,斩首三千二百七十一级,复所掠男妇五百余口。"又如在成化元年(1465)的一次征伐行动中,明军"破贼寨三百二十四所,斩首三千二百七级,生擒七百八十二人,获贼妇女二千七百一十八人,战溺死者不可胜计。已,将大藤峡改为断藤峡,刻石纪之"。在时间接近的前后两次军事征伐中,攻破的瑶族村寨已超过了一千个,除了其中重复计算与不曾涉及的数量,其村落数量应不低于七八百之目,以此推算,当地瑶族、壮族人口数量至少应该有数万之多。

7. 南宁府

原为元朝的邕州路,治今广西壮族自治区南宁市。南宁府境内,瑶、壮各族人口非常密集。"南宁故称邕管,牂牁峙其西北,交阯踞其西南,三十六洞错壤而居,延袤几千里,横山、永平尤要害。"洪武三年(1370),为加强对这一地区的管理,明朝又置南宁、柳州二卫。据《明史·地理志》,南宁府辖七州,其中横州、新宁州为流官,而其余五州为土官。

土司政区名称	治所今地	建置状况
归德州	广西壮族自治区平果县东北	土官为黄姓,洪武二年置
果化州	广西壮族自治区平果县西北	土官为赵姓,洪武二年置

① 《明史》卷三一七《广西土司一》,第8219~8220页。

（续表）

土司政区名称	治所今地	建置状况
上思州	广西壮族自治区上思县	土官为黄姓，有反复，嘉靖元年仍以土官承袭
忠州	广西壮族自治区东兰县南	原隶田州府，后改属南宁，土官为黄姓
下雷州	广西壮族自治区大新县西北	为元朝下雷峒，峒长为许姓，万历十八年置

8. 太平府

元置太平路，治今广西壮族自治区崇左市北。洪武二年（1369），改元太平路为太平府。太平府所领州县数量颇多，均为土官，而以流官为佐职。据《明史·地理志》，太平府辖十七州（还应加上思明州）、三县（罗阳县为土官黄姓所居）。

土司政区名称	治所今地	建置状况
太平州	广西壮族自治区大新县西南	土官为黄姓、李姓，洪武二年置
镇远州	广西壮族自治区天等县东北	土官为赵姓，洪武初置
茗盈州	广西壮族自治区大新县北	土官为李姓，洪武初置
安平州	广西壮族自治区大新县西南	土官为李姓，洪武初置
思同州	广西壮族自治区扶绥县西北	土官为黄姓，洪武初置
养利州	广西壮族自治区大新县	土官为赵姓，洪武初置，万历三年改流
万承州	广西壮族自治区大新县东北	土官为许姓，洪武初置
全茗州	广西壮族自治区大新县西北	土官为李姓，洪武初置
结安州	广西壮族自治区天等县东北	土官为张姓，洪武元年置
龙英州	广西壮族自治区天等县西南	土官为李姓，洪武元年置
结伦州	广西壮族自治区天等县东北	土官为冯姓，洪武二年置
都结州	广西壮族自治区隆安县西	土官为农姓，洪武初置
上下冻州	广西壮族自治区龙州县西北	土官为赵姓，洪武元年置
思城州	广西壮族自治区平果县北	土官为赵姓，洪武元年置
永康州	广西壮族自治区扶绥县西北	土官为杨姓，成化八年改流
左州	广西壮族自治区崇左市东北	土官为黄姓，洪武初置，成化十三年改流
思明州	广西壮族自治区宁明县东	明初属思明府，后改属，土官为黄姓
上石西州	广西壮族自治区宁明县西南	明初属思明府，后改属，土官有赵、何、黄三姓

9. 思明府

曾为元思明路，洪武初改思明路为思明府，任命黄姓土官为知府，治今广西壮族自治区宁明县东。辖土司政区有思明州、上石西州（后改隶太平府）、忠州（改属南宁府）、下石西州（土官为闭姓）、凭祥（土官有李、赵等姓，后直隶布政司）。另据《明史·地理志》，思明府原领西平州与禄州，于宣德元年（1426）与安南。

10. 思恩军民府

自唐至元，该地均属羁縻之地，明初为思恩州，土官为岑姓。正统六年（1441）改为军民府。弘治年间，知府岑濬发动叛乱，攻破田州等地。明朝派遣重兵征讨。事态平息后，明朝有意改土归流，但遭受了重重阻力。于是，明朝官府又于嘉靖七年（1528）在思恩府境内设置九个土巡检司，以酋长为头目。这九个土巡检司分别为兴隆、那马、白山、定罗、旧城、下旺、安定、都阳、古零等。关于巡检司的功能，《明史·职官志》载："初，洪武二年（1369），以广西地接瑶、僮，始于关隘冲要之处设巡检司，以警奸盗，后遂增置各处。十三年（1380）二月特赐敕谕之，寻改为杂职。"可见，明朝巡检司之创设，本始于广西，而其后，土巡检司又成为土司职官之一种。

11. 镇安府

原为元镇安路，洪武元年（1368）改镇安路为镇安府，治今广西壮族自治区德保县，土官知府为岑姓。镇安府下设上映洞、湖润寨等巡检司，均以土官为头目。

12. 广西布政司直隶各土司州

州名	治所今地	建置情况
田州	广西壮族自治区田东县西北	本为元田州路军民总管府，明先改为府后改为州，土官为岑姓，辖上林一县，在田州东，土官为黄姓
恩城州	广西壮族自治区大新县西南	原为唐、宋、元羁縻州，明因之，土官为岑姓，弘治年间州废
上隆州	广西壮族自治区百色市田阳区北	元属田州路，明改为州，土官为岑姓
都康州	广西壮族自治区天等县西北	洪武间"为蛮僚族所据"，后改为州，土官为冯姓
泗城州	广西壮族自治区凌云县	元属田州路，明改为州，土官为岑姓，领一县：程县；二长官司：安隆长官司、上林长官司，土官均为岑姓
利州	广西壮族自治区田林县东	元为利州，明因之，土官为岑姓，后并入泗城州

（续表）

州名	治所今地	建置情况
龙州	广西壮族自治区龙州县北	元大德中升州为万户府，明改为州，土官为赵姓
归顺州	广西壮族自治区靖西市南	原为峒，明改为州，土官为岑姓
向武州	广西壮族自治区天等县西北	元属田州路，明升为州，土官为黄姓，领一县：富劳，土官为黄姓
奉议州	广西壮族自治区百色市田阳区西南	元属广西两江道宣慰司，明升为州，土官为黄姓
江州	广西壮族自治区崇左市南	元属思明路，明升为州，土官为黄姓，领一县：罗白，土官为梁姓
思陵州	广西壮族自治区宁明县东南	元属思明路，明洪武初省入思明府，二十一年复置思陵州，土官为韦姓

13. 琼州府

原为元琼州路所在地，后改为乾宁军民安抚司。洪武元年（1368），改乾宁军民安抚司为琼州府，治今海南省海口市琼山区。据《明史·地理志》，琼州府领三州：儋州、万州、崖州，属广东布政使司。弘治年间，琼州人、户部主事冯颙在上奏中回顾了明代前期这一地区的建置情况："府治在大海南。有五指山峒，黎人杂居。外有三州、十县、一卫（海南卫）、十一所。永乐间，置土官州县以统之，黎民安堵如故。"可见，从永乐年间开始，明朝官府已在琼州府境内全面推行土司制度，并收到了良好的效果。

琼州地区（今海南岛）的主要居民为黎族，但据明朝官员的指证，当时已有大量黎民乃汉族逃亡人户所变服而来。如永乐三年（1405），御史汪俊民上言："琼州周围皆海，中有大、小五指，黎母等山，皆生熟黎人所居。比岁军民有逃入黎洞者，甚且引诱生黎，侵扰居民。"《明史·广西土司三》也载："琼州黎人，居五指山中者为生黎，不与州人交。其外为熟黎，杂耕州地。原姓黎，后多姓王及符。熟黎之产，半为湖广、福建奸民亡命，及南、恩、藤、梧、高、化之征夫。利其土，占居之，各称酋首。"

这可说明，明朝琼州地区在黎族人民之外，已有大量汉人迁入这一地区定居。迁民来源地广泛，有湖广、福建等地，特别是来自广西地区的平民数量相当多。

明代是海南岛地区发展的一个重要阶段，这反映在两个方面：一方面，当时黎族首领及民户归附数量逐渐增多，政区建设与治理取得了不少进展。这在永乐年间表现最为明显。据统计,“通计前后所抚诸黎共千六百七十处,户三万有奇”。另一方面,由于黎民数量众多,随着政区建设与治理的不断深入,黎民针对明朝官吏暴政的反抗活动也是史不绝书。如嘉靖二十八年(1549)给事郑廷鹄在上书中指出:“琼州诸黎盘居山峒,而州县反环其外。其地彼高而我下,其土彼膏腴而我咸卤,其势彼聚而我散。故自开郡来千六百余年,无岁不遭黎害,然无如今日甚矣。”①这反映了明朝官府在民族政策与政区建设中所面临的困难。

二、明代云南地区的民族分布与政区建置

(一)明代云南境内的民族种类与政区建置

关于明代云南地区的民族构成状况,明人王士性在《广志绎》中指出:

诸省惟云南诸夷杂处之地,布列各府,其为中华人惟各卫所戍夫耳。百夷种曰僰人、爨人,各有二种,即黑罗罗、白罗罗、麽些、秃老、岁门、蒲人、和泥蛮、土僚、罗武、罗落、撒摩、都摩、穄侬人、沙人、山后人、哀牢人、哦昌蛮、儸蛮、魁罗蛮、傅寻蛮、色目、弥河、寻丁蛮、栗岁,大率所辖惟僰、罗二种为多。

又云:“大抵云南一省,夷居十之六七,百蛮杂处,土酋割据,但黔、宁遗法,沐氏世守,比广西、贵州土官不同,差有定志。”②朱孟震在《西南夷风土记》中也提到当地的民族种类:“曰阿昌,曰百夷,曰老缅,曰蒲人,曰僰人,曰剽人,曰杜怒,曰哈喇,曰得棱子,曰遮些子,曰安都鲁,曰牛哒喇,曰孟艮子,曰赤发野人。……其余车里、八百、老挝,总而名之,皆曰‘百夷’,男女与六慰(六个宣慰司)不异,服饰多与缅同。”③

其实,民族种类的多寡与政区的幅员广狭有着最直接的关联。我们不难发现,明朝最突出的疆域建设成就之一,是继承并发展了元朝云南行省及其土司建设成就。明朝云南布政司及土司覆盖的地域广袤,远远超出了今天云南省的地区范围。如据《明史·地理志》,明朝云南布政使司直接承自元云南等处行省,到明中期,经过调整,云南布政使司所辖政区有十九府、二御夷府、四十州、三御夷州、三十县与八个宣慰司(实为九个)、四个宣抚司、五个安抚司(实为六个)、三十三个长官司以及二御夷长官司。其中较大的土司建制如下表所示:

---

① 《明史》卷三一九《广西土司三》,第8275页。本小节征引文献除了特别注明者均出自《明史·广西土司传》。

② 《王士性地理书三种》,第391~392、393页。

③ 《西南夷风土记》,载于方国瑜主编《云南史料丛刊》第五卷,云南大学出版社1998年版,第490页。

土司政区等级	土司名称	数量
宣慰司	车里军民宣慰使司、缅甸军民宣慰使司、木邦军民宣慰使司、八百大甸军民宣慰使司、孟养军民宣慰使司、老挝军民宣慰使司、大古剌军民宣慰使司、底马撒军民宣慰使司、底兀剌宣慰使司	九
宣抚司	南甸宣抚司、干崖宣抚司、陇川宣抚司(原为麓川平缅军民宣慰使司)、孟密宣抚司	四
安抚司	潞江安抚司、镇道安抚司、杨塘安抚司、瓦甸安抚司、耿马安抚司、蛮莫安抚司	六

与西南疆域的拓展与维护相适应,明代西南地区(主要是云南)民族格局的一个突出特征,是"百夷"民族区的显著发展。"百夷",又称为"白夷",元代曾在这一地区设置金齿百夷诸路宣抚司。如《大元混一方舆胜览》载当地风土:"……以金裹两齿,故名金齿;漆其齿者,名漆齿;文其面者,为绣面;花脚蛮者,文其足;花角蛮者,则彩缯前撮其发。西南之蛮,百夷最盛,而杂霸无统纪。北接吐蕃,南抵交趾,风俗大概相同。"①"百夷"或"僰夷",这一笼统的族群名称在明代的流行,与洪武年间钱古训、李思聪等人到访缅国、麓川等地,以及归来所撰写的《百夷传》有很大的关系。如钱古训所著《百夷传》载:

百夷在云南西南数千里,其地方万里。景东在其东,西天(今印度)、古剌在其西,八百媳妇在其南,吐番在其北;东南则车里,西南则缅国,东北则哀牢,西北则西番、回纥。俗有大百夷、小百夷、漂人、古剌、哈剌、缅人、结些、吟杜、弩人、蒲蛮、阿昌等名,故曰百夷。②

可以看出,钱古训等人所云"百夷"地区面积广袤,包括今天我国云南省西南部及缅甸、泰国及老挝等地。明朝初年,官府在这一地区设置麓川平缅宣慰使司(治今云南省瑞丽市),为平抑当地土司的反叛,明朝曾多次派遣大军南伐。这自然引起了当时士人及官员的更多关注。明人周季凤在(正德)《云南志》中对此特别订正:

百夷,即麓川平缅也,地在云南之西南,东接景东府,东南接车里,南至八百媳妇,西南至缅国,西连戞里,西北连西天、古剌,北接西番,东北接永昌。其种类有大百夷、小百夷,又有蒲人、阿昌、缥人、古剌、哈剌、缅人、结些、哈杜、怒人等名,以其诸夷杂处,故曰百夷。今百字或作伯、僰,皆非也。③

① 刘应李原编,郭声波整理,四川大学出版社2003年版,第479~480页。

② 《百夷传》,载于《云南史料丛刊》第五卷,第357页。

③ (正德)《云南志》卷四一,载于方国瑜主编《云南史料丛刊》第六卷,云南大学出版社2000年版,第478页。

但是,周季凤的订正并没有起到统一认识的作用,如以(万历)《云南通志》及谢肇淛《滇略·夷略》①为代表,以黑水(怒江)为界②,将西南地区的民族分为"僰夷"与"爨蛮"两大民族集团。(万历)《云南通志》称:"南中诸夷种类至不可名纪,然大概有二种,在黑水之外者曰僰,在黑水之内者曰爨。僰有百余种,爨亦七十余种。"

关于这两大民族集团的构成,(万历)《云南通志》又进行了较详细的解析,如:

1. 僰夷

僰夷在黑水之外,即今之所谓百夷也,"僰""百"声相近,盖音讹也。性耐暑热,所居多在卑湿生棘之地,故造字从棘、从人。滇之西南旷远缅平,滨海多湿,故僰夷居之,虽有数十种,风俗大同小异,统名僰夷也。有大小僰夷、蒲人、阿昌、缥人、古喇、哈喇、缅人、结些、哈杜、怒人等名,皆僰类也,风俗稍有不同,名亦因之而异。③

2. 爨蛮

"爨蛮在黑水之内,以其王姓爨遂名爨。……今云南郡县山谷险阻之地皆此夷居之,种名不同而为爨则一也。"可见,"爨蛮"种类很多,包括了以往所说"东爨乌蛮""西爨白蛮"的所有名类。著名名号有麽些、斡泥、普蛮、罗婺、倮罗等。④ 又(天启)《滇志·地理志》载:"爨蛮之名,相沿最久,其初种类甚多,有号卢鹿蛮者,今讹为倮倮,凡黑水之内,依山谷险阻者皆是。名号差殊,语言嗜好,亦因之而异。"⑤到明代晚期,"倮倮"几乎成为"爨蛮"的代名词。

反映明代云南地区民族发展状况的文献资料相当丰富,其中当以刘文征所撰(天启)《滇志·地理志》有关民族种类与分布的记述最为翔实,在此特据其所述内容列成以下分布情况表。⑥

---

① 《滇略》,载于方国瑜主编《云南史料丛刊》第六卷,第647页。

② 历史上有关"黑水"的记载与解释颇为复杂,所指不一。就此"黑水"而言,应为怒江无疑。如(正德)《云南志》卷四一《诸夷传六》称:"自金齿过蒲、缥,将至怒江,山有屋床山,乃云南、百夷界限也。高山夹箐,地险路狭,马不可并行。过是山三里许即怒江,渡江即百夷地也。"又如(万历)《云南通志》"僰夷风俗"附论称:"云南徼外之夷,俱在黑水之南,是名僰夷。"又在"贡象道路"中指出:"上路由永昌,过蒲缥,经屋床山,箐险路狭,马不得并行。过山即怒江,过江即僰夷界也。"

③ 《云南史料丛刊》第六卷,第644页。

④ 参见(万历)《云南通志》,载于《云南史料丛刊》第六卷,第647页。

⑤ (明)刘文征(天启)《滇志》,载于《云南史料丛刊》第七卷,云南大学出版社2001年版,第72页。

⑥ 所列民族种类略有删节。

族类名称	主要分布地域
白猡猡（又名撒马都）	云南、澂江、临安、永昌、蒙自、定边、曲靖、江川、大理、姚安
黑猡猡（又号海西子）	曲靖、澂江、安宁、禄丰、武定、荞甸、鹤庆、宾川
撒弥猡猡	滇池上诸州邑皆有
撒完猡猡	蒙自县明月诸村
阿者猡猡	江川、通海、宾川
鲁屋猡猡	临安府鲁郭村
干猡猡	曲靖、寻甸
妙猡猡	阿迷州、蒙化、丽江、鹤庆、腾越、楚雄、姚安、亦佐、新兴、北胜、王弄山、顺州
罗婺（又称罗武、罗午）	楚雄、姚安、永宁、罗次
摩察（又称木察）	大理、蒙化、武定
僰夷（又称百夷）	孟定、南甸、陇川、猛密、孟养、禄丰、罗次、元谋、越州卫、江川、路南、临安、蒙自、十八寨、顺宁、剑川、腾越、镇南、姚安、元江
白人	“滇郡及迤西诸郡，强半有之”
普特	滇池旁碧鸡山下
窝泥（又称斡泥）	临安郡属县及左能寨、思陀、溪处、落恐诸长官司，景东、越州、阿迷州（阿泥）、邓川州（俄泥）
㹀鸡	宁州、王弄山
濮喇	宁州、石屏州、王弄山
磨些	丽江、北胜、顺州、禄丰
力些	云龙州
西番	永宁、北胜、蒗蕖以及金沙江以北
古宗	丽江、鹤庆
怒人	丽江
扯苏（又称山苏）	楚雄郭雪山、新化州
土人	武定府
土僚	处处有之，石屏、嶍峨、路南较多，新兴也有
蒲人	永昌、凤溪、施甸及十五喧、二十八寨、新兴、阿迷、禄丰、镇南、景东、顺宁、蒙自及教化三部、十八寨
侬人	广南、王弄山、教化三部

（续表）

族类名称	主要分布地域
沙人	广西（珑氏）、富州（李氏）、罗平州（沈氏）
峨昌（又名阿昌）	永昌罗古、罗板、罗明三寨
羯些子	孟养、腾越
遮些	孟养
喇记	教化三部
孔答、喇吾、比苴、果聪、喇鲁	新化州
阿成	王弄山

（二）明代各地土司设置与民族构成①

如前所述，明代云南土司所辖地区十分辽阔，不仅限于今天中国云南省，还包括今天缅甸、老挝等东南亚国家。但是，仅就政区名称而言，流官所在正式政区与土司所在的羁縻政区之间的分别是十分明显的。关于明代云南地区政区设置的大致格局，《明史·云南土司》的作者进行了初步的总结："……统而稽之，大理、临安以下，元江、永昌以上，皆府治也。孟艮、孟定等处则为司，新化、北胜等处则为州，或设流官，或仍土职。今以诸府州概列之土司者，从其始也。盖滇省所属多蛮夷杂处，即正印为流官，亦必以土司佐之。"②

可见，"蛮夷杂处"是明朝云南地区民族结构的基本特征，几乎在每一个府州县都存在；同时，流官与土官相辅，每个政区机构中都有土官的存在。我们需要对每一个重要区域的民族构成加以分析，在这里分析时姑且先不讨论在今天中国领土之外的区域。不过，那些土司政区相对集中的区域，也肯定是民族混杂较为突出的地方。下面，据《明史》之《地理志》《云南土司传》以及《滇略·夷略》等资料，以府为单位简要分析云南各地的土司设置及民族构成情况。

1. 云南府

本为古滇国之地，南诏时设鄯善府，元朝改置中庆路。洪武十四年（1381），改元中庆路为云南府，治今云南省昆明市，同时设置都指挥使司。云南府境内所居民族数

① 关于明清时期云南地区土司或土官的较详细沿革与分布情况，参见龚荫编著《明清云南土司通纂》，云南民族出版社1985年出版。

② 《明史》卷三一三《云南土司》，第8063页。

量庞大，洪武年间，明朝军队进入云南之始，曾遇到大规模的反叛。平定叛乱之后，明将沐英家族驻守云南达数十年。

2. 大理府

本为南诏及大理政权建都之地，元朝设大理路，封段氏酋长统领其地。洪武十五年(1382)，明军攻入大理城，改之为大理府，治今云南省大理市西北旧大理城。大理府境内设有四州：赵州、邓川州、宾川州、云龙州；一个长官司：十二关长官司(治今云南省大姚县西)。《滇略·夷略》称："大理诸属邓川(州)亦有僰，微弱不敢为盗。宾川(州)有爨，有僰僰，阻铁索菁、赤石崖肆为寇盗，万历初，官军讨平之，乃得安枕。"

3. 临安府

本为元临安路。洪武十五年(1382)，改临安路为临安府，治今云南省建水县，并置临安卫指挥使司。临安府领六州：建水州、石屏州、阿迷州、宁州、新化州、宁远州；九个长官司，各长官司之地多在府东南、西南。临安府是云南境内民族构成较为复杂的区域之一，据《滇略·夷略》，该府境内有斡泥、乌爨、拇鸡、阿僰等族民户居住。

土司名称	治所今地	建置简况
纳楼茶甸长官司	云南省建水县南	在府治西南，原为纳楼千户所，洪武十五年置，十七年改置长官司
教化三部长官司	云南省文山市西	在府治东南，本为元强现三部，洪武中改置
王弄山长官司	云南省文山市西	在府治东南，本为元王弄山大、小二部，洪武中改置
亏容甸长官司	云南省红河哈尼族彝族自治州东南	在府治西南，元时为铁容甸，洪武中改置
溪处甸长官司	云南省红河哈尼族彝族自治州东	在府治西南，本为元溪处甸军民副万户，洪武中改置
思陀甸长官司	云南省红河哈尼族彝族自治州西南	在府治西南，本为元和泥路，洪武十五年升为府，后改置
左能寨长官司	云南省红河哈尼族彝族自治州西南	在府治西南，本属思佗甸寨，洪武中改置
落恐甸长官司	云南省红河哈尼族彝族自治州西南	在府治西南，本为元伴溪落恐部军民万户，洪武中改置
安南长官司	云南省蒙自市东	在府治东南，本为元舍资千户，洪武中改置

4. 楚雄府

元宪宗置威楚万户府，至元后置威楚开南路宣抚司，洪武十五年改之为楚雄府，治今云南省楚雄市，土官高氏为府同知。楚雄府境内僰人(今白族先民)居多，且文化程度较高。如据《明史·云南土司》,永乐三年(1405)楚雄府官员称:“所属蛮民,不知礼义。惟僰种赋性温良,有读书识字者。府州已尝设学教养,其县学未设。县所辖六里,僰人过半,请立学置官训诲。”这一建议得到了朝廷的批准。楚雄府领二州:南安州、镇南州。《滇略·夷略》载:“楚雄之夷为罗婺,居山林高阜,以牧养为业……其西南有和泥蛮。”又据《明史·云南土司》,南安州境内主要有罗舞(罗婺)、和泥、“乌蛮”等族。

5. 澂江府

元为澂江路。洪武十五年,改元澂江路为澂江府,治今云南省澄江市,领二州:新兴州、路南州。据《明史·云南土司》,该府周围主要有罗罗等族。

6. 景东府

元为开南州。洪武十五年,二月因之,三月降为州,属楚雄府,十七年正月仍升为府,治今云南省景东彝族自治县。土官为陶姓,世居于府东之邦泰山。境内民族也以僰人为主。《明史·云南土司》载:“景东部皆僰种,性淳朴,习弩射,以象战。”

7. 广南府

元为广南西路宣抚司,洪武十五年改置为广南府,治今云南省广南县。土同知为侬姓。领二州:安宁州、富州(土知州为沈姓)。《滇略·夷略》称:“广南之夷曰侬人、沙人,男女同事犁锄,构楼而居……其酋侬姓,(宋朝侬)智高之裔也。”

8. 广西府

为古代东僰、“乌蛮”聚居之地,内分师宗、弥勒等部,元时置广西路。洪武十五年改为广西府,治今云南省泸西县。领三州:师宗州、弥勒州、维摩州。府及属州初均为土官,至成化年间始改流官。《滇略·夷略》称:“广西有黑爨、土僚、沙蛮等种,杂居割据。”

9. 镇沅府

为古代濮、洛等族聚居之地,《元史》称为“和泥、昔朴二蛮”。元朝时曾在其地置“威远蛮栅府”,属于元江路。建文四年(1402),明朝置镇沅州,土官为刀姓。永乐四年(1406)升为府,治今云南省镇沅彝族哈尼族拉祜族自治县,领一个长官司:禄谷寨长官司(在今镇沅县东北)。

10. 永宁府

唐代南诏时期为麽些部所据。元朝时先置管民官,后改置永宁州,隶北胜府。明朝初年属鹤庆府,永乐四年升为府,治今云南宁蒗彝族自治县西北。领四长官司:剌次和长官司、瓦鲁之长官司、革甸长官司、香罗甸长官司。《滇略·夷略》称:“永宁诸夷住山腰,以板覆屋,俗皆披毡……郡辖四长官司,皆西蕃,性最暴悍,随畜迁徙。”可见,永宁地区当时的居民以藏族先民为主。

11. 顺宁府

本为古代“蒲蛮”聚居之地,名庆甸。元朝泰定年间置顺宁府,明朝洪武十五年初因之不改,不久降为州,属大理府,十七年正月仍升为府,治今云南省凤庆县。领一州:云州,原为大侯长官司,宣德三年升为大侯御夷州,治今云南省云县南,后于万历二十五年更名,划归顺宁府。州领一个长官司:孟缅长官司,本为景东府孟缅、孟梳之地,后改隶顺宁府,治今云南省临沧市。其境内有大猛麻(或称猛猛),又有猛撒二土巡检司,与猛(孟)缅合称“三猛”。《滇略·夷略》称:“在顺宁沿澜沧江而居者曰普蛮,一名扑子蛮。”又“猛缅、猛猛、猛撒,所谓三猛也,附近顺宁。而猛猛最为强劲,部落万人,时与二猛为难”。《明清云南土司通纂》根据调查资料认定三猛之土司均为傣族。

12. 蒙化府

本为六诏中蒙舍诏之地,元朝时设为蒙化州。明初因之未改,置土知州,土官为左姓,正统年间才升为府,治今云南省巍山彝族回族自治县。据《土官底簿·云南土官》,蒙化府土官左姓为罗罗人即属古彝族。①

13. 孟定御夷府

当时当地名为景麻,元朝设为孟定路。明洪武十五年,设孟定府,治今云南省耿马傣族佤族自治县西。土官为刀姓,领一个安抚司:耿马安抚司(治今县治)。据《土官底簿·云南土官》,孟定府土官刀姓为百夷人即属古傣族。

14. 曲靖府

唐朝南宁州故地,元朝时置曲靖路。明洪武十五年升之为府,治今云南省曲靖市。领四州:沾益州、陆凉州、马龙州、罗平州。《明史·云南土司》载当地居民多为罗罗斯种即古彝族。《滇略·夷略》也称:“曲靖之夷,亦曰黑、白爨,椎髻皮服,居深山。”

15. 姚安军民府

唐朝姚州都督府之地,元朝天历时升为姚安路。洪武十五年设为府,治今云南省

① 《土官底簿·云南土官》,参见《云南史料丛刊》第五卷。

姚安县。领一州：姚州。《滇略·夷略》称："姚安诸夷，曰散摩都、僰僰，强悍好斗……苴却乡有黑齿百夷。"

16. 鹤庆军民府

唐时名鹤川，元朝初时设为鹤州，不久升为鹤庆府，后改为鹤庆路。洪武十五年改为府，三十年十一月升为军民府，治今云南省鹤庆县。土官为高姓。领二州：剑川州、顺州。鹤庆府境内四十八村等地为多个少数民族聚居之地。如《滇略·夷略》称："鹤庆四十八村，乌蛮、僰僰、海西子等大为犷悍，无姓氏，蓬头跣足，戴文工帽如笠，衣至膝，刀弩不去身，善射豹。"

17. 武定军民府

南诏政权三十七部之一，元朝设武定路。洪武十五年先为府，不久升为军民府，治今云南省武定县。土官为凤姓。领二州：和曲州、禄劝州。《滇略·夷略》称："武定诸夷曰罗婺，曰黑、白爨，曰木察，种类不一，俗尚略同。"

18. 寻甸府

古滇国之地，元朝设仁德府。明成化十二年(1476)改为寻甸府，治今云南省寻甸回族彝族自治县。土官为安姓。据《滇略·夷略》，寻甸府境内除了"野蛮"，还有黑僰僰、白僰僰等族民，即以古彝族为主。

19. 丽江军民府

南诏丽水节度所辖之地，元朝设丽江路宣抚司。明洪武十五年设丽江府，三十年十一月升军民府，治今云南省玉龙纳西族自治县。土官为木姓。领四州：通安州、宝山州、兰州、巨津州。(天启)《滇志·地理志》称："今丽江之夷，总称磨些(音梭)。"即属于古纳西族。

20. 元江府

乃古代"西南夷"地区边缘地带，族类构成十分复杂。元朝至元时设元江万户府，后于威远置元江路，领罗槃、马笼等十二部，属临安广西元江等处宣慰司。明洪武十五年改之为元江府，永乐初升为军民府，治今云南省元江县。土官为那姓。领二州：奉化州，原为因远罗必甸长官司；恭顺州，原为他郎寨长官司，治今云南省墨江哈尼族自治县。据(天启)《滇志·地理志》，元江府境内居民主要为百夷人，即属于古傣族。

21. 永昌军民府

古哀牢故地，元朝曾设永昌州及永昌府，属大理路。洪武十七年(1384)，以土官申保为永昌府同知。后废府，改置金齿军民指挥使司，至嘉靖元年(1522)罢军民司，止为卫，后复设永昌军民府，治今云南省保山市。领一州：腾越州；四个安抚司：潞江、镇道、杨塘、瓦甸；三个长官司：凤溪、施甸、茶山。永昌府境内的少数民族主要有百夷及蒲人（古布朗族民）。如《滇略·夷略》称："小伯夷，熟夷也，永昌西南，环境皆是。男妇服饰稍近中华，亦通汉语，居村寨。"又"蒲人，散居山谷，无定所，永昌凤溪、施甸二长官司及十五喧三十八寨皆其种也"。

土司名称	治所今地	建置与民族分布情况
潞江安抚司	云南省保山市西南怒江坝	在府治西南，本为元柔远路，洪武十五年升之为府，后废，永乐元年析置潞江长官司，后升潞江安抚司
镇道安抚司	云南省怒江傈僳族自治州境	旧属吐蕃，与丽江府接界，永乐四年置
杨塘安抚司	云南省怒江傈僳族自治州境	曾属吐蕃，与丽江府接界，永乐四年置
瓦甸安抚司	云南省腾冲市北	本为瓦甸长官司，宣德二年置，正统五年升为安抚司
凤溪长官司	云南省保山市东北	在府治东，洪武二十三年置
施甸长官司	云南省施甸县	在府治南，本为元石甸长官司，洪武十七年更名
茶山长官司	缅甸北境恩梅开江中游	在高黎贡山西，永乐五年析孟养地置

三、明代四川地区的土司设置与民族分布

（一）四川缘边地区的土司分布与民族种类

明朝四川少数民族主要集中于缘边土司控制地区。四川土司又集中于该行省与云南、贵州、西藏等地交界地区。明朝经略西南地区，最早设置四川布政司，四川缘边土司通常依其归附之次第而设置，结果原本属于云南的土司也划归四川，因而造成管理上的不便与困难。"四川土司诸境，多有去蜀远去滇、黔近者"。如乌蒙、东川等部更接近云南，乌撒、镇雄、播州更靠近贵州。"去省穹远，莫能控制。……虽受天朝爵号，实自王其地。"①

关于四川缘边地区的少数民族种类，曾任四川地方官（建昌卫佥事）的范守己撰有《九夷考》②，其中论及的民族种类有"西番"、僰人、摆夷、麽些、倮鹿、咱哩、渔人、倮㑩、"回回"，但他并没有指明这些民族的分布范围。清朝（雍正）《四川通志》的作者

① 《明史》卷三一一《四川土司》，第 8001 页。本小节中非特别指明，引文均出自该《传》。

② （雍正）《四川通志》卷十九《土司志》引，清文渊阁《四库全书》本。

特设《土司合志》一篇，回顾明朝四川土司的演变过程。该《志》称：

四川，古西南夷国，即汉冉駹、邛僰、筰都、牂牁、夜郎诸地，故其地外杂氐、羌，而内盘罗、僚，讆屯乌合，靡有定居。在前朝小番、大番实界松、茂，当全川西北，屡为边患；而沈黎、越嶲、建昌诸卫，环绕蛮貘，当全川西南，其中乌罗闵畔，交牙互齿，最易启衅。

在民族种类方面，《土司合志》特别提到“山都掌蛮”的数量、分布与影响。该《志》称：

山都掌蛮，在叙州西偏，介川、贵间，与永宁、芒部、乌撒相接，诸峰盘亘，大坝为门户。其东则进为凌霄，又进为九丝，旁峙都都寨。旧称九姓，后以蛮族棼杂，改九丝，所在结寨，无虑千百族。……国初，诸蛮皆出降，入籍输赋，分山都六乡、水都四乡，皆隶之戎县，而水都平衍，逋逃无所匿，独山都冥奥，不可穷诘，故但称山都掌蛮。

山都掌为山寨名称，其民实为罗罗族即古彝族。可以说，随所处方位的不同，四川缘边地区的民族构成存在迥然不同的现象。西北松、茂一带以“西番”（古藏族）为主，西南乌蒙等四府以罗罗（古彝族）为主，而南部永宁及播州一带则以“土僚”或苗、仲（古苗、壮族）为主。

（二）四川缘边土司的建置与民族构成

根据《明史》之《土司传》与《地理志》，明朝四川境内的主要土司建置与民族构成情况大致如下：

1. 乌蒙、乌撒、东川、镇雄四军民府

这四个军民府之地是明朝西南地区最著名的土司政区之一，地处今四川、云南、贵州三省交界之处，形成较为封闭而独立的地理区域，“地势并在蜀之东南，与滇、黔壤土相接，皆据险阻深，与中土声教隔离”。元朝曾在这里设置乌蒙路，以及乌撒总管府、东川万户府。关于这一地区的民族状况，明太祖朱元璋曾在敕文中做了十分简明的分析：“东川、芒部诸夷，种类皆出于罗罗。厥后子姓蕃衍，各立疆埸，乃异其名曰东川、乌撒、乌蒙、芒部、禄肇、水西。无事则互起争端，有事则相为救援。”①罗罗为古彝族之属。《土司合志》又称：“大率乌蒙、乌撒、东川、芒部以东，皆乌蛮、爨蛮、土僚诸种，其居多板屋，椎髻披毡，出入佩刀剑，相见以去帽为礼。”

---

① 《明史》卷一九九《四川土司》，第 8004 页。

府名	治所今地	建置情况
乌蒙军民府	云南省昭通市	元朝乌蒙路,属四川行省,洪武十五年属云南布政司,十六年改属四川布政司
乌撒军民府	贵州省威宁彝族回族苗族自治县	元朝乌撒路,属四川行省,洪武十五年属云南布政司,十六年改属四川布政司
东川军民府	云南省会泽县	元朝东川路,属云南行省,洪武十七年改属四川布政司
镇雄军民府	云南省镇雄县	元朝芒部路,属云南行省,洪武十六年改属四川布政司

乌蒙等四府的归属问题,也是明朝西南地区治理中的一大难题。乌蒙、乌撒、东川、芒部等四个军民府元朝时或属云南,或属四川。明朝洪武年间,将四府统一改属四川布政司。不过,终明一朝,这一地区始终动荡不宁,尤以明朝末年为甚。“时诸土司皆桀骜难制,乌撒、东川、乌蒙、镇雄诸府地界,复相错于川、滇、黔、楚之间,统辖既分,事权不一,往往轶出为诸边害。故封疆大吏纷纷陈情,冀安边隅,而中枢之臣动诿勘报,弥年经月,卒无成画,以致疆事日坏。”此外,镇雄府又领五个长官司:白水江簸酬长官司、怀德长官司、威信长官司、归化长官司、安静长官司。

土司名称	治所今地	建置情况
白水江簸酬长官司	云南省彝良县北	在府治西北,正德十六年置
怀德长官司	云南省彝良县东南	在府治西,本为却佐寨,嘉靖五年改置,以下三司同年改置
威信长官司	云南省威信县东南	在府治南,本为母响寨
归化长官司	云南省彝良县	在府治西南,本为夷良寨
安静长官司	云南省镇雄县北	在府治西北,本为落角寨

2. 马湖府

元马湖路之地。洪武四年(1371)改为马湖府,治今四川省屏山县。土官为安姓。下领一县:屏山县(为泥溪长官司改置);四个长官司:平夷、蛮夷、沐川、雷坡。

土司名称	治所今地	建置情况
泥溪长官司	四川省屏山县	与府同治,洪武四年置,万历十七年改县
平夷长官司	四川省屏山县东南	在府治西,洪武四年置
蛮夷长官司	四川省屏山县西南	在府治西南,洪武四年置
沐川长官司	四川省沐川县	在府治西北,洪武四年改为州,后复
雷坡长官司	四川省雷波县	在府治西南,洪武四年置,二十六年省

3. 四川行都指挥使司所辖各卫所地区

该地区在元朝时设罗罗蒙庆等处宣慰司，治于建昌路。明洪武二十七年置四川行都指挥使司，下领五卫、八个千户所、四个长官司。

(1)建昌卫。本为古邛都之地，汉朝时在此置越嶲郡。元设建昌路，属罗罗蒙庆宣慰司。洪武十五年改为府，属云南布政司，兼置卫，属云南都司。十月，卫府都改属四川。洪武十一年(1378)，始置建昌卫指挥使司，二十五年(1392)，明军平定土司叛乱后，于其地置建昌、苏州二军民指挥使司与会昌军民千户所，调京卫及陕西兵一万五千余人前往戍卫。洪武三十一年(1398)，明军攻破卜木瓦寨，改建昌路为建昌卫，置军民指挥使司，治今四川省西昌市。土酋家族安姓世袭指挥使之职。建昌卫所在地区地域辽阔，民族构成十分复杂。

> 所属有四十八马站，大头土番、僰人子、白夷、麽些、俗鹿、倮罗、鞑靼、回纥诸种散居山谷间。北至大渡，南及金沙江，东抵乌蒙，西讫盐井，延袤千余里。以昌州、普济、威龙三州长官隶之，有把事四人，世辖其众，皆节制于四川行都指挥使司。西南土官，安姓殆为称首。

可见，安姓酋长是当时西南地区势力最大的土司家族之一。建昌卫辖四个千户所：礼州后千户所、礼州中中千户所、打冲河中前千户所、德昌千户所；三个长官司：昌州、威龙、普济。

土司名称	治所今地	建置情况
昌州长官司	四川省德昌县西北	在卫治南，原属德昌府，后改属
威龙长官司	四川省德昌县西南	在卫治东南，元为威龙路，永乐二年改置
普济长官司	四川省米易县西北	在卫治西南，元为普济州，永乐二年改置

(2)宁番卫。元为苏州，属建昌路。洪武年间先属建昌府，二十一年兼置苏州卫，属四川都司，二十五年州废，升卫为军民指挥使司，二十六年更名，属四川都司，治今四川省冕宁县。宁番卫境内的主要民族为藏族，“环而居者，皆西番种，故曰宁番”。下有冕山桥后千户所。

(3)越嶲卫，汉朝邛都县等故地，元朝时设邛部安抚司及邛部州。明朝洪武年间，改邛部州为邛部军民州，封置土官。二十六年置越嶲卫，治今四川省越西县。永乐初年又改邛部军民州为邛部长官司。卫辖一个千户所：镇西后千户所；一个长官司：邛部长官司。

(4)盐井卫,古定筰县之地,元朝时在其地设柏兴府。洪武年间改置柏兴州、柏兴千户所,二十六年(1393)置盐井卫,治今四川省盐源县东北。永乐五年又于其地置一个长官司:马剌长官司。其村落居民多为"白夷"即属于古傣族。世袭土司为阿姓。另外,卫辖有一个千户所:打冲河中左千户所。

(5)会川卫,本为越嶲会无县之地,元朝时设会川路。洪武十七年立会川府,领武安、永昌、麻龙等州,以贤姓土官为同知。后革去会川府,改为会川卫军民指挥使司,领迷易千户所。当地居民多为从云南迁来的傣族人。"土官贤姓,其先云南景东僰种也,徙其属来田种。……居所治城外,所辖僰蛮仅八百户。"

4. 茂州暨茂州卫

汉朝汶山郡之地,宋、元两朝均在其地置茂州。明初因之,设茂州,治汶川县(今四川省汶川县)。洪武十一年(1378),又置茂州卫指挥使司。明朝茂州幅员辽阔,境内民族以古羌族后裔及古藏族为主。"茂州地方数千里,自唐武德改郡会州,领羁縻州九,前后皆蛮族,向无城郭。…… 自宋迄元,皆为羌人所据,不置州县者几二百年。……然东路生羌,白草最强,又与松潘黄毛鞑相通,出没为寇,相沿不绝云。"

茂州境内原有三个长官司,即陇木长官司、静州长官司、叠溪长官司。陇木长官司与静州长官司先后编户为民,设立保甲制度,同于汉族民户。叠溪长官司之地则于永乐四年(1406)置叠溪千户所,治今四川省茂县西北,辖长官司二:叠溪长官司、郁即长官司。

5. 松潘卫

古代氐、羌族聚居之地,西汉置护羌校尉,唐代曾设松州都督,宋朝又曾设潘州,元时置松州及吐蕃宣慰司,明初因之。洪武十二年(1379)又在其地置松州卫指挥使司,屡经兴废,治今四川省松潘县。洪武二十年罢松州,改卫置松潘等处军民指挥使司,至嘉靖四十二年始罢军民司。

松潘卫地处川、藏之间,地域辽阔,居民族属以古藏族为主,是明代西南地区土司政区最为集中的地区之一。据《明史·地理志》,松潘卫辖一个千户所(小河千户所)以及十六个长官司、五个安抚司。这十六个长官司为占藏先结簇长官司、蜡匝簇长官司、白马路簇长官司、山洞簇长官司、阿昔洞簇长官司、北定簇长官司、麦匝簇长官司、者多簇长官司、牟力簇长官司、班班簇长官司、祈命簇长官司、勒都簇长官司、包藏先结簇长官司、阿用簇长官司、潘斡寨长官司、别思寨长官司。五个安抚司:八郎安抚司、麻儿匝安抚司、阿角寨安抚司、芒儿者安抚司、思曩日安抚司。

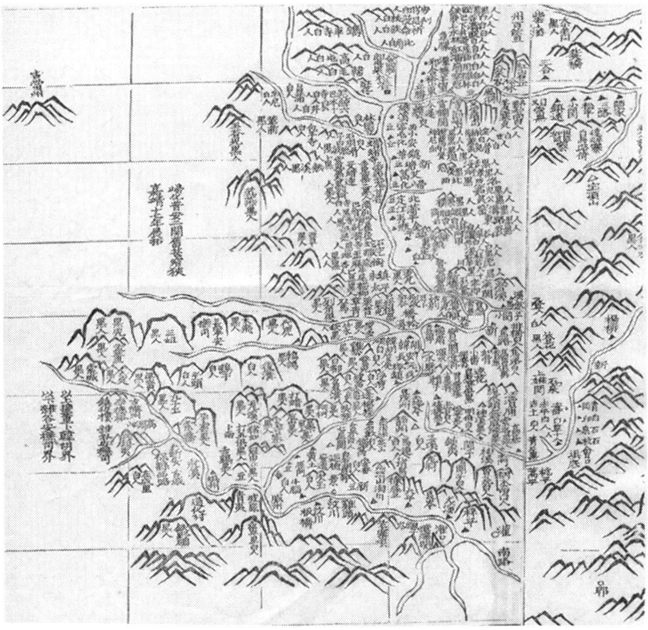

《明代松潘部族分布图》(1)

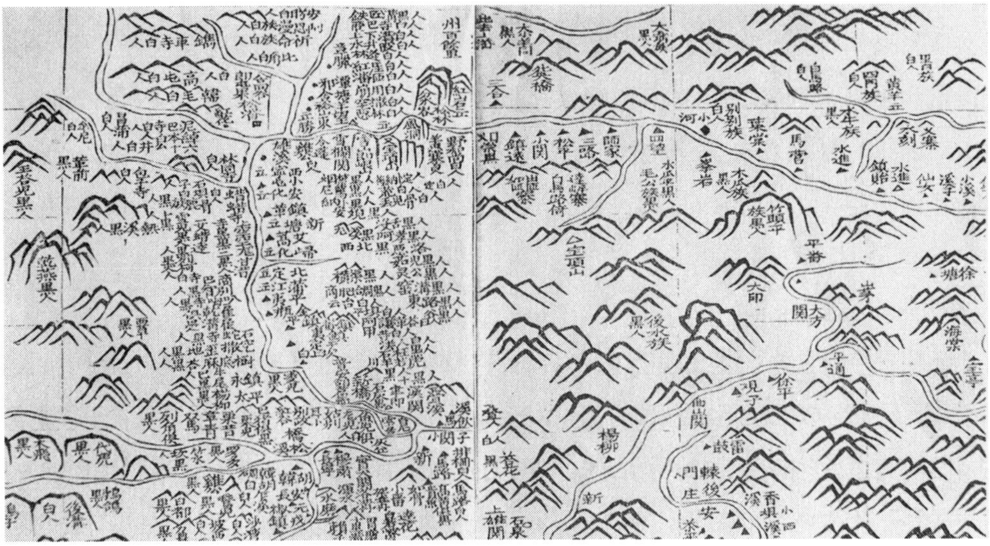

《明代松潘部族分布图》(2)

松潘卫境内民族以“番族”(古藏族)为主,以“白草番”为最强盛。“白草番者,唐吐蕃赞普遗种,上下凡十八寨。部曲素强,恃其险阻,往往剽夺为患。”又“祈命族八长官司所摄番众多至三十寨,少亦二十余寨,环布松、潘(岷江)两河”。

6. 天全六番招讨司

古代氐、羌族聚居之地,元朝时置六番招讨司。明初置天全六番招讨司,治今四川省天全县。天全六番招讨司地处交通要冲,为西藏地区各族(如"三十六番")进入内地的必经之路。

7. 黎州

汉朝沈黎郡地,唐朝始设黎州,元朝时属于土番等处宣慰司。洪武九年(1376)置黎州长官司,治今四川省汉源县北。土官为马姓。后又改为黎州安抚司,到万历二十四年又降为千户所。黎州、雅州(治今四川省雅安市)二州与天全六番招讨司境土相连,民族种类也完全相同。

> 黎、雅诸蛮,宋时屡为边患。明兴,以诸蛮皆天全六番诸部,散居于二州之境,遂于黎州设安抚,于天全六番设招讨,以示羁縻。而雅州所属,与招讨所辖之蛮民,境土相连,时有争讼。徼外大、小木瓜种分三枝,腻乃卜最强,世居西河。……其地自西河至凉山、雪山诸处,周围蟠据。

8. 播州宣慰司(遵义府)

古夜郎故地,唐朝时设播州,元朝时置播州宣慰司。洪武年间仍置播州宣慰使司,隶于四川,治今贵州省遵义市。封置土官,领两个安抚司:草塘、黄平;六个长官司:真州、播州、余庆、白泥、容山、重安。万历年间爆发了土司杨应龙反叛事件,明朝派遣重兵平判,平定之后,明朝实行改土归流。万历二十九年(1601)四月,"命分播地为二郡,以关(乌江关,在今遵义市西南)为界,关外属川,关内属黔,属川者曰遵义,属黔者曰平越"①。播州一带的民族构成大致同于贵州的民族构成,境内民族以"苗、仲"(古苗族、壮族)为主。

9. 永宁宣抚司

元朝永宁路之地。洪武八年(1375)改为宣抚司,治今四川省叙永县东。领两个长官司:九姓、太平。至天启三年(1623)废除,归入叙州府。叙、永一带的少数民族以"土僚"(古壮族)为主。"土僚",又称为羿子。如明朝叙州籍官员周洪谟曾上言阐明当地的民族问题:"羿子者,永宁宣抚所辖。而永宁乃云、贵要冲,南跨赤水、毕节六七百里,以一柔妇人制数万强梁之众,故每肆劫掠。臣以为宣抚土僚,仍命宣抚奢贵治之。其南境寨蛮近赤水、毕节要路者,宜立二长官司,仍隶永宁宣抚。"他的建议得到了批准及实施。

10. 酉阳宣抚司

元时曾置酉阳州,属怀德府。洪武八年改为宣抚司,治今重庆市酉阳土家族苗族

---

① 《明神宗实录》卷三五八,第12~13页,并参见贵州民族研究所编《明实录贵州资料辑录》,贵州人民出版社1983年出版。

自治县。领三个长官司:石耶洞、邑梅洞、麻兔洞。一说加平茶共四个长官司。

11. 石砫宣抚司

元石砫军民府之地,后改为安抚司。明洪武八年改为宣抚司,天启元年升为宣慰司,治今重庆市石柱土家族自治县。

四、明代贵州地区的民族分布与土司政区

(一)贵州省建置与民族构成状况

贵州建省,是明朝边疆政区建设方面取得的一项重要成就之一。元朝曾在今贵州地区设置八番、顺元等军民宣慰使司,均具有羁縻政区性质。明洪武年间,曾承继元朝体制,设贵州宣慰司,命土官以元官世袭,隶于四川。其地西接滇、蜀,东连荆、粤。《明史·贵州土司》记载:"贵州地皆崇山深菁,鸟道蚕丛,诸蛮种类……畔服不常。"明朝在今贵州地区设置统一的军政管理机构始于永乐十一年(1413):

> 分其地为八府四州,设贵州布政使司,而以长官司七十五分隶焉,属户部。置贵州都指挥使,领十八卫,而以长官司七隶焉,属兵部。府以下参用土官。其土官之朝贡符信属礼部,承袭属吏部,领土兵者属兵部。其后府并为六,州并为四,长官司或分或合,厘革不一。①

据《明史·地理志》,今贵州境内的行政区设置曾经历了重大调整,可分为前后两个阶段:第一阶段的设置规模为"领府八,州一,县一,宣慰司一,长官司三十九"。第二阶段的规模为"领府十,州九,县十四,宣慰司一,长官司七十六"。

今贵州境内的少数民族以苗族、布依族为主,即文献中所称"苗、仲"(仲家苗)。如贵州巡抚郭子章在上言中称:"贵州一省,苗、仲杂居,国初虽设贵州、新添、平越、威清等十四卫,分布上下,以通云南之路,而一线之外,北连四川,东接湖广,南通广西,皆苗、仲也。"②卫所一线所居,应主要为汉人军士。又如王士性在《广游志》中指出:"其在黔中者,自沅陵至普安二千里,总称曰苗。此真槃瓠遗种,如蔡家、仲家其尤者。"③关于苗族的内部分类,王士性在《广志绎》中又指出:

> 卫所治军,郡邑治民。军即尺籍来役戍者也,故卫所所治皆中国人。民即苗也。土无他民,止苗夷,然非一种,亦各异俗,曰宋家、曰蔡家、曰仲家、曰龙家、曰

① 《明史》卷三一六《贵州土司》,第8167~8168页。

② 《明神宗实录》卷四一四,万历三十三年十月甲寅,第5~6页。

③ 《王士性地理书三种》,第218页。

曾行龙家、曰罗罗、曰打牙仡佬、曰红仡佬、曰花仡佬、曰东苗、曰西苗、曰紫姜苗，总之槃瓠(盘古)子孙。椎髻短衣，不冠不履，刀耕火种，樵猎为生……郡邑中但征赋税，不讼斗争。所治之民即此而已矣。

曾任贵州按察司佥事的田汝成撰有《行边纪闻》(又名《炎徼纪闻》)，对西南特别是贵州地区的民族种类及其分布进行了较详细的说明。① 根据田汝成的记载与分析，并参照其他文献内容，当时贵州境内的主要少数民族的族群种类与分布情况大致可总结如下：

1. 苗族之属

广义的苗人，可谓古代南方地区少数民族的一种总称。

苗人，古三苗之裔也，自长沙、沅、辰以南，尽夜郎之境，往往有之，与氐夷混杂，通曰南蛮。其种甚多，散处山间，聚而成村者曰寨。其人有名无姓，有族属无君长。近省界者为熟苗，输租服役，稍同良家。十年，则官司籍其户口，息耗登于天府。不与是籍者谓之生苗。生苗多而熟苗寡。

王士性亦云，苗人内部种类名目繁多。可以说，时至明代，贵州已经成为当时全国范围苗族人口最多、种类最为复杂的地区之一。如在平乐为紫姜苗，在白纳为卖爷苗，在葛彰、葛商为短裙苗，在牂牁之间为八番子，在陈蒙烂土为黑苗，又称为夭苗等。著名的苗族分支还有：(1)佯僙苗，又称为杨黄，户口繁盛，分布于石阡、施秉、龙里、龙泉、提溪、万山等地。(2)宋家苗、蔡家苗，相传为中原移民后裔，分布于底寨、养龙坑等地。(3)龙家苗，又有独蕃、大头龙家、狗耳龙家、小头龙家等名称，分布于康佐、宁谷、西堡等地。(4)冉家苗，又被称为“冉家蛮”、南客子，分布于酉阳、乌罗、沿河祐溪、婺川等地。此外，有山苗、红苗等名称。如“红苗者，环铜仁、石阡、思州、思南四府，东连楚，西接蜀，周匝二千里有余，种类殆将十万，而镇远、清平之间有大江、小江、九股等种，皆杨应龙遗孽，近至万余”②。又如“在小埌山(《明史·贵州土司》作水硍山)介于铜仁(府)、思(南府)、石(阡府)者曰山苗，红苗之羽翼也”③。

2. 布依族之属

在古代众多苗民种类中，“仲家苗”，或称“仲”“仲人”，实为今布依族之属。④ 明

---

① 《行边纪闻》，载于方国瑜主编《云南史料丛刊》第四卷，云南大学出版社 1998 年出版。

② 《明神宗实录》卷五三六，万历四十三年闰八月己未，第 7~8 页。

③ 《明神宗实录》卷四二〇，万历三十四年四月乙巳，第 2~4 页。

④ 古籍中所记“仲家”，实为一个复杂的族群名称，与现代多种民族如壮族、布依族等有着渊源关系，而在贵州境内的“仲家苗”则为布依族，参见《清代民族图志》与尤中编著《中国西南的古代民族》的相关论述。

代贵州境内的布依族人口也相当可观，仅次于苗族。“先是，东、西二路苗曰仲家苗，盘踞贵（阳府）、龙（里卫）、平（越卫）、新（添卫）之间为诸酋领袖。”①又如贵州巡抚张鹤鸣在上奏中曾指出：“夫仲，乃广西瑶、壮遗种流入黔中，分则为民，纠而为盗，环会城及滇孔道大约寨有一千四百七十余处，人约三万有奇。”②可见，布依族在贵州集中于贵州中部地区贵阳府、平越卫、龙里卫及新添卫一带。据《清代民族图志》的归类，定番州的八番族人也被归入布依族。

3. 彝族之属

古文献中所称“罗罗”即今彝族先民。田汝成指出：“罗罗，本卢鹿而讹为今称，有二种，居水西十二营、宁谷、马场、漕溪者为黑罗罗，亦曰乌蛮；居慕役者为白罗罗，亦曰白蛮，风俗略同，而黑为大姓。罗俗尚鬼，故又曰罗鬼。”贵州最显赫的土司——贵州宣慰使安姓家族即属彝族。

4. 仡佬族之属

仡佬族，古时通称为“僚”。以服饰的不同，有花仡佬、红仡佬的名号，另外在平伐者称为打牙仡佬、在新添者为剪头仡佬等。

（二）贵州各地的土司建置与民族构成

根据《明史》之《土司传》与《地理志》，明朝贵州境内的土司政区主要有：

1. 贵阳军民府

原为程番长官司辖地（治今贵州省惠水县），洪武初，在此地置贵州宣慰司，隶于四川。永乐十一年（1413）以后，改隶贵州。成化年间置程番府，隆庆年间改为贵阳府，治于今贵州省贵阳市。贵阳境内可谓“一地两制”，贵阳府与贵州宣慰司同城而治。府辖城北，司辖城南。万历时改为贵阳军民府，领金筑安抚司以及十八个长官司，后又置定番州、新贵州，所余十六个长官司归属定番州。贵州宣慰司领有九个长官司。

贵阳府境内最大的两个土司首领分别为安姓与宋姓，“安氏领水西，宋氏领水东”。又“安氏世居水西，管苗民四十八族，宋氏世居贵州城侧，管水东、贵竹等十长官司，皆设治所于城内，衙列左右。而安氏掌印，非有公事不得擅还水西”。据上述文献分析，贵阳地区居民以彝族与布依族为主。

---

① 《明神宗实录》卷四二〇，万历三十四年四月乙巳，第2~4页。

② 《明神宗实录》卷五三六，万历四十三年闰八月己未，第7~8页。

贵阳府所辖土司建置简表①

土司名称	治所今地	建置情况
金筑安抚司	贵州省长顺县西北	在府治北，本为金筑长官司，洪武五年置，隶四川行省，十四年升安抚司，二十九年隶贵州军民指挥使司，永乐十年直隶贵州布政司。设置和改置时间在《地理志》和《土司传》之间有不同之处。万历四十年改置广顺州。曾一度属于广西
贵竹长官司	贵州省贵阳市	与府同治，洪武五年置，万历十四年改为新贵县
麻响长官司	贵州省长顺县南	洪武七年置
木瓜长官司	贵州省惠水县西南	本为元木瓜等处蛮夷军民长官司，洪武五年改置
大华长官司	贵州省长顺县西南	洪武七年置
程番长官司	贵州省惠水县	与州同治，洪武五年置
韦番长官司	贵州省惠水县西南	在州治南，本为元韦番蛮夷长官司，洪武十五年改置
方番长官司	贵州省惠水县东南	在州治南，本为元方番河中府安抚司，洪武五年改置
洪番长官司	贵州省惠水县西南	在州治西，本为元洪番永盛军安抚司，洪武六年改置
卧龙番长官司	贵州省惠水县南	在州治南，本为元卧龙番南宁州安抚司，洪武五年改置
金石番长官司	贵州省惠水县西南	在州治东，本为元金石番太平军安抚司，洪武五年改置
小龙番长官司	贵州省惠水县南	在州治东南，本为元小龙番静蛮军安抚司，洪武六年改置
罗番长官司	贵州省惠水县西南	在州治南，本为元罗番大龙遏蛮军安抚司，洪武五年改置
大龙番长官司	贵州省惠水县南	在州治东南，本为元大龙番应天府安抚司，洪武五年改置
小程番长官司	贵州省惠水县东北	在州治西北，本为元小程番安抚司，洪武六年改置
卢番长官司	贵州省惠水县东北	在州治北，本为元卢番静海军安抚司，洪武六年改置
卢山长官司	贵州省惠水县西南	在州治南，本为元卢山等处蛮夷军安抚司，洪武六年改置
平伐长官司	贵州省龙里县东南	本为元平伐等处长官司，洪武十五年改置，先属贵州卫，二十八年归属龙里卫，万历十四年并入新贵县

① 《明史》之《地理志》与《土司传》所记载数量和名目互相矛盾。《地理志》称贵阳军民府领长官司十六，缺贵竹和平伐。见《明史》之《贵州土司》校勘记，第 8197 页。

贵州宣慰司所辖土司建置简表①

土司名称	治所今地	建置情况
水东长官司	贵州省贵阳市东北	在司治北,本为元水东寨长官司,洪武五年改置
中曹蛮夷长官司	贵州省贵阳市西南	在司治东南,本为元中曹白纳等处长官司,洪武五年改置
青山长官司	贵州省息烽县西	本为元青山远地等处长官司,洪武五年改置,崇祯三年改为於襄守御千户所,属敷勇卫
扎佐长官司	贵州省修文县	本为元落邦札佐等处长官司,洪武五年改置,崇祯三年改置敷勇卫
龙里长官司	贵州省龙里县	在司治东,本为元龙里等寨长官司,洪武五年改置
白纳长官司	贵州省惠水县东北	在司治东南,本为元茶山白纳等处长官司,永乐四年改置
底寨长官司	贵州省息烽县西南	在司治北,本为元底寨等处长官司,洪武五年改置
乖西蛮夷长官司	贵州省开阳县西北	在司治东北,本为元乖西军民府,洪武五年改置
养龙坑长官司	贵州省息烽县北	在司治北,本为元养龙坑宿征等处长官司,洪武五年改置

2. 思南府

元思南宣慰司之地,属于湖广行省。明洪武四年改属四川,六年十二月升为思南道宣慰司,仍属湖广。明永乐十一年(1413)置思南府,改隶贵州,治今贵州省思南县。领三县:安化(原为水犄姜长官司,又称水德江长官司)、婺川、印江(原为思印江长官司);三个长官司:蛮夷长官司、沿河祐溪长官司、朗溪蛮夷长官司。

土司名称	治所今地	建置情况
水犄姜长官司	贵州省思南县	与府同治,洪武初改曰水德江,万历三十三年改为安化县
思印江长官司	贵州省印江土家族苗族自治县	在府治东,永乐年间置,弘治七年改为印江县
蛮夷长官司	贵州省思南县城西	与府同治,洪武十年置
沿河祐溪长官司	贵州省沿河土家族自治县	在府治东北,洪武七年置
朗溪蛮夷长官司	贵州省印江土家族苗族自治县东	在府治东,洪武七年置

---

① 《明史》之《地理志》与《土司传》所记载数量和名目互相矛盾。《地理志》称贵州宣慰司领长官司七,无青山和扎佐。见《明史》之《贵州土司》校勘记,第8197页。

3. 思州府

元思州宣慰司之地，隶于湖广行省，明永乐十一年(1413)置思州府，改隶贵州，治今贵州省岑巩县。领四个长官司：都坪峨异溪蛮夷长官司、都素蛮夷长官司、施溪长官司、黄道溪长官司。

土司名称	治所今地	建置情况
都坪峨异溪蛮夷长官司	贵州省岑巩县	与府同治，洪武六年置，后省，永乐十二年复置
都素蛮夷长官司	贵州省岑巩县西北	在府治西，永乐十二年置
施溪长官司	贵州省铜仁市万山区东	在府治北，本为元施溪样头长官司，洪武五年改置
黄道溪长官司	贵州省铜仁市万山区东南	在府治东北

4. 镇远府

元镇远府之地，洪武初年(1372)改为州，一度直隶湖广，永乐十一年(1413)仍改为镇远府，属于贵州，治今贵州省镇远县。领二县：镇远、施秉，均由土司改置；三个长官司：偏桥、邛水十五洞、臻剖六洞横坡等处长官司。境内民族以壮族与苗族为主。如当地土司何惠称："所部临溪部民，皆佯僙、僘、佬，力不胜役。"

土司名称	治所今地	建置情况
镇远溪洞金容金达蛮夷长官司	贵州省镇远县	与府同治，洪武二年置，弘治七年改为镇远县
施秉长官司	贵州省施秉县东南	在府治西南，洪武五年置，正统九年改为施秉县
偏桥长官司	贵州省施秉县东北	在府治西，本为元偏桥中寨蛮夷军民长官司，洪武五年改置
邛水十五洞蛮夷长官司	贵州省三穗县	在府治东，元为邛水县，洪武五年改置团罗、得民、晓隘、陂带、邛水五长官司，后并为邛水司
臻剖六洞横坡等处长官司	贵州省施秉县西北	在府治西，本为臻剖、六洞、横坡三个长官司，洪武二十二年置，后并为一司

5. 铜仁府

本为思州宣慰司之地，元朝时在当地置铜人大小江等处军民长官司，永乐十一年(1413)升置铜仁府，治今贵州省铜仁市。领一县：铜仁县(原为铜仁长官司)；五个长官司：省溪、提溪、大万山、乌罗、平头著可。乌罗府，原为永乐年间所置贵州八府之一,所属有朗溪长官司、答意长官司、治古长官司、平头著可长官司等。到正统三年(1438)革去乌罗府,所属治古、答意二长官司,因经战乱后残民无几,也一并革除,以乌罗、平头著可隶铜仁府,以朗溪隶思南府。当地少数民族居民以苗民为主。

土司名称	治所今地	建置情况
铜仁长官司	贵州省铜仁市	与府同治,洪武初置,万历二十六年改为县
省溪长官司	贵州省江口县北	在府治西,本为元省溪坝场等处蛮夷长官司,洪武初改名
提溪长官司	贵州省江口县西	在府治西,本为元提溪等处军民长官司,洪武初改名
大万山长官司	贵州省铜仁市万山区	在府治南,本为元大万山苏葛办等处军民长官司,洪武初改名
乌罗长官司	贵州省松桃苗族自治县西南	在府治西,本为元乌罗龙干等处长官司,洪武初改名,永乐十一年立为乌罗府,正统三年府废
平头著可长官司	贵州省松桃苗族自治县西南	在府治西北,本为元平头著可通达等处长官司

6. 黎平府

本为思州宣慰司之地,永乐十一年(1413),改置黎平、新化二府,宣德十年(1435)并新化入黎平,合为一府,治今贵州省黎平县。领一县:永从(洪武年间为福禄永从蛮夷长官司),十三个长官司。当地少数民族居民主要为苗族,因黎平府地处贵州东部,故当地苗民又被称为“东苗”,如天顺元年(1457),镇守太监阮让在上言中称:“东苗为贵州诸苗之首,负固据险,僭号称王,逼胁他种,东苗平则诸苗服。”

土司名称	治所今地	建置情况
福禄永从蛮夷长官司	贵州省黎平县南	在府治南,元为福禄永从军民长官司,洪武中改置,后废,永乐元年复置,正统六年改为永从县
潭溪蛮夷长官司	贵州省黎平县西南	在府治东南,元为潭溪长官司,洪武三年改置,后废,永乐元年复置
八舟蛮夷长官司	贵州省黎平县北	在府治北,元为八舟军民长官司,洪武五年改置
洪舟泊里蛮夷长官司	贵州省黎平县东南	在府治东南,本为元洪舟泊里军民长官司,洪武初改置,后废,永乐元年复置
曹滴洞蛮夷长官司	贵州省黎平县南	在府治西北,元为曹滴等洞军民长官司,洪武初改置,后废,永乐元年复置
古州蛮夷长官司	贵州省黎平县西北	在府治西北,元为古州八万洞军民长官司,洪武三年改置

（续表）

土司名称	治所今地	建置情况
西山阳洞蛮夷长官司	贵州省从江县东南	在府治西南，洪武初置，后废，永乐元年复置
新化蛮夷长官司	贵州省锦屏县南	在府治东北，元为新化长官司，洪武三年改置
湖耳蛮夷长官司	贵州省锦屏县东南	在府治东北，元为湖耳洞长官司，洪武三年改置
亮寨蛮夷长官司	贵州省锦屏县南	在府治东北，八万亮寨蛮夷长官司，洪武三年改置
欧阳蛮夷长官司	贵州省黎平县东北	在府治东北，元为欧阳寨长官司，洪武三年改置
中林验洞蛮夷长官司	贵州省锦屏县西南	在府治北，洪武初置，后废，永乐元年复置
赤溪湳洞蛮夷长官司	贵州省锦屏县	在府治东北，建置同上
龙里蛮夷长官司	贵州省黎平县北	在府治北，建置同上

7. 安顺军民府

本为“普里部蛮”所居，元朝曾设普定府及普定路、普安路，属于云南。洪武十六年（1383）改普定府为安顺州，改隶四川。直到正统三年（1438）才改属贵州。万历三十年（1602）升为安顺军民府，治今贵州省安顺市。领三州：普安、镇宁、永宁；六个长官司：宁谷寨、西堡（直属安顺府）、十二营、康佐（属镇宁州）、慕役、顶营（属永宁州）。当地的少数民族主要有仡佬（又称为“革僚”）等。

土司名称	治所今地	建置情况
宁谷寨长官司	贵州省安顺市东南	在府治西南，洪武十九年置
西堡长官司	贵州省六枝特区北	在府治西北，洪武十九年置
十二营长官司	贵州省镇宁布依族苗族自治县北	在镇宁州治北，洪武十九年置
康佐长官司	贵州省紫云苗族布依族自治县西南	在镇宁州治东，洪武十九年置
慕役长官司	贵州省关岭布依族苗族自治县南	在永宁州治西，洪武十九年置
顶营长官司	贵州省关岭布依族苗族自治县西北	在永宁州治北，洪武四年置
贡宁安抚司	贵州省盘州市西北	建文中置，永乐十三年改为普安州

8. 都匀府

元朝时称为都云。明朝洪武十九年（1386）置都匀安抚司，后又改为卫，属于贵州都司,洪武二十九年升军民指挥使司,属于四川。永乐十一年(1413)改隶贵州。至弘治七年(1494)始改为都匀府,治今贵州省都匀市。当地少数民族居民以苗民为主,有"熟苗""黑苗"等名目。领二州:麻哈、独山,均由长官司改置而来;一县:清平县(原清平长官司);八个长官司:属府者为都匀、平浪、邦水、平洲六洞;属独山州者为九名九姓、丰宁;属麻哈州者为乐平、平定。

土司名称	治所今地	建置情况
都匀长官司	贵州省都匀市南	在府治南,本为元上都云等处军民长官司,洪武十六年改名
邦水长官司	贵州省都匀市西北	在府治西,为元中都云板水等处军民长官司,洪武十六年改名
平洲六洞长官司	贵州省平塘县	在府治西南,洪武十六年置
麻哈长官司	贵州省麻江县	洪武十六年置,弘治七年改为麻哈州
乐平长官司	贵州省麻江县西北	在麻哈州治西北,洪武二十四年置
平定长官司	贵州省麻江县东南	在麻哈州西北,洪武二十四年置
九名九姓独山州长官司	贵州省独山县	洪武十六年置,弘治七年升为独山州
清平长官司	贵州省凯里市西北	洪武二十二年置,弘治七年改为清平县
合江洲陈蒙烂土长官司	贵州省独山县东	在独山州治东,洪武十六年置
丰宁长官司	贵州省独山县	在独山州治西南,洪武二十三年置

9. 平越军民府

本为元平月长官司。洪武十四年置千户所,十五年改为平越卫,与遵义府同属四川播州宣慰司,十七年升为军民指挥使司,属四川。不久属贵州。万历二十九年分割播州宣慰司,始置平越府,治今贵州省福泉市。平越府因地处四川、贵州及湖广交界之地,故而成为当时苗民的一个主要聚居中心,特别是香炉山周围地区。"初,黔、楚之交,群苗啸聚,连寨相望。而香炉山(在今贵州省凯里市北)周回四十里,高数百寻,四面陡绝,其上平衍,向为叛苗巢穴。"不过,这里所说"苗人"应为仲家苗即古布依族。平越府下建置变动较多,境内原有土司及改置情况略如下表:

土司名称	治所今地	建置情况
黄平安抚司	贵州省黄平县西北	洪武七年置,万历二十九年改为黄平州
余庆长官司	贵州省余庆县西北	在州西,洪武十七年置,万历二十九年改为余庆县

（续表）

土司名称	治所今地	建置情况
白泥长官司	贵州省余庆县	洪武十七年置，万历二十九年省入余庆县
瓮水安抚司	贵州省瓮安县	洪武初置，万历二十九年改为瓮安县
草塘安抚司	贵州省瓮安县东北	洪武十七年置，万历二十九年省入瓮安县
重安长官司	贵州省黄平县西南	永乐四年置，万历二十九年省入瓮安县
容山长官司	贵州省湄潭县东	洪武中置，万历二十九年省入湄潭县
凯里安抚司	贵州省凯里市	嘉靖八年置，万历三十五年改为长官司
杨义长官司	贵州省福泉市西	洪武初置

10. 石阡府

本为元思州宣慰司之地，永乐十一年（1413）置石阡府，治今贵州省石阡县。初领四个长官司：石阡、苗民、葛彰葛商、龙泉坪。至万历年间，龙泉坪改为龙泉县。境内主要少数民族有佯僙苗与短裙苗等。

土司名称	治所今地	建置情况
石阡长官司	贵州省石阡县	本为元石阡等处军民长官司，洪武初改置，与府同治
龙泉坪长官司	贵州省凤冈县	在府治西，万历二十九年改为龙泉县
苗民长官司	贵州省石阡县西南	在府治西南，洪武七年置，先属于思州宣慰司，后改属
葛彰葛商长官司	贵州省石阡县西南	在府治南，原属思州宣慰司，永乐十二年改属

11. 龙里卫

置于洪武二十三年（1390），二十九年（1396）升为军民指挥使司，治今贵州省龙里县。领一个长官司：大平伐长官司，在卫治南，治今贵州省龙里县东南，洪武十九年（1386）置。境内少数民族居民以佯僙苗与仲家苗即古苗族与古布依族为主。

12. 新添卫

本为元新添葛蛮安抚司，洪武四年置长官司，二十九年（1396）置新添卫军民指挥使司，治今贵州省贵定县。当地居民以仲家苗即古布依族为主。领五个长官司：新添、小平伐、把平寨、丹平、丹行。

土司名称	治所今地	建置情况
新添长官司	贵州省贵定县	与卫同治,洪武四年置
小平伐长官司	贵州省贵定县西南	在卫治西南,洪武十五年置,先属贵州卫,后改属
把平寨长官司	贵州省贵定县西南	在卫治南,洪武十五年置,先属贵州卫,后改属
丹平长官司	贵州省罗甸县东北	在卫治西南,洪武三十年置,后省,永乐二年复置
丹行长官司	贵州省平塘县西南	在卫治西南,洪武三十年置,后省,永乐二年复置

第五节　元明时期东北地区的民族分布与军政区划的演变

如果说契丹人、女真人的崛起,以及辽、金两朝的建立,是东北地区开发建设的一大转折点,那么可以说,元、明两朝在东北地区的经营与建设延续了这一势头。元朝在东北部边疆地区先后设置辽阳行省与征东行省,将东北地区纳入了全国统一的行政体系。时至明代,女真族已成为东北地区蒙古人之外势力最为强大的民族,主要分为海西女真、建州女真与野人女真三种,其中清朝的创始者努尔哈齐家族就出于建州女真一支。明朝在东北地区全面推行羁縻卫所制度,这些边疆地区羁縻卫所之性质与南方土司行政区之性质极为相近,几乎覆盖了东北蒙古族与女真族聚居地区,为日后东北地区的全面发展奠定了基础,也为我们了解东北地区开发与民族分布情况提供了重要线索。

一、元朝在东北地区的政区设置与东北地区的民族分布情况

(一)元朝与高丽的关系与征东行省的建置

元朝与朝鲜半岛高丽王朝的关系非常复杂。蒙古族势力的迅速崛起,以及金朝在中国北部统治的瓦解,也引发了东北地区民族分布格局的剧烈变动。如元太祖十一年,契丹人金山与六哥等人率辽朝残余部众九万余人进入高丽,并占据了江东城。在蒙古军队与高丽军队的联合进攻下,这股势力最终被消灭。高丽国王不愿臣服,而导致双方关系恶化,蒙古军队曾多次征伐高丽,高丽国王时而请和,时而反叛。到至元二十年(1283),元朝始立征东行中书省。征东行省同样几度废置。《元史·地理志》"征东等处行中书省"条下注:"大德三年(1299),立征东行省,未几罢。至治元年(1321)复立,命高丽国王为左丞相。"

《元史·地理志》所注显然有误。据《元史·成宗本纪》载,大德三年五月,"庚子,复征东行中书省,以福建平海省平章政事阔里吉思为平章政事"。《元史·高丽传》也载,至元二十年(1283)五月,"立征东行中书省,以高丽国王与阿塔海共事"。又,"大德三年五月,遂复立征东行省"。"五年(1301)二月,为眐罢行省官。"《元史·百官志》的记述最为全面:"征东等处行中书省。至元二十年,以征日本国,命高丽王置省,典军兴之务,师还而罢。大德三年,复立行省,以中国之法治之。既而王言其非便,诏罢行省,从其国俗。至治元年复置,以高丽王兼领丞相,得自奏选属官,治沈阳,统有二府、一司、五道。"

据《元史·地理志》,征东等处行中书省,领府二、司一、劝课使五。即:1. 高丽国。2. 沈阳等路高丽军民总管府。3. 五道劝课使为庆尚州道、东界交州道、全罗州道、忠清州道、西海道。4. 躭罗军民总管府(注云大德五年立)。又如《成宗本纪》载,大德五年七月,"戊申,立躭罗军民万户府"。显然,元朝的征东行省只不过是一个管理相当松散、设置时间有限的羁縻政区而已,高丽作为"外夷"之邦,长期保持着较强的独立性。

(二)元朝在东北地区的政区建置与民族分布

至元二十四年(1287),元朝在东北地区设置了辽阳行省。辽阳行省的建置,在中国政区发展史上具有重要的意义。概括而言,这一建置第一次将"辽东"——这一多民族聚居区整合起来,并纳入全国统一的行政区划体系。《元史·百官志》载:"辽阳等处行中书省,至元二十四年置,治辽阳路,统有七路、一府。"研究者指出,元辽阳行省的辖境,南面到辽东半岛的最南端,东南与高丽接壤,东至于海,西南沿大兴安岭东麓,分别与岭北行省以及腹里的上都、全宁二路相毗连。其辖境远远不止于今天我国东三省之地,还包括了俄罗斯哈巴罗夫斯克边区、阿穆尔州以及雅库特等的一部分。①

又据《元史·地理志》与《元一统志》的记载,辽阳等处行中书省领七路、一府,有十二属州,这些政区的治所及民族构成大致情况如下:

1. 辽阳路,治今辽宁省辽阳市老城区。至元六年,元朝沿金朝之制,在该地置东京总管府,至元二十五年(1288),改东京总管府为辽阳路。壬子年(皇庆元年,1312)所抄户籍为3708户、33231口。领一县、二州:(1)辽阳县,为附郭县,与路同治。(2)盖州,治今辽宁省盖州市。(3)懿州,治今辽宁省阜新市北。

① 参见姚大力《元辽阳行省各族的分布》,载于南京大学历史系元史研究室编《元史及北方民族史研究集刊》第八辑,第45~56页。

2. 广宁府路,治今辽宁省北镇市。金朝在此地设广宁府。元太宗八年,广宁府被封给孛鲁古歹(孛鲁古带)作为分地,后因地方太远,迁治于旧临潢府,设广宁总管府。至正十五年(1355),分为广宁府路。至顺年间的钱粮户为4595户。领二县:闾阳、望平以及肇州。关于肇州的来历,《元史·刘哈剌八都鲁传》载,至元三十年(1293),元世祖忽必烈谕令刘哈剌八都鲁:“自此而北,乃颜故地曰阿八剌忽者,产鱼,吾今立城,而以兀速、憨哈纳思、乞里吉思三部人居之,名其城曰肇州。汝往为宣慰使……”刘哈剌八都鲁“既至,定市里,安民居”。乃颜即为孛鲁古歹之孙。据此,肇州居民应以兀速、憨哈纳思与乞里吉思等三部人为主。

3. 大宁路,治今内蒙古自治区宁城县西。原为奚部所在之地,辽朝为中京大定府,元初改为北京路总管府,后降为州。壬子时(1312年)户籍有46006户、448193口。领七县:大定、龙山、富庶、和众、金源、惠和、武平;九州:义州、兴中州、瑞州、高州、锦州、利州、惠州、川州、建州。

4. 东宁路,治今朝鲜平壤市。原为高句骊平壤城。下设定远府及郭州等二十余州。《元史·高丽传》载,至元七年(1270),“诏西京内属,改东宁府,画慈悲岭(在今朝鲜黄海北道中部)为界,以忙哥都为安抚使,佩虎符,率兵戍其西境”。

5. 沈阳路,治今辽宁省沈阳市。原为渤海政权沈州之地。元朝军队平定辽东之初,高丽官员洪福源率众来降,官授高丽军民万户,其所领降民散居于辽阳、沈州一带。及高丽归附元朝后,又在沈州设置安抚高丽军民总管,辖二千余户。《元史·高丽传》载:“至元三年(1266)二月,立沈州,以处高丽降民。”至元贞二年(1296),将万户府与总管府合并为沈阳等路安抚高丽军民总管府,领五总管。至顺年间统计的钱粮户为5183户。

沈阳路既属于辽阳行省,后来又是征东行省的治所。

6. 开元路,治今吉林省农安县。原为黑水靺鞨聚居之地。唐朝以其地为燕州,置黑水府。辽朝时又为黑水靺鞨之居住区域。“东濒海,南界高丽,西北与契丹接壤,即金鼻祖之部落也。”元朝初年,在此地置开元、南京二万户府,治于黄龙府,至元二十三年(1286),改为开元路,领咸平府。据此,其地居民还应以女真族为主。

7. 咸平府,治今辽宁省开原市北。原属渤海政权,辽朝在此设咸州,金朝升为咸平府,辖平郭、安东、新兴、庆云、清安、归仁等县。元朝也因之为咸平府。

8. 合兰府水达达等路,又被称为女真水达达路。元朝初年,在该地设五个军民万户府,一为桃温,二为胡里改,三为斡朵怜,四为脱斡怜,五为孛苦江,分别辖领混同江(今松花江及黑龙江下游)南北之地。关于当地民族风俗,《元史·地理志》载:"其居民皆水达达、女直之人,各仍旧俗,无市井城郭,逐水草为居,以射猎为业。故设官牧民,随俗而治,有合兰府水达达等路,以相统摄焉。"至顺年间统计的钱粮户数为20906户。

又根据姚大力先生等人的研究,元代东北地区分布的主要民族有汉族、渤海遗族、高丽族以及东胡—蒙古语族、通古斯语族以及所谓古亚语族等各部。辽阳行省的汉族居民主要集中于辽河流域与渤海湾东西地区,渤海政权统辖遗族已大部融于其他各族,高丽族则聚居于元朝与高丽的交界地区。除了这几个部族的民众,其他各族的分布情况大致如下①:

1. 属于东胡—蒙古语族的居民

主要包括契丹人与蒙古人,他们大致分布于辽阳行省的西南部。辽河流域曾是契丹族的故地,至金朝后期,东北地区的大部分契丹人已被强行离散。到金朝末年,在辽东地区爆发了以耶律留哥为首的契丹人反叛运动,"数月众至十余万,推留哥为都元帅,耶的副之,营帐百里,威震辽东"。在多次大败金朝军队之后,耶律留哥自立为辽王,尽有辽东郡县,都于咸平。耶律留哥后率所部归附蒙古,也被封为辽王。其后,其子薛阇袭爵为辽王,1230年,率其遗民移镇于广宁府。② 除了部分加入蒙古军队的契丹人,留居东北地区的契丹人与其他各族杂处,并逐渐为各族所吸收。

元代进入东北地区的蒙古人有两个来源:一是进驻该地担任镇戍任务的蒙古军队,一是随从蒙古王公贵族而来并生活在其封地上的蒙古部众。镇戍的蒙古军士主要集中于行省的南部,而大的王公封地则有三家,即宁昌路的昌王封地、泰宁路的辽王封地与世袭国王爵位木华黎后裔的封地等。

2. 通古斯语族的居民

主要有女真、水达达、兀者野人、骨嵬等。这些居民主要分布于行省的东半部。其中女真人最多,大致可分为三大部:一是从辽阳以南至辽东半岛的女真人,这一部分女真人是汉化程度较高的"熟女真",主要分布于辽河两岸,金咸平、东京、北京等处,包括半岛地区的系辽籍;二是"生女真",主要散布于长白山两麓,向北至松花江上游和中游,以及牡丹江、绥芬河两水流域的女真部落;三是通古斯语族诸部,主要分布于东北流松花江、混同江的两岸及周围深山密林之中,女真水达达、兀者诸部等都是

---

① 参见《元辽阳行省各族的分布》。本小节内容主要参考此文。

② 《元史》卷一四九《耶律留哥传》,第3511~3515页。

这一语族的支派。

3. 辽阳行省内的古亚语族人

主要包括吉里迷、在明代被称为“北山野人”等各部。吉里迷，又被称为乞列迷，主要居住于黑龙江下游两岸直至奴儿干地区，以及骨嵬岛的一部分。“北山野人”的居住地则更向北，大致在外兴安岭东端的鄂霍茨克海湾及往北至北极圈附近。

二、明代东北地区的政区设置与民族分布①

(一)明朝东北地区的民族种类与分布

有明一朝，除了兀良哈三卫及东迁蒙古部落，女真族（旧文献因避当时讳而常称为女直）已发展成为东北地区最主要的边疆民族，这也是明朝东北地区民族结构最突出的特征。如《大明一统志》载女真人的分布范围“东频海，西接兀良哈，南邻朝鲜，北至奴儿干北海”，几乎完全覆盖了明朝东北地区。而当时的女真人又实为一个复杂

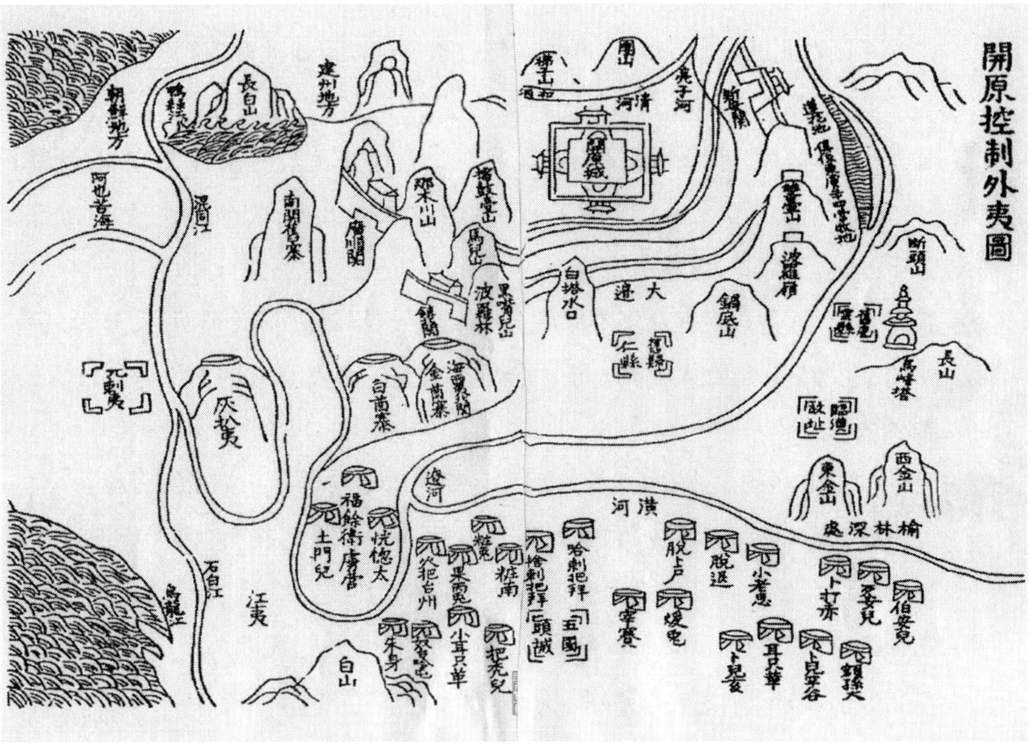

《开原控制外夷图》［选自民国抄本《（万历）开原图说》］

① 关于明朝东北地区民族与政区变置状况较详细的研究，参见李健才《明代东北》，辽宁人民出版社1986年出版。

的族群，其中按居住地域之不同又可分为数种，如海西女真、野人女真及建州女真等。关于明朝东北地区的民族种类与分布，苕上愚公（茅瑞徵）所著《东夷考略》又载：

国初定开元，改开原道，控带诸夷。女直各部在混同江（今松花江及黑龙江下游）以东，东滨海，西接兀良哈，南邻朝鲜，北至奴儿干。略有三种：自汤站东抵开原居海西者为海西女直，居建州、毛怜者为建州女直，极东为野人女直。它种甚夥。开原北近松花江曰山夷，又北抵黑龙江曰江夷，而江夷有灰扒、兀剌等族。建州、毛怜裔出渤海，事耕纴，居处食饮有华风。海西系黑水裔，其山夷倚山作窟，即熟女直完颜种。江夷居黑龙江即生女直，并有室庐，或以桦皮为帷，止则张架。俗善射驰猎。耐饥渴，忍詾好盗。其战斗多步少骑，上下岩壁如飞。而建州阻万山中，独居中，据要害。五岭、喜昌、石门尤扼险，人骑不得成列，于女直称最强。①

据此可知，开原城（在今辽宁省开原市北老城）是明朝东北地区民族分布区最重要的分界点之一。又如明人程开祜《筹辽硕画·东夷奴儿哈赤考》称：

自开原东北，南抵鸭绿江，逶迤八百余里，环东边而居者，则皆女直遗种，皆辽之属夷，所谓东夷者也。然今之呼女直者凡三种：其一曰海西女直，则故王台之属，今开原南、北两关之夷是也。其一则东方诸夷之为卫所甚众，而建州领其名，曰建州女直，今奴儿哈赤之属是也。其极东曰野人女直，去边远，岁因海西入市于开原，虽不入贡，而亦不为边患。②

显然，尽管当时女真族有众多不同的分支及名号，不过究其大类而言，分为三种，即海西女真、建州女真与野人女真。下面分别介绍这三部女真人的渊源与分布情况：

1. 海西女真

关于“海西”之名的由来，学术界历来没有统一认定的解释。如研究者称：

海西女真，居海以西地，元世祖置辽阳行省海西提刑按察使，可证海西为元代行政区域之名。其按治为女真水达达部，即吉林省及今俄领沿海州等处。明置海西卫，在吉林松花江以西、奉天辽河以东。据《明一统志》，开原西北二百五十里有金山，其地在辽河北岸，与兀良哈接境，是为海西区域尽处。循名定义，则为居海西区域之女真族人；考其实际，则部众互相侵夺，其转徙沿革亦繁。③

---

① 《清入关前史料选辑》（第一辑），第45~46页。

② 《清入关前史料选辑》（第一辑），第103页。

③ 吴宗慈《清开国前纪》，存萃学社编集《清史论丛》第六辑，香港大东图书公司1980年出版。

这里所指“海”应为日本海。但也有很多学者坚持认为海西是指松花江下游，并指出：“在今吉林扶余县北、松花江大曲折后的江南岸以及哈尔滨以东、阿什河流域一带的，是海西女真。海西指乌龙江，就是松花江的下游，是元代的旧称。”①又有研究者认为：“明代奴儿干都司所辖三百八十四个卫中，以在海西地区设立的卫所为最多，除前述在黑龙江中、下游两岸设立的主要卫以外，还有在松花江、乌苏里江流域设立的卫所。”②可以说，广义的“海西”所指地域广袤，包括黑龙江中、下游，以及松花江、乌苏里江流域。

至明朝中后期，在野人女真南徙的压迫下，海西女真部众逐渐南迁，其名称也逐渐为“扈伦国”或“扈伦四部”所取代。如研究者指出，明正统年间以后，黑龙江地区的形势发生重大变化，“野人部落逐步南侵海西之地，遂为他种族人所据，而有扈伦四部之称。原海西女真之部族，渐并入建州，海西区域之故地，居之者遂另有其人矣”。扈伦四部，即哈达、乌喇、叶赫、辉发等。“成化时，建州常联络海西，为明边患。其时所谓海西，已为扈伦种族。至嘉靖时，扈伦四部又与建州相恶，而事明维谨。嘉靖中叶后，建州女真之努儿哈齐崛起，先后灭扈伦四部，海西名实俱亡矣。”③

而在明朝士人的记述中，海西女真又有“南关之夷”与“北关之夷”诸部分。如张鼐《辽夷略》称：“海西夷曰北关、曰南关。北关酋曰祝孔革，塔鲁木卫都督佥事也。……南关之夷酋速黑忒，塔山前卫左都督也。”又如茗上愚公《东夷考略》载，海西女真即“开原南、北两关之夷，并故都督王台部也”。王台所部“居开原东北，贡市在广顺关，地近南，称南关。其(北关酋长祝孔革之孙)逞加奴、仰加奴居开原北，贡市在镇北关，地近北，称北关云”。广顺关与镇北关分别在今辽宁省开原市境内东部与东北部。

王台，又称为万汗，是南关酋长速黑忒之孙，是明朝后期著名的女真酋长。明朝后期，王台所在“南关之夷”(哈达部)曾为女真集团中最强大的一支。明人瞿九思《万历武功录·王台列传》载：

> 王台，故王忠侄，海西都督也。永乐初，挹娄夷种来归降，为建塔山、塔鲁诸卫，幸赐都督阿固郎名姓曰李献诚，于是都督皆以李为姓矣。乃延引至王台，海西益繁衍，尽服从台，共推戴台以为君长，以故台得居静安堡(在今辽宁省开原市

---

① 莫东寅《满族史论丛》，人民出版社1958年版，第1页。

② 李健才《明代东北》，第63页。

③ 参见吴宗慈《清开国前纪》。

境内）外边，颇有室屋耕田之业，绝不与匈奴逐水草相类。当是时，建州有王杲之酋、鹅头之酋、忙于胜之酋、兀堂之酋、李奴才之酋，毛怜有李碗刀之酋，与逞加奴、仰加奴，并皆号为桀黠。台召致戏下，于是控弦之夷凡万余人，往往散居哈塔台柱、野黑、土木河、厦底锅儿间。……（其疆域）东尽灰扒、兀剌，南尽汤河、建州，北尽仰、逞二奴，延袤几千余里。①

王台死后，海西诸部又陷于分裂状态，与建州等部女真人以及鞑靼人一起，频繁进攻明朝边塞，与明朝军队战事不绝，直到最终为建州女真酋长努尔哈齐部所兼并。

2. 建州女真

“建州”之名，起源甚早，可上溯至唐朝渤海政权时期。渤海政权所置率宾府下已有建州之置，治所在今黑龙江与吉林两省交界处的绥芬河流域。辽、金、元三朝大宁路下也有建州之设，治今辽宁省朝阳市西南一带。明朝建州卫置于永乐元年（1403）。因直接史料较为缺乏，加之后来又有迁徙，关于建州卫的界址，学术界进行了长期的探讨，诸说并存。多数学者倾向于明朝建州卫最初建于绥芬河流域，后来迁到辽宁新宾境内的赫图阿拉。

建州女真，统指建州卫所辖女真部众。如海滨野史所撰《建州私志》载：

自汤站（堡，在今辽宁省凤城市东南）东抵开原，为建州、毛怜、海西、野人、兀者，皆有室庐，而建州最强。建州、毛怜本渤海氏遗裔，善耕种织纺，饮食衣服颇有华风，建州尤善治生，其左右二卫最无赖。大抵东北诸裔，建当要害居中，与诸夷势相联络为犄角，而五岭、喜昌、石门诸隘，人骑不能成列，彼中恃为咽喉。②

建州左、右卫之置，始于正统七年（1442）。应该说，起初，建州女真部落并不强大。如明人严从简指出：“永乐末，建州夷人前居开原者，叛入毛怜自相攻杀。宣德间，朝廷复遣使招降之。辽东守臣遂请以建州老营地居之，名为东建州。初止一卫，后复增置左、右二卫，而夷人不过数千耳，然亦岁遣各数百人入贡以为常。”③虽然建州各部对明朝的进攻对明朝在辽东的统治构成了严重威胁，但直到嘉靖年间清朝创始者努尔哈齐出生时，建州女真各部依然处于诸部割据、混战不休的状态中。

3. 野人女真

野人女真的种类并不是单一的。如《大明一统志》载女真族所在地区有“野人数

① 《清入关前史料选辑》（第一辑），第8~10页。
② 《清入关前史料选辑》（第一辑），第261页。
③ 《殊域周咨录》卷二四，载于《清入关前史料选辑》（第一辑），第108页。

种，习俗各异”，并注：

《开原新志》：建州稍类开原旧俗。其脑温江（今嫩江）上自海西下至黑龙江，谓之生女直，略事耕种，聚会为礼。……乞列迷有四种，性柔刻贪狡，捕鱼为食，着直筒衣……乞列迷去奴儿干三千余里。一种曰女直野人，性刚而贪，文面椎髻……一种曰北山野人，乘鹿车出入。又一种住平土屋，屋脊开孔，以梯出入。

研究者据此认为，从广义上讲，“‘野人’是明朝对东北女真各部的通称。所谓‘野人’，即野蛮人的意思，是明朝对东北女真人的蔑称。明朝不但对极东边远地区朝贡不常的女真人称‘野人女真’，就是对比较先进的建州女真、海西女真也叫‘海西野人’或‘建州野人’”。不过，将野人与海西、建州并举，这一部分的野人女真就是特指那些居住于极东边远地区且朝贡不常的野人部落。①

（二）明朝东北地区卫所的设置与分布

明朝对于东北及女真族聚居地区最主要的管理方式，便是设立卫所，分而治之。明人严从简指出，辽东“历代以来皆郡县，我朝改置卫，而于辽阳、开原二城中设安乐、自在二州，处内附夷人，其外附者，东北则建州、毛怜女真等卫，西北则朵颜、福余、泰宁三卫，分地世官，互市通贡。势虽羁縻，形成藩蔽”②。以山海关为界，明朝东北地区的卫所建置也经历了一个复杂的演变过程，总体而言，明朝东北地区的卫所设置大体可分为二部③，即辽东都司所辖正式卫所与奴儿干都司辖的羁縻卫所。

1. 辽东都指挥使司属下的正式卫所

辽东都司所在辽东镇是明朝“九边”之中地处东陲的重镇。辽东都司隶于山东布政使司，其辖境以辽东半岛为核心，《明史·地理志》称：“东至鸭绿江，西至山海关，南至旅顺海口，北至开原。”当然，这一介绍未免过于简单。辽东地区以三岔河（辽河下游与浑河、太子河合流，故称“三岔河”）为界，有河西、河东两个部分。关于辽东地区民族结构的复杂局面，明人陈继儒在《建州考》中有着全面的评述：

辽地南临大海，西起山海关，东抵镇江（镇江堡，在今辽宁省丹东市东北），延袤二千三百余里，虏酋奴以百计，子姓部落以数十万计。直前屯者为赖蟒等，直宁远者为獐兔、拱兔等，直广宁者为小女青、以儿邓、黄台吉等。折而西北，则虎

---

① 《明代东北》，第93页。

② 《清人关前史料选辑》（第一辑），第115~116页。

③ 明朝洪武年间曾设大宁都司，治今内蒙古自治区宁城县西北，后改名为北平行都指挥司，于永乐元年内徙于保定府，其故地入兀良哈三卫。

墩、兔憨为虏王，而东西部皆属之。北则暖赤、伯言、他不能等。折而东北，则十言顾等。又折而东，则草花等。此河西三面虏也。逾三岔河东，则额伯革、打大成等直海州西，孛儿败伯言等直辽沈西，暖兔、宰赛等直开原西。而北则惚恍大苛（等），东北则北关，东则南关，辽沈之东则奴速等，此河东三面虏也。面面环绕，如处重围，而三岔河断辽为两，虏又掐入其内，据心腹而居之，盖无地无虏焉。①

茅元仪《武备志》所引《职方考》又载：

辽东，东起鸭绿江、朝鲜界，西抵山海关，南起旅顺，北抵开原。外边九百余里，三面濒夷，一面阻海，唯山海关可内通。中有三岔河，为辽阳旧城，自洪武壬子（五年，1372）沦于夷，全辽始两岐矣。……境外有虏酋土蛮等部落住牧，东北有建州、毛怜女直等卫，西北有朵颜、福余、泰宁三卫，俱互市贡。②

可见，辽东镇周边地区部族数量繁多，就其族类而言，主要可归为蒙古族（东迁鞑靼土蛮部与兀良哈三卫）与女真族。关于蒙古族东迁与兀良哈三卫的情况，前文已有论述，兹不赘述。下面主要分析与女真族有关的地理问题。

据《明史·地理志》，辽东都指挥使司所辖即元朝辽阳等处行中书省之地，治辽阳路，洪武六年（1373）曾置辽阳府，八年（1375），置辽东都指挥使司，治定辽中卫（治今辽宁省辽阳市），领二州、二十五卫。十年（1377），罢辽阳府县。除了普通卫所，当时辽东都司所属二州，即自在州与安乐州，是当时两个集中安置女真族降附部众的地区。据《明史·地理志》，自在州，永乐七年置于三万卫城，不久徙治于都司城内，即定辽中卫所在辽阳县（今辽宁省辽阳市）。安乐州，也是永乐七年置于三万卫城，后随三万卫徙治于开元城。二州之外，洪武二十年在三万卫所治地元朝开元故城内又置兀者野人乞例迷女直军民府，到洪武二十一年府罢。

辽东都司所辖卫所情况简表

卫所名称	治所今地	建置情况
定辽中卫	辽宁省辽阳市	元辽阳路之地，洪武四年罢，六年复置，十年复罢，十七年置卫
定辽左卫	同上	洪武六年置

① 《清入关前史料选辑》（第一辑），第133页。原文有错，今校改。

② 《武备志》卷二〇五，明天启刻本。

（续表）

卫所名称	治所今地	建置情况
定辽右卫	同上	洪武六年置
定辽前卫	同上	洪武八年置
定辽后卫	同上	本为辽东卫,洪武四年置,洪武八年改,九年徙治辽阳城北,不久复
东宁卫	同上	本为东宁、南京、海洋、草河、女直五个千户所,洪武十三年置,洪武十九年改置,以上五卫与都司同治
海州卫	辽宁省海城市	本为海州之地,洪武九年置卫
盖州卫	辽宁省盖州市	元盖州之地,洪武九年置卫
复州卫	辽宁省瓦房店市西北	本为复州之地,洪武十四年置卫
金州卫	辽宁省大连市金州区	本为金州之地,洪武八年置卫
广宁卫	辽宁省北镇市	元广宁府路之地,洪武二十三年置卫
广宁中卫	同上	洪武二十六年置
广宁左卫	同上	洪武二十六年置
广宁右卫	同上	洪武二十六年置,本治于大凌河堡,后徙
广宁前卫	不详	洪武二十六年置,后废
广宁后卫	不详	洪武二十六年置,后废
义州卫	辽宁省义县	元义州之地,洪武二十年置卫
广宁后屯卫	辽宁省义县	洪武二十六年置于旧懿州,永乐八年徙于义州卫城
广宁中屯卫	辽宁省锦州市	元锦州之地,洪武二十四年置卫
广宁左屯卫	辽宁省锦州市	洪武二十四年置于辽河西,后徙于广宁中屯卫城
广宁右屯卫	辽宁省凌海市东南	元广宁府之地,洪武二十六年置于十三山堡,二十七年迁于旧闾阳县之临海乡
广宁前屯卫	辽宁省绥中县	元瑞州之地,洪武二十六年置卫
宁远卫	辽宁省兴城市	宣德五年分广宁前屯、中屯二卫地置
沈阳中卫	辽宁省沈阳市	元沈阳路之地,洪武三十一年置卫
沈阳左卫	不详	洪武中置,后废而复置,后仍废
沈阳右卫	不详	同上
沈阳中屯卫	河北省河间市	洪武三十一年置,后废而复置,属北平都司,后属后军都督府,寄治北直河间县

（续表）

卫所名称	治所今地	建置情况
铁岭卫	辽宁省铁岭市	洪武二十一年置
三万卫	辽宁省开原市北	元开元路之地，洪武二十年置三万卫
辽海卫	辽宁省开原市北	洪武二十三年置于牛家庄，后徙于三万卫城

资料来源：《明史》卷四一《地理二》。

2. 奴儿干都司所辖羁縻卫所

奴儿干都司及所辖卫所集中设置于东北女真族居住地区。如《大明一统志》载：

（女真族所在地为）古肃慎地，在混同江（今松花江及黑龙江下游）之东……金亡归元，以其地旷阔，人民散居，设军民万户府五，镇抚北边，曰桃温，曰胡里改，曰斡朵怜，曰脱斡怜，曰孛苦江，分领混同江南北水达达及女直之人，有合阑府水达达等路，以总摄之。迨入本朝，悉境归附。自开原迤北，因其部族所居，建置都司一、卫一百八十四、所二十，官其酋长为都督、都指挥、指挥、千百户、镇抚等职，给与印信，俾仍旧俗，各统其属，以时朝贡。

根据注文，在这些卫所之外，还有地面、站、城等五十八处较小的地方聚落。①《明史·兵志》特列"羁縻卫所"一节，并释："洪武、永乐间边外归附者，官其长，为都督、都指挥、指挥、千百户、镇抚等官，赐以敕书印记，设都司卫所。"所列羁縻卫所即为奴儿干都司及下辖三百八十四个卫、二十四个千户所、七个地面、七个站、一个寨。除了兀良哈三卫，其余大都设置于女真族所在地区。

据《明太宗实录》的记载，奴儿干都司正式设置于永乐七年（1409），治奴儿干城（在今俄罗斯境内黑龙江下游的尼古拉耶夫斯克），而一些下属卫所的建置时间则更早，并且在永乐七年之后，又有不少新的卫所出现，其数量前后有不小的变化。万历年间，明朝大臣杨道宾在奏疏中回顾明朝在女真族地区设置政区过程：

自永乐初年野人女直来朝，其后海西、建州女直悉境归附，乃设奴儿干都司，统卫、所二百有四，地面、城、站五十有八，而官其酋长，自都督以至镇抚。……然必分女直为三，又析卫、所、地、站为二百六十二，各有雄长，不使归一者……欲其犬牙相制也。祖宗立法，良有深意。②

---

① 参见（明）李贤等《大明一统志》卷八九，三秦出版社1990年版。

② 《明经世文编》卷四五三《海建二酋逾期违贡疏》，载于《明经世文编》第六册，中华书局1962年版，第4977~4978页。另见《明神宗实录》卷四四四，万历三十六年三月丁酉。内容略异。

杨道宾所言卫所数量,与《大明一统志》记载的数量是一致的,显然是一种具有代表性的数量。又如在反映明朝东北地区演变状况的史料中,马文升所著《抚安东夷记》也是较重要的一种。马文升在著作中也回顾了明朝初年东北地区政区与卫所的设置情况:

既又以开原东北至松花江海西一带,今之野人女真,分为二百七十余卫所,皆锡印置官,官虽多寡不一,皆选其酋长及族目授以指挥、千百户,间亦以野人之向正者为都指挥、都督统之,为我藩屏。而松花江东北一月之程,所谓黑龙江之地,则又立奴儿干都司,时遣使往招诸夷,有愿降中国者,于开原设安乐州、辽阳设自在州居之,皆量授以官,任其耕猎,岁给俸如其官。①

从杨道宾所称"二百有四"个卫所,到马文升所云"二百七十"余个,东北地区的卫所数量已有大幅度的增加。《明史·兵志》所列卫所数量应视为明朝末年的数量。如研究者总结道:

到万历年间,奴儿干都司所辖卫所,包括兀良哈三卫在内,共有三百八十四个卫,二十四个所,七个地面,七个站,一个寨。其中半数以上是正统以后建置的。明在黑龙江流域等地建立的卫所,在《明实录》、《明会典》以及《明一统志》、《寰宇通志》、《辽东志》等中央和地方官书中都有详细而明确的记载。②

根据杨旸、袁闾琨、傅朗云等人的研究,奴儿干都司所属可考定的卫所按地域不同大致有以下几个部分③:

(1)黑龙江上游地区的卫所:这一部分卫所又分为斡难河流域和呼伦贝尔等地区的卫所、嫩江流域的卫所、自漠河至精奇里江与黑龙江交汇处的黑龙江南北地区的卫所,共有二十九个卫、四个千户所。

——斡难河流域与呼伦贝尔等地区的卫所:斡难河卫、乞塔河卫、哈剌哈千户所、哈剌孩卫、海剌儿千户所、只儿蛮卫、坚河卫、古贲河千户所、古贲河卫;

——嫩江流域的卫所:阿伦卫、阿真同真(和抡图吉)卫、木里吉卫、纳木河卫、阮里河卫、塔儿河卫、木塔里山卫、朵颜卫、密陈卫、卜剌罕卫、苏温河卫;

——自漠河至精奇里江与黑龙江交汇处的黑龙江南北地区的卫所:木河卫、卜鲁

① 《清入关前史料选辑》(第一辑),第2页。

② 李健才《明代东北》,第53页。

③ 关于明朝东北卫所特别是奴儿干都司的研究,参见杨旸、袁闾琨、傅朗云《明代奴儿干都司及其卫所研究》,中州书画社1982年出版。不过,该书所列卫所实名与统计数量之间有歧异。

丹河卫、塔哈卫、出万山卫、额克卫、古里河卫、阿剌山卫、脱木河卫、土鲁亭山卫。

(2)黑龙江中游地区的卫所:这一部分卫所又分为自弗河至毕瞻河与黑龙江交汇处的黑龙江南北地区的卫所、松花江流域的卫所、松花江与黑龙江交汇处至乌苏里江与黑龙江交汇处的卫所,共有七十四个卫、六个千户所。

——自弗河至毕瞻河与黑龙江交汇处的黑龙江南北地区的卫所:弗河卫、可令河卫、哈剌察卫、木鲁罕山卫、蜀河卫;

——松花江流域的卫所:弗提卫、吉滩河卫、玄城卫、脱伦卫、五屯河卫、弗思木卫、兀者托温千户所、屯河卫、呕罕河卫、撒力卫、卜颜卫、斡朵伦卫、木忽剌河卫、兀剌忽卫、哈三千户所、木兴河卫、安河卫、忽儿海卫、忽鲁爱卫、法因河卫、甫儿河卫、阿速江卫、和屯卫、嘉河卫、肥河卫、剌鲁卫、纳怜河卫、兀者卫、兀也吾卫、兀者揆野木千户所、兀者稳勉赤千户所、亦马剌卫、木兰河卫、阿者迷河卫、纳剌吉河卫、成讨温卫、益实卫、益实左卫、撒义河卫、亦东河卫、亦迷河卫、秃都河卫、亦里察河卫、甫门河卫、实山卫、马英山卫、弗鲁纳河卫、亦罕河卫、弗郎罕卫、可河卫、禾屯吉卫、合兰城卫、虎儿文卫、爱和卫、亦马忽山卫、吉河卫、塔山卫、塔山左卫、塔鲁木卫、渚东河卫、察剌秃山卫;

——松花江与黑龙江交汇处至乌苏里江与黑龙江交汇处的卫所:扎肥河卫、兀剌卫、兀剌河卫、所力卫、可木河卫、乞勒泥卫、考郎兀卫。

(3)黑龙江下游地区的卫所:这一部分卫所又分为伯力附近地区的卫所、沿黑龙江东行敦敦河附近的卫所、格林河地区的卫所、奇集湖附近的卫所、兴滚河附近的卫所、黑龙江口地区和库页岛的卫所,共有三十九个卫、两个千户所。

——伯力附近地区的卫所:古鲁卫、喜申卫、亦儿古里卫;

——沿黑龙江东行,敦敦河附近的卫所:马失卫、哈儿分卫、镇真河卫、盖干卫、者帖列山卫、撒儿忽卫、卜鲁兀卫、扎童卫、罕答河卫;

——格林河地区的卫所:葛林卫、忽石门卫、友帖卫、阿资卫、福山卫、弗山卫;

——奇集湖附近的卫所:扎岭卫、甫里河卫、钦真卫、克默而河卫;

——兴滚河地区的卫所:弗朵河卫、敷答河千户所、哈儿蛮卫、者屯卫、满泾卫、奴儿干卫、依木河卫、亦文山卫、朵儿必河卫;

——黑龙江口地区和库页岛的卫所:兀的河卫、野木河卫、督罕河卫、塔亭卫、哥吉河卫、波罗河卫、兀列河卫、囊哈儿卫。

(4)乌苏里江流域及以东滨海地区和图们江流域的卫所:这一部分卫所又分为乌

苏里江流域及以东滨海地区的卫所、图们江流域的卫所，共有二十八个卫、一个千户所。

——乌苏里江流域及以东滨海地区的卫所：忽鲁木卫、亦速里河卫、伏里其卫、阿古河卫、斡兰河卫、失儿兀赤卫、失里绵卫、麦兰河卫、鱼失千户所、亦麻河卫、恨克卫、莫温河卫、亦鲁河卫、兀也卫、勿儿秃河卫、速平江卫、剌山卫、勒伏卫、双城卫、使坊河卫、木阳河卫、牙鲁卫、失里卫、喜乐温河卫；

——图们江流域的卫所：童宽山卫、古鲁浑山卫、卜忽秃河卫、毛怜卫、建州卫。

另据学者的研究，按卫所辖民族成分的不同，奴儿干都司所辖卫所又可分为两部：在斡难河以东，嫩江以西，西拉木伦河以北，黑龙江上游两岸地区建立的卫所，如斡难河卫、古里河卫、坚河卫等卫所，是管理鞑靼人的卫所；嫩江以东、辽河以北、黑龙江中下游两岸，松花江、乌苏里江、绥芬河、图们江流域建立的卫所，是管理女真人的卫所。[①] 也就是说，奴儿干都司所辖地区的民族主要可归为蒙古族与女真族两大族群。

---

① 李健才《明代东北》，第53~54页。

第七章　清代民族地理

绪论　清代及民国前期疆域建设与民族分布

清代是中华民族发展史上的一个重要阶段,也是中国“传统时代”的“殿军”。对于现当代的中国政治、经济、文化以及民族发展而言,清朝的历史地位、重要性以及影响,远远高于中国历史上的以往各个王朝。清朝是中国历史上又一个由少数民族所开创的大一统王朝,而且统一之后,全国各级政区的拓展广度与治理水平,以及境内各民族融合的进度与密切关系,都大大超过以往各个朝代。① 清朝国力的强盛与政区的一体化,为境内各民族的融合创造了极好时机。当时有识之士指出:“三代(夏、商、周)之时,其所谓夷蛮戎狄者,大抵皆在今行省域内,而先王犹于其礼俗竞竞焉不敢强为大同。盖迟之二三千年而糅合种类,一道同风之效,始著于今日。”②将统一的政区管理体制,推行于拥有众多民族及族群的广袤国土上,清朝确实取得了前所未有的成就。

就客观历史过程而言,各民族大融合局面的形成,主要得益于各民族之间的杂居与交流,因而,民族迁徙就成为有力促进民族融合不可或缺的最重要途径。终清一朝,汉族人民向边疆民族地区的迁徙,如“走西口”“闯关东”等,也成为当时人口迁移运动的主要部分之一。这些迁移运动对于边疆地区的民族结构产生了深远影响。

就整体民族分布格局而言,清朝境内的主要民族聚居区域有:1. 以满族为主体的

---

① 关于清朝的历史地位与建设成就,著名学者何炳棣先生作了极为翔实而精到的阐述,参见其《清代在中国历史上的重要地位》(The Significance of the Ch' ing Period in Chinese History),载于《亚洲研究集刊》第 26 卷,1967 年 2 月(*Journal of Asian Studies*, Volume 26, Issue 2, page 189~195)。

② 见(清)王树枏等纂修《新疆图志》卷四八《礼俗》引言,上海古籍出版社 2015 年版,第 852 页。

东北民族区(近似于今天的东北三省)。2. 以蒙古族为主体的大漠南北区(我国内蒙古地区及蒙古)。3. 以回族及维吾尔等族为主体的西北民族区(大致为今天宁夏回族自治区及甘肃省、新疆维吾尔自治区)。4. 以藏族及蒙古族为主体的青藏高原区(青海省、西藏自治区)。5. 南方土司民族区(湖广、云、贵、川及两广地区)。6. 海岛民族区(台湾岛与海南岛)等。

明清以来,中国方志学大兴,不仅全国总志在继续编撰,省域通志、县域方志都不断出现,卷帙浩繁,标志着中国在地理认知与人文地理学研究方面的巨大飞跃。这些重要的方志学著作,特别是边疆地区的舆地著述,包含了十分丰富细致而又纷繁庞杂的民族地理学资料,为“边疆史地之学”的构建奠定了雄厚基础,也为我们了解当时各地以及各民族的发展状况提供了重要参照,为推动现当代历史民族地理研究做出了重要贡献。①

一、清朝疆域变迁与边疆政区结构

就疆域而言,清朝极盛时的疆界东极库页岛,西至葱岭,北达外兴安岭,南抵南海,最终奠定了历史时期中国疆域规模的极致。当然,这一疆域规模的形成,同样经历了一个艰难而复杂的过程。

时至乾隆时期,清朝疆域建设已取得较为关键性的成果,当时所修《钦定大清一统志》全面反映了疆域建设的成就。关于当时政区特征及建置规模,如(乾隆)《钦定大清一统志》分别列有京师、直隶统部(直隶省)、盛京(兴京、盛京统部)、江苏统部(江苏省)、安徽统部(安徽省)、山西统部(山西省,含归化城六厅)、山东统部(山东省)、河南统部(河南省)、陕西统部(陕西省)、甘肃统部(甘肃省,含宁夏府、安西州、迪化州)、浙江统部(浙江省)、江西统部(江西省)、湖北统部(湖北省)、湖南统部(湖南省)、四川统部(四川省,含叙永厅、松潘厅、石砫厅、杂谷厅、阿尔古、美诺)、福建统部(福建省)、广东统部(广东省)、广西统部(广西省)、云南统部(云南省,含永北厅、蒙化厅、景东厅)、贵州统部(贵州省)、新旧藩蒙古统部(“旧藩蒙古”包括科尔沁等五十一旗,“新藩蒙古”包括牧厂、察哈尔、喀尔喀、青海、西套厄鲁特)、西藏、西域新疆统部、新疆藩属(包括左哈萨克、右哈萨克、东布鲁特、西布鲁特、霍罕、安集延、塔什罕、拔达克山、博洛尔、布哈尔、爱乌罕、痕都斯坦、巴勒提)以及“朝贡诸国”等。

---

① 关于传统时代边疆史地图籍的留存状况,参见邓衍林编《中国边疆图籍录》,(台北)文海出版社 1984 年出版。

清朝道光、同治年间完成的(嘉庆)《重修大清一统志》所记政区则有了一定程度的变化,其中特别需要关注的就是边疆政区部分。如(嘉庆)《重修大清一统志》分别列有京师、直隶统部、盛京统部、江苏统部、安徽统部、山西统部(含归化城六厅)、山东统部、河南统部、陕西统部、甘肃统部(含迪化州)、浙江统部、江西统部、湖北统部、湖南统部、四川统部、福建统部(含台湾府)、广东统部、广西统部、云南统部、贵州统部、新疆统部、乌里雅苏台统部等。

清朝前期、中期边疆重要政区简表

边疆政区(统部)	乾隆时期区划	嘉庆时期区划
盛京统部	兴京、奉天府、锦州府、吉林、黑龙江	兴京、奉天府、锦州府、吉林、黑龙江
山西统部	归化城六厅	归化城六厅
甘肃统部	迪化州	迪化州
福建统部	台湾府	台湾府
西域新疆统部(新疆统部)	伊犁、库尔喀喇乌苏、塔尔巴噶台、哈密、辟展、哈喇沙尔、库车、赛喇木、拜、阿克苏、乌什、喀什噶尔、叶尔羌、和阗(原注:以上西域新疆)、左哈萨克、右哈萨克、东布鲁特、西布鲁特、霍罕、安集延、塔什罕、拔达克山、博洛尔、布哈尔、爱乌罕、痕都斯坦、巴勒提(原注:以上新疆藩属)	伊犁、库尔喀喇乌苏、塔尔巴哈台、乌噜木齐、古城、巴里坤、哈密、吐鲁番、喀喇沙尔、库车、阿克苏、乌什、喀什噶尔、叶尔羌、和阗、左哈萨克、右哈萨克、东布鲁特、西布鲁特、霍罕、安集延、玛尔噶朗、那木干、塔什罕、拔达克山、博洛尔、布哈尔、爱乌罕、痕都斯坦、巴勒提
乌里雅苏台统部	(阙)	乌里雅苏台、库伦、科布多
新旧藩蒙古统部(蒙古统部)	科尔沁、郭尔罗斯、杜尔伯特、扎赖特、土默特、扎鲁特、阿鲁科尔沁、敖汉、奈曼、喀尔喀左翼、喀喇沁、翁牛特、阿霸哈纳尔、阿霸垓、蒿齐忒、乌朱穆秦、巴林、克西克腾、苏尼特、喀尔喀右翼、四子部落、毛明安、乌喇忒、鄂尔多斯、归化城土默特(原注:以上旧藩蒙古五十一旗)、牧厂、察哈尔、喀尔喀、青海、西套厄鲁特(原注:以上新藩蒙古)、西藏	土默特、敖汉、奈曼、巴林、札噜特、阿噜科尔沁、科尔沁、扎赉特、杜尔伯特、郭尔罗斯、喀喇沁、翁牛特、克什克腾、喀尔喀左翼、乌珠穆沁、浩齐特、苏尼特、阿巴噶、阿巴哈纳尔、四子部落、茂明安、乌喇特、喀尔喀右翼、鄂尔多斯、喀尔喀、阿拉善厄鲁特、青海厄鲁特、西藏、归化城土默特、牧厂、察哈尔

资料来源:(1)(乾隆)《钦定大清一统志》,清文渊阁《四库全书》本。
(2)(嘉庆)《重修大清一统志》,《四部丛刊》本。

起初,为了有效控制广袤的边疆地区,清朝在边疆地区实行军政合一的制度,分别设置了奉天、吉林、黑龙江、乌里雅苏台、伊犁等几个将军辖区。时至清末,台湾、新疆设省,奉天、吉林、黑龙江也改列行省,同时,在边远土司地区大力推行改土归流,统一的行政区体制推展到边疆地区,其成就也是历代王朝所无法比拟的。应该承认,清朝前期在对边疆地区事务的治理方面总结了以往各王朝的成功经验,取得了巨大的成功,也由此成功地奠定了“历史时期中国疆域”规模。① 又如关于“旧藩蒙古统部”的归属及管理问题,(乾隆)《大清一统志》载:

本朝龙兴,蒙古科尔沁部率先归附。及既灭察哈尔,诸部相继来降。于是正其疆界,悉遵约束,有大征伐,并帅师以从。及定鼎后,锡以爵禄,俾得世及,每岁朝贡,以时奔走,率职惟谨,设理藩院以统之,盖奉正朔,隶版图者,部落二十有五,为旗五十有一,并同内八旗,藩封万里,中外一家,旷古所未有也。②

理藩院是清朝特设的处理边疆民族事务的重要机构,也是清朝在边疆政治制度建设方面的一大创举。关于其筹建目的与组织结构,(乾隆)《大清一统志》载:“本朝特设,掌外藩蒙古及喇嘛诸事。今西域及两金川平定,凡回部伯克及各土司入觐之职,亦皆隶之。尚书一,侍郎二,及郎中、员外、主事、笔帖式等员,皆用满洲、蒙古人。”③又如《钦定历代职官表》卷一七载,理藩院“掌内外藩蒙古、回部及诸番部封授、朝觐、疆索、贡献、黜陟、征发之政令,控驭抚绥,以固邦翰。所属有旗籍、王会、典属、柔远、徕远、理刑六司”。理藩院另设“额外侍郎一人(特简蒙古贝勒、贝子之贤能者任之)”。理藩院下设六司,即旗籍清吏司、王会清吏司、典属清吏司、柔远清吏司、徕远清吏司、理刑清吏司等,可以发现,理藩院六司不仅有各自特殊的职能与权责,也有相应的管理地域范围。深入研究清朝理藩院的功能,对于我们理解清朝边疆民族聚居地区状况、边疆管理政策以及边疆治理效果非常关键。

理藩院各分司职能简表

分司名称	职能细目
旗籍清吏司	疆理内扎萨克蒙古诸部落、归化城土默特疆理、封爵、敕诰、谱系、仪从、设官、移驻、索伦等处授官、印信、军功、会盟、六会防秋、会盟仪注、军律、比丁、随丁、陪嫁、守墓、什长、立嗣、婚姻、征收、田宅、游牧、卡伦、防察、捕逃、驿站、驿官、驿丁、驿马、驿使、供应、开采、贡貂

① 关于历史时期中国疆域问题,参见谭其骧《历史上的中国和中国历代疆域》,载于《长水集》(续编),人民出版社 1994 年版,第 1~17 页。

② (乾隆)《大清一统志》卷四〇四,清文渊阁《四库全书》本。

③ (乾隆)《大清一统志》卷二《京师下》“理藩院”条,清文渊阁《四库全书》本。

（续表）

分司名称	职能细目
王会清吏司	朝觐、朝仪、班次、叙次、贡物、贡道、禁约、骑从、宾馆、限期、教养、廪给、廪给定数、燕飨、赏赉、行围、俸币、振恤等
典属清吏司	疆理喀尔喀凡四部八十二旗、旗制、设官、驻扎、会盟、禁令、随围、恤啫、呼伦布俞尔授官、俄罗斯互市、乌鲁木齐驻防、唐古忒学、喇嘛封号、喇嘛进贡、京师番僧、后黄寺、分驻番僧、番僧服色、番僧禁例、西番各寺
柔远清吏司	朝觐分班、礼仪、贡物、贡道、廪给、教养、赏赉、俸币、禁约、喀尔喀泽卜尊丹巴胡图克图朝贡、额给、西番各寺
徕远清吏司	回民、疆理、回部官职、户口、权量、钱制、田赋、屯政、杂赋、商税、朝觐、土贡、驻扎、兵防、台站、俸饷、移驻、外藩朝贡
理刑清吏司	名例、盗贼、疏脱罪囚、发冢、违禁采捕、人命、失火、犯奸、略卖、杂犯、审断、限期

资料来源:《钦定大清会典则例》卷一四〇至一四四,清文渊阁《四库全书》本。

其中,旗籍清吏司、典属清吏司以及徕远清吏司都有“疆理”“户口”（徕远清吏司）等职责,与民族地理研究关系极大。如旗籍清吏司疆理的地域范围“内扎萨克蒙古诸部落,壤地相错,形势相联,东接盛京、黑龙江,西邻厄鲁特,南至长城,北逾绝漠,袤延万余里”①。可见,旗籍清吏司管辖的范围集中于大漠以南的“内扎萨克蒙古”地区。

旗籍清吏司“疆理”地域范围简表

所辖部落及属旗数量	方位及地域范围
科尔沁六旗	在喜峰口东北八百七十里,东西距八百七十里,南北距二千一百里
扎赖特一旗	驻扎土伯新察汉坡,在喜峰口东北千六百里,东西距六十里,南北距四百里
杜尔伯特一旗	驻扎多克多尔坡,在喜峰口东北千六百四十里,东西距百七十里,南北距二百四十里
郭尔罗斯二旗	在喜峰口东北千四百八十七里,东西距四百五十里,南北距六百六十里
敖汉一旗	驻扎古尔班图尔噶山,在喜峰口东北六百里,东西距百六十里,南北距二百八十里
奈曼一旗	驻扎彰武台,在喜峰口东北七百里,东西距九十五里,南北距二百二十里
翁牛特二旗	在古北口东北五百二十里,东西距三百里,南北距百六十里

① 《钦定大清会典则例》卷一四〇,清文渊阁《四库全书》本。

（续表）

所辖部落及属旗数量	方位及地域范围
巴林二旗	右翼驻扎托钵山，在古北口东北七百二十里；左翼驻扎阿察图拖罗海又东北六十里，东西距二百五十一里，南北距二百二十三里
扎鲁特二旗	在喜峰口东北千一百里，东西距百二十五里，南北距四百六十里
喀尔喀左翼一旗	驻扎察汉河朔墩，在喜峰口东北八百四十里，东西距百二十五里，南北距二百三十里
阿禄科尔沁一旗	驻扎浑图山东，在古北口东北千一百里，东西距百三十里，南北距四百二十里
克西克腾一旗	驻扎吉拉巴斯峰，在古北口东北五百七十里，东西距三百三十四里，南北距三百五十七里
土默特二旗	在喜峰口东北五百九十里，东西距四百六十里，南北距三百十里
喀喇沁二旗又增设一旗	在喜峰口东北三百五十里，东西距五百里，南北距四百五十里
乌朱穆秦二旗	在古北口东北九百二十三里，东西距三百六十里，南北距四百二十五里
阿霸垓二旗	在张家口东北五百九十里，东西距二百里，南北距三百十里
蒿齐忒二旗	在独石口东北六百八十五里，东西距百七十里，南北距三百七十五里
苏尼特二旗	在张家口北五百五十里
阿霸哈纳尔二旗	在张家口北六百四十里，东西距百八十里，南北距四百三十六里
四子部落一旗	驻扎乌蓝额尔吉坡，在张家口西北五百五十里，东西距二百三十五里，南北距二百四十里
喀尔喀右翼一旗	驻扎他鲁浑河，在张家口西北七百十里，东西距百二十里，南北距百三十里
吴喇忒前、中、后三旗	均驻扎铁柱谷，在归化城西三百六十里，东西距二百十有五里，南北距三百里
毛明安一旗	驻扎车突泉，在张家口西北八百里，东西距百里，南北距百九十里
鄂尔多斯六旗又增设一旗	在归化城西二百八十五里，沿黄河套内，东至归化城土默特界，西至喀尔喀右翼界，南至陕西长城界，北至吴喇忒界，东、西、北三面皆距黄河
归化城土默特左右二旗	均驻扎归化城，在杀虎口北二百里，东西距四百有三里，南北距三百七十里

资料来源：《钦定大清会典则例》卷一四〇，清文渊阁《四库全书》本。

就“疆理”面积而言，典属清吏司所管辖范围则更为广袤，涉及不同的地理区域或单元，其范围不仅包括漠北的喀尔喀蒙古部落、青海地区的蒙古部落，还包括天山以北的乌鲁木齐、伊犁地区等。而察哈尔八旗与西藏地区的事务，也隶于典属清吏司，地域范围不仅包括远在蒙古高原的大漠以北地区，也涉及居近边塞的部落及部族；不仅包括天山以北地区，还包括了青藏高原地区。从蒙古高原横跨到青藏高原，地域面积之广大，令人惊叹。

典属清吏司“疆理”地域范围简表

部落名称及属旗数量	方位与地域范围
喀尔喀，凡四部八十二旗	东至黑龙江界，西至阿尔泰山，与准噶尔接界；南至内扎萨克界，北至俄罗斯界。东西袤延五千里，南北三千里。下有：(1)后路土谢图汗一旗及所辖十九旗，驻扎土喇河；(2)东路车臣汗一旗及所辖二十二旗，驻扎克鲁伦翁都尔多博；(3)西路扎萨克图汗一旗及所辖十六旗，驻扎杭爱山阳；赛因诺颜部一旗及所辖二十一旗，驻扎牧地，东至博罗布尔、哈苏、鄂伦，西至库尔萨牙、索郭图厄格岭，南至车车尔齐克，北至齐老图河，至京三千余里
青海四部落，厄鲁特、土尔古特、喀尔喀、回特，凡二十九旗	各旗驻牧地，在陕西、甘、凉、西宁、河、洮、岷及四川松潘等处边外
贺兰山厄鲁特一旗	东至宁夏府边外界，西至甘州府边外界，南至凉州府边外界，北至瀚海，接喀尔喀界
喀尔喀河厄鲁特二旗	一旗东至喀尔喀河西岸，东南至纳木尔库河沟，南至哈毕尔哈、布喇克等，延袤二百里，乾隆二十六年迁往鄂尔坤之乌兰乌苏居住；一旗延袤二百里，至京二千八百余里，乾隆二十七年奏准在推河居住
达拉尔河厄鲁特一旗	上至达拉尔河之源，下至达拉尔河之哈拉济
土尔古特一旗	驻扎额济内(纳)，东至古尔鼐，南至三岔河，西至肃州边
都尔伯特十有四旗	后移于乌兰古木，在喀尔喀疆里之内
乌鲁木齐	分东西、南北二境，东西境自乌鲁木齐城东行，至木垒、乌兰乌苏，东接巴里坤境外地；南北境自乌鲁木齐城直北行，至塔尔巴哈台，通俄罗斯界
伊犁	一建固尔扎，周四里二分，为屯田回民居住之所；一建乌哈尔里克，周四里一分；一建塔尔奇，周一里三分，为屯田绿营官兵住居之所，至京万八百二十里
八旗游牧察哈尔	东至克西克腾界，西至归化城土默特界，南至太仆寺左、右翼镶黄旗、正黄旗各牧场，及山西大同府、朔平府边界
西藏	其地在四川、云南徼外，东西距六千四百余里，南北距六千五百余里。其地有四，曰卫，曰藏，曰喀木，曰阿里，共辖六十余城

资料来源：《钦定大清会典则例》卷一四二，清文渊阁《四库全书》本。

又如徕远清吏司，初置于乾隆二十六年(1761)，其缘起便是作为办回民事务专司而设置，由柔远后司改置。据当时大臣奏文称：

院属五司内柔远一司，原系承办西藏、喀尔喀、青海、厄鲁特，及各喇嘛、哈密、吐鲁番、回子(民)诸事。后有军机以来，因事务益繁，一司不能承办，立有柔远后司。查议喀尔喀、厄鲁特、西藏等事及事关军机者，皆隶后司。办理其一切进贡、请安、支领喇嘛钱粮、扎萨克俸禄等事，仍隶柔远司承办。①

徕远清吏司“掌嘉峪关以西回部、回城及四川诸土司之政令”。②

徕远清吏司所辖各城状况简表

各城名称	方位及概况
哈密	在安西府城西北八百七十里，距京七千一百八十里，城二即旧城和新城。新城，康熙五十六年建，周里许，为官兵驻防之所
辟展	在巴里坤城西六百里，距京八千一百一十里，有屯田
哈拉沙拉	在特博尔古西八十里，其地距京九千一百里，为官兵屯田治所
库车	在第纳尔河西一百五十里，距京一万八十里
沙雅尔	北距库车城一百五十里
赛里木	在赫色尔河西四十里，东北距库车城二百十里，距京一万二百九十里，所属村庄十有一
拜东	在哈拉乌苏西三十里，赛里木西九十里，距京一万三百八十里，所属村庄二十有二
阿克苏	距京一万七百九十里，四城连峙，每城周里许，皆南向，东西南三面又环一大城垣，所属村庄三十有六
乌什	在阿克苏西境遮尔格吉克得西九十里，距京一万九百九十里，所属村庄十有一
喀什噶尔	在巴尔昌西南一百四十里，城周四里余，所属城村十有六
叶尔羌	其地距京一万二千四百二十五里，城周十余里，所属城村甚多，最著者二十有七
和阗	距京一万二千一百五十里。境内村庄栉比，最著者凡六城，曰伊立齐，曰哈拉哈什，曰玉陇哈什，曰齐喇，曰塔克，曰克里雅，都属和阗。

资料来源：《钦定大清会典则例》卷一四三，清文渊阁《四库全书》本。

二、《皇清职贡图》与清朝前期的民族识别及分布

中国历史上《职贡图》之制作，最早出现于南朝时期，其内容主要是描绘朝贡使司

① 《钦定大清会典则例》卷一四三，清文渊阁《四库全书》本。

② 参见《钦定历代职官表》卷一七，清文渊阁《四库全书》本。

《皇清职贡图》（局部）

的形象，并加以简明的注解，目的是反映当时各国及各族向皇帝朝贡及归服的盛况。其所反映的丰富的异国及不同民族的文化特征信息，特别值得高度关注。从南朝时期梁元帝的《职贡图》，到唐代阎立本等《职贡图》，已经形成了中国王朝时代政治文化的一种特有现象。而乾隆时期《皇清职贡图》的出现，不仅是清朝国力鼎盛的反映，也是当时中国边疆及周边部族发展水平以及文化交流状况的重要体现。关于《皇清职贡图》的成书过程，清代学者纪昀等人指出：

《皇清职贡图》九卷，乾隆十六年(1751)奉敕撰，以朝鲜以下诸外藩为首，其余“诸藩”“诸蛮”，各以所隶之省为次。会圣武远扬，勘定西域，拓地二万余里，河源月嵎之外，梯航鳞集，琛赆旅来，乃增绘伊犁、哈萨克、布鲁特、乌什、巴达克山、安集延诸部兵，为三百余种，分图系说，共为七卷，告成于乾隆二十二年(1757)。迨乾隆二十八年(1763)以后，爱乌罕、霍罕、启齐玉苏、乌尔根齐诸部咸奉表入觐，土尔扈特全部自俄罗斯来归，云南整欠、景海诸土目又相继内附，乃广为续图一卷，每图各绘其男女之状，及其诸部长、属众衣冠之别，凡性情习俗，服食好尚，罔不具载。①

据此可知，就成书过程而言，《皇清职贡图》并非一次性完成，而与清朝的疆域建设过程密切相关。最早的版本撰于乾隆十六年，至乾隆二十二年完成之时，又增绘了三百余种，而到乾隆二十八年又进行了增绘。

出于历史认知的局限性，《皇清职贡图》所含内容十分庞杂，既有藩属国，也有仅有外交往来的“朝贡”国家；既有来自东亚、西亚以及南亚与中国毗邻的国家，也有相距遥远的西方国家。当然，对于中国历史民族地理研究而言，《皇清职贡图》最有价值的部分，就是境内大量的少数民族族群的记载，直接涉及清朝境内各个族群识别、管理方式、地理分布以及族群文化特征等诸多方面的问题，其价值、特色及代表性，是其他专著所无法替代的，参考及研究价值很高，有必要进行较为全面而系统的梳理与说明。

首先，就整体而言，《皇清职贡图》对于族群类别的划分，继续了中

① 参见《皇清职贡图》书前提要，清文渊阁《四库全书》本。

国传统时期注重区域、注重政区分布的特点。对于境内少数民族族群的叙述与介绍，大致依据当时高层行政区(行省)的范围与顺序，而不是仅仅按照族群种类来区分。如列有甘肃省、广西省、广东省、四川省、云南省以及贵州省等。这样的类别划分与安排，显然与现代民族分类方式有很大的区别。但是，这对于我们了解与掌握当时的民族识别方式与族群分布格局，以及其与政区之间的密切关联是极有益处的。

其次，中国传统史籍一贯主张“左图右史”，主张文字与图像并重。民族识别，外在形貌及服饰文化非常关键。《皇清职贡图》以各个族群人物图像为叙述主体，注重对各个族群各种文化元素的记录，特别是服饰文化的差异，而且在关于每个族群的介绍与说明中，还关注到酋长、男子、妇女之间的分别。虽然在族群类别的统计中，应该归为一类，但是，其所反映的特殊时代的民族文化元素与信息还是很珍贵的。

其三，《皇清职贡图》在注意各个族群民族文化特征的同时，对于该族群的族群渊源、地理分布与历史变迁方面的情况进行了清晰而有针对性的记载，同样弥足珍贵，可以作为其他史籍记载的重要佐证资料。如清朝初年，新疆等地“回民”大多从事游牧、耕种与贸易等多种行业。如“伊犁等处台吉”下释文云：“伊犁，即古屈里地也，旧为厄鲁特部落所属，有二十一处。乾隆二十年(1755)，我师平定，遂隶版图。其人专事游牧，冬就燠，夏就凉，居无定处。山多积雪，得雨消融，足资灌溉。或招回人耕种，有黍、麦、谷数种……”①又如“伊犁塔勒奇、察罕乌苏等处”回人下释文云：

> 伊犁贸易回人族姓不一，住伊犁之塔勒奇、察罕乌苏等处，与诸厄鲁特贸易，又有阿克素、库车、叶尔奇木、喀什噶尔、呼腾等五种回人，各居城堡，以耕牧为生。乾隆二十年(1755)平定伊犁，其回人阿迪斯、伯克乌素卜等输诚向化，赴热河朝觐……②

如此清晰而准确的记载，其价值之高，足资引据，并不在普通史籍之下。

其四，虽然《皇清职贡图》的选取标准在于是否“朝觐”或“朝贡”，并没有采取通行的“民族”或“族群”标准，事实上也不可能涵盖清朝境内所有的少数民族族群，但是，一方面，《皇清职贡图》所载族群数量已相当丰富，另一方面，在那个特定时代，“朝觐”与“朝贡”是各个族群实力状况以及获得官方认可最重要的方式，其代表性也是不容低估的。就各地分布数量而言，一些行省族群数量之多，非常值得关注。如甘

① (清)傅恒等编纂，殷伟、徐大军、胡正娟点校《皇清职贡图》卷二，广陵书社2008年版，第99页。

② 《皇清职贡图》卷二，第99、105页。

肃、四川、贵州等省，迄今都是民族种类较多、民族结构较为复杂的地区。

其五，将一个“族类”名称，分属于不同的军政区划之下，这是《皇清职贡图》记载的重要特征，其中以甘肃、四川等省记载最为突出。从中，我们还可以对清朝边疆管理体制有一种较深切的理解与认知。①

综而言之，《皇清职贡图》内容繁复，在很大程度上反映出清朝前期民族认知的总体水平以及众多少数民族族群的发展状况，其宝贵价值是不可低估的。当然，其局限性与不足也是显而易见的。《皇清职贡图》以政区或地区划分为主、以族群血缘及文化特征为辅的处理方式，也代表了传统时代中国民族（族群）识别思想的核心特征。

《皇清职贡图》所记中国境内族群分布情况简表

区域名称	族群名称	数量
西藏地区	卫藏阿尔喀木诸“番民”、布噜克巴“番人”、穆安巴“番人”、巴呼喀木等处“番人”、密尼雅克“番人”、鲁康布札“番人”	6
新疆地区	伊犁等处（台吉、宰桑、民人）、伊犁塔勒奇察罕乌苏等处“回人”、哈萨克（头目、民人）、布噜特（头目、民人）、乌什库车阿克苏等城（回目、回人）、拔达克山（回目、回民）、安集延（回目、回民）、安西厅哈密回民	8
甘肃省	肃州金塔寺鲁克察克等族回民（原书归于卷二，未列于“甘肃省”下）、河州土千户韩玉麟等所辖撒喇族“土民”、河州土指挥韩雯所辖珍珠族“番民”、河州土百户王车位所辖乢藏族“番民”、河州土指挥同知何福慧所辖“土番”、狄道州土指挥赵恒所辖参咂等族“番民”、洮州土指挥杨声所辖卓泥多等族“番民”、洮州土指挥杨声所辖的吉巴等族“番民”、洮州土指挥昝景瑜所辖左喇等族“番民”、洮州土千户杨绍先所辖著逊等族“番民”、洮州理番同知所辖口外陆哨虫库儿“番民”、岷州土百户马绣所辖瓦舍坪等族“番民”、岷州土百户后发葵所辖牟家山堡等“土人”、岷州土百户赵名俊所辖徐儿庄等堡“土人”、岷州土百户后汝元等所辖马连川等族“番民”、庄浪土指挥鲁凤翥所辖上写尔素等族“番民”、庄浪土佥事鲁万策所辖毛他喇族“土民”、庄浪土千户王国相等所辖华藏上札尔的等族“番民”、武威土千户富顺所辖西脱巴等族“番民”、古浪县土千户管卜他所辖阿落等族“番民”、永昌县土千户地木切令所辖元旦等族“番民”、西宁县土指挥祁宪邦等所辖东沟等族“番民”、西宁县“缠头民”、西宁县哆吧“番民”、西宁县土指挥佥事汪于昆所辖“土民”、碾伯县土指挥同知李国栋所辖东沟等族“土民”、碾伯县土指挥同知祁在玑所辖达子湾等族“番民”、碾伯县南北两山“番民”、摆羊戎通判所辖“番民”、大通卫土千户纳花布藏所辖兴马等族“番民”、归德所辖“番民”、肃州番目温布所辖“黑番”、高台县番目扎势敦等所辖“黄番”、高台县番目撒尔巴所辖“黑番”、文县“番民”	35

① 参见拙文《略论清代至民国时期户籍管理与民族人口——以川西松潘为例》，载于《历史地理》第三十二辑，上海人民出版社2015年出版。

（续表）

区域名称	族群名称	数量
东北关东地区	鄂伦绰、奇楞、库野、费雅喀、恰喀拉、七姓、赫哲	7
福建省	罗源县畲民、古田县畲民、台湾县大杰岭等社“熟番”、凤山县放縤等社“熟番”、诸罗县诸罗等社“熟番”、诸罗县箫垄等社“熟番”、彰化县大肚等社“熟番”、彰化县西螺等社“熟番”、淡水厅德化等社“熟番”、淡水厅竹堑等社“熟番”、凤山县山猪毛等社“归化生番”、诸罗县内山阿里等社“归化生番”、彰化县水沙连等社“归化生番”、彰化县内山“生番”、淡水右武乃等社“生番”	15
湖南省	永绥乾州等处红苗、靖州通道等处青苗、安化宁乡等处瑶人、宁远等处箭杆瑶人、道州永明等处顶板瑶人、永顺保靖等处“土人”	6
广东省	新宁县瑶人、增城县瑶人、曲江县瑶人、乐昌县瑶人、乳源县瑶人、东安县瑶人、连州瑶人、灵山县僮人、合浦县山民、琼州府黎人	10
广西省	临桂县大良瑶人、永宁州梳瑶人、兴安县平地瑶人、灌阳县竹箭瑶人、罗城县盘瑶人、修仁县顶板瑶人、庆远府过山瑶人、陆川县山子瑶人、兴安县僮人、贺县僮人、融县僮人、龙胜苗人、罗城县苗人、怀远县苗人、岑溪县俍人、贵县俍人、怀远县伶人、马平县伢人、思恩府属侬人、西林县皿人、西林县侠人、太平府属土人、西隆州土人	23
四川省	松潘镇中营辖西坝包子寺等处“番民”、松潘镇中营辖七步峨眉喜“番民”、松潘左营辖东坝阿思洞“番民”、松潘右营辖北坝元坝泥巴等寨“番民”、威茂协辖瓦寺宣慰司“番民”、威茂协辖杂谷各寨“番民”、儿那达“番民”、威茂协辖沃日各寨“番民”、威茂协辖小金川“番民”、威茂协辖大金川“番民”、威茂协辖岳希长宁等处“番民”、松潘镇属龙安营辖象鼻高山等处“番民”、龙安营辖白马路“番民”、石泉县青片白草“番民”、松潘镇属漳腊营辖寒盼祈命等处“番民”、漳腊营辖口外甲凹鹊个等处“番民”、漳腊营辖口外三郭罗克“番民”、漳腊营辖口外三阿树“番民”、松潘镇属叠溪营辖大小姓黑水松坪“番民”、松潘镇属平番营辖上九关“番民”、平番营辖下六关“番民”、松潘镇属南坪营辖羊峒各寨“番民”、建昌中营辖阿都沙马“倮㑩”、建昌中左营辖祭祀田等处“倮㑩”、建昌中右营辖阿史审札等处“倮㑩”、建昌镇属会川永宁营辖披沙等处苗人、建昌右营辖苏州白露等处“西番”、建昌镇属越嶲等营辖九枝门呆结惟“土番”、越嶲等营辖邛部暖带等处“西番倮㑩”、建昌镇属会盐等营辖瓜别马喇等处麽些、会盐营辖右所土千户“倮㑩”、建昌镇属怀远营辖虚朗等处“倮㑩”、会盐营辖中所土千户“狢㺜夷人”、会川营辖通安等处“摆夷”、会川营辖黎溪等处僰人、会川营辖迷易普隆寺等处“摆夷”、永宁协右营属九姓苗民、普安等营辖雷波黄螂“夷人”、马边营辖蛮夷长官司“夷人”、泰宁协左营辖沈边“番民”、泰宁协左营辖冷边“番民”、泰宁协右营辖大田西番民、泰宁协右营辖大田“倮㑩”、泰宁协标右营松坪“夷人”、泰宁协属黎雅营辖木坪“番民”、泰宁协属阜和营辖明正“番民”、阜和营辖德尔格特“番民”、泰宁协属里塘“番民”、泰宁协属巴塘“番民”、阜和营辖革布什咱“番民”、阜和营辖绰思甲布“番民”、阜和营辖霍耳章谷等处“番民”、阜和营辖纳滚“番民”、阜和营辖春科“番民”、阜和营辖纳夺“番民”、阜和营辖上下瞻对“番民”、阜和营辖瓦述余科等处“番民”、阜和营辖咱里“番民”	58

（续表）

区域名称	族群名称	数量
云南省	云南等府“黑猡猡”、云南等府“白猡猡”、云南等府“乾猡猡”、广南等府“妙猡猡”、曲靖等府“僰夷”、景东等府“白人”、曲靖等府仲人、广南等府沙人、广南等府侬人、顺宁等府蒲人、丽江等府怒人、鹤庆等府俅人、武定等府“罗婺蛮”、临安等府“土僚”、元江等府“窝泥蛮”、临安等府“苦葱蛮”、临安等府“扑喇蛮”、云南等府“撒弥蛮”、曲靖等府苗人、普洱等府莽人、姚安等府“傈傈蛮”、武定等府“摩察蛮”、楚雄等府“扯苏蛮”、临江等府“犸鸡蛮”、丽江等府“麽些蛮”、鹤庆等府“古倧番”、永北等府“西番”、大理等府“峨昌蛮”、曲靖府“海倮猡”、广西府阿者猡猡、曲靖府鲁屋猡猡、武定府“麦岔蛮”、姚安府“嫚且蛮”、顺宁府“利米蛮”、开化府“普岔蛮”、永昌府西南界缥人	36
贵州省	贵阳大定等处花苗、铜仁府属红苗、黎平古州等处黑苗、贵定龙里等处白苗、修文镇宁等处青苗、贵筑龙里等处东苗、平越清平等处西苗、永丰州等处侬苗、平越黄平等处犵苗、贵筑修文等处蔡家苗、贵阳府属宋家苗、清平县九股苗、广顺大定等处龙家苗、普定永宁等处马镫龙家苗、贵定县平伐苗、贵阳安顺等处补笼苗、贵阳安顺等处仲家苗、定番州谷蔺苗、黎平府罗汉苗、都匀平越等处紫姜苗、遵义龙泉等处杨保苗、都匀黎平等处佯僙苗、广顺州克孟牯羊苗、大定府威宁州“倮猡”、大定府威宁州“黑倮猡”、大定安顺等处“白倮猡”、贵州等处仡佬、余庆施秉等处水仡佬、贵定县剪发仡佬、平越黔西等处打牙仡佬、平远州披袍仡佬、平远州锅圈仡佬、镇远施秉等处仡兜、贵定黔西等处木佬、荔波县休佯伶侗瑶僮、定番州“八番”、大定府属六额子、普安州属僰人、下游各属峒人、贵定县瑶人、广顺贵筑等处“土人”、贵定都匀等处“蛮人”	42
新增族群类别	爱乌罕回人、霍罕回人、启齐玉苏部努喇丽所属回人、启齐玉苏部巴图尔所属回人、乌尔根齐部哈雅布所属回人、土尔扈特（台吉、宰桑、民人）、整欠头目（先迈岩第、先纲洪）	7

资料来源：《皇清职贡图》，广陵书社2008年出版。

第一节　满族的发展、迁徙与东北地区民族构成的变化

清代民族史的核心内容之一，无疑是满族的兴衰与变迁。崛起于白山黑水之畔的女真人，随着武力的强盛与军事上的节节胜利，不仅形成了庞大的新的民族共同体，居住地域也从东北地区逐步向全国范围扩展。与元朝蒙古族的分布有些相似之处，满族在全国的分布与其军事力量的布防有密切的联系，而且京畿地区依然是满族八旗军士及其家眷最为集中的区域。与此同时，清朝东北地区的民族构成与人口状况直接受到满族人口迁移的影响。

一、满族兴起之前东北地区各族部落分布状况

满族或满人的名称，源于“满洲”一词，探讨满族的渊源，也须从“满洲”之出现说起。东北长白山区是满族的发祥地，满族前身女真人部落就聚集在长白山地区的崇山绿水之间，包括清朝皇族在内的满族后裔对长白山区充满了敬仰之情。《清太祖实录》载：

> 先世发祥于长白山。是山高二百余里，绵亘千余里，树峻极之雄观，萃扶舆之灵气。山之上有潭，曰闼门，周八十里，源深流广。鸭绿、混同、爱滹三江之水出焉。鸭绿江自山南西流，入辽东之南海。混同江自山北流入北海。爱滹江东流，入东海……山之东有布库里山，山下有池曰布尔湖里……①

又满文、汉文对照《满洲源流考》也称：“满洲原起于长白山之东北布库哩山下一泊，名布勒瑚里（今镜泊湖）。”②据清官方文献（如《清太祖实录》《满洲实录》等）所记传说内容，满洲的始祖为爱新觉罗布库里雍顺，该族的最早聚居地为长白山东麓的俄漠惠之野俄朵里城（或称鳌朵里、鄂多理等），号曰满洲，成为开基之地。③ 至其肇祖都督孟特穆时，该族迁居于苏克苏浒河流域虎拦哈达山下赫图阿拉地区，即今辽宁省新宾满族自治县西老城，距原居地俄朵里城有一千五百余里。赫图阿拉成为清皇族真正的发祥地，其地“在苏克素护河、嘉哈河之间，西距盛京二百七十里，东距宁古塔千二百里。我朝未得辽沈以前，四世咸宅于兹，即明代之建州右卫也”④。天聪八年（1634），皇太极尊赫图阿拉为兴京。宣统元年（1909），清朝又升之为兴京府。

清太祖弩尔哈齐⑤出生于明嘉靖三十八年（1559），他的强盛，是女真崛起的一个重要标志。当弩尔哈齐创业初期（明朝万历十一年至十二年间），东北地区的女真族诸部落处于林立割据状态。如据《清太祖实录》载：

> 时诸国纷乱，满洲国之苏克苏浒河部、浑河部、王甲部、董鄂部、哲陈部，长白山之讷殷部、鸭绿江部；东海之渥集部、瓦尔喀部、库尔喀部；扈伦国之乌喇部、哈

① 《清太祖实录》卷一，中华书局1986年影印版，第21~22页。

② 《满洲源流考》，（台北）华文书局1969年影印版，第2页。

③ 据王钟翰先生的考证，文献中提到的俄漠惠与鄂多理城，相当于今天朝鲜东北咸镜道内的阿木河与斡多里。见《满族先世的发祥地问题》，载于《王钟翰清史论集》，中华书局2004年出版。

④ （清）魏源《圣武记》卷一《开国龙兴记一》，中华书局1984年版，第2页。

⑤ 弩尔哈齐，通常称为努尔哈赤，明人典籍中常作“奴儿哈赤”，本书从《清太祖实录》及《满洲源流考》等清朝官方正式文献的译法。

达部、叶赫部、辉发部，群雄蜂起，称王号，争为雄长，各主其地，互相攻战，甚者兄弟自残，强凌弱，众暴寡，争夺无已。时上（清太祖弩尔哈齐）恩威并用，顺者以德服，逆者以兵临，始于一旅之师，渐削平诸部而统一之。①

与上述记载相印证，满文、汉文对照之《满洲实录》也载：

时各部环满洲国扰乱者，有苏克素护河部、浑河部、完颜部、栋鄂部、哲陈部，长白山讷殷部、鸭绿江部，东海窝集部、瓦尔喀部、库尔喀部，呼伦国中乌拉部、哈达部、叶赫部、辉发部。各部蜂起，皆称王争长，互相战杀，甚且骨肉相残，强凌弱，众暴寡。太祖能恩威并行，顺者以德服，逆者以兵临，于是削平诸部后，攻克明国辽东诸城。②

为了突出当时各部落分布的地理特征，《满洲氏族源流考》以东北名城宁古塔为中心，将当时女真部落归为东、西、南诸路：

自宁古塔东北行四百余里居虎尔哈河、松花江两岸者，曰诺雷部，即虎尔哈部。自宁古塔东行千余里居乌苏里江两岸者，曰术伦部，又东二百里居尼满河源者，曰奇雅喀喇，此二部即渥集部。皆东路也。又宁古塔东南有班吉尔汉喀喇，去乌苏里江四千里，二年一次遣官赴尼满河收贡颁赐，此南路也。自宁古塔东北行千五百里居松花江、混同江两岸者，曰赫哲喀喇；又东北行四五百里居乌苏里、松花、混同三江汇流左右者，亦曰赫哲喀喇，即使犬国也。又东北行逾混同江七八百里曰费雅哈；直至东北海滨，距宁古塔三千里曰奇勒尔，即使鹿部也。此皆北路。③

根据上述记载可知，明末女真部落大致分为四个大的部落联盟（文献中所称"国"）。关于当时与满洲并立的诸部的地理位置，成为近现代治东北历史地理及满族史学者十分关注的问题。现据《清实录》、魏源《圣武记》（中有《开国龙兴记》）等早期文献、著作及现代学者刘选民等人的研究成果，将各部地理位置与疆界阐述如下④：

（一）建州诸部（又称为满洲之部）

1. 苏克苏浒河部

或作苏苏河部、苏克素护河部。苏克苏浒河部以河得名。苏克苏浒河为浑河（辽

---

① 现存《清实录》版本较多，本书用中华书局1986年影印本，第25页。

② 中华书局1986年版，第20~21页。又见辽宁通志馆1930年版，第23~24页。

③ 参见《圣武记》卷一，第8页引文。

④ 《清开国初征服诸部疆域考》，原载《燕京学报》第二十三期，1938年6月。又见存萃学社编《清史论丛》第一集，（台北）文海出版社《近代中国史料丛刊续编》第64辑。

河支流小辽河）支流，流经赫图阿拉城北。该部在赫图阿拉城之西，苏克苏浒河下游，北接哲陈部，东南与浑河部毗连。因地近赫图阿拉，故最早为努尔哈齐部所兼并。

2. 浑河部

浑河部也因河得名，浑河即辽河支流小辽河。浑河有两源，东北流向的支流为英额河，为浑河本源，东南流向的支流即为苏克苏浒河。浑河部位于抚顺关之东，以及浑河与苏克苏浒河会流处之西，直抵明朝辽东城墙下。浑河部大体居于苏克苏浒河与浑河会流处至明边墙之浑河流域及伊勒登河流域；东邻苏克苏浒部、哲陈部，北接哈达部，其西与西南则以明边墙为界。

3. 哲陈部

哲陈部在鄂尔多峰之南，五陵山之北，北接完颜部、哈达部，南邻苏克苏浒河部，西界浑河部，居浑河上游。

4. 完颜部（又称王甲部）

该部较为弱小，大约居住于哈达河上游——阿济纳河流域，杏岭之南，鄂尔多峰之北。

5. 董鄂部

该部以董鄂河而得名，居住于佟佳江及其西岸诸支流流域，西与努尔哈齐本部相接，北抵辉发部，南界鸭绿江部，东邻讷殷部。

6. 苏完部

又可速读为“酸部”。苏完部较弱小，且很早就归附于努尔哈齐，大致在叶赫部之东、辉发部之北、乌喇部之西南。

（二）长白山诸部（又称为长白山国之地）

1. 鸭绿江部

该部以鸭绿江而得名，居住于鸭绿江西岸及明辽东边墙以东。

2. 讷殷部（又称内阴部）

该部居松花江上源。松花江有二源，即额赫讷音河、三音讷音河，这两条河与温河、雅哈河、奇雅库河、纳尔珲河、尼什哈河汇流，合为松花江，讷殷部就居住于诸河流域。

3. 朱舍里部（或称珠舍哩部）

该部与讷殷部毗邻而居。《吉林通志》载，讷殷部当在三音讷殷、额赫讷殷两河之间；惟珠舍哩部无可考，以地望诊之，亦当相去不远，大致位于讷殷部之东、瓦尔喀部之西。刘选民认为:“盖此三部横亘长白山阴,故未平扈伦四部以前,能径通东海瓦尔喀界,由此道也。”

(三)扈伦(又称为胡笼)诸部

扈伦主要有四部,即哈达、辉发、乌拉、叶赫。

1. 哈达部

该部所居处有哈达河,在开原城(今辽宁省开原市北)东南一百九十五里,入开原界为清河。哈达部即居住于此河流域,威远堡之东南,明人称其地为“南关”。以所属城寨位置考订,哈达部居于哈达河及柴河流域,南邻浑河部、哲陈部,北抵叶赫部,东接辉发部,西界明边墙。

2. 辉发部

该部原居于黑龙江流域,后徙居于辉发河流域,故称辉发部。据《满洲实录》,“本姓益克得哩,原系萨哈连乌拉江尼马察部人(萨哈连乌拉江即混同江,一说黑龙江是也,此源从长白山发出)”。其部西接叶赫部、哈达部,东北至乌拉部,东南界讷殷部。

3. 乌拉(或称乌喇、兀喇)部

该部以居于乌喇河流域而得名。《满洲实录》载:“乌拉国本名呼伦(或称胡笼),姓纳喇,后因居乌拉河岸,故名乌拉。”乌拉部南界与辉发部相接,西南界至苏完,东界在张广岭。《开国龙兴记》又称:“今吉林将军治乌拉故城,其所辖东西四千余里,南北二千里,即乌拉诸部故境。”

4. 叶赫部(或称夜黑国)

扈伦四部之中,叶赫部实力最强,被吞并的时间也最晚。《满洲实录》载:“叶赫国始祖蒙古人,姓土默特,所居地名曰璋(或张),灭呼伦国内纳喇姓部,遂居其地,因姓纳喇。后移居叶赫河,故名叶赫。”该部居住于明威远堡之东北,叶赫河流域,明朝人称其地为北关。南至达喜穆鲁山,与哈达部相接,北抵科尔沁郭尔罗斯,西南至明朝辽东边墙。

(四)东海诸部

东海诸部主要包括三部,即瓦尔喀、虎尔哈、窝集诸部,通称东海三部。魏源《开国龙兴记》称:“东海三部则皆(明)野人卫,在宁古塔以东,濒海岛屿,距明边绝远,羁縻而已。”“其种族散处山林,非有酋豪雄长抗衡上国。”

1. 瓦尔喀部

《开国龙兴记》称:“瓦尔喀部者,沿瓦尔喀河入鸭渌江,濒海两岸皆其部落,在兴京(赫图阿拉)之南,近朝鲜。"刘选民认为魏源之说有误,认为瓦尔喀部约当图们江、乌苏里江流域,东迄海滨及沿海岛屿之地。

2. 虎尔哈部

又称为库尔喀部、虎尔喀部。《开国龙兴记》称:"虎尔哈部者(虎,一作呼),居虎尔哈河,出吉林乌拉界,径宁古塔城北,行七百里,至三姓城入混同江。"刘选民认为魏源误将渥集部呼尔哈路当作虎尔哈部。根据刘选民的研究,虎尔哈部在窝集部之西北,大致包括松花江与黑龙江会流处以北,呼尔玛河与黑龙江会流处以南,其东南接渥集部,东北接萨哈连部,西抵小兴安岭,接索伦部。

3. 窝集部

又称为渥集部、兀吉部。根据刘选民的研究,窝集部大致西接乌拉部、松花江以南,东迄乌苏里江,南界辉发部及长白山讷殷、朱舍里二部,抵图们江,东南出绥芬河流域。

魏源曾总结上述诸部的风俗及其分布特征:这些部落"皆金代部落之遗,城郭土著射猎之国,非蒙古行国比也。各主其方,争相雄长,强凌弱,众暴寡。而扈伦四部最强,在满洲之北,皆以所居之河得名。乌拉、辉发二河入松花江,哈达、叶赫二河入辽河。即明之海西卫与建州卫、野人卫而三。海西亦谓之南关、北关、南关哈达、北关叶赫,偪处开原、铁岭,乃明边之外障也"①。其实,不仅是扈伦四部以所居之河得名,其他各部落也大多依河水而居,充分显示了这些部落与自然环境之间的依存关系。

二、八旗制度与满族的形成

天命元年(1616),努尔哈齐建国号"满洲"。在此之前,该部对外名称有女直、女真、金与后金等。努尔哈齐削平诸部,为满洲政权的建立奠定了客观基础。女真诸部的统一,也为满族最终形成创造了前提条件。据《清太祖实录》卷六载,天命四年(1619)攻灭叶赫部(或称夜黑部)后,"上自是开拓疆土,东自海西至明辽东界,北自蒙古科尔沁之嫩乌喇江(嫩江),南暨朝鲜国境,凡语音相同之国,俱征讨徕服而统一之"。《满洲实录》也载,当时,"自东海至辽边,北自蒙古嫩江,南至朝鲜鸭绿江,同一音语者俱征服,是年诸部始合为一"。从此,满族的发展进入了一个崭新的历史阶段。

然而,"满洲"并不能等同于满族。关于满族的民族识别问题,俄国著名学者史禄

① 《圣武记》卷一,第2~3页。

国(S·M·Shirokogoroff)曾总结道：

满族人确认自己分为下列三种群体，即1.佛满洲——源远流长的老满族人；2.依彻满洲人——后来归附的新满族人；3.蒙古满洲——原来是蒙古人的满族人。按照满族人的说法，这些分别是在清帝国创建时期造成的。……实际上，大部分佛满洲都声称自己的祖先是在吉林省的宁古塔地区土生土长的，只是后来才扩散到四面八方。属于佛满洲的人并不认为依彻满洲是像他们一样纯的满族，他们说，依彻满洲由满人、汉人和一些当地部落，例如林区的游牧通古斯人和达斡尔人等融合而成。……换句话说，他们不认为依彻满洲或蒙古满洲是“纯满洲”即满族政权的创立者。……

因此，“满洲”之名必须被理解为包括不同民族群体的政权的名称，同时，它大致也指这些群体的共同文化。或者更恰当地说，它是一种政治的和文化的复合体的名称，由一个南方通古斯群体奠定并主宰，而这个群体讲通古斯语族南方语支的一种方言，以有文字的满族的语言为标志。①

综观满族的早期发展历史，我们不难发现，之所以出现“老满族”“新满族”以及“蒙古满族”之差别，其关键就在于八旗制度的巨大影响。八旗制度是满族人为加强自身凝聚力与战斗力而采取的一种重要方式，也是决定其民族内部组织形态的组织制度，与满洲的兴衰及清王朝的发展密不可分。八旗制度的核心是“兵民合一”，清朝满族人又称为“旗人”，所有满族人都被编入“八旗”之中。正如《清史稿·兵志》卷首称：“太祖高皇帝崛起东方，初定旗兵制，八旗子弟人尽为兵，不啻举国皆兵焉。”因此，研究满族的民族构成与人口的变迁，其关键线索便是八旗制度的演化与其兵丁的来源。

关于早期八旗制度的创立与基本结构，《清太祖实录》卷二载：

(万历四十三年)太祖削平各处，于是每三百人立一牛禄厄真，五牛禄立一扎拦厄真，五扎拦立一固山厄真，固山厄真左右，立美凌厄真。原旗有黄、白、蓝、红四色，将此四色镶之为八色，成八固山。行军时，若地广则八固山并列，队伍整齐，中有节次。地狭则八固山合一路而行，节次不乱。

这里所云“人”即指女真族男性成年军士。后世研究者认为，八旗的编制始于狩猎战斗集团，八固山王(旗主)是八个拥有特权的军事集团首领。征伐与掠夺是八旗军事

① 〔俄〕史禄国著，高丙中译《满族的社会组织——满族氏族组织研究》，商务印书馆1997年版，第18~20页。

集团维持自身生存与发展的主要手段。正如满族大臣所指出的那样："我国地窄人稀，贡赋极少，全赖兵马出去抢些财物，若有得来，必同八家平分之。得些人来，必分八家平养之。"①

长期征战与人口掠夺，促使八旗内部的民族成分趋于复杂化，特别是蒙古八旗与汉军八旗的出现，标志着八旗中蒙古人与汉人的大量增加，"旗人"不等同于满洲人的趋向更为明显。《清史稿·兵志》载："（天聪）九年，以所获察哈尔部众及喀喇沁壮丁分为蒙古八旗，制与满洲八旗同。……（崇德）七年，设汉军八旗，制与满洲同。"以东三省驻防兵为例，根据清代学者魏源的研究，新、旧满洲的出现，大致有特殊的时间界限：

> 东三省驻防兵，有老满洲，有新满洲，犹史言生女真、（热）[熟]女真也。国初收服诸部，凡种人之能成数佐领、数十佐领者，咸归于满洲；若东海三部、扈伦四部，今皆无此名目，盖已归入满洲故也。其他壮丁散处随时编入旗籍，畸零不成一佐领者，则以新满洲统之，国语所谓"伊彻满洲"也。此皆崇德以前所服之部落。其崇德以后所归服，则并不谓之满洲，而各仍其原部之名。②

还应该承认，清统治者极为注重树立民族意识，强调依靠本民族的力量来增强自身的实力，故在建设八旗制度的同时，有意识地区别汉人、蒙古人与满洲人，这对于八旗旗度与满族的发展都有着不同寻常的意义。对于这一点，魏源也进行了非常精辟的总结：

> 恭稽《会典》，八旗驻防之兵，有游牧部落，有打牲部落。游牧部落不一，以蒙古统之；打牲部落不一，我朝皆以满洲统之。夫草昧之初，以一城一旅敌中原，必先树羽翼于同部。故得朝鲜人十，不若得蒙古人一；得蒙古人十，不若得满洲部落人一。族类同，则语言同，水土同，衣冠居处同，城郭土著射猎习俗同。故命文臣依国语制国书，不用蒙古、汉字；而蒙古、汉军各编旗籍，不入满洲八旗。所以齐风气，一心志，固基业，规模宏窈矣。③

因此，简单将"旗人"与满族等同起来，显然不符合其实际的发展历程。

简而言之，"旗人""满洲"与满族三者之间的从属关系为："旗人（入籍八旗的人）"的构成最为复杂，不仅包括满族人，还包括八旗中的汉人与蒙古人，即"八旗非

---

① 参见李旭《论八旗制度》，《中华文史论丛》第五辑（1964 年 6 月）。

② 《圣武记》卷一《开国龙兴记》附考，第 12~13 页。

③ 《圣武记》卷一《开国龙兴记一》，第 9 页。

尽满洲人,各因其种落为俗”①。广义的“满洲”与“旗人”内涵相同,正如史禄国所云,在清代即满族作为统治集团所属民族的年代,“满洲”成为全体“旗人”乃至满族人的代称。不仅如此,作为一种根植于军事组织的、庞大的人们共同体,满洲在实际中已演化为一种政治文化符号,而不局限于民族学意义。民族学意义上的满族应限于“新满洲”“老满洲”之内,主要包括原建州女真及其创业之始所兼并的东北女真各部。

三、入关后满族的迁徙与分布

不少学者对满族入关之前的人口数量问题进行了详细的分析。由于缺乏入关前满族人口统计资料,目前学术界的探讨往往集中在八旗兵丁的统计上。如李新达认为:“入关前的八旗兵数,也就是应服兵役的旗分佐领的壮丁数的总和。努尔哈赤正式建成八旗时,约有五六万人,努尔哈赤晚年,约有九万人,皇太极晚年,约有十五万人。”②其实,壮丁数与民族总人口之间有着相当大的差距。又如莫东寅在《满族史论丛》中推测:“我们依例三丁抽一,老幼男女再加一倍的办法来推算,如入关当时,满八旗兵数以十万计,男丁不过三十万,再加老幼男女一倍,全族人口最大限度,不能超过六十万。……至于八旗设立之初,兵数五万左右,则男丁十五万,合男女老幼,也不过三十万人。”而管东贵通过较细致的统计之后,提出:“入关前满族人口大约有七十五万至八十万之谱。”③

明朝灭亡后,大量满族军士与平民迁往关内,形成了规模相当可观的移民运动。有清一朝,决定满族人口分布特征的因素主要有两种:一是八旗军士在全国的驻防,二是通过“圈地”来安置京畿地区的满族移民。

(一)八旗驻防与满族分布

兵民合一的八旗制度,是满族凝聚力的保证,也是后金政权取得全国性胜利的重要保障。入关以后,为控制全国局势,维持自己的统治地位,清朝政府在全国推行八旗布防制度。出于“兵民合一”的制度特征,八旗布防的形制也就成为决定满族人口在全国分布的关键之一。当然,前面已经提到,八旗作为一种特殊的军事集团组织,其中包括汉军八旗与蒙古八旗,不是纯粹的民族集团,但为避免过分繁琐的说明与为

---

① 《圣武记》卷一《开国龙兴记》附考,第10页。

② 《入关前的八旗兵数问题》,载于《清史论丛》第三辑,中华书局1982年版,第163页。

③ 参见管东贵《入关前满族兵数与人口问题的探讨》,载于《史语所集刊》第四十一本第二分(1969年6月),又见于《清史论丛》第五集,(台北)大东图书公司1978年版。

统计的便利，故将其视为一体，不再进行内部的区分。

在八旗的布防方面，京师及周围地区成为重中之重，也就成为入关后的满族人最重要的聚居区。与之相对应，八旗兵士首先分为禁卫兵与驻防兵两大类。禁卫兵的职责在于守卫京师，故而驻扎于燕京（北京）。禁卫兵又分为郎卫与兵卫两种类型。郎卫侍从皇帝出行，兵卫守卫紫禁宫阙。如乾隆六年（1741）户部侍郎梁诗正在《八旗屯种疏》中指出："查八旗人，除各省驻防与近京五百里听其屯种外，余并随旗居住，群聚京师，以示居重驭轻之势。"①清朝大臣鄂尔泰等所修之《八旗通志》卷二有《八旗方位》，但其所指仅限于北京城内的八旗军分布而言：

> 自顺治元年，世祖章皇帝定鼎燕京，分列八旗，拱卫皇居。镶黄居安定门内，正黄居德胜门内，并在北方。正白居东直门内，镶白居朝阳门内，并在东方。正红居西直门内，镶红居阜成门内，并在西方。正蓝居崇文门内，镶蓝居宣武门内，并在南方。盖八旗方位相胜之义，以之行师，则整齐纪律；以之建国，则巩固屏藩。诚振古以来所未有者也。②

禁卫兵的数量相当可观，且有不断增加之势。如在兵卫之中，乾隆中满、汉养育兵就有二万三百余人。至咸丰三年（1853），京师八旗营兵合计有十四万九千余人。

《清史稿·兵志》对八旗在全国驻防情况做了简要的说明："八旗驻防之兵，大类有四：曰畿辅驻防兵，其藩部内附之众，及在京内务府、理藩院所辖悉附焉；曰东三省驻防兵；曰各直省驻防兵，新疆驻防兵附焉；曰藩部兵。"依此，八旗在全国的分布可分为四大类及四个不同的地理区域，但是其中藩部兵主要是蒙古、青海、西藏等地各族编入八旗之兵士，与满族分布关系不大。故下面主要分四个区域介绍当时八旗兵士的驻防情况。

1. 畿辅地区

顺治初年主要驻扎于独石口、张家口、山海关、喜峰口、古北口等重要关口，主要兵力来源于察哈尔八旗等。雍正三年，增设天津水师营，旗兵一千六百人、蒙古兵四百人。乾隆三年又增加热河驻防兵二千人。乾隆四十五年，又增设密云驻防满、蒙兵二千人。另外，热河避暑行宫至乾隆年间驻防兵也增至八百人。

2. 东三省地区

共有四十四处驻兵之所，兵士总额达三万五千三百余人。盛京地区的驻防之地

---

① 《皇朝经世文编》卷三五。

② 《八旗通志》卷二《八旗方位》，东北师范大学出版社 1985 年版，第 17 页。

有锦州、凤凰城、宁远城、兴京、辽阳、牛庄、义州、盖州、海州、开原、金州、复州等。吉林地区的驻防之地有吉林、宁古塔、珲春、三姓、双城堡等地。黑龙江地区的驻防之地有齐齐哈尔、爱珲城、墨尔根、呼伦贝尔、茂兴、呼兰等地。

3. 各直省地区

这些区域涉及面非常广，各地驻防创设的记载集中于顺治、康熙、雍正及乾隆四朝。

驻防地名称	创设时间	各族兵士配置情况
江南江宁	顺治二年	左翼四旗满、蒙兵士二千人
陕西西安	顺治二年	右翼四旗满、蒙兵士二千人，后增至七千余人
山西太原	顺治六年	正蓝、镶蓝二旗满、蒙驻防兵以及游牧察哈尔兵
山东德州	顺治十一年	镶黄、正黄二旗满、蒙驻防兵
浙江杭州	顺治十五年	满、蒙驻防兵四千余人
京口	顺治十六年	各族驻防兵
陕西宁夏	康熙十五年	八旗满、蒙驻防兵
福建福州	康熙十九年	左翼四旗汉、满、蒙驻防兵
广东广州	康熙二十年	镶黄、正黄、正白三旗汉军驻防兵，不久有增加
湖广荆州	康熙二十二年	八旗满、蒙驻防兵，共二千八百余人，后增至四千人
山西右卫	康熙三十二年	八旗满、蒙、汉驻防兵，共五千六百余人
河南开封	康熙五十九年	满、蒙驻防兵
山东青州	雍正七年	八旗满、蒙驻防兵二千人
浙江乍浦	雍正七年	水师营
甘肃凉州	雍正十三年	八旗满、蒙、汉兵二千人
甘肃庄浪	雍正十三年	八旗满、蒙、汉兵一千人
内蒙古绥远城	乾隆二年	八旗满、汉、蒙驻防兵三千九百余人

资料来源：《清史稿》卷一三〇《兵一》。

4. 新疆地区

又是八旗驻防的重点区域。新疆驻兵也分为北、南二路。如清军于新疆在北路驻防始于乾隆二十五年（1760）。当时大臣阿桂率领满洲、索伦骁骑五百人、绿营兵一百人、回族兵士二百人驻扎于伊犁。驻伊犁兵后增加到二千五百人。其后又增加屯田兵二千五百人，以五年为期进行更换。乾隆二十九年在伊犁河岸建惠远城，驻扎各族兵士数量不断增加，至道光十年(1830)，惠远城满兵已达四千六百余人。南路驻扎兵主要集中于乌什、阿克苏、赛里木、拜城、叶尔羌、和阗、喀什噶尔、库车、哈喇沙雅尔、辟展等地。到咸丰三年，新疆南北路各族驻兵合计达四万余人，成为全国范围内驻兵最为集中的区域之一。

起初，八旗兵士在全国各地驻防，实行定期轮换制度，但八旗官兵均携带家眷分赴各省驻防地，时间一长，会在驻防地不可避免地形成新的社区，产生定居心态，因此，要想在实际中长期维持八旗分省驻防制度是非常困难的。时至雍正年间，雍正皇帝就对此提出质疑：

我朝设立各省驻防兵丁，原以捍卫地方。……乃近有以一二事渎陈朕前者：一则称驻防兵丁子弟宜准其各省乡试。……若悉准其在外考试，则伊等各从其便，竞尚虚名而轻视武事……一则称驻防兵丁身故之后，其骸骨应准在外瘗葬，家口亦应准在外居住。独不思弁兵驻防之地，不过出差之所，京师乃其乡土也。本身既故之后，而骸骨家口不归本乡，其事可行乎？若照此行之日久，将见驻防之兵皆为汉人，是国家驻防之设，竟为伊等入籍之由，有是理乎？①

可以说，雍正皇帝心中的质疑最终还是成了现实，大批八旗兵丁最终在驻防地长期定居下来，由驻防转为定居，带有明显的普遍性。这一方面可以归结于安土重迁的常人心态，另一方面也要看到，八旗官兵或“旗人”本身的民族构成就比较复杂，汉人占有颇大比重，在此基础上接受汉化，只是一个时间方面的问题。②

(二)满族移民的安置与“圈地运动”③

清朝初年迁入北京城内及畿辅地区的大批满族移民，在文献中被称为“东来满洲”。为了妥善安置这批移民，清廷采取了种种优惠措施，其中的一种重要方式便是为他们在移入地圈占土地，将土地进行再分配，圈占土地的规模与影响相当惊人，将其称为“圈地运动”并不过分。如在建都北京后，顺治帝在顺治元年(1644)十二月就颁布谕令，近京各州县无主荒田“尽行分给东来诸王、勋臣、兵丁人等。盖非利其地土，良以东来诸王、勋臣、兵丁人等，无处安置，故不得已而取之。然所取之地，若满洲

① 《清世宗实录》卷一二一，第592~593页。

② 关于八旗兵士在各地的驻防与生活情况，参见任桂淳《清朝八旗驻防兴衰史》，生活·读书·新知三联书店1993年出版。

③ 关于清朝初年“圈地运动”研究的主要成果有刘家驹《清朝初期的八旗圈地》，(台北)文史哲出版社1964年初版、1978年再版。

错处,必争夺不止。可令各府、州、县、乡村满汉分居,各理疆界,以杜异日争端”①。这一谕令拉开了“圈地运动”的序幕,而以北京为核心的畿辅地区也就成为圈占土地最集中的区域。这种“圈地运动”对于入关满族的安置起到了至关重要的作用,特别受到了满族皇室及王公贵族的欢迎。故《八旗通志·土田志一》赞之:“至我世宗宪皇帝,睿虑深远,特命查取直隶各项余田,画为井地,令旗人之无产业者,分授百亩,同养公田,则八旗之生齿日繁,而井疆亦日辟。从此,各安世业,拥卫神京,洵千万世无穷乐利矣。”②

根据刘家驹的研究,清初八旗在畿辅地区的“圈地运动”自顺治元年始到康熙二十四年(1685)完全停止,圈占土地数量相当大。如最大规模的三次圈地行动圈占土地就达十六万六千六百三十六顷七十一亩:

第一次圈地在顺治元年,圈占近畿各州县无主荒地及前明皇亲驸马、公侯伯及内监庄田,分给满洲勋戚与官兵,其土地总量大致为五万八千八百二十七顷四十八亩。

第二次圈地在顺治二年(1645)底至三年(1646)初,共占土地五万一千八百三十九顷五十七亩。这次圈地除了圈占河间、滦州、遵化等府州的“无主荒地”,还圈了许多民间房屋田土。

第三次圈地在顺治三年底至四年(1647)初,共圈占土地三万〇八百一十八顷七十八亩。因为在前两次圈地中,“无主荒地”与明朝勋贵庄园圈占已尽,于是大规模圈占民地,实行异地拨补。

实际上,“圈地运动”是作为新起统治势力的满族统治者所推行的赤裸裸的土地掠夺运动,对于长期生活在京畿一带的大量居民而言,无疑是巨大的灾难,失去土地的农民只好流离失所,被迫迁往他乡。这样,部分人的内迁在客观上又造成了迁入地原居民的外迁,即“挤出效应”。最明显的便是在圈地过程中普遍采用的土地置换方式(时称“拨补”)。“圈地运动”的规模庞大,所圈拨的土地数量也非常惊人。如据《八旗通志·土田志一》,顺治四年圈拨的土地数量最大,总数达九十九万三千七百〇七晌(垧),圈地涉及的府州县数量达四十二个,“拨补”土地涉及的府州县卫堡数量达四十八个。仅一次圈补,影响之大已经如此惊人。圈地所在州县一般成为安置八旗移民较为集中的区域,而“拨补”的府县则成为外迁民众的安置之地。

---

① 《八旗通志》卷一八《土田志一》,第 310 页。

② 《八旗通志》卷一八《土田志一》,第 309 页。

圈地所在府县	圈地数量（单位：晌）	拨补土地所在府县
顺义、怀柔、密云、平谷四县	60705	延庆州、永宁县、新保安、永宁卫、延庆左卫、右卫、怀来卫
雄县、大城、新城三县	49115	束鹿县、阜城县
容城、任邱二县	35051	武邑县
河间府	201539	博野县、安平县、肃宁县、饶阳县
昌平县、良乡县、房山县、易州	59860	定州、晋州、无极县、旧保安、深井堡、桃花堡、递鹗堡、鸡鸣驿、龙门所
安肃、满城二县	35900	武强县、藁城县
完县、清苑县	45100	真定县
通州、三河县、蓟州、遵化县	110228	玉田县、丰润县、迁安县
霸州、新城县、漷县、武清县、东安县、高阳县、庆都县、固安县、安州、永清县、沧州	192519	南皮县、静海县、乐陵县、庆云县、交河县、蠡县、灵寿县、行唐县、深州、深泽县、曲阳县、新乐县、祁州、故城县、德州
涿州、涞水县、定兴县、保定县、文安县	101490	献县
宝坻县、香河县、滦州、乐亭县	102200	武城县、昌黎县、抚宁县
合计	993707	

四、清代东三省行政区设置与民族构成的变化

清朝是东北地区人口及民族构成发生剧变的一个时代。自先秦到明末清初，东北地区一直是一个少数民族占据主导地位的多民族聚居区域，在中原士人的眼中，山海关外是一片冰天雪地的“蛮荒”之地。而到清朝末年，黑龙江、吉林、奉天分别建省，大批“闯关东”的各族民众一跃成为当地居民的主体，不啻发生了天翻地覆的转变。东北地区满族人口数量急剧减少，再加上关内民众持续不断地“闯关东”，向这一地区移徙，时至清朝末年，东北地区汉族人口数量已为满族人口的10倍以上。可以说，就东北地区而言，有清一朝实际经历了一个民族人口大变动时期。① 如据《东三省政略》卷六及卷八的记载，东三省民族人口数量情况如下表所示：

① 参见管东贵《满族的入关与汉化》，载于《史语所集刊》第四十本上册，1968年。

省份	汉族人口	满族人口(旗人)	合计
奉天	8769744	963116	9732860
吉林	3827862	410101	4237963
黑龙江	1428521	27136	1455657
总计	14026127	1400353	15426480

在近代民族学或文化人类学的研究中,对于中国东北及东北亚地区少数民族(泛称为"通古斯人",英文名称为 Tungus)的研究,引起了国际学术界的广泛关注,并取得了令人瞩目的成就。其代表性学者便是俄国学者史禄国等。史禄国的代表性著作有《满族的社会组织——满族氏族组织研究》①《北方通古斯的社会组织》②等。一般来讲,通古斯人分为两个主要集团,即以满族为代表的南方通古斯人和以鄂温克族为代表的北方通古斯人。从严格意义上讲,"通古斯"并不是一个纯粹的民族称号,而是居住于中国东北地区各种民族共同体的统称。正如史禄国所指出的那样:

> 事实上通古斯各集团,在构成能够形成一个"民族单位"的各种复合的所有特性上显示出如此巨大分歧,以至通古斯这一名称,只能被认作是一个包括了一组民族单位的原始名称,这些民族单位的祖先在某个非常久远的时代曾经是生活在一起的。③

这与中国民族史上的"东胡"的名称,颇有异曲同工之妙。④ 然而,这一名号对于科学的现代民族认定没有太多的帮助。时至清末,中国官方的民族认定工作虽然开始摆脱"蛮、夷、戎、狄"等陈腐观念的束缚,但总体上依然停留于较为笼统模糊的初级阶段。整理与梳理这些有关民族问题的文献资料,必须对其民族认定工作进行一番总结与评价。

(一)奉天省

满族崛起,是清朝东三省政治地理地位发生剧变的关键。天命三年(1618),后金定都沈阳(今沈阳市)。天聪八年(1634),尊称沈阳为盛京。康熙年间,设立镇守奉天等处地方将军。光绪三十三年(1907),奉天改设行省,置东三省总督及奉天巡抚。

关于奉天地区的人口变化,《东三省政略》称:

---

① 高丙中译,商务印书馆 1997 年出版。
② 吴有刚、赵复兴、孟克译,内蒙古人民出版社 1985 年出版。
③ 参见《北方通古斯的社会组织》,第 6 页。
④ 参见《北方通古斯的社会组织》,第 74 页。

> 奉省居户，本皆旗丁。自顺治十年(1653)辟郡县，招耕佃，乃有民籍。而土旷人稀，生计凋敝，士农工商皆不如内地之发达。嘉庆以后，名为封禁，而内地流佣、砍木、采金、垦田之冒禁者，惩之虽严，迄不能绝。咸丰间，中原多故，奉禁隐弛。东沟、通沟诸处，私垦之豪据为己地，敛财编户，自成风气。光绪之元，靖盗辑民，析置郡邑，东直流民，咸以客籍而为主户，生机渐畅。其后又三罹兵燹，介于两强，锋镝戍马，备极流离。盖民户之萧条，其原因亦至复杂矣。①

清朝奉天地区人口的变化，实质上也可归结为民族构成的一种转变过程。“奉省居户，本皆旗丁”的状况，一方面是清初在东北地区施行八旗制度使然，另一方面也说明当时并没有多少其他民族平民在奉天地区居留。

其他民族平民向奉天地区的迁徙过程，最典型地展示了清朝统治者对东北地区开发政策的变迁过程。清立朝初期，曾鼓励汉民北迁从事东北地区的开发。“自顺治十年辟郡县，招耕佃，乃有民籍”。可见，“民籍”的出现，不仅是奉天农业开发成果的标志，也意味着从事农业生产的汉族平民群体的产生。(乾隆)《钦定盛京通志·户口》对从顺治至雍正时期奉天地区郡县设置与民籍增长状况进行了较详细的记载，参考价值极高。如记载顺治十年(1653)，“是年定例：辽东招民开垦至百名者，文授知县，武授守备；六十名以上，文授州同、州判，武授千总；五十名以上，文授县丞、主簿，武授百总。招民数多者，每百名加一级。所招民每名口给月粮一斗，每地一晌给种六升，每百名给牛二十只”。下有小注云：“康熙七年(1668)，招民授官例始停。”这意味着，这种招民授官的激励政策，至少实施了十五年。顺治十五年(1658)，清朝于盛京设奉天府。按丁起科的“人头税”，在新辟的州县内都是入居三年后起征，“于时州县新设，户无旧籍，丁鲜原额，俱系招民，三年起科”②。

对东北地区的封禁，主要从乾隆年间开始，一直到光绪年间全面开禁，长达百余年，世人习称为“百年封禁”。这种政策对汉民的北迁有极大的抑制作用，但不可能全面禁绝汉民北迁的举动，事实上造成清朝官府对迁民管理的放任自流，必然出现“敛财编户，自成风气”的局面。光绪年间的全面开禁，首先就对既有的流民进行整编入籍。

各民族在总人口中的比例数据(民族构成)，取决于户口统计工作的成果。而户口统计数据的准确性，在很大程度上取决于户口统计时使用的方式与方法。光绪三

① (清)徐世昌等编纂《东三省政略》，吉林文史出版社1989年版，第923页。

② (乾隆)《钦定盛京通志》卷二三《户口》，(台北)文海出版社1965年版，第1160~1161页。

十三年，清朝民政部对传统的户口统计工作进行了较大幅度的改革，如颁布统一的户口调查表式等，其户口数据的准确性应较传统的户口数据准确性有较大的提升。据《东三省政略》，光绪三十三年，奉天全省共有“人民”1365268户，9270029口，但其中并没有提及民族构成的相应统计数字。

（二）吉林省

吉林在设省之前，长期隶于盛京奉天府，并没有独立的户籍编审系统，因此，与奉天相同，最初吉林的户籍统计，同样是有旗籍而无民籍。光绪三十三年（1907），吉林省也按照颁发的人口清查表进行较严格的人口统计，为我们留下了两组统计数字，一为《全省旗籍户口表》，一为《全省民籍户口表》。显然，光绪年间的人口统计，还在延续“旗籍”与“民籍”相分离的传统，这倒为我们了解当时的民族结构问题提供了一份宝贵的资料。

但是，确定民族结构的前提在于准确的民族认定，而准确的民族认定又取决于确定较为科学而合理的认定标准。这一切在清朝末年的人口统计中又不可能实现。这一份吉林省的《全省旗籍户口表》便颇能说明问题。与整个八旗制度的大致民族结构相同，吉林省驻八旗兵丁同样分为满洲八旗、蒙古八旗、汉军八旗三大类。顾名思义，其民族成分也就不外乎满族、蒙古族、汉族等主要的三种。至于表中所涉及水师营、官庄、站丁、台丁的民族成分，我们就难以下定论了。

所在政区名称	治所今地	所驻各旗名称
吉林府	吉林省吉林市	满洲八旗、蒙古八旗、鸟枪营汉军八旗、乌拉协领八旗、水师营总管管下、乌拉翼领十旗、巴彦鄂佛罗边门台丁等
绥芬厅	黑龙江省宁安市	宁古塔副都统八旗
新城府	吉林省扶余市	伯都讷副都统八旗
依兰府	黑龙江省依兰县	三姓副都统八旗
宾州厅	黑龙江省宾县	阿勒楚喀副都统八旗
延吉厅	吉林省延吉市	珲春副都统八旗
双城厅	黑龙江省哈尔滨市双城区	拉林协领八旗、双城堡协领八旗
五常厅	黑龙江省五常市	五常堡协领八旗
西路	不详	乌拉额赫穆等站丁

（续表）

所在政区名称	治所今地	所驻各旗名称
北路	不详	金珠鄂佛罗等站丁
伊通州	吉林省伊通满族自治县	官庄处管下、伊通佐领八旗、伊通边门台丁、布尔图库边门台丁、赫尔苏边门台丁
敦化县	吉林省敦化市	额穆赫索罗佐领八旗

资料来源：《东三省政略》卷六吉林省《全省旗籍户口表》，（台北）文海出版社 1965 年出版。

（三）黑龙江省

与奉天、吉林两省同步，黑龙江也是于光绪三十三年罢将军，改设行省。与奉天、吉林相比，黑龙江省的地理位置更为偏远，人口也较为稀少，民族构成却更趋于复杂。《东三省政略》称：

惟江省地处东陲，向为八旗驻防之所，满、蒙、汉军而外，尚有索伦、达呼尔、巴尔虎、鄂伦春诸种族，内地人民居此者盖寡。庚子（光绪二十六年，1900）而后，开放东荒，燕赵、齐鲁之民负耒而至，各省商贾亦辐辏来集。于是地日以辟，民日以聚，繁庶之象，渐异曩时。

可见，黑龙江地区汉民的成批迁入，主要开始于光绪年间开放东三省封禁之后，而不似奉天、吉林两地原来开禁之前就有招民之举与州县之设。

比较而言，黑龙江是东北三省中民族构成最为复杂的一省。关于黑龙江地区民族与人口的发展变化，（民国）《黑龙江志稿·经政志·氏族》载：

若黑水，则种族繁矣。……有清龙兴，编旗设佐，分满洲、蒙古、汉军八旗，皆称旗人。然原有土著，皆各保其先世之语言、风俗，迄于今不变，且不相通，非仅殊绝于汉，即与陈满洲女真旧族同者十一，不同者十九。至汉人，最初至厥为汉军，皆山东产。此外，曰水师营，曰站丁，曰屯丁，曰回回，是皆汉人。商贾初多山西人，农户多直、鲁人。道、咸以后，弛禁招垦，公有其地于民，于是内地南北之产，云集辐凑。……全部睹之，汉人为多，满、蒙次之，索伦诸族日见其少，且渐转入于俄矣。①

该《氏族》篇对黑龙江境内居住的主要族类共同体进行了分类说明，成为研究者探究当时民族分布的重要依据。但可以看出，该《氏族》篇的族姓分类，还是十分典型地反

① （民国）《黑龙江志稿》卷一一《经政志·氏族》，《中国边疆丛书》第一辑，（台北）文海出版社 1956 年版，第 1133～1134 页。

映了民国年间民族认定系统的随意性与不成熟性。根据该《氏族》篇及《皇清职贡图》①等书的记载,清代黑龙江地区的主要民族种类及其分布区域大致可概括如下:

1. 索伦之属

最典型的鄂温克人,传说为辽代契丹人的后裔。满族兴起后,很多索伦人被编入八旗,分驻各地。其余部众的居住区集中于布特哈、呼伦贝尔等地区。史禄国指出:"索伦人可以被认为是与后贝加尔游牧通古斯人的同族集团。他们居住在嫩江流域,特别是布特哈地区,还分散成小集团居住在几乎所有满洲和蒙古(呼伦贝尔)的重要城镇中。他们在夏末游牧到呼伦贝尔南部地区,一直到根河下游左侧各支流。"②在东北驻防兵中,索伦往往成为满洲之外各部落人士的总称,如魏源指出:

> 若黑龙江以南之锡伯,之卦勒察,之巴尔虎,黑龙江以北之索伦,之达瑚尔,皆各设佐领,分隶吉林、黑龙江两将军,既不得以满洲呼之,又部落杂错不一,于是以骑射最著、归服较早之索伦概之。故吉林、黑龙江各部,世皆概呼为索伦,以别于满洲,其实索伦不过一部之偏名,非各部之总名也。③

2. 达呼尔之属

又称为达斡尔,传说为契丹贵族的子孙,辽亡后徙黑龙江北境,曾与索伦人混居于精奇里江(今称结雅河)流域。与索伦人相似,达斡尔人也被大批编入八旗,分驻爱珲、墨尔根(今嫩江县)、卜奎等城镇,也有移徙于呼兰、呼伦贝尔等地者。史禄国将达斡尔人称为北方通古斯的邻族,并指出:

> 他们居住在黑龙江两岸和距江不远的内地。他们还散居在沿逊河、法(法毕拉)河、呼玛河的各村落,也有极少数沿黑龙江右岸直到俄国村庄康斯坦丁诺夫卡的对岸。在布特哈地区他们的村落很多,在嫩江河谷,特别是在雅鲁河、阿尔河和诺敏河沿岸也很普遍。甚至在遥远的海拉尔市及其附近也可以见到达斡尔人住家。④

3. 鄂伦春之属

又作俄伦春、鄂伦绰,即元时所称"林木中百姓"。清朝初年又曾称之"树中人"。鄂伦春内部根据居住地域的不同又可分为几个支系(或称部):居住于鄂伦春东部的分支称为"使鹿部";居住于鄂伦春江上流西部的部族称为"使马部";分布于黑龙江

---

① 关于《皇清职贡图》民族种类的归纳与认定,参见李泽奉、刘如仲编著《清代民族图志》,青海人民出版社 1997 年出版。

② 《北方通古斯的社会组织》,第 93 页。

③ 《圣武记》卷一,第 13 页。

④ 《北方通古斯的社会组织》,第 125 页。

下游的鄂伦春部族又称为“使犬部”。另外，有居住于鄂伦春以东黑龙江上游至精奇里江一带的玛涅克尔人、居住于黑龙江下游与松花江沿岸的满珲人，因为与鄂伦春人在种族、习俗及语言方面极为相近也被称为鄂伦春。此外，奇勒尔人也应归入鄂伦春。奇勒尔人以射猎畜牧为业，居住于大兴安岭群山之中，随畜转徙，还善于捕鱼，冬着鹿皮，夏穿染色之鱼皮。

4. 锡伯之属

也被归为“打牲部落”，据传是古代鲜卑族的后裔。其部族后被编入八旗，分驻于齐齐哈尔与伯都讷两城。乾隆年间又迁居于呼兰等地，风俗习尚大致与达斡尔相近。

5. 蒙古族之属

驻扎及生活于东北地区的蒙古族分为许多支：(1)文献中直称“蒙古”的部族，是元朝皇族及贵族的后裔。在黑龙江的元室后裔主要集中于三旗：扎赉特旗、杜尔伯特旗、郭尔罗斯后旗。(2)卦勒察，又称为瓜尔察打牲部落，是科尔沁蒙古的一支。他们于康熙二十八年(1689)被编入八旗，分别驻扎于齐齐哈尔、伯都讷二城。雍正十年(1732)，又移部分人员驻于呼兰城。他们中有乌札拉氏及汉姓胡、吴、白、原、赵、金、关等，使用自己本族语言兼通汉蒙语。(3)巴尔虎，本为地名。清代居住于黑龙江地区定名为“巴尔虎”的蒙古族人分为两部，即陈巴尔虎部与新巴尔虎部，两部语言相通。陈巴尔虎部为蒙古喀尔喀之属部，于康熙年间自俄国回归，编入八旗打牲部落。他们先后驻扎于黑龙江齐齐哈尔各城，后迁徙至大兴安岭迤东地区。雍正十年，由布特哈迁驻于呼伦，兵数为二百七十，编入索伦八旗之内。陈巴尔虎部习俗与索伦各部相近，不信佛教。新巴尔虎部原来在外兴安岭北麓游牧，以后逐渐向南迁徙。驻扎于呼伦的新巴尔虎部众主要是于雍正十二年(1734)由蒙古车臣汉部移来的官兵二千四百八十四名，后被编入八旗，主要在伊敏河两岸游牧，因编入八旗的时间较晚，故被称为新巴尔虎部。新巴尔虎部信奉佛教。(4)毕拉尔，又称布莱雅，为新巴尔虎部的分支。清朝初年，该部居住于札喀苏城，有二十四旗，不过，时至清末已有十三旗属于俄国，游牧于中俄边境路尔奇答河流域。(5)额鲁特，又称为厄鲁特，为明清时期蒙古四大部之一。居住于黑龙江的蒙古部族为额鲁特中的准噶尔人。乾隆二十年(1755)，准噶尔台吉巴桑归附清朝，被编入打牲部落。其后，该部迁驻于呼裕尔河流域及呼伦贝尔等地。居住于呼兰的额鲁特人则是于雍正十年从阿尔泰一带迁来，他们之中大姓有伊克明安氏，汉姓则有胡、金、邵三姓，其语言文字与服饰则与本族习俗同。(6)他贲，也是蒙古族的一支，他们于乾隆元年(1736)迁居于呼兰，其中有汉姓何、吴、火三姓，语言、服饰等与蒙古族相同。(7)兀良哈，又称为乌梁海，明代蒙古三部之一，清朝初年归入打牲部落。兀良哈按居住地的不同而分为几部，如阿尔泰山部、唐努山部以及黑龙江南北部等。另外有相当多的兀良哈部族隶于俄国。黑龙江地区的兀良哈部原来居住于黑龙江南、嫩江一带，后遍布东北边境地区。

6. 扎萨克图

为哈萨克族的一个分支。该部主要居住于呼伦湖西南一带，言语自成体系，与其地蒙古人语言不通，在额尔古纳河以北的部落隶于俄国。

7. 满族之属

文献中有时也称“满洲”。满族人大规模进入黑龙江地区，始于康熙二十二年(1683)由宁古塔调来参与对俄抗争，共有八旗十六佐，合计一千六百六十三户、七千五百九十三口。对俄抗争结束后，这些满族将士分驻于齐齐哈尔、黑龙江及呼兰三城。清朝黑龙江的满族(满洲)人有佛(旧)、伊彻(新)满洲之分。此外有库雅喇满洲、瓜勒察满洲，均以地为名，属于伊彻满洲，约计八旗。最早从宁古塔迁来的满族人都被称为“佛满洲”，只占该地所有满洲人口的不过十分之一，族望素著的大姓有瓜尔佳、舒穆鲁等。新满洲，都是就黑龙江土著民族如达斡尔、索伦等编入八旗的部族而言，并不是另有新满洲。

8. 赫哲族

清朝东北地区的赫哲人有多种不同的名称：(1)赫哲，《皇清职贡图》题记称：“赫哲所居与七姓地方之乌扎拉洪科相接，性强悍，信鬼怪。”(2)七姓是赫哲人的一个重要分支，明代时称为“七姓野人”。《皇清职贡图》题记称：“七姓在三姓(依兰)之西二百余里之乌扎拉洪科等处，性多淳朴。”(3)费牙喀，又称为费雅喀、飞牙喀等，即元朝所称吉里迷或乞里迷人，主要散居于黑龙江口以及库页、桦太岛一带。《皇清职贡图》题记称：“费雅喀在松花江极东，沿海岛散处，以渔猎为生。”(4)恰克拉，又称为恰喀拉，也为赫哲人的一支。《皇清职贡图》题记称：“恰喀拉散处于珲春东沿海及富沁岳色等河。”与奇勒尔人习俗非常接近，言语也多有类似之处。

9. 汉族

根据《黑龙江志稿》列举的名号，以下群体都应归入汉族之列。(1)汉军，指随同明将孔有德降附清朝的汉族军队将士及其眷属，被编入汉军八旗，主要为山东籍人士。起初驻扎在墨尔根(嫩江)，后分别驻守于齐齐哈尔、呼兰等地。其中巨族有崔、王、周、梁、田、果、宛、井等姓。(2)水师营，为吉林各地迁来的军人以及平定三藩的汉族军人，他们于顺治十八年(1661)编入吉林水师营，从征雅克萨有功，后移民齐齐哈尔及呼兰等地，其中著姓有楚、陈、王、吴等。(3)站丁，均为云南籍人士，因参与吴三桂叛乱而被迁谪于山海关外，服役于关外各驿站，后来又被迁入黑龙江，分居于茂兴、呼兰、齐齐哈尔各地，到清末已改为民籍。(4)屯丁，又称为官庄人，大多为辽东一带居民，又称为开户人。从康熙年间开始，为解决军粮转运问题，清朝官府已开始招民开垦，设屯管理。咸丰年间，中原地区陷入战乱，又有不少人避难出关，也被编入官屯。屯丁之中，除了汉族人，还有朝鲜族人。(5)汉人，指道光、咸丰年间东北弛禁以后进入东北地区的各省汉民，其中以山东、山西、直隶(河北)三省人为最多，起初集中于齐齐哈尔城外东荒地区，后来散处各地。

10. 回族

即文献中所称“回回”。回族应该是唐代来自波斯和中东的阿拉伯商人，以及元代来自中亚信仰伊斯兰教的军士，在漫长的发展历程中，与中国一些民族不断融合而形成的，原来主要居住于陕西、甘肃等地，后来有些迁入东北地区，黑龙江多城镇之中都有回民居住。

第二节 蒙古地区的民族分布与政区建置

清朝在疆域建设方面的重大成就之一，就是实现了长城内外、大漠南北的真正统一。清朝官方文献习惯将北方及西部边远民族聚居区域称为“藩部”，以别于南方的“土司”地区。关于清朝“藩部”的地域范围，《清史稿》卷五一八《藩部传》卷首称：“自松花、黑龙诸江，迤逦而西，绝大漠，亘金山，疆丁零、鲜卑之域，南尽昆仑、析支、渠搜，三危既宅，至于黑水，皆为藩部。”就其所涉部族及地域而言，“藩部”，主要包括“蒙古”“青海”“西藏”三大部，也就是以广布于北方大漠南北地区及青藏高原的蒙古族与藏族为核心。

关于清朝蒙古部族的分类，清朝学者魏源曾经指出：“蒙古，诸游牧国之大名也。……最其部类，大分有四：曰漠南内蒙古，曰漠北外蒙古，曰漠西厄鲁特蒙古，曰青海蒙古。”[①]现代研究者通常将漠西厄鲁特蒙古与青海蒙古合称为漠西蒙古。如果

① 《圣武记》卷三，第93~94页。

从分布地域上进一步分类，则可划分为七大部。如（光绪）《蒙古志》卷二称："蒙古大抵分为七大部，曰内蒙古，曰外蒙古，曰西套蒙古，曰科布多，曰乌梁海，曰青海蒙古，曰内属游牧蒙古。"①除了青海蒙古可归于漠西蒙古，"内蒙古"与"外蒙古"以蒙古高原中部沙漠区（文献中所称"瀚海"）为界限，西套蒙古处于河套以西地区，而内属游牧蒙古游牧在长城一线附近，故也属于漠南蒙古的范畴。科布多在"外蒙古"西北，乌梁海又在科布多以北地区，皆在漠北。七大部依然可按地理位置分为漠南、漠北及漠西蒙古三部。

本节主要讨论蒙古地区的蒙古部族分布及政区设置情况。

一、漠南蒙古的部族分布

关于蒙古内部组织形式之区分，（光绪）《蒙古志》指出："每部中大区之为部，小区之为旗，部以氏族分，旗以政治分。或合数部数旗而为盟，或合一部数旗而为盟。"明确了部与旗之上又有盟之制。盟旗制度的建立，实际上是清统治者将八旗制度推广至蒙古部落之治理举措。清朝所称"内蒙古"，蒙旗由清廷之理藩院直接管辖。

清代"内蒙古"的全称为"内扎（札）萨克蒙古"。《清史稿·藩部传》称："凡蒙旗，扎萨克为一旗之长，制如一品，与都统等。"其制度与北京城内蒙古八旗并无二致。据《清史稿·地理志》，"内蒙古"共有"部落二十有五，旗五十有一"②。其地理分布大致情况："内扎萨克蒙古六盟：东四盟，当盛京、黑龙江及直隶边外；西二盟，当山西、陕西、甘肃边外。凡四十有八旗，二十有四部，并归化城土默特则二十有五。东抵吉林、黑龙江界，西至贺兰山，南界长城，北距瀚海，络雍、冀、幽、并、营五州北境，袤数千里。"③

（一）东四盟的构成

1. 哲里穆盟

科尔沁、郭尔罗斯、杜尔伯特、扎赉特四部为一盟，其盟所在哲里穆（或称哲里木），盟地在科尔沁右翼中旗境内。其贡道由山海关。

（1）科尔沁部，在喜峰口（今河北省迁西县北部的长城关口之一）外。东接扎赉特部，西邻扎噜特部，南至盛京边墙，北达黑龙江。科尔沁部地域"东西距八百七十

① （清）夏日璈、姚明辉辑《蒙古志》，（台北）成文出版社1968年影印版，第137页。
② 乾隆年间，将归化城土默特划归山西，此后"内蒙古"有二十四个部落、四十九个旗。
③ 《圣武记》卷三，第94页。

里，南北距二千有百里”。所部六旗，各分左、右翼。蒙旗的基本单位为佐领，佐领长官称为苏木，“苏木实分治土地人民”①。佐领的数额，直接关系到各旗的规模。此外，关于蒙古各部落牧地分界之特征，（光绪）《蒙古志》卷二指出：“各部游牧，分定地界，不得越境，其界均以山脉河流定之。若平原沙漠，无山河可界者，则叠石为志，谓之鄂博。”因此，我们在考察蒙古部落牧地时，特别要认清其与山脉、河流之间的依存关系。

旗名	扎萨克驻地	牧地位置与面积	佐领数量
右翼中旗	巴音和硕南，曰塔克禅	当哈古勒河、阿鲁坤都伦河合流之北岸，广一百五十里，袤四百五十里	22
左翼中旗	西辽河北面伊克唐噶里克坡	当吉林赫尔苏边门外昌图厅，跨东、西二辽河，广一百八十里，袤五百五十里	46
右翼前旗	锡喇布尔哈苏	当索岳尔济山南，洮尔（儿）河、归喇里河在此汇注于嫩江，广一百二十里，袤三百八十里	16
左翼前旗	伊克岳里泊	牧地当法库边门外养息牧牧场东，广一百里，袤一百二十里	3
右翼后旗	额木图坡	跨洮儿河（陀喇河），广一百二十里，袤三百七十里	16
左翼后旗	双和尔山	当法库边门北，东、西二辽河于此合流，广二百里，袤一百五十里	3

资料来源：《清史稿》卷五一八《藩部一》与《清史稿》卷七七《地理五十二》“内蒙古”部分。②

（2）扎赉特部，东界嫩江，南邻钟奇，西界乌兰陀博，北界鄂鲁起达巴哈山。下仅有一旗，扎萨克驻图卜新察汗坡。牧地在齐齐哈尔城西，广六十里，袤四百里。该部有十六个佐领。

（3）杜尔伯特部，在喜峰口外，东及北皆达黑龙江，西接扎赉特，南毗郭尔罗斯，北界索伦藩部。该部仅有一旗，扎萨克驻多克多尔坡。牧地当嫩江东岸、齐齐哈尔城东南，广一百七十里，袤二百四十里。该部有二十五个佐领。

（4）郭尔罗斯部，在喜峰口外，东西四百五十里，南北六百六十里。南界盛京边墙，东邻吉林府，西及北与科尔沁部接壤。该部设有布木巴前旗与固穆后旗。

---

① 《清史稿》卷五一八《藩部一》，第14327页。

② 本小节表格引用资料非特别注明，均出自《清史稿·藩部传》与《清史稿·地理志》。在这里需要说明的是，清人张穆所著《蒙古游牧记》是一部关于蒙古民族地理研究的杰出著作（文海出版社1965年有影印本），《清史稿》有关蒙古地理及人口分布的记录大都出于该书的研究成果。

旗名	扎萨克驻地	牧地位置与面积	佐领数量
前旗	固尔班察汉	当嫩江与松花江合流之西岸，在吉林伊通边门外长春厅之西，广二百三十里，袤四百里	23
后旗	榛子岭	当混同江北岸、嫩江东岸，近黑龙江，广二百二十里，袤二百六十里	34

2. 卓索图盟

喀喇沁、土默特二部为一盟，其盟所在卓索图，盟地在土默特右翼境内。其贡道也由喜峰口。①

（1）喀喇沁部，在喜峰口外，东西五百里，南北四百五十里。东接土默特及敖汉二部，西界察哈尔正蓝旗牧场，南至盛京边墙，北邻翁牛特部。所部初设左、右二旗，后增一中旗。

旗名	扎萨克驻地	牧地位置与面积	佐领数量
右翼	锡伯河北	当围场东，跨老哈河，广三百里，袤二百八十里	44
左翼	牛心山（一说巴颜珠尔克）	当傲木伦河源，广二百三里，袤一百七十里	40
中旗	珠布格朗图巴颜哈喇山	在左、右翼界内，跨老哈河源	38

（2）土默特部，在喜峰口外，东西四百六十里，南北三百一十里。东邻养息牧牧场，西接喀喇沁部，南抵盛京边墙，北界喀尔喀左翼及敖汉部。所部设左、右翼二旗。佐领数量最多。

旗名	扎萨克驻地	牧地位置与面积	佐领数量
左翼	哈特哈山（或称海他哈山）	当锡呼图库伦喇嘛游牧地之南，养息牧牧场之西，广一百六十里，袤一百三十里	80
右翼	巴颜和硕，亦名大华山	在九关台、新台边门外，跨鄂木伦河，广二百九十里，袤一百八十里	90

① 关于盟旗的归属，《清史稿》之《藩部传》与《地理志》记述有所不同，今从《藩部传》。《地理志》将杜尔伯特部、郭尔罗斯部、喀喇沁部、土默特部归为卓索图盟。

3. 昭乌达盟

扎鲁特、喀尔喀左翼、奈曼、敖汉、翁牛特、阿噜科尔沁、巴林、克什克腾八部十一旗为一盟,其盟所在昭乌达,盟地在翁牛特左翼境内。其贡道由喜峰口。

(1)敖汉部,在喜峰口外,东西一百六十里,南北二百八十里。东接奈曼部,西邻喀喇沁部,南界土默特部,北界翁牛特部。

所部一旗,扎萨克驻固班图勒噶山(或称固尔班图尔噶山)。牧地跨老哈河。宣统二年(1910),分置左、右二旗,左旗有三十五个佐领,右旗有二十个佐领。

(2)奈曼部,在喜峰口外,东西九十五里,南北二百二十里。东界科尔沁,西邻敖汉部,南界土默特部,北界翁牛特部。《圣武记》认为奈曼即《元史》所载"乃蛮"。

该部仅有一旗,扎萨克驻彰武台。牧地当潢河、老哈河合流之南岸。该部有五十个佐领。

(3)巴林部,在古北口(在今北京市密云区东北古北口)外,东西二百五十一里,南北二百三十三里。东邻阿噜科尔沁部,西接克什克腾部,南界翁牛特左翼,北界乌珠穆沁部。该部设左、右二旗。

旗名	扎萨克驻地	牧地位置与面积	佐领数量
右翼	托钵山	当潢河北岸,广二百五十里,袤二百三十三里	26
左翼	阿察图拖罗海	二旗同牧地	16

(4)扎(札)鲁特部,在喜峰口外,东西一百二十五里,南北四百六十里。东邻科尔沁部,西界阿噜科尔沁部,南接喀尔喀左翼,南界乌珠穆沁部。该部设左、右二旗。

旗名	扎萨克驻地	牧地位置与面积	佐领数量
左翼	齐齐灵花陀罗海山北	当哈古勒河、阿鲁坤都伦河之源,达布苏图河于此流入於沙,广一百二十五里,袤四百六十里	16
右翼	图尔山南	二旗同牧地	16

(5)阿噜科尔沁部,在古北口外,东西一百三十里,南北四百二十里。东邻扎鲁特部,西界巴林部,南接喀尔喀左翼,北界乌珠穆沁部。所部仅设一旗,扎萨克驻珲图尔山东托果木台。牧地当哈奇尔河、傲木伦河合流处,即达布苏图河流域。该部有五十个佐领。

(6)翁牛特部,在古北口外,东西三百里,南北一百六十里。东界阿噜科尔沁部,西邻承德热河禁地，南界喀喇沁及敖汉部，北接巴林及克什克腾部。该部设左、右二旗。

旗名	扎萨克牧地	牧地位置与面积	佐领数量
右翼	哈齐特呼朗	在热河围场东北，老哈河南岸，广二百四十里，袤一百里	38
左翼	札喇峰西绰克温都尔	介于潢河、老哈河之间，广三百里，袤九十里	20

(7)克什克腾部，在古北口外，广三百三十四里，袤三百五十七里。东界翁牛特及巴林部，西邻浩齐特部及察哈尔正蓝旗牧场，南界翁牛特部，北接乌珠穆沁部。该部仅有一旗，扎萨克驻牧吉拉巴斯峰。牧地在围场北，当潢河之源。该旗有十个佐领。贡道由独石口（今河北省赤城县北独石口）。

(8)喀尔喀左翼部，在喜峰口外，广一百二十五里，袤二百三十里。东界科尔沁部，西邻奈曼部，南界土默特部左翼，北界扎鲁特及翁牛特部。贡道由喜峰口。所部仅有一旗，扎萨克驻于察罕和硕图。牧地当养息牧河源。该部有一个佐领。

4. 锡林郭勒盟

乌珠穆沁、浩齐特、阿巴哈纳尔、阿巴噶、苏尼特五部十旗为一盟，其盟所在锡林郭尔，盟地在阿巴噶左翼、阿巴哈纳尔左翼两旗界内。其贡道由独石口。

(1)乌珠穆沁部，在古北口外，东西三百六十里，南北四百二十五里。东界索伦部，西邻浩齐特部，南接巴林部，北界瀚海（蒙古高原中部戈壁荒漠地区）。所部设左、右二旗。

旗名	扎萨克驻地	牧地位置与面积	佐领数量
右翼	巴克苏尔哈台山	牧地中有音扎哈河流入於沙，广三百六十里，袤二百一十里。又有胡芦古尔河，潴于阿达克诺尔	9
左翼	鄂尔虎河之侧奎苏陀罗海	当索岳尔济山之西，有鄂尔虎河，绕其游牧，汇于和里图诺尔，广二百五十六里，袤二百一十五里	21

(2)浩齐特部，在独石口外，东西一百七十里，南北三百七十五里。东北邻乌珠穆沁部，西界阿巴噶部，南界克什克腾部。所部设左、右二旗。

旗名	扎萨克驻地	牧场位置与面积	佐领数量
左翼	乌默黑塞里	滨于大小吉里河，广九十五里，袤三百一十里	5
右翼	特古力克呼图克湖钦	当锡林河下游，北潴为达母鄂谟，广七十五里，袤三百七十五里	5

(3)苏尼特部，在张家口外，东西四百〇六里，南北五百八十里。东接阿巴噶右翼，西界四子部落，南邻察哈尔正蓝旗牧场，北界瀚海荒漠。所部设左、右二旗。

旗名	扎萨克驻地	牧地位置与面积	佐领数量
左翼	和林图察伯台冈	当固尔班乌斯克河，广一百六十里，袤三百里	20
右翼	萨敏锡勒山	在瀚海北，广二百四十六里，袤二百八十里	13

(4)阿巴噶部，在张家口外，东西二百里，南北三百一十里。东接阿巴哈纳尔部，西邻苏尼特部，南至察哈尔正蓝旗牧场，北界瀚海荒漠。所部有左、右二旗。

旗名	扎萨克驻地	牧地位置与面积	佐领数量
左翼	巴颜额伦	环锡林河，广一百二十里，袤一百八十里	11
右翼	科布尔泉	有库尔察罕诺尔，为固尔班乌斯克河所潴之地，广八十里，袤三百一十里	11

(5)阿巴哈纳尔部，在张家口东北，东西一百八十里，南北四百三十六里。东接浩齐特部，西邻阿巴噶部，南界察哈尔正蓝旗，北至瀚海荒漠。所部分左、右二旗。

旗名	扎萨克驻地	牧地位置与面积	佐领数量
右翼	永安山（一说昌图山）	有达里冈爱诺尔，广六十里，袤三百一十里	7
左翼	乌尔呼拖罗海山	牧地同上，广一百二十里，袤三百一十八里	9

（二）西二盟的构成

1. 乌兰察布盟

四子部落、喀尔喀右翼、茂明安、乌喇特四部为一盟，其盟所在乌兰察布，盟地在四子部落境内。其贡道由张家口。

(1)四子部落，在张家口外，东西二百三十五里，南北二百四十里。东北接苏尼特部，西至归化城土默特，南临察哈尔镶红旗。所部仅有一旗，扎萨克驻乌兰额尔济坡。牧地在锡喇察汉诺尔，锡喇（西拉）木伦河潴于其地。该旗有二十个佐领。

（2）茂明安部，在张家口外，广百里，袤一百九十里。东接喀尔喀右翼部，西邻乌喇特部，南至归化城土默特，北临瀚海荒漠。所部仅有一旗，扎萨克驻牧彻特塞里，牧地当爱布哈河源。该旗有四个佐领。

（3）乌喇特部，在归化城（今内蒙古自治区呼和浩特市）西，东西二百一十五里，南北三百里。东界茂明安及归化城土默特部，西及南界鄂尔多斯部，北邻喀尔喀右翼部。所部设前、后、中三旗。贡道由杀虎口（在今山西省右玉县西北杀虎口）。

旗名	扎萨克驻地	牧地位置与面积	佐领数量
中旗	哈达玛尔	当河套北岸噶扎尔山南，广二百一十五里，袤三百里	16
前旗	同上	同上	12
后旗	同上	同上	6

（4）喀尔喀右翼部，在张家口外，东接四子部落，西界茂明安部，南邻归化城土默特部，北界瀚海。所部仅有一旗，扎萨克驻塔尔浑河（或称塔噜浑河）。牧地在爱布哈、塔尔浑河合流处。广一百二十里，袤一百三十里。该部有四个佐领。贡道由张家口。

2. 伊克昭盟

鄂尔多斯一部七旗（参见《一八七四年鄂尔多斯七旗地图》），均在河套之内，自为一盟，其盟所在伊克台，故曰伊克昭盟。其贡道由杀虎口。东邻归化城土默特，西接阿拉善部，南界陕西长城，北至乌喇特部，东、西、北三面皆距河，广二千里，袤八九百里。

旗名	扎萨克驻地	牧地位置与面积	佐领数量
左翼中旗	敖西喜峰	有纳玛带泊，喀锡拉河出旗界东北流潴于此，广一百一十五里，袤三百二十里	17
左翼前旗	扎拉（勒）谷	当偏关西，广二百四十五里，袤二百一十里	42
左翼后旗	巴尔哈逊湖	当山西五原厅南、萨拉齐厅西，广二百八十里，袤一百五十里	40
右翼中旗	锡拉布里多诺尔	当宁夏东北腾格里泊，广三百二十里，袤四百八十里	84
右翼前旗	巴哈诺尔	当陕西怀远西北大盐泺，广一百八十里，袤二百七十里	42

（续表）

旗名	扎萨克驻地	牧地位置与面积	佐领数量
右翼后旗	鄂尔吉虎诺尔河	当山西五原厅西、甘肃宁夏东北，广一百八十里，袤一百六十里	36
右翼前末旗	距绥远城七百二十里	附于右翼前旗游牧	13

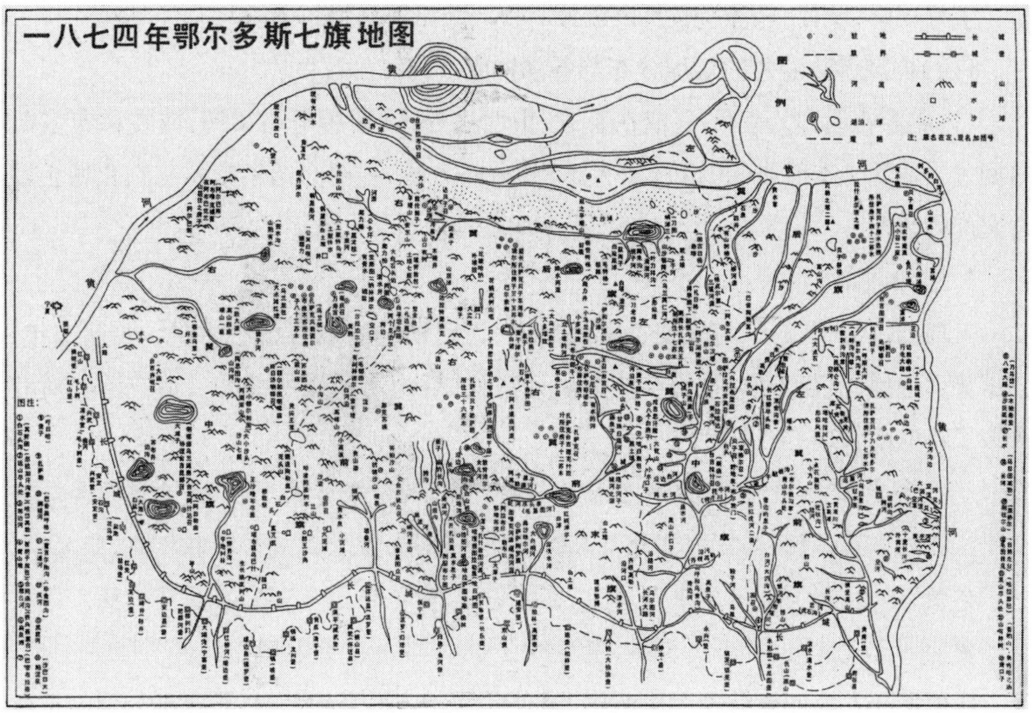

《一八七四年鄂尔多斯七旗地图》

（三）西套蒙古的构成

西套蒙古的地域范围大致为“东界内蒙古，南至长城，界甘肃，西至沙漠，界甘肃、新疆，北至沙漠，界外蒙古”①。下分二部：阿拉善厄鲁特（额鲁特）部、额济纳土尔扈特部。

1. 阿拉善厄鲁特（额鲁特）部，即贺兰山地驻牧蒙古。关于该部的地理状况与民族变迁，魏源曾指出：“贺兰山厄鲁特者，俗所称阿拉山蒙古也。阿拉山即贺兰山，亦讹阿拉善，皆语音之转。其地在河套以西，东宁夏，西甘州，南凉州，北瀚海，袤延七百

① （光绪）《蒙古志》卷二，第176页。

余里,至京师五千里。山阳为内地,山阴为蒙古游牧。"①该部东邻鄂尔多斯部,西界额济纳土尔扈特部,南接凉州、甘州等边界,北逾瀚海接赛音诺颜、扎萨克图汗部界。自为一部,不设盟。所部设一旗,扎萨克驻于定远城(今宁夏回族自治区平罗县东南),下有八个佐领。牧地当贺兰山西、龙头山北。定远城北有吉兰泰盐池。

2. 额济纳旧土尔扈特部,在阿拉善旗之西,当甘肃甘州府及肃州边外。东至古尔鼐,南至甘肃毛目县丞民地,北至阿济山,东南至合黎山,南面与东北、西北皆为大戈壁。下有一旗,设有一个佐领,不设盟长。牧地跨昆都仑河。受陕甘总督节制。

(四)内属游牧蒙古的地理分布与各部构成

"内属蒙古","牧地不一,或在直隶、山西边外,或在唐努乌梁海,或在科布多",内涵过于宽泛。本节取(光绪)《蒙古志》的分类方法,主要介绍察哈尔与归化城土默特两部的情况。

1. 察哈尔部

又名插汉部,其酋长为元朝皇室之后裔,为明朝漠南蒙古核心力量。明朝末年,其部势力强盛,横行于漠南,曾与清军展开激战,后为清八旗所兼并。清统治者对其采取了特殊的管理方式:

> 空其故地,置牧厂,隶内务府太仆寺,而移其部众游牧于宣化、大同边外。其八旗分东西二翼,其旗内官地及与汉民互市讼狱,治以四旗厅及独石口、张家口、丰镇、宁远各厅,其本旗事务,辖以都统等官,而总隶于理藩院典属司。此八旗在蒙古四十九旗外,官不得世袭,事不得自专,与各扎萨克君国子民者不同。②

该部所属左翼四旗分别为正蓝旗、镶白旗、正白旗、镶黄旗;右翼四旗分别为正黄旗、正红旗、镶红旗、镶蓝旗。该八旗隶于察哈尔都统。

2. 归化城土默特部

明末为察哈尔部所兼并,归附清后,其部被编为二旗,以其部长为左右翼都统,后撤都统,不设扎萨克,隶于绥远将军,会盟集于本城,不设盟长。"并设同知、通判,理旗民赋讼,与京师内八旗蒙古相等,而与插汉小殊。"③该部分布于山西朔平府(治今山西省右玉县)边外,散布于山西归化城、和林格尔、托克托城、清水河、萨拉齐等五厅境内。

---

① 《圣武记》卷三,第112页。
② 《圣武记》卷三,第97页。
③ 《圣武记》卷三,第97页。

二、漠北蒙古的部族分布[①]

漠北蒙古又被称为“外扎(札)萨克蒙古”。元朝灭亡后,北方蒙古部落分为三大部:漠南蒙古、漠北(喀尔喀)蒙古与西北厄鲁特四卫拉蒙古(又称为漠西蒙古)。漠北喀尔喀蒙古的地域范围大致为:“东西五千里,南北三千里,东界黑龙江,西界厄鲁特,北界鄂罗斯,南尽瀚海。”漠北与漠南的分界区就是瀚海荒漠区。“瀚海绝地中央,莽亘数千里。”[②]康熙年间,喀尔喀蒙古在厄鲁特蒙古的进逼下,被迫南迁。康熙皇帝率师亲征,驱走并歼灭了噶尔丹部,使喀尔喀蒙古部落重返故地。

除了喀尔喀蒙古,漠北蒙古部落还有两大地域集团,即乌梁海与科布多。魏源曾总结道:

> 其附庸于喀尔喀者,又有北属国二,亦游牧而非元裔。一曰乌梁海,即兀良哈,在乌里雅苏台之北,俄罗斯之南,旧役于厄鲁特,乾隆荡平,始归王化。……一曰科布多,横亘于准、喀二部东西之间,南依阿尔泰山,北界俄罗斯,参赞大臣治之。其地则扩于康熙,其人则安插于乾隆。有新土尔扈特,有新和硕特,有杜尔伯特,有辉特,有札哈沁,有明阿特,有阿尔泰乌梁海,皆准夷旧部所徙。故一地而隶之七种,仿佛西南之有青海焉。[③]

在行政管理方面,喀尔喀蒙古隶于乌里雅苏台将军,而科布多与乌梁海则分属于科布多参赞大臣与伊犁将军。

(一)喀尔喀蒙古

喀尔喀蒙古原分为三部,其首领分别为土谢图汗、车臣汗、扎萨克图汗。雍正年间增设赛音诺颜部,共四部七十四旗,乾隆年间又增至八十二旗。关于漠北蒙古诸部的分布特征,魏源在《圣武记》中称:

> 其会盟分四路:土谢图汗部二十旗为中路,居土腊河左右境,其盟所曰罕阿林;车臣汗部二十三旗为东路,居克鲁伦河左右境,其盟所曰巴尔和屯;扎萨克图汗部十七旗为西路,居杭爱山以西境,其盟所曰毕都里雅;赛音诺颜汗部二十旗

---

① 本小节表格数据及各旗牧地位置除特别指明者,均源自下列著作:(1)(清)张穆《蒙古游牧记》,(台北)文海出版社1965年影印本。(2)(清)夏日琖、姚明辉辑《蒙古志》卷二,光绪三十三年刊本,(台北)成文出版社1968年影印本。(3)赵尔巽等修《清史稿》卷七七至七八《地理志》与卷五一八至五二一《藩部传》,中华书局1976年版。

② 《圣武记》卷三,第102页。

③ 《圣武记》卷三,第107页。

兼辖厄鲁特二旗为北路,居翁金河北境,其盟所曰齐尔里克。①

清朝在漠北蒙古推行盟旗制度的同时,特设将军及办事大臣统辖各部之兵并协调各部事务。雍正十三年(1735),清廷在乌里雅苏台(今蒙古扎布汗省乌里雅苏台市)筑城驻兵,遣定边副将军驻扎于其地,总辖四部之兵,兼理扎萨克图汗、赛音诺颜两部蒙古事务。乾隆二十七年(1762),清朝于土谢图汗部之库伦(今蒙古乌兰巴托市)设立库伦办事大臣,分别任满洲大员与蒙古王公一人为办事大臣,办理与俄罗斯交涉事务,同时监理车臣汗与土谢图汗两部事务。

1. 土谢图汗部

又称为喀尔喀后路,部长驻扎于土拉河(或称土喇河)。东临肯特山,西界翁金河,南接瀚海,北至楚库河。土谢图汗部在漠北蒙古诸部中地位特别重要,“是部本为喀尔喀四部之首,内则哲布尊丹巴,住锡库伦,外则邻接俄罗斯,有恰克图(今蒙古阿尔丹布拉克)互市,形势特重,号称雄剧”②。该部内设二十旗,盟所在库伦南之汗阿林,共有四十九个佐领。

旗名	佐领数量	牧地位置
本旗	1	在杭爱山东、喀里雅尔山南,跨鄂尔坤、喀鲁哈二河
右翼左旗	7.5	跨色楞格河、土喇河之合流处,南至达什尔岭,北至罕台山
中右旗	3	当土喇河曲处
左翼中旗	14	当阿尔泰军台所经
中旗	4	在肯特山西南,当土喇河源
左翼后旗	4	当阿尔泰军台所经
中右末旗	1	跨土喇河
左翼左中末旗	1	当喀鲁哈河源
右翼右旗	1	东至锡伯格图,南至诺昆陀罗海,西至乌逊珠尔东山,北至齐克达噶图岭
左翼前旗	3	跨喀鲁哈河
右翼右末旗	1	当哈拉河源
中左旗	1	东至察奇尔哈喇,南至善达勒,西至阿尔噶棱,北至阿鲁哈朗
左翼右末旗	5	当阿尔泰军台之东

① 《圣武记》卷三,第104页。

② 《清史稿》卷五二一《藩部四》,第14401页。

（续表）

旗名	佐领数量	牧地位置
左翼末旗	1	当阿尔泰军台之东
左翼中左旗	1	当阿尔泰军台之西
中次旗	1	当左翼中旗之东
右翼右末次旗	1.5	跨鄂尔坤河、色楞格河
右翼左后旗	1	当土喇河、喀鲁哈河之合流处
中左翼末旗	4	当鄂尔坤河、色楞格河之合流处
右翼左末旗	1	当哈拉河、伊逊河东南哈台山北二百里

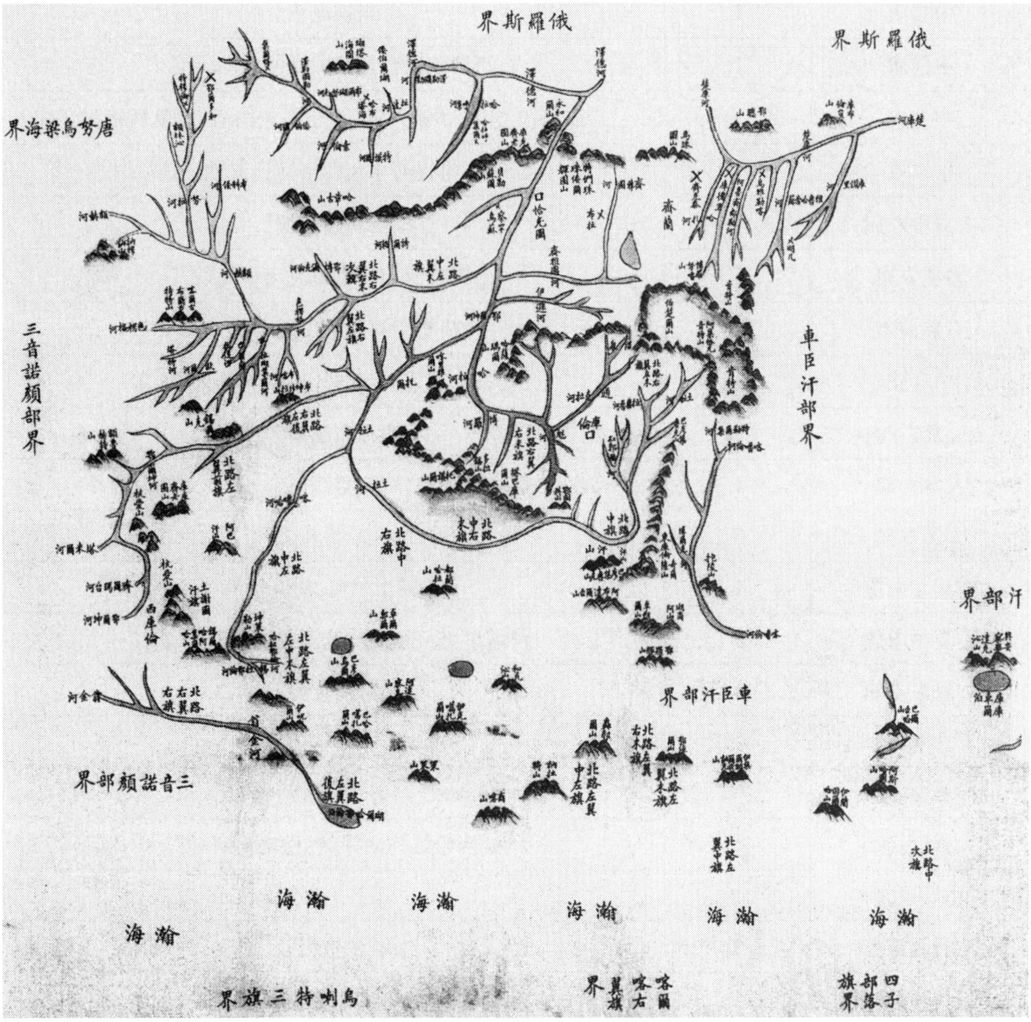

清代喀尔喀土谢图汗部分布示意图

2. 赛音诺颜部(或称赛因诺颜部、三音诺颜部)

又称为喀尔喀中路。原隶于土谢图汗部,雍正年间分置而独立为一部。东界博啰布尔哈苏多欢,西界库勒萨雅孛郭图额金岭,南界齐齐尔里克,北界齐老图河。最初所部有十九旗,后增三旗,附额鲁特二旗,共有二十四旗,扎萨克二十有四,盟于齐齐尔里克,设正、副盟长各一。共有佐领三十一个。

旗名	佐领数量	牧地位置
本旗	4.5	当鄂尔坤河源,在北纬四十七度,西经十四度五十分处
中左末旗	4	当塔米尔、哈绥、齐老图三河源
右翼右后旗	2	当拜塔里克河源
中右旗	1	当推河源
中前旗	1	跨济尔玛台河、鄂尔坤河、翁金河
中左旗	3	有特尔克河、伊第尔河,合于齐老图河,为色楞格河
中末旗	1	哈绥河与色楞格河合流处
右翼中左旗	4	当翁金河源
右翼末旗	2	墨特河与拜塔里克河合流处
右翼前旗	1	胡努伊河与哈绥河合流处
中后旗	1	布尔噶苏台河与札布噶河合流处
左翼左旗	2	当札布噶河源
左翼中旗	1	跨哈绥河
左翼右旗	3	在哈鲁特山
左翼左末旗	1	跨塔米尔河、胡努伊河
右翼中末旗	1	拜塔里克河东向支流至是潴于察罕诺尔
右翼左末旗	1	跨翁金河
右末旗	1	当伊第尔河源
右翼中右旗	0	当济尔玛台河源
右翼后旗	1	当哈绥河北岸、色楞格河南岸
中后末旗	1	跨齐老图河
中右翼末旗	0	当塔米尔河南岸
额鲁特部本旗	1	跨济尔玛台河、鄂尔坤河
额鲁特前旗	1	当塔米尔河北岸

3. 车臣汗部

又称为喀尔喀东路，部长驻克鲁伦翁都尔多博。东界额尔德尼陀罗海，西界察罕齐老图，南界塔尔衮、柴达木，北界温都尔罕。该部共辖二十三旗、四十个佐领，盟所在克鲁伦巴尔河屯（或称巴尔和屯），即巴拉斯城。

旗名	佐领数量	牧地位置
本旗	2	跨克鲁伦河
左翼中旗	2	科勒苏河之东，跨克鲁伦河
中右旗	4	喀尔喀河至此潴于贝尔诺尔
右翼中旗	8	克鲁伦河之南乌纯地
中末旗	3	克鲁伦河之南博罗布达
中左旗	2.5	克鲁伦河之布色鄂埒客
中后旗	1.5	跨敖嫩河
左翼前旗	1.5	当索岳尔济山北，滨于喀尔喀河
右翼中右旗	1.5	达尔汉彻根
左翼后旗	2.5	察汉布尔噶苏台
左翼后末旗	1.5	乌尔图
右翼后旗	3	巴颜济鲁克
中末右旗	1	东至特克什乌苏，南至多木达哲尔克特山，西至鄂尔和山，北至库登图山
右翼中左旗	1	腾格里克
右翼前旗	1.5	喀喇莽鼐
右翼左旗	0.5	额尔得墨
中末次旗	1.5	白尔格库尔济图
左翼右旗	1	跨克鲁伦河
中右后旗	0.5	肯特山东，当克鲁伦、敖嫩二河源
左翼左旗	1.5	跨克鲁伦河
中左前旗	1	跨克鲁伦河
中前旗	5	跨克鲁伦河
右翼中前旗	1	当克鲁伦河曲处

4. 扎萨克图汗部

又称为喀尔喀西路,部长驻杭爱山阳。东界翁金、西尔哈勒珠特,西界喀喇乌苏、额埒克诺尔,南界阿尔察喀喇托辉,北界推河。先是扎萨克图汗部编佐领分十旗,后增八旗,附厄鲁特一旗。扎萨克十有九,盟于扎克毕赖色钦毕都哩雅诺尔,设正、副盟长各一,有二十一个佐领。

旗名	佐领数量	牧地位置
右翼左旗	3	博格尔诺尔、都鲁泊
中左翼左旗	2	桑锦达赉泊之北,当特斯河源
左翼中旗	1	与右翼后旗同牧地
右翼后旗	1	当扎布噶河西岸
左翼右旗	1	都尔根诺尔之南
左翼前旗	2	与左翼后末旗同牧地
左翼后末旗	1	奇勒稽思诺尔之东
右翼右末旗	2	当德勒格尔河西岸、桑锦达赉泊之东
中左翼右旗	1	当桑锦达赉泊之南
右翼右旗	1	乌喇特界内库埒谟多
左翼后旗	1	伊克敖拉里克察罕郭勒
中右翼末旗	1	当济尔哈河,至此潴于察罕诺尔
右翼后末旗	1	在奇齐格讷洪果尔阿齐喇克
中右翼左旗	1	在左翼左旗西南
右翼前旗	1.5	在阿尔察图、和岳尔敖拉、雅苏图、鄂和多尔、纳默格尔诸界
左翼左旗	1	在奇勒稽思诺尔、爱拉克诺尔之南,跨空归河
中右翼末次旗	1	有特们诺尔、委衮诺尔
中左翼末旗	1	当德勒格尔河东岸
附辉特一旗	1	当济尔哈河东岸

(二)科布多

科布多城,在今天蒙古科布多省省会,为清朝科布多参赞大臣驻地。科布多大臣设于乾隆二十六年(1761),归定边左副将军节制。科布多的地域范围大致为"东北界唐努乌梁海,东南界扎萨克图汗部,西南界新疆,西北界俄属"①。科布多大臣所辖

① (光绪)《蒙古志》卷二,第178页。

蒙古部族可分为以下三部。

1. 杜尔伯特部

东北界唐努乌梁海，东南界扎萨克图汗部，南界科布多牧场。下设十六个旗（其中左翼旗十一个，右翼旗三个以及辉特旗两个）。该十六旗的游牧地均集中在金山之东麓乌兰固木地，其大致范围："东至萨拉陀罗海、纳林苏穆河，南至哈喇诺尔、齐尔噶图山，西至索果克河，北至阿斯哈图河。"①自为一盟，盟于塞音齐雅哈图，有三十五个佐领。

2. 新土尔扈特部

下设二旗：新左旗、新右旗，盟于青色特启勒图。先隶科布多大臣管辖，后划归阿尔泰办事大臣。其牧地在科布多西南："当金山南，乌隆古河之东。东至奔巴图、扪楚克乌兰、布勒干和硕，南至胡图斯山、乌陇古河，西至清依勒河、昌罕阿璘、那彦鄂博，北至绰和尔淖尔、那郭干淖尔。"②是部共有佐领三。

3. 不设盟或自设盟的部旗

部名	设旗与佐领情况	驻牧地界
明阿特部	一旗	牧地在科布多城以西地方："东界起塔拉布拉克至齐尔噶图山、科布多河止，南界起齐尔噶图山至茂垓止，北界起茂垓至塔拉布拉克止，俱与杜尔伯特连界。"③
阿尔泰乌梁海	分左、右翼，左翼旗四，右翼旗三，是部有佐领七	在科布多之西北
阿尔泰淖尔乌梁海	二旗，有佐领四	在科布多之西北，初属准噶尔，后为沙俄所占
新和硕特部	一旗	在科布多城南，后划归阿尔泰办事大臣统辖，其牧地当金山东南哈弼察克，西临青吉斯河，东至和托昂鄂博，西至扪楚克乌兰，北至奔巴图、哈弼察克河
扎哈沁部	一旗，后增一旗	牧地在科布多城南
额鲁特部	一旗	在科布多城西北，临科布多河

① 本段参见《蒙古游牧记》卷一三，第648~652页。
② 本段参见《蒙古游牧记》卷一六，第761~765页。
③ 《清史稿》卷七八《地理二十五》，第2440页小注。

（三）唐努乌梁海及伊犁将军所辖蒙古部落

1. 唐努乌梁海

在乌里雅苏台之北，为清代乌梁海三部之一，以境内有唐努山，故名，原属乌里雅苏台定边副将军管辖，后为俄国及漠北蒙古所有。“东北界俄属西比里，东南界外蒙古土谢图汗部及扎萨克图汗部，西南界科布多，西北界俄属西比里。”①下有总管五：曰唐努，曰萨拉吉克，曰托锦，曰库布苏库勒诺尔，曰奇木奇克河。共有二十五个佐领。各个佐领的驻牧地界如下表所示。

佐领数量	驻牧地界
2	在德勒格尔河东岸
2	在库苏古尔泊东北
4	当贝克穆河折西流处
4	当噶哈尔河源
3	当谟和尔阿拉河源
10	在西北，跨阿尔泰河、阿穆哈河

2. 旧土尔扈特部

原来驻牧于雅尔之额什尔努拉地，后为躲避准噶尔部的侵袭，进入俄罗斯境内，游牧于阿尔台一带。至乾隆年间，该部七万余众在酋长渥巴锡的带领下，重返国内。初分该部为四路，赐牧于斋尔，后徙牧于珠勒都斯，隶于喀喇沙尔办事大臣，归伊犁将军管辖。光绪年间，新疆置省后，旧土尔扈特诸部仍隶伊犁将军。

路名	所领旗名称与佐领情况	驻牧地界
南路旧土尔扈特部	四旗：南路汗旗、中旗、右旗、左旗。共有五十四个佐领	有珠勒都斯河，东逾天山，至博尔图岭，南至扣克纳克岭，西至天山，北至喀伦
中路和硕特部	三旗：中旗、右旗、左旗，有十一个佐领	在南路旧土尔扈特之西，东至乌沙克塔尔，南至开都河，西至小珠勒都斯，北至察汗通格山
北路旧土尔扈特部	三旗：北路旗、右旗、左旗，有十四个佐领	东至噶札尔巴什诺尔，西至察汉鄂博，南至戈壁，北至额尔齐斯河

① （光绪）《蒙古志》卷二，第183页。

（续表）

路名	所领旗名称与佐领情况	驻牧地界
东路旧土尔扈特部	二旗：右旗、左旗，有七个佐领	跨济尔噶朗河，东至奎屯河，南至南山，西至库尔喀喇乌苏屯田，北至戈壁
西路旧土尔扈特部	一旗，有四个佐领	东至精河屯田，南至哈什山阴，西至托霍木图台，北至喀喇塔拉额西柯诺尔

第三节 清朝西北地区（甘肃、新疆）民族构成与分布

清朝西北地区的政区格局发生重大改变，甘肃从陕西省中分置而出，独立建省。乾隆年间平定准噶尔部叛乱后，又划出乌鲁木齐以东地区设置州县，起初属于甘肃省。光绪十年（1884），新疆改建行省，但在名义上仍与甘肃合为一省。① 甘肃与新疆之间的密切联系还表现在人口的迁徙问题上。如新疆境内的“汉回”大部分是从甘肃各地迁徙而至。就民族构成而言，清代甘肃地区土族与藏族居民占了汉族以外民族人口的绝大部分。

新疆地区的发展是清朝边疆建设与维护的核心内容之一。为维护边疆地区的安定与主权，从康乾年间开始，清朝政府就在边疆地区实行军政合一的制度，分别设置奉天、吉林、黑龙江、乌里雅苏台、伊犁等几个将军辖区。驻扎于新疆各地的各族军士数量也相当可观。时至清朝末年，清朝又在新疆推行郡县制度，并实行户口调查制度，大大有利于我们准确了解当时的民族构成状况。清朝新疆地区的居民主要包括维吾尔（清朝又称为畏吾儿）、汉、回等几大民族，其中尤以维吾尔（儿）族居民分布最广，数量最为庞大。

一、清代甘肃的政区设置与民族构成

时至清代，甘肃再次从陕西分离出来，单独设省，这无疑是西北地区发展的重大事件。康熙二年（1663），析出临洮、巩昌、平凉、庆阳四府置甘肃省。清朝甘肃省面积广袤，不仅拥有今天甘肃省的全境，还包括今天宁夏回族自治区的大部分与青海省的

① 如其官员仍称为“甘肃新疆巡抚”与“甘肃新疆布政使”，见《清德宗实录》卷一九四，光绪十年九月辛未谕旨。

部分地区，甚至新疆东部地区在新疆设省之前，也属甘肃省辖区。

(一)清朝甘肃省境内的民族构成与分布

出于历史的原因，陇右与河西走廊地区很早形成并长期延续了多种民族混居的局面，故而甘肃省境内的民族构成极为复杂，在清朝各行省之中也显得非常突出。(民国)《甘肃通志稿》特立《甘肃民族志》，其引言称："盖自有史以来，犬戎、匈奴、氐、羌、月氏、鲜卑、党项、吐蕃、回纥各族……迭为盛衰，凡四千余载，以迄于今，而渐与汉人同化，故甘肃民族复杂甲于各省。"①(民国)《甘肃省志》也称："中国民族，汉、满、蒙、回、藏，合之氐、羌，求之于廿二行省中，唯甘肃省最为完备。"②民族构成的复杂，势必为民族识别工作增加难度。清末民初完成的甘肃省几部省志在民族识别方面做出了初步的尝试，民族分类结果大同小异，即汉族之外，甘肃境内的主要民族有蒙古族、满族、土族、番族及回族等。下面就其分类对各民族的状况进行简要说明。

1. 土族之属

即旧文献中所称"土民"，也就是土司辖境内的族群共同体的总称。这无疑是一种新出现的族群。尽管甘肃全省范围内的民族构成异常复杂，经过长期在共同地域的共同生活，某些特定区域内的不同部族在风俗及文化上却具有了同样或近似的特征或者说特质。如甘肃民族分布最复杂、最集中的区域，莫过于"土司"辖地。《清史稿·列传·土司六》指出："甘肃，明时属于陕西。西番诸卫、河州、洮州、岷州、番族土官，《明史》归《西域传》，不入《土司传》。实则指挥同知、宣慰司、土千户、土百户皆予世袭，均土司也。"必须注意的是，"土司"辖地，绝非纯一民族的聚居地。(民国)《甘肃民族志》对清朝甘肃土司的渊源与民族构成做了较全面的说明：

> 甘肃诸土司所辖，有番民、土民。土民或操汉语，或番语，或蒙古语，多数奉佛，而间奉回教。蒙语者，亦不用蒙文，而用番文或回文，其原不可考。计甘肃有土指挥使八、指挥同知七、指挥佥事八、千户九、正千户一、副千户二、百户九。(《续通志》)今之土民，盖可分四种：一曰土汉民。自改土归流后，全同编氓。而临洮、岷县及西宁州土人，《志》未言系何民族，似即最初土著，后渐化为汉民，或汉人佃种土司之地，归其管辖者也。二曰番族(古吐蕃族后裔，今藏族先民)。临洮、临夏、洮、岷、永登各土司属下，番民居多。而临潭县杨土司所辖，纯系番族。

① 《中国西北文献丛书》第一辑《西北稀见方志文献》第27卷，兰州古籍书店1990年版，第399页。

② 《西北稀见方志文献》第33卷，第126页。

三曰回族。甘肃土司只乐都县祁、冶二土司，循化县二韩土司系口外缠回种(今维吾尔族)，而祁土司不奉回教，《通志》作蒙古种……四曰蒙古族。临夏、西宁、乐都、永登所辖皆有蒙古民族，土司多系蒙古种，嬗变之迹，几不可考。①

(民国)《甘肃省志》将土司所辖悉数归入氐、羌族，显然是不全面的。

对于甘肃境内土司辖区的外在形态，(民国)《甘肃省志》又称：

土司不啻为西陲无数小国，其类甚繁。……除已经改流者不计外，甘肃土司，在兰州、巩昌、西宁、凉州四府境，共有四十族，或从回教，或同番俗，或与中国人民毫无分别。各土司之辖境，动辄数百里，如内地一道一州者，比比皆是。唯各不相属，其官职世袭罔替，高者称同知、指挥使，次为指挥、佥事，又其次为五千户或千户。前代设此，盖欲其互相钳制，形格势禁，藉此为西陲冲地。民国以来，其制相沿未改。②

民国时期甘肃境内土司简表

县名	治所今地	土司名称
狄道县	甘肃省临洮县	临洮卫
导河县		韩家集、河州卫、上六工撒拉、下六工撒拉、皂藏
临潭县	甘肃省卓尼县西	卓泥、资卜、著逊
岷县	甘肃省岷县	峰崖武坪、麻龙里、攒都沟、林口堡
西宁县	青海省西宁市	寄彦才沟、北川、南川、起塔镇、西川、皂迭沟
碾伯县	青海省海东市乐都区	上川口、胜番沟、赵家沟、老鸦堡、米剌沟、三川朱家堡、美都沟、三川王家堡、九家港
大通县	青海省大通回族土族自治县西北	大通川
庄浪县	甘肃省庄浪县东北	武威番、古浪番、平番、番
平番县	甘肃省永登县	连城、九城、大营沟、大通硖口、红山堡、古城渠、马军堡、西五渠、西六渠
永昌县	甘肃省永昌县	西山流水沟寺

资料来源：(民国)《甘肃省志》第四章第三节《种族人口》，见《西北稀见方志文献》第33卷，第127页。

① 《西北稀见方志文献》第27卷，第489页。

② 《西北稀见方志文献》第33卷，第126~127页。

2. 回族之属

清朝对回族的认定，与现代民族识别有所不同，当时将今天的维吾尔族先民（旧文献中称为“缠头回”或“缠回”）、回族先民（旧文献中称为“汉装回”或“汉回”、“东干”等）均称为“回回”。如（宣统）《甘肃新通志》载：

> 今之回回，即古回鹘、畏吾儿、回回三种人也。回回为大食种，故国在今亚喇伯（今译为阿拉伯）。《辽史·部族表》有“回回大食部”。元时始入中国，别名色目人。回鹘者，匈奴别部袁纥之裔，后称韦纥，唐初称回纥。武后时，契苾、思结、浑部徙于甘、凉。德宗时，其汗自请改名回鹘。后酋长入居中国，别部庞特勤居甘州。宋时散处碛西，服属于蒙古。至畏兀儿则吐谷浑素和贵之裔。宋王韶取西宁，畏兀主惧，迁于瓜、沙。明嘉靖间，徙哈密之畏吾儿。哈喇回，白帽回入于肃州城东是也。是三种人者，古则类别区分，今则混而为一矣。盖错处久而性情洽，衣服同而气类化，奉教一而形势亦易合。居内地者概称回回，即在塞外者亦不过缠头回、汉装回而已，其为回回，为回鹘，为畏[吾]儿，莫能辨也。……至其群居之处，则西路之河湟，南路之张家川，东路之平固、化平，北路之灵宁一带，所在皆是也。①

（民国）《甘肃省志》对甘肃地区的回族发展状况也进行过简要的回顾：

> 自唐中宗时，回纥南度沙碛，徙居甘、凉间，是为回纥入居甘肃之始。厥后回纥为黠戛斯所破，散居甘肃。五代迄宋，分布益广，甘肃回部，由是特盛。蒙元以还，蕃殖愈众。凡此回族，土人称曰“汉回”，欧人称“东干”。在甘省中人数之多，为全部人口三分之一以上。②

据（民国）《甘肃民族志》记载：“全省人口近称九百万。据光绪三十四年（1908）督署统计表，人口总六百余万。回教四十五万六百七十九，其数似非实录。蒙、藏人数且未入表。”③

3. 蒙古族之属

出于行政区划（西宁地区归于甘肃）及毗邻的因素，清代及民国时期的方志通常将青海地区的蒙古族归入甘肃省的少数民族之列。如（宣统）《甘肃新通志》称：“蒙古为元裔，明中叶徙漠南者为内蒙古，留漠北者为外蒙古，环青海居者为青海蒙古，贺

---

① （宣统）《甘肃新通志》卷四二《回族》，载于《西北稀见方志文献》第24卷，第458页。

② 《西北稀见方志文献》第33卷，第127页。

③ 《西北稀见方志文献》第27卷，第399页。

兰山之阴为阿拉善,其额济纳部亦外蒙古也。……凡界在甘肃边境者,青海、阿拉善以及额济纳、鄂尔多斯,并著于篇,而哈密、土鲁番诸旗附之。”①关于蒙古族的分布与盟旗制度,前文已有较详细的介绍,兹不赘述。不过,“青海中之额鲁特蒙古,移居于西宁道境者,为数不鲜”②。

4. 藏族之属

即旧文献中所称“番族”(或称“蕃族”“番部”)。甘肃地区毗邻青藏地区,藏族主要集中在缘边诸州(如阶、文、洮、岷、河、湟等)。关于藏族的分类,(民国)《甘肃民族志》载,当时藏族部落之中“有西蕃、南蕃、白蕃、黑蕃、黄蕃之分,各蕃中又分生蕃、熟番”③。又(民国)《甘肃省志》称:“甘肃西宁府(治今青海省西宁市),为西藏黄教始祖宗喀巴生身之地……所以西藏民族,‘唐古特或图伯特’之移殖,随喇嘛教之势力,于西宁青海,建寺最多,而其族特蕃。”④其实,西宁地区外,在甘肃部分地区,藏族民众的数量也相当可观。

(二)清朝甘肃境内土司设置与民族户口

甘肃境内的土司在明时有实无名,《明史》归之为《西域传》,不入《土司传》,清改甘肃为省,土司仍明之旧。《清史稿》载甘肃土司“有悍(捍)卫之劳,无悖叛之事”。据《清史稿》之《地理志》与《土司传》,以及(宣统)《甘肃新通志·兵防志》[简称(宣统)《甘肃志》]等资料的记载,清朝甘肃境内土司分布及少数民族(主要是土族与藏族)人口的大致情况可总结如下:

1. 兰州府(治今甘肃省兰州市)

(1)狄道州,治今甘肃省临洮县,为赵氏土司驻所,其先为蒙古族,赐姓赵氏,世居桧柏庄,又称东庄,在该州东南六盘山麓。清朝初年又移居于官堡镇之桧柏新城。所辖部族分为上、中、下三哑土民等十五族,共有四十八庄,四百三十九户,男一千一百〇六丁,女九百四十口。

(2)河州,后改为导河县,治今甘肃省临夏回族自治州,有何氏土司、韩氏土司及土番、老鸦、端言、红崖、牙党、川撒诸部,分居于该州西境。何氏土司,其先为河州人,为元、明河州卫土官指挥,旧管“番民”四十八户。韩氏土司之先,也为元、明时河州卫

① 《西北稀见方志文献》第24卷,第420页。
② 《西北稀见方志文献》第33卷,第127页。
③ 《西北稀见方志文献》第27卷,第434页。
④ 《西北稀见方志文献》第33卷,第128页。

土司，世居于韩家集，管珍珠、打剌二族“土民”，共五百七十九户。

2. 巩昌府（治今甘肃省陇西县）

（1）岷州，治今甘肃省岷县。《清史稿·地理志》载当地有土司二：麻童、百林口堡。“番族一”：沙庄。其实这已是改流后的统计，当地原有土司当不止于此。如据（宣统）《甘肃志》，岷州有马氏土司，其先为元、明岷州卫土司，世居宕昌城，下属“土民”十六族。后氏土司，其先为明朝土官百户，世居攒都沟，管“土民”二百九十名。赵氏土司，其先为明朝土官百户，世居麻竜里（或麻龙里），管“土民”八庄三族。（宣统）《甘肃志》注云：以上三土司，所辖虽号土民，“与汉民无殊”，钱粮命盗重案，俱归州治，土司不过理寻常词讼而已。后氏土司，其先为明土官百户，世居闾井，管“土民”十一庄，一百四十八户。赵氏土司，其先祖绰思觉，为革那族“生番”，后改赵姓，世居多纳族“番地”，所辖“土民”四十八族，藏民四十三族，至雍正年间改土归流。

（2）洮州厅，治今甘肃省临潭县东新城。据《清史稿·地理志》，该地有“土司三：

《（洮州）厅境并蕃属总图》

著逊、卓泥杨氏、资卜马氏。诸土司皆贫弱，地什九入卓泥杨氏，幅员千余里，南与松潘接。南路隘口七，通四川番地。西路隘口六，通青海。北路隘口三，通循化厅番地”。杨氏土司，原为元、明时洮州卫卓泥部藏民，赐姓杨氏。杨氏世居卓泥堡，在洮州城西南三十里，土城不过百雉，“亦无楼橹”，然三面环山，前临洮水，“自成形势”，辖四十八旗，五百二十“番族”，户一万一千五百九十九。昝氏土司，其先为元、明时洮州卫底古族“西番”头目，世居资卜部，在厅城东南二十里，辖七旗藏民，共有七十六族，共有藏民三百八十四户。永氏土司，其先为洮州卫著逊部“番民”，世居著逊隘口，所辖七族“番民”，共三十户。

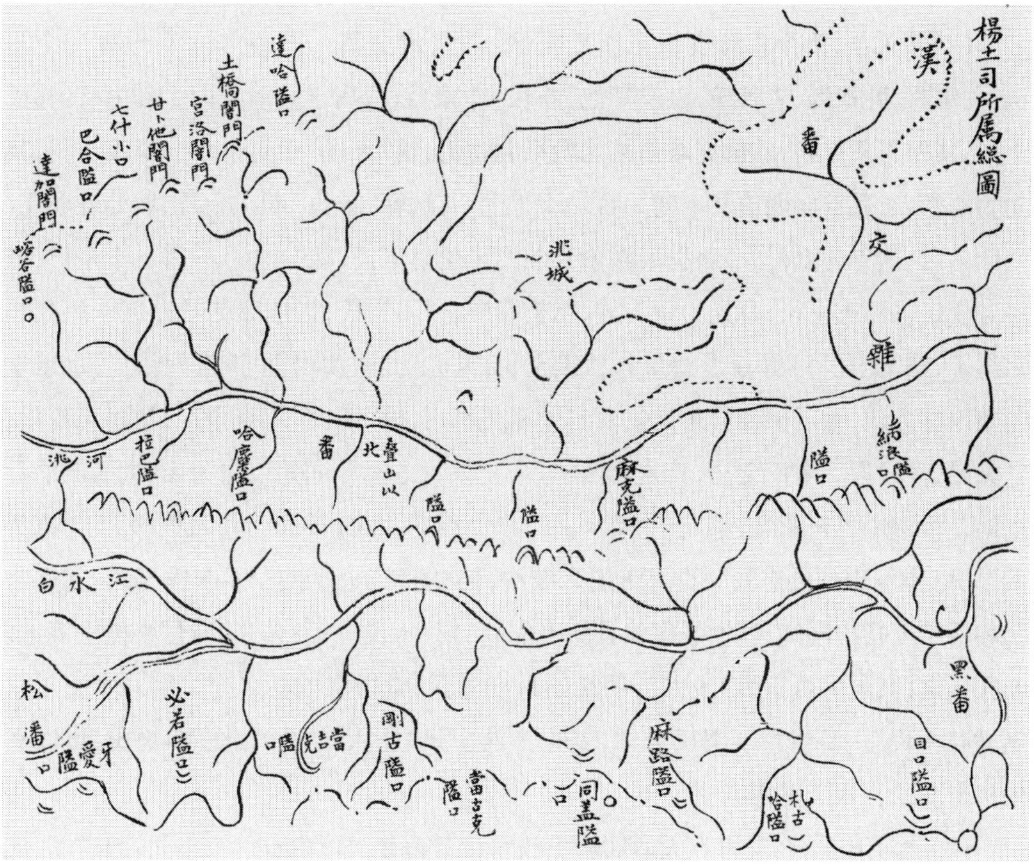

《（清代洮州）杨土司所属总图》

3. 西宁府（治今青海省西宁市）

（1）西宁县，治今青海省西宁市。据《清史稿·地理志》，当地有四个土司：陈氏、吉氏、祁氏、李氏。“番庄二”：上朵壤尔、乜亥加。“番族三”：上郭岔、松巴、巴哇。据

(宣统)《甘肃志》,县境还有纳氏、汪氏等土司。

陈氏土司,其先为江南山阳人,后世居西宁县北五十里陈家台,所辖“土民”一百一十二户,散处各庄。吉氏土司,其先为西番人,后世居西宁县西六十里乢迭沟,辖“土民”九十户,散处各庄。祁氏土司,其先为元代蒙古族后裔,后世居西宁县南九十里寄彦才沟,所辖“土民”八百余户,明时分四族,清初又分为八族,“土民”七百户,分处各庄。李氏土司,其先为西番人,后世居西宁县南三十里乞塔城,辖“土民”九百六十三户,分处四十八庄。纳氏土司,其先也为西番人,后世居西宁县南十里纳家庄,辖“土民”一百五十户,散处各庄。汪氏土司,其先为西宁州“土民”,后世居西川海子沟,辖“番民”十八户,“土民”一百三十户,散处各庄。

(2)碾伯县,治今青海省海东市乐都区。据《清史稿·地理志》,当地有三个土司:九家巷、胜番沟、老鸦堡,以及其他“番民”十余族,分居于县境之内。其中有:祁氏土司,其先为蒙古族,后世居碾伯县北四里胜番沟,辖“土民”七百余户。李氏土司,其先为西番人,后世居碾伯县东南一百二十里上川口,辖“土民”四千余户,散处各堡庄。赵氏土司,其先为岷州人,后世居碾伯县北四十里赵家湾,辖“土民”一百二十余户,散居各庄堡。阿氏土司,其先为蒙古族,明初归顺,以阿为氏,世居碾伯县东五十里老鸦白崖子,辖“土民”一百五十余户。甘氏土司,其先为元、明时西宁卫“土民”,永乐年间始以甘为氏,世居碾伯县东南二百三十里美都川,辖“土民”三百余户,散居美都川、甘家崖、暖只沟。朱氏土司,其先为西宁州“土人”,永乐年间始以朱为氏,世居碾伯县东南二百四十里朱家堡,辖“土民”六十二户。冶氏土司,其先为西域维吾尔(“缠头回”)人,世居碾伯县东南一百二十里米拉沟,辖“土民”七十余户。李氏土司,其先为明朝西宁卫指挥同知,后世居碾伯县城九家巷,辖“土民”一百余户,分住松树庄等地。辛氏土司,其先为西宁州“土人”,明初始以辛为氏,世居碾伯县东南二百八十里王家堡,辖“土民”一百余户。喇氏土司,其先为西宁州“土人”,明初始以喇为氏,世居碾伯县东南二百八十里喇家庄。

(3)大通县,治今青海省大通回族土族自治县西北。境内有六个土司:起塔镇、乢迭沟、大通川、王家堡、朱家堡、美都沟。西北与青海分界,有界碑。有曹氏土司,其先为大通川人,所辖大通、燕麦等川五族“番民”一百五十户。

(4)贵德厅,治今青海省贵德县。原隶西宁县,乾隆五十七年(1792)升厅。据《清史稿·地理志》,当地“番族分生(番)、熟(番)、野番三种。熟番五十四族,畊赋视齐民。生番十九族,畜牧资生。野番八族,其汪食代克一族,乾隆末北徙丹噶尔,余七族咸居厅东境,插帐黄河南岸”。

(5)循化厅,治今青海省循化撒拉族自治县。据《清史稿·地理志》,青海和硕特游牧地错入厅南境。当时主要的少数民族:“番族:上隆布西番十六寨,南番二十一寨,阿巴那西番八寨,多奈错勿日二寨,素呼思记二寨,边都沟西番十寨,东乡西番五寨。回民撒拉族所居,曰上八工、下八工。”其中有韩氏土司,为撒拉尔人,管西乡上四工韩姓撒拉(街子工、又家工、大寺工、苏治工)。又有韩氏土司,其先为撒拉族土百户,管东乡马姓下四工撒拉(孟达工、章哈工、清水工、奈曼工)。(宣统)《甘肃志》注:“按:撒拉与番回异,类似羌而奉回教者也。”①

(6)丹噶尔厅,治今青海省湟源县。据《清史稿·地理志》,韩氏土司辖地在厅东南。当地又有沙喇库图尔番族聚居处。

4. 凉州府(治今甘肃省武威市)

(1)平番县,治今甘肃省永登县。境内有两个土司主要据点:古城、连城。有鲁氏土司一,其先为元代蒙古人,明初得赐姓鲁氏,世袭土司指挥佥事等职,清代袭为指挥使,驻扎于庄浪,分守连城,在平番县城西一百四十里,下管“土民”十旗,共有三千二百四十五户、二万一千六百八十六口。鲁氏土司二,其先为元代蒙古人,明初得赐姓鲁氏,世袭土司指挥佥事,辖红山堡、赵家庄、炭洞沟等处“番民”。鲁氏土司三,其先为元代蒙古人,与土司一同族,世袭土指挥使,世居古城,辖黄羊川岛、海水蒲等处,不管“土民”。鲁氏土司四,与鲁氏土司二同族,世袭土司指挥使,世居大营湾,辖大沙沟、西三渠等处,不管“土民”。

(2)庄浪厅,治今甘肃省永登县。境内有一个土司:西山流水沟寺土千户,管理“番民”五族。

二、清代新疆的政区设置与民族构成

(一)清朝对新疆地区的治理与政区建置

新疆地区面积辽阔,又位于中西陆路交通枢纽地带,自古就为众多民族混居之地,又被称为民族大迁移的交通孔道。如清末在伊犁地区工作过的一位俄国外交官指出:

> 现在的中国西部地区(指清朝新疆省)既然地处亚洲大陆中心,自古以来也

① 《西北稀见方志文献》第24卷,第435页。

就自然成为民族大迁移的必经之地。同时,作为一个通道,它不过是这个民族迁移路程中的一段,不可能成为某种业已定型的文化中心。它从来就只不过是演出若干历史插曲的地点……直到最近时期,这一地区一直是各种游牧民族活动的场所。他们来到此地,到处游牧。以后或者西向转移,或者黯然从历史地平线上消失,不知去向。由于这种流动性,曾在各个不同时期活动于现今新疆省境内的各民族中,没有一个民族留下了表明其曾经存在的经久不灭的痕迹,也没有留下多少可信的历史传说。①

应该说,这位俄国外交官对游牧民族生活状况的表述,较准确地反映了天山以北地区的风貌,但如果用来概括整个新疆地区的民族发展特征,就未免以偏概全了。

通常,以天山为自然界线,新疆地区分为南、北二路。“天山为葱岭正干,袤数千里,抵哈密(今新疆维吾尔自治区哈密市),其左右为准、回两部。”②天山北路为“行国”,即游牧部落,而南路为城郭之国。清朝称天山南路为“回部”,即信奉伊斯兰教的回民聚居地,又称作“回疆”。天山北路的主要游牧民族即额鲁特(或称厄鲁特)蒙古,准噶尔部则是额鲁特蒙古中最强悍的一部。

明末清初,额鲁特蒙古雄踞天山以北地区,周边部族难与之抗颉,大多臣服纳贡。额鲁特下分四卫拉部,即绰罗斯(准噶尔)、杜尔伯特、土尔扈特、和硕特,各部分地而牧。

初,四卫拉之分部也,绰罗斯治伊犁;和硕特治乌鲁木齐③;杜尔伯特治额尔齐斯④;土尔扈特治雅尔(塔尔巴哈台,治今哈萨克斯坦境内乌尔扎尔),土尔扈特北去,辉特治之。部各有汗,非有君臣之分也。自绰罗斯浑台吉汗强盛伊犁,始为四部盟长,抗衡中国者数世。⑤

清朝康熙年间,噶尔丹自立为准噶尔汗,在兼并额鲁特四部后,进而吞并天山南部、青海以及漠北蒙古地区,对清朝边疆地区的稳定构成极为严峻的威胁。康熙皇帝先后三次率军北征,击溃了噶尔丹部,收复了漠北地区。准噶尔余部被降服后,仍旧

---

① 〔俄〕尼·维·鲍戈亚夫连斯基《长城外的中国西部地区》,商务印书馆1980年版,第16页。

② 《圣武记》卷四,第161页。

③ 和硕特自固始汗东徙青海后,其乌鲁木齐旧地遂为准噶尔诸台吉公牧之所。(参见《圣武记》第152页作者原注)

④ 额尔齐斯河者,回语“遒紧”之谓,言其河水湍溜奔急也。在阿尔泰山之南二百里,科布多之西三百余里,在雅尔之东、乌鲁木齐之北各八百余里,平定后为屯田之所。(参见《圣武记》第150页小注)

⑤ 《圣武记》卷四,第152页。

在阿尔泰山以西至伊犁一带游牧。雍正皇帝继位后,准噶尔部又曾扰乱蒙古地区。清军坚决反击,大举征伐,但并没有在天山以北地区建立管理机构。

时至乾隆年间,准噶尔部发生内讧,准噶尔部不少酋长与部众归附清朝。为永久消除西北边疆之隐患,乾隆皇帝先后数次遣师出征,并在事态平定后,设置常驻军政官员,驻扎大批军队。

于绰罗斯部旧地设总统伊犁等处将军,节制南北路,同参赞大臣驻惠远城。领队大臣五,其一驻惠宁城。又于杜尔伯特部旧地设乌鲁木齐都统一,领队副都统一,迪化城绿营提督一,巴里坤领队副都统一,古城领队副都统一,库尔喀拉河领队大臣一。又于土尔扈特及辉特旧游牧地设塔尔巴哈台参赞大臣一,领队大臣二。又置迪化州于乌鲁木齐,设镇西府于巴里坤。改安西府为安西州,裁安西道。凡伊犁所属城九,乌鲁木齐属城十有六,屯堡不与焉,皆属天山北路。①

从此,天山北路地区成为清朝疆域的重要部分。

乾隆二十五年(1760)平定大小和卓木叛乱之后,清朝也完善了天山南路地区的管理体制。

以喀什噶尔为参赞大臣建牙之所,节制南路各城。各城大者设办事大臣,小者领队大臣。西四城曰喀什噶尔,曰叶尔羌,曰英吉沙,曰和阗。东四城曰乌什,曰阿克苏,曰库车,曰辟展。并东路哈密、土鲁番、哈喇沙拉三城共十有一城。各城所辖回城或五六,或十余、二十余不等。各设阿奇伯木克理回务,自三品至六品,各随年班入觐,不得专生杀。②

清朝在新疆地区的政区建置大致分为两个阶段:第一阶段就是以伊犁将军及办事大臣为核心的军府制度的建立,第二阶段是以郡县为核心的行省制度的建立。乾隆二十四年清朝设总统伊犁等处将军、参赞大臣、办事大臣、同知、总管等官。同时,划乌鲁木齐以东地改置州县,隶于甘肃省。(宣统)《新疆图志》卷二四《职官三》称:

国朝初定西域,建侯行师,立军府于伊犁。其建置规模,考之前史,大抵于唐为近。若驻防各城者,则有办事、协办、领队诸大臣,犹唐之有都督及诸军镇使也。诸大臣之在北疆者,领于乌鲁木齐都统;其在南疆者,领于喀什噶尔参赞大臣,犹唐之有安西、北庭两都护府也。伊犁将军总统南北军政,自都统参赞以下并受节制,礼制最崇。

---

① 《圣武记》卷四,第157页。
② 《圣武记》卷四,第167页。

从乾隆时期开始，新疆地区事务的处理在相当长的时间里，隶于理藩院柔远清吏司以及徕远清吏司。徕远清吏司的一项重要职责，便是"回部"（新疆）的户口统计工作。《钦定大清会典则例》等文献保留了当时户口数量等一些资料，虽然不是很完整，但是对于我们了解当时新疆地区民族及移民户口状况，具有很高的价值。参见下表。

乾隆时期新疆地区户口情况简表

地区名称	户口情况	地区名称	户口情况
辟展	1863 户，8243 口	阿克苏	5753 户，18607 口
库尔勒布古尔等处	1130 户，4525 口	乌什	2967 户，12633 口
库车	815 户，2615 口	喀什噶尔	15506 户，50546 口
沙雅尔	420 户，1214 口	叶尔羌	15025 户，60451 口
赛里木	549 户，1675 口	和阗	13838 户，43512 口
拜城	483 户，1274 口	合计	58349 户，205295 口

资料来源：《钦定大清会典则例》卷一四三"徕远清吏司"，清文渊阁《四库全书》本。

新疆独立建省，是清朝在西北边疆地区政区建置的一项重大突破。乾隆年间在平定准部后，清朝曾设直隶迪化州于乌鲁木齐，辖阜康、昌吉、绥来三县，这也是历史时期天山南路设置正式行政区的开始。关于新疆建省问题，很早就成为清代朝野人士议论的话题，然迟至光绪初年，即在平息西北回民起义之后，以左宗棠为代表的清朝官员正式将建省之举措提上议事日程。（宣统）《新疆图志》卷二五《职官四》称："新疆开创行省，始于光绪七年（1881），督师左宗棠首建大策，通政使刘锦棠实踵成之，于是军府之制，一变而为郡县之制。"其实，光绪四年（1878）、六年（1880），左宗棠曾先后两次向朝廷建议在新疆地区"开行省，设郡县"，直到光绪八年才得清廷的最终批准。从光绪八年到二十八年，清朝在新疆地区共设置了四道、六府、十一厅、二直隶州、一州、二十一县、二分县。①

（二）清朝新疆地区民族混居态势与主要民族的识别

关于清朝新疆地区的民族构成，（宣统）《新疆图志》卷四八《礼俗》引言："新疆广袤二万余里，人类纷庬，各为礼俗。今区其种，曰蒙古，曰缠，曰布鲁特，曰哈萨克，曰甘回，而综核其教，无虑两端，曰回、曰佛而已。至于满洲驻防，其礼载在《会典》；流寓汉民，各从乡俗，不复著其同者。""蒙古""缠""布鲁特""哈萨克""甘回"，再加上满、

① 参见（宣统）《新疆图志》卷一《建置一》。

汉，清朝新疆境内至少应有七种民族。民国初年印行的《新疆地理志》中的民族分类与此大致相同，该《志》称：

> 现在新疆之住民，单就其皮肤之色别之，悉为黄色人种，然就其先天之性质（容貌、体格、性情）及后天的性质（言语、风俗、习惯）而观察之，有几多之异人种。今大别之，得六人种，曰缠头回，曰哈萨克，曰汉回，曰汉人，曰满人，曰蒙是也。其总人口约二百万人，中缠回约百万人，汉回三十万人，汉人三十万人，哈萨克二十五万人，蒙古十万人，满人五万人，虽非确定之数，然亦相差不远也。

"甘回"与"汉回"，同族而异名。两《志》分类的差别仅在于《新疆图志》将布鲁特分列出来。

有清一朝，新疆地区民族分布的空间构成特征相当明显。如光绪年间，新疆巡抚刘锦棠曾在奏折中指出："……且查新疆户民种类繁多，风气不一，语言、文字、制度、仪文、衣冠、嗜欲，各自为俗。南路以缠头、布鲁特族类为最重，蒙古次之，汉回又次之；北路以哈萨克族类为最重，蒙古、汉回次之，缠头又次之，而满、汉孑遗之民则两路均寥寥无几。"[①]潘效苏也在奏折中称："窃新省地旷人稀，种类庞杂，北路镇迪所属汉多回少，伊犁、塔尔巴哈台、精河、库尔喀喇乌苏等处汉民极少，满、蒙、缠、哈划地分居，生齿亦非繁衍，南路各城概系缠回土著，有古处风。"[②]

清朝新疆境内的主要民族种类及其分布大致情况如下：

1. 维吾尔族（旧文献中通常称为"缠回"或"缠民"）之属

在清朝新疆境内，无论就分布地域之广，还是论数量之多，各族中自然首推维吾尔族。饶应祺在《剿灭绥来谋叛回匪请奖恤存亡员弁折》中说："新疆回族最夥，有缠回、汉回。缠回朴拙，尚各相安，汉回则土客杂居，良莠不一。又分老教、新教，虽皆以谟罕默特为宗，而老教守正，新教则为爱力。"[③]限于客观的历史条件，回族的识别问题具有鲜明的时代特征。清朝至民国初期，则是泛称信仰伊斯兰教的民族都为回族，以宗教信仰作为民族识别的标志。[④] 记载中新疆地区的维吾尔族主要分为两大类：

---

① 《命盗案件请暂行变通办理疏》，《新疆图志》卷一〇一《奏议十一》，上海古籍出版社 1992 年版，第 983 页。

② 《请遣散客勇改练土著世袭兵折》，《新疆图志》卷一〇五《奏议十五》，上海古籍出版社 1992 年版，第 1008 页。

③ 《新疆图志》卷一〇四，上海古籍出版社 1992 年版，第 999 页。

④ 参见李松茂《"回回"一词和伊斯兰教》，载于《回族社会历史调查资料》，民族出版社 2009 年版，第 117~124 页。

一为“缠回”,“缠头回民”的简称,即今天维吾尔族;二为汉回(或称为甘回、东干)。

维吾尔族,作为清朝新疆人口最为繁庶的民族共同体,几乎占当时新疆总人口的一半,但各种方志对其民族归属的认定并不相同。如(宣统)《新疆图志》卷四八《礼俗》称:“缠回者,汉西域城郭国诸种人也,高鼻深目,多髭须,与泰西岛民状貌相类,但眸子黑耳。天山之南,种族蕃庶,而分居疆北者,亦所在皆是。”张献廷所著《新疆地理志》也载:“缠回者,即奉回教之民。礼拜之时,头缠白布,故有此名也。”关于维吾尔族的种族渊源,张献廷认为是古代波斯人与中亚民族的混合体。

就分布地域区分,清朝新疆境内维吾尔族又可分为哈密回部、吐鲁番回部、南八城回部等。关于各部维吾尔族的风俗特征,《新疆图志·藩部志》以吐鲁番为例,考述了维吾尔族的历史演变:

> 吐鲁番,本高昌国,宋为西州回鹘,辽为阿萨兰回鹘,皆回纥之遗种而非天方西来之回也。自摩哈麦居喀什噶尔,其教盛行于西域。暨明吐鲁番强大,嗣是而回部遂兴。其俗以事天为本,……不食犬豕肉。尝以白布蒙头,故称白帽回。回人自呼白帽曰达斯塔尔。别有红帽回、辉和兰、哈拉回诸族,然以缠头为著。

关于“甘回”的族属,《新疆图志》卷四八《礼俗》称:“甘回者,突厥种人也。”其下小注云:“汉装回,多从河湟迁徙者,故别之曰甘回。”“东干”,“汉回”的又一别称。关于“东干”一词的解释与东干族的渊源,学术界很早就有不少不同的意见。东干,突厥语的名称为“土尔甘”或“东根”,含“回来”之意。又有人以为东干人均来自甘肃东部,东干应同于“东甘”。①

2. 蒙古族之属

新疆地区的蒙古族,包括厄鲁特、察哈尔、土尔扈特、和硕特等部,以游牧为主,四季迁徙,其游牧区域涉及天山南北,以及塔尔巴哈台、阿尔泰山等山间牧场。厄鲁特蒙古(包括后来分化的准噶尔、察哈尔、土尔扈特、和硕特诸部)自明末以来就游牧于天山以北地区,而察哈尔部则是从内蒙古地区及长城沿线迁徙而来。

3. 柯尔克孜族(旧文献称为“布鲁特”)之属

布鲁特,今天的柯尔克孜族。《新疆图志》卷四八《礼俗》载:“布鲁特者,汉乌孙、休循、捐毒诸种人也(原注:东布鲁特为乌孙西鄙地,西布鲁特为休循、捐毒二国地),散处于喀什噶尔、英吉沙尔、蒲犁、叶城、乌什诸边境。其俗好利喜争,尚牧畜,事耕

---

① 参见《长城外的中国西部地区》,第43页。然而,张献廷所著《新疆地理志》将“东干”称为“东千”,并对此名称进行了辨析,令人费解。

种,与缠回同教而颇畏法度。”关于布鲁特的分布,《新疆图志》卷一六《藩部一》称:“布鲁特分东、西部,东部在天山北……西部在天山南……布鲁特持教同回部而居无城郭,游牧同厄鲁特而不崇黄教。”新疆布鲁特共分为十九部,其中游牧于阿克苏、乌什西北一带有四部——奇克里、胡什齐、诺依古特、萨尔巴噶什,即东布鲁特;游牧于喀什噶尔西北及叶尔羌西南一带有十五部,即冲巴噶什、希布察克、萨尔特、奈曼、喀尔提锦、提依特、图尔格依格尔、苏勒图、岳瓦什、额德格讷、察哈尔雅萨克、雅萨克、巴奇斯、蒙额勒多尔、色勒库尔。

4. 哈萨克族之属

关于哈萨克族的渊源,有多种不同的说法。如《广舆胜览》载:“哈萨克在准噶尔西北,即汉大宛也。”又如《新疆图志》卷四八《礼俗》称:“哈萨克者,汉康居种人也,散处阿尔泰山、塔尔巴哈台、伊犁北境,无城郭庐室,逐水草,事游牧,四时结穹庐。”其实,与哈萨克族族源有关的民族还有塞种人、乌孙人、康居人、匈奴人等,应该说,哈萨克族是由曾经生活在今天新疆北部地区的许多种民族共同融合而成。[①] 清朝新疆哈萨克族主要分为左部、右中部、右西部三部,《新疆图志》卷一六《藩部一》又载:

> 哈萨克有左、右、西三部,左部为汉坚昆地,右中部、右西部则汉康居地也。……左部逐水草,为行国,其常所会庭曰叶什勒,傍叶什勒河,东去塔尔巴哈台,南去伊犁皆千里,东南去巴里坤四千五百里。其部曰鄂尔图玉兹。……右二部有城郭,右中部置汗一,又置王一,其部曰齐齐玉兹,辖色斯密、奈曼及斯班奈曼诸鄂拓克,皆附塔尔巴哈台北,为最近。右西部无汗,置台吉四,其部曰乌拉玉兹,辖喀喇拜古特诸鄂拓克,处极西,为最远。盖哈萨克之有二玉兹,如准部之有四卫拉特也。……三部共一百五十一鄂拓克(哈萨克部族单位)。

5. 满族之属

清朝新疆境内的满族人,其实主要为驻扎于伊犁等军事重镇的八旗军士及其眷属。张献廷《新疆地理志》对此分析道:“彼等迁徙新疆者,康熙征西之际从征伐军而来,平定之后为驻防队,永屯北路;由来附随各都城文武官而到此者,或为农工商人等。”又据《新疆图志·民政志》,驻防于伊犁等地的八旗军队中,分为旧满营、新满营、锡伯营、索伦营、察哈尔营、额鲁特营、古城满营等。除了满营,其他营队的将士似乎也很难完全归为“满人”或“旗人”。

---

① 参见《清代民族图志》,第66页。

（三）新疆各地的民族构成分析与人口统计

清朝新疆地区的人口发展具有两大显著的特征：

一是总体上地广人稀。如宣统三年（1911），抚新使者袁大化在奏疏中称：

查新疆地方面积五百五十一万方里有奇，而汉民不满三十万，加以旗、哈、蒙、回七十万，南路缠民一百万，通计不过二百万，老弱妇孺均算在内，每两方里半不合一人，较之内省人稠地方每方里三百人计之，不到七百分之一，府厅州县县丞止有四十三缺。荒凉僻远，可想而知。况汉民连客籍仅三十万人，此外各部皆榛狉初开，并不通汉文、汉语……①

二是事变迭起，对人口发展冲击巨大，阶段性差异相当突出。各种事变中，尤以同治、光绪年间的"回变"以及清朝军队的平叛影响最大，造成的人口损失也最为突出。

下面分四道分别阐述各地区的人口数量与民族构成②：

1. 镇迪道

治于迪化府。领一府：迪化府；四厅：吐鲁番厅、镇西厅、哈密厅、库尔喀喇乌苏厅。

（1）迪化府，治于迪化县（今新疆维吾尔自治区乌鲁木齐市北区），原为厄鲁特蒙古准噶尔故地。明朝末年，蒙古瓦剌部分为四卫拉特，其中和硕特部游牧于乌鲁木齐一带。后顾实汗（或称固始汗）率部徙牧于青海，乌鲁木齐一带遂为准噶尔部所占据。乾隆年间清朝平定准噶尔部后，曾划乌鲁木齐以东地方设置郡县，归甘肃省管辖。光绪年间新疆设行省，此地成为新疆省首府。（宣统）《新疆图志》卷一《建置一》载宣统元年该府有23813户、100256口。领六县：迪化、昌吉、绥来、阜康、孚远、奇台，一个分县：呼图壁。清朝迪化府地区贸易繁荣，人口众多，号称西北"一大都会"，民族构成相

---

① （宣统）《新疆图志》卷一〇六《奏议十六》，第1015页。

② 清朝新疆地区的地理总志与方志并不少见，但在关于各地民族人口的讨论中，两类重要的方志文献最具参考价值：一类是（宣统）《新疆图志》。该书《建置志》记录了各地的总户口数字与民族构成，但没有记载各族的人口数与比例。《民政志》中有较详细的户口数字资料，但没有按民族成分进行划分，只是其中的宗教人口数字较有参考价值，因为宗教信仰是清朝区别回民的最重要标志，按理应为维吾尔族与回族人口的合计。但当境内只有一种回民（"缠回"或"汉回"）存在时，宗教人口便成为这种回民的户口数量。另一类是新疆地区乡土志稿二十九种。这些乡土志稿都是光绪末年至宣统初年由各地官员向上级官府呈报的原本，不少稿本详细记载了当地的民族构成与户口数量。这些资料原是《新疆图志》编撰的基础，本节所用乡土志也有一些由《新疆图志》中转引出来。但两类资料都不是非常齐备，或有抵牾之处，故须相互参照。较明显的矛盾与出入，笔者将加以强调。

当复杂,但比较而言,仍然以汉族人口最为庞杂。如(宣统)《新疆图志》卷一《建置一》称:

当全盛之时,屯戍相望,华戎商贾,良细挟资斧往来,聚族列阛而错居以万数,百賜玩好,皓侈骈阗。嘉道之际,称极盛焉。其民或以关内下贫,或以报怨过当,而学士大夫之遣戍者,往往出于其间。故其俗踳驳,或侈靡相高。军兴以来,湘楚人为最多;庚子后,津沽商旅挈累重者踵至,而秦陇之人亦无虑数千户。惰游失业逋负者半之,大都楚人多仕宦,津人多大贾,秦人多负贩,此其大较也。

迪化县为附郭县,清朝初年为准噶尔库木诺雅特部游牧地,境内有九十九个庄(《清史稿·地理志》载有六十七个庄)。昌吉县,治今新疆维吾尔自治区昌吉州,境内有庄五十一个(《清史稿·地理志》载有四个大回庄),当时居民主要有三种民族:汉族、维吾尔族、回族。呼图壁分县,境内有庄二十五个(《清史稿·地理志》记呼图壁境内分为二十六区),汉民为土著,另外有不少来自河湟地区的回族民众,以及南疆地区的维吾尔族民众。《呼图壁乡土志》称:"本境除土著汉民及川陕流寓外,多新、旧汉回,皆自关内西安、河湟来者。"绥来县,治今新疆维吾尔自治区玛纳斯县,清朝初年为准噶尔呼拉玛部游牧地,境内分为十一个庄,主要有四种民族:汉族、回族、维吾尔族、蒙古族,而汉族人口最多。如该县《乡土志》称:

同治间,本境回民多至四五千户。光绪二年(1876)克复后,本境回民……存者不过二百余户。二十五年(1899)以后,存者仅七八十户。而陕甘回民尚有百余户,多经商者。缠民自光绪间克复城后,始有之,今业农、工、商者四五百户。①

阜康县,治今新疆维吾尔自治区阜康市,清初为准噶尔图尔古特部游牧地,境内有二十七个庄,境内民族主要有三种,即汉族、汉回与维吾尔族。《阜康县乡土志》称,当地民众"零丁孤苦,约而言之,凡三种,曰汉、曰回、曰缠。其汉人,十八行省之游手皆有,而北五省(山东、直隶、山西、陕西、甘肃)人为较多。回本西域种,而县之回民自陇右、西宁、狄、河迁徙而来者,盖十七八。缠即准噶尔遗种,县仅百余家,亦积渐自库车、土鲁番(吐鲁番)等处移此者"。孚远县,治今新疆维吾尔自治区吉木萨尔县北,境内有二十五个庄,当地居民大都为汉人,也有回民聚居县城南山一带。奇台县,治今新疆维吾尔自治区奇台县东南,清初为准噶尔台吉牧地,境内有三十六个村庄,有三种主要民族,即汉族、回族、维吾尔族。另外有一些居住于满城的满族官兵。该县《乡土

① 转引自(宣统)《新疆图志》卷一《建置一》,第15页。

志》称:“同治三年(1864)前,汉民七千余户,今仅三千余户,商、工各半。回民不下四千家,十年以后,几无噍类。光绪初年,稍稍聚集。今不过五百余户,经商者百余户,工次之。缠民百七十余户,工、商各半。”①据此,三种民族户数合计仅三千六百七十余户,与下表中的统计数字有较大的出入。

州县名称	总户口数	各族及信仰回教人口数	资料来源
迪化县	38994	信仰回教人口数:18163,所占人口比为46.6%	(宣统)《新疆图志》卷四三《民政四》
昌吉县	9801	信仰回教人口数:1556,所占人口比为15.9%	(宣统)《新疆图志》卷四三《民政四》
呼图壁分县	8220	信仰回教人口数:1255,所占人口比为15.3%	(宣统)《新疆图志》卷四三《民政四》
绥来县	8712	信仰回教人口数:1856,所占人口比为21.3%	(宣统)《新疆图志》卷四三《民政四》
	15712	不详	(宣统)《新疆图志》卷一《建置一》
阜康县	4634	信仰回教人口数:1437,所占人口比为31.0%	(宣统)《新疆图志》卷四三《民政四》
	4192	汉民:2430口;回民:1140口;维民:622口	《阜康县乡土志》
孚远县	8235	信仰回教人口数:940,所占人口比为11.4%	(宣统)《新疆图志》卷四三《民政四》
	8105	汉民:7099口;维民:18户;汉回:988口	《迪化府孚远县乡土志》
奇台县	6692户,14590口	信仰回教人口数:2568,所占人口比为17.6%	(宣统)《新疆图志》卷四三《民政四》
	6692户,14690口	满城官长兵丁1847名	(宣统)《新疆图志》卷一《建置一》

(2)吐鲁番直隶厅,治今新疆维吾尔自治区吐鲁番市。(宣统)《新疆图志》卷一《建置一》载当地有户一万四千一百一十六,口七万一千八百五。境内有庄二十个。领一县:鄯善县。鄯善县,治今新疆维吾尔自治区鄯善县西南。境内分为八台,维吾尔族为土著居民,有多罗郡王,出自叶尔羌,督领回部事务。《鄯善县乡土志》称:“本

① 转引自(宣统)《新疆图志》卷一《建置一》,第17页。

境之人,厥类维三,曰汉,曰缠回,曰汉回。三者之中,惟缠回为土著,城市乡土,所在皆是。汉回亦然,其类来自陕甘。”

厅县名称	总户口数	信仰回教人口数	信仰回教人口所占比
厅城地区	41704	29726	71.3%
鄯善县	30101	30101	数据有出入,但信仰回教人口所占比接近百分百是可信的

资料来源:(宣统)《新疆图志》卷四三《民政四》。

(3)镇西直隶厅,治今新疆维吾尔自治区巴里坤哈萨克自治县。(宣统)《新疆图志》卷二《建置二》载当地有户一千八百一十八,口八千五十八。清初为准噶尔台吉牧地,境内分为三乡,共有二十四庄,当时汉民与回民较多,大多来自秦陇地区。

(4)哈密直隶厅,治今新疆维吾尔自治区哈密市。境内有三十五个庄(《清史稿·地理志》载厅境分区三十五,有十四个大回庄)。关于当地的民族构成,(宣统)《新疆图志》卷二《建置二》载:“其民三种杂居,而缠为土著,回王治之。……其王,故畏兀儿种也,居回城,辖城六,曰哈密(今回城),曰素木哈尔灰,曰阿思他纳,曰托哈奇,曰拉珠楚克,曰哈拉托巴。”

厅名	民族构成	各族户口情况	资料来源
哈密厅	其民三种杂居:汉民、汉回与维吾尔族民众,而维吾尔族民众为土著,回王治之	汉民与汉回合计为1251户、4568口 回王所管维民为8447口	(宣统)《新疆图志》卷一《建置一》
		城乡及市镇总户口为4568口。信仰回教人口为1216口(应为汉回口数)	(宣统)《新疆图志》卷四三《民政四》
	族分三种,曰汉,曰回,曰维	汉民为549户、2873口。回民为1349口。回王所管户口不计	《哈密乡土志》

(5)库尔喀喇乌苏直隶厅,治今新疆维吾尔自治区乌苏市。(宣统)《新疆图志》卷一《建置一》载当地有户七百六十七,口三千八百五。清初为布尔古特台吉呢玛游牧地。境内有九个庄,居民主要有三种即汉族、维吾尔族、回族,其中汉民数量较多。境内还有旧土尔扈特游牧地以及喇嘛。《库尔喀喇乌苏厅乡土志》[①]称:“一曰察罕乌

① 转引自(宣统)《新疆图志》卷二《建置二》。

苏寺，有黄教四百人，郡王巴尔雅统之。一曰将军沟寺，有黄教二百人，贝子德恩沁阿拉什辖之。一曰雅台承化寺，有黄教四百人……”

厅名	民族构成	各族户口情况	资料来源
库尔喀喇乌苏厅	其民杂居三种：维民、汉民、汉回。此外有蒙古旧土尔扈特及黄教喇嘛	总户口数为 767 户、3805 口。黄教喇嘛千人，统于王贝勒	(宣统)《新疆图志》卷一《建置一》
		城乡总口数为 3805。信仰回教人口数为 551。黄教喇嘛 1020 口	(宣统)《新疆图志》卷四三《民政四》
		汉民四百余户，维民、汉回各百余户	(宣统)《新疆图志》卷二《建置二》

2. 伊塔道

治于宁远县，领伊犁府、精河直隶厅与塔城直隶厅。

(1)伊犁府。在新疆建省之前，伊犁将军驻守于惠远城(今新疆维吾尔自治区霍城县南)，统辖天山南北地区，伊犁地区实为当时新疆地区首府，位置极为重要。乾隆年间，清朝政府在平定准噶尔部叛乱之后，在“伊犁九城”(惠宁、惠远、绥定、广仁、瞻德、拱宸、熙春、塔勒奇、宁远)驻扎大批军队，伊犁地区也就成为清朝西北边疆的首要军事重镇。据道光初年修定的《钦定新疆识略》卷四《伊犁舆图》的记载，当时伊犁军队驻扎与户口状况：

> 以现今户口计之，惠远城满营二万二千六百余口，惠宁城满营一万三千三百四十余口，锡伯营九千二百余口，索伦营四千五百余口，察哈尔营一万一千七百余口，额鲁特营二万六千三百余口，沙毕纳尔营九千三百余口，绿营一万零七百余口，回子(维吾尔族与回族)三万四千三百余口，而户民之来往无常者不与焉，较底定之初，不啻倍蓰。①

以上各营户口合计达十万七千六百余口，为当地平民的三倍以上。时至清末，伊犁依然是新疆境内驻军最多的都会，如(光绪)《伊犁乡土志》称：“查伊犁有满、汉、回、缠、蒙古、哈萨克各种，散处各城乡。内计索伦营二千余丁口，锡伯营一万四千余丁口，老满营六千余丁口，汉、回、缠民共计三万一千一百五十余丁口。”这种记载较为粗略。另据(宣统)《新疆图志》卷四四《民政五》，当时伊犁地区的驻军数量情况如下：

---

① 《钦定新疆识略》卷四《伊犁舆图》，(台北)文海出版社 1965 年版，第 623~624 页。

名称	旧满营	新满营	锡伯营	索伦营	察哈尔营	额鲁特营	古城满营	合计(丁口)
数量	1662	1278	13769	1727	10269	21431	1915	52051

又据(宣统)《新疆图志·建置志》,伊犁府共有民户 8203 户、33402 口。境内有九城,另外有额鲁特两部游牧地与察罕尔一部游牧地。领二县:绥定、宁远。绥定县为附郭县,治今新疆维吾尔自治区霍城县。属地有惠远、广仁、瞻德、拱宸、塔勒奇五城。当地居民有汉回、塔勒奇(维吾尔族)及汉民。此外,锡伯、索伦、察哈尔、哈萨克等族环居于边境地区。据《清史稿·地理志》,绥定县境内有十六个回庄,此外有额鲁特部上三旗、下五旗以及察罕尔部游牧地。宁远县,属地有惠宁、熙春二城,治今新疆维吾尔自治区伊宁县,原为伊犁九城之一,境内有五十七个庄。《清史稿·地理志》载当地有三十七个回庄,以及额鲁特一部游牧地。当地居民主要有三种,即维吾尔族、蒙古族及哈萨克族。

县名	总户口数	信仰回教人口数	信仰回教人口数占总人口比
绥定县	11406	1145	10.0%
宁远县	23729	19255	81.1%

资料来源:(宣统)《新疆图志》卷四三《民政四》。

(2)精河直隶厅,治今新疆维吾尔自治区精河县。据(宣统)《新疆图志》卷二《建置二》,该厅境内分为五乡:东乡、北乡、体仁乡、同仁乡、里仁乡,汉族、回族、维吾尔三族民户不满二千。另外有蒙古族游牧部落。又据《清史稿·地理志》,精河厅境内,北山一带为旧土尔扈特、察哈尔部游牧地,南山一带为哈萨克部游牧地。

厅名	总户口数	各族人口情况	资料来源
精河厅		汉户:1517 口;回户:108 口;维族户:443 口;蒙古户:2710 口	《精河厅乡土志》
	2285	信仰回教人口数为 500,所占人口比为 21.9%	(宣统)《新疆图志》卷四三《民政四》
	542 户、2225 口		(宣统)《新疆图志》卷一《建置一》

(3)塔城直隶厅,又名塔尔巴哈台直隶厅,治今新疆维吾尔自治区塔城市。据(宣统)《新疆图志》卷一《建置一》,该厅有993户、5132口。塔城境内民族构成较为复杂,上述户口数量主要指抚民同知所辖汉族、维吾尔族、回族三族民户,此外,境内有蒙古族与哈萨克族等游牧部落。如据《清史稿·地理志》,塔城厅内除了九个回庄,还有"额鲁特部、察哈尔部十牛录、旧土尔扈特部十四牛录游牧地。哈萨克四部游牧地:曰柯勒依,附以新旧两乌瓦克小部;曰赛布拉特,附以阿克奈曼部;曰曼毕特;曰吐尔图"。

3. 阿克苏道

治于温宿府,领温宿府、焉耆府、乌什厅、库车州。

(1)温宿府,治今新疆维吾尔自治区阿克苏地区。原为阿克苏回城,明朝时,与乌什、叶尔羌、喀什噶尔合称四大回城。乾隆年间清朝平定大小和卓木之乱后,置温宿州,后升为府。据(宣统)《新疆图志》,宣统元年,该府有33328户、156872口。领二县:温宿、拜城;一分县:柯坪。府城地区有三乡、十二庄。当地土著民族为维吾尔族。又据《温宿府乡土志》,在旗、汉户之外,"查本境土著缠民,系阿剌伯种也。相传教祖曰穆罕摩特。自隶版图以来,无他种人杂处。惟光绪初有陕西回种散居本城北关市镇,暨巴什阿瓦堤庄,为数无多"。又据《清史稿·地理志》,十二个大回庄之外,府城地区还有布鲁特诺依古特部游牧地。温宿县,治今新疆维吾尔自治区温宿县,在温宿府城北三十里,回王哈的尔驻于此地。境内有十庄(《清史稿·地理志》作九大回庄)。柯坪分县,治今新疆维吾尔自治区柯坪县,原为柯尔坪回庄,境内有十二庄。拜城县,治今新疆维吾尔自治区拜城县,境内有二十一庄。

温宿府各族户口统计简表

府县名称	各族户口合计	各族户口数量(单位:丁口)
府城地区	101332	汉民:1198;维民:97718;回民:2416
温宿县	100847	汉民:89;维民:100169;回民:589
拜城县	40268	维民:40268
柯坪分县	5655	维民:5655

资料来源:《新疆乡土志稿二十九种》。

温宿府信仰回教人口比统计表

府县名称	总户口数	信仰回教人口数	信仰回教人口占比
府城地区	55202	54376	98.5%
温宿县	51285	51109	99.7%
拜城县	47639	47639	100%
柯坪县(巡检)	5872	5872	100%

资料来源:(宣统)《新疆图志》卷四四《民政五》。

(2)乌什直隶厅,治今新疆维吾尔自治区乌什县。据(宣统)《新疆图志》卷一《建置一》,宣统元年,该厅有7217户、47454口。又据《清史稿·地理志》,境内有二十八个回庄(《新疆图志》载有二十七庄),另外有布鲁特二部游牧地:曰奇里克,曰胡什齐。土著居民主要为维吾尔族。《乌什直隶厅乡土志》称,光绪年间"本境除缠回外,有布鲁特两部落,在西北沙图卡伦者,为奇里克;在西南巴什雅哈玛卡伦外者为胡什齐"。又据(宣统)《新疆图志·民政志》,乌什厅全境户口合计数为47454,其中信仰回教人口数为47409,所占比例接近百分百。

(3)库车直隶州,治今新疆维吾尔自治区库车县。据(宣统)《新疆图志·建置志》,宣统元年,该厅有24258户、124877口。州境之内分为四乡,东乡属庄三十七个,上南乡属庄三十五个,中南乡属庄三十四个,西乡属庄三十五个,合计属庄一百四十一个(《清史稿·地理志》载有一百二十六个大小回庄)。领一县:沙雅。又据(宣统)《新疆图志·民政志》,库车州境内户口合计为99435口,信仰回教人口1168口,所占人口比仅为1.2%。这一数字恐怕与库车州内民族构成不相符合。如据《库车州乡土志》,库车境内各族户口情况:汉民689丁口,维吾尔族民众67827丁口,回族民众3260丁口,合计为71776丁口,其中维民所占比例为94.5%。沙雅县,治今新疆维吾尔自治区沙雅县,本为沙雅尔回庄,境内有庄六十个(《清史稿·地理志》载有六十四个回庄)。又据《库车州沙雅县乡土志》,沙雅县全境只有一种民族即维吾尔族,光绪年间共有居民7600余户,男女合计有33600余人。

(4)焉耆府,治今新疆维吾尔自治区焉耆回族自治县,为古代焉耆等部落居地,清初改名为喀喇沙尔回城。据(宣统)《新疆图志·建置志》,宣统元年,该府有8829户、45459口。领三县:新平、婼羌、轮台。府城地区统辖八个回庄。又据《清史稿·地理志》,焉耆府城地区在八个大回庄之外,有蒙古土尔扈特部两扎萨克、和硕特部两扎萨克游牧地。又据《焉耆府乡土志》,该府境内共有四种民族,即汉族、蒙古族、维吾尔族与回族,各族户口情况:汉民 90 余口,蒙古族民众 8600 余口,维吾尔族民众 13200 余口,回族民众 3800 余口。新平县,治今新疆维吾尔自治区尉犁县,境内有二十三庄(《清史稿·地理志》载有二十个回庄),居民均为维吾尔族,没有其他民族。轮台县,治今新疆维吾尔自治区轮台县东南。境内分为四站,共领十七庄(《清史稿·地理志》载有九十一个回庄)。《轮台县乡土志》称:“本境向无旗户,汉民与回民均系侨寓,为数无多,且往来无定,土著之民悉属缠回,皆阿剌伯种也。”婼羌县,治今新疆维吾尔自治区若羌县,境内有十一庄。《婼羌县乡土志》称:“本境尽是缠民,系莫斯满族人,外无他种。”又据《清史稿·地理志》,婼羌县境内除了十一个回庄,还有一处额鲁特部游牧地。

府县名称	总户口数	宗教人口情况	信仰回教人口占比
府城地区	24024	喇嘛格鲁派与宁玛派:5274;回教:19081	79.4%
新平县	4905	回教 4858	99.0%
婼羌县	4181	不详	
轮台县	16349	回教 16301	99.7%

资料来源:(宣统)《新疆图志》卷四四《民政五》。

4. 喀什噶尔道

治于疏勒县,领疏勒府、莎车府、英吉沙尔厅、和阗直隶州等。

(1)疏勒府,治今新疆维吾尔自治区喀什市,为古代疏勒部落故地。据(宣统)《新疆图志》,宣统元年,该府有 101447 户、478269 口。领二县:疏附、伽师。“其土著缠回有白种、黑种之别,而皆阿剌伯族。……其侨杂错处,稗贩耕作汉民、汉回无虑数百户(原注:汉民二百九户,汉回一百七户),而俄人徙自安集延(今乌兹别克斯坦安集延州首府)、霍罕、塔什干等处,往往受田宅,长子孙(原注:俄人二百五十余户),其逾葱岭而东,逐锥刀之末者,皆英人也,故人类之杂厝,以此地为最。”[1]又据《清史稿·地理志》,疏勒府城地区有八个汉屯、六个大小回庄,另有布鲁特游牧地一区。疏附县有九个回庄与五部布鲁特游牧地。这五部分别为胡什齐、冲巴噶什、岳瓦什、希布察克、奈曼。伽师县有五个大回庄,而(宣统)《新疆图志》与《伽师县乡土志》则称境内有四大庄。

① (宣统)《新疆图志》卷四《建置四》,第 38~39 页。

府县名称	总户口数	信仰回教人口数	信仰回教人口占比
府城地区	169950	164318	96.7%
疏附县	173818	173018	99.5%
伽师县	134501	134501	100%

资料来源:(宣统)《新疆图志》卷四四《民政五》。

(2)英吉沙尔直隶厅,治今新疆维吾尔自治区英吉沙县,古代依耐及疏勒部落故地。据(宣统)《新疆图志》,清末当地合计有26347户、116971口。境内东乡有十八回庄,南乡有十九回庄,西乡有十八回庄,北乡有十一回庄,全厅共有六十六庄(《清史稿·地理志》载有"回庄六十八")。当时居民分为三种:一为土著维吾尔人,有十万余;二为汉民,其数量不及维吾尔族民众的千分之一;另外一种便是布鲁特游牧部落,十四部游牧于西山一带。又据《英吉沙尔厅乡土志》记载:"土著俱缠回,汉民流寓百余人。""外有布鲁特一种,六百余户,居正四山中。"其中维吾尔族有男59640人、女40370人,共计100010人。

(3)莎车府,治今新疆维吾尔自治区莎车县,古代莎车部落故地。据(宣统)《新疆图志》,宣统元年该府有93400户、430097口。领叶城县、皮山县、巴楚州、蒲犁分防厅。府城地区有十七个大回庄(《清史稿·地理志》载当地还有一处布鲁特部游牧地)。"其民三族,缠回为土著,耕者十七,工者十二,稗贩者十一,而邻国之民羼杂错处无虑千数百人,皆英、俄商贩。"叶城县境有十一个大回庄。"缠民为土著,客籍英人为最多,汉民次之,俄人次之,汉回又次之。"《叶城县乡土志》载当地有维吾尔族户93715丁口,英户1230丁口,汉户311丁口,俄户63丁口,汉回39丁口。皮山县境有三十八个庄(《清史稿·地理志》载有大回庄四十三),当地居民大部分为维吾尔族,另外有俄国安集延人、英属印度人等。巴楚州境有八个庄(《清史稿·地理志》载当地有八十六个回庄)。蒲犁厅,原为布鲁特四部之一,境内有二十七个大回庄(《清史稿·地理志》载当地还有布鲁特部游牧地与塔吉克族游牧地)。"其民多塔吉克族(原注:'《乡土志》载有五千余人'),布鲁特次之(原注:'二千余人'),皆旃幕而牧,亦有服田畴者(原注:'均于游牧之外,兼种青稞、小麦、豌豆,计二千一百三十人')。"

府、厅、州、县名称	总户口数	信仰回教人口数	信仰回教人口占比
府城地区	196379	195286	99.4%
蒲犁厅	9200	不详	
巴楚州	61868	61311	99.1%
叶城县	138564	118564	85.6%
皮山县	44184	44172	99.97%

资料来源:(宣统)《新疆图志》卷四四《民政五》。

(4)和阗直隶州,治今新疆维吾尔自治区和田县。据《清史稿·地理志》,和阗州原为额里齐回庄,光绪九年(1883)设直隶州,领二县:于阗、洛浦。州城附近有二十九个回庄,于阗县有五十九个回庄,洛浦县有四十一个回庄。又据(宣统)《新疆图志》,宣统元年有户 66277,口 374681。和阗州全境分十一明(维吾尔语“村庄”之谓)。洛浦县,原为和阗回庄之一,县境分为三明,共领回庄四十一个。据《洛浦县乡土志》,当地居民中“缠民均系土著,汉民均系寄籍……来去无定数”。可见,土著居民均为维吾尔族。于阗县,为旧回部,旧分四明①,后因三普拉明隶于洛浦而余三明,共有大小回庄五十九个。

州县名称	总户口数	各族户口数	占比
和阗州	205179	维吾尔族户丁口:136994②	66.8%
洛浦县	72763	72763	100%
于阗县	98979	信仰回教人口:98172	99.2%

资料来源:(宣统)《新疆图志》卷四四《民政五》与《新疆乡土志稿二十九种》。

第四节　清代青藏地区的民族分布与政区设置

青藏高原号称“世界屋脊”,同一自然地理单元的整合优势,为历史时期青海与西藏两个地区建立密不可分的联系创造了客观条件。唐朝龙朔年间吐蕃兼并吐谷浑之后,青海地区遂成为吐蕃(或称唐古特、图伯特)王朝或民族文化区的一个部分。

① 按(宣统)《新疆图志》卷四《建置四》注文:维吾尔语谓千户为明,又以村庄为明。

② 《和阗州乡土志》,载于《新疆乡土志稿二十九种》,湖北省图书馆 1955 年油印本。

"初,唐古特有四部:东曰喀木(后来称为'康'),曰青海;西曰卫,曰藏。"[①]明朝正德年间,漠南蒙古部落开始大批进入青海地区,并留居下来,从此,蒙古族与藏族成为青海地区的两大民族。清朝初年,顾实(固始)汗率领和硕特蒙古部落自西北进据青海及西康等地,同时扶持达赖与班禅治理卫藏地区,青海与西藏作为两个地方行政区分治的趋势变得更加明显。清朝后分设青海大臣与驻藏大臣,从而奠定了青海与西藏作为两个独立地方行政区的基础。

清代,青海地区并没有建省,与今天青海省最大的差异在于今天首府西宁地区当时归于甘肃行省辖区。本节我们所说"青藏地区",包括今天青海省的大部分与西藏自治区的全部。

一、清代青海地区的民族构成与分布

青海地区的核心标志之一便是青海湖。"青海,古西海郡,在西宁府西三百余里,其水周七百余里,群山绕之,潴而不流,中有二岛,不通舟楫,惟冰合可通,即弱水也。环海居者皆番族,分左右二境,下界海岸,上界湟水。其地西回疆,南卫藏,北玉关,袤延二千余里。"[②]

青海地区的民族文化特征,在漫长的历史时期呈现出阶段性的变异。两汉时期,青海湖地区为羌族聚居区,南朝时为吐谷浑人所占据。唐末,吐蕃东拓,青海归入藏族聚居区,文化上也出现藏族化趋向。明朝在这一地区设西宁、河州等卫所,以当地民族首领为土司,从明朝中期开始,蒙古鞑靼部及和硕特部先后进据这一地区,该地也逐渐蒙古族化。在民族构成方面,清代青海地区以蒙古族与藏族为主。

(一)青海蒙古部落的分布与管理

明末清初,中国西北广大地区主要为厄鲁特(或称额鲁特)蒙古所占据。"厄鲁特旧分四部:曰和硕特,姓博尔济吉特;曰准噶尔;曰杜尔伯特,姓绰啰斯;曰土尔扈特,姓不著。部自为长,号四卫拉特。""准噶尔治伊犁,杜尔伯特治额尔齐斯河,土尔扈特治雅尔(塔尔巴哈台地),而和硕特自乌鲁木齐徙治青海。然青海分部而处,亦杂有四厄鲁特之众。"其后,辉特取代土尔扈特成为四卫拉特之一。[③] 厄鲁特内部又分

① 《圣武记》卷五,第202页。
② 《圣武记》卷三,第110页。
③ 《清史稿》卷五二二《藩部五》,第14444页。《圣武记》卷三,第110页。

为不同的地域集团，如魏源指出："国初厄鲁特种类蕃盛，分牧套西者谓之套夷，驻牧青海者谓之西海诸台吉，其驻牧天山北路者谓之北厄鲁特，各有部长，当青海盛时，并属于固始汗。"①"青海蒙古分牧而处，有和硕特，有土尔扈特，有准噶尔，有辉特，统以厄鲁特称之。"②其中以和硕特部最为强盛。

青海和硕特蒙古本为西北地区厄鲁特四卫拉蒙古（又称为四厄鲁特）之一，原游牧中心地是乌鲁木齐一带。和硕特自顾实汗（或称固始汗）在位时期自乌鲁木齐迁居青海，分其部众为二翼，统以左、右二境，以其子统领各部，统称青海和硕特蒙古。"左境东自西宁边外栋科尔庙，西至嘉峪关边外洮赉河，南自西宁边外博罗充克克河（今青海湟水）北岸，北至凉州边外西喇塔拉。右境东自栋科尔庙，西至噶斯池，南自松潘边外漳腊岭，北至博罗充克克河南岸。"③康熙年间，青海蒙古各部落归附清朝政府。《清史稿·藩部列传》称："青海额鲁特部，在西宁边外，至京师五千七十里。东及北界甘肃，西界西藏，南界四川，袤延二千余里，即古西海郡地。"雍正初年，青海地区爆发罗卜藏丹津之乱，清朝政府在派遣军队平定变乱后，"游牧地令各分界，如内扎萨克例。百户置佐领一，不及百户者为半佐领，以扎萨克领之"④，编定青海蒙古为四部二十九旗，下设一百〇三个佐领，共察罕诺门为一盟，不设盟长，设西宁办事大臣统辖。后来，清朝又增置土司四十。

现据《蒙古游牧记》与《清史稿·地理志》等资料简单分析青海各部的分布情况。

1. 和硕特部

共有二十一旗。

旗名	佐领数量	牧地位置
西前旗	8	在布喀河南岸
前头旗	11	南当黄河之曲，有小哈柳图河，入于黄河
前左翼头旗	9	在大通河南岸
西后旗	9	跨柴集河，其水北注盐池
北右翼旗	6	青海北岸

① 《圣武记》卷三，第112页。
② 《清史稿》卷五二二《藩部五》，第14444页。
③ 《清史稿》卷七九《地理二十六》，第2455~2456页。
④ 《清史稿》卷五二二《藩部五》，第14458页。

（续表）

旗名	佐领数量	牧地位置
北左翼旗	3	布隆吉尔河南岸
南左翼后旗	1	大通河南岸，青海正北
北前旗	2	青海西岸
南右翼后旗	4	青海东岸
西右翼中旗	1	跨柴达木河
西右翼前旗	2	大通河北岸
南右翼中旗	5	鲁察布拉山之西
南左翼中旗	4	西滨黄河及与恰克图河汇流处
北左末旗	4	东至柴吉沁，南至盐海，西至哈唐和硕，北至和特克
北右末旗	2	布喀河源沙尔诺尔之西
东上旗	1	青海东北岸
南左翼次旗	与前左翼头旗 共佐领九	有盐池，在青海西南
南左翼末旗	2	当博罗充克克河源
南右翼末旗	1	黄河北岸，有锡尼诺尔
西右翼后旗	1	跨柴达木河
西左翼后旗	1	跨柴达木河

2. 准噶尔部

又称为绰罗斯部，共设二旗。

旗名	佐领数量	牧地位置
南右翼头旗	4	当青海东南岸
北中旗	2.5	青海西北岸

3. 土尔扈特部

共设四旗。

旗名	佐领数量	牧地位置
南中旗	4	当登努尔特达巴罕之阳
西旗	4	在阿屯齐老图,有阿勒淖尔泊
南前旗	1	当大哈柳图河之南,小哈柳图河之北
南后旗	3	当硕罗巴颜哈拉山之阳,曰鄂博图

4. 辉特部

只设南一旗,下设佐领一,牧地当巴彦诺尔之南。

5. 喀尔喀部

只设南右一旗,下设一个佐领,牧地在青海南岸。

6. 大喇嘛察罕诺们汗一旗

虽居青海,而同牧别族。“初,青海有大剌麻曰察罕诺们汗者,自西藏分支,住持塔尔寺,为黄教之宗,番夷信向。”①与藏传佛教格鲁派其他大多数高僧(如“转生人”呼图克图)不同,察罕诺们汗可以世袭,不需达赖喇嘛及清朝官府的认可,地位仅次于达赖、班禅及蒙古地区的哲布尊丹巴,为青海地区首屈一指的宗教首领,塔尔寺成为驰名西北的宗教圣地,其周围也因此成为规模可观的藏族聚居区。雍正年间,察罕诺们汗曾支持并参与罗卜藏丹津叛乱。平定叛乱后,清朝曾严格限制寺内喇嘛人数,但其喇嘛与附近藏民的数量仍相当可观。康敷镕在《青海记》中特别说道:

> 塔尔寺,在(西宁)城南五十里之山林中,为青海最大、最有名之寺。因黄教始祖宗喀巴降生于其地,故佛教徒皆重视之。每年有蒙古、西藏以及青海各县来膜拜者络绎不绝于道。寺内喇嘛虽定额三千三百人,而食客常逾万人,僧舍千余间,附寺而居之藏民数千户。②

在人口相当稀少的青藏高原地区,达到如此规模的聚居区应该说是较为少见的。

(二)青海土司地区的民族构成与分布

清朝初年,在今四川、青海与西藏交界地区共有七十九族藏族土司。魏源《圣武记》载:“又西宁番者,北沿甘、凉,西接回部,南界川、滇,二三百部皆吐番种,不相统属。明季厄鲁特自北边横越侵之,遂役于厄鲁特,纳租错牧。”③在雍正初年平定罗卜

① 《圣武记》卷三,第139页。

② 《西北稀见方志文献》第55卷,第142~143页。

③ 《圣武记》卷三,第141~142页。

藏丹津变乱之后，土司所辖地域逐渐归附清朝政府。雍正十年(1732)，经西宁办事大臣奏请，由四川、西宁与西藏等地派出官员共同勘定界址，确定“近西宁者归西宁管辖，近西藏者暂隶西藏。其族内人户千户以上设千户一员，百户以上设百户一员，不及百户者设百长一员，俱由兵部颁给号纸，准其世袭”①。

据成书于乾隆年间的《卫藏通志》卷一五《部落》②的记载，当时青海所属土司凡四十族，共8443户，合计男妇32390名口，实际有8304户藏民纳赋于西宁办事大臣。这些土司的族属、户口及住牧地界大致概括列表如下③：

部族名称	属族及户口数量	住牧地界
阿哩克族	11族，919户	东至多尔宗察汉诺们罕，南至纳克溪色特尔布木，西至厄林汤奈，北至阿尔坦达赖呼图克图
蒙古尔津族、雍希叶布族	2族，511户	东至敦春木格尔则，南至斜乌称多，西至查库哈札海甲木磋，北至殿通
玉树族	504户	东至哈拉果尔地方牙木错，南至波罗诺尔白利，西至多册地方格尔齐，北至图尔哈图
噶尔布族、苏鲁克族	2族，132户	东至阿拉麻纳，南至麦冲噶隆木，西至恰克班，北至雅木冲
尼雅木错族	288户	东至都格东纳蒙古尔津，南至墨索刚郭地方谷咱，西至果哩噶巴白利喇硼，北至哈喇慕尔图玉树
固察族	175户	东至克拉地方称多，南至陇拉地方龙布，西至木鲁乌苏河，北至莫索克更固地方牙木错
称多族	374户	东至毛瓦克地方蒙古津，南至准布隆达克达乌，西至京崖地方隆布，北至莫索克牙木错
洞巴族	80户	东至尼牙克地方冲科尔，南至喇木勺地方楚林，西至多梯地方阿拉克硕达乌，北至拉几木道达乌
多伦尼托克安图族、阿萨克族、克列玉族、克阿永族、克叶尔济族、克拉尔济族、克典巴族	7族，408户	东至木鲁乌苏河沿，南至达野地方达乌，西至赛玉绿渡尔玉树，北至舒克提的尼牙木错
隆布族、上隆布族	2族，301户	东至受地方蒙古尔津，南至波罗克阿拉克硕，西至库尔拉地方白利，北至北古甫地方称多

① (清)焦应旂《西藏志》(又名《藏程纪略》)，(台北)成文出版社1968年版，第157页。

② (清)和宁《卫藏通志》，(台北)文海出版社1965年出版。该《部落》记载此四十族土司族属时均称“属下番人”。

③ 参见《卫藏通志》卷一五《部落》，第1013～1016页。

（续表）

部族名称	属族及户口数量	住牧地界
札武族、上札武族、下札武族、札武班右族	4族,621户	东至卓木楚地方冬巴,南至熊拉地方阿拉克硕,西至白的地方龙布,北至洮腊地方得尔吉
上阿拉克硕族	133户	东至阿尔拉地方札乌,南至力地方苏尔莽,西至阿拉著地方格尔吉,北至噶布地方玉树
上隆坝族、下隆坝族	2族,303户	东至噶受地方南称族,南至郭称噶地方赛尔色,西至巴乌苏木多地方刚鲁,北至萨木格尔吉族
苏尔莽族	350户	东至拉尼喇克涠巴,南至玉尔纳噶尔米格鲁,西至岳尔尼地方南称,北至楞达地方阿拉克勺
白利族	55户	东至布木地方尼牙木错,南至木鲁乌苏河,西至哈拉果尔源玉树,北至力拉彦纳哈
哈尔受族	30户	东至噶泌革泌隆布,南至阿族阿拉克族,西至阿喇力木界,北至力木亲界
登坡格尔吉族、下格尔吉族、格尔吉族	3族,813户	东至克多地方阿拉克族,南至萨白地方隆布,西至阿喇坦宁地方玉树,北至拉克布拉地方南称
巴彦南称族、南称桑巴尔族、南称隆冬族、南称卓达尔族	4族,2020户	东至岳尔尼苏尔莽界,南至客木达察木多界,西至达尼尔苏鲁隆琫巴,北至甫卡山梁阿拉克硕
吹冷多拉族	30户	东至拉木力界,南至尔星地方,西至多楚地方,北至多格木多地界
巴彦南称界内住牧喇嘛	50户	同巴彦南称族
拉布库克住牧喇嘛	24户	拉布库克

又据《清史稿·地理志》的记载,可以发现,这些土司部族的住牧地分布具有相当显著的自然地理特征,基本上是以几条主要的河流为住牧区的分界线:

第一条河为木鲁苏河(通天河)。如玉树四司分布在木鲁乌苏河两岸,一司、二司在木鲁乌苏河东,三司、四司、阿萨克、阿永在河西。阿拉克硕二司在河南。尼雅木错、白利、拉布在河北。固察、札武三司在河东。

第二条河即布楚河,如隆布、吹冷多尔多在布垒、布楚两河间。上格尔吉在布楚河西。中格尔吉、下格尔吉、哈尔受、隆坝二司、隆东绰火尔、觉巴拉、苏尔莽、叶尔吉、列旺、安图、兴巴、拉尔吉俱在河北。桑色尔、巴颜囊谦在河南。洞巴在河西。

此外,苏鲁克在索克河南。称多在玛楚河西。蒙古尔津、永河普在黄河西。二阿里克在齐普河东等。

时至清末民初，青海地区的藏族人口与分布都发生了较显著的变化，如康敷镕在《青海记》中称："昔年招安番族，共计八族，内设总管二，千户五，百户十六，百总三十五，各名目总计一千七百四十七户，一万八千四百二十丁口。今调查所得，至五千余户，番族之滋生繁盛，可想而知。"①

土司名称	下属小族数量	住牧所在	户口数量
刚咱族千户	10	居青海湖北面	1000 余
汪什代克(客)族千户	11	布喀河南岸	2000 余
千布录族千户	11	倒淌河	900 余
都受族百户	2	窝尔雍	400 余
完受族百户	不详	近切吉	30~40
曲加族百户	不详	窝尔雍南山	300 余
公洼族	不详	阿尔雍	100 余
拉安族	不详	居阿尔雍，头目在河南	300 余
朱户勒汪什科族千户	不详	黄河南岸	600 余
鲁苍族千户	16	黄河南岸莽拉川一带	10000 余
折科族	9	散居黄河南北	不详
阿里克族百户	不详	原居可可乌苏，后居大通河北	不详
下郭密千户	不详	尕壤尔	500~600
上郭密百户三人	不详	曲扣管中郭密	300 余
巴燕昂谦千户、上札武族、中札武族、下札武族、上格尔吉族、中格尔吉族、上隆巴族、下隆巴族、上玉树族、下玉树族、隆布四族、安图七族、苏尔莽族、苏录克族、称多族、呢牙木错族、蒙古尔津族、雍希叶布族、固察族、上阿拉克硕族、下阿拉克硕族、札武班右族、哈受族、洞巴五族	不详	以上二十五族皆居黄河星宿海迤南通天河与格尔吉河一带，东接四川，西南与西藏所属土司界接壤。②	不详

① 《西北稀见方志文献》第 55 卷，第 114 页。

② 参见(清)康敷镕《青海记》，载于《西北稀见方志文献》第 55 卷，第 110~115 页。周希武认为，此处关于玉树二十五族的记载，出自《青海调查事略》一书，该书为湟源杨某所著，所记内容详于青海以北地区，略于青海以南地区。参见民国抄本《玉树调查记》，(台北)成文出版社 1968 年出版。下表所引据《玉树调查记》第 41~44 页。

玉树二十五族，是西宁办事大臣所辖土司部落的重要部分，散布于青海与西藏两地交界地区。民国年间，周希武等人通过实地调查，完成了《玉树调查记》一书，为我们了解这一地区的土司分布与户口状况提供了较准确的数据。

土司名称	住牧地界	户口数量
囊谦千户	横跨杂曲、鄂穆曲二河	2000余
札武百户	通天河南	300余
拉达百户	通天河南	100余
布庆百户	通天河南	100余
拉休百户	横跨子曲河南北	500余
迭达百户	跨据通天河，其大部在河西	600余
固察百户	在通天河东北岸	100余
称多百户	在通天河东岸	300余
安冲百户	在通天河西南岸	500余
苏尔莽百户	在子曲河下游	400余
苏鲁克百户	在鄂穆曲河南	未详
蒙古尔津百户	咱曲河流域	100余
永夏百户	咱曲河流域	500余
竹节百户	咱曲河流域	500余
格吉麦马百户	杂曲及子曲河上游	400余
格吉班马百户	杂曲及子曲河上游	100余
格吉得马百户	坝西北，界玉树	未详
中坝麦马百户	鄂穆曲及阿云当木云之上源	400余
中坝班马百户	鄂穆曲及阿云当木云之上源	100余
中坝得马百户	鄂穆曲及阿云当木云之上源	未详
玉树将赛百户	通天河上游	100余
玉树总举百户	通天河上游	100余
玉树戎模百户	通天河上游	100余
玉树鸦拉百户	通天河上游	100余
娘磋百户	星宿海南岸	300余
觉拉寺所属番民	寺在杂曲河边	100余
拉布寺所属番民	寺在通天河东	150余

今天青海省的藏族部落，主要集中于玉树藏族自治州、果洛藏族自治州、海南藏族自治州、黄南藏族自治州、海北藏族自治州、海西藏族自治州及海东市。①

二、清代西藏地区的自然地理特征与民族分布

(一)西藏地区的自然地理特征、民族构成与政教合一制度

在自然地势方面，西藏地区与周围地区的分野相当明显：西北隔昆仑山与新疆回部大沙海相望，西部与青海黄河源区相连，西南界雪岭(冈底斯山)与尼泊尔、不丹诸国接壤，东南隔大金沙江、怒江等河流与四川、云南两省相邻。按自然地貌特征，西藏大致由四个部分组成：

一为南部喜马拉雅群山区。雄伟的喜马拉雅山系由几座东西走向的大山脉所构成，平均海拔达6000米上下，地势气候高寒，空气稀薄，生存条件极为恶劣，特别是西部地区，为西藏地区人口最为稀少的区域之一。

二为中部山原河流盆地区，又称为“中藏”。在四个自然区域中，以雅鲁藏布江为中轴线的西藏中部地区地位最为重要，是西藏地区的主要农业区与人口聚居区。雅鲁藏布江发源于冈底斯山麓和玛法木措湖，自西向东穿过西藏中部地区。“此江沿途有两个非常重要的地区：西部首先是该河西岸的藏地，其主要城市是日喀则和江孜；接着就是首府拉萨所在的卫地。拉萨城屹立在几曲河辽阔肥沃的河谷地，几曲河于南部注入雅鲁藏布江。”②

三为北部高原盆地区。这一区域处于昆仑山与冈底斯山—念青唐古拉山之间，面积极为辽阔，俗称“羌塘”。“西藏地区的整个北疆是‘北方大平原’(羌塘)，这是一个辽阔的高原，界内山脉横亘，尤其在西部还分布着许多咸水湖。这里的大部分地区都非常荒凉，有一些贫瘠程度不同的牧场。”③

四为东部高山河流峡谷区。该地区在那曲县以东，巴颜喀喇山以南，包括今天整个西藏自治区东部与四川省的部分地区。东三江(怒江、澜沧江、金沙江)自西北向东南纵贯其中，其间又隔以崇山峻岭，地貌差异悬殊，毗邻的地理小区之间气候特征迥异。

关于清代西藏的民族构成，焦应旂在《西藏志》中称：“其地所集人民，曰土蕃，曰

① 参见陈庆英主编《中国藏族部落》，中国藏学出版社2004年出版。

② 参见〔法〕石泰安著，耿昇译《西藏的文明》，中国藏学出版社2012年版，第3页。

③ 《西藏的文明》，第4页。

缠头,曰卡契,曰白布,曰西洋,曰歪物子,曰达子,曰蒙古。种类繁多,不能殚述。”藏族,历史时期的吐蕃,亦称唐古特、唐古忒、土伯特等,占其居民的绝大多数。如《卫藏通志·部落》案语:“西南部落自打箭炉至藏地,大抵皆吐蕃别种,散处其间,各立其长,各子其民……”

自元朝以来,藏传佛教在西北民族地区成为占据统治地位的宗教,“卫藏”地区更成为全国性的佛教中心。佛教之兴衰,以及“卫藏”地区的局势,关系到西北广大地区的稳定与发展。对此,清朝著名学者魏源评论道:

> 西藏诚非古佛国,而自元、明以来,佛教则卫藏为盛。……然葱岭以东,惟回部诸城郭国自为教外,其土伯特四部、青海二十九旗、厄鲁特汗王各旗、喀尔喀八十二旗、蒙古游牧五十九旗、滇、蜀边番数十土司皆黄教……故卫藏安,而西北之边境安;黄教服,而准蒙之番民皆服。①

清朝最高统治者继承元、明二朝对西藏治理的成功经验,实行优遇宗教首领的宗教政策。魏源曾指出,西藏各地“其剌麻称胡土克图者不可胜数,皆同土司,各辖番民,不设官吏。僧多于民,君并于师,介出家在家之间,则俗又一异”②。此外,清朝政府管理西藏地区的重要举措之一,是设立驻藏大臣,为西藏地方最高行政长官。魏源指出:“驻藏大臣何昉乎?昉于雍正之初,而定于乾隆之中叶。”③明末清初,青藏地区由蒙古部落首领顾实汗所统治。雍正初年,清军平定西藏内乱后,清廷派正、副大臣二人领川、陕军士二千人,分驻镇抚,以后三年一代,形成定制。

(二)清代西藏地区的民族分布

与现代自然地理分区有所不同,清人关于西藏地区的区划分别有“三部”及“四部”的说法。《卫藏通志》称:“唐古忒,旧为图伯特国,在工布江达之西。又称为康、卫、藏。康即今之察木多,卫即今之前藏,藏即今之后藏也。”此为“三部”之说。另如《广舆胜览》载:“西藏,古西南徼外诸羌戎地,唐宋为吐蕃部落,今……本朝命大臣驻守之。其地有四,曰卫,曰藏,曰阿里,曰喀木,共辖城六十余。”魏源《圣武记》与《清史稿·地理志》等著作都承用“四部”之说,将“阿里”单列出来。④“四部”之说,即谓清代西藏内部自东向西大致可分为四个地区:一是四川打箭炉(今四川省康定市)外

① 《圣武记》卷五,第218~219页。

② 《圣武记》卷五,第226页。

③ 《圣武记》卷五,第213页。

④ 《清史稿·地理志》指出西藏境内分为四部,在实际解说中,却用“拉里”替代了“阿里”。拉里,治今西藏自治区嘉黎县,地处拉萨东北方向。

巴塘、察木多之地,简称“康”,又称为“喀木”;二是布达拉与大昭寺所在地,原为吐蕃王朝建牙之地,清代为达赖所居,简称“卫”;三是札什伦布寺所在地,清代为班禅所居,简称“藏”;四是阿里,地处最西部。其实,无论“三部”还是“四部”,都是以藏族为核心。

关于西藏以及周边地区各部族的种类与分布情况,《卫藏通志》特设卷第十五“部落”一门加以介绍,所介绍的部族种类有唐古忒(康、卫、藏三部之合称)、达木蒙古、三(应为七)十九族、缠头(维吾尔)、卡契(维吾尔之别名)、布噜克巴(在今不丹)、巴勒布、廓尔喀(在今尼泊尔)、哲孟雄、作木朗、洛敏汤、库呢、白木戎、第哩巴察、巴尔底萨杂尔、工布江达、上下波密、拉哩(阿里)、边坝、硕板多、洛隆宗、类伍齐、察木多、乍丫、巴塘、里塘、打箭炉等。这些部族分布的地域有的已超出了今天西藏自治区的范围,涉及尼泊尔、不丹等南亚国家以及我国四川西部地区。如果更准确地按民族分布来分区,上述四部之外,西藏境内至少还应分出“藏属三十九族土司”地区与达木蒙古游牧地两个特殊民族区域。

下面分别说明西藏各地的人口及民族分布状况。

1. 康地,又称“喀木”。

该地区东临四川。其核心城池为察木多,位于今西藏自治区昌都市。康熙五十八年(1719),平定青藏地区叛乱后,清朝封三位呼图克图管理康地僧俗之众,“所管大小寺院五十座,喇嘛四千五百众,百姓七千六百三十五户。其俗崇信浮图,生子半为喇嘛。其地则层峦叠嶂,怪岫奇峰。西藏门户,古所谓‘康’及‘喀木’者,即此地也”①。

2. 卫地,即明代之乌斯藏。

该地区核心是布达拉城(在今西藏自治区首府拉萨市)。卫地为达赖喇嘛坐床之地。东界喀木(康地),西界上述的“藏”,南界不丹,北界青海及新疆。据乾隆二年西藏地区造送理藩院的名册,达赖及颇罗鼐郡王所管辖的区域包括卫、藏、达格布、工布、卡木、阿里、西拉果尔等地,共有大城池 68 处,下属百姓 121438 户,寺庙 3150 座,喇嘛 302560 众。② 据《清史稿·地理志》,卫地有城池 28 处(实数为 32 座)。而魏源在《圣武记·西藏后记》中记载:“全藏所辖六十八城:卫地三十,藏地十八,喀木九,阿里十二。所谓城者,则官舍民居堑山建碉之谓。量地小大人众寡,各设宗布木以理

① 《卫藏通志》卷一五《部落》,第 1041 页。
② (清)焦应旂《西藏志·附录》,第 175 页。

民，设丁布木以理兵。”

达赖喇嘛下属的著名大喇嘛：按照西藏地区“大喇嘛即土司”原则，每一位著名大喇嘛（如呼图克图）住持的寺院，都标志着一个藏民众多的聚落中心区。在寺院喇嘛之外，还有不少游牧喇嘛。如《清史稿·藩部八》载：“喇嘛之有游牧者，东起乍丫达呼图克图，与四川打箭炉所属土司接，其西为察木多吧克巴拉呼图克图，又西为硕般多喇嘛，又西为类乌齐呼图克图，硕般多、类乌齐之北，皆与西藏大臣所属土司接。”

清代西藏地区卫地游牧喇嘛分布简表

喇嘛名称	住持寺院所在地界
乍雅达呼图克图	东与四川打箭炉所属土司接
察木多吧克巴拉呼图克图	在乍雅达呼图克图之西
硕般多喇嘛	在察木多吧克巴拉呼图克图之西，西藏大臣所属土司之南
类乌齐呼图克图	在硕般多喇嘛之西，西藏大臣所属土司之南
八所喇嘛	在硕般多喇嘛之南
工布硕卡喇嘛	在八所喇嘛之南
墨竹宫喇嘛	在类乌齐之西
噶勒丹喇嘛	在墨竹宫喇嘛之西
赞垫喇嘛	在类乌齐西北，介于西藏大臣所属各土司之间
呼（埒）征喇嘛	在赞垫喇嘛之西
色拉喇嘛	在噶勒丹之西，西与布达拉接界
琼科尔结喇嘛	在噶勒丹之南
文扎卡喇嘛①	在琼科尔结之西
松热岭喇嘛	在文扎卡喇嘛之西
邦仁曲第喇嘛	在松热岭之西
乃东喇嘛	在邦仁曲第之西，北与布达拉接界
琼结喇嘛	在乃东喇嘛之西
布勒绷喇嘛	在布达拉之西北
羊八井喇嘛	在布勒绷喇嘛之西北

① 《清史稿·藩部志》误为“丈扎卡喇嘛”。

（续表）

喇嘛名称	住持寺院所在地界
郎岭喇嘛	在羊八井喇嘛之西，西与札什伦布接界
仁本喇嘛	在朗岭喇嘛之南
江孜喇嘛	在仁本喇嘛之西南
岗坚喇嘛	在江孜喇嘛之西南
协噶尔喇嘛	在岗坚喇嘛之西
聂拉木喇嘛	在协噶尔喇嘛之西
撒噶喇嘛	在朗岭喇嘛之西，逾后藏
杂仁喇嘛	在撒噶喇嘛之西

资料来源：（光绪）《清会典事例》①与《清史稿·藩部八》。

又据《清史稿》卷五二五《藩部八》的记载，清朝西藏各地的基本行政单位为“营”，营分大、中、小等类型。各营的长官为“营官”。每营设营官一人或二人，由喇嘛或平民担任。

清代西藏地区卫地营地统计简表

营官类型	营官品秩	营官名称	合计数量
大营	五品	乃东、琼结、贡噶尔、仑孜、桑昂曲宗、工布则冈、江孜、昔孜、协噶尔、纳仓	10
中营	六品	洛隆宗、角木宗、打孜、桑叶、巴浪、仁本、仁孜、朗岭、宗喀、撒噶、作冈、达尔宗、江达、古浪、沃卡、冷竹宗、曲水、突宗、僧宗、杂仁、茹拕、锁庄子、夺、结登、直谷、硕般多、拉里、朗、沃隆、墨竹宫、卡尔孜、文扎卡、辖鲁、策堆得、达尔玛、聂母、拉噶孜、岭、纳布、岭噶尔、错朗、羊八井、麻尔江	43
小营	七品	雅尔堆、金东、拉岁、撒拉、浪荡、颇章、札溪、色、堆冲、汪垫、甲错、拉康、琼科尔结、蔡里、曲隆、扎称、折布岭、扎什、洛美、嘉尔布、朗茹、里乌、降、业党、工布塘	25
边营	五品	江卡、堆噶尔本、噶喇乌苏、错拉、帕克里、定结、聂拉木、济陇、官觉、补仁、博窝、工布硕卡、绒辖尔、达巴喀尔	14
总计			92

资料来源：《清史稿》卷五二五《藩部八》。

① 参见（光绪）《清会典事例》卷九六六，中华书局1991年影印版第10册。

3. 藏地，位于“卫”与阿里之间。

其中心就是札什伦布城（今西藏自治区日喀则市），城内札什伦布寺为班禅额尔德尼坐床之地。共有十三处大城池。据乾隆二年（1737）理藩院造册，班禅所辖寺庙有三百二十七所，喇嘛有一万三千六百七十一众（名）有奇，百姓数量达六千七百五十二户。①

清代西藏地区藏地营地数量简表

营官类型	营官品秩	营官名称	合计数量
大营	五品	拉孜、练营、金龙	3
中营	六品	昂忍、仁侵孜、结侵孜、帕克仲、翁贡、干殿热布结、扎布甲、里卜、德庆热布结、央、绒错、葱堆、胁、干坝	14
小营	七品	彭错岭、伦珠子、拉耳塘、达尔结、甲冲、哲宗、擦耳、晤欲、碌洞、科朗、哲喜孜、波多、达木牛厂、冻噶尔、札茹	15
总计			32

资料来源：《清史稿》卷五二五《藩部八》。

4. 阿里

主要指今天西藏自治区阿里地区。清人黄沛翘在《西藏图考》中指出：

（阿里）其疆域东自藏界麻尔岳木岭，向西二千一百余里，南自匝木萨喇岭，向北一千余里，东北近冈底斯山，周围以冈噶江源流为界，疑即《唐书》泥婆罗、《明史》尼八喇国地，向为颇罗鼐长子朱尔玛特策登驻防处，有城十三，有庙五。其北界叶尔羌布噜特，其西为葱岭雪山，其南界廓尔喀。

又云：

今阿里地为西藏之极西边鄙，揆之史传，差为相近，向为颇罗鼐长子朱尔玛特策登驻防处；稍西北乃纳达克及谷古结塞地土。纳达克、谷古结塞二姓皆新抚之地也……其蕃民帽高尺余，以锦与缎为之，帽缘不甚宽，项缀纬；蕃妇帽以珠下垂，前后如旒，密遮面顶间。②

张海《西藏纪述》载：“阿里地方，其酋长名谷谷褚结。所辖地方广阔，人民数万户，亦系达赖喇嘛所属，俱隶普罗纳（郡王颇罗鼐）管束，半系喇丹、得中、那木渣等处生番，半系谷古、结赛等处人民，与缠头、回回、卡契、八僮接界。”可见，阿里地方的民

① （清）焦应旂《西藏志·附录》。

② 《西藏图考》，西藏人民出版社 1982 年版，第 81、116 页。

族结构虽以藏族为主，但仍有不少其他部族的居民。

5. 藏属三十九族土司

明末清初，共有 79 个藏族部落散布于今天青海、四川与西藏交界之地。至雍正十年（1732），清廷派官员查勘界址，将地近西宁的约 40 个部落分隶西宁大臣，将地近西藏的 39 个部落划归驻藏大臣管理。据（乾隆）《卫藏通志》卷一五《部落》，西藏地区管辖的 39 个土司共有 4889 户，合计男妇 17606 名口。其名称、户口数量及住牧地界大致情况如下列表①：

部族名称	属族及户口数量	住牧地界
纳书克贡巴族、毕鲁族、琫盆族、达格鲁族、拉克族、色尔札族	6 族，1081 户	东至沙克伯奔地方交界，南至池多地方交界，西至瓦奇麻巴尔达麻，北至泌体诺拉克地方
札嘛尔族	81 户	东至班麻尔拉克，南至勇洛地方，西至哈尔吗贡布，北至薄普拉尔必烟
阿札克族	49 户	东至阳拉纳哈，南至出麻达墨哩，西至拉载格哩，北至白普马尔碑
下阿札克族	48 户	东至西古尔，南至赛尔冈，西至噶尔玛贡布，北至沙布
夥尔川木桑族	42 户	东至昂纳，南至塞来松多，西至拨木达，北至喇贡
夥尔札麻苏他尔族（1）	16 户	东至革达，南至塞尔松，西至朗清，北至拉松
夥尔札麻苏他尔族（2）、只多族、瓦拉族	2 族，77 户	东至他克酸桂，南至沙尔喇嘛尔，西至迟拉，北至拉克松多
夥尔族（1）	122 户	东至达木本木，南至琼古窝，西至囊克尔札楚，北至墨勒木格噶尔
麻鲁族、宁塔、尼札尔、参麻布玛	4 族，213 户	东至鲁滚，南至勒尔根，西至札麻噶，北至札麻达
尼牙木札族、利松嘛巴族、勒达克族、多麻巴族、羊巴族	5 族，206 户	东至阿沙克，南至色里索麻多，西至瓦舒，北至图克吉品
夥尔族（2）	66 户	东至擦玛尔尼牙克，南至葛禄克刚，西至擦嘛塔，北至押马达
住牧依戎地方夥尔族	139 户	东至沙鲁拉，南至姑庆，西至格赖麻，北至桑塔

① 《卫藏通志》卷一五《部落》，第 1017~1020 页。

（续表）

部族名称	属族及户口数量	住牧地界
夥尔族(3)、彭他麻族、夥尔拉赛族	3族,53户	东至郭特戎,南至朋索多,西至墨勒拉哈,北至当喇
上刚噶鲁族、下刚噶鲁族	2族,149户	东至阿克贡木里,南至巴乌松多,西至格拉,北至沙鲁拉
琼布拉克鲁族	497户	东至隆巴,南至类乌齐,西至节娃,北至苏巴隆
噶鲁族	1004户	东至多洛舒,南至洛鲁巴喇树特,西至窝楚,北至噶鲁
色尔札族	687户	东至吉楚,南至巴路,西至珠冈札拉,北至麻拉石
上多尔树族、下多尔树族	2族,137户	东至色宠,南至拉札纳克,西至布拉尔,北至布都克绒
三札族	32户	东至加树,南至朴株,西至密题,北至纳树
三纳拉巴族	50户	东至达隆宗,南至俄喀,西至拉哩,北至加树边噶尔
朴族族①	27户	东至加树,南至朴株,西至密题,北至纳树

6. 达木游牧蒙古八旗

隶于驻藏大臣管辖。关于达木蒙古的来历,清驻藏大臣和宁在所撰《西藏赋》中曾云:“其部落五百余户之蒙古,驻自丹津。”其下小注曰:“青海蒙古王于五辈达赖喇嘛时,带领官兵赴藏,护卫留驻五百三十八户,在达木地游牧。协领八员、佐领八员、骁骑校八员,听驻藏大臣调遣。丹津,蒙古王之名也。”②《卫藏通志》卷一五《部落》又

① 在各种文献中,此三十九族土司名称的音译有所不同,如据《清史稿·藩部传》,其名称分别为:琼布噶鲁、琼布巴尔查、琼布纳克鲁、勒纳夥尔、色里琼扎尼查尔、色里琼扎参嘛布玛、色里琼扎嘛噜、木朱特羊巴、布米特勒达克、木朱特尼牙木查、木朱特利松嘛吧、木朱特多嘛巴、勒远夥尔、依戎夥尔移他玛、查楚和尔孙提玛尔、巴尔达山木多川目桑、嘛拉布什嘛弄、窝柱特只多、窝柱特娃拉、彭楚克夥尔、彭楚克彭他玛尔、彭楚克拉寨、盆索纳克书达格鲁克、沁体牙冈纳克书毕鲁、盆沙尼牙固纳克书色尔查、巴尔达穆纳克喜奔盆、纳格沙拉克书拉克什、洛克纳克书贡巴、三渣、三纳拉巴、扑旅、上阿扎克、下阿扎克、白猎扎嘛尔、上冈噶鲁、下冈噶鲁、上夺尔树、下夺尔树。(见《清史稿》卷五二五《藩部八》,第14572~14573页)

② 《西招图略》与《西藏图考》合刊本,第256~257页。

称:“达木一名玉树。”关于达木蒙古部落的分布地域,《清史稿·藩部传》称:“其直属于驻藏大臣者,有达木额鲁特八旗:在喜汤者四旗,在汤宁者二旗,在佛山者一旗,皆北倚布干山,南与前藏接;在格拉者一旗,东北滨喀喇乌苏,西与后藏接。每旗置佐领一。”①大致集中于今青海省玉树藏族自治州境内。

第五节 清代南方土司地区(包括湖广、贵州、四川、云南、广西)的演变与民族分布

清朝初年,沿袭元、明两朝制度,继续承袭、维持西南诸省土司之制。根据研究者的统计,清朝土司总数与分布情况:“清代鸦片战争前曾经存在过的土司,大约有八百多个。其分布区域,主要是湖广、云南、贵州、广西、四川和甘肃,青海、西藏也有少数土百户、百长等。”②甘肃、青海、西藏之外,湖广(两湖地区)、云南、贵州、广西、四川等地区土司数量最多也最为集中。通常,土司地区属于少数民族聚居最为集中的地区,但这并不意味着南方没有土司设置的地区就没有大量少数民族。这方面突出的例证便是台湾岛与海南岛两地。③

与明朝形成鲜明对照的是,清朝改土归流的进程几乎与有清一朝相始终。如雍正年间,清朝官府着手进行了最大规模且富有成效的改土归流运动,据粗略统

---

① 又据(光绪)《清会典事例》卷九六七的记载,达木蒙古八旗的住牧地界情况:“四旗在札喜汤,二旗在汤宁,一旗在五佛山,皆北倚拉干山,南与前藏接界。一旗在格拉,东北滨哈拉乌苏,西与后藏接界。”地名有多处不同:喜汤与札喜汤,佛山与五佛山,布干山与拉干山。按撰著年代先后,似应以《清会典事例》为准。

② 参见张捷夫《清代土司制度》,载于《清史论丛》第三辑,第188~202页。关于清朝土司制度的研究成果较多,如胡耐安《明清两代土司》,载于存萃学社编集《清史论丛》第六集,香港大东图书公司1980年出版;佘贻泽《清代之土司制度》,载于存萃学社编集《清史论丛》第六集,佘贻泽另著有《中国土司制度》(正中书局1944年出版);李世愉《清代土司制度论考》,中国社会科学出版社1998年出版等。关于清朝土司数量,由于取舍标准的不同,各家统计结果也不相同。如佘贻泽在文章中列出了详细的统计表,但合计只有309个土司。

③ 清朝康熙二十三年(1684)在台湾岛上置台湾府,隶于福建省,光绪十三年(1887)改置台湾省。在海南岛上则承袭明朝的建置,设琼州府,后又分置崖州,但海南岛依然是黎族最集中的区域。各种文献记载与研究者的统计均未提及清代台湾岛与海南岛两岛上有土司的设置,而旧文献如檀萃《说蛮》及《清史稿·地理志》等多称台湾岛上汉族以外的居民为“番”,有“鸡笼番”“生番”“熟番”“峦番”“昆番”等多种名号,“番民”所居为“社”,汉民所居为“庄”,如台东州(治今台湾省台东县西北)一带有大量“番社”存在,自然为少数民族的聚居之地。

计，当时西南地区被改流的土司、土县和长官司以上共有六十多个。[1] 时至清末，大部分土司已完成了“内地化”的转变。如据清末负责民政的官员称：“除湖北、湖南土司已全改流官外，广西土州县、贵州长官司等，名虽土官，实已渐同郡县，经画改置，当不甚难。”可以说，经过有清一朝的改革，土司制度在全国范围内已成“强弩之末”，接近了历史的终点。[2] 但对于民族地理而言，改土归流之类的政治改革措施并不会对南方各地的民族构成产生决定性的影响，这也是在有关明清时期的民族地理研究中值得特别注意的问题。研究土司问题，只是为民族地理研究提供线索，并不是民族地理研究的全部。我们既要注意那些土司相对集中的区域，也要注意那些没有设置土司或已改流的民族区域，结合数量丰富的地方志资料与其他形式的文献记录，全面弄清各主要民族的地理分布特征与各地区的民族构成情况。

下面分地区将各地土司分布的地理特征与民族构成加以介绍。

一、湖广地区（湖北、湖南）

清朝湖广总督下大致抚有今湖南、湖北两省之地。就湖广地区而言，少数民族主要集中于西南部地区。如《清史稿·土司传》称：“湖广之西南隅，战国时巫郡、黔中地。湖北之施南、容美，湖南之永顺、保靖、桑植，境地毗连，介于岳、辰、常德、宜昌之间，与川东巴、夔相接壤，南通黔，西通蜀。……清有天下，（湖广）仅施南、散毛、容美三宣抚使，永顺、保靖两宣慰使而已。”下面分别介绍与说明这两省的少数民族分布与土司建置状况。

（一）湖北地区的民族结构与土司政区

与湖南境内的民族结构相似，湖北境内的少数民族也以苗族为主。在雍正年间的改土归流举措中，湖广地区执行得最为彻底，基本上消除了土司（简单情况参见下文简表1）。“雍正年间，施南、容美、永顺、保靖先后纳土，特设施南一府，隶（湖）北布政使，永顺一府，隶（湖）南布政使。两府既设，合境无土司名目。”改土归流后，湖北境内的原土司政区主要归入施南府与宜昌府（简单情况参见下文简表2）。

---

① 参见张捷夫《论改土归流的进步作用》，载于《清史论丛》第二辑，中华书局1981年出版。

② 参见胡耐安《明清两代土司》，载于《清史论丛》第六集，第145页。

雍正年间湖北境内改流的土司简表 1

土司名称	改流及裁并时间	归属府县
施南宣抚司	雍正十三年	以其地置利川县
东乡安抚司	雍正十年	以其地入恩施县
忠建宣抚司	雍正十一年	以其地为恩施县
金峒安抚司	不详	以其地为咸丰县
忠峒安抚司	雍正十二年	以其地入宣恩县
散毛宣抚司	雍正十三年	以其地入来凤县
忠路安抚司	雍正十三年	以其地改利川县
忠孝安抚司	雍正十三年	地入恩施县
高罗安抚司	雍正十三年	地入宣恩县
木册长官司	雍正十三年	地入宣恩县
大旺安抚司 附东流安抚司	雍正十三年	地入来凤县
临壁长官司 （原附大旺安抚司）	雍正十三年	地入来凤县
唐崖长官司	雍正十三年	地入咸丰县
龙潭安抚司	雍正十三年	地入咸丰县
沙溪安抚司	雍正十三年	地入利川县
卯峒长官司	雍正十三年	地入来凤县
漫水宣抚司	雍正十三年	地入来凤县
西萍长官司	雍正十三年	地入咸丰县
建南长官司	雍正十三年	地入利川县
容美宣慰司	雍正十一年	改为鹤峰州

资料来源:《清史稿》卷五一二《土司一》。

雍正年间湖北境内改流的土司简表2

府名	属县名称	治所今地	原属土司名称
施南府	恩施县	湖北省恩施州	忠建宣抚司、东乡安抚司
	宣恩县	湖北省宣恩县	忠峒安抚司、高罗安抚司、木册长官司、石虎土司
	来凤县	湖北省来凤县	散毛宣抚司、大旺安抚司、东流安抚司、临壁(或称蜡壁)长官司、漫水宣抚司、卯峒长官司
	咸丰县	湖北省咸丰县	唐崖长官司、龙潭安抚司、金峒安抚司、西萍长官司
	利川县	湖北省利川市	施南宣抚司、忠路安抚司、沙溪安抚司、忠孝安抚司、建南长官司
宜昌府	鹤峰州(后改为直隶厅)	湖北省鹤峰县	容美宣慰司
	长乐县	湖北省五峰县	五峰司、石梁司、水浕司、长茅司

资料来源:《清史稿》卷六七《地理十四》与卷五一二《土司一》。

(二)湖南境内的民族结构与土司政区①

1. 湖南"苗疆"及周边地区的地理特征与民族结构

清代湖南境内主要少数民族为苗民。苗民分布于境内许多府州。关于清代湖南境内民族构成状况,我们可从当时地方官的奏疏中窥得一斑。如康熙四十三年(1704),湖南学政潘宗洛在上疏中称:"臣遍历湖南考试一周,衡、郴、永、宝、靖、辰等府州,皆汉、苗杂处。"②潘宗洛所指地区覆盖了湖南西部、南部及西南部地区。

苗民(特别是"生苗")最集中的聚居区域是湖南西部地区,即历代所称"五溪"地区,至清代仍然是重要的苗民聚居区,又通称"湖南苗疆"。清代南方"苗疆"的地域范围,实应有广义与狭义的区别。广义的"苗疆"泛指湖南西部及西南部以及贵州东部苗族聚居区,面积相当可观。如嘉庆年间官员指出:"苗疆周围千里,楚省环其东、南、北三面,其西则为黔边。"③又如嘉庆十一年(1806),湖南巡抚阿林保在奏疏中称:"湖南苗疆东、南、北三面,周围七百余里,环列苗人二千余寨。"④而狭义的"苗疆"应

① 关于清代至民国时期湖南等地苗族文化与地理研究,代表性的成果有凌纯声、芮逸夫《湘西苗族调查报告》,商务印书馆1947年出版,后屡有再版。

② (清)曾国荃等(光绪)《湖南通志》卷八四《武备志七》,(台北)华文书局影印版,第1873页。

③ (光绪)《湖南通志》卷八五《武备志八》,第1892页。

④ (光绪)《湖南通志》卷八五《武备志八》,第1896页。

以清朝所筑立的边墙范围为准。关于清代南方“苗疆”边墙的四至,严如熤在《苗防备览·风俗考》中指出:

考苗疆边墙旧址,自亭子关起,东北绕浪中江至盛华哨,过长坪转北,过牛岩、芦塘,至高楼哨、得胜营,再北至木林、湾溪,绕乾州城、镇溪所,又西北至良章营、喜鹊营止。边墙以外者为生苗,边墙内间有与民村相错居住,或佃耕民地,供赋当差与内地人民无异,则熟苗也。①

又如康熙三十九年(1700),湖广总督郭琇在上疏中称:

辰州(治今湖南省沅陵县)西南一带,乃楚、黔、蜀万山之交,悬岩深涧,鸟道羊肠,苗倚箐、峒为寨,盖数百处,内巢生苗性更悍顽,接壤汉土,边民频遭攘窃。惟藉镇筸一协(在今湖南省凤凰县)兵威弹压。其地上接贵州铜仁协(在今贵州省铜仁市),下抵泸溪(治今湖南省泸溪县),地广五百余里,险隘四十余处。②

康熙四十二年(1703),清朝政府派遣军队进入“苗疆”地区,推行郡县制度。在苗民、苗寨归服后,“因于辰州府增设乾州、凤凰二厅,分治苗疆”③。根据康熙四十四年偏沅巡抚赵申乔的上疏,在清朝军队的武力威慑下,归附红苗共有313寨,合计4763户,8787口。④ 而乾隆四年(1739)巡抚冯光裕的奏疏称:“乾、凤、永三厅苗人约共二千余寨,其最强者,乾州则杨孟、大劳神、小劳神诸寨;凤凰则栗林、牛练塘、大五头、小五头、鸦苏、盘若诸寨;永绥则花园、通溪、补豪、夯尚、盘鹊泥诸寨。”⑤又如嘉庆十四年(1809),辰沅道官员傅鼐奏:“凤凰、乾州、永绥、保靖四厅县,多系生苗,地险巢深,历来犷悍,反覆无常,迥非永顺、宝庆、靖州及黔、粤两省苗人可比。”⑥凤凰、永绥、乾州三厅及保靖县,也正是狭义“苗疆”所涵盖之地,是湖广地区苗族最集中的地区。

“苗疆”与其他地区有较明显的地理界限,形成了一个相对封闭的自然地理区域。如研究者认为:“苗疆的范围,根据嘉庆二十五年(1820)严如熤《苗防备览》的苗疆全图,以沅江以西,酉江以南,辰江以北,及湘、黔交界以东范围以内为苗疆区域。其地

① 《苗防备览》,道光年间刊本。又见《小方壶斋舆地丛钞》第八帙。
② (光绪)《湖南通志》卷八四《武备志七》,第1871页。
③ (光绪)《湖南通志》卷八四《武备志七》,第1873页。
④ (光绪)《湖南通志》卷八四《武备志七》,第1874页。
⑤ (光绪)《湖南通志》卷八四《武备志七》,第1880页。
⑥ (光绪)《湖南通志》卷八五《武备志八》,第1900页。

北、东、南三面环水,西面以高山为屏蔽,自成为一自然区。”①西面的高山指位于贵州的腊耳山,为苗疆地区最重要的地理标志。如严如熤在《苗防备览·险要考》中指出:“大腊耳山,城(今湖南省凤凰县治)西七十里,高十余里,山势甚大,跨楚、黔两省。……绵亘百余里,其上苗寨甚多,故往史称湖、贵苗生衅者必腊耳山。”

政区名称	治所今地	所辖苗寨数量
乾州直隶厅	湖南省吉首市西南	115
凤凰直隶厅	湖南省凤凰县	105(注明为红苗寨)
永绥直隶厅	湖南省花垣县	228(注明为红苗寨)
合计		448

资料来源:《清史稿·地理志》。

就民族构成而言,“苗疆”地区的主要民族自然是苗族。如严如熤在《苗防备览·风俗考》中指出:

三厅中见诸载籍者俱概称之曰红苗,而其中微有区别。如永绥一厅统为六里红苗,而厅西南黄瓜寨一带,厅南鸦酉、栗林各寨,则土民皆指为黑苗。至厅北已东坪茶洞、腊耳堡与保靖秀山接界,又黑苗而兼土蛮也。红苗寨多人繁,为诸部所畏,而黑苗之地险气悍,足与颉颃。红苗众于黑苗,黑苗凶于红苗。

又根据(宣统)《永绥厅志》以及凌纯声、芮逸夫等人的归类总结,湖南“苗疆”地区的苗人种类名号约有22种,即红苗、青苗、黑苗、爷头苗、洞崽苗、八寨苗、箐苗、清江黑苗、白苗、九股苗、黑山苗、黑脚苗、车寨苗、西溪苗、平伐苗、东苗、花苗、杨保苗、紫姜苗、吴家苗、梁家苗、侗家苗。“三厅之苗多来自贵州,以红苗为主要成分,黑苗次之,其他诸苗又次之。人数以红苗为最多,故至今三厅仍以红苗著称。”②

苗族之外,湖南“苗疆”及周围地区还有不少其他种类的少数民族,如瑶族、“土蛮”(壮族)、仡佬族等。其中瑶族为湖南境内数量及分布区域仅次于苗族的少数民族之一。如《苗防备览·风俗考》载:

永、保、三厅(永顺、保靖、凤凰、乾州、永绥)之间,曰苗,曰土蛮,曰仡佬,无瑶也。芷江、西溪土民,称之曰瑶,而实为峒苗,详见《明史》中。思州、镇远苗民外,有黑仡、白仡各种,大约与泸溪下五都同俗。其在辰溪(县,治今湖南省辰溪县)

① 《湘西苗族调查报告》,第26页。

② 《湘西苗族调查报告》,第19~22页。

之七都、溆浦（县，治今湖南省溆浦县）之麻塘山、黔阳（县，治今湖南省洪江市西南）之罗翁山、绥宁（县，治今湖南省绥宁县西南）之樑木冈、邵阳（县，治今湖南省邵阳市）之东山、城步（县，治今湖南省城步苗族自治县）之石灰寨、武冈（州，治今湖南省武冈市）之白茅冈，绕八面山居者，皆为瑶人，虽不若苗之悍恶，而种类亦繁，其地与苗疆相毗连，亦防范之所及者也。

又“瑶依山而居，食多杂粮，饮溪水以解渴，与苗俗相类。其杂居民间者，服食居处，多与（汉）民同”。瑶民聚居地称为“瑶峒（同寨）”，据（光绪）《湖南通志·武备志》的记载，瑶峒遍布于衡州府、永州府、宝庆府、辰州府、靖州、桂阳州等所属的27个州县。据统计，瑶峒超过439处，其中粤、桂、湘三省交界处几乎每个州县都有瑶峒，其中永州府瑶峒最多，达127处，超过总数的1/4。其次为地处湘、桂两省交界处的宝庆府，瑶峒达116处。又就县级政区而言，以靖州绥宁县所辖瑶峒最多，达60处；其次为宝庆府的城步县，有瑶峒59处；再次为永州府的宁远县（治今湖南省宁远县），有瑶峒56处。此数县可谓清代湖南境内瑶峒及瑶族人口最为密集的区域（参见下表）。

清代湖南境内瑶峒分布简表

所在府名	治所今地	所在州县名称	瑶峒数量
衡州府	湖南省衡阳市	常宁县、酃县	9
永州府	湖南省永州市	零陵县、东安县、祁阳县、道州、宁远县、永明县、江华县、新田县	127
宝庆府	湖南省邵阳市	邵阳县、城步县、武冈州、新宁县	116
辰州府	湖南省沅陵县	泸溪县、辰溪县、溆浦县	42①
沅州府	湖南省芷江侗族自治县	黔阳县	7②
郴州	湖南省郴州市	永兴县、宜章县、兴宁县、桂阳县、桂东县	43
靖州	湖南省靖州苗族侗族自治县	绥宁县	60
澧州	湖南省澧县	永定县	15
桂阳州	湖南省桂阳县	临武县、蓝山县	20
合计		27	439

资料来源：（光绪）《湖南通志》卷八五《武备志八·苗防（诸瑶附）》。

---

① 文献记载辰溪县“旧有东山七姓，今为熟户”，故以7峒计。

② 文献记载罗翁山“其山八面，七面向楚，一面向黔，各有峒寨，以时盛衰”，故以7峒计。

关于湖南境内瑶族内部的分类，各县略有差异。最常见的分类是以居住地海拔高低而分为“高山瑶”与“平地瑶”。如酃县（治今湖南省炎陵县），“县境瑶有二种：一高山瑶，踞县东南大山中，明末寇掠多系此种；一平地瑶，今为编户，惟不与民通婚姻”。又如永明县（治今湖南江永县）地处湘粤交界之处，瑶民分类最为复杂：

县境三面距粤，诸瑶错处，有真、赝二种，以盘、李、周、赵、沈、郑、邓、唐八姓为真瑶，他姓为赝瑶。明洪武二十九年隶户籍，供租赋。别有生瑶二种，不入版籍：一为砍山瑶，重峦绝巘，负阻巢居，迁徙无定；一为顶板瑶，置板于顶，言语侏㑩不可辨。①

“土蛮”，文献中又称为“土人”“土丁”“土家”等，属于今天土家族之先民。湖南境内的“土人”主要集中于永顺与保靖两大土司辖地之内，故而也常被称为“永、保土人”。如（光绪）《湖南通志》的编撰者指出：“案旧志所载苗俗十条，专指辰、沅以上苗族而言，其于衡、永等处瑶俗及永、顺之土俗，尚有未备。”②这里所说“永、顺之土俗”即指永顺宣慰司辖区内土人的风俗。又如《皇清职贡图》在“永顺、保靖等处土人”图的题记中称：“土人，先本苗蛮，自唐以蛮中大姓彭氏、冉氏分土管辖，始有土人之名。历代反覆不常，时勤剿抚。明时始授永保等土司为宣慰使，国初一如明制。嗣因土官贪暴，雍正二年改土归流，添设永顺府治，土人咸登衽席矣。其地山多田少，刀耕火种。”严如熤在《苗防备览·风俗考》中载：“永、保土人之地，重冈复岭，陡壁悬崖，接壤诸峒，又连汉地，苗土杂居。”又“永、保苗人与永绥、乾州毗连，各寨去县治绝远者系生苗。其去保靖县治与古仗坪稍近如哄哄寨之属，则虽系苗种落，沾化日久，别号曰‘土蛮’，边徼有事，颇得其力”。

辰州府泸溪县（治今湖南省泸溪县）及周边地区是仡佬族较为集中的区域。“泸溪所辖村庄，在大河（沅江）东岸者，不过百分之一二耳，本与乾州同治，故西、北、南三面处处与苗寨毗连。民间于耕种而外，尤以防苗为重。大约自大、小章仡佬而外，六保及附城、后山、欧溪一带，地势险固，人多习险健斗。”

泸溪仡佬，居上五都之大章、小章、大西、老烟、竹坪，下五都六保之洞庭山等寨，及乾州之下溪口、铁枕岩、把布、把金、上下百户各寨，共计寨落百数十处。其民非苗非土，盖别为一种类也。张姓人极众，符姓次之，其他覃、杨、谢、刘各姓，

① 引文见（光绪）《湖南通志》卷八五《武备志八·苗防（诸瑶附）》。

② （光绪）《湖南通志》卷四〇《地理志·苗俗》后附按语。

皆零星杂住。相传宋时有江西章姓兄弟二人为屯长,居此落业,子孙繁衍,其出自兄者为大章,出自弟者为小章,后改章为张。由大、小章分支而出,散居于永顺、保靖、永绥间者,平扒、丫家、茶洞、老旺寨、尖岩等处为多,大约入赘彼地,遂仍其俗。在土村为土民,在苗寨为苗人,而张姓总皆大、小章苗裔,庆吊犹相通云。①

"苗疆"及周边地区的汉民(旧文献中多称"民")也不在少数。如《苗防备览·风俗考》载:"边墙内民村稀少,视苗寨仅十之三四,杂以土人、仡佬。厅民土著其间者,负质脆弱,一遇边徼有事,辄弃庐舍,先自溃散。"即使按苗寨数量的"十之三四",若边墙内苗寨数量达二千余,那么民村数量也相当可观了。又如"永绥厅人民,俱内地迁入者,家计淡泊,饔飧不给,历年买土开垦,渐觉充裕。崇尚朴素,不事浮华"。

2. 湖南境内土司的建置情况

湖南布政司辖下最大的土司是永顺宣慰使司。早在顺治四年(1647),永顺宣慰使彭宏澍就领下辖三知州、六长官司、三百八十峒苗民归附清朝军队。据(光绪)《湖南通志》与《清史稿》之《土司传》及《地理志》的记载,湖广地区在雍正年间被改流的土司有:

(1)永顺宣慰司,治今湖南省永顺县东南,本为宋朝永顺州之地,元朝时改为永顺等处军民安抚司,明时改为永顺等处军民宣慰使司。原领三个土州,曰南渭,曰施溶,曰上溪;六个长官司:腊惹峒、麦著黄峒、驴迟峒、施溶峒、白岩峒、田家峒。雍正六年宣慰使彭肇槐纳土归流,清朝改其地为永顺府及永顺县。据前文分析,永顺宣慰司辖境内少数民族主要为土家族。严如熤《苗防备览·风俗考》载:"永、保土人,耐劳习俭,劲勇善斗,沿边苗寨,俱供役使。即上、下十里及镇筸生苗,时亦分段,令永、保两宣慰担承,故苗虽犷悍,于土家不敢轻犯。自宋元以来,有事苗疆,土官无役不从,搜山焚箐,辄用土兵当先。"正是为了适应这种军事需要,永、保土司曾长期实行特殊的"旗制"。如"永顺各乡,在土司时为五十八旗……旗各有长,管辖户口,分隶于各州司,而统属于总司。有事则调集为军,以备战斗;无事则散处为民,以习耕凿"。

① (清)严如熤《苗防备览·苗疆风俗考》。

永顺府属县土司改流简表

属县名称	治所今地	建置时间	改流土司名称
永顺县	湖南省永顺县	雍正七年	南渭土州、田家峒长官司
龙山县	湖南省龙山县	雍正七年	大喇长官司
保靖县	湖南省保靖县	雍正四年	保靖宣慰司
桑植县	湖南省桑植县	雍正七年	桑植安抚司,上峒、下峒长官司

资料来源:《清史稿》卷六八《地理十五》。

(2)保靖宣慰司,治今湖南省保靖县。本为宋朝保静州之地,元朝置保靖州安抚司,原领五寨、筸子坪等二长官司。雍正四年,改流官置厅,七年改为保靖县。保靖地区居民以土家族为多,而沿边地区苗族人口也相当多。如严如熤《苗防备览·风俗考》载:"永顺土司,地广于保靖,归流时设永顺、龙山两县。保靖虽幅员稍狭,而地险兵劲,足与永顺相抗,往常弄兵穴斗。又尝与永顺争管上六里苗寨。有司以保靖距苗寨近,常令属焉。故保靖沿边之苗,较永顺为多,而其风亦为稍悍。"与永顺土司相仿,保靖辖境内也施行"旗制","保靖土司,旧设虎、豹、广、智、谋、勇、威、驱、彪、胜、亲、利、飞、良、先、镇,共十六镇,共十六旗,统其居民。……改流后,诸旗悉照内地里甲编定,而相沿已久,至今居民相称犹有语'某人为某旗'者"。

(3)大喇长官司,治今湖南省龙山县境内,雍正十三年(1735)纳土归流,隶于龙山县。

(4)桑植宣慰司,本为慈利县之地,元朝曾有上、下桑植宣慰司之设,明代改为安抚司。原领美坪等十八个苗峒,雍正四年改流置厅,七年改为桑植县。

(5)上、下峒长官司,明代在其地置上、下峒宣抚司,后改为长官司,分其地为二,分别治今湖南省桑植县西南与西北之地,雍正十三年(1735)改土归流,清朝以其地属桑植县。

(6)茅冈长官司,治今湖南省张家界市西北,雍正十二年(1734)纳土归流,其地分别归属于石门、慈利、安福等县。

二、贵州地区

(一)清朝贵州境内"苗疆"的开辟、治理与土司政区的建置

从前面章节的分析中可知,自明代开始,贵州省是南方地区苗族人口最多、最集中的省份。早在宋、元两朝,已陆续在苗族聚居区设有为数众多的土司,但是,时至清

代，贵州的土司问题并不是当地民族问题的全部或主要焦点所在，因为在更广大的苗民聚居区（旧文献中所称“苗疆”），长期以来并没有实行土司制度。有清一代，贵州省境内面积广阔的“苗疆”首先成为政区建设的“重中之重”。为加强对广大苗族聚居区的控制力度，从雍正年间开始，清朝官府着手开辟“苗疆”，即将广大苗族聚居区归入与汉族聚居区一致的行政管理体制。如在雍正四年（1726）改土归流中，贵州“苗疆”成为实施改制的重点区域之一。鄂尔泰在上奏中指出：

> 贵州土司向无钳束群苗之责，苗患甚于土司。而苗疆四周几三千余里，千有三百余寨，古州（古州长官司，治今贵州省黎平县西北）踞其中，群砦环其外。左有清江可北达楚，右有都江可南通粤，皆为顽苗蟠据，梗隔三省，遂成化外。如欲开江路以通黔、粤，非勒兵深入，遍加剿抚不可。此贵州宜治之边夷也。①

清朝官府在对贵州“苗疆”的开拓过程中，同样采取剿抚并用的方针，对那些反抗的苗民进行了多次武力打击。清朝开辟的“苗疆”地区大致可以分为东、西两大区域：

1. 西部地区

包括水西与水东地区，以及贵阳府与安顺府等地，相当于今贵州省的西部、中部及南部地区。

水东、水西本相对于乌江上游鸭池河而言。水东本为宋氏土司所辖之地，水西为贵州宣慰司安氏辖地，安氏势力比宋氏强盛，清初改称水西宣慰司，治今贵州省贵阳市。水西地区地理位置十分重要，康熙三年（1664），水西宣慰司安坤发动反清叛乱，清朝官员极力主张武力打击：“水西地方沃野千里，地广兵强，在滇为咽喉，于蜀为户牖，若于黔则腹心之蛊毒也。”于是，清朝命吴三桂督领云、贵重兵分两路大举征讨，最终平定安氏叛乱，将其地改土归流，“以其地设四府，水西为黔西府，比喇为平远府，大方为大定府，乌撒为威宁府”②。雍正四年（1726），在鄂尔泰等人的直接指挥下，清军又大举进攻贵阳府广顺州长寨及安顺府镇宁一带，强制推行保甲制度，“于是乘威招服黔边东、西、南三面广顺、定番、镇宁生苗六百八十寨，镇宁、永宁、永丰、安顺生苗千三百九十八寨，地方千余里，直抵粤（西）界”③。这些苗寨主要集中于贵阳、安顺二府，相当于今天贵州省中部与南部地区。

---

① 《圣武记》卷七，第285页。同见《清史稿》卷五一二《土司一》，第14205页。

② 参见（乾隆）《贵州通志》卷二一《土司传附水西安氏叛服本末》。

③ 《清史稿》卷五一五《土司四》，第14272页。

2. 东部区域

包括镇远府清水江流域、古州以及牛皮箐地区，相当于今天贵州省东南部地区，其中以古州最为著名。

“镇远清水江者，沅水上游也，下通湖广，上达黔、粤，而生苗据其上游，曰九股河，曰大、小丹江，沿岸数百里，皆其巢窟。”古州即明古州长官司所辖之地，治今贵州省黎平县西北，隶于黎平府。然而在当时人的地理观念中，古州又有里、外两种地域范围。

古州者，有里有外，里古州距黎平府百八十里，即元置古州八万洞军民长官司所也。地周八十余里，户四五千，口二万余。都江、溶江界其左右，合为古州江。由此东西南北各二三百里为外古州，约周千二三百里，户数千，口十余万，可敌两三州县。环黔、粤万山间，奥而旷，沃而衍，榛狉而淳朴，别有天地，为全省所不及。①

从雍正六年(1728)开始，清朝官府先后在诸葛营、清水江、丹江等处设置城堡。当地苗族酋长反叛。贵州巡抚张广泗于雍正八年(1730)率军攻伐，最后平定古州各地。时至乾隆年间，牛皮箐地区又成为苗族最重要的聚居区之一。牛皮箐，又称为“牛皮大箐”，位于镇远府、黎平府及都匀府交界之地。“箐圜苗巢之中，盘亘数百里，北丹江，南古州，西都匀、八寨，东清江、台拱，危岩切云，老樾蔽天，雾雨冥冥，泥潦蛇虺所国，虽近地苗、蛮，亦无能悉其幽邃、穷其荒阻者。故首逆诸苗咸薮伏其中，恃官兵所万不能至，俟军退复图出没。”②乾隆元年(1736)，清朝军队对这一地区进行了极其艰难的打击行动：“……共毁除千有二百二十四寨，赦免三百八十有八寨，阵斩万有七千六百有奇，俘二万五千有奇……宥其半俘，收其叛产，设九卫，屯田养兵戍之。诏尽豁新疆钱粮，永不征收，以杜官胥之扰。”③

关于雍正年间改土归流的成果，魏源曾评价道：“初，苗疆辟地二三千里，几当贵州全省之半，增营设汛，凡腹内郡县防兵大半移戍新疆。”④此处所说“新疆”，指新开辟的“苗疆”地区。又据《清史稿·地理志》，康熙、雍正年间贵州境内在开辟“苗疆”后增置的政区形式以设“厅”为主，这些政区主要有：

1. 贵阳府

长寨厅，治今贵州省长顺县，康熙四年(1665)置厅。

---

① 《圣武记》卷七，第288页、289页。

② 《圣武记》卷七，第294页。

③ 《清史稿》卷五一五《土司四》，第14276页。

④ 《圣武记》卷七，第292页。

2. 安顺府

(1)郎岱厅,治今贵州省六枝特区西南,明朝时为陇氏土司辖地,康熙五年(1666)平定,雍正九年(1731)置厅。(2)归化厅,治今贵州省紫云苗族布依族自治县。明朝时为康佐长官司,以及镇宁、定番、广顺三州交错之地,雍正八年(1730)置厅。

3. 都匀府

(1)八寨厅,治今贵州省丹寨县,本为明朝天坝土司辖地,雍正六年(1728)清朝平定苗疆后置厅。(2)丹江厅,治今贵州省雷山县北,明代为"生苗"聚居之地,雍正六年清朝平定苗疆后置厅。(3)都江厅,治今贵州省三都水族自治县东南,明代为来牛大寨,雍正六年清朝平定苗疆后置厅。

4. 镇远府

(1)台拱厅,治今贵州省台江县,明代为九股生苗聚居之地,雍正十一年(1733)清朝平定苗疆后置厅。(2)清江厅,治今贵州省剑河县,明代为清水江苗地,雍正八年(1730)清朝平定苗疆后置厅。

5. 遵义府

赤水厅,治今贵州省赤水市,原为留元坝之地,雍正八年改置仁怀厅,光绪三十四年(1908)改为赤水厅。

6. 黎平府

(1)古州厅,治今贵州省榕江县,原为苗族聚居之地,于雍正七年(1729)设厅。(2)下江厅,治今贵州省从江县西北,于乾隆三十五年(1770)设厅。

7. 大定府

本为明代贵州宣慰司及乌撒军民府辖地。康熙三年(1664),清军平定水西、乌撒土司之乱,置大定府,治今贵州省大方县,共领一厅、三州、一县。(1)水城厅,治今贵州省六盘水市,明朝时为水西之地,雍正十年置厅。(2)平远州,治今贵州省织金县。康熙三年在平定水西、乌撒后,在比喇坝置平远府,后降为州。(3)黔西州,治今贵州省黔西市。康熙三年,以水西之地置黔西府,后降为州。(4)威宁州,治今贵州省威宁彝族回族苗族自治县。康熙三年,以乌撒之地置威宁府,后降为州。(5)毕节县,治今贵州省毕节市,明朝时为毕节赤水卫辖地,康熙二十六年(1687)置县,隶威宁府,后改隶大定府。

8. 松桃直隶厅

治今贵州省松桃苗族自治县,明朝时为红苗聚居之地,雍正八年置厅,隶铜仁府,嘉庆二年(1797)升为直隶厅。

即使是在大规模改土归流之后,贵州省境内依然有数量可观的土司存在。如据《清史稿·地理志》统计,时至清末,贵州境内还有未改流的土司六十五处(包括长官司与副长官司)。又据(乾隆)《贵州通志》卷二一《土司志》与《清史稿·地理志》,清代贵州各地的土司分布情况略见下表①:

所属府州县	治所今地	土司名称	已裁土司名称
贵阳府及贵筑县	贵州省贵阳市	中曹、养龙、白纳、虎坠等长官司,白纳副长官司	中曹副长官司、喇平司
定番州	贵州省惠水县	程番、卢番、韦番、小龙番、金石番、罗番、大龙番、麻向长官司与木瓜长官司,木瓜副长官司	卢山、大华、洪番、方番、卧龙番、小程番、上马桥等七司
开州	贵州省开阳县	乖西长官司、副长官司	西司长官司、西司副长官司
龙里县	贵州省龙里县	大谷龙、小谷龙长官司,羊肠长官司	龙里司、水东司
贵定县	贵州省贵定县西南	平伐、大平伐、小平伐、新添长官司	东丹平司、北把平司、密纳司
修文县	贵州省修文县	底寨长官司、底寨副长官司	无
广顺州	贵州省长顺县西北	无	金筑司
安顺府及普定县	贵州省安顺市	西堡副长官司	西堡长官司、宁谷司、安顺土州司
镇宁州	贵州省镇宁布依族苗族自治县	康佐副长官司	康佐长官司、十二营司
普安州	贵州省盘州市	无	普安州土州司
永宁州	贵州省关岭布依族苗族自治县西南	顶营、募役、沙营长官司	无
平越府(州)	贵州省福泉市	杨义长官司、高坪中坪长官司	无
黄平州	贵州省黄平县	吴门、岩关、重安等长官司	朗城司
都匀府及都匀县	贵州省都匀市	都匀、邦水长官司,都匀副长官司	六硐司、王司、吴司、天坝司、平州司、舟行司、平浪司、舟平司

① 土司的等级与名目繁多,为简明起见,本表的统计只到长官司与副长官司一级。

（续表）

所属府州县	治所今地	土司名称	已裁土司名称
麻哈州	贵州省麻江县	乐平、平定长官司	麻哈司
独山州	贵州省独山县	独山、丰宁上、丰宁下、烂土长官司	无
清平县	贵州省凯里市西北	无	凯里安抚司
八寨厅	贵州省丹寨县	扬武排调、永安等长官司	无
镇远府	贵州省镇远县	偏桥、偏桥左、偏桥右长官司	无
镇远县	同上	邛水长官司、邛水副长官司	无
思南府	贵州省思南县	随府办事、蛮夷、沿河祐溪、朗溪长官司，蛮夷副、沿河祐溪副、朗溪副长官司	无
石阡府	贵州省石阡县	石阡副长官司	石阡长官司、苗民司
思州府	贵州省岑巩县	都平长官司、都素长官司、黄道长官司、施溪长官司	都平（坪）副、都素副、黄道副长官司
铜仁府	贵州省铜仁市	省溪、提溪、乌萝、平头等长官司，省溪、提溪、乌萝、平头等副长官司	无
黎平府	贵州省黎平县	潭溪、八舟、龙里、中林、古州、新化、欧阳、亮寨、湖耳、洪州等长官司，潭溪、殴阳、湖耳、洪州等副长官司	分管三郎司、赤溪湳洞司、西山阳洞司、曹滴司
威宁州	贵州省威宁彝族回族苗族自治县	无	水西宣慰司、水西司

（二）贵州境内民族种类与分布状况①

清代贵州境内的民族种类异常繁多，然以苗民为最多，故而旧文献通常总称贵州少数民族为“苗种”。如（道光）《黔南职方纪略》卷九称：“大氐贵州所有苗种，凡五十有二。”②又如清人陈浩所著《黔苗图说》列举了贵州境内苗人种类共八十二种，并相当准确地注明了各种苗民的分布地。③ 为简明起见，笔者认为有必要以现代民族识

① 在关于清代苗族的研究成果中，日本学者鸟居龙藏所著《苗族调查报告》（国立编译馆译，商务印书馆1936年出版）是一部极具价值的重要著作，实为现代苗族研究的奠基之作。后国内外屡有再版。他的研究主要以贵州地区的苗族为核心。

② （清）罗绕典辑，道光二十七年（1847）刻本，（台北）成文出版社1974年影印版。

③ 参见《苗族调查报告》，第21～27页。

别体系对这些民族称号进行初步的归纳与整理。故据(乾隆)《贵州通志》卷七《苗蛮》与《黔苗图说》等文献的记载,试将清代贵州境内的主要民族种类及分布情况归类胪列如下:

1. 布依族之属

相传为五代时期楚王马殷从广西一带迁来。又《皇清职贡图》卷八题记中称:“仲家苗亦五代戍兵之后,贵阳、安顺、南笼(嘉庆年间改为兴义府)、平越、都匀等五郡皆有之。”其种类主要有:(1)旧文献中所称“仲家”或“仲家苗”,即今布依族之先民,仲家分布相当广,族内又分为三类:一为补笼仲家,其主要分布在贵阳、平越、都匀、安顺、南笼及定番、广顺等府州;二为卡尤仲家,主要分布于贵阳、安顺、南笼、平越、都匀等地;三为青仲家,主要分布于古州、清江、丹江等地。其族内大姓有黄、罗、班、莫、柳、文、龙等。(2)八番苗,主要分布于定番州,服饰与汉人大致相同。(3)白仲家,主要集中于荔波县。(4)黑仲家,主要分布于清江流域。(5)清江仲家,主要集中于台拱厅。

2. 苗族之属

贵州境内以苗族数量最为庞大,内部名目也最为繁多。其主要种类与分布地:(1)宋家苗,主要分布于贵阳与安顺二府。(2)蔡家苗,分布在贵筑、修文、清平、清镇、威宁、大定府、平远州等地。(3)龙家苗,该族内又分四种:一为狗耳龙家,分布于安顺、大定二府及广顺州康佐长官司;一为马镫龙家,分布于镇宁、谷西堡、顶营之间;一为大头龙家,分布于镇宁、普定等地;一为曾竹龙家,集中于安顺府。(4)花苗,主要分布于贵阳、大定、安顺、遵义等府所属州县。(5)白苗,分布于贵定、龙里、黔西等地。(6)青苗,分布于修文、镇宁、贵筑、黔西等地。其在平远州者,又名箐苗。(7)红苗,主要集中在铜仁府。(8)黑苗,分布于都匀之八寨、丹江、镇远、清江、黎平、古州。其山居者为山苗、高坡苗,近河者为洞苗,中有土司者为熟苗,无管者为生苗,衣服皆尚黑,故曰黑苗。(9)九股苗,主要集中于兴隆卫与凯里长官司之地,与偏桥之黑苗同类。(10)东苗,分布于贵筑、龙里、清平、修文、清镇、广顺等地。(11)西苗,集中于平越府及清平县所辖之地,有谢、马、何、罗、卢、雷等姓。(12)克孟牯羊苗,主要集中于广顺州之金筑长官司。(13)谷蔺苗,主要集中于定番州。(14)平伐苗,主要集中于贵定县小平伐长官司之地。(15)紫姜苗,主要分布于都匀、丹江、清平等地,与独山州之九股苗同类。(16)阳洞罗汉苗,主要集中于黎平府。(17)夭苗,主要集中于平越府、黄平一带,多姬姓。(18)佯僙苗,又称为杨广苗,有杨、龙、张、石、欧等姓,族众繁盛，分布于都匀、石阡、施秉、龙泉、黄平、余庆、黎平及龙里等地。(19)六额子，集中于大定、威宁一带，有黑、白两种。(20)杨保，或称为杨保苗，传说为播州杨氏后裔，主要集中于遵义、龙里等地。(21)侬苗，又称为侬家苗，集中于永丰州、罗斛、册亨等地。

3. 仡佬族之属

仡佬族内部分类名号很多，如以服饰得名的花仡佬、红仡佬等。其主要种类有：(1)打牙仡佬，分布于平越、黔西、清镇等地。(2)锅圈仡佬，集中于平远州之地。(3)披袍仡佬，也集中于平远州。(4)水仡佬，分布于余庆、镇远、施秉等地。(5)仡兜，分布于镇远、施秉、黄平等地。(6)剪头仡佬，分布于贵定、施秉、平远州等地。(7)红仡佬，分布于广顺、平远、清平等地。(8)花仡佬，主要分布于施秉、龙泉、黄平等地。(9)土仡佬，主要集中于威宁州。

4. 侗族之属

侗族，旧文献中常称为“峒人”或“峒家苗”。《皇清职贡图》题记称：“峒人，亦西南夷之一种，散处下游各属山谷中，向未设有土司，明时始隶郡县。”主要分布于石阡、朗溪等土司及黎平府、洪州、都匀府、荔波等地。

5. 仫佬族之属

仫佬族，旧文献多称为“木老”或“伶人”，较广泛地分布于贵州各地，有王、黎、金、文等姓氏，主要聚居地有贵定、黔西、清平、荔波等。

6. 彝族之属

贵州境内的彝族先民主要有黑倮㑩与白倮㑩两种。黑倮㑩主要集中于大定府境内。白倮㑩又被称为“白蛮”，主要分布于大定府、水西州与安顺府、永宁州等地。

陈浩《黔苗图说》之外，曾任贵州布政使的罗绕典所辑《黔南职方纪略》一书对贵州苗族种类与分布记述最为详备，具有极高的参考价值。现据《黔南职方纪略》、(嘉庆)《大清一统志》、《清史稿·地理志》等文献记载，试将贵州各地的民族分布情况归纳如下表。①

1. 贵阳府

治今贵阳市。清初袭明制，置贵阳军民府，后改为府，领二厅、三州、四县。(嘉庆)《大清一统志》载贵阳府境内有土人、宋家苗、龙家苗、仡佬、木老、蛮人、八番、白苗、仲家苗、杨保、花苗、东苗、西苗、克孟牯羊苗、谷蔺苗等多个民族种类。

---

① 贵州政区建置与排序，据《清史稿》卷七五《地理二十二》。

州、县、厅名称	治所今地	民族种类与分布情况
府直辖地①	贵阳市	境内有苗民七种:一为白苗,居住于中曹正、副长官司,高坡、石板等寨;二为花苗,居住于龙场、猪场、鹭丝、羊堰等寨;三为青苗,居住于麦西、中坝、芦塘等寨;四为仲家苗,居住于阿所、平山、瓦窑等寨;五为蔡家苗,居住于青崖、桐木、开花等寨;六为宋家苗,居住于苗排、掌排、八甲等寨;七为仡佬苗,居住于白纳正、副长官司,骑龙、甲斗等寨
贵筑县	贵阳市	境内有苗民五种:一为青苗,二为花苗,三为仲家苗,四为蔡家苗,五为宋家苗,均散处四乡之内,与汉民杂居
贵定县	贵定县西南	境内有苗民六种:一为花苗,属土司管辖,居住于甲惹、摆朗、摆金、摆阿等寨;二为白苗,属土司管辖,居住于摆成、摆卜、甲佑等寨;三为仲家苗,在四乡与汉民杂居;四为木佬,居住于西北乡木老、按城、铁炉、花甲等寨;五为青苗,居住于安比、莱苗、甲苏、米孔、阿那等寨;六为鸭子苗,居住于西乡、杨柳、冲龙、塘湾、罗雍等寨
龙里县	龙里县	境内有苗民三种:一为仲家苗,与汉民杂处;二为白苗,居住于东苗坡上中下三牌;三为青苗,居住于羊场司、元保谷、大关口等寨
修文县	修文县	境内有苗民六种:一为花苗,二为青苗,三为蔡家苗,四为仲家苗,五为仡当苗,六为仡兜苗,均散居四乡,与汉民杂居
开州	开阳县	境内有苗民二种:一为仲家苗,二为花苗,均与汉民杂处
定番州	惠水县	境内有苗民四种:一为青苗,居住于抹肘、满强、谷把、播奔、况九、水牛等寨;二为花苗,居住于满老、列马等寨;三为仲家苗,居住于抵娘、老奔等寨;四为杨广苗,居住于大平等寨。此外,境内大塘,治今平塘县西北,其地有苗民三种:一为仲家苗,二为花苗,三为白苗,都居住于土弁所辖之地
广顺州	长顺县西北	境内有苗民三种:一为花苗,居住于从仁里;二为白苗,居住于来格里;三为青苗,居住于忠顺里
罗斛厅	罗甸县	境内有苗民二种:一为补依苗,居住于皈零、凌蒋、渌降等亭;二为青苗,居住于母运、罗赖、岜羊、罗路等亭
长寨厅	长顺县	境内有苗民三种:一为仲家苗,居住于者贡、谷龙、摆偷、古羊等枝;二为青苗,居住于长寨、板虫、纪堵等枝;三为山苗,居住于克孟枝、古羊枝等寨

资料来源:《黔南职方纪略》卷九,本小节下列表资料来源同此。

2. 安顺府

治今安顺市。清初袭明制,设安顺军民府,后改为府,领二厅、二州、三县。(嘉庆)《大清一统志》载安顺府境内主要有马镫龙家苗、白罗罗、青苗、狗耳龙家、僰人等

① 原书称为"亲辖地"。

民族种类。

州、县、厅名称	治所今地	民族种类与分布情况
府直辖地	安顺市	境内有苗民六种：一曰仲家苗，居住于水塘、大寨、宁谷、龙潭等寨；二为花苗，居住于希尧枝、高枝、上九庄等寨；三为青苗，居住于二起、三起、四起、宁谷枝、龙潭枝等寨；四为仡佬，居住于头起、宁谷、沐官庄、下段等寨；五为侬家苗，居住于大洞口、宗树、讨对、木头等寨；六为罗鬼，居住于阿得、马笼、窝枝等寨
普定县	安顺市	境内有苗民五种：一为侬家苗，居住于大桥坡、小张官屯等寨；二为花苗，居住于镫盏、河平等寨；三为仡佬，居住于上里、名定、庄黑等寨；四为青苗，居住于新寨、革利等寨；五为仲家苗，居住于阿生、白秧等寨
镇宁州	镇宁布依族苗族自治县	境内有苗民五种：一为仲家苗，居住于火红枝；二为罗鬼，即青苗，居住于阿破枝；三为花苗，居住于七伯寨；四为披袍仡佬，居住于补纳枝；五为狗耳侬家，居住于木冈枝
永宁州	关岭布依族苗族自治县	境内有苗民四种：一为仲家苗，二为倮儸，三为花苗，四为仡佬，均居住于各土司地，与汉民杂居
清镇县	清镇市	境内有苗民六种：一为蔡家苗，居住于关口、小车、打磨冲等寨；二为仡佬，居住于中寨、羊场河等寨；三为侬家苗，居住于古仲、长冲、沙子坡等寨；四为花苗，居住于滥塘、小谷笼、大谷笼等寨；五为青苗，居住于土门、黑土、栗木等寨；六为仲家苗，居住于黄星、青山、大坡等寨
安平县	安顺市平坝区	境内有苗民五种：一为青苗，二为花苗，都居住于柔东、柔西二里；三为仲家苗，居住于云头山、左所等寨；四为锅圈仡佬，居住于西堡、大弄等寨；五为蔡家苗，居住于西土牛等寨
郎岱厅	六枝特区西南	境内有苗民六种：一为青苗，居住于花处、费甲、考棚等寨；二为花苗，居住于乌通、木厂等寨；三为仲家苗，居住于纳色、木易等寨；四为蔡家苗，居住于西堡、戛石等寨；五为仡佬，居住于六枝、大戛陇等寨；六为倮儸，居住于怯里、平租等寨
归化厅	紫云苗族布依族自治县	境内有苗民六种：一为花苗，居住于薛一枝、革谢、把壤等寨；二为青苗，居住于猪场、磨南、磨相等寨；三为仲家苗，居住于火烘、鼠场、官寨等寨；四为补依，居住于红播、播东场等寨；五为白苗，居住于羊场、新寨、石头等寨；六为洞苗，居住于宗地、龙场、大营等寨

3. 都匀府

治今都匀市。领三厅、二州、三县。（嘉庆）《大清一统志》载都匀府境内主要有紫姜苗、仡佬苗、夭苗、木老苗、仲家苗、佯僙苗、“蛮人”等。

州、县、厅名称	治所今地	民族种类与分布情况
府直辖地	都匀市	境内有苗民五种:一为黑苗,二为仲家苗,三为休家苗,四为木佬,五为佯僙,均与汉民杂居
都匀县	都匀市	境内有苗民二种:一为黑苗,二为仲家苗,与汉民杂居
麻哈州	麻江县	境内有苗民四种:一为黑苗,二为东苗,三为木佬,四为仲家苗,均寄居菁林深处,迁徙无常
独山州	独山县	境内有苗民三种:一为黑苗,居住于摆玖等寨;二为仲家苗,居住于旺堆等寨;三为休家苗,居住于尧辉等寨
清平县	凯里市西北	境内有苗民四种:一为黑苗,居住于大平里、舟溪等寨;二为木佬,居住于门楼等寨;三为西苗,居住于垛党等寨;四为仡兜,居住于麻塘等寨
荔波县	荔波县	境内有苗民六种:一为休苗,二为佯苗,三为伶苗,四为侗苗,五为瑶人,六为僮人,均散居于十六里之中
八寨厅	丹寨县	境内有苗民一种,名为黑苗,居住于上、下牌各寨
丹江厅	雷山县北	境内有苗民一种,名为黑苗,散居于各寨
都江厅	三都水族自治县东南	境内有苗民二种:一为黑苗,居住于甲找等寨;二为休苗,居住于夺弄等寨

4. 镇远府

治今贵州省镇远县。领二厅、一州、三县。(嘉庆)《大清一统志》载镇远府境内有生苗、佯苗等民族种类。

州、县、厅名称	治所今地	民族种类与分布情况
府直辖地	镇远县	境内有苗民三种:一为洞苗,居住于邛水二里,与汉民杂居;二为黑苗,居住于抱金、绞乔、鬼丹、鬼撒等寨;三为仡佬,居住于上敖等寨
镇远县	镇远县	境内有苗民二种:一为仡佬,居住于洞上溪等寨;二为黑苗,居住于苗度等寨
施秉县	施秉县	境内有苗民二种:一为黑苗,二为花苗,均散居于各里。此外,境内胜秉有苗一种,名为黑苗,散居于各里
天柱县	天柱县	境内有苗民二种:一为花苗,二为黑苗,均散居在各里
黄平州	黄平县	境内有苗民四种:一为黑苗,居住于石家、白杨坪等寨;二为木佬,居住于罗田屯、毛栗坪等寨;三为西苗,居住于崖鹰屯、灰坑等寨;四为仡佬,居住于罗巴屯、毛栗坪等寨
台拱厅	台江县	境内有苗民一种,名为黑苗,居住于八梗塘、龙偏等土弁地
清江厅	剑河县	境内有苗民三种:一为洞苗,居住于岑歌、小滴、平征、苗滚等寨;二为黑苗,居住于柳霁、富番牌等寨;三为白苗,居住于柳袁、姑欧、姑章等寨

5. 思南府

治今贵州省思南县。领三县:安化、婺川、印江。其中安化县治今思南县。境内有苗民一种,名为红苗,居住于四十八折等寨。另外二县无苗民记载。又(嘉庆)《大清一统志》载其境内有峒人、冉家蛮等。

6. 思州府

治今贵州省岑巩县。领二县。(1)府直辖地,境内有苗民一种,名为山苗,居住于后山洞等寨。(2)玉屏县,治今贵州省玉屏侗族自治县,境内有苗一种,居住于洞苗,散居于各处。(3)青溪县,治于岑巩县南,没有苗民记载。

7. 铜仁府

治今贵州省铜仁市。(1)府直辖地,境内有苗民一种,名为红苗,居住于石岘、上石岘、下狗牙、石□溪等寨。(2)铜仁县,治今铜仁市,境内有苗民一种,名为红苗,居住于关门溪、仡佬溪、婆洞、老箐塘、毛溪、柘桑坪等寨。

8. 遵义府

治今贵州省遵义市。清初袭明制,设遵义军民府,后改为府,隶于四川省,雍正五年改隶贵州,领一厅、一州、四县。

州、县、厅名称	治所今地	民族种类与分布情况
遵义县	遵义市	境内有苗民四种:一为红头苗,二为鸦雀苗,三为青头苗,四为仡佬,均与汉民杂居
桐梓县	桐梓县	境内有苗民三种:一为鸦雀苗,二为红头苗,三为仡佬,均与汉民杂居
绥阳县	绥阳县	境内有苗民二种:一为鸦雀苗,二为红头苗,均与汉民杂居
正安州	正安县	境内有苗民一种,名为鸦雀苗,与汉民杂居
仁怀县	仁怀市	境内有苗民五种:一为倮㑩,二为红头苗,三为青仡佬,四为红仡佬,五为鸦雀苗,均杂居
赤水厅	赤水市	原名仁怀厅,治今本县,境内仅有苗民一种,名为马镫苗,与汉民杂居

9. 石阡府

治今贵州省石阡县。府直辖地有苗民一种,名为花兜苗,与汉民杂居。又领龙泉县,无苗民记载。(嘉庆)《大清一统志》载石阡府境内有杨保苗、短裙苗、冉家蛮及佯僙苗等。

10. 黎平府

治今贵州省黎平县。领二厅、二县。(嘉庆)《大清一统志》载黎平府境内有阳洞罗汉苗与峒人(洞苗)等民族种类。

州、县、厅名称	治所今地	民族种类与分布情况
府直辖地	黎平县	境内有苗民六种:一为洞苗,二为黑苗,三为花苗,四为白苗,五为休苗,六为高坡苗,均散居于各土司地
开泰县	黎平县	境内有苗民二种:一为洞苗,二为高坡苗,散处于各寨
永从县	黎平县南	境内有苗民三种:一为黑苗,二为高坡苗,三为洞苗,均散居于各寨
古州厅	榕江县	境内有苗民五种:一为山苗,二为西苗,散居于各寨,三为洞苗,四为僮人,五为瑶人,均与汉民杂居
下江厅	从江县西北	境内有苗民三种:一为山苗,二为洞苗,三为僮人,均散居于各寨

11. 大定府

治今贵州省大方县。领一厅、三州、一县。(嘉庆)《大清一统志》载大定府境内有黑罗罗、白罗罗、打牙仡佬、木老、蔡家苗等民族种类。

州、县、厅名称	治所今地	民族种类与分布情况
府直辖地	大方县	境内有苗民八种:一为黑倮㑩,居住于马擢等寨;二为白倮㑩,居住于木杜、以脚等寨;三为侬家苗,居住于阿冻、工倮等寨;四为蔡家苗,居住于腊巴、架倮等寨;五为仡佬苗,居住于黑著、落以等寨;六为仲家苗,居住于阿路、思母等寨;七为青苗,居住于荒得、黑曲等寨;八为花苗,居住于姑膀觉等寨
水城厅	六盘水市	境内有苗民八种:一为倮㑩,二为仲家苗,三为披袍仡佬,四为蔡家苗,五为僰耳子,六为花苗,七为喇巴苗,八为里民子,散布于各寨
平远州	织金县	境内有苗民八种:一为侬家苗,居住于高家桥等寨;二为花苗,居住于长冲等寨;三为㑩鬼,居住于把步等寨;四为蔡家苗,五为披袍仡佬,六为仲家苗,七为打牙仡佬,八为打铁仡佬,均散居于各寨
黔西州	黔西市	境内有苗民十种:一为仲家苗,居住于沟治、中寨等寨;二为宋家苗,居住于宋家沟等寨;三为蔡家苗,居住于打鱼、穿心等寨;四为侬家苗,居住于内庄、善里等寨;五为花苗,居住于崇善、牌沙等寨;六为白苗,居住于西城、吃菜等寨;七为音苗(疑为青苗),居住于新化、大发等寨;八为仡佬,居住于普格、以那等寨;九为倮㑩,居住于罗园、平定等寨;十为六额子,居住于宋家沟

（续表）

州、县、厅名称	治所今地	民族种类与分布情况
威宁州	威宁彝族回族苗族自治县	境内有苗民八种：一为黑倮㑩，二为白倮㑩，三为宋家苗，四为童家苗，五为花苗，均散居于各里；六为羿子，七为老土，八为僰人，均散居各里，与汉民杂处
毕节县	毕节市	境内有苗民四种：一为倮㑩，居住于大比、家戛等寨；二为侬家苗，居住于大比、阿市等寨；三为羿子苗，居住于湾溪、河口等寨；四为花苗，居住于家戛、法郎等寨

12. 兴义府

治今贵州省安龙县。康熙二十五年置南笼厅，雍正五年升为府，嘉庆二年改为兴义府，领一厅、一州、三县。（嘉庆）《大清一统志》载南笼府境内有僰、仲家等民族种类。

州、县、厅名称	治所今地	民族种类与分布情况
府直辖地	安龙县	境内有苗民二种：一为仲家苗，居住于怀化、永化等里；二为倮㑩，居住于怀德二里
贞丰州	贞丰县	境内有苗民四种：一曰白倮㑩，二曰黑倮㑩，三曰仲家苗，四曰僰人，均杂居于境内各里。另有册亨州同辖地有仲家苗一种
兴义县	兴义市	境内有苗民四种：一曰倮㑩，居住于归顺、狗场等寨；二曰仲家苗，居住于南里、北里等寨；三曰僰人，居住于中左、中右等寨；四曰侬家苗，居住于捧鲊等寨，与汉民杂居
安南县	晴隆县	境内有苗民三种：一曰仲家苗，二曰侬家苗，三曰倮㑩，均杂居于各里
普安县	普安县	境内有苗民四种：一曰白倮㑩，二曰黑倮㑩，三曰仲家苗，四曰僰人，均杂居于各里
普安厅	盘州市	境内有苗民六种：一曰仲家苗，二曰黑倮㑩，三曰白倮㑩，四曰刚夷倮㑩，五曰僰人，六曰仡佬，均杂居于各里

13. 松桃直隶厅

治今贵州省松桃苗族自治县。境内仅有苗民一种，为红苗，居住于正大汛、麦地汛、岩坳汛、康金汛、巴茅坪汛等寨。

14. 平越直隶州

治今贵州省福泉市。清初袭明制，为平越军民府，康熙二十六年（1687）改为平越府，嘉庆三年（1798）降为直隶州，领三县：瓮安、湄潭、余庆。湄潭县情况不详。

州县名称	治所今地	民族种类与分布情况
州直辖地	福泉市	境内有苗民五种：一为休家苗（疑为仲家苗），居住于唐寨、平寨诸寨；二为木佬，居住于石板等寨；三为西苗，居住于杨义司；四为紫姜苗，居住于杨义司；五为夭苗，居住于高坪司
瓮安县	瓮安县	境内有苗民四种：一为木佬，居住于乌毛冲、木吃等寨；二为西苗，居住于哑笼、谷鸡等寨；三为仲家苗，居住于隆家、新湾等寨；四为紫姜苗，居住于桐狳冲、百溪等寨
余庆县	余庆县	境内有苗民二种：一为仡佬，二为仲家苗，均与汉民杂居

三、四川地区

（一）清代四川地区的民族构成与改土归流的历程

本书对清代四川地区民族构成与分布的研究，主要集中于对土司地区的研究，这是因为四川境内土司设置较为广泛，大多数少数民族聚居区基本上都有土司的设置。此外，改土归流对于民族分布的影响并不是至关重要的。

清代西南地区的改土归流进程，往往与清廷对土司的武力征伐紧密联系在一起。这在四川省境内也是一样。从清初到清末，清朝政府与四川境内土司的矛盾与冲突始终不断。每次较大规模征伐过后，改土归流往往作为维持稳定的一项重要的措施来实施。清代四川改土归流进程大致可分为前、后两个重要阶段：

第一阶段是清朝前期与中期，从雍正年间开始，一直持续到嘉庆年间。如雍正初年，鄂尔泰在主张改土归流的奏言中首先便提到四川土司问题："……即如东川、乌蒙、镇雄，皆四川土府。东川与滇一岭之隔，至滇省城四百余里，而距四川成都千有八百里。……若东川、乌蒙、镇雄改隶云南，俾臣得相机改流，可设三府一镇，永靖边氛。此事连四川者也。"雍正皇帝采纳了鄂尔泰的建议，下诏将东川、乌蒙、镇雄三土府改隶云南。① 可以说，改土归流运动首先是从改革四川、云南两省土司建制开始的。又如乾隆年间，四川境内与土司改制有关的军事行动便是"大小金川之役"。清廷先后数次派遣重兵打击大小金川土司的反叛，最终于乾隆四十年（1775）平定金川地区，随即在大金川设阿尔古厅，在小金川设美诺厅。乾隆四十四年（1779）清朝又将两厅合并，更名为懋功厅。

第二阶段是清朝晚期，即在光绪与宣统年间。如据《清史稿·土司传》，宣统年间

① 《清史稿》卷五一二《土司一》，第14204~14205页。

四川境内改土归流的土司有:1. 懋功厅下鄂克什安抚司、绰斯甲布宣抚司,于宣统三年(1911)改流。2. 宁远府会理州境内披砂、会理村、苦竹、者保、通安舟五土司,于宣统三年改流设治。3. 康定府境内有沈边长官司、冷边长官司、革伯咱安抚司、巴底宣慰司、巴旺宣慰司、霍耳竹窝安抚司、霍耳章谷安抚司、霍耳孔撒安抚司、霍耳甘孜麻书安抚司、霍耳白利长官司、霍耳东科长官司、林葱安抚司、上纳夺安抚司、上瞻对茹长官司、下瞻对安抚司、中瞻对长官司等,也均于宣统初年归流设治。

据魏源的统计,至道光年间,四川境内未改流之土司有宣抚使三、安抚使二十一、长官司二十六。[①] 又据《清史稿·地理志》的记载,时至清末,四川境内未改流的土司还有宣抚司一、宣慰司三、安抚司五、长官司十九、副长官司一,共二十九个。

清代四川改流的著名土司统计简表

改流土司名称	治所今地	改流时间	改流后政区名称
天全六番招讨司	四川省天全县	雍正六年[②]	天全州
雷波长官司	四川省雷波县	雍正六年、乾隆二十六年	雷波卫、雷波厅
长河西鱼通安远宣慰司	四川省康定市	雍正七年、光绪三十四年	打箭炉厅、康定府
酉阳宣慰司	重庆市酉阳土家族苗族自治县	乾隆元年	酉阳直隶州
平茶长官司	重庆市秀山土家族苗族自治县西	雍正十三年	秀山县(后属酉阳州)
杂谷安抚司	四川省理县东北	乾隆十七年	杂谷厅(理番厅)
石砫宣慰司	重庆市石柱土家族自治县东北	乾隆二十七年	石砫直隶厅
大金川安抚司	四川省金川县	乾隆四十一年	阿尔古厅
小金川安抚司	四川省小金县	乾隆四十一年	美诺厅
巴塘宣抚司	四川省巴塘县	光绪三十一年	巴安府
九姓长官司	四川省叙永县西北	光绪三十四年	永宁州古宋县
里塘宣抚司	四川省理塘县	光绪三十二年、三十四年	康定府里化县、里化厅
德尔格忒宣慰司	四川省石渠县西南	宣统元年	登科府

资料来源:《清史稿》卷六九《地理十六》与卷五一三《土司二》。

① 《圣武记》卷七,第296页。
② 《清史稿·地理志》记为"雍正七年",此表据《清史稿·土司传》。

(二)清代四川境内土司地区的民族构成、分布及户口统计

四川地区民族格局的一大特点便是少数民族聚居区基本上都有土司的设置，从而民族分布区与土司政区在地域上高度吻合，因此，我们研究四川地区的民族地理、民族分布，主要从土司地区的建置与分布入手。(雍正)《四川通志·土司传》与(嘉庆)《四川通志·武备志·土司》提供了较为详细的各土司的种类、户口数量及分布情况，为深入探讨民族分布状况提供了便利条件。

清代土司管理系统存在着"双头"或双重管理的特点，虽然依据清朝制度，土司分为文职与武职两个系列，分别属于吏部与兵部，但就同一区域而言，同一土司往往处于军、政两个系统的共同统辖状态。"凡土司各掌其所属番夷军民之政，自知府以下至典史为文职，隶于吏部验封司；自宣慰指挥使以下至千户、百户为武职，隶于兵部武选司；而各省文武大员统辖焉。"①清代四川土司以武职系统为主。但据《清史稿·地理志》所载，那些未改流的宣慰司、长官司等土司又归于府州县统辖。

又据《清史稿·兵志》，四川总督节制一提督与四镇，而四川提督节制四镇，兼辖阜和、懋功、马边诸协及峨边等营。四镇，是四川全境军事驻防系统的主要部分，这四镇分别为川北镇、重庆镇、建昌镇、松潘镇，各镇设总兵。主要为武职人员的四川各土司大多归各镇、协、营的管辖，而《皇清职贡图》等著作也以所在镇、协、营为标志来对各地少数民族进行分类。

镇名	治所今地	所辖协名与营名
四川提督直辖区	四川省成都市	提标中营、左营、右营，阜和协左营、右营，黎雅营，泰宁营，懋功协，崇化营，绥靖营，庆宁营，抚边营，马边营左营、右营，存城营，万全营，平安营，成都城守营、右营，永宁营，泸州营，叙马营，建武营，普安营、右营，安阜营，峨边营、右营，镇远营，锦州营
川北镇	四川省阆中市	镇标中营、左营、右营，绥定营，顺庆营，太平营，巴州营，广元营，潼川营，城口营，通江营
重庆镇	重庆市	镇标中营、左营、右营，夔州协左营、右营，巫山营，梁万营，盐厂营，绥宁协左营、右营，酉阳营，黔彭营，邑梅营，忠州营
建昌镇	四川省雅安市	镇标中营、左营，会川营，永定营，越嶲营，宁越营，保安营，靖远营，泸宁营，会盐营，怀远营，冕山营
松潘镇	四川省松潘县	镇标中营、左营、右营，维州协左营、右营，茂州营，漳腊营，叠溪营，龙安营，平番营

资料来源：《清史稿》卷一三一《兵二》。

① 见《清朝通典》卷三九《职官十七》。参见胡耐安《明清两代土司》，载于《清史论丛》第六集。

四川幅员辽阔，根据山川形便，四川境内又分为数个监察管理区域（“道”），境内各镇及各土司又都归属于各道：(1)成绵龙茂道，治于成都府。(2)川东道，治于重庆府。(3)川北道，治于保宁府。(4)建昌道，治于雅州府。(5)康安道，治于巴安府。(6)边北道，治于登科府。(7)川南永宁道，治于泸州。根据当时行政系统及论述的方便，下面以《清史稿·地理志》所列各道所辖政区为序列，分别介绍四川各地的民族构成与分布情况。

1. 成绵龙茂道（或称松茂道）

所辖地区有成都府、龙安府、茂州直隶州、绵州直隶州等。

松茂地区的少数民族以羌族、藏族为主。[①] 羌、藏两个民族在族源、居住地域及风俗习惯方面都有相当多的相似及兼容之处，故而常常被旧文献统称为“西番”或“番戎”。关于松茂道所属土司的民族种类与习尚，（雍正）《四川通志》卷一九《土司》按语称：“按松茂一带，环绕皆番戎，种类不一，有大姓、小姓、西蕃、吐蕃、黑帐房土人之各异。其性好利好斗，轻生易死，履绝壁陡崖若驰骤康庄。其俗砌石作屋，无藩栅，种青稞，畜牛羊，随意立姓，以类为族……”又松潘直隶厅是松潘镇的驻所。与其他各镇相比，松潘镇辖区的民族分类最为复杂，如《皇清职贡图》就列举了以下多种“番民”：(1)松潘镇中营辖西坝包子寺等处番民与番妇。(2)松潘镇中营辖七步峨眉喜番民与番妇。(3)松潘左营辖东坝阿思洞番民与番妇。(4)松潘右营辖北坝、元坝、泥巴等寨番民与番妇。(5)松潘镇属龙安营辖象鼻、高山等处番民与番妇。(6)龙安营辖白马路番民与番妇。(7)龙安府石泉县青片白草番民与番妇。(8)松潘镇属漳腊营所辖寒盼、祈命等处番民与番妇。(9)漳腊营辖口外甲凹、鹊个等处番民与番妇。(10)漳腊营辖口外三郭罗克番民与番妇。(11)漳腊营辖口外三阿树番民与番妇。(12)松潘镇属叠溪营辖大小姓、黑水、松坪番民与番妇。(13)松潘镇属平番营辖上九关番民与番妇。(14)平番营辖下六关番民与番妇。(15)松潘镇属南坪营辖羊峒各寨番民与番妇。以上十五种“番民”应属于今天羌族的先民。(16)威茂协辖瓦寺宣慰寺番民与番妇。(17)威茂协辖杂谷各寨番民与番妇。(18)威茂协辖沃日各寨番民与番妇。(19)威茂协辖小金川番民与番妇。(20)威茂协辖金川番民与番妇。(21)威茂协辖岳希、长宁等处番民与番妇。[②] 以上六种“番民”应属于今天藏

① 本小节中的民族识别主要依据《清代民族图志》等著作的结论。

② 《皇清职贡图》内提到的镇、协名称与《清史稿·兵志》所载名称与归属不尽相同，应为不同时期的建置变化所致。

族的先民。

(1)龙安府,治今四川省平武县,辖四县:平武、江油、石泉、彰明;一个土司:阳地隘口长官司,隶于平武,住牧在县北阳地隘口,管辖番民(羌民)共225户。另有龙溪堡土知事,管辖(番民)150户。

(2)茂州直隶州,治在今阿坝藏族羌族自治州境内,辖一县:汶川;六个土司:瓦寺宣慰司(隶于汶川县,在县北)、沙坝安抚司(隶州,在州北)、静州长官司(隶州,在州东)、岳希长官司(隶州,在州西)、实大关长官司(隶州,在州西)、陇木长官司(隶州,在州西)。

土司名称	住牧地	雍正时期人户情况	嘉庆时期人户情况
静州长官司	茂州东静州	41户羌民与10寨番民	248户
陇木长官司	茂州西陇木寨	91户羌民与117户番民	267户
岳希长官司	水西寨、茂州西岳希寨	40户羌民与1010户番民	150户
沙坝安抚司	茂州东沙坝寨		324户
水草坪巡检土司	水草坪	227户	120户
竹木坎副巡检土司	竹木坎	400户	100户
牟托巡检土司	牟托	108户	54户
实大关副长官司	茂州西实大关		71户
大姓寨土百户	七族寨、大姓寨	303户	22寨,602户
小姓寨土百户	七族寨、小姓寨	160户	12寨,300户
大定沙坝寨土千户	大定沙坝寨		2寨,17户
大黑水寨土百户	大黑水寨		6寨,217户
小黑水寨土百户	小黑水寨		黑水3寨,122户
松坪土百户	七族寨、松坪寨	190户	24寨,407户

资料来源:(1)(雍正)《四川通志》卷一九《土司》。
(2)(嘉庆)《四川通志》卷九六《武备志·土司一》。①

(3)松潘直隶厅,治今四川省松潘县,属松茂道,境内所属土司之多、人口数量之盛,在四川省内堪称首屈一指。而且所属土司又具有显著的特殊性,该厅境内并没宣慰使司、安抚使司及长官司等高一级的土司长官设置,却拥有数量众多的土千户、土

① 本小节表格内数据均出自这两种资料,下文不重复说明与注解。

百户，以及土目、寨首等土司。据（嘉庆）《四川通志·武备志》提供的资料初步统计，该厅境内共有土千户、土百户等土司67员，下辖727个寨或寨落，共有番民约17000户。又根据（嘉庆）《四川通志·武备志》的记载，松潘地区土司的民族属性可大致分为两大类：一为"西番"，即今天藏族先民，绝大多数土司均属于此类；一为"倮夷"，即今天彝族先民，有峨眉喜寨土千户、七布寨土千户、麦杂蛇湾寨土千户、毛革阿按寨土千户、呷竹寺土千户等。

土司名称	住牧地	雍正时期户口情况	嘉庆时期户口情况
拈佑阿革寨土百户①	阿革寨	7寨，35户	7寨，45户
热雾寨土百户	作坝寨、热雾寨	15寨，106户	17寨，134户
峨眉喜寨土千户	峨眉喜寨	13寨，271户	15寨，833户
七布寨土千户	徐之河寨、七布寨	11寨，164户	11寨，282户
麦杂蛇湾寨土千户	麦杂蛇湾寨		15寨，289户
毛革阿按寨土千户	毛革阿按寨		17寨，347户
包子寺寨土千户	包子寺寨	13寨，106户	6寨，56户
阿思峒寨土千户	阿思峒寨	128户	11寨，197户
羊峒寨土百户	羊峒寨		9寨，234户
下泥巴寨土百户	下泥巴寨		7寨，50户
寒盼寨土千户	寒盼寨	9寨，160户	9寨，160户
商巴寨土千户	商巴寨	10寨，177户	10寨，177户
祈命寨土千户	祈命寨	11寨，172户	11寨，172户
中羊峒踏（塔）藏寨（土百户）土目	（塔藏）羊峒寨	3寨，169户	3寨，169户
上羊峒阿按寨（土百户）土目	阿按寨	4寨，158户	4寨，158户
挖药寨（土百户）土目	挖药寨	3寨，81户	2寨，81户
押顿寨（土百户）土目	押顿寨	2寨，190户	2寨，190户
中岔寨（土百户）土目	中岔寨	3寨，176户	3寨，176户
中羊峒郎寨（土百户）土目	郎寨	3寨，168户	3寨，168户
中羊峒竹自寨（土百户）土目	竹自寨	3寨，87户	3寨，87户

① 《清史稿·土司二》作"拈佐阿革寨土百户"。

（续表）

土司名称	住牧地	雍正时期户口情况	嘉庆时期户口情况
(藏)臧咱寨(土百户)土目	(藏)臧咱寨	3 寨,160 户	3 寨,160 户
东拜王亚寨(土百户)土目	东拜王亚寨	2 寨,295 户	2 寨,87 户
达弄(阿)恶坝寨(土百户)土目	达弄恶坝寨	285 户	2 寨,212 户
香咱寨(土百户)土目	香咱寨	10 寨,537 户	7 寨,537 户
咨(骂)马寨(土百户)土目	咨(骂)马寨	2 寨,324 户	2 寨,324 户
八顿寨(土百户)土目	八顿寨	2 寨,285 户	2 寨,285 户
上包坐余湾寨土千户①	上包坐余湾寨	9 寨,226 户	9 寨,266 户
下包坐竹当寨土千户	下包坐竹当寨	10 寨,187 户	10 寨,187 户
川柘寨土千户	川柘寨	332 户	7 寨,332 户
谷尔坝那浪寨土千户	谷尔坝那浪寨	7 寨,256 户	7 寨,256 户
双则红凹寨土千户	双则红凹寨	7 寨,310 户	7 寨,310 户
上撒路(木路恶寨)土百户	上撒路木路恶寨		8 寨,77 户
中撒路(木路恶寨)土百户	中撒路木路恶寨		8 寨,98 户
下撒路(竹弄寨)土百户	下撒路竹弄寨		14 寨,174 户
崇路(谷谟寨)土百户	崇路(谷谟)寨		24 寨,423 户
作路(生纳寨)土百户	作路(生纳)寨		8 寨,101 户
上勒凹贡按寨土百户	上勒凹贡按寨		6 寨,118 户
下(格)勒凹卜顿寨土百户	下勒凹卜顿寨		6 寨,150 户
班佑寨土(百户)千户	班佑寨		1 寨,18 户
巴细蛇住坝寨土百户	巴细蛇住坝寨		17 寨,274 户
阿细柘弄寨土百户	阿细柘弄寨		10 寨,168 户
上作(尔)革寨土百户	上作(尔)革寨		1 寨,57 户
合坝夺杂寨土百户	合坝夺杂寨		1 寨,66 户
辖漫寨土百户	辖漫寨		1 寨,124 户
下作革寨土百户	下作革寨		1 寨,113 户

① 《清史稿·土司传》作“上包坐余湾寨土目”。

（续表）

土司名称	住牧地	雍正时期户口情况	嘉庆时期户口情况
物藏寨土百户	物藏寨		1 寨,41 户
热当寨土百户	热当寨		1 寨,72 户
磨下寨土百户	磨下寨		1 寨,21 户
甲凹寨土百户	甲凹寨		1 寨,54 户
阿革寨土百户	阿革寨		1 寨,60 户
鹊个寨土百户	鹊个寨	113 户	4 寨,261 户
郎惰寨土百户	郎惰寨		8 寨,143 户
上阿坝(甲多寨)土千户	上阿坝(甲多寨)		37 寨,1158 户
中阿坝(墨仓寨)土千户	中阿坝(墨仓寨)		46 寨,1749 户
下阿坝(阿强寨)土千户	下阿坝(阿强寨)		39 寨,882 户
上郭罗克(车木塘寨)土百户	上郭罗克(车木塘寨)	9 寨,287 户	10 寨,251 户
中郭罗克(插落寨)土千户	中郭罗克(插落寨)	16 寨,483 户	17 寨,485 户
下郭罗克(纳卡寨)土百户	下郭罗克(纳卡寨)	29 寨,318 户	29 寨,333 户
上阿树(银达寨女)土百户	下阿树(银达寨)	34 寨,254 户	35 寨,257 户
中阿树(宗个寨)土百(千)户	中阿树(宗个寨)	27 寨,482 户	27 寨,488 户
下阿树(郎达寨女)土百户	下阿树(郎达寨)	26 寨,224 户	26 寨,240 户
小阿树寨土百户	小阿树寨	黑帐户 124 户	1 寨,136 户
丢骨寨土千户	丢骨寨	15 寨,72 户	24 寨,260 户
云昌寺(寨)土千户	云昌寺(寨)	112 户	24 寨,240 户
呷竹寺土千户	呷竹寺	160 户	32 寨,360 户
中羊峒隆康寨首	中羊峒隆康寨		12 处寨落,249 户
下羊峒黑角郎寨首	下羊峒黑角郎寨		22 处寨落,389 户

(4)理番直隶厅,又称为杂谷直隶厅,治今四川省理县东北,原为明朝杂谷安抚司之地,乾隆十七年改厅,下辖四土司:梭磨宣慰司(在厅西北)、从噶克宣慰司(厅西北)、卓克基长官司(厅西)、党坝长官司(厅西)。(雍正)《四川通志 · 土司》载,杂谷安抚司“原管番民十数万,强悍狡诈,唐、宋以来,屡为边患”。数处土司所辖均为藏民。(嘉庆)《四川通志 · 武备志 · 土司一》载瓦寺宣慰司:“民住碉房,男务耕猎,女

习织毯,重喇嘛,生三子者,一子为僧。有疾病,请喇嘛诵经、插旗以卜吉凶。无贡赋,夷情归土司剖断,惟与汉人争讼归汶川县审办。”

土司名称	住牧地	雍正时期户口情况	嘉庆时期户口情况
瓦寺宣慰司①	涂禹山	1200户	28寨,800余名口
梭磨宣慰使司[(雍正)《四川通志·土司》于该条下注:“因不能约束郭罗克土目,于雍正七年内降为副长官司。”]	梭磨		19寨,1900余户
卓克基长官司	卓克基		10寨,1500余户
松冈长官司	松冈		21寨,1000余户
党坝长官司	党坝		14寨,290余户

(5)懋功屯务厅,原为大、小金川土司之地,乾隆四十一年分置阿尔古、美诺两厅,后合并,四十八年改为懋功厅,下辖五屯:懋功屯、抚边屯、章谷屯、崇化屯、绥靖屯;二土司:鄂克什安抚司(在厅东)、绰斯甲布安抚司(在厅西)。

土司名称	住牧地	所辖人户情况
鄂克什安抚司	厅东鄂克什	17寨,304户
绰斯甲布安抚司(乾隆四十一年升为宣抚司)	厅西绰斯甲布	29寨,1130户

2. 川东道

辖重庆府、夔州府、绥定府等。

(1)重庆府,治今重庆市,境内原有酉阳宣慰使司之设,乾隆元年重庆府辖区毗连贵州、湖南,为“苗疆”之部分,故其民族主要为苗族及土家族。清人严如熤《苗防备览·风俗考》载:“酉阳,旧为土官冉氏地。乾隆初……改流设酉阳州。其地藩篱四洞,襟带五溪,州治即土司旧址,前后皆阻山,面临涧水,盖西南奥区也。”又“酉阳地杂蛮夷,家自为俗,重峦叠嶂,土少石多。……上、下龙洞等十八洞,俱往时苗寨,言语侏离,短衣跣足,装饰与黔苗相类,而寨落稀散。其同土民杂处者,风俗与土民无异,性颇驯善,无黔、楚各苗犷悍之风”。境内平茶等土司后改流为秀山县,境内少数民族以

① 《清史稿·地理志》、(雍正)《四川通志·土司》将瓦寺宣慰司归于茂州汶川县,(嘉庆)《四川通志·武备志·土司一》则将其归为杂谷厅维州协左营。

土家族为主。《苗防备览·风俗考》称："秀山，本四洞长官司地，其官长皆杨姓为之。乾隆元年，酉阳改土，邑梅杨再相、石耶杨再镇、平茶杨正栾、地坝杨胜均相率献土，因设县治……其地皆土人村舍。"

土司名称	住牧地	治所今地	雍正时户口情况
酉阳宣慰使司	酉阳	重庆市酉阳土家族苗族自治县	813户
石耶峒长官司	石耶峒	重庆市秀山土家族苗族自治县东南	10户
地坝长官司	地坝	重庆市秀山土家族苗族自治县境	220户
邑梅长官司	邑梅	重庆市秀山土家族苗族自治县南	84户
平茶长官司	平茶	重庆市秀山土家族苗族自治县	100户

资料来源：(雍正)《四川通志》卷一九《土司》。

(2)夔州府，治今重庆市奉节县，境内原有石砫宣慰使司之设。据(雍正)《四川通志·土司》，其住牧之地为石砫，原管"番民"437户及族舍子弟并把目257户。乾隆二十七年(1762)，改为石砫直隶厅，治今重庆市石柱土家族自治县东北。

3. 川南永宁道

辖叙州府、泸州直隶州、资州直隶州、永宁直隶州等。

(1)叙州府，治今四川省宜宾市，辖二厅：马边厅、雷波厅；十一县：宜宾、庆符、富顺、南溪、长宁、高、筠连、珙、兴文、屏山、隆昌；四个土司：蛮夷长官司(隶屏山县，在县西南)、沐川长官司(隶屏山县，在县西北)、泥溪长官司(隶屏山县，在县西)、平夷长官司(隶屏山县，在县西)。据(嘉庆)《四川通志》，叙州府的民族可分为两大类：一为"稞(倮)夷"二种，分黑、白骨头，如雷波厅所属各土司；二为"凉山生番"(《清史稿·土司传》作"凉山生夷")，即如马边厅所辖凉州地区各土百户，其实均为今天彝族先民，境内大、小凉山地区是著名的彝族聚居区。《清史稿·土司传》载："凉山夷倮㑩者，居宁远、越嶲、峨边、雷波、马边间，浅山部落头目属于土司。深入则凉山，数百里皆夷地。……夷族分数百支，不相统属。叛则出掠，掳汉民作奴，遇兵则匿。"这里提到的"汉民作奴"，即旧文献中所称"娃子"。《清史稿·兵志》注："娃子者，汉人被掠入夷巢之名。"①

① 关于"娃子"有不同释义，如《清史稿·土司传》又载："凡各地支所部倮夷称曰'娃子'。"

清代叙州府属土司统计简表

土司名称	住牧地	雍正时期户口情况	嘉庆时期户口情况	所隶厅县
千万贯土千总、土千户	沙氏沟		65名头目,番民1741户	雷波厅
土舍安氏①	天姑密		24名头目,花户667户	雷波厅
黄螂土舍	黄螂		26名头目,花户640户	雷波厅
平彝长官司	平彝(河北)		640户	屏山县
蛮彝司长官司	蛮彝		260户	屏山县
泥溪长官司	泥溪(河北)		30户	屏山县
沐川长官司	沐川		196户	屏山县
明州乐土百户等土司11员	明州乐	200户		马边厅
油石洞土百户	油石洞			马边厅
旁阿姑(孤)土百户	旁阿姑(孤)	100户		马边厅
大羊肠(噜咯)土百户	大羊肠(噜咯)	200户		马边厅
腻乃巢(窠)土百户	腻乃巢(窠)	300户		马边厅
挖黑土百户	挖黑	100户		马边厅
阿招土百户	(阿招)	100户		马边厅
干田坝土百户	干田坝	81户		马边厅
麻柳坝土百户	麻柳坝	150户		马边厅
槲栗坪土百户	槲栗坪			马边厅
冷纪土外委(百户)				马边厅

(2)泸州直隶州,治今四川省泸州市。据(雍正)《四川通志·土司》,泸州下属有九姓长官司,住牧于落卜收,原管土民500户。

4. 建昌道

辖宁远府、雅州府、嘉庆府、眉州直隶州、邛州直隶州等。

① 《清史稿·土司二》作“千万贯土巡检”。

建昌道辖区地处今天川、藏、滇三省交界地,也是四川境内民族构成复杂、少数民族人口众多的区域之一。(雍正)《四川通志·土司》按语称:"宁远府广袤八百里,西南一巨镇也。其卒伍分隶十所,齐民编户十有八里,夷落异类,辖以三长官司,又有通判以综其政,阃帅以宣其威,宪臣以振其纲,内外相维,厘然有纪。"宁远府为建昌镇总兵驻所。关于建昌镇辖区内的民族种类,《皇清职贡图》列举以下数种:(1)彝族之属,如建昌中营辖阿都、沙马倮㑩,建昌中左营辖祭祀田等处倮㑩,建昌中右营辖阿史、审札等处倮㑩,建昌镇属怀远营辖虚朗等处倮㑩等。(2)羌族之属,如建昌镇属越嶲等营辖九枝门、呆结惟土番等。(3)傣族之属,如会川营辖通安等处"摆夷",会川营辖黎溪等处僰人,会川营辖迷易、普隆寺等处"摆夷"等。(4)苗族之属,如建昌镇属会川、永宁营辖披沙等处苗人,永宁协右营属九姓苗民等。

(1)宁远府,治今四川省西昌市。据《清史稿·地理志》,宁远府原为明建昌卫之地,雍正六年改为宁远府。至清末,宁远府辖二厅:盐边厅、越嶲厅;一州:会理州;四县:西昌、冕宁、盐源、昭觉;十一土司:沙麻宣抚司、瓜别安抚司、木里安抚司、威龙州长官司、普济州长官司、昌州长官司、河东长官司、阿都长官司、阿都副长官司、马喇长官司、邛部长官司。

宁远府所辖各土司的民族种类不尽相同。如河东长官司、阿都正长官司、阿都副长官司、沙麻宣抚司等四个土司的民族种类为"倮㑩"即彝民,(嘉庆)《四川通志》称:"以上土司四员所属夷人一种名倮㑩,居住分黑、白骨头,黑为主,白为仆,知礼法,通汉语,赋性醇良。"除了彝民,还应有"番民"(藏族)、"蛮民"与苗民等。不少土司辖区内多种民族杂居,如昌州、普济州、威龙州等三个长官司管内民族种类有倮㑩、俐苏、苗民等。(嘉庆)《四川通志》称威龙州长官司"所属夷人二种:倮㑩、俐苏尖头夷人,均赋性醇良,耕种为生"。河西土千总辖地内民族种类有"熟夷""倮㑩""西番"三种。

西昌县境内土司简表

土司名称	住牧地	雍正时期户口情况	嘉庆时期户口情况
护理河东女长官司	县东南河东	土百官三户,藏民4049户	倮㑩部落6962户,另有土百户三员,所辖番民222户
阿都正长官司	县东南阿都		"苗蛮民"4万户
阿都副长官司	县东南阿都		苗民15000户

（续表）

土司名称	住牧地	雍正时期户口情况	嘉庆时期户口情况
沙骂①宣抚司	县西北沙骂	19873户番民	“蛮民”1462户
昌州长官司	县西南昌州		“苗夷”271户
普济州长官司	县西南普济州		“苗夷”536户
威龙州长官司	县东南威龙州		“苗夷”215户
河西土千总	河西		番民1503户

越嶲厅厅营、宁越营所辖土司简表

土司名称	住牧地	雍正时期户口情况	嘉庆时期户口情况
邛部宣抚司	厅北邛部	660户	倮㑩、西番2196户
暖带密土千户	暖带密	2170户	1250户
暖带田坝土千户	暖带田坝	560户	1120户
松林地土千户	松林地	1012户	1012户

盐源县会盐营所辖土司简表

土司名称	住牧地	雍正时期户口情况	嘉庆时期户口情况
木里安抚司	县西北木里	管辖番僧1143名，民众653户，共计男妇6764名口	3283户
瓜别安抚司	县西北瓜别	2253户	1253户
马喇副长官司	县西南马喇	150户	125户
古柏树土千户	古柏树	800户	586户
中所土千户	中所	820户	485户
左所土千户	左所	1201户	525户
右所土千户	右所	830户	595户
前所土百户	前所	35户	65户
后所土百户	后所	27户	74户

① “沙骂”，《清史稿·地理志》作“沙麻”。

冕宁县境内土司统计简表

土司名称	住牧地	民族种类	所辖民户情况
酥州土千户	酥州	西番	120 户
架州土百户	架州	西番	143 户
苗出土百户	苗出	西番	432 户
大村土百户	大村	西番	106 户
糯白瓦土百户	糯白瓦	西番	106 户
大盐井土百户	大盐井	西番	220 户
热即哇土百户	热即哇	西番	130 户
中村土百户	中村	西番	120 户
三大枝土百户	三大枝	西番	129 户
河西土百户	河西	倮㑩	117 户
窝卜土百户	窝卜	凹夷	108 户
虚郎土百户	虚郎	凹夷	206 户
白路土百户	白路	凹夷	408 户
阿得轿土百户	阿得轿	凹夷	129 户
瓦都土目	瓦都	凹夷	67 户
木术凹土目	木术凹	凹夷	30 户
瓦尾土目	瓦尾	凹夷	41 户
七儿堡土目	七儿堡	西番	108 户

会理州境内土司统计简表

土司名称	住牧地	民族种类	所辖民户情况
黎溪舟土千户	黎溪舟	白倮㑩	814 户
迷易土千户	黎溪舟	摆夷	159 户
会理村土千户	会理村	黑倮㑩	307 户
者保土百户	者保	苗子	寨落 41 村,899 户
普隆土百户	普隆	栗僰	95 户
红卜苴土百户	红卜苴	摆夷	45 户
苦竹坝土百户	苦竹坝	黑倮㑩	61 村,2166 户
通安舟土百户	通安舟	黑倮㑩	31 村,1120 户
披砂土千户	披砂	倮㑩	59 村,1809 户

（2）雅州府，为建昌道治所。原为雅州直隶州，雍正七年（1729）升为雅州府，治今四川省雅安市，同时将境内天全土司改为天全州，长河西鱼通安远宣慰司改为打箭炉。光绪三十年（1904），打箭炉厅升为直隶厅，光绪三十四年升康定府。时至清末，雅安府辖一州：天全州；五县：雅安、名山、芦山、荥经、清溪；一个土司：董卜韩胡宣慰司，隶于天全州，其住牧地位于州西北的木坪。

（3）嘉定府，治今四川省乐山市，辖有峨边厅，治今四川省峨边县西南。境内有“岭夷十二地”与“赤夷十三支”。“岭夷十二地”分别为豹岭冈、赶山坪、阿叶坪、牛跌蛮、芭蕉沟、龙竹山、雪都都、小板房、阴山坪、牛心山、月落山、盐井溪、桃子沟等。（嘉庆）《四川通志》载：

> 以上岭夷十二地，原系宁越营都司所辖暖带密土司冷金玉管属。……所管夷人名“娃子”，衣毡辫发，耕种打牲为业，性情桀骜。自剿抚投诚，改土归流后渐经帖服，有事赴文武衙门申理。自入版图，改为高、泽、惠、周、华、夏、万、年、海、宇、成、平十二姓，共花户四百七十七户，俱与汉民一体纳粮当差。

“赤夷十三支”风俗与“岭夷”相同，只是将其管内百姓称为“本支白骨头娃子”。

“赤夷十三支”情况统计简表

支名	住牧地名	所辖民户情况
胆巴家	化林坪	121 户
奎鸡疏家	栗耳湾	63 户
卑溪疏家	挖鸡	35 户
奎哈疏家	年瓦落	162 户
白魁家	四板橙	332 户
哈纳家	西河	186 户
胃扭家	黑鸡坪	155 户
雅札家	萝葡坪	327 户
哈什三家	物杆	245 户
裴瓜家	大木瓜	683 户
妈家	马家坪	210 户
呆得家	锅圈岩	186 户
魁西家	小木瓜	1054 户
合计		3759 户

5. 康安道与边北道

康安道辖康定府、巴安府等,而边北道主要有登科府。此二道均于光绪年间之后从建昌道雅安府分置而出。这一地区处于川、藏、青三省交界处,当地少数民族以藏、羌等为主。《皇清职贡图》列有民族数种:(1)羌族之属,如泰宁协左营辖沈边番民,泰宁协右营辖大田西番民,泰宁协属阜和营辖明正番民。(2)藏族之属,如泰宁协属黎雅营辖木坪番民,泰宁协属里塘番民等。

(1)康定府,原为打箭炉厅,光绪三十四年(1908)升为康定府,治今四川省康定市。

打箭炉厅所属土司统计简表

土司名称	住牧地	雍正时期户口情况	嘉庆时期户口情况
沈边长官司	沈边	612户	番民120户
冷边长官司	冷边	554户	番民175户
明正宣慰使司	打箭炉城	460户	土千、百户49员,管土民6591户
革什咱安抚司	革什咱		土民830户
巴底宣慰司	巴底		土民850户
巴旺宣慰司	巴旺		与巴底共管
喇滚安抚司	喇滚		土民970户
霍耳竹窝安抚司	竹窝		土民1666户
霍耳章谷安抚司	章谷		土民3302户
纳林冲女长官司	纳林冲		土民1302户
瓦述色他长官司	瓦述色他		土民250户
瓦述更平长官司	瓦述更平		土民300户
瓦述余科安抚司	瓦述余科		土民645户
霍耳孔撒安抚司	霍耳孔撒		番民923户
霍耳甘孜麻书安抚司	霍耳甘孜麻书		土民665户

(2)巴安府,本为巴塘宣抚司与里塘宣抚司管理之地,光绪三十一年(1905)改流,后升置巴安府,治今四川省巴塘县。里塘与巴塘土司所辖民户均属于藏族先民("西番"),风俗相同。(嘉庆)《四川通志》称:"该土司(里塘)、土百户等所管番人皆

黑帐房，事畜牧，住止无定，逐水草而居。地寒冷，百物不生，惟种青稞，衣织花氆氇，缘以兽皮，食生牛羊及酥油等物，日五六餐。……不尚医药，有疾病，延喇嘛讽经祈祷，熬茶供众，倾家所有以祈福。”反映出典型的藏族风尚。

土司名称	住牧地	所辖民户数量
里塘宣抚司、里塘副土司	里塘	各处乡村头目 39 名，番民 5322 户
瓦述毛丫长官司	瓦述毛丫	300 户
崇喜长官司	崇喜	300 户
瓦述曲登长官司	瓦述曲登	179 户
瓦述啯陇长官司	瓦述啯陇	549 户
瓦述茂丫土百户	瓦述茂丫	74 户
瓦述麻里土百户	瓦述麻里	198 户
巴塘宣抚司、巴塘副土司	巴塘	土百户 7 员，土民 2063 户

（3）登科府，原为德尔格忒（或作叠尔格、德尔格特、德格）宣抚司，雍正十一年（1733）改为宣慰司，为四川境内地域最为辽阔的土司之一。原属青海藏族部落，《皇清职贡图》称：“德尔格特，本西海番部土目，本朝平定西藏时归化，授安抚司，寻加授宣抚司。”《清史稿・四川土司》载：“诸土司部落，以德格为最大，东连瞻对，西连察木多，南连巴塘，北连西宁。番人以其地大，有‘天德格，地德格’之称。”宣统元年（1909）改土归流置登科府，治今四川省石渠县南，辖二州：德化州、白玉州；二县：石渠、同普；十二个土司：乍丫、察木多、得荣、江卡、贡觉、桑昂、杂瑜、三岩、甘孜、章谷、道坞、瞻对。

德尔格忒宣慰司所辖土司统计简表

土司名称	住牧之地	嘉庆时期户口情况
德尔格忒宣慰司	德尔格忒	所管番民 7721 户，又管长坦番民 222 户，阿斯雀番民 34 户，共管番民 7977 户
霍耳白利长官司	霍耳白利	土民 315 户
霍耳咱安抚司	霍耳咱	土民 711 户
霍耳东科长官司	霍耳东科	土民 348 户
春科安抚司、春科副土司	春科	土民 588 户

（续表）

土司名称	住牧之地	嘉庆时期户口情况
春科高日长官司	春科高日	与东科土司同管土民282户
上瞻对茹长官司	上瞻对茹	土民428户
上瞻对峪纳土千户	上瞻对峪纳	土民206户
蒙葛结长官司	蒙葛结	土民304户
林葱安抚司	林葱	土民1096户
上纳夺安抚司	上纳夺	土民650户
下瞻对安抚司	下瞻对	土民340户
上瞻对撒墩土千户	上瞻对撒墩	土民50户
中瞻对茹色长官司	中瞻对茹色	土民200户

四、云南地区

（一）清朝云南地区的改土归流进程

云南地区是西南地区土司最为集中的区域之一，雍正年间的改土归流也最早从云南各地开始。雍正四年，云贵总督鄂尔泰上书倡归流之议，其中涉及云南土司的问题最多也最复杂：

> 云贵大患，无如苗蛮。欲安民必先制夷，欲制夷必改土归流。而苗疆多与邻省犬牙相错，又必归并事权，始可一劳永逸。即如东川、乌蒙、镇雄，皆四川土府。东川与滇一岭之隔，至滇省城四百余里，而距四川成都千有八百里。……若东川、乌蒙、镇雄改隶云南，俾臣得相机改流，可设三府一镇，永靖边氛。……滇边西南界以澜沧江，江外为车里、缅甸、老挝诸土司。其江内之滇沅、威远、元江、新平、普洱、茶山诸夷，巢穴深邃，出没鲁魁、哀牢间，无事近患腹心，有事远通外国，自元迨明，代为边害。论者谓江外宜土不宜流，江内宜流不宜土。此云南宜治之边夷也。①

正鉴于此，云南地区成为改土归流运动的“重中之重”，改流工作的力度也最大。如雍正四年改土归流的第一个重大举措便是将东川、乌蒙、镇雄三个土府改隶云南。“以乌蒙设府，镇雄设州，又设镇于乌蒙，控制三属，由四川改隶云南，以一事权。”为打

① 《清史稿》卷五一二《土司一》，第14204~14205页。

击土司的反叛，清朝军队在云南各地发动了多次大规模的军事征讨。如雍正六年，鄂尔泰指挥清军发起了对云南地区残余土司的总攻，成效最大，“于是深入数千里，无险不搜。惟江（怒江）外归车里土司，江内地全改流”①。至此，云南地区的改土归流工作取得了决定性的胜利。

据《清史稿·土司传》，时至清末，云南地区未改流的著名土司有：一个宣慰使：车里宣慰使；五个宣抚使：耿马、陇川、干崖、南甸、孟连；二个副宣抚使：遮放、盏达；三个安抚使：路江、芒市、猛卯；三个副长官司：纳楼、亏容甸、十二关；四个土府：蒙化、景东、孟定、永宁；四个土州：富州、湾甸、镇康、北胜。而《清史稿·地理志》则记为一个土府、三个土州、十八个土司。

清代云南境内改流的重要土司统计表

改流前土司名称	治所今地	改流时间	改流后政区名称
明丽江军民府，清初改为丽江土府	云南省丽江市	雍正元年	丽江府
维西土府	云南省维西傈僳族自治县	雍正五年设厅	丽江府维西厅
明猛弄土司	云南省龙陵县	乾隆三十五年设厅	永昌府龙陵厅
明猛缅长官司	云南省临沧市	乾隆十二年	顺宁府缅宁厅
明蒙化府	云南省巍山彝族回族自治县	康熙四年	蒙化府，后降为直隶厅
明景东府	云南省景东彝族自治县	康熙四年	景东府，后降为直隶厅
明四川东川府	云南省会泽县	康熙三十八年	四川东川府，雍正四年改隶云南
明四川乌蒙府，雍正五年改隶云南	云南省昭通市	雍正六年	乌蒙府，雍正九年改名为昭通府
明四川镇雄军民府	云南省镇雄县	雍正五年	改为州，设流官，隶云南
阿迷州土知州	云南省开远市	雍正四年	临安府阿迷州
邓川州土知州	云南省洱源县东南	雍正四年	大理府邓川州
明广南府	云南省广南县	顺治十八年	广南府

① 《清史稿》卷五一四《土司三》，第 14256~14257 页。

（续表）

改流前土司名称	治所今地	改流时间	改流后政区名称
明教化、王弄、安南三长官司	云南省文山市	康熙六年	开化府
明镇沅府	云南省镇沅彝族哈尼族拉祜族自治县南	雍正五年	镇沅府，后降为直隶州，又升为直隶厅
明元江府	云南省元江县	顺治六年	元江府。后降为直隶州
明车里宣慰司	云南省景洪市	雍正七年置府	普洱府
明恭顺土州	云南省墨江哈尼族自治县	雍正十年设厅	普洱府他郎厅

资料来源：《清史稿》卷七四《地理二十一》与《清史稿》卷五一四《土司三》。

清代云南未改流的重要土司情况简表

府州及直隶厅名称	治所今地	所属土司名称
大理府	云南省大理市	十二关副长官司
永昌府	云南省保山市	孟定土府、湾甸土州、镇康土州、路江安抚司、孟连宣抚司
永昌府腾越厅	云南省腾冲市	南甸宣抚司、干崖宣抚司、盏达副宣抚司、陇川宣抚司、芒市安抚司、猛卯安抚司、户撒长官司、腊撒长官司、遮放副宣抚司
顺宁府	云南省凤庆县	耿马宣抚司
永北直隶厅	云南省永胜县	永宁土府、蒗蕖土司、北胜州土州
蒙化直隶厅	云南省巍山彝族回族自治县	蒙化土府
景东直隶厅	云南省景东彝族自治县	景东土府
临安府建水县	云南省建水县	亏容甸副长官司、纳楼茶甸副长官司（光绪九年裁）
临安府石屏州	云南省石屏县	落恐长官司、左能寨长官司、思陀乡长官司
广南府	云南省广南县	土富州
镇沅直隶厅	云南省镇沅彝族哈尼族拉祜族自治县南	禄谷寨长官司
普洱府	云南省普洱市	车里宣慰司

资料来源：《清史稿》卷七四《地理二十一》与《清史稿》卷五一四《土司三》。

(二)清代云南境内的民族构成与分布

云南境内民族结构异常复杂,在西南及南方诸省中首屈一指。随着时间的推移,人们对云南境内的民族状况有了逐步深入的认识。如据(雍正)《云南通志》卷二四《土司》的记载,当时云南境内主要的少数民族有六十二种,即白人、“爨蛮”、白㑩㑩、黑㑩㑩、妙㑩㑩、撒弥㑩㑩、“僰夷”、普特、窝泥、拇鸡、朴腊、麽些、力些、“西番”、古宗、怒人、扯苏、“土人”、“土僚”、蒲人、侬人、沙人、缥人、羯些子、峨昌、哈喇、缅人、结些、遮些、地羊鬼、野人等。而据(道光)《云南通志稿》中《南蛮志》的记录,云南境内生活的“种人”(少数民族)的名号达一百四十一种之多。当然,这种名号的简单汇辑,并不等于科学的民族分类,但如此繁多的名号,足以反映云南境内民族构成的复杂性。①

现根据(雍正)《云南通志》《广舆胜览》以及《皇清职贡图》等典籍文献,参照现代民族分类系统,分别说明清代云南境内的主要少数民族种类及其分布的大致情况:

1. 彝族之属

彝族是云南境内人口数量较多、结构也相当复杂的主要民族之一。其名称很多,如“爨蛮”、白罗罗、黑罗罗、扯苏等。师范所著《滇系》记:“爨蛮之属,相沿为最久,其初种类甚多,有号卢鹿蛮者,今讹为罗罗,凡黑水之内,依山谷险阻者皆是,名号差殊,言语嗜好,亦因之而异。”此处“黑水”应指中、缅边境附近的怒江。彝族主要种类:(1)白㑩㑩,分布于云南府澂江、临安、永昌、蒙自、定边、曲靖等地,在江川、大理、姚安者又皆称为撒马都,在楚雄又称为洒摩,在永昌又称为撒马朵。(2)黑㑩㑩,主要分布于曲靖、澂江、安宁、禄丰、南安、武定、荞甸、宾川州等地。在鹤庆四十八村者,又号为海西子。(3)撒弥㑩㑩,主要分布于滇池附近各州。(4)撒完㑩㑩,主要居住于蒙自县明月等村,在黑、白二种之外。(5)阿者㑩㑩,分布于江川、通海、宾川等地。(6)鲁屋㑩㑩,仅分布于临安府鲁郭村。(7)乾㑩㑩,主要分布于曲靖、寻甸等地,“婚嫁尚侈,诸种人所不及”。(8)妙㑩㑩,与黑、白诸种类不同,分布于阿迷州、蒙化、丽江、鹤庆、腾越、楚雄、姚安等地。(9)海罗罗,主要分布于寻甸等地,又称为“坝㑩㑩”。(10)阿蝎㑩㑩,主要分布于师宗州等地。(11)葛倮罗,主要分布于弥勒州等地。(12)罗婺,又称为“罗武”或“罗午”,主要分布于楚雄、姚安、永北、罗次等地。(13)摩

---

① “种人”仅指一种特殊的族群,如在这一百四十一种“种人”中,有些显然与民族分类相去甚远,一类为“喇嘛”,如黄教喇嘛、红教喇嘛、漠勒孤喇嘛、善知识喇嘛等;另一类则是毗邻地区所属民族,如缅人、老挝、八百媳妇、木邦等。

察，又称为“木察”，被认为属于黑㑩㑩之别类，主要分布于大理、蒙化等地。(14)㒓喇，又名“朴腊”，主要分布于宁州、石屏州、王弄山等地。(15)拇鸡，主要分布于宁州及王弄山等地。(16)扯苏，又名“车苏”，主要分布于楚雄、临安、新平等地。(17)麦岔，主要分布于和曲等地。(18)嫚且，主要分布于姚安等地。(19)利米，主要分布于顺宁等地。

2. 傣族之属

傣族是云南境内一个人口繁庶的民族，其名称也不少，如“僰夷”“百夷”“僰彝”“摆夷”等。《广舆胜览》载：“僰夷，一名摆夷……元初内附。其部落接壤缅甸车里。今云南、曲靖、临安、武定、广南、元江、开化、镇沅、普洱、大理、楚雄、姚安、永北、丽江、景东十五府皆有之，随各属土、流兼辖，与齐民杂处。”①《僰彝图》题记亦云：

> 僰彝种在黑水之外，称百彝，声相近而讹也。性耐暑热，多居卑湿棘下，故从棘从人。滇之西南旷远多湿，僰彝宅之。种类数十，风俗稍别，名号亦殊……其在禄丰、罗次、元谋、越州、江川、路南、临安、顺宁、剑川、腾越、镇南、姚安、沅江诸地者，种类皆同，惟服习彝俗，随地各别耳。②

3. 白族之属

白族的别名有僰、白人、僰人、白子、民家、那马等。《广舆胜览》题记：

> 白人，其先居大理白崖川，即金齿白蛮部，皆僰种，后居景东府地。而云南、临安、曲靖、开化、大理、楚雄、姚安、永昌、永北、丽江等府俱有之。随各府土流兼辖。其居处与民相杂，风俗衣食，悉仿齐民。有读书应试者，亦有缠头跣足、衣短衣、披羊皮者。又称民家子。岁输赋税。③

4. 哈尼族之属

哈尼族的旧称有窝泥、斡泥、和泥、俄泥、阿迷、糯比等。《广舆胜览》题记：“窝泥，本和泥蛮之裔，南诏蒙氏置威远赕，称和泥为因远部。明置元江府，东至元江，南至车里，西至威远，北至思陀，皆和泥种。今云南、临安、景东、镇沅、元江五府皆有之。”④《滇系·属夷系》称：“窝泥，或曰斡泥……临安郡属县及左能寨、思陀、溪处、落恐诸长官司，景东、越州皆有之，磱嘉县又曰和泥。……阿迷州称阿迷，邓川州称

① 《清代民族图志》，第233页。本小节所引《广舆胜览》出自《清代民族图志》，下同。

② 转引自《清代民族图志》，第234页。

③ 《清代民族图志》，第224页。

④ 《清代民族图志》，第228页。

俄泥。”

5. 纳西族之属

纳西族的旧称有摩沙蛮、末些、摩些、摩梭等，主要分布于丽江府等地。(雍正)《云南通志·土司》称：“麽些，即《唐书》所称‘麽些蛮’，今丽江之夷，总称麽些，而永北、禄丰亦皆有其类。”

6. 傈僳族之属

傈僳族的旧称有栗傈、力些、家傈僳及野傈僳等。《广舆胜览》题记：“傈僳，相传楚庄蹻开滇时便有此种，无部落，散居姚安、丽江、大理、永昌四府，其居六库山谷者，在诸夷中为最悍。”(雍正)《云南通志·土司》又称：“迤西(孟养军民宣慰使司之俗称)皆有之，在大理名栗粟，在姚安名傈漱，有生、熟二种。”

7. 怒族之属

怒族的旧称主要为怒人。《广舆胜览》题记：“怒人，以怒江甸得名，明永乐间改为潞江长官司。其部落在维西边外，过怒江十余日，环江而居。本朝雍正八年(1730)归附，流入丽江、鹤庆境内，随二府土流兼辖。”而(雍正)《云南通志·土司》则称，怒人“丽江有之，其在鹤庆府维西边外，过怒江十余日，有野夷名怒子，自古不通中国，于本朝雍正八年相率到维西，将虎皮二十张、山驴皮十张、麻布三十方、黄腊八十斤充贡，愿永为年例”。

8. 布朗族之属

布朗族的旧称有蒲人、蒲蛮、普蛮、朴子蛮、野蒲等。《广舆胜览》题记：“蒲人即蒲蛮，相传为百濮苗裔。宋以前不通中国，元泰定间始内附，以土酋猛氏为知府，明初因之，宣德中改土归流。今顺宁、澂江、镇沅、普洱、楚雄、永昌、景东等七府有此种。”又据(雍正)《云南通志·土司》，蒲人的主要分布地有永昌、凤溪、施甸及十五喧、二十八寨、新兴、禄丰、镇南、蒙自、开化十八寨、景东、顺宁等。

9. 苦聪人之属

苦聪人为今天拉祜族的一支，苦聪的旧称有苦葱、果葱、古宗等，不过关于其渊源则有不同看法。如《广舆胜览》题记：“苦葱，爨蛮之别种，自元时归附，今临安、元江、镇沅、普洱四府有此种，居傍山谷。”(雍正)《云南通志·土司》则称，古宗为“西番之别种，滇之西北与吐番接壤，流入境内，丽江、鹤庆皆间有之”①。

---

① 《清代民族图志》认为古宗为苦聪的异译。而尤中《中国西南的古代民族》一书将“古宗”归为藏族，似更有理据。

10. 阿昌族之属

阿昌族的旧称有峨昌、小阿昌等。(雍正)《云南通志·土司》称:“峨昌,一名阿昌,性畏暑湿,好居高山。……无部长,杂处山谷,听土司役属,今永昌罗右、罗板、罗明三寨皆其种。”又据《广舆胜览》,阿昌族的主要分布地为大理、永昌二府。

11. 普米族之属

普米族的旧称为“西番”。关于普米族的分布地,诸书记载稍有不同,如《广舆胜览》题记称:“西番,本滇西北徼外夷,又名巴苴,流入永北、丽江二府,居深山,聚族而处。”(雍正)《云南通志·土司》又称:“永北一带,凡在金沙江者皆是。”《滇省民族图说·西番图》题记又称:“西番在永宁、永北、蒗蕖,凡金沙江北者皆是。”

另外,根据(道光)《云南通志稿》中《南蛮志·种人》提供的资料,我们还可以以府州为单位大致归辑清代云南的民族分布情况。

清代云南民族分布情况简表

府州名称①	治所今地	所属地区民族种类名称
云南府	云南省昆明市	爨蛮、阿车(易门县)、白人、黑㑩㑩、白㑩㑩、乾㑩㑩、撒弥㑩㑩、密乂(或作密叉,易门县)、摆彝、罗婺、普特、窝泥、姆鸡(嵩明州)、麽些、子闲、傒卜
武定州	云南省武定县	黑㑩㑩、白㑩㑩、个倮(元谋县)、摩察、摆彝、罗婺、土人、力些、麦岔、罗缅
大理府	云南省大理市	爨蛮(赵州)、白人、白㑩㑩、妙㑩㑩、阿者㑩㑩(宾川州)、摩察、摆彝、罗婺、窝泥(邓川州)、力些、阿昌
丽江府	云南省玉龙纳西族自治县	白人、黑㑩㑩(鹤庆州)、妙㑩㑩、摆彝、怒人、麽些、力些、古宗、西番、俅人、刺毛、黄教喇嘛、红教喇嘛、谟勒孤喇嘛、善知识喇嘛、那马
楚雄府	云南省楚雄市	白人、黑㑩㑩、白㑩㑩、妙㑩㑩、摩察、摆彝、罗婺、蒲人、蒲蛮、罗黑、扯苏、力些、嫚且(姚安)、洒摩、野蛮
永昌府	云南省保山市	爨蛮(腾越厅)、白人、黑㑩㑩、妙㑩㑩、摆彝、伯彝(腾越厅)、罗婺、蒲人、力些、喇鲁、戞喇(腾越厅)、阿昌、缥人(保山县)、缅人、莽子、遮些、羯些子、卡瓦、野蛮
顺宁府 镇边厅②	云南省凤庆县	白人、黑㑩㑩、白㑩㑩、大㑩㑩、小㑩㑩、摆彝、蒲人、罗黑、大倮㑩(云州)、小倮㑩、利米、小列密(云州)、蒙化夷

① 表中政区名称以《清史稿·地理志》所列名称为准。

② 镇边厅原属顺宁府缅宁厅,光绪十三年始分置厅。

（续表）

府州名称	治所今地	所属地区民族种类名称
永北厅	云南省永胜县	白人、妙倮倮、摆彝、伯彝、罗婺、麽些、力些、西番、野西番
蒙化厅	云南省巍山彝族回族自治县	爨蛮、黑倮倮、白倮倮（定边县）、妙倮倮、摩察
景东厅	云南省景东彝族自治县	白人、白倮倮、大倮倮、小倮倮、摆彝、罗婺、蒲人、窝泥、古宗、小古宗、喇乌
曲靖府	云南省曲靖市	白人、黑倮倮、白倮倮、妙倮倮（平彝县）、海倮倮、乾倮倮、撒弥倮倮、鲁屋倮倮、摆彝、窝泥、沙人、苗人、黑乾夷（宣威州）、仲人、海彝（沾益州）
东川府	云南省会泽县	爨蛮、黑倮倮、乾倮倮、姆鸡、西番（巧家厅）、苗人、甘人、孟人、披夷、披沙夷、野蛮
昭通府	云南省昭通市	黑倮倮、土僚、苗人、沙兔、仲人
镇雄州	云南省镇雄县	土僚、苗人、沙兔
澂江府	云南省澄江市	黑倮倮、白倮倮、阿者倮倮（江川县）、摆彝（新兴州）、蒲人、土僚
广西州	云南省泸西县	黑倮倮、阿者倮倮、鲁屋倮倮（弥勒县）、阿蝎倮倮（师宗县）、葛倮倮、普拉倮倮、个倮（师宗县）、伯彝（弥勒县）、罗婺、扑喇、姆鸡、土僚、侬人、沙人、鲁兀、阿哂
临安府	云南省建水县	爨蛮、白人、黑倮倮、白倮倮、鲁屋倮倮、撒完倮倮（蒙自县）、摆彝、蒲人、扑喇、普特（宁州）、窝泥、姆鸡、土僚、白土僚、扯苏、山苏、侬人、沙人、苦葱、喇乌
广南府	云南省广南县	白人、白倮倮、妙倮倮、摆彝、扑喇、白扑喇、土僚、花土僚、白土僚、侬人、沙人、黑沙人、白沙人、瑶人、野蛮
开化府	云南省文山市	爨蛮、白人、黑倮倮、白倮倮、摆彝、旱摆彝、水摆彝、蒲人、扑喇、白扑喇、花扑喇、窝泥、姆鸡、白姆鸡、黑姆鸡、土僚、花土僚、白土僚、黑土僚、侬人、沙人、喇乌、瑶人、聂素、马喇、阿成、阿戛、阿系、阿度、普岔、喇傒、孟乌、普剽、普马、普列、腊欲、腊兔、舍乌、山车、阿倮、腊歌、白腊鸡、交人
镇沅厅	云南省镇沅彝族哈尼族拉祜族自治县	妙倮倮、摆彝、蒲人、窝泥、白窝泥、古宗、野古宗、苦葱
元江州	云南省元江县	妙倮倮（新平县）、摆彝、伯彝、罗婺、扑喇、窝泥、糯比、黑铺、扯苏、山苏、野古宗、苦葱、喇乌、卡惰
普洱府	云南省普洱市	白人（宁洱县）、黑倮倮、白倮倮、摆彝、旱摆彝、水摆彝、花摆彝、蒲人、罗黑（他郎厅）、窝泥、白窝泥、黑窝泥、糯比、飞头僚、扯苏、沙人、苦葱、利米、瑶人、卡惰、黑濮、缅和尚、龙人、阿卡、长头发、艮子、绷子、莽子、卡瓦、戛于腊、罗黑、挝家、三撮毛（宁洱县）

研究古代少数民族分布状况，最重要的资料莫过于各地区各民族人口的准确记录了。然而，在清代各地（包括云南）的地方志中，我们仍然很难找到各地少数民族户口数量的精确记载。特别值得一提的是，从 1943 年到 1945 年的两年间，在著名学者江应梁先生的主持下，云南省民政厅边疆行政设计委员会开展了全省边民人口与分布状况的调查工作，取得了大量宝贵的人口资料数据，这对于我们间接地了解清代云南的民族分布情况也有极大的裨益。下表仅列出人口数量在一万以上的民族及其分布地区，以资参照。

20 世纪中期调查所得云南民族及户口情况简表

序号	民族种类	人口数量	所在县(治)局数量	序号	民族种类	人口数量	所在县(治)局数量
1	倮㑩	599684	94	14	卡瓦	37760	6
2	民家	281236	22	15	瑶人	33968	17
3	摆彝	260087	55	16	撒尼	26860	5
4	窝泥	138297	20	17	古宗	25682	5
5	苗人	136653	58	18	百子	23509	5
6	沙人	127728	16	19	散民	20100	2
7	傈僳	111632	29	20	阿卡	19764	6
8	侬人	88714	12	21	本人	18727	7
9	倮黑	53573	12	22	卡堕	15932	6
10	濮喇	45418	13	23	濮曼	13973	12
11	山头	42227	11	24	㹦鸡	11875	5
12	土僚	39892	9	25	怒人	10172	3
13	摩些	37890	6				

资料来源：《摆彝的生活文化》，中华书局 1950 年版，第 44~47 页注文。

此外，关于清代乃至民国时期云南境内民族人口的分布特征，江应梁先生在《摆彝的生活文化》一书中也进行了较细致的分析。他将云南境内划为十一个不同的“集族而居的中心地带”。这些区域分别是：

一、东部与北部，金沙江的两岸，自绥江、永善、昭通、巧家，逆江而上至西北面的永胜、宁蒗为止，是倮㑩的分布地带。

二、西北部，自丽江、鹤庆、剑川一带起，北上到维西、中甸、德钦，是麽些与古宗的分布地带。

三、西北的怒江上游两岸地，是怒人与俅人的分布地带。

四、西部的怒江中游到下游两岸及其附近地，是傈僳的分布地带。

五、西部沿高黎贡山东西两麓，怒江的西部山区，下至腾、龙沿边一带，是野人与山头夷人呼为开钦（Kachin 或 Chinpaw）的分布地带。

六、澜（沧江）、怒（江）两江的下游，西自腾、龙沿边起，经镇康、双江、耿马、沧源、澜沧，到思、普沿边止，这一个沿边弧形区域，是摆彝的分布地带。

七、南部的镇康、沧源、澜沧，及所谓滇缅南段未定界区，是卡瓦与倮黑的分布地带。

八、南部江河流域及邻近地，是窝泥分布地带。

九、东南部邻近越南与广西地带，是沙人与侬人分布地带。

十、东部与广西、贵州邻接地带，以迄北部之嵩明、寻甸、富民、禄劝、武定、罗次等地，是苗瑶的分布地带。

十一、大理及其邻近十数县境内，是民家的分布地带。①

当然，上述十数个分布地带的划分只是相对于民族人口而言，因为云南民族分布的最大特征还是多民族的杂居。正如江应梁先生所云：

> 在今日（民国年间），云南全省一百三十余个县区中，绝对没有边民散居的县份就根本没有，以省会的昆明言，离城不到十里，便散居着藏缅语系的子间（子君）、散民、夷人，摆夷系的僰子、苗瑶系的花苗，和民家等六种不同语言习俗的土人。昆明尚且如此，其他各县可知，只不过人数有多少，种类有繁简之不同而已；较复杂的，如河口对汛督办区境内，除汉人外，散居着不同名称的边民十五种，元江及墨江两县境内，均有边民十四种，新平十三种，镇越、江城、马关、思茅各十一种；这些，都包括了藏缅、台、苗瑶各族系的土著，可见目前云南境内边民分布情形的错综复杂了。②

清代云南民族构成的状况，应与民国年间相差不太大。

---

① 江应梁《摆彝的生活文化》，中华书局 1950 年版，第 59~60 页。

② 《摆彝的生活文化》，第 58~59 页。

五、广西地区

（一）清代广西境内的民族构成与改土归流的进程

广西又是中国南方地区少数民族聚居的省份，少数民族人口极为可观。与其他省相比较，广西境内民族构成有显著特征，即主要少数民族为瑶、壮两族，“瑶、僮多于汉人十倍，盘万山之中，踞三江之险”①。自宋、元以来，瑶族、壮族聚居之处自然也成为土司设置相当集中的区域。雍正年间的改土归流，不可避免地涉及广西省。如鄂尔泰在上奏中称：“……广西土府州县峒寨等司五十余员，分隶南宁、太平、思恩、庆远四府，多狄青征侬智高、王守仁征田州时所留设。其边患，除泗城土府外，余皆土目，横于土司。……此事连广西者也。”②明代广西曾经是少数民族反抗与叛乱活动的高发区，大规模的反叛与暴力冲突曾多次震惊朝野上下。相比之下，在清代初年改土归流过程中，广西土司的反应却是较为平稳的，虽然也有一些反叛活动，但都很快被平息下来。总体而言，广西土官大都隶于文职系统，因袭者多，改流者相对较少（参见下表）。

清代广西境内改流的著名土司简表

府州名称	土司名称	治所今地	改流情况
庆远府	东兰土州	广西壮族自治区东兰县	雍正七年改流官知州
百色直隶厅	田州土州	广西壮族自治区百色市	光绪元年改为百色直隶厅，置流官
思恩府	那马土司	广西壮族自治区马山县西南	同治九年改置那马厅
泗城府	泗城土府	广西壮族自治区凌云县	雍正五年改设流官
	上林长官司	广西壮族自治区西林县西南	康熙五年改流官升为西林县
	安隆长官司	广西壮族自治区隆林各族自治县	康熙五年改流官升为西隆州

① 《清史稿》卷五一六《土司五》，第14293页。

② 《清史稿》卷五一二《土司一》，第14204~14205页。

（续表）

府州名称	土司名称	治所今地	改流情况
太平府	思明土州	广西壮族自治区宁明县	康熙五十八年改流,后改为宁明州
	思明土府	广西壮族自治区宁明县东	雍正十一年改流置明江厅
	上龙、下龙土司	广西壮族自治区龙州县	雍正七年废下龙司,置龙州厅
	凭祥土州	广西壮族自治区凭祥市	宣统二年改流官,设凭祥厅
镇安府	镇安土府	广西壮族自治区德保县	康熙二年改流,雍正十年升为府
归顺直隶州	归顺州	广西壮族自治区靖西市南	雍正七年改流,光绪十二年升为直隶州
	镇安土司	广西壮族自治区那坡县	乾隆三十一年改流,光绪十二年改置镇边县

资料来源:《清史稿》卷七三《地理二十》和卷五一六《土司五》。

据《清史稿·土司传》的统计,时至清末,广西境内还有二十六土州、四土县、三长官司(实际数量要多一些,参见下表)。当然,作为一种行政措施,改土归流之举在短时期内并不可能决定性地改变广西各地的民族结构。即使那些已改为流官的州县,其境内少数民族的居留状况并不会有显著的变化。因而,我们在确定清代民族分布时,有必要将已改流的州县也列入讨论范围。

清末广西境内未改流著名土司分布简表

府、州、厅名称	治所今地	所属土司	合计
庆远府	广西壮族自治区河池市宜州区	南丹土州、那地土州、东兰土州、忻城土县、永定土司、永顺正土司、永顺副土司	7
思恩府	广西壮族自治区马山县	白山土司、兴隆土司、定罗土司、旧城土司、古零土司、安定土司	6
百色直隶厅	广西壮族自治区百色市	上林土县、下旺土司	2
南宁府	广西壮族自治区南宁市	忠州土州、归德土州、果化土州	3

（续表）

府、州、厅名称	治所今地	所属土司	合计
太平府	广西壮族自治区崇左市	太平土州、安平土州、万承土州、茗盈土州、全茗土州、龙英土州、佶伦土州、结安土州、镇远土州、都结土州、思陵土州、土江州、土思州、下石西土州、上下冻土州、上下石土州、罗白土县、罗阳土县、上龙土司	19
上思直隶厅	广西壮族自治区上思县	迁隆峒土司	1
镇安府	广西壮族自治区德保县	向武土州、都康土州、上映土州	3
归顺直隶州	广西壮族自治区靖西市	下雷土州	1

资料来源:《清史稿》卷七三《地理二十》和卷五一六《土司五》。

（二）清代广西的民族构成与地区分布

关于清代广西的民族构成，曾任桂林知府的钱元昌在所著《粤西诸蛮图记》中指出：

> 雕题凿齿，有不火食者，则南方曰蛮也。滇、黔、巴、蜀、楚、粤之间，区落绵亘，接于西戎。而粤西山谷奥险阻绝，厥类尤繁，派别支分则曰瑶，曰僮，曰俍，曰伶，曰伢，曰侬，曰侗，曰佯，曰俅，曰侼，曰蛋，曰土人，曰隆人，曰阳山人。合其类而十分之，则僮居四，瑶居三，俍居二，余仅得一焉。①

（雍正）《广西通志》卷九二列举广西境内的民族有瑶、僮、僚、俍、伶、俅、侼、仡、伉、佯、侗、侬、伢、俚、苗、山子、蜑、浪，共计十八种。又据（嘉庆）《广西通志·列传二十三》的汇辑，清代广西境内出现的民族种类有瑶、僮、僚、俍、马、伶（又称姆姥）、侗、俅、侼、仡、伉、佯、侬、伢、俚、苗、山子、蜑、浪、倈、巴、但、倮、仲等，总数达二十四种之多。② 但是，清代广西境内瑶、壮两族为数最多，尤以壮族为盛，这也是广西民族构成的最突出特征。民国时人刘锡蕃在所著《岭表纪蛮》中指出：“壮族散布于广西全省，有侬、僚、侼、佯、俍、土人……种种不同之名称。其人口之繁殖，较他族为最。合广西

① 转引自（清）金铁等监修（雍正）《广西通志》卷九二，清文渊阁《四库全书》本。

② （清）谢启昆、胡虔等修纂（嘉庆）《广西通志》卷二七八至二七九，广西人民出版社 1988 年出版。

所有蛮族而统计之,壮族实居十分之八以上。故其在广西之历史上,实占最重要之一页。而汉蛮两族血统上混合之多,亦以此族为最。”①又据清代研究者总结,清代广西境内各民族的分布特征,“大抵桂(阳府)、平(乐府)多瑶、僮,梧(州府)、浔(州府)多伶、侗、蜑人,南(宁府)、柳(州府)、庆(远府)多依、僚、冰、伢,思(州府)、太(平府)、泗(城府)、镇(远府)多土、俍兵”②。

根据现代民族分类,清代广西境内主要民族及其分布地域大致情况可概括如下:

1. 壮族(旧文献通常称壮族为“僮”或“撞”)之属

壮族是广西境内数量最多的少数民族之一。与壮族同族异名者有侬人、仯人、佯人、俍人、伢人、土人、土僚等。(1)僮人:僮人占清代壮族人口的绝大部分。关于僮人的族源与风俗特征,(雍正)《广西通志》卷九二称:

> 僮与瑶杂处,元至元间来自湖北。或曰非也。荆蛮故无瑶、僮名。瑶,徭也,粤右土著先时就抚,籍其户口以充徭役,曰瑶;僮,撞也,粤之顽民,性喜攻击,撞突曰僮,故瑶人易驯,僮人难治,僮俗与瑶略同,而性特剽悍。……亦有生僮、熟僮,与生、熟瑶大抵相类云。

据(嘉庆)《广西通志·列传二十三》的汇辑,僮人分布的府州县极多,如临桂、兴安、灵川、阳朔、永宁、永福、义宁、马平、罗城、怀远等,合计达三十八处之多。(2)俍人:《粤西偶记》载:“俍人者,亦古槃瓠之苗裔,粤西诸郡处处有之。”③俍兵是最著名的广西土兵。陆次云《峒溪纤志》称:“俍人多在南丹三州,鸷悍天下称最,用兵能以少击多,军令最严,故能胜敌。”④据(嘉庆)《广西通志·列传二十四》,俍人主要分布于永宁、雒容、罗城、柳城、那地、南丹、忻城、迁江、上林、泗城府、平南、贵县、崇善、左州、养利、永康、太平、安平、恩城、万承、茗盈、佶伦、结安、都结、思州、下石西、上石西、凭祥、罗阳、上映、郁林、博白、陆川、兴业等地。(3)侬人:《皇清职贡图》“思恩府侬人图”题记称:“侬人,自称曰侬,散居思恩及田州等处。思恩,古雕题地,田州则越裳故处也。……(明时)设那马、兴隆、安定各土司分治之。本朝雍正年间改土归流,侬人悉隶版籍。”侬人主要分布地有柳城、宜山、南丹、忻城、阳万、西隆、思州等。

---

① 覃兆福、陈慕贞编《壮族历代史料荟萃》,广西民族出版社1986年版,第118页。

② (清)金铁等监修(雍正)《广西通志》卷九二《诸蛮传》。

③ 转引自(嘉庆)《广西通志》卷二七九《诸蛮传二》。

④ (清)陆次云《峒溪纤志》,中华书局1985年版,第9页。

2. 瑶族之属

瑶族各分支的名称主要有过山瑶、盘瑶、大良瑶、山子、山瑶、梳瑶、箭杆瑶等，分布地域较为广泛，如广西、广东、湖南、贵州等都有大量瑶民定居于当地，而以广西瑶族数量最大，也最为集中。《皇清职贡图》列举广西各地的瑶人种类有罗城县盘瑶、临桂县大良瑶、兴安县平地瑶、合浦县山民、陆川县山子瑶、荔波县瑶人、庆远府过山瑶、永宁州梳瑶、灌阳县竹箭瑶等。诸匡鼎《瑶僮传》称："粤西烟瘴之地，岭表诸蛮种类不一，皆古槃瓠氏之后也。其一曰瑶，介巴、楚、粤间，绵亘数千里，椎髻跣足，衣斑斓布葛，采竹木为屋。……瑶有数种，有生瑶，有熟瑶、白瑶、黑瑶。"①据（嘉庆）《广西通志・诸蛮传》，瑶族的主要分布地有临桂、兴安、灵川、阳朔、永福、义宁、全州、灌阳、马平、罗城、怀远、融县、象州、天河、河池、思恩、南丹、忻城、武缘、宾州、迁江、上林、田州、兴隆、定罗、那马、泗城府等六十余处。

3. 仫佬族之属

仫佬族旧称有姆娄、木老、僚、伉、伶人、伶佬等。"僚"是中国南方古老的民族集团之一，是现代仡佬族、仫佬以及壮族的先民。仫佬族为"僚人"后裔的一支发展而来。如《峒溪纤志》称："僚人，亦名山子，处于岭表海外，射生为活，吞噬昆虫。"《岭南杂记》又称："僚即蛮之别种，出自梁益之间。其在岭南，则隋唐时为患，然是时不言有瑶，宋以后又不言僚，意其类分合无定，故随代异名。明《通志》凡山寇皆谓之僚，盖山寇亡命乌合，未必种传，无从究考。"僚人的分布地主要有宜山、天河、宾州、上林等。此外，《峒溪纤志》又称："伶人生广西奥谷之中……不室而处，饥食橡薯、百虫，附近瑶人，瑶人亦莫能译其所语。"《皇清职贡图》题记称："伶者，另也，诸蛮之外另为一种，与瑶、僮又别，故曰伶人。其贵少贱老、不留髭须，亦似苗，但不若苗之顽悍。"伶人的主要分布地有永福、马平、雒容、罗城、怀远、宜山、天河、思恩、荔浦等。

下面根据（雍正）《广西通志》卷九三（下简称《广西通志》）与（嘉庆）《大清一统志》等文献资料，试将广西各地的民族构成与分布情况胪列如下：

1. 桂林府

治临桂县（今广西壮族自治区桂林市）。关于桂林府境内民族分布概况，《广西通志》称："桂林府，为粤西省会，控制百蛮，东北起于全州，带灌阳与湖南零陵蛮夷错

① 引自《小方壶斋舆地丛钞》第八帙。

壤,南则阳朔,西则永福、永宁,崇岗叠嶂,号称'蛮窟'。而附郭之临桂,西北之灵川、兴安、义宁,大抵民夷杂处。"(嘉庆)《大清一统志》记载,桂林府境内居住的民族种类有苗、瑶、僮、俍、伶、仡佬等。(1)苗族主要分布在龙胜厅(治今广西壮族自治区龙胜各族自治县)内,自成一类峒苗。(2)瑶族则散布于临桂县、兴安县、灵川县、义宁县等地。(3)壮族分两种:列入户籍,输纳赋税的为"熟僮",否则为"生僮",主要分布于临桂县、灵川县、兴安县、永宁州以及义宁县等地。(4)俍人,习俗同壮族,主要分布于永宁州。(5)伶民则主要居住于永福县,多来自义宁县。

各州县民族分布情况简列如下:

州县名称	治所今地	民族种类	分布状况
临桂县	广西壮族自治区桂林市	熟瑶	散居三乡,其类别有平地、大良、高山、过山瑶等
灵川县	广西壮族自治区灵川县	瑶、壮	瑶民多居住于六都,壮民多居住于七都
兴安县	广西壮族自治区兴安县	瑶、壮	瑶民居住于五排、七地、六峒及融江、穿江、黄柏江沿江地区,壮民居住于富江地区
阳朔县	广西壮族自治区阳朔县	瑶、壮	瑶民居住于县东北崇富里,其类别有笠头瑶、箭杆瑶、戴版瑶、大源瑶等;壮民分南(来自零陵)、北(来自永福)两种,散居于各里
永宁州	广西壮族自治区永福县	俍、壮	散居于山谷
永福县	广西壮族自治区永福县	瑶、壮	瑶民散居于毛峒、理定二里,壮民也分南北二种,散居于毛峒一带
义宁县	广西壮族自治区桂林市临桂区	壮、苗	壮民散居于壮里与县西北上、中、下三寨,壮里之民本柳州伶人,元至正间到来;苗民居住县北七十二团一带
全州	广西壮族自治区全州县	瑶	散居于西延洞及建恩二乡,其种类有隘瑶、令勾瑶、狗瑶等
灌阳县	广西壮族自治区灌阳县	瑶	散居于归化上、下二里

2. 柳州府

治马平县(今广西壮族自治区柳州市)。《广西通志》称:"柳州府居粤右之中,诸蛮要害,故建提镇驻节于此,为能控制两江,以舒南顾,厥制善矣。今考融、雒、象州以东，交错桂、平，固多瑶、僮，而罗城、怀远以北，界接黔中，亦杂苗、佷。”（嘉庆）《大清一统志》记载，柳州府境内居住的民族种类有苗、瑶、壮、佷、伶、偢、侬、佢、巴㑚、伢女等。

州县名称	治所今地	民族种类	分布状况
马平县	广西壮族自治区柳州市	瑶、壮、伶、伢	散居，熟瑶、熟壮耕田输赋
雒容县	广西壮族自治区鹿寨县	壮、伶、佷	杂居县内
罗城县	广西壮族自治区罗城仫佬族自治县	伶、壮、佷、瑶	伶民居住于东一、西一、西七、西九、东五、平东上等里；壮民居住于平西、布政、高悬等里；佷民居住于郡那等四堡；苗民居住于通道镇
柳城县	广西壮族自治区柳城县	侬、瑶、偢、伢	居住于上油峒一带
融县	广西壮族自治区融水苗族自治县	瑶、壮	瑶有红、黑、白三种，有壮村、瑶村，散布境内
怀远县	广西壮族自治区三江侗族自治县	瑶、壮、侗、伶、佢、苗	瑶分住瑶、流瑶二种，壮人、侗人、伶人均散居各村，佢人居山谷间
象州	广西壮族自治区象州县	瑶、壮	散居各乡
来宾县	广西壮族自治区来宾市	壮	县城十数里外均为壮民居住区

3. 庆远府

治今广西壮族自治区河池市宜州区。《广西通志》称：“庆远府处粤西偏，自昔用武之地。附郭宜山而外，北为天河，地尽瑶；西则思恩、河池，亦号蛮薮。而西北之荔波、极西之东兰，尤诸夷奥区。其他溪峒长官附庸州县者相望也。旧《志》称其石壁巉岩，关隘险阻，于岭南为最。”（嘉庆）《大清一统志》记载，庆远府境内居住的民族种类有苗、抚水蛮、安化蛮、西南蕃、瑶、壮、僚、㑴佬、佷、伶、偢、侬、浪等十几种之多。

州县名称	治所今地	民族种类	分布状况
宜山县	广西壮族自治区 河池市宜州区	壮、伶	散居各乡，均编入版籍
河池州	广西壮族自治区 河池市	瑶、壮	瑶、壮民居当地民户总数的十之八九
天河县	广西壮族自治区 罗城仫佬族自治县	伶僚（姆姥）、俍	散居四境，伶僚居东，俍民居南
思恩县	广西壮族自治区 环江毛南族自治县	瑶、壮、伶	境内五十二峒、仪凤、茅滩上、中、下疃等地，均为瑶民、壮民聚居之地
东兰州	广西壮族自治区 东兰县	苗、瑶	居境内四埲十三哨之地
荔波县	贵州省荔波县	俅、佯、伶、侗、瑶、壮	散居境内
那地土州	广西壮族自治区 南丹县	俍	散居境内
南丹土州	广西壮族自治区 南丹县	俍	设俍目以领之，散居境内
忻城土县	广西壮族自治区 忻城县	瑶、俍	杂处散居境内

4. 思恩军民府

治今广西壮族自治区马山县。《广西通志》载："思恩军民府，古雕题地。初为土州，继升土府，复改置流官，隶以武缘一县，而土司之属有九。移驻府倅于古零，俾弹压焉。郡治凡数迁而后定，《志》所谓职方绝徼瘴雨蛮烟，愚壮、顽苗，在在皆是者也。"（嘉庆）《大清一统志》记其境内的民族种类有苗、瑶、壮、僚、俍、俅、伢等。

州、县、土司名称	治所今地或当时治地	民族种类	分布状况
武缘县	广西壮族自治区 南宁市武鸣区	汉、夷	散居境内
宾州	广西壮族自治区 宾阳县	瑶、僚、俅、伢	散居境内
迁江县	广西壮族自治区 来宾市	俍、瑶、壮	居住于上、下二里
上林县	广西壮族自治区 上林县	瑶、壮、俍、僚	瑶、壮杂居于东北乡，俍、僚散居于山谷

（续表）

州、县、土司名称	治所今地或当时治地	民族种类	分布状况
田州土州①	广西壮族自治区 百色市田阳区	瑶	居住于恩城深山
上林土县②	广西壮族自治区 上林县	瑶、僚、俍、壮	散居境内
白山土司	广西壮族自治区 马山县	不详	
兴隆土司	广西壮族自治区 马山县	瑶、苗	散居境内
那马土司③	广西壮族自治区 马山县	瑶	散居境内
定罗土司	广西壮族自治区 马山县	瑶、蛮	杂居境内
旧城土司	广西壮族自治区 平果市东北	不详	不详
下旺土司	广西壮族自治区 平果市北	不详	不详
安定土司	广西壮族自治区 都安瑶族自治县	不详	不详
都阳土司	广西壮族自治区 都安瑶族自治县	汉、瑶	杂处山谷
古零土司	广西壮族自治区 马山县	俍、苗 （合称土人）	散居境内

5. 泗城军民府

治今广西壮族自治区凌云县。《广西通志》载："泗城军民府，唐宋以来皆羁縻溪峒也。明置土府，世抚其众。近以岑氏贪虐，易以流官，诸夷慑服。割西隆、西林，屏障其间，蔚为南徼巨镇焉。郡之蛮曰瑶，曰俍，所居深谷，耕山猎兽。"（嘉庆）《大清一统志》载其境内民族种类有苗、瑶、壮、俍、侬、俫、仲等多种。

① 光绪元年改土归流，改隶为百色直隶厅。

② 光绪元年，土田州改土归流，与上林土县、下旺土司同属百色直隶厅（治今广西壮族自治区百色市）。

③ 同治九年改置为那马厅。

州县名称	治所今地	民族种类	分布状况
府城地区①	广西壮族自治区凌云县	瑶、俍	瑶民居住于深谷，俍民与瑶民杂居
西隆州	广西壮族自治区隆林各族自治县	侬、倈、倮㑩、仲家、苗、壮	侬、倈、倮㑩、仲家等种民人杂居，村舍均在山巅；苗民、壮民与汉民杂居
西林县	广西壮族自治区田林县	土瑶	瑶民散居林谷

6. 平乐府

治平乐县（今广西壮族自治区平乐县）。《广西通志》载："平乐府，府江（桂江及其支流平乐江）两岸，故瑶、壮渊薮也。恭城（县）而北，昭平（县）以南，介处桂（林府）、梧（州府），为粤西重镇。比年群夷向化，穷陬奥谷，靡不蒸蒸。"（嘉庆）《大清一统志》载该府境内民族种类只有瑶、僮、伶三种。

州县名称	治所今地	民族种类	分布状况
平乐县	广西壮族自治区平乐县	瑶	其分布地内连乐山，外通府江，瑶民均散处林麓，男女服饰与桂林壮同
恭城县	广西壮族自治区恭城瑶族自治县	瑶、壮	附郭有八村，壮民与汉民杂居，远乡中有三十五个瑶村、五个壮村
富川县	广西壮族自治区富川瑶族自治县	瑶	有三种瑶民：七都瑶、上九都瑶、一六都瑶，来自黔中五溪，散居三十六源
贺县	广西壮族自治区贺州市	瑶、壮	瑶民与平乐瑶同，巢居山坳水埔间。壮民分生、熟二种
荔浦县	广西壮族自治区荔浦市	瑶、壮	县辖三百村，十分之九为瑶、壮民所居，瑶所居皆山谷，壮则来自柳、庆、古、田，散居于咸亨通津四里
修仁县	广西壮族自治区荔浦市	瑶、壮	自晓村而南皆瑶民，居于山谷中，有秀里、金峒等瑶壮民居于五排、六排、七排、八排、九排、十排等地
昭平县	广西壮族自治区昭平县	瑶、壮	壮民与汉民杂居各乡，瑶民居山谷间，各以山寨得名，如南峒瑶、古皂瑶、岭阻瑶、立龙瑶、花州瑶等
永安州	广西壮族自治区蒙山县	瑶、壮	人口中，汉民居三，瑶、壮民居七。瑶民居深峒，壮民与汉民杂居

① 乾隆五年置凌云县。

7. 梧州府

治苍梧县(今广西壮族自治区梧州市)。《广西通志》载:“梧州府……今其地为二广(广东、广西)交会,襟山带河,梯航所通,无不宾服,然而,怀(集县)、岑(溪县)、藤(县)、容(县)之间,丛岩盘涧,故夷僚之所宅处,溯厥风尚,又多可谱。”(嘉庆)《大清一统志》记其境内民族种类有瑶、壮、黎、蜑等数种。

州县名称	治所今地	民族种类	分布状况
苍梧县	广西壮族自治区梧州市	瑶、壮	瑶民居住于大山中,其聚居地有石砚九山十二峒、老君峒、六寨等。壮民居住于北陀东岸与西岸,居外峒者与汉民杂处
藤县	广西壮族自治区藤县	蜑、瑶、壮	蜑民濒河而居,壮民、瑶民居住于山谷间。瑶民聚居地有永顺乡二十一、二十二都与永化乡二十五、二十八都。壮民聚居地则有大黎里、杨峒里与大任里
容县	广西壮族自治区容县	瑶、壮	瑶民与壮民杂居,聚居地有六便、六青、龙坟山、鸡笼山、东叶山、东瓜山、石羊山、横山等
岑溪县	广西壮族自治区岑溪市	瑶	瑶民聚居地有连城乡上里二十村、中里四村、下里五村以及六十三山等
怀集县	广东省怀集县	蛮(壮、瑶、黎等)	号称“蛮薮”,壮民等散居于山谷间

8. 郁林直隶州

治今广西壮族自治区玉林市,明代时为郁林州,属梧州府,清初雍正年间升为直隶州。《广西通志》称:“梧多瑶、壮,而郁之蛮曰土俍,俗颇近瑶,而不出为患。在州东北四十里,抵大容山。按州治平原广泽,民居八九,俍处一焉。”(嘉庆)《大清一统志》载郁林境内民族种类有夷人、瑶、壮、俍、山子等。郁林州内编籍输租的俍民,又称为“熟俍”。夷民则散居山谷间。下属四县中,唯有博白县(今广西壮族自治区博白县)内民族种类较复杂,有瑶民(又称为“斑人”)、俍人等。博白瑶民又称为“山子”,无户籍,散居各堡,设瑶目以管辖。俍人则佃田输租,与汉民相同。根据服饰的差异,瑶民(斑人)又分为两种:一种着青衣长裙,另一种着斑衣短裙。

9. 浔州府

治桂平县(今广西壮族自治区桂平市)。《广西通志》载:“浔州府治襟带两江(黔江与郁江),向为诸蛮窟巢,藤峡之役,于今为烈,盖百粤中一天堑也。东跨平南,无峻岭绝巘,故其俗驯;西控贵阳则五山盘折,自昔负固,故其俗悍。扼险而治是在得其要领。"(嘉庆)《大清一统志》载其境内民族种类有瑶、壮、俍、伢、黎、山子等数种。其中瑶民遍布府境之内。平南县瑶民又分为三种,即平地瑶、盘古瑶、外瑶等。

县名称	治所今地	民族种类	分布状况
桂平县	广西壮族自治区桂平市	俍、瑶、山子	俍人与瑶民杂居,山子则散居于山谷
平南县	广西壮族自治区平南县	瑶、壮	瑶民、俍民与汉民杂居,杂居区则有一川三里(汉、瑶)、乌路里(汉、瑶、俍)、归政里(汉、俍)、大同里(瑶、壮)等。瑶民聚居区还有朋化里等
贵县	广西壮族自治区贵港市	俍、壮、瑶、山子	俍人与壮民杂居,聚居地有五山、九怀等。瑶民、山子则居住于深山之中
武宣县	广西壮族自治区武宣县	瑶、伢、壮	瑶民聚居地有东乡的峡江、花灵、花周、花樊等村;伢人聚居地有西乡的平畚、新田、渔埠、金鸡等村;壮民聚居地有南乡的分岭、峒岭等村以及北乡的盘古、牛栏等村

10. 南宁府

治宣化县(今广西壮族自治区南宁市)。《广西通志》载:

南宁府,为岭南一都会,俗杂多贾,司马迁所谓珠玑玳瑁果布之凑,非裸国也。顾史称岭度而西,横袤千里,与夷僚错壤者三十六峒,达于海外罗殿诸蛮。今所部十有二属,而土州峒寨得半焉。然咸受冠带,输职贡齿于中州,盖其地昔称邕管,夷裔向化,与桂郡实相伯仲。

(嘉庆)《大清一统志》载其境内民族种类有苗、广源蛮、西原蛮、马人、峯客、瑶、壮、山子、蜑等多种。

州县名称	治所今地	民族种类	分布状况
宣化县	广西壮族自治区南宁市	瑶(峯客)、壮、蜑人	瑶(峯客,有槃、蓝、雷、钟四姓)民刀耕火种,散居境内;壮民在部分地区与汉民和瑶民杂居;蜑人以舟为居,捕鱼为生,有麦、濮、吴、苏、何五姓
横州	广西壮族自治区横州市	壮、山子	该州称"(汉)民一壮三",壮民与汉民杂居;山子则散居震龙、六磨等山,无版籍

（续表）

州县名称	治所今地	民族种类	分布状况
上思州	广西壮族自治区上思县	瑶、壮、山子	瑶民与壮民杂居于那懒墟与那标、上洒、下洒等村，山子居住于十万山中
新宁州	广西壮族自治区扶绥县	苗	散居境内
隆安县	广西壮族自治区隆安县	瑶（峒人、山子）	居住于岩穴之中，无版籍
永淳县	广西壮族自治区横州市	壮	散居境内
归德土州	广西壮族自治区平果市	陇版瑶、俍人	瑶民耕山种畬，俍人耕田
果化土州	广西壮族自治区平果市	土瑶	散居境内
忠州土州	广西壮族自治区扶绥县	瑶	瑶民多居于郝佐、郝章、渌燕等村

11. 太平府

治崇善县（今广西壮族自治区崇左市北太平）。《广西通志》载：

太平府，古骆越地，蛮僚居之。唐以来为羁縻州峒，改府置流官自明始。今牧令之司，世职强半焉。说者谓之夷治夷，非也。昔之酋长大都故绝，或坐法削除，其存者则皆征蛮时江淮、齐鲁间从戎之士，大小各以边功受赏邑，故能役属其土著，尽如中国之教云。

（嘉庆）《大清一统志》载其境内民族种类有瑶、俍、侬等。其中俍人分布最广，散布于府境各处。

州县名称	治所今地	民族种类	分布状况
崇善县	广西壮族自治区崇左市	土俍	杂居于三厢、十屯、六十三村
左州	广西壮族自治区崇左市	土俍	散居于山峒之中
养利州	广西壮族自治区大新县	土俍	散居境内
永康州	广西壮族自治区扶绥县	土俍	散居境内

（续表）

州县名称	治所今地	民族种类	分布状况
宁明州	广西壮族自治区宁明县	土瑶	散居境内
太平土州	广西壮族自治区大新县	土俍	居住于三街七甲
安平土州	广西壮族自治区大新县	俍人	散居境内
恩城土州	广西壮族自治区平果市	俍人	散居该州两厢之地
万承土州	广西壮族自治区大新县	俍人	散居境内
茗盈土州	广西壮族自治区大新县	俍人	散居境内
龙英土州	广西壮族自治区天等县	俍人	散居境内二峒、四季、二皈及陆地各村
结安土州	广西壮族自治区天等县	俍人	散居境内
佶伦土州	广西壮族自治区天等县	俍人	散居境内
都结土州	广西壮族自治区隆安县	瑶、俍	瑶民与俍人杂处
江州土州	广西壮族自治区崇左市	瑶、汉	瑶民与汉民杂处
思州土州	广西壮族自治区宁明县	瑶、俍、侬	瑶民与俍人、侬人杂处
上下冻土州	广西壮族自治区龙州县	不详	不详
下石西土州	广西壮族自治区宁明县	俍人	散居境内
凭祥土州	广西壮族自治区凭祥市	俍人	散居境内
罗阳土县	广西壮族自治区扶绥县	俍人	散居境内
罗白土县	广西壮族自治区崇左市	不详	不详

12. 镇安军民府

治天保县（今广西壮族自治区德保县）。《广西通志》载："镇安平民府，本辖于思恩（府），斗绝孤城，靡有属邑，而隶以世袭土州者五（此处叙述有误），东曰奉议，西曰归顺，南曰上映、向武、都康。广袤亦数百里，枕云南，俯交夷，盖去省会益险远矣。苗疆重地，无逾于此。守臣改置流官，其深有得于锁钥西陲之义乎？"（嘉庆）《大清一统志》载其境内民族种类有苗、瑶、俍、倮等数种。

州县名称	治所今地	民族种类	分布状况
天保县	广西壮族自治区德保县	瑶、倮	瑶民聚居瑶庄，距县城八十里；倮民喜居于山巅
归顺州①	广西壮族自治区靖西市	瑶、倮	瑶民散居于十二村；小镇安厅内有三百余户倮民山居，服饰似瑶
奉议州	广西壮族自治区百色市田阳区	苗（土人），瑶	苗民僻处山谷，瑶民居住于州属的山老坡
都康土州	广西壮族自治区天等县	苗、倮	散居境内
向武土州	广西壮族自治区天等县	瑶	散居境内
上映土州	广西壮族自治区天等县	佷（熟佷）	散居境内，耕山猎兽，服役输赋
下雷土州	广西壮族自治区大新县	不详	不详

第六节　台湾地区历史民族地理

祖国的宝岛台湾地处东海与南海交界地带，与祖国大陆隔海峡相望。虽然台湾海峡并不十分宽阔，但是，由于环太平洋洋流的影响，台湾地区与大陆之间的交通往来阻力与风险较为突出，这在航海条件比较原始的时代更是如此。台湾地区的区域社会、民族发展以及与祖国大陆关系的历史变迁，在很大程度上受到台湾地区特殊的区位与自然地理状况的影响。当代学术界的不少研究成果已反复证明，台湾地区的古代居民与祖国大陆南方地区的古代百越民族一脉相承，关系密切。

出于海域交通条件与水平的限制，历史时期祖国大陆与台湾地区的联系受到相当大的阻碍，而对于宝岛台湾地区的认知及联系，也呈现出阶段性、区域性以及递进式的特征，直至形成较完整与清晰的地理区域概念。如澎湖地区成为台湾地区最早设置政区并归属于大陆行政管辖的地方，从而在很长一段时间内，其成为台湾地区的

① 光绪十二年，归顺州升为直隶州，下领镇边县（原为小镇安厅，治今广西壮族自治区那坡县）与下雷土州。

标志及联系枢纽。之后，鸡笼山（基隆山）、淡水洋也在一段时间里，成为代表台湾地区最有影响的景观体。

宝岛台湾完整归入中央王朝的版图及政区管理体系，是清代疆域建设的重大功绩之一。自清朝康熙二十二年（1683），施琅率领清军收复台湾，逐步在台湾建立起府、县等层级的行政管理机构之后，直到光绪二十一年（1895）中日签订"马关条约"之后，清朝被迫割台湾为止，台湾归属清朝疆域之时间长达二百余年，而这二百多年的时间，正是台湾地区发展与建设的关键时期。在这期间，台湾岛上大量的居民归附于清朝地方政府的管辖，形成了较为和睦的区域社会秩序与族群关系。数量丰富的"番社"诗歌极有力地证明了这一点。与此同时，大批来自祖国大陆的移民进入台湾地区，参与台湾地区的贸易与农业开发，不仅为台湾地区的开发建设做出了巨大贡献，也成为守护中国海疆的坚定力量。

从"百越"到"东番"，再到多个民族聚居，台湾岛上的古代居民也经历了复杂的演变与发展历程。台湾归入清朝版图之后，台湾岛上多民族聚居的状况，为清朝地方施政带来不小的挑战。岛上丰富多彩的民族文化风貌，也吸引了不少官员及研究者的关注，他们在实地考察之余，撰写了不少有分量的著述，成为我们今天研究当时民族地理的重要佐证。

一、台湾地区自然及人文地理特征与民族认知进程

关于台湾古代居民的来源，曾经是国际学术界争论的一大焦点问题，争议相当大。不过，最有影响力的说法之一，便是著名学者凌纯声先生提出的"中国（百越）说"，即台湾地区古代居民极有可能是由上古时期中国大陆南方百越民族的后裔迁徙而来。如凌先生在《古代闽越人与台湾土著族》一文中指出：

> 台湾土著并非如（日本学者）鸟居氏所说新入的马来系，而是在古代与原来广义的苗族为同一民族居于中国大陆长江之南，属于同系的越濮（或越僚）民族，今称之印度尼西安（亚）或原马来族。越濮民族在大陆东南沿海者，古称百越；散处西南山地者则称百濮。台湾土著系属百越，很早即离大陆，迁入台湾孤岛，后来与外隔绝，故能保存其固有的语言文化；其留在大陆之越濮，则与南下汉藏系文化的汉、泰、苗、瑶、藏、缅诸族混合，有的完全涵化，有的虽习用其语言，然仍保有许多东南亚古文化的特质，如上述土著族的文身、缺齿、拔毛、口琴、贯头衣、腰机纺织、父子连名、猎首、灵魂崇拜、室内葬、崖葬等等，在西南诸族，多能找

到。……我们根据上面所述，东南亚古文化特质的研究，至少可说多数的台湾土著族在远古来自中国大陆，或整个的原马来族，是由亚洲大陆南迁至南海群岛。[①]

凌纯声先生的分析，不仅基于自己对于中国南方古代民族的深入研究，而且充分结合了南洋及南海地区历史地理发展状况，因此，他得出的结论是很富有说服力的。其他学者虽然有不同的说法与解释，不过比较而言，“外来迁入说”应该是占有主导性的意见。“这几十年来，语言学、人类学、考古学的研究成果显示：台湾土著民族的组成份（分）子相当复杂与歧异，他们可能是分批迁移过来的，而且可能从起源地的不同区域迁移过来的。”“各种证据都指向中南半岛与中国南疆这一区域，多数权威学者也做这种主张。”[②]据此，可以说，中国大陆向台湾地区的移民历史应该上溯至上古时期，只是这个迁徙过程在文献记载中出现了相当明显的“断档期”或“迷失期”。

对于台湾地区古代居民的认知过程相当曲折复杂，十分清晰地反映在现存的中国古代文献之中。如台湾地区的古代名称有“夷洲”“小琉球”“鸡笼”“东番”等多种。虽然台湾岛与澎湖列岛与大陆距离并不遥远，但是，由于海峡及险恶航海条件的限制，在漫长的历史时期里，中国大陆与台湾地区之间的交通往来受到很大影响。另一方面，根植于中原地区的历代中央王朝统治者长期以来不仅不积极支持海外开拓，而且往往对于辽阔海疆表现出漠不关心的态度，甚至横加阻挠沿海居民的出海活动。这也是台湾发展史以及移民历史在中国古文献中缺失的主要原因。

“番”或“蕃”本是中国古代人士对于边疆地区及海外民族的一种泛称。如宋朝学者赵汝适撰写了《诸蕃志》，主要叙述南海周边岛屿以及中南半岛地区的古代民族生活与物产状况。其中有“毗舍耶”一节，就记载：“泉有海岛，曰澎湖，隶晋江县（治今福建省泉州市），与其国密迩，烟火相望。时其来不测，多罹生啖之害，居民苦之。”[③]也就是说，今天的台湾地区最早归入古代中央王朝统一行政区划的区域，就是澎湖列岛，属于当时的晋江县。而晋江县是宋代福建路泉州之附郭县，显然，澎湖列岛属于泉州管辖。

其后，元人汪大渊在其名著《岛夷志略》中首列“彭湖”（澎湖），足见元人对于该地区地位的重视以及认知的深入，其文云：

---

① 《中国边疆民族与环太平洋文化》，（台北）联经出版事业公司 1979 年版，第 365～366 页。

② 参见李壬癸《台湾南岛民族的族群与迁徙》，（台北）前卫出版社 2011 年增订新版，第 23～51 页。

③ （宋）赵汝适著，杨博文校释《诸蕃志校释》卷上“志国”，中华书局 2000 年版，第 149 页；又见《诸蕃志》，载于《台湾历史文献丛刊》之一，台湾省文献委员会 1996 年版，第 38 页。

岛分三十有六，巨细相间，坡陇相望，乃有七澳居其间，各得其名。自泉州顺风二昼夜可至。有草无木，土瘠，不宜禾稻。泉人结茅为屋居之。气候常暖，风俗朴野，人多眉寿。男女穿长布衫，系以土布。煮海为盐，酿秫为酒，采鱼、虾、螺、蛤以佐食，爇牛粪以爨，鱼膏为油，地产胡麻、绿豆。山羊之孳生数万为群，家以烙毛、刻角为记，昼夜不收，各遂其生育。工商兴贩，以乐其利。地隶泉州晋江县。至元年间立巡检司，以周岁额办盐课中统钱钞一十锭二十五两，别无科差。①

宋代泉州，至元朝改为泉州路，而澎湖巡检司的设置，再一次重申与确定了中央王朝对于这一地区的行政权与主权。《元史·瑠求传》载：

瑠求，在南海之东，漳、泉、兴、福四州界内彭湖诸岛，与瑠求相对，亦素不通。天气清明时，望之隐约若烟若雾，其远不知几千里也。西南北岸皆水，至彭湖渐低，近瑠求则谓之落漈。漈者，水趋下而不回也。凡西岸渔舟到彭湖已下，遇飓风发作，漂流落漈，回者百一。②

据此也可推知，当时中国东南沿海较为险恶的航海环境，成为航行以及地理认知的最大障碍。而由于隶于晋江县，早期来到澎湖列岛定居的百姓，主要是“泉人”即泉州人，由此开启了祖国大陆居民向台湾地区移民开发的先河，意义不可低估。可以说，谈到台湾地区的航行及开发史，则必须先提到澎湖列岛。澎湖列岛在台湾历史上的重要地位与价值，值得充分肯定与重视。

澎湖列岛被称为台湾岛之“门户”，成为台湾岛与大陆沿海地区之间交通往来的“咽喉”要地。“台湾之门户，曰澎湖，俗呼‘铁门限’，以其有吸铁石焉，船至则胶；前此之所以不通也。”③可见，澎湖地区险恶的航运状况，在历史时期相当长的时间里，影响了台湾岛与大陆沿海其他地区之间的往来交通。此处提到的阻碍航运的“吸铁石”，就是后来人们所熟知的“黑水沟”。

黑水沟为澎（湖）、厦（门）分界处，广约六七十里，险冠诸海。其深无底，水面如墨，湍激悍怒，势又稍洼。舟利乘风疾行，乱流而渡，迟则波涛冲击，易致针路差失（原按：黑水沟有二：其在澎湖之西者，广可八十余里，为澎、厦分界处，水黑如墨，名曰大洋；其在澎湖之东者，广亦八十余里，则为台、澎分界处，名曰小

---

① （元）汪大渊《岛夷志略》，中华书局1981年版，第13页。

② 《元史》卷二一〇《瑠求传》，第4667页。

③ （清）鲁之裕《台湾始末偶纪》，载于贺长龄辑《皇朝经世文编》卷八十四，收录于《台湾舆地汇钞》，台湾省文献委员会1996年版，第9页。

洋。小洋水比大洋更黑，其深无底。大洋风静时，尚可寄碇，小洋则不可寄碇，其险过于大洋。此前辈诸书纪载所未及辨也)。①

这种情形在明代有了明显的改观。郑和下西洋是中国航海史上的里程碑事件之一，也谱写了中国沿海地区大规模移民历史的新篇章。如宣德六年(1431)所设立的《天妃之神灵应记》碑文，十分详细地记载了郑和下西洋的空前盛况与巨大影响：

皇明混一海宇，超三代而轶汉唐……若海外诸番，实为遐壤，皆捧琛执贽，重译来朝。皇上嘉其忠诚，命(郑)和等统率官校旗军数万人，乘巨舶百余艘，赍币往赉之，所以宣德化而柔远人也。自永乐三年，奉使西洋，迨今七次……涉沧溟十万余里，观夫海洋，洪涛接天，巨浪如山；视诸夷域，迥隔于烟霞缥缈之间，而我之云帆高张，昼夜星驰，涉彼狂澜，若履通衢者……②

应该承认，正如碑文首句所云，明代海疆开拓的巨大成绩，超过了以往任何一个强盛的中央王朝，而明朝重视海疆、开拓海疆的努力，在沿海地区引发的巨大后续效应是难以估量的。明清时期，沿海居民大批移民海外，便是最重要的后续效应之一。当然，应该承认，中原人士对于台湾岛屿的认知，并没有因此在很短时间内产生巨大的飞跃。作为认知进展的成果之一，在澎湖列岛之后，鸡笼、淡水等地成为明朝人士指代台湾的重要标志。如明朝学者张燮在《东西洋考》一书中就列出了“鸡笼、淡水”一节，阐发了当时人们对台湾地区的认知情况：

鸡笼山、淡水洋在彭湖屿之东北，故名北港，又名东番云。深山大泽，聚落星散，凡十五社(原注：《名山记》云：社或千人，或五六百)，无君长、徭赋，以子女多者为雄，听其号令。……厥初朋聚滨海，嘉靖末，遭倭焚掠，稍稍避居山后。忽中国渔者从魍港飘至，遂往以为常。其地去漳(州，治今福建省漳州市)最近，故倭每涎闽中，侦探之使，亦岁一再往。③

清朝学者所纂修的《明史》中关于“鸡笼山”的内容，一方面承袭了张燮《东西洋考》的相关记述，另一方面也做了一些补充说明：

鸡笼山在彭湖屿东北，故名北港，又名“东番”，去泉州甚迩。地多深山大泽，聚落星散。无君长，有十五社，社多者千人，少或五六百人。无徭赋，以子女多者

① (清)李元春《台湾志略》卷一《地志》，载于《台湾文献史料丛刊》第二辑(22)，(台北)大通书局1984年版，第16页。

② 引自冯承钧《中国南洋交通史》，上海古籍出版社2012年版，第60页。

③ (明)张燮著，谢方点校《东西洋考》，中华书局2000年版，第104~106页。

为雄,听其号令。虽居海中,酷畏海,不善操舟,老死不与邻国往来。永乐时,郑和遍历东西洋,靡不献琛恐后,独东番远避不至。……中多大溪,流入海,水澹,故其外名淡水洋。嘉靖末,倭寇扰闽,大将戚继光败之。倭遁居于此,其党林道乾从之。已,道乾惧为倭所并,又惧官军追击,扬帆直抵浡泥,攘其边地以居,号道乾港。而鸡笼遭倭焚掠,国遂残破。初,悉居海滨,既遭倭难,稍稍避居山后。忽中国渔舟从魍港飘至,遂往来通贩,以为常。①

可以明确的是,时至明末清初,中原人士对于台湾地区的认知,开始有了较完整的区域轮廓。

其地,北自鸡笼,南至浪峤,可一千余里。东自多罗满,西至王城,可九百余里。水道,顺风,自鸡笼淡水至福州港口,五更可达。自台湾港至彭湖屿,四更可达。自彭湖至金门,七更可达。东北至日本,七更可达。南至吕宋,六十更可达。盖海道不可以里计,舟人分一昼夜为十更,故以更计道里云。②

根据清朝学者黄叔璥等人的考证,"台湾"之名起于明朝末年。"台湾,于古无考。惟明季莆田周婴著《远游编》,载《东番记》一篇,称台湾为'台员',盖闽音也。然以为古探国,疑非是。"又"明万历间,海寇颜思齐据有其地,始称台湾。思齐剽掠海上,倚为巢窟。台湾有中国民,自思齐始"。③ 如前所述,早在宋元之时,泉州民众已开始徙入澎湖列岛,而据上述文献可知,时至明末,来自祖国大陆的百姓已开始成规模地入居台湾本岛。根据清朝学者所修《明史》,在明朝大臣的奏疏中,也已明确称列"台湾"之名。如崇祯八年(1635),给事中何楷上陈"靖海之策"云:

自袁进、李忠、杨禄、杨策、郑芝龙、李魁奇、钟斌、刘香相继为乱,海上岁无宁息。今欲靖寇氛,非墟其窟不可。其窟维何?台湾是也。

台湾在彭湖岛外,距漳泉止两日夜程,地广而腴。初,贫民时至其地,规鱼盐之利,后见兵威不及,往往聚而为盗。近则红毛(指荷兰殖民者)筑城其中,与奸民互市,屹然一大部落。墟之之计,非可干戈从事,必严通海之禁,俾红毛无从谋利,奸民无从得食,出兵四犯,我师乘其虚而击之,可大得志。红毛舍此而去,然后海氛可靖也。④

---

① 《明史》卷三二三《鸡笼传》,第 8376~8377 页。
② 《明史》卷三二三《鸡笼传》,第 8377 页。
③ 参见《台海使槎录》卷一引《台湾随笔》与《蓉洲文稿》内容。
④ 《明史》卷三二三《鸡笼传》,第 8377 页。

应该说,台湾地区移民与开发的历史,与明清时期南洋移民潮是分不开的。或者可以说,移民台湾正是南洋移民潮的重要部分。明代郑和"七下"西洋,极大地刺激了中国大陆沿海居民向海外开拓与移民的热忱。中国南海周边的不少地方都出现了相当数量的华人移民。研究者已经指出,明清以来中国沿海地区的"海盗"活动,在一定程度上可以视为中国沿海居民向外移民运动的一种特殊形式。[①] 在这种客观社会及区位环境之下,台湾地区在明朝末年成为"匪窟",正说明其已成为一个重要的移民目的地与聚居地。这一"匪窟"之中,不仅有来自大陆地区的海盗集团,也有西方殖民者("红毛"及"佛郎机"等)以及来自日本列岛的海盗。

台湾"东临太平洋,南滨巴士海峡,与菲律宾吕宋岛遥峙,西与福建省隔台湾海峡相对,北与琉球群岛毗连,为我国海疆之屏障,亦为世界海运之要冲"[②]。又如清人鲁之裕《台湾始末偶纪》载:

> 盖尝综其形势而论之,闽、粤、江、浙之贾舶出洋,皆不能越台湾而别由乎他路者,固以其三千里之曲,而抱乎东南海隅也;而澎湖则中枕乎台之曲,以相犄角焉。形势据而产复饶,此台之治乱之所以易也。且台之东所联属者,为吕宋、琉球、红毛诸国,西南则交趾,又东则暹罗、柔佛、大年、占城、六昆,皆近焉。直西则与麻六甲、咬留叭、哑齐、英圭藜、荷兰、大西洋相通;北则日本、朝鲜,直接乎盛京。要皆可一帆而涉,远者不逾旬日,近或旦夕即可达……[③]

基于重要的地理方位,台湾地区在世界航运体系中占有重要的地位,特别是在西太平洋及亚太航运业之地位极其突出,很早就引发了西方殖民者强烈的觊觎与侵占的野心,从而也引发华人移民与西方殖民者在南海周边地区的冲突。如地处台湾岛以南的吕宋群岛地区(在今菲律宾北部)就有大量来自福建的移民。"先是,闽人以其地近且饶富,商贩者至数万人,往往久居不返,至长子孙。佛郎机(西班牙殖民者)既夺其国,其王遣一酋来镇,虑华人为变,多逐之归,留者悉被其侵辱……"[④]明朝末年实行"禁洋"政策,但是沿海居民与台湾地区的贸易依然十分频繁。如明朝给事中傅元初在《论开洋禁疏》中指出:

> ……至于(万历)末年,海上久安,武备废弛,遂致盗贼劫掠,兼以红毛番时

---

① 参见拙文《明清时期中国东南沿海移民潮与海疆规模》,载于涂山、聂影主编《浮生——2013 清华大学"水上环境"论坛话语实录》,中国水利水电出版社 2014 年出版。

② 宋增璋编著《台湾抚垦志》(上册),台湾省文献委员会 1980 年版,第 1 页。

③ 《台湾始末偶纪》,收录于《台湾舆地汇钞》,第 10 页。

④ 《明史》卷三二三《吕宋传》,第 8370 页。

来,倡夺船货,官府以闻,朝廷遂绝开洋之税。然语云:“海者,闽人之田。”海滨民众生理无路,兼以饥馑荐臻,穷民往往入海从盗,啸聚亡命。海禁一严,无所得食,则转掠海滨。海滨男妇束手受刃,子女银物,尽为所有,为害尤酷。近虽郑芝龙就抚之后,屡立战功,保护地方,海上颇见宁静,而历稽往事,自王直作乱,以至于今,海上故不能一日无盗,特有甚不甚耳。海滨之民,惟利是视,走死地如鹜,往往至岛外区脱之地曰台湾者,与红毛番为市。红毛业据之,以为窟穴。自台湾两日夜,可至漳、泉内港,而吕宋佛郎机之夷见我禁海,亦时时私至鸡笼、淡水之地,与奸民阑出者市货,其地一日可至台湾。官府即知之而不能禁,禁之而不能绝。徒使沿海将领奸民坐享洋利。有禁洋之名,未能尽禁洋之实,此皆臣卿之大可忧者。①

正是在这种情况下,台湾地区曾一度沦为荷兰及西班牙的控制地。关于荷兰殖民者占据我国台湾的时间,多数研究者的意见大体一致。如云“荷人占领台湾,起一六二四年,迄一六六二年,凡三十八年”②。又“和人(荷人)自一六二四年(明天启四年)移至台湾,即开始经营,至清顺治十八年(1661)始为郑成功所逐出,其间盖三十八年也”③。但是,从区域地理的角度来看,这些说法都存在一定的局限性或易致误导。

首先,荷兰殖民者进入中国台湾及东南沿海地区,同样是以澎湖作为“台阶”或“跳板”,而文献资料反复证明,荷兰殖民者是在天启二年(1622)前后开始占据澎湖列岛的。如《明史·熹宗本纪》记载,三年春正月,“乙卯,红夷据澎湖”④。后来,明朝军队又夺回澎湖,并建置守备力量。如《明史·兵志》记载:“天启中,筑城于澎湖,设游击一,把总二,统兵三千,筑炮台以守。”而这正是夺回之后的建置。“其地遥峙海中,逶迤如修蛇,多岐港零屿,其中空阔可藏巨艘。初为红毛所据,至是因巡抚南居益言,乃夺而守之。”⑤根据《明史·地理志》的记载,福建泉州府晋江县下注:“海中有彭湖屿。”可证其仍由晋江县管辖。

其次,限于人力及地理环境,荷兰殖民者占据台湾之初,其直接管理或控制的地域范围主要集中于台湾岛南部。闻风而来的西班牙殖民者则在一段时间里占据了中国台湾北部地区,并向台中地区拓展。在同时占据期间,双方对于台湾的影响难分

① 引自(清)孙承泽《春明梦余录》卷四二,清文渊阁《四库全书》本。
② 参见张正藩《台湾人口》,(台北)幼狮书店1970年版,第9页。
③ 参见张维华《明史欧洲四国传注释》,上海古籍出版社1982年版,第101页。
④ 《明史》卷二二《熹宗本纪》,第301页。
⑤ 《明史》卷九一《兵三》,第2246~2247页。

伯仲。

一千六百二十六年，荷兰人据台湾南部后两年，早已占领菲律宾群岛的西班牙人，以保护中国、吕宋之间的贸易为名，企图占领台湾北部，提督安东尼奥·卡雷尼奥于十月八日率十二艘帆船由吕宋之北端的阿帕克港，取道台湾东海岸，经三日，始发现台湾之东北角，并命名为圣地牙哥（后来汉人称“三貂角”，系音译），进而抵基隆港，以今之社寮岛为根据地，命名为圣萨尔瓦多，其港口命名为圣三位一体，称住在港岸的中国人部落为“涧内”，并筑炮台，建天主堂，开通道路，抚化土番部落。后又溯淡水河，入台北平原，并沿海岸至八里坌地方。此时，荷人汲汲于南部之设施，未及北部。然在一六四二年，（荷兰人）终于攻淡水港，击退西班牙人。西班牙人占领北部共十六年……

可见，对于台湾北部地区而言，所谓荷兰殖民者占据时间也就只有十九年而已。① 对于台湾中部及北部地区而言，很难确定西班牙人影响更大还是荷兰人影响更大。因此，笼统地将三十八年一并称为“荷据时期”，显然与事实有很大的出入。

荷兰殖民者占领中国台湾南部地区之后，发现当地居民主要包括中国大陆移民（“中国人”）与台湾少数民族两大类，因此，也采取了两种不同的管理措施。对于大陆移民管理的情形，相关文献记载：

当时在荷领殖民地之中国住户，不下二万五千户至三万户，中国人在荷兰领殖民地购买土地垦耕，不出数年，耕作大进，至输出巨额砂糖及稻米焉。村落置包管人一名，收买土番所猎捕之鹿类，作肉干，输向中国。鹿皮则卖与东印度公司，以输出日本。由是，在台湾之中国人，向荷兰人每月交纳人头税六“片尼”二分之一，凡年至七岁，即须负担此赋课之义务。②

又《诸罗杂识》载：“盖自红夷至台，就中土遗民令之耕田输租，以受种十亩之地，名为一甲，分别上、中、下则征粟。其陂塘、堤圳修筑之费，耕牛、农具、籽种，皆红夷资给，故名曰王田，亦犹中土之人受田耕种而纳租于田主之义，非民自世其业而按亩输税也。”③

对于台湾少数民族而言，荷兰殖民者则采取了另一种方式。

一六四五年，召集治下之归顺土番长老，组织评议会，使了解荷兰政府当局

---

① 参见翁佳音、陈怡宏译《平埔蕃调查书》，台湾历史博物馆2013年版，第157～158页。

② 〔日〕伊能嘉矩著，温吉编译《台湾番政志》（一），台湾省文献委员会1999年版，第9页。

③ （清）黄叔璥《台海使槎录》卷一引，清文渊阁《四库全书》本。

之法令,及咨问政府对土番设施是否适当,即以此评议会为通达官规民情之咨询机关。全番社分为南、北两部,三月八日举开北部评议会,四月举开南部评议会,尔来年开一次。每次开会,以"应对荷人克尽信义,更加忠实从事"为训示。一面东印度公司,负有一种义务,即每逢灾歉,应予扶助,遇有敌寇,须为出兵保护。又于会后分赠物品,盛张筵席,厚待与会人士,每次来会者,不下七八百人。①

研究者已经指出,进据台湾之后,出于传教及政治管理的需要,荷兰殖民者开始进行户籍人口之统计,留下了一些年代的户口统计数据。日本学者中村孝志等人对此进行了整理与刊布(参见下表)。② 不少研究者根据这些资料对台湾少数民族的户口规模进行了分析与说明,大致认为荷兰殖民者占据期间,台湾少数民族人口在15万人左右。③

荷兰殖民者占据时期台湾"番社"户口统计表

年　代	统计类别	数　量
1647(清顺治四年)	番社(单位:个)	246
	户数	13619
	口数	62849
1648(清顺治五年)	番社(单位:个)	248
	户数	14314
	口数	63861
1650(清顺治七年)	番社(单位:个)	315
	户数	15249
	口数	68657
1654(清顺治十一年)	番社(单位:个)	273
	户数	12707
	口数	43519

① 《台湾番政志》(一),第31页。

② 中村孝志相关研究成果有《荷兰时代的台湾番社户口表》《荷兰东印度公司的台湾番社户口》《从村落户口调查看荷兰的台湾原住民统治》等,汇辑于其著《荷兰时代台湾史研究》(吴密察等人译),(台北)稻乡出版社2002年出版。

③ 参见郝时远《枪炮与细菌:荷兰殖民占领时期台湾"原住民"人口辨析》,《历史研究》2004年第2期。

（续表）

年　代	统计类别	数　量
1655（清顺治十二年）	番社（单位：个）	223
	户数	11029
	口数	39223
1656（清顺治十三年）	番社（单位：个）	162
	户数	8354
	口数	31191

资料来源：〔日〕中村孝志《荷兰时代的台湾番社户口表》。

这些“番社”户口数字是否可信，如何理解，是个很大的问题。如果简单以这些数据作为依据，对当时台湾地区的户籍状况进行研究与分析，将是相当危险的。

首先，关于当时的户口统计方式。鉴于当时荷兰殖民者的在岛人数、统计技术手段以及台湾岛的自然地理状况，根本无法采用现代“走街串巷”式的逐户统计调查。根据上述荷兰殖民者“集会”“享宴”或类似“会盟”式的管理方式，这些户口数字显然都是在集会时，由各个“番社”的首领所提供的（“口头申报”方式）。这样一来，如果每次聚会的首领不同、数量不一，会导致户口数量的较大偏差。众所周知，现代大规模的户口统计费时费力，且难以保证极端精确。从1647年至1656年短短的十年之内，竟会存有六次全面性的户口统计数据，恰恰证明了户口统计方式很可能存在疏漏这一点。

其次，与统计方式相联系，上述“番社”及户口数字所呈现出的不合理性或悖离常理之处，同样令人怀疑其数据的准确性。如就“番社”数量而言，从最高数量的315个“番社”，到最低数量的162个“番社”，短短的几年之内，发生近于成倍的变化，很难让人相信这是真实的状况。如果不是真实的状况，那显然还是统计方面的问题。

最后，最关键之处，依然是荷兰殖民者统计户口的地域范围。如日本学者伊能嘉矩所主持撰写的《台湾番政志》曾经列举荷兰人记录的“番地”地名，包括南部地方与北部地方，数量相当有限，足证荷兰殖民者之活动及认知范围是有局限的。

> 要之，荷兰人据台三十六年间，土番教化之就绪以至成功者，系以赤嵌城即台南方面为中心之附近六社，即平埔族（Siraiya）之新港、麻豆、萧垄、目加溜湾、大目降及大武垄各社，其南部凤山地方（阿公店）附近有大布良社（Tapuliang），

即平埔族之(Makattao)族,北部有华武垄族……

(又)此番地疆域之终点,及于西台湾平原过半数。南自今之恒春起,北至今之新竹附近。然而,此方面各地并无任何史迹可以证明为其教化所及者。即荷兰人本身记载尚云:Daubahi族性凶恶,嗜好杀人。由此可知其当时属于化外区域也。①

早在明朝末年,以郑芝龙为首的东南沿海势力就曾经进入台湾岛,作为练兵及避难之基地。郑芝龙等人后来归服明朝,在明朝覆亡后,继续在东南沿海从事抗清活动。顺治初年,清朝军队开始进入东南沿海地区,郑芝龙率部降清,而其子郑成功则继续在金门、厦门等地区抗争,从一定程度上威胁到清朝在东南沿海地区的统治。这也成为清朝初年实行"海禁"的重要历史背景。为了占据更有利的反清根据地,郑成功以恢复"先人故地"的旗号,于1661年(南明永历十五年,清顺治十八年)率众至台湾赶走荷兰殖民者,建立起地方政权。郑氏政权在台湾统治时间约为23年。

郑氏政权统治台湾的时间虽然并不长,但是,给台湾社会带来了一些重要变化,十分显著地影响到台湾区域社会的发展,其意义不可低估。郑氏政权在台湾的施政措施及其影响主要体现在以下几个方面:

首先,郑成功等人依据明朝地方政区制度形式,在台湾创置地方政区制度。根据(乾隆)《大清一统志》的记载,郑成功于顺治六年(1649)开始进据台湾本岛:"本朝顺治六年,郑成功逐荷兰夷据之,伪置承天府,名曰东都,设二县,曰天兴、万年。其子郑经改东都曰东宁省,升二县为州。"②这应该是台湾建置行政区划的开始。"改台湾(城)为安平镇,赤嵌城为承天府,总名东都;设天兴、万年两县。未几,成功死,子经嗣立,改东都为东宁,改二县为二州,设安抚司三,南、北二路、澎湖各一,兴市廛,构庙宇,招纳流民,开辟荒芜,渐与中土风俗相近矣。"③承天府,治今台南市。天兴县,治今台南市东北。万年县,治今台南市东南。郑氏政权进据台湾之初,其所控制的地域范围似乎有限:"东西五十里,南北三十里,置郡一、县三;郡治之外,则番人居之,仍其旧俗。"④

① 《台湾番政志》(一),第23~27页。

② (乾隆)《大清一统志》卷三三五"台湾府"下,清文渊阁《四库全书》本。

③ (清)吴振臣《闽游偶记》,载于《台湾舆地汇钞》,台湾省文献委员会1996年版,第16页。

④ (清)季麒光《台湾杂记》,载于《台湾舆地汇钞》,第4页。

其次，郑成功及其部下绝大多数为东南沿海漳州、泉州人，故其入台并定居，实际上引发了一定规模的移民潮。如江日昇《台湾外记》、沈云《台湾郑氏始末》等书记载，在清朝“禁海”政策以及郑氏政权招徕移民等因素的共同作用下，台湾地区出现了较大规模的移民潮。① 研究者指出：“当时东渡者，主要系闽省漳、泉两府同胞，而以泉州人为最多，其分布中心，偏于今之台南、高雄二州境内。”②又如台湾多地建有吴真人庙，而其出现，正与这些移民的到来相关。“按（吴）真人庙宇，漳、泉间所在多有。荷兰踞台，与漳、泉人贸易时，已建庙广储东里矣。嗣是，郑氏及诸将士皆漳、泉人，故庙祀真人甚盛，或称保生大帝庙，或称大道公庙，或称真君庙，或称开山宫，《通志》作慈济宫，皆是也。”③不少研究者对郑氏政权时期的汉人移民问题进行了深入的研究与探讨，然而，也许是由于当时没有进行全面而准确的户籍统计，各家最后关于汉人移民的估计值有着较大差别，或云十万人或十二万人左右，最多或云可至二十万人。④

最后，为了解决粮食供给问题，郑氏政权大力发展屯垦事业，兴修水利工程，为台湾地区的农业发展奠定了一定的基础，而当时开垦与水利建设的主力，正是大批来台的汉人移民。如黄清渊《茅港尾纪略》称：

> 当延平郡王入台之初（顺治十八年），即图永久之计，效古寓兵于农之法，散其部曲，行屯田于沃野，一可以养民生，一可以裕府库。当是时，在半旗营社内则有徐之纯，在过港则有欧兴德，北此廍则有苏旺，而十六甲则有颜省三（官名未详），各开辟数百有余甲。又虑地旷人稀，汉番杂处，则于故乡招募人民，渡台协力耕稼。当是时，适值故国多事之秋，且漳、泉区多硗角，一闻新地一岁三熟，故不惮远涉重洋，而入蛮烟之域，腰弓刀，执耒耜，筚路蓝缕，以垦山林，虽胝手胼足，亦所不辞。不数十年之间，而原田膴膴矣。⑤

当代学者宋增璋编著《台湾抚垦志》对于郑氏政权时期台湾地区的开垦与水利建设情况进行了全面而细致的梳理与总结，可以管窥当时台湾农业建设的发展情况。⑥

---

① 参见宋增璋编著《台湾抚垦志》（上册），第 42 页。

② 宋家泰《台湾地理》，（台北）正中书局 1946 年版，第 136 页。

③ 《台湾县志》卷五《外纪·寺观》，上海书店出版社 1999 年版，第 522 页。

④ 参见陈亦荣《清代汉人在台湾地区迁徙之研究》，（台北）大进印刷有限公司 1991 年版，第 13 页；张正藩《台湾人口》，第 38 页。等等。

⑤ 黄清渊《茅港尾纪略》，载于《台湾舆地汇钞》，第 129~130 页。

⑥ 参见《台湾抚垦志》（上册）第三章“明郑复台时期”，第 33~53 页。

他着重指出:“不论屯垦、私垦、民垦,均集中于今之高雄、台南、嘉义三县境内,自屏东以南、云林以北,垦辟地区甚少。”①

然而,郑氏政权在民族政策以及台湾少数民族问题上并没有取得太大的成绩。《台湾番政志》及其他相关著述记载,郑氏政权的族群政策不过以“恩威并济”为主要特征,即对于归服的少数民族采取安抚怀柔的方针,鼓励其与汉人交易甚至通婚,而对于不愿归服的部落则采取讨伐等措施加以限制。如吴桭臣《闽游偶记》中载:“……嗣后郑氏窃据,法令严峻,设府州县以征钱粮、设安抚司以辖土番、设十三总镇以修武备,然无崇文取士之举。”②其中,设安抚司管辖少数民族的制度,应是郑氏政权的独创。根据清人许鸿磐撰《台湾府方舆考证》的论述,郑氏时代的安抚司有半线安抚司、淡水安抚司以及鸡笼安抚司等(参见下表)。③ 安抚司集中于后来的彰化县附近,这应该也是当时汉人屯垦地与少数民族居住地的主要分界点。

郑氏政权安抚司简表

安抚司名称	方位	简况
半线安抚司	彰化县治	康熙二十二年废,属诸罗县
淡水安抚司	彰化县北	康熙二十二年废
鸡笼安抚司	彰化县北海中	顺治中设,康熙二十年废

资料来源:《台湾府方舆考证》之“古迹”篇。

二、清代台湾地区少数民族人口发展与地理分布

现代日本学者鸟居龙藏在日本侵略台湾后奉命进行殖民考察时,曾经对报社宣称:“直到今天,几乎没有人对台湾的生蕃及熟蕃,作过学术研究。”④这显然是不符合历史事实的。自从清朝初年收复台湾,台湾归入清朝行政管辖之后,不少官员、学者以及西方的所谓探险家、外交官等进入台湾,遍访各地,对于台湾民族、社会状况进行了细致的实地考察,并撰写了不少卓有成绩的著述,如黄叔璥的《台海使槎录》、丁绍

① 《台湾抚垦志》(上册),第50页。

② 《闽游偶记》,载于《台湾舆地汇钞》,第19~20页。

③ 《台湾府方舆考证》,载于《台湾舆地汇钞》,第72~73页。

④ 参见〔日〕鸟居龙藏著,杨南郡译注《探险台湾:鸟居龙藏的台湾人类学之旅》,(台北)远流出版公司1996年版,第10页引文。

仪的《东瀛识略》、美国博物学家史蒂瑞的《台湾及其住民》以及丰富的台湾地方史志等,都是介绍与研究台湾地区古代民族的风俗及地理分布状况的重要参照物,是具有很高学术价值的重要成果。

(一)清代台湾政区建置与自然地理认知状况

台湾地区尤其是岛内多山,高山纵横连绵。这也是中国古文献中很早就称之为“鸡笼山”的主要缘故。

> 隋开皇中,虎贲陈棱略澎湖三十六岛。元末,置澎湖巡司。明永乐时,太监郑和舟下东西洋,至东番,其国人所居名“鸡笼山”,即台湾地。嘉靖末,遭倭寇焚掠,稍稍避居山后。神宗末,荷兰国红毛番遭飓风,泊舟于此,爱其地,筑城居之,复筑赤嵌楼与相望,设市城外,而漳、泉商贾往往前往渔利,屹然为海外一陬区矣。①

鸡笼山,在今台湾省基隆市东北。康熙二十二年(1683),清军击溃郑氏政权,台湾归入清朝版图,从此,台湾地区的经济开发与社会发展进入了一个新纪元。与此同时,祖国大陆对于台湾地区的自然地理以及民族分布状况的认知也有了较大进展。

清朝在台湾地区的建设与经营,首先体现在政区建置方面。康熙二十三年(1684),清朝设置台湾府,属于福建省,下辖台湾、凤山、诸罗、彰化等县。当然,有清一代,台湾的行政建置前后也有较大变化。如康熙末年,吴桭臣《闽游偶记》称:

> 在台建置,设府一、县三,府曰台湾,附郭之邑亦曰台湾(辖十五里、四坊),曰凤山(辖七里、二庄、十二社、一镇、一保),曰诸罗(辖四里、三十四社)。地分南、北焉。治所设官司,有分巡道及府、厅、县等员,武备则有总镇及副、参、游、守等员弁,府、县学师各一。②

时至清朝末年,台湾地区升置为行省,下辖三府(台湾府、台南府、台北府)、一直隶州(台东直隶州)、六厅(埔里社厅、基隆厅、南雅厅、卑南厅、花莲港厅、澎湖厅)与十一县(台湾县、彰化县、云林县、苗栗县、安平县、凤山县、嘉义县、恒春县、淡水县、新竹县、宜兰县)。刘锦藻所撰《台湾省舆地考》对于上述建置过程进行了简明的总结:

---

① 《钦定平定台湾纪略》卷一,清文渊阁《四库全书》本。

② 《闽游偶记》,载于《台湾舆地汇钞》,第16页。

雍正元年(1723),增彰化县、淡水厅。五年(1727),增澎湖厅。嘉庆十七年(1812),增噶玛兰厅。光绪元年(1875),增台北府,基隆、卑南、埔里社三厅,淡水、恒春二县;又改淡水厅为新竹县,噶玛兰厅为宜兰县。新设之淡水厅、基隆厅,并隶台北府。十一年(1885),升改行省。十三年(1887),改台湾府为台南府、台湾县为安平县,与原有之嘉义(诸罗改称)、凤山、澎湖及恒春咸隶府属,而别置台湾府及附郭台湾县,又增云林、苗栗二县,与旧台湾府属之彰化县、埔里社厅并隶焉。又增台东直隶州,新置花莲厅与卑南厅同隶于州。二十年(1894),增南雅厅,隶台北府属。①

研究者早已指出,由于开发程度的局限,清朝在台湾地区设置政区之初,其管辖的地理范围是比较有限的。随着开发程度的提高,台湾地区的社会与经济发展呈现出欣欣向荣的局面。如清代学者丁绍仪指出:“台湾初附,南至凤山县属枋寮止,北则诸罗县属虎尾溪外,仅沿海一线地可达鸡笼,余皆荒服。甫四十年,生聚日众,爰于半线、竹堑分设厅、县各一。而淡水以北,富庶甲全台之艋舺、沪尾及摆接十三庄,尚番多民少,榛莽未除也。”②然而,不少官员已看到了台湾地区不可限量的发展潜力,如:“国家初设郡县,管辖不过百余里,距今未四十年,而开垦流移之众,延袤二千余里,糖谷之利甲天下,过此再四五十年,连内山山后‘野番’不到之境,皆将为良田美宅,万万不可遏抑。”③

台湾归入清朝版图之后,引发大批沿海民众赴台开垦,形成规模可观的移民潮。这些移民为台湾地区的开发做出了重要贡献。如《理台末议》载:

> 台湾始入版图,为五方杂处之区,而闽、粤之人尤多。先时,郑逆窃踞海上,开垦十无二三。迨郑逆平后,招徕、垦田、报赋。终将军施琅之世,严禁粤中惠、潮之民,不许渡台……琅殁,渐弛其禁,惠、潮民乃得越渡。虽在台地者,闽人与粤人适均,而闽多散处,粤恒萃居,其势常不敌也。④

又“闽自朱一贵平后,偷渡一事尚为害。福、兴、漳、泉居民贪台地肥饶,冀可获厚利,每听巨奸引诱包揽,名曰客头,人各醵金,集至百人,装载开洋,多于海中沉溺,甚至过沙洲荒岛,诡云到台,呼客上岸,委之而去。”⑤关于台湾地区移民的构成与风俗

① 原载于《清朝续文献通考》卷三一五,又载《台湾舆地汇钞》(第113~114页)。
② (清)丁绍仪《东瀛识略》卷一“建置”,(台北)中华书局1957年版,第5页。
③ (清)蓝鼎元《覆制军台疆经理书》,载于《平台纪略·东征集》卷三,清文渊阁《四库全书》本。
④ 《台海使槎录》卷四引。
⑤ 见《刘师恕小传》,载于《淮海英灵集》乙集卷一,第80页下。

特征，清人黄叔璥在《台海使槎录·习俗》中引《诸罗杂识》内容称：“台地民非土著，逋逃之渊薮，五方所杂处。泉之人行乎泉，漳之人行乎漳，江、浙、两粤之人行乎江、浙、两粤，未尽同风而异俗，且洋贩之利，归于台湾，故尚奢侈，竞绮丽，重珍旨，彼此相效，即佣夫、贩竖不安其常，由来久矣。”可见，台湾地区的早期移民主要来源于大陆东南沿海诸省，包括福建省、浙江省以及广东、广西等省地，而以泉州、漳州籍移民数量最为众多。

当地少数民族的大量归附，也是清朝地方治理取得重大成绩的一大标志。如曾任闽浙总督及福建巡抚的觉罗满保在《题报生番归化疏》中记载了当时少数民族愿意归附的事宜，其中也提到了清朝对于当地民众的管理政策。

自入版图以来，所有凤山县之熟番力力等十二社，诸罗县之熟番萧垄等三十四社，数十余年，仰邀圣泽，俱各民安物阜，俗易风移。其余南、北二路生番，自古僻处山谷，声教未通。近见内附熟番，赋薄徭轻，饱食暖衣，优游圣世，耕凿自安，各社生番亦莫不欢忻鼓舞，愿附编氓。今据台湾镇道详报，南路生番山猪毛等十社土官匝目等，共四百四十六户，男妇老幼，计共一千三百八十五名口；北路生番岸里等五社土官阿穆等，共四百二十二户，男妇老幼，计共三千三百六十八名口，俱各倾心向化，愿同熟番一体内附等由，册报前来。……查其地土毗连，各有土官统摄，醇朴驯良，应循习俗，令其照旧居处，仍用本社土官管束，无庸另设滋扰。其汛守防范，原有凤属南路一营之淡水汛、诸属北路一营之半线汛，相去匪遥，饬令照旧防范，用资弹压，并令文员加意抚恤。除熟番听其照常贸易外，内地兵民毋许擅入番界生事，及藉巡查扰累。所报丁口，附入版图，勿事编查，顺其不识不知之性，使之共乐尧天。其南、北二路，每年各愿纳鹿皮五十张，各折银一十二两，代输贡赋，听其按年输纳，载入额编，就台充饷。此外并不得丝毫派扰，以彰柔远深仁等由，造具各社番户丁口数册前来。……臣幸际昌期，欣逢盛事，即会同抚臣陈瑸捐备花红、银牌、袍帽、猪酒，饬令该地方官将土官从优给赏外，所当恭疏报闻请旨，纂入舆图，昭垂典册，以志无疆之盛业者也。除将各番社番户丁口数册分送户、兵二部外，所有生番归化情由，臣谨会同抚臣陈瑸、水师提督臣施世骠合词具题。①

觉罗满保所述，正是当时台湾原始部族愿意归属郡县管辖、编入户籍的情形，地

① （清）郝玉麟等监修《福建通志》卷六九，清文渊阁《四库全书》本。

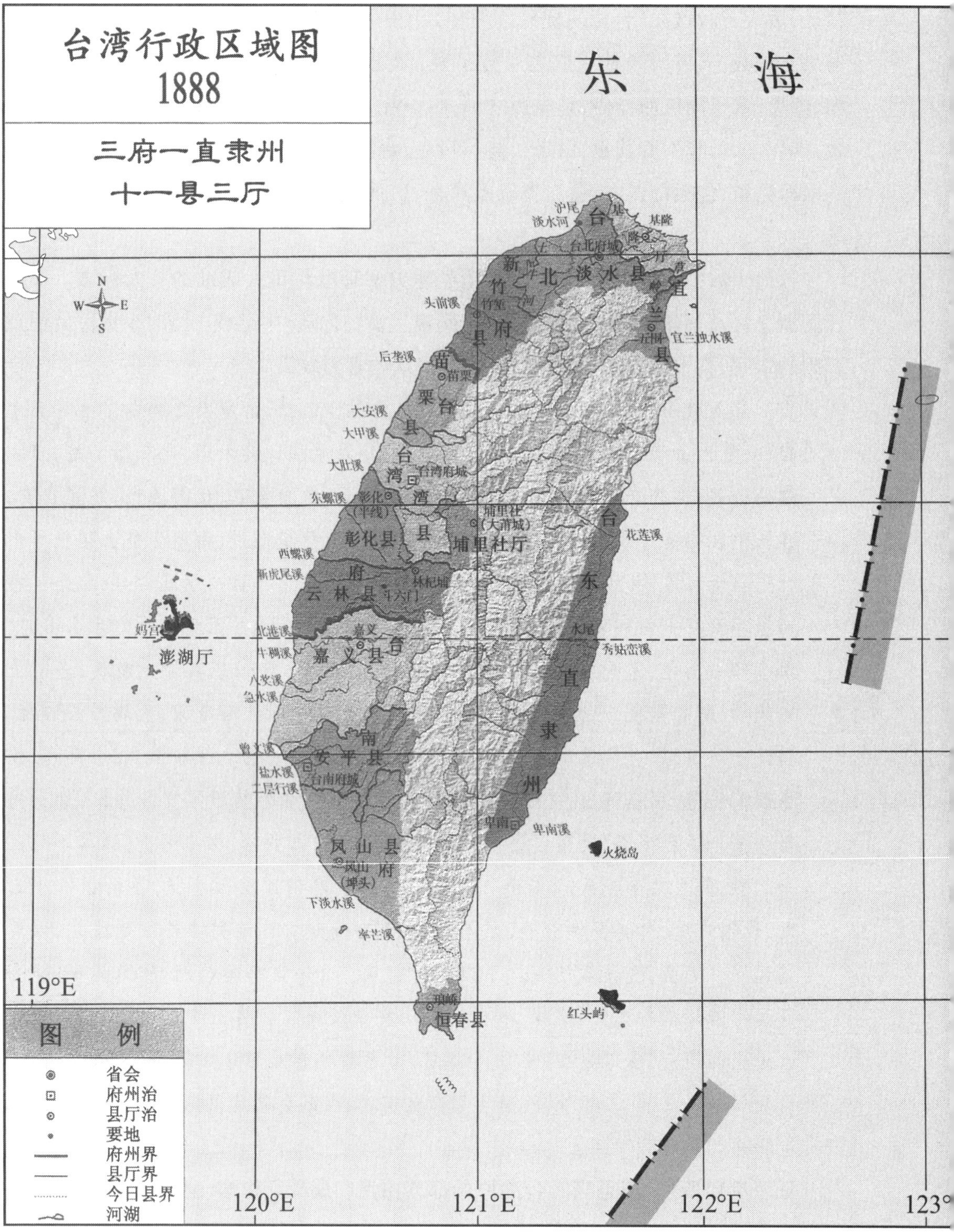

《台湾行政区域图》(1888年)

方官府也重视族群问题,针对当地的特殊情况,采取了不同的抚绥及治理方式。这种“官民互动”对于台湾地方及民族发展意义重大,同样具有重要研究价值。而其所记户籍,应是关于当时土著部族最早的户籍统计资料。

同治、光绪年间,无疑是台湾地区发生剧变的时期。如同治十三年(1874),发生“牡丹社事件”。日本政府借口台湾东部山区为清朝“化外”之地,派兵侵入,图谋占据,引发清朝官府极大震动,于是清朝紧急派遣沈葆桢等人从事少数民族聚居区开荒工作,从此,台湾地方的开发与建设进入了“快车道”。以行政区划为例,时至光绪十四年(1888),台湾地区在建省之后,地方行政区也增至三府(台南府、台湾府、台北府)、一直隶州(台东)、十一县,三厅(见左图)。①

(二)清代台湾地区的族群认知、户籍统计以及地理分布状况

关于历史时期台湾地区少数民族的特征,曾经在我国台湾地区从事人类学调查的日本学者鸟居龙藏强调指出:

> 研究台湾的“蕃族”最须要注意的一点是,无论是那一个“蕃族”,从来没有设立一个能够统辖全族的大头目,各“蕃族”分为几个蕃社,每一社有一个头目,只能管理自己社内的事务而已,这是台湾“蕃界”的现象。考其原因,莫非同样的一个“蕃族”,原来分为不同的族群,各自在不同的年代移住台湾的结果?这是非常值得我们研究的课题。②

后来,社会各界将台湾少数民族群视为一个族群,也是出于这样的原因。因为其中的文化差异难以区别,而选取所居住地的地貌特征为名称,难以使用一种民族命名方式来命名。

其实,中国学者很早就注意到了台湾“番(蕃)社”(少数民族聚居单位)问题。这也是令人惊讶的。如明朝学者张燮等人

---

① 黄清琦编著《台湾舆图暨解说图研究》,台湾历史博物馆2010年版,第40~41页。

② 〔日〕鸟居龙藏著,杨南郡译注《探险台湾:鸟居龙藏的台湾人类学之旅》,第179页。

已指出鸡笼(今基隆)、淡水之地共有十五番社,每社千人或五六百人。根据研究者考证,张燮等人的记载,主要来自陈第所著《东番记》一书。陈第本人曾经参与明朝万历年间的抗倭战争,因停泊台湾诸岛屿,故有机会实地踏访,考察当地当时的风土人情,实际上成为最早踏上台湾之地进行实地调研的来自祖国大陆的学者。[①]

清朝康熙二十二年到二十三年间,即在郑氏政权归服之后,工部尚书杜臻与内阁学士石柱等人巡视福建、广东沿海地区。杜臻虽然没有到达澎湖、台湾等地遍历各地"番社",但是,他根据各种文献资料以及询访相关人士,对台湾本岛与澎湖列岛进行了深入的思考与研究。[②] 他一方面印证陈第所著《东番记》内容,另一方面又增补了自己的见闻,其中,关于"番社"分布以及道路交通方面的记载,相当完整与清晰,史料价值极高,可谓开创台湾民族地理研究的第一人。其中有云:

按《图》,东境果有连山,而台湾城则西面海中一孤屿也,稍近南。城之西,皆大海,而沙线重复,舟不可近。……城之北,有水径,曰马沙沟,迂回以入于澳。地近澳之口,曰鹿耳门,筑城守之。澳纵广可数十里,兵船宿其中……澳之西岸有城,曰赤墈(赤嵌城,在今台南市),盖亦寇所筑……

自赤墈城南行一百四十里,至赤山仔,稍西为凤山港,又西,近海为打狗峒,即陈第所谓打狗屿也,寇置炮城(在今高雄市)在焉。自赤山仔又南八十里,至上淡水,又二十里,至下淡水,此所谓南淡水,寇置戍处也,陈第谓之小淡水。自下淡水十五里,至力力社,又十五里,至茄藤社,又六十里,至放索社,又八十里,至茄落堂,又一百二十里,至浪峤社。自赤墈城至此,共五百三十里,南路尽处矣(近海处曰沙尾岐头)。小琉球在其西南,而淡水之东有傀儡番,在大山中,亦号令所不至也。

自赤墈城北行,历大桥、小桥(二港皆经花园)、鬼桥(其港为下寮港),一百二十里,至新港社。新港西行,出海口有目茄洛湾,即陈第所谓加老湾也(港北有召笼社、黎头标社,有大目降、大武笼、大冈山,为东山尽处)。其北又有欧王溪,欧王社在其旁(又有大、小茄冬林)。自新港社西南五十里,至麻豆社,水西出,曰莽港,即陈第所谓魍港也。其旁有茄哩屿、双溪口,皆第记所有,自此以北,第不及知矣……

① 参见(清)杜臻《粤闽巡视纪略》卷六《附纪彭湖台湾》,清文渊阁《四库全书》本;又见《澎湖台湾纪略》,载于《台湾历史文献丛刊》,台湾省文献委员会1993年版,第4~5页。

② 参见(清)纪昀等《巡视纪略》提要,清文渊阁《四库全书》本。

自麻豆社东行九十里，至朱罗山（其旁有哑里山、倒洛嘓、茄拔仔、大排竹）。水西出，曰蚊港（其旁有三叠溪、牛朝溪、八掌溪、上茄东、下茄东、龟佛山、土狮仔、南世竹、茄藤林）。自朱罗山北行一百里，至他里务（其旁有猴闷社、石龟溪、打猫社，东山尽处为柴里、斗六）……

自半线社又北一百一十里至水里社，皆地之东境。至此，乃折而西行三百里，至大甲社，又西一百四十里，至房里社，又西一百三十里，至吞霄社。其水之西出者，曰大甲溪（其旁有双寮社、崩山社、宛里社、茅干社）……

自淡水城东行三十里，至奇独龟仑社，又东六十里，至龟州社，有龟州山、磺山，又东六十里，至大屯社，又东四十里，至小鸡笼，自中港社至此，皆滨海西北境……

自赤墩城至鸡笼城，二千三百十五里……①

杜臻所述，已为我们展现了一幅相当完整的清朝初年台湾交通路线图与“番社”分布图。从杜臻所述内容中，可见在台湾归入清朝版图一段时间之后，清朝官府对台湾地区自然及人文地理情况的认知已经有了较深的积累，已经有了比较准确的地图，杜臻正是按照地图来进行梳理与再现台湾地理情况的。而其中，台湾城、赤嵌城、淡水城、鸡笼城等已经成为当时台湾重要的地理坐标性城市。

完成于清朝乾隆年间的《皇清职贡图》一书，是清朝官方修订的一部重要民族地理著述，较为全面地论列了清朝境内及周边诸民族的基本状况。因其是以“归服”或“朝贡”与否为标准，所以收录并不完备。其中，关于台湾少数民族的情况也留下了不少记载，可以代表一段时期内祖国大陆对台湾地区民族地理的认知状况。如关于台湾少数民族的分类，《皇清职贡图》释文云：“番民有生、熟二种，聚居各社，如内地之村落，不设土司，众推一人约束。”又云：“生番在山谷中，深林密箐，不知种类，凤山等县皆有之。……自立土目约束。”“熟番”的特征，就是与汉民一般承担赋役，如云：“凡诸罗县各社，岁输丁赋一百八十余两。”又如：“凡淡水各社熟番，俱与通事贸易，岁输丁赋二百六十余两，皮税一两余。”“凡彰化县各社，岁计输丁赋四百六十三两零。”

① （清）杜臻《粤闽巡视纪略》卷六，清文渊阁《四库全书》本。

《皇清职贡图》所载台湾少数民族分布情况

方位	县治今地	基本情况
台湾县大杰岭等社①	台南市	《府志》称:各社终身依妇以处,赘婿即为子孙,岁输丁赋七十余两
凤山县放縤等社	高雄市凤山区	相传为红毛种类,康熙三十五年归化
诸罗县诸罗等社	彰化县	诸罗山社,相传亦红毛种类,风俗、物产与凤山放縤等社相似。诸罗社,在县西,其打猫社、他里雾社、柴里社,俱在县北
诸罗县箫垄等社	彰化县	诸罗县南,曰箫垄社,曰加溜湾社,曰麻豆社,曰哆咯嘓社,服饰大略与诸罗等社同
彰化县大肚等社	彰化县	彰化县属滨海倚山,种类蕃杂,共五十社,其大肚等社皆以渔猎为业
彰化县西螺等社	彰化县	西螺等社,居处服饰与大肚等社相似
淡水厅德化等社	新北市淡水区	淡水厅以台防同知驻扎,故名。德化、蓬山、吞霄、中港四社,在同知所驻竹堑城之北,其地滨洋下湿,结茅成屋,或以板为之
淡水厅竹堑等社	新北市淡水区	竹堑城为台防同知驻扎之地。竹堑社在城北五里,其南坎社、淡水内外社,俱在城南甚远,风俗与德化等社相似
凤山县山猪毛等社	高雄市凤山区	山猪毛等社于康熙五十五年、雍正二年先后归化,共七十四社,岁输皮税二十余两
诸罗县内山阿里等社	彰化县	内山阿里等社,自康熙二十二年归化,择其语音颇正者为通事,人皆依山穴土以居,岁输丁赋三十余两
彰化县水沙连等社	彰化县	水沙连及巴老远、沙里兴等三十六社,俱于康熙、雍正年间先后归化。其地有大湖,湖中一山耸峙,人居其上,石屋相连
彰化县内山	彰化县	居深山穷谷,人迹罕到
淡水右武乃等社	新北市淡水区	淡水同知属内山右武乃等社倚山而居

编审户口,是行政管理权的核心部分。平定郑氏政权之后,清朝官府即在台湾地区开始了户籍登记与管理工作。全国性的地理总志与地方通志记载了台湾地区的户籍数量,具有很高价值。如(乾隆)《大清一统志》记载台湾府有四县,即台湾县、凤山

① 《皇清职贡图》的图像与记述往往以"夫妇"同记的方式,与现代民族分类研究不分男女的习惯也有所不同,本书在梳理时也略去有关"番妇"的内容。

县、诸罗县与彰化县,当时台湾府的户口数量记载包括汉民与“番族”人口:“户口原额人丁一万八千八百二十七,滋生人丁一千六百五十八。‘土番’人丁一千七百四十八。”根据当时的户籍登记制度,这类“人丁”更多的是征收赋税的单位。通过比较,(乾隆)《大清一统志》有关台湾地区的户籍数字,应该来自(乾隆)《福建通志》。如(乾隆)《福建通志》卷一三记载,台湾府“旧管原额人丁:男子成丁一万八千一百八十三丁。又澎湖归并本县人丁,男子成丁六百四十四丁,共人丁一万八千八百二十七丁”。这些数字,正好与(乾隆)《大清一统志》记载相吻合。比较而言,(乾隆)《福建通志》关于“番族”户口的记载更加详细。如“外八社土番归并凤山县丁口内,除雍正四年为始番妇一千八百四十四口豁免外,实番丁一千七百四十八丁。外凤山县八社土番人丁一千七百四十八丁,每丁征米不等,共征米二千八百一石三斗”①。

台湾地区多山,而少数民族又主要居留于山地。(乾隆)《大清一统志》在记载台湾山川的同时,也有不少关于当时少数民族的记载,对于民族地理研究有一定的参考价值(参见下表)。

乾隆年间台湾地区少数民族分布简表

山地名称	方位	居民分布状况
大目降山(又名木冈山、大冈山)	台湾县东五十里	土番所居
阿猴林山	凤山县东	渐入番界
赤山	凤山县东十里	由此而南,悉属番社
傀儡山	凤山县东南六十里	土番所居,呼为加唠,野番出没于此
虎仔山(又名打鼓山、打狗山)	凤山县西南七里	旧有番人居此
阿里山	诸罗县东南	内有八社
大肚山	彰化县北	山后为猫雾捒社
大武郡山	彰化县东南四十里	山之西南有大武郡社,社东为南投山,有社二,溪南曰南投社,溪北曰北投社

① 参见(清)郝玉麟等监修《福建通志》卷一三,清文渊阁《四库全书》本。

（续表）

山地名称	方位	居民分布状况
牛朝山	彰化县东北	山南为生番三十六社，居蛤仔滩地，人迹罕到。其南为买猪末山，两山相对，百余里。又南为哆罗满社，山东南为蛤仔滩山。又南为黑沙晃山，为崇爻山，二山皆极高大，内有生番十社，亦人迹罕至

资料来源：（乾隆）《大清一统志》卷三三五。

台湾少数民族的聚落单位一般称为“社”。“社”的多少，能够较为准确地反映当时民族的人口规模。清朝官方记载之外，台湾民族发展状况也引起了研究者的广泛兴趣。如黄叔璥所撰《台海使槎录》被现代研究者称为中文史料中第一部关于台湾少数民族的民族志。① 黄叔璥是康熙年间进士，曾为首任巡台御史，巡察台湾各地，熟悉当地风土民情。其所著《台海使槎录》中有《番社六考》等内容，全面叙述与总结了当时台湾地区少数民族的分布及风俗状况，具有很高的史料价值，受到学界的高度推崇。

> 台湾自康熙癸亥（二十二年，1683）始入版图，诸书纪载，或疏略不备，或传闻失真。叔璥裒辑诸书，参以目见，以成此书，于山川、风土、民俗、物产，言之颇详，而于攻守、险隘、控制机宜及海道风信，亦皆一一究悉，于诸番情势，尤为赅备。虽所记止于一隅，而亘古以来舆记之所不详者，搜罗编缀，源委灿然，固非无资于考证者矣！②

可以说，作为一部优秀的史地专著，《台海使槎录》不仅继承了中国优良的学术传统，而且注重实地考证，故其学术水准与学术价值远超于一般论著。

首先，该书成就最突出之处，在于对当时台湾地区的“番社”文化风俗进行了细致的分类研究，主要内容有“居处”“饮食”“衣饰”“婚嫁”“丧葬”“器用”等，对于我们了解当时台湾地区的文化及生活习俗提供了全面的佐证。此外，该书记录了丰富的“番歌”内容，更属于独创之举，保留了珍贵的民俗学文献。

其次，黄叔璥注重学术史的回溯，全面梳理与研究前代学者的研究成果，同时，对于高山聚落分区的地理特征也给予很多的关注，对于台湾地区的地理环境、物产资料也有涉及，难能可贵，为我们了解当时台湾民族地理状况提供了极为珍贵的依据（参

---

① 参见郝时远《〈番俗六考〉：清代台湾“原住民”之民族志》，载于郝时远、陈建樾主编《台湾民族问题：从“番”到“原住民”》，社会科学文献出版社 2012 年出版。

② 参见（清）纪昀等《台海使槎录》“提要”，清文渊阁《四库全书》本。

见下表)。①

《台海使槎录》所见"番社"分布表

番社归类	数量	番社名称	番社简要特征(以居处建筑为主)
北路诸罗(一)	5	新港、目加溜湾(一名湾里)、萧垄、麻豆、卓猴	(郑氏政权)时前四社为四大社,又近郡治,习见城市,居处礼让,故其俗于诸社为优。四社地边海,空阔,不乏饶裕者
北路诸罗(二)	3	诸罗山、哆啰嘓(一作倒咯嘓)、打猫	结室曰必堵混,每兴工,纠合众番,互相为力,通门于两脊头,不事绘画,举家同室而居,仅分衽席而已
北路诸罗(三)	13	大武郡、猫儿干(一作麻芝干)、西螺、东螺、他里雾、猴闷、斗六[门](一名柴里)、二林、南社、阿束、大突、眉里、马芝遴	自新港、萧垄、麻豆、大武郡、南社、湾里,以至东螺、西螺、马芝遴,填土为基,高可五六尺,编竹为壁,上覆以茅,茅檐深邃,垂地过土基方丈,雨旸不得侵,其下可舂,可炊,可坐,可卧……他里雾、斗六门亦填基为屋,较此则卑狭矣
北路诸罗(四)	8	大杰巅、大武垄、噍吧年、木冈、茅匏头(大年哞)、加拔(一作茄芨)、霄里、梦明明	住室曰达劳,平地筑土作基,大木为梁,锉竹结椽桷为盖,众擎而覆之,落成全室欢饮
北路诸罗(五)	5	内优(一作内幽,附大武垄纳饷)、垄社、屯社、纲社、美垄	倚山掘土,状若穴居,以沙石版代砖瓦,或用木及茅竿草为之,阔不一式,高不盈丈,生(牲)畜俱养于内,子女嫁娶,则另筑之
北路诸罗(六)	6	南投、北投、猫罗、半线、柴仔坑、水里	居曰夏堵混,以草为盖,或木或竹为柱,厝盖葺茅编成,邀众人合于脊上,大小同居一室
北路诸罗(七)	13	阿里山五社(踏枋、鹿堵、啤罗婆、卢麻产、干仔务)、奇冷岸、大龟佛、水沙连思麻丹、木武郡赤嘴(一名刺嘴箍)、麻咄目靠、挽鳞倒咯、狎里蝉峦蛮、干那雾	筑室曰浓密,架木为梁,凿松石片为墙,上以石片代瓦,亦用以铺地,远望如生成石室,比屋相连,如内地街衢,与外社迥殊
北路诸罗(八)	9	大肚、牛骂、沙辘、猫雾捒(一名麻务捒)、岸里、阿里史、朴仔离、扫捒、乌牛难	大肚诸社屋以木为梁,编竹为墙,状如覆舟,体制与各社相似;猫雾捒诸社凿山为壁

① 参见《台海使槎录》卷五至卷八,清文渊阁《四库全书》本。

（续表）

番社归类	数量	番社名称	番社简要特征（以居处建筑为主）
北路诸罗（九）	15	崩山八社（大甲东社、大甲西社、宛里、南日、猫盂、房里、双寮、吞霄）、后垄、新港仔、猫里、加至阁、中港仔（以上四社俱附后垄纳饷）、竹堑、礁磅巴	营室先竖木为墙，用草结盖，体制与别社同，稍卑隘，合家一室，惟娶妇赘婿则另室而居
北路诸罗（十）	33	南嵌、坑仔、霄里、龟仑（以上三社附南嵌纳饷）、淡水、内北投、麻少翁、武唠（俗作勝，非）湾、大浪泵、摆接、鸡柔（以上六社附淡水纳饷）、大鸡笼、山朝、金包里（以上二社附鸡笼纳饷）、蛤仔难、哆啰满（附蛤仔难纳饷）、八里分、外北投、大屯、里末、峰仔屿、雷里、八芝连、大加腊、木喜巴垄、奇武卒、秀朗、里族、答答悠、麻（一作毛）里即吼、奇里岸、眩眩、小鸡笼	淡水地潮湿，民人作室，结草构成，为梯以入，铺木板于地，亦用木板为屋，如覆舟，极狭隘，不似近府县各社宽广，前后门户式相类
南路凤山（一）	8	上澹水（一名大木连）、下澹水（一名麻里麻仑）、阿猴、搭楼、茄藤（一名奢连）、放縤（一名阿加）、武洛（一名大泽机，一名尖山仔）、力力	屋名曰朗，筑土为基，架竹为梁，葺茅为盖，编竹为墙，织蓬为门。每筑一室，众番鸠工协成，无工师匠氏之费，无斧斤锯凿之烦，用刀一柄，可成众室
南路凤山傀儡（二）	25	北叶安、心武里（北叶分出）、山猪毛、加蚌（一作泵）、加务朗、勃朗（一名锡干）、施（一作系）汝腊、山里老（一名山里留）、加少山、七齿岸（一云即施汝腊，未知孰是）、加六堂、礁唠其难（一名陈那加勿）、陈阿修（一名八丝力，以上熟番）；加走山、礁网葛氏、系率腊、毛系系、望仔立、加笼雅、无朗逸、山里目、佳者惹叶、摆律、柯觅、则加则加单（以上新附番）	其居处悉于山凹险隘处，以小石片筑为墙壁，大木为梁，大枋为桷，凿石为瓦，不虑风雨，惟患地震
南路凤山琅峤十八社（三）	18	谢必益、猪唠鍊（一名地蓝松）、小麻利（一名猫笼逸，一名猫兰）、施那格、猫里踏、宝刀、牡丹、蒙率、拔蟯、龙鸾、猫仔、上怀、下怀、龟仔律、竹、猴洞、大龟文（或云傀儡）、柯律	筑厝于岩洞，以石为垣，以木为梁，盖薄石板于厝上，厝名打包，前后栽植槟榔
番社合计数量	161		

最后，在地理分区上，黄叔璥采用“北路”与“南路”的说法。“北路”与“南路”以及“中路”是当时台湾地方政区的一种归类管理形式。清人蓝鼎元在《请行保甲责成乡长书》中提出建议：“今拟台湾中路设乡长六名，南路凤山设乡长八名，每县各立大乡总一名统辖之。北路诸罗设乡长十二名，立大乡总二名分辖之。每乡长一名，准给养游兵四名，大乡总一名，给外委千把总衔札，以荣其身，准养游兵十名……”①“北路”与“南路”的分界点，主要以木冈山为标志。如《东宁政事集》记：“南路自大冈山以下，至下澹水琅峤社；北路自木冈山以上，至上澹水、鸡笼城。其间，如凤山、傀儡山、诸罗山、半线山，皆扼野番之冲，为陆汛所必防。……”②季麒光所著《客问》也记载：“木冈、大冈以分南北，前岭、后岭以界东西，鹿耳当海外之咽喉，半线为内山之锁钥。”③木冈山作为分界标志，是显而易见的。

乾隆以后，出于清朝官府盛世人丁永不加赋政策的影响，人丁赋税与户口数量脱离，户籍数量记载的准确性大大增加。（嘉庆）《大清一统志》记载，台湾府户口，“原额人丁一万八千八百二十七，今滋生男妇大小共一百七十八万六千八百八十三名口，计二十二万四千六百四十六户”④。可见，经过百余年的发展，台湾地区的入籍居民（主要包括移民）的数量已相当可观。与此同时，（嘉庆）《大清一统志》虽然没有明确记载少数民族的总体数量，但是，其在“台湾府”下列出“山川”和“关隘”等节，系统地记载了“番社”的大致位置与数量及该地区的交通情况。

“番社”数量始终处于不断变化之中，不同时段便有不同的数量。道光、同治年间，丁绍仪所完成的《东瀛识略》一书，又是一部反映台湾地方社会历史变迁的重要著作，也标志着对于台湾地区历史地理的研究达到了一个新的水平。根据丁绍仪的“自序”，他曾于道光丁未年（二十七年，1847）到达台湾岛，并在当地参与办理公务达数月之久，《东瀛识略》一书，也基本完成，后来到同治十二年（1873）最终成书。该书共分八卷，即“建制疆域”“粮课税饷”“学校习尚”“营制屯隘”“海防物产”“番社番俗”“奇异兵燹”“遗闻外纪”等，内容丰富，且大部分资料都是丁绍仪实地勘察所见所闻，是由本人耳目闻见所得来，并非通常旧时文人的转抄著作，具有较高的研究价值。

对于台湾地区民族地理研究而言，《东瀛识略》卷六内容重点记述了道光及同治

---

① 参见《平台纪略·东征集》卷四，清文渊阁《四库全书》本。

② 《台海使槎录》卷二。

③ 《台海使槎录》卷四引。

④ （嘉庆）《大清一统志》卷四三七“台湾府”下，中华书局1986年版，第27册，第22071页。

年间台湾各地的“番社”规模及分布状况，弥足珍贵。简单概括如下表：

所在县、厅名	今地	番社类型与数量	番社名称
凤山县	高雄市凤山区	早归化8个社	淡水、下淡水、阿猴、搭楼、大泽机、力力、茄藤、放綀
		后归化121个社	1. 近在东南者为山猪毛4个社：山毛孩、万里笃、山无仑、加六堂；2. 远在县南者为琅峤18个社：琅峤、猫仔、牡丹、合兰、猴洞、猫厘、猪腃束、龟腃律、猫笼逸、牡里毒、滑思滑、加锥来、上哆啰快、下哆啰快、蚊率、德社、慄留、施那隔；3. 稍南而近在内山之东者为傀儡山27个社：加蚌、锡干、拜律、何律、益难、加泵、八丝力、加少山、加无郎、加无朗、加走峒、加笼雅、施汝腊、心武里、山里留、毛丝丝、西率腊、礁网葛、七脚亭、陈阿修、务郎逸、陈阿难、望仔立、加者惹也、礁老其难、礁腃加物、勃朗锡干；4. 远在内山之东，横亘南北，下毗琅峤，上接嘉义县之崇爻界者为卑南觅72个社：迤西之社有治本、拔望、八搭礼、八施阁、老郎、射马干、吕加罔、里踏礼、百马以力、礁腃那狡；迤而南者有龙銮、闷闷、募陆、里力、大里力、大龟文、朝猫篱、礁里亡、那作、加那打难、哆啰网葛、买屡里乃、玛腃的、加留难、搭其文、蛔仔仑、哆啰觅则、屡门、搭琳、猫美葛、大狡、礁猫里力、一大德讫、谢己宁、射猎眉、腃北、柯末、冈雅、七脚亭、大枣高、腃哈、大板陆、大鸟万、幹仔弼、确只零；迤而北者有本湾、美棋、旧八里冈、新八里冈、加里房葛、郎也郎、干也猫、须那再、朱买烟、甘武突、邦也遥、丁也老、加那突、巴鸠郁、沙别、株栗、窝律、甕索、茄络、礁腃(余七社逸其名)
		未归化7个社(此七社名丁绍仪引自黄叔璥语，怀疑即上述逸名七社)	怀里、咬人土、高思港、是人杰、猫蛮、白逸民、农仔农
嘉义县	嘉义县	早归化11个社	县辖“熟番”8个社：萧垄、麻豆、哆啰嘓、目加溜湾、猪腃山、打猫、他里雾、斗六门柴里；其远接台湾县界“熟番”2个社：大武、垄头；归化番社1个：噍吧哖
		后归化22个社	1. 在县南者为内优6个社：内优、米笼、邦尉、望社、贡社、墩社；2. 迤北而东者为阿里山8个社：猫丹、鹿楮、踏枋、奇冷岸、大圭佛、阜罗婆、乾仔务、卢麻产；3. 极东者为崇爻8个社：竹仔宣、芝舞兰、筠郎耶、芝密、水辇、斗难、纳纳、薄薄
		未归化6个社	龟窑、打马郎、巴只力、伊碎摆、礁那女玛、吗老烟笼
彰化县	彰化市	早归化26个社	东螺、西螺、半线、阿束、柴仔坑、大武郡、马芝遴、猫务揀、猫儿干、眉里、岸里、水里、大突、二林、南社、阿里史、乌牛兰、朴仔篱、大肚南社、中社、北社、沙鹿、牛骂、猫罗、南投、北投
		后归化水沙连24个社(在县治东南)	埔里、猫丹、社存、决里、毛啐、木扣、子黑、子希、倒咯、田仔、猫兰、挽兰、思顺、田头、恋恋、福骨、致雾、木里、内眉里、平来万、外斗截、内斗截、木武郎、哆咯啷

（续表）

所在县、厅名	今地	番社类型与数量	番社名称
彰化县	彰化市	水沙连外沙里兴后归化 64 个社	1. 南方之社 12 个：鸾社、治卯、分夬、粉烘、里厘、树兰、郡坑、顶社、荷社、郡安干、大哮万、柑子林；2. 东南之社 15 个：郡丹、产竹、依物物、茄里各、下仑、合社、顶阁、猫重、阿丹眉、依肉阁、社后丹、哰钱关、拔荖母、兴武郡、士满兰；3. 迤东之社 15 个：扣大、架雾、吻吻、党万、党麦、溪底、棹棍、苟八、卓社、遴社、千达弗、包倒训、阿里鲜、茄里满、异了万；4. 东北之社 14 个：万社、雾社、狮前、狮后、疾约、里猫、把兰、望仔、达那嗎、问那与、陈肉茅、陈月仔、神冷鹅、万斗六；5. 正北之社 8 个：长阁、乃烟、桥头、巴辘、打训、致重、三埤能、巴荖远等
		未归化有名可知者 8 个社	仑顶、哮屈、眉交、沙波、敏仔、千打万、眉猫讷、阿里笼
淡水厅	新北市淡水区	设屯早归化 46 个社	竹堑、新港、霄里、苑里、房里、猫里、猫盂、后垄、中港、吞霄、加志阁、日北、日南、大甲东、大甲西、双寮、旧岸里、岸东、岸西、岸南、麻薯、翁仔、崎仔脚、西势尾、麻里兰、葫芦墩、朴仔篱、武勝、南坎、坑仔、龟仑、雷里、北投、摆接、圭泉、鸡柔、里族、毛少翁、搭搭攸、峰仔峙、小鸡笼、大鸡笼、金包里、圭北投、三貂、八里坌
淡水厅	新北市淡水区	未归化 28 个社	1. 南路之社 8 个：鸡蛮、水晶那眉、吟打老、抵那噜、咸勝拐仔、桶盘、哆嘓、勝施；2. 东南之社 9 个：求留、喉仔、荖里、茄荖哩、摆当冬、金鸡翁、猫仑、打罗山、山姐仔；3. 东北之社 11 个：油啰、秀翁己、连勿仔、哆老敏、茄假牙、阿里翁、吧拉老、妈陵妈嗄、思罗阿班、猴吼里自、青坑假己
		内山以东未归化 32 个社	竹头角、觉雅雅、猫里翁、猫里蛙、大道难、木瓜原、逃懒懒、淋漓雨、九美懒、锦兰、加里本、排牙散、杂无老、卓皆银、卓高山、石衢额、阿里吻、鸡飞内外社、合吻上下社、南雅、苏那、麻胶、加勝、无择、骡抬、婆老、千药、仪母、文甲、密斐
噶玛兰厅	宜兰县	已归化 36 个社	哆啰美远、打马烟、奇立板、麻里目罕、摆离、珍仔满力、抵美福、流流、芝麻镇、仔罕、抵美抵美、踏踏、高东、打那岸、奇武暖、奇兰武兰、辛仔罗罕、棋立丹、抵巴叶、抵美简、加礼远、留留、扫笏、芭荖郁、歪仔歪、猫里府烟、南搭吝、武罕、打那美、打那岸、猴猴、奇泽简、奇武老、里荖、珍珠美简、婆罗新仔苑
		厅治西北界连淡水山内未归化 8 个社	大霸、油麻、阿里纹、大悦仔、奇纽吝、连鸡督、竿真林、吧鲁吻

该书作者丁绍仪总结道，当时早已归化一百二十八社，后归化二百三十七社，未归化可知者八十九社①。这应该是有清一代台湾地区“番社”（少数民族聚居单位）统计最完整的数字。因为丁绍仪亲自参与办理台湾地方事务，因此，他的记载可靠性远非一般作者的记述所能比拟。大批“归化番社”最终与祖国大陆移民融合在一起。而丁绍仪《东瀛识略》所记载的“番社”地名至今仍有不少留存，也是台湾地方文化的珍贵遗产。

光绪年间刊印的《全台舆图》，应该是清朝最后一部关于台湾政治、经济、社会、地理状况的重要方志著作，对于全面了解清代台湾发展史价值极高，其中也保存了当时“番社”的基本资料，但可惜的是，书中仅仅留存了部分“番社”名称，对于其方位与相关特征并没有记载，因此没有在《台海使槎录》与《东瀛识略》等著作研究的基础上更向前推进一步。②

综而言之，台湾地区少数民族的人口数量问题，是长期以来困扰研究者的一大难题。不仅是实际生存的人口数量与文献记载的数量之间差距相当突出，难以确定，而且各种说法出入很大，评判考定十分困难。除了部分过于夸大的记述，我们不难发现，台湾地区少数民族的数量保持了长期低增长的态势，人口数量起起落落，其中缘由尚不清晰。如光绪十二年（1886），清政府设立全台抚垦局，当时编查人口的结果是少数民族 806 社，男妇大小丁口 148479 人。至 1906 年则为 113163 人。③ 进入 20 世纪之后，台湾少数民族人口增长依然较为缓慢（参见下表）。

20 世纪上半期台湾少数民族人口增长简表④

年代	人口总数
1911	121959
1917	134023
1919	129977
1929	140169

① 《东瀛识略》卷六“番社”，台湾银行 1957 年版《台湾文献丛刊》第二种，第 70 页。

② “番社”名录，参见《台湾舆图暨解说图研究》，台湾历史博物馆 2010 年版，第 98 ~ 102 页。笔者注：根据影印资料，《全台舆图》一书刊刻于光绪己卯（五年，1879）与庚辰（六年，1880）之间。

③ 引自王人英《台湾高山族的人口变迁》，（台北）“中研院”民族学研究所 1967 年版，第 41 页。

④ 该表格数字，是综合下列著作提供数字所得：1. 王人英《台湾高山族的人口变迁》，第 41 ~ 42 页；宋家泰《台湾地理》，第 138 页。

（续表）

年代	人口总数
1933	146463
1936	152350
1937	154252
1942	162031

又如在世界反法西斯战争胜利之后，日本在中国台湾地区的殖民侵占结束，国民政府民政处在接管之后，对于“蕃族”人口进行了调查，当时（1941）“蕃族”人口仅为131935人，占台湾全省人口的2.24%。“本省高山族（今称为少数民族）分：他伊呀鲁、萨伊塞资道、铺奴恩、资奥乌、拍伊娃恩、阿弥、呀弥等七族，总称为高山族，聚居于本省东部深山之中。”

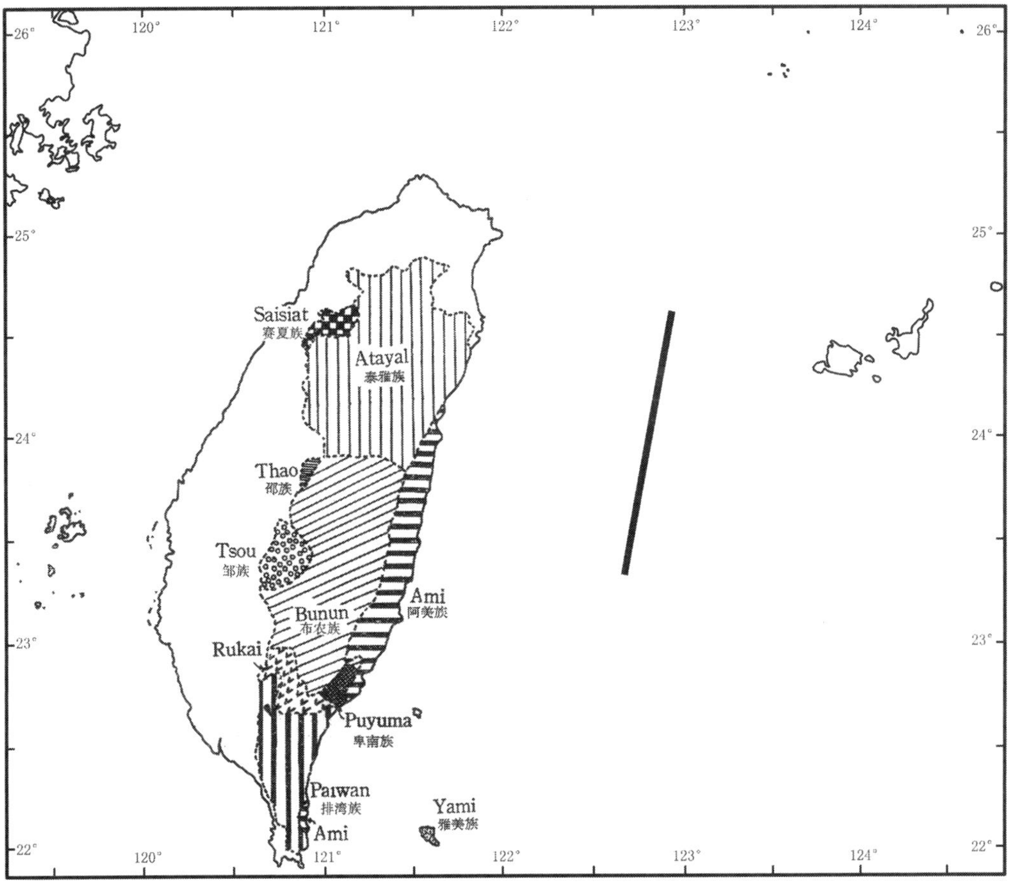

台湾少数民族族别分布图（1964年）

其分布区域以台东花莲为最多，若其种族而论，则阿弥、拍伊娃恩两族为首。他伊呀鲁族多聚集于台北、新竹、台中暨花莲等四县之间。不奴族（应为铺奴恩族）围居于新高山、关山及卑南主山一带，并台中东部及高雄东北部。资奥乌族人口较少，分布地区亦狭窄，大部居于阿里山附近。阿弥族为高山族最盛之一族，占全省蕃族人口三分之一，分布于花莲境内，及台东北部。……①

台湾光复之后，少数民族人口有了较快增长。如至1951年，台湾进行人口普查，少数民族人口也在18万人左右。② 而到1964年所发表的《台湾省户籍统计要览》中，全省山地山胞及平地山胞合计达到238138人。到20世纪60年代，其少数民族同胞的人口发展也出现了“人口爆炸”现象。③

① 参见《台湾统计地图》，台湾省行政长官公署统计室1946年版，第405-A页。
② 参见张正藩《台湾人口》，第24页。
③ 参见王人英《台湾高山族的人口变迁》，第58~60页。

主要参考文献

一、基本史料

《二十四史》合订本,参考其中的《史记》《汉书》《后汉书》《三国志》《晋书》《宋书》《南齐书》《梁书》《魏书》《北齐书》《周书》《隋书》《南史》《北史》《旧唐书》《新唐书》《旧五代史》《新五代史》《宋史》《辽史》《金史》《元史》《明史》,中华书局 1997 年版。

赵尔巽等修《清史稿》,中华书局 1976 年版。

(梁)昭明太子撰,(唐)李善注《文选》,(上海)世界书局 1935 年版。

(宋)乐史《太平寰宇记》,金陵书局光绪八年刻本。

(元)苏天爵编《元文类》,江苏书局光绪十五年刻本。

(明)茅元仪《武备志》,明天启刻本及《续修四库全书》版。

(宋)曾公亮等《武经总要》,清文渊阁《四库全书》本。

(清)杜臻《粤闽巡视纪略》,清文渊阁《四库全书》本。

(清)郝玉麟等监修《福建通志》,清文渊阁《四库全书》本。

《钦定平定台湾纪略》,清文渊阁《四库全书》本。

(清)黄叔璥《台海使槎录》,清文渊阁《四库全书》本。

(清)蓝鼎元《平台纪略·东征集》,清文渊阁《四库全书》本。

(清)孙承泽《春明梦余录》,清文渊阁《四库全书》本。

(清) 金铁等监修(雍正)《广西通志》,清文渊阁《四库全书》本。

(雍正)《四川通志》,清文渊阁《四库全书》本。

(清)严如熤《苗防备览》,道光年间刊本。

中国第一历史档案馆藏“军机处录副奏折”民族类。

中国第一历史档案馆编历朝上谕档,广西师范大学出版社影印版。

台湾省行政长官公署统计室编《台湾统计地图》,1946 年版。

《新疆乡土志稿二十九种》,湖北省图书馆 1955 年油印本。

(宋)司马光编著,(元)胡三省音注《资治通鉴》,中华书局 1956 年版。

(民国)《黑龙江志稿》,《中国边疆丛书》第一辑,(台北)文海出版社 1956 年版。

翦伯赞等编《历代各族传记会编》第一编,中华书局 1958 年版。

(唐)樊绰撰,向达校注《蛮书校注》,中华书局 1962 年版。

(明)陈子龙等选辑《明经世文编》,中华书局 1962 年版。

冯承钧译《西域南海史地考证译丛》(第一卷、第二卷),商务印书馆 1962 年版。

(汉)许慎《说文解字》,中华书局 1963 年版。

(清)王河等纂(乾隆)《钦定盛京通志》,(台北)文海出版社 1965 年版。

(清)张穆《蒙古游牧记》,(台北)文海出版社 1965 年版。

(清)和宁《卫藏通志》,(台北)文海出版社 1965 年版。

(清)焦应旂《西藏志》(又名《藏程纪略》),(台北)成文出版社 1968 年版。

《玉树调查记》,(台北)成文出版社 1968 年版。

《满洲源流考》,(台北)华文书局 1969 年版。

(清)罗绕典辑《黔南职方纪略》,道光丁未(二十七年)刻本,(台北)成文出版社 1974 年版。

《国语》,上海古籍出版社 1978 年版。

(北齐)杨衒之撰,范祥雍校注《洛阳伽蓝记校注》,上海古籍出版社 1978 年版。

(宋)李焘《续资治通鉴长编》,中华书局 1979 年版。

(清)阮元校刻《十三经注疏》,中华书局 1980 年影印本。

方诗铭、王修龄《古本竹书纪年辑证》,上海古籍出版社 1981 年版。

冯家昇、程溯洛、穆广文编著《维吾尔族史料简编》(上册),民族出版社 1981 年版。

《〈册府元龟〉吐蕃史料校证》,四川民族出版社 1981 年版。

《西招图略》与《西藏图考》合刊本,西藏人民出版社 1982 年版。

《宫中档乾隆朝奏折》(68 册),(台北)故宫博物院 1982—1988 年版。

(金)刘祁《归潜志》,中华书局 1983 年版。

（清）王聘珍《大戴礼记解诂》，中华书局 1983 年版。

（清）董诰等编《全唐文》，中华书局 1983 年影印版。

贵州民族研究所编《明实录贵州资料辑录》，贵州人民出版社 1983 年版。

（清）魏源《圣武记》，中华书局 1984 年版。

《清入关前史料选辑》（第一辑），中国人民大学出版社 1984 年版。

中国第一历史档案馆编《康熙朝汉文朱批奏折汇编》（8 册），档案出版社 1984—1985 年版。

（宋）叶隆礼《契丹国志》，上海古籍出版社 1985 年版。

（清）鄂尔泰等修《八旗通志》，东北师范大学出版社 1985 年版。

章巽《法显传校注》，上海古籍出版社 1985 年版。

（宋）宇文懋昭撰，崔文印校证《大金国志校证》，中华书局 1986 年版。

《清实录》，中华书局 1986 年影印版。

张伟仁编《明清档案》（324 册），"中研院"历史语言研究所 1986 年版。

（清）曾国荃等（光绪）《湖南通志》，江苏广陵古籍刻印社 1986 年版。

覃兆福、陈慕贞编《壮族历代史料荟萃》，广西民族出版社 1986 年版。

（宋）徐梦莘《三朝北盟会编》，上海古籍出版社 1987 年版。

任乃强《华阳国志校补图注》，上海古籍出版社 1987 年版。

（清）谢启昆、胡虔等修纂（嘉庆）《广西通志》，广西人民出版社 1988 年版。

戴锡章《西夏纪》，宁夏人民出版社 1988 年版。

林幹《匈奴史料汇编》（上、下册），中华书局 1988 年版。

中国第一历史档案馆编《雍正朝汉文朱批奏折汇编》（40 册），江苏古籍出版社 1989 年版。

刘建丽、汤开建辑校《宋代吐蕃史料集》，四川民族出版社 1989 年版。

《中国西北文献丛书》，兰州古籍书店 1990 年版。

（光绪）《清会典事例》，中华书局 1991 年影印版。

（宋）王溥《唐会要》，上海古籍出版社 1991 年版。

王尧、陈践译注《敦煌本吐蕃历史文书》，民族出版社 1991 年版。

（清）顾栋高辑《春秋大事表》，中华书局 1993 年版。

（明）王士性著，周振鹤编校《王士性地理书三种》，上海古籍出版社 1993 年版。

《台湾历史文献丛刊》，台湾省文献委员会 1993 年版。

中国第一历史档案馆编《光绪朝汉文朱批奏折汇编》(120 册),中华书局 1995 年版。

《台湾舆地丛钞》,台湾省文献委员会 1996 年版。

方国瑜主编《云南史料丛刊》(第三卷、第四卷、第五卷),云南大学出版社 1998 年版;《云南史料丛刊》第六卷,云南大学出版社 2000 年版;《云南史料丛刊》第七卷,云南大学出版社 2001 年版。

(宋)周去非著,杨武泉校注《岭外代答校注》,中华书局 1999 年版。

韩荫晟编《党项与西夏资料汇编》,宁夏人民出版社 2000 年版。

五世达赖喇嘛著,刘立千译注《西藏王臣记》,民族出版社 2000 年版。

索南坚赞著,刘立千译注《西藏王统记》,民族出版社 2000 年版。

钦则旺布著,刘立千译注《卫藏道场胜迹志》,民族出版社 2000 年版。

刘应李原编,郭声波整理《大元混一方舆胜览》,四川大学出版社 2003 年版。

潘光旦编著《中国民族史料汇编》,天津古籍出版社 2005 年版。

李文海主编《民国时期社会调查丛编·少数民族卷》,福建教育出版社 2005 年版。

北京大学图书馆编《皇舆遐览》,中国人民大学出版社 2008 年版。

刘凤翥、唐彩兰、青格勒编著《辽上京地区出土的辽代碑刻汇辑》,社会科学文献出版社 2009 年版。

聂鸿音、孙伯君编著《〈西番译语〉校录及汇编》,社会科学文献出版社 2010 年版。

二、中外文著作

(一)马列经典作者与外国学者的著作

〔德〕李希霍芬《李希霍芬书信集》,上海,1870—1872 年。

〔德〕李希霍芬《中国:个人旅行的成果和在这个基础上的研究》(5 卷及地图集),柏林,1877—1912 年。

〔日〕箭内亘著,陈捷、陈清泉译《元代蒙汉色目待遇考》,商务印书馆 1932 年版。

〔日〕白鸟库吉著,方壮猷译《东胡民族考》,商务印书馆 1934 年版。

〔日〕鸟居龙藏著,国立编译馆译《苗族调查报告》,商务印书馆 1936 年版。

〔俄〕布莱资须纳德著,梁园东译注《西辽史》,中华书局 1955 年版。

〔德〕卡尔·马克思、弗·恩格斯《马克思恩格斯选集》，人民出版社 1972 年版。

〔俄〕尼·维·鲍戈亚夫连斯基《长城外的中国西部地区》，商务印书馆 1980 年版。

〔美〕普雷斯顿·詹姆斯著，李旭旦译《地理学思想史》，商务印书馆 1982 年版。

〔波斯〕拉施特主编，余大钧、周建奇译《史集》，商务印书馆 1983 年版、2009 年版。

〔日〕三上次男著，金启孮译《金代女真研究》，黑龙江人民出版社 1984 年版。

〔俄〕史禄国著，吴有刚、赵复兴、孟克译《北方通古斯的社会组织》，内蒙古人民出版社 1985 年版。

中国社会科学院民族研究所编《马克思恩格斯论民族问题》（上、下册），民族出版社 1987 年版。

中国社会科学院民族研究所编《列宁论民族问题》（上、下册），民族出版社 1987 年版。

〔日〕松田寿男著，陈俊谋译《古代天山历史地理学研究》，中央民族学院出版社 1987 年版。

中国社会科学院民族研究所编《斯大林论民族问题》，民族出版社 1990 年版。

〔韩〕任桂淳《清朝八旗驻防兴衰史》，生活·读书·新知三联书店 1993 年版。

〔日〕前田正名著，陈俊谋译《河西历史地理学研究》，中国藏学出版社 1993 年版。

〔韩〕李基白著，厉帆译《韩国史新论》，国际文化出版公司 1994 年版。

〔日〕前田正名著，李凭等译《平城历史地理学研究》，书目文献出版社 1994 年版。

〔俄〕列宁《列宁选集》，人民出版社 1995 年版。

〔日〕鸟居龙藏著，杨南郡译注《探险台湾》，（台北）远流出版公司 1996 年版。

〔英〕汤因比著，曹未风等译《历史研究》（上、下册），上海人民出版社 1997 年版。

〔俄〕史禄国著，高丙中译《满族的社会组织——满族氏族组织研究》，商务印书馆 1997 年版。

〔日〕伊能嘉矩著，温吉编译《台湾番政志》（上、下册），台湾省文献委员会 1999 年版。

〔英〕冯客著，杨立华译《近代中国之种族观念》，江苏人民出版社 1999 年版。

〔法〕安德烈·梅尼埃著,蔡宗夏译《法国地理学思想史》,商务印书馆 1999 年版。

〔法〕白尚德著,郑顺德译《十九世纪欧洲人在台湾》,(台北)南天书局 1999 年版。

〔日〕中村孝志著,吴密察等译《荷兰时代台湾史研究》,(台北)稻乡出版社 2002 年版。

〔法〕凯伯、法兰屈著,黄梅峰、麦慧芬译《戈壁沙漠》,中国青年出版社 2002 年版。

〔法〕勒内·格鲁塞著,蓝琪译《草原帝国》,商务印书馆 2002 年版。

〔法〕费尔南·布罗代尔著,肖昶等译《文明史纲》,广西师范大学出版社 2003 年版。

〔意〕依波利多·德西迪利撰,菲利普·费立比编,杨民译《德西迪利西藏纪行》,西藏人民出版社 2004 年版。

〔瑞典〕多桑著,冯承钧译《多桑蒙古史》,中华书局 2004 年版。

David G. Atwill, *The Chinese Sultanate: Islam, Ethnicity, and the Panthay Rebellion in Southwest China*, 1856-1873. Stanford University Press, Stanford, 2005.

〔德〕德罗伊森著,胡昌智译《历史知识理论》,北京大学出版社 2006 年版。

〔英〕彼得·伯克著,刘永华译《法国史学革命:年鉴学派,1929 — 1989》,北京大学出版社 2006 年版。

〔英〕威廉(William Lindesay)编著《百年长城》,五洲传播出版社 2006 年版。

〔美〕威廉·埃德加·盖洛著,沈弘等译《中国长城》,山东画报出版社 2006 年版。

〔法〕古伯察著,耿昇译《鞑靼西藏旅行记》,中国藏学出版社 2006 年版。

John E. Herman, *Amid the Clouds and Mist: China's Colonization of Guizhou*, 1200-1700. Harvard University Press, Cambridge(Massachusetts) and London, 2007.

〔法〕保罗·克拉瓦尔著,郑胜华等译《地理学思想史》,北京大学出版社 2007 年版。

〔美〕欧文·拉铁摩尔著,唐晓峰译《中国的亚洲内陆边疆》,江苏人民出版社 2008 年版。

〔日〕荒武达朗《近代中国东北的开发与移民》,汲古书院 2008 年版。

〔美〕威廉·埃德加·盖洛著，沈弘等译《中国十八省府》，山东画报出版社 2008 年版。

〔法〕费尔南·布罗代尔著，刘北成、周立红译《论历史》，北京大学出版社 2008 年版。

〔法〕弗朗索瓦·多斯著，马胜利译《碎片化的历史学：从〈年鉴〉到“新史学”》，北京大学出版社 2008 年版。

〔加〕卜正民、施恩德编，陈城等译《民族的构建》，吉林出版集团 2008 年版。

〔英〕甘为霖著，林弘宣等译《素描台湾》，(台北)前卫出版社 2009 年版。

〔美〕史蒂瑞著，林弘宣译《台湾及其住民》，(台北)前卫出版社 2009 年版。

〔法〕雷纳·格鲁塞著，龚钺译《蒙古帝国史》，商务印书馆 2009 年版。

〔法〕雅克·勒高夫著，方仁杰、倪复生译《历史与记忆》，中国人民大学出版社 2010 年版。

〔伊朗〕志费尼著，何高济译《世界征服者史》，商务印书馆 2011 年版。

〔法〕石泰安著，耿昇译《西藏的文明》，中国藏学出版社 2012 年版。

翁佳音、陈怡宏译《平埔蕃调查书》，台湾历史博物馆 2013 年版。

(二)中国学者的著作

梁启超《饮冰室合集》，中华书局 1932 年版。

王桐龄《中国民族史》，北平文化学社 1928 年初版，1934 年再版。

吕思勉《中国民族史》，世界书局 1934 年版。

宋文炳《中国民族史》，中华书局 1935 年版。

缪凤林《中国民族史》，中央大学 1935 年版。

林惠祥《中国民族史》，商务印书馆 1936 年版。

宋家泰《台湾地理》，(台北)正中书局 1946 年版。

凌纯声、芮逸夫《湘西苗族调查报告》，商务印书馆 1947 年版。

吕振羽《中国民族简史》，三联书店 1948 年版。

江应梁《摆彝的生活文化》，中华书局 1950 年版。

李亚农《西周与东周》，上海人民出版社 1956 年版。

冯承钧《西域南海史地考证论著汇辑》，中华书局 1957 年版。

马长寿《突厥人和突厥汗国》，上海人民出版社 1957 年版。

莫东寅《满族史论丛》，人民出版社 1958 年版。

马长寿《南诏国内的部族组成和奴隶制度》,上海人民出版社 1961 年版。

马长寿《北狄与匈奴》,三联书店 1962 年版。

马长寿《乌桓与鲜卑》,上海人民出版社 1962 年版。

童书业《中国古代地理考证论文集》,中华书局 1962 年版。

史念海《河山集》,三联书店 1963 年版、1981 年版(二集),人民出版社 1988 年版(三集),陕西师范大学出版社 1991 年版(四集)、1999 年版(七集)、2006 年版(九集),山西人民出版社 1991 年版(五集)、1997 年版(六集)。

刘家驹《清朝初期的八旗圈地》,(台北)文史哲出版社 1964 年版。

王人英《台湾高山族的人口变迁》,(台北)"中研院"民族学研究所 1967 年版。

张正藩《台湾人口》,(台北)幼狮书店 1970 年版。

黄麟书《秦皇长城考》,(台北)造阳文学社 1972 年版。

杨家骆主编《辽史汇编》(全 10 册),(台北)鼎文书局 1973 年版。

童恩正《古代的巴蜀》,四川人民出版社 1979 年版。

张正明《契丹史略》,中华书局 1979 年版。

邹衡《夏商周考古学论文集》,文物出版社 1980 年版。

傅斯年《傅斯年全集》,(台北)联经出版事业公司 1980 年版。

金毓黻《渤海国志长编》(上编),《社会科学战线》杂志社 1980 年印行。

宋增璋编著《台湾抚垦志》(上册),台湾省文献委员会 1980 年版。

尤中编著《中国西南的古代民族》,云南人民出版社 1980 年版。

岑仲勉《汉书西域传地里校释》(上、下册),中华书局 1981 年版。

黄文弼《西北史地论丛》,上海人民出版社 1981 年版。

文物编辑委员会编《中国长城遗迹调查报告集》,文物出版社 1981 年版。

于省吾等《中华学术论文集》,中华书局 1981 年版。

《百越民族史论集》,中国社会科学出版社 1982 年版。

陈连开《我国少数民族对祖国历史的贡献》,书目文献出版社 1983 年版。

顾颉刚编著《古史辨》(全八册),上海古籍出版社 1982 年重印本。

刘义棠《中国边疆民族史》,(台北)中华书局 1982 年版。

吕思勉《吕思勉读史札记》,上海古籍出版社 1982 年版。

吴天墀《西夏史稿》,四川人民出版社 1982 年版。

尤中《西南民族史论集》,云南民族出版社 1982 年版。

徐中舒《论巴蜀文化》，四川人民出版社 1982 年版。
袁闾琨、傅朗云编著《明代奴儿干都司及其卫所研究》，中州书画社 1982 年版。
陈垣《励耘书屋丛刻》，北京师范大学出版社 1982 年版。
吕思勉《吕思勉读史札记》，上海古籍出版社 1982 年版。
林幹《匈奴史论文选集》，中华书局 1983 年版。
蒙文通《越史丛考》，人民出版社 1983 年版。
《西夏研究论集》，宁夏人民出版社 1983 年版。
杨伟立《成汉史略》，重庆出版社 1983 年版。
白滨编《西夏史论文集》，宁夏人民出版社 1984 年版。
方国瑜《彝族史稿》，四川民族出版社 1984 年版。
李旭旦主编《中国大百科全书·地理学·人文地理学》，中国大百科全书出版社 1984 年版。
马长寿《氐与羌》，上海人民出版社 1984 年版。
南京大学历史系元史教研室编《元史论集》，人民出版社 1984 年版。
任乃强《羌族源流探索》，重庆出版社 1984 年版。
王承礼《渤海简史》，黑龙江人民出版社 1984 年版。
陈述主编《辽金史论文集》，辽宁人民出版社 1985 年版。
龚荫编著《明清云南土司通纂》，云南民族出版社 1985 年版。
韩儒林《韩儒林文集》，江苏古籍出版社 1985 年版。
马长寿《碑铭所见前秦至隋初的关中部族》，中华书局 1985 年版。
《夏文化论文选集》，中州古籍出版社 1985 年版。
徐旭生《中国古史的传说时代》，文物出版社 1985 年版。
周伟洲《吐谷浑史》，宁夏人民出版社 1985 年版。
周一良《魏晋南北朝史札记》，中华书局 1985 年版。
陈述《契丹政治史稿》，人民出版社 1986 年版。
葛剑雄《西汉人口地理》，人民出版社 1986 年版。
韩儒林主编《元朝史》(上、下册)，人民出版社 1986 年版。
李东源译《渤海史译文集》，黑龙江社会科学院历史所 1986 年版。
李健才《明代东北》，辽宁人民出版社 1986 年版。
李祖桓《仇池国志》，书目文献出版社 1986 年版。

张博泉等《金史论稿》，吉林文史出版社1986年版。

周伟洲《汉赵国史》，山西人民出版社1986年版。

方国瑜《中国西南历史地理考释》（上、下册），中华书局1987年版。

黄烈《中国古代民族史研究》，人民出版社1987年版。

马长寿《彝族古代史》，上海人民出版社1987年版。

谭其骧《长水集》（上、下、续编），人民出版社1987年版、1994年版。

童书业《春秋史》，山东大学出版社1987年版。

屠寄《蒙兀儿史记》，北京市中国书店1987年版。

段连勤《丁零、高车与铁勒》，上海人民出版社1988年版。

段连勤《隋唐时期的薛延陀》，三秦出版社1988年版。

《费孝通民族研究文集》，民族出版社1988年版。

蒋善国《尚书综述》，上海古籍出版社1988年版。

齐陈骏、陆庆夫、郭锋《五凉史略》，甘肃人民出版社1988年版。

钱穆《中国文化史导论》，上海三联书店1988年版。

孙进己、王绵厚主编《东北历史地理》，黑龙江人民出版社1988年版。

谭其骧主编《〈中国历史地图集〉释文汇编·东北卷》，中央民族学院出版社1988年版。

《藏族史论文集》，四川民族出版社1988年版。

周伟洲《唐代党项》，三秦出版社1988年版。

费孝通等《中华民族多元一体格局》，中央民族学院出版社1989年版。

林幹《东胡史》，内蒙古人民出版社1989年版。

江应梁主编《中国民族史》（上、中、下），民族出版社1990年版。

林惠祥《中国民族史》，上海文艺出版社1990年版。

唐长孺《魏晋南北朝史论丛》，三联书店1990年版。

翁独健主编《中国民族关系史纲要》，中国社会科学出版社1990年版。

赵伯雄《周代国家形态研究》，湖南教育出版社1990年版。

陈亦荣《清代汉人在台湾地区迁徙之研究》，（台北）大进印刷有限公司1991年版。

葛剑雄《中国人口发展史》，福建人民出版社1991年版。

刘起釪《古史续辩》，中国社会科学出版社1991年版。

杨若薇《契丹王朝政治军事制度研究》,中国社会科学出版社1991年版。
陈寅恪《陈寅恪史学论文选集》,上海古籍出版社1992年版。
蒋福亚《前秦史》,北京师范学院出版社1993年版。
王钟翰主编《中国民族史》,中国社会科学出版社1994年版。
陈芳芝《东北史探讨》,中国社会科学出版社1995年版。
谢维扬《中国早期国家》,浙江人民出版社1995年版。
荣新江《归义军史研究——唐宋时代敦煌历史考索》,上海古籍出版社1996年版。
朱士光等编《史念海先生八十寿辰学术文集》,陕西师范大学出版社1996年版。
葛剑雄主编《中国移民史》,福建人民出版社1997年版。
李蔚《简明西夏史》,人民出版社1997年版。
李学勤主编《中国古代文明与国家形成研究》,云南人民出版社1997年版。
李泽奉、刘如仲编著《清代民族图志》,青海人民出版社1997年版。
林耀华主编《民族学通论》(修订本),中央民族大学出版社1997年版。
马大正、刘逖《二十世纪的中国边疆研究》,黑龙江教育出版社1997年版。
米文平《鲜卑石室寻访记》,山东画报出版社1997年版。
王建民《中国民族学史》(上卷,1903—1949),云南教育出版社1997年版。
郑炳林主编《敦煌归义军史专题研究》,兰州大学出版社1997年版。
李范文主编《首届西夏学国际学术会议论文集》,宁夏人民出版社1998年版。
李世愉《清代土司制度论考》,中国社会科学出版社1998年版。
王建民、张海洋、胡鸿保《中国民族学史》(下卷,1950—1997),云南教育出版社1998年版。
吴玉贵《突厥汗国与隋唐关系史研究》,中国社会科学出版社1998年版。
杨宽《战国史》,上海人民出版社1998年版。
安介生《山西移民史》,山西人民出版社1999年版。
陈连开主编《中国民族史纲要》,中国财政经济出版社1999年版。
胡守为《岭南古史》,广东人民出版社1999年版。
王文光编著《中国南方民族史》,民族出版社1999年版。
王钟翰《王钟翰学术论著自选集》,中央民族大学出版社1999年版。
张光直《中国考古学论文集》,三联书店1999年版。

华涛《西域历史研究(八至十世纪)》,上海古籍出版社2000年版。

齐思和《中国史探研》,河北教育出版社2000年版。

戴裔煊《西方民族学史》,社会科学文献出版社2001年版。

复旦大学历史地理研究中心主编《面向新世纪的中国历史地理学》,齐鲁书社2001年版。

华林甫编《中国历史地理学五十年(1949—1999)》,学苑出版社2001年版。

胡厚宣《甲骨学商史论丛初集》(上、下),河北教育出版社2002年版。

钱大昕《元史氏族表》,清嘉庆十一年刻本,收入《续修四库全书》(2002年出版)第293册。

王森《西藏佛教发展史略》,中国藏学出版社2002年版。

方铁主编《西南通史》,中州古籍出版社2003年版。

杨圣敏主编《中国民族志》,中央民族大学出版社2003年版。

郑炳林主编《敦煌归义军史专题研究续编》,兰州大学出版社2003年版。

练铭志、马建钊、朱洪《广东民族关系史》,广东人民出版社2004年版。

陈庆英主编《中国藏族部落》,中国藏学出版社2004年版。

凌纯声、林耀华等《20世纪中国人类学民族学研究方法与方法论》,民族出版社2004年版。

秦树才《清代云南绿营兵研究:以汛塘为中心》,云南教育出版社2004年版。

胡鸿保主编《中国人类学史》,中国人民大学出版社2006年版。

马长寿《凉山罗彝考察报告》(上、下),巴蜀书社2006年版。

王明珂《华夏边缘:历史记忆与族群认同》,社会科学文献出版社2006年版。

罗贤佑等《中国历代民族史》(8卷本),社会科学文献出版社2007年版。

佟德富主编《蒙古语族诸民族宗教史》,中央民族大学出版社2007年版。

萧启庆《内北国而外中国》(上、下),中华书局2007年版。

朱圣钟《历史时期凉山彝族地区经济开发与环境变迁》,重庆出版社2007年版。

蒙文通《中国古代民族史讲义》,天津古籍出版社2008年版。

王明珂《羌在汉藏之间:川西羌族的历史人类学研究》,中华书局2008年版。

张荣芳、黄淼章《南越国史》,广东人民出版社2008年版。

郭声波《彝族地区历史地理研究》,四川大学出版社2009年版。

侯仁之《历史地理学的视野》,三联书店2009年版。

罗贤佑《中国民族史纲要》，中国社会科学出版社2009年版。

吕思勉《中华民族源流史》，九州出版社2009年版。

马长寿《马长寿民族史研究著作选》，上海人民出版社2009年版。

施联朱《民族识别与民族研究文集》，中央民族大学出版社2009年版。

王明珂《寻羌：羌乡田野杂记》，中华书局2009年版。

吴玉贵《突厥第二汗国汉文史料编年辑考》（全三册），中华书局2009年版。

安介生《民族大迁徙》，江苏人民出版社2010年版。

陈琳国《中古北方民族史探》，商务印书馆2010年版。

崔明德、马晓丽《隋唐民族关系思想史》，人民出版社2010年版。

黄清琦编著《台湾舆图暨解说图研究》，台湾历史博物馆2010年版。

李振宏、刘克辉《民族历史与现代观念：中国古代民族关系史研究》，河南大学出版社2010年版。

孙进己、孙泓《契丹民族史》，广西师范大学出版社2010年版。

王嵩山《台湾"原住民"：人族的文化旅程》，（台北）远足文化事业公司2010年版。

顾颉刚《顾颉刚全集·古史论文集》，中华书局2011年版。

管彦波《民族地理学》，社会科学文献出版社2011年版。

李壬癸《台湾南岛民族的族群与迁徙》，（台北）前卫出版社2011年增订新版。

余太山《塞种史研究》，商务印书馆2012年版。

郝时远、陈建樾主编《台湾民族问题：从"番"到"原住民"》，社会科学文献出版社2012年版。

刘迎胜《西北民族史与察合台汗国史研究》，中国国际广播出版社2012年版。

姜维公主编《中国东北民族史》，吉林文史出版社2014年版。

王文光、朱映占、赵永忠《中国西南民族通史》，云南大学出版社2015年版。

林超民《唐宋民族史》，云南大学出版社2016年版。

后 记

每次面对厚厚的书稿,笔者的心情都是很复杂的:既有长时间辛劳之后的心酸,也有即将完成的快乐与兴奋。

笔者从事历史民族地理研究,实际上是受到了拙著《山西移民史》的启发。山西地区作为历史时期北方游牧民族南迁的重要通道之一,历史上不少游牧民族频繁通过山西地区南下,也有一些部族在此留居下来。可以说,山西地区的移民历史在很大程度上就是北方游牧民族迁徙与留居的历史。

通过对山西地区移民的长期研究,笔者意识到区域历史的研究难度。表面上研究山西移民史,其实其内容不仅涉及整个华北乃至中国北部民众的迁移历史,而且要涉及北方游牧民族的迁徙。那么,要想深入研究区域移民史与开发史,不能就事论事、就区域谈区域,而是要更广泛地认识其客观的历史地理背景。

由此,笔者对于历史时期民族迁徙的历史产生了强烈的兴趣,而翻阅民族史方面的研究著作与论文,笔者感觉学界对这个方面的研究基础还较为薄弱,特别是将历史地理的研究成果运用于民族历史研究的成果则更少。正是本着这样的认识,笔者在20世纪末大胆地提出了开设一门新课——“历史民族地理”,并一直延续下来,从此将历史民族地理研究作为自己的学术主攻方向之一。

授业恩师葛剑雄教授对于笔者在学术上的探索非常支持,不仅积极支持笔者相关民族史研究作品的发表,还特意为笔者引见了不少民族史方面的前辈学者,如著名民族史家周伟洲教授等。1999年,葛教授负责的《中国历史地理学》系列著作立项,他就建议笔者在授课讲义的基础上,撰写出《历史民族地理》一书,并推荐列入“中国历史地理学”系列著作之中。经过数年的努力,笔者最终完成了近70万字的著作,《历史民族地理》于2007年由山东教育出版社正式出版。

从2007年到现在,又过了十余年的光景。在这段时间里,笔者既得到不少对于拙著的鼓励与支持,也得到了一些批评和建议,更发现了不少可供引述的原始资料与研究成果。历史学、地理学与民族学都是包涵深厚、涉及面极广的综合性学科。从一本散漫的授课讲义到一部较为全面的学术专著,其间存在着巨大的跨越。在十余年的时间里,在不断的修订与补充的过程中,《中国历史民族地理》的轮廓在笔者心目中变得越来越清晰。

在此书稿撰写中,笔者增加了不少内容。如《中国历史民族地理》增加了每一章的"绪论",它是对中国历史时期各个时代民族发展及分布状况进行宏观思考与研究的成果,既是对笔者学术功力的考验,也弥补及充实了以前的不足。

首先,历史民族地理在研究的侧重面上不应与民族史过多重合,这是笔者多年来常常告诫自己的地方。各个时代历史地理背景不同,活跃的民族及焦点性的民族问题也不尽相同,历史民族地理的研究既不能与民族史研究完全脱节或背离,也不能简单地沦为其附庸。

其次,整体性地论述一个时代民族地理发展的总特征与总趋势是困难的,其难度之大是可想而知的。既然不想沦为民族史的附庸,那么各个时代民族地理的独特问题又是什么?经过几年的艰苦努力,笔者在各章中提出了一些各个时代与民族地理发展相关的重要问题,并进行了较为系统的阐发,这也是让笔者最为欣慰的事情。

尽管现代地理学研究理念直到近代才被引入国内,但是,这并不影响中国古代出现众多杰出的历史地理学著作(包括历史民族地理著作)。在各章的"绪论"中,笔者还力图将这些代表性的历史典籍与研究著作进行总结与梳理,力图将书稿的撰写建立在一个较高的平台之上。

又如"台湾地区历史民族地理"一节,是笔者近几年来最重要的研究成果之一。笔者根据搜集的文献与重要学术成果,找寻与台湾历史民族地理有关的内容,从而对于中国台湾地区自然及人文地理特征与民族认知进程、清代台湾民族人口发展与地理分布等问题进行了较为详尽的阐发,力求再现台湾地区在社会发展、民族认知与地理分布上的真实面貌,由此也有助于深入地了解台湾与祖国大陆的关系。

《中国历史民族地理》撰写的过程,是笔者本人学习与研究前辈学者与学界同仁成果的过程。同十余年前一样,笔者同样想要强调的是,虽然新书稿长达百万言,不过是笔者本人多年以来从事历史民族地理教学与科研工作的总结,与一部完善的历史民族地理著作还有相当大的距离,笔者会继续努力,继续完善。

在《中国历史民族地理》即将出版之际，笔者最想表达的心情，是深深的感恩与谢意。

首先要感谢的当然是恩师葛剑雄先生。在恩师的指导下，笔者先后完成了硕士与博士阶段的学习任务，而恩师对于笔者的指导与帮助，并没有随着学业结束而结束。《历史民族地理》在 2007 年的出版，全赖于葛先生的鼎力推荐。而在本书稿出版前夕，葛先生十分愉快地接受了写序的邀请。他在百忙之中完成了序言，而且这篇序言不仅严肃认真地回顾了历史地理学的发展史，道出了历史民族地理研究的重大意义，又情真意切地表达了对笔者及其他同仁学者的鼓励与厚望。葛先生的厚爱让笔者深感惭愧，先生栽培之恩，令笔者没齿难忘。

在《历史民族地理》出版时，为确保书稿质量，当时山东教育出版社的邹健先生特邀齐鲁书社的赵发国编审处理编辑工作。赵编审是笔者的同门师兄，也是历史地理学博士。在书稿审校期间，发国师兄付出了大量心血，他高度负责的专业精神令笔者深深感佩。而在《历史民族地理》出版之后，赵师兄还一直关心笔者的研究工作。《中国历史民族地理》列入“十三五”国家出版规划，并得到了国家出版基金的支持，赵师兄功不可没。赵发国师兄虽然已调任为山东画报出版社总编辑，但是，还同样非常关心与支持本书的出版。

在出版过程中，齐鲁书社的领导对本书给予了积极支持。责任编辑刘强先生的辛勤努力，更让笔者感动。刘先生不仅对于文字的错误十分敏感，更是帮助笔者全力梳理及更新旧稿，深度参与到书稿内容的编辑与修改之中，为此付出的心血与努力难以计算。

此外，博士生马巍在本书稿校订过程中也付出了极其艰苦的劳动。

在此，笔者向上述人员一并深致谢忱！

安介生

2019 年 1 月 28 日